OTT—MANUAL DE

LUDWIG OTT

MANUAL DE TEOLOGÍA DOGMÁTICA

Herder

Versión castellana de CONSTANTINO RUIZ GARRIDO
y revisada por Mons. MIGUEL ROCA CABANELLAS, de la obra de
LUDWIG OTT, *Grundriss der katholischen Dogmatik,*
Verlag Herder & Co. de Friburgo de Brisgovia [7]1965

Diseño de la cubierta: CLAUDIO BADO y MÓNICA BAZÁN

Sexta edición revisada 1969
Séptima edición 1986
Reimpresión 1997

Imprenta: LIBERDÚPLEX, S.L.
Depósito legal: B - 26.911-1997
Printed in Spain

ISBN: 84-254-0501-7 **Herder** Código catálogo: RET0501

Provença, 388. Tel. (93) 457 77 00 - Fax (93) 207 34 48 - 08025 Barcelona

ÍNDICE GENERAL

Págs.

Abreviaturas de revistas, obras completas, ediciones y títulos corrientes. 19
Abreviaturas de ciudades 22
Prólogo 23
Nota editorial 24

INTRODUCCIÓN A LA TEOLOGÍA DOGMÁTICA

§ 1. Noción y objeto de la teología 25
§ 2. La teología como ciencia 26
§ 3. Noción y método de la teología dogmática 29
§ 4. Concepto y división del dogma 30
§ 5. La evolución del dogma 32
§ 6. Las verdades católicas 35
§ 7. Las opiniones teológicas 37
§ 8. Grados de certidumbre teológica 37
§ 9. Las censuras teológicas 38

Libro primero

DIOS UNO Y TRINO

Parte primera: Dios uno en esencia

Sección primera: La existencia de Dios

Capítulo primero: La cognoscibilidad natural de Dios

§ 1. Posibilidad de conocer a Dios con la sola luz de la razón natural . 44
§ 2. Posibilidad de demostrar la existencia de Dios 46
§ 3. Errores acerca de la cognoscibilidad natural de Dios 48

Capítulo segundo: La cognoscibilidad sobrenatural de la existencia de Dios

§ 4. La existencia de Dios como objeto de fe 50

Págs.

Sección segunda: La esencia de Dios

Capítulo primero: El conocimiento de la esencia de Dios

§ 5. El conocimiento natural de Dios en esta vida 52
§ 6. El conocimiento sobrenatural de la esencia divina en la vida futura. 55
§ 7. El conocimiento sobrenatural de la esencia divina en esta vida por medio de la fe 59

Capítulo segundo: Definición teológica de la esencia divina

§ 8. Los nombres de Dios en la Biblia 60
§ 9. La esencia física y metafísica de Dios 62

Sección tercera: Los atributos divinos

§ 10. Los atributos divinos en general 66

Capítulo primero: Los atributos del ser divino

§ 11. La absoluta perfección de Dios 68
§ 12. La infinitud de Dios 69
§ 13. La simplicidad de Dios 70
§ 14. La unicidad de Dios 72
§ 15. La verdad de Dios 73
§ 16. La bondad de Dios 75
§ 17. La inmutabilidad de Dios 77
§ 18. La eternidad de Dios 78
§ 19. La inmensidad de Dios y su omnipresencia 79

Capítulo segundo: Los atributos de la vida divina

I. El conocimiento o ciencia divina

§ 20. La perfección del conocimiento divino 82
§ 21. Objeto y división del conocimiento divino 83
§ 22. El medio con que Dios prevé las acciones libres de las criaturas racionales 86
§ 23. La ciencia divina como causa de las cosas 88

II. La voluntad divina

§ 24. Perfección de la voluntad divina 89
§ 25. Objeto de la voluntad divina 90
§ 26. Las propiedades físicas de la voluntad divina 92
§ 27. Las propiedades morales de la voluntad divina 94

Págs.

Parte segunda: Dios trino en personas

Sección primera: Formulación dogmática y fundamento positivo del dogma trinitario

Capítulo primero: Herejías antitrinitarias y declaraciones de la Iglesia

§ 1. Herejías 100
§ 2. Doctrina de la Iglesia 103

Capítulo segundo: La existencia de la Trinidad, probada por la Escritura y la tradición

I. El Antiguo Testamento

§ 3. Insinuaciones del misterio en el Antiguo Testamento 105

II. El Nuevo Testamento

§ 4. Fórmulas trinitarias 107
§ 5. Doctrina neotestamentaria acerca de Dios Padre 109
§ 6. Doctrina neotestamentaria acerca de Dios Hijo 110
§ 7. Doctrina neotestamentaria sobre Dios Espíritu Santo 112
§ 8. La doctrina neotestamentaria acerca de la unidad numérica de la naturaleza divina en las tres personas 113

III. La tradición

§ 9. Testimonio de la tradición en favor de la trinidad de personas en Dios 114

Capítulo tercero: Fundamento de la trinidad de personas en Dios

§ 10. Las procesiones divinas inmanentes en general 116
§ 11. El Hijo procede del Padre por vía de generación 117
§ 12. El Espíritu Santo procede del Padre y del Hijo por vía de espiración 118

Sección segunda: Exposición especulativa del dogma trinitario

Capítulo primero: Exposición especulativa de las procesiones divinas inmanentes

§ 13. La generación del Hijo por el Padre mediante el entendimiento . 122
§ 14. La procesión del Espíritu Santo mediante la voluntad o amor recíproco del Padre y del Hijo 124
§ 15. Diferencia entre espiración y generación 125

Págs.

Capítulo segundo: Las relaciones y personas divinas

§ 16. Las relaciones divinas 126
§ 17. Las Personas divinas 128
§ 18. Las propiedades y nociones divinas 129
§ 19. La pericóresis trinitaria 130
§ 20. La unidad de la operación divina ad extra 131
§ 21. Las apropiaciones 132
§ 22. Las misiones divinas 133

Capítulo tercero: La Santísima Trinidad y la razón

§ 23. Índole misteriosa del dogma trinitario 134

Libro segundo

TRATADO DE DIOS CREADOR

Sección primera: El acto divino de la creación

Capítulo primero: El origen o creación del mundo

§ 1. Realidad de la creación divina del mundo 140
§ 2. La idea divina del mundo 142
§ 3. Motivo y finalidad de la creación del mundo 143
§ 4. La Santísima Trinidad y la creación 145
§ 5. La libertad del acto divino creador 146
§ 6. Carácter temporal del mundo 148
§ 7. Incomunicabilidad del poder creador 150

Capítulo segundo: Conservación y gobierno del mundo

§ 8. Conservación del mundo 151
§ 9. El concurso divino 153
§ 10. La providencia divina y el gobierno del mundo 155

Sección segunda: La obra divina de la creación

Capítulo primero: La doctrina revelada acerca de las cosas materiales o cosmología cristiana

§ 11. El hexamerón bíblico 158
§ 12. La doctrina del evolucionismo a la luz de la revelación . . . 160

Capítulo segundo: La doctrina revelada acerca del hombre o antropología cristiana

I. Naturaleza del hombre

§ 13. El origen de la primera pareja humana y la unidad del género humano 162

Págs.

§ 14. Los elementos constitutivos de la naturaleza humana 165
§ 15. El origen de cada alma humana 169

II. La elevación del hombre al estado sobrenatural

§ 16. Concepto de lo sobrenatural 172
§ 17. Relación entre la naturaleza y lo sobrenatural 173
§ 18. Dones sobrenaturales del primer hombre 175
§ 19. Los distintos estados de la naturaleza humana 179

III. El hombre y su caída del estado sobrenatural

§ 20. El pecado personal de nuestros primeros padres o pecado original originante 180
§ 21. Existencia del pecado original 182
§ 22. Esencia del pecado original 186
§ 23. Propagación del pecado original 188
§ 24. Consecuencias del pecado original 189
§ 25. La suerte de los niños que mueren en pecado original 191

Capítulo tercero: La verdad revelada acerca de los ángeles o angelología cristiana

§ 26. Existencia, origen y número de los ángeles 193
§ 27. Naturaleza de los ángeles 195
§ 28. La elevación sobrenatural y la prueba a que fueron sometidos los ángeles 197
§ 29. Pecado y reprobación de los ángeles malos 199
§ 30. Actividad de los ángeles buenos 200
§ 31. Actividad de los ángeles malos 202

Libro tercero

TRATADO DE DIOS REDENTOR

Parte primera: La persona del Redentor

Inquisición previa

§ 1. Existencia histórica de Jesús 209

Sección primera: Las dos naturalezas de Cristo y el modo como están unidas

Capítulo primero: La verdadera divinidad de Cristo

§ 2. El dogma de la verdadera divinidad de Cristo y sus adversarios. 211
§ 3. El testimonio del Antiguo Testamento 212
§ 4. El testimonio de los evangelios sinópticos 213

Págs.

§ 5. El testimonio del Evangelio según San Juan 218
§ 6. El testimonio de las cartas paulinas 222
§ 7. El testimonio de la tradición eclesiástica 227

Capítulo segundo: La verdadera humanidad de Cristo

§ 8. Realidad de la naturaleza humana de Cristo 229
§ 9. Integridad de la naturaleza humana de Cristo 231
§ 10. Origen adamítico de la naturaleza humana de Cristo 232

Capítulo tercero: La unión de ambas naturalezas en Cristo en la unidad de persona

§ 11. La unidad de la persona de Cristo 234
§ 12. La dualidad de naturalezas 238
§ 13. Dualidad de voluntades y operaciones 240
§ 14. Comienzo y duración de la unión hipostática 243

Capítulo cuarto: Explicación teologicoespeculativa de la unión hipostática

§ 15. Carácter sobrenatural y absolutamente misterioso de la unión hipostática 246
§ 16. Objeciones contra el dogma de la unión hipostática 247
§ 17. La unión hipostática y la Santísima Trinidad 249

Capítulo quinto: Consecuencias de la unión hipostática

§ 18. La filiación natural divina del hombre Jesucristo 251
§ 19. La adorabilidad de Cristo en general 253
§ 20. La adoración del Sacratísimo Corazón de Jesús 255
§ 21. La comunicación de idiomas 257
§ 22. La pericóresis cristológica 258

Sección segunda: Los atributos de la naturaleza humana de Cristo

Capítulo primero: Las prerrogativas de la naturaleza humana de Cristo

I. Las prerrogativas del entendimiento humano de Cristo

§ 23. La visión beatífica 261
§ 24. La ciencia infusa 266
§ 25. La ciencia adquirida y el progreso del saber humano de Cristo . 267

II. Las prerrogativas de la voluntad humana de Cristo o la santidad de Jesús

§ 26. La impecancia e impecabilidad de Cristo 269
§ 27. La santidad y plenitud de gracia en Cristo 271

Págs.

III. Las prerrogativas del poder humano de Cristo

§ 28. El poder de Cristo 274

Capítulo segundo: Los defectos o la pasibilidad de la naturaleza humana de Cristo

§ 29. La pasibilidad de Cristo 276

Parte segunda: La obra del Redentor

Capítulo primero: La redención en general

§ 1. El fin de la encarnación 279
§ 2. Controversia sobre la predestinación absoluta o condicionada de la encarnación 280
§ 3. Concepto y posibilidad de la redención por medio de Cristo . . 282
§ 4. Carácter necesario y libre de la redención 283

Capítulo segundo: La realización de la redención por los tres ministerios de Cristo

I. El ministerio doctrinal

§ 5. El ministerio doctrinal o profético de Cristo 286

II. El ministerio pastoral

§ 6. El ministerio pastoral o ministerio real de Cristo 287

III. El ministerio sacerdotal

§ 7. Realidad del oficio sacerdotal de Cristo 290
§ 8. Ejercicio del oficio sacerdotal o sacrificio de Cristo 291
§ 9. Importancia soteriológica del sacrificio de Cristo: rescate y reconciliación 293
§ 10. La satisfacción vicaria de Cristo 296
§ 11. El mérito de Cristo 299

Capítulo tercero: Conclusión gloriosa de la obra redentora de Cristo o ensalzamiento de Jesús

§ 12. Descenso de Cristo a los infiernos 301
§ 13. La resurrección de Cristo 303
§ 14. La ascensión de Cristo a los cielos 305

Parte tercera: Tratado de la Madre del Redentor

Capítulo primero: La divina maternidad de María

§ 1. María es verdadera Madre de Dios 310
§ 2. Dignidad y plenitud de gracia de María, derivadas de su maternidad divina 312

Págs.

Capítulo segundo: Los privilegios de la Madre de Dios

§ 3. La concepción inmaculada de María 314
§ 4. María y su inmunidad de la concupiscencia y de todo pecado personal 319
§ 5. La virginidad perpetua de María 320
§ 6. La asunción corporal de María a los cielos 326

Capítulo tercero: La cooperación de María a la obra de la redención

§ 7. La mediación de María 331
§ 8. La veneración de María 336

Libro cuarto

TRATADO DE DIOS SANTIFICADOR

Parte primera: La doctrina de la gracia

Introducción: La gracia en general

§ 1. La redención subjetiva en general 342
§ 2. Noción de gracia 342
§ 3. División de la gracia 344
§ 4. Errores más importantes en materia de la gracia 346

Sección primera: La gracia actual

Capítulo primero: Naturaleza de la gracia actual

§ 5. La gracia de iluminación y la de moción 349
§ 6. La gracia antecedente y la subsiguiente 351
§ 7. Controversia acerca de la esencia de la gracia actual 353

Capítulo segundo: Necesidad de la gracia actual

§ 8. Necesidad de la gracia para los actos del orden sobrenatural . . 354
§ 9. La capacidad de la naturaleza humana sin la gracia, y sus límites. 360

Capítulo tercero: La distribución de la gracia actual

§ 10. La libertad de Dios en la distribución de la gracia o carácter gratuito de la misma 364
§ 11. La universalidad de la gracia 367
§ 12. El misterio de la predestinación 371
§ 13. El misterio de la reprobación 375

Págs.

Capítulo cuarto: La relación entre la gracia y la libertad

§ 14. La doctrina de la Iglesia sobre la gracia y la libertad, frente a las doctrinas heréticas 377
§ 15. La especulación teológica en torno a la relación entre la gracia y la libertad 380

Sección segunda: La gracia habitual

Capítulo primero: Proceso de la justificación

§ 16. Concepto de justificación 383
§ 17. Las causas de la justificación 385
§ 18. La preparación para la justificación 387

Capítulo segundo: El estado de justificación

§ 19. La esencia de la gracia santificante 390
§ 20. Los efectos formales de la gracia santificante 394
§ 21. El séquito de la gracia santificante 397
§ 22. Propiedades del estado de gracia 400

Capítulo tercero: Las consecuencias o frutos de la justificación o doctrina acerca del mérito

§ 23. La realidad del mérito 403
§ 24. Las condiciones del mérito 405
§ 25. El objeto del mérito 408

Parte segunda: Tratado acerca de la Iglesia

Capítulo primero: Origen divino de la Iglesia

§ 1. Concepto de Iglesia 412
§ 2. La fundación de la Iglesia por Cristo 415
§ 3. Finalidad de la Iglesia 417

Capítulo segundo: La constitución de la Iglesia

§ 4. La constitución jerárquica de la Iglesia 420
§ 5. El primado de Pedro 424
§ 6. El primado de jurisdicción de los papas 428
§ 7. Naturaleza del primado romano 432
§ 8. El primado del magisterio pontificio o infalibilidad del Papa . . 434
§ 9. Los obispos 438

Capítulo tercero: Las fuerzas vitales de la Iglesia

§ 10. Cristo y la Iglesia 441
§ 11. El Espíritu Santo y la Iglesia 445

Págs.

Capítulo cuarto: Las propiedades esenciales de la Iglesia

§ 12. La indefectibilidad de la Iglesia 447
§ 13. La infalibilidad de la Iglesia 449
§ 14. La visibilidad de la Iglesia 453
§ 15. La unidad de la Iglesia 456
§ 16. La santidad de la Iglesia 458
§ 17. La catolicidad de la Iglesia 461
§ 18. La apostolicidad de la Iglesia 463

Capítulo quinto: Necesidad de la Iglesia

§ 19. La pertenencia a la Iglesia 465
§ 20. La necesidad de pertenecer a la Iglesia 468

Capítulo sexto: La comunión de los santos

§ 21. Noción y realidad de la comunión de los santos 471
§ 22. La comunión de los fieles que viven en la tierra 473
§ 23. La comunión de los fieles de la tierra con los santos del cielo . 476
§ 24. La comunión de los fieles de la tierra y los santos del cielo con las almas del purgatorio 481

Parte tercera: Tratado sobre los sacramentos

Sección primera: Tratado sobre los sacramentos en general

Capítulo primero: Naturaleza de los sacramentos

§ 1. Noción de sacramento 486
§ 2. Los elementos del signo sacramental 489

Capítulo segundo: Eficiencia y causalidad de los sacramentos

§ 3. La eficiencia objetiva de los sacramentos 491
§ 4. La causalidad de los sacramentos 493
§ 5. Efectos de los sacramentos 496

Capítulo tercero: La institución y número de los sacramentos

§ 6. La institución de los sacramentos por Cristo 501
§ 7. El número de los sacramentos 504
§ 8. Necesidad de los sacramentos 506

Capítulo cuarto: El ministro y el sujeto de los sacramentos

§ 9. El ministro de los sacramentos 508
§ 10. El sujeto de los sacramentos 512

Págs.

Capítulo quinto: Los sacramentos precristianos y los sacramentales

§ 11. Los sacramentos precristianos 515
§ 12. Los sacramentales 517

Sección segunda: Tratado sobre los sacramentos en particular

I. El sacramento del bautismo

§ 1. Noción y sacramentalidad del bautismo 519
§ 2. El signo externo del bautismo 522
§ 3. Los efectos del bautismo 526
§ 4. Necesidad de recibir el bautismo 528
§ 5. El ministro del bautismo 531
§ 6. El sujeto del bautismo 532

II. El sacramento de la confirmación

§ 1. Noción y sacramentalidad de la confirmación 536
§ 2. El signo externo de la confirmación 540
§ 3. Los efectos de la confirmación 543
§ 4. Necesidad de la confirmación 545
§ 5. El ministro de la confirmación 546
§ 6. El sujeto de la confirmación 548

III. El sacramento de la eucaristía

§ 1. Noción de eucaristía 551

A. La presencia real de Cristo en la eucaristía

Capítulo primero: El hecho de la presencia real de Cristo

§ 2. Doctrinas heréticas opuestas 552
§ 3. La presencia real de Cristo según testimonio de la Sagrada Escritura 555
§ 4. La presencia real según el testimonio de la tradición 558

Capítulo segundo: Verificación de la presencia real de Cristo o transustanciación

§ 5. El dogma y la noción de transustanciación 562
§ 6. La transustanciación según las fuentes de la verdad revelada . 565
§ 7. Las especies sacramentales 567

Capítulo tercero: El modo con que Cristo está realmente presente en la Eucaristía

§ 8. La totalidad de la presencia 568

Págs.

§ 9. Permanencia de la presencia real 571
§ 10. Adorabilidad de la eucaristía 572

Capítulo cuarto: La Eucaristía y la razón

§ 11. El carácter misterioso de la eucaristía 574
§ 12. Contradicciones aparentes entre la razón y el dogma eucarístico. 574

B. La eucaristía como sacramento

§ 13. La sacramentalidad de la eucaristía 577
§ 14. El signo externo de la eucaristía 578
§ 15. Los efectos de la eucaristía 581
§ 16. Necesidad de la eucaristía 584
§ 17. El ministro de la eucaristía 586
§ 18. El sujeto de la eucaristía 588

C. La eucaristía como sacrificio

Capítulo primero: Realidad del sacrificio de la misa

§ 19. La eucaristía y su carácter de sacrificio según la doctrina de la Iglesia 590
§ 20. El carácter sacrificial de la eucaristía según testimonio de la Escritura 591
§ 21. El carácter sacrificial de la eucaristía según el testimonio de la tradición 594

Capítulo segundo: La esencia del sacrificio de la misa

§ 22. Relación entre el sacrificio de la misa y el de la cruz 597
§ 23. La esencia física del sacrificio de la misa 599
§ 24. La esencia metafísica del sacrificio de la misa 600

Capítulo tercero: Efectos y eficacia del sacrificio de la misa

§ 25. Efectos del sacrificio de la misa 603
§ 26. Eficacia del sacrificio de la misa 605
§ 27. Valor y frutos del sacrificio de la misa 606

IV. El sacramento de la penitencia

§ 1. Noción de penitencia 610

A. La potestad de la Iglesia para perdonar los pecados

Capítulo primero: La existencia de potestad en la Iglesia para perdonar los pecados

§ 2. El dogma y las herejías opuestas 612

Págs.

§ 3. Testimonio de la Escritura 614
§ 4. El testimonio de la tradición 616

Capítulo segundo: Propiedades de la potestad de la Iglesia para perdonar los pecados

§ 5. El poder de la Iglesia para perdonar los pecados, como verdadera potestad de absolución 619
§ 6. Extensión universal del poder de la Iglesia para perdonar los pecados 620
§ 7. Carácter judicial del perdón eclesiástico de los pecados . . . 621

B. El perdón de los pecados como sacramento

§ 8. Sacramentalidad del perdón de los pecados 623

Capítulo primero: El signo exterior del sacramento de la penitencia

I. La contrición

§ 9. La contrición en general 625
§ 10. La contrición perfecta 627
§ 11. La atrición 629

II. La confesión de los pecados

§ 12. Institución divina y necesidad de la confesión 632
§ 13. El objeto de la confesión 634

III. La satisfacción

§ 14. Noción e índole de la satisfacción sacramental 636

IV. La absolución

§ 15. La absolución sacramental como forma del sacramento de la penitencia 639

Capítulo segundo: Efectos y necesidad del sacramento de la penitencia

§ 16. Efectos del sacramento de la penitencia 641
§ 17. Necesidad del sacramento de la penitencia 643

Capítulo tercero: El ministro y el sujeto del sacramento de la penitencia

§ 18. El ministro del sacramento de la penitencia 644
§ 19. El sujeto del sacramento de la penitencia 646

Apéndice

§ 20. La doctrina sobre las indulgencias 647

Págs.

V. El sacramento de la unción de los enfermos

§ 1. Noción y sacramentalidad de la unción de los enfermos . . . 653
§ 2. El signo externo de la unción de los enfermos 656
§ 3. Los efectos de la unción de los enfermos 657
§ 4. Necesidad de la unción de los enfermos 659
§ 5. El ministro de la unción de los enfermos 659
§ 6. El sujeto de la unción de los enfermos 660

VI. El sacramento del orden

§ 1. Noción y sacramentalidad del orden 661
§ 2. Las órdenes sagradas. 663
§ 3. El signo externo del sacramento del orden 667
§ 4. Efectos del sacramento del orden 670
§ 5. El ministro del sacramento del orden 672
§ 6. El sujeto del sacramento del orden 675

VII. El sacramento del matrimonio

§ 1. Noción, origen y sacramentalidad del matrimonio 676
§ 2. Fin y propiedades del matrimonio 679
§ 3. El signo externo del sacramento del matrimonio 684
§ 4. Los efectos del sacramento del matrimonio 686
§ 5. El ministro y el sujeto del sacramento del matrimonio 687
§ 6. La potestad de la Iglesia sobre el matrimonio 689

Libro quinto

TRATADO DE DIOS CONSUMADOR

Tratado de los novísimos o de la consumación (escatología)

Capítulo primero: La escatología del individuo

§ 1. La muerte 694
§ 2. El juicio particular 697
§ 3. El cielo 699
§ 4. El infierno 703
§ 5. El purgatorio 707

Capítulo segundo: Escatología general

§ 6. El retorno de Cristo 711
§ 7. La resurrección de los muertos 715
§ 8. El juicio universal 720
§ 9. El fin del mundo 723

Índice de nombres 729

Índice de materias 738

ABREVIATURAS DE REVISTAS, OBRAS COMPLETAS, EDICIONES Y TÍTULOS CORRIENTES

AAS	=Acta Apostolicae Sedis
AC	=Antike und Christentum
AHDL	=Archives d'Histoire Doctrinale et Littéraire du Moyen Âge
AHG	=Archivo Histórico Granadino
AkKR	=Archiv für katholisches Kirchenrecht
Ant	=Antonianum
APAR	=Acta Pontificiae Academiae Romanae S. Thomae Aquinatis et Religionis Catholicae
ASS	=Acta Sanctae Sedis
ATG	=Archivo Teológico Granadino
Bibl	=Biblica
BKV	=Bibliothek der Kirchenväter, Kempten-Munich 1911 ss
BLE	=Bulletin de Littérature ecclésiastique
BM	=Benediktinische Monatschrift
BThAM	=Bulletin de Théologie ancienne et médiévale
BZ	=Biblische Zeitschrift
BZThS	=Bonner Zeitschrift für Theologie und Seelsorge
Cavallera	=F. CAVALLERA, *Thesaurus doctrinae catholicae ex documentis magisterii ecclesiastici,* París 1920 ([2]1936)
CBQ	=The Catholic Biblical Quarterly
CIC	=Codex Iuris Canonici
Coll. Lac.	=Acta et Decreta sacrorum Conciliorum recentiorum. Collectio Lacensis, Friburgo de Brisgovia 1870 ss
DS	=H. DENZINGER - A. SCHÖNMETZER, *Enchiridion symbolorum, et declarationum de rebus fidei et morum,* Barcelona [34]1967
Dz	=H. DENZINGER, *Enchiridion symbolorum, definitionum et declarationum de rebus fidei et morum,* Friburgo de Brisgovia-Barcelona [31]1957. Existe trad. española de la misma obra, con idéntica numeración, bajo el título de *El Magisterio de la Iglesia,* Barcelona 1955
DTh	=Divus Thomas, Friburgo de Suiza
DThC	=*Dictionnaire de Théologie Catholique*
DThP	=Divus Thomas, Piacenza
EB	=Estudios Bíblicos
EE	=Estudios Eclesiásticos
EF	=Estudios filosóficos

EThL = Ephemerides theologicae Lovanienses
FlP = Florilegium Patristicum, Bonn 1904 s
FS = Franciscan Studies
FrSt = Franziskanische Studien
G = Texto griego de la Sagrada Escritura. En los pasajes del Antiguo Testamento, el texto de los Setenta (ed. A. RAHLFS, *Septuaginta,* Stuttgart 1935)
Greg = Gregorianum
Ir = Irénikon
JLW = Jahrbuch für Liturgiewissenschaft
JPhTh = Jahrbuch für Philosophie und spekulative Theologie
JThSt = The Journal of Theological Studies
Kath = Der Katholik
KL = WETZER-WELTES, *Kirchenlexikon,* Friburgo de Brisgovia 1882 ss
M = Texto masorético (ed. R. KITTEL, *Biblia Hebraica,* Stuttgart [8]1952)
MANSI = J. D. MANSI, *Sacrorum Conciliorum nova et amplissima collectio,* Florencia 1759 ss
MFr = Miscellanea Francescana
MSR = Mélanges de Science religieuse
MThZ = Münchener Theologische Zeitschrift
NRTh = Nouvelle Revue Théologique
NSch = The New Scholasticism
OCP = Orientalia Christiana Periodica
PG = J. P. MIGNE, *Patrologia Graeca,* París 1857 ss
PL = J. P. MIGNE, *Patrologia Latina,* París 1844 ss
PhJb = Philosophisches Jahrbuch
PMCL = Periodica de re morali, canonica, liturgica
RAM = Revue d'Ascétique et de Mystique
RB = Revue Biblique
RET = Revista Española de Teología
RevSR = Revue des Sciences religieuses
RFil = Revista de Filosofía
RFN = Rivista di Filosofia Neoscolastica
RHE = Revue d'Histoire ecclésiastique
RQ = Römische Quartalschrift
RSPhTh = Revue des Sciences philosophiques et théologiques
RSR = Recherches de Science religieuse
RThAM = Recherches de Théologie ancienne et médiévale
RTh = Revue Thomiste
S.th. = SANCTUS THOMAS, *Summa theologiae*
S.c.G. = SANCTUS THOMAS, *Summa contra Gentiles*
Schol = Scholastik
SchrTh = K. RAHNER, *Schriften zur Theologie,* Einsiedeln-Zurich-Colonia I 1954, II 1955, III 1956, IV 1960, V 1962 (traducción castellana: *Escritos de teología,* Taurus, Madrid I y II 1961, III 1962, IV 1963, V 1965).

StZ	= Stimmen der Zeit
Suppl.	= Suplemento de la *Suma teológica* de SANTO TOMÁS formado por el *Comentario a las Sentencias*
Theol. Bibl.	= Theologia Biblica
ThGl	= Theologie und Glaube
ThprM	= Theologisch-praktische Monatsschrift
ThprQ	= Theologisch-praktische Quartalschrift, Linz
ThQ	= Theologische Quartalschrift, Tubinga
ThR	= Theologische Revue
TrThZ	= Trierer Theologische Zeitschrift
VerVid	= Verdad y Vida
Vg	= Vulgata
ZAM	= Zeitschrift für Aszese und Mystik
ZKG	= Zeitschrift für Kirchengeschichte
ZkTh	= Zeitschrift für katholische Theologie
ZNW	= Zeitschrift für neutestamentliche Wissenschaft
ZSKA	= Zeitschrift der Savignystiftung für Rechtsgeschichte. Kanonistische Abteilung
ZsTh	= Zeitschrift für systematische Theologie

ABREVIATURAS DE CIUDADES

A = Augsburgo
B = Berlín
Ba = Bamberg
Barna = Barcelona
Bas = Basilea
Bn = Brixen
Bo = Bonn
Br = Breslau
Brg = Braunsberg
Bru = Brujas
Brx = Bruselas [Bruxelles]
C = Cambridge
D = Dusseldorf
E = Einsiedeln
Fi = Florencia [Firenze]
Fr = Friburgo de Brisgovia
Fr/S = Friburgo de Suiza
Ft = Francfort del Meno
Fu = Fulda
G = Gotinga
Ge = Gembloux
Gie = Giessen
Gr = Graz
Gra = Granada
Gü = Gütersloh
Gw = Greifswald
Hei = Heidelberg
Hi = Hildesheim
In = Innsbruck
K = Colonia [Köln]
Ke = Kempten
L = Leipzig
Li = Limburgo del Lahn
Ln = Lovaina
Lo = Londres
Lu = Lucerna
Ly = Lyón
Lz = Linz
M = Marburgo
Ma = Madrid
Me = Malinas [Mecheln]
Mi = Milán
Mn = Munich
Mr = Munster de Westfalia
Mu = Mundelein (Illinois)
Mw = Milwaukee
Mz = Maguncia [Mainz]
N = Nimega
NY = Nueva York
P = París
Pa = Paderborn
Po = Poznán
Q = Quaracchi
R = Roma
Re = Ratisbona [Regensburg]
Ro = Rotemburgo
S = Salzburgo
Sp = Espira [Speyer]
St = Stuttgart
StBv = St. Bonaventure, Nueva York
Str = Estrasburgo [Strassburg]
T = Tubinga
To = Turín [Torino]
Tou = Toulouse
Tr = Tréveris
V = Ciudad del Vaticano
Ve = Vechta
W = Viena [Wien]
Wa = Washington
Wü = Wurzburgo
Z = Zurich

PRÓLOGO

Este Manual de Teología Dogmática *ha nacido del ejercicio diario de enseñar y, por tanto, se dirige primordialmente a los estudiantes de la disciplina teológica.*

Me propuse presentar de la forma más clara y precisa que me fuera posible la sustancia de la doctrina católica y sus fundamentos en las fuentes de la revelación. Por razones didácticas he estructurado cuidadosamente toda la materia.

Como no podía sobrepasar el margen de un manual, sólo presenté en cada tema las declaraciones más significativas del magisterio eclesiástico, algunos de los textos bíblicos más importantes y algún que otro texto patrístico. A otras clases de pruebas no pude sino aludir brevemente. Expuse la evolución de los dogmas sólo en cuanto resultaba indispensable para comprender la doctrina católica. Generalmente traduzco los textos bíblicos y patrísticos. Quien desee estudiarlos en su idioma original puede buscar los textos bíblicos en una buena edición de la Escritura, y la mayor parte de los patrísticos en el Enchiridion Patristicum, *de* M. J. ROUËT DE JOURNEL *(Friburgo de Brisgovia-Barcelona [18]1953). La brevedad a que antes aludía me ha forzado a dar preferencia a la prueba positiva sobre la especulativa. Ésta va de todos modos en forma concisa al fin de cada tema. Las numerosas citas de Santo Tomás pueden servir de orientación para profundizar más en el campo especulativo.*

La bibliografía no pretende ser completa. Dado el carácter manual de la obra, solamente es posible ofrecer una selección de los trabajos más sobresalientes publicados hasta el momento mismo de la impresión. Pero el lector verá de todos modos que la selección ha sido bastante copiosa y no echará de menos las publicaciones novísimas más importantes. Para completar la bibliografía, acúdase al Dictionnaire de Théologie Catholique *y al* Theologisches Wörterbuch zum Neuen Testament, *de* KITTEL.

La base del presente Manual *la constituyen las lecciones de mis venerados maestros Michael Rackl († 1948, siendo obispo de Eichstätt) y Martin Grabmann († 1949) y respira su espíritu como es mi deseo. Grabmann me inspiró, además, la idea de publicar la presente obra. Confieso también que debo mucho a los textos mencionados en la página 43, sobre todo a los de Bartmann, Diekamp, Pohle y Van Noort.*

¡Ojalá que este libro contribuya a difundir en todos los ambientes intelectuales españoles e hispanoamericanos la doctrina de la Iglesia, a fin de que florezcan un conocimiento más profundo de lo sobrenatural y un fervor religioso más vivo!

Eichstätt, 25 de septiembre de 1954.

LUDWIG OTT

NOTA EDITORIAL A LA SEXTA Y SÉPTIMA EDICIÓN

La primera edición castellana de la presente obra (1958) aprovechó algunas referencias bibliográficas de las ediciones en inglés (Cork 1955) y en francés (Mulhouse 1955) y se hizo fundamentalmente sobre la tercera edición alemana original (Friburgo de Brisgovia 1957), con adiciones de los revisores destinadas a completar la bibliografía.

La presente edición ha sido revisada, de acuerdo con la séptima edición alemana (1965) y las correcciones previstas por el autor, para la octava, consistentes en referencias a los documentos del Vaticano II. Sin embargo, el lector tendrá que completar algunos textos, recurriendo a la edición oficial de los diversos libros litúrgicos reformados después del Vaticano II y al nuevo Código de derecho canónico.

INTRODUCCIÓN A LA TEOLOGÍA DOGMÁTICA

§ 1. Noción y objeto de la teología

1. Noción

El término teología significa etimológicamente «tratado de Dios» (λόγος περὶ θεοῦ, «de divinitate ratio sive sermo»; San Agustín, *De civ. Dei* viii 1). Teología es, por tanto, la ciencia o estudio acerca de Dios.

2. Objeto

El *objeto material* primario de la teología es Dios; el secundario, las cosas creadas en cuanto se hallan en relación con Dios: «Omnia pertractantur in sacra doctrina sub ratione Dei, vel quia sunt ipse Deus, vel quia habent ordinem ad Deum ut ad principium et finem»; S.th. i 1, 7.

Respecto del *objeto formal,* es necesario distinguir entre la teología natural y la sobrenatural. La teología natural, iniciada por Platón (denominada *theologia naturalis* por San Agustín, siguiendo la expresión de Varrón, y que desde el siglo xix fue llamada también teodicea), constituye el punto culminante de la filosofía y puede definirse como la exposición científica de las verdades acerca de Dios, en cuanto éstas son conocibles por la luz de la razón natural. En cambio, la teología sobrenatural es la exposición científica de las verdades acerca de Dios, en cuanto éstas son conocibles por la luz de la revelación divina. El objeto formal de la teología *natural* es Dios, tal como le conocemos por la luz de la razón natural a través de las cosas creadas; el objeto formal de la teología *sobrena-*

tural es Dios, tal como le conocemos por la fe mediante la luz de la revelación; cf. SAN AGUSTÍN, *De civ. Dei* VI 5; S.th. I 1, 1 ad 2.

La teología natural y la sobrenatural se distinguen entre sí: por el principio cognoscitivo (la razón natural — la razón iluminada por la fe), por el medio de conocimiento (las cosas creadas — la revelación divina) y por el objeto formal (Dios uno — Dios uno y trino).

Bibliografía: J. ENGERT, *Studien zur theologischen Erkenntnislehre,* Re 1926. G. RABEAU, *Introduction à l'étude de la théologie,* P 1926. J. BILZ, *Einführung in die Theologie,* Fr 1935. A. STOLZ, *Introductio in sacram theologiam,* Fr 1941. B. M. XIBERTA, *Introductio in Sacram Theologiam,* Ma 1949. E. PLATZECK, *Reflexiones sobre la definición de la Teología,* Ver Vid 2 (1944) 337-355. R. R. SINEUX, *Initiation à la théologie de Saint Thomas,* P 1954. CH. JOURNET, *Introduction à la théologie,* P 1947.

§ 2. LA TEOLOGÍA COMO CIENCIA

1. Carácter científico de la teología

a) Según la doctrina de Santo Tomás, la teología es verdadera ciencia, porque parte de verdades fundamentales absolutamente ciertas *(principia),* las verdades reveladas; saca de ellas, mediante un método de argumentación estrictamente científico, nuevos conocimientos, las conclusiones teológicas *(conclusiones);* y las reúne todas en un sistema organizado.

No obstante, la teología es una ciencia subordinada *(scientia subalternata),* porque sus principios no son intrínsecamente evidentes para nosotros, sino que los recibe de una ciencia superior, del saber de Dios comunicado por revelación; S.th. I 1, 2: «Sacra doctrina est scientia, quia procedit ex principiis notis lumine superioris scientiae, quae scilicet est scientia Dei et beatorum».

La escolástica se dedicó exclusivamente al estudio de la teología especulativa. El florecimiento de la investigación histórica a comienzos de la edad moderna amplió el concepto de ciencia, y esta ampliación aplicóse también en la teología positiva. Por ciencia en sentido objetivo se entiende hoy día un sistema de conocimientos metódicamente elaborados acerca de un objeto que guarde unidad. La teología posee un objeto homogéneo, se sirve de un procedimiento metódico acomodado a su objeto y reúne los resultados obtenidos en un sistema organizado. La sujeción a la autoridad de Dios y de la Iglesia no disminuye en absoluto el carácter científico de la teología, pues tal autoridad pertenece a la sustancia misma de la verdad revelada por Dios y depositada en manos de la Iglesia, y, por tanto, no es posible separarla del objeto de la teología.

b) La teología se eleva por encima de las otras ciencias por la excelsitud de su objeto, por la suprema certeza de sus conocimientos, que se fundan en el saber infalible de Dios, y por su ordenación directa al supremo fin del hombre; cf. S.th. I 1, 5.

c) La teología, según SANTO TOMÁS, es ciencia especulativa y práctica al mismo tiempo, pues por una parte estudia a Dios, verdad suprema, y a todas las criaturas en sus relaciones con Dios, y por otra estudia también, siempre a la luz de la verdad divina, la conducta moral del hombre en orden a su último fin sobrenatural. La faceta especulativa posee la primacía, pues la ciencia teológica aspira ante todo a conocer la verdad divina, y también porque el último fin de la conducta moral consiste en el perfecto conocimiento de Dios; S.th. I 1, 4.

La escuela franciscana medieval estima que la teología es una ciencia práctica o afectiva, porque los conocimientos teológicos mueven por su misma naturaleza el afecto. El fin primordial de la teología es la perfección moral del hombre: «ut boni fiamus» (BUENAVENTURA, *Prooemium in IV libros Sent.*, q. 3).

La razón última de esta diversa apreciación del problema radica en la distinta estimación de las potencias del alma. Santo Tomás y su escuela reconocen con Aristóteles la primacía del entendimiento; la escuela franciscana, en cambio, se decide con San Agustín por la primacía de la voluntad.

d) La teología es sabiduría, pues estudia la causa profundísima y última de todas las cosas. Es la suprema sabiduría, porque considera esa última causa a la luz de la verdad revelada por el mismo saber de Dios; cf. S.th. I 1, 6.

2. La ciencia de la fe

La teología es ciencia de la *fe*. Presupone, pues, la fe en sentido objetivo *(fides quae creditur)* y en sentido subjetivo *(fides qua creditur)*. La teología comparte con la fe las fuentes de sus conocimientos, que son: la Sagrada Escritura y la tradición (regla remota de fe) y las declaraciones del magisterio de la Iglesia (regla próxima de fe). Pero la teología, en cuanto *ciencia* de la fe, tiene también un principio cognoscitivo especial, a saber, la razón humana, con la cual procura penetrar y comprender en lo posible el contenido y la conexión del sistema de verdades sobrenaturales. SAN AGUSTÍN expresa este mismo pensamiento en aquellas palabras: *Crede ut intelligas (Sermo* 43, 7, 9); SAN ANSELMO DE CANTORBERY lo expresa también de la siguiente manera: [La teología es] *fides quaerens intellectum (Proslogion,* Proemio), y: *Credo ut intelligam (Proslogion* 1); RICARDO DE SAN VÍCTOR dice estas palabras: «Properemus de fide ad cognitionem. Satagamus, in quantum possumus, ut intelligamus quod credimus» *(De Trinitate,* Prólogo).

3. División

La teología es una sola ciencia, pues no posee más que un solo objeto formal: Dios y las criaturas en cuanto son objeto de la revelación divina. Como la revelación es una participación del saber divino, la teología, como afirma Santo Tomás, es en cierta manera una grabación del saber divino, único y absolutamente simple, en la mente creada del hombre; S.th. I 1, 3.

Según los diversos fines que se proponga, la ciencia teológica, siendo una sola, puede dividirse en las siguientes ramas o especialidades:

a) Teología *dogmática,* incluyendo también la teología fundamental que sirve de base al dogma.

b) Teología *histórico-bíblica:* Introducción a la Sagrada Escritura, hermenéutica, exégesis; historia eclesiástica, historia de los dogmas, historia de la liturgia, historia del derecho canónico, patrología.

c) Teología *práctica:* Teología moral, derecho canónico, teología pastoral con la catequética y la homilética.

Bibliografía: E. KREBS, *Theologie und Wissenschaft nach der Lehre der Hochscholastik,* Mr 1912. P. WYSER, *Theologie als Wissenschaft,* S 1938. J. FRIEDERICHS, *Die Theologie als spekulative und praktische Wissenschaft nach Bonaventura und Thomas van Aquin,* Bo 1940. M.-D. CHENU, *La théologie comme science au XIIIe siècle,* P [3]1943. G. M. ROSCHINI, *La teologia è veramente scienza?* APAR 10 (1944) 47-132. M. GRABMANN, *Die theologische Erkenntnis- und Einleitungslehre des hl. Thomas von Aquin auf Grund seiner Schrift «In Boethium de Trinitate»,* Fr/S 1948. K. ADAM, *Glaube und Glaubenswissenschaft in Katholizismus,* Ro [2]1923. J. BEUMER, *Theologie als Glaubensverständnis,* Wü 1953. J. M. ALONSO, *La Teología como ciencia:* RET 4 (1944) 611-634; 5 (1945) 3-38, 433-450, 529-560; en pp. 2-4, amplia bibliografía. M. NICOLAU, *Etapas del proceso teológico:* EE 19 (1945) 145-205. B. MADARIAGA, *Camino de la ciencia a la sabiduría,* Oñate 1945. B. MELLER, *Studien zur Erkenntnislehre des Peter von Ailly,* Fr 1954.

§ 3. Noción y método de la teología dogmática

1. Noción

Tomando como base las declaraciones dogmáticas de la Iglesia, podríamos denominar dogmática o teología dogmática a toda la teología sobrenatural. Pero de hecho se reserva el nombre de dogmática al conjunto de verdades *teóricas* que nos han sido reveladas sobre Dios y sus operaciones *(doctrina credendorum)*, haciendo objeto de la teología moral las verdades reveladas *prácticas* que deben regir las acciones del hombre *(doctrina faciendorum)*. Podemos, pues, definir la teología dogmática con las siguientes palabras de Scheeben *(Dogmatik, Einleitung*, n. 2): «Es la exposición científica, basada en el dogma católico, de todas las enseñanzas teóricas que por revelación divina se nos han comunicado acerca de Dios y de sus operaciones.»

2. Método

El método de la teología dogmática es positivo y especulativo, razón por la cual se distingue entre teología dogmática positiva y especulativa.

La teología dogmática *positiva* nos enseña que el magisterio eclesiástico nos propone una doctrina teológica para que la creamos (elemento dogmático) y que tal doctrina se halla contenida en las fuentes de la revelación (elemento bíblico-patrístico). Al ponerse a defender la doctrina católica contra ideas erróneas, se convierte en teología controversista (elemento apologético o polémico).

La teología dogmática *especulativa*, que se identifica con la llamada teología escolástica, se esfuerza por comprender lo más posible, mediante el raciocinio humano, las verdades reveladas.

No deben separarse los dos métodos especulativo y positivo, antes bien el ideal consiste en la síntesis armónica del dato dogmático y del raciocinio, como prescribe expresamente la autoridad eclesiástica. Pío xi ordena en la constitución apostólica *Deus scientiarum Dominus* (1931) que «se exponga la sagrada teología según los métodos positivo y escolástico». El estudio especulativo «ha de hacerse según los principios y doctrina de Santo Tomás de Aquino» (art. 29); cf. Vaticano ii, *Decreto sobre la formación sacerdotal*, n.º 16; Santo Tomás, *Quodl.* iv 9, 18.

Bibliografía: J. Chr. Gspann, *Einführung in die katholische Dogmatik*, Re 1927. J. Brinktrine, *Einleitung in die Dogmatik*, Pa 1951. A Lang, *Die loci theologici des Melchor Cano und die Methode des dogmatischen*

Beweises, Mn 1925. J. SOLANO, *El conocimiento y el método teológico,* EE 18 (1944) 217-232. B. G. MONSEGÚ, *La actualidad teológica: hechos e ideas,* RET 10 (1950) 179-204, 335-360.

§ 4. CONCEPTO Y DIVISIÓN DEL DOGMA

1. Concepto

Por dogma en sentido estricto entendemos una verdad directamente (formalmente) revelada por Dios y propuesta como tal por la Iglesia para ser creída por los fieles. El concilio del Vaticano declara: «Fide divina et catholica ea omnia credenda sunt, quae in verbo Dei scripto vel tradito continentur et ab Ecclesia sive solemni iudicio sive ordinario et universali magisterio tanquam divinitus revelata credenda proponuntur»; Dz 1792.

El concepto de dogma comprende, por tanto, estos dos elementos:

a) La inmediata revelación por parte de Dios («revelatio immediate divina o revelatio formalis»). La verdad en cuestión tiene que haber sido revelada inmediatamente por Dios, bien sea expresamente *(explicite)* o implícitamente *(implicite),* y debe hallarse contenida, por tanto, en las fuentes de la revelación; en la Sagrada Escritura o en la tradición.

b) Que haya sido propuesta por el magisterio eclesiástico *(propositio Ecclesiae).* Tal proposición no solamente incluye la notificación de una doctrina de fe, sino al mismo tiempo la obligación de creer esa verdad propuesta. Esto puede hacerlo la Iglesia, bien de forma extraordinaria por una solemne definición del Papa o de un concilio universal *(iudicium solemne),* o por el magisterio ordinario y universal de toda la Iglesia *(magisterium ordinarium et universale).* Qué cosa constituya enseñanza universal de la Iglesia es fácil inferirlo si se examinan los catecismos publicados por los obispos en sus diócesis.

Mientras que, según esta opinión que acabamos de exponer (que es la general y que propugnan principalmente los tomistas), la verdad revelada propuesta por el dogma ha de contenerse inmediata o formalmente (es decir, como tal) en las fuentes de la revelación, bien sea explícita o implícitamente, según otra opinión (propugnada por los escotistas y por algunos teólogos dominicos, como M. M. Tuyaerts, A. Gardeil, F. Marín-Sola), una verdad puede ser también propuesta como dogma aun cuando sólo se contenga mediata o virtualmente en las fuentes de la revelación, es decir, cuando pueda ser deducida de una verdad revelada con ayuda de otra verdad de razón natural. La sentencia escotista deja mayor margen al magisterio docente de la Iglesia para que proponga verdades de fe, y hace más fácil probar que las verdades de fe propuestas como tales por la Iglesia se contienen en las fuentes de la revelación; pero puede objetarse en contra de ella que el asentimiento de fe no se apoyaría solamente en la autoridad de Dios revelador, sino al mismo tiempo en un conocimiento de razón natural, siendo así que la Iglesia exige prestar ante el dogma una fides divina.

El dogma en sentido propio es objeto de la fides divina et catholica: es objeto de fe divina por proceder de una revelación divina, y es objeto de fe católica por ser propuesto por el magisterio infalible de la Iglesia. Cuando un bautizado niega o pone en duda deliberadamente un verdadero dogma, cae en pecado de herejía (CIC 1325, § 2) e incurre ipso facto en excomunión (CIC 2314, § 1).

Si, no obstante faltar la propuesta de la Iglesia, alguno llega a la convicción firme y cierta de que una verdad ha sido revelada inmediatamente por Dios, está obligado, según doctrina de varios teólogos (Suárez, De Lugo), a creerla con fe divina. Con todo, la mayor parte de los teólogos opinan que semejante verdad, antes de ser propuesta por la Iglesia, sólo habría que admitirla con mero asentimiento teológico, pues un individuo puede equivocarse en sus apreciaciones.

2. Opiniones de los protestantes y modernistas

a) El protestantismo rechaza el magisterio de la Iglesia y, en consecuencia, que la Iglesia pueda exponer autoritativamente el contenido de la revelación. La revelación bíblica se testifica a sí misma. No obstante, en interés de la unidad doctrinal se admite cierta sujeción del dogma a la autoridad de la Iglesia. «El dogma es la doctrina válida de la Iglesia» (W. Elert). La tendencia liberal del protestantismo moderno no sólo rechaza el magisterio autoritativo de la Iglesia, sino al mismo tiempo toda revelación divina objetiva, concibiendo la revelación como una experiencia religiosa de índole subjetiva por la cual el alma se pone en contacto con Dios.

b) Según Alfred Loisy († 1940), «las proposiciones que la Iglesia presenta como dogmas revelados no son verdades que hayan bajado del cielo y que la tradición religiosa haya conservado en la misma forma en que aparecieron por vez primera. El historiador ve en ellas la interpretación de acontecimientos religiosos debida a una larga elaboración del pensamiento teológico» (*L'Évangile et l'Église,* P 1902, 158). El fundamento del dogma, según las ideas modernistas, es la experiencia religiosa subjetiva, en la cual se revela Dios al hombre (elemento religioso). La experiencia religiosa de la colectividad es estructurada racionalmente por la ciencia teológica y expresada en fórmulas concretas (elemento intelectual). Tal formulación recibe por fin la aprobación de la autoridad eclesiástica siendo declarada como dogma (elemento autoritativo). Pío x condenó esta doctrina en su decreto *Lamentabili* (1907) y en la encíclica *Pascendi* (1907); Dz 2022, 2078 ss.

Frente al modernismo, insiste la Iglesia católica en que el dogma, en cuanto a su contenido, es de origen verdaderamente divino, que es expresión de una verdad objetiva y que su contenido es inmutable.

3. División

Los dogmas se dividen:

a) Por su contenido, en dogmas generales y dogmas especiales. A los primeros pertenecen las verdades fundamentales del cristianismo; a los últimos, las verdades particulares que se contienen en él.

b) Por su relación con la razón, en dogmas puros y mixtos. Los primeros únicamente los conocemos en virtud de la revelación divina, como, por ejemplo, la Santísima Trinidad (éstos se llaman misterios); los últimos podemos también conocerlos por razón natural, v.g., la existencia de Dios.

c) Con respecto a la proclamación de la Iglesia, en dogmas *quoad nos* y dogmas *in se,* o en dogmas formales y materiales. Los primeros han sido propuestos por el magisterio de la Iglesia como verdades reveladas que los fieles deben creer; en los últimos falta la proclamación de la Iglesia y, por tanto, no son dogmas en sentido estricto.

d) Según su necesidad para salvarse, en dogmas necesarios y no necesarios. Los primeros tienen que ser creídos explícitamente por todos para conseguir la salvación eterna; con respecto a los últimos basta una fe implícita; cf. Hebr 11, 6.

Bibliografía: A. Deneffe, *Dogma. Wort und Begriff,* Schol 6 (1931) 381-400, 505-538. L. de Grandmaison, *Le dogme chrétien. Sa nature, ses formules, son développement,* P 1928. J. Bessmer, *Philosophie und Theologie des Modernismus,* Fr 1912. A. Gisler, *Der Modernismus,* E [4]1913. J. Rivière, *Le Modernisme dans l'Église,* P 1929.

§ 5. La evolución del dogma

1. La evolución del dogma en sentido heterodoxo

La historia de los dogmas que proponen los protestantes liberales (A. von Harnack) y el modernismo (A. Loisy) suponen la evolución *sustancial* de los dogmas, es decir, que el contenido mismo de los dogmas se vaya cambiando con el curso del tiempo. El modernismo pretendió que «el progreso de las ciencias exigía que se reformasen los conceptos de la doctrina católica acerca de Dios, la creación, la revelación, la persona del Verbo encarnado, la redención»; Dz 2064. A. Loisy declaraba: «Así como el progreso de la ciencia (de la filosofía) da una nueva versión al problema de Dios, de la misma manera el progreso de la investigación histórica da también una versión distinta al problema de Cristo y la Iglesia» (*Autour d'un petit livre,* P 1903, XXIV). Según estas enseñanzas, no existen dogmas definitivos y permanentes, sino siempre sometidos a perpetuo cambio.

El concilio del Vaticano proclamó, contra ANTON GÜNTHER († 1863), que era herético aplicar la idea de evolución, entendida de esta forma, a los dogmas: «Si quis dixerit, fieri posse, ut dogmatibus ab Ecclesia propositis aliquando secundum progressum scientiae sensus tribuendus sit alius ab eo, quem intellexit et intelligit Ecclesia», a. s.; Dz 1818. Pío XII condenó, en la encíclica *Humani generis* (1950), Dz 3011 s, el *relativismo* dogmático, que exige que los dogmas se expresen en conceptos tomados de la filosofía predominante en cada época y que sigan también el curso de la evolución filosófica: «Semejante teoría convierte al dogma en una caña agitada por los vientos» (*Humani generis,* Dz 3012).

La razón de la inmutabilidad del dogma reside en el origen divino de la verdad que él expresa. La verdad divina es inmutable lo mismo que Dios: «La verdad de Yahvé dura eternamente» (Ps 116, 2); «El cielo y la tierra pasarán, pero mis palabras no pasarán» (Mc 13, 31).

2. La evolución del dogma en sentido católico

a) En cuanto al aspecto *material* del dogma, es decir, en la comunicación de las verdades reveladas a la humanidad, ha habido, sin duda, un incremento sustancial, hasta que la revelación alcanzó su punto culminante y su perfección definitiva en Cristo (cf. Hebr 1, 1 s).

SAN GREGORIO MAGNO dice: «Con el correr del tiempo fue acrecentándose la ciencia de los patriarcas; pues Moisés recibió mayores ilustraciones que Abraham en la ciencia de Dios omnipotente, y los profetas las recibieron mayores que Moisés, y los apóstoles, a su vez, mayores que los profetas» (*In Ezechielem,* lib. 2, hom. 4, 12).

Con Cristo y sus apóstoles terminó la revelación universal (sentencia cierta).

Pío X, en oposición a las doctrinas del protestantismo liberal y del modernismo, que enseñaban la subsiguiente evolución sustancial de la religión por nuevas «revelaciones», condenó la siguiente proposión: «La revelación, que constituye el objeto de la fe católica, no quedó terminada con los apóstoles»; Dz 2021; cf. Vaticano II, const. *Dei Verbum,* n. 4.

La Sagrada Escritura y la tradición nos enseñan con toda claridad que, después de Cristo y sus apóstoles (que fueron los encargados de anunciar el mensaje de Cristo), ya no hay que esperar complemento alguno de la verdad revelada. Cristo se consideraba a sí mismo como la consumación de la ley del Antiguo Testamento (Mt 5, 17; 5, 21 ss) y como el maestro absoluto de toda la humanidad (Mt 23, 10: «Uno es vuestro maestro, Cristo»; cf. Mt 28, 20). Los apóstoles ven llegada en Cristo la plenitud de los tiempos (Gal 4, 4) y consideran deber suyo conservar íntegro e incorrupto el sagrado depósito de la fe que Cristo les ha confiado (1 Tim 6, 14; 6, 20; 2 Tim 1, 14; 2, 2; 3, 14). Los santos padres rechazan, indignados, la pretensión de los herejes que decían poseer doctrinas esotéricas provenientes de los apóstoles o haber recibido nuevas revelaciones del Espíritu Santo. San Ireneo (*Adv. haer.* III 1; IV 33, 8) y Tertuliano (*De praescr.* 21) insisten frente a los gnósticos en que la doctrina de los apóstoles contiene toda la revelación, conservándose esta doctrina en toda su pureza gracias a la ininterrumpida sucesión de los obispos.

b) Respecto de la *forma* del dogma, es decir, del conocimiento y proposición por la Iglesia de las verdades reveladas, y consecuentemente de la pública fe de las mismas, sí que ha habido progreso (evolución *accidental* del dogma), y semejante progreso tiene lugar de las siguientes maneras:

α) Verdades que hasta un momento determinado solamente se creían de forma implícita, se llegan a conocer explícitamente y son propuestas a los fieles para su creencia en ellas; cf. S.th. 2 II 1, 7: «en cuanto a la explicación, creció el número de artículos [de la fe], porque ciertas cosas que por los antiguos no habían sido conocidas explícitamente, vienen a ser conocidas de forma explícita por otros posteriores».

β) Los dogmas materiales se convierten en dogmas formales.

γ) Para más clara inteligencia por parte de todos y para evitar los equívocos y falsas interpretaciones, las verdades antiguas, creídas desde siempre, se proponen por medio de nuevos y bien precisos conceptos. Así ocurrió, por ejemplo, con el concepto de unión hipostática, de transustanciación.

δ) Cuestiones debatidas hasta un momento determinado son después aclaradas y definidas, condenándose las proposiciones heréticas; cf. San Agustín, *De civ. Dei* XVI 2, 1: «ab adversario mota quaestio discendi existit occasio» (una cuestión promovida por un adversario se convierte en ocasión de adquirir nuevas enseñanzas).

La evolución del dogma en el sentido indicado va precedida de una labor científica teológica, y prácticamente enseñada por el magisterio ordinario de la Iglesia con asistencia del Espíritu Santo (Ioh 14, 26). Promueven esta formación, por un lado, el deseo natural que tiene el hombre de ahondar en el conocimiento de la verdad adquirida y, por otro, influencias externas, como son los ataques de los herejes o los infieles, las controversias teológicas, el progreso de las ideas filosóficas y las investigaciones históricas, la liturgia y la universal convicción de creencias que en ella se manifiesta. Los santos padres pusieron de relieve la necesidad de profundizar en el conocimiento de las verdades reveladas, de disipar la oscuridad y hacer progresar la doctrina de la revelación. Véase el testimonio clásico de Vicente de Lérins († antes del 450): «Pero tal vez diga alguno: ¿Luego no habrá en la Iglesia de Cristo progreso alguno de la religión? Ciertamente existe ese progreso y muy gran progreso... Pero tiene que ser verdadero progreso en la fe, no alteración de la misma. Pues es propio del progreso que algo crezca en sí mismo, mientras lo propio de la alteración es transformar una cosa en otra» (*Commonitorium* 23); cf. Dz 1800; Vaticano II, const. *Dei Verbum*, n. 8, 2.

c) Existe también un progreso en el conocimiento que va adquiriendo de la fe cada uno de los fieles, según se va ampliando y profundizando su saber teológico. La razón por la que es posible dicho progreso radica, por un lado, en la profundidad de las verdades de la fe y, por otro, en la capacidad que tiene de perfeccionarse el conocimiento humano.

Las condiciones subjetivas del verdadero progreso en el conocimiento de las verdades de la fe son, conforme a la declaración del concilio del Vaticano, la diligencia, la piedad y la moderación: «cum sedulo, pie et sobrie quaerit»; Dz 1796.

Bibliografía: D. Bonifazi, *Immutabilità e relatività del dogma,* R 1959. P. Wenzel, *Das wissenschaftliche Anliegen des Güntherianismus,* Esse 1961. L. Orbán, *Theologia Güntheriana et Concilium Vaticanum,* 2 tomos, R I ²1950, II 1949. M. Schmaus, *Beharrung und Fortschritt im Christentum,* Mn 1951. J. Beumer, *Der theoretischer Beitrag der Frühscholastik zu dem Problem des Dogmenfortschrittes,* ZkTh 74 (1952) 205-226. F. Marín-Sola, *La evolución homogénea del dogma católico,* Ma ³1952.

§ 6. Las verdades católicas

En conformidad con el fin del magisterio de la Iglesia, que es conservar íntegro el depósito de las verdades reveladas y darles una interpretación infalible (Dz 1800), constituyen el primero y principal objeto de sus enseñanzas las verdades y hechos inmediatamente revelados por Dios. Ahora bien, la autoridad infalible de la Iglesia se extiende también a todas aquellas verdades y hechos que son consecuencia o presupuesto necesarios de dichas verdades reveladas (objeto secundario). Tales doctrinas y hechos no revelados inmediata o formalmente pero tan íntimamente vinculados con las verdades de fe, que su impugnación pone en peligro la misma doctrina revelada, se designan con el nombre de verdades católicas *(veritates catholicae)* o doctrinas de la Iglesia *(doctrinae ecclesiasticae)*, cuando el magisterio de ésta se ha pronunciado sobre ellas, para diferenciarlas de las verdades divinas o enseñanzas divinas de la revelación *(veritates vel doctrinae divinae)*. Han de ser aceptadas con asentimiento de fe que descansa en la autoridad del magisterio infalible de la Iglesia *(fides ecclesiastica)*.

Entre las verdades católicas se cuentan:

1. Las *conclusiones teológicas* en sentido propiamente tal *(conclusiones theologicae)*. Por ellas se entienden las verdades religiosas deducidas de dos premisas, de las cuales una es una verdad inmediatamente revelada y la otra una verdad de razón natural. Como una de las premisas es verdad revelada, las conclusiones teológicas reciben el nombre de verdades reveladas *mediata* o *virtualmente*. Si ambas premisas son verdades inmediatamente reveladas, entonces la conclusión es considerada también como verdad inmediatamente revelada y hay que creerla con fe inmediatamente divina.

2. Los *hechos dogmáticos (facta dogmatica)*. Por tales se entienden los hechos históricos no revelados, pero que se hallan en conexión íntima con una verdad revelada, v.g., la legitimidad de un Papa o de un concilio universal, el episcopado romano de San Pedro. En sentido más estricto se entiende por hecho dogmático el determinar si tal o cual texto concuerda o no con la doctrina de fe católica. La Iglesia no falla entonces sobre la intención subjetiva del autor, sino sobre el sentido objetivo del texto en cuestión; Dz 1350: «sensum, quem verba prae se ferunt».

3. Las *verdades de razón*, que no han sido reveladas, pero que se encuentran en íntima relación con una verdad revelada, v.g., las verdades filosóficas que constituyen el fundamento natural de la fe (conocimiento de lo suprasensible, posibilidad de conocer a Dios, espiritualidad del alma, libertad de la voluntad), o los conceptos filosóficos con los que se expone el dogma (persona, sustancia, transustanciación). La Iglesia, para defender el depósito de la fe, tiene el derecho y la obligación de condenar las doctrinas filosóficas que directa o indirectamente ponen en peligro el dogma. El concilio del Vaticano declaró: «ius etiam et officium divinitus habet falsi nominis scientiam proscribendi»; Dz 1798.

Bibliografía: F. Marín-Sola (cf. la Bibliografía del § 5). A. Lang, *Die conclusio theologica in der Problemstellung der Spätscholastik*, DTh 22 (1944) 257-290. V. Heynck, *Die Beurteilung der conclusio theologica bei den Franziskanertheologen des Trienter Konzils*, FrSt 34 (1952), 146-205.

§ 7. Las opiniones teológicas

Las opiniones teológicas son pareceres personales de los teólogos, sobre temas de fe y costumbres, que no se hallan claramente atestiguados por la revelación y sobre los cuales el magisterio de la Iglesia no se ha pronunciado todavía. La autoridad de dichas opiniones depende del peso de sus razones (conexión con la doctrina revelada, actitud de la Iglesia); cf. Dz 1146.

Una cuestión debatida cesa de ser objeto de libre disputa cuando el magisterio de la Iglesia se decide claramente en favor de una sentencia. Pío XII declara en la encíclica *Humani generis* (1950): «Y si los sumos pontífices, en sus constituciones, de propósito pronuncian una sentencia en materia disputada, es evidente que, según la intención y voluntad de los mismos pontífices, esa cuestión no se puede tener ya como de libre discusión entre los teólogos»; Dz 3013.

§ 8. Grados de certidumbre teológica

1. Tienen el supremo grado de certeza las verdades reveladas inmediatamente. El asenso de fe que a ellas se presta radica en la autoridad misma del Dios revelador *(fides divina)* y cuando la Iglesia garantiza con su proclamación que se hallan contenidas en la revelación, entonces dichas verdades se apoyan también en la autoridad del magisterio infalible de la Iglesia *(fides catholica)*. Cuando son propuestas por medio de una definición solemne del Papa o de un concilio universal, entonces son verdades de fe definida *(de fide definita)*.

2. Las verdades católicas o doctrinas eclesiásticas sobre las que ha fallado de forma definitiva el magisterio infalible de la Iglesia hay que admitirlas con un asenso de fe que se apoya únicamente en la autoridad de la Iglesia (fe eclesiástica). La certidumbre de estas verdades es infalible como la de los dogmas propiamente dichos.

3. Verdad próxima a la fe *(fidei proxima)*, es una doctrina considerada casi universalmente por los teólogos como verdad revelada, pero que la Iglesia no ha declarado todavía como tal de forma definitiva.

4. Una sentencia perteneciente a la fe o teológicamente cierta («ad fidem pertinens vel theologice certa») es una doctrina sobre la cual no ha hecho todavía manifestaciones definitivas el magisterio eclesiástico, pero cuya verdad está garantizada por su conexión íntima con la doctrina revelada (conclusiones teológicas).

5. Sentencia común es una doctrina que, aunque todavía cae dentro del campo de la libre discusión, es sostenida generalmente por todos los teólogos.

6. Opiniones teológicas de inferior grado de certeza son las sentencias probables, más probables, bien fundada y la llamada sentencia piadosa, por tener en cuenta la piadosa creencia de los fieles («sententia probabilis, probabilior, bene fundata, pia»). El grado ínfimo de certeza lo posee la opinión tolerada, que sólo se apoya en débiles fundamentos, pero es tolerada por la Iglesia.

A propósito de las declaraciones del magisterio eclesiástico, hay que tener en cuenta que no todas las manifestaciones de dicho magisterio en materia de fe y costumbres son infalibles y, por tanto, irrevocables. Son infalibles únicamente las declaraciones del concilio ecuménico que representa al episcopado en pleno y las declaraciones del Romano Pontífice cuando habla ex cathedra; cf. Dz 1839. El magisterio del Romano Pontífice en su forma ordinaria y habitual no es infalible. Tampoco las decisiones de las congregaciones romanas (Congregación para la doctrina de la fe, Comisión Bíblica) son infalibles. No obstante, hay que acatarlas con interno asentimiento *(assensus religiosus)* motivado por la obediencia ante la autoridad del magisterio eclesiástico. No es suficiente como norma general el llamado respetuoso silencio. Excepcionalmente puede cesar la obligación de prestar el asenso interno cuando un apreciador competente, después de examinar reiterada y concienzudamente todas las razones, llega a la convicción de que la declaración radica en un error; Dz 1684, 2008, 2113.

Bibliografía: S. Cartechini, *De valore notarum theologicarum et de criteriis ad eas dignoscendas,* R 1951. El mismo, *Dall'opinione al domma. Valore delle note teologiche,* R 1953.

§ 9. Las censuras teológicas

Por censura teológica se entiende el juicio con el cual se designa el carácter heterodoxo o al menos sospechoso de una proposición tocante a la fe o a la moral católica. Según que tal censura sea enunciada por el magisterio eclesiástico o por la ciencia teológica, será una censura autoritativa y judicial o meramente doctrinal.

He aquí las censuras más corrientes: Proposición herética (se opone a un dogma formal), prop. próxima a la herejía (se opone a una sentencia próxima a la fe), prop. con resabios de herejía o sospechosa de herejía, prop. errónea (contraria a una verdad no revelada, pero conexa con la revelación y definitoriamente propuesta por el magisterio eclesiástico [*error in fide ecclesiastica*] o bien contraria a una doctrina reconocida generalmente como cierta por los teólogos [*error theologicus*], prop. falsa (contraria a un hecho dogmático), prop. temeraria (sin fundamento en la doctrina universal), prop. ofensiva a los piadosos oídos (lastima el sentimiento religioso), prop. malsonante (con expresiones equívocas), prop. capciosa (insidiosa por su pretendida ambigüedad), prop. escandalosa (que es ocasión de escándalo).

Según la *forma* que revistan las censuras, se distinguen la condenación *especial,* en la cual se aplica una censura determinada a una sentencia concreta, y la condenación globalmente, en la cual se reprueba una serie de sentencias con diversas censuras, pero sin concretar más.

Bibliografía: CH. DUPLESSIS D'ARGENTRÉ, *Collectio iudiciorum de novis erroribus,* 3 tomos, P 1724/36 (colección de sentencias condenadas desde los siglos XII al XVIII). J. CAHILL, *The development of the theological censures after the Council of Trent* (1563-1709), Fr/S 1955.

Libro primero

DIOS UNO Y TRINO

Primera parte

DIOS UNO EN ESENCIA

Bibliografía: C. GUTBERLET, *Gott der Einige und Dreifaltige,* Re 1907. L. BILLOT, *De Deo uno et trino,* R [8]1957. CHR. PESCH-H. DIECKMANN, *Gott der Einige und Dreieinige,* D 1926. R. GARRIGOU-LAGRANGE, *Dieu. Son existence et sa nature,* P [11]1950 (trad. española: *Dios, su existencia y su naturaleza,* Buenos Aires 1950, 2 vols.). L. KOPLER, *Die Lehre von Gott dem Einem und Dreieinigen,* Lz 1933. J. BRINKTRINE, *Die Lehre von Gott* I, Pa 1953. C. NINK, *Philosophische Gotteslehre,* Mn-Ke 1948. F. CEUPPENS, *De Deo Uno* (Theol. Bibl. I), 1937. M. RAST, *Welt und Gott. Philosophische Gotteslehre,* Fr 1952. F. DIEKAMP, *Die Gotteslehre des hl. Gregor von Nyssa,* Mr 1896. M. GRABMANN, *Die Grundgedanken des hl. Augustinus über Seele und Gott,* K [2]1929. G. L. PRESTIGE, *God in Patristic Thought,* Lo [2]1952. J. KILGENSTEIN, *Die Gotteslehre des Hugo von St. Viktor,* Wü 1897. K. SCHMIEDER, *Alberts des Grossen Lehre vom natürlichen Gotteswissen,* Fr 1932. K. SCHMITT, *Die Gotteslehre des Compendium theologicae veritatis des Hugo Ripelin von Strassburg,* Mr 1940. A. M. HORVÁTH, *Studien zum Gottesbegriff,* Fr/S 1954. J. KLEIN, *Der Gottesbegriff des Johannes Dunns Skotus,* Pa 1913. M. SCHMAUS, *Die Gotteslehre des Augustinus Triumphus nach seinem Sentenzenkommentar,* en: *Aus der Geisteswelt des Mittelalters* (Grabmann-Festschrift), Mr 1935, 896-953.

Obras generales: P. HEINISCH, *Theologie des Alten Testaments,* Bo 1940 (trad. italiana: *Teologia del Vecchio Testamento,* To-R 1950). W. EICHRODT, *Theologie des Alten Testaments,* St-G [5]1957 ss. M. MEINERTZ, *Theologie des Neuen Testamentes,* 2 vol., Bo 1950. E. STAUFFER, *Die Theologie des Neuen Testaments,* St [5]1948. Véanse además los textos de teología dogmática de M. J. SCHEEBEN-L. ATZBERGER, B. BARTMANN, J. POHLE-J. GUMMERSBACH, TH. SPECHT-G. L. BAUER, F. DIEKAMP-KL. JÜSSEN, G. ESSER, M. SCHMAUS, M. PREMM, CHR. PESCH, L. LERCHER, G. VAN NOORT-J. P. VERHAAR, A. TANQUEREY, I. DALMAU-I. F. SAGÜÉS, *De Deo uno et trino... (Sacrae Theologiae Summa,* vol. II), Ma 1952. K. RAHNER, *Theos im Neuen Testament,* SchrTh I 91-167. F.M. GENUYT, *El misterio de Dios,* Herder, Barna 1969. B. DECKER, *Die Gotteslehre des Jakob von Metz,* Mr 1967.

Sección primera

LA EXISTENCIA DE DIOS

Capítulo primero

LA COGNOSCIBILIDAD NATURAL DE DIOS

§ 1. POSIBILIDAD DE CONOCER A DIOS CON LA SOLA LUZ DE LA RAZÓN NATURAL

1. Dogma

Dios, nuestro Creador y Señor, puede ser conocido con certeza a la luz de la razón natural por medio de las cosas creadas (de fe).

El concilio del Vaticano definió: «Si quis dixerit, Deum unum et verum, creatorem et Dominum nostrum, per ea quae facta sunt naturali rationis humanae lumine certo cognosci non posse», a. s.; Dz 1806; cf. 1391, 1785.

La definición del concilio Vaticano presenta los siguientes elementos: *a)* El objeto de nuestro conocimiento es Dios uno y verdadero, Creador y Señor nuestro; es, por tanto, un Dios distinto del mundo y personal. *b)* El principio subjetivo del conocimiento es la razón natural en estado de naturaleza caída. *c)* Medios del conocimiento son las cosas creadas. *d)* Ese conocimiento es de por sí un conocimiento cierto. *e)* Y es posible, aunque no constituya el único camino para llegar a conocer a Dios.

2. Prueba de Escritura

Según testimonio de la Sagrada Escritura, es posible conocer la existencia de Dios:

a) A través de la *naturaleza*. Sap 13, 1-9; el vers. 15 dice: «Pues de la grandeza y hermosura de las criaturas, por razonamiento (ἀναλόγως) se llega a conocer al Hacedor de éstas»; Rom 1, 20: «Porque, desde la creación del mundo, lo invisible de Dios, su eterno poder y su divinidad son conocidos mediante las criaturas, de manera que ellos son inexcusables». El conocimiento de Dios, atestiguado en ambos lugares, es un conocimiento natural, cierto, mediato y fácilmente asequible.

b) A través de la *conciencia*. Rom 2, 14 s: «Cuando los gentiles, guiados por la razón natural, sin ley [mosaica], cumplen los preceptos de la ley, ellos mismos, sin tenerla, son para sí mismos ley. Y con esto muestran que los preceptos de la ley están escritos en sus corazones». Los gentiles conocen naturalmente y, por tanto, sin revelación sobrenatural, lo esencial de la ley del Antiguo Testamento. En su corazón hay grabada una ley cuya fuerza obligatoria les hace conocer al Supremo Legislador.

c) A través de la *historia*. Act 14, 14-16; 17, 26-29. San Pablo, en sus discursos pronunciados en Listra y en el Areópago de Atenas, declara que Dios había dado testimonio de sí a los pueblos gentiles con incesantes beneficios y que es fácil encontrarle, pues está muy cerca de cada uno de nosotros; «porque en Él vivimos y nos movemos y existimos» (17, 28).

3. Prueba de tradición

Los santos padres, de acuerdo con estas enseñanzas de la Sagrada Escritura, insistieron siempre en que era posible y fácil adquirir un conocimiento natural de Dios. Véase Tertuliano, *Apol.* 17: «¡Oh testimonio del alma, que es naturalmente cristiana!» («O testimonium animae naturaliter christianae»). Los padres griegos prefirieron los argumentos de la existencia de Dios llamados cosmológicos, que parten de la experiencia externa; los padres latinos prefieren los argumentos psicológicos, que parten de la experiencia interna. Véase Teófilo de Antioquía, *Ad Autolycum* I 4-5: «Dios sacó todas las cosas de la nada dándoles la existencia, a fin de que por medio de sus obras conociéramos y entendiéramos su grandeza. Pues así como en el hombre no se ve el alma, porque es invisible a los ojos humanos, mas por los movimientos corporales venimos en conocimiento de la misma, de forma semejante Dios es también invisible para los ojos del hombre, pero llegamos a verle y a conocerle gracias a su providencia y a sus obras. Pues así como a la vista de un barco que se desliza hábilmente sobre las olas dirigiéndose al puerto inferimos con toda evidencia que se halla en su interior un piloto que lo gobierna, de la misma manera tenemos que pensar que Dios es el Rector del universo entero, aunque no lo veamos con los ojos corporales, porque es invisible para ellos.» Véase también SAN IRENEO, *Adv. haer.* II 9, 1; SAN JUAN CRISÓSTOMO, *In ep. ad Rom.*, hom. 3, 2 (sobre 1, 19).

4. ¿Idea innata de Dios?

Invocando la autoridad de los santos padres, varios teólogos católicos, como Ludovico Thomassino, H. Klee, A. Staudenmaier, J. von Kuhn, enseñaron que la idea de Dios no se adquiere raciocinando sobre el mundo de la experiencia, sino que es innata al hombre. Es cierto que varios padres de la Iglesia, como SAN JUSTINO (*Apol.* II 6) y CLEMENTE DE ALEJANDRÍA (*Strom.* V 14, 133, 7), han designado la idea de Dios como «connatural» (ἔμφυτος), «no aprendida» (ἀδίδακτος), «aprendida por sí misma» (αὐτοδίδακτος, αὐτομαθής), o como «don del alma» (animae dos; TERTULIANO, *Adv. Marc.* I 10). SAN JUAN DAMASCENO dice: «El conocimiento de la existencia de Dios ha sido sembrado por Él mismo en la naturaleza de todos» (*De fide orth.* I 1). Sin embargo, estos mismos padres enseñan que el conocimiento de Dios lo adquirimos por la contemplación de la naturaleza, y, por tanto, no quieren decir que sea innata en nosotros la idea de Dios como tal, sino la capacidad para conocerle con facilidad, y en cierto modo espontáneamente, por medio de sus obras. Véase SANTO TOMÁS, *In Boethium de Trinitate,* q. 1, a 3: «eius cognitio nobis innata dicitur esse, in quantum per principia nobis innata de facili percipere possumus Deum esse.»

Bibliografía: J. QUIRMBACH, *Die Lehre des hl. Paulus von der natürlichen Gotteserkenntnis und dem natürlichen Sittengesetz,* Fr 1906. A. WAIBEL, *Die natürliche Gotteserkenntnis in der apologestischen Literatur des zweiten Jahrhunderts,* Ke 1916. P. DESCOQS, *De Dei cognoscibilitate,* P 1941. P. SIMON, *Zur natürlichen Gotteserkenntnis,* Pa 1940. H. STRAUBINGER, *Zur natürlichen Gotteserkenntnis,* ThQ 126 (1946) 428-446. A. DYROFF y otros, *Probleme der Gotteserkenntnis,* Mr 1928. A. LANDGRAF, *Zur Lehre von der Gotteserkenntnis in der Frühscholastik,* NSch 4 (1930) 261-288. E. BETTONI, *Il problema della conoscibilità di Dio nella scuola francescana,* Padua 1950. M. LACKMANN, *Vom Geheimnis der Schöpfung,* St 1952.

§ 2. POSIBILIDAD DE DEMOSTRAR LA EXISTENCIA DE DIOS

Se puede demostrar la existencia de Dios por medio del principio de causalidad (sentencia próxima a la fe).

Los tradicionalistas L. E. Bautain († 1867) y A. Bonnetty († 1879), por requerimiento eclesiástico, tuvieron que dar su conformidad a la siguiente proposición: El razonamiento humano puede demostrar con certeza la existencia de Dios («ratiocinatio potest cum certitudine probare existentiam Dei»); Dz 1622, 1650. Su Santidad Pío X, en el juramento prescrito (1910) contra los errores del modernismo, completa la definición que el concilio del Vaticano había dado sobre la posibilidad natural de conocer a Dios, y precisa que la razón humana puede demostrar formalmente la existencia de Dios mediante el principio de causalidad: «Deum, rerum omnium principium et finem, naturali rationis lumine per ea quae facta sunt, hoc est per visibilia creationis opera, ***tanquam causam per effectus*** certo cognosci, *adeoque demonstrari etiam posse»;* Dz 2145.

La posibilidad de demostrar la existencia de Dios se deduce:

a) Del dogma de la cognoscibilidad natural de Dios; pues la prueba de la existencia de Dios se distingue tan sólo del conocimiento elemental que tenemos de Dios en que la base gnoseológica de aquélla se presenta de forma científica.

b) Del hecho de que los teólogos, desde la misma época patrística, han presentado argumentos para demostrar la existencia de Dios; cf. ARÍSTIDES, *Apol.* I, 1-3; TEÓFILO DE ANTIOQUÍA, *Ad Autolycum* I 5; MINUCIO FÉLIX, *Octavius* 17, 4 ss; 18, 4; SAN AGUSTÍN, *De vera religione* 30-32; *Conf.* X 6, XI 4; SAN JUAN DAMASCENO, *De fide orth.* I 3.

La escolástica supo mostrar en sus más egregios representantes una fiel adhesión a esta verdad de la demostrabilidad de la existencia divina. Santo Tomás de Aquino dio la forma clásica a los argumentos escolásticos en favor de esta tesis (S.th. I 2, 3; S.c.G. I 13). Solamente en la escolástica tardía, algunos influyentes representantes del nominalismo (Guillermo de Ockham, Nicolás de Autrecourt, Pedro de Ailly), movidos por su escepticismo, comenzaron a poner en duda la certeza de dichos argumentos.

Los argumentos de la existencia de Dios se apoyan en la validez absoluta del principio de causalidad, formulado así por Santo Tomás: «Omne quod movetur, ab alio movetur» *(moveri* = moverse = pasar de la potencia al acto). Mientras Kant, por influjo de David Hume, restringe la validez de este principio al mundo de la experiencia, Santo Tomás funda su validez para lo que sobrepasa el mundo de la experiencia, para lo trascendental, en la reducción al principio de contradicción, evidente por sí mismo; S.th. I 2, 3.

Bibliografía: L. FAULHABER, *Wissenschaftliche Gotteserkenntnis und Kausalität,* Wü 1922. I. M. BOCHEŃSKI, *De cognitione existentiae Dei per viam causalitatis relate ad fidem catholicam,* Po 1936. E. ROLFES, *Die Gottesbeweise bei Thomas von Aquin und Aristoteles,* Li [2]1927. B. MELLER, *Studien zur Erkenntnistheorie des Peter von Ailly,* Fr 1954. J. MAUSBACH, *Dasein und Wesen Gottes,* Mr 1929/30. A. SILVA-TAROUCA, *Praxis und Theorie des Gottesbeweisens,* W 1950. G. SIEGMUND, *Naturordnung als Quelle der Gotteserkenntnis,* Fr. [2]1951. X. ZUBIRI, *Naturaleza, Historia, Dios,* Ma 1944. P. NEGRE, *La inmanencia de Dios en el cosmos,* RET 8 (1948) 551-564. F. P. MUÑIZ, *La «quarta via» de Santo Tomás para demostrar la existencia de Dios,* RFil 3 (1944) 385-433; 4 (1945) 49-101. R. BAUER, *Gotteserkenntnis und Gottesbeweise bei Kardinal Kajetan,* Re 1955.

§ 3. Errores acerca de la cognoscibilidad natural de Dios

1. El tradicionalismo

El tradicionalismo, que surgió como reacción contra el racionalismo de la «Ilustración», parte del supuesto de que Dios, en una extensa revelación primitiva, comunicó al hombre, juntamente con el lenguaje, una suma de verdades fundamentales sobre el orden religioso y moral que luego se fueron transmitiendo por tradición a través de las generaciones. La «razón universal» o el «sentido común» garantizan la genuina transmisión de la revelación original. Cada individuo la recibe por instrucción oral. A la razón se le niega la capacidad de llegar por sí misma al conocimiento de la existencia de Dios (escepticismo). El conocimiento de Dios, como cualquier otro conocimiento religioso y moral, es una creencia: «Deum esse traditur sive creditur». Los principales propugnadores del tradicionalismo en su forma estricta son L. G. A. de Bonald, F. de Lamennais y L. E. Bautain; más moderados son A. Bonnetty y G. Ventura. Fue condenado por la Iglesia bajo los pontificados de Gregorio xvi (Dz 1622/27) y Pío ix (Dz 1649/52) y por el concilio del Vaticano (Dz 1785 s, 1806).

El *semitradicionalismo* de la Escuela Lovaniense (G. C. Ubaghs † 1875) concede que, por la contemplación de la naturaleza, puede la razón natural conocer con certeza la existencia de Dios, pero esto sólo en el supuesto de que dicha razón haya recibido en sí previamente, por instrucción, la idea de Dios proveniente de una revelación primitiva.

Hay que rechazar el tradicionalismo tanto por razones filosóficas como teológicas: *a)* El lenguaje no engendra los conceptos, antes bien presupone el conocimiento de los mismos. *b)* La hipótesis de una revelación presupone racionalmente la noticia de un Ser revelador y la firme convicción de la veracidad de su testimonio.

2. El ateísmo

El agnosticismo, el escepticismo y el criticismo niegan la posibilidad de conocer y demostrar con certeza la existencia de Dios, pero pueden coexistir con la fe en la existencia de un Dios personal. Se apoyan en el principio: *ignoramus et ignorabimus* (ateísmo escéptico).

El ateísmo *negativo* es una ignorancia inculpable de la existencia de Dios. El *positivo,* en cambio (materialismo y panteísmo), niega directamente la existencia de un Ser divino supramundano y personal. Fue condenado por el concilio del Vaticano; Dz 1801-1803.

Por lo que respecta a la *posibilidad* del ateísmo, es cierto que existen sistemas ateístas (materialismo, panteísmo) y ateos prácticos, que viven como si no hubiera Dios. La posibilidad de que existan también ateos teóricos, con convicción *subjetiva* de su doctrina, radica en la debilidad intelectual y moral del hombre y en el hecho de que los argumentos de la existencia de Dios no son inmediata sino mediatamente evidentes. Pero como es fácil adquirir el conocimiento de Dios mediante la consideración de la naturaleza y de la vida del alma, resulta imposible seguir por mucho tiempo aferrados a una convicción sincera e incontestable de la inexistencia de Dios. En un hombre adulto que haya alcanzado su normal desarrollo, no es posible que se dé por mucho tiempo una ignorancia inculpable e invencible de la existencia de Dios, pues tanto la Sagrada Escritura como la tradición testimonian lo fácil que es de adquirir el conocimiento natural de Dios; Rom 1, 20: «ita ut sint inexcusabiles» (de suerte que son inexcusables). Cf. Vaticano II, const. *Gaudium et spes,* n. 19-21.

3. El criticismo de Kant

Mientras que Kant en su período precriticista admitía la posibilidad de demostrar la existencia de Dios, y desarrolló él mismo el argumento ideológico (cf. su escrito aparecido en 1763: *Der einzig mögliche Beweisgrund zu einer Demonstration des Daseins Gottes* [El único argumento posible para demostrar la existencia de Dios]), negó en su período criticista el carácter probativo de todos los argumentos en favor de la existencia divina (cf. la *Kritik der reinen Vernunft* [Crítica de la razón pura], aparecida en 1781). Según Kant, el único objeto de la razón teorética es el mundo de los fenómenos; lo suprasensible escapa a su esfera. La validez del principio de causalidad se limita a las cosas que caen bajo la experiencia sensible. Kant intenta refutar todos los argumentos de la existencia de Dios queriendo hacer ver que todos ellos se reducen al argumento ontológico, pues, según él, del concepto de la esencia más real de todas se pasa a concluir la existencia efectiva de dicha esencia. No obstante, Kant siguió admitiendo la existencia de Dios, pero como postulado de la razón práctica.

La filosofía de Kant ejerció un influjo decisivo en la teología protestante del siglo XIX. Tomando como punto de vista la epistemología kantiana, rechazó el fundamento racional de la religión y con ello las pruebas racionales de la existencia de Dios, enseñando que las verdades religiosas no se captan por medio del entendimiento sino por medio del sentimiento religioso, que ansía a Dios y en el cual tenemos experiencia de la divinidad. En esta experiencia religiosa, de índole subjetiva, se funda la fe. Consecuencia de estas doctrinas fue una profunda y radical separación entre el campo de la fe y el de la ciencia (Jacobi, Schleiermacher, Ritschl, A. Harnack).

4. El modernismo

El fundamento epistemológico del modernismo no es otro que el *agnosticismo,* según el cual el conocimiento racional del hombre se limita exclusivamente al mundo de la experiencia. La religión surge, según él, del principio de la inmanencia vital *(inmanentismo),* es decir, de la indigencia de lo divino que hay en el alma del hombre. Las verdades religiosas se hallan sujetas a una constante evolución sustancial *(evolucionismo),* en consonancia con el progreso universal de la cultura.

Bibliografía: H. Lennerz, *Natürliche Gotteserkenntnis. Stellungnahme der Kirche in den letzten hundert Jahren,* Fr 1926. J. Henry, *Le Traditionalisme et l'Ontologisme à l'Université de Louvain,* Ln 1922. J. Ude, *Der Unglaube. Dogmatik und Psychologie des Unglaubens,* Gr 1921. H. de Lubac, *El drama del Humanismo ateo,* Ma 1949. G. A. Wetter, *Der dialektische Materialismus.* N. Hötzel, *Die Uroffenbarung im französischen Traditionalismus,* Mn 1962. P. Ehlen, *Der Atheismus im dialektischen Materialismus,* Mn 1961.

Capítulo segundo

LA COGNOSCIBILIDAD SOBRENATURAL DE LA EXISTENCIA DE DIOS

§ 4. La existencia de Dios como objeto de fe

1. Dogma

La existencia de Dios no sólo es objeto del conocimiento de la razón natural, sino también objeto de la fe sobrenatural (de fe).

El símbolo de la fe católica comienza con el siguiente artículo fundamental de nuestra fe: «Credo in unum Deum» (Creo en un solo Dios). El concilio del Vaticano enseña: «Sancta catholica apostolica romana Ecclesia *credit* et confitetur, unum esse Deum» (La santa Iglesia católica, apostólica y romana *cree* y confiesa que existe un solo Dios verdadero); Dz 1782. Dicho concilio condena por herética la negación de la existencia de Dios; Dz 1801.

Según la Carta a los Hebreos 11, 6, la fe en la existencia de Dios es condición indispensable para salvarse: «Sin la fe es imposible agradar a Dios; pues es preciso que quien se acerque a Dios crea que *existe* y que es remunerador de los que le buscan». Y sólo la fe sobrenatural puede obrar en nosotros la salvación eterna; cf. Dz 798, 1173.

La revelación sobrenatural en la existencia de Dios confirma el conocimiento natural de Dios y hace que todos puedan conocer la existencia de Dios con facilidad, con firme certidumbre y sin mezcla de error; Dz 1786: «ab omnibus expedite, firma certitudine et nullo admixto errore» (necesidad relativa o moral de la revelación); cf S.th. I 1, 1; S.c.G. I 4.

2. Ciencia y fe en torno al mismo objeto

Se discute si una misma persona puede tener al mismo tiempo ciencia y fe de la existencia de Dios. Varios teólogos escolásticos de nota (Alejandro de Hales, San Buenaventura, San Alberto Magno) y muchos teólogos modernos (Suárez) se deciden por la afirmativa, ya que en ambos casos es diverso el objeto formal (evidencia natural — revelación divina), y porque los actos o hábitos que suponen pertenecen a órdenes ontológicos distintos (naturaleza — gracia). En cambio, SANTO TOMÁS nos dice: «Es imposible que la misma verdad sea sabida y creída al mismo tiempo por la misma persona» («impossibile est, quod ab eodem idem sit scitum et creditum»; S.th. 2 II 1, 5). Da como razón que la clara inteligencia del objeto que va unida con el saber no es compatible con la oscuridad que acompaña a la fe. No obstante, es posible que una misma verdad sea sabida por una persona y por otra creída. Es igualmente posible, según la doctrina de Santo Tomás, que una misma persona posea al mismo tiempo un saber natural de la existencia de Dios como Hacedor del orden natural y una fe sobrenatural en la existencia del mismo Dios como Hacedor del orden sobrenatural, ya que la fe sobrenatural se extiende también a verdades que no se contienen en el saber natural (diversidad de objeto material); cf. S.th. 2 II 1, 1.

Bibliografía: M. GRABMANN, *De quaestione «Utrum aliquid possit esse simul creditum et scitum» inter scholas Augustinismi et Aristotelico-Thomismi medii aevi agitata,* «Acta Hebdomadae Augustinianae-Thomisticae», Turín 1931, 110-139. M. MARTINS, *Utrum iuxta D. Thomam idem possit esse scitum et creditum,* R. 1942.

Sección segunda

LA ESENCIA DE DIOS

Capítulo primero

EL CONOCIMIENTO DE LA ESENCIA DE DIOS

§ 5. EL CONOCIMIENTO NATURAL DE DIOS EN ESTA VIDA

Como el conocimiento de la existencia de una cosa no es posible sin conocer de algún modo la naturaleza de la misma, por eso con el conocimiento natural de la existencia de Dios va vinculada siempre cierta noticia acerca de su esencia. Cada argumento en favor de la existencia de Dios nos descubre una determinada perfección de la esencia divina. El conocimiento asequible por vía natural acerca de Dios se ahonda y amplía por la revelación sobrenatural.

1. Cualidades del conocimiento natural de Dios en esta vida

a) Conocimiento mediato

El conocimiento natural de Dios en esta vida no es inmediato ni intuitivo, sino mediato y abstractivo, pues lo alcanzamos por medio del conocimiento de las criaturas (sent. cierta).

Es opuesto a la doctrina de la Iglesia el *ontologismo* (Malebranche † 1715, Gioberti † 1851, Rosmini † 1855), el cual enseña que en la tierra poseemos ya naturalmente un conocimiento de Dios inmediato e intuitivo, y que a la luz de ese conocimiento inmediato de Dios conocemos también las cosas creadas. El orden lógico corresponde al orden ontológico. Dios, como ser primero, tiene que ser también el objeto primero del conocimiento: «Primum esse ontologicum debet esse etiam primum logicum» (Gioberti).

El ontologismo es incompatible con lo doctrina del concilio universal de Vienne (1311/12), según la cual el alma, para conocer inmediatamente a Dios, necesita la luz de la gloria (lumen gloriae); Dz 475. El Santo Oficio condenó en los años 1861 y 1887 varias proposiciones ontologistas; Dz 1659 ss, 1891 ss.

La Sagrada Escritura nos enseña que el conocimiento natural de Dios lo adquirimos por medio de la contemplación de las criaturas (cf. Sap 13, 1: «operibus attendentes» [por la consideración de las obras]; Rom 1, 20: «per ea quae facta sunt» [mediante las criaturas]); nos enseña, además, que ningún hombre en la tierra es capaz de contemplar inmediatamente a Dios, que la visión de Dios es algo reservado para la otra vida; cf. 1 Tim 6, 16: «Él habita en una luz inaccesible; ningún hombre le vio ni puede verle jamás»; 1 Cor 13, 12: «Ahora vemos por un espejo y oscuramente; entonces veremos cara a cara.»

El ontologismo repugna igualmente al testimonio de la propia conciencia y, ateniéndose a sus consecuencias, nos conduce al panteísmo y al racionalismo. Sin razón alguna los ontologistas invocan en su favor la doctrina agustiniana de la «cognitio in rationibus aeternis»; pues está bien claro que San Agustín se refiere al conocimiento mediato de Dios adquirido por la contemplación del alma humana o del mundo externo, que nos eleva hasta Dios.

b) Conocimiento analógico

El conocimiento de Dios que poseemos acá en la tierra no es propio, sino analógico (sent. cierta).

Mientras que el conocimiento propio capta un objeto por medio de su imagen cognoscitiva propia *(per speciem propriam)* o por medio de una intuición inmediata, el conocimiento analógico lo capta por medio de una imagen cognoscitiva ajena *(per speciem alienam)*. En el conocimiento que poseemos de Dios acá en la tierra aplicamos a Dios los conceptos tomados de las cosas creadas, y esto lo hacemos en virtud de cierta analogía y ordenación que las criaturas tienen con Dios, que es causa eficiente y ejemplar de todas ellas. La relación de semejanza entre Creador y criatura, que se funda en la realidad de la creación (y a la que se opone una desemejanza aún mayor [infinito — limitado]), la llamada analogía del ser *(analogia entis,* que Karl Barth rechaza como «la invención del Anticristo») es la que constituye el fundamento de todo nuestro conocimiento natural de Dios; cf. Sap 13, 5.

2. Método del conocimiento natural de Dios

El conocimiento de Dios que adquirimos en esta vida nos viene, como enseña el Seudo-Dionisio Areopagita, por el triple camino de la afirmación, de la negación y de la eminencia.

a) La vía de afirmación o de causalidad (θέσις) parte de la idea de que Dios es la causa eficiente de todas las cosas y de que la causa eficiente contiene en sí toda la perfección del efecto. De lo cual se sigue que Dios, hacedor de todas las cosas, contiene en sí mismo todas las perfecciones reales de sus criaturas. Las perfecciones «puras» [que no llevan en sí mezcla de imperfección] se predican formalmente de Dios. Las perfecciones mixtas, que por su concepto incluyen limitación, se aplican a la divinidad en sentido traslaticio (metafórico o antropomórfico).

b) La vía de negación (ἀφαίρεσις) niega, con respecto a Dios, toda imperfección que se encuentra en las criaturas, incluso toda limitación inherente a las perfecciones creadas, que radica en su propia finitud. Este negar una imperfección es tanto como afirmar, en grado eminente, la perfección correspondiente (v.g., infinito = riqueza sin limitación alguna).

Por influjo de la teología negativa de los neoplatónicos, algunos santos padres expresan fórmulas como la que sigue: «Dios no es sustancia, no es vida, no es luz, no es sentido, no es espíritu, no es sabiduría, no es bondad» (Seudo-Dionisio, *Myst. theol.* c. 3). No es que con ello pretendan negar en Dios la existencia de tales perfecciones, sino que quieren poner de relieve que no es posible predicarlas de Dios en la misma forma que se hace de las criaturas, sino en una forma infinitamente más elevada.

c) La vía de eminencia (ὑπεροχή) eleva hasta el infinito las perfecciones de las criaturas al atribuírselas a Dios.

Estas tres vías del conocimiento de Dios se completan mutuamente. A la afirmación de una perfección creada debe seguir siempre la elevación o sublimación de la misma, y a ambos momentos la negación de toda imperfección; cf. Eccli 43, 29 (G 27) ss; San Juan Damasceno, *De fide orth.* I 12.

3. Imperfección del conocimiento de Dios que se posee en esta vida

La esencia de Dios es incomprensible para los hombres (de fe).

La idea de Dios que poseemos en esta vida está compuesta de muchos conceptos inadecuados y es necesariamente imperfecta a causa de dicha composición. El concilio IV de Letrán (1215) y el concilio del Vaticano llaman a Dios «incomprensible» *(incomprehensibilis)*; Dz 428, 1782. Cf. Ier 32, 19 (según el texto de la Vulgata): «Magnus consilio et incomprehensibilis cogitatu» (M: Grande en sus planes y poderoso en sus obras); Rom 11, 33: «¡Cuán insondables son sus juicios e inescrutables sus caminos!»

Los santos padres, sobre todo San Basilio, San Gregorio Niseno, San Juan Crisóstomo, defendieron la incomprensibilidad de la esencia divina, señalando como razón la infinitud y elevación de Dios sobre todas las criaturas, contra los eunomianos, que pretendían poseer *ya en esta vida* un conocimiento exhaustivo de Dios (es decir, que entendían adecuadamente la naturaleza divina). Dice SAN AGUSTÍN: «Más verdadero es nuestro pensar de Dios que nuestro hablar de Él, y más verdadero aún que nuestro pensar de Él es su Ser» (Verius enim cogitatur Deus quam dicitur et verius est quam cogitatur; *De Trin* VII 4, 7). Conocimiento exhaustivo de Dios solamente lo posee Dios mismo; pues el Ser infinito sólo puede ser abarcado perfectamente por un entendimiento infinito. Cf. S.th. I 12, 7: «Dios, cuyo ser es infinito, es infinitamente cognoscible. Pero ningún entendimiento creado puede conocer a Dios de manera infinita.»

4. Verdad del conocimiento de Dios adquirido en esta vida

Aunque el conocimiento que poseemos de Dios en esta vida sea un conocimiento imperfecto, sin embargo es verdadero, porque Dios posee realmente las perfecciones que de Él predicamos y nosotros nos damos cuenta perfecta del carácter análogo de nuestro concepto de Dios y de los predicados que le atribuimos.

Bibliografía: H. LENNERZ, *Natürliche Gotteserkenntnis* (v. § 3) 75 s. J. BITTREMIEUX, *De analogica nostra cognitione et praedicatione Dei,* Ln 1913. J. HABBEL, *Die Analogie zwischen Gott und Welt nach Thomas v. A.*, Re 1928. K. FECKES, *Die Analogie in unserem Gotterkennen,* en: *Probleme der Gotteserkenntnis* (v. § 1) 132-184. T.-L. PENIDO, *Le rôle de l'analogie en Théologie dogmatique,* P 1931. J. RIES, *Die natürliche Gotteserkenntnis in der Theologie der Krisis,* Bo 1939. L. FAULHABER, *Die drei «Wege» der Gotteserkenntnis,* Wü 1924. J. URS VON BALTHASAR, *Karl Barth. Darstellung und Deutung seiner Theologie,* K 1951. J. HELLÍN, *La analogía del ser y el conocimiento de Dios en Suárez,* Ma 1947.

§ 6. EL CONOCIMIENTO SOBRENATURAL DE LA ESENCIA DIVINA EN LA VIDA FUTURA

1. Realidad de la visión inmediata de Dios

Los bienaventurados en el Paraíso gozan de un conocimiento inmediato e intuitivo de la esencia divina (de fe).

Su Santidad Benedicto XII proclamó en la constitución dogmática *Benedictus Deus* (1336): «Vident (sc. animae sanctorum) divinam essentiam visione intuitiva et etiam faciali, nulla mediante creatura in ratione obiecti visi se habente, sed divina essentia immediate se nude, clare et aperte eis ostendente» (las almas de los bienaventurados ven la esencia divina en visión intuitiva y cara a cara, sin que se interponga criatura alguna como medio de la visión, sino mostrándoseles la divina esencia con toda inmediatez, diafanidad y claridad); Dz 530. El concilio unionista de Florencia (1438/45) precisó así cuál era el objeto del conocimiento de Dios que poseen los bienaventurados: «intueri (sc. animas sanctorum) clare ipsum Deum trinum et unum, sicuti est» (las almas de los bienaventurados intuyen claramente al Dios trino y uno, tal como es); Dz 693.

El lugar más importante de la Sagrada Escritura en favor de la tesis es 1 Cor 13, 12, donde el apóstol contrapone al conocimiento de Dios que poseemos en esta vida, como mediante un espejo —conocimiento enigmático y fragmentario—, aquel otro conocimiento claro e inmediato de Dios que tiene lugar en la otra vida: «Ahora vemos por un espejo y oscuramente; entonces veremos cara a cara. Al presente conozco sólo fragmentariamente; entonces conoceré como soy conocido». San Juan describe el futuro estado de bienaventuranza, al que nos disponemos aquí en la tierra por medio de la filiación divina, con las siguientes expresiones: «Seremos iguales a Él, porque le veremos tal cual es» (videbimus eum sicuti est; 1 Ioh 3, 2); cf. Mt 5, 8; 18, 10; 2 Cor 5, 7.

Los padres más antiguos enseñan, de acuerdo con las llanas palabras de la Sagrada Escritura, que los ángeles y los santos gozan en el cielo de una verdadera visión cara a cara de la divinidad; cf. San Ireneo, *Adv. haer.* IV 20, 5; V 7, 2. Desde mediados del siglo IV parece que algunos santos padres, como San Balisio Magno, San Gregorio Niseno, San Juan Crisóstomo, niegan que sea posible una contemplación inmediata de la divinidad. Pero hay que tener en cuenta que las manifestaciones que hacen a este respecto se dirigían contra Eunomio, que propugnaba ya para esta vida terrena el conocimiento inmediato y comprensivo de la divina Esencia. En contra de esta doctrina, los santos padres insisten en que el conocimiento de Dios en esta vida es mediato, y el de la otra vida es, sin duda, inmediato, pero inexhaustivo. San Juan Crisóstomo compara el conocimiento de Dios que se posee en el Paraíso con la visión de Cristo transfigurado en el monte Tabor, y exclama: «¡Qué diremos cuando se presente la verdad misma de todas las cosas, cuando abiertas las puertas del palacio podamos contemplar al Rey mismo, no ya en enigma ni en espejo, sino cara a cara; no con la fe, sino con la vista del alma!» *(Ad Theodorum lapsum* I 11).

A los ojos del cuerpo, aunque se encuentren en estado glorioso, Dios sigue siendo invisible, porque Dios es espíritu puro, y el ojo sólo puede percibir objetos materiales; San Agutín, *Ep.* 92 y 147; S.th. I 12, 3.

2. Objeto de la visión inmediata de Dios

a) El objeto primario de la contemplación inmediata de Dios es la esencia infinita de Dios en toda su plenitud de vida trinitaria («ipse Deus trinus et unus»); Dz 693.

b) El objeto secundario son todas las criaturas, que son contempladas en Dios como hacedor de todas ellas. La extensión de este conocimiento es diverso en cada uno de los bienaventurados según sea el grado del conocimiento inmediato de Dios que posean; y tal grado lo determina la cuantía de los merecimientos sobrenaturales; Dz 693. Podemos suponer, con Santo Tomás, que el entendimiento de los bienaventurados ve siempre en Dios todo lo que es de importancia para sí mismo; cf. S.th. III 10, 2: «nulli intellectui beato deest, quin cognoscat in Verbo omnia, quae ad ipsum spectant».

3. Carácter sobrenatural de la visión inmediata de Dios

La visión inmediata de Dios supera la natural capacidad cognoscitiva del alma humana y es, por tanto, sobrenatural (de fe).

El concilio de Vienne (1311/12) condenó los errores de los begardos y beguinos: «Quod anima non indiget lumine gloriae ipsam elevante ad Deum videndum et eo beate fruendum» (que el alma no necesita la elevación de la luz de la gloria para ver y gozar de Dios); Dz 475. Según doctrina general de los teólogos, la visión inmediata de Dios es sobrenatural para todo intelecto creado y creable (absolutamente sobrenatural).

La Sagrada Escritura testifica que el conocimiento inmediato de la esencia divina es inasequible para la razón natural. San Pablo, en 1 Tim 6, 16, nos dice: «Dios habita en una luz inaccesible; nadie le vio ni podrá verle». La intuición de la esencia divina es algo que por su naturaleza corresponde únicamente a Dios, es decir, a las Personas divinas. Dice el Evangelio de San Juan 1, 18: «A Dios nadie le ha visto jamás; el Dios unigénito [Vulg.: Hijo], que está en el seno del Padre, ése nos le ha dado a conocer»; cf. Mt 11, 27; Ioh 6, 46; 1 Cor 2, 11.

Podemos probar especulativamente el carácter absolutamente sobrenatural de la visión inmediata de Dios apoyándonos en el siguiente principio: «Cognitum est in cognoscente secundum modum cognoscentis» (el objeto conocido hállase en el que lo conoce según el modo de ser de este último). Tal es el conocimiento cual es la naturaleza del que conoce. Cuando el grado ontológico del objeto conocido es superior al del sujeto cognoscente, entonces tal sujeto es incapaz por su misma naturaleza de conocer inmediatamente la esencia de tal objeto. Dios es el Ser subsistente. Todo entendimiento creado no tiene más que un ser participado. De ahí que el conocer inmediatamente la esencia de Dios esté por encima de todo intelecto creado; cf. S.th. I 12, 4. A causa de su carácter absolutamente sobrenatural, la visión inmediata de Dios es un misterio estrictamente dicho.

Es lícito admitir con San Agustín y Santo Tomás que el intelecto humano puede en la tierra ser elevado de forma sobrenatural y extraordinaria («et supernaturaliter et praeter communem ordinem») a la contemplación inmediata de Dios. Como ejemplos podemos citar a Moisés (Ex 33, 11; Num 12, 8) y San Pablo (2 Cor 12, 2 ss); cf. SAN AGUSTÍN, *Ep.* 147, 13, 31-32; S.th. I 12, 11 ad 2.

4. Necesidad de la luz de la gloria (lumen gloriae) para la visión inmediata de Dios

La elevación del alma a la contemplación inmediata de Dios es posible por fundarse de un lado en la semejanza con Dios, es decir, en la inmaterialidad del alma (Gen 1, 26 s), y de otro en la omnipotencia de Dios; cf. S.th. I 12, 4 ad 3.

El alma necesita la luz de la gloria para ver inmediatamente a Dios (de fe; Dz 475).

La luz de la gloria *(lumen gloriae)* es tan necesaria para el modo de conocer propio del estado de gloria, como la luz de la razón lo es para el modo propio del estado de naturaleza, y la luz de la fe (de la gracia) para el modo de conocer del estado de fe. La luz de la gloria consiste en un perfeccionamiento sobrenatural y permanente de la facultad cognoscitiva del hombre, con el cual queda internamente capacitada para realizar el acto de la intuición inmediata de la esencia divina; cf. S.th. I 12, 5 ad 2: «perfectio quaedam intellectus confortans ipsum ad videndum Deum». Ontológicamente hay que definirla como un hábito operativo sobrenatural, infundido en el entendimiento. El hábito de la luz de la gloria viene a suplantar al hábito de la fe. Esta expresión de luz de la gloria *(lumen gloriae)* que se halla por primera vez en San Buenaventura y en Santo Tomás, está inspirada en el salmo 35, 10: «In lumine tuo videbimus lumen» (en tu luz veremos la luz).

5. Límites de la visión inmediata de Dios

La esencia de Dios es también incomprehensible para los bienaventurados del cielo (de fe).

Tampoco los bienaventurados del cielo poseen un conocimiento adecuado o comprensivo de la esencia divina. Dios sigue siendo incomprehensible para toda mente creada, aunque se halle en estado de elevación sobrenatural; cf. Dz 428, 1782; Ier 32, 19 (según el texto de la Vulg.): «incomprehensibilis cogitatu» (incomprehensible para el pensamiento). En la época patrística fue principalmente SAN JUAN CRISÓSTOMO quien defendió la incomprehensibilidad de Dios contra los eunomianos en sus 12 homilías *De incomprehensibili*.

La razón intrínseca de esa incomprehensibilidad de Dios radica en la distancia infinita que existe entre el entendimiento infinito de Dios y el entendimiento limitado de las criaturas. El entendimiento limitado solamente puede conocer la infinita esencia de Dios de forma finita: «Videt infinitum, sed non infinite» (ve lo infinito, pero no de manera infinita); cf. S.th. I 12, 7 ad 3.

Bibliografía: F. NÖTSCHER, «*Das Angesicht Gottes schauen*», Wü 1924. G. HOFFMANN, *Der Streit über die selige Schau Gottes* (1331-38), L 1917. A. SARTORI, *La visione beatifica,* To 1927. H. F. DONDAINE, *L'objet et le «medium» de la vision béatifique chez les théologiens du XIIIe siècle,* RThAM 19 (1952) 60-130. J. M. ALONSO, *Estudios de teología positiva en torno a la visión beata,* «Estudio» 6 (1950) 35-36, 237-303; 7 (1951) 29-71, 397-427; 8 (1952) 523-555; RET 10 (1950) 361-389; 11 (1951) 255-281; EF 52 (1951) 181-208; 53 (1952) 45-69, 373-396; VIV 9 (1951) 129-169, 257-296; 10 (1952) 193-239; 11 (1953) 29-56.

§ 7. EL CONOCIMIENTO SOBRENATURAL DE LA ESENCIA DIVINA EN ESTA VIDA POR MEDIO DE LA FE

El orden de la gracia en esta vida es algo preliminar y preparatorio de la gloria futura: «Gratia et gloria ad idem genus referuntur, quia gratia nihil est aliud quam quaedam inchoatio gloriae in nobis» (la gracia y la gloria se incluyen dentro del mismo género, porque la gracia no es más que cierto comienzo de la gloria en nosotros); S.th. 2 II 24, 3 ad 2. La visión inmediata de Dios en la otra vida tiene su correspondencia en esta vida con la fe sobrenatural; a la luz de la gloria *(lumen gloriae)* corresponde la luz de la fe *(lumen fidei)*. La fe es algo así como una anticipación de la visión de Dios en la otra vida.

1. La fe y el conocimiento natural de Dios

El conocimiento de la fe se distingue del conocimiento natural de Dios por el principio subjetivo del conocimiento (la razón ilustrada por la fe), por el medio del conocimiento (la revelación divina) y por el objeto formal (Dios tal como es conocido a través de la revelación: Dios uno y trino). Objeto primordial de la fe sobrenatural son los misterios de la fe, conocidos únicamente por revelación divina («mysteria in Deo abscondita, quae, nisi revelata divinitus, innotescere non possunt»; Dz 1795). La revelación divina garantiza la certeza infalible de las verdades de la fe (certeza de fe). Tales verdades superan, por tanto, en certeza a las de razón natural. Ahora bien, en claridad e inteligibilidad (certeza de evidencia) las verdades de razón natural superan a las verdades de la fe, pues las primeras logramos comprenderlas internamente y las segundas no. En este sentido hay que entender la frase frecuentemente citada de Hugo de San Víctor († 1141): que la certeza de la fe está por debajo del saber *(De sacramentis christ. fidei* I 10, 2: «Fidem esse certitudinem quandam animi de rebus absentibus, supra opinionem et infra scientiam constitutam»); cf. S.th. 2 II 4, 8.

2. La fe y la visión inmediata de Dios

En parangón con la visión inmediata de Dios en la otra vida, el conocimiento sobrenatural de la fe es más imperfecto, aunque sea igualmente participación del propio conocimiento divino. Las verdades más fundamentales de la fe superan la capacidad de la razón humana y aun después de la revelación siguen siendo oscuras y misteriosas. San Pablo (2 Cor 5, 7) dice: «Porque caminamos en fe y no en visión»; cf. Dz 1796. Como la revelación sobrenatural toma sus conceptos del mundo creado, el conocimiento de la fe es analógico, y de él dice San Pablo (1 Cor 13, 12): «Ahora vemos por un espejo y oscuramente.»

Capítulo segundo

DEFINICIÓN TEOLÓGICA DE LA ESENCIA DIVINA

§ 8. Los nombres de Dios en la Biblia

Así como no es posible comprender con un concepto adecuado la esencia divina, de la misma manera tampoco es posible hallar un nombre que le cuadre perfectamente. De ahí que los santos padres llamen a Dios «indecible, inefable» (ἄρρητος, *ineffabilis)* e «innominado» (ἀνώνυμος.) Los diversos nombres que la Sagrada Escritura aplica a Dios expresan más bien las operaciones de Dios que su esencia divina.

Según sus distintas operaciones, Dios puede recibir distintos nombres. Por eso el Seudo-Dionisio llama a Dios «El de muchos nombres (πολυώνυμος) o «El de todos los nombres» (πανώνυμος). Cf. SEUDO-DIONISIO, *De div. nominibus* 1, 6; 12, 1; SAN JUAN DAMASCENO, *De fide orth.* I 12.

Con SCHEEBEN (*Dogmatik* I n. 84 ss) podemos clasificar en tres grupos los siete «nombres sagrados» del Antiguo Testamento; el primer grupo expresa la relación de Dios con el mundo y con los hombres ('El = el Fuerte, el Poderoso; 'Elohim = el que posee la plenitud del poder; 'Adonai = el Señor, el Soberano, el Juez); el segundo grupo designa más bien las perfecciones internas de Dios (Shadai = el Omnipotente; 'Elyon = el Altísimo; Qadosh = el Santo); y el tercer grupo comprende el nombre propio y esencial de Dios (Yahvé). El nombre propio del Dios verdadero es Yahvé. Se deriva lingüísticamente de haya, variante del antiguo hawa = = ser; significa: él es. Los Setenta lo traducen aquí etimológicamente con justeza por ὁ ὤν = «el que es», pero luego lo sustituyen generalmente por κύριος = el Señor. Dios mismo reveló este nombre a Moisés al responder a su pregunta sobre cuál era su nombre: «Yo soy el que soy ['ehye 'asher 'ehye]. Así dirás a los hijos de Israel: 'Ehye ["yo soy"] me ha enviado a vosotros... Esto dirás a los hijos de Israel: Yahvé ["él es"], el Dios de vuestros padres, el Dios de Abraham, el Dios de Isaac y el Dios de Jacob me ha enviado a vosotros. Éste es para siempre mi nombre, y ésta mi denominación de linaje en linaje» (Ex 3, 14 s). Conforme a Ex 6, 3, Dios manifestó por primera vez a Moisés su propio nombre de Yahvé, mientras que a los patriarcas se les presentaba con el de 'El-Shadai. El narrador bíblico, apoyándose en la revelación posterior, emplea ya el nombre de Yahvé en la historia del Paraíso y lo pone en labios de los patriarcas y de Dios mismo (Gen 15, 2 y 7). Por eso en Gen 4, 26 se dice: «Entonces se comenzó a invocar el nombre de Yahvé», no queriendo significar con ello que se comenzara a invocar a Dios bajo el nombre de Yahvé, sino que se empezó a tributarle culto. En la época que precedió a Moisés no es posible hallar con certeza el nombre de Yahvé ni en Israel ni fuera de Israel. Sin embargo, fundándose en algunos nombres propios bíblicos (cf. Ex 6, 20), se puede sostener que el Israel premosaico conoció el nombre de Dios *Yau*. Siendo esto así, la revelación del nombre de Yahvé a Moisés lleva consigo una ampliación lingüística y, sobre todo, el descubrimiento de su profundo significado; pues el nombre de Yahvé es la revelación divina veterotestamentaria más perfecta sobre la esencia de Dios. El Nuevo Testamento recoge los nombres paleotestamentarios de Dios conforme a la versión de los Setenta y sitúa en el centro de la religión cristiana la denominación de Padre, que en el Antiguo Testamento aparece únicamente de forma aislada.

Bibliografía: P. HEINISCH, *Theologie des Alten Testamentes,* Bo 1940 (trad. italiana: *Teologia del Vecchio Testamento,* To-R 1950). M. REHM, *Das Bild Gottes im Alten Testament,* Wü 1951. E. SCHLENKER, *Die Lehre von den göttlichen Namen in der Summe Alexanders von Hales,* Fr 1938. R. CRIADO, *La investigación sobre el valor del nombre divino en el Antiguo Testamento,* EE 26 (1952) 313-352, 435-452. El mismo, *Valor hipostático del nombre divino en el Antiguo Testamento,* EB 12 (1953) 273-316, 345-376. P. VAN IMSCHOOT, *Théologie de l'Ancien Testament,* Tournai 1954.

§ 9. La esencia física y metafísica de Dios

1. La esencia física de Dios

La esencia física de Dios es el conjunto de todas las perfecciones divinas realmente idénticas entre sí. Véase la enumeración de los atributos divinos que hacen el concilio IV de Letrán y el concilio del Vaticano; Dz 428, 1782.

2. La esencia metafísica de Dios

La esencia metafísica de Dios es aquella nota fundamental de la esencia divina que, según nuestro modo analógico de pensar, constituye la última y más profunda razón del ser divino y que le distingue radicalmente de todos los seres creados, y que es la raíz de todas las demás perfecciones divinas. Varias son las opiniones respecto al constitutivo de la esencia metafísica de Dios:

a) Los *nominalistas* ponen la esencia metafísica de Dios en la suma de todas sus perfecciones («cumulus omnium perfectionum»), identificando de esta forma la esencia física y la metafísica.

b) Los *escotistas* consideran como esencia metafísica de Dios la infinitud radical («infinitas radicalis»), es decir, aquella propiedad que exige que Dios posea en grado infinito todas las perfecciones. Esta sentencia no explica cuál es la razón última de esa infinitud. La infinitud es únicamente una categoría ontológica y no la misma esencia metafísica.

c) Muchos *tomistas* opinan que la esencia metafísica de Dios es su absoluta intelectualidad, la cual definen como «entender radical» («intelligere radicale») o como actividad formal del conocimiento («intelligere actuale, intellectio subsistens»). Contra estas dos opiniones se suele objetar que no señalan la raíz última de todas las perfecciones, sino una nota derivada de ella. La intelectualidad absoluta presupone el ser absoluto, y el entender subsistente presupone el ser subsistente.

d) La opinión mejor fundada en la Sagrada Escritura y la tradición determina como esencia metafísica de Dios el mismo Ser subsistente («ipsum esse subsistens»). A diferencia de las criaturas, que reciben su ser (= existencia) de otro ser («esse participatum»), Dios tiene el ser, en virtud de la perfección de su esencia, de sí mismo y por sí mismo. Él es el mismo Ser, el ser absoluto, el ser que subsiste por sí mismo. Esencia y existencia coinciden en Dios. El concepto de ser absoluto excluye todo no-ser y toda mera posibilidad de ser. En conclusión, Dios es el ser real purísimo sin mezcla alguna de potencialidad («actus purus sine omni permixtione potentiae»).

A esta determinación de la esencia metafísica de Dios, que deriva de Santo Tomás, se avecina la opinión sostenida por muchos teólogos que pone dicha esencia en la *aseidad,* entendida no en el sentido negativo de no-derivación (ἀγεννησία) o de independencia de una causa, lo cual es sólo un modo de ser, sino en el sentido positivo de autoexistencia o perseidad (αὐτουσία).

ARGUMENTACIÓN

a) En el Ex 3, 14 s, Dios manifestó su nombre propio y esencia: «Yo soy el que soy», es decir, yo soy aquel cuya esencia se expresa en las palabras «Yo soy». Dios es, por tanto, el Ente por antonomasia (ὁ ὤν), su esencia es el Ser. Israel no conoció, desde luego, todo el hondo sentido de la revelación que se le acababa de hacer; entendía por Yahvé aquel que siempre está allí, el Permanente, el Fiel, el Ayudador, conforme Él se manifestó en la historia de Israel (cf. Is 43, 11). Otros textos escriturísticos más recientes expresan el ser absoluto de Dios designándole como el primero y el último; como el alfa y la omega, como el principio y el fin, como el que es, ha sido y será; cf. Is 41, 4; 44, 6; 48, 12; Apoc 1, 4, 8, 17; 21, 6; 22, 13. El libro de la Sabiduría, siguiendo a Ex 3, 14, designa (13, 1) a Dios como «el que es» (τὸν ὄντα) y le contrapone a las cosas visibles que de Él recibieron el ser. El ser absoluto de Dios expresado en el nombre de Yahvé distingue a Dios de todos los demás seres. Cf. Is 42, 8: «Yo soy Yahvé, y éste es mi nombre. No doy mi honra a ningún otro, ni a los ídolos el honor que me es debido».

b) Los santos padres y los doctores de la escolástica, para exponer la esencia de Dios, parten del Ex 3, 14, y señalan el concepto de ser absoluto como el que más hondamente explica la esencia metafísica de Dios. SAN HILARIO exclama, lleno de admiración por la definición que Dios hizo de sí mismo: «Nada podremos pensar que caracterice mejor a Dios que el Ser» *(De Trin.* 1, 5).

San Gregorio Nacianceno comenta así a propósito de Ex 3, 14: «Dios siempre fue, siempre es y siempre será; o, mejor dicho, siempre es. Porque el haber sido y el haber de ser son divisiones de nuestro tiempo y de la naturaleza que se halla en perpetuo flujo; pero Dios es "el que siempre es"; y como tal se nombra a sí mismo cuando responde a Moisés en la teofanía del monte. En efecto, Dios contiene en sí toda la plenitud del ser, que ni tuvo principio ni tendrá fin, como piélago infinito e ilimitado del ser que sobrepasa toda noción de tiempo y de naturaleza (creada)» *(Orat.* 45, 3). SAN AGUSTÍN dice, refiriéndose a Ex 3, 14, que Dios se llamó a sí mismo el ser por antonomasia (ipsum esse). Sólo Dios es el ser inmutable, y por tanto el verdadero ser *(Enarr. in Ps.* 134, 4). SAN JUAN DAMASCENO hace notar que el nombre de «el que es» (νὤ ὁ) es el más acertado de todos los nombres divinos *(De fide orth.* I 9).

SAN BERNARDO dice: «Ora llamemos a Dios bueno, ora le llamemos grande, o dichoso, o sabio, o lo que queramos, todo está contenido en la palabra "Est" (=Él es)» *(De consid.* v 6). SANTO TOMÁS nos enseña: «cuius (sc. Dei) essentia est ipsum suum esse» (la esencia de Dios es su mismo ser; *De ente et essentia,* c. 6). Y como únicamente en Dios la esencia consiste en ser, el Doctor Angélico ve en «el que es» *(qui est)* el nombre de Dios que mejor le caracteriza; S.th. I, 13, 11.

c) El concepto de *ipsum esse subsistens* reúne todas las condiciones para servir como definición de la esencia metafísica de Dios.

α) La denominación *ipsum esse subsistens* no es un mero modo de ser, sino la perfección que, según nuestro modo analógico de pensar, corresponde primariamente a Dios y que constituye como el núcleo de su esencia. Véanse los argumentos para probar la existencia de Dios que, partiendo del ser participado, concluyen a la existencia del mismo ser subsistente.

β) El *ipsum esse subsistens* distingue radicalmente a Dios de todas las cosas creadas, que *no son el ser* mismo, sino que *tienen* ser. El ser de las criaturas es un ser limitado y, si se le compara con el ser de Dios, antes parece un no-ser que un ser. «Si no las comparamos con Él, las criaturas son porque son gracias a Él; pero comparadas con Dios, las criaturas no son, porque el verdadero ser es un ser inmutable, y eso sólo lo es el ser de Dios» *(Enarr. in Ps.* 134, 4).

El *ipsum esse subsistens* distingue también a Dios del ser abstracto o universal; pues este último no puede darse en la realidad objetiva sin otras notas que le concreten, mientras que el ser absoluto de Dios no admite ninguna determinación más. El ser abstracto es el concepto más pobre en comprensión, y el ser absoluto el más rico en la misma; cf. SANTO TOMÁS, *De ente et essentia,* c. 6.

γ) El *ipsum esse subsistens* es al mismo tiempo la raíz de la cual se derivan lógicamente todas las demás perfecciones divinas. Como Dios es el ente absoluto, tiene que encerrar en sí todas las perfecciones del ser; cf. S.th. I 4, 2 ad 3: «nulla de perfectionibus essendi potest deesse ei quod est ipsum esse subsistens».

APÉNDICE

Hermann Schell († 1906) quiso dar mayor contenido al concepto de la aseidad divina extendiendo a Dios la idea de causa, y enunció la siguiente proposición:. Deus est causa sui. La aseidad de Dios habría que concebirla como la causación, la realización, la actuación de la esencia divina. Dios no sería la esencia del ser, como afirma la escolástica, sino la esencia de la actividad y de la vida.

El concepto de Dios propuesto por Schell, que tiene resabios de platonismo y neoplatonismo, contradice al principio de causalidad, según el cual todo lo que se mueve es movido por otro ser distinto, y se halla también en pugna con el principio de contradicción en el que se funda el principio de causalidad; pues una esencia que fuera la causa de sí misma tendría que obrar antes de existir y, por tanto, sería y no sería al mismo tiempo. Dios no es causa de sí mismo, sino razón de sí mismo, es decir, que posee en sí mismo la razón de su existencia. Tomando en este sentido amplio e impropio el concepto de causa, es como algunos escolásticos, siguiendo a SAN JERÓNIMO *(In ep. ad Ephes.* 11 3, 14; «ipse sui origo est suaeque causa substantiae»), lo han aplicado a Dios diciendo que Él es *causa sui* (causa de sí mismo). San Agustín rechazó ya la expresión de que Dios es generador de sí mismo y, por consiguiente, su propia causa; cf. *De Trin.* I 1, 1; S.c.G. I 18: «nihil est causa sui ipsius; esset enim prius seipso, quod est impossibile» (nada puede ser causa de sí mismo; porque sería antes que sí mismo, lo cual repugna).

Bibliografía: M. GRABMANN, *Der Genius der Werke des hl. Thomas und die Gottesidee,* Pa 1899. A. ANTWEILER, *Unendlich. Eine Untersuchung zur metaphysischen Wesenheit Gottes,* Fr 1934. E. COMMER, *Hermann Schell und der fortschrittliche Katholizismus,* W [2]1908. FR. X. KIEFL, *Hermann Schell,* Mz-Mn 1907. J. HASENFUSS, *Herman Schell als existentieller Denker und Theologe,* Wü 1956.

Sección tercera

LOS ATRIBUTOS DIVINOS

§ 10. Los atributos divinos en general

1. Noción

Los atributos o propiedades divinas son perfecciones que, según nuestro modo analógico de pensar, brotan de la esencia metafísica de Dios y se añaden a ella. En efecto, nosotros solamente podemos conocer «de forma fragmentaria» (1 Cor 13, 9) la infinita riqueza ontológica de la simplicísima esencia de Dios mediante una multitud de conceptos inadecuados, por los cuales vamos comprendiendo una por una diversas perfecciones divinas.

2. Diferencia entre los atributos y la esencia metafísica de Dios

a) Los atributos divinos se identifican realmente tanto con la esencia divina como entre sí (de fe).

La razón de tal identidad se halla en la absoluta simplicidad de Dios. Suponer la distinción real sería admitir composición en Dios, lo cual sería anular la divinidad.

Un consistorio de Reims, el año 1148, desaprobó, en presencia del papa Eugenio III y por instancia de San Bernardo de Claraval, la doctrina de Gilberto de Poitiers, quien enseñaba la distinción real entre Dios y la divinidad *(Deus — divinitas)*, entre las Personas divinas y sus propiedades *(Pater — paternitas)* y, según decían sus adversarios, entre la esencia divina y sus atributos. Contra semejante doctrina, una confesión de fe propuesta por Bernardo, pero que, sin embargo, no fue confirmada autoritativamente, enseñó la identidad real entre Dios y la divinidad, es decir, entre la naturaleza divina y las personas, así como entre Dios y sus atributos: «Credimus et confitemur simplicem naturam divinitatis esse Deum, nec aliquo sensu catholico posse negari, quin divinitas sit Deus et Deus divinitas... credimus, nonnisi ea sapientia, quae est ipse Deus, sapientem esse», etc.; Dz 389. El concilio unionista de Florencia declaraba en el *Decretum pro Iacobitis* (1441): «[En Dios] todo es uno, siempre que no obste una oposición relativa»; Dz 703.

En la Iglesia griega, la secta místico-quietista del siglo XIV, denominada de los hesicastas o palamistas (por el monje Gregorio Palamas † 1359), enseñaba la distinción real entre la esencia divina (οὐσία) y la virtud divina o atributos divinos (ἐνέργεια). Mientras que la primera sería inconocible, la segunda se comunicaría al hombre en la quietud de la oración (ἡσυχία) por medio de una luz divina increada («luz del Tabor»). Distinguía, por tanto, entre una parte superior y otra inferior, una invisible y otra visible de la divinidad.

La Sagrada Escritura declara la identidad entre la esencia y los atributos de Dios al decir: «Dios es caridad» (1 Ioh 4, 8). SAN AGUSTÍN nos enseña: «Lo que Dios *tiene,* eso es lo que *es*» (quod habet hoc est; *De civ. Dei* XI 10, 1). Los adversarios de Gilberto compendiaron la doctrina de la Iglesia opuesta a su presunto error en las siguientes palabras atribuidas a San Agustín: «Quidquid in Deo est, Deus est».

b) La distinción entre la esencia metafísica de Dios y sus atributos no es tampoco *puramente mental* («distinctio rationis ratiocinantis»), como enseñaron los eunomianos de los siglos IV y V y los nominalistas de fines de la edad media. Según los eunomianos, todos los nombres y atributos de Dios son sinónimos y no expresan sino la agenesia (innascibilidad) con la que suponen se concibe adecuadamente la esencia de Dios. Según los nominalistas, la razón para distinguir diversos atributos divinos no radica en la esencia misma de Dios, sino en los efectos que ésta produce («distinctio cum connotatione effectuum»).

En contra de la hipótesis de una distinción puramente mental, habla el hecho de que la Sagrada Escritura predica de Dios muchos atributos. Y es incompatible con la dignidad de la Sagrada Escritura suponer que todos esos atributos son puros sinónimos. Las perfecciones que se manifiestan en las obras de Dios presuponen que Él mismo las posee, pues es su causa. Dios no es bueno porque hace cosas buenas, sino que hace cosas buenas porque es bueno.

c) Según los escotistas, entre la esencia de Dios y sus atributos existe distinción *formal,* que es una distinción intermedia entre la real y la de razón. Suponer en Dios formalidades ontológicas que existen actualmente en Dios con independencia y anterioridad a nuestro pensamiento, es poner en peligro la absoluta simplicidad de la esencia divina.

d) Según doctrina general, la distinción que existe entre Dios y sus atributos es *virtual* («distinctio virtualis o rationis ratiocinatae sive cum fundamento in re»). La distinción de diversos atributos en Dios tiene su fundamento real en la infinita plenitud del ser divino. Aunque esa plenitud sea en sí absolutamente simple, con todo, sólo podemos concebirla mediante una multiplicidad de conceptos; cf. S.th. I 13, 4: «Nomina Deo attributa, licet significent unam rem, tamen, quia significant eam sub rationibus multis et diversis, non sunt synonyma.» Debemos tener presente que semejante distinción virtual es *menor,* pues cada perfección divina incluye implícitamente a las demás.

3. División

Los atributos divinos se dividen en:
a) Negativos y *positivos* (infinitud — poder); *b) inmediatos* y *mediatos* (increabilidad — bondad); *c) absolutos* y *relativos* (santidad — misericordia); *d)* atributos del *ser* y de la *actividad* o *vida,* llamados también quiescentes y activos, estáticos y dinámicos (simplicidad — omnisciencia).

Bibliografía: A. Hayen, *Le Concile de Reims et l'erreur théologique de Gilbert de la Porrée,* AHDL 10 (1935-36) 29-102. N. M. Häring, *Das sogenannte Glaubensbekenntnis des Reimser Konsistoriums von 1148,* Schol 40 (1965) 55-90. S. Gammersbach, *Gilbert von Poitiers und seine Prozesse im Urteil der Zeitgenossen,* K - Gr 1959. S. Guichardan, *Le problème de la simplicité divine en Orient et en Occident aux XIVe et XVe siècles,* Ly 1933. A. M. Ammann, *Die Gottesschau in palamitischen Hesychiasmus. Ein Handbuch der spätbyzantinischen Mystik,* Wü ²1948. B. Schultze, *Die Bedeutung des Palamismus in der russischen Theologie der Gegenwart,* Schol 26 (1951) 390-412. J. Meyendorff, *Grégoire Palamas. Défense des saints hésychastes,* 2 tomos, Ln 1959.

Capítulo primero

LOS ATRIBUTOS DEL SER DIVINO

§ 11. La absoluta perfección de Dios

Perfecto es lo que no carece de nada que deba poseer según su naturaleza; cf. S.th. I 4, 1: «perfectum dicitur, cui nihil deest secundum modum suae perfectionis». Es absolutamente perfecto lo que reúne en sí todas las excelencias concebibles y excluye todos los defectos. Relativamente perfecto es aquel que posee una naturaleza finita y las excelencias correspondientes a ella.

Dios es absolutamente perfecto (de fe).

El concilio del Vaticano enseña que Dios es infinito en cada perfección («omni perfectione infinitus»); Dz 1782; cf. Mt 5, 48: «Sed perfectos como vuestro Padre celestial es perfecto.» La Sagrada Escritura declara de forma indirecta la absoluta perfección de Dios al realzar su autosuficiencia y su independencia de todas las cosas creadas (cf. Rom 11, 34 ss; Is 40, 13 ss; Act 17, 24 s), enseñándonos que Dios encierra en sí las perfecciones de todas las criaturas. Eccli 43, 29, dice: «Él lo es todo» (τὸ πᾶν ἐστιν αὐτός). Cf. Rom 11, 36; Ps 93, 9.

Los santos padres fundan la absoluta perfección de Dios en la infinita riqueza del Ser divino. Afirman que la perfección de Dios es esencial, universal, y que todo lo sobrepuja. San Ireneo dice: «Dios es perfecto en todo, es igual a sí mismo, siendo todo Él luz, todo entendimiento, todo esencia y fuente de todos los bienes» (*Adv. haer.* iv 11, 2). San Juan Damasceno enseña: «La esencia divina es perfecta, y nada le falta de bondad, de sabiduría y de poder; no tiene principio ni fin, es eterna, ilimitada; en una palabra, es absolutamente perfecta» (*De fide orth.* i 5). Cf. Seudo-Dionisio, *De div. nominibus* 13, 1.

Especulativamente, Santo Tomás demuestra la absoluta perfección de Dios por el hecho de que Él, en cuanto causa primera de todas las cosas creadas, contiene en sí virtualmente todas las perfecciones de las criaturas, y, en cuanto es el ser mismo subsistente, encierra en sí todo ser y, por tanto, toda perfección; cf. S.th. i 4, 2. Para saber cómo se contienen en Dios las perfecciones de las criaturas, hay que atenerse al siguientte principio: Las perfecciones puras se contienen en Dios formal y eminentemente; las mixtas, virtual y eminentemente.

Bibliografía: L. Lessius, *De perfectionibus moribusque divinis,* P 1912. R. Garrigou-Lagrange, *Les perfections divines,* P 1920 (extracto de: *Dieu. Son existence et sa nature* [véase la bibliografía general de esta Parte primera y la versión española allí indicada]. Th. Paffrath, *Gott Herr und Vater,* Pa 1930.

§ 12. La infinitud de Dios

Infinito es lo que no tiene fin ni límite; cf. S.th. i 7, 1: «infinitum dicitur aliquid ex eo, quod non est finitum». El infinito se divide en potencial y actual. El primero es el que puede aumentarse sin fin, pero que en la realidad es finito y limitado. Se le llama también indefinido por no tener límites determinados. El infinito actual es el que excluye positivamente todo límite. Se distingue, además, entre infinito relativo y absoluto. El primero carece de límites en un aspecto determinado (v.g., en duración), el segundo no tiene límites en ningún aspecto.

Dios es actualmente infinito en cada perfección (de fe).

El concilio del Vaticano dice que Dios es infinito en entendimiento y voluntad y toda perfección («intellectu ac voluntate omnique perfectione infinitus»); Dz 1782; cf. Ps 146, 3: «Su grandeza es insondable» (Set. y Vulg.: «infinita»).

Los santos padres llaman a Dios infinito, ilimitado, incircunscripto (ἄπειρος, ἀόριστος, ἀπερίγραπτος, «infinitus, incircumscriptus»). Según SAN GREGORIO NISENO, Dios «no tiene límites en ningún aspecto» («Quod non sint tres dii»; PG 45, 129). Como es «ilimitado por naturaleza», no puede ser abarcado por un concepto humano (*C. Eunomium* 3; PG 45, 601).

Especulativamente, la absoluta infinitud de Dios se demuestra por el concepto de ser subsistente. Como Dios no ha sido causado por otro ser ni tiene en sí composición alguna, no hay en Él razón alguna para que posea el ser con limitación; cf. S.th. I 7, 1.

Bibliografía: C. ISENKRAHE, *Das Endliche und das Unendliche,* Mr 1915. El mismo, *Untersuchungen über das Endliche und Unendliche,* Bo 1920. O. ZIMMERMANN, *Ohne Grenzen und Enden,* Fr [5]1923.

§ 13. LA SIMPLICIDAD DE DIOS

Simple es lo que no tiene composición de partes y no es, por tanto, divisible. La composición es física cuando una cosa está compuesta de partes realmente distintas entre sí; tal composición puede ser sutancial (materia y forma, cuerpo y alma) o accidental (sustancia y accidente). La composición es metafísica cuando una cosa está compuesta de partes lógicas o metafísicas (determinaciones del ser, como potencia y acto, género y diferencia específica).

Dios es absolutamente simple (de fe).

El concilio IV de Letrán y el concilio del Vaticano enseñan que Dios es sustancia o naturaleza absolutamente simple («substantia seu natura simplex omnino»); Dz 428, 1782. La expresión «simplex omnino» quiere decir que de Dios se excluye toda composición, tanto física como metafísica. De esta verdad se derivan las siguientes proposiciones:

1. *Dios es espíritu puro,* es decir, que Dios no es materia ni está compuesto de materia y espíritu. Es verdad que el Antiguo Testamento presenta a Dios en forma visible y humana por medio de numerosos antropomorfismos y antropopatías. Pero expresa muy bien indirectamente la espiritualidad de Dios al presentarle como elevado por encima de toda la materia y como señor de la misma. En cambio, a diferencia de Dios, a los hombres se les llama con

frecuencia «carne» (cf. Is 31, 3). El Nuevo Testamento designa expresamente a Dios como espíritu; Ioh 4, 24: «Dios es Espíritu»; 2 Cor 3, 17: «El Señor es Espíritu».

Los santos padres censuran como necia herejía *(stultissima haeresis,* San Jerónimo) la doctrina de los *audianos* o antropomorfitas que, interpretando torcidamente el pasaje Gen 1, 26, consideraban a Dios como ser compuesto de cuerpo y espíritu al estilo del hombre. TERTULIANO, por influjo de los estoicos, parte del supuesto de que todo lo real es corpóreo, y atribuye también cierta corporeidad a los espíritus, a Dios y al alma; *Adv. Praxeam* 7: «Quis enim negavit Deum corpus esse, etsi Deus spiritus est? Spiritus enim corpus sui generis in sua effigie.»

Especulativamente, la inmaterialidad de Dios se demuestra por su pura actualidad. Como en Dios no hay potencia pasiva alguna y la materia requiere esencialmente tal potencialidad, no puede haber materia en Dios; cf. S.th. I 3, 1 y 2.

2. *Dios es espíritu absolutamente simple,* es decir, en Dios no se da ninguna clase de composición: ni de sustancia y accidente, ni de esencia y existencia, ni de naturaleza y persona, ni de potencia y acto, ni de un acto y otro, ni de género y diferencia específica. La Sagrada Escritura indica la absoluta simplicidad de Dios cuando toma las propiedades divinas por su misma esencia; cf. 1 Ioh 4, 8: «Dios es caridad»; Ioh 14, 6: «Yo soy el camino, la verdad y la vida». SAN AGUSTÍN dice, refiriéndose a la naturaleza divina: «Se le llama simple porque lo que ella tiene eso es, exceptuando lo que se predica de una Persona en relación con otra» *(De civ. Dei* VI 10, 1).

Especulativamente, la absoluta simplicidad de Dios se demuestra por su pura actualidad, que excluye absolutamente cualquier clase de composición. En efecto, lo compuesto es posterior a las partes componentes y depende de ellas. Lo compuesto presupone, además, una causa que realice la composición de las partes, y las partes sólo se hallan en potencia respecto del todo; cf. S.th. I 3, 7. La distinción virtual entre la esencia de Dios y sus atributos y la de los diversos atributos entre sí no es óbice para la absoluta simplicidad de Dios, pues cada atributo no designa una parte de la esencia divina, sino toda ella, aunque desde diversos puntos de vista.

Bibliografía: G. VERBEKE, *L'évolution de la doctrine du pneuma, du stoïcisme à saint Augustin,* P 1945. G. M. MANSER, *Das Wesen des Thomismus,* Fr/S [3]1949, 491 ss (traducción castellana: *La esencia del Tomismo,* Ma 1947, p. 612 ss).

§ 14. La unicidad de Dios

No hay más que un solo Dios (de fe).

La mayor parte de los símbolos de fe enseñan expresamente la unicidad de Dios. El símbolo niceno-constantinopolitano profesa: «Credo in unum Deum»; Dz 54, 86. El concilio IV de Letrán declara (1215): «Unus solus est verus Deus»; Dz 428; cf. 1782. Se oponen a este dogma básico del cristianismo el politeísmo de los paganos y el dualismo gnóstico-maniqueo que suponía la existencia de dos principios increados y eternos.

Es doctrina fundamental del Antiguo y del Nuevo Testamento que no hay más que *un solo Dios;* Deut 6, 4 (Mc 12, 29): «Oye, Israel, Yahvé es nuestro Dios, sólo Yahvé.» San Pablo, el Apóstol de los Gentiles, insiste marcadamente, frente al politeísmo gentílico, en la fe en un solo Dios. En 1 Cor 8, 4, dice: «Sabemos que el ídolo no es nada en el mundo y que no hay más Dios que uno solo»; cf. Act 14, 14; 17, 23; Rom 3, 39; Eph 4, 6; 1 Tim 1, 17; 2, 5. Los dioses paganos no son verdaderos dioses, sino mentira y vaciedad (Ier 16, 19) y cosa huera (Ps 95, 5); cf. Sap 13-15. Frente al dualismo gnóstico-maniqueo, que reduce todo el mal del mundo a un principio malo, nos enseña la Sagrada Escritura que el mal físico procede de Dios (Deut 32, 39; Is 45, 6 s) y que el mal moral tiene su razón de ser en el abuso del humano albedrío (Rom 5, 12).

Los santos padres prueban la unicidad de Dios por su perfección absoluta y por la unidad del orden del mundo, y la defienden contra los paganos, gnósticos y maniqueos. Tertuliano objeta a Marción: «El Ser supremo y más excelente tiene que existir Él solo y no tener igual a Él, porque, si no, cesaría de ser el Ser supremo... Y como Dios es el Ser supremo, con razón dijo nuestra verdad cristiana: Si Dios no es uno solo, no hay ninguno» *(Adv. Marc.* I, 3). Cf. *Pastor* de Hermas, *Mand.* I 1; San Ireneo, *Adv. haer.* I 10, 1; II 1, 1-5; Tertuliano, *Apol.* 17; *De praescr.* 13; Orígenes, *C. Celsum* I, 23; San Juan Damasceno, *De fide orth.* I 5.

Santo Tomás deduce especulativamente la unicidad de Dios de su simplicidad, de la infinitud de sus perfecciones y de la unidad del universo; S.th. I 11, 3.

La historia comparada de las religiones nos enseña que la evolución religiosa de la humanidad no pasó del politeísmo al monoteísmo, sino al contrario: *del monoteísmo al politeísmo;* cf. Rom. 1, 18 ss. No es posible probar tampoco que Yahvé fuera considerado meramente como Dios nacional del pueblo de Israel hasta la época de los profetas, de suerte que, a pesar de tributar culto a un solo Dios, se creyera en la existencia de otros dioses (henoteísmo). «No se convirtió el Dios nacional en Dios del universo, sino lo que sucedió es que el Dios del universo estableció especial alianza con Israel en el monte Sinaí» (E. KALT, *Bibl. Reallexikon* I² 721).

Bibliografía: F. X. KORTLEINER, *De polytheismi origine quae sit doctrina S. Litterarum Patrumque ecclesiae,* In 1911. El mismo, *De Hebraeorum ante exilium Babylonicum monotheismo,* In 1910. J. HEHN, *Die biblische und die babylonische Gottesidee,* L 1913 (en el Índice). K. HOLZHEY, *Jahve der Gott Israels. Sein Kampf gegen die fremden Götter von Mose bis Christus,* Mr 1936. W. SCHMIDT, *Der Ursprung der Gottesidee,* 12 tomos, Mr 1926/56.

§ 15. LA VERDAD DE DIOS

Existe una verdad ontológica, una verdad lógica y una verdad moral («veritas in essendo, in cognoscendo, in dicendo et agendo»).

1. La verdad ontológica de Dios

La verdad ontológica o «verdad de la cosa» es la conformidad de un objeto con su idea: «adaequatio rei cum idea eius sive cum intellectu». No es sino el ser de la cosa misma en cuanto es conocible. «Ens et verum convertuntur.»

El único Dios es verdadero Dios en sentido ontológico (de fe).

El concilio IV de Letrán y el concilio del Vaticano llaman a Dios «Deus verus» (Dios verdadero), pues Él solo responde perfectamente a la idea de Dios; cf. Ier 10, 10; Ioh 17, 3; 1 Thes 1, 9.

Como «ipsum esse subsistens», Dios es el ser y también *la verdad misma* (αὐταλήθεια). Como causa ejemplar y eficiente, Dios da la inteligibilidad junto con el ser a todas las cosas creadas. Todo ser creado es la realización de una *idea* divina, que es recogida y pensada por la inteligencia creada. Como las ideas de todas las cosas reales y posibles se hallan en la mente divina, Dios es la *verdad total* (παναλήθεια). Así como el Ser divino está infinitamente elevado por encima de todo ser creado, de la misma manera su verdad o inteligibilidad descuella por encima de la verdad o inteligibilidad de las cosas creadas; y, por tanto, Dios es la *suprema verdad* (ὑπεραλήθεια).

2. La verdad lógica de Dios

La verdad lógica o «verdad del conocimiento» consiste en la conformidad del pensar con el ser: «adaequatio intellectus cum re». La perfección del conocimiento de la verdad depende de la perfección del entendimiento.

Dios posee una inteligencia infinita (de fe).

Conforme nos enseña el concilio del Vaticano, Dios posee «un entendimiento infinito» *(intellectu infinitus);* Dz 1782. Ps 146, 5: «Su inteligencia no tiene medida». Cf. Ps 43, 22; 93, 11; 138, 1-6. El objeto del conocimiento divino es la esencia divina. En ella conoce Dios todas las cosas creadas como en la causa de las mismas. Como en Dios se identifican el sujeto cognoscente, el objeto del conocimiento y el acto cognoscitivo, es conclusión lógica que Dios es la absoluta verdad lógica. De ahí que Dios no pueda de modo alguno incurrir en error («qui nec falli... potest»; Dz 1789).

La absoluta verdad de Dios es la fuente de todo conocimiento humano natural y sobrenatural de la verdad. El intelecto creado es trasunto del intelecto increado de Dios. De éste dimanan tanto los supremos e inmutables principios del conocer, grabados por la naturaleza en la mente creada, como las verdades sobrenaturales de la revelación, que Dios con gesto particular de condescendencia se dignó comunicar al entendimiento creado haciéndole partícipe de su saber divino; Dz 1797.

3. La verdad moral de Dios

La verdad moral comprende la veracidad («veritas in dicendo, veracitas») y la fidelidad («veritas in agendo, fidelitas»). La veracidad es la conformidad de las palabras con el pensamiento: «adaequatio sermonis cum intellectu». La fidelidad es la conformidad de la conducta con las palabras: «adaequatio actionis cum sermone».

a) Dios es absolutamente veraz (de fe)

El concilio del Vaticano dice que Dios no puede engañar («qui... nec fallere potest»); Dz 1789. Cf. Dz 1782: «omni perfectione infinitus» (infinito en toda perfección). La Sagrada Escritura da testimonio de la veracidad de Dios y de la incompatibilidad de la mentira con su esencia; Ioh 8, 26: «Quien me ha enviado es veraz»; Tit 1, 2: «Dios no miente»; Hebr 6, 18: «Es imposible que Dios mienta»; cf. Rom 3, 4.

b) Dios es absolutamente fiel (de fe)

Cf. Dz 1789, 1782; Ps 144, 13: «Es fiel Yahvé en todas sus palabras; 2 Tim 2, 13: «Si le fuéremos infieles, Él permanecerá fiel, que no puede negarse a sí mismo»; Mt 24, 35: «El cielo y la tierra pasarán, pero mis palabras no pasarán». Cf. San Agustín, *Enarr.*

in Ps 123, 2: «Veritas enim [divina] nec falli potest nec fallere» (porque la verdad [divina] ni puede engañarse ni puede engañarnos).

Bibliografía: M. GRABMANN, *Der göttliche Grund menschlicher Wahrheitserkenntnis nach Augustinus und Thomas von Aquin*, Mr 1924.

§ 16. LA BONDAD DE DIOS

1. La bondad ontológica de Dios

Así como el ente es ontológicamente verdadero por su relación con el entendimiento, de la misma manera es ontológicamente bueno por su relación con la voluntad: «bonum est ens in quantum est appetibile».

Una cosa es buena en sí *(bonum quod)* si posee las perfecciones que corresponden a su naturaleza; es buena relativamente *(bonum cui)* si es capaz de perfeccionar a otras cosas («bonum est diffusivum sui»).

Dios es la bondad ontológica absoluta, en sí y en relación con los demás (de fe).

El concilio del Vaticano enseña que Dios es infinito en toda perfección («omni perfectione infinitus»; Dz 1782) y que en la creación difundió sus bienes entre las criaturas («per bona, quae creaturis impertitur»; Dz 1783).

Como ser subsistente, Dios es la bondad por esencia o la *bondad misma* (αὐταγαθότης, *ipsa bonitas)*. Como causa de todas las criaturas y de toda la bondad creada, Dios es la *bondad total* (παναγαθότης, *bonum universale)*. Como la bondad de Dios está infinitamente elevada por encima de toda bondad creada, Dios es el *supremo bien* (ὑπεραγαθότης, *summum bonum)*. Nadie más que Dios es la bondad por esencia (Lc 18, 19: «Nadie es bueno, sino sólo Dios»). Las criaturas no poseen más que una bondad participada de Dios (1 Tim 4, 4: «Toda criatura de Dios es buena»). La absoluta bondad ontológica de Dios es la razón de su felicidad infinita. Conociéndose y amándose a sí mismo como bien supremo, Dios es infinitamente feliz con esa posesión y disfrute de sí mismo.

Dios es la absoluta bondad ontológica en relación con otros, por ser causa ejemplar, eficiente y final de todas las criaturas (Rom 11, 36: «De Él y por Él, y para Él son todas las cosas»).

2. La bondad moral (santidad) de Dios

La bondad moral o santidad consiste en la carencia de pecado y en la pureza de la conducta moral. La razón última de la carencia de pecado y la pureza moral se halla en la conformidad de la voluntad con la norma moral.

Dios es la absoluta bondad moral o santidad (de fe; Dz 1782).

La literatura ensalza la santidad de Dios en el *Sanctus* de la misa. La Sagrada Escritura da testimonio de la santidad de Dios en su aspecto negativo y positivo; Deut 32, 4: «Dios es fiel y ajeno a toda iniquidad»; Ps 5, 5: «No eres tú un Dios a quien le agrade la injusticia»; Ps 76, 14: «¡Oh Dios, santos son tus caminos!»; Is 6, 3: «¡Santo, santo Yahvé sebaot! ¡Está la tierra toda llena de su gloria!» La palabra «santo» (heb. «kadosch» = separado de lo profano) expresa no sólo la elevación y trascendencia de Dios sobre todo lo terrestre (santidad objetiva) sino también sobre todo lo pecaminoso (santidad subjetiva), como lo muestra la oposición establecida entre la santidad de Dios y la impureza del profeta (6, 5-7). La doble repetición de la palabra «santo» significa que Dios es en grado sumo o absolutamente santo.

El fuerte contraste entre Dios santo y los hombres pecadores lo expresa con claridad la designación de Dios como «el Santo de Israel», por la que Isaías muestra predilección y que también emplean los Salmos (Ps 70, 22; 77, 41).

Dios es la santidad por esencia, porque su voluntad se identifica con la norma moral. La pureza de Dios no es, por tanto, una mera carencia real de pecado *(impeccantia),* sino también una imposibilidad intrínseca (metafísica) de pecar (impecabilidad, *impeccabilitas).*

3. La benignidad de Dios

Dios es absolutamente benigno (de fe; Dz 1782).

La benignidad de Dios se manifiesta en los innumerables beneficios de orden natural y sobrenatural con que obsequia a sus criaturas por pura benevolencia, haciéndolas participar de su bondad (beneficios de la creación, conservación, providencia, redención, santificación); cf. Mt 5, 26 ss; Ps 144, 15 s; Ioh 3, 16; Rom 8, 32.

APÉNDICE: *La hermosura de Dios*

Dios es la belleza absoluta; cf. Dz 1782. Dios reúne en sí de la forma más perfecta las tres notas que, según SANTO TOMÁS (S.th. 1 39, 8), forman el concepto de lo bello: *a)* «*integritas* sive perfectio»: Dios es absolutamente perfecto; *b)* «*debita proportio* sive consonantia»: Dios, a pesar de la infinita riqueza de su ser, es absolutamente simple; *c) claritas:* Dios, en tanto que es espíritu puro y absolutamente simple, es también el ser más claro y luminoso. Su hermosura es esencial, trascendiendo y sobrepujando infinitamente toda la hermosura de las criaturas. Según Sap 13, 3-5, de la hermosura de las cosas creadas podemos inferir la hermosura inmensamente mayor de su Creador. Cf. Ps 95, 6: «Delante de Él, el esplendor y la magnificencia, el poder y la majestad en su santuario.» Cf. Ps 103, 1; Sap 7, 29; SAN AGUSTÍN, *Conf.* X, 27, 38, XI, 4, 6.

Bibliografía: F. X. KORTLEITNER, *Quid sanctitas in Vetere Testamento valeat,* In 1939. H. KRUG, *De pulchritudine divina,* Fr 1902. J. GUMMERSBACH, *Unsündlichkeit und Befestigung in der Gnade nach der Lehre der Scholastik mit besonderer Berücksichtigung des Suárez,* Ft 1933. A. HORVÁTH, *Heiligkeit und Sünde im Lichte der thomistischen Theologie,* Fr/S 1943.

§ 17. LA INMUTABILIDAD DE DIOS

Es mudable lo que pasa de un estado a otro. Todas las criaturas son mudables por la limitación de su ser.

Dios es absolutamente inmutable (de fe).

El concilio IV de Letrán y el concilio del Vaticano enseñan que Dios es inmutable *(incommutabilis);* Dz 428, 1782. La Sagrada Escritura excluye de Dios todo cambio y le atribuye positivamente la inmutabilidad absoluta. Iac 1, 17: «...en el cual no se da mudanza ni sombra de alteración»; Ps 101, 27 s: «Pero éstos [los cielos] perecerán y tú permanecerás, mientras todo envejece como un vestido. Los mudarás como se muda una veste. Pero tú eres [siempre el mismo], y tus días no tienen fin»: cf. Ps 32, 11; Is 46, 10; Hebr 6, 17. Mal 3, 6, indica que el nombre de Yahvé es la razón de la absoluta inmutabilidad de Dios: «Yo, Yahvé, no cambio.» Con la inmutabilidad de Dios va vinculada al mismo tiempo la vida y la actividad; cf. Sap 7, 24 y 27. SAN AGUSTÍN dice que sabe obrar descansando y descansar obrando: «Novit quiescens agere et agens quiescere» *(De civ. Dei* XII 17, 2).

Los santos padres descartan de Dios todo cambio. TERTULIANO insiste en que la encarnación del Logos no trajo consigo ninguna transformación o cambio en Dios: «Por lo demás, Dios es inmutable e intransformable, por ser eterno» *(Adv. Prax.* 27). ORÍGENES contrapone a la doctrina estoica de la corporeidad de Dios y a sus lógicas consecuencias sobre la mutabilidad divina, la doctrina cristiana de la inmutabilidad de Dios, fundándola en la Sagrada Escritura (Ps 101, 28; Mal 3, 6). Rechaza igualmente la objeción de CELSO, quien afirmaba que el descenso de Dios entre los hombres (la encarnación) implicaba una mutación a un estado peor *(C. Cels.* I 21; IV 14). SAN AGUSTÍN deduce la inmutabilidad de Dios de la infinita riqueza de su ser expresada en el nombre de Yahvé: «El ser es nombre de inmutabilidad. Pues todo lo que cambia deja de ser lo que era y comienza a ser lo que no era. El ser verdadero, el ser puro, el ser genuino solamente lo posee quien no se cambia» *(Sermo* 7, 7). SANTO TOMÁS prueba la absoluta inmutabilidad de Dios por su actualidad pura, por su absoluta simplicidad y por su infinita perfección. Todo cambio incluye potencialidad, composición e imperfección, y es, por tanto, incompatible con Dios en cuanto es acto puro, la esencia absolutamente simple y absolutamente perfecta (S.th. I 9, 1).

Cuando Dios obra al exterior (ad extra), como, por ejemplo, en la creación del mundo, no es que emprenda una actividad nueva, sino que aparece un nuevo efecto decretado desde toda la eternidad por la voluntad divina. El decreto de crear el mundo es tan eterno e inmutable como la esencia misma de Dios, con la cual se identifica realmente; lo único temporal y mudable es el efecto de tal decreto, o sea el mundo creado; cf. SAN AGUSTÍN, *De civ. Dei* XII 17, 2.

§ 18. LA ETERNIDAD DE DIOS

La eternidad es duración sin principio ni fin, sin antes ni después, un «ahora permanente» *(nunc stans)*. La esencia de la eternidad es la falta absoluta de sucesión. BOECIO dio la clásica definición: «Aeternitas est interminabilis vitae tota simul et perfecta possessio» (posesión total, simultánea y perfecta de una vida interminable; *De consol. phil.* V 6). Hay que distinguir entre la eternidad propiamente dicha y el «aevum» o «aeviternitas», que es la duración de los espíritus creados, que tienen principio, pero no tendrán fin, y en su sustancia no suponen mutación alguna (falta relativa de sucesión).

Dios es eterno (de fe).

El dogma dice que Dios posee el ser divino sin principio ni fin, sin sucesión alguna, en un ahora permanente e indiviso. El símbolo *Quicumque* profesa: «Aeternus Pater, aeternus Filius, aeternus Spiritus Sanctus et tamen non tres aeterni, sed unus aeternus»; Dz 39. El concilio IV de Letrán y el concilio del Vaticano asignan a Dios el predicado de «eterno»; Dz 428, 1782.

La Sagrada Escritura da testimonio de todas las notas de la eternidad divina. En el Ps 89, 2 se expresa claramente que Dios no tuvo principio ni fin: «Antes que los montes fuesen, y fueran paridos la tierra y el orbe, eres tú desde la eternidad a la eternidad». La carencia absoluta de sucesión la testifican Ps 2, 7: «Yahvé me ha dicho: Tú eres mi hijo, *hoy* te he engendrado yo», y Ioh 8, 58: «Antes que Abraham naciese, era yo»; cf. Ps 101, 27 s; 89, 4; 2 Petr, 3, 8.

Los santos padres, en sus impugnaciones del paganismo que hablaba de genealogías de dioses, dan testimonio expreso de la eternidad de Dios; cf. ARÍSTIDES, *Apol.* I, 4; TACIANO, *Or.* 4, 3; ATENÁGORAS, *Suppl.* 10; SAN IRENEO, *Adv. haer.* II 34, 2. San Agustín explica la eternidad de Dios como presente estable: «La eternidad de Dios es su misma sustancia, que nada tiene de mudable. En ella no hay nada pretérito como si ya no fuera; no hay nada futuro como si todavía no fuera. En ella no hay sino "es"», es decir, presente (*Enarr. in Ps.* 101, 2, 10).

Especulativamente, la eternidad de Dios se demuestra por su absoluta inmutabilidad. La razón última de la eternidad de Dios es su plenitud absoluta de ser, que excluye toda potencialidad y, por tanto, toda sucesión; S.th. I 10, 2-3.

Bibliografía: F. BEEMELMANS, *Zeit und Ewigkeit nach Thomas von Aquin,* Mr 1914.

§ 19. LA INMENSIDAD DE DIOS Y SU OMNIPRESENCIA

Inmensidad quiere decir negación de todo límite espacial; omnipresencia significa la relación de Dios con el espacio real. La inmensidad es un atributo negativo y absoluto; la omnipresencia lo es positivo y relativo.

1. La inmensidad de Dios

Dios es inmenso (de fe).

El símbolo *Quicumque* nos enseña: «Immensus Pater, immensus Filius, immensus Spiritus Sanctus, sed tamen non tres immensi, sed unus immensus»; Dz 39. El concilio IV de Letrán y el concilio del Vaticano aplican a Dios el atributo de «inmenso»; Dz 428, 1782.

La Sagrada Escritura testifica que Dios está por encima de toda medida espacial. El universo no puede contenerle. El tercer libro de los Reyes (8, 27) dice: «He aquí que los cielos y los cielos de los cielos no son capaces de contenerte. ¡Cuánto menos esta casa que yo he edificado!» Is 66, 1: «El cielo es mi trono y la tierra el escabel de mis pies»; cf. Iob 11, 7-9.

Los santos padres llaman a Dios inabarcable, incircunscrito, inmenso (ἀχώρητος, ἀπερίγραπτος, *inmensus, incircumscriptus).* Cf. *Pastor* de HERMAS, *Mand.* I, 1: «Ante todo cree que no existe más que un solo Dios..., que todo lo abarca, mientras que Él es inabarcable»; cf. ATENÁGORAS, *Suppl.* 10; SAN IRENEO, *Adv. haer.* II 30, 9.

Especulativamente, la inmensidad de Dios se demuestra por la infinita riqueza de su ser. Ésta no admite limitaciones y, por tanto, excluye las barreras del espacio.

2. La omnipresencia de Dios

a) Realidad de la omnipresencia

Dios se encuentra presente en todo espacio creado (de fe).

La omnipresencia de Dios es objeto del magisterio ordinario y universal de la Iglesia, conteniéndose en el dogma de la inmensidad divina como la parte en el todo. La Sagrada Escritura habla en forma gráfica de la omnipresencia de Dios en Ps 138, 7 ss: «¿Dónde podría alejarme de tu espíritu? ¿Adónde huir de tu presencia? Si subiere a los cielos, allí estás tú; si bajare a los abismos, allí estás presente. Si robando las plumas a la aurora quisiera habitar al extremo del mar, también allí me cogería tu mano y me tendría tu diestra»; Ier 23, 24: «¿No lleno yo los cielos y la tierra? Palabra de Yahvé»; Act 17, 27 s: «Dios no está lejos de nosotros, porque en Él vivimos y nos movemos y existimos»; cf. Deut 4, 39; Sap 7, 24; 8, 1.

San Clemente Romano exhorta a temer a Dios, ya que se encuentra presente en todas partes: «¿Adónde se podrá huir y adónde se podrá escapar del que envuelve a todo el universo?» (Cor 28, 4); cf. SAN TEÓFILO DE ANTIOQUÍA, *Ad Autolycum* II, 3; MINUCIO FÉLIX, *Octavio* 32, 7; SAN CIPRIANO, *De dom. or.* 4. La primera monografía sobre la presencia sustancial de Dios en todo el universo y en cada una de sus partes, y al mismo tiempo sobre su presencia inhabitatoria en los justos, se la debemos a SAN AGUSTÍN en su *Liber de praesentia Dei ad Dardanum* (= Ep. 187).

Especulativamente, Santo Tomás demuestra la omnipresencia de Dios por su omnicausalidad. Dios, en cuanto causa de la existencia, se halla íntimamente presente en todas las cosas mientras éstas existen; S.th. I 8, 1.

b) Definición más precisa de la omnipresencia

Los teólogos, desde PEDRO LOMBARDO *(Sent.* I 37, 1), precisan más el concepto de omnipresencia divina concretando que es una presencia de poder *(per potentiam*—presencia dinámica), de saber *(per praesentiam sive scientiam*—presencia ideal) y de esencia *(per essentiam*—presencia esencial o sustancial). Por esta última, Dios se halla presente sustancialmente en todas las cosas, incluso en las criaturas espirituales (ángeles, demonios, almas humanas), como causa inmediata de la existencia de las mismas; cf. S.th. I 8, 3. Debemos concretar aún que la presencia de Dios es *repletiva,* es decir, que la sustancia divina llena todo el espacio creado y cada una de sus partes. Pero, a causa de la absoluta simplicidad de Dios, no debe concebirse la omnipresencia repletiva como extensión (expansión o difusión) ilimitada de la sustancia divina.

Junto con esta presencia general y natural de Dios, existe otra particular y *sobrenatural,* llamada inhabitación divina, que consiste en que Dios despliega una particular y sobrenatural actividad de su gracia; así sucede, por ejemplo, en el alma de los justos (Ioh 14, 23; 1 Cor 3, 16; 6, 19), en la «casa de Dios» (Ps 131, 13 s) y en el cielo (Mt 6, 9). Es de índole única la inhabitación de Dios en la humanidad de Cristo por razón de su unión hipostática (Col 2, 9: «En Él habita sustancialmente toda la plenitud de la divinidad»).

Bibliografía: L. OTT, *Untersuchungen zur theologischen Briefliteratur der Frühscholastik,* Mr 1937, 188-213. A. FUERST, *An Historical Study of the Doctrine of the Omnipresence of God in Selected Writings between 1220-1270,* Wa 1951. J. HELLÍN, *Sobre la inmensidad de Dios en Suárez,* EE 22 (1948) 227-263. M. FRICKEL, *Deus totus ubique simul. Untersuchungen zur allgemeinen Gottgegenwart im Rahmen der Gotteslehre Gregors des Grossen,* Fr 1956.

Capítulo segundo

LOS ATRIBUTOS DE LA VIDA DIVINA

La vida es: *a)* el ser de una sustancia viviente, es decir, de una sustancia capaz de moverse a sí misma; *b)* la operación vital, esto es, el moverse a sí mismo, el actualizarse a sí mismo (S.th. I, 54, 2 ad 1). La forma más perfecta de actividad inmanente son las funciones espirituales de entendimiento y voluntad, que se hallan también en Dios de forma perfectísima. Por tanto, Dios posee también la vida con perfección suprema; S.th. I 18, 3 ad 2: «Sicut Deus est ipsum suum esse et suum intelligere, ita est suum vivere.»

El concilio del Vaticano llama a Dios «Dios vivo» (Deus vivus); Dz 1782. La Sagrada Escritura habla con frecuencia del Dios vivo y de la vida de Dios. Dios corrobora sus afirmaciones con esta frase: «Tan verdad como que yo vivo». El pueblo de Israel jura: «Tan verdad como que Yahvé vive». Jesús se designa a sí mismo como la vida; Ioh 14, 6: «Yo soy el camino, la verdad y la vida»; cf. Ioh 5, 26; 1 Ioh 5, 20.

San Agustín funda la perfección de la vida divina en la identidad de la misma con el ser absoluto de Dios; *De Trin.* iv 10, 11: «Allí [en el Hijo de Dios] se da la primera y suma vida. Para Él no es una cosa la vida y otra el ser, sino que ser y vida se identifican.» Así como Dios, con respecto a las criaturas, es causa del ser, asimismo lo es también de la vida; Ps 35, 10: «En ti se halla la fuente de la vida»; Act 17, 25: «Él mismo da a todos la vida, el aliento y todas las cosas.»

I. EL CONOCIMIENTO O CIENCIA DIVINA

§ 20. La perfección del conocimiento divino

1. *El conocimiento de Dios es infinito* (de fe).

El concilio del Vaticano dice que Dios es infinito en inteligencia («intellectu infinitus»); Dz 1782. La Sagrada Escritura llama a Dios «Deus scientiarum» (Dios del saber; 1 Reg 2, 3) y afirma que su sabiduría es inmensa: «Sapientiae eius non est numerus» (Ps 146, 5); cf. Ps 138, 6; Rom 11, 33.

Especulativamente, se demuestra la *infinitud* del saber divino:

a) Por existir *inteligencias creadas;* pues, por la relación existente entre causa y efecto, la inteligencia, suprema perfección de las criaturas, tiene que darse en Dios por cuanto es su causa, y por cierto en forma infinita.

b) Por el *orden y finalidad del universo,* que exigen la existencia de un Hacedor y Rector en grado supremo inteligente.

c) Por la absoluta *inmaterialidad de Dios;* pues la inmaterialidad es la razón del conocer, y el grado de inteligencia se determina por el grado de inmaterialidad; cf. S.th. i 14, 1: «Cum Deus sit in summo immaterialitatis, sequitur quod ipse sit in summo cognitionis.»

2. El conocer divino es absolutamente *actual.*

Como Dios es realidad ontológica purísima *(actus purus),* en su conocer no hay tránsito de la potencia al acto, no hay hábito ni sucesión ni paso de lo conocido a lo desconocido. El conocer de Dios no es potencial ni habitual ni sucesivo ni discursivo. Dios lo conoce todo en un solo y simplicísimo acto *(simplici intuitu);* cf. S.th. i 14, 7.

3. El conocer de Dios es *subsistente.*

Dios no solamente *posee* actividad cognoscitiva, sino que *es* su mismo conocer. Tal conocer divino se identifica realmente con su esencia por su simplicidad absoluta; cf. S.th. i 18, 3 ad 2: «Deus est suum intelligere»; S.th. i 14, 4: «Intelligere Dei est eius substantia.»

4. El conocer de Dios es *exhaustivo*.

De la infinitud de la inteligencia divina se sigue que Dios agota totalmente la infinita inteligibilidad de su Ser y por ello se comprende a sí mismo. Cf. S.th. I 14, 3: «Tanta est virtus Dei in cognoscendo, quanta est actualitas eius in existendo. ...Unde manifestum est, quod tantum seipsum cognoscit, quantum cognoscibilis est. Et propter hoc seipsum perfecte comprehendit.» La Sagrada Escritura da testimonio del carácter exhaustivo del conocimiento divino en 1 Cor 2, 10: «El Espíritu todo lo escudriña, hasta las profundidades de Dios»; cf. Mt 11, 27.

5. El conocer de Dios es *independiente de las cosas creadas*. El intelecto divino, para conocer, no es estimado (=determinado) desde fuera, sino desde dentro por su misma esencia. Las criaturas no son causa determinante, sino término del conocimiento divino. Dios no conoce tampoco los objetos creados por medio de imágenes cognoscitivas impresas desde fuera (especies inteligibles); pues un entendimiento, que conoce por medio de una imagen cognoscitiva distinta de sí mismo, guarda con tal imagen la proporción de potencia a acto. Ahora bien, Dios es acto purísimo. Cf. S.th. I 14, 4: «In Deo intellectus intelligens et id quod intelligitur, et species intelligibilis et ipsum intelligere sunt omnino unum et idem.»

Las cosas creadas las conoce Dios en su propia divina esencia, puesto que ella es causa ejemplar y eficiente de las realmente existentes, y causa ejemplar de las meramente posibles. Al conocer Dios su causalidad creadora, conoce en ella todos los efectos que de ella se derivan o pueden derivarse, y por cierto de forma tan exhaustiva como a sí mismo; 1 Ioh 1, 5: «Dios es Luz, y en Él no hay tinieblas.»

Bibliografía: C. M. SCHNEIDER, *Das Wissen Gottes nach der Lehre des hl. Thomas von Aquin*, 4 tomos, Re 1884-86.

§ 21. OBJETO Y DIVISIÓN DEL CONOCIMIENTO DIVINO

1. El conocimiento divino de sí mismo (ciencia de contemplación)

El objeto primario y formal del conocimiento divino es Dios mismo.

Dios se conoce *inmediatamente* a sí mismo, es decir, sin *medium in quo* (tal es un objeto por cuyo conocimiento se llega al conocimiento de otro). El *medium sub quo* (= la luz de la razón) y el *medium quo* (= especie inteligible), en el acto de conocerse Dios a sí mismo, se identifican con la esencia divina; cf. S.th. I 14, 2: «Deus se per seipsum intelligit.»

2. El conocimiento divino de las cosas distintas de su esencia

El objeto secundario y material del conocimiento divino son las cosas distintas de su esencia. Éstas se dividen en puramente posibles, realmente existentes y condicionalmente futuras.

a) Dios conoce todas las cosas puramente posibles (ciencia de simple inteligencia; de fe).

Para conocer la doctrina de la Iglesia, véase Dz 1782: intellectu infinitus. La Sagrada Escritura enseña que Dios lo sabe todo y, por tanto, también lo puramente posible; Esther 14, 14: «Señor, tú todo lo sabes»; 1 Cor 2, 10: «El Espíritu [de Dios] lo escudriña todo, hasta los abismos de Dios». Conociendo Dios la infinita imitabilidad de su esencia y toda su omnipotencia, conoce con ello el ámbito entero de lo posible; S.th. 1 14, 9.

b) Dios conoce todo lo real que ha existido en el pasado, existe en el presente y existirá en el futuro (ciencia de visión; de fe).

Para conocer la doctrina de la Iglesia, véase Dz 1782. La Sagrada Escritura testifica en numerosos pasajes la universalidad de la ciencia divina; Eccli 23, 29 (G 20): «Antes que fueran creadas todas las cosas ya las conocía Él, y lo mismo las conoce después de acabadas.» La Providencia divina, que se extiende hasta los detalles más insignificantes, presupone un extensísimo conocimiento; cf. Ps 146, 4: «Él cuenta el número de las estrellas y llama a cada una por su nombre»; Ps 49, 11: «Yo conozco todos los pájaros del cielo»; Iob 28, 24 ss; Eccli 1, 2 ss; Mt 6, 26 ss; 10, 29 s. La Sagrada Escritura dice también que Dios *conoce los corazones* (cardiognosis); Act 15, 8: «Dios, conocedor de los corazones»; Ps 7, 10: «...escudriñador del corazón y de los riñones»; 1 Par 28, 9: «Yahvé escudriña los corazones de todos y penetra todos los designios y todos los pensamientos»; cf. Ps 68, 6; 138, 1-6. Conocer los corazones es exclusiva prerrogativa divina; 3 Reg 8, 39: «Tú solo escudriñas el corazón de todos los hijos de los hombres». En cambio, para los hombres el corazón humano es algo ininvestigable (Ier 17, 9); cf. San Clemente Romano, Cor 21, 3 y 9; 27, 6; 28, 1.

Como Dios, al comprenderse a sí mismo, ve todo su infinito poder, conoce así todo el ámbito al que se extiende de hecho este poder en cuanto causa primera, es decir, conoce todo lo realmente existente. Para el conocimiento divino no existe pasado, presente ni futuro, porque para Dios todo es presente.

Por la ciencia de visión, Dios prevé con certeza infalible las acciones libres futuras de las criaturas racionales (de fe).

El concilio del Vaticano enseña: «Omnia enim nuda et aperta sunt oculis eius (Hebr 4, 13), ea etiam, quae libera creaturarum actione futura sunt»; Dz 1784, 2317.

La Sagrada Escritura da testimonio clarísimo de esta verdad en Ps 138, 3 s: «Tú de lejos te das cuenta de todos mis pensamientos... conoces todos mis caminos»; Dan 13, 42: «¡Dios eterno, conocedor de todo lo oculto, que ves las cosas todas antes de que sucedan!»; Ioh 6, 65: «Porque sabía Jesús desde el principio quiénes eran los que no creían y quién era el que había de entregarle».

Los santos padres citan con predilección las profecías. TERTULIANO, *Adv. Marc.* II 5: «¿Qué voy a decir yo de su presencia, siendo tantos los que dan testimonio de ella cuantos son los profetas?»

Presciencia divina y *libertad* humana. Por el dogma de la certeza infalible con que Dios prevé las acciones libres futuras no sufre menoscabo el dogma de la libertad humana; Dz 815. Los santos padres se fijan en el carácter eterno del saber de Dios y concluyen que la presciencia divina no coarta en absoluto las acciones futuras, ni más ni menos de como tampoco el recuerdo humano coarta las acciones libres pretéritas; cf. SAN AGUSTÍN, *De libero arbitrio* III 4, 11: «Así como tú con tu recuerdo no fuerzas a ser las cosas que ya fueron, de igual modo tampoco Dios con su presciencia fuerza a que sean las cosas que serán en el futuro.»

La teología especulativa distingue entre la *necesidad antecedente,* que precede a la acción y suprime la libertad, y la *necesidad consiguiente,* que sigue a la acción y, por lo tanto, no perjudica la libertad. Esta última se infiere, por el principio de contradicción, de la realidad de una acción (lo que es real no puede ser no-real). Las acciones libres futuras previstas por Dios tienen lugar infalible o necesariamente, mas no por necesidad antecedente, sino consiguiente. Santo Tomás emplea con este mismo sentido la distinción entre *necessitas consequentis* y *necessitas consequentiae;* la primera significa que un efecto se sigue necesariamente de una causa; la segunda expresa una necesidad lógica, tal como existe, v.g., entre las dos premisas y el consecuente de un silogismo. En nuestro caso: Si Dios, con su conocer no sujeto al tiempo, ve algo como presente, entonces indefectiblemente sucederá en la realidad, pues así lo exige el principio de contradicción; cf. S.c.G. I 67; *De verit.* 24, 1 ad 13.

c) Dios conoce con certeza infalible las acciones libres condicionalmente futuras («scientia futuribilium»; sent. común).

Se entienden por acciones libres condicionalmente futuras —los futuribles— las que nunca tendrán lugar, pero que lo tendrían si se cumpliesen ciertas condiciones. Los molinistas designan esta ciencia divina con el nombre de *ciencia media,* porque ocupa una posición media entre la *scientia necessaria* (o *naturalis),* con la que Dios conoce lo que es independiente de su libre voluntad, esto es, sus propias ideas, y la *scientia libera,* con la que Dios conoce lo que depende de su libre voluntad, esto es, toda la realidad exterior a Él. Los tomistas niegan que para el conocimiento de las acciones futuras condicionadas haya en Dios una ciencia divina particular que preceda los libres decretos de su voluntad.

Se prueba positivamente por la Sagrada Escritura que Dios tiene conocimiento cierto de las acciones libres condicionalmente futuras (futuribilia). Mt 11, 21: «¡Ay de ti, Corozaín; ay de ti, Betsaida!, porque si en Tiro y en Sidón se hubiesen hecho los milagros hechos en ti, mucho ha que en saco y ceniza hubieran hecho penitencia»; cf. 1 Reg 23, 1-23; Sap 4, 11.

Los santos padres testifican que Dios prevé los futuros condicionados cuando enseñan que Dios no siempre oye las oraciones con que le pedimos bienes temporales si Él sabe que usaríamos mal de los mismos; o también que Dios permite la muerte prematura de una persona para salvarla de la eterna perdición; cf. la obra de San Gregorio Niseno: *De infantibus, qui praemature abripiuntur.*

Especulativamente se prueba la presciencia divina del futuro condicionado basándose en la infinita perfección del saber divino, la infalibilidad de la providencia divina y la práctica de la oración de la Iglesia.

Bibliografía: K. Kolb, *Menschliche Freiheit und göttliches Vorherwissen nach Augustin,* Fr 1908. A. d'Alès, *Providence et libre arbitre,* P 1927.

§ 22. El medio con que Dios prevé las acciones libres de las criaturas racionales

El medio cognoscitivo con que Dios ve todos los objetos distintos de sí mismo, y con el que prevé desde toda la eternidad con certeza infalible las acciones libres realmente futuras y condicionalmente futuras de las criaturas racionales, es su propia esencia. En esto se hallan de acuerdo los teólogos católicos. Pero difieren las sentencias cuando se llega a la explicación de *cómo* prevé Dios en su propia esencia divina tales acciones libres futuras.

a) Según *San Roberto Belarmino* († 1621), la presciencia que Dios posee de las acciones libres futuras de las criaturas racionales se funda en que Él tiene una *cognitio supercomprehensiva* de la voluntad creada. Tal voluntad creada es la causa de las acciones libres. Pues bien, si Dios conoce perfectamente la causa, conocerá igualmente los efectos que brotan de ella.

Contra semejante explicación se objeta que el conocimiento supercomprensivo de la voluntad libre tan sólo puede ser fundamento de una previsión moralmente cierta de las acciones libres futuras, mientras la presciencia divina tiene que ser de absoluta certeza.

b) El *tomismo,* elaborado científicamente por el teólogo dominico Domingo Báñez († 1604; de ahí el nombre de «bañezianismo» con que también se le designa), enseña que Dios conoce las acciones libres futuras de las criaturas en los decretos eternos de su voluntad divina: las acciones libres absolutamente futuras las conoce en sus decretos absolutos, las condicionalmente futuras en sus decretos condicionados o hipotéticos. Dios prefijó desde toda la eternidad en estos decretos de su voluntad todo el orden del universo, incluso por lo que respecta a las criaturas libres. Tales decretos eternos se realizan en el tiempo mediante un influjo físico de Dios —la premoción física— con que Él mueve infaliblemente las criaturas a que pongan las acciones pretendidas por Él, aunque siempre de manera correspondiente a la naturaleza de cada criatura, y así las criaturas carentes de libertad vengan a obrar necesariamente y las criaturas libres obren con libertad. Por consiguiente, Dios prevé en sus decretos eternos, con certeza absoluta, las acciones libres futuras de las criaturas, que han sido predeterminadas por él.

c) El *molinismo,* ideado por el teólogo jesuita Luis de Molina († 1600), explica la presciencia infalible que Dios tiene de las acciones libres futuras de las criaturas, sirviéndose de la ciencia media, que precede lógica, no temporalmente, a los decretos de la voluntad divina y es independiente de ellos. Mediante la ciencia de simple inteligencia Dios sabe desde toda la eternidad cómo puede comportarse cada criatura racional en todas las circunstancias posibles (primer paso). Mediante la ciencia media, Dios sabe cómo se comportaría en todas las condiciones posibles si éstas se realizaran (segundo paso). A la luz de la ciencia media, decide Dios con plena libertad realizar tales determinadas condiciones. Y entonces, por la ciencia de visión, sabe con certidumbre infalible cómo se comportará de hecho en tales condiciones determinadas (tercer paso).

Apreciación crítica

El *tomismo* hace resaltar vivamente la causalidad universal y la soberanía de Dios sobre todas las cosas creadas, pero no explica de forma tan satisfactoria el hecho de la libertad humana. Es difícil conjugar la libertad humana con la premoción física.

El *molinismo,* en cambio, acentúa claramente la libertad humana, pero no pone tanto de relieve la causalidad universal y la absoluta independencia de Dios. Queda sin explicar el *cómo* de la ciencia media, que es precisamente la clave de todo el sistema.

Bibliografía: G. von Holtum, *S. Thomae doctrina de cognitione De quoad actus liberos in sua causalitate et aeternitate,* «Xenia Thomistica» R 1925, II 65-96. H. Schwamm, *Magistri Ioannis de Ripa OFM doctrina de praescientia divina,* R 1930. El mismo, *Robert Cowton OFM über das Göttliche Vorherwissen,* In 1931. El mismo, *Das göttliche Vorherwissen bei Duns Scotus und seinen ersten Anhängern,* In 1934. J. Groblicki, *De scientia Dei futurorum contingentium secundum S. Thomam eiusque primos sequaces,* Cracovia 1938. H. Bulang, *De praescientia divina apud Lychetum*

Cajetanum et Köllin, Ant 24 (1949) 407-438. O. BECKER, *Die Gnadenlehre des Duns Scotus nach den theologischen Disputationen des Bartholomaeus Mastrius,* Oberlahnstein 1949. F. SCHMIT, *Die Lehre des hl. Thomas v. A. vom göttlichen Wissen des zukünftig Kontingenten bei seinen grossen Kommentatoren,* N 1950. J. B. MANYÁ, *La cooperación de Dios al acto libre de la criatura. Corrección y valoración de los sistemas clásicos, tomismo y molinismo,* RET 4 (1944) 345-365. F. MUÑIZ, *Suma teológica de Santo Tomás de Aquino,* tomo I, Ma 1947, Apéndice II, p. 979-1055. A. BANDERA, *Ciencia de Dios y objetos futuribles,* CT 75 (1948) 273-292. J. SAGÜÉS, *Suárez ante la ciencia media,* EE 22 (1948) 265-310. El mismo, *¿Crisis en el bañecianismo?,* EE 22 (1948) 699-749. El mismo, *Ciencia de Dios y objetos futuribles,* EE 23 (1949) 189-201. C. CREVOLA, *Concurso divino y predeterminación física según San Agustín en las disputas «de Auxiliis»,* ATG 14 (1951) 41-127.

§ 23. LA CIENCIA DIVINA COMO CAUSA DE LAS COSAS

1. Sabiduría creadora

Así como la idea que bulle en la mente del artista ilumina y rige su voluntad y su actividad en la creación de la obra artística, de la misma manera las ideas de Dios, que realmente se identifican con su saber, iluminan y rigen la voluntad y la actividad divinas en las operaciones hacia fuera *(ad extra).* El conocimiento divino, juntamente con la voluntad divina, son causa (ejemplar y eficiente) de todas las cosas finitas. Según el modo de hablar de la Sagrada Escritura, se designa a este conocimiento práctico de Dios con el nombre de sabiduría. Como causa de la existencia de las cosas, es la sabiduría creadora *(sapientia creatrix).* Cf. Ps 103, 24: «Las hiciste todas [tus obras] con sabiduría»; Prov 3, 24: «Con la sabiduría fundó Yahvé la tierra»; Sap 7, 21: «La sabiduría, artífice de todo, me lo enseñó.»

Entre los santos padres, fue principalmente San Agustín quien desarrolló la doctrina de las ideas divinas en conformidad con la doctrina platónica de las ideas, que supo cristalizar, situando en la mente divina las ideas que Platón concebía como hipóstasis eternas que subsistían junto con Dios, y declarando que tales ideas eran los pensamientos eternos de Dios identificados con la esencia divina, en los cuales Dios ve la infinita imitabilidad de su esencia por entes creados y finitos. *De Trin.* XV, 13, 22: «A todas sus criaturas, espirituales y corporales, no las conoce Dios porque son, sino que ellas son porque Dios las conoce. Pues no le era desconocido a Él lo que iba a crear. Así pues, lo creó porque lo conocía; y no lo conoció por haberlo creado»; cf. S.th. I 14, 8.

2. Sabiduría ordenadora

La sabiduría de Dios es también sabiduría ordenadora *(sapientia disponens)*, pues confiere a todas las cosas su finalidad y su orden, les da las leyes por las que se rijan (sabiduría legisladora) y las conduce para que alcancen su fin (sabiduría preceptora). Sap 11, 21: «Todo lo dispusiste con medida, número y peso.»

3. Sabiduría rectora

La sabiduría divina es también conductora y rectora *(sapientia gubernans)*. En este aspecto se identifica con la providencia de Dios; Sap 8, 10: «Se extiende poderosa del uno al otro confín, y lo gobierna todo con suavidad.»

II. LA VOLUNTAD DIVINA

§ 24. Perfección de la voluntad divina

1. *La voluntad de Dios es infinita* (de fe).

El concilio del Vaticano enseña que Dios posee una voluntad infinita *(voluntate infinitus)*; Dz 1782. La Sagrada Escritura considera la voluntad libre de Dios como razón última del orden del universo (Ps 134, 6: «Yahvé hace cuanto quiere en los cielos, en la tierra, en el mar y en todos los abismos») y la estima como norma suprema de moralidad (Mt 6, 10: «Hágase tu voluntad así en la tierra como en el cielo»). Los santos padres defienden la libertad de la voluntad divina frente al fatalismo de los gentiles.

La razón se funda en el hecho de que existan voluntades creadas para deducir la perfección infinita de la voluntad de Dios. El tener voluntad por ser en sí perfección pura, hay que predicarlo formalmente de Dios, aunque elevando su perfección hasta lo infinito. El imperativo categórico de la ley moral nos habla también de la existencia de una voluntad suprema que se halla sobre el hombre.

2. El querer divino, lo mismo que el conocer, es absolutamente *actual, subsistente* e *independiente* de todas las cosas distintas de Dios.

Como Dios es acto purísimo, en su violación no puede haber tránsito de la potencia al acto, no puede haber hábito, ni tampoco sucesión de actos volitivos particulares; la volición divina es un acto único y sin sucesión alguna; y este acto, por la absoluta simplicidad de Dios, se identifica realmente con la esencia divina; S.th. I 19, 1: «sicut suum intelligere est suum esse, ita suum velle». Las criaturas no son causa determinante, sino únicamente término del querer divino. La absoluta plenitud ontológica de Dios excluye el amor de concupiscencia. El deseo ardiente de Dios por que los hombres se salven (cf. Is 65, 2) es expresión de su amor de benevolencia, que desea colmar de beneficios a las criaturas.

3. Los *afectos* de Dios son funciones puramente espirituales de su voluntad, como corresponde a la naturaleza divina. El afecto fundamental es la caridad, que en Dios se identifica realmente con su esencia: «Dios es caridad» (1 Ioh 4, 7). De los restantes afectos, se predican de Dios con eminencia infinita el afecto de dicha o felicidad («in se et ex se beatissimus»; Dz 1782). Por lo que respecta al afecto de odio, diremos que, por la absoluta santidad de Dios, cabe en Él la abominación del pecado («odium abominationis»), pero de ninguna manera el odio de enemistad («odium inimicitiae») contra la persona del pecador; cf. Ps 5, 7: «Tú abominas a todos los malvados»; Sap 11, 25: «Tú amas todo cuanto existe y nada aborreces de cuanto has hecho; pues si algo de ello hubieras odiado, no lo habrías hecho.» Otros afectos, como el anhelo, la tristeza, la esperanza, la ira, sólo se pueden aplicar a Dios en sentido antropomórfico. La ira divina significa en el lenguaje bíblico la justicia vindicativa de Dios.

§ 25. Objeto de la voluntad divina

1. El amor de Dios a sí mismo

El objeto primario y formal de la voluntad y del amor divinos es Dios mismo. El concilio del Vaticano nos enseña: «Necessario amat seipsum»; Dz 1805. La Sagrada Escritura testifica que Dios ordenó a sí mismo, como a último fin, todas las cosas creadas; Prov 16, 4: «Todo lo ha hecho Yahvé para sí mismo»; cf. S.th. I 19, 1 ad 3: «Obiectum divinae voluntatis est bonitas sua, quae eius essentia».

Especulativamente se prueba que Dios se ama a sí mismo y que se ama necesariamente, considerando que Dios es el supremo bien y que comprende de forma perfectísima su infinita amabilidad por el conocimiento exhaustivo que tiene de sí mismo. De tal conocimiento brota necesariamente en Dios un amor infinito de sí mismo.

2. El amor de Dios a las criaturas

El objeto secundario y material de la voluntad y del amor divinos son las cosas creadas. El concilio del Vaticano enseña que Dios creó todas las cosas por su libérrima voluntad («liberrimo consilio, voluntate ab omni necessitate libera»; Dz 1783, 1805). La Sagrada Escritura pone de relieve el amor de Dios a sus criaturas; Sap 11, 25: «Tú amas todo cuanto existe y nada aborreces de cuanto has hecho».

El amor de Dios a las criaturas es amor de *complacencia,* lo cual quiere decir que Dios ama a las criaturas porque éstas participan, en forma limitada, de las perfecciones divinas y porque tienen en Dios la finalidad suprema de ser. El amor de Dios a las criaturas es, además, amor de *benevolencia,* y esto quiere decir que Dios ama a las criaturas no con amor interesado, pues nada recibe de ellas, sino con suma generosidad y desinterés. El amor de Dios no recibe estímulo de la bondad de las criaturas, sino que él mismo es causa de esta bondad: «Amor Dei est infundens et creans bonitatem in rebus» (S.th. I 20, 2); cf. 1 Ioh 4, 10: «En eso está la caridad, no en que nosotros hayamos amado a Dios, sino en que Él nos amó primero.» El grado de amor con que Dios ama a las criaturas es uno mismo si se considera el acto intradivino, pero si se considera el efecto extradivino es diverso según el grado de amabilidad de las criaturas.

3. La voluntad divina y el mal

a) El mal físico

El mal físico, v.g., el dolor, la enfermedad, la muerte, no lo pretende Dios *per se,* es decir, por afecto al mal o en cuanto fin, Sap 1, 13 ss: «Dios no hizo la muerte ni se goza en que perezcan los vivientes. Pues Él creó todas las cosas para la existencia».

Mas Dios pretende el mal físico (tanto el que tiene carácter natural como punitivo) *per accidens,* es decir, los permite como medios para conseguir un fin superior de orden físico (v.g., para la conservación de una vida superior) o de orden moral (v.g., para castigo o para purificación moral); Eccli 39, 35 s; Amos 3, 6.

b) El mal moral

El mal moral, es decir, el pecado, que es esencialmente una negación de Dios, no lo puede querer Dios *per se* ni *per accidens,* esto es: ni como fin ni como medio. El concilio de Trento condenó como herética la doctrina de Calvino, opuesta a esta verdad; Dz 186. Ps 5, 5: «Tú no eres, por cierto, un Dios a quien le plazca la maldad». Dios no hace sino permitir el pecado (permissive solum; Dz 816), porque respeta la libertad humana (Eccli 15, 14 ss) y porque es lo suficientemente sabio y poderoso para saber sacar bien del mal; Gen 50, 20: «Vosotros creíais hacerme mal, pero Dios ha hecho de él un bien»; cf. SAN AGUSTÍN, *Enchiridion* II. En última instancia, el mal moral se encamina también al último fin del universo, la gloria de Dios, haciéndonos ver la misericordia de Dios en perdonar o su justicia en castigar.

Cuando la Sagrada Escritura dice que Dios endurece el corazón del hombre en el mal (Ex 4, 21; Rom 9, 18), no es su intención decir que Dios sea propiamente el causante del pecado. El endurecimiento es un castigo que consiste en retirar la gracia; cf. SAN AGUSTÍN, *In Ioan.* tr. 53, 6: «Dios ciega y endurece abandonando y no concediendo su ayuda» (deserendo et non adiuvando).

Bibliografía: O. ZIMMERMANN, *Warum Schuld und Schmerz?*, Fr [3]1924. TH. MOLINA, *Das Leiden im Weltplan,* In [2]1930. FR. BILLICSICH, *Das Problem der Theodizee im philosophischen Denken des Abendlandes;* tomo I: *Von Platon bis Thomas von Aquin,* In 1936; tomo II: *Von Eckhart bis Hegel,* W 1952. P. PARENTE, *Il male secondo la dottrina di S. Tommaso,* APAR 6 (1939-40) 3-40. J. DALMAU, *La bondad divina y la gloria de Dios fin de la creación,* EE 20 (1946) 509-533. CH. JOURNET, *Le Mal,* Bru 1961.

§ 26. LAS PROPIEDADES FÍSICAS DE LA VOLUNTAD DIVINA

1. Necesidad y libertad

Dios quiere y se ama a sí mismo necesariamente, y a las cosas distintas de sí libremente (de fe).

El concilio del Vaticano, frente a la doctrina del gnosticismo, maniqueísmo, fatalismo, panteísmo y optimismo cosmológico, declaró: «Si quis dixerit, Deum non voluntate ab omni necessitate libera, sed tam necessario creasse, quam necessario amat seipsum», a.s.; Dz 1805. La Sagrada Escritura da testimonio de la libertad con que Dios procedió en la creación, en la redención y en la distribución de las gracias de la redención; Ps 134, 6: «Yahvé hace cuanto quiere en los cielos, en la tierra, en el mar y en todos los abismos»; Eph 1, 5: «Él nos predestinó en caridad a la adopción de hijos suyos por Jesucristo, conforme al beneplácito de su voluntad»; 1 Cor 12, 11: «Él distribuye a cada uno según quiere»; SAN CLEMENTE ROMANO escribe: «Él lo hace todo cuando y como quiere» (Cor 27, 5).

Hay que excluir de la libertad divina toda imperfección inherente a las criaturas. La libertad de Dios, pues, no podemos concebirla como libertad *de contrariedad* («libertas contrarietatis»), es decir, como libertad para escoger entre el bien y el mal; pues, aunque la posibilidad de escoger el mal sea indicio de libertad, no constituye la esencia misma de la libertad y denota más bien imperfección: «velle malum nec est libertas nec pars libertatis, quamvis sit quoddam libertatis signum» *(De verit.* 22, 6). Hay que definir positivamente la libertad de Dios como libertad de *contradicción* («libertas contradictionis»), o sea la libertad para obrar o no obrar (v.g., para crear el mundo o no crearlo), y como libertad *de especificación* («libertas specificationis»), es decir, la libertad para escoger entre diversas acciones buenas o indiferentes (v.g., crear este mundo u otro distinto).

2. Omnipotencia

El poder es el principio que realiza lo que ha parecido bien al entendimiento y ha sido ordenado por la voluntad: «principium exsequens id, quod voluntas imperat et ad quod scientia dirigit» (S.th. I 25, 1 ad 4). Omnipotencia divina significa que Dios puede realizar todo aquello que puede querer, es decir, todo lo real y posible.

Dios es omnipotente (de fe).

El símbolo apostólico confiesa: «Credo in Deum Patrem omnipotentem»; y así rezan todos los demás símbolos; cf. Dz 428, 1782. La Sagrada Escritura expresa la omnipotencia divina por medio del nombre 'El, que aplica a Dios, y sobre todo por su compuesto 'El-Sadai (παντοκράτωρ, *omnipotens).* Testifica que para Dios no hay cosa imposible; Lc 1, 37: «Nada hay imposible para Dios»; Mt 19, 26: «Para Dios todo es posible»; Mt 3, 9: «Yo os digo que Dios puede hacer de estas piedras hijos de Abraham»; cf. Gen 18, 14. Los santos padres aplican a cada paso a Dios el atributo de «omnipotente».

Especulativamente la omnipotencia de Dios se demuestra por su actualidad purísima; pues el poder operativo de una cosa está en consonancia con el nivel de su realidad ontológica: «unumquodque agit, secundum quod est in actu» (S.th. I 25, 1 ad 1). A la infinita realidad ontológica de Dios corresponde un poder (intensivamente) infinito. Tal poder se extiende a la esfera del ser real y posible (es extensivamente infinito). Como el poder de Dios se identifica con su esencia, no puede aplicarse a aquello que repugne con la esencia y atributos divinos. De ahí que Dios no pueda cambiar, no pueda mentir, hacer que lo sucedido no haya sucedido (contra lo que enseña San Pedro Damián), ni realizar nada intrínsecamente contradictorio; cf. 2 Tim 2, 13: «negare seipsum non potest»; SAN AGUSTÍN, *De civ. Dei* v, 10, 1; S.th. I 25, 4.

Dios puso cierto vínculo a su omnipotencia al decidirse libremente por un determinado orden del universo entre los muchos órdenes posibles que pudo haber escogido. El poder de Dios, que actúa dentro del margen del mundo real, se denomina *potentia ordinata*, a diferencia de la *potentia absoluta*.

3. Soberanía universal

Dios es Señor de cielos y tierra (de fe; Dz 1782).

De la actuación de la omnipotencia divina se deriva la soberanía universal de Dios. Tal soberanía comprende un *dominio* ilimitado de *jurisdicción* («dominium iurisdictionis») y un *dominio* ilimitado de *propiedad* («dominium proprietatis») sobre todas las cosas creadas, y exige de las criaturas racionales una sumisión sin reservas. Ésta se manifiesta prácticamente en la aceptación de las verdades reveladas, en el cumplimiento de los preceptos divinos y en el culto de adoración. El dominio de jurisdicción y de propiedad que Dios tiene sobre el universo se funda en la creación del mundo y en la redención del hombre; cf. Ps 144, 11 ss; Esther 13, 9 ss; 1 Tim 6, 15; Ps 23, 1 s; 88, 12; 1 Cor 6, 20.

Bibliografía: H. J. Kraus, *Die Königsherrschaft Gottes im Alten Testament*, T 1951. L. Gómez Hellín, *La libertad divina según los primeros teólogos jesuitas*, AHG 6 (1943) 217-267. J. Prado, *Dios y el universo en los Salmos*, EB 2 (1943) 213-241. T. de Orbiso, *El «reino de Dios» en los Salmos*, EF 49 (1948) 13-35, 199-209. Th. Blatter, *Macht und Herrschaft Gottes*, Fr/S 1962.

§ 27. Las propiedades morales de la voluntad divina

1. La justicia

Mientras que justicia, en sentido amplio, vale tanto como rectitud moral o santidad subjetiva, tomada en un sentido más propio y estricto significa la voluntad constante y permanente de dar a cada uno lo que le corresponde: «constans et perpetua voluntas ius suum unicuique tribuendi» (Ulpiano).

Dios es infinitamente justo (de fe).

Según doctrina del concilio del Vaticano, Dios es «infinito en toda perfección» y, por tanto, también en la justicia; Dz 1782. La Sagrada Escritura da testimonio de la justicia de Dios en numerosos pasajes: Ps 10, 8: «Justo es Yahvé y ama lo justo»; Ps 118, 137: «¡Justo eres, Yahvé, y justos son tus juicios!»; cf. Ier 23, 6; Mt 16,

27; 25, 31 ss; Ioh 17, 25; Rom 2, 2 ss; 3, 25 s; 2 Tim 4, 8. Los padres defienden la justicia punitiva de Dios contra Marción, quien establecía una irreconciliable oposición entre el Dios justo y punitivo del Antiguo Testamento y el Dios bueno y misericordioso del Nuevo Testamento, llegando así a admitir la existencia de dos divinidades. SAN IRENEO le objeta que la justicia de Dios no podría existir sin bondad, ni la bondad de Dios sin justicia; cf. SAN IRENEO, *Adv. Haer.* III, 25, 2-3; IV, 40, 1-2; TERTULIANO, *Adv. Marcionem* I-III.

Como Dios es creador y señor del universo, no existe norma jurídica que esté por encima de Él, antes bien, Dios es para sí mismo la norma suprema: Deus sibi ipsi est lex (S.th. I 21, 1 ad 2). La *justicia legal,* que regula la relación jurídica del individuo con la comunidad, conviene a Dios en cuanto Él por medio de la ley natural y la ley moral ordena todas las criaturas al bien común. La *justicia conmutativa,* que regula el recto orden entre un individuo y otro individuo, no se puede aplicar en sentido estricto a Dios, porque entre Creador y criatura no puede haber igualdad de relaciones. La criatura, a causa de su absoluta dependencia del Creador, no puede obligarle por sí misma mediante una prestación suya a que Dios le corresponda con otra. La *justicia distributiva,* que regula el recto orden de la comunidad con el individuo, conviene a Dios en sentido estricto. Después que Dios, con un acto libérrimo de su voluntad, creó el mundo, se obliga por su sabiduría y bondad a proporcionar a las criaturas todo lo que necesitan para cumplir con su misión y lograr su último fin. Se manifiesta, además, la justicia distributiva de Dios en que Él, sin acepción de personas (Rom 2, 11), procede como juez equitativo recompensando el bien (justicia remunerativa) y castigando el mal (justicia vindicativa).

El castigo que Dios impone al pecador no es tan sólo un medio correctivo o intimidatorio, como enseñaron B. Stattler († 1797) y J. Hermes († 1831), sino que ante todo persigue la expiación de la *ofensa* inferida a Dios y la restauración del orden moral perturbado por el pecado; Deut 32, 41: «Yo retribuiré con mi venganza a mis enemigos, y daré su merecido a los que me aborrecen»; Rom 12, 19: «Escrito está: "A mí la venganza, yo haré justicia, dice el Señor"». La pena del infierno, por su duración eterna, sólo puede tener carácter vindicativo para los condenados (Mt 25, 41 y 46). Por otra parte, no hay que exagerar de tal forma el carácter vindicativo de los castigos divinos, como si Dios se viera obligado por su justicia a no perdonar el pecado hasta exigir una satisfacción completa, como enseñaron, siguiendo el ejemplo de San Anselmo de Cantorbery († 1109), H. Tournely († 1729) y Fr. X. Dieringer († 1876). Como Dios, por ser soberano y señor universal, no tiene que dar cuenta a ningún poder superior, tiene derecho a ser clemente, y esto significa que es libre para perdonar a los pecadores arrepentidos sin que ellos ofrezcan una satisfacción congrua o sin satisfacción alguna; cf. S.th. III 46, 2 ad 3; I 25; 3 ad 3.

2. La misericordia

La misericordia divina no es sino la benignidad de Dios, en cuanto que aparta de las criaturas la miseria de éstas, sobre todo la miseria del pecado.

Dios es infinitamente misericordioso (de fe).

Para la doctrina de la Iglesia, véase Dz 1782: «omni perfectione infinitus». La Iglesia ora de esta manera: «Deus cuius misericordiae non est numerus et bonitatis infinitus est thesaurus (Or. pro gratiarum actione)».

En Dios, como Ser perfectísimo, no cabe el afecto de compasión en sentido estricto (participar en los padecimientos de otra persona) — Dios no puede padecer —, sino solamente el efecto de la misericordia, que consiste en alejar de las criaturas la miseria: «misericordia est Deo maxime tribuenda, tamen secundum effectum, non secundum passionis affectum» (S.th. 1 21, 3). La Sagrada Escritura no llama la atención con tanta insistencia sobre ninguna otra perfección divina como sobre la misericordia; Ps 102, 8: «Es Yahvé piadoso y benigno, tardo a la ira, clementísimo»; Ps 144, 9: «Es benigno Yahvé para con todos, y su misericordia está en todas sus criaturas»; cf. Ps 117, 1-4; Ps 135; Sap II, 24 ss; Lc 6, 36; 2 Cor 1, 3; Eph 2, 4. El testimonio más grandioso de la misericordia divina es la encarnación del Hijo de Dios para redimir a los hombres (Lc 1, 78; Ioh 3, 16; Tit 3, 4 s). En la encarnación tomó el Hijo de Dios una naturaleza humana y con ella podía ya sentir el afecto de «compasión» por los hombres; Hebr 2, 17: «Por esto hubo de asemejarse en todo a sus hermanos, a fin de hacerse Pontífice misericordioso y fiel, en las cosas que tocan a Dios, para expiar los pecados del pueblo»; cf. Hebr 4, 15 s. Los santos Evangelios, sobre todo el de San Lucas, describen la misericordia del Salvador con todos los necesitados y particularmente con los pecadores.

La *misericordia* y la *justicia* se armonizan maravillosamente en Dios; Ps 24, 10: «Todas las sendas de Yahvé son misericordia y bondad (misericordia et veritas) para los que guardan el pacto y los mandamientos»; cf. Ps 84, 11. La justicia distributiva de Dios radica en su misericordia, ya que la razón más honda de por qué Dios concede gracias naturales y sobrenaturales a las criaturas y recompensa sus buenas obras no es otra que su misericordia y su amor. La recompensa del bien y el castigo del mal no es obra de sola la justicia divina sino también de su misericordia, ya que premia por encima de los merecimientos (Mt 29, 19: «centuplum accipient») y castiga menos de lo necesario (S.th. I 21, 4 ad 1). Por otra parte, la remisión del pecado no es solamente obra de misericordia, sino también de justicia, pues Dios exige del pecador la contrapartida del arrepentimiento y de la penitencia. La síntesis más excelsa de la misericordia y de la justicia divinas es la muerte de Jesucristo en la cruz; cf. Ioh 3, 16; Rom 3, 25 s; S.th. I 21, 4.

La misericordia de Dios no es una mera manifestación de la bondad y amor divinos, sino que al mismo tiempo es *señal del poder y majestad de Dios;* Sap 11, 24: «Tú tienes piedad de todos porque todo lo puedes»; cf. la plegaria litúrgica: «Haces ostentación de tu omnipotencia perdonando y usando de misericordia» (Domingo 10 desp. de Pent.)

Ya tratamos de la *veracidad* y *fidelidad* de Dios al hablar de su verdad ontológica (§ 15), y de la *bondad moral* (santidad) y *benignidad* divina cuando estudiamos la bondad ontológica de Dios (§ 16).

Bibliografía: F. Nötscher, *Die Gerechtigkeit Gottes bei den vorexilischen Propheten,* Mr 1951. L. Pinomaa, *Der Zorn Gottes. Eine dogmengeschichtliche Uebersicht,* ZsTh 17 17 (1940) 587-614. J. Ziegler, *Die Liebe Gottes bei den Propheten,* Mr 1930. Th. Paffrath, *Gott Herr und Vater,* Pa 1930. F. Asensio, «*Misericordia et Veritas*»: *El Hesed y el Émet divinos, su influjo religioso-social en la historia de Israel,* R 1949.

Parte segunda

DIOS TRINO EN PERSONAS

Bibliografía: P. GALTIER, *De SS. Trinitate in se et in nobis,* P 1933. A. D'ALÈS, *De Deo trino,* P 1934. A. STOLZ, *De Sanctissima Trinitate,* Fr 1939. J. RABENECK, *Das Geheimnis des dreipersönlichen Gottes,* Fr 1950. J. BRINKTRINE, *Die Lehre von Gott,* II, Pa 1954. J. LEBRETON, *Histoire du dogme de la Trinité des origines au concile de Nicée,* P I [6]1927, II [6]1928. G. KRETSCHMAR, *Studien zur frühchristlichen Trinitätstheologie,* T 1956. F. NAGER, *Die Trinitätslehre des hl. Basilius des Grossen,* Pa 1912. J. HERGENRÖTHER, *Die Lehre von der göttlichen Dreieinigkeit nach dem hl. Gregor von Nazianz,* Re 1850. M. GÓMEZ DE CASTRO, *Die Trinitätslehre des hl. Gregor von Nyssa,* Fr 1938. A BECK, *Die Trinitätslehre des hl. Hilarius von Poitiers,* Mz 1903. P. SMULDERS, *La doctrine trinitaire de S. Hilaire de Poitiers,* R. 1944. M. SCHMAUS, *Die psychologische Trinitätslehre des Fulgentius von Ruspe,* en *Charisteria, Festschrift für Alois Rzach,* Reichenberg 1930, 166-175. D. BALDINO, *La dottrina trinitaria di Vigilio di Tapsa,* Nápoles 1949. V. SCHURR, *Die Trinitätslehre des Boethius,* Pa 1935. M. DORENKEMPER, *The Trinitarian Doctrine and Sources of St. Cesarius of Arles,* Fr/S 1953. J. BILZ, *Die Trinitätslehre des hl. Johannes von Damaskus,* Pa 1909. J. SLIPYI, *Die Trinitätslehre des byzantinischen Patriarchen Photios,* In 1921 (separata de ZkTh 44 y 45 [1920 y 1921]). R. PERINO, *La dottrina trinitaria di S. Anselmo,* R 1952. I. RÓŻYCKI, *Doctrina Petri Abaelardi de Trinitate,* 2 vol., Po 1938/39. M. E. WILLIAMS, *The Teaching of Gilbert Porreta on the Trinity, as found in his Commentaries on Boethius,* R 1951. A. M. ÉTHIER, *Le «De Trinitate» de Richard de Saint-Victor,* P 1939. M. SCHMAUS, *Die Trinitätslehre des Simon von Tournai,* R Th AM 3 (1931) 373-396; 4 (1932) 59-72, 187-198, 294-307. A. POMPEI. *La dottrina trinitaria di S. Alberto Magno,* R. 1953. G. ALASTRUEY, *De Sanctissima Trinitate,* Valladolid, 1944. A. STOHR, *Die Trinitätslehre des hl. Bonaventura,* Mr 1923. El mismo, *Die Trinitätslehre Ulrichs von Strassburg,* Mr 1928. M. SCHMAUS, *Der Liber propugnatorius des Thomas Anglicus und die Lehrunterschiede zwischen Thomas von Aquin und Duns Scotus,* II. Teil: *Die Trinitarischen Lehrdifferenzen,* Mr 1930. W. MOEHLER, *Die Trinitätslehre des Marsilius von Inghen,* Li 1952. TH. DE RÉGNON, *Études de théologie positive sur la Sainte Trinité,* 4 tomos, P 1892/98. M. A. SCHMIDT, *Gottheit und Trinität nach dem Kommentar des Gilbert Porreta zu Boethius De Trinitate,* Basilea 1956. J. JOLIVET, *Godescalc d'Orbais et la Trinité,* P. 1958. A. W. WAINWRIGHT, *The Trinity in the New Testament,* Lo 1962. B. SCHULER, *Die Lehre von der Dreipersönlichkeit Gottes,* Pa 1961. J. HOFMEISTER, *Die Trinitätslehre des Hugo von St. Viktor,* Mn 1963. U. HORST, *Die Trinitäts- und Gotteslehre des Robert von Melun,* Mz 1964. B. DECKER, *Die Gotteslehre des Jakob von Metz,* Mr 1967. F. WETTER, *Die Trinitätslehre des Johannes Duns Scotus,* Mr 1967.

Sección primera

FORMULACIÓN DOGMÁTICA Y FUNDAMENTO POSITIVO DEL DOGMA TRINITARIO

Capítulo primero

HEREJÍAS ANTITRINITARIAS Y DECLARACIONES DE LA IGLESIA

§ 1. HEREJÍAS

1. Monarquianismo

A fines del siglo primero ya hubo algunos herejes *judaizantes,* Cerinto y los ebionitas, que, tomando como base un rígido monoteísmo unipersonal, negaron la divinidad de Cristo (SAN IRENEO, *Adv. haer.* I 26). A fines del siglo II, la herejía, conocida con el nombre de *monarquianismo,* enseñó que en Dios no hay más que una persona («monarchiam tenemus»; TERTULIANO, *Adv. Prax.* 3). Según la explicación concreta que dé acerca de Jesucristo, se divide en dos tendencias:

a) Monarquianismo *dinamístico* o *adopcionista.* Enseña que Cristo es puro hombre (ψιλὸς ἄνθρωπος), aunque nacido sobrenaturalmente de la Virgen María por obra del Espíritu Santo; en el bautismo le dotó Dios de particular poder divino y le adoptó como hijo.

Los principales propugnadores de esta herejía fueron *Teódoto el Curtidor,* de Bizancio, que la trasplantó a Roma hacia el año 190 y fue excomulgado por el papa Víctor I (189-198); *Pablo de Samosata,* obispo de Antioquía, a quien un sínodo de Antioquía destituyó como hereje el año 268, y el obispo *Fotino de Sirmio,* depuesto el año 351 por el sínodo de Sirmio.

b) Monarquianismo *modalístico* (llamado también *patripasianismo).* Esta doctrina mantiene la verdadera divinidad de Cristo, pero enseña al mismo tiempo la unipersonalidad de Dios explicando que fue el Padre quien se hizo hombre en Jesucristo y sufrió por nosotros.

Los principales propugnadores de esta herejía fueron *Noeto de Esmirna,* contra el cual escribió Hipólito *(Philosophumena* ix 7-10; x 27; *Contra haeresim Noëti); Praxeas,* de Asia Menor, combatido por Tertuliano *(Adv. Praxeam); Sabelio* aplicó también esta doctrina errónea al Espíritu Santo enseñando que en Dios hay *una sola* hipóstasis y tres «prósopa» (πρόσωπον = máscara de teatro, papel de una función), conforme a los tres modos *(modi)* distintos con que se ha manifestado la divinidad. En la creación se revela el Dios unipersonal como Padre, en la redención como Hijo, y en la obra de la santificación como Espíritu Santo. El papa San Calixto (217-222) excomulgó a Sabelio. La herejía fue combatida de forma poco afortunada por el obispo de Alejandría, Dionisio Magno (hacia 247-264) y condenada de manera autoritativa por el papa San Dionisio (259-268); cf. Dz 48-51.

2. Subordinacionismo

El subordinacionismo, por oposición al modalismo sabeliano, admite tres Personas distintas en Dios, pero rehúsa conceder a la Segunda y Tercera Persona la consustancialidad con el Padre y, por tanto, la verdadera divinidad.

a) El arrianismo. El presbítero alejandrino Arrio († 336) enseñó que el Logos no existe desde toda la eternidad. No fue engendrado por el Padre, sino una criatura, sacada de la nada antes que todas las demás. El Hijo es, por su esencia, desigual al Padre (ἀνόμοιος; de ahí la denominación de anomeos que se daba a estos herejes), mudable y capaz de perfeccionamiento. No es Dios en sentido propio y verdadero, sino únicamente en un sentido impropio, en cuanto Dios le adoptó como hijo en previsión de sus méritos. Esta herejía fue condenada en el primer concilio universal de Nicea (325). El concilio redactó un símbolo en el que se confiesa que Jesucristo es verdadero Hijo de Dios, que fue engendrado de la sustancia del Padre, que es verdadero Dios y consustancial con el Padre; Dz 54.

Los *semiarrianos* ocupan un lugar intermedio entre los arrianos rígidos (anomeos) y los defensores del concilio de Nicea (homousianos). Rechazaron la expresión ὁμοούσιος, porque creyeron que ésta favorecía al sabelianismo, pero enseñan que el Logos es semejantes al Padre (ὅμοιος; de ahí que se les llamara también homeos) o en todo semejante a Él (ὅμοιος κατὰ πάντα) o semejante en la esencia (ὁμοιούσιος; de ahí que se les denominase homousianos).

b) El macedonianismo. La secta de los pneumatómacos (enemigos del Espíritu Santo), nacida del semiarrianismo y cuya fundación se atribuye, desde fines del siglo iv (Dídimo, *De Trinitate* ii 10), probablemente sin razón, al obispo semiarriano Macedonio de Constantinopla (depuesto en el 336, m. antes del 364), extendió el subordinacionismo al Espíritu Santo, enseñando, en referencia a Hebr 1, 14, que era una criatura y un ser espiritual subordinado como los ángeles. Defendieron la divinidad del Espíritu Santo y su consustancialidad con el Padre, contra los seguidores de esta herejía, San Atanasio, los tres capadocios (San Basilio, San Gregorio Nacianceno y San Gregorio Niseno) y Dídimo de Alejandría. Esta herejía fue condenada por un sínodo de Alejandría (362) bajo la presidencia de San Atanasio, por el segundo concilio de Constantinopla (381) y por un sínodo romano (382) presidido por el papa Dámaso (Dz 74-82). El concilio de Constantinopla añadió un importante artículo al símbolo de Nicea, en el que se afirma la divinidad del Espíritu Santo, al menos indirectamente en cuanto se le confieren los atributos divinos: «Et in Spiritum Sanctum, Dominum et vivificantem, qui ex Patre procedit, qui cum Patre et Filio simul adoratur et conglorificatur, qui locutus est per prophetas.»

3. Triteísmo

a) El comentarista cristiano de Aristóteles, *Juan Filoponos* († hacia 565), identificó la naturaleza y la persona (οὐσία e ὑπόστασις), y así, en la cristología, vino a caer en el monofisismo, y en la doctrina trinitaria, en el triteísmo. Según él, las tres divinas personas son tres individuos de la divinidad de forma parecida a como tres hombres son tres individuos de la especie humana. Puso, por tanto, en lugar de la unidad numérica de esencia, una unidad específica.

b) El canónigo *Roscelino de Compiègne* († hacia 1120) partía de un punto de vista nominalístico, según el cual solamente el individuo posee realidad, y enseñaba que las tres divinas personas son tres realidades separadas entre sí («tres res ab invicem separatae»), las cuales sólo moralmente se hallan unidas entre sí por su armonía en voluntad y poder, como podrían estarlo tres ángeles o tres almas humanas. Su doctrina fue combatida por San Anselmo de Cantorbery y condenada en un sínodo de Soissons (1092).

c) Gilberto de Poitiers († hacia 1154), según las acusaciones de sus adversarios (San Bernardo), mantenía la distinción real entre Dios y divinidad, y con ello la distinción real entre las personas divinas y la esencia divina, de suerte que en Dios habría una cuaternidad (tres Personas + divinidad). El pretendido error de Gilberto, que apenas se puede probar por sus escritos, fue condenado en un consistorio de Reims (1148) en presencia del papa Eugenio III; Dz 389 ss.

d) El abad *Joaquín de Fiore* († 1202) concebía la unidad de las tres divinas personas como unidad colectiva («unitas quasi collectiva et similitudinaria»). Su doctrina fue condenada en el concilio IV de Letrán (1215), donde se aprobó solemnemente la doctrina de PEDRO LOMBARDO, atacada por aquél *(Caput Damnamus;* Dz 431 ss).

e) Anton Günther († 1863) enseñó que el absoluto, en un proceso de autorrealización, se actúa sucesivamente a sí mismo tres veces como tesis, antítesis y síntesis. Con ello la sustancia divina se triplica. Las tres sustancias se relacionan entre sí por medio de la conciencia constituyendo así una unidad formal.

4. El protestantismo

Lutero censuró, es verdad, la terminología trinitaria, pero en realidad mantuvo su creencia en este misterio; cf. los artículos de *Esmalcalda,* p. I art. 1-4. No obstante, el subjetivismo introducido por él condujo finalmente a la negación del dogma de la Trinidad.

El *socinianismo,* fundado por *Fausto Sozzini* († 1604), se sitúa en un punto de vista racionalístico y propugna un concepto de Dios rigurosamente unitarista, que excluye toda pluralidad de personas divinas. Cristo no sería más que un puro hombre, y el Espíritu Santo un poder impersonal de Dios.

La *teología racionalista* moderna suele conservar la terminología trinitaria de la tradición, pero considera las divinas personas como meras personificaciones de atributos divinos, como el poder, la sabiduría y la bondad. Según *Harnack,* la profesión cristiana del dogma de la Trinidad se originó en las polémicas entre el cristianismo y el judaísmo. Al principio se adoptó únicamente la fórmula bimembre «Dios y Cristo» como antítesis de Dios y Moisés; más tarde se añadió también al Espíritu Santo.

Bibliografía: G. Bardy, *Paul de Samosate,* Ln [2]1929. A. d'Alès, *Le dogme de Nicée,* P 1926. H. Grundmann, *Neue Forschungen über Joachim von Fiore,* M 1950 L. Orbán, *Theologia Güntheriana* (v. Introducción, § 5). St. Dunin Borkowski, *Die Gruppierung der Antitrinitarier des 16 Jh.,* Schol 7 (1932) 481-523. F. Diekamp, *Über den Ursprung des Trinitätsbekenntnisses,* Mr 1910. Consúltense los textos de historia eclesiástica y de historia de los dogmas.

§ 2. Doctrina de la Iglesia

En Dios hay tres personas: Padre, Hijo y Espíritu Santo; y cada una de ellas posee la esencia divina que es numéricamente la misma (de fe).

Los términos «esencia», «naturaleza», «sustancia» designan el ser divino común al Padre, al Hijo y al Espíritu Santo, mientras que los términos «hipóstasis» y «persona» designan a los tres poseedores del ser divino; cf. § 17, 1.

1. La más antigua fórmula magistral de la fe de la Iglesia en la Trinidad es el *símbolo apostólico,* que en su forma romana de símbolo bautismal sirvió desde el siglo II como base para la enseñanza de los catecúmenos y como profesión de fe en la administración del santo bautismo. Está construido sobre la fórmula trinitaria bautismal de Mt 28, 19; cf. Dz 1-12.

2. Una carta doctrinal del papa *San Dionisio* (259-268), «de trascendental importancia» (Scheeben, *Gotteslehre,* n. 687), al

obispo Dionisio de Alejandría, condena el sabelianismo, el triteísmo y el subordinacionismo; Dz 48-51.

3. El símbolo *niceno,* nacido de la lucha contra el arrianismo, pone de manifiesto la verdadera divinidad del Hijo y su consustancialidad (homousía) con el Padre; Dz 54.

4. El símbolo *niceno-constantinopolitano,* profesión oficial de fe del segundo concilio ecuménico de Constantinopla (381), que apareció con motivo de la lucha contra el arrianismo y el macedonianismo, recalca, al mismo tiempo que la divinidad del Hijo, también la divinidad del Espíritu Santo; Dz 86.

5. Un sínodo *romano,* que tuvo lugar bajo el pontificado del papa *San Dámaso* (382), ofrece una condenación colectiva de los errores antitrinitarios de la antigüedad, sobre todo del macedonianismo; Dz 58-82.

6. El símbolo *Quicumque* (atanasiano), que no fue compuesto por San Atanasio, sino por un autor latino desconocido, del siglo V/VI, contiene de forma clara y bien estructurada una síntesis de la doctrina de la Iglesia sobre la Trinidad y la encarnación. Frente al sabelianismo, pone bien de manifiesto la trinidad de Personas; y frente al triteísmo, la unidad numérica de la esencia divina; Dz 39 s.

7. La formulación más perfecta de la doctrina trinitaria en la época patrística la constituye el símbolo del *concilio XI de Toledo* (675), que está compuesto, a manera de mosaico, de textos de padres (sobre todo de San Agustín, San Fulgencio, San Isidoro de Sevilla) y de sínodos anteriores (principalmente del concilio VI de Toledo, celebrado el año 638); Dz 275-281.

8. En la edad media, son de importancia, por lo que respecta a la formulación eclesiástica del dogma trinitario, el *concilio IV de Letrán* (1215), que condenó el error triteísta de Joaquín de Fiore (Dz 428 ss), y el *concilio de Florencia,* que en el *Decretum pro Iacobitis* (1441) presentó un compendio de la doctrina sobre la Trinidad, el cual puede considerarse como meta final de la evolución del dogma (Dz 703 ss).

9. En época más moderna hay que mencionar una declaración del papa Pío VI en la bula *Auctorem fidei* (1794), en la cual rechaza la expresión «Deus unus in tribus personis distinctus» empleada por el sínodo de Pistoia, por hacer peligrar la absoluta simplicidad de la esencia divina, declarando que es más acertado decir: «Deus unus in tribus personis distinctis»; Dz 1596.

Bibliografía: J. DE GHELLINCK, *Patristique et Moyen Âge*, I: *Les recherches sur les origines du Symbole des Apôtres*, Brx-P 1946. J. N. D. KELLY, *Early Christian Creeds*, Lo 1950. I. ORTIZ DE URBINA, *El Símbolo Niceno*, Ma 1947. J. MADOZ, *Le symbole du XIe Concile de Tolède*, Ln 1938. El mismo, *La Teología de la Trinidad en los símbolos toledanos*, Rev. Esp. T. 4 (1944) 457-477. A. HAHN-G. L. HAHN (con un apéndice de *A. Harnack*), *Bibliothek der Symbole und Glaubensregeln der alten Kirche*, Br 1897.

Capítulo segundo

LA EXISTENCIA DE LA TRINIDAD, PROBADA POR LA ESCRITURA Y LA TRADICIÓN

I. EL ANTIGUO TESTAMENTO

§ 3. INSINUACIONES DEL MISTERIO EN EL ANTIGUO TESTAMENTO

Como la revelación del Antiguo Testamento no es más que figura de la del Nuevo (Hebr 10, 1), no hay que esperar que en el Antiguo Testamento se haga una declaración precisa, sino únicamente una alusión velada, al misterio de la Trinidad.

1. Dios habla de sí mismo usando con frecuencia el *plural;* Gen 1, 26: «Hagamos al hombre a nuestra imagen y semejanza»; cf. Gen 3, 22; 11, 7. Los santos padres interpretaron estos pasajes a la luz del Nuevo Testamento, entendiendo que la primera persona hablaba a la segunda o a la segunda y tercera; cf. SAN IRENEO, *Adv. haer.* IV, 20, 1. Probablemente la forma plural se usa para guardar la concordancia con el nombre de Dios «Elohim», que tiene terminación de plural.

2. El *Ángel de Yahvé* de las teofanías del Antiguo Testamento es llamado Yahvé, El y Elohim, y se manifiesta como Elohim y Yahvé. Con ello parece que se indica que hay dos Personas que son Dios: la que envía y la que es enviada; cf. Gen 16, 7-13; Ex 3, 2-14. Los padres de la Iglesia primitiva, teniendo en cuenta el pasaje de Isaías 9, 6 (*magni consilii angelus* según los Setenta) y Mal, 3 1 (*angelus testamenti*), entendieron por Ángel de Yahvé al Logos. Los santos padres posteriores, principalmente San Agustín y los

autores escolásticos, opinaron que el Logos se servía de un ángel creado.

3. Las *profecías mesiánicas* suponen distinción de personas en Dios al anunciar de forma sugerente al Mesías, enviado por Dios, como Dios e Hijo de Dios; Ps 2, 7: «Díjome Yahvé: Tú eres mi hijo, hoy te he engendrado»; Is 9, 6 (M 9, 5): «...que tiene sobre su hombro la soberanía, y que se llamará maravilloso consejero, Dios fuerte, Padre sempiterno, Príncipe de la Paz»; Is 35, 4: «...viene Él mismo [Dios] y Él nos salvará»; cf. Ps 109, 1-3; 44, 7; Is 7, 14 (Emmanuel = Dios con nosotros); Mich 5, 2.

4. Los libros sapienciales nos hablan de la *Sabiduría divina* como de una hipóstasis junto a Yahvé. Ella procede de Dios desde toda la eternidad (según Prov 8, 24 s procede por generación), y colaboró en la creación del mundo; cf. Prov 8, 22-31; Eccli 24, 3-22 (G); Sap 7, 22 — 8, 1; 8, 3-8. A la luz del Nuevo Testamento podemos ver en la Sabiduría de que nos hablan los libros del Antiguo Testamento una alusión a la persona divina del Logos.

5. El Antiguo Testamento nos habla con mucha frecuencia del *Espíritu de Dios* o del «Espíritu Santo». Esta expresión no se refiere a una Persona divina, sino que expresa «una virtud procedente de Dios, que confiere la vida, la fortaleza, y que ilumina e impulsa al bien» (P. Heinisch); cf. Gen 1, 2; Ps 32, 6; 50, 13; 103, 30; 138, 7; 142, 10; Is 11, 2; 42, 1; 61, 1; 63, 10; Ez 11, 5 36, 27; Sap 1, 5 y 7. A la luz de la revelación neotestamentaria, los padres y la liturgia aplican muchos de estos pasajes a la Persona del Espíritu Santo, principalmente Ps 103, 30; Is 11, 2; Ez 36, 27; Ioel 2, 28; Sap 1, 7; cf. Act 2, 16 ss.

6. Algunos creyeron ver, a la luz del Nuevo Testamento, una insinuación de las tres divinas personas en el *Trisagio* de Isaías 6, 3, y en la triple bendición sacerdotal de Nm 6, 23 ss. Con todo, hay que tener en cuenta que triplicar una expresión, en el lenguaje del Antiguo Testamento, es un modo de expresar el superlativo. En Ps 36, 6 junto a Yahvé se nombran su Palabra y su Espíritu; en Sap 9, 17 su Sabiduría y su Espíritu Santo. Pero la Palabra, la Sabiduría y el Espíritu no aparecen como personas propiamente dichas junto a Yahvé, sino como potencia o actividades divinas.

Andan descaminados todos los intentos por derivar el misterio cristiano de la Trinidad de la teología judaica tardía o de la doctrina judaico-helenística del Logos de *Filón*. El «*Memra de Yahvé*», es decir, la Palabra de Dios, y el «Espíritu Santo», no son en la teología judaica personas divinas junto a Yahvé, sino que son circunlocuciones del nombre de Yahvé. El *Logos* filoniano es el instrumento de Dios en la creación del mundo. Aunque se le llama hijo unigénito de Dios y segundo dios, hay que entenderlo solamente como personificación de los poderes divinos. Su diferencia del Logos de San Juan es esencial. «El Logos de Filón es en el fondo la suma de todos los poderes divinos que actúan en el mundo, aunque varias veces se le presente como persona; en cambio, el Logos de San Juan es el Hijo eterno y consustancial de Dios y, por tanto, verdadera persona» (A. WIKENHAUSER, *Das Evangelium nach Johannes,* Re 1948, 47).

Bibliografía: P. HEINISCH, *Theologie des Alten Testamentes,* Bo 1940, 74 ss. F. CEUPPENS, *Theologia biblica II: De SS. Trinitate,* To-R [2]1949. F. STIER, *Gott und sein Engel im Alten Testament,* Mr 1934. F. L. SMID, *De adumbratione SS. Trinitatis in Vetere Testamento secundum S. Augustinum,* Mu 1942. R. KOCH, *Geist und Messias,* W 1950.

II. EL NUEVO TESTAMENTO

§ 4. FÓRMULAS TRINITARIAS

1. Los evangelios

a) En el relato de la Anunciación habla así el ángel del Señor, según Lc 1, 35: «[El] Espíritu Santo (πνεῦμα ἅγιον) vendrá sobre ti y [la] virtud del Altísimo te cubrirá con su sombra, y por esto el hijo engendrado será santo, será llamado Hijo de Dios»; cf. Lc 1, 32: «Éste será grande y llamado Hijo del Altísimo». Se hace mención de tres personas: el Altísimo, el Hijo del Altísimo y el Espíritu Santo. Es verdad que no se expresa con toda claridad la personalidad del Espíritu Santo, dado el género neutro de la palabra griega πνεῦμα y la ausencia de artículo, pero no hay duda sobre su interpretación si comparamos este pasaje con aquel otro de Act 1, 8, en el cual se distingue al Espíritu Santo de la virtud que de él dimana, y si atendemos a la tradición; Act 1, 8: «Recibiréis la virtud del Espíritu Santo, que descenderá sobre vosotros.»

b) La teofanía que tuvo lugar después del bautismo de Jesús lleva consigo una revelación de la Trinidad; Mt 3, 16 s: «Vio al Espíritu de Dios (πνεῦμα θεοῦ; Mc 1, 10: τὸ πνεῦμα Lc 3, 22: τό πνεῦμα τὸ ἅγιον; Ioh 1, 32; τὸ πνεῦμα descender como paloma y venir sobre él, mientras una voz del cielo decía: Éste es mi Hijo amado, en quien tengo mis complacencias». El que habla es Dios Padre. Jesús es el Hijo de Dios, su Hijo único, por lo tanto, el verdadero y propiamente dicho Hijo de Dios. «Hijo amado», efectivamente, según la terminología bíblica, significa «hijo único» (cf. Gen 22, 2, 12 y 16, según M y G; Mc 12, 6). El Espíritu Santo aparece bajo símbolo especial como esencia sustancial, personal, junto al Padre y al Hijo.

c) En el sermón de despedida, Jesús promete otro Abogado (Paraclitus), el Espíritu Santo o Espíritu de verdad, que Él mismo y su Padre enviarán; cf. Ioh 14, 16: «Y yo rogaré al Padre, y os dará otro Abogado que estará con vosotros para siempre»; cf. Ioh 14, 26 y 15, 26. El Espíritu Santo, que es enviado, se distingue claramente como persona del Padre y del Hijo que lo envían. La denominación de «Paraclitus» y las actividades que se le asignan (enseñar, dar testimonio) suponen una subsistencia personal.

d) Donde se revela más claramente el misterio de la Trinidad es en el mandato de Jesucristo de bautizar a todas las gentes; Mt 28, 19: «Id, pues, enseñad a todas las gentes, bautizándolas en el nombre del Padre y del Hijo y del Espíritu Santo.» Trátase aquí de tres personas distintas, como se ve, con respecto al Padre y al Hijo, por su oposición relativa, y con respecto al Espíritu Santo, por ser éste equiparado totalmente a las otras dos personas, lo cual sería absurdo si se tratara únicamente de un atributo esencial. La unidad de esencia de las tres personas se indica con la forma singular «en el nombre» (εἰς τὸ ὄνομα). La autenticidad del pasaje está plenamente garantizada por el testimonio unánime de todos los códices y versiones. En cuanto fórmula litúrgica se halla bajo el influjo del *kerygma* cristiano primitivo.

2. Las cartas de los apóstoles

a) San Pedro, al comienzo de su primera carta, usa una fórmula trinitaria de salutación; 1 Petr 1, 1 s: «A los elegidos extranjeros... según la presencia de Dios Padre, en la santificación del Espíritu, para la obediencia y la aspersión de la sangre de Jesucristo.»

b) San Pablo concluye su segunda carta a los Corintios con una bendición trinitaria; 2 Cor 13, 13: «La gracia del Señor Jesucristo y la caridad de Dios y la comunicación del Espíritu Santo sean con todos vosotros» (cf. 2 Cor 1, 21 s).

c) San Pablo enumera tres clases distintas de dones del Espíritu refiriéndolos a tres dispensadores, el Espíritu, el Señor (Cristo) y Dios; 1 Cor 12, 4 ss: «Hay diversidad de dones, pero uno mismo es el Espíritu. Hay diversidad de ministerios, pero uno mismo es el Señor. Hay diversidad de operaciones, pero uno mismo es Dios, que obra todas las cosas en todos». Queda indicada la unidad sustancial de las tres personas, porque esos mismos efectos se atribuyen solamente al Espíritu en el v 11; cf. Eph 1, 3-14 (elección por Dios Padre, redención por la sangre de Cristo, sigilación con el Espíritu Santo); Eph 4, 4-6 (*un* Espíritu, *un* Señor, *un* Dios).

d) Donde más perfectamente se expresan la trinidad de personas y la unidad de esencia en Dios es en el llamado *Comma Ioanneum,* 1 Ioh 5, 7 s:

«Porque son tres los que testifican [en el cielo: el Padre, el Verbo y el Espíritu Santo; y los tres son uno. Y tres son los que dan testimonio en la tierra]». Sin embargo, la autenticidad de las palabras que van entre corchetes tiene contra sí gravísimas objeciones, pues faltan en todos los códices griegos de la Biblia hasta el siglo XV, en todas las versiones orientales y en los mejores y más antiguos manuscritos de la Vulgata, ni tampoco hacen mención de él los padres griegos y latinos del siglo IV y V en las grandes controversias trinitarias. El texto en cuestión se halla por vez primera en el hereje español Prisciliano († 385), aunque en forma herética («haec tria unum sunt in Christo Jesu»); desde fines del siglo V se le cita con más frecuencia (484 veces en un *Libellus fidei,* escrito por obispos norteafricanos; Fulgencio de Ruspe, Casiodoro). Como ha sido recibido en la edición oficial de la Vulgata y la Iglesia lo ha empleado desde hace siglos, puede considerarse como expresión del magisterio de la Iglesia. Aparte de esto, presenta el valor de ser testimonio de la tradición.

El año 1897, el Santo Oficio declaró que no se podía negar o poner en duda con seguridad la autenticidad del pasaje. Como posteriormente se fuera probando cada vez con mayor claridad su inautenticidad, el Santo Oficio declaró en el año 1927 que, después de concienzudo examen de las razones, se permitía considerarlo espúreo; Dz 2198.

Bibliografía: F. CEUPPENS (v. § 3). R. BLÜML, *Paulus und der dreieinige Gott,* W 1929. F. PRAT, *La théologie de Saint Paul* II, P [20]1937, 157 ss. J. LEBRETON, *Histoire du dogme de la Trinité. I. Les origines,* P [6]1927. K. KÜNSTLE, *Das Comma Ioanneum auf seine Herkunft untersucht,* Fr 1905. E. RIGGENBACH, *Das Comma Johanneum,* Gü 1928. M. SCHUMPP, *Der Gott des hl. Paulus,* ThprQ 92 (1939) 386-399, 546-558. T. AYUSO, *Nuevo estudio sobre el «Comma Iohanneum»,* Bibl 28 (1947) 83-112, 216-235.

§ 5. DOCTRINA NEOTESTAMENTARIA ACERCA DE DIOS PADRE

1. Dios Padre en sentido impropio

La Sagrada Escritura habla a menudo de la paternidad de Dios en sentido impropio y traslaticio. El Dios trino y uno es Padre de las criaturas en virtud de la creación, conservación y providencia (orden natural) y principalmente por la elevación al estado de gracia y de filiación divina (orden sobrenatural); cf. Deut 32, 6; Ier 31, 9; 2 Reg 7, 14; Mt 5, 16 y 48; 6, 1-32; 7, 11; Ioh 1, 12; 1 Ioh 3, 1 s; Rom 8, 14 s; Gal 4, 5 s.

2. Dios Padre en sentido propio

Según la doctrina revelada, hay también en Dios una paternidad en sentido verdadero y propio, que conviene únicamente a la primera Persona y es el ejemplar de la paternidad divina en sentido impropio y de toda paternidad creada (Eph 3, 14 s). Jesús consideraba a Dios como Padre suyo en un sentido peculiar y exclusivo. Cuando habla del Padre que está en los cielos, suele decir: «mi Padre», «tu Padre» o «vuestro Padre», pero jamás «nuestro Padre» (el Padrenuestro no es propiamente oración de Jesús, sino de sus discípulos; cf. Mt 6, 9). Las frases de Jesucristo que demuestran su consustancialidad con el Padre, prueban al mismo tiempo que es necesario entender en sentido propio, físico, su filiación divina y la paternidad de Dios; cf. Mt 11, 27: «Y nadie conoce al Hijo sino el Padre, y nadie conoce al Padre sino el Hijo y aquel a quien el Hijo quisiere revelárselo»; Ioh 10, 30: «Yo y el Padre somos una sola cosa»; Ioh 5, 26: «Pues así como el Padre tiene la vida en sí mismo, así dio también al Hijo tener la vida en sí mismo». San Juan llama a Jesús el Hijo *unigénito* de Dios, y San Pedro el *propio* Hijo de Dios; Ioh 1, 14; «Hemos visto su gloria, gloria como de Unigénito del Padre»; Ioh 1, 18: «El Dios (Vulg.: Hijo) unigénito, que está en el seno del Padre, ése nos le ha dado a conocer»; cf. Ioh 3, 16 y 18; 1 Ioh 4, 9; Rom 8, 32: «El que no perdonó a su propio Hijo»; cf. Rom 8, 3.

También los adversarios de Jesús entendieron, lo mismo que los apóstoles, la paternidad de Dios como propia y verdadera; Ioh 5, 18: «Por esto los judíos buscaban con más ahínco matarle, porque llamaba a Dios su propio Padre (πατέρα ἴδιον), haciéndose igual a Dios».

Bibliografía: H. Felder, *Jesus von Nazareth,* Pa [3]1947 (sobre todo las conferencias 9 y 14). Véase Cristología, § 4.

§ 6. Doctrina neotestamentaria acerca de Dios Hijo

1. El Logos de San Juan

a) El Logos de San Juan no es una cualidad o virtud impersonal de Dios, sino verdadera *Persona.* Esto se indica claramente por la denominación absoluta ὁ λόγος, sin el complemento determinativo τοῦ θεοῦ, y lo expresan terminantemente las palabras siguientes: «El Logos estaba en Dios» (ὁ λόγος ἦν πρὸς θεόν). La preposición griega πρός, «junto a», indica que el Logos estaba junto a Dios (no en o dentro de Dios) y «en relación» con Él; cf. Mc 9, 19. La frase del v 11: «Vino a lo suyo», y la del v 14: «El

Logos se hizo carne», solamente se pueden referir a una persona y de ninguna manera a un atributo divino.

b) El Logos es una Persona *distinta* de Dios Padre (ὁ θεός). Esto se infiere de que el Logos estaba «junto» a Dios (v 1 s) y, sobre todo, de la identificación del Logos con el Hijo unigénito del Padre; v 14: «Hemos visto su gloria, gloria como de Unigénito del Padre»; cf. v 18. Entre Padre e Hijo existe una oposición relativa.

c) El Logos es Persona *divina;* v 1: «Y el Logos era Dios» (καὶ θεὸς ἦν ὁ λόγος). La verdadera divinidad del Logos se infiere también de los atributos divinos que se le aplican, como el de ser Creador del mundo («todas las cosas fueron hechas por Él», v 3) y el de ser eterno («al principio era el Logos», v 1). El Logos aparece también como Dios porque se le presenta como autor del orden sobrenatural, por cuanto, como Luz, es el dispensador de la Verdad (v 4 s) y como Vida es el dispensador de la vida sobrenatural de la gracia (v 12); v 14: «Lleno de gracia y de verdad».

2. Doctrina de San Pablo sobre Cristo como imagen viva de Dios

Hebr 1, 3 designa al Hijo de Dios como «esplendor de la gloria de Dios e imagen de su sustancia»; cf. 2 Cor 4, 4; Col 1, 15 s. Llamar a Cristo esplendor de la gloria de Dios (ἀπαύγασμα τῆς δόξης) es tanto como afirmar la imagen viva de la esencia o la consustancialidad de Cristo con Dios Padre («Luz de Luz»). La expresión «imagen de la sustancia de Dios» (χαρακτὴρ τῆς ὑποστάσεως αὐτοῦ) indica también la subsistencia personal de Cristo junto al Padre. Prueba bien clara de que el texto no se refiere a una imagen creada de Dios Padre, sino verdaderamente divina, son los atributos divinos que se le aplican al Hijo de Dios, tales como la creación y conservación del mundo, la liberación del pecado y el estar sentado a la diestra de Dios (v 3), el hallarse elevado por encima de los ángeles (v 4).

Bibliografía: E. Berbuir, *Zeugnis für Christus. Eine Auslegung des Johannes-Prologs,* Fr 1949. A. Wikenhauser, *Das Evangelium nach Johannes,* Re 1948. H. Willms, ΕΙΚΩΝ. 1.ª Parte: *Philon von Alexandria,* Mr 1935.

§ 7. Doctrina neotestamentaria sobre Dios Espíritu Santo

Aunque la palabra πνεῦμα en algunos pasajes de la Sagrada Escritura designa el ser espiritual de Dios o un poder impersonal del mismo, con todo, es fácil probar por numerosos pasajes que el Espíritu Santo es una persona divina distinta del Padre y del Hijo.

a) El Espíritu Santo es *persona* real. Pruebas de ello son la fórmula trinitaria del bautismo (Mt 28, 19), el nombre de *Paráclito* (= consolador, abogado), que no puede referirse sino a una persona (Ioh 14, 16 y 26; 15, 26; 16, 7; cf. 1 Ioh 2, 1, donde se llama a Cristo «nuestro Paráclito» = abogado, intercesor ante el Padre), e igualmente el hecho de que al Espíritu Santo se le aplican atributos personales, por ejemplo: ser maestro de la verdad (Ioh 14, 26; 16, 13), dar testimonio de Cristo (Ioh 15, 26), conocer los misterios de Dios (1 Cor 2, 10), predecir acontecimientos futuros (Ioh 16, 13; Act 21, 11) e instituir obispos (Act 20, 28).

b) El Espíritu Santo es una Persona *distinta* del Padre y del Hijo. Pruebas de ello son la fórmula trinitaria del bautismo, la aparición del Espíritu Santo en el bautismo de Jesús bajo un símbolo especial y, sobre todo, el discurso de despedida de Jesús, donde el Espíritu Santo se distingue del Padre y del Hijo, puesto que éstos son los que lo envían, y él, el enviado o dado (Ioh 14, 16 y 26; 15, 26).

c) El Espíritu Santo es Persona *divina*. Se le aplican indistintamente los nombres de «Espíritu Santo» y de «Dios»; Act 5, 3 s: «Ananías, ¿por qué se ha apoderado Satanás de tu corazón, moviéndote a engañar al Espíritu Santo?... No has mentido a los hombres, sino a Dios»; cf. 1 Cor 3, 16; 6, 19 s. En la fórmula trinitaria del bautismo, el Espíritu Santo es equiparado al Padre y al Hijo, que realmente son Dios. Al Espíritu Santo se le aplican también atributos divinos. Él posee la plenitud del *saber:* es maestro de toda verdad, predice las cosas futuras (Ioh 16, 13), escudriña los más profundos arcanos de la divinidad (1 Cor 2, 10) y Él fue quien inspiró a los profetas en el Antiguo Testamento (2 Petr 1, 21; cf. Act 1, 16). La *virtud* divina del Espíritu Santo se manifiesta en el prodigio de la encarnación del Hijo de Dios (Lc 1, 35; Mt 1, 20) y en el milagro de Pentecostés (Lc 24, 49; Act 2, 2-4). El Espíritu Santo es el divino *dispensador de la gracia:* concede los dones extraordinarios de la gracia (1 Cor 12, 11) y la gracia de la justificación en el bautismo (Ioh 3, 5) y en el sacramento de la penitencia (Ioh 20, 22); cf. Rom 5, 5; Gal 4, 6; 5, 22.

Bibliografía: W. Tosetti, *Der Hl. Geist als göttliche Person in den Evangelien,* D 1918. H. Bertrams, *Das Wesen des Geistes nach der Anschauung des Apostels Paulus,* Mr 1913. F. Büchsel, *Der Geist Gottes im Neuen Testament,* Gü 1926. P. Gächter, *Zum Pneumabegrif des hl. Paulus,* ZkTh 53 (1929) 345-408. O. H. Nebe, *Deus Spiritus Sanctus,* Gü 1939. L. Labauche, *Traité du Saint-Esprit,* P 1950. H. Mühlen, *Der Hl. Geist als Person,* Mr 1963.

§ 8. La doctrina neotestamentaria acerca de la unidad numérica de la naturaleza divina en las tres Personas

La doctrina bíblica sobre la trinidad de Personas en Dios solamente es compatible con la doctrina fundamental de la misma Biblia acerca de la unicidad de la esencia divina (Mc 12, 29; 1 Cor 8, 4; Eph 4, 6; 1 Tim 2, 5) si las tres divinas Personas subsisten en una sola naturaleza. La unidad o identidad numérica de la naturaleza divina en las tres Personas está indicada en las fórmulas trinitarias (cf. especialmente Mt 28, 19: *in nomine)* y en algunos pasajes de la Escritura que nos hablan de la «inexistencia mutua» *(circumincessio,* περιχώρησις) de las Personas divinas (Ioh 10, 38; 14, 9 ss; 17, 10; 16, 13 ss; 5, 19). Cristo declaró expresamente la unión numérica de su naturaleza divina con la del Padre en Ioh 10, 30: «Yo y el Padre somos una sola cosa» (ἐγὼ καὶ ὁ πατὴρ ἕν ἐσμεν). San Agustín nota a este propósito: «Quod dixit *unum,* liberat te ab Ario; quod dixit *sumus,* liberat te a Sabellio» *(In Ioh. tr.* 36, 9). El término católico para designar la unidad numérica de la esencia divina en las tres Personas es la expresión consagrada por el concilio de Nicea (325), ὁμοούσιος.

Los padres de Capadocia emplean la fórmula: Una sola esencia — tres hipóstasis (μία οὐσία — τρεῖς ὑποστάσεις), entendiendo esa unidad de esencia en el sentido de unidad numérica, no específica.

Bibliografía: S. González, *La fórmula μία οὐσία τρεῖς ὑποστάσεις en San Gregorio de Nisa,* R 1939. J. Lebon, *Le sort du «consubstantiel» nicéen,* RHE 47 (1952) 485-529, 48 (1953) 632-682.

III. LA TRADICIÓN

§ 9. Testimonio de la tradición en favor de la Trinidad de Personas en Dios

1. Testimonios del culto en la primitiva Iglesia

a) La *liturgia bautismal* paleocristiana ofrece una clara profesión de fe en la Trinidad. Como testifica la *Didakhé* (cap. 7), el bautismo se administró ya en los tiempos más remotos del Cristianismo «en el nombre del Padre y del Hijo y del Espíritu Santo», haciendo al mismo tiempo una triple inmersión o derramando tres veces agua sobre el bautizando; cf. San Justino, *Apología* I 61; San Ireneo, *Adv. haer.* III 17, 1; Tertuliano, *De baptismo* 13; Orígenes, *In ep. ad Rom.* 5, 8; San Cipriano, *Ep.* 73, 18.

b) El *símbolo apostólico* de la fe, que en su forma primitiva se identifica con el primitivo símbolo bautismal romano, sigue las líneas de la fórmula trinitaria del bautismo. Las *Reglas de Fe,* que nos han transmitido los escritores eclesiásticos de los siglos II y III, son una ampliación y paráfrasis del símbolo trinitario del bautismo; cf. San Ireneo, *Adv. haer.* I 10, 1; Tertuliano, *De praescr.* 13, *Adv. Prax* 2, *De virg. vel.* 1; Orígenes, *De principiis* I praef. 4-10; Novaciano, *De Trin.* I. Podemos ver expuesta con claridad meridiana toda la doctrina sobre la Trinidad en una confesión de fe de *San Gregorio Taumaturgo* († hacia 270), dirigida privadamente contra Pablo de Samosata.

c) Las antiguas *doxologías* expresan igualmente la fe en la Trinidad. La antigüedad cristiana conocía dos fórmulas: la coordinada, Gloria al Padre y al Hijo y al Espíritu Santo; y la subordinada, Gloria al Padre *por* el Hijo *en* el Espíritu Santo. Como los arrianos interpretaron torcidamente esta última fórmula en sentido subordinacionista, San Basilio la cambió de la siguiente manera: Gloria al Padre *con* el Hijo *en unión* del Espíritu Santo (δόξα τῷ πατρὶ μετὰ τοῦ υἱοῦ σὺν τῷ πνεύματι τῷ ἁγίῳ; *De Spiritu Sancto* 1, 3); cf. *Martyrium Sancti Polycarpi* 14, 3.

2. Los padres antenicenos

San Clemente Romano escribe (hacia 96) a la comunidad de Corinto: «¿No es verdad que tenemos *un solo* Dios y *un solo* Cristo y *un solo* Espíritu de gracia?» (46, 6). Llama a Dios y a nuestro Señor Jesucristo y al Espíritu Santo: fe y esperanza de los elegidos (58, 2). San Ignacio de Antioquía († hacia el 107) no solamente enseña de forma clarísima la divinidad de Jesucristo, sino que usa además fórmulas trinitarias; *Magn.* 13, 2: «Sed dóciles al obispo y unos a otros, como lo fue Cristo, según la carne, al Padre, y los apóstoles lo fueron a Cristo, al Padre y al Espíritu»; cf. *Magn.* 13, 1; Eph 9, 1.

Los apologistas intentaron valerse de la filosofía (noción del *Logos)* para explicar científicamente el misterio de la Trinidad, pero no siempre se mantuvieron exentos de expresiones subordinacionistas. San Justino dice que los cristianos veneran, junto con el Creador del universo, en segundo lugar a Jesucristo, Hijo de Dios verdadero, y en tercer lugar al Espíritu profético *(Apol.* I 13). ATENÁGORAS (hacia 177) rechaza así la acusación de ateísmo: «¿No es de maravillar que se llame ateos a los que creen en Dios Padre y en Dios Hijo y en el Espíritu Santo, y que enseñan así su poder en la unidad como su diferencia en el orden?» *(Suppl.* 10). Afirmaciones precisas sobre la fe de la Iglesia en el misterio de la Trinidad se encuentran en SAN IRENEO *(Adv. haer.* I, 10, 1; IV, 20, 1; *Epideixis* 6 s, 47) y, sobre todo, en TERTULIANO *(Adv. Prax.).* Este último, frente al sabelianismo, enseña la trinidad de Personas divinas («Ecce enim dico alium esse Patrem et alium Filium et alium Spiritum»; cap. 9), pero defiende igualmente de forma bien clara la unidad de sustancia en Dios («unius autem substantiae et unius status et unius potestatis, quia unus Deus»; cap. 2). ORÍGENES emplea ya la expresión ὁμοούσιος *(In ep. ad Hebr* 1, 3). TEÓFILO DE ANTIOQUÍA es el primero en usar el término τριάς para designar la trinidad de Personas en Dios *(Ad Autol.* II 15); el término latino equivalente «Trinitas» lo introduce TERTULIANO *(Adv. Prax.* 2; *De pud.* 21).

En todo el período anteniceno, la expresión más clara de la fe que animaba a la Iglesia romana en el misterio de la trinidad de personas y de la unidad de esencia en Dios es la famosa carta dogmática del papa *San Dionisio* (259-268) al obispo San Dionisio de Alejandría, en la que reprueba el triteísmo, el sabelianismo y el subordinacionismo; Dz 48-51. La definición del concilio de Nicea no fue una innovación, sino una evolución orgánica de la doctrina que la Iglesia creía desde los primeros tiempos, y en la que cada vez había profundizado más la teología científica.

3. Los padres postnicenos

Los padres postnicenos se encontraron con el principal problema de probar científicamente y defender contra el arrianismo y el semiarrianismo la consustancialidad del Hijo con el Padre; y contra el macedonianismo, la consustancialidad del Espíritu Santo con el Padre y con el Hijo. Se hicieron especialmente beneméritos *San Atanasio el Grande* († 373), los tres ilustres capadocios *San Basilio el Grande* († 379), *San Gregorio Nacianceno* († hacia 390), «el teólogo», y *San Gregorio de Nissa* († 394), *San Cirilo de Alejandría* († 444); entre los latinos, *San Hilario de Poitiers* († 367), «el Atanasio de Occidente», y *San Ambrosio de Milán* († 397). El punto culminante de la antigua especulación cristiana sobre la Trinidad lo alcanza SAN AGUSTÍN († 430) con su agudísima obra *De Trinitate.*

Bibliografía: L. CHOPPIN, *La Trinité chez les Pères Apostoliques,* Lila 1925. J. LEBRETON, *Histoire du dogme de la Trinité.* II. *De S. Clément à S. Irénée,* P [5]1928. TH. DE RÉGNON, *Études de théologie positive sur la Sainte-Trinité,* 4 vol., P 1892-98. CH. HAURET, *Comment le «Défenseur de Nicée» a-t-il compris le dogme de Nicée?,* Bru 1936. TH. SCHERMANN, *Die Gottheit des Hl. Geistes nach den griechischen Vätern des 4. Jh.,* Fr 1901. TH. RÜSCH, *Die Entstehung der Lehre vom Heiligen Geist bei Ignatius von Antiochia, Theophilus von Antiochia und Irenäus von Lyon,* Z 1952. I. MARTÍNEZ GÓMEZ, *El problema de la unidad y trinidad divina en los Padres,* EE 20 (1946) 374-398. H. DÖRRIES, *De Spiritu Sancto. Der Beitrag des Basilius zum Abschluss des trinitarischen Dogmas,* G 1956.

Capítulo tercero

FUNDAMENTO DE LA TRINIDAD DE PERSONAS EN DIOS

§ 10. LAS PROCESIONES DIVINAS INMANENTES EN GENERAL

1. Noción y realidad

En Dios hay dos procesiones divinas inmanentes (de fe).

Procesión significa que una cosa se origina de otra. Hay que distinguir entre procesión *hacia fuera* («processio ad extra o pr. transiens») y procesión *hacia dentro* («processio ad intra o pr. immanens»), según que el término de la procesión salga fuera del principio o permanezca dentro de él. De la primera forma proceden de Dios en cuanto causa primera todas las criaturas; de la segunda, proceden el Hijo y el Espíritu Santo en el seno de la Trinidad. Procesión divina inmanente designa el origen de una persona divina de otra por la comunicación de la esencia divina numéricamente una.

Los símbolos de fe nos hablan de dos procesiones inmanentes en Dios: la generación del Hijo y la procesión del Espíritu Santo; cf. Dz 86. Estas dos procesiones son la razón de que se den en Dios tres hipóstasis o personas realmente distintas. El término «procesión» ἐκπόρευσις, *processio)* se deriva de la Sagrada Escritura; Ioh 8, 42: «Yo he salido de Dios» («Ego ex Deo processi»); Ioh 15, 26: «...el Espíritu de verdad, que procede del Padre» («Spiritum veritatis, qui a Patre procedit»). Como se deduce por el contexto, ambos pasajes no se refieren a la procesión eterna del Hijo y del Espíritu Santo, sino a su misión temporal al mundo. Pero la misión temporal es signo de la procesión eterna.

2. Sujeto de las procesiones divinas inmanentes

El sujeto de las procesiones divinas inmanentes (en sentido activo y pasivo) son las personas divinas, no la naturaleza divina (de fe).

El concilio IV de Letrán (1215) defendió la doctrina de Pedro Lombardo contra los ataques del abad Joaquín de Fiore, declarando con el citado autor: «Illa res (sc. substantia divina) non est generans neque genita nec procedens, sed est Pater, qui generat, et Filius, qui gignitur, et Spiritus Sanctus, qui procedit»; Dz 432.

La Sagrada Escritura aplica sólo a personas los verbos engendrar y proceder. El fundamento especulativo se halla en el axioma: «Actiones sunt suppositorum»; cf. S.th. I 39, 5 ad 1.

Bibliografía: A. Stüdle, *De processionibus divinis,* Fr/S 1895. C. Ottaviano, *Joachimi abbatis Liber contra Lombardum,* R 1934. H. Grundmann, *Neue Untersuchungen über Joachim von Fiore,* M 1950.

§ 11. El Hijo procede del Padre por vía de generación

La segunda persona divina procede de la primera por generación y guarda con ella la relación de Hijo a Padre (de fe).

El símbolo *Quicumque* confiesa: «Filius a Patre solo est, non factus, nec creatus, sed genitus» (Dz 39); cf. el símbolo niceno (Dz 54).

Según testimonio de la Sagrada Escritura, la primera persona y la segunda guardan entre sí, respectivamente, relación de verdadera y estricta paternidad y filiación. El nombre característico que la Biblia aplica a la primera persona es el de Padre, y el que aplica a la segunda es el de Hijo. La Sagrada Escritura precisa más designando al Padre como «propio padre» (πατὴρ ἴδιος; Ioh 5, 18) y al Hijo como «propio hijo» (υἱὸς ἴδιος; Rom 8, 32), como «Hijo unigénito» (υἱὸς μονογενής; 1, 14 y 18; 3, 16 y 18; 1 Ioh 4, 9), como «Hijo amado» (υἱὸς ἀγαπητός; Mt 3, 17; 17, 5), como «Hijo verdadero» *(verus Filius;* 1 Ioh 5, 20, Vulg.). No hay duda, por tanto, de que el Hijo se distingue de los hijos adoptivos de Dios (Rom 8, 29). Una filiación propia y verdadera solamente se logra por medio de la generación física. De la generación eterna del Hijo por el Padre se habla directamente en Ps 2, 7 y en Hebr 1, 5: «Tú eres mi Hijo. Hoy te he engendrado»; cf. Ps 109, 3 según el texto de la Vulgata: «Ex utero ante luciferum genui te» (según la nueva versión latina del Instituto Bíblico: «ante luciferum, tanquam rorem, genui te»). Los santos padres y los concilios del siglo IV fundan la homousía del Hijo con el Padre en la eterna generación.

Bibliografía: A. Seitz, *Das Evangelium vom Gottessohn,* Fr 1908. H. Felder, *Jesus von Nazareth,* Pa [3]1947. A. Segovia, *La eterna generación del Hijo de Dios y su enunciación verbal en la literatura patrística,* RET 8 (1948) 385-408.

§ 12. El Espíritu Santo procede del Padre y del Hijo por vía de espiración

La procesión de la tercera persona, habida cuenta del nombre propio bíblico de ésta, se llama espiración (πνεῦσις, *spiratio)*.

1. Doctrina de la Iglesia

El Espíritu Santo procede del Padre y del Hijo, como de un solo principio y por medio de una única espiración (de fe).

La Iglesia ortodoxa griega enseña desde el siglo IX que el Espíritu Santo procede únicamente del Padre. Un sínodo de Constantinopla, presidido por Focio en el año 879, rechazó como herético el aditamento «Filioque» de los latinos. Contra esto declaró el segundo concilio universal de Lyón (1274): «Fideli ac devota professione fatemur, quod Spiritus Sanctus aeternaliter ex Patre et Filio, non tanquam ex duobus principiis, sed tanquam ex uno principio, non daubus spirationibus, sed unica spiratione procedit»; Dz 460. Cf. el símbolo del concilio toledano del año 447 (Dz 19), el símbolo *Quicumque* (Dz 39), el símbolo del concilio XI de Toledo en el año 675 (Dz 277), el *Caput firmiter* del concilio IV de Letrán (Dz 428) y el *Decretum pro Graecis* e igualmente el *Decretum pro Iacobitis* del concilio unionista de Florencia (Dz 691, 703 s). La primera vez que el aditamento «et Filio» aparece introducido en el símbolo niceno-constantinopolitano es en el concilio III de Toledo del año 589.

2. Prueba de Escritura

a) El Espíritu Santo, según la Sagrada Escritura, no es solamente el Espíritu del Padre (Mt 10, 20: «El Espíritu de vuestro Padre será el que hable en vosotros»; cf. Ioh 15, 26; 1 Cor 2, 11 s), sino también el Espíritu del Hijo (Gal 4, 6: «Dios envió el Espíritu de su Hijo a vuestros corazones»), el Espíritu de Jesús (Act 16, 7: «El Espíritu de Jesús no se lo permitió»), el Espíritu de Cristo (Rom 8, 9: «Pero si alguno no tiene el Espíritu de Cristo, ése no es de Cristo»), el Espíritu de Jesucristo (Phil 1, 19: «...por la ayuda del Espíritu de Jesucristo»). Si la expresión «Espíritu del Padre» denota una relación de origen con respecto al Padre (= «spiramen

Patris o spiratus a Patre»), como también admiten los griegos, entonces la analogía nos fuerza a concluir que también la expresión «Espíritu del Hijo» denota una relación de origen con respecto al Hijo (= «spiramen Filii o spiratus a Filio»).

b) El Espíritu Santo no es enviado únicamente por el Padre (Ioh 14, 16 y 26), sino también por el Hijo (Ioh 15, 26: «el Abogado que yo os enviaré de parte del Padre» ; cf. Ioh 16, 7 ; Lc 24, 49 ; Ioh 20, 22). La misión ad extra es en cierto modo una continuación en el tiempo de la procesión eterna. Por tanto, de la misión temporal se puede inferir la procesión eterna. El hecho de enviar supone ser eternamente principio ; y el de ser enviado, proceder eternamente.

c) El Espíritu Santo recibe su saber del Hijo ; Ioh 16, 13 s: «Él hablará lo que oyere... Me glorificará, porque tomará de lo mío y os lo dará a conocer». Este oir y recibir el saber, cuando se trata de una persona divina, sólo puede entenderse en el sentido de que tal persona recibe, ab aeterno y por comunicación sustancial, de otra persona divina el saber divino y, por tanto, la esencia divina que con éste se identifica. Y como el Espíritu Santo recibe su saber del Hijo, por fuerza ha de proceder de Él ; así como también el Hijo, que recibe su saber del Padre (Ioh 8, 26 ss), procede del Padre. San Agustín comenta a este propósito : «Oirá de aquel de quien proceda. Oir es para Él tanto como saber, y saber tanto como ser» *(In Ioh. tr.* 99, 4).

Que el Espíritu Santo procede del Padre y del Hijo como de un solo y único principio y por medio de una única espiración, se deduce de Ioh 16, 15 : «Todo lo que tiene el Padre es mío». Por tanto, si el Hijo, por razón de ser engendrado eternamente por el Padre, posee todo lo que el Padre posee, exceptuando la paternidad y la carencia de origen, que no son comunicables, entonces poseerá también, necesariamente, su virtud espirativa y con ella su carácter de principio con respecto al Espíritu Santo.

3. Prueba de tradición

Los padres latinos prefirieron la fórmula coordinada : ex Patre et Filio *(Filioque)*, mientras que los padres griegos escogieron la subordinada : ex Patre per Filium. Tertuliano usa ambas expresiones, pero explica la fórmula coordinada en el sentido de la subordinada. *Adv. Prax.* 4 : «Afirmo que el Espíritu no procede de otra parte sino del Padre por medio del Hijo» *(a Patre per Filium)* ; ibidem 8 : «El tercero es el Espíritu que procede de Dios [del Padre] y del Hijo [*a Deo et Filio*], como tercer fruto que brota de la raíz.» SAN HILARIO, bajo el influjo de los padres griegos, emplea la fórmula subordinada: «De ti [del Padre] procede por Él [el Hijo] tu Espíritu Santo» *(De Trin.* XII, 56). SAN AMBROSIO enseña que «el Espíritu Santo, si procede del Padre y del Hijo, no está separado del Padre ni del Hijo» *(De Spiritu Sancto* I, 120). SAN AGUSTÍN prueba que el Espíritu Santo procede del Padre y del Hijo *(de utroque)* basándose en un prolijo argumento escriturístico *(In Ioan. tr.* 99, 6; *De Trin.* XV, 27, 48).

ORÍGENES enseña, de manera subordinacionista, que «el Espíritu Santo es por orden el primero de todo lo creado por el Padre mediante el Hijo. El Hijo confiere a la hipóstasis del Espíritu Santo no sólo la existencia, sino también la sabiduría, la inteligencia y la justicia» *(Comm. in Ioh* II 10 (6), 75-76). SAN ATANASIO comenta: «La misma relación propia que sabemos tiene el Hijo con respecto al Padre, vemos que la tiene el Espíritu con respecto al Hijo. Y así como el Hijo dice: "Todo lo que el Padre tiene es mío" (Ioh 16, 15), de la misma manera hallaremos que todo eso se encuentra también en el Espíritu Santo por medio del Hijo» *(Ep. ad Serap.* 3, 1). SAN BASILIO enseña que «la bondad natural y la santidad física y la dignidad real pasa del Padre al Espíritu por medio del Unigénito» *(De Spiritu Sancto* 18, 47). Los tres capadocios (San Basilio, San Gregorio Nacianceno y San Gregorio Niseno) comparan las relaciones de las tres divinas personas entre sí a los anillos de una cadena. En la base de esta comparación yace la fórmula subordinaciana: «del Padre por el Hijo».

Dídimo de Alejandría, Epifanio de Salamina y Cirilo de Alejandría usan la fórmula coordinada, aunque no de un modo exclusivo. SAN EPIFANIO, *Ancoratus* 7: «El Espíritu Santo es de la misma sustancia del Padre y del Hijo»; ibid. 8: «Del Padre y del Hijo, el tercero según la denominación»; cf. DÍDIMO, *De Spir. Sancto* 34; CIRILO DE ALEJANDRÍA, *Thes.* 34.

SAN JUAN DAMASCENO impugna que el Espíritu Santo proceda *del* Hijo, pero enseña que es el Espíritu del Hijo, y que procede del Padre *por medio* del Hijo *(De fide orth.* I 8 y 12). No niega, por tanto, que el Hijo sea también principio, sino solamente que sea principio fontal e ingénito como el Padre.

La fórmula coordinada y la subordinada concuerdan en lo esencial, en cuanto que las dos certifican que tanto el Padre como el Hijo son principio; pero ambas se complementan. Pues, mientras en la primera se pone más de manifiesto la unicidad e indivisibilidad del principio, la segunda insiste con mayor vigor en que el Padre es principio fontal (cf. SAN AGUSTÍN, *De Trin.* XV 17, 29: de quo procedit principaliter), y en que el Hijo, en cambio, en cuanto «Dios de Dios», es principio derivado, puesto que con la sustancia divina recibe también del Padre la virtud espirativa; cf. Dz 691.

4. Argumentación especulativa de la escolástica

Como la distinción real de las divinas personas se funda exclusivamente en una oposición de relaciones de origen (Dz 703), no habría razón para la distinción hipostática entre el Hijo y el Espíritu Santo si el Espíritu Santo no procediera también del Hijo; cf. S.th. I 36, 2.

Formulación y fundamento del dogma trinitario

Bibliografía: M. JUGIE, *De processione Spiritus S. ex fontibus revelationis et secundum Orientales dissidentes,* R 1936. El mismo, *Le schisme byzantin,* P 1941. B. BOUCHÉ, *La doctrine du «Filioque» d'après S. Anselme de Cantorbéry. Son influence sur S. Albert le Grand et sur S. Thomas d'Aquin,* R 1938. J. SLIPYI, *De principio spirationis in SS. Trinitate,* Lemberg 1926. El mismo, *Num Spiritus Sanctus a Filio distinguatur, si ab eo non procederet?,* Lemberg 1927. E. CANDAL, *Nilus Cabasilas et theologia S. Thomae de processione Spiritus S.,* V 1945. A. SEGOVIA, *Equivalencia de fórmulas trinitarias griegas y latinas,* EE 21 (1947) 454-460. J. GILL, *The Council of Florence,* 1959.

Sección segunda

EXPOSICIÓN ESPECULATIVA DEL DOGMA TRINITARIO

Capítulo primero

EXPOSICIÓN ESPECULATIVA DE LAS PROCESIONES DIVINAS INMANENTES

§ 13. La generación del Hijo por el Padre mediante el entendimiento

1. Doctrina de la Iglesia

El Hijo procede del entendimiento del Padre (sent. cierta).

El Catecismo Romano enseña (1 3, 8, 3): «De entre todas las analogías que pueden establecerse para explicar la índole de esa eterna generación del Hijo, parece la más acertada aquella que se basa en la actividad intelectual de nuestra mente; por lo cual San Juan denomina "Verbo" al Hijo de Dios. Pues así como nuestra mente, al conocerse a sí misma, produce una imagen de sí misma que los teólogos han denomidado "verbo", de manera parecida —y en cuanto es posible comparar lo humano con lo divino— Dios, al conocerse a sí mismo, engendra el Verbo eterno ("ita Deus seipsum intelligens Verbum aeternum generat")». Así pues, la generación del Hijo por el Padre hay que concebirla como puramente intelectual, o sea como acto del entendimiento («generatio per modum intellectus»).

2. Argumentación positiva

La Sagrada Escritura llama *Verbo de Dios* a la segunda persona. Tal denominación indica claramente que el Hijo es la Palabra («verbum mentis») engendrada por un acto intelectivo del Padre, es decir, que es producto del conocer del Padre. El nombre de *Sabiduría,* que es propio de la segunda persona (cf. la doctrina sobre la Sabiduría en los libros del Antiguo Testamento; 1 Cor 1, 24) y que, por tanto, alude al modo y forma de su procedencia, muestra bien a las claras que el Hijo es engendrado por el Padre mediante un acto cognoscitivo («per modum intellectus»).

La expresión «imagen de Dios invisible» (Col 1, 15) o «trasunto de la sustancia de Dios» (Hebr 1, 3) indica claramente que el Hijo es engendrado por aquella actividad del Padre que por naturaleza tiene tendencia asimilativa, es decir, por una actividad cognoscitiva.

San Ignacio de Antioquía aplica a Cristo los siguientes apelativos: «Verbo de Dios» (αὐτοῦ [τοῦ θεοῦ] λόγος; *Magn.* 8, 2), «pensamiento del Padre» (τοῦ πατρὸς ἡ γνώμη; *Eph* 3, 2), «conocimiento de Dios» (θεοῦ γνῶσις; *Eph.* 17, 2). San Justino compara la generación del Hijo con la producción de la palabra por la razón *(Dial.* 61, 2). Atenágoras designa al Hijo de Dios como «el pensamiento (νοῦς) y la palabra (λόγος) del Padre» *(Supl.* 10); San Ireneo como «la emanación primogénita del pensamiento del Padre» *(Epid.* 39). San Agustín explica la generación divina como acto de autoconocimiento divino: «Por tanto, como expresándose a sí mismo, el Padre engendró al Verbo igual a sí en todo» *(De Trin.* xv 14, 23).

3. Argumento especulativo

Las procesiones trinitarias son puramente actividades vitales del espíritu, cuales son el conocer y el querer. En el conocer de Dios se verifican todos los elementos esenciales al concepto de generación. Aristóteles define la generación como «origo viventis a principio vivente coniuncto in similitudinem naturae». La tendencia asimilativa, esencial al concepto de generación, no corresponde en las actividades espirituales más que al conocer; pues el cognoscente produce en su mente una imagen *(similitudo)* del objeto conocido, mientras que el querer presupone ya cierta semejanza del objeto apetecido con el sujeto que quiere (S.th. i 27, 4 ad 2). Dios Padre, al conocerse a sí mismo, da origen a la imagen más perfecta de sí mismo, al Hijo consustancial con él.

Se discute cuál es el objeto del conocimiento divino por el que el Padre engendra al Hijo. Según Santo Tomás, pertenece a dicho objeto todo lo que está contenido en la ciencia del Padre, es decir, primariamente («principaliter et quasi per se») todo lo que es objeto de la ciencia divina necesaria: la esencia divina, las personas divinas, los posibles, y secundariamente («ex consequenti et quasi per accidens») todo lo que es objeto de la ciencia divina libre: los seres reales que desde toda la eternidad Dios ha determinado crear; cf. *De Verit.* 4, 4-5; S.th. I 34, 1 ad 3.

§ 14. La procesión del Espíritu Santo mediante la voluntad o amor recíproco del Padre y del Hijo

El Espíritu Santo procede de la voluntad o amor recíproco del Padre y del Hijo (sent. cierta).

El Catecismo Romano nos enseña que «el Espíritu Santo procede de la voluntad divina como inflamada de amor ("a divina voluntate veluti amore inflammata")» (I 9, 7).

El nombre propio bíblico de la tercera persona, «Espíritu Santo» (πνεῦμα ἅγιον), indica su procedencia de la voluntad. *Pneuma* (= viento, soplo, hálito, principio vital, espíritu) designa el principio de la actividad y del movimiento. *Pneuma,* como nombre propio de una persona divina, indica que el Espíritu Santo procede mediante una actividad de la voluntad que es principio espiritual de actividad («per modum voluntatis»). El verbo πνεῖν, *spirare,* dice también relación a la voluntad. Recordemos, v.g., las expresiones «amorem spirare, odium spirare, spirans minarum» (Act 9, 1), respirar amor, odio, amenazas. El epíteto de «santo» sugiere también que el Espíritu Santo procede de la voluntad, ya que la voluntad es sede de la santidad. La Escritura y la tradición atribuyen al Espíritu Santo las operaciones del amor; cf. Rom 5, 5: «El amor de Dios se ha derramado en nuestros corazones por virtud del Espíritu Santo, que nos ha sido dado». Semejante atribución de las obras del amor al Espíritu Santo se funda en el carácter personal del mismo y, en último análisis, en la índole de su procedencia. Podemos, pues, concluir con todo derecho que el Espíritu Santo es espirado en un acto de amor («per modum amoris»). De ahí que los santos padres llamen al Espíritu Santo «el Amor» («amor, caritas, dilectio, vinculum amoris, osculum amoris»). El concilio XI de Toledo (675) declara: «[Spiritus Sanctus] simul ab utrisque processisse monstratur, quia caritas sive sanctitas amborum esse cognoscitur»; Dz 277.

Con la denominación de «Amor» guarda relación la de «don» o «regalo» (δωρεά, δῶρον, *donum, munus*), que los santos padres aplican al Espíritu

Santo conforme a algunas expresiones bíblicas; cf. Act 2, 38: «Y recibiréis el don del Espíritu Santo»; Act 8, 20: «Sea ese tu dinero para perdición tuya, pues has creído que con dinero podía comprarse el don de Dios»; SAN AGUSTÍN, *De Trin.* XV 19, 33-36. Como el don es expresión del amor, tal denominación del Espíritu Santo indica su procedencia *per modum amoris,* insinuándonos que el Espíritu Santo es el don recíproco de amor entre el Padre y el Hijo.

El objeto de la voluntad divina, por la que el Padre y el Hijo producen al Espíritu Santo, es primariamente («principaliter et quasi per se») lo que Dios quiere y ama necesariamente: la esencia y las personas divinas; y secundariamente («ex consequenti et quasi per accidens») lo que quiere y ama de modo libre: las cosas creadas y, según algunos teólogos, las cosas simplemente posibles.

Bibliografía: G. MENGE, *Der Hl. Geist das Liebesgeschenk des Vaters und des Sohnes,* Hi 1926. A. KRAPIEC, *Inquisitio circa D. Thomae doctrinam de Spiritu Sancto prout amore,* DThp 53 (1950) 474-495.

§ 15. DIFERENCIA ENTRE ESPIRACIÓN Y GENERACIÓN

El Espíritu Santo no procede por generación (de fe).

El símbolo *Quicumque* confiesa, refiriéndose al Espíritu Santo: «nec genitus, sed procedens»; Dz 39; cf. Dz 277, 303. Por lo mismo, el Espíritu Santo no es hijo de Dios. Tanto la Escritura como la tradición no hablan más que de un único Hijo o Unigénito de Dios: el *Logos.* La tradición niega expresamente que el Espíritu Santo haya sido engendrado o sea hijo de Dios; cf. SAN ATANASIO, *Ep. ad Serap.* 1, 16; SAN AGUSTÍN, *C. Maxim.* II 14, 1.

Podríamos fundar la diferencia entre generación y espiración en la distinción virtual que existe entre el entendimiento, por el cual es engendrado el Hijo, y la voluntad, de la cual procede el Espíritu Santo; y, además, en que sólo el entendimiento posee la tendencia asimilativa que es esencial al concepto de generación, pero no la voluntad. En el conocimiento, la semejanza («similitudo rei intellectae») es el fin, lo mismo que en la generación, pero en el querer es sólo una condición previa («similitudo est principium amandi»). El Espíritu Santo es también, lo mismo que el Hijo, consustancial con el Padre, pero no posee tal consustancialidad en virtud de la índole misma de su procesión; cf. S.th. I 27, 4.

La espiración del Espíritu Santo no verifica, por lo tanto, todas las notas del concepto de generación.

La distinción entre la generación activa y la espiración activa no es real (no se da oposición de relación entre ellas; Dz 703), ni tampoco de pura razón (el Espíritu Santo no es engendrado), sino virtual, como la existente entre el conocer y el querer divinos.

Bibliografía: T.-L. PENIDO, *Cur non Spiritus Sanctus a Patre Deo genitus. S. Agustin et S. Thomas,* RTh 35 (1930) 508-527.

Capítulo segundo

LAS RELACIONES Y PERSONAS DIVINAS

§ 16. LAS RELACIONES DIVINAS

1. Concepto de relación

Por relación entendemos la referencia de una cosa a otra («respectus unius ad alterum»; S.th. I 28, 3). Tres son los elementos que constituyen el concepto de relación: 1.º, el sujeto; 2.º, el término, y 3.º, el fundamento de la relación. La esencia de la relación consiste en el referirse a otro («esse relativi est ad aliud se habere»; S.th. I 28, 2). Hay que distinguir entre relación real y relación lógica, relación mutua y relación no mutua. Entre el sujeto y el término de una relación existe oposición *relativa.*

En la Sagrada Escritura la doctrina de las relaciones divinas está implícita en los nombres personales de Padre, Hijo y Espíritu Santo *(Spiritus = spiratus).* Esta doctrina fue científicamente establecida por los padres de los siglos IV y V, en la iglesia oriental por los capadocios (San Basilio, San Gregorio Nacianceno y San Gregorio Niseno) y por San Cirilo de Alejandría, y en la iglesia occidental por San Agustín, al que se unieron Fulgencio de Ruspe y Boecio. SAN GREGORIO NACIANCENO dice: «Padre no es un nombre de esencia ni de actividad, sino un nombre de relación (σχέσις), que indica cómo se comporta el Padre con el Hijo y el Hijo con el Padre» *(Or.* 29, 16). SAN AGUSTÍN enseña: «Aunque el Padre y el Hijo son distintos, no existe entre ellos diferencia alguna de sustancia; ya que las determinaciones Padre e Hijo no conciernen a la sustancia, sino a la relación» («non secundum substantiam dicuntur, sed secundum relativum»; *De Trin.* V, 5, 6). El magisterio eclesiástico adoptó la doctrina de las relaciones elaboradas por los padres y los teólogos; cf. el símbolo del XI sínodo de Toledo (Dz 278 ss) y el *Decretum pro Iacobitis* del concilio de Florencia (Dz 703).

2. En Dios hay cuatro relaciones reales

Las dos procesiones divinas inmanentes dan origen en Dios a dos binas de relaciones reales mutuas. Por consiguiente, cuatro son las relaciones reales en Dios: *a)* la relación del Padre al Hijo: generación activa o paternidad *(generare); b)* la relación del Hijo al Padre: generación pasiva o filiación *(generari); c)* la relación del Padre y del Hijo al Espíritu Santo: espiración activa *(spirare); d)* la relación del Espíritu Santo al Padre y al Hijo: espiración pasiva *(spirari)*.

Del dogma de la trinidad de personas en Dios deducimos que en Él las relaciones mutuas no son puramente lógicas o conceptuales, sino reales. De lo contrario, la trinidad de personas se reduciría a mera trinidad lógica. Pues la distinción de las tres personas divinas no se funda en la esencia divina, sino en las relaciones mutuas de oposición entre las personas.

3. En Dios hay tres relaciones realmente distintas entre sí

De las cuatro relaciones reales divinas inmanentes, tres se hallan en mutua oposición y son, por tanto, realmente distintas entre sí; tales son la paternidad, la filiación y la espiración pasiva. La espiración activa solamente se opone a la espiración pasiva, pero no a la paternidad ni a la filiación; en consecuencia, no es realmente distinta de la paternidad ni de la filiación, sino que tan sólo media entre ellas una distinción virtual.

4. Las relaciones trinitarias y la esencia divina

Las relaciones en Dios se identifican realmente con la esencia divina (de fe).

La llamada confesión de fe del consistorio de Reims (1148) declaró contra Gilberto de Poitiers —quien se decía que establecía una distinción real entre las personas y las propiedades divinas *(Pater— paternitas)*— que en Dios no hay realidades, bien sean *relaciones* o propiedades o singularidades o unidades o lo que fuere, que existan desde la eternidad y no sean idénticas con Dios («quae non sint Deus»); Dz 391. Los adversarios de Gilberto expresaron la doctrina del concilio en la siguiente proposición positiva: «Quidquid in Deo est, Deus est». El concilio unionista de Florencia declaró: «[In Deo] omnia sunt unum, ubi non obviat relationis oppositio»; Dz 703. Ahora bien, entre las relaciones y la esencia divina no hay oposición relativa.

La razón intrínseca en favor de la tesis es la absoluta simplicidad del ser divino, la cual no permite composición real de sustancia y relaciones.

Sin embargo, entre las relaciones y la esencia o sustancia divina no existe una distinción puramente mental sino *virtual*, por cuanto la relación incluye el referirse a su término y, en cambio, en el concepto de esencia falta tal ordenación: «manifestum est, quod relatio realiter existens in Deo est idem essentiae secundum rem et non differt nisi secundum intelligentiae rationem, prout in relatione importatur respectus ad suum oppositum, qui non importatur in nomine essentiae»; S.th. I 28, 2.

Bibliografía: A. Horváth, *Metaphysik der Relationen,* Gr 1914. A propósito de la doctrina de Gilberto, véase «De Dios Trino y Uno», § 10. A. Krempel, *La doctrine de la relation chez s. Thomas,* P 1952. J. Manyá, *Metafísica de la relación «in divinis»,* RET 5 (1945) 249-284.

§ 17. Las Personas divinas

1. Conceptos de hipóstasis y persona

El magisterio de la Iglesia, al proponernos el dogma de la Trinidad, emplea los conceptos filosóficos de esencia, naturaleza, sustancia, hipóstasis y persona; cf. el capítulo *Firmiter* del concilio IV de Letrán: «Tres quidem personae, sed una essentia, substantia seu natura simplex omnino.» Los conceptos de esencia, naturaleza y sustancia designan la esencia física de Dios, común a las tres divinas Personas, es decir, todo el conjunto de las perfecciones de la esencia divina. Hipóstasis es una sustancia individual, completa, totalmente subsistente en sí («substantia singularis completa tota in se o substantia incommunicabilis»). Persona es una hipóstasis racional («hypostasis rationalis»). Boecio fue quien propuso *(De duabus naturis* 3) la clásica definición: «Persona est naturae rationalis individua (= incommunicabilis) substantia.» La hipóstasis y la naturaleza están subordinadas recíprocamente, de forma que la hipóstasis es la portadora de la naturaleza y el sujeto último de todo el ser y de todas sus operaciones («principium quod»), y la naturaleza es aquello mediante lo cual la hipóstasis es y obra («principium quo»).

2. Las relaciones y las personas

Las tres relaciones mutuamente opuestas de paternidad, filiación y espiración pasiva son las tres hipóstasis o personas divinas. La paternidad constituye la persona del Padre, la filiación la del Hijo, y la espiración pasiva la del Espíritu Santo.

El concepto de persona incluye la sustancialidad y la incomunicabilidad (o perseidad).

A las relaciones divinas corresponde la *sustancialidad,* porque son realmente idénticas con la esencia divina: «quidquid est in Deo, est eius essentia» (S.th. I 28, 2). La *incomunicabilidad* corresponde únicamente a las tres relaciones opuestas de paternidad, filiación y espiración pasiva (la espiración activa es común al Padre y al Hijo); por tanto, estas tres relaciones opuestas son las únicas que reúnen las dos características esenciales del concepto de persona. Por consiguiente, Persona divina es una relación divina inmanente con las notas de sustancial e incomunicable; cf. S.th. I 29, 4: «Persona divina significat relationem ut subsistentem.»

3. Principio fundamental del dogma trinitario

En Dios todo es uno, mientras no exista oposición relativa (de fe.)

De la doctrina sobre las relaciones divinas se desprende el llamado principio fundamental trinitario, formulado primero por SAN ANSELMO DE CANTORBERY (*De processione Spiritus S.* 2) y confirmado después solemnemente por el concilio de Florencia en el *Decretum pro Iacobitis* (1441): «[In Deo] omnia sunt unum, ubi non obviat relationis oppositio» (Dz 703). Según este principio, la distinción real de las personas se funda exclusivamente en la oposición de relaciones.

Bibliografía: C. BRAUN, *Der Begriff Person in seiner Anwendung auf die Lehre von der Trinität und Inkarnation,* Mz 1876. FR. ERDIN, *Das Wort Hypostasis,* Fr 1939. H. RHEINFELDER, *Das Wort «Persona»,* Halle 1928. M. RACKL, *Der hl. Thomas von Aquin und das trinitarische Grundgesetz in byzantinischer Beleuchtung,* «Xenia Thomistica» III, R 1925, 363-389.

§ 18. LAS PROPIEDADES Y NOCIONES DIVINAS

1. Las propiedades

Propiedad significa una nota peculiar que conviene únicamente a una divina persona y distingue a ésta de las otras dos. Las propiedades se dividen en propiedades personales o constitutivas de la persona (*proprietates personales* o *personificae,* ἰδιώματα ὑποστατικά; cf. Dz 428) y en propiedades de las personas o distintivas de ellas (*proprietates personarum,* ἰδιώματα τῶν ὑποστάσεων). A la primera clase pertenecen las tres relaciones opuestas o constitutivas de las personas: paternidad, filiación y espiración pasiva. A la segunda pertenece, además de las tres relaciones constitutivas, la innascibilidad (ἀγεννησία) como propiedad del Padre. La espiración activa, por ser característica común de dos personas, del Padre y del Hijo, no es propiedad en sentido estricto; S.th. I 32, 3: «Communis spiratio non est proprietas, quia convenit duabus personis.»

La inespirabilidad (ἀπνευστία) del Padre y del Hijo, la ingenerabilidad y la infecundidad del Espíritu Santo no se cuentan entre las propiedades, porque las propiedades expresan excelencia o dignidad (de ahí el nombre de ἀξιώματα, *dignitates,* con que se las designa).

La agennesia o innascibilidad, aunque según su significado etimológico exprese sólo la negación de la generación pasiva y puede por ello ser atribuida, en este sentido, al Espíritu Santo, es considerada por la casi totalidad de los santos padres como propiedad del Padre. Ven expresada en ella no sólo el hecho de que el Padre no es engendrado, sino también el de que no tiene origen (ἀγέννητος = ἄναρχος; *ingenitus = sine principio),* mientras Él es a su vez el principio original de las otras dos personas. SAN JUAN DAMASCENO, *De fide orth.* I, 8: «Sólo el Padre es ingénito (ἀγέννητος), porque no ha recibido su ser de ninguna otra persona»; cf. Dz 275, 277 (sínodo XI de Toledo: «sólo el Padre es ingénito»).

2. Las nociones

Las nociones son las características (γνωρίσματα) por las cuales conocemos y distinguimos las divinas Personas. Coinciden de hecho con las propiedades; S.th. I 32, 3: «Notio dicitur id, quod est propria ratio cognoscendi divinam personam.» Las nociones de las Personas divinas son: *a)* la innascencia y la generación activa como características del Padre, *b)* la generación pasiva como característica del Hijo, *c)* la espiración pasiva como característica del Espíritu Santo. La espiración activa es nota común al Padre y al Hijo y no entra, por consiguiente, dentro del concepto estricto de noción (nota distintiva).

Los *actos nocionales* son operaciones inmanentes en Dios que caracterizan y distinguen a cada una de las personas y se diferencian de los actos esenciales, que son comunes a las tres divinas Personas. En Dios hay dos actos nocionales: el conocer nocional por el cual el Padre engendra al Hijo y el querer nocional (amor) por el cual el Padre y el Hijo espiran al Espíritu Santo. Los actos nocionales y los esenciales se identifican realmente; se distinguen tan sólo virtualmente. En los actos nocionales consideramos de manera relativa la naturaleza divina, y en los actos esenciales de manera absoluta.

Bibliografía: P. STIEGELE, *Der Agennesiebegriff in der griechischen Theologie des vierten Jh.*, Fr 1913. J. RABENECK, *La constitución de la primera Persona divina,* EE 26 (1952), 353-364.

§ 19. LA PERICÓRESIS TRINITARIA

Por pericóresis trinitaria (περιχώρησις, ἐνύπαρξις; *circumincessio,* y más tarde *circuminsessio)* se entiende la mutua compenetración e inhabitación de las tres divinas Personas entre sí.

Las tres divinas Personas in-existen entre sí o están la una en las otras (de fe).

El concilio de Florencia, en el *Decretum pro Iacobitis,* enseñaba con SAN FULGENCIO *(De fide ad Petrum* 1, 4): «Propter hanc unitatem Pater est totus in Filio, totus in Spiritu Sancto; Filius totus est in Patre, totus in Spiritu Sancto; Spiritus Sanctus totus est in Patre, totus in Filio»; Dz 704. Cristo da testimonio de que el Padre está en Él y Él en el Padre; Ioh 10, 30: «El Padre y yo somos una misma cosa»; 10, 38: «Creed a mis obras para que sepáis y conozcáis que el Padre está en mí y yo en el Padre»; cf. Ioh 14, 9 ss; 17, 21. La in-existencia del Espíritu Santo en el Padre y en el Hijo se halla indicada en 1 Cor 2, 10 s.

San Gregorio Nacianceno fue el primero que aplicó el nombre de περιχωρεῖν a la relación entre las dos naturalezas de Cristo (pericóresis cristológica). San Juan Damasceno (*De fide orth.* I 8; I 14; III 5) la emplea como término técnico para designar tanto la compenetración de las dos naturalezas en Cristo como la compenetración entre sí de las tres divinas Personas. Al ser traducida la obra del Damasceno por Burgundio de Pisa (hacia 1150), la expresión pasó a la teología occidental bajo la versión latina de *circumincessio*. De ella se pasó más tarde a la palabra *circuminsessio*. La primera forma hace resaltar más bien la idea de la compenetración activa; la segunda, la del estar o in-existir pasivo *(inesse)*. La primera responde más al punto de vista griego, la segunda al latino.

En la concepción trinitaria de los griegos, la pericóresis desempeña un papel más amplio que entre la de los latinos. La griega toma como punto de partida al Padre, y enseña que la vida divina fluye del Padre al Hijo, y por medio del Hijo al Espíritu Santo. Acentuando la compenetración mutua de las tres divinas Personas, salva la unicidad de la sustancia divina. La concepción *latina* parte de la unidad de la sustancia divina y explica cómo ésta, por las procesiones divinas inmanentes, se despliega en trinidad de personas. Aparece, por tanto, en primer término la idea de la consustancialidad.

La razón más honda de la pericóresis trinitaria es la unidad numérica de la sustancia de las tres personas; cf. S.th. I 42, 5.

Bibliografía: A. Deneffe, *Perichoresis, circunmincessio, circuminsessio,* ZkTh 47 (1923) 497-532. L. Prestige, Περιχωρέω *and* περιχώρησις *in the Fathers,* JThSt 29 (1928) 242-252.

§ 20. La unidad de la operación divina ad extra

Todas las operaciones de Dios ad extra son comunes a las tres divinas Personas (de fe).

El concilio IV de Letrán (1215) enseña en el capítulo *Firmiter* que las tres divinas Personas constituyen un único principio de todas las cosas («unum universorum principium»; Dz 428). El concilio de Florencia declara en el *Decretum pro Iacobitis* (1441): «Pater et Filius et Spiritus Sanctus non tria principia creaturae, sed unum principium»; Dz 704; cf. Dz 254, 281, 284.

La doctrina de la Iglesia se opone al *triteísmo,* que abandona, con la unidad del ser divino, también la unidad de la actividad divina. Según A. Günther († 1863), la realización del plan universal de Dios es obra exclusiva de la segunda Persona, mientras que el retorno de todas las criaturas a Dios es exclusivamente obra de la tercera Persona.

Cristo da testimonio de la unidad de su operación con la del Padre fundándola en la unidad de sustancia; Ioh 5, 19: «Lo que éste [el Padre] hace, lo hace igualmente el Hijo»; Ioh 14, 10: «El Padre, que mora en mí, hace él mismo las obras». La Sagrada Escritura enseña también la unidad de operación de las personas divinas al atribuir las mismas obras (vg.: la realización de la encarnación, la difusión de gracias sobrenaturales, el perdón de los pecados) a distintas personas; cf. Lc 1, 35; Mt 1, 20; Phil 2, 7; Hebr 10, 5 (encarnación); 1 Cor 12, 4 ss (los dones de la gracia); Mt 9, 2; Lc 7, 48; Lc 23, 34; Ioh 20, 22 (perdón de los pecados).

Los santos padres infieren la unidad de la operación divina de la unidad de la naturaleza de Dios, que es el *principium quo* de su actividad. SAN AGUSTÍN, *De Trin.* I 4, 7: «Así como el Padre, el Hijo y el Espíritu Santo son inseparables, así también obran inseparablemente»; *Sermo* 213, 6, 6: «Las obras de la Trinidad son inseparables» *(Inseparabilia sunt opera Trinitatis).*

Bibliografía: H. SCHELL, *Das Wirken des dreieinigen Gottes,* Mz 1885.

§ 21. LAS APROPIACIONES

La apropiación consiste en un modo especial de predicar de una sola persona un atributo o una operación divina común a las tres («appropriare nihil est aliud, quam commune trahere ad proprium»; *De verit.* 7, 3).

Las apropiaciones tienen por fin el manifestarnos de forma intuitiva las propiedades y caracteres personales de las tres hipóstasis que hay en Dios («manifestatio personarum per essentialia attributa»; S.th. I 39, 7). Para conseguir este fin se atribuyen a una sola Persona divina aquellos atributos y operaciones comunes que tienen cierta afinidad con las propiedades de tal Persona.

La Sagrada Escritura atribuye al Padre (Hebr 10, 5) y al Espíritu Santo (Lc 1, 35; Mt 1, 20) la realización de la encarnación y reparte respectivamente la concesión de dones espirituales entre las tres Personas (1 Cor 12, 4 ss: «Spiritus, Dominus, Deus»), aunque toda operación de Dios ad extra sea común a las tres.

Podemos clasificar en cuatro grupos las apropiaciones de la Sagrada Escritura, de los santos padres y de los teólogos, siguiendo el esquema propuesto por SCHEEBEN *(Dogmatik, Gotteslehre,* n. 1046 ss):

a) Apropiación de los *nombres sustantivos* (θεός, κύριος); cf. 1 Cor 12, 5 s; Ioh 3, 16 s; Gal 4, 4 y 6 (θεός = Dios Padre, κύριος = Dios Hijo).

b) Apropiación de los *atributos absolutos* de Dios (poder, sabiduría, bondad); cf. SAN AGUSTÍN, *De doctrina christ.* I 5, 5: «In Patre unitas, in Filio aequalitas, in Spiritu Sancto unitatis aequalitatisque concordia»; SAN HILARIO, *De Trinitate* II, 1: «infinitas in aeterno (= Patre), species in imagine (= Filio), usus in munere (= Spiritu Sancto)».

c) Apropiación de las *obras* de Dios (causa eficiente, causa ejemplar, causa final según Rom 11, 36: decreto, realización, consumación).

d) Apropiación del *culto de adoración* y *de sacrificio* (el Padre lo acepta, el Hijo y el Espíritu Santo hacen de mediadores); cf. S.th. I 39, 8.

Bibliografía: L. OTT, *Untersuchungen zur theologischen Briefliteratur der Frühscholastik,* Mr 1937, 569-594. K. RAHNER, *«Gott» als erste trinitarische Person im Neuen Testament,* ZkTh 66 (1942) 71-88; SchrTh I 143-167. J. SOLANO, *Algunas tendencias modernas acerca de la doctrina de las apropiaciones y propiedades en la Santísima Trinidad,* EE 21 (1947) 13-19.

§ 22. LAS MISIONES DIVINAS

El concepto de misión *(missio ad extra),* conforme a la doctrina de SANTO TOMÁS (S.th. I 43, 1), comprende dos elementos esenciales:

a) Cierta relación u orden del enviado al que le envía como a su *terminus a quo.* El enviado se halla con respecto al que le envía en relación de dependencia. En las Personas divinas, por su identidad sustancial, únicamente se puede tratar de una dependencia de origen.

b) Cierta ordenación del enviado respecto al fin de la misión como a su *terminus ad quem.* El fin de la misión es la presencia del enviado en un lugar determinado. En la misión de una Persona divina, dada la omnipresencia sustancial de Dios en el universo creado, sólo puede tratarse de algún nuevo género de presencia. Así pues, el concepto de misión incluye la procesión eterna y añade una nueva manera de presencia en el mundo creado: «missio includit processionem aeternam et aliquid addit, sc. temporalem effectum» (S.th. I 43, 2 ad 3). Las misiones temporales reflejan, por tanto, el orden de origen de las Personas divinas: El Padre envía pero no es enviado, el Hijo es enviado y envía, el Espíritu Santo es enviado pero no envía.

El Padre envía al Hijo: el Padre y el Hijo envían al Espíritu Santo (sent. cierta).

El concilio XI de Toledo (675) declaró: «Hic igitur Spiritus Sanctus missus ab utrisque sicut Filius a Patre creditur»; Dz 277; cf. Dz 794.

La Sagrada Escritura testifica:

a) La misión del Hijo por el Padre; cf. Ioh 3, 17; 5, 23; 6, 58; 17, 18; Gal 4, 4: «Dios envió a su Hijo».

b) La misión del Espíritu Santo por el Padre; cf. Ioh 14, 16 y 26; Gal 4, 6: «Dios envió a vuestros corazones el Espíritu de su Hijo, que clama: Abba, Padre».

c) La misión del Espíritu Santo por el Hijo; cf. Ioh 15, 26; 16, 7; Lc 24, 49: «Yo os envío la promesa de mi Padre».

La Sagrada Escritura no dice nunca del Padre que sea enviado, sino únicamente que viene y mora; Ioh 14, 23: «Si alguno me ama, guardará mi palabra, y mi Padre le amará, y vendremos a él y en él haremos morada».

Las misiones se dividen en visibles e invisibles, según que la nueva presencia de la persona enviada sea perceptible por los sentidos o no. Ejemplos de misión *sensible* son la encarnación del Logos (misión sustancial) y la misión del Espíritu Santo bajo el símbolo sensible de una paloma o de lenguas de fuego (misión representativa). La misión *invisible* tiene lugar cuando Dios confiere la gracia santificante, y tiene por fin la inhabitación de Dios en el alma del justo. Tal inhabitación es atribuida, generalmente, en la Sagrada Escritura, al Espíritu Santo (1 Cor 3, 16; 6, 19; Rom 5, 5; 8, 11). Pero con el Espíritu Santo vienen también el Padre y el Hijo al alma del justo para morar en ella (Ioh 14, 23; 2 Cor 6, 16).

Bibliografía: L. CHAMBAT, *Les missions des personnes de la Sainte-Trinité selon S. Thomas d'Aquin,* Fontenelle 1945. G. AEBY, *Les missions divines de Saint Justin à Origène,* Fr/S 1958.

Capítulo tercero

LA SANTÍSIMA TRINIDAD Y LA RAZÓN

§ 23. ÍNDOLE MISTERIOSA DEL DOGMA TRINITARIO

1. Suprarracionalidad del dogma trinitario

La Trinidad de personas en Dios solamente puede conocerse por revelación divina (sent. próxima a la fe).

No está definido que el dogma trinitario sea estrictamente un misterio. Pero el concilio del Vaticano nos enseña que, entre las verdades de fe, «hay misterios ocultos en Dios, que solamente por revelación divina pueden ser conocidos»: «mysteria in Deo abscondita, quae nisi revelata divinitus innotescere non possunt» (Dz 1795). El mundo cristiano ha considerado siempre el dogma de la Trinidad como el misterio más fundamental y profundo de su fe.

El Evangelio (Mt 11, 27) nos enseña que el dogma de la Trinidad supera toda la capacidad natural de la razón: «Nadie conoce al Hijo sino el Padre y nadie conoce al Padre sino el Hijo y aquel a quien el Hijo quisiere revelárselo»; cf. Ioh 1, 18; 1 Cor 2, 11.

Los padres subrayan frecuentemente el carácter misterioso del dogma de la Santísima Trinidad y afirman expresamente la necesidad de la fe. San Juan Damasceno dice: «Por la fe es conocida y adorada [la Santísima Trinidad], no por investigaciones, indagaciones o pruebas... Creo que Dios es uno en tres Personas. El cómo sea esto, está por encima de todo cómo. Porque Dios es incomprensible» *(De haer. epil.)*; cf. San Ambrosio, *De fide* I 10, 64; 12, 78; 13, 84. San Agustín, *In Ioan. tr.* 97, 1; 21, 3. San Gregorio Niseno, *Or. cat.* 3.

Las *rationes necessariae* que presentan San Anselmo de Cantorbery y Ricardo de San Víctor no son de hecho sino razones de congruencia que presuponen ya la doctrina revelada y la fe en la Trinidad. Erraba *Antonio Günther* (influido por la filosofía hegeliana) cuando con solas las fuerzas de la razón intentaba deducir la Trinidad de Personas en Dios, analizando la conciencia divina.

La razón natural solamente puede conocer a Dios por las cosas creadas como Hacedor de ellas. Ahora bien, las perfecciones divinas que se manifiestan en las criaturas, como son el poder, la sabiduría, la bondad, son comunes a las tres Personas. En consecuencia, la razón humana únicamente podrá conocer a Dios en la unidad de su esencia y no en la trinidad de personas; S.th. I 32, 1.

2. Capacidad de la razón

La razón natural, aun después del hecho de la revelación divina, no puede alcanzar evidencia intrínseca del dogma trinitario (sent. próx. a la fe).

El concilio del Vaticano dice que los misterios de la fe, «aun después de habida la revelación y de aceptada la fe, siguen ocultos bajo el velo de la fe y como envueltos en cierta oscuridad» (Dz 1796). Esto vale principalmente para el misterio de la Trinidad, que es el dogma fundamental de la fe cristiana.

No obstante, la razón, iluminada por la fe, según las declaraciones del magisterio eclesiástico y los testimonios de la Revelación, es capaz de comprender y expresar rectamente el verdadero sentido de este dogma.

Puede, además, valerse de analogías tomadas de las cosas creadas, por ejemplo, comparando las procesiones inmanentes de Dios con el conocimiento y el amor que el hombre tiene de sí mismo (cf. SAN AGUSTÍN, *De Trin.* IX 12, 18), para ilustrar el misterio y conseguir alguna inteligencia del mismo. Es capaz también de refutar las objeciones que se presenten contra el dogma; el cual no hay duda que es *suprarracional,* pero de ninguna forma antirracional; cf. Dz 1797.

Objeciones. El argumento aducido por los racionalistas de que, según este dogma, tres es igual a uno y uno es igual a tres, pierde todo su vigor si se tiene en cuenta que las personas divinas no son 3 y 1 bajo el mismo respecto; antes bien, bajo un respecto son tres (bajo el respecto de personas), y bajo otro respecto son 1 (bajo el respecto de sustancia).

El principio, que también se suele aducir contra el dogma trinitario, de que dos cosas iguales a una tercera son iguales entre sí no tiene aplicación sino cuando dos cosas son real y conceptualmente, bajo todo respecto, iguales a otra tercera. Pero las Personas divinas y la sustancia divina, aunque son realmente idénticas, son virtualmente distintas (es decir, distintas conceptualmente). Y, por consiguiente, las tres Personas divinas son iguales entre sí en cuanto a la sustancia (consustanciales), pero son distintas entre sí en cuanto a la relación; cf. S.th. I 28, 3 ad 1.

Bibliografía: R. VATTER, *Das Verhältnis von Trinität und Vernunft nach Johannes Ev. von Kuhn mit Berücksichtigung der Lehre M. J. Scheebens,* Sp 1940. M. GRABMANN, *Die Geschichte der scholastischen Methode,* Fr 1909/11, I 272 ss. A LANDGRAF (v. De Dios Trino y Uno, § 1). L. ORBÁN, *Theologia Güntheriana* (v. Introducción, § 5). J. HELLÍN, *El principio de identidad comparada según Suárez,* Pensamiento 6 (1950) 435-463; 7 (1951) 169-192.

Libro segundo

TRATADO DE DIOS CREADOR

Bibliografía: J. H. OSWALD, *Die Schöpfungslehre,* Pa [2]1893. C. GUTBERLET, *Gott und die Schöpfung,* Re 1910. El mismo, *Der Mensch. Sein Ursprung und seine Entwicklung,* Pa 1911. B. BARTMANN, *Die Schöpfung. Gott-Welt-Mensch,* Pa 1928. H. LANG, *Gottes gute Welt,* Sp 1950. C. BOYER, *Tractatus de Deo creante et elevante,* R [5]1957. A. VAN HOVE, *Tractatus de Deo creante et elevante,* Me 1944. A. SCHÜTZ, *Der Mensch und die Ewigkeit,* Mn 1938. J. B. LOTZ-J. DE VRIES, *El mundo del hombre,* Mensajero del S.C., Bilbao. L. FAULHABER, *Das christliche Bild des Menschen,* Ba 1947. F. CEUPPENS, *Quaestiones selectae ex historia primaeva,* To-R [2]1948. E. KLEBBA, *Die Anthropologie des hl. Irenäus,* Mr 1894. FR. HILT, *Des hl. Gregor von Nyssa Lehre vom Menschen,* K 1890. E. DINKLER, *Die Anthropologie Augustins,* St 1934. TH. PHILIPS, *Das Weltbild des hl. Augustinus,* St 1949. J. M. PARENT, *La doctrine de la création dans l'école de Chartres,* P 1938. H. BIEDERMANN, *Das Menschenbild bei Symeon dem Theologen,* Wü 1949. T. F. TORRANCE, *Calvin's Doctrine of Man,* Lo 1948. H. VOLK, *Emil Brunners Lehre vom Sünder,* Mr 1950. B. ZENKOWSKY, *Das Bild vom Menschen in der Ostkirche,* St 1951. J. R. GEISELMANN, *Die theologische Anthropologie Johann Adam Möhlers,* Fr 1955. J. BRINKTRINE, *Die Lehre von der Schöpfung,* Pa 1956. A. BURKHART, *Der Mensch - Gottes Ebenbild und Gleichnis (nach F. A. Staudenmaier),* Fr 1962. P. HÜNERMANN, *Trinitarische Anthropologie bei F. A. Staudenmaier,* Fr-Mn 1962. D. LÖFGREN, *Die Theologie der Schöpfung bei Luther,* G 1960. L. SCHEFFCZYK, *Schöpfung und Vorsehung* (Handbuch der Dogmengeschichte II *2a),* Fr 1963.

Sección primera

EL ACTO DIVINO DE LA CREACIÓN

Capítulo primero

EL ORIGEN O CREACIÓN DEL MUNDO

§ 1. Realidad de la creación divina del mundo

1. El dogma y las herejías contrarias

Todo cuanto existe fuera de Dios ha sido sacado de la nada por Dios en cuanto a la totalidad de su sustancia (de fe).

Frente al dualismo del paganismo antiguo y del maniqueísmo gnóstico, y frente al monismo moderno (materialismo, panteísmo), el concilio del Vaticano hizo la siguiente declaración: «Si quis non confiteatur mundum resque omnes, quae in eo continentur, et spirituales et materiales, secundum totam suam substantiam a Deo ex nihilo esse productas», a. s.; Dz 1805; cf. el símbolo de fe y el capítulo *Firmiter* (Dz 428).

Crear, en sentido filosófico y teológico, significa producir una cosa de la nada: «productio rei ex nihilo (=non ex aliquo)»; concretando más: «ex nihilo sui et subiecti» (y no «ex nihilo causae»), es decir, que antes del acto creador no existía la cosa como tal, ni tampoco sustrato material alguno del que pudiera haber sido sacada. Santo Tomás ofrece la siguiente definición: «Creatio est productio alicuius rei secundum suam totam substantiam nullo praesupposito, quod sit vel increatum vel ab aliquo creatum» (S.th. I 65, 3). Hay que distinguir de esta creación en sentido estricto *(creatio prima)* la llamada *creatio secunda,* que consiste en la información y animación de la materia informe.

2. Prueba de Escritura y de tradición

a) Prueba *indirecta* de la creación del mundo *ex nihilo* es que la Sagrada Escritura no aplica más que a Dios el nombre de *Yahvé* y el significado de Ser absoluto que encierra; mientras que a todas las otras cosas las llama «nada» en comparación con Dios. De ahí hay que concluir que todas las cosas extradivinas han recibido su existencia de Dios; cf. Is 42, 8; 40, 17. El nombre divino de *Adonai* (κύριος) se refiere a Dios como dueño y señor de cielos y tierra, precisamente en virtud de la creación. Un derecho de dominio y propiedad absolutamente ilimitado sólo puede fundarse en la creación de la nada; cf. 88, 12; Esther 13, 10 ss; Mt 11, 25.

Se afirma expresa y *directamente* la creación del mundo de la nada, según interpretación común de judíos y cristianos, en Gen 1, 1: «Al principio creó Dios el cielo y la tierra». Obsérvese que en este importantísimo texto no se habla de ningún sustrato material que precediera al acto creador *(materia ex qua)*. La expresión «Al principio», sin otra ulterior determinación, significa el principio absoluto, es decir, el instante antes del cual nada existía fuera de Dios y en el cual comenzaron a existir las cosas distintas de Dios. «El cielo y la tierra» es el universo entero, es decir, todas las cosas distintas de Dios, el mundo. El verbo *bârâ'* (= crear) puede significar también producir en sentido amplio, pero en la Sagrada Escritura se aplica casi exclusivamente a la actividad divina y siempre que ésta no va ligada a una materia preexistente, de la cual Dios produzca algo. Según la mente del relato bíblico, el verbo a que nos referimos significa, en Gen 1, 1, que Dios creó el mundo de la nada; cf. Ps 123, 8; 145, 6; 32, 9.

La fe del pueblo judío en la creación, basada en este pasaje de Gen 1, 1, la testifica el libro segundo de los Macabeos (7, 28), en el que la madre de los Macabeos, «llena de sabiduría» (v 21), anima al martirio a su hijo más pequeño recordándole esta verdad: «Te suplico, hijo mío, que mires al cielo y a la tierra, y veas cuanto hay en ellos, y entiendas que de la nada lo hizo todo Dios» (οὐκ ἐξ ὄντων, *ex nihilo);* cf. Sap 1, 14: «Él creó todas las cosas para la existencia», Rom 4, 17: «Dios... que llama a lo que es, lo mismo que a lo que no es».

Sap 1, 18: «Tu mano omnipotente creó el mundo de la materia informe» (ἐξ ἀμόρφου ὕλης), se refiere, según el contexto, a la *creatio secunda;* lo mismo hay que decir de Hebr 11, 3: «Por la fe conocemos que los mundos han sido dispuestos por la palabra de Dios, de suerte que de lo invisible ha tenido origen lo visible»; cf. Gen 1, 2, según G: «La tierra era invisible (ἀόρατος) y se hallaba informe.»

b) Los santos padres consideran la creación del mundo de la nada como una verdad fundamental de la fe cristiana, defendiéndola contra el falso dualismo de la filosofía pagana y de las herejías gnósticas y maniqueas. El *Pastor* de HERMAS escribe hacia mediados del siglo II: «Cree ante todo que no hay más que un solo Dios que ha creado todas las cosas y las dispone sacándolas del no ser al ser» *(Mand.* I 1). Contra el dualismo de los paganos y de los gnósticos y maniqueos escribieron principalmente SAN TEÓFILO DE ANTIOQUÍA *(Ad Autol.* II 4, 10), SAN IRENEO *(Adv. haer.* I 22, 1; II 10, 4; *Epideixis* I 1, 4), TERTULIANO *(Adv. Hermogenem* I; *De praescr.* 13; *Apolog.* 17) y SAN AGUSTÍN *(De Genesi contra Manichaeos).*

3. La creación del mundo y la razón humana

La creación del mundo de la nada no sólo es una verdad fundamental de la revelación cristiana, sino que al mismo tiempo llega a alcanzarla la razón con solas sus fuerzas naturales basándose en los argumentos cosmológicos (exceptuados los teológicos) y, sobre todo, en el argumento de la contingencia. Ahora bien, como toda la filosofía ajena al cristianismo, sin descontar la del mismo Aristóteles, no llegó a formarse un concepto cabal de la creación, la revelación de esta verdad resultaba moralmente necesaria; cf. S.th. I 44, 1; I 61, 1; S.c.G. II 15-16.

Bibliografía: F. X. KORTLEITNER, *Sacrae litterae doceantne creationem universi ex nihilo,* In 1935. A. ROHNER, *Das Schöpfungsproblem bei Moses Maimonides, Albertus Magnus und Thomas von Aquin,* Mr 1913. P. VOLLMER, *Die Schöpfungslehre des Aegidius Romanus,* Wü 1931. B. BAVINK, *Weltschöpfung in Mythos und Religion, Philisophie und Naturwissenschaft,* Mn 1950. J. SANTELER, *Vom Nichts zum Sein,* Feldkirch 1948. R. GUELLUY, *La creación,* Herder, Barna 1969.

§ 2. LA IDEA DIVINA DEL MUNDO

El mundo es obra de la Sabiduría divina (sent. cierta).

Frente a la doctrina del cristianismo se alza la teoría materialista de la casualidad, según la cual el mundo de hoy se ha ido formando por una evolución puramente mecánica de la materia eterna.

La Sagrada Escritura enseña que Dios hizo todas las cosas con sabiduría; Ps 103, 24: «Todas las creaste con sabiduría». Cuando creaba los mundos, la sabiduría estaba al lado de Dios como consejera; Prov 8, 27 ss; cf. Prov 3, 19 s; Eccli 23, 29 (G 20); Gen 1, 26. Vemos, por tanto, que el mundo creado es una realización de las ideas divinas.

Las ideas divinas en su faceta subjetiva, es decir, como pensamientos de Dios, son eternas e inmutables, pues se identifican con la sabiduría y esencia de Dios. En su faceta objetiva, es decir, en cuanto a su contenido, son temporales y mudables, pues versan sobre imitaciones finitas de las perfecciones divinas. Por la infinita simplicidad de su ser, en Dios no hay más que una sola idea. Pero, en cuanto esta idea abarca muchos objetos distintos de Dios, se habla de pluralidad de ideas divinas.

San Agustín supo transformar en sentido cristiano la doctrina platónica sobre las ideas, trasladando las ideas eternas a la mente divina; cf. *In Ioh.* tr. 1, 16 s; v. *De Dios Trino y Uno*, § 23.

§ 3. Motivo y finalidad de la creación del mundo

1. Motivo

Dios fue movido por su bondad a crear libremente el mundo (de fe).

El fin subjetivo de la creación («finis operantis»), o motivo que indujo a Dios a crear el mundo, es, como declara el concilio provincial de Colonia de 1860, el amor de su bondad absoluta («amor bonitatis suae absolutae»). Tal amor le movió a dar existencia a seres finitos, para hacerles partícipes de sus propias perfecciones. El concilio del Vaticano declaró: «Deus bonitate sua et omnipotenti virtute, non ad augendam suam beatitudinem nec ad acquirendam, sed ad manifestandam perfectionem suam per bona, quae creaturis impertitur, liberrimo consilio... utramque de nihilo condidit creaturam» (Dz 1783; cf. Dz 706). Según el testimonio de la Sagrada Escritura, el motivo fundamental de la acción creadora divina se encuentra en Dios mismo: «Todo lo ha hecho Yahvé para sus fines» (Prov 16, 4).

Los padres testimonian que Dios ha creado las cosas de este mundo no porque tuviese necesidad de ellas, sino para «verter sobre ellas sus beneficios» (San Ireneo, *Adv. haer.* iv, 14, 1). Orígenes enseña: «Cuando Dios al principio creó lo que quería crear, es decir, naturalezas racionales, no tenía otro motivo para crear que Él mismo, esto es, su bondad» *(De princ.* ii, 9, 6), San Agustín dice: «Porque Él es bueno, nosotros existimos» *(De doctr. christ.* i 32, 35); cf. San Hilario, *In Ps.* 2, 15; San Agustín, *De civ. Dei* xi, 24; San Juan Damasceno, *De fide orth.* ii, 2.

La absoluta plenitud de ser de Dios y su infinita felicidad, que en aquélla se funda *(in se et ex se beatissimus;* Dz 1782), excluyen terminantemente que el motivo que Dios tuvo para realizar el acto creador radique en algo fuera de Dios. Santo Tomás nos enseña: «Dios no obra en provecho suyo, sino únicamente por su bondad» (S.th. i 44, 4 ad 1).

2. Finalidad

El mundo ha sido creado para gloria de Dios (de fe).

a) El fin objetivo de la creación *(finis operis),* es decir, el fin que radica en la misma obra creada, es primariamente la manifestación de las perfecciones divinas con la subsiguiente glorificación de Dios. El concilio del Vaticano definió: «Si quis... mundum ad Dei gloriam conditum esse negaverit», a. s. (Dz 1805).

La gloria que dan las criaturas a Dios se denomina gloria externa. Se divide en objetiva y formal. La primera la tributan todas las criaturas, sin excepción, por el hecho de su mera existencia, en cuanto que las perfecciones de las criaturas reflejan las perfecciones del Creador; cf. Ps 18, 2: «Los cielos pregonan la gloria de Dios»; Dan 3, 52 ss *(Benedicite);* Ps 148. La gloria formal la rinden únicamente las criaturas racionales con su entendimiento y voluntad por el hecho de que ellas conocen y reconocen la perfección de Dios; cf. Ps 146-150 *(Laudate Dominum).*

Conforme nos enseña la Sagrada Escritura, Dios no solamente es el alfa sino también la omega; no es únicamente el principio sino también el fin y la meta de todas las cosas; Apoc 1, 8: «Yo soy el alfa y la omega [es decir, el principio y el fin], dice el Señor Dios» ; cf. Rom 11, 36: «De Él y por Él y para Él son todas las cosas»; cf. Prov 16, 4. Según Tertuliano, Dios sacó al mundo de la nada «para ornato de su gloria» *(Apol.* 17).

No hay razón para objetar, como lo hicieron Descartes, Hermes y Günther, que significaría egoísmo reprobable el que Dios pretendiera su propia honra como fin de la creación. Las criaturas no pueden acrecentar la perfección y felicidad de Dios; y, además, la actividad divina, como perteneciente al supremo Bien, ha de ordenarse por fuerza al fin supremo, que no es sino la gloria misma de Dios.

b) El fin *secundario* de la creación es colmar de beneficios a las criaturas y, sobre todo, hacer felices a las criaturas racionales. El concilio del Vaticano nos enseña que Dios creó el mundo «para manifestar su perfección» (fin primario) «por los bienes que distribuye entre las criaturas» (fin secundario).

La Sagrada Escritura pone de relieve que el mundo creado debe servir al hombre, pero no considera la felicidad del hombre como fin autónomo, antes bien lo subordina a la gloria de Dios; cf. Gen 1, 28 ss; Ps 8, 6 ss; Apoc 4, 11.

Estos dos fines de la creación se hallan inseparablemente unidos entre sí; pues glorificar a Dios conociéndole y amándole constituye la suprema felicidad de las criaturas racionales.

Para refutar la objeción de que la gloria externa de Dios, en cuanto que es algo finito, no puede ser el fin último de la creación, hay que distinguir entre el *finis qui* y el *finis quo* de la obra creadora. El *finis qui* (fin objetivo) es aquello que se pretende. El *finis quo* (fin formal) es aquello por lo cual se alcanza lo pretendido. El *finis qui* de la obra de la creación es la interna bondad de Dios, que se identifica con su esencia. El *finis quo* es la participación de las criaturas en la bondad de Dios, que constituye al mismo tiempo la felicidad de las criaturas. La definición del concilio del Vaticano (Dz 1805) según la cual el mundo ha sido creado para gloria de Dios se refiere al *finis quo,* ya que la participación de las criaturas en la bondad de Dios coincide con la gloria externa de Dios. Las perfecciones de las criaturas son reflejos de las perfecciones del Creador *(gloria obiectiva).* La consideración de las perfecciones de lo creado conduce a las criaturas racionales a conocer y reconocer las perfecciones del Creador *(gloria formalis).* Mientras el *finis quo* es finito, el *finis qui* es, por el contrario, infinito. A éste se refieren los textos de la Sagrada Escritura cuando señalan a Dios como fin último de todo lo creado.

Bibliografía: J. B. Stufler, *Die Lehre des hl. Thomas v. Aquin über den Endzweck des Schöpfers und der Schöpfung,* ZkTh 41 (1917) 656-700. G. Padoin, *Il fine della creazione nel pensiero di S. Tommaso,* R 1959.

§ 4. La Santísima Trinidad y la creación

Las tres divinas personas constituyen un único y común principio de la creación (de fe).

El concilio unionista de Florencia declaró en el *Decretum pro Iacobitis* (1441): «Pater et Filius et Spiritus Sanctus non tria principia creaturae, sed unum principium»; Dz 704; cf. Dz 428. Ahora bien, como la obra de la creación guarda cierta analogía con el carácter personal de la primera persona, por eso mismo es atribuida generalmente al Padre. Véase el símbolo apostólico.

Es contraria a la doctrina de la Iglesia la opinión de *A. Günther,* quien asigna desde luego la idea del mundo y el decreto de la creación a las tres divinas Personas, pero atribuye exclusivamente la ejecución de ese decreto a la segunda Persona y la restauración de las relaciones entre las criaturas y el Creador a la tercera Persona.

La Sagrada Escritura pone de manifiesto la comunidad de operación del Padre y del Hijo fundándola en la comunidad de naturaleza; cf. Ioh 5, 19; 14, 10 (c. *De Dios Trino,* § 20). La Sagrada Escritura atribuye la acción creadora unas veces al Padre y otras al Hijo; cf. Mt 11, 25; Ioh 1, 3; Col 1, 15 s; 1 Cor 8, 6; Hebr 1, 2; cf. SAN AGUSTÍN, *De Trin.* V 13, 14: «Decimos que Dios con respecto a la creación es un solo principio, no dos o tres».

Desde San Agustín, es doctrina común de los teólogos que las criaturas irracionales son vestigio *(vestigium)* de la Santísima Trinidad, las criaturas racionales imagen *(imago),* y las que se hallan elevadas por la gracia santificante ofrecen una semejanza *(similitudo)* de la misma; S.th. I 45, 7; I 93, 5-9.

Bibliografía: H. SCHELL, *Das Wirken des dreieinigen Gottes,* Mz 1885. I. HÜBSCHER, *De imagine Dei in homine viatore secundum doctrinam S. Thomae Aquinatis,* Ln 1932. R. LEYS, *L'image de Dieu chez saint Grégoire de Nysse,* Brx 1951. H. MERKI, Ὁμοίωσις θεῷ. *Von der platonischen Angleichung an Gott zur Gottähnlicheit bei Gregor von Nyssa,* Fr/S 1952. R. HAUBST, *Das Bild des Einen und Dreieinen Gottes in der Welt nach Nikolaus von Kues,* Tr 1952.

§ 5. LA LIBERTAD DEL ACTO DIVINO CREADOR

1. Libertad de contradicción

Dios creó el mundo libre de toda coacción externa y de toda necesidad interna (de fe).

El concilio del Vaticano declaró que Dios, «con libérrima decisión» *(liberrimo consilio)* y «con voluntad libre de toda coacción» («voluntate ab omni necessitate libera»), realizó el acto creador; Dz 1783, 1805; cf. Dz 706. La definición del Vaticano se refiere primordialmente a la libertad de contradicción, según la cual Dios pudo crear y no crear. Va dirigida principalmente contra Hermes, Günther y Rosmini, los cuales aseguraban que la bondad de Dios le impuso a sí mismo la necesidad de crear.

La Sagrada Escritura y la tradición consideran el acto creador como una libre determinación tomada por Dios; Ps 134, 6: «Yahvé hace cuanto quiere en los cielos y en la tierra»; Apoc 4, 11: «Tú creaste todas las cosas, y por tu voluntad existen y fueron creadas»; cf. Ps 32, 6; Sap 9, 1; 11, 26; Eph 1, 11.

SAN AGUSTÍN comenta a propósito de Ps 134, 6: «La causa de todo lo que hizo fue decisión de su voluntad» (*Enarr. in Ps.* 134, 10); cf. SAN IRENEO, *Adv. haer.* II 1, 1; III 8, 3.

Es incompatible con la absoluta plenitud de ser de Dios y con la perfecta autonomía que ella supone cualquier género de coacción externa o necesidad interna. No es posible deducir de la bondad de Dios el carácter necesario de la creación, porque el ansia de comunicarse, que es propia de la esencia misma de la bondad («bonum est diffusivum sui»), queda satisfecha de forma mucho más perfecta por medio de las procesiones divinas inmanentes. La bondad de Dios le invita, sí, a comunicarse al exterior de manera finita, pero no le fuerza a ello; cf. S.th. I 19, 3.

2. Libertad de especificación

«Dios tuvo libertad para crear este mundo u otro cualquiera» (sent. cierta).

Así lo declaró el sínodo provincial de Colonia del año 1860, contra las doctrinas de *Abelardo, Malebranche* y *Leibniz,* que sostenían el *optimismo absoluto* según el cual Dios había creado el mejor de todos los mundos concebibles; cf. Dz 374. El mundo que de hecho ha sido creado no alcanzaría el grado supremo de perfección que es en sí posible. Dios no estaba tampoco obligado para consigo mismo a crear el mundo mejor, ya que éste en nada acrecentaría su perfección y felicidad esencial. Y si negásemos a Dios la libertad para haber escogido entre este mundo u otro cualquiera (libertad de especificación), entonces restringiríamos injustificadamente la omnipotencia divina, que no encuentra otra barrera que lo intrínsecamente imposible.

3. Carencia de libertad de contrariedad

Dios creó un mundo bueno (de fe).

El concilio de Florencia declaró en el *Decretum pro Iacobitis* (1441), contra los errores del maniqueísmo, que no hay naturaleza que sea mala en sí, puesto que toda naturaleza, en cuanto tal, es buena: «nullamque mali asserit esse naturam, quia omnis natura, in quantum natura est, bona est»; Dz 706. Cf. Dz 428.

El fundamento bíblico es el pasaje de Gen 1, 31: «Y vio Dios ser muy bueno cuanto había hecho»; cf. Eccli 39, 21; 1 Tim 4, 4. Dios no pudo haber creado un mundo moralmente malo, porque su santidad absoluta le impide ser causa del mal moral, del pecado; cf. Dz 816 (contra Calvino). De ahí que Dios no posea la libertad de contrariedad, es decir, la libertad para escoger entre el bien y el mal.

Frente al *pesimismo* (Schopenhauer, Ed. von Hartmann), según el cual el mundo existente es el peor que podría concebirse, la visión cristiana del mundo mantiene un *optimismo relativo,* que considera el mundo actual como el mejor relativamente, ya que es obra de la sabiduría divina y como tal responde al fin que Dios le ha señalado, reuniendo en maravillosa armonía diversa clases de perfección tanto del orden natural como del sobrenatural.

Bibliografía: A. Rozwadowski, *De Optimismo universali secundum S. Thomam,* Greg 17 (1936) 254-264. El mismo, *De Optimismo individuali secundum principia S. Thomae,* APAR 7 (1941) 173-193.

§ 6. Carácter temporal del mundo

1. Dogma del comienzo temporal del mundo

El mundo tuvo principio en el tiempo (de fe).

Mientras que la filosofía pagana y el materialismo moderno suponen la eternidad del mundo o, mejor dicho, de la materia cósmica, la Iglesia enseña que el mundo no existe desde toda la eternidad, sino que tuvo principio en el tiempo. El concilio IV de Letrán (1215) y el del Vaticano declaran: «simul ab initio temporis utramque de nihilo condidit creaturam»; Dz 428, 1783. La doctrina de la eternidad del mundo fue condenada; cf. Dz 501-503 (Maestro Eckhart).

La Sagrada Escritura da testimonio clarísimo de que alguna vez el mundo no existía, y de que comenzó a existir. Ioh 17, 5: «Ahora tú, Padre, glorifícame cerca de ti mismo con la gloria que tuve cerca de ti antes de que el mundo existiese»; Eph 1, 4: «Nos eligió en Él [en Cristo] antes de la constitución del mundo»; Ps 101, 26: «Desde el principio fundaste tú la tierra»; cf. Gen 1, 1 («Al principio»); Prov 8, 22 ss; Ps 89, 2; Ioh 17, 24.

Los santos padres, en su lucha incesante contra el error dualístico de la eternidad de la materia cósmica, defendieron siempre el carácter temporal del mundo; cf. Taciano, *Or. ad Graecos* 5; San Ireneo, *Adv. haer.* II 34, 2; San Basilio, *In Hexaem. hom.* 1, 7. La única excepción es Orígenes, que por influjo platónico supone la existencia de una serie sin principio de mundos, el primero de los cuales fue creado por Dios desde toda la eternidad.

La filosofía no es capaz, naturalmente, de probar la eternidad del mundo. Como la existencia de éste se debe a una libre decisión de la voluntad divina, no es necesario que Dios haya querido que existiera siempre; S.th. I 46, 1. El progreso de la física atómica permite inferir, por el proceso de desintegración de los elementos radioactivos, cuál sea la edad de la tierra y del universo, probando positivamente el principio del mundo en el tiempo; cf. el discurso de Pío XII de 22 de noviembre de 1951 sobre la demostración de la existencia de Dios a la luz de las modernas ciencias naturales; StZ 142 (1948) 141-146.

2. Controversia en torno a la posibilidad de una creación eterna del mundo

Se discute si es concebible un mundo creado sin principio.

a) Santo Tomás y su escuela sostienen que ninguna razón convincente se opone a la posibilidad de un mundo que fuera creado desde toda la eternidad. De ahí que, según SANTO TOMÁS, el comienzo del mundo en el tiempo no sea verdad de razón natural, sino de fe; S.th. I 46, 2: «Mundum non semper fuisse, sola fide tenetur et demonstrative probari non potest.»

El Santo Doctor razona su tesis exponiendo que el carácter temporal del mundo no se puede demostrar ni por parte del mundo ni por parte de Dios. El concepto esencial de una cosa —tal es el punto de partida de su argumento— prescinde del tiempo y del espacio. En consecuencia, del concepto del mundo no se puede inferir que no haya existido siempre. La causa eficiente del mundo es la libre decisión de Dios. Ahora bien, la razón humana no puede escudriñar la voluntad divina, sino que únicamente la conoce en virtud de la revelación de Dios. Por eso, el comienzo temporal del mundo no es objeto del saber natural, sino de la fe.

b) SAN BUENAVENTURA y muchos otros teólogos opinan, en cambio, que suponer un mundo eterno encierra en sí contradicción interna; pues la creación de la nada significa: tener el ser después del no ser («habere esse post non esse»), y, por tanto, hay primero no ser y luego ser; *Sent.* II d. 1 p. 1 a. 1 q. 2.

También los santos padres enseñan que no es posible una criatura eterna. Rechazan unánimemente la doctrina de ORÍGENES sobre la creación eterna del primer mundo (Metodio) y prueban la divinidad del Logos frente a los arrianos, por su carencia de principio. SAN ATANASIO dice: «Aunque Dios puede crear siempre, las cosas creadas no pueden ser eternas; pues fueron hechas de la nada y, por tanto, no fueron antes de ser» (*Contra Arianos or.* I 29).

c) Es imposible la creación eterna de un mundo *mudable,* pues la sucesión inherente a todo cambio constituye la esencia del tiempo. Tan sólo un mundo *inmutable* podría ser eterno. Ahora bien, apenas es concebible la existencia de una criatura inmutable, pues la finitud incluye necesariamente la mutabilidad.

Bibliografía: TH. ESSER, *Die Lehre des hl. Thomas über die Möglichkeit einer anfangslosen Schöpfung,* Mr 1895. A. ROHNER (v. § 1). M. GIERENS, *Controversia de aeternitate mundi. Textus antiquorum et scholasticorum,* R 1933. M. WORMS, *Die Lehre von der Anfangslosigkeit der Welt bei den mittelalterlichen arabischen Philosophen des Orients,* Mr 1900.

§ 7. INCOMUNICABILIDAD DEL PODER CREADOR

1. El poder creador de Dios como potencia incomunicada

Dios ha creado Él solo el universo (de fe).

El concilio IV de Letrán nos enseña que la Santísima Trinidad es «principio único de todo el universo, hacedor de todas las criaturas»; Dz 428.

La Sagrada Escritura excluye que cualquier otra causa haya tomado parte en la obra de la creación. No hay lugar para «demiurgo» alguno; Is 44, 24: «Yo soy Yahvé, el que lo ha hecho todo: yo, yo solo desplegué los cielos y afirmé la tierra con mi propio poder» (según otra variante: «¿Quién me ayudó?»); Hebr 3, 4: «El Hacedor de todas las cosas es Dios»; cf. Ps 88, 12; 32, 6 y 9; 94, 5; Ioh 1, 3; Apoc 4, 11.

Los santos padres impugnan tanto la doctrina de los gnósticos, según la cual un ser intermedio (el demiurgo) formó el mundo de la materia eterna, como también la doctrina arriana, según la cual el mundo fue creado de la nada por el Logos concebido como criatura; cf. SAN IRENEO, *Adv. haer.* IV 20, 1; SAN AGUSTÍN, *De civ. Dei* XII 24.

2. El poder creador de Dios como potencia incomunicable

a) No hay criatura que, como causa principal (es decir, por su propia virtud), pueda crear algo de la nada (sent. común).

Se opusieron a esta tesis algunos teólogos escolásticos, como *Durando* († 1334) y *Gabriel Biel* († 1495), los cuales manifestaron la opinión de que Dios podía dotar a una criatura de tal poder creador que por su propia virtud fuera capaz de crear cosas de la nada. *Jacobo Frohschammer* († 1893) enseñó que los padres, en virtud de una fuerza creadora que Dios les ha concedido, crean de la nada el alma de su hijos.

Los santos padres, tomando como punto de partida que una criatura no es capaz de crear nada, concluyeron contra los arrianos la divinidad del Logos, por el hecho de que todas las cosas fueron creadas por Él (Ioh 1, 3); cf. SAN ATANASIO, *Contra Arianos or.* II 21: «Si decís que el Hijo fue hecho de la nada, ¿cómo es capaz de convertir el no ser en ser?... Las cosas que tienen principio no tienen virtud de crear.»

Se prueba especulativamente que una criatura no puede crear de la nada, porque el acto creador exige una potencia infinita para superar la infinita distancia existente entre el no ser y el ser. Ahora bien, la virtud de todas las criaturas es finita y limitada; cf. S.th. I 45, 5.

b) La mayoría de los teólogos, con SANTO TOMÁS a la cabeza, mantienen contra Pedro Lombardo que la criatura no puede ser tampoco causa instrumental en la creación de la nada; S.th. I 45, 5: «Impossibile est, quod alicui creaturae conveniat creare, neque virtute propria neque instrumentaliter sive per ministerium.» La razón de ello es que toda causalidad de las criaturas exige un sustrato que sustente su actividad. De ahí que sea imposible que una criatura coopere como causa instrumental en la creación de algo de la nada.

Capítulo segundo

CONSERVACIÓN Y GOBIERNO DEL MUNDO

§ 8. CONSERVACIÓN DEL MUNDO

1. Dogma

Dios conserva en la existencia a todas las cosas creadas (de fe).

Frente a las enseñanzas del *deísmo,* según el cual Dios, Creador del mundo, lo tiene abandonado por completo a sí mismo, el magisterio ordinario y universal de la Iglesia proclama que Dios está conservando continuamente en la existencia a todas las cosas creadas. El concilio del Vaticano enseña: «Dios protege con su providencia todas las cosas que ha creado», es decir, las preserva de caer en la nada; Dz 1784; cf. Cat. Rom. 1 2, 21: «Si la providencia divina no conservara las cosas con el mismo poder con que las creó en un principio, volverían en seguida a recaer en la nada».

La acción conservadora de Dios es un constante influjo causal por el que mantiene a las cosas en la existencia. Dios no solamente se ocupa mediatamente de la perduración de las cosas valiéndose para ello de causas segundas creadas, sino que opera Él mismo inmediatamente tal persistencia. SANTO TOMÁS define la conservación del mundo como continuación de la acción creadora de Dios: «Conservatio rerum a Deo non est per aliquam novam actionem, sed per continuationem actionis, qua dat esse»; S.th. I 104, 1 ad 4.

2. Prueba basada en las fuentes de la fe

La Sagrada Escritura del Antiguo y Nuevo Testamento testifica la acción conservadora de Dios; Sap 11, 26: «¿Y cómo podría subsistir nada si tú no quisieras o cómo podría conservarse sin ti?»; Ioh 5, 17: «Mi Padre sigue obrando todavía y yo también obro». La operación del Padre tiene por objeto la conservación y gobierno del mundo. San Pablo atribuye a Cristo tanto la conservación como la creación del mundo; Col 1, 17: «Todo subsiste por Él»; Hebr 1, 3: «Con su poderosa palabra sustenta todas las cosas»; cf. Apoc 17, 28.

San Agustín comenta a propósito de Ioh 5, 17: «Creamos, por tanto, ...que Dios sigue obrando todavía, de suerte que las cosas creadas perecerían si Dios suspendiese su operación» (*De Gen. ad litt.* v 20, 40); cf. Teófilo, *Ad Autol.* i 4; San Ireneo, *Adv. haer.* ii 34, 2 s.

Santo Tomás prueba especulativamente la divina conservación del mundo señalando como razón que Dios no solamente es causa del devenir de las cosas como los artífices humanos, sino también del ser de las cosas. Por eso, la criatura no depende de Dios tan sólo en el devenir, esto es, en el instante en que es producida, sino también en todo su existir, en todos y cada uno de los instantes de su subsistencia; S.th. i 104, 1.

3. Libertad para reducir a la nada (aniquilación)

Así como Dios creó libremente a sus criaturas, así también es libre para aniquilarlas sustrayéndoles su acción conservadora, esto es, dejándolas que vuelvan a la nada; cf. 2 Mac 8, 18: «Nosotros ponemos la confianza en el Dios omnipotente, que puede con un solo ademán... destruir al mundo entero». Nos enseña, sin embargo, la revelación que Dios no quiere de hecho la completa aniquilación de sus criaturas; cf. Sap 1, 13 s: «Dios no se goza en que perezcan los seres vivos; pues Él hizo todas las cosas para la existencia»; Sap 11, 27; Eccl 1, 4; 3, 14. Es conforme a la sabiduría y bondad de Dios conservar en la existencia a las criaturas, que son vestigio de las perfecciones divinas y sirven, por tanto, para glorificar a Dios.

§ 9. El concurso divino

1. El hecho del concurso divino

Dios coopera inmediatamente en todo acto de las criaturas (sent. común).

No existe en este punto declaración oficial de la Iglesia. Sin embargo, los teólogos enseñan unánimemente el concurso divino frente al *ocasionalismo,* que rehúsa conceder causalidad propia a las criaturas, y frente al *deísmo,* que niega todo influjo de Dios en las cosas creadas. El Catecismo Romano (I 2, 22) enseña que Dios «a todo lo que se mueve y opera algo, lo impulsa al movimiento y a la acción por medio de una íntima virtud».

La cooperación de la causa primera con las causas segundas recibe la denominación de *concurso divino.* Precisando más diremos que tal concurso puede ser natural (general) y *sobrenatural* (especial), siendo este último el influjo sobrenatural de Dios en las criaturas racionales por medio de la gracia; el concurso divino se divide también en concurso *físico* y *moral,* siendo este último el que se ejerce por medio de un influjo meramente moral que obra desde fuera por medio de mandatos, consejos, amenazas, etc.; otra división es la de concurso *inmediato* y *mediato,* siendo este último el que se ejerce mediatamente confiriendo y conservando las fuerzas naturales, según enseñaba Durando; finalmente, el concurso puede ser *universal* si se extiende a todas las acciones de todas las criaturas sin excepción, y *particular* en caso contrario.

La Sagrada Escritura atribuye con mucha frecuencia a Dios la acción de causas creadas, como son la formación del cuerpo humano en el seno materno, las lluvias, el alimento y el vestido; cf. Iob 10, 8 ss; Ps 146, 8 s; Mt 5, 45; 6, 26 y 30. No obstante, todos estos pasajes se pueden entender también suponiendo un concurso mediato de Dios. Parece indicar el concurso inmediato de Dios Is 26, 12: «...puesto que cuanto hacemos, eres tú quien para nosotros lo hace»; y, sobre todo, Act 17, 28: «En Él vivimos, nos movemos y existimos».

San Jerónimo y *San Agustín* defienden el concurso inmediato de Dios incluso en las acciones naturales, contra los pelagianos, los cuales restringían el concurso de Dios a la mera colación de la facultad para obrar; San Jerónimo, *Dial. adv. Pelag.* I 3; *Ep* 133, 7; San Agustín, *Ep.* 205, 3, 17.

La razón intrínseca de la necesidad del concurso divino se halla en la total dependencia que todo ser creado tiene de Dios. Como la actividad de la potencia tiene un ser real y distinto de la potencia, de la cual procede, por lo mismo ese ser tiene que ser causado también por Dios.

2. El concurso divino y el pecado

Dios concurre también en el acto físico del pecado («actio peccati, entitas peccato»); pues éste, en cuanto actuación de las potencias sensitivas y espirituales de una criatura, tiene ser y es, por tanto, algo bueno. La falta moral inherente al acto físico del pecado («malitia peccati») cae únicamente bajo la responsabilidad del libre albedrío de la criatura. Dios, por su infinita perfección, no puede ser causa de ningún defecto moral; cf. S.th. I 49, 2; *De malo* 3, 2.

3. Modo y manera del concurso entre la causa primera y las causas segundas

El concurso entre la causa primera y las causas segundas no debe ser concebido como una yuxtaposición mecánica de operaciones (como si Dios y la criatura se coordinaran para obrar juntos en la consecución de un mismo efecto), sino como una operación orgánicamente conjunta y mutuamente intrínseca (la acción de Dios y de la criatura forman un todo orgánico y con intrínseca dependencia la segunda de la primera). De ahí que no se pueda decir que una parte del efecto provenga de la causa divina y otra parte distinta de la causa creada, sino que todo el efecto proviene tanto de la causa divina como de la causa creada. La causa creada está subordinada a la causa divina, pero sin perder por eso su causalidad propia; cf. SANTO TOMÁS, *De potentia* I, 4 ad 3: «licet causa prima maxime influat in effectum, tamen eius influentia per causam proximam determinatur et specificatur».

Los tomistas y los molinistas no se hallan de acuerdo en la explicación de cómo tiene lugar esa cooperación entre la causalidad divina y la creada cuando se trata de las acciones libres de las criaturas racionales. Los *tomistas* enseñan que Dios, por el concurso *previo* (= premoción física), hace que la virtud creada pase de la potencia al acto, y por medio del concurso *simultáneo* acompaña la actividad de la criatura mientras ésta dura. La acción procede toda entera de Dios como de causa principal y de la criatura como de causa instrumental. La premoción física debe considerarse con mayor precisión como una *predeterminación,* pues no se destina para una acción general de la criatura, sino para una actividad completamente determinada («determinatio ad unum»). Por eso el efecto pretendido por Dios tendrá lugar indefectiblemente.

Los *molinistas* enseñan que la cooperación física inmediata de Dios depende de la libre decisión de la voluntad humana, aunque no como el efecto de la causa, sino como lo condicionado de la condición. La cooperación divina comienza en el momento en que la voluntad pasa de la potencia al acto. Antes de la libre decisión Dios opera sólo moral y mediatamente en la voluntad. Por esta razón los molinistas rechazan el concurso previo y no admiten más que el concurso *simultáneo*. Son muchos los molinistas que hacen distinción entre el *concursus oblatus* y el *concursus collatus* (concurso ofrecido y concurso conferido), es decir, entre la oferta todavía indeterminada de un concurso divino, oferta que precede a la autodeterminación de la voluntad, y la colación del concurso divino para una acción completamente determinada, después de la libre decisión de la voluntad.

El tomismo pone mejor de relieve la idea de la causalidad universal de Dios y de la omnímoda dependencia que en consecuencia tienen de Él todas las criaturas. El molinismo salva muy bien la libertad de la voluntad al tomar sus determinaciones, pero no explica tan perfectamente la esencial dependencia que todas las criaturas tienen de Dios.

Bibliografía: G. MANSER, *Das Wesen des Thomismus,* Fr/S [3]1949, 603 ss (existe una versión española de la segunda edición alemana: *La esencia del Tomismo,* Ma 1947). I. JEILER, *S. Bonaventurae principia de concursu Dei generali ad actiones causarum secundarum collecta et S. Thomae doctrina confirmata,* Q 1897. J. B. STUFLER, *Divi Thomae Aq. doctrina de Deo operante in omni operatione naturae creatae, praesertim liberi arbitrii,* In 1923. El mismo, *Gott der erste Beweger aller Dinge,* In 1936. R. M. SCHULTES, *Die Lehre des hl. Thomas über die Einwirkung Gottes auf die Geschöpfe,* DTh 2 (1924) 176-195, 277-307. A. LANDGRAF, *Die Abhängigkeit der Sünde von Gott nach der Lehre der Frühscholastik,* Schol 10 (1935) 161-192, 369-394, 508-540.

§ 10. LA PROVIDENCIA DIVINA Y EL GOBIERNO DEL MUNDO

1. Noción y realidad de la providencia divina

Providencia divina en sentido estricto (providencia, πρόνοια) significa el plan eterno de Dios sobre el mundo: «ratio ordinis rerum in finem in mente divina praeexistens» (S.th. I 22, 1). Comprende un acto de entendimiento y otro de voluntad. El gobierno divino del mundo *(gubernatio,* κυβέρνησις) es la ejecución en el tiempo del plan eterno de Dios sobre el mundo. Al plan eterno y a su ejecución en el tiempo se les llama conjuntamente providencia divina en sentido amplio.

Dios protege y gobierna con su providencia a todas las criaturas (de fe).

El concilio del Vaticano, frente al fatalismo pagano, al deísmo y al materialismo, enseña: «Universa, quae condidit, Deus providentia sua tuetur atque gubernat, attingens a fine usque ad finem fortiter et disponens omnia suaviter» (Sap 8, 1); Dz 1784; cf. Dz 239 s.

La Sagrada Escritura, en numerosos pasajes, da testimonio de la labor de la divina providencia. El Antiguo Testamento pone especialmente de relieve la solicitud de Dios por el pueblo de Israel y por algunas figuras aisladas de la historia israelítica (v.g., José, Moisés, Tobías). Los salmos rezuman fe en la providencia divina. Sap 6, 8, testifica la providencia universal de Dios: «Él ha hecho al pequeño y al grande e igualmente cuida de todos»; cf. Sap 8, 1; 11, 21; 12, 13; 14, 3. *Jesús,* en el sermón de la montaña, nos enseña que la providencia del Padre celestial se extiende también a las criaturas más insignificantes, como son las aves del cielo, los lirios y la hierba del campo, pero que se cuida especialmente de las criaturas racionales. También *San Pablo* nos habla de la universalidad de la providencia divina: «Él es quien da a todos la vida, el aliento y todas las cosas» (Act 17, 25). El apóstol San Pedro nos exhorta a que confiemos en la divina providencia: «Arrojad todos vuestros cuidados en el Señor; pues Él se cuida de todos» (1 Petr 5, 7).

Los santos padres defendieron la realidad de la providencia divina contra el fatalismo de los paganos, de su astrología y del dualismo de los gnósticos y maniqueos; cf. SAN GREGORIO NISENO, *Contra fatum.* Escribieron monografías sobre la divina providencia en el período patrístico SAN JUAN CRISÓSTOMO *(Ad Stagirium),* TEODORETO DE CIRO (10 sermones *De providencia),* SALVIANO DE MARSELLA *(De gubernatione Dei).* SAN AGUSTÍN ensalza la sabia y amorosa providencia divina en sus *Confessiones* y en la obra *De civitate Dei.*

SANTO TOMÁS prueba especulativamente la providencia divina por la existencia de un orden teológico en el mundo. Como todas las cosas han sido creadas según una idea divina, también la idea de la ordenación de todas las cosas a un fin («ratio ordinis rerum in finem») existe en la mente divina desde toda la eternidad; S.th. I 22, 1. Prueba SANTO TOMÁS la universalidad de la providencia poniendo como razón que Dios es causa universal de todo. La causalidad de Dios, primer agente de todo, se extiende a todos y cada uno de los seres. Ahora bien, como todo principio activo obra por un fin, todo lo que Dios obre (es decir, todo ser creado) se halla ordenado a un fin y es, por tanto, objeto de la providencia divina; S.th. I 22, 2.

2. División de la providencia divina

Según el *objeto* y el *grado* de la solicitud de Dios por las cosas, distinguimos una providencia *general* que se extiende a todas las criaturas, incluso a las irracionales; y una providencia *especial,* cuyo objeto son todas las criaturas racionales, incluso los pecadores; y una providencia *especialísima* que mira por los predestinados.

Según se lleve a cabo el plan eterno de la providencia divina, distinguimos entre providencia *mediata* e *inmediata.* En la primera, Dios se sirve del intermedio de causas creadas (causas segundas); en la segunda, Dios es quien realiza por sí mismo el plan de su providencia.

Según sea la acción de Dios, se distingue entre providencia *ordinaria* y *extraordinaria.* La primera consiste en la acción ordinaria de Dios; la segunda, en una intervención extraordinaria, como ocurre, por ejemplo, en los milagros, en las inspiraciones, en las definiciones infalibles de fe.

3. Cualidades de la providencia divina

a) Seguridad infalible: El plan previsto por Dios se realiza infaliblemente por medio del gobierno divino del mundo, de suerte que nada ocurre contra la providencia o con independencia de ella. Como Dios es la causa universal, a la que se hallan subordinadas todas las causas particulares, es completamente imposible que ocurra algo imprevisto, impretendido o, por lo menos, no permitido en el plan de Dios. Para Dios no hay *azar,* ni existe tampoco un *hado,* sobre Dios o junto a Él, a quien todos los acontecimientos del mundo estén irresistiblemente sometidos; cf. S.th. I 22, 2 ad 1.

b) Inmutabilidad: El plan eterno de Dios es inmutable por ser Dios mismo absolutamente inmutable. Esto no quiere decir que carezca de sentido la oración de petición, pues su fin no es alterar el plan eterno de la providencia; antes bien, tal oración se incluye en el mismo, desde toda la eternidad, como causa segunda; cf. S.c.G. III 95 s.

4. La providencia divina y el mal

Cf. Libro I, *De Dios Uno y Trino,* § 25, 3.

Bibliografía: B. Bartmann, *Unser Vorsehungsglaube,* Pa 1931. R. Garrigou-Lagrange, *La Providence et la Confiance en Dieu,* P 1932. H. E. Hengstenberg, *Von der göttlichen Vorsehung,* Mr [3]1947. J. Goergen, *Des hl. Albertus Magnus Lehre von der göttlichen Vorsehung und dem Fatum,* Ve 1932. J. J. Duin, *La doctrine de la providence dans les écrits de Siger de Brabant,* Ln 1954. A. Fr. Utz, *Bittet und ihr werdet empfangen,* Fr 1940. E. Stakemeier, *Ueber Schicksal und Vorsehung,* Lu 1949. H. Schmidt, *Geborgen im Vatergott,* P 1949.

Sección segunda

LA OBRA DIVINA DE LA CREACIÓN

Capítulo primero

LA DOCTRINA REVELADA ACERCA DE LAS COSAS MATERIALES O COSMOLOGÍA CRISTIANA

§ 11. EL HEXAMERÓN BÍBLICO

1. Principios generales

Para resolver las contradicciones aparentes entre los datos de las ciencias naturales y el relato bíblico de la creación, hay que tener en cuenta los siguientes principios generales:

a) Aunque toda la Sagrada Escritura está inspirada y es palabra de Dios, no obstante, siguiendo a SANTO TOMÁS (*Sent.* II d. 12 q. 1 a. 2), hemos de distinguir entre las cosas inspiradas *per se* y las que lo están *per accidens.* Como la verdad revelada, que se halla depositada en la Sagrada Escritura, tiene por fin darnos enseñanzas de índole religiosa y moral, la inspiración se extiende *per se* a las verdades religiosas y morales. Las noticias profanas (científicas o históricas) que se contienen en la Sagrada Escritura están inspiradas tan sólo *per accidens,* es decir, por su relación con las verdades religiosas y morales. También lo inspirado *per accidens* es palabra de Dios y, por tanto, se halla libre de error. Ahora bien, como los hagiógrafos, cuando se trataba de cosas profanas, utilizaron una forma literaria vulgar, es decir, no científica, sino acomodada a las ideas de su época, por lo mismo, cabe en este punto una interpretación más amplia. El magisterio de la Iglesia nunca hace declaraciones positivas en cuestiones que son objeto de la ciencia profana, sino que únicamente se limita a advertirnos de los errores que ponen en peligro la fe. En estas cuestiones falta también la convicción unánime de los santos padres, pues ellos en este caso no hablan como testigos de la fe, sino que reflejan su propia opinión en consonancia con las ideas de su tiempo.

b) Como el conocimiento natural de la razón humana y el conocimiento sobrenatural de la fe provienen de la misma fuente, que es Dios, no puede haber verdadera contradicción entre los resultados ciertos de la ciencia profana y la palabra de Dios entendida como es debido. El concilio del Vaticano declara: «Nulla unquam inter fidem et rationem vera dissensio esse potest»; Dz 1797.

c) En la exégesis bíblica hay que distinguir entre el fondo y la forma. «Para descubrir la intención de los hagiógrafos, entre otras cosas hay que atender a los géneros literarios» (Vaticano II, const. *Dei Verbum*, n. 12).

2. Declaraciones de la Comisión Bíblica (30-6-1909)

a) Los tres primeros capítulos del Génesis contienen relatos sobre *sucesos reales* («rerum vere gestarum narrationes, quae scilicet obiectivae realitati et historicae veritati respondeant») y no mitos ni puras alegorías o símbolos de verdades religiosas; no contienen, en fin, leyendas; Dz 2122.

b) Cuando se trata de hechos que atañen a los fundamentos de la religión cristiana («quae christianae religionis fundamenta attingunt»), hay que aceptar el sentido literal e histórico. Tales hechos son, entre otros, la creación de todas las cosas por Dios al principio de los tiempos y la creación especial del hombre; Dz 2123.

c) No es necesario entender en sentido propio todas y cada una de las palabras y frases. Los lugares que han sido interpretados diversamente por los santos padres y los teólogos podrán exponerse según el propio y bien ponderado dictamen de cada uno, estando dispuestos, naturalmente, a someterse al juicio de la Iglesia y guardando siempre la analogía de la fe; Dz 2124 s.

d) Como el hagiógrafo no pretendió exponer con rigor científico la constitución interna de las cosas o el orden en que fueron realizadas las distintas obras de la creación, antes bien se sirvió de un modo de expresarse popular y acomodado al lenguaje y a la ideología de su tiempo, no hay que entender tampoco las palabras en su significado rigurosamente científico («proprietas scientifici sermonis») cuando se efectúa la exégesis de un pasaje.

e) La palabra «día» no hay que entenderla en sentido de un día natural de 24 horas, sino que puede tomarse también como expresión de un período de tiempo más largo; Dz 2128. Cf. acerca de esta cuestión en su totalidad la Carta del Secretario de la Comisión Bíblica al cardenal Suhard, de 16 de enero de 1948 (Dz 3002).

3. Explicación de las obras de los seis días

Todo lo que la Sagrada Escritura dice sobre la *duración* y el *orden* con que Dios fue formando el mundo, es puro ropaje literario para expresar la verdad religiosa de que el mundo entero comenzó a existir porque lo sacó de la nada la palabra creadora de Dios. Para ello el hagiógrafo se sirvió de la imagen precientífica del mundo corriente en su época. El que sean seis los días de la creación hay que considerarlo como un *antropomorfismo*. La labor creadora de Dios es expuesta según una estructuración rigurosamente esquemática *(opus distinctionis — opus ornatus)* a imagen de la semana laboral del hombre, figurándose el cese de la labor creadora con el descanso sabático. El fin de semejante ropaje literario es dar fundamento al trabajo semanal y al descanso sabático en el ejemplo del mismo Dios; cf. Ex 20, 8 ss.

Las numerosas teorías que se han ido formando para explicar el hexamerón bíblico se dividen en dos grupos. El primero de ellos ve en el capítulo primero del Génesis un relato histórico sobre el orden y la duración de la obra divina de la creación (teorías *realísticas)*. El segundo grupo renuncia a la historicidad del relato en lo tocante al orden y duración de las obras, y, para evitar todo conflicto con las ciencias naturales, supone que la división en seis días hay que explicarla por una idea del hagiógrafo (teorías *idealísticas)*. Entre el primer grupo se cuentan la «teoría verbal», defendida por la mayor parte de los santos padres y doctores de la escolástica, la teoría de la restitución, la teoría del diluvio universal y diversas otras teorías de tendencia armonizante, que explican los seis días de la creación como seis períodos de tiempo. Al grupo segundo pertenecen el alegorismo de San Agustin, la teoría de la visión, el poetismo, la explicación antropomorfística antes mencionada y el mitismo condenado por el magisterio eclesiástico; Dz 2122.

Bibliografía: P. Heinisch, *Probleme der biblischen Urgeschichte,* Lu 1947. F. Ceuppens, *Quaestiones seleclae ex historia primaeva,* To-R ³1953. Ch. Hauret, *Origines de l'univers et de l'home d'après la Bible,* P ²1952.

§ 12. La doctrina del evolucionismo a la luz de la revelación

1. El evolucionismo *materialista* (E. Haeckel), que supone la existencia de una materia eterna e increada y que explica el origen de todos los seres vivientes: plantas, animales y el mismo hombre (en cuanto al cuerpo y al alma), por una evolución mecánica de aquella materia eterna, se halla en contradicción con la verdad revelada, la cual nos enseña que la materia fue creada en el tiempo y que fue formada por Dios.

2. El evolucionismo que se sitúe en el plano de una concepción teísta del mundo, señalando a Dios como causa primera de la materia y de la vida, y que enseñe que los seres orgánicos han ido evolucionando a partir de potencias germinales (San Agustín) o de formas primitivas (teoría de

la descendencia), creadas al principio por Dios y que fueron evolucionando según el plan dispuesto por Él, es compatible con la verdad revelada. Sin embargo, con respecto *al hombre,* hemos de aceptar que éste fue creado especialmente por Dios, al menos por lo que respecta al alma espiritual («peculiaris creatio hominis»; Dz 2123). Algunos santos padres, sobre todo San Agustín, admitieron ya cierta evolución de los seres vivientes. Partiendo del supuesto de que Dios lo había creado todo al mismo tiempo (cf. Eccli 18, 1), enseñaron que Dios había puesto en la existencia en estado perfecto a una parte de las criaturas, mientras que otras las creó en un estado no desarrollado en forma de gérmenes iniciales («rationes seminales o causales»), de los cuales se irían desarrollando poco a poco. Mientras que los santos padres y los doctores escolásticos, al hablar del evolucionismo, se refieren a la evolución de todas las especies vivientes a partir de una forma primitiva especial creada por Dios, la moderna teoría evolucionística (teoría de la descendencia) concibe la evolución como paso de una especie a otra distinta. Según se suponga en el vértice de las líneas genéticas la existencia de varias formas primitivas o de una sola forma (célula original), se habla de evolución polifilética o monofilética. Desde el punto de vista de la revelación, se puede afirmar la posibilidad de ambas modalidades. Desde el punto de vista de las ciencias naturales, oigamos el juicio de F. Birkner: «Hay que deshacer la evolución monofilética (de un solo tronco) de los vivientes, pues faltan las formas de transición de un grupo a otro. Todo parece hablarnos en favor de una evolución polifilética (a partir de varios troncos independientes). Mas, por desgracia, hasta hoy día no nos ha sido posible averiguar cuántas formas primitivas u organizaciones fundamentales debieron de existir» *(Klerusblatt* 24 [1943] 4b).

Bibliografía: E. Wasmann, *Die moderne Biologie und die Entwicklungstheorie,* Fr ³1906. A. Schmitt, *Katholizismus und Entwicklungsgedanke,* Pa 1923. E. Ruffini, *La teoría dell'evoluzione secondo la scienza e la fede,* R 1948. H. Conrad-Martius, *Abstammungslehre,* Mn ²1949. O. Kuhn, *Die Deszendenztheorie,* Mn ²1951. A. Mitterer, *Die Entwicklungslehre Augustins,* W-Fr 1956. H. Volk, *Schöpfungsglaube und Entwicklung,* Mr ²1958. H. Haag-A. Haas-J. Hürzeler, *Evolución y Biblia,* Herder, Barna 1965. P. Smulders, *Theologie und Evolution. Versuch über Teilhard de Chardin,* Essen 1963. R. J. Nogar, *La evolución y la filosofía cristiana,* Herder, Barna 1967.

Capítulo segundo

LA DOCTRINA REVELADA ACERCA DEL HOMBRE O ANTROPOLOGÍA CRISTIANA

I. LA NATURALEZA DEL HOMBRE

§ 13. EL ORIGEN DE LA PRIMERA PAREJA HUMANA Y LA UNIDAD DEL GÉNERO HUMANO

1. Origen del primer hombre

El primer hombre fue creado por Dios (de fe).

El concilio IV de Letrán y el concilio del Vaticano nos enseñan: «utramque de nihilo condidit creaturam, spiritualem et corporalem... ac deinde *humanam* quasi communem ex spiritu et corpore constitutam»; Dz 428, 1783. El acto creador de Dios, que dio existencia al primer hombre, hay que considerarlo con respecto al alma como *creatio prima* y con respecto al cuerpo como *creatio secunda.*

Hay que rechazar el *evolucionismo materialista,* según el cual todo el ser del hombre —el cuerpo y el alma— se deriva mecánicamente por evolución a partir del reino animal. El alma del primer hombre fue creada inmediatamente por Dios de la nada. Con respecto al cuerpo, no se puede afirmar con seguridad que Dios lo formara inmediatamente de materia inorgánica. En principio, existe la posibilidad de que Dios infundiera el alma espiritual en una materia orgánica, en un cuerpo que fuera primitivamente de un animal. En efecto, la paleontología y la biología presentan argumentos dignos de tenerse en cuenta, aunque no sean decisivas, en favor de un parentesco genético del cuerpo humano con las formas superiores del reino animal.

Parece, sin embargo, que en este caso la infusión del alma no habría podido tener lugar sin una previa modificación orgánica que transformara el organismo animal preexistente en un sujeto apto para ser informado por el alma y en el cual ésta encontrara un instrumento adecuado para el pleno despliegue de sus posibilidades.

La encíclica *Humani generis* del papa Pío XII (1950) hace constar que el problema acerca del origen del cuerpo humano es objeto de libre investigación por parte de científicos y teólogos, exhortando a que se examinen con todo esmero las razones que hablan en favor y en contra de su origen de una materia ya animada y advirtiéndonos que no creamos que los datos acumulados hasta hoy día por la ciencia prueban con certeza semejante origen del cuerpo humano, ni que nada hay en las fuentes de la revelación que exija proceder en este asunto con suma cautela y moderación (Dz 3027); cf. Dz 2286.

La Sagrada Escritura relata en dos lugares la creación del primer hombre; Gen 1, 27: «Y creó Dios al hombre a imagen suya, a imagen de Dios le creó, y los creó varón y hembra»; Gen 2, 7: «Formó Yahvé Dios al hombre del polvo de la tierra, y le inspiró en el rostro aliento de vida, y fue así el hombre ser animado».

Conforme al sentido obvio y literal de este pasaje, Dios formó directamente de materia inorgánica el cuerpo del primer hombre («de polvo de la tierra») y lo animó infundiéndole el alma espiritual. La idea de que el alma humana fue creada para animar un cuerpo de bruto se halla muy lejos del tenor literal de la Sagrada Escritura y de la interpretación que dieron los santos padres. La cuestión de si el hombre procedía filogenéticamente del reino animal surgió por vez primera bajo el influjo de la moderna teoría evolucionista. El texto bíblico no excluye la respuesta afirmativa al problema. Igual que hacíamos en el relato sobre la creación del mundo, podemos distinguir también en el relato bíblico sobre la creación del hombre entre la verdad religiosa inspirada *per se* (a saber: que el hombre ha sido creado por Dios en cuanto al cuerpo y al alma) y la exposición inspirada *per accidens* —y de índole notablemente antropomórfica— del modo como tuvo lugar aquella creación. Mientras que es necesario admitir en su sentido literal que el hombre fue creado por Dios, podemos apartarnos, por razones importantes, de la interpretación literal del modo como se verificó la formación del cuerpo del primer hombre.

Según Gen 2, 21 ss, el cuerpo de la primera mujer fue formado del cuerpo del primer hombre; Gen 2, 22: «Y de la costilla que de Adán tomara, formó el Señor a la mujer.» Este relato, de intenso colorido antropomorfístico, fue interpretado por la mayoría de los santos padres al pie de la letra. Con todo, algunos santos padres y teólogos lo entendieron en sentido alegórico (los alejandrinos, Cayetano, Lagrange) o como una visión (Hummelauer, Hoberg). Puesto que, a pesar de que la Comisión Bíblica en su respuesta (Dz 2123) menciona la «formación de la primera mujer del primer hombre», el modo de la creación de la primera mujer difícilmente puede contarse entre los hechos que afectan a los fundamentos de la religión cristiana, no hay necesidad alguna de ajustarse a la interpretación literal, siendo suficiente admitir una relación ideal en el sentido de que la mujer fue creada en igualdad esencial con el hombre. Cf. Eccl 17, 5 (Vg); 1 Cor 11, 8.

Los santos padres enseñan unánimemente que Dios creó directamente a todo el hombre en cuanto al cuerpo y en cuanto al alma. En el modo de la creación de Eva ven figurada la igualdad esencial de la mujer con el hombre, la institución divina del matrimonio y el origen de la Iglesia y los sacramentos del costado herido de Cristo, segundo Adán; cf. SAN AGUSTÍN, *In Ioh. tr.* 9, 10.

2. Unidad del género humano

Todo el género humano procede de una sola pareja humana (sent. cierta).

Contra la teoría de los *preadamitas* (defendida primeramente por el calvinista Isaac de La Peyrère, 1655) y la concepción de algunos naturalistas modernos, que enseñan que las distintas razas humanas se derivan de varios troncos independientes *(poligenismo)*, la Iglesia nos enseña que los componentes de la primera pareja humana: Adán y Eva, fueron los protoparentes de todo el género humano *(monogenismo)*. La doctrina de la unidad del género humano no es dogma de fe, pero es base necesaria de los dogmas del pecado original y de la redención del hombre. Según declaración de la Comisión Bíblica, la unidad del género humano es uno de aquellos hechos que afectan a los fundamentos de la religión cristiana y que, por tanto, deben ser entendidos en su sentido literal e histórico (Dz 2123). La encíclica *Humani generis* de Pío XII (1950) rechaza el poligenismo por considerarlo incompatible con la doctrina revelada acerca del pecado original; Dz 3028.

El segundo relato de la creación de Gen 2, 4b-3, 24 presenta la creación de una única pareja humana de la que todos los demás hombres descienden. Se hace hincapié en que aún no existía ningún hombre que cultivara la tierra (2, 5), que el hombre creado por Dios se hallaba solo (2, 18), que Eva había de ser la madre de todos los vivientes (3, 20). Al considerar el género literario de los primeros capítulos del Génesis resulta problemático si el monogenismo implicado en estas expresiones pertenece al fondo o a la forma de ellas. La exégesis bíblica puede ser entendida como «simbolización plástica de la unicidad de la humanidad en determinación, historia, salvación y perdición» (K. Rahner). El monogenismo, pues, no puede demostrarse por Gen 2-3, como tampoco la creación inmediata de las distintas especies por Gen 1. Sap 10, 1 y Act 17, 26 no van, en cuanto al fondo, más allá de Gen 2-3.

La doctrina paulina de que por un hombre entró el pecado en el mundo, y por el pecado la muerte (Rom 5, 12 ss; 1 Cor 15, 21 s), no encierra ninguna doctrina de la descendencia, aunque hay que admitir que la relación de todos los hombres con Adán referida a Gen 2-3 se interpreta en el sentido de la descendencia física. Cf. Hebr 2, 11.

Desde el punto de vista científico el monogenismo no puede ser demostrado, pero a su vez tampoco puede serlo el poligenismo, pues los hallazgos de la paleontología nada dicen sobre este particular. Las diferencias raciales sólo afectan a las características externas. La coincidencia esencial de todas las razas en la constitución física y en las disposiciones psíquicas parece indicar un origen común.

Bibliografía: J. Göttsberger, *Adam und Eva,* Mr [3]1912. F. Rüschkamp, *Der Mensch als Glied der Schöpfung,* StZ 135 (1939) 367-385. K. Adam, *Der erste Mensch im Lichte der Bibel und der Naturwissenschaft,* ThQ 123 (1942) 1-20. J. Ternus, *Die Abstammungsfrage heute,* Re 1948. A. Bea, *Il problema antropologico in Gen. 1-2: Il transformismo,* R 1950. V. Marcozzi, M. Flick, H. Lennerz, *De hominis creatione atque elevatione et de peccato originali* (separata de «Gregorianum», vol. xxix, 3-4), R 1948, 7-98. Th. Steinbüchel, *Die Abstammung des Menschen,* Fr 1951. K. Rahner, *Theologisches zum Monogenismus,* SchrTh i 253-322. A. Colunga, *Contenido dogmático de Gen* 2, 18-24, Ciencia Tomista 77 (1950) 289-309. J. M. González Ruiz, *Contenido dogmático de la narración de Gen 2, 7 sobre la formación del hombre,* EB 9 (1950) 399-439. A. Hartmann, *Sujeción y libertad del pensamiento católico,* Barna 1955, 207-245. J. de Fraine, *La Bible et l'origine de l'homme,* Bru 1961.

§ 14. Los elementos constitutivos de la naturaleza humana

1. Los dos constitutivos esenciales del hombre

El hombre consta de dos partes esenciales: el cuerpo material y el alma espiritual (de fe).

El concilio iv de Letrán y el del Vaticano nos enseñan: «deinde (condidit creaturam) humanam quasi communem ex spiritu et corpore constitutam»; Dz 428, 1783.

Se opone a la doctrina de la Iglesia el *espiritualismo* exagerado de *Platón* y de los *origenistas.* Éstos enseñan que el cuerpo es carga y estorbo para el alma; es ni más ni menos que su mazmorra y sepultura. Tan sólo el alma constituye la naturaleza humana; el cuerpo no es sino una especie de sombra. Según la doctrina de la Iglesia, el cuerpo es parte esencialmente constitutiva de la naturaleza humana.

Cuando San Pablo nos habla de lucha entre la carne y el espíritu

(Rom 7, 14 ss), y cuando suspira por verse libre de este cuerpo de muerte (Rom 7, 24), no piensa en la condición física del cuerpo, sino en el deplorable estado de desorden moral en que se halla por el pecado.

Es igualmente incompatible con el dogma católico el *tricotomismo* que enseñaron Platón, los gnósticos, maniqueos y apolinaristas, y en los tiempos modernos Anton Günther. Esta doctrina enseña que el hombre consta de tres partes esenciales: el cuerpo, el alma animal y el alma espiritual (σάρξ, ψυχή, πνεῦμα).

El VIII concilio universal de Constantinopla (869-870) condenó semejante doctrina bianímica declarando como dogma católico que el hombre no posee más que una sola alma racional: «unam animam rationabilem et intellectualem habere hominem»; Dz 338. El alma espiritual es principio de la vida espiritual y, al mismo tiempo, lo es de la vida animal (vegetativa y sensitiva); Dz 1655, nota 3.

La Sagrada Escritura nos enseña que el hombre es un compuesto de dos partes esenciales, unión que ha de volver a disolverse en dos partes; Gen 2, 7: «El Señor Dios formó al hombre del polvo de la tierra y sopló en su rostro el aliento de vida (*spiraculum vitae* = principio vital, alma), y así el hombre vino a ser un ser viviente»; Eccl 12, 7: «[Acuérdate de tu Hacedor] antes de que el polvo se vuelva a la tierra de donde salió y el espíritu retorne a Dios que le dio el ser»; cf. Mt 10, 28; 1 Cor 5, 3; 7, 34.

No hay que entender en el sentido de una tricotomía platónica la distinción entre alma y espíritu que vemos en algunos lugares de la Sagrada Escritura. En Lc 1, 46 s. obedece al *parallelismus membrorum,* propio de la poesía semítica. San Pablo emplea esta distinción para expresar las fuerzas superiores e inferiores del alma, que radican en el mismo principio psíquico (Hebr 4, 12), o para designar el principio de la vida natural y el de la sobrenatural (1 Thes 5, 23; cf. 1 Cor 2, 14 s). Esta manera de hablar de la Escritura es seguida por los padres. Muchos rechazan expresamente la doctrina de las dos almas en su lucha contra el error cristológico del apolinarismo, basado en el tricotomismo; cf. SAN GREGORIO NISENO, *De hominis opificio* 14; GENADIO, *Liber eccl. dogm.* 15.

Se prueba especulativamente la unicidad del alma en el hombre por testimonio de la propia conciencia, por la cual somos conscientes de que el mismo yo es principio de la actividad espiritual lo mismo que de la sensitiva y vegetativa.

2. Relación entre el alma y el cuerpo

El alma racional es inmediatamente la forma sustancial del cuerpo (de fe).

El cuerpo y el alma no se hallan vinculados por una unión meramente extrínseca o por sola unidad de acción, como un recipiente y su contenido o como un piloto y su nave (Platón, Descartes, Leibniz); antes bien, cuerpo y alma constituyen una unión intrínseca o unidad de naturaleza, de suerte que el alma espiritual es por sí misma y esencialmente la forma del cuerpo. El concilio de Vienne (1311-1312) definió: «quod anima rationalis seu intellectiva sit forma corporis humani per se et essentialiter»; Dz 481; cf. 738, 1655.

Esta declaración del concilio va dirigida contra el teólogo franciscano *Pedro Juan Olivi* († 1298), el cual enseñaba que el alma racional no era por sí misma (inmediatamente) la forma sustancial del cuerpo, siéndolo únicamente por medio de la forma sensitiva y vegetativa realmente distinta de ella. Con ello perecería la unidad sustancial de la naturaleza humana, quedando suplantada por una mera unidad dinámica de acción. La definición del concilio de Vienne no significa el reconocimiento dogmático de la doctrina tomista sobre la unicidad de la forma sustancial ni del hilomorfismo que enseña el aristotelismo escolástico.

Según Gen 2, 7, la materia del cuerpo se convierte en cuerpo humano vivo en cuanto se le infunde el alma, la cual, según Gen 1, 26, es espiritual, pasando entonces el cuerpo a formar parte constitutiva de la naturaleza humana. Según la visión de Ezequiel 37, 1 ss, los miembros muertos del cuerpo se despertaron a la vida por el alma espiritual.

Los santos padres entendían que la unión de cuerpo y alma era tan íntima que llegaron a compararla con la unión hipostática; cf. el símbolo *Quicumque* (Dz 40). San Agustín enseña: «Por el alma tiene el cuerpo sensación y vida» *(De civ. Dei* XXI 3, 2); cf. San Juan Damasceno, *De fide orth.* II 12.

3. Individualidad e inmortalidad del alma

Cada hombre posee un alma individual e inmortal (de fe).

El V concilio universal de Letrán (1512-17) condenó a los neoaristotélicos de tendencia humanista (Pietro Pomponazzi), los cuales renovaron el *monopsiquismo averroísta* enseñando que el alma racional es en todos los hombres la misma numéricamente y que solamente esa alma universal es la que goza de inmortalidad: «damnamus et reprobamus omnes asserentes animam intellectivam mortalem esse aut unicam in cunctis hominibus». «Condenamos y reprobamos a todos los que afirman que el alma intelectiva es mortal o que es una sola en todos los hombres»; Dz 738. La individualidad del alma es presupuesto necesario de la inmortalidad personal.

En el Antiguo Testamento resalta mucho la idea de la retribución en esta vida. Sin embargo, aun los libros más antiguos (contra lo que afirma la crítica racionalista) conocen la fe en la inmortalidad. La vida sobre la tierra, según apreciación de la Sagrada Escritura en Gen 47, 9, es un morar en país extraño. Los muertos van a reunirse con sus padres (Gen 15, 15), se juntan con los de su pueblo (Gen 25, 8 y 17, etc.), van a dormirse con sus padres (Deut 31, 16; 3 Reg 2, 10, etc.). El alma, después de la muerte, entra en el *šeol*, es decir, en una mansión común donde moran las almas separadas de los cuerpos (Gen 37, 35). Los libros más modernos, sobre todo el libro de la Sabiduría, abundan en testimonios de la fe en la inmortalidad del alma que abrigaba el pueblo israelita; cf. especialmente Sap 2, 23: «Dios creó al hombre para la inmortalidad y le hizo a imagen de su propia inmortalidad» (según otra variante: «de su propia naturaleza»).

La fe en la vida futura, claramente expresada en el Nuevo Testamento, se apoya en la firme convicción de la inmortalidad personal. Jesús enseñaba: «No temáis a los que matan el cuerpo, que al alma no pueden matarla» (Mt 10, 28). San Pablo está convencido de que inmediatamente después de la muerte (no después de la resurrección) alcanzará la unión con Cristo: «Deseo morir para estar con Cristo» (Phil 1, 23). La doctrina sobre la muerte del alma (tnetopsiquismo) es totalmente desconocida en la Sagrada Escritura; cf. Mt 10, 39; 16, 25; Lc 16, 19 ss; 23, 43; Ioh 12, 25; Act 7, 59; 2 Cor 5, 6-8.

El siguiente lugar del Eclesiastés (3, 21): «¿Quién sabe si el espíritu [= el principio vital] de los hijos de los hombres sube arriba y el espíritu de los animales desciende a la tierra?», parece que pone en duda la inmortalidad. Pero si examinamos el contexto, nos percataremos de que se refiere tan sólo a la *faceta animal* del hombre, según la cual es tan perecedero como una bestia. Otros pasajes del mismo libro nos hablan de la inmortalidad del alma de una forma que no deja lugar a duda; cf. 12, 7; 9, 10.

Los santos padres no sólo testifican unánimemente el hecho de la inmortalidad, sino que al mismo tiempo la razonan con argumentos filosóficos.

Orígenes la propugna contra el tnetopsiquismo, muy difundido en Arabia. Tratan de ella desde un punto de vista filosófico SAN GREGORIO NISENO en su *Dialogus de anima et resurrectione* y SAN AGUSTÍN en su monografía *De immortalitate animae.*

La razón natural prueba la inmortalidad del alma por su simplicidad física. Como no está compuesta de partes, no puede tampoco disolverse en partes. Dios podría, sin duda, aniquilar el alma; pero es conforme a la sabiduría y bondad de Dios que satisfaga en la vida futura el ansia natural del alma por alcanzar la verdad y la dicha, y es conforme con la justicia divina que retribuya cumplidamente al alma en la otra vida.

Bibliografía: A. C. PEGIS, *St. Thomas and the Problem of the Soul in the Thirteenth Century,* Toronto 1934. E. MÜLLER, *Das Konzil von Vienne 1311-1312. Seine Quellen und seine Geschichte,* Mr 1934. B. JANSEN, *Die Seelenlehre Olivis und ihre Verurteilung auf dem Vienner Konzil,* FrSt 21 (1934) 297-314; cf. Schol. 10 (1935) 241-244, 406-408. W. GÖTZMANN, *Die Unsterblichkeitsbeweise in der Väterzeit und Scholastik bis zum Ende des 13. Jh.,* Karlsruhe 1927. M. GRABMANN, *Die Grundgedanken des heiligen Augustinus über Seele und Gott,* K [2]1929. G. HEIDINGSFELDER, *Die Unsterblichkeit der Seele,* Mn 1930. El mismo, *Zum Unsterblichkeitsstreit in der Renaissance,* en *Aus der Geisteswelt des Mittelalters,* Mr 1935, 1265-1286. H. BÜCKERS, *Die Unsterblichkeitslehre des Weisheitsbuches,* Mr 1938. O. KARRER, *Unsterblichkeitsglaube,* Mn, sin datar. A. WENZL, *Unsterblichkeit,* Berna 1951. E. GILSON, *Autour de Pomponazzi,* AHDL 28 (1961) 163-279.

§ 15. EL ORIGEN DE CADA ALMA HUMANA

En los descendientes de Adán, el origen del alma está vinculado a la generación natural. Sobre este hecho existe conformidad, pero hay diversidad de opiniones cuando se trata de explicar cómo tiene origen el alma.

1. Preexistencianismo

Esta doctrina, ideada por Platón y enseñada en los primeros tiempos del Cristianismo por Orígenes y algunos seguidores suyos (Dídimo de Alejandría, Evagrio Póntico, Nemesio de Emesa) y por los priscilianistas, mantiene que las almas preexistían antes de unirse con sus respectivos cuerpos (según Platón y Orígenes, desde toda la eternidad), y luego, como castigo de algún delito moral, se vieron condenadas a morar en el cuerpo del hombre, desterradas de los espacios etéreos. Semejante doctrina fue condenada en un sínodo de Constantinopla (543) contra los origenistas y en un sínodo de Braga (561) contra los priscilianistas; Dz 203, 236.

Es completamente extraña a la Sagrada Escritura la idea de que las almas existieran antes de su unión con el cuerpo y de que en dicho estado cometiesen una culpa moral. Incluso el pasaje del libro de la Sabiduría, 8, 19 s: «Era yo un niño de buen natural, que recibió en suerte un alma buena. Porque siendo bueno vine a un cuerpo sin mancilla», no se puede entender en el sentido de la preexistencia platónica, pues las ideas antropológicas del libro de la sabiduría son radicalmente distintas de las de Platón. Según testimonio expreso de la Sagrada Escritura, el primer hombre, creado por Dios, era bueno en cuanto al cuerpo y en cuanto al alma (Gen 1, 31). El pecado entró en el mundo por la desobediencia de nuestros primeros padres (Gen 3, 1 ss; Rom 5, 12 ss). San Pablo excluye directamente la idea de un pecado cometido en un estadio precorporal: «Cuando todavía no habían nacido ni habían hecho aún bien ni mal» (Rom 9, 11).

Los santos padres, con muy pocas excepciones, son contrarios al preexistencianismo de Orígenes; cf. San Gregorio Nacianceno, *Or.* 37, 15; San Gregorio Niseno, *De anima et resurr.*, § 15, 3; San Agustín, *Ep.* 217, 5, 16; San León i, *Ep.* 15, 10. Contra la teoría de la preexistencia del alma nos habla también el testimonio de la propia conciencia; cf. S.th. i 118, 3.

2. Emanatismo

El emanatismo, representado en la antigüedad por el *dualismo* de los gnósticos y maniqueos y enseñado en la edad moderna por los panteístas, sostiene que las almas se originan por emanación de la sustancia divina. Tal doctrina contradice la absoluta simplicidad de Dios y fue condenada como herética, juntamente con el panteísmo, en el concilio del Vaticano; Dz 1804; cf. Dz 347. San Agustín dice: «El alma no es una partícula de Dios, pues, si así fuera, sería inmutable e indestructible bajo cualquier respecto» (*Ep.* 166, 2, 3).

3. Generacionismo

El generacionismo atribuye el origen del alma humana, lo mismo que el del cuerpo humano, al acto generador de los padres. Ellos son causa del cuerpo y del alma. La forma más material de generacionismo es el *traducianismo,* defendido por Tertuliano, el cual enseña que con el semen orgánico de los padres pasa al hijo una partícula de la sustancia anímica de los mismos *(tradux)*. La forma más espiritual de generacionismo, considerada posible por San Agustín y defendida en el siglo pasado como probable por Klee, Rosmini y algunos otros, mantienen la espiritualidad del alma, pero enseña que el alma del hijo procede de un *semen spirituale* de los padres.

El generacionismo es incompatible con la simplicidad y espiritualidad del alma. El papa Benedicto xii exigió a los armenios como condición indispensable para la unión que abjuraran de la doctrina generacionista; Dz 533. León xiii condenó la doctrina de Rosmini; Dz 1910.

4. Creacionismo

Cada alma es creada directamente por Dios de la nada (sent. cierta).

El creacionismo, defendido por la mayor parte de los santos padres, de los escolásticos y de los teólogos modernos, enseña que cada alma es creada por Dios de la nada en el instante de su unión con el cuerpo. Tal doctrina no está definida, pero se halla expresada indirectamente en la definición del concilio v de Letrán («pro corporum, quibus *infunditur,* multitudine multiplicanda»; Dz 738). Alejandro VII, en una declaración sobre la Concepción Inmaculada de María que sirvió como base de la definición dogmática de Pío IX, habla de la «creación e infusión» del alma de la Virgen en su cuerpo («in primo instanti creationis atque infusionis in corpus»); Dz 1100; cf. Dz 1641. Pío XII enseña en la encíclica *Humani generis* (1950): «que la fe católica nos enseña a profesar que las almas son creadas inmediatamente por Dios»; Dz 3027; cf Dz 348 (León IX).

No nos es posible presentar una prueba contundente de Escritura en favor del creacionismo. No obstante, lo hallamos insinuado en Eccl 12, 7 («El espíritu retorna a Dios, que fue quien le dio»), Sap 15, 11 (infusión del alma por Dios) y Hebr 12, 9 (distinción entre los padres de la carne y el Padre del espíritu = Dios).

La mayor parte de los santos padres, sobre todo los griegos, son partidarios del creacionismo. Mientras que San Jerónimo salió decididamente en favor del creacionismo, SAN AGUSTÍN anduvo vacilando toda su vida entre el generacionismo y el creacionismo *(Ep.* 166). Le impedía confesar decididamente el creacionismo la dificultad que hallaba en conciliar la creación inmediata del alma por Dios con la propagación del pecado original. Por influjo de San Agustín, perduró en los tiempos siguientes cierta vacilación, hasta que con el período de apogeo de la escolástica el creacionismo halló plena aceptación. SANTO TOMÁS llegó incluso a calificar de herética la doctrina generacionista; S.th. I 118, 2.

Instante en que es creada e infundida el alma.

Según la opinión del escolasticismo aristotélico, en el embrión humano se suceden temporalmente tres formas vitales distintas, de suerte que la forma subsiguiente viene a asumir las funciones de la correspondiente anterior, a saber: la forma vegetativa, la sensitiva y, por último (después de 40 a 90 días), la espiritual. De ahí la distinción que hicieron los escolásticos entre *foetus informis* y *foetus formatus,* la cual se pretendía fundar en un pasaje bíblico (Ex 21, 22; según la versión de los Setenta y la Vetus latina). El feto informe era considerado como un ser puramente animal; y el feto formado, como ser humano; siendo juzgada como asesinato la voluntaria occisión de este último. La filosofía cristiana moderna sostiene de forma unánime la sentencia de que en el mismo instante, o poco después, de la concepción tiene lugar la creación e infusión del alma espiritual; cf. Dz 1185; CIC 747.

Bibliografía: G. Esser, *Die Seelenlehre Tertullians,* Pa 1893. A. Konermann, *Die Lehre von der Entstehung der Menschenseelen in der christlichen Literatur bis zum Konzil von Nizäa,* Mr 1915. W. Stockums, *Historisch-Kritisches über die Frage: Wann entsteht die geistige Seele?,* PhJb 37 (1924) 225-252. H. Karpp, *Probleme altchristlicher Anthropologie,* Gü 1950. J. H. Waszink, *Q. S. F. Tertulliani De anima* (edic. con Introducción y Comentario), Amsterdam 1947.

II. LA ELEVACIÓN DEL HOMBRE AL ESTADO SOBRENATURAL

§ 16. Concepto de lo sobrenatural

1. Definición

a) Natural, por contraposición a sobrenatural, es todo aquello que forma parte de la naturaleza o es efecto de la misma o es exigido por ella: «Naturale est, quod vel constitutive vel consecutive vel exigitive ad naturam pertinet»; o, en una palabra: «Naturale est, quod naturae debetur.» El orden natural es la ordenación de todas las criaturas al fin último correspondiente a su naturaleza.

San Agustín usa frecuentemente la palabra «natural» conforme a su etimología *(natura=nascitura),* en el sentido de «original» o «primitivo» *(originalis),* y algunas veces también en el sentido de «conforme o conveniente a la naturaleza» *(conveniens).* Según esta acepción de San Agustín el conjunto de dones «naturales» del hombre comprende también los dones sobrenaturales en su estado primitivo de elevación; cf. Dz 130: *naturalis possibilitas.*

b) Sobrenatural es todo aquello que no constituye parte de la naturaleza ni es efecto de ella ni entra dentro de las exigencias a las que tiene título la misma, sino que está por encima del ser, de las fuerzas y de las exigencias de la naturaleza. Lo sobrenatural es algo que rebasa las potencias y exigencias naturales y que es añadido a los dones que una criatura tiene por naturaleza: «Supernaturale est donum Dei naturae indebitum et superadditum.» El orden sobrenatural es la ordenación de las criaturas racionales a un fin último sobrenatural.

2. División

Lo sobrenatural se divide en:

a) Sobrenatural *sustancial* («supernaturale secundum substantiam») y sobrenatural *modal* («supernaturale secundum modum»). Es sobrenatural sustancial lo que por su ser interno excede a la naturaleza de una criatura, v.g., conocer el misterio de la Santísima Trinidad, poseer gracias actuales, la gracia santificante, la visión beatífica de Dios. Es sobrenatural modal un efecto que por su ser interno es natural, mas por el modo con que es producido supera las fuerzas naturales de la criatura, v.g., una curación milagrosa.

b) Sobrenatural *absoluto,* o simplemente tal («supernaturale simpliciter»), y sobrenatural *relativo,* o en un determinado respecto («supernaturale secundum quid»). El sobrenatural absoluto comprende bienes de orden *divino* y supera, por tanto, las fuerzas de toda criatura, v.g., la gracia santificante, la visión beatífica de Dios. El sobrenatural relativo comprende bienes de orden *creado,* y aunque es sobrenatural para una determinada criatura, no lo es para todas, v.g., la ciencia infusa que es natural en el ángel y, en cambio, en el hombre es algo sobrenatural. Entre lo sobrenatural relativo se cuentan los dones llamados preternaturales del estado primitivo en que Dios creó al hombre.

Bibliografía: A. Deneffe, *Geschichte des Wortes «supernaturalis»,* ZkTh 46 (1922) 237-360. A. Landgraf, *Studien zur Erkenntnis des Uebernatürlichen in der Frühscholastik,* Schol 4 (1920) 1-37, 189-220, 352-389. H. de Lubac, *Surnaturel.* Études historiques, P 1946. Z. Alszeghy, *La teologia dell'ordine sopranaturale nella scolastica antica,* Greg 31 (1950) 414-450. J. Alfaro, *Lo natural y lo sobrenatural. Estudio histórico desde Santo Tomás hasta Cayetano (1274-1534),* Ma 1952.

§ 17. Relación entre la naturaleza y lo sobrenatural

1. La capacidad de la naturaleza para la recepción de lo sobrenatural

La naturaleza de la criatura posee una capacidad receptiva de lo sobrenatural (sent. cierta).

Aun cuando lo sobrenatural se halle muy por encima de la naturaleza, con todo esta última posee un punto de partida o cierta receptibilidad para lo sobrenatural: la llamada *potencia obediencial.* Por ella entendemos la potencia pasiva, propia de la criatura y fundada en su total dependencia del Hacedor, para ser elevada por éste a un ser y actividad sobrenatural; cf. S.th. III 11, 1.

Según la doctrina escolástica, el poder del Creador educe lo sobrenatural de la potencia obediencial; esto quiere decir que la potencia pasiva, existente en la naturaleza de la criatura, es actuada por la omnipotencia de Dios. Tal doctrina es esencialmente distinta y nada tiene que ver con la teoría modernista de la «inmanencia vital», según la cual todo lo tocante a la religión brota de forma puramente natural de las exigencias de la naturaleza humana.

San Agustín dice: «Posse habere fidem, sicut posse habere caritatem, naturae est hominum; habere autem fidem, quemadmodum habere caritatem, gratiae est fidelium» (*De praedest. sanct.* 5, 10).

2. Vinculación orgánica de la naturaleza con lo sobrenatural

a) Lo sobrenatural presupone la naturaleza (sent. común).

Lo sobrenatural no subsiste en sí mismo, sino en otro; no es, por tanto, sustancia, sino accidente. Lo sobrenatural requiere una naturaleza creada en que pueda sustentarse y actuar.

b) Lo sobrenatural perfecciona la naturaleza (sent. común).

Lo sobrenatural no es algo que se añada de forma extrínseca a la naturaleza, sino que constituye con ella una unión intrínseca y orgánica. Penetra la esencia y las fuerzas de la naturaleza perfeccionándola, o bien dentro del orden creado (dones prenaturales), o bien elevándola al orden divino del ser y del obrar (dones absolutamente sobrenaturales). Los padres de la Iglesia y los teólogos comparan lo sobrenatural con el fuego que encandece el hierro o con el vástago fértil de exquisita planta, injertado en un patrón silvestre.

3. El fin natural y sobrenatural del hombre

Dios ha señalado al hombre un fin último sobrenatural (de fe).

El concilio del Vaticano funda la necesidad absoluta de la revelación en la destinación del hombre a un fin sobrenatural: «Deus ex infinita bonitate sua ordinavit hominem ad finem supernaturalem, ad participanda scilicet bona divina, quae humanae mentis intelligentiam omnino superant»; Dz 1786; cf. Dz 1808. El fin último sobrenatural consiste en la participación del conocimiento que Dios tiene de sí mismo, fin cuya consecución redunda en gloria sobrenatural para Dios y en dicha sobrenatural para el hombre; cf. 1 Cor 13, 12; 1 Ioh 3, 2 (v. *De Dios Uno y Trino*, § 6).

El fin *natural* del hombre, que consiste en el conocimiento y amor natural de Dios y del cual redunda una glorificación natural de éste y una felicidad natural del hombre, se halla subordinado al fin sobrenatural. Todo el orden natural no es más que un medio para conseguir el fin último sobrenatural. El hombre, por razón de su total dependencia de Dios, está obligado a procurar la consecución de su fin último sobrenatural. Si yerra en este propósito, no podrá conseguir tampoco el fin natural; cf. Mc 16, 16.

Bibliografía: A. Kranich, *Über die Empfänglichkeit der menschlichen Natur für die Güter der übernatürlichen Ordnung nach der Lehre des hl. Augustin und des hl. Thomas v. A.*, Pa 1892. M. J. Scheeben, *Naturaleza y gracia,* Herder, Barcelona 1968. C. Feckes, *Das Verhältnis von Natur und Uebernatur,* D 1947. G. de Broglie, *De fine ultimo humanae vitae,* P. 1948. B. Stoeckle, *Gratia supponit naturam. Geschichte und Analyse eines theologischen Axioms,* R 1962.

§ 18. Dones sobrenaturales del primer hombre

1. La gracia santificante

Nuestros primeros padres estaban dotados de gracia santificante antes del pecado original (de fe).

a) El concilio de Trento, frente al pelagianismo y al moderno racionalismo, enseña: «primum hominem Adam... sanctitatem et iustitiam, in qua constitutus fuerat, amisisse»; Dz 788; cf. Dz 192.

Contra Bayo y el jansenista Quesnel, el sagrado magisterio de la Iglesia declaró el carácter sobrenatural de los dones del estado primitivo del hombre; Dz 1021-1026, 1385; cf. Dz 1516, 2318.

En la narración bíblica se da a entender la elevación del hombre al estado sobrenatural por el tono filial con que tratan nuestros primeros padres a Dios en el Paraíso. Una prueba cierta de tal elevación la hallamos en la soteriología del apóstol San Pablo. El Apóstol nos enseña que Cristo, segundo Adán, ha restaurado lo que el primero había echado a perder, a saber: el estado de santidad y justicia. Si Adán lo perdió, tuvo que poseerlo antes; cf. Rom 5, 12 ss; Eph 1, 10; 4, 23 s; 1 Cor 6, 11; 2 Cor 5, 17; Gal 6, 15; Rom 5, 10 s; 8, 14 ss.

Los santos padres entendieron que la dotación sobrenatural del hombre en el Paraíso estaba indicada en Gen 1, 26 (*similitudo* = semejanza sobrenatural con Dios), en Gen 2, 7 (*spiraculum vitae* = principio de la vida sobrenatural) y en Eccl 7, 30; «He aquí que sólo he hallado esto: que Dios creó al hombre recto» *(rectum=iustum).* San Agustín comenta que nuestra renovación (Eph 4, 23) consiste en «recibir la justicia que el hombre había perdido por el pecado» *(De Gen. ad litt.* VI 24, 35). San Juan Damasceno afirma: «El Hacedor concedió al hombre su gracia divina, y por medio de ella le hizo participante de su propia vida» *(De fide orth.* II 30).

b) En cuanto al *instante* en que tendría lugar tal elevación, la mayor parte de los teólogos están de acuerdo con Santo Tomás y su escuela en afirmar que nuestros primeros padres fueron ya creados en estado de gracia santificante. Por el contrario, *Pedro Lombardo* y la *Escuela Franciscana* enseñan que los protoparentes, al ser creados, recibieron únicamente los dones preternaturales de integridad, debiendo disponerse con ayuda de gracias actuales a la recepción de la gracia santificante. El concilio de Trento dejó intencionadamente sin resolver esta cuestión (por eso dice: «in qua constitutus erat», y no «creatus erat»; Dz 788). Los santos padres exponen la misma sentencia de Santo Tomás; cf. Dz 192; San Juan Damasceno, *De fide orth.* II 12; S.th. I 95, 1.

2. Los dones de integridad

La dotación sobrenatural de nuestros primeros padres *(iustitia originalis)* comprendía, además de la gracia santificante absolutamente sobrenatural, ciertos dones preternaturales, los denominados *dona integritatis:*

a) El don de rectitud o integridad en sentido estricto, es decir, la inmunidad de la concupiscencia (sent. próxima a la fe).

Concupiscencia, en sentido dogmático, es la tendencia espontánea, bien sea sensitiva o espiritual, que precede a toda reflexión del entendimiento y toda resolución de la voluntad y que persiste aun contra la decisión de esta última. El don de integridad consiste en el dominio perfecto del libre albedrío sobre toda tendencia sensitiva o espiritual, pero deja subsistir la posibilidad del pecado.

El concilio tridentino declara que la concupiscencia es denominada «pecado» por San Pablo porque deriva del pecado e inclina al mismo («quia ex peccato et ad peccatum inclinat»; Dz 792). Y si procede del pecado, señal de que no existía antes de él; cf. Dz 2123, 1026.

La Sagrada Escritura da testimonio de la perfecta armonía que existía entre la razón y el apetito sensitivo; Gen 2, 25: «Estaban ambos desnudos... sin avergonzarse por ello». El sentimiento del pudor se despertó por el pecado; Gen 3, 7 y 10.

Los santos padres defendieron el *don de integridad* frente a los pelagianos, los cuales no veían en la concupiscencia un defecto de la naturaleza *(defectus naturae),* sino un poder de la misma *(vigor naturae).* San Agustín enseña que nuestros primeros padres podían evitar fácilmente el pecado gracias al don de integridad *(posse non peccare; De corrept. et gratia* 12, 33).

b) El don de la inmortalidad, es decir, la inmortalidad corporal (sent. próxima a la fe).

El concilio de Trento enseña que Adán, por el pecado, incurrió en el castigo de la muerte corporal: «Si quis non confitetur, primum hominem Adam... incurrisse, per offensam praevaricationis huiusmodi, iram et indignationem Dei, atque ideo *mortem,* quam antea illi comminatus fuerat Deus...» a. s.; Dz 788; cf. Dz 101, 175, 1078, 2123.

La Sagrada Escritura refiere que Dios conminó con la muerte si se desobedecía al precepto que Él había dado; y así lo hizo después de la transgresión de nuestros primeros padres (Gen 2, 17; 3, 19); cf. Sap 1, 13: «Dios no hizo la muerte»; Rom 5, 12: «Por un hombre entró el pecado en el mundo, y por el pecado la muerte».

Debemos representarnos el don de la inmortalidad, tal como nos enseña San Agustín, como *posse non mori (De Gen. ad litt.* VI 25, 36) (como posibilidad de no morir), y no como *non posse mori* (como imposibilidad de morir). Los santos padres opinaron que la inmortalidad les era proporcionada por el árbol de la vida; Gen 2, 9; 3, 22.

Partiendo del principio de que el pecado no cambió la naturaleza del hombre, algunos teólogos modernos entienden así el don de la inmortalidad: el hombre inocente en su estado originario moriría ciertamente, si bien la muerte no le sería tan dolorosa como lo es para el hombre caído en el pecado. El concilio de Trento, que declara la muerte como consecuencia del pecado, no dice nada en contra, toda vez que él se refiere a la muerte empírica, tal como es experimentada por el hombre.

c) El don de impasibilidad, es decir, la inmunidad de sufrimientos (sent. común).

Aclaremos que este don debemos concebirlo como *posse non pati* (posibilidad de quedar libres del sufrimiento); guarda íntima relación con el don de la inmortalidad corporal.

La Sagrada Escritura considera el dolor y el sufrimiento como consecuencia del pecado; Gen 3, 16 ss. Antes de pecar, nuestros primeros padres vivían en un estado de felicidad no turbada por ninguna molestia (cf. Gen 2, 15 [Vg]: «in paradiso voluptatis»). Pero advirtamos que impasibilidad no significa inactividad. Nuestros primeros padres, poco después de haber sido creados por Dios, recibieron el encargo divino de cultivar la tierra (Gen 2, 15) participando a su modo en la obra de la creación.

Algunos teólogos modernos entienden la impasibilidad en el sentido de que los dolores no habrían faltado, ciertamente, si bien el hombre en estado de inocencia y lleno del amor a Dios no los habría sentido tan dolorosamente como el hombre culpable.

d) El don de ciencia, es decir, el conocimiento infundido por Dios de muchas verdades naturales y sobrenaturales (sent. común).

Como nuestros primeros padres, según se desprende de la narración bíblica, comenzaron a existir en edad adulta y estaban destinados a ser los primeros maestros y educadores de toda la humanidad, era conveniente que Dios les dotara con conocimientos naturales correspondientes al grado de edad en que habían sido creados y a la misión que tenían que desempeñar, dándoles, además, toda la cantidad necesaria de conocimientos sobrenaturales para el logro del fin sobrenatural que les había sido asignado. La Sagrada Escritura nos indica el profuso conocimiento de Adán al referir que éste fue imponiendo nombres a todos los animales (Gen 2, 20) y que en seguida conoció cuál fuera la naturaleza y misión de la mujer (Gen 2, 23 s); cf. SAN AGUSTÍN, *Op. imperf. c. Iul.* v, 1.

La escolástica ha aumentado abusivamente el saber profano de los primeros padres (cf. S.th. I 94, 3). La Sagrada Escritura no ofrece para ello punto alguno de apoyo. El sentido de la imposición de nombres (Gen 2, 20) es expresar la supremacía del hombre sobre los animales. Teólogos modernos reducen el saber profano del primer hombre a un comportamiento instintivo seguro frente a su medio.

Sobre la duración del estado primitivo nada puede inferirse de la revelación. Se puede pensar que el primer acto de libre decisión del hombre fue el pecado. En este caso, la duración del estado primitivo debió ser sumamente breve.

3. Los dones primitivos, dones hereditarios

Adán no sólo recibió para sí la gracia santificante, sino también para transmitirla a sus descendientes (sent. cierta).

El concilio de Trento enseña que Adán no sólo perdió para sí la santidad y justicia (= gracia santificante) que había recibido de Dios, sino que la perdió también para nosotros; Dz 789. De ahí inferimos que él no la recibió únicamente para sí, sino también para nosotros sus descendientes. Lo mismo se puede decir, según consentimiento unánime de los santos padres y teólogos, de los dones preternaturales de integridad (exceptuando el don de ciencia); pues éstos fueron concedidos por razón de la gracia santificante. Adán no recibió los dones del estado primitivo como un mero individuo particular, sino como cabeza del género humano; ellos constituían un regalo hecho a la naturaleza humana como tal *(do-*

num naturae) y debían pasar, conforme a esta ordenación positiva de Dios, a todos los individuos que recibieran por generación la naturaleza humana. La justicia primitiva tenía, por tanto, carácter hereditario.

Los santos padres comentan que nosotros, descendientes de Adán, recibimos la gracia de Dios y la perdimos por el pecado. Este modo de hablar presupone claramente que las gracias concedidas primitivamente a Adán debían pasar a sus descendientes; cf. SAN BASILIO (?), *Sermo asc.* I: «Volvamos a la gracia primitiva, de la que fuimos despojados por el pecado»; SAN AGUSTÍN, *De spir. et litt.* 27, 47; S.th. I 100, 1; *Comp. theol.* 187.

Bibliografía: A. SLOMKOWSKI, *L'état primitif de l'homme dans la tradition de l'Église avant S. Augustin,* P. 1928. A. FRIES, *Urgerechtigkeit, Fall und Erbsünde nach Präpositin von Cremona und Wilhelm von Auxerre,* Fr 1940. J. B. KORS, *La justice primitive et le péché originel, d'après S. Thomas,* P 1930. W. A. VAN ROO, *Grace and original justice according to St. Thomas,* R 1955. A propósito de la noción de *concupiscencia,* véanse FR. LAKNER, ZkTh 61 (1937) 437-440; K. RAHNER, ibidem 65 (1941) 61-80; SchrTh I 377-414. M. SCHMAUS, *Das Paradies,* Mn 1965.

§ 19. LOS DISTINTOS ESTADOS DE LA NATURALEZA HUMANA

Por estado de la naturaleza humana se entiende la situación interna de la susodicha naturaleza con respecto al fin último señalado por Dios. Se distingue entre estados históricos o reales y estados meramente posibles.

1. Estados reales

a) Estado de naturaleza *elevada* (o de justicia original); en él se encontraban los protoparentes antes de cometer el primer pecado, poseyendo el don absolutamente sobrenatural de la gracia santificante y los dones preternaturales de integridad.

b) Estado de naturaleza *caída* (o de pecado original); tal fue el estado que siguió inmediatamente al pecado de Adán, en el cual el hombre, como castigo por el pecado, carece de la gracia santificante y de los dones de integridad.

c) Estado de naturaleza *reparada.* Estado en que fue restaurado por la gracia redentora de Cristo; en el que el hombre posee la gracia santificante, mas no los dones preternaturales de integridad.

d) Estado de naturaleza *glorificada.* Es el estado de aquellos que han alcanzado ya la visión beatífica de Dios, que es el último fin sobrenatural del hombre. Comprende en sí la gracia santificante en toda su perfección. Después de la resurrección de la carne, abarcará también, con respecto al cuerpo, los dones preternaturales de integridad en toda su perfección (no poder pecar, ni morir, ni sufrir).

Es común a todos los estados reales el fin último sobrenatural de la visión beatífica de Dios.

2. Estados meramente posibles

a) Estado de naturaleza *pura,* en el cual el hombre poseería todo aquello —y nada más que aquello— que pertenece a su naturaleza humana, y en el cual no podría conseguir más que un fin último puramente natural.

Lutero, Bayo y Jansenio negaron que fuera posible semejante estado de naturaleza pura, pero la Iglesia enseña con certeza su posibilidad. Así se desprende lógicamente de sus enseñanzas acerca del carácter sobrenatural de los dones concedidos a nuestros primeros padres en el estado de justicia original. Pío v condenó la proposición de Bayo: «Deus non potuisset ab initio talem creare hominem, qualis nunc nascitur»; Dz 1055. De suerte que Dios pudo haber creado al hombre sin los dones estrictamente sobrenaturales y preternaturales, pero no en estado de pecado.

San Agustín y los doctores de la escolástica enseñan expresamente que es en sí posible el estado de naturaleza pura; cf. SAN AGUSTÍN, *Retract.* I 8 (9), 6; SANTO TOMÁS, *In Sent.* II d. 31 q. 1 a. 2 ad 3.

b) Estado de naturaleza *íntegra,* en el cual el hombre hubiera poseído, juntamente con todo lo debido a su naturaleza, los dones preternaturales de integridad para conseguir más fácil y seguramente su fin último *natural.*

Bibliografía: A. CASINI, *Quid est homo, sive controversia de statu purae naturae,* ed. M. J. Scheeben, Mz 1862. H. J. BROSCH, *Das Übernatürliche in der katholischen Tübinger Schule,* Essen 1962.

III. EL HOMBRE Y SU CAÍDA DEL ESTADO SOBRENATURAL

§ 20. EL PECADO PERSONAL DE NUESTROS PRIMEROS PADRES O PECADO ORIGINAL ORIGINANTE

1. El acto pecaminoso

Nuestros primeros padres pecaron gravemente en el Paraíso transgrediendo el precepto divino que Dios les había impuesto para probarles (de fe, por ser doctrina del magisterio ordinario y universal de la Iglesia).

El concilio de Trento enseña que Adán perdió la justicia y la santidad por transgredir el precepto divino; Dz 788. Como la magnitud del castigo toma como norma la magnitud de la culpa, por un castigo tan grave se ve que el pecado de Adán fue también grave o mortal.

La Sagrada Escritura refiere, en Gen 2, 17 y 3, 1 ss, el pecado de nuestros primeros padres. Como el pecado de Adán constituye la base de los dogmas del pecado original y de la redención del género humano, hay que admitir en sus puntos esenciales la historicidad del relato bíblico. Según respuesta de la Comisión Bíblica del año 1909, no es lícito poner en duda el sentido literal e histórico con respecto a los hechos que mencionamos a continuación: *a)* que al primer hombre le fue impuesto un precepto por Dios a fin de probar su obediencia; *b)* que transgredió este precepto divino por insinuación del diablo, presentado bajo la forma de una serpiente; *c)* que nuestros primeros padres se vieron privados del estado primitivo de inocencia; Dz 2123.

Los libros más recientes de la Sagrada Escritura confirman este sentido literal e histórico; Eccli 25, 33: «Por una mujer tuvo principio el pecado y por ella morimos todos»; Sap. 2, 24: «Por la envidia del diablo entró la muerte en el mundo»; 2 Cor 11, 3: «Pero temo que, como la serpiente engañó a Eva con su astucia, también corrompa vuestros pensamientos apartándolos de la entrega sincera a Cristo»; cf. 1 Tim 2, 14; Rom 5, 12 ss; Ioh 8, 44. Hay que desechar la interpretación mitológica y la puramente alegórica (de los alejandrinos).

El pecado de nuestros primeros padres fue en su índole moral un pecado de desobediencia; cf. Rom 5, 19: «Por la desobediencia de uno, muchos fueron hechos pecadores.» La raíz de tal desobediencia fue la soberbia; Tob 4, 14: «Toda perdición tiene su principio en el orgullo»; Eccli 10, 15: «El principio de todo pecado es la soberbia.» El contexto bíblico descarta la hipótesis de que el pecado fuera de índole sexual, como sostuvieron Clemente Alejandrino y San Ambrosio. La gravedad del pecado resulta del fin que perseguía el precepto divino y de las circunstancias que le rodearon. San Agustín considera el pecado de Adán como «inefablemente grande» («ineffabiliter grande peccatum»: *Op. imperf. c. Iul.* I 105).

2. Las consecuencias del pecado

a) Los protoparentes perdieron por el pecado la gracia santificante y atrajeron sobre sí la cólera y el enojo de Dios (de fe; Dz 788).

En la Sagrada Escritura se nos indica la pérdida de la gracia santificante al referirse que nuestros primeros padres quedaron excluidos del trato familiar con Dios; Gen 3, 10 y 23. Dios se presenta como juez y lanza contra ellos el veredicto condenatorio; Gen 3, 16 ss.

El desagrado divino se traduce finalmente en la eterna reprobación. Taciano enseñó de hecho que Adán perdió la eterna salvación. San Ireneo *(Adv. haer.* III 23, 8), Tertuliano *(De poenit.* 12) y San Hipólito *(Philos.* 8, 16) salieron ya al paso de semejante teoría. Según afirman ellos, es doctrina universal de todos los padres, fundada en un pasaje del libro de la Sabiduría (10, 2: «ella [la Sabiduría] le salvó en su caída»), que nuestros primeros padres hicieron penitencia, y «por la sangre del Señor» se vieron salvados de la perdición eterna; cf. San Agustín, *De peccat. mer. et rem.* II 34, 55.

b) Los protoparentes quedaron sujetos a la muerte y al señorío del diablo (de fe; Dz 788).

La muerte y todo el mal que dice relación con ella tienen su raíz en la pérdida de los dones de integridad. Según Gen 3, 16 ss, como castigo del pecado nos impuso Dios los sufrimientos y la muerte. El señorío del diablo queda indicado en Gen 3, 15, enseñándose expresamente en Ioh 12, 31; 14, 30; 2 Cor 4, 4; Hebr 2, 14; 2 Petr 2, 19.

Bibliografía: K. Fruhstorfer, *Die Paradiesessünde,* Lz 1929. J. Feldmann, *Paradies und Sündenfall,* Mr 1913. E. J. Fitzpatrick, *The sin of Adam in the Writings of Saint Thomas Aquinas,* Mu 1950. F. Asensio, *De persona Adae et de peccato originali originante secundum Genesim,* Greg 29 (1948) 522-526.

§ 21. Existencia del pecado original

1. Doctrinas heréticas opuestas

El pecado original fue negado indirectamente por los *gnósticos* y *maniqueos,* que atribuían la corrupción moral del hombre a un principio eterno del mal: la materia; también lo negaron indirectamente los *origenistas* y *priscilianistas,* los cuales explicaban la inclinación del hombre al mal por un pecado que el alma cometiera antes de su unión con el cuerpo.

Negaron directamente la doctrina del pecado original los *pelagianos,* los cuales enseñaban que:

a) El pecado de Adán no se transmitía por herencia a sus descendientes, sino porque éstos imitaban el mal ejemplo de aquél *(imitatione, non propagatione).*

b) La muerte, los padecimientos y la concupiscencia no son castigos por el pecado, sino efectos del estado de naturaleza pura.

c) El bautismo de los niños no se administra para remisión de los pecados, sino para que éstos sean recibidos en la comunidad de la Iglesia y alcancen el «reino de los cielos» (que es un grado de felicidad superior al de «la vida eterna»).

La herejía pelagiana fue combatida principalmente por San Agustín y condenada por el magisterio de la Iglesia en los sínodos de Mileve (416),

Cartago (418), Orange (529) y, más recientemente, por el concilio de Trento (1546); Dz 102, 174 s, 787 ss.

El pelagianismo sobrevivió en el *racionalismo* desde la edad moderna hasta los tiempos actuales (socinianismo, racionalismo de la época de la «Ilustración», teología protestante liberal, incredulidad moderna).

En la edad media, un sínodo de Sens (1140) condenó la siguiente proposición de PEDRO ABELARDO: «Quod non contraximus culpam ex Adam, sed poenam tantum»; Dz 376.

Los reformadores, bayanistas y jansenistas conservaron la creencia en el pecado original, pero desfiguraron su esencia y sus efectos, haciéndole consistir en la concupiscencia y considerándole como una corrupción completa de la naturaleza humana; cf. *Conf. Aug.*, art. 2.

2. Doctrina de la Iglesia

El pecado de Adán se propaga a todos sus descendientes por generación, no por imitación (de fe).

La doctrina de la Iglesia sobre el pecado original se halla contenida en el *Decretum super peccato originali,* del concilio de Trento (sess. v, 1546), que a veces sigue a la letra las definiciones de los sínodos de Cartago y de Orange. El tridentino condena la doctrina de que Adán perdió para sí solo, y no también para nosotros, la justicia y santidad que había recibido de Dios; y aquella otra de que Adán transmitió a sus descendientes únicamente la muerte y los sufrimientos corporales, pero no la culpa del pecado. Positivamente enseña que el pecado, que es muerte del alma, se propaga de Adán a todos sus descendientes por generación, no por imitación, y que es inherente a cada individuo. Tal pecado se borra por los méritos de la redención de Jesucristo, los cuales se aplican ordinariamente tanto a los adultos como a los niños por medio del sacramento del bautismo. Por eso, aun los niños recién nacidos reciben el bautismo para remisión de los pecados; Dz 789-791.

3. Prueba tomada de las fuentes de la revelación

a) Prueba de Escritura.

El Antiguo Testamento solamente contiene insinuaciones sobre el pecado original; cf. particularmente Ps 50, 7: «He aquí que nací en culpa y en pecado me concibió mi madre»; Iob 14, 4 (según la Vulgata): «¿Quién podrá hacer puro al que ha sido concebido de una inmunda semilla?» (M: «¿Quién podrá hacer persona limpia de un inmundo?»). Ambos lugares nos hablan de una pecaminosidad innata en el hombre, bien se entienda en el sentido de pecado habitual o de mera inclinación al pecado, pero sin relacionarla causalmente con el pecado de Adán. No obstante, el Antiguo Testamento conoció ya claramente el nexo causal que existe entre la muerte de todos los hombres y el pecado de nuestros primeros padres (la herencia de la muerte); cf. Eccli 25, 23; Sap 2, 24.

La prueba clásica de Escritura es la de Rom 5, 12-21. En este pasaje, el Apóstol establece un paralelo entre el primer Adán, que transmitió a todos los hombres el pecado y la muerte, y Cristo — segundo Adán — que difundió sobre todos ellos la justicia y la vida; v 12: «Así pues, por un hombre entró el pecado en el mundo y, por el pecado, la muerte, y así la muerte pasó a todos los hombres, por cuanto todos habían pecado» *(in quo omnes peccaverunt* — ἐφ' ᾧ πάντες ἥμαρτον)... v 19: «Pues, como por la desobediencia de uno muchos fueron hechos pecadores, así también por la obediencia de uno muchos serán hechos justos».

α) El término *pecado* (ἁμαρτία) está tomado aquí en su sentido más general y se le considera personificado. Está englobado también el pecado original. Se pretende expresar la culpa del pecado, no sus consecuencias. Se hace distinción explícita entre el pecado y la muerte, la cual es considerada como consecuencia del pecado. Está bien claro que San Pablo, al hablar del pecado, no se refiere a la concupiscencia, porque según el v 18 s nos vemos libres del pecado por la gracia redentora de Cristo, siendo así que la experiencia nos dice que, a pesar de todo, la concupiscencia sigue en nosotros.

β) Las palabras *in quo* (ἐφ' ᾧ; v 12 *d)* fueron interpretadas en sentido *relativo* por San Agustín y por toda la edad media, refiriéndolas a *unum hominem:* «Por un hombre..., *en el cual* todos pecaron.» Desde Erasmo de Rotterdam, se fue imponiendo cada vez más la interpretación *conjuncional,* mucho mejor fundada lingüísticamente y que ya fue sostenida por numerosos santos padres, sobre todo griegos: ἐφ' ᾧ = ἐπὶ τούτῳ ὅτι = «por causa de que todos hemos pecado», o «por cuanto todos hemos pecado». Véanse los lugares paralelos de 2 Cor 5, 4; Phil 3, 12; 4, 10; Rom 8, 3. Mientras el pecado de todos es interpretado por la exégesis tradicional colectivamente del pecado de todos en Adán, lo cual coindide con la interpretación de san Agustín, la exégesis moderna lo interpreta individualmente del pecado personal de los distintos hombres pecadores, como en Rom 3, 23. Según esta interpretación, el v. 12*d* no constituye testimonio alguno del pecado original. El punto esencial de la prueba es, pues, el v 19, en que se alude a la desobediencia de Adán como causa de la esencia pecadora de muchos.

γ) Las palabras «Muchos (οἱ πολλοί) fueron hechos pecadores» (v 19 *a)* no restringen la universalidad del pecado original, pues la expresión «muchos» (por contraste con un solo Adán o un solo Cristo) es paralela a «todos» (πάντες), que es empleada en los vv 12*d* y 18*a*.

b) Prueba de tradición

San Agustín invoca, contra el obispo pelagiano Julián de Eclana, la tradición eclesiástica: «No soy yo quien ha inventado el pecado original, pues la fe católica cree en él desde antiguo; pero tú, que lo niegas, eres sin duda un nuevo hereje» *(De nupt. et concup.* II 12, 25). San Agustín, en su escrito *Contra Iulianum* (l. I y II), presenta ya una verdadera prueba de tradición citando a Ireneo, Cipriano, Reticio de Autún, Olimpio, Hilario, Ambrosio, Inocencio I, Gregorio Nacianceno, Juan Crisóstomo, Basilio y Jerónimo como testimonios de la doctrina católica. Muchas expresiones de los padres griegos, que parecen insistir mucho en que el pecado es una culpa personal y parecen prescindir por completo del pecado original, se entienden fácilmente si tenemos en cuenta que fueron escritas para combatir el dualismo de los gnósticos y maniqueos y contra el preexistencianismo origenista. San Agustín salió ya en favor de la doctrina del Crisóstomo para preservarla de las torcidas interpretaciones que le daban los pelagianos: «vobis nondum litigantibus securius loquebatur» *(Contra Iul.* I 6, 22).

Una prueba positiva y que no admite réplica de lo convencida que estaba la Iglesia primitiva de la realidad del pecado original, es la práctica de bautizar a los niños «para remisión de los pecados»; cf. San Cipriano, *Ep.* 64, 5.

4. El dogma y la razón

La razón natural no es capaz de presentar un argumento contundente en favor de la existencia del pecado original, sino que únicamente puede inferirla con probabilidad por ciertos indicios: «Peccati originalis in humano genere probabiliter quaedam signa apparent» (S.c.G. IV 52). Tales indicios son las espantosas aberraciones morales de la humanidad y la apostasía de la fe en el verdadero Dios (politeísmo, ateísmo).

Bibliografía: J. Freundorfer, *Erbsünde und Erbtod beim Apostel Paulus,* Mr 1927. J. Mausbach, *Die Ethik des hl. Augustinus,* Fr [2]1929, II 139-207. N. Merlin, *S. Augustin et les dogmes du péché originel et de la grâce,* P 1931. M. Jugie, *La doctrine du péché originel chez les Pères grecs,* P. 1925. O. Lottin, *Les théories sur le péché originel de S. Anselme à S. Thomas d'Aquin,* en *Psychologie et Morale aux XIIe et XIIIe siècles* IV, Ln-Ge 1954, 11-280. R. Martin, *La controverse sur le péché originel au début du XIVe siècle,* Ln 1930. M. Labourdette, *Le péché originel et les origines de l'homme,* P 1953. P. Parente, *Il peccato originale,* Rovigo 1957. J. Gross, *Geschichte des Erbsündendogmas. I: Von der Bibel bis Augustinus; II: 5.-11. Jh.,* Mn-Bas 1960-1963.

§ 22. Esencia del pecado original

1. Opiniones erróneas

a) El pecado original, contra lo que pensaba *Pedro Abelardo,* no consiste en el *reato de pena eterna,* es decir, en el castigo condenatorio que los descendientes de Adán habrían heredado de éste, que era cabeza del género humano (pena original y no culpa original). Según doctrina del concilio de Trento, el pecado original es verdadero y estricto pecado, es decir, reato de culpa; cf. Dz 376, 789, 792. San Pablo nos habla de verdadero pecado; Rom 5, 12: «...por cuanto todos hemos pecado»; cf. Rom 5, 19.

b) El pecado original, contra lo que enseñaron los *reformadores, bayanistas* y *jansenistas,* no consiste tampoco en la *concupiscencia mala habitual* (es decir: en la inclinación habitual al pecado), que persistiría aun en los bautizados como verdadero y estricto pecado, aunque tratándose de éstos no se les imputara ya a efectos del castigo. El concilio de Trento enseña que por el sacramento del bautismo se borra todo lo que es verdadero y estricto pecado y que la concupiscencia (que permanece después del bautismo como prueba moral) solamente puede ser considerada como pecado en sentido impropio; Dz 792.

Es incompatible con la doctrina de San Pablo (que considera la justificación como una transformación y renovación interna) el que el pecado permanezca en el hombre, aunque no se le impute a efectos del castigo. El que ha sido justificado se ve libre del peligro de la reprobación, porque tiene lejos de sí la razón de la reprobación, que es el pecado; Rom 8, 1: «No hay, pues, ya condenación alguna para los que son de Cristo Jesús.»

Como la naturaleza humana se halla compuesta de cuerpo y espíritu, la concupiscencia existiría también en el estado de naturaleza pura como un mal natural, y, por tanto, no puede ser considerada en sí como pecaminosa; porque Dios lo hizo todo bien; Dz 428.

c) El pecado original, contra lo que enseñaron *Alberto Pighio* († 1542) y *Ambrosio Catarino,* O. P. († 1553), no consiste en una *imputación meramente extrínseca del pecado actual de Adán* (teoría de la imputación). Según doctrina del concilio de Trento, el pecado de Adán se propaga por origen a todos sus descendientes y es inherente a cada uno de ellos como pecado propio suyo: «*propagatione, non imitatione* transfusum omnibus, inest unicuique proprium»; Dz 790; cf. Dz 795: «*propriam* iniustitiam contrahunt». El efecto del bautismo, según doctrina del mismo concilio, es borrar realmente el pecado y no lograr tan sólo que no se nos impute una culpa extraña; Dz 792; cf. 5, 12 y 19.

2. Solución positiva

El pecado original consiste en el estado de privación de la gracia, que, por tener su causa en el voluntario pecado actual de Adán, cabeza del género humano, es culpable (sent. común).

a) El concilio de Trento denomina al pecado original muerte del alma (*mors animae;* Dz 789). La muerte del alma es la carencia de la vida sobrenatural, es decir, de la gracia santificante. En el bautismo se borra el pecado original por medio de la infusión de la gracia santificante (Dz 792). De ahí se sigue que el pecado original es un estado de privación de la gracia. Esto mismo se deduce del paralelo que establece San Pablo entre el pecado que procede de Adán y la justicia que procede de Cristo (Rom 5, 19). Como la justicia que Cristo nos confiere consiste formalmente en la gracia santificante (Dz 799), el pecado heredado de Adán consistirá formalmente en la falta de esa gracia santificante. Y la falta de esa gracia, que por voluntad de Dios tenía que existir en el alma, tiene carácter de culpa, como apartamiento que es de Dios.

Como el concepto de pecado en sentido formal incluye el ser voluntario (*ratio voluntarii*), es decir, la voluntaria incurrencia en el mismo, y los niños antes de llegar al uso de razón no pueden poner actos voluntarios personales, habrá que explicar, por tanto, la nota de voluntariedad en el pecado original por la conexión que guarda con el voluntario pecado actual de Adán. Adán era el representante de todo el género humano. De su libre decisión dependía que se conservaran o se perdieran los dones sobrenaturales que no se le habían concedido a él personalmente, sino a la naturaleza del hombre como tal; dones que, por la voluntaria transgresión que hizo Adán del precepto divino, se perdieron no sólo para él, sino para todo el linaje humano que habría de formar su descendencia. Pío V condenó la proposición de Bayo que afirma que el pecado original tiene en sí mismo el carácter de pecado sin relación alguna con la voluntad de la cual tomó origen dicho pecado; Dz 1047; cf. SAN AGUSTÍN, *Retract.* I 12 (13), 5; S.th. I II 81, 1.

b) Según doctrina de Santo Tomás, el pecado original consiste formalmente en la falta de la justicia original, y materialmente en la concupiscencia desordenada. Santo Tomás distingue en todo pecado un elemento formal y otro material, el apartamiento de Dios (*aversio a Deo*) y la conversión a la criatura (*conversio ad creaturam*). Como la conversión a la criatura se manifiesta ante todo en la mala concupiscencia, SANTO TOMÁS, juntamente con San Agustín, ve en la concupiscencia, la cual en sí es una consecuencia del pecado original, el elemento material de dicho pecado: «peccatum originale materialiter quidem est concupiscentia, formaliter vero est defectus originalis iustitiae» (S.th. I II 82, 3). La citada doctrina de Santo Tomás se halla por una parte bajo el influjo de San Anselmo de Canterbury, que coloca la esencia del pecado original exclusivamente en la privación de la justicia primitiva, y por otra parte bajo el influjo de San Agustín, el cual define el pecado original como la concupiscencia con su reato de culpa (*concupiscentia cum suo reatu*) y comenta que el reato de culpa se elimina por el bautismo, mientras que la concupiscencia permanece en nosotros como un mal, no como un pecado, para ejercitarnos en la lucha moral (*ad agonem*) (*Op. imperf. c. Iul* I 71). La mayoría de los teólogos postridentinos no consideran la concupiscencia como elemento constitutivo del pecado original, sino como consecuencia del mismo.

Bibliografía: J. N. Espenberger, *Die Elemente der Erbsünde nach Augustin und der Frühscholastik,* Mz 1905. J. H. Busch, *Das Wesen der Erbsünde nach Bellarmin und Suárez,* Pa 1909. J. Bl. Becker, *Zur Frage des Schuldcharakters der Erbsünde,* ZkTh 48 (1924) 59-92.

§ 23. Propagación del pecado original

El pecado original se propaga por generación natural (de fe).

El concilio de Trento dice: «*propagatione,* non imitatione transfusum omnibus»; Dz 790. Al bautizar a un niño, queda borrado por la regeneración aquello en que se había incurrido por la generación; Dz 791.

Como el pecado original es *peccatum naturae,* se propaga de la misma forma que la naturaleza humana: por el acto natural de la generación. Aun cuando tal pecado en su origen es uno solo (Dz 790), a saber: el pecado de nuestro primer padre (el pecado de Eva no es causa del pecado original), se multiplica tantas veces cuantas comienza a existir por la generación un nuevo hijo de Adán. En cada generación se transmite la naturaleza humana desnuda de la gracia original.

La causa eficiente del pecado original no es Dios, sino sólo el pecado de Adán. La condición de su transmisión es, en virtud de un mandamiento positivo de Dios, el acto natural de la generación, por el cual se establece la conexión moral del individuo con Adán, cabeza del género humano. La concupiscencia actual vinculada al acto generativo (el placer sexual; libido), contra lo que opina San Agustín (*De nuptiis et concup.* I 23, 25; 24, 27), no es causa eficiente ni condición indispensable para la propagación del pecado original. No es más que un fenómeno concomitante del acto generativo, acto que, considerado en sí, no es sino causa instrumental de la propagación del pecado original; cf. S.th. I II 82, 4 ad 3.

Objeciones: De la doctrina católica sobre la transmisión del pecado original no se sigue, como aseguraban los *pelagianos,* que Dios sea causa del pecado. El alma que Dios crea es buena considerada en el aspecto natural. El estado de pecado original significa la carencia de una excelencia sobrenatural para la cual la criatura no puede presentar título alguno. Dios, por tanto, no está obligado a crear el alma con el ornato sobrenatural de la gracia santificante. Además, Dios no tiene la culpa de que al alma que acaba de ser creada se le rehúsen los dones sobrenaturales; el culpable de ello ha sido el hombre, que usó mal de su libertad. De la doctrina católica no se sigue tampoco que el matrimonio sea en sí malo. El acto conyugal de la procreación es en sí bueno, porque objetivamente (es decir, según su finalidad natural) y subjetivamente (esto es, según la intención de los procreadores) tiende a alcanzar un bien, que es la propagación del género humano, ordenada por Dios.

En caso de tener la humanidad un origen *poligenético,* algunos hombres habrían llegado a la existencia por otro medio que el de la procreación humana. Ahora bien, a tales hombres no podría aplicárseles la declaración del concilio de Trento sobre la transmisión del pecado original. Pero, puesto que para el Tridentino todavía era desconocido el problema del poligenismo, hay que admitir que la declaración conciliar tiene en consideración la humanidad actual, en la que todos los hombres reciben la existencia mediante generación humana. La dificultad de cómo el pecado de Adán, el primer hombre llegado al uso de razón, hubiera abarcado incluso a quienes no descendieran de él, podría resolverse arguyendo que en vista del evolucionismo todos los hombres proceden de una primera materia común creada por Dios como substrato de la hominización, y así constituyen una unidad de origen. Otra posibilidad de resolver la dificultad la ofrece la idea bíblica de la «persona corporativa», cuya acción determina la suerte de toda la comunidad. Adán es una persona corporativa en la que simultáneamente está incorporada toda la humanidad llamada a un fin común.

Bibliografía: J. Bl. Becker, *Das «Geheimnis» der Uebertragung der Erbsünde,* ZkTh 49 (1925) 24-41. Z. Alszeghy - M. Flick, *Il peccato originale in prospettiva evoluzionistica,* Greg 47 (1966) 201-225.

§ 24. Consecuencias del pecado original

Los teólogos escolásticos, inspirándose en Lc 10, 30, resumieron las consecuencias del pecado original en el siguiente axioma: El hombre ha sido, por el pecado de Adán, despojado de sus bienes sobrenaturales y herido en los naturales («spoliatus gratuitis, vulneratus in naturalibus»). Téngase en cuenta que el concepto de *gratuita* de ordinario se extiende sólo a los dones absolutamente sobrenaturales, y que en el concepto de *naturalia* se incluye el don de integridad de que estaban dotadas las disposiciones y fuerzas naturales del hombre antes de la caída *(naturalia integra);* cf. Santo Tomás, *Sent.* II, d. 29, q. 1 a. 2; S.th. I II 85, 1.

1. Pérdida de los dones sobrenaturales

En el estado de pecado original, el hombre se halla privado de la gracia santificante y de todas sus secuelas, así como también de los dones preternaturales de integridad (de fe por lo que respecta a la gracia santificante y al don de inmortalidad; Dz 788 s).

La falta de la gracia santificante, considerada como un apartarse el hombre de Dios, tiene carácter de culpa; considerada como un apartarse Dios del hombre, tiene carácter de castigo. La falta de los dones de integridad tiene como consecuencia que el hombre se halle sometido a la concupiscencia, a los sufrimientos y a la muerte. Tales consecuencias persisten aun después de haber sido borrado el pecado original, pero entonces ya no son consideradas como castigo, sino como *poenalitates,* es decir, como medios para practicar la virtud y dar prueba de la propia moralidad. El que se halla en pecado original está en servidumbre y cautividad del demonio, a quien Jesús llamó príncipe de este mundo (Ioh 12, 31; 14, 30), y San Pablo le denomina dios de este mundo (2 Cor 4, 4); cf. Hebr 2, 14; 2 Petr 2, 19.

2. Vulneración de la naturaleza

La herida que el pecado original abrió en la naturaleza no hay que concebirla como una total corrupción de la naturaleza humana, como piensan los reformadores y jansenistas. El hombre, aunque se encuentre en estado de pecado original, sigue teniendo la facultad de conocer las verdades religiosas naturales y realizar acciones moralmente buenas en el orden natural. El concilio del Vaticano enseña que el hombre puede conocer con certeza la existencia de Dios con las solas fuerzas de su razón natural; Dz 1785, 1806. El concilio tridentino enseña que por el pecado de Adán no se perdió ni quedó extinguido el libre albedrío; Dz 815.

La herida, abierta en la naturaleza, interesa al *cuerpo* y al *alma.* El concilio II de Orange (529) declaró: «totum, i.e. secundum corpus et animam, in deterius hominem commutatum (esse)» (Dz 174); cf. Dz 181, 199, 793. Además de la sensibilidad al sufrimiento *(passibilitas)* y de la sujeción a la muerte *(mortalitas),* las dos heridas que afectan al cuerpo, los teólogos, siguiendo a SANTO TOMÁS (S.th. I II 85, 3), enumeran cuatro heridas del alma, opuestas respectivamente a las cuatro virtudes cardinales: *a)* la *ignorancia,* es decir, la dificultad para conocer la verdad (se opone a la prudencia); *b)* la *malicia,* es decir, la debilitación de nuestra voluntad (se opone a la justicia); *c)* la *fragilidad (infirmitas),* es decir, la cobardía ante las dificultades que encontramos para tender hacia el bien (se opone a la fortaleza); *d)* la *concupiscencia* en sentido estricto, es decir, el apetito desordenado de satisfacer a los sentidos contra las normas de la razón (se opone a la templanza). La herida del cuerpo tiene su fundamento en la pérdida de los dones preternaturales de impasibilidad e inmortalidad; la herida del alma en la pérdida del don preternatural de inmunidad de la concupiscencia.

Es objeto de *controversia* si la herida abierta en la naturaleza consiste exclusivamente en la pérdida de los dones preternaturales o si la naturaleza humana ha sufrido además, de forma accidental, una debilitación intrínseca. Los que se deciden por la primera sentencia (Santo Tomás y la mayor parte de los teólogos) afirman que la naturaleza ha sido herida sólo *relativamente,* esto es, si se la compara con el estado primitivo de justicia original. Los defensores de la segunda sentencia conciben la herida de la naturaleza en sentido *absoluto,* es decir, como situación inferior con respecto al estado de naturaleza pura.

Según la primera sentencia, el hombre en pecado original es con respecto al hombre en estado de naturaleza pura como una persona que ha sido despojada de sus vestidos (desnudada) a otra persona que nunca se ha cubierto con ellos (desnuda; *nudatus ad nudum).* Según la segunda sentencia, la relación que existe entre ambos es la de un enfermo a una persona sana *(aegrotus ad sanum).*

Hay que preferir sin duda la primera opinión, porque el pecado actual de Adán —una acción singular— no pudo crear en su propia naturaleza ni en la de sus descendientes hábito malo alguno, ni por tanto la consiguiente debilitación de las fuerzas naturales; cf. S.th. I II 85, 1. Pero hay que conceder también que la naturaleza humana caída, por los extravíos de los individuos y de las colectividades, ha experimentado cierta corrupción ulterior, de suerte que se encuentra actualmente en un situación concreta inferior a la del estado de naturaleza pura.

§ 25. La suerte de los niños que mueren en pecado original

Las almas que salen de esta vida en estado de pecado original están excluidas de la visión beatífica de Dios (de fe).

El segundo concilio universal de Lyón (1274) y el concilio de Florencia (1438-45) declararon: «Illorum animas, qui in actuali mortali peccato vel solo originali decedunt, mox in infernum descendere, poenis tamen disparibus puniendas»; Dz 464, 693; cf. 493 *a.*

Este dogma se funda en las palabras del Señor: «Si alguien no renaciere del agua y del Espíritu Santo [por medio del bautismo], no podrá entrar en el reino de los cielos» (Ioh 3, 5).

Los que no han llegado todavía al uso de la razón pueden lograr la regeneración de forma extrasacramental gracias al bautismo de sangre (recuérdese la matanza de los santos inocentes). En atención a la universal voluntad salvífica de Dios (1 Tim 2, 4) admiten muchos teólogos modernos, especialmente los contemporáneos, otros sustitutivos del bautismo para los niños que mueren sin el bautismo sacramental, como las oraciones y deseo de los padres o de la Iglesia (bautismo de deseo representativo; Cayetano) o la consecución del uso de razón en el instante de la muerte, de forma que el niño agonizante pudiera decidirse en favor o en contra de Dios (bautismo de deseo; H. Klee), o que los sufrimientos y muerte del niño sirvieran de cuasisacramento (bautismo de dolor; H. Schell). Éstos y otros sustitutivos del bautismo son ciertamente posibles, pero nada se puede probar por las fuentes de la revelación acerca de la existencia efectiva de los mismos; cf. Dz 712. AAS 50 (1958) 114.

Los teólogos, al hablar de las penas del infierno, hacen distinción entre la *pena de daño* (que consiste en la exclusión de la visión beatífica) y la *pena de sentido* (producida por medios extrínsecos y que, después de la resurrección del cuerpo, será experimentada también por los sentidos). Mientras que SAN AGUSTÍN y muchos padres latinos opinan que los niños que mueren en pecado original tienen que soportar también una pena de sentido, aunque muy benigna («mitissima omnium poena»; *Enchir.* 93), enseñan los padres griegos (v.g. SAN GREGORIO NACIANCENO, *Or.* 40, 23) y la mayoría de los teólogos escolásticos y modernos que no sufren más que la pena de daño. Habla en favor de esta doctrina la explicación dada por el papa Inocencio III: «Poena originalis peccati est carentia visionis Dei (= poena damni), actualis vero poena peccati est gehennae perpetuae cruciatus (= poena sensus)»; Dz 410. Con la pena de daño es compatible un estado de felicidad natural; cf. SANTO TOMÁS, *De malo, Sent.* II d. 33 q. 2 ad 2.

Los teólogos suelen admitir que existe un lugar especial adonde van los niños que mueren sin bautismo y al cual llaman *limbo de los niños.* Pío VI salió en defensa de esta doctrina frente a la interpretación pelagiana de los jansenistas, que falsamente querían explicarlo como un estado intermedio entre la condenación y el reino de Dios; Dz 1526.

Bibliografía: W. A. VAN ROO, *Infants dying without Baptism,* Greg 35 (1954) 406-473. A. MICHEL, *Enfants morts sans baptême,* P 1954. Cf. «Bulletin Thomiste» VIII 2369/82. CH. JOURNET, *La volonté divine salvifique sur les petits enfants,* Bru-P 1958. G. J. DYER, *The Denial of Limbo and the Jansenist Controversy,* Mu 1955. B. GAULLIER, *L'état des enfants morts sans baptême d'après S. Thomas d'Aquin,* P 1961.

Capítulo tercero

LA VERDAD REVELADA ACERCA DE LOS ÁNGELES O ANGELOLOGÍA CRISTIANA

§ 26. EXISTENCIA, ORIGEN Y NÚMERO DE LOS ÁNGELES

1. Existencia y origen de los ángeles

Dios, al principio del tiempo, creó de la nada unas sustancias espirituales que son llamadas ángeles (de fe).

La existencia de los ángeles la negaron los *saduceos* (Act 23, 8: «Porque los saduceos niegan la resurrección y la existencia de ángeles y espíritus, mientras que los fariseos profesan lo uno y lo otro») y la han negado el *materialismo* y el *racionalismo* de todas las épocas. Los racionalistas modernos consideran a los ángeles como personificaciones de atributos y acciones divinas, o ven en la angelología judeocristiana vestigios de un politeísmo primitivo o elementos tomados de las ideologías pérsicas y babilónicas.

Los concilios IV de Letrán y del Vaticano declaran: «simul ab initio temporis utramque de nihilo condidit creaturam, *spiritualem* et corporalem, *angelicam* videlicet et mundanam»; Dz 428, 1783. No está definido que el mundo angélico fuera creado al mismo tiempo que el mundo material (*simul* puede también significar: *pariter*, igualmente, tanto la una como la otra; cf. Eccli 18, 1); pero es sentencia común hoy día que así sucedió.

La Sagrada Escritura da testimonio, aun en los libros más antiguos, de la existencia de los ángeles, los cuales glorifican a Dios y, como servidores y mensajeros suyos, son los encargados de traer sus mensajes a los hombres; cf. Gen 3, 24; 16, 7 ss; 18, 2 ss; 19, 1 ss; 22, 11 s; 24, 7; 28, 12; 32, 1 s. La *creación* de los ángeles la refiere indirectamente el Éxodo 20, 11: «En seis días hizo Yahvé los cielos y la tierra, el mar y cuanto en ellos se contiene»; y directamente la refiere Col 1, 16: «En Él fueron creadas todas las cosas del cielo y de la tierra, las visibles y las invisibles, los tronos, las dominaciones, los principados, las potestades»; cf. Ps 148, 2-5.

El testimonio de la tradición es unánime desde un principio. Los apologetas de los primeros tiempos del cristianismo, al rechazar la acusación de ateísmo que se lanzaba contra los cristianos, presentan, entre otras pruebas, la fe en la existencia de los ángeles (SAN JUSTINO, *Apol.* I 6; ATENÁGORAS, *Suppl.* 10). La primera monografía acerca de los ángeles fue compuesta hacia el año 500 por el SEUDO-DIONISIO AREOPAGITA, y llevaba el título: *De caelesti hierarchia.* Entre los padres latinos, San Agustín y San Gregorio Magno hicieron profundos estudios acerca de los ángeles. La liturgia de la Iglesia nos ofrece también numerosos testimonios sobre su existencia.

La razón natural no puede probar con rigor la existencia de los ángeles, pues éstos fueron creados por una libre decisión de la voluntad divina. Mas la serie en que van ascendiendo las perfecciones ontológicas de las criaturas (seres puramente materiales — seres compuestos de materia y espíritu) nos permite deducir con su probabilidad la existencia de seres creados puramente espirituales

2. Número de los ángeles

El número de los ángeles, por lo que dice la Sagrada Escritura, es muy elevado. La Biblia nos habla de miríadas (Hebr 12, 22), de millares y millares (Dan 7, 10; Apoc 5, 11), de legiones (Mt 26, 53). Los distintos nombres con que los llama la Biblia nos indican que entre ellos existe una jerarquía. Desde el Seudo-Areopagita, se suelen enumerar nueve coros u órdenes angélicos, fundándose en los nombres con que se les cita en la Sagrada Escritura; cada tres coros de ángeles constituyen una jerarquía: serafines, querubines y tronos — dominaciones, virtudes y potestades — principados, arcángeles y ángeles; cf. Is 6, 2 ss; Gen 3, 24; Col 1, 16; Eph 1, 21; 3, 10; Rom 8, 38 s; Iud 9; 1 Thes 4, 16.

La división del mundo angélico en nueve órdenes y la doctrina a ella unida de la iluminación de los órdenes inferiores por los superiores (inspirada en el neoplatonismo) no son verdades de fe, sino mera opinión teológica, a la que es libre asentir o no. Lo mismo se diga de aquella otra división que hacen los escolásticos fundándose en Dan 7, 10, entre *angeli assistentes* y *angeli ministrantes* (asistentes al trono divino — mensajeros de Dios). En el primer grupo se encuadran los seis coros superiores; en el segundo, los tres coros inferiores del Seudo-Dionisio. Notemos, sin embargo, que conforme al testimonio explícito de la revelación no se excluyen mutuamente las funciones de ser asistentes y servidores de Dios; cf. Tob 12, 15; Lc 1, 19 y 26.

Según doctrina de Santo Tomás, derivada de su concepción del principio de individuación, los ángeles se distinguen entre sí específicamente. Cada ángel constituye por sí solo una especie distinta. En cambio, otros teólogos enseñan o bien que todos los ángeles no forman más que una sola especie (San Alberto Magno), o bien que cada jerarquía o coro forma una especie distinta (Escuela Franciscana, Suárez).

Bibliografía: A. L. Lépicier, *Tractatus de angelis,* P 1909. W. Schlössinger, *Die Stellung der Engel in der Schöpfung,* JPhTh 25 (1910-11) 461-485; 27 (1912-13) 81-117. M. Dibelius, *Die Geisterwelt im Glauben des*

Paulus, G 1909. G. Kurze, *Der Engels- und Teufelsglaube des Apostels Paulus,* Fr 1915. Michl, *Die Engelvorstellungen in der Apokalypse,* i Teil: *Die Engel um Gott,* Mn 1937. F. Andres, *Die Engellehre der griechischen Apologeten des zweiten Jh.,* Pa 1914. El mismo, *Die Engel- und Dämonenlehre des Klemens von Alexandrien,* R Q 34 (1926) 13-27, 129-140, 307-329. E. Schneweis, *Angels and Demons according to Lactantius,* Wa 1944. M. Pastore, *Gli angeli in S. Ambrogio,* R 1949. K. Pelz, *Die Engellehre des hl. Augustinus,* Mr 1913. J. Stiglmayr, *Die Engellehre des sog. Dyonisius Areopagita,* en: «Compte rendu du ive Congrès scientifique international des Catholiques», Fr/S 1898, i 403-414. L. Kurz, *Gregors des Grossen Lehre von den Engeln,* Ro 1938. J. Daniélou, *Les anges et leur mission d'après les Pères de l'Église,* Chevetogne 1953. J. Collins, *The Thomistic Philosophy of the Angels,* Wa 1947. O. Hophan, *Die Engel,* Lu 1956. A. Rosenberg, *Begegnung mit Engeln,* Mn-Planegg 1956. H. Schlier, *Mächte und Gewalten in Neuen Testament,* Fr 1958. J. Daniélou, *Die Sendung der Engel,* S 1963.

§ 27. Naturaleza de los ángeles

1. Inmaterialidad de la naturaleza angélica

La naturaleza de los ángeles es espiritual (de fe).

El concilio iv de Letrán y el del Vaticano establecen una distinción entre la creación de la naturaleza espiritual y de la corporal, identificando la primera con la naturaleza angélica; Dz 428, 1783: «*spiritualem* et corporalem (creaturam), *angelicam* videlicet et mundanam».

A diferencia de la naturaleza humana, compuesta de cuerpo y alma espiritual, la naturaleza angélica es *puramente espiritual,* es decir, libre de toda ordenación a la materia.

La Sagrada Escritura llama expresamente «espíritus» a los ángeles (*spiritus,* πνεύματα); cf. 3 Reg 22, 21; Dan 3, 86; Sap 7, 23; 2 Mac 3, 24; Mt 8, 16; Lc 6, 19 (G 18); 10, 20; 11, 24 y 26; Hebr 1, 14; Apoc 1, 4. San Pablo contrapone «los espíritus de maldad» (esto es: los ángeles caídos) a «la carne y la sangre» (es decir, los hombres); Eph 6, 12: «No es nuestra lucha contra la carne y la sangre, sino contra los principados, contra las potestades, contra los dominadores de este mundo tenebroso, contra los espíritus malos de los aires». Esta contraposición indica claramente que San Pablo concebía a los ángeles caídos como seres inmateriales.

Iuda 6-7 parece presentar una dificultad en contra de la inmaterialidad de los ángeles, si las palabras «que de igual modo que ellos habían fornicado» (v 7) se refieren a los ángeles antes citados y no a los habitantes de Sodoma y Gomorra. Si la primera interpretación es exacta, habrá que ver en ella, como en el v 9, una alusión a la tradición muy extendida en el judaísmo tardío y en los primeros siglos del cristianismo, según la cual los ángeles habrían tenido contacto carnal con las mujeres (cf. Gen. 6, 2) y habrían sido castigados por Dios por esta razón. El autor de la epístola recordaría a sus lectores esta tradición, ya conocida por ellos, para explicarles en un ejemplo la justicia punitiva de Dios, sin querer dar ninguna indicación formal sobre la naturaleza de los ángeles.

Una gran parte de los santos padres, entre ellos San Agustín, sufrieron el influjo de las doctrinas estoicas y platónicas, e interpretando equivocadamente algunas expresiones de la Escritura (Ps 103, 4; Gen 6, 2; angelofanías), atribuyeron a los ángeles cierto cuerpo sutil, etéreo o semejante al fuego; mientras que otros, como Eusebio de Cesarea, San Gregorio Nacianceno, el Seudo-Dionisio y San Gregorio Magno, profesaron la pura espiritualidad de los ángeles. SAN GREGORIO MAGNO dice: «El ángel es solamente espíritu; el hombre, en cambio, es espíritu y cuerpo» (*Moralia* IV 3, 8). Durante el período de apogeo de la escolástica, la *Escuela Franciscana* suponía, aun en las sustancias creadas puramente espirituales, una composición de materia y forma (elemento determinado y elemento determinante), mientras que SANTO TOMÁS y su escuela consideraron las sustancias puramente espirituales como formas subsistentes sin materia o formas separadas; S.th. I 50, 1-2.

2. Inmortalidad natural de los ángeles

Los ángeles son por naturaleza inmortales (sent. común).

De la pura espiritualidad de la naturaleza angélica se deriva su inmortalidad natural; cf. Lc 20, 36: «Ellos [los resucitados] ya no pueden morir, pues son semejantes a los ángeles». La felicidad celestial de los ángeles buenos y la reprobación de los malos es de duración eterna, según testimonio de la revelación; Mt 18, 10: «Apartaos de mí, malditos, al fuego eterno, preparado para el diablo y sus ángeles».

No es exacto lo que afirma SAN JUAN DAMASCENO (*De fide orth.* II 3) y con él algunos escolásticos (Escoto, Biel) de que la inmortalidad de los ángeles sea don de la gracia. En efecto, no es otra cosa que una consecuencia necesaria de su naturaleza espiritual; S.th. I 50, 5.

3. Entendimiento, voluntad y poder de los ángeles

Como sustancias espirituales, los ángeles poseen entendimiento y libre voluntad. El conocimiento y volición de los ángeles, por ser su naturaleza puramente espiritual, son mucho más perfectos que el conocimiento y volición humanos; mientras que por ser la naturaleza angélica finita y limitada su conocimiento y volición son esencialmente inferiores al infinito conocimiento y volición de Dios. Los ángeles no conocen los secretos de Dios (1 Cor 2, 11), ni pueden escudriñar los corazones (3 Reg 8, 39), ni tienen tampoco presciencia cierta de las acciones libres futuras (Is 46, 9 s); desconocen el día y hora del juicio (Mt 24, 36; Mc 13, 32). Su voluntad es mudable.

El modo con que conocen los ángeles está de acuerdo con su naturaleza puramente espiritual. No proceden como el hombre, que se forma las especies inteligibles por abstracción de la experiencia sensible, sino que, al ser creados, los ángeles reciben esas especies de Dios juntamente con la potencia intelectiva (ciencia infusa o *indita)*; cf. S.th. I 55, 2. El conocimiento natural de Dios que poseen los ángeles es mediato y adquirido por la contemplación de las perfecciones creadas, y particularmente de sus propias perfecciones; cf. S.th. I 56, 3.

La libre voluntad es presupuesto necesario para que pecaran los ángeles malos y sufrieran, en consecuencia, la condenación eterna; 2 Petr 2, 4: «Dios no perdonó a los ángeles que pecaron.»

Como los ángeles están elevados por su naturaleza sobre todas las demás criaturas, por lo mismo poseen un poder mucho más perfecto que todas ellas. Según 2 Petr 2, 11, los ángeles son superiores en fuerzas y poder a los hombres. Sin embargo, los ángeles carecen del poder de crear de la nada y de obrar milagros estrictamente tales, poderes que competen únicamente a Dios.

Bibliografía: W. SCHLÖSSINGER, *Die Erkenntnis der Engel,* JPhTh 22 (1907-08) 325-349, 492-519; 23 (1908-09) 4584; 198-230; 273-315. El mismo, *Das angelische Wollen,* ibidem 24 (1909-10) 152-244.

§ 28. LA ELEVACIÓN SOBRENATURAL Y LA PRUEBA A LA QUE FUERON SOMETIDOS LOS ÁNGELES

1. Elevación al estado de gracia

Dios ha fijado a los ángeles un fin último sobrenatural, que es la visión inmediata de Dios, y para conseguir este fin les ha dotado de gracia santificante (sent. cierta).

a) Pío V condenó la doctrina de Bayo, el cual aseguraba que la felicidad eterna concedida a los ángeles buenos era una recompensa por sus obras naturalmente buenas y no un don de la gracia; Dz 1033 s.

Jesús nos asegura, cuando reprueba el escándalo: «Sus ángeles no cesan de contemplar el rostro de mi Padre, que está en los cielos» (Mt 18, 10); cf. Tob 12, 19. La condición indispensable para alcanzar la visión beatífica de Dios es hallarse en posesión de la gracia santificante.

Los santos padres testifican expresamente la elevación de los ángeles al estado de gracia. SAN AGUSTÍN enseña que todos los ángeles, sin excepción, fueron dotados de gracia habitual para ser buenos y ayudados incesantemente con la gracia actual para permanecer siendo buenos (*De civ. Dei* XII 9, 2; *De corrept. et gratia,* c. 11, n. 32). SAN JUAN DAMASCENO enseña: «Por el Logos fueron creados todos los ángeles, siendo perfeccionados por el Espíritu Santo para que cada uno, conforme a su dignidad y orden, fuera hecho partícipe de la iluminación y de la gracia» (*De fide orth.* II 3).

b) Por lo que respecta al *momento* en que fueron elevados los ángeles al estado de gracia, enseñan PEDRO LOMBARDO (*Sent.* II d. 4-5) y la *Escuela Franciscana* de la edad media que los ángeles fueron creados sin dones sobrenaturales, debiendo prepararse con ayuda de gracias actuales a la recepción de la gracia santificante. Esta última solamente llegó a confiarse a los ángeles fieles. Por el contrario, SANTO TOMÁS, siguiendo a San Agustín, enseña en sus últimos escritos que los ángeles fueron creados en estado de gracia santificante: «probabilius videtur tenendum et magis dictis sanctorum consonum est, quod fuerunt creati in gratia gratum faciente»; S.th. I, 62, 3; cf. SAN AGUSTÍN, *De civ. Dei* XII 9, 2: «angelos creavit... simul eis et condens naturam et largiens gratiam». El Catecismo Romano (I 2, 17) sigue la doctrina de San Agustín y Santo Tomás, que pone más de relieve el carácter gratuito de la elevación sobrenatural.

2. La prueba de los ángeles

Los ángeles fueron sometidos a una prueba moral (sent. cierta respecto de las ángeles caídos; sent. común respecto de los buenos).

Los ángeles se encontraron primero en estado de peregrinación (*in statu viae*), por el cual debían merecer, con la ayuda de la gracia y mediante su libre cooperación a ella, la visión beatífica de Dios en un estado definitivo (*in statu termini*). Los ángeles buenos que salieron airosos de la prueba recibieron como recompensa la felicidad eterna del cielo (Mt 18, 10; Tob 12, 15; Hebr 12, 22; Apoc 5, 11; 7, 11), mientras que los ángeles malos, que sucumbieron a la prueba, fueron condenados para siempre (2 Petr 2, 4; Iuda 6).

Con respecto a los ángeles caídos, conocemos el hecho de que fueron sometidos a una prueba moral por testimoniarnos la Sagrada Escritura que dichos ángeles pecaron (2 Petr 2, 4). Con respecto a los ángeles buenos, no podemos fundarnos en la Biblia con la misma certeza, pues la felicidad celestial de éstos no es considerada expresamente como recompensa a su fidelidad. La opinión, sostenida por muchos santos padres, de que los ángeles fueron creados *en estado de gloria* es incompatible, tratándose de los ángeles malos, con el hecho de su caída en el pecado. San Agustín sostuvo mucho tiempo (desistiendo después de esta sentencia) que desde un principio existieron dos reinos angélicos distintos: el reino superior de los ángeles creados en estado de gloria, y que son, por tanto, impecables, y el reino inferior de los ángeles con posibilidad de pecar, los cuales debían merecer la felicidad completa por medio de un fiel cumplimiento de su deber; tal opinión parece inverosímil, porque establece una distinción totalmente infundada en la conducta inicial de Dios con respecto a los ángeles; S.th. I 62, 4-5.

§ 29. Pecado y reprobación de los ángeles malos

1. La caída en el pecado

Los espíritus malos (demonios) fueron creados buenos por Dios; pero se hicieron malos por su propia culpa (de fe).

El concilio IV de Letrán (1215) definió contra el dualismo de los gnósticos y maniqueos: «Diabolus enim et alii daemones a Deo quidem natura creati sunt boni, sed ipsi per se facti sunt mali»; Dz 428; cf. Dz 427.

La Sagrada Escritura enseña que parte de los ángeles no resistieron la prueba, cayendo en el pecado grave y siendo arrojados al infierno en castigo a su rebeldía; 2 Petr 2, 4: «Dios no perdonó a los ángeles que pecaron, sino que, precipitados en el tártaro, los entregó a las prisiones tenebrosas, reservándolos para el juicio»; Iuda 6: «A los ángeles que no guardaron su dignidad y abandonaron su propia morada los tiene reservados en perpetua prisión, en el orco, para el juicio del gran día»; cf. Ioh 8, 44: «Él [el diablo] no se mantuvo en la verdad».

Los pasajes de Lc 10, 18 («Veía yo a Satanás caer del cielo como un rayo») y Apoc 12, 7 ss (lucha de San Miguel y sus ángeles contra el dragón y los suyos, y caída del dragón y sus ángeles a tierra) no se refieren, si examinamos el contexto, a la caída de los ángeles al principio de los tiempos, sino al destronamiento de Satanás por la obra redentora de Cristo; cf. Ioh 12, 31.

El pecado de los ángeles fue, desde luego, un *pecado de espíritu*, y, según enseñan San Agustín y San Gregorio Magno, un pecado de soberbia; de ninguna manera fue un pecado carnal, como opinaron muchos de los santos padres más antiguos (San Justino, Atenágoras, Tertuliano, San Clemente Alejandrino, San Ambrosio), e igualmente la tradición judía, fundándose en Gen 6, 2, donde se narra que los «hijos de Dios» tomaron por mujeres a las «hijas de los hombres», e interpretando que esas uniones matrimoniales tuvieron lugar entre los ángeles (hijos de Dios) y las hembras del linaje humano. Aparte de que el pecado de los ángeles hay que situarlo temporalmente con anterioridad al pasaje del Gen 6, 2, diremos que la pura espiritualidad de la naturaleza angélica habla decididamente en contra de esta teoría; cf. Eccli 10, 15: «El principio de todo pecado es la soberbia.» Los santos padres y teólogos aplican típicamente al pecado del diablo la frase, referida en Ier 2, 20, que pronuncia Israel en su rebeldía contra Dios: «No te serviré»; e igualmente aplican típicamente aquella predicción del profeta Isaías (14, 12 ss) sobre el rey de Babilonia: «¡Cómo caíste del cielo, lucero esplendoroso, hijo de la aurora (qui mane oriebaris)!... Tú dijiste en tu corazón: Subiré a los cielos; en lo alto, sobre las estrellas, elevaré mi trono... seré igual al Altísimo»; cf. San Gregorio Magno, *Moralia* xxxiv 21; S.th. i 63, 3: «angelus absque omni dubio peccavit appetendo esse ut Deus».

2. Reprobación eterna

Así como la felicidad de los ángeles buenos es de eterna duración (Mt 18, 10), de la misma manera el castigo de los espíritus malos tampoco tendrá fin; Mt 25, 41: «Apartaos de mí, malditos, al fuego eterno, preparado para Satanás y sus ángeles»; cf. Iuda 6: «en perpetua prisión»; Apoc 20, 10: «Serán atormentados día y noche por los siglos de los siglos».

La doctrina de *Orígenes* y de varios de sus seguidores (San Gregorio Niseno, Dídimo de Alejandría, Evagrio Póntico) sobre la restauración de todas las cosas (ἀποκατάστασις πάντων; cf. Act 3, 21), y que sostiene que los ángeles y hombres condenados, después de un largo período de purificación, volverán a conseguir la gracia y retornarán a Dios, fue condenada como herética en un sínodo de Constantinopla (543); Dz 211; cf. 429.

Bibliografía: M. Hagen, *Der Teufel im Lichte der Glaubensquellen*, Fr 1899. H. Kaupel, *Die Dämonen im Alten Testament*, A 1930. G. E. Closen, *Die Sünde der «Söhne Gottes»*, R 1937. E. v. Petersdorff, *Dämonologie*, 2 vols., Mn 1956/57.

§ 30. Actividad de los ángeles buenos

1. Relaciones con Dios

La misión primaria de los ángeles buenos es la glorificación y servicio de Dios (sent. cierta).

La Sagrada Escritura invita a los ángeles a que alaben a Dios, y testifica que, por medio de la alabanza de estos espíritus, Dios es glorificado; cf. Ps 102, 20 s: «Bendecid a Yahvé, todos vosotros, ángeles suyos»; cf. Ps 148, 2; Dan 3, 58; Is 6, 3; Apoc 4, 8; 5, 11 s; Hebr 1, 6. El servicio de Dios redunda en alabanza del mismo. Como mensajeros de Dios, los ángeles son los encargados de transmitir a los hombres revelaciones y encargos de parte de la divinidad; cf. Lc 1, 11 s; 1, 26 ss; Mt 1, 20 s; Lc 2, 9 ss; Mt 2, 13 y 19 s; Act 5, 19 s; 8, 26; 10, 3 ss; 12, 7 ss.

2. Relaciones con los hombres

a) La misión secundaria de los ángeles buenos es proteger a los hombres y velar por su salvación (de fe en virtud del magisterio ordinario y universal de la Iglesia).

La Iglesia celebra desde el siglo XVI una fiesta especial para honrar a los santos ángeles custodios. El Catecismo Romano (IV 9, 4) enseña: «La Providencia divina ha confiado a los ángeles la misión de proteger a todo el linaje humano y asistir a cada uno de los hombres para que no sufran perjuicios».

La Sagrada Escritura testifica que todos los ángeles se hallan al servicio de los hombres; Hebr 1, 14: «¿No son todos ellos espíritus servidores, enviados para servicio de los que han de heredar la salvación?» Ps 90, 11 s, pinta la solicitud de los ángeles por los escogidos; cf. Gen 24, 7; Ex 23, 20-23; Ps 33, 8; Iudith 13, 20; Tob 5, 27; Dan 3, 49; 6, 22.

Según ORÍGENES (*De princ.* I, *praef.* 10), «es parte esencial de las enseñanzas de la Iglesia que existen ángeles de Dios y poderes buenos que le sirven a Él para consumar la salvación de los hombres»; cf. ORÍGENES, *Contra Celsum* VIII 34.

b) Cada creyente tiene su particular ángel de la guarda desde el día de su bautismo (sent. cierta).

Según doctrina general de los teólogos, no sólo cada creyente, sino cada hombre (también los infieles) tiene desde el día de su nacimiento un ángel de la guarda particular. Tal aserto se funda bíblicamente en la frase del Señor que refiere Mt 18, 10: «Mirad que no despreciéis a uno de esos pequeños, porque en verdad os digo que sus ángeles ven de continuo en el cielo la faz de mi Padre, que está en los cielos»; cf. Act 12, 15: «Su ángel es [el de Pedro]».

San Basilio, fundándose en Mt 18, 10, enseña: «Cada uno de los fieles tiene a su lado un ángel como educador y pastor que dirige su vida» (*Adv. Eunomium* III 1). Según testimonio de San Gregorio Taumaturgo y San Jerónimo, cada persona tiene, desde el día de su nacimiento, un ángel de la guarda particular. *San Jerónimo* comenta a propósito de Mt 18, 10: «¡Cuán grande es la dignidad de las almas [humanas], que cada una de ellas, desde el día del nacimiento («ab ortu nativitatis»), tiene asignado un ángel para que la proteja!»; cf. San Gregorio Taumaturgo, *Discurso de gratitud a Orígenes,* c. 4; S.th. I 113, 1-8.

3. El culto a los ángeles

El culto tributado a los ángeles encuentra su justificación en las relaciones, antes mencionadas, de los mismos para con Dios y para con los hombres. Todo lo que el concilio de Trento nos enseña acerca de la invocación y culto de los santos (Dz 984 ss) se puede aplicar también a los ángeles. La censura que hizo San Pablo (Col 2, 18) del culto a los ángeles se refería a una veneración exagerada e improcedente de los mismos, inspirada en errores gnósticos. San Justino mártir nos atestigua ya el culto tributado en la Iglesia a los ángeles (*Apol.* 1, 6).

Bibliografía: W. Schlössinger, *Das Verhältnis der Engel zur sichtbaren Schöpfung,* JPhTh 27 (1912-13) 158-208. Chr. Pesch, *Die hl. Schutzengel,* Fr [2]1925. E. Peterson, *Das Buch von den Engeln,* Mn [2]1955. E. Schick, *Die Botschaft der Engel im Neuen Testament,* St [3]1949.

§ 31. Actividad de los ángeles malos

1. Dominio del diablo sobre los hombres

El diablo, por razón del pecado de Adán, posee cierto dominio sobre los hombres (de fe).

El concilio de Trento cita, entre las muchas consecuencias del pecado de Adán, la esclavitud bajo el poder del diablo; Dz 788; 793. Esta fe de la Iglesia encuentra su expresión litúrgica en las ceremonias del bautismo.

Cristo llama al diablo «príncipe de este mundo» (Ioh 12, 31; 14,30). San Pablo le llama «dios de este mundo» (2 Cor 4, 4). La acción redentora de Cristo venció en principio al poderío del diablo; Ioh 12, 31: «Ahora el príncipe de este mundo será arrojado fuera»; Hebr 2, 14: Jesús tomó carne y sangre «para destruir por la muerte al que tenía el imperio de la muerte, esto es, al diablo»;

cf. Col 1, 13; 2, 15; 1 Ioh 3, 8. En el juicio universal, sufrirá un completo y definitivo quebranto el dominio del diablo; cf. 2 Petr 2, 4; Iuda 6.

2. Formas con que el diablo ejerce su dominio

a) Los espíritus del mal procuran hacer daño *moral* a los hombres incitándoles al pecado *(tentatio seductionis)*; 1 Petr 5, 8: «Estad alerta y velad, que vuestro adversario el diablo, como león rugiente, anda rondando y busca a quién devorar»; cf. Mt 13, 25 y 39 (la cizaña sembrada entre el trigo); Eph 6, 12. Ejemplos bíblicos son el pecado de nuestros primeros padres (Gen 3, 1 ss; Sap 2, 24; Ioh 8, 44), el fratricidio de Caín (Gen 4, 1 ss; 1 Ioh 3, 12), la traición de Judas (Ioh 13, 2 y 27), la negación de Pedro (Lc 22, 31), la mentira de Ananías (Act 5, 3). La tentación del diablo no fuerza al hombre a pecar, pues éste sigue conservando su libertad natural. El enemigo malo solamente puede tentar al hombre en la medida en que Dios se lo permita con su divina prudencia; cf. 1 Cor 10, 13: «Dios no permitirá que seáis tentados sobre vuestras fuerzas».

b) Los malos espíritus procuran inferir también al hombre daños *físicos* causándole mal físico *(infestatio)*; cf. Tob 3, 8; Iob 1, 12; 2, 6; 1 Cor 5, 5.

c) Otra especie de infestación diabólica es la *posesión (obsessio, possessio)*, por la cual el mal espíritu se apodera violentamente del cuerpo humano dominando los órganos del mismo y las fuerzas inferiores del alma, pero no las superiores. El testimonio explícito de Cristo habla en favor de la posibilidad y realidad efectiva de este fenómeno. Jesús mismo expulsó malos espíritus (Mc 1, 23 ss; Mt 8, 16; 8, 28 ss; 9, 32; 12, 22; 17, 18) y confirió a sus discípulos poder sobre los malos espíritus (Mt 10, 1 y 8; Mc 16, 17; Ls 10, 17 ss); cf. los exorcismos dispuestos por la Iglesia.

Los racionalistas opinan que los posesos de que nos habla la Sagrada Escritura eran sólo enfermos física o psíquicamente, y que Jesús se acomodó a la creencia en el diablo, universal entre el pueblo judío. Pero esta teoría es incompatible con la seriedad de la palabra divina y con la veracidad y santidad del Hijo de Dios.

Cuando se trate de comprobar la existencia de influjos demoníacos, habrá que precaverse tanto de la credulidad ingenua como del escepticismo racionalista. Como el inferir daños físicos es una forma extraordinaria de acción diabólica, habrá que examinar diligentemente si no es posible explicar los efectos de que se trate por causas naturales. La inclinación exagerada a considerar cualquier fenómeno raro como acción diabólica ocasionó hacia el final de la edad media el lamentable desvarío de ver brujerías en todas partes.

La opinión patrocinada por varios escritores de los primeros tiempos del cristianismo (*Pastor* de HERMAS, Orígenes, Gregorio Niseno, Juan Casiano), la escolástica (PEDRO LOMBARDO, *Sent.* II 11, 1) y algunos teólogos modernos (Suárez, Scheeben), según la cual a cada persona le asigna el diablo, desde el día mismo de su nacimiento, un espíritu malo para que le incite sin cesar al mal (réplica al ángel de la guarda), carece de fundamento suficiente en las fuentes de la revelación, siendo además difícilmente compatible con la bondad y misericordia de Dios. Los lugares de la Escritura que generalmente se citan en apoyo de esta teoría (Ioh 13, 2; Ps 108, 6; Zach 3, 1; Iob 1-2; 2 Cor 12, 7) no tienen fuerza probativa.

Bibliografía: L. BREMOND, *Le diable,* P 1924. S. WEBER, *De singulorum hominum daemone impugnatore,* R. 1938. A. RODEWYCK, *Die Beurteilung der Besessenheit,* ZkTh 72 (1950) 460-480. El mismo, *Die dämonische Besessenheit in der Sicht des Rituale Romanum,* A 1963. VARIOS, *Satan,* «Les études carmélitaines», P 1948.

Libro tercero

TRATADO DE DIOS REDENTOR

Parte primera

LA PERSONA DEL REDENTOR

Bibliografía: A. REATZ, *Jesus Christus. Sein Leben, seine Lehre und sein Werk,* Fr [2]1925. B. BARTMANN, *Jesus Christus unser Heiland und König,* Pa 1926. J. SICKENBERGER, *Leben Jesu nach den vier Evangelien,* Mr 1932. K. ADAM, *Jesucristo,* Barna [5]1967. L. KÖSTERS, *Nuestra Fe en Cristo,* Madrid 1954. H. FELDER, *Jesus von Nazareth,* Pa [3]1947. L. DE GRANDMAISON, *Jésus-Christ. Sa personne, son message, ses preuves,* 2 tomos, P [16]1931 (trad. esp., Barna 1932). P. GALTER, *De incarnatione ac redemptione,* P [2]1947. A. D'ALÈS, *De Verbo incarnato,* P 1930. K. ADAM, *Der Christus des Glaubens. Vorlesungen über die kirchliche Christologie,* D 1954 (trad. esp.: *El Cristo de nuestra fe,* Barna 1958). M. RACKL, *Die Christologie des hl. Ignatius von Antiochien,* Fr 1914. A. L. FEDER, *Justins des Märtyrers Lehre von Jesus Christus,* Fr 1906. A. HOUSSIAU, *La christologie de s. Irénée* Ln 1955. H. DE RIEDMATTEN, *Les actes du procès de Paul de Samosate. Étude sur la christologie du IIIe au IVe siècle,* Fr/S 1952. E. WEIGL, *Untersuchungen zur Christologie des hl. Athanasius,* Pa 1914. El mismo, *Christologie vom Tode des Athanasius bis zum Ausbruch des Nestorianischen Streites* (373-429), Mn 1925. J. LENZ, *Jesus Christus nach der Lehre des hl. Gregor von Nyssa,* Tr 1925. J. H. JUZEK, *Die Christologie des hl. Johannes Chrysostomus,* Br 1912. A. SCHMID, *Die Christologie Isidors von Pelusium,* Fr/S 1948. A. REHRMANN, *Die Christologie des hl. Cyrillus von Alexandrien,* Hi 1902. J. LIÉBAERT, *La doctrine christologique de s. Cyrille d'Alexandrie avant la querelle nestorienne,* Lila 1951. A. BERTRAM, *Theodoreti episcopi Cyrensis doctrina christologica,* Hi 1883. H. STRAUBINGER, *Die Christologie des hl. Maximus Confessor,* Bo 1906. K. SCHWERDT, *Studien zur Lehre des hl. Ambrosius von der Person Christi,* Bückeburg 1937. O. SCHEEL, *Die Anschauung Augustins über Christi Person und Werk,* T 1901. T. J. VAN BAVEL, *Recherches sur la christologie de saint Augustin,* Fr/S 1954. PH. KUHN, *Die Christologie Leos des Grossen,* Wü 1894. M. J. NICOLAS, *La doctrine christologique de s. Léon le Grand,* RTh 51 (1951) 609-660. B. NISTERS, *Die Christologie des hl. Fulgentius von Ruspe,* Mr 1930. E. POPPENBERG, *Die Christologie des Hugo von St. Viktor,* Hiltrup 1937. F. ANDERS,

Die Christologie des Robert von Melun, Pa 1927. J. GÜNSTER, *Die Christologie des Gerhoh von Reichersberg,* K 1940. R. F. STUDENY, *John of Cornwall an Opponent of Nihilianism,* Moedling de Viena 1939. O. BALTZER, *Beiträge zur Geschichte des christologischen Dogmas im 11. und 12. Jahrhundert,* I. 1898. A. M. LANDGRAF, *Dogmengeschichte der Frühscholastik* II. Teil: *Die Lehre von Christus,* vols. I-II, Re 1953/54. F. HABERL, *Die Inkarnationslehre des hl. Albertus Magnus,* Fr 1939. I. BACKES, *Die Christologie des hl. Thomas von Aquin und die griechischen Väter,* Pa 1931. F. RICHELDI, *La cristologia di Egidio Romano,* Modena 1938. P. BAYERSCHMIDT, *Die Seins- und Formmetaphysik des Heinrich von Gent in ihrer Anwendung auf die Christologie,* Mr 1941. M. BERTAGNA, *Christologia S. Bernardini Senensis,* R 1949. R. HAUBST, *Die Christologie des Nikolaus von Kues,* Fr 1956; A. SCHWEITZER, *Geschichte der Leben-Jesus-Forschung,* T [6]1951. F. M. BRAUN, *Jesus Christus in Geschichte und Kritik,* Lu 1950. J. R. GEISELMANN, *Jesus der Christus,* St 1951. F. CEUPPENS, *De incarnatione* (Theol. Bibl. III), To-R [2]1950. O. CULLMANN, *Die Christologie des Neuen Testaments,* T 1957. R. H. MCGLYNN, *The Incarnation in the Sermons of St. Peter Chrysologus,* Mu 1956. B. M. XIBERTA, *Enchiridion de Verbo incarnato,* Ma 1957. J. BRINKTRINE, *Die Lehre von der Menschwerdung und Erlösung,* Pa 1959. R. CANTALAMESSA, *La cristologia di Tertulliano,* Fr/S 1962. C. CHOPIN, *El Verbo encarnado y redentor,* Herder, Barna 1969.

INQUISICIÓN PREVIA

§ 1. Existencia histórica de Jesús

La llamada crítica radical que los protestantes liberales aplicaron a los evangelios, llegó incluso, con Bruno Bauer, Albert Kalthoff, Arthur Drews, etc., a la negación de la existencia histórica de Jesús.

La existencia histórica de Jesús es testimoniada con toda claridad no sólo por autores cristianos, sino también por algunos no cristianos en los cuales no cabe sospecha alguna de haber falseado la realidad.

1. Escritores paganos

a) Tácito refiere en sus anales (alrededor del año 116) la cruel persecución que sufrieron en Roma los cristianos bajo el emperador Nerón y hace de paso la siguiente observación a propósito del fundador de la religión cristiana: «El creador de este nombre, Cristo, había sido ejecutado por el procurador Poncio Pilato durante el reinado del emperador Tiberio» («Auctor nominis eius Christus Tiberio imperante per procuratorem Pontium Pilatum supplicio adfectus erat»; *Annales* xv 44).

b) Suetonio (alrededor del año 120) refiere que el emperador Claudio «expulsó de Roma a los judíos por promover incesantes alborotos a instigación de un tal Cresto» («Judaeos impulsore Chresto assidue tumultuantes Roma expulit»; *Vita Claudii* 25, 4). En el fondo de esta información desfigurada hay un núcleo histórico: el hecho de que en la comunidad judía de Roma se habían levantado violentas discusiones en torno a Cristo; cf. Act 18, 2.

c) Plinio el Joven, procónsul de Bitinia, escribe (111-113) en una carta al emperador Trajano que «los cristianos se reúnen un día determinado antes de romper el alba y entonan un himno a Cristo como a un dios» («stato die ante lucem convenire carmenque Christo quasi deo dicere»; *Ep.* x 96).

d) El sirio MARA BAR SERAPIÓN, seguidor de la filosofía estoica, habla de Jesús en una carta que escribe a su hijo Serapión: «O ¿[qué sacaron] los judíos de la ejecución de su sabio rey, si desde entonces perdieron su reino?... Los judíos fueron muertos o expulsados de su país, y viven dispersos por todas partes... El rey sabio no ha muerto, gracias a las nuevas leyes que dio.» La citada carta fue escrita después del año 70, aunque no es posible fijar con certeza la fecha de su composición (siglos II al IV).

2. Escritores judíos

a) El escritor judío FLAVIO JOSEFO refiere en sus *Antiquitates* (que se terminaron el 93-94) que el «sumo sacerdote Anano acusó de transgredir la ley al hermano de Jesús (que es llamado Cristo), por nombre Santiago, y también a algunos otros, haciéndoles lapidar» *(Ant.* XX 9, 1). Más explícito aún es otro pasaje, si bien existen graves razones contra su autenticidad: «Por aquel mismo tiempo apareció Jesús, hombre sabio, si es lícito llamarle hombre; pues hizo cosas maravillosas, fue el maestro de los hombres que anhelan la verdad, atrayendo hacia sí a muchos judíos y a muchos gentiles. Él era el Cristo (ὁ Χριστὸς οὗτος ἦν). Y, como Pilato le hiciera crucificar por acusaciones de las primeras figuras de nuestro pueblo, no por eso dejaron de amarle los que le habían amado antes; pues Él se les apareció resucitado al tercer día después que los divinos profetas habían predicho de Él estas cosas y otros muchos prodigios sobre su persona. Hasta hoy dura la estirpe de los cristianos, que tomaron de Él su nombre» *(Ant.* XVIII 3, 3). Parece que hay un fondo genuino en este texto, que fue refundido después por los cristianos.

La versión paleoeslava de la obra *De bello Iudaico* contiene un testimonio sobre Cristo, parcialmente semejante, pero que falta en la versión griega y en la latina. Según todas las apariencias, se trata de una interpolación posterior y de carácter legendario. Está equivocado *Robert Eisler* con su teoría (fundada en este texto) de que Jesús fue el caudillo de un movimiento revolucionario de tipo nacionalista, y que por esta causa fue ajusticiado por el procurador romano.

b) Las menciones incidentales que el *Talmud* hace de la persona de Jesús suponen también su existencia histórica. El judaísmo desfiguró la imagen histórica de Cristo, diciendo que era hijo de una mujer adúltera, que era un seductor y que fundó una secta impía; pero jamás puso en duda el carácter histórico de su existencia; cf. el texto del *Talmud Bab. Sanhedrin,* f. 43 a; f. 67 a; SAN JUSTINO, *Dial.* 17, 108.

Bibliografía: J. B. AUFHAUSER, *Antike Jesus-Zeugnisse,* Bo [2]1925. F. MEFFERT, *Die geschichtliche Existenz Christi,* M. Galdbach [13]1921. O. GRABER, *Im Kampf um Christus. Ueberprüfung der Angriffe A. Drews' gegen die geschichtliche Existenz Jesu,* Gr 1927. A propósito del testimonio de Josefo en la versión paleoeslava, véase H. DIECKMANN, Schol 2 (1927) 277-279; R. DRAGUET, *Le juif Josèphe, témoin du Christ?,* RHE 26 (1930) 833-879. M. GOLDSTEIN, *Jesus in the Jewish Tradition,* NY 1950.

Sección primera

LAS DOS NATURALEZAS DE CRISTO Y EL MODO COMO ESTÁN UNIDAS

Capítulo primero

LA VERDADERA DIVINIDAD DE CRISTO

§ 2. EL DOGMA DE LA VERDADERA DIVINIDAD DE CRISTO Y SUS ADVERSARIOS

1. El dogma

Jesucristo es verdadero Dios e Hijo de Dios por esencia (de fe).

En todos los símbolos de la fe se expresa la creencia de la Iglesia en la divinidad y filiación divina de Jesucristo. Véase el símbolo *Quicumque:* «Est ergo fides recta, ut credamus et confiteamur, quia Dominus noster Iesus Christus, Dei Filius, Deus et homo est. Deus est ex substantia Patris ante saecula genitus, et homo est ex substantia matris in saeculo natus, perfectus Deus, perfectus homo»; Dz 40; cf. Dz 54, 86, 148, 214 s, 290. El dogma dice que Jesucristo posee la infinita naturaleza divina con todas sus infinitas perfecciones por haber sido engendrado eternamente por Dios Padre.

2. Herejías contrarias al dogma

En la antigüedad cristiana negaron la verdadera divinidad de Cristo: Cerinto, los ebionitas, los monarquianos dinamistas o adopcionistas y los arrianos. En los tiempos modernos la han negado los socinianos y los racionalistas de la época de la «Ilustración», y también la moderna teología liberal; cf. Dios Uno y Trino, § 1.

En contra de lo que hiciera el antiguo racionalismo, la moderna teología liberal continúa aplicando a Cristo los términos bíblicos de «Dios» e «Hijo de Dios», pero traduciéndolos a un sentido racionalístico. Cristo, según su opinión, es Hijo de Dios no en sentido metafísico sino *ético,* pues en Él se desarrolló de forma singular la conciencia de que Dios es nuestro Padre. Cristo es el redentor del mundo porque supo comunicar a los hombres el singular conocimiento de Dios que Él experimentó en su interior, revelando a Dios como Padre bondadoso. Como Cristo no es verdadero Dios, no es objeto sino sujeto de la religión. HARNACK comenta: «No es el Hijo, sino únicamente el Padre a quien se refiere el Evangelio, como lo afirmó el mismo Jesús... La frase: *Yo soy el Hijo de Dios* no fue incluida por Jesús mismo en su Evangelio; y quien la sitúe en él junto con las demás añade algo al Evangelio» *(Wesen des Christentums,* pág. 91 s).

La tendencia del *historicismo religioso,* dentro de la teología liberal, concede que los predicados bíblicos de «Dios» e «Hijo de Dios» hay que entenderlos en sentido propio, pero explica su origen por el influjo de las concepciones religiosas de las religiones paganas (apoteosis).

Siguiendo la teología liberal, el *modernismo* (A. Loisy) abandonó también la fe en la divinidad de Cristo, estableciendo una distinción entre el Jesús histórico, que es puro hombre, y el Cristo de la fe, que, idealizado por la piedad cristiana, fue elevado a divinidad por influencia de ideas paganas; cf. Dz 2027-31.

Bibliografía: *Jesus Christus. Apologestische Vorträge,* Fr [2]1911, 170 ss (K. BRAIG), 345 ss (G. ESSER). J. BESSMER, *Philosophie und Theologie des Modernismus,* Fr 1912. B. BARTMANN y otros, *Reformkatholizismus?,* Pa 1938.

§ 3. EL TESTIMONIO DEL ANTIGUO TESTAMENTO

El Antiguo Testamento anuncia al futuro Redentor. De acuerdo con su carácter preparatorio, sólo contiene alusiones a la verdadera divinidad y filiación divina del futuro Mesías (cf. Vaticano II, const. *Dei Verbum,* n. 14-16).

Las profecías mesiánicas pintan al futuro redentor como profeta (Deut 18, 15 y 18), como sacerdote (Ps 104, 4), como pastor (Ez 34, 23 s), como rey y señor (Ps 2; 44; 109; Zach 9, 9), como siervo de Dios colmado de sufrimientos (Is 53), y le llaman *Hijo de Dios:* «Dominus dixit ad me: Filius meus es tu, ego hodie genui te» (Ps 2, 7; cf. 109, 3). Si es verdad que el título de «Hijo de Dios», dado el rígido monoteísmo de la Antigua Alianza, se entendía únicamente en un sentido traslaticio y ético, con todo, una vez recibida la luz de la revelación neotestamentaria, podemos leer en estas expresiones la verdad de la eterna generación del Hijo por el Padre; cf. Hebr 1, 5.

Los títulos que a continuación mencionamos aluden a la dignidad divina del Mesías: *Emmanuel* = Dios con nosotros (Is 7, 14; 8, 8). Admirable consejero, Dios, Varón fuerte, Padre del siglo futuro, Príncipe de la paz (Is 9, 6). Al Mesías venidero se le aplica el atributo de la eternidad, pero tengamos en cuenta con todo que la expresión bíblica «eternidad» a menudo no expresa sino un período largo de tiempo; cf. Mich 5, 2: «Sus orígenes serán de antiguo, de días de muy remota antigüedad *(a diebus aeternitatis)*; Dan 7, 14: «Su dominio es dominio eterno que no acabará nunca, y su imperio (imperio eterno) que nunca será destruido».

Bibliografía: A. SCHULTE, *Die messianischen Weissagungen des Alten Testaments,* Pa 1908. L. DÜRR, *Ursprung und Ausbau der israelitisch-jüdischen Heilandserwartung,* B 1925. F. CEUPPENS, *De prophetiis messianicis in Vetere Testamento,* R 1935 P. HEINISCH, *Theologie des Alten Testamentes,* Bo 1940, 299 ss. El mismo, *Christus der Erlöser im Alten Testament,* Gr-W-K 1955.

§ 4. EL TESTIMONIO DE LOS EVANGELIOS SINÓPTICOS

A. Testimonio del Padre celestial

Al ser bautizado Jesús en el Jordán, resonó una voz celestial que dijo: «Tú eres mi Hijo amado; en ti tengo puestas mis complacencias» (Mt 23, 17; Mc 1, 11; Lc 3, 22; cf. Ioh 1, 34). En la transfiguración del monte Tabor, salió de la nube una voz que decía: «Éste es mi Hijo amado (en el cual tengo puestas mis complacencias; Mt), escuchadle» (Mt 17, 5; Mc 9, 7; Lc 9, 35; cf. 2 Petr 1, 17).

Cristo, al ser bautizado, es presentado en su oficio mesiánico por el Padre celestial, quien testimonia, por medio de una revelación solemne ante San Juan, que Jesús es el Hijo de Dios. Cuando Jesús se transfigura en el monte Tabor, vuelve a repetirse ante los apóstoles más notables este testimonio divino. La expresión bíblica «Hijo amado» es sinónima de «Hijo único»; cf. Gen 22, 2, 12 y 16, según M y G; Mc 12, 6. Para Juan y los discípulos, el testimonio del Padre celestial no pudo ser más que una certificación divina de la dignidad mesiánica de Jesús (Hijo de Dios = Mesías), ya que no estaban todavía preparados para pensar en una filiación divina sustancial. Pero la Iglesia primitiva ha visto en las palabras del Padre celestial una testificación por parte de Dios de su creencia en la filiación divina sustancial de Jesús (cf. Ioh 1, 34).

B. Testimonio de Jesús sobre sí mismo

1. Trascendencia sobre todas las criaturas

Jesús se sabe trascendente a todas las criaturas: a los ángeles y a los hombres.

Él sobrepasa a los profetas y reyes de la Antigua Alianza, a Jonás y a Salomón (Mt 12, 41 s; Lc 11, 31 s), a Moisés y Elías (Mt 17, 3; Mc 9, 4; Lc 9, 30), a David (que considera a Cristo como Señor; Mt 22, 43 ss; Mc 12, 32 s; Lc 20, 42 ss). Es tan grande, que el más pequeño en el reino de Dios por Él fundado será mayor que Juan el Bautista, que fue el mayor de los nacidos» (Mt 11, Lc 7, 28).

Los *ángeles* son servidores suyos. Bajan a servirle (Mt 4, 11; Mc 1, 13; Lc 4, 13); Jesús no necesita sino rogar a su Padre, y Éste le enviaría más de doce legiones de ángeles (Mt 26, 53). Los ángeles le acompañarán en su nueva venida (Mt 16, 27; Mc 8, 38; Lc 9, 26; Mt 25, 31); Él los enviará para que reúnan a los justos y pecadores el día del juicio (Mt 13, 41; 24, 31; Mc 13, 27). Como Hijo, se halla por encima de los hombres y de los ángeles (Mt 24, 36; Mc 13, 32).

2. Equiparación con Dios

Jesús dice de sí mismo lo que en el Antiguo Testamento se decía de Yahvé, equiparándose con ello a Dios.

Lo mismo que Yahvé, Jesús envía profetas, sabios y doctores de la ley (Mt 23, 34; Lc 11, 49) y les promete su ayuda (Lc 21, 15; cf. Ex 4, 15). Lo mismo que Yahvé, Jesús es señor de la ley del Antiguo Testamento: con su plenitud de poderes, Jesús completa y cambia las prescripciones de la Ley del Antiguo Testamento (Mt 5, 21 ss); es señor del sábado (Mt 12, 8; Mc 2, 28; Lc 6, 5). Lo mismo que Yahvé, hace con los hombres una alianza (Mt 26, 28; Mc 14, 24; Lc 22, 20). Así como Israel es la comunidad de Yahvé, de la misma manera sus discípulos son su comunidad o iglesia (Mt 16, 18).

3. Preceptos divinos

Jesús impone a sus discípulos preceptos que sólo Dios puede exigir a los hombres: tales son los mandatos sobre la fe en su persona y sobre el grado supremo de caridad.

Reprocha la falta de fe en Israel y alaba la buena disposición para creer que descubre en los paganos (Mt 8, 10-12; 15, 28), recompensa la fe (Mt 8, 13; 9, 2, 22 y 29; 15, 28; Mc 10, 52; Lc 7, 50; 17, 19) y censura la poca fe

(Mt 16, 8; 17, 20; 21, 21; Mc 4, 40). Jesús exige que se crea en su propia persona; quiere ser el objeto de esa fe; cf. Lc 9, 26: «Quien se avergonzare de mí y de mis palabras, de ese tal se avergonzará el Hijo del hombre cuando venga en su majestad y en la de su Padre y de los santos ángeles»; Mt 11, 6: «Bienaventurado aquel que no tomare de mí ocasión de escándalo.»

Jesús exige de sus discípulos un amor que supere todo amor creado; Mt 10, 37: «Quien ama al padre o a la madre más que a mí, no merece ser mío; y quien ama al hijo o a la hija más que a mí, tampoco merece ser mío.» Llega su precepto tan lejos que exige incluso que entreguen la vida por Él; Mt 10, 39; Lc 17, 33: «Quien perdiere su vida por mí, la hallará.»

Jesús acepta *adoración religiosa,* permitiendo que se postren a sus pies (proskynesis); lo cual, según las ideas judías y cristianas (cf. Esther 13, 12 ss; Act 10, 26; Apoc 19, 10; 22, 9), era un honor que se tributaba únicamente a Dios (cf. Mt 15, 25; 8, 2; 9, 18; 14, 33; 28, 9 y 17).

4. Jesús y su conciencia de poder

Jesús está henchido de la conciencia en su poder sobrehumano; cf. Mt 28, 18: «Me ha sido dado todo poder en el cielo y en la tierra».

Pone en práctica ese poder, que sin cesar tiene en su interior, haciendo innumerables *milagros,* y da también a sus discípulos la potestad de hacer milagros en su nombre, es decir, por delegación y virtud suya; Mt 10, 1 y 8; Mc 3, 15; 6, 7; Lc 9, 1; 10, 17.

Jesús reclama, además, para sí el poder de perdonar los pecados, lo cual sólo a Dios compete (Mt 9, 2; Mc 2, 5; Lc 5, 20; 7, 48), y prueba su título a este poder obrando un milagro (Mt 9, 6). Confiere también a sus apóstoles pleno poder para perdonar los pecados (Mt 16, 19; 18, 18; Ioh 20, 23). En el sacrificio de su vida ve Jesús un medio expiatorio suficiente para que sean perdonados los pecados de toda la humanidad (Mt 20, 28; 26, 28).

Jesús reivindica igualmente para sí el oficio de juzgar al mundo, lo cual, según doctrina del Antiguo Testamento, lo hará Yahvé en persona (cf. Ps 49, 1-6; 95, 12 s; 97, 9; Zach 14, 5); Mt 16, 27: «El Hijo del hombre ha de venir revestido de la gloria de su Padre, acompañado de sus ángeles, y entonces dará el pago a cada cual conforme a sus obras.» El juicio se extenderá a toda palabra innecesaria (Mt 12, 36). Su fallo será definitivo, siendo cumplido inmediatamente; Mt 25, 46: «Éstos irán al eterno suplicio, y los justos a la vida eterna.» El desempeño del oficio de juez del mundo supone un saber y un poder suprahumanos.

5. Jesús y su conciencia de ser Hijo de Dios

a) La expresión «Hijo de Dios» en general.

Jesús distingue claramente el modo con que Él es Hijo de Dios del modo con que lo son sus discípulos. Cuando habla de su relación con su Padre celestial, dice siempre: «mi Padre». Cuando habla de la relación de sus discípulos con el Padre celestial, siempre dice: «vuestro Padre» o «tu Padre». Jamás se incluye Jesús con sus discípulos diciendo «nuestro Padre», ni siquiera cuando habla de sí y de sus discípulos al mismo tiempo; cf. Mt 25, 34; 26, 29; Lc 2, 49; 24, 29; Ioh 20, 17. El «padrenuestro» no es su propia oración, sino la que enseña a sus discípulos para que éstos aprendan a orar (Mt 6, 9).

b) En el Templo, Jesús se revela por primera vez como Hijo de Dios.

La primera revelación que nosotros conocemos de la singular conciencia que Jesús tenía de su filiación divina tiene lugar en el Templo de Jerusalén, cuando sus padres le encuentran después de buscarle tres días, contando Jesús entonces doce años. A la pregunta quejosa de su madre: «Hijo, ¿por qué te has portado así con nosotros? Mira cómo tu padre y yo, llenos de aflicción, te hemos andado buscando», responde Jesús: «¿Cómo es que me buscabais? ¿No sabíais que yo debo emplearme en las cosas que miran al servicio de mi Padre?» (Lc 2, 49).

Mientras que María menciona sus derechos naturales de madre, Jesús hace valer su relación de Hijo con el Padre celestial, que le impone deberes más elevados. Su relación humana de filiación ha de ceder a la filiación divina, por la cual es Hijo del Padre celestial. La antítesis exige que esta última filiación se entienda en el mismo sentido físico que la primera.

c) El llamado «pasaje juanístico» en los sinópticos.

El llamado «pasaje juanístico», Mt 11, 27 (Lc 10, 22), nos ofrece, dentro de los testimonios que Jesús da de sí mismo en los sinópticos, la visión más honda de la conciencia que Jesús poseía de ser el Hijo de Dios y de sus relaciones con el Padre: «Todas las cosas las ha puesto el Padre en mis manos. Y nadie conoce al Hijo, sino el Padre; ni conoce ninguno al Padre, sino el Hijo, y aquel a quien el Hijo quisiere revelarlo.» Todos los intentos por declarar total o parcialmente espúreo el pasaje en cuestión fracasan ante la prueba evidente que ofrecen de su autenticidad la crítica textual y los testimonios de los santos padres (San Justino, San Ireneo, Tertuliano).

Jesús sabe perfectamente que ha recibido de su Padre la plenitud de la verdad revelada y la plenitud del poder divino para realizar su misión (primer miembro). Y aunque Jesús aparece por ello encumbrado sobre todos los profetas del Antiguo Testamento, no obstante, lo más peculiar de su ser se manifiesta plenamente en la exposición de sus relaciones con Dios Padre (segundo miembro). Con las palabras: «Nadie conoce al Hijo, sino el Padre», quiere decirnos Jesús que su ser es tan rico de realidad que solamente el conocimiento divino del Padre, que es infinito, puede penetrarlo. Con las palabras: «ni conoce ninguno al Padre, sino el Hijo», quiere decir Jesús que su conocimiento es tan perfecto, que es el único capaz de abarcar el ser divino infinito del Padre. Jesús equipara con ello su conocimiento al conocimiento divino del Padre. Por la revelación que el Hijo hace, pueden llegar también otros al conocimiento del Padre (tercer miembro). El Hijo no es un enviado de Dios como los demás, ligado al encargo que Dios le confía, sino que hace partícipe a quien Él quiere de su conocimiento. Jesús es un predicador de la revelación divina que está en igual plano que su Padre. El pasaje en cuestión no encuentra explicación suficiente sino en la hipótesis de que Jesús posea en común con el Padre la sustancia divina.

d) Jesús confiesa ante el sanedrín que es el Mesías y el Hijo de Dios.

Jesús dio finalmente un solemne testimonio de que era el Mesías y el Hijo de Dios ante el sanedrín, supremo tribunal de justicia del pueblo judío. A la pregunta del sumo sacerdote Caifás, presidente del tribunal: «Te conjuro por Dios vivo; di si eres tú el Mesías, el Hijo de Dios» (Mt 26, 63), respondió Jesús clara y terminantemente: «Tú lo has dicho» (Mt 26, 64), «Yo soy» (Mc 14, 62).

Las palabras que añadió Jesús a esta solemne declaración demuestran que no quiso presentarse por ellas como un Mesías puramente humano en el sentido teocrático de los judíos, sino como verdadero Mesías-Dios e Hijo de Dios consustancial con el Padre: «Pero yo os digo que un día veréis al Hijo del hombre sentado a la diestra del Poder [= de Dios] y venir sobre las nubes del cielo» (cf. Ps 109, 1; Dan 7, 13). Los sanedritas consideraron la confesión de Jesús como una blasfemia digna de muerte. Ahora bien, según las ideas de los judíos, no podía conceptuarse de blasfemia el mero arrogarse el título de Mesías, sino el considerarse igual a Dios; cf. Ioh, 19, 7.

e) La alegoría de los malos viñadores.

De los testimonios que Jesús da sobre sí mismo se desprende luz sobre la alegoría de los malos viñadores; alegoría en la cual

Jesús, previendo la muerte que le espera, se refiere clarísimamente a sí mismo: «Le quedaba [al dueño de la viña] todavía uno, un hijo amado, y se lo envió también el último, diciéndose: A mi hijo le respetarán. Pero aquellos viñadores se dijeron para sí: Éste es el heredero. ¡Ea! Matémosle y será nuestra la heredad. Y cogiéndole le mataron y le arrojaron fuera de la viña» (Mc 12, 6-8).

Mientras que los profetas del Antiguo Testamento figuran en esta alegoría como los criados que el dueño de la viña iba enviando, Jesús aparece como el hijo único y muy querido de dicho señor, y, por tanto, como su único heredero legítimo. He ahí una alusión clarísima a la filiación divina de Jesús, que es Hijo de Dios por esencia. El testimonio que Jesús da de sí mismo se ve corroborado por sus milagros y profecías, por la santidad de su vida y por la sublimidad de su doctrina, y no menos por el hecho de haber dado la vida en testimonio de sí mismo.

Bibliografía: B. BARTMANN, *Das Himmelreich und sein König,* Pa 1904. A. SEITZ, *Das Evangelium vom Gottessohn,* Fr 1908. F. TILLMANN, *Das Selbstbewusstsein des Gottessohnes,* Mr [3]1921. H. FELDER, *Jesus Christus, Apologie seiner Messianität und Gottheit,* 2 vols., Pa [3]1923-24. El mismo, *Jesus von Nazareth,* Pa [3]1947. H. SCHUMACHER, *Die Selbstoffenbarung Jesu bei Mat 11, 27 (Luc 10, 22),* Fr 1912. J. SCHMID, *El Evangelio según Mt, Mc, Jn,* Barna 1967; el mismo, *El Evangelio según Lc,* Barna 1968. LAGRANGE, *Évangile selon saint Matthieu,* P [5]1929. El mismo, *Évangile selon saint Marc.* P [5]1929. El mismo, *Évangile selon saint Luc,* P [4]1927. BUZY, *Évangile selon saint Matthieu,* P 1935. PIROT, *Évangile selon saint Marc,* P 1935. MARCHAL,*Évangile selon saint Luc,* P 1935. B. M. F. VAN IERSEL, *«Der Sahn» in den synoptischen Jesusworten,* Leiden 1961. F. HAHN, *Christologische Hoheitstitel,* G 1963.

§ 5. EL TESTIMONIO DEL EVANGELIO SEGÚN SAN JUAN

A. Testimonio del Evangelista

El evangelio de San Juan, como afirma el mismo evangelista, se escribió con el fin de probar la mesianidad y filiación divina de Jesús: «Éstas [señales] fueron escritas para que creáis que Jesús es el Mesías, Hijo de Dios, y para que creyendo tengáis vida en su nombre» (Ioh 20, 31).

San Juan tiene ante la vista que Jesús es el Hijo consustancial de Dios, como se deduce con toda evidencia del *prólogo* en que nos habla de la significación de la persona y de la obra de Jesús. El prólogo comienza con la descripción del Logos preexistente, que existe desde toda la eternidad, es persona subsistente junto a Dios, siendo Él mismo Dios; por Él se hicieron todas las cosas, Él es la fuente de la vida eterna y mediante su revelación ilumina espiritualmente a los hombres. El Logos guarda con respecto a Dios la relación de Hijo. Es designado como «Unigénito del Padre» (μονογενὴς παρὰ πατρός; 1, 14) y como «Dios unigénito» (μονογενὴς θεός; 1, 18). Este Logos, que existe desde toda la eternidad, vino al mundo en el tiempo, haciéndose carne (1, 14) para traer la gracia y la verdad a los hombres. El Logos hecho carne se identifica con Jesucristo histórico.

El evangelista vuelve a insistir más tarde en llamar a Jesús «Hijo unigénito de Dios» (ὁ μονογενὴς υἱὸς τοῦ θεοῦ; 3, 16 y 18).

B. *El testimonio de Jesús sobre sí mismo en el cuarto evangelio*

1. Filiación divina de Jesús

Con mayor frecuencia aún que en los sinópticos, vemos que Jesús en el cuarto evangelio llama a Dios «Padre suyo» o «el Padre», y a sí mismo se llama «el Hijo». Hace distinción expresa entre su filiación divina y la de sus discípulos; 20, 17: «Ve a mis hermanos y diles: Subo a mi Padre y a vuestro Padre, a mi Dios y a vuestro Dios».

2. Preexistencia en Dios

Jesús da testimonio de que ha sido enviado por el Padre (5, 23 y 37; 6, 38 s y 44; 7, 28 s y 33, etc.), de que ha venido «del cielo» (3, 13; 6, 38 y 51) o «de arriba» (8, 23; cf. 3, 31), de que ha salido de Dios o del Padre (8, 42; 16, 27 s). Jesús expresa con estas palabras su preexistencia en Dios. Puesto que su relación con Dios la define como filiación, es obvio que su preexistencia tiene lugar desde toda la eternidad.

3. El Hijo en plano de igualdad con Dios

a) A propósito de la curación del hombre que llevaba treinta y ocho años enfermo (5, 1 ss), Jesús revela su divinidad y su filiación divina con especial relieve (5, 17-30). Cuando los judíos le censuraban por quebrantar el sábado, Jesús los rechaza con el siguiente argumento: «Mi Padre sigue obrando todavía, y por eso yo obro también» (17). Con ello, Jesús reclama para sus actividades completa igualdad con el obrar del Padre. Así como el descanso sabático no impide a Dios ejercer su acción conservadora y rectora del mundo, de la misma manera el precepto sabático no le estorba tampoco a Él para realizar la curación milagrosa. Los fariseos ven expresada en esta frase de Jesús igualdad esencial con Dios y la filiación divina consustancial: «Por esto los judíos buscaban con más ahínco matarle, porque no sólo quebrantaba el sábado, sino que decía a Dios su Padre, haciéndose igual a Dios» (18).

En los versículos siguientes, Jesús declara más explícitamente el pensamiento de que su obrar es en todo igual al del Padre. Se atribuye a sí mismo las operaciones divinas de dar vida (ζωοποιεῖν en el sentido de conferir la vida sobrenatural del espíritu) y de juzgar (κρίνειν en el sentido de ejercer el oficio de juez en el juicio universal) (21-22) y exige para sí la misma honra divina que se tributa al Padre y fe en su palabra (23-24). La fe es la condición subjetiva previa para recibir la vida eterna y para no ser condenados en el juicio. Jesús, durante su discurso, se llama a sí mismo el «Hijo de Dios» (ὁ υἱὸς τοῦ θεοῦ; 25). Relacionado este título con la revelación de su consustancialidad con Dios Padre, solamente puede significar que Jesús es el Hijo de Dios por esencia.

b) De manera análoga, Jesucristo revela su consustancialidad con Dios en ocasión de una disputa habida con los judíos en la fiesta de la dedicación del templo (10, 22-39). Dice Jesús a propósito de su relación con el Padre: «Yo y el Padre somos una sola cosa» (ἐγώ καὶ ὁ πατὴρ ἕν ἐσμεν; 30). Según el contexto, no se trata de una unidad moral entre Cristo y el Padre, sino de una unidad física, y ciertamente de una unidad de sustancia, no de persona (ἕν, no εἷς). En este mismo sentido comprendieron los adversarios de Jesús sus palabras, y le inculparon de blasfemia: «Por ninguna obra buena te apedreamos, sino por la blasfemia, porque tú, siendo hombre, te haces Dios» (33).

Jesús refuta la acusación de blasfemia y les pide que crean al testimonio del Padre, manifiesto en las obras milagrosas que Él ha hecho: «Creed a las obras, para que sepáis y conozcáis que el Padre está en mí, y yo en el Padre» (38).

c) En el discurso de despedida, Jesús expone detalladamente la idea de la inmanencia y mutua compenetración esencial entre el Padre y Él (pericóresis, circumincessio); cf. 14, 9-11.

En su oración sacerdotal, Jesús ruega por la unidad de los apóstoles y de los fieles, modelo de la cual es su unidad sustancial con el Padre (17, 11 y 21).

4. Atributos y preceptos divinos

Jesús se aplica a sí mismo *atributos* y *operaciones* divinas: la eternidad (8, 58: «Antes que Abraham naciese, era yo»; cf. 17, 5 y 24), el conocimiento perfecto del Padre (7, 29; 8, 55; 10, 14 s), el poseer igual poder y actividad que el Padre (5, 17 ss), el poder de perdonar los pecados (8, 11), que puede conferir también a otras personas (20, 23), el oficio de juez del mundo (5, 22 y 27), el ser digno de adoración (5, 23). Se señala a sí mismo como la luz del mundo (8, 12), el camino, la verdad y la vida (14, 6).

Jesús impone *preceptos* divinos, reclamando que se crea en su persona (14, 1: «Creéis en Dios, creed también en mí»; cf. 5, 24; 6, 40 y 47; 8, 51; 11, 25 s) y que se le ame con un amor que se manifieste en el cumplimiento de sus preceptos (14, 15, 21 y 23). Como recompensa, promete el amor del Padre y el suyo, la revelación de sí mismo, y venir los dos, el Padre y Él, a morar en el alma que ame a Cristo: «Vendremos a él y en él haremos morada» (14, 23). La inhabitación es privilegio exclusivo de Dios. Jesús manda a sus discípulos que oren en su nombre al Padre y a sí mismo, y les asegura que serán escuchados (14, 13 s; 16, 23 s).

La solemne confesión de fe en la divinidad de Cristo que hace el apóstol Santo Tomás: «Señor mío y Dios mío» (20, 28), la recibe el Señor resucitado como expresión de la fe exigida por Él; cf. Dz 224.

5. El testimonio de las obras

Al testimonio de las palabras de Jesús hay que añadir el testimonio de sus obras, es decir, de sus milagros. Los milagros, en la mente del evangelista San Juan, son «señales» que manifiestan la gloria divina de Jesús, es decir, su poder y majestad divina, y, por tanto, su divinidad; cf. 2, 11; 11, 40. Jesucristo invocó repetidas veces el testimonio de sus obras considerándolas como motivo de credibilidad; 10, 25: «Las obras que hago en nombre de mi Padre dan testimonio de mí»; cf. 5, 36; 10, 37 s; 14, 11; 15, 24.

APÉNDICE: **El testimonio de Jesús en los demás escritos de San Juan**

El testimonio que ofrece el evangelio de San Juan está corroborado por los restantes escritos del evangelista. Destacamos especialmente 1 Ioh 5, 20: «Sabemos que el Hijo de Dios vino y nos dio inteligencia para que conozcamos al que es Verdadero [= a Dios], y nosotros estemos en el Verdadero en su Hijo Jesucristo. Éste es el verdadero Dios y la vida eterna.» Las últimas palabras del texto citado se refieren a Jesucristo, como se demuestra por las siguientes razones: *a)* El pronombre demostrativo «éste» se refiere al nombre más inmediato, es decir, a Jesucristo. *b)* Referirlo al «Verdadero», es decir, a Dios Padre, sería incurrir en una tautología. *c)* El enunciado «Jesucristo es vida eterna» es genuinamente juanístico; cf. 1 Ioh 1, 2; 5, 11 s; Ioh 1, 4; 11, 25; 14, 6. Ahora bien, si aplicamos a Jesucristo el segundo predicado de «vida eterna», debemos aplicarle igualmente el primero de «verdadero Dios». *d)* La confesión de la divinidad de Jesucristo se halla en plena armonía con todo el Evangelio; cf. 1 Ioh 1, 1 y 18; 20, 28.

Otros enunciados importantes sobre la persona y la obra de Cristo se encuentran en los siguientes lugares: 1 Ioh 1, 1-3 y *7b; 2,* 1 s; 4, 9 s y 14 s; 5, 5 s y 10-13; 2 Ioh 3, 7 y 9; Apoc 1, 5-7 y 17 s; 5, 12-14; 19, 13 (ὁ λόγος τοῦ θεοῦ); 22, 12 s.

Bibliografía: BRAUN, *L'Évangile selon saint Jean,* P 1935. A. WIKENHAUSER, *Das Evangelium nach Johannes,* Re 1948. E. BERBUIR, *Zeugnis für Christus. Eine Auslegung des Johannes-Prologs,* Fr 1949. M. E. BOISMARD, *Le prologue de S. Jean,* P 1935. R. GUTZWILLER, *Herr der Herrscher. Christus in der Geheimen Offenbarung,* E-K 1951. Véase § 4. TR. HOLTZ, *Die Christologie der Apokalypse des Johannes,* B 1962.

§ 6. EL TESTIMONIO DE LAS CARTAS PAULINAS

1. La carta a los Filipenses, 2, 5-11

La más jugosa expresión de la cristología paulina la ofrece el pasaje Phil 2, 5-11, de suma importancia para el dogma: «Tened los mismos sentimientos que tuvo Cristo Jesús [6]. El cual, como existiera en forma de Dios, no creyó deber retener el ser igual a Dios [7], sino que se despojó a sí mismo tomando la forma de siervo y haciéndose semejante a los hombres. Y mientras en su exterior aparecía como hombre [8], se humilló a sí mismo haciéndose obediente hasta la muerte, y muerte de cruz [9]. Por lo cual Dios le exaltó y le otorgó un nombre sobre todo nombre [10], para que al nombre de Jesús se doble toda rodilla de cuantos habitan en los cielos, en la tierra y en los infiernos [11], y toda lengua confiese: Señor es Jesucristo para gloria de Dios Padre».

El Apóstol distingue en este texto tres formas distintas de existir Cristo: *a)* Primeramente existía en forma de Dios (ἐν μορφῇ τοῦ θεοῦ ὑπάρχων); *b)* después tomó forma de siervo (μορφὴν δούλου λαβών); *c)* por último, Dios le exaltó sobre todas las criaturas por su obediencia en el sufrimiento (καὶ ὁ θεὸς αὐτὸν ὑπερύψωσεν).

La expresión μορφή con frecuencia la entendieron los antiguos exegetas en el sentido de la μορφή aristotélica, a la que se concebía como sinónima de οὐσία (sustancia); pero es más acertado tener en cuenta el lenguaje no filosófico del Apóstol e interpretarla como la apariencia externa que denota cuál es el ser de una cosa. Claro que no se puede hablar propiamente de «forma de Dios», pero esta expresión viene sugerida por la antítesis «forma de siervo». La «forma de Dios» significa objetivamente la gloria y majestad (δόξα) que corresponden a la esencia divina y con las cuales Dios se manifiesta a los hombres. La expresión «existiendo en forma de Dios» presupone la posesión de la esencia divina. Existiendo en forma de Dios, Jesús tenía «el ser igual a Dios» (τὸ εἶναι ἴσα θεῷ), lo cual hay que entenderlo en el sentido de una total igualdad con Dios, que comprende tanto la esencia como la apariencia (οὐσία y μορφή).

La palabra ἁρπαγμός, que en toda la Sagrada Escritura sólo aparece en este lugar, en la literatura no bíblica significa no solamente la actividad del ἁρπάζειν (robar, saquear, arrebatar, acaparar), sino también como ἅρπαγμα, lo que es objeto del ἁρπάζειν: el robo *(res rapta* y *res rapienda),* el botín, algo real que puede ser aprehendido y utilizado; un bien, una oportunidad que pueden ser aprovechados, una ventaja, una ganancia. Siempre en el supuesto de que la persona de que se trate no posea ya originariamente el bien apropiable sino que sólo se ha apropiado de él o tiene la posibilidad de hacerlo suyo. Cf. EUSEBIO, *Hist. eccl.* VIII 12, 2; *Vita Constantini* II, 31; *In Luc.* 6, 20 (PG 68, 172 C); CIRILO DE ALEJANDRÍA, *De adoratione* I, 25 (PG 68, 172 C). La expresión τὸ εἶναι ἴσα θεῷ no significa que el Hijo de Dios, por naturaleza, sea igual a Dios, sino la igualdad de su conducta con la de Dios. El sentido del v. 6*b* es: Cristo no pensaba en atribuirse una conducta igual a la de Dios, antes bien se supeditaba en todo al Padre (cf. Ioh 14, 28). Por razones lingüísticas es inaceptable la explicación dada por la mayoría de los padres: Cristo no tenía necesidad de considerar el ser igual a Dios, en el sentido de igualdad óntica, como cosa robada o capaz de serlo, porque ya poseía tal igualdad en virtud de su propia naturaleza.

La *kénosis* (acción de despojarse) consiste en prescindir de la forma de Dios entendida como la manifestación de su gloria y majestad, pero ese despojarse no consiste, de modo alguno, en renunciar a la posesión.

Como recompensa a su ulterior humillación, obedeciendo durante su vida terrena hasta la muerte y muerte de cruz, Dios le ensalzó en su naturaleza humana por encima de todos los seres creados confiriéndole el nombre yahvético de Kyrios, y ordenando que todas las criaturas le rindan adoración como a Persona divina. En virtud de esta elevación, la naturaleza humana de Cristo entró a participar en su vida posterrena de la majestad y gloria de Dios; cf. Ioh 17, 5.

2. Cristo es designado como Dios

El apóstol San Pablo expresa igualmente su firme creencia en la divinidad de Cristo llamándole directamente Dios (θεός).

a) Rom 9, 5: «De ellos [de los israelitas], según la carne procede Cristo, que está por encima de todas las cosas, Dios bendito por los siglos» (ὁ ὢν ἐπὶ πάντων θεὸς εὐλογητὸς εἰς τοὺς αἰῶνας).

La teología liberal separa el v 5*b* del 5*a*, haciendo del primero una doxología independiente en honor de Dios Padre: «Dios [= Padre], que está por encima de todas las cosas, sea bendecido por los siglos.» Pero contra tal interpretación tenemos el sentido del contexto (la expresión «según la carne», es decir, según su faceta humana, exige ser completada; cf. el lugar paralelo de Rom 1, 3), y en contra habla también la confrontación con las restantes doxologías paulinas, que constituyen ordinariamente el final solemne de la exposición de un pensamiento y van íntimamente ligadas con lo que precede (cf. Rom 1, 25; Gal 1, 5; 2 Cor 11, 31; Rom 11, 36; Phil 4, 20). La doxología en honor de Dios Padre quedaría completamente aislada tanto en su aspecto gramatical como en el ideológico. Además, es sentencia unánime de los santos padres que todo este pasaje se refiere a Cristo.

b) Tit 2, 13: «Aguardamos la feliz esperanza y la manifestación de la gloria de nuestro gran Dios y Redentor Jesucristo» (ἐπιφάνειαν τῆς δόξης τοῦ μεγάλου θεοῦ καὶ σωτῆρος ἡμῶν Ἰησοῦ Χριστοῦ).

La denominación de «Dios» se refiere a Cristo y no a Dios Padre. De ello nos persuade tanto la forma gramatical de la frase (agrupación de los sustantivos θεός y σωτήρ bajo un solo artículo) como, especialmente, el hecho de que la Epifanía o Parusía se predique siempre de Cristo y nunca del Padre; cf. 1 Tim 6, 14; 2 Tim 4, 1.

c) Hebr 1, 8: «Pero al Hijo [le dijo Dios]: Tu trono, ¡oh Dios! [ὁ θεός], subsistirá por los siglos de los siglos». Lo que en el salmo 44, 7, se dice de Dios, es aplicado a Cristo, Hijo de Dios, por medio del apóstrofe «oh Dios». Es un hebraísmo usar el caso nominativo (ὁ θεός) en vez del caso vocativo.

Según el sentido literal, la palabra del salmo se refiere al rey de los israelitas. El apóstrofe «oh Dios» pudiera haberse originado por una corrupción del texto (yihve = «será» → Yahvé → Elohim; o kelohim = «como [trono] de Dios». Pero el autor de la carta a los Hebreos entiende que la palabra se refiere a Dios y la aplica a Cristo.

De acuerdo con todas estas frases, el Apóstol atribuye a Jesucristo toda la plenitud de la divinidad; Col 2, 9: «Pues en Él habita toda la plenitud de la divinidad sustancialmente». Frente a la doctrina gnóstica de los «eones», San Pablo acentúa que en Cristo se halla continuamente presente la sustancia divina con todas sus perfecciones; cf. Col 1, 19.

3. Cristo es designado como Señor

Con el título religioso de Kyrios se designaba en el lenguaje del mundo helenístico a una divinidad pagana a la cual se le rendía culto especial. Los emperadores romanos se adjudicaban también el título de Kyrios, ordenando que se les tributaran honores divinos. Entre los judíos, el nombre de Kyrios, versión de los nombres hebreos de Dios: Adonai y Yahvé, servía ordinariamente para designar al Dios verdadero.

En la primitiva comunidad cristiana de Jerusalén se llamó al Señor, después de su ascensión a los cielos, Kyrios, dando a esta palabra un sentido religioso, como lo atestiguan los Hechos de los Apóstoles, 1, 21; 2, 36. Fue signo distintivo de los cristianos invocar el nombre del Señor (o el de Jesús); Act 9, 14 y 21; 22, 16. San Esteban dijo al morir: «Señor Jesús, recibe mi espíritu... Señor, no les imputes este pecado»; Act 7, 59 s.

Para el apóstol San Pablo el nombre de Kyrios incluye la confesión de la divinidad de Cristo. Buena prueba de ello es que aplica al Kyrios Iesus Christus pasajes del Antiguo Testamento en que sale la palabra Kyrios y que se refieren a Yahvé; cf. 1 Cor 1, 31: «El que se gloríe, gloríese en el Señor»; Rom 10, 12 s: «Todo el que invocare el nombre del Señor, será salvo», 2 Thes 1, 9 s; Hebr 1, 10 ss; 1 Cor 2, 16. Según Phil 2, 16, el nombre de Kyrios es el que está por encima de todo nombre, es decir, es el nombre de Dios. De ahí que el Kyrios Jesucristo sea para San Pablo objeto de adoración de la misma manera que Dios; cf. Phil 2, 10: «Al nombre de Jesús doble la rodilla cuanto hay en el cielo, en la tierra y debajo de la tierra»; 1 Cor 8, 5 s: «Porque aunque algunos sean llamados dioses ya en el cielo, ya en la tierra, de manera que haya muchos dioses y muchos señores, para nosotros no hay más que un Dios Padre, de quien todo procede y para quien somos nosotros, y un solo Señor, Jesucristo, por quien son todas las cosas y nosotros también». De la misma manera que los dioses y señores de los paganos no se excluyen unos a otros, sino que se implican mutuamente — los dioses son señores y los señores son dioses —, tampoco el Dios y el Señor de los cristianos se excluyen el uno al otro, sino que Dios es Señor, y el Señor es Dios; cf. ORÍGENES, *In Rom.* VIII, 13. La invocación del nombre del Señor Jesucristo es para San Pablo el vínculo de unión de todos los cristianos; 1 Cor 1, 2. San Pablo implora la gracia, la paz y la misericordia para los fieles, y la pide de la misma forma al Señor Jesús y a Dios Padre (cf. los comienzos de las cartas paulinas).

El origen palestinense y judeocristiano del título de Kyrios lo indica la invocación aramea; Marana tha = ¡Ven, Señor nuestro!; 1 Cor 16, 22; *Didakhé* 10, 6; cf. Apoc 22, 20.

4. Aplicación de atributos divinos

El apóstol San Pablo da prueba de su fe en la divinidad de Cristo por los atributos divinos que le aplica:

a) La *omnipotencia,* que se manifiesta en la creación y conservación del mundo (Col 1, 15-17: «En Él [por Él] fueron creadas todas las cosas... todo subsiste en Él»; 1 Cor 8, 6: «Por quien son todas las cosas»; Hebr 1, 2 s: «Por quien también hizo el mundo»... «que con su poderosa palabra sustenta todas las cosas»; cf. Hebr 1, 10; *b)* La *omnisciencia* (Col 2, 3: «En el cual se hallan ocultos todos los tesoros de la sabiduría y ciencia de Dios»); *c)* La *eternidad* (Col 1, 15: «El primogénito de toda criatura»); *d)* La *inmutabilidad* (Hebr 1, 12: «Pero tú permaneces el mismo»; Hebr 13, 8: «Jesucristo es el mismo ayer y hoy y por los siglos»); *e)* La *adorabilidad* (Phil 2, 10: «Al nombre de Jesús se doble toda rodilla»; Hebr 1, 6: «Adórenle todos los ángeles de Dios»).

5. Cristo, Hijo de Dios

San Pablo especifica como filiación la relación que hay entre Cristo y Dios. Si cotejamos esta idea con las demás concepciones cristológicas de San Pablo, es necesario admitir que se trata de una verdadera filiación divina por esencia. En varios lugares es designada claramente como tal; v.g., Rom 8, 3: «Dios envió a *su* Hijo» (τόν ἑαυτοῦ υἱὸν πέμψας); Rom 8, 32: «Él no perdonó a su propio Hijo» (τοῦ ἰδίου υἱοῦ οὐκ ἐφείσατο); Col 1, 13: «El Padre... nos trasladó al reino del Hijo de su amor» (τοῦ υἱοῦ τῆς ἀγάπης αὐτοῦ); cf. Rom 1, 3 s (Hijo de David e Hijo de Dios); Gal 4, 4 s (Cristo es Hijo de Dios por naturaleza — los redimidos son hijos adoptivos de Dios por la gracia); Rom 8, 29 (Cristo es el primogénito entre muchos hermanos); Hebr 1, 6 (el Primogénito de Dios).

La expresión «Dios y Padre de nuestro Señor Jesucristo», conforme al concepto de filiación expuesto, hay que entenderla en el sentido de verdadera paternidad, fundada en la generación natural; cf. Rom 15, 6; 2 Cor 1, 3; Eph 1, 3.

Al principio de la carta a los Hebreos se funda en la filiación divina de Jesús la elevación que le encumbra por encima de todos los ángeles; 1, 4: «Hecho tanto mayor que los ángeles, cuanto heredó un nombre más excelente que ellos» (a saber, el nombre de Hijo). Como Hijo de Dios, Cristo es «el esplendor de su gloria y la imagen de su sustancia» (1, 3).

Bibliografía: F. Prat, *La théologie de St. Paul* 1, P [24]1934, 371 ss, II [20]131 ss. (trad. esp.: *Teología de San Pablo,* México 1947). L. Cerfaux, *Le Christ dans la théologie de s. Paul,* P 1951. H. Schumacher, *Christus in seiner Präexistenz und Kenose nach Phil 2, 5-8,* 2 Teile, R 1914/21. F. Tillmann, *Die Gefangenschaftsbriefe des hl. Paulus,* Bo [4]1931, 139 ss. J. Gewiess, *Zum altkirchlichen Verständnis der Kenosis-stelle* (Phil 2, 5-11), ThQ 128 (1948) 463-487. El mismo, Phil 2,6*b* (Festschrift J. Schmid) Re 1963, 69-85. G. L. Bauer, *Die neuere protestantische Kenosislehre,* Pa 1917. M. Meinertz, Phil 2, 5-11, TrThZ 61 (1952) 186-192. Medebielle, *Épîtres de la Captivité,* P 1938. Bardy, *Épîtres pastorales,* P 1938. M. Lepin, *Le Christ Jésus,* P1929, 198-203. J. M. González Ruiz, *Epístolas de la Cautividad,* Madrid 1956.

§ 7. El testimonio de la tradición eclesiástica

La tradición eclesiástica más antigua testifica unánimemente la fe en la divinidad y filiación divina de Jesucristo, tal como esta fe se funda en la Sagrada Escritura. Fueron muchos los mártires que desde el tiempo mismo de los apóstoles sellaron con su sangre la fe en Jesucristo, verdadero Hijo de Dios. El símbolo apostólico llama a Jesucristo Hijo único de Dios *(filius unicus, unus, unigenitus).*

1. Los padres apostólicos

a) La *Didakhé* confiesa a Cristo como Señor (10, 6: Marana tha), como Dios de David (10, 6), como Hijo de Dios (16, 4) y como siervo de Dios refiriéndose a la profecía de Isaías sobre los padecimientos del Mesías (9, 2 y 3; 10, 2).

b) San Clemente Romano (hacia el año 96) designa sin cesar a Cristo como «el Señor», e, inspirándose en la carta a los Hebreos, le llama «esplendor de la majestad de Dios, mucho más grande que los ángeles, por cuanto ha recibido un nombre que le eleva por encima de ellos», y pone de relieve la verdadera filiación que une al Hijo con el Padre (Cor. 36, 2-4). Dice de Cristo: «El cetro de la majestad de Dios, nuestro Señor Jesucristo, no se nos manifestó con ostentadora y deslumbrante magnificencia, aunque bien pudo hacerlo, sino en humildad» (16, 2), señal de su preexistencia en Dios y de su voluntario despojamiento de la gloria divina en la encarnación. Para San Clemente, Cristo es objeto de adoración religiosa, como lo testifica su doxología, que repite por dos veces: «Por nuestro Señor Jesucristo, a quien sean el honor y la gloria por los siglos de los siglos. Amén» (20, 11 s; 50, 7); cf. 59, 2-4.

c) Entre los padres apostólicos, quien enseña con más claridad la divinidad y filiación divina de Jesucristo es San Ignacio de Antioquía (hacia el año 107). Es frecuente que a Cristo le dé el nombre de Dios (*Eph.* 1, 1; 7, 2; 15, 3; 18, 2; *Rom.* 6, 3; *Smyrn.* 1, 1); le considera Creador del mundo, aplicándole aquella frase: «Habló Él, y quedó hecho» (*Eph.* 15, 1; cf. Ps 32, 9; Gen 1, 3). Además del poder creador, aplica a Cristo el atributo divino de la omnisciencia (*Eph.* 15, 3), la preexistencia desde toda la eternidad (*Magn.* 6, 1: «El que antes del tiempo estaba en el Padre, se manifestó al fin»), el no haber sido hecho (*Eph.* 7, 2), la intemporalidad y supratemporalidad (*Pol.* 3, 2). Designa la relación de Cristo con Dios como filiación verdadera y unigénita (*Rom.*, inscr.: Ἰησοῦ Χριστοῦ τοῦ μόνου υἱοῦ αὐτοῦ). Las principales ideas de la cristología ignaciana se hallan compendiadas en *Eph.* 7, 2: «Uno solo es el médico, tanto carnal como espiritual, creado e increado, Dios manifestado en la carne, en la muerte verdadera vida, procedente de María y procedente de Dios, al principio pasible y ahora impasible, Jesucristo Señor Nuestro.»

d) Cf. además la *Epístola de Bernabé* 5, 5-11; 12, 10. San Policarpo, *Phil.* 2, 1; 12, 2; *Martyrium Polycarpi* 14, 3; 17, 3: «Le adoramos porque es el Hijo de Dios.»

2. Los apologistas de principios del cristianismo

Los apologistas cristianos de los siglos II y III enseñan la preexistencia y divinidad de Cristo empleando casi siempre el concepto juanístico del Logos, pero no siempre están limpios sus escritos de tendencias al subordinacionismo (San Justino, Teófilo de Antioquía, San Hipólito, Orígenes).

Arístides de Atenas (hacia el año 140) nos habla así a propósito de la fe cristiana: «Los cristianos deben su origen a Jesucristo. Éste es llamado el Hijo de Dios altísimo, y se dice de Él que bajó de los cielos como Dios y tomó carne de una Virgen hebrea, habitando, por consiguiente, el Hijo de Dios en una hija de los hombres» (*Apol.* 2, 6).

San Justino mártir (hacia el año 150), en su diálogo con el judío Trifón (c. 48-108), presenta una extensa prueba de la divinidad y filiación divina de Jesucristo, que toma de los escritos del Antiguo Testamento. Dice de Cristo que Él, como Hijo del Hacedor del mundo, preexistía como Dios y que fue engendrado como hombre por la Virgen (*Dial.* 48); cf. *Apol.* 1, 63.

La universalidad de la fe en la divinidad de Cristo es testimoniada, en los tiempos que siguen a estos apologetas, especialmente por las reglas de fe; cf. San Ireneo, *Adv. haer.* I 10, 1; Tertuliano, *De virg. vel.* 1; *Adv. Prax.* 2; Orígenes, *De princ.* I, *praef.* 4.

Las dos naturalezas de Cristo

Un testimonio de la «teología de los monumentos arqueológicos» es el símbolo del pez, que empezó a usarse desde el siglo II (Ἰχθύς = Ἰησοῦς Χριστὸς θεοῦ υἱὸς σωτήρ); cf. las inscripciones de Abercio y de Pectorio.

Bibliografía: E. DORSCH, *Die Gottheit Jesu bei Klemens von Rom,* ZkTh 26 (1902) 466-491, 701-728. R. M. SCHULTES, *Jesus Christus als Gottessohn bei Ignatius von Antiochien,* ThGl 10 (1918) 163-176. M. RACKL, A. L. FEDER (v. bibl. general a la Parte I del Libro III). FR. J. DÖLGER, ΙΧΘΥΣ, 5 tomos, Mr 1910/43.

Capítulo segundo

LA VERDADERA HUMANIDAD DE CRISTO

§ 8. REALIDAD DE LA NATURALEZA HUMANA DE CRISTO

1. Doctrinas heréticas opuestas: el docetismo

A fines del siglo I y comienzos del II aparecieron unos herejes que negaban la realidad del cuerpo humano de Cristo, reduciendo a simple apariencia los hechos de la vida terrenal y humana de Jesucristo, principalmente su pasión y muerte (SAN IGNACIO, *Trall.* 10; *Smyrn.* 2, 1: «Cristo habría padecido tan sólo en apariencia»). El «escándalo de la cruz», según refiere en sus cartas SAN IGNACIO DE ANTIOQUÍA (*Eph.* 18, 1; cf. Gal 5, 11; 1 Cor 1, 23), fue lo que indujo a estos herejes a crear semejantes doctrinas. Las sectas gnósticas posteriores, que atribuían a Cristo un cuerpo aparente sin ninguna realidad (Basílides, Marción) o bien un cuerpo astral (Apeles, Valentín), tomaron como punto de partida el dualismo gnóstico, según el cual es imposible cualquier unión del Logos divino con un cuerpo humano, porque la materia es sede del mal. Se basaron igualmente en el dualismo gnóstico las herejías docetistas de los maniqueos y priscilianistas.

2. Doctrina de la Iglesia

Cristo asumió un cuerpo real, no simplemente aparente (de fe).

Los símbolos de la fe más antiguos nos hablan de los importantísimos hechos de la vida terrenal y humana de Jesús, de su concepción, nacimiento, pasión, muerte y resurrección, excluyendo, en su sentido obvio, la reducción docetista de la vida humana de Jesús a una mera apariencia; cf. el símbolo apostólico y todos los otros símbolos posteriores que de él dependen. El concilio de Calcedonia (451) llama a Cristo «Dios verdadero y hombre verdadero»; Dz 148.

Una condenación expresa del docetismo (que se perpetuó durante la edad media en las doctrinas maniqueístas) la encontramos en la *Professio fidei Michaelis Palaeologi* del segundo concilio universal de Lyón (1274) y en el *Decretum pro Iacobitis* del concilio universal de Florencia (1441); Dz 462, 710.

3. Prueba tomada de las fuentes de la revelación

Los evangelios pintan los hechos de la vida terrena de Jesús en una forma que no deja lugar a duda sobre la realidad de su cuerpo y su alma, y sobre la igualdad específica de los mismos con el cuerpo y el alma de los restantes hombres. Después de la resurrección, Jesús, para convencer a los discípulos, que todavía andaban vacilantes, les confirma la realidad de su cuerpo humano con las siguientes palabras: «Palpad y ved; que un espíritu ni tiene carne ni huesos, como veis que yo tengo» (Lc 24, 39). El apóstol San Juan, al hecho de hacerse hombre el Hijo de Dios, le llama encarnación («El Logos se hizo carne»), y combate a los herejes que niegan que Cristo vino revestido de carne (1 Ioh 4, 2; 2 Ioh 7; cf. 1 Ioh 1, 1). El apóstol San Pablo, refiriéndose a la mediación de Jesucristo, nos habla del «hombre Jesucristo» (Rom 5, 15; 1 Cor 15, 21; 1 Tim 2, 5) y nos señala la genealogía humana de Cristo (Rom 1, 3; 9, 5; 2 Tim 2, 8; Gal 3, 16; 4, 4), así como también su pasión y muerte en la cruz (1 Cor 1, 23: «Nosotros predicamos a Cristo crucificado»).

El docetismo fue combatido primeramente por San Ignacio de Antioquía († hacia el 107), y más tarde por San Ireneo († hacia el 202) y Tertuliano († después del 220) principalmente, dirigiéndose estos últimos contra el docetismo de los gnósticos. San Ignacio, para refutar el docetismo se basa en el Evangelio (*Philad.* 5, 1); va recorriendo los hechos que en él se refieren de la vida humana de Jesús y los subraya con un enfático ἀληθῶς (= verdadera, realmente).

Como ya advirtieron los santos padres, el docetismo lleva lógicamente a depreciar el valor que la pasión y muerte de Cristo tienen para la ascética cristiana y para la redención; socava la credibilidad de la Sagrada Escritura y de toda la fe cristiana y desvanece todo el sentido de la eucaristía.

Bibliografía: M. Rackl (v. bibl. general a esta Parte III).

§ 9. Integridad de la naturaleza humana de Cristo

1. Doctrinas heréticas opuestas: arrianismo y apolinarismo

Arrio († 336) enseñó que el Logos no unió consigo alma humana alguna sino únicamente un cuerpo sin alma. El principio de las manifestaciones de vida psíquica en Jesús no sería otro que el Logos. Creía Arrio que de esta manera era fácil explicar el carácter de creado del Logos.

Apolinar de Laodicea († hacia 390), celoso defensor de la definición de fe emanada del concilio de Nicena, tomó como punto de partida el tricotomismo platónico (el hombre se halla compuesto de cuerpo, alma y espíritu), y enseñó que el Logos tomó un cuerpo humano y un alma animal, ocupando el Logos divino el lugar del alma espiritual que faltaba. Creía erróneamente Apolinar que sólo se podía salvar de esta manera la unidad de persona en Cristo y su impecabilidad. Intentaba fundamentar su doctrina en Ioh 1, 14 (σάρξ = cuerpo) y en Phil 2, 7 (ὁμοίωμα = semejanza).

2. Doctrina de la Iglesia

Cristo no solamente asumió un cuerpo, sino también un alma racional (de fe).

Después de haber sido condenado el apolinarismo en un sínodo particular de Alejandría presidido por San Atanasio (362), fue de nuevo reprobado como herético en el segundo concilio universal de Constantinopla (381) y en un sínodo romano presidido por el papa San Dámaso (382; Dz 85, 65). El concilio de Calcedonia (451) enseña, a propósito de la humanidad de Cristo: «Es perfecto en su humanidad... verdadero hombre, constando de alma racional y de cuerpo... consustancial con nosotros en cuanto a su humanidad» (Dz 148). Conforme a esta declaración del concilio de Calcedonia, profesa el símbolo *Quicumque:* «perfectus homo ex anima rationali et humana carne subsistens» (Dz 40); cf. Dz 216. El concilio universal de Vienne (1311-12) declaró contra Pedro Juan Olivi († 1298) que en Cristo, como en todos los demás hombres, el alma racional es por sí misma y esencialmente la forma del cuerpo (Dz 480); cf. Dz 710.

3. Prueba por las fuentes de la revelación

Jesús mismo habla de su alma humana; cf. Mt 26, 38: «Mi alma está triste hasta la muerte»; Lc 23, 46: «Padre, en tus manos encomiendo mi espíritu». La Sagrada Escritura nos habla de la muerte de Jesús diciendo que «entregó su espíritu» (Mt 27, 50; Ioh 19, 30; Mc 15, 37; Lc 23, 46). La espiritualidad del alma de Cristo resalta de manera especial en sus oraciones de súplica y de acción de gracias, y en el sometimiento de su voluntad humana a la voluntad divina: «No se haga mi voluntad sino la tuya» (Lc 22, 42).

San Clemente Romano testifica que la naturaleza humana de Cristo consta de estas dos partes esenciales, cuando dice que el Salvador «entregó su carne por nuestra carne y su alma por nuestra alma» (*Cor.* 49, 6). San Ignacio de Antioquía llama a Cristo «perfecto hombre» (τέλειος ἄνθρωπος; *Smyrn.* 4, 2). San Gregorio Niseno fue el campeón más señalado contra Apolinar de Laodicea.

Los santos padres y teólogos prueban la necesidad de que Cristo asumiera un alma racional con los dos axiomas siguientes: «Quod assumptum non est, non est sanatum» (San Gregorio Nacianceno, *Ep.* 101 *ad Cledonium:* «Lo que no ha sido asumido no puede ser salvado, pero lo que ha sido unido con Dios, eso por cierto se salva») y «Verbum assumpsit carnem mediante anima» (cf. S.th. III 6, 1).

Como defensa contra el apolinarismo, se creó la siguiente fórmula: En Cristo hay dos naturalezas (la divina y la humana) y tres sustancias (Logos, alma racional y cuerpo). Sin embargo, esta fórmula fue desechada más tarde en el concilio provincial de Francfort (794) a causa de la identidad real entre naturaleza y sustancia; cf. Dz 284, 295, 312. Con todo, la vemos introducida en la teología escolástica; cf. Hugo de San Víctor, *De sapientia animae Christi:* «Christus unus [est] in una persona, duabus naturis, tribus essentiis: ... divinitate, carne et anima» (PL 176, 847); Pedro Lombardo, *Sent.* III 6, 3).

Bibliografía: H. Lietzmann, *Apollinaris von Laodicea und seine Schule,* T 1904. H. de Riedmatten, *La Christologie d'Apollinaire de Laodicée,* Studia patristica 11 (Texte und Untersuchungen 64), B 1957 208-234.

§ 10. Origen adamítico de la naturaleza humana de Cristo

Cristo fue verdaderamente engendrado y nació de una hija de Adán, la Santísima Virgen María (de fe).

Una particular garantía de la realidad e integridad de la naturaleza humana de Cristo es el haber sido verdaderamente engendrado por una madre humana y nacido de ella. Al nacer de una hija de Adán, quedó incorporado, según su humanidad, a la descendencia de Adán. Su igualdad específica con los hombres llegó a ser de esta manera una comunidad de linaje; Cristo se convirtió en nuestro hermano.

Mientras que algunos gnósticos, como Valentín y Apeles, invocando en su favor 1 Cor 15, 47, y Mt 1, 20, afirmaron que Cristo había bajado de los cielos a la tierra con un cuerpo de índole espiritual y pasado por la Virgen sin tomar nada de ella, «lo mismo que fluye el agua por un canal» (EPIFANIO, *Haer.* 31, 4), la Iglesia enseña en sus símbolos de fe que Cristo fue engendrado y nació de la Virgen María, es decir, de la sustancia de Ella; cf. el símbolo apostólico: «natus ex Maria Virgine»; el símbolo *Quicumque:* «ex substantia matris in saeculo natus» (Dz 40). Tanto en el Antiguo como en el Nuevo Testamento, al Mesías se le llama descendiente de Abraham y David; cf. Gen 22, 18; Mt 1, 1; 9, 27; 12, 23; 22, 42; Rom 1, 3; 2 Tim 2, 8. El Nuevo Testamento hace resaltar la verdadera maternidad de María; cf. Mt 1, 16: «[María], de la cual nació Jesús»; Lc 1, 31: «Y he aquí que concebirás en tu seno y parirás un hijo»; Gal 4, 4: «nacido de mujer».

Entre los santos padres se señala principalmente SAN IGNACIO DE ANTIOQUÍA como inculcador de que Cristo «procede verdaderamente del linaje de David según la carne, ... que nació verdaderamente de una virgen» (*Smyrn.* 1, 1; cf. *Eph.* 18, 2).

Los santos padres combaten a los gnósticos haciendo hincapié en la preposición *ex* (no *per)* que presenta el texto sagrado en Mt 1, 16; Gal 4, 4 y Lc 1, 35 (en este último lugar es una interpolación); cf. TERTULIANO, *De carne Christi* 20; S.th. III 4, 6.

La *importancia redentora* de la verdadera y completa humanidad de Cristo y de su descendencia común con nosotros radica, por una parte, en la reconciliación de la cruz, que Él realizó por nosotros como hermano nuestro que era, y por otra parte en el perfectísimo ideal de vida humana que puso ante nuestra vista con su ejemplo moral; véase el tratado sobre la redención.

Bibliografía: J. M. HEER, *Die Stammbäume Jesu,* Fr 1910. M. HETZENAUER, *De genealogia Iesu Christi,* R. 1922.

Capítulo tercero

LA UNIÓN DE AMBAS NATURALEZAS EN CRISTO EN LA UNIDAD DE PERSONA

§ 11. La unidad de la persona de Cristo

1. Doctrina herética opuesta: el nestorianismo

La herejía de *Nestorio* (428, patriarca de Constantinopla, † hacia el 451 en el destierro), de la cual se hallan precedentes en las dos figuras principales de la escuela exegética de Alejandría: *Diodoro de Tarso* († antes del 394) y su discípulo *Teodoro de Mopsuestia* († 428), se puede resumir, según los escritos de sus impugnadores (San Cirilo de Alejandría, Juan Casiano), en los siguientes capítulos principales:

a) El hijo de la Virgen María es distinto del Hijo de Dios (ἄλλος καὶ ἄλλος). Análogamente a como hay dos naturalezas en Cristo, es menester admitir también que existen en Él dos sujetos o personas distintas.

b) Estas dos personas están vinculadas entre sí por una simple unidad accidental o moral (ἕνωσις σχετική, συνάφεια). El hombre Cristo no es Dios, sino portador de Dios (θεοφόρος). Por la encarnación no se ha hecho hombre propiamente el Logos-Dios, sino que ha pasado a morar en el hombre Jesucristo, de manera parecida a como Dios habita en los justos.

c) Las propiedades humanas (nacimiento, pasión, muerte) tan sólo se pueden predicar del hombre Cristo; las propiedades divinas (creación, omnipotencia, eternidad) únicamente se pueden enunciar del Logos-Dios (se niega, por tanto, la comunicación de idiomas).

d) En consecuencia, no es posible dar a María el título de «Madre de Dios» (θεοτόκος) que se le venía concediendo habitualmente desde Orígenes. Ella no es más que «Madre del hombre» (ἀνθρωποτόκος) o «Madre de Cristo» (χριστοτόκος).

e) La idea fundamental de la dualidad de sujetos en Cristo aparece también en la doctrina confirmacionista, propia de los antioquenos, según la cual el hombre Cristo habría merecido ser honrado y acatado como Dios por su obediencia en someterse a los dolores de la pasión.

Tendencias nestorianas se dejan sentir también en la cristología de la escolástica antigua, sobre todo en la *teoría del hábito,* patrocinada por Pedro Lombardo *(Sent.* III 6, 4-6) y que se deriva de Pedro Abelardo. En ella se compara la unión del Logos divino con la naturaleza humana a la vestición de un ropaje. Santo Tomás rechaza esta doctrina como herética por reducir a una unión simplemente accidental la unión hipostática entre las dos naturalezas de Cristo; S.th. III 2, 6.

Tiende también hacia el nestorianismo la doctrina de *Anton Günther* († 1863). De su teoría filosófica, según la cual la esencia de la personalidad consiste en la conciencia de sí mismo, saca en el terreno cristológico la conclusión de que en Cristo hay dos personas realmente distintas: una divina y otra humana, por existir en Él dos conciencias: una verdaderamente divina y otra verdaderamente humana. Para no desembocar en esta conclusión, supone Günther una «unidad formal» entre el Hijo eterno de Dios y el hijo de la Virgen, unidad que consiste en la mutua compenetración de ambas conciencias. Notemos, sin embargo, que el dogma exige unidad real de persona.

2. La doctrina de la Iglesia

La naturaleza divina y la humana se hallan en Cristo unidas hipostáticamente, es decir, en unidad de persona (de fe).

El dogma dice que en Cristo hay una sola persona, a saber: la persona divina del Logos, y dos naturalezas, subsistentes las dos en una misma persona divina. La naturaleza humana ha sido asumida en la unidad y dominio de la persona divina, de suerte que es la persona divina la que obra en la naturaleza humana y por medio de la naturaleza humana como por un órgano suyo.

El III concilio universal de Éfeso (431) confirmó los doce anatematismos de San Cirilo de Alejandría, pero sin definirlos formalmente; Dz 113-124. Más tarde fueron reconocidos por los papas y los concilios como expresión de la genuina doctrina de la Iglesia. He aquí, condensados, sus puntos principales:

a) Cristo con su propia carne es un ser único, es decir, una sola persona. Él es Dios y hombre al mismo tiempo *(An.* 2 y 6).

b) El Logos-Dios está unido a la carne con una unión intrínseca, física o sustancial (ἕνωσις φυσική o ἕνωσις καθ' ὑπόστασιν; *An.* 2 y 3). Cristo no es portador de Dios, sino Dios verdaderamente *(An.* 5).

c) Las propiedades humanas y divinas de que nos hablan la Sagrada Escritura y los santos padres no deben repartirse entre dos personas o hipóstasis (el hombre Cristo y el Logos-Dios), sino que deben referirse al único Cristo, el Logos encarnado *(An.* 4). El Logos divino fue quien padeció en la carne y fue crucificado, muerto y resucitó *(An.* 12).

d) La Santísima Virgen María es Madre de Dios (θεοτόκος), porque parió según la carne al Logos-Dios encarnado *(An.* 1).

El concilio de Calcedonia (451) definió que las dos naturalezas de Cristo se unen «en una sola persona y una sola hipóstasis» (εἰς ἓν πρόσωπον καὶ μίαν ὑπόστασιν); Dz 148.

San Cirilo usa ya la expresión ἕνωσις καθ' ὑπόστασιν (*An.* 2), pero entiende aún la palabra ὑπόστασις en el sentido de οὐσία = esencia, sustancia. Con ella quiere significar que tal unión es sustancial, a diferencia de la unión accidental propugnada por los nestorianos. El concilio de Calcedonia (451) precisa más la unión de las dos naturalezas definiendo que constituyen «una sola persona y una sola hipóstasis» (εἰς ἓν πρόσωπον καὶ μίαν ὑπόστασιν; Dz 148). El término «unión hipostática» (ἕνωσις καθ' ὑπόστασιν) no es empleado todavía por el concilio. Tal fórmula fue consagrada solemnemente por el v concilio universal de Constantinopla (553) como expresión adecuada de la doctrina católica sobre la unidad de persona y la dualidad de naturaleza en Cristo, frente a la separación nestoriana en dos personas y contra la fusión monofisita en una sola naturaleza; Dz 217: «Si alguno no confesare que el Verbo de Dios se unió con la carne en unidad de hipóstasis (καθ' ὑπόστασιν) y que, por tanto, no hay en Él más que una sola hipóstasis o una sola persona,... ese tal s. a.».

3. Prueba por las fuentes de la revelación

a) Doctrina de la Sagrada Escritura

La enseñanza dogmática de la unión hipostática no se contiene literalmente, sino en sustancia, en la Sagrada Escritura. Según testimonio de la Sagrada Escritura, Cristo es verdadero Dios y verdadero hombre. Al mismo Cristo se le aplican dos series de predicados: unos divinos y otros humanos. Como se le aplican atributos físicos de las dos naturalezas (omnipotencia, eternidad — ser engendrado, ser crucificado, morir), resulta evidente que ambas naturalezas tienen que pertenecer a un mismo sujeto físico. Resalta con especial claridad la unidad física de sujeto en Cristo cuando se enuncian propiedades humanas de la persona considerada según las características de la naturaleza divina y se enuncian a su vez propiedades divinas de la persona considerada según las características de la naturaleza humana (comunicación de idiomas); cf. Ioh 8, 57; Rom 9, 5; 1 Cor 2, 8; Gal 4, 4; Act 3, 15; 20, 28.

En Ioh 1, 14 se dice que el Logos se hizo carne. Como la inmutabilidad de Dios excluye que la naturaleza divina pueda transformarse en naturaleza humana, la frase de San Juan no puede tener otro sentido sino que el Logos divino se hizo hombre sin dejar de ser Dios. Por tanto, después de la encarnación, el Logos es posesor de la naturaleza divina y, al mismo tiempo, de la naturaleza humana; lo cual quiere decir que es Dios y hombre verdadero.

Según Phil 2, 6, el mismo Cristo, que era en forma de Dios y por tanto igual a Dios, fue el que tomó forma de siervo y se hizo semejante a los hombres. La absoluta inmutabilidad de Dios no permite entender la *kénosis* como renuncia a la naturaleza divina, sino únicamente como desasimiento de la majestad divina (δόξα). Además de la naturaleza divina, que continuó poseyendo, tomó la naturaleza humana: μένων, ὅ ἦν, ἔλαβεν ὅ οὐκ ἦν (SAN JUAN CRISÓSTOMO, *In ep. ad Phil. hom.* 7, 2). Por tanto, el Cristo que se manifestó en forma de siervo es una persona divina que posee una naturaleza divina y una naturaleza humana.

b) Testimonio de la tradición

Los santos padres citan los símbolos de fe católica en los cuales se dice de un mismo Jesucristo que es Hijo de Dios y que ha nacido de María Virgen. Los símbolos orientales recalcan de manera especial la unidad de Cristo (πιστεύομεν... εἰς ἕνα κύριον Ἰησοῦν Χριστόν); cf. Dz 13, 54, 86.

Los padres antefesinos testimonian su fe en la unión hipostática atribuyendo a Cristo predicados divinos y humanos y mezclando a menudo tales predicados; igualmente combaten la escisión del único Cristo en dos sujetos (ἄλλος καὶ ἄλλος) o en dos hijos (Hijo de Dios—hijo del hombre); cf. SAN IGNACIO DE ANTIOQUÍA, *Eph.* 1, 1; 7, 2; 18, 2; *Rom.* 6, 3; *Pol.* 3, 2. SAN GREGORIO NACIANCENO señala que la relación de naturaleza y persona es inversa en Cristo que en la Trinidad: «Por decirlo en una palabra, una cosa distinta y otra cosa distinta (ἄλλο καὶ ἄλλο) es aquello de que consta el Redentor,... pero no uno distinto y otro distinto, ¡estemos lejos de afirmar tal cosa! (οὐκ ἄλλος δὲ καὶ ἄλλος, μὴ γένοιτο)... Decía que «una cosa distinta y otra cosa distinta», a la inversa de lo que ocurre en la Trinidad, pues en ésta hay uno distinto y otro distinto, para que no confundamos las hipóstasis, pero no hay una cosa distinta y otra cosa distinta; pues los tres son una misma cosa en la Divinidad» *(Eph.* 101, 4).

Antes que los padres griegos, llegaron los padres latinos —sobre todo por influjo de Tertuliano— a formular una clara terminología trinitaria y cristológica; cf. TERTULIANO, *Adv. Prax.* 27: «Videmus duplicem statum [= naturam], non confusum, sed coniunctum in una persona, Deum et hominem Iesum»; SAN AGUSTÍN, *Ep.* 137, 3, 9: «in unitate personae copulans utramque naturam»; *Enchir.* 35: «in unitatem personae accessit Verbo anima rationalis et caro».

En su refutación especulativa del error fundamental de Nestorio, los santos padres indican las funestas consecuencias que de él se derivan en la doctrina acerca de la redención y la eucaristía. La pasión de Cristo queda privada de su valor infinito por ser obra de un puro hombre, siendo así que ese valor infinito es presupuesto necesario de la redención; cf. Dz 124. La carne de Cristo en la eucaristía no es «vivificadora» si no es «la propia carne del Logos-Dios»; Dz 123.

San Cirilo de Alejandría, en su lucha contra los nestorianos, se servía a menudo de una fórmula que se presta fácilmente a torcidas interpretaciones: «Una sola naturaleza encarnada del Logos-Dios» (μία φύσις τοῦ θεοῦ λόγου σεσαρκωμένη). Pero tanto él como sus adversarios entendían por naturaleza la sustancia que subsiste incomunicada = la hipóstasis. San Cirilo creyó erróneamente que esta fórmula era atanasiana. En realidad, proviene de la confesión de fe de APOLINAR DE LAODICEA, dirigida al emperador Joviano, *Sobre la encarnación del Logos-Dios,* que fue difundida bajo el nombre de San Atanasio. El v concilio universal de Constantinopla salió en defensa de dicha fórmula (Dz 220); cf. 258.

Bibliografía: L. FENDT, *Die Christologie des Nestorius,* Ke 1910. M. JUGIE, *Nestorius et la controverse nestorienne,* P 1912. J. P. JUNGLAS, *Die Irrlehre des Nestorius,* Tr 1912. CHR. PESCH, *Nestorius als Irrlehrer,* Pa 1921. I. RUCKER, *Das Dogma von der Persönlichkeit Christi und das Problem der Häresie des Nestorius,* Oxenbronn 1934. W. DE VRIES, *Der «Nestorianismus» Theodors von Mopsuestia in seiner Sakramentenlehre,* OCP 7 (1941) 91-148. R. DEVREESSE, *Essai sur Théodore de Mopsueste,* V 1948. A. DENEFFE, *Der dogmatische Wert der Anathematismen Cyrills,* Schol 8 (1933) 64-88, 203-216. M. RICHARD, *L'introduction du mot «Hypostase» dans la théologie de l'Incarnation,* MSR 2 (1945) 5-32, 243-270. P. GALTIER, *L'«Unio secundum Hypostasim» chez Saint Cyrille,* Greg 33 (1952) 351-398. F. A. SULLIVAN, *The Christology of Theodore of Mopsuestia,* R 1956. L. I. SCIPIONI, *Ricerche sulla cristologia del «Libro di Eraclide» di Nestorio,* Fr/S 1956.

§ 12. LA DUALIDAD DE NATURALEZAS

1. Doctrina herética opuesta: el monofisismo

En su lucha contra el nestorianismo, *Eutiques* (archimandrita de Constantinopla) y sus secuaces, principalmente alejandrinos (el patriarca Dióscoro), cayeron en el extremo contrario. Interpretando equivocadamente las fórmulas de San Cirilo de Alejandría (ἕνωσις φυσική, μία φύσις τοῦ θεοῦ λόγου σεσαρκωμένη) y haciendo hincapié en antiguas fórmulas (κρᾶσις, μίξις, *mixtio, mixtura),* enseñaron que en Cristo no había más que una sola persona y una única naturaleza (μόνη φύσις). Decían que Cristo constaba *de* dos naturalezas, pero no era *en* dos naturalezas. Los partidarios de esta doctrina estaban desacordes en explicar cómo la divinidad y la humanidad se habían unido para formar una sola naturaleza. Unos proponían que la naturaleza humana se transformaba en la naturaleza divina o que era absorbida por ella (ἕνωσις κατ' ἀλλοίωσιν, *conversio),* otros preferían recurrir a una fusión de las dos naturalezas en una tercera y nueva naturaleza (ἕνωσις κατὰ σύγχυσιν, *confusio),* otros, en fin, enseñaban la composición de ambas naturalezas en forma semejante a como están unidos el cuerpo y el alma en el hombre (ἕνωσις κατὰ σύνθεσιν, *compositio;* así Severo de Antioquía).

2. Doctrina de la Iglèsia

Las dos naturalezas de Cristo, después de su unión, continúan poseyendo íntegro su modo propio de ser sin transformarse ni mezclarse (de fe).

Expresión clásica de la fe católica es la famosa *Epístola dogmática* del papa San León I al patriarca Flavio de Constantinopla (449), la cual fue confirmada solemnemente por el IV concilio universal de Calcedonia (451); Dz 143 s.

El concilio de Calcedonia, siguiendo dicha *Epístola* y la fórmula de San Cirilo, definió: «Enseñamos que hay que reconocer un solo Cristo, Hijo, Señor, Unigénito, siendo en dos naturalezas (ἐν δύο φύσεσιν) inconfusamente, inmutablemente (ἀσυγχύτως, ἀτρέπτως, contra el monofisismo), indivisamente, inseparablemente (ἀδιαιρέτως, ἀχωρίστως, contra el nestorianismo); y que no queda jamás suprimida la diferencia de las naturalezas por la unión, antes bien se conserva la propiedad de cada una de las dos»; Dz 148. Las últimas palabras están tomadas de la *Epístola;* Dz 143: «salva proprietate utriusque naturae».

3. Prueba por las fuentes de la revelación

Según testimonio de la Sagrada Escritura, Cristo es verdadero Dios y verdadero hombre; lo cual quiere decir que es poseedor de la íntegra naturaleza divina y de una íntegra naturaleza humana; cf. Ioh 1, 14; Phil 2, 6 s.

Entre los testimonios de la tradición, destaquemos el de TERTULIANO, que mucho tiempo antes del concilio de Calcedonia testifica con palabras muy claras la permanencia íntegra de las dos naturalezas; *Adv. Prax.* 27: «Se conserva la propiedad de cada una de las sustancias («salva est utriusque proprietas substantiae»), de suerte que en Él operaba el Espíritu [el Espíritu divino] sus obras, es decir, sus milagros y señales; y la carne sufría sus padecimientos... Como ambas sustancias, cada una en su estado ontológico, obraban de distinta manera («quia substantiae ambae in statu suo quaeque distincte agebant»), por eso mismo tenían lugar las obras y resultados propios de ambas» (a saber: por un lado los milagros, por otro los padecimientos). El papa San León I hace referencia a las fórmulas empleadas por Tertuliano; cf. SAN AMBROSIO, *De fide* II 9, 77.

Los santos padres hicieron notar ya la imposibilidad intrínseca de la unión de las dos naturalezas propuesta por los monofisitas. Tal unión contradice la absoluta inmutabilidad y perfección infinita de Dios, y con la supresión de la verdadera humanidad de Cristo destruye la obra de la redención.

Bibliografía: PH. KUHN (v. bibl. general a la Parte I del Libro III). J. LEBON, *Le monophysisme sévérien,* Ln 1909. A. GRILLMEIER-H. BACHT, *Das Konzil von Chalkedon. Geschichte und Gegenwart,* 3 vols., Wü 1951/53/54.

§ 13. Dualidad de voluntades y operaciones

1. Doctrina herética opuesta: el monotelismo

El monotelismo es un vástago del monofisismo. Para atraer a los monofisitas, propuso el patriarca Sergio de Constantinopla (610-638) una fórmula de unión: En Cristo hay dos naturalezas, pero una sola voluntad, la divina, y un solo género de operación (ἓν θέλημα καὶ μία ἐνέργεια). La naturaleza humana no tiene otra significación que la de un instrumento sin voluntad en manos del Logos divino. En defensa de la doctrina católica, salieron principalmente San Sofronio (patriarca de Jerusalén desde 634) y San Máximo Confesor († 662).

2. Doctrina de la Iglesia

Cada una de las dos naturalezas en Cristo posee una propia voluntad física y una propia operación física (de fe).

A pesar de la dualidad física de las voluntades, existió y existe unidad moral, porque la voluntad humana de Cristo se conforma con libre subordinación, de manera perfectísima, a la voluntad divina.

El monotelismo fue condenado por la Iglesia en el sínodo Lateranense del año 649, siendo papa Martín I (Dz 263 ss), en la *Epistola dogmatica ad imperatores* del papa Agatón (678-681; Dz 288) y en el VI concilio universal de Constantinopla (680-681). Este último completó la definición del concilio de Calcedonia con el siguiente párrafo: «Proclamamos igualmente, conforme a las enseñanzas de los santos padres, que en Él hay también dos voluntades físicas y dos operaciones físicas indivisamente, inconvertiblemente, inseparablemente, inconfusamente. Y estas dos voluntades físicas no se oponen la una a la otra como afirmaron los impíos herejes» (Dz 291).

Del dogma de que Cristo tiene una voluntad verdaderamente humana se deriva la conclusión teológica de que la voluntad humana de Cristo es libre. Sin embargo, no podemos atribuir a Cristo la libertad de contrariedad, es decir, la libertad para escoger entre el bien y el mal, pues una persona divina no puede ser sujeto de pecado.

3. Prueba por las fuentes de la revelación

a) Según testimonio de la Sagrada Escritura, Cristo hace distinción expresa entre su voluntad humana y su voluntad divina (que posee en común con su Padre), pero pone bien clara la subordinación perfecta de su voluntad humana a la voluntad divina; Mt 26, 39: «No como yo quiero, sino como tú quieres»; Lc 22, 42: «No se haga mi voluntad, sino la tuya»; Ioh 6, 38: «He descendido del cielo no para hacer mi voluntad, mas la voluntad de Aquel que me envió». La obediencia de Cristo a su Padre celestial, en que tantas veces insiste la Sagrada Escritura, presupone la existencia de una voluntad humana; cf. Ioh 4, 34; 5, 30; 8, 29; 14, 31; Phil 2, 8; Rom 5, 19; Hebr 10, 9. La libre elección de la voluntad humana de Cristo se halla expresada claramente en Ioh 10, 18: «Yo doy mi vida por mí mismo [= voluntariamente]. Tengo poder para darla y poder para volver a tomarla»; cf. Is 53, 7: «Fue afligido, pero se sometió voluntariamente».

b) El punto de vista de los santos padres aparece ya bien claro en la refutación que hacen del apolinarismo y del monofisismo. San Atanasio, fundándose en Mt 26, 39, enseña expresamente la dualidad física de voluntades en Cristo: «Él manifiesta aquí dos voluntades: una humana, que es de la carne, y otra divina, que es de Dios. La voluntad humana, por la debilidad de la carne, pide que se le ahorre el sufrimiento; pero la voluntad divina está pronta a él» (*De incarn. Dei Verbi et c. Arianos* 21). El papa San León Magno, en su *Epistola dogmatica,* pone de relieve los dos géneros distintos de operaciones que hay en Cristo: «Cada una de las dos formas [= naturalezas] obra, en comunidad con la otra, lo que le es característico»; Dz 144.

Los teólogos escolásticos distinguen en la voluntad humana de Cristo la *voluntas rationis* o *spiritus* (es decir, la voluntad espiritual) que se subordinaba a la voluntad divina, y la *voluntas carnis* o *sensualitatis* (es decir, el apetito sensitivo), que se resistía al sufrimiento; según esto, nos hablan de tres voluntades de Cristo. Algunos otros añaden, además, con Hugo de San Víctor, la *voluntas pietatis* (es decir, la voluntad de la compasión), que se conduele del mal de otros, y hablan de cuatro voluntades en Cristo; cf. el tratado de Hugo de San Víctor, *De quatuor voluntatibus in Christo.*

Los santos padres prueban especulativamente la doctrina acerca de las dos voluntades y operaciones en Cristo por la integridad de sus dos naturalezas (cf. Dz 288) argumentando que ninguna naturaleza carece de operación (cf. San Juan Damasceno, *De fide orth.* III 15). Proponen el siguiente axioma, aplicable a la doctrina trinitaria y cristológica: el número de voluntades y operaciones se rige por el número de naturalezas, no de hipóstasis.

APÉNDICE: **Las operaciones teándricas (divinohumanas)**

La expresión «operación teándrica» (ἐνέργεια θεανδρική, *operatio deivirilis)* se encuentra usada por primera vez en una epístola *(Ep.* 4) del SEUDO-AREOPAGITA (hacia el 500). Los severianos, monofisitas moderados, partiendo de su doctrina básica de que en Cristo no había más que una sola naturaleza compuesta de la divinidad y la humanidad, enseñaron que en Él no tenía lugar más que un solo género de operación divinohumana. También los monergetistas hablaron de una única operación divinohumana en Cristo, que sería realizada por la naturaleza divina mediante la naturaleza humana, que se suponía puramente pasiva y sin voluntad.

Los teólogos ortodoxos del siglo VII aceptaron sin reparos este término de aquel supuesto discípulo de los apóstoles. San Máximo Confesor y el sínodo Lateranense del año 649 salieron expresamente en defensa suya para preservarle de erróneas interpretaciones por parte de los herejes; Dz 268. Según SAN MÁXIMO *(In ep. IV, Dyonisii),* se pueden distinguir tres clases de operaciones en Cristo:

a) Las operaciones *divinas* o puramente divinas, que realiza el Logos como ***principium quod,*** juntamente con el Padre y el Espíritu Santo, y por medio de la naturaleza divina como ***principium quo,*** como son, por ejemplo, la creación, la conservación y el gobierno del mundo.

b) Las operaciones *humanas,* que realiza el Logos como ***principium quod*** por medio de la naturaleza humana como ***principium quo,*** tales, por ejemplo, como ver, oir, comer, beber, sufrir, morir. En cuanto estas operaciones son actos humanos de una persona divina, pueden ser designados como teándricos (= divinohumanos) en sentido amplio.

c) Las operaciones *mixtas,* que realiza el Logos como ***principium quod,*** por medio de la naturaleza divina pero valiéndose de la naturaleza humana como de instrumento (*instrumentum coniunctum); tales son, por ejemplo, el curar milagrosamente a los enfermos por medio de algún contacto o por la palabra. Si pensamos con más exactitud, las operaciones mixtas son dos operaciones distintas: una divina y otra humana, que cooperan en la producción de un mismo efecto determinado. Esta clase de operaciones suelen recibir el nombre de teándricas o divinohumanas en sentido estricto.

Las expresiones *caro deificata* (σὰρξ θεωθεῖσα), *voluntas deificata* (θέλημα θεωθέν) no significan que la naturaleza humana se transforme en la divina, o que la voluntad humana lo haga en la divina, ni tampoco que ambas se fusionen, sino únicamente quieren decir que la naturaleza humana o la voluntad humana son asumidas por la hipóstasis del Logos-Dios; cf. Dz 291.

La cuestión del papa Honorio

A propósito de esta cuestión, hay que notar ante todo que el papa Honorio I (625-638) tuvo un criterio personal ortodoxo, mas, por la prohibición que hizo de hablar de dos géneros de operaciones, favoreció, sin pretenderlo, la difusión de la herejía. El VI concilio universal de Constantinopla le condenó injustamente como hereje. El papa León II confirmó la anatematización, pero sin aceptar la razón que daba el concilio. No le censuró como hereje, sino como negligente y descuidado en reprimir la herejía.

Bibliografía: H. STRAUBINGER (cf. bibl. general a la Parte I del Libro III). J. MARIĆ, *Pseudo-Dionisii Areopagitae formula christologica celeberrima de Christi activitate theandrica,* Zagreb 1932. E. CASPAR, *Die Lateransynode von 649,* ZKG 51 (1932) 75-137. H. GRISAR, KL VI (1889) 233-257, VII (1891) 1767-1769 (Cuestión de Honorio)

§ 14. COMIENZO Y DURACIÓN DE LA UNIÓN HIPOSTÁTICA

1. Comienzo de la unión hipostática

La unión hipostática de la naturaleza humana de Cristo con el Logos divino tuvo lugar en el instante de la concepción (de fe).

Se opone a la doctrina católica el *origenismo.* Según esta herejía, el alma de Cristo preexistía ya antes de la encarnación y estaba unida con el Logos divino, Dz 204. Es también opuesta a la doctrina católica la concepción gnóstica, según la cual el Logos no bajó al hombre Jesús hasta el momento del bautismo.

Los símbolos de la fe enuncian la concepción pasiva del Hijo de Dios, y no del hombre Jesús, como hubiera sido de esperar si la unión hipostática de las dos naturalezas se hubiera realizado con posterioridad. El símbolo apostólico confiesa: «Filium eius unicum Dominum nostrum, qui conceptus est de Spiritu Sancto».

La Sagrada Escritura testifica que el Hijo de Dios se hizo hombre al «ser hecho» de la descendencia de David o de una mujer, es decir, al ser concebido y dado a luz; Rom 1, 3: «[El Evangelio] de su Hijo, que fue hecho de la simiente de David según la carne»; Gal 4, 4: «Venido el cumplimiento del tiempo, Dios envió a su Hijo, hecho de mujer».

SAN AGUSTÍN dice: «Desde el instante en que comenzó a ser hombre, es también Dios» *(De Trin.* XIII 17, 22). SAN CIRILO DE ALEJANDRÍA enseña que «el Logos-Dios unió consigo desde el instante de la concepción el templo [la naturaleza humana] que había tomado de la Virgen» *(Ep.* 39); «Jamás ha habido un puro hombre Jesús antes de que Dios se uniera con Él» *(Adv. nolentes confiteri s. Virginem esse deiparam* 4); cf. SAN AGUSTÍN, *Contra serm. Arian.* 8; SAN LEÓN I, *Ep.* 35, 3. La verdadera maternidad de María exige que la concepción y la unión hipostática coincidan temporalmente.

2. Duración de la unión hipostática

a) La unión hipostática no se interrumpió jamás (sent. cierta).

El símbolo apostólico dice que el Hijo de Dios padeció, fue crucificado, murió, fue sepultado (en cuanto al cuerpo) y descendió a los infiernos (en cuanto al alma). La muerte de Cristo rompió la unión de su cuerpo y su alma (Cristo durante el triduo de su muerte no fue «hombre», es decir, ser compuesto de cuerpo y alma; cf. S.th. III 50, 4), pero no rompió la unión que había entre su divinidad y su humanidad (o las partes de ésta). El cuerpo y el alma, aun después de su separación mutua, siguieron estando unidos hipostáticamente con el Logos divino.

Se opone a la doctrina de la Iglesia la de los gnósticos y maniqueos, según la cual el Logos abandonó al hombre antes de la pasión.

La persistencia de la unión hipostática, aun durante la pasión, se prueba por 1 Cor 2, 8: «Si la hubieran conocido [la sabiduría oculta de Dios], nunca hubieran crucificado al Señor de la gloria [= a Dios]».

El pasaje Mt 27, 46: «Dios mío, Dios mío, ¿por qué me has desamparado?», que los gnósticos citaban en su favor, sabe comentarlo con mucho acierto Hugo de San Víctor († 1141): «Subtraxit protectionem, sed non separavit unionem» (*De sacr. christ fidei* II 1, 10); y de forma parecida lo explica Santo Tomás, S.th. III 50, 2. No hay razón para que algunos santos padres, como San Ambrosio y San Hilario, dedujeran de este texto que, en la muerte de Jesús, la divinidad se separó de su cuerpo.

El común sentir de los padres se expresa en el siguiente axioma: «Quod Verbum semel assumpsit, nunquam dimisit.» Este axioma tiene validez absoluta respecto al alma, y solamente relativa respecto al cuerpo.

b) La unión hipostática no cesará nunca (de fe).

La doctrina contraria fue propuesta por Marcelo de Ancira († hacia el 374). Según ella, el Logos encarnado depondría al fin de los tiempos su naturaleza humana y se volvería a Dios, de quien había salido para la creación del mundo. Esta doctrina fue condenada como herética (Dz 85) en el II concilio universal de Constantinopla (381). Como réplica a esta herejía, se hizo la siguiente añadidura al símbolo de fe: «Cuius regni non erit finis» (Lc 1, 33); Dz 86; cf. Dz 283.

La ininterrumpida duración en el futuro de la unión hipostática se halla testimoniada en Lc 1, 33: «Y reinará en la casa de Jacob por siempre; y su reino no tendrá fin». Ahora bien, Cristo es rey del reino mesiánico en cuanto Dios-Hombre. Luego la unión hipostática se perpetuará por siempre. La carta a los Hebreos da testimonio de la eterna duración del sacerdocio de Cristo: «Mas éste [Cristo], por cuanto permanece para siempre, posee un sacerdocio inmutable» (7, 24). Y Cristo es precisamente sacerdote como Dios-Hombre.

Los santos padres rechazan unánimemente la doctrina de Marcelo de Ancira. San Cirilo de Jerusalén dice: «Si oyeras alguna vez que el reino de Dios tiene fin, aborrece esta herejía» (*Cat.* 15, 27).

Apéndice: **La preciosa sangre de Jesucristo**

La sangre, en el cuerpo vivo de Jesucristo, como elemento integrante de la naturaleza humana, está inmediatamente unida (no sólo mediatamente) con la persona del Logos divino (sent. cierta).

La quinta anatematización de San Cirilo de Alejandría nos habla de la unión del Logos con la carne y la sangre: «Verbum caro factum est et communicavit, similiter ut nos, carni et sanguini» (El Verbo se hizo carne y, de una manera semejante a la nuestra, participó en la carne y en la sangre; Dz 117). Según la bula jubilar *Unigenitus Dei Filius* del papa Clemente vi (1343), el valor de la sangre de Cristo, por su unión con el Logos («propter unionem ad Verbum»), es tan inmenso que una sola gota hubiera bastado para redimir a todo el género humano; Dz 550. Como sangre del Logos divino, la sangre de Cristo es «la sangre preciosa» (1 Petr 1, 19), «el elevado precio» de nuestra redención (1 Cor 6, 20), y, lo mismo que el cuerpo de Cristo, es alimento para la vida sobrenatural del alma (Ioh 6, 53 ss).

Con respecto a la sangre vertida en la cruz, es hoy día sentencia común que la sangre que volvería a ser incorporada al cuerpo después de la resurrección siguió unida hipostáticamente al Logos aun después de separarse del cuerpo; cf. Dz 718.

Bibliografía: A. Landgraf, *Das Problem* Utrum Christus fuerit homo in triduo mortis *in der Frühscholastik,* Mélanges Auguste Pelzer, Ln 1947, 109-158.

Capítulo cuarto

EXPLICACIÓN TEOLOGICOESPECULATIVA DE LA UNIÓN HIPOSTÁTICA

§ 15. CARÁCTER SOBRENATURAL Y ABSOLUTAMENTE MISTERIOSO DE LA UNIÓN HIPOSTÁTICA

1. La unión hipostática como gracia

La asunción de una naturaleza creada a la unidad con una persona divina es algo absolutamente sobrenatural. Es una gracia en el plenísimo sentido de la palabra, lo cual significa que es un don sobrenatural de Dios que no se ha merecido ni se puede merecer *(gratia unionis)*; cf. S.th. III 2, 11.

SAN IGNACIO DE ANTIOQUÍA llama a Cristo χάρισμα = don de la gracia *(Eph.* 17, 2); cf. *Didakhé* 10, 6.

2. La unión hipostática como misterio

La unión hipostática es misterio estrictamente tal, es decir, misterio de fe, cuya realidad no podía alcanzarla la razón humana antes de la revelación, y cuya posibilidad intrínseca tampoco se puede demostrar positivamente después de la revelación. La unión hipostática es una unión singular de una criatura con Dios, de la que no puede haber analogía alguna. SAN AGUSTÍN nos habla de una «suscepción singularmente maravillosa o maravillosamente singular» («susceptio singulariter mirabilis vel mirabiliter singularis»; *De corrept. et gratia* 11, 30); cf. Dz 1655, 1669.

SAN PABLO llama a la encarnación y obra redentora de Cristo «misterio oculto desde la eternidad en Dios» («sacramentum absconditum a saeculis in Deo»; *Eph* 3, 9) y «gran misterio de piedad» («magnum pietatis sacramentum»; 1 Tim 3, 16).

El papa SAN LEÓN MAGNO dice: «El que las dos sustancias se unieran en una sola persona no lo puede explicar ningún discurso si la fe no lo mantiene firmemente» *(Sermo* 29, 1).

La unión hipostática es el misterio central de la fe cristiana, al cual se ordenan todos los otros misterios; cf. S.c.G. IV, 27.

§ 16. Objeciones contra el dogma de la unión hipostática

La unión hipostática, como misterio estrictamente tal, supera la capacidad de la razón humana *(supra rationem),* mas no se opone a la razón *(contra rationem),* pues existe perfecta armonía entre el saber y la fe. Por eso la razón humana puede rechazar las objeciones que se alcen contra el dogma de la unión hipostática.

1. Por parte del que asume

Considerando la índole de la persona que efectúa la asunción *(ex parte assumentis),* se objeta que la unión hipostática contradice la inmutabilidad de Dios (Celso; cf. Orígenes, *C. Celsum* iv, 14).

A esto se responde que el acto de la encarnación, como obra de Dios hacia el exterior, no reporta cambio alguno en la esencia divina, como tampoco lo reportó la creación del mundo, pues no es sino la ejecución en el tiempo de un decreto de Dios, eterno e inmutable. El resultado de la encarnación no implica tampoco mutación en la esencia divina; pues el Logos, después de haber tomado carne, no es más perfecto ni menos perfecto que antes. No hubo cambio en peor porque el Logos siguió siendo lo que era, ni tampoco cambió en mejor porque Él posee desde toda la eternidad las perfecciones de la naturaleza humana, contenidas de forma mucho más excelente en su naturaleza divina. Logos y humanidad no suponen acrecentamiento alguno de las perfecciones divinas, como no lo suponen Dios y mundo. Solamente hay cambio en la naturaleza humana que es elevada a una unión personal con el Logos; cf. Santo Tomás, *Sent.* iii d. 6, q. 2, a. 3 ad 1: «in persona composita quamvis sint plura bona quam in persona simplici..., tamen persona composita non est maius bonum quam simplex».

2. Por parte de lo que es asumido

Con respecto a la índole de la naturaleza humana asumida *(ex parte assumpti),* se objeta que toda naturaleza humana individual y completa es hipóstasis o persona, y que, por tanto, la naturaleza humana de Cristo es al mismo tiempo persona humana.

La solución a esta dificultad ha de comenzar poniendo en claro la relación que hay entre naturaleza y persona. En la esfera de las cosas naturales, toda sustancia o naturaleza individual y completa subsiste por sí misma y es, por consiguiente, hipóstasis. Pero la revelación de los misterios de la Trinidad y la encarnación nos hacen ver que entre la naturaleza individual y completa y la hipóstasis tiene que existir alguna distinción. No basta una distinción puramente de razón *(distinctio pure mentalis)* para explicar ambos dogmas, y, por tanto, hay que suponer la existencia de una distinción real o virtual.

a) Contra la hipótesis de la distinción real se objeta que a Cristo le faltaría una realidad que poseen todos los demás hombres. Ahora bien, según doctrina de la Iglesia, Cristo es hombre perfecto *(perfectus homo;* Dz 40). Los propugnadores de la distinción real (tomistas, Suárez) responden que la falta de la subsistencia creada no supone en Cristo ninguna deficiencia real, pues en lugar de la subsistencia humana de que carece, posee una perfección infinitamente superior que es la subsistencia divina del Logos. Las enseñanzas de la Iglesia acerca de la integridad de la naturaleza humana de Cristo, y de su igualdad específica con nosotros en cuanto a su humanidad, no son óbice a esta teoría, pues tales declaraciones se refieren a la naturaleza o esencia humana como tal, y la subsistencia es una nueva realidad que se añade a ella. La naturaleza humana posee sin duda la potencia natural para ser hipóstasis; pero semejante potencia no ha llegado al acto, por haber sido asumida en la subsistencia del Logos.

Según Suárez, la naturaleza individual y completa es hipóstasis por sobrevenirle la realidad modal de la subsistencia, que proviene de la naturaleza, pero que es realmente distinta a ella. Tal *modus* faltaría a la naturaleza humana de Cristo. Su lugar lo ocuparía otro *modus* sustancial y creado, llamado *modus unionis,* que uniría entre sí las dos naturalezas.

Los tomistas suponen una distinción real no sólo entre naturaleza e hipóstasis, sino también entre naturaleza (esencia) y existencia, y enseñan que la naturaleza se convierte en hipóstasis al recibir la existencia. La naturaleza humana de Cristo no posee existencia propia creada, sino la existencia increada y, por ende, la substancia del Logos. Los tomistas basan su doctrina en las enseñanzas de SANTO TOMÁS acerca de la unicidad del ser en Cristo (S.th. III, 17, 2). Pero es bastante discutible si SANTO TOMÁS entiende por «ser único de Cristo» la existencia *(esse existentiae)* o —lo que es más probable —el ser del supósito; cf. *De unione Verbi incarnati,* a. 4: «Esse enim proprie et vere dicitur de supposito subsistente.» En el mismo artículo (ad 1) habla expresamente SANTO TOMÁS de un doble ser en Cristo: «Ad primum ergo dicendum, quod esse humanae naturae non est esse divinae. Nec tamen simpliciter dicendum est, quod Christus sit duo secundum esse, quia non ex aequo respicit utrumque esse suppositum aeternum.»

b) Los escotistas no admiten sino una distinción virtual *(distinctio virtualis* o *distinctio rationis cum fundamento in re)* entre la naturaleza y la hipóstasis. Según su sentencia, la naturaleza se convierte en hipóstasis al quedar relegada a sí misma y no ser asumida por una hipóstasis superior. La «hipostaseidad» no añade ninguna realidad nueva a la naturaleza. La naturaleza humana de Cristo no es sencillamente hipóstasis o persona humana, porque ha sido asumida por la hipóstasis divina del Logos. Si la naturaleza humana de Cristo se viera alguna vez desligada de la unión hipostática, entonces se convertiría por sí misma en persona sin la añadidura de ninguna realidad nueva. Contra esta sentencia se objeta ante todo que hace consistir en algo puramente negativo aquello por lo cual la hipóstasis se distingue de la naturaleza, y que constituye a la hipóstasis como tal. Ahora bien, lo que proporciona la suma perfección a la naturaleza ha de ser por fuerza algo positivo.

La naturaleza humana de Cristo, como hacen notar los padres griegos (como Leoncio Bizantino, † 543), a pesar de carecer de hipóstasis humana propia, no es ἀνυπόστατος (sin hipóstasis). Aunque no es simplemente hipostática (ὑπόστατος), es decir, subsistente por sí, sin embargo, es en-hipostática (ἐνυπόστατος), es decir, asumida en la hipóstasis de otro ente distinto.

3. Por parte de ambas naturalezas

Con respecto a la relación de las dos naturalezas unidas entre sí *(ex parte unitorum)*, se objeta que no es posible la unión de una naturaleza humana limitada y de una naturaleza divina infinita por la distancia infinita que media entre ambas. Esta objeción prueba únicamente que es imposible la unión de las dos mencionadas naturalezas en una sola naturaleza, cosa que también rechaza el dogma católico. No se borra en modo alguno la diferencia entre Creador y criatura, pues las naturalezas conservan cada una su total integridad.

La infinitud de Dios es razón de que la hipóstasis del Logos, además de la naturaleza divina, pueda también poseer una naturaleza humana. Por la infinitud de Dios se prueba igualmente la conveniencia de la encarnación. Como a la esencia del bien corresponde el comunicarse a los demás según el axioma: «Bonum est diffusivum sui», por lo mismo será propio de la infinita bondad de Dios que se comunique a las criaturas de la forma más perfecta; cf. S.th. III 1, 1.

La naturaleza humana posee, en virtud de su carácter espiritual, una *potentia oboedientialis* para ser elevada a la subsistencia de la persona divina; cf. S.th. III 4, 1.

Bibliografía: A. Landgraf, *Die spekulativ-theologische Erörterung der hypostatischen Vereinigung im 12. Jh.*, ZkTh 65 (1941) 183-216. E. Hocedez, *Quaestio de unico esse in Christo a doctoribus saeculi XIII disputata*, R 1933. O. Schweizer, *Person und hypostatische Union bei Thomas von Aquin*, Fr/S 1957. W. Breuning, *Die hypostatische Union in der Theologie Wilhelms von Auxerre, Hugos von S. Cher und Rolands von Cremona*, Tr 1962. W. H. Principe, *The theology of Hypostatic Union in the early thirteenth century*. I. *William of Auxerre*, Toronto 1963.

§ 17. La unión hipostática y la Santísima Trinidad

1. El acto de la unión hipostática

El acto de la unión hipostática fue realizado en común por las tres divinas personas (de fe).

El símbolo del concilio XI de Toledo (675) declara: «Es necesario creer que la encarnación del Hijo de Dios es obra de toda la Trinidad, porque las obras de la Trinidad son inseparables»; Dz 284. El concilio IV de Letrán declara: «Unigenitus Dei Filius Iesus Christus a tota Trinitate communiter incarnatus» ; Dz 429. La encarnación activa, es decir, la realización de la misma, en su calidad de obra del amor de Dios (Ioh 3, 16 ; 1 Ioh 4, 9), es atribuida al Espíritu Santo, que es el amor personal de Dios : «Fue concebido por obra del Espíritu Santo» (símbolo apostólico).

En la Sagrada Escritura se indica la unidad de operación al exterior de las tres divinas personas atribuyendo la encarnación ora al Padre (Hebr 10, 5), ora al Hijo (Phil 2, 7), ora al Espíritu Santo (Mt 1, 18 y 20; Lc 1, 35).

San Agustín testifica que «el hecho de que María concibiera y diera a luz es obra de la Trinidad, por cuya actividad creadora son hechas todas las cosas» *(De Trin.* II 5, 9).

La razón interna de esta verdad es que las tres divinas personas poseen en común la misma (numéricamente) naturaleza divina, que es ***principium quo*** de toda operación al exterior; v. *De Dios Trino,* § 20.

2. El término de la unión hipostática

La segunda persona de la Trinidad es la única que se hizo hombre (de fe).

Los símbolos de la fe, frente a la doctrina de los sabelianos (patripasianos), predican exclusivamente la encarnación pasiva del Hijo unigénito de Dios; e igualmente la Sagrada Escritura dice únicamente del Logos, o del Hijo de Dios, que se hiciera carne y viniera a este mundo (Ioh 1, 14; 3, 16 s, y passim).

A pesar de la consustancialidad de las tres divinas personas, la unión de la naturaleza humana con una persona divina no tiene como consecuencia (contra lo que aseguraba Roscelino) que tal naturaleza tuviera que unirse también con las otras personas. Pues la unión no tuvo lugar en la naturaleza, sino en la persona; y las personas son realmente distintas entre sí. La naturaleza divina está unida tan sólo indirectamente con la naturaleza humana mediante la persona del Logos, realmente idéntica con la mencionada naturaleza divina. En consecuencia, sólo en atención a la persona del Logos *(ratione personae Verbi)* la naturaleza divina puede ser considerada como término de la unión hipostática. La llamada confesión de fe del consistorio de Reims (1148) declaró contra Gilberto de Poitiers, que negaba la igualdad entre *Deus* y *divinitas* y, por lo tanto, rechazaba la fórmula *Divinitas est incarnata:* «Credimus ipsam divinitatem... incarnatam esse, sed in Filio» ; Dz 392; cf. S.th. III 3, 1-4. N. Häring, Schol 32 (1957) 373-398.

Capítulo quinto

CONSECUENCIAS DE LA UNIÓN HIPOSTÁTICA

§ 18. LA FILIACIÓN NATURAL DIVINA DEL HOMBRE JESUCRISTO

1. Doctrina herética opuesta: el adopcionismo

Hacia fines del siglo VIII, el arzobispo Elipando de Toledo († 802) y el obispo Félix de Urgel († 816) enseñaron, con respecto a Cristo, dos clases distintas de filiación: Como Dios, sería Hijo natural de Dios; y como hombre, hijo adoptivo de Dios. Cuando fue bautizado Jesús en el río Jordán, Dios le recibió como hijo «por gracia». Suponer que en Jesús hay dos filiaciones es suponer que hay en Él dos personas, viniéndose a parar con esto en el nestorianismo. Semejante herejía fue combatida por el abad Beato de Liébana, por el obispo Eterio de Osma y por teólogos francos, sobre todo por Alcuino.

2. Doctrina de la Iglesia

Jesucristo, aun como hombre, es Hijo natural de Dios (de fe).

La condenación del nestorianismo afecta indirectamente al adopcionismo. El papa Adriano I (772-795) lo condena en dos de sus cartas doctrinales calificándolo de renovación de los errores nestorianos (Dz 299, 309 s) y confirma los decretos del concilio plenario de Francfort (794), el cual condenó como herético el adopcionismo alegando que el nacido de la Virgen era verdadero Dios y no podía ser considerado, por tanto, como hijo adoptivo (Dz 311 s).

El sentido del dogma es el siguiente: La persona que subsiste en la naturaleza humana es el Hijo natural de Dios. La expresión «Cristo como hombre» («Christus ut homo») no debe entenderse en sentido reduplicativo (= «Christus secundum humanitatem»), como si la naturaleza humana fuera la razón de que Cristo fuera Hijo natural de Dios, sino que hay que interpretarla en sentido especificativo, es decir, «Christus ut *hic* homo», o «Christus ut hypostasis subsistens in humana natura»; cf. S.th. III 16, 11.

3. Prueba por las fuentes de la revelación

La Sagrada Escritura no llama jamás al hombre Cristo hijo adoptivo de Dios, sino Hijo propio y unigénito de Dios; Rom 8, 32:

«Él [Dios] no perdonó a su propio Hijo, antes le entregó por todos nosotros», «Tanto amó Dios al mundo que le dio a su Hijo unigénito»; cf. Ioh 1, 14, 18; Mt 3, 17.

Los santos padres, en su lucha contra el nestorianismo, rechazaron ya la doctrina de la doble filiación en Cristo, insistiendo en que el hijo del hombre es el mismo que el Hijo de Dios. San Agustín corrobora tal doctrina con la Sagrada Escritura: «Lee las Escrituras; en ninguna parte hallarás que se diga que Cristo es Hijo de Dios por adopción» (*C. Secundinum Manich.* 5). Varios testigos de la tradición, v.g., San Hilario (*De Trin.* II 27) y la liturgia mozárabe, usan las expresiones *adoptare* y *adoptio* en el sentido amplio de *assumere* y *assumptio*.

4. Prueba intrínseca

La filiación es propiedad de la hipóstasis o persona, no de la naturaleza: «filiatio proprie convenit hypostasi vel personae, non autem naturae» (S.th. III 23, 4). Como en Cristo no hay más que una sola hipóstasis o persona, que procede del Padre por generación eterna, por lo mismo en Cristo no puede haber más que una sola filiación de Dios: la filiación natural.

Debemos rechazar la sentencia de algunos teólogos medievales (Durando † 1334, muchos escotistas) que dicen que el hombre Jesucristo es al mismo tiempo Hijo natural de Dios e hijo adoptivo del mismo por las gracias recibidas. Es absurda este sentencia, porque una misma persona no puede ser al mismo tiempo hijo natural e hijo adoptivo de la misma persona.

Apéndice: **Cristo como «siervo de Dios» e Hijo «predestinado» del mismo**

Los adopcionistas refirieron a la persona la denominación de «siervo de Dios» (*servus Dei*) suponiendo que en Cristo, además de la persona divina (a la cual no puede referirse tal denominación), existía una persona humana. Adriano I y el concilio de Francfort (794) desaprobaron esta expresión entendida en el sentido que acabamos de mencionar (*ratione personae*). Sin embargo, Cristo puede ser llamado con toda verdad «siervo de Dios» si referimos este carácter a la naturaleza humana que Él ha asumido, y que está sometida a la soberanía universal de Dios (*ratione humanae naturae*); cf. Is 42, 1; Mt 12, 17 s; Phil 2, 7; S.th. III 20, 1 ad 2.

El pasaje de Rom 1, 4: «qui praedestinatus est Filius Dei in virtute», no es posible entenderlo, como hicieron los adopcionistas, de la predestinación de Cristo a la filiación adoptiva de Dios. La Vulgata no traduce correctamente el texto original (*praedestinatus* en lugar de *destinatus* = = ὁρισθείς). El Apóstol expresa la idea de que Cristo, desde la resurrección, se manifestó poderosamente como Hijo de Dios, conforme al pneuma divino que moraba en Él (según otra interpretación: fue declarado «como Hijo de Dios en poder», es decir, en estado de encumbramiento). Según la lectura de la Vulgata, se puede dar la siguiente interpretación ortodoxa del pasaje: Dios predestinó desde toda la eternidad que el sujeto de la naturaleza humana de Cristo fuera el Hijo natural de Dios; cf. S.th. III 24, 1 ad 2.

Bibliografía: D. De Bruyne, *Un document de la controverse adoptianiste en Espagne vers l'an 800*, RHE 27 (1931) 307-312. A. Landgraf, *Die Stellungnahme der Scholastik des XII. Jh. zum Adoptianismus*, DTh 13 (1935) 257-289. El mismo, *Der Adoptianismus des Petrus Cantor*, DTh 14 (1936) 205-209.

§ 19. La adorabilidad de Cristo en general

1. Doctrina de la Iglesia

Hay que adorar al Dios-Hombre Jesucristo con un solo culto: el de latría absoluto que corresponde únicamente a Dios (de fe).

El concilio de Éfeso (431), por medio de la octava anatematización de San Cirilo, condenó la «coadoración» (συμπροσκύνησις) del hombre Jesucristo con el Logos (coadoración propugnada por los nestorianos), poniendo en claro la doctrina católica de que al Logos encarnado (en virtud de la unicidad de su persona) se le debe tributar una adoración única (μιᾷ προσκυνήσει); Dz 120.

El v concilio universal de Constantinopla (553) declaró, frente a la doble adoración de los nestorianos y contra la adoración tributada por los monofisitas a la naturaleza divina únicamente o a una supuesta naturaleza mixta divinohumana, declaró — repetimos — que el Logos encarnado con su propia carne (μετὰ τῆς ἰδίας αὐτοῦ σαρκός) es objeto de una sola adoración; Dz 221.

La humanidad de Cristo ha venido a ser, por la unión hipostática, una parte en cierto modo («quasi pars») de la persona del Logos y, por ello, es adorada en y con el Logos. Ella es en sí misma objeto de adoración, mas no lo es por sí misma («in se, sed non propter se»), sino por su unión hipostática con el Logos. El papa Pío VI declaró, contra las falsas doctrinas del sínodo de Pistoia (1786): «Humanitas ipsaque caro vivifica Christi adoratur, non quidem propter se et tanquam nuda caro, sed prout unita divinitati»; Dz 1561.

2. Prueba por las fuentes de la revelación

Cristo aceptó las postraciones de rodillas (προσκύνησις) que se le hacían y que después de su resurrección tenían sin duda el carácter de adoración latréutica; cf. Mt 28, 9 y 17. Según Ioh 5, 23, reclama para sí mismo idéntica adoración que se le tributa al Padre: «Para que todos honren al Hijo como honran al Padre». SAN PABLO testimonia la adorabilidad de Cristo en su humanidad, en Phil 2, 10: «Para que en el nombre de Jesús se doble toda rodilla», y en Hebr 1, 6: «Adórenle todos los ángeles de Dios»; cf. Apoc 5, 12.

El *Martyrium Policarpi* (156) distingue ya claramente entre la adoración debida a Cristo y la veneración correspondiente a los mártires: «A éste [a Cristo] le adoramos porque es el Hijo de Dios; pero a los mártires los amamos como corresponde a discípulos e imitadores del Señor, por la insuperable adhesión que mostraron a su Rey y Maestro» (17, 3). La objeción que lanzaron los apolinaristas de que la adoración de la humanidad de Cristo sería *sarcolatría* (= adoración de la carne) y *antropolatría* (= adoración del hombre), la resuelven los santos padres haciendo ver que la humanidad de Cristo no es adorada por sí misma y separada del Logos; antes bien, se le tributa precisamente adoración divina por estar unida hipostáticamente con el Logos. La adoración va dirigida al Logos hecho hombre; cf. SAN ATANASIO, *Ep. ad Adelphium* 3; SAN JUAN DAMASCENO, *De fide orth.* III 8; IV 3; SAN AMBROSIO, *De Spiritu S.* III 11, 79; SAN AGUSTÍN, *Enarr. in Ps.* 98, 9.

3. Prueba especulativa

La adoración se tributa en sentido estricto solamente a la persona. Ahora bien, en Cristo no hay más que una sola persona: la del Logos divino. Luego habrá que tributarle una adoración *única*. De esta adoración no se puede excluir la naturaleza humana, pues ésta se halla inseparablemente unida con la persona divina; cf. S.th. III 25, 2: «El culto de adoración se debe en sentido estricto a la hipóstasis subsistente por sí... La adoración de la carne de Cristo no significa sino la adoración del Verbo encarnado, así como la reverencia que se tributa al vestido real no significa sino el respeto y sumisión debidos al rey que se viste del mismo.»

El objeto total («obiectum materiale totale») de la adoración rendida a Cristo es el Logos encarnado. La naturaleza humana, unida hipostáticamente con el Logos, es objeto parcial («obiectum partiale»). La razón («obiectum formale») por la cual se tributa la adoración es la infinita perfección de la divina persona.

Bibliografía: A. LANDGRAF, *Der Kult der menschlichen Natur Christi nach der Lehre der Frühscholastik,* Schol 12 (1937) 361-377, 498-518.

§ 20. La adoración del Sacratísimo Corazón de Jesús

Así como la naturaleza humana de Cristo, toda entera, es objeto de culto latréutico, así también cada una de sus partes son objeto parcial del mismo (sent. cierta).

Aunque todas las partes de la naturaleza humana de Cristo son, de por sí, dignas de la misma adoración, sin embargo, desde la época misma de las Cruzadas se ha ido formando un culto especial a algunas partes, como son: las cinco sacratísimas llagas y los miembros señalados por las mismas, la preciosísima sangre, la santa faz, la cabeza dolorida del Redentor y su sacratísimo corazón. De forma análoga son objeto también de culto latréutico los misterios de su vida, pasión y muerte (concepción, nacimiento, etc.). La razón de que se tribute una adoración especial a estas partes de la naturaleza humana de Cristo o a estos hechos de su vida, no es otra sino el haberse manifestado en ellos de manera especialmente clara la caridad redentora de Cristo («obiectum manifestationis»).

1. Fundamento dogmático de la adoración

El culto al Corazón de Jesús, impugnado con verdadero apasionamiento por los jansenistas, tuvo su origen en la mística alemana del medievo, y se basa dogmáticamente en el dogma de la unión hipostática. El papa Pío VI salió al paso de las detracciones esparcidas por los jansenistas, y declaró que el Corazón de Jesús era adorado, no separado o desligado de la divinidad («cum separatione vel praecisione a divinitate»), sino «como el Corazón de la persona del Logos, con la cual se halla inseparablemente unido» («cor personae Verbi, cui inseparabiliter unitum est»); Dz 1563.

2. El objeto de la adoración

a) El objeto inmediato («obiectum proximum, ob. materiale partiale») del culto al Sacratísimo Corazón de Jesús es el corazón corporal de Jesucristo como parte integrante de su naturaleza humana unida hipostáticamente con el Logos; no lo es el corazón entendido en sentido metafórico (= el amor). Todo esto es consecuencia clara de las controversias habidas con los jansenistas y de los textos de las solemnidades que celebra la Iglesia.

b) El objeto total («obiectum materiale totale») es el Logos encarnado, el Dios-Hombre Jesucristo.

c) El objeto formal es la infinita perfección de la divina persona.

d) La razón para adorar de modo especial el corazón entre todas las partes de la humanidad de Cristo es que el corazón es el símbolo más perfecto del amor redentor de Cristo a los hombres; cf. la siguiente invocación de las letanías del Sagrado Corazón de Jesús: «Corazón de Jesús, horno ardiente de caridad.»

Según el modo de hablar de la Escritura (cf. Deut 6, 5; 10, 12; 13, 3; Prov 2, 2; 23, 26; Mt 22, 37; Ioh 16, 6 y 22; Rom 5, 5) y conforme a las ideas populares, el corazón es considerado como sede de los afectos, sobre todo del amor. Como el amor fue el motivo de la redención (cf. Ioh 3, 16; 1 Ioh 4, 9 s), a ese órgano del Redentor, símbolo del amor, se le tributa particular cariño y adoración. El Corazón de Jesús, como símbolo de su amor redentor, es el objeto adecuado del culto oficial que la Iglesia tributa al Corazón divino. Como el amor redentor de Cristo se mostró particularmente en su acerba pasión y muerte y en la sagrada eucaristía, la devoción a la pasión de Cristo y a la sagrada eucaristía se hallan en íntima relación con la devoción al Sagrado Corazón.

3. Finalidad de la devoción

El fin de la devoción al Corazón de Jesús es despertar reconocimiento y amor agradecido en el alma de los fieles, incitándoles a imitar el ejemplo de virtudes que brillan en ese Corazón santísimo (Mt 11, 29) y moviéndoles a promover la reparación de las ofensas inferidas a este divino Corazón; cf. las encíclicas *Miserentissimus Redemptor* (1928) y *Caritate Christi compulsi* (1932), de Pío XI, y *Haurietis aquas* (1956), de Pío XII.

APÉNDICE: **El culto a las imágenes y reliquias de Cristo**

A las imágenes y reliquias de Cristo, como la santa cruz, se les debe, según doctrina de Santo Tomás, un culto de latría relativo. Como la razón del culto («obiectum formale») no radica en ellas mismas, sino en la persona de Cristo, que ellas representan o tocaron, la adoración que se les tributa no es absoluta, sino relativa. Pero es verdadera adoración latréutica, pues se refiere en último término a la persona divina de Cristo; S.th. III 25, 3 y 4.

Bibliografía: J. V. BAINVEL, *La dévotion au Sacré-Coeur de Jésus,* P 1937. F. DANDER, *Herz-Jesu-Verehrung,* In 1939. P. GALTIER, *Le Sacré-Coeur. Textes Pontificaux traduits et commentés.* P 1936. C. RICHSTÄTTER, *Die Herz-Jesu-Verehrung des deutschen Mittelalters,* Mn [2]1924. R. ERNI, *Die Herz-Jesu-Lehre Alberts des Grossen,* Lu 1941. J. STIERLI, *Cor Salvatoris. Wege zur Herz-Jesu-Verehrung,* Fr 1954 (traducción española: Barcelona 1958). J. GALOT, *Le coeur du Christ,* P 1953.

§ 21. La comunicación de idiomas

1. Noción y doctrina de la Iglesia

La comunicación de idiomas, en sentido *ontológico,* es la asociación y mutuo cambio de propiedades (= atributos y operaciones) divinas y humanas de Cristo, basado en la unidad de persona, de tal suerte que el Logos-Dios posee propiedades humanas y el hombre Cristo propiedades divinas. La comunicación de idiomas en sentido *lógico* (predicación de idiomas) es la enunciación de ese mutuo cambio ontológico de idiomas.

Los predicados divinos y humanos de Cristo deben aplicarse a la sola persona del Logos encarnado (de fe).

El símbolo apostólico predica del Hijo de Dios las propiedades humanas de haber sido concebido y nacer de Santa María Virgen, de haber padecido, sido crucificado y sepultado. El concilio de Éfeso (431) enseña, con San Cirilo y contra Nestorio, que los predicados que en la Sagrada Escritura se contienen acerca de Cristo no hay que referirlos a dos personas, al Logos-Dios y al hombre Cristo, sino al mismo Logos encarnado; Dz 116. Como la persona divina de Cristo subsiste en dos naturalezas y puede ser nombrado por ambas, por lo mismo podemos enunciar del Hijo de Dios predicados humanos y del Hijo del hombre predicados divinos.

Al extremismo monofisita se inclina la antigua teología dogmática luterana, que de la unión hipostática deduce una transferencia real de los atributos divinos (tales como la omnisciencia, la omnipotencia y la omnipresencia) a la naturaleza humana de Cristo, enseñando que «Cristo, no sólo como Dios, sino también como hombre, todo lo sabe, todo lo puede y está presente en todas las criaturas» (*Formula concordiae* I 8, 11).

2. Prueba por las fuentes de la revelación

La Sagrada Escritura usa repetidas veces la comunicación de idiomas; por ejemplo, Ioh 8, 58: «Antes que Abraham fuese, yo soy» (yo = el hombre Cristo); Act 3, 15: «Matasteis al Autor de la vida» (a Dios); Act 20, 28: «Para apacentar la Iglesia de Dios, la cual ganó [Dios] con su sangre»; Rom 8, 32: «Dios no perdonó a su propio Hijo, sino que le entregó por todos nosotros»; 1 Cor 2, 8: «Si la hubieran conocido [la Sabiduría de Dios], nunca hubiesen crucificado al Señor de la gloria [a Dios]».

Siguiendo estas locuciones de la Sagrada Escritura, San Ignacio de Antioquía nos habla de la sangre de Dios *(Eph.* 1, 1), de la pasión de Dios *(Rom.* 6, 3) y de que Dios nació de María *(Eph.* 18, 2). Orígenes fue el primero que enseñó expresamente el cambio mutuo de predicados *(De princ.* II 6, 3).

3. Reglas para la predicación de idiomas

De la esencia misma de la unión hipostática se deduce que las propiedades de la naturaleza divina y de la naturaleza humana se pueden predicar solamente de la persona, mientras que no está permitido trasladar las propiedades de una naturaleza a la otra.

Los atributos concretos (Dios, Hijo de Dios, Hijo del hombre, Cristo, omnipotente) se refieren a la hipóstasis, y los atributos abstractos (divinidad, humanidad, omnipotencia) a la naturaleza. De este principio se deriva la siguiente regla general: «Communicatio idiomatum fit in concreto non in abstracto.» Ejemplos: «El Hijo de Dios murió en la cruz», «Jesucristo ha creado el mundo». Se exceptúa esta regla si usamos la reduplicación, porque entonces el atributo se refiere exclusivamente a la naturaleza y no a la hipóstasis que subsiste en tal naturaleza. Por eso no se puede decir: «Cristo, en cuanto Dios, padeció», «Cristo, en cuanto hombre, creó el mundo». Hay que tener en cuenta, además, que las partes esenciales de que consta la naturaleza humana hacen las veces de esta misma naturaleza. De ahí que no sea lícito decir: «El alma de Cristo es omnisciente», «el cuerpo de Cristo es omnipresente».

Aparte de eso, la predicación de idiomas solamente puede hacerse en forma positiva, no en negativa, pues de Cristo nada se puede negar de lo que le corresponde por alguna de sus dos naturalezas. Así pues, no es lícito decir: «El Hijo de Dios no ha sufrido», «Jesús no es omnipotente».

Algunas locuciones que pudieran prestarse a erróneas interpretaciones conviene aclararlas añadiendo «en cuanto Dios», «en cuanto hombre», v.g.: «Cristo, en cuanto hombre, es criatura.»

Bibliografía: E. Borchert, *Der Einfluss des Nominalismus auf die Christologie der Spätscholastik nach dem Traktat De communicatione idiomatum des Nikolaus Oresme,* Mr 1940. A. M. Landgraf, *Die Stellungnahme der Frühscholastik zur Frage, ob Christus ein Geschöpf sei,* Schol 25 (1950) 73-96.

§ 22. La pericóresis cristológica

Las dos naturalezas, a pesar de seguir existiendo íntegramente cada una de ellas, no se hallan unidas extrínsecamente, como enseñaban los nestorianos, sino que existen la una en la otra con íntima unión. La unión hipostática tiene como consecuencia esta mutua inexistencia o inmanencia de ambas naturalezas; inexistencia que es designada con el término de pericóresis cristológica, término que fue introducido por SAN GREGORIO NACIANCENO *(Ep.* 101, 6 [περιχώρησις, *circumincessio;* en la escolástica tardía: *circuminsessio])*. La virtud que vincula y mantiene unidas ambas naturalezas procede exclusivamente de la naturaleza divina. Así pues, esa compenetración, si se la considera desde el punto de vista de su procedencia, no es mutua sino unilateral. Pero su efecto es la in-existencia mutua de las dos naturalezas. La divinidad, que es en sí misma impenetrable, penetra e invade la humanidad con su inhabitación, la cual, sin sufrir transformación alguna, queda deificada; Dz 291: σὰρξ θεωθεῖσα, θέλημα θεωθέν.

Los santos padres más antiguos enseñan la pericóresis en cuanto a su sustancia, pero a menudo no precisan bien el empleo de los términos (aún no bien fijados), denominando fusión a la unión de las dos naturalezas (μῖξις, σύμμιξις, κρᾶσις, σύγκρασις). Desde las controversias nestorianas, se estudió con más profundidad este problema. SAN JUAN DAMASCENO lo trató ya ampliamente *(De fide orth.* III 3 y 7), recogiéndolo de él la escolástica.

Bibliografía: A. DENEFFE, L. PRESTIGE (v. *De Dios Trino en personas,* § 19).

Sección segunda

LOS ATRIBUTOS DE LA NATURALEZA HUMANA DE CRISTO

Capítulo primero

LAS PRERROGATIVAS DE LA NATURALEZA HUMANA DE CRISTO

Advertencia preliminar

Cristo es verdadero hombre («consubstantialis nobis secundum humanitaem»; Dz 148), mas por la unión hipostática no es puro hombre ni hombre corriente. La unión hipostática de la humanidad de Cristo con el Logos divino tuvo como consecuencia el que la naturaleza humana de Cristo se viera enriquecida y dotada por una plenitud de gracias sin igual. Semejante plenitud no tuvo más límite que la finitud de la naturaleza creada ni más restricción que el destino redentor de Cristo. Las prerrogativas de la naturaleza humana de Cristo se refieren a su entendimiento humano, a su voluntad humana y a su poder humano.

I. LAS PRERROGATIVAS DEL ENTENDIMIENTO HUMANO DE CRISTO

§ 23. La visión beatífica

1. El hecho de la visión beatífica de Cristo

a) Doctrina de la Iglesia

El alma de Cristo poseyó la visión beatífica desde el primer instante de su existencia (sent. cierta).

Mientras que todos los demás hombres sólo en el más allá *(in statu termini)* pueden alcanzar la visión intuitiva de Dios, que tiene carácter absolutamente sobrenatural, el alma de Cristo la poseyó ya en esta vida *(in statu viae)*, y desde el mismo instante de su unión con la persona divina del Logos, es decir, desde su concepción en el seno de la Virgen. Por eso Cristo fue al mismo tiempo, como explica la escolástica, *viator simul et comprehensor,* es decir, peregrino por la tierra y poseedor de la meta de la peregrinación. De lo cual se deduce que no podía poseer las virtudes teologales de la fe y la esperanza.

Algunos teólogos modernos, como H. Klee, A. Günther, J. Th. Laurent y H. Schell, impugnaron la *scientia beata* de Cristo, porque les parecía estar en contradicción con algunas expresiones de la Sagrada Escritura y con la realidad de la pasión de Cristo. También los modernistas (A. Loisy) la negaron alegando que el sentido obvio de los textos evangélicos no es compatible con todo aquello que enseñan los teólogos sobre la conciencia y ciencia infalible de Cristo; Dz 2032.

El Santo Oficio, respondiendo a una consulta, declaró el año 1918 que la siguiente proposición no era segura, es decir, que no podía ser enseñada sin riesgo de la fe: «Non constat, fuisse in anima Christi inter homines degentis scientiam, quam habent beati seu comprehensores» («No consta que hubiese en el alma de Cristo, cuando moraba entre los hombres, la ciencia que poseen los bienaventurados en su contemplación de Dios»; Dz 2183).

El papa Pío XII declaró en la encíclica *Mystici Corporis* (1943): «Incluso aquel conocimiento que llaman conocimiento de visión beatífica lo posee [Cristo] en tal plenitud que supera con mucho en extensión y claridad a la contemplación beatífica de los bienaventurados en el cielo»... «En virtud de aquella visión beatífica, de la que disfrutó desde el mismo instante de ser concebido en el seno de la Madre de Dios, tiene presente sin cesar y en cada instante a todos los miembros de su cuerpo místico»; cf. H 51, 79; Dz 2289.

b) Prueba por las fuentes de la revelación

No es posible presentar una prueba contundente de Escritura, pues las manifestaciones de la misma sobre la perfección de la ciencia de Cristo no permiten de ordinario resolver con certeza si se refieren a su ciencia humana o divina. Sirven de apoyo a la tesis aquellas frases en las que se atribuye a Cristo un claro conocimiento del Padre y de las verdades divinas que Él predica a los hombres; cf. Ioh 8, 55: «Vosotros no le conocéis [al Padre], mas yo le conozco; y si dijere que no le conozco, sería como vosotros mentiroso; mas yo le conozco y guardo su palabra.» Así como Cristo solamente puede guardar la palabra del Padre en cuanto hombre, así también parece que el claro conocimiento que posee del Padre y de toda la Trinidad no le corresponden tan sólo en cuanto Dios, sino también en cuanto hombre; cf. Ioh 1, 17 ss; 3, 11.

Los santos padres enseñan implícitamente que el alma de Cristo poseía la visión intuitiva de Dios, pues atribuyen a Cristo, aun en cuanto hombre, la plenitud de la ciencia como consecuencia de la unión hipostática. Un testimonio expreso en favor de la tesis lo hallamos en San Fulgencio, quien contesta a una consulta de su discípulo Ferrando: «Es difícil admitir y totalmente incompatible con la integridad de fe el que el alma de Cristo no poseía noticia plena de su divinidad, con la cual, según la fe, era físicamente una persona» (*Ep.* 14, 3, 26). Pero notemos que Fulgencio va demasiado lejos al atribuir a Cristo un conocimiento «pleno», es decir, comprehensivo de Dios.

c) Prueba especulativa

La principal fuerza probativa la posee el argumento especulativo de los escolásticos, que defienden unánimemente la *sciencia beata* del alma de Cristo.

α) La visión beatífica de Dios no es otra cosa, por su misma esencia, que la consumación de la gracia santificante que es participación de la divina naturaleza («consortium divinae naturae»; 2 Petr 1, 4): «Gloria est gratia consummata». La unión del alma con Dios por medio de la gracia y de la gloria es un género accidental de unión; en cambio, la unión del alma de Cristo con Dios es unión sustancial y, por tanto, mucho más íntima. Ahora bien, si el alma de Cristo, ya en la tierra, estuvo mucho más íntimamente unida con Dios que los bienaventurados del cielo, no se comprende por qué al alma de Cristo no se le iba a conceder la visión inmediata de Dios que se concede a aquéllos. Santo Tomás aduce el siguiente principio: «Cuanto más cerca se halla un objeto receptivo de una causa eficiente, tanto más participa en el efecto de esa causa» (S.th. III 7, 1).

β) Cristo, por los actos de su humanidad, por su vida y sobre todo, por su pasión y muerte, es para los hombres el autor de la salvación (Hebr 2, 10), es decir, de la visión inmediata de Dios. Según el principio: la causa tiene que ser siempre más excelente que el efecto, Cristo debía poseer de manera más excelente todo aquello que iba a proporcionar a otros; cf. S.th. III 9, 2.

γ) Cristo es cabeza de los ángeles y de los hombres. Los ángeles, que según refiere Mt 4, 11, vinieron y le servían, se hallaban ya en posesión de la visión intuitiva de Dios durante la vida terrenal de Jesús (Mt 18, 10). Ahora bien, parece incompatible con la preeminencia de la cabeza, que ésta no posea una excelencia de que disfrutan parte de sus miembros.

δ) Cristo, como autor y consumador de la fe (Hebr 12, 2), no podía él mismo caminar entre la oscuridad de la fe. La perfección de la conciencia que Jesús tenía de sí mismo no se explica sino por un conocimiento inmediato de la divinidad, unida hipostáticamente con Él.

2. Compatibilidad del sufrimiento con la visión intuitiva de Dios

La visión intuitiva de Dios produce la suprema felicidad en las criaturas racionales. De ahí que surja la siguiente dificultad: Con esa felicidad suma, que procede de la visión inmediata de Dios, ¿cómo pueden compaginarse el hondo dolor y la honda tristeza que Cristo sintió en la agonía del huerto de los Olivos y en el abandono de la cruz?

a) No es difícil compaginar el sufrimiento corporal con la *visio immediata* porque el dolor del cuerpo se experimenta en las potencias inferiores y sensitivas del alma, mientras que la dicha espiritual se siente en las potencias superiores y espirituales de la misma. Para que Cristo cumpliera con su misión redentora, la felicidad quedó restringida, por decisión de la voluntad divina, al alma espiritual y no produjo la glorificación del cuerpo, la cual no constituye la esencia de la gloria, sino únicamente un incremento accidental de la misma; cf. S.th. III 15, 5 ad 3.

b) La dificultad principal radica en compaginar la dicha espiritual con el dolor espiritual. MELCHOR CANO, O. P. († 1560) procuró resolver la dificultad suponiendo, en el acto de la visión intuitiva de Dios, una distinción real entre la operación del entendimiento *(visio)* y la operación de la voluntad *(gaudium, delectatio)*; y enseñando que el alma de Cristo en la cruz siguió contemplando intuitivamente a Dios, pero que, debido a un milagro de la omnipotencia divina, quedó suspendida la dicha que brota naturalmente de semejante visión *(De locis theol.* XII 12).

Según doctrina de Santo Tomás, la intervención milagrosa de Dios consistió únicamente en hacer que la dicha procedente de la visión inmediata de Dios no pasase de la *ratio superior* (= superiores conocimiento y voluntad espirituales, en cuanto se ordenan al *bonum increatum)* a la *ratio inferior* (= superiores conocimiento y voluntad espirituales, en cuanto se ordenan al *bonum creatum),* ni del alma redundara en el cuerpo: «dum Christus erat viator, non fiebat redundantia gloriae a superiori parte in inferiorem nec ab anima in corpus» (S.th. III 46, 8). Por tanto, el alma de Cristo siguió siendo susceptible del dolor y de la tristeza. Teólogos actuales (K. RAHNER) sostienen que, en relación a su estado de peregrino en la tierra, en Cristo se hallaba totalmente suspendida la felicidad.

3. Objeto y extensión de la visión intuitiva de Dios en Cristo

a) El objeto primario de la visión intuitiva de Dios es la esencia divina («Deus sicuti est»; 1 Ioh 3, 2). Como el alma de Cristo, en virtud de la unión hipostática, se halla más íntimamente unida con Dios que los ángeles y los bienaventurados del cielo, por lo mismo contempla a Dios con más perfección que ninguna otra criatura; cf. S.th. III 10, 4. Pero tal contemplación de Dios no puede ser un conocimiento exhaustivo del mismo, porque la naturaleza humana de Cristo es finita; S.th. III 10, 1: «infinitum non comprehenditur a finito, et ideo dicendum, quod anima Christi nullo modo comprehendit divinam essentiam».

b) Objeto secundario de la visión intuitiva de Dios son las cosas exteriores a Dios, que son contempladas en Dios como causa primera de todas ellas. La extensión de este conocimiento depende de la intensidad y grado del conocimiento que se posea de Dios. Según doctrina de Santo Tomás, se extiende, desde luego, a todo lo que pueda interesar a cada bienaventurado («quae ad ipsum spectant»). Aplicando ahora este principio general a Cristo, deduciremos que el alma de Cristo, aun durante su vida terrena, conoció en la esencia divina todas las cosas fuera de Dios, en cuanto tal conocimiento le fue necesario o útil para realizar su misión redentora. Como Cristo es cabeza y señor de toda la creación y juez de todos los hombres, concluye Santo Tomás que el alma de Cristo, ya en la tierra, conoció en la esencia divina todas las cosas reales del pasado, del presente y del futuro, incluso los pensamientos de los hombres. Pero no podemos extender la ciencia humana de Cristo a todas las cosas posibles que Dios puede hacer en su omnipotencia, pero que de hecho nunca hará; porque conocer todas las cosas posibles significa poseer un conocimiento comprehensivo del poder divino o de la esencia divina idéntica con el mismo. De ahí que el alma de Cristo, según doctrina de SANTO TOMÁS, no posea omnisciencia absoluta, sino únicamente relativa; S. th. III 10, 2. El Santo Oficio aprobó en 1918 la doctrina escolástica (Dz 2184 s).

Hay teólogos modernos (K. Rahner) que entienden la visión intuitiva de Dios en Cristo no como un conocimiento objetivo y reflejo, que tiene presentes de un modo inmediato los distintos objetos, sino como conocimiento inobjetivo, irreflejo. Éste ha de concebirse como la propiedad radical de la conciencia de Jesús a la que compete la absoluta inmediatez de Dios, y en la que está fundamentalmente contenido todo lo que en el decurso del desarrollo histórico afloró a la conciencia de Jesús.

4. La ciencia humana de Cristo, libre de ignorancia y error

La ciencia humana de Cristo estuvo libre de la ignorancia positiva y del error (sent. cierta; cf. Dz 2184 s).

a) Que Cristo se viera libre de la ignorancia fue impugnado por los arrianos, los nestorianos y, sobre todo, por los *agnoetas* (secta monofisita del siglo VI, que debe su origen al diácono Temistio de Alejandría). Estos últimos herejes enseñaban la ignorancia de Cristo (ἄγνοια), principalmente en cuanto al día y hora del juicio universal, invocando en su favor a Mc 13, 32 (Mt 24, 36): «Cuanto a ese día o a esa hora, nadie la conoce, ni los ángeles del cielo, ni el Hijo, sino sólo el Padre.»

Cristo, el Logos encarnado, se llama a sí mismo la Luz del mundo (Ioh 8, 12), que vino a este mundo para traer a los hombres el verdadero conocimiento (Ioh 12, 46); se denomina a sí mismo la Verdad (Ioh 14, 6) y señala como fin de su venida al mundo el dar testimonio de la verdad (Ioh 18, 37); hace que le llamen Maestro (Ioh 13, 13). Como testifica la Sagrada Escritura, se encuentra lleno de gracia y de verdad (Ioh 1, 14), lleno de sabiduría (Lc 2, 40); en Él se hallan escondidos todos los tesoros de la sabiduría y ciencia de Dios (Col 2, 3). Jesús tiene noticia de acontecimientos que se desarrollan lejos (Ioh 1, 48; 4, 50; 11, 14) y penetra el corazón de los hombres (Ioh 1, 47; 2, 24 s; 4, 16 ss; 6, 71). Con todo ello es incompatible que el saber humano de Cristo fuera deficiente o incluso equivocado.

En su lucha contra los arrianos, que referían al Logos el desconocimiento del día del juicio, a fin de mostrar su carácter creado, algunos santos padres (como San Atanasio, San Gregorio Nacianceno, San Cirilo de Alejandría) atribuyeron ignorancia al alma humana de Cristo. Sin embargo, los santos padres rechazaron unánimemente el agnoetismo, declarando que el alma humana de Cristo estaba libre de ignorancia y error, y condenaron como herética la doctrina de los agnoetas. El patriarca Eulogio de Alejandría, principal adversario de los agnoetas, escribe: «La humanidad de Cristo, asumida a la unidad con la hipóstasis de la Sabiduría inaccesible y sustancial, no puede ignorar ninguna de las cosas presentes ni futuras» (Focio, Bibl. Cod. 230, n. 10). El papa San Gregorio Magno aprueba la doctrina de Eulogio fundándola en la unión hipostática, por la cual la naturaleza humana fue hecha partícipe de la ciencia de la naturaleza divina. Tan sólo desde un punto de vista nestoriano se puede afirmar la ignorancia de Cristo: «Quien no sea nestoriano, no puede en modo alguno ser agnoeta.» Los agnoetas son calificados expresamente de herejes (*Ep.* x 39; Dz 248); cf. el *Libellus emendationis* (n. 10) del monje galo Leporio.

Para explicar el pasaje Mc 13, 32, los santos padres proponen estas dos interpretaciones (prescindiendo de la interpretación mística [el Hijo = el Cuerpo de Cristo, los fieles] que es insuficiente):

α) El desconocimiento del día del juicio, como se deduce de Act 1, 7 («No os toca a vosotros conocer los tiempos ni los momentos que el Padre ha fijado en virtud de su poder soberano»), es un desconocimiento llamado *económico* (es decir, fundado en la οἰκονομία θεοῦ = en el orden de la salvación dispuesto por Dios), y que consiste en un «no saber para comunicar», o «scientia non communicanda». Quiere esto decir que Cristo, por voluntad del Padre, no podía comunicar a los hombres el tiempo del juicio:

«No entraba dentro de su misión de Maestro que lo conociéramos [el día del juicio] por mediación suya» (SAN AGUSTÍN, *Enarr. in Ps.* 36, sermo 1, 1).

β) Cristo conoció el día del juicio *en* su naturaleza humana por su íntima unión con el Logos, mas no tuvo este conocimiento *por* su naturaleza humana (San Gregorio Magno; Dz 248).

b) El modernismo y la teología protestante liberal enseñan que Cristo cayó en error, pues consideraba como algo inminente el fin del mundo y su nueva venida (parusía); Dz 2033.

Pero, de hecho, Cristo dejó en la incertidumbre el momento de su nueva venida. La manifestación que hizo en su gran discurso sobre la parusía: «Esta generación no pasará hasta que todo esto suceda» (Mt 24, 34; Mc 13, 30; Lc 21, 32), no se refiere al fin del mundo ni a la parusía misma, sino a los signos que la precederán, uno de los cuales era la destrucción de Jerusalén. Cristo supone que el Evangelio ha de ser predicado en todo el mundo antes de que comience el fin del mundo (Mt 24, 14; Mc 13, 10; cf. Mt 28, 19 s; Mc 16, 15), que de todos los confines serán reunidos para el juicio los elegidos (Mt 24, 31; Mc 13, 27), que, después de la destrucción de Jerusalén, seguirá su curso el mundo (Mt 24, 21; Mc 13, 19) y que vendrán los «tiempos de los gentiles» (Lc 21, 24). En otros lugares llega incluso a asegurar Jesucristo que los discípulos no llegarán a ver el día de la parusía (Lc 17, 22; Mt 12, 41); véase la escatología, § 6, 3.

La razón intrínseca que hace imposible todo error en Cristo es la unión hipostática. Por la limitación de su naturaleza humana corresponden a las acciones humanas de Cristo todas las imperfecciones humanas genéricas; pero es incompatible con la excelsa dignidad de la persona divina (que es la que obra en todas las acciones) atribuir a Cristo imperfecciones particulares, como el error y el defecto moral.

Bibliografía: L. OTT, *Untersuchungen zur theologischen Briefliteratur der Frühscholastik,* Mr 1937, 315-385. O. GRABER, *Die Gottschauung Christi im irdischen Leben und ihre Bestreitung,* Gr 1920. S. SZABÓ, *De scientia beata Christi,* «Xenia Thomistica» II, R 1925, 349-491. J. MARIC, *De Agnoëtarum doctrina,* Zagreb 1914. El mismo, *Das menschliche Nichtwissen kein soteriologisches Postulat,* Zagreb 1916. K. WEISS, *Exegetisches zur Irrtumslosigkeit und Eschatologie Jesu Christi,* Mr 1916. A. SÉPINSKI, *La psychologie du Christ chez s. Bonaventure,* P 1948. J. GALOT, *La psychologie du Christ,* NRTh 80 (1958) 337-358. K. RAHNER, SchrTh V 222-245.

§ 24. LA CIENCIA INFUSA

El alma de Cristo tuvo ciencia infusa desde su mismo origen (sent. communior).

La ciencia infusa es un conocimiento que se verifica mediante especies espirituales (conceptos), que, a modo de hábito, Dios comunica inmediatamente al alma. Se distingue de la ciencia beatífica *(scientia beata)* en que por la ciencia infusa las cosas son conocidas en su propia naturaleza y por medio de sus especies propias. Se distingue de la ciencia adquirida en que en la ciencia infusa Dios comunica a la mente las especies en acto primero, sin que ella tenga que formárselas por la percepción de los sentidos y la abstracción (como ocurre en la ciencia adquirida).

No es posible aducir un argumento cierto de Escritura en favor de la realidad efectiva de la ciencia infusa en Cristo. Desde el punto de vista especulativo no se puede probar su necesidad, sino únicamente su gran conveniencia. Dice bien con la dignidad de la naturaleza humana asumida por el Logos el no carecer de ninguna de las perfecciones que es capaz de recibir la naturaleza humana. Ahora bien, entre ellas se cuenta la ciencia infusa. Además, el puesto de Cristo como cabeza de los ángeles y de los hombres exige como conveniente que Jesús posea el modo de conocer que es natural a los ángeles y que fue otorgado como don preternatural a nuestros primeros padres. Y, por tanto, Cristo debe poseer la ciencia infusa; cf S.th. III 9, 3.

La ciencia infusa de Cristo, según doctrina de Santo Tomás, abarca por un lado todo lo que puede ser naturalmente objeto del conocimiento humano, y por otra parte todo lo que Dios comunicó a los hombres por revelación sobrenatural, pero no comprende la esencia misma de Dios, que es objeto de la ciencia beatífica; cf. S. th. III, 11, 1; *Comp. theol.* 216. Teólogos modernos se inclinan a prescindir de la ciencia infusa, ya que su aceptación no es exigida ni por las fuentes de la fe, ni por la especulación teológica. Su introducción en los comienzos de la alta escolástica (Alejandro de Hales) se debe al deseo de atribuir a Cristo todas las perfecciones que jamás haya tenido un ser creado («principio de perfección»).

Bibliografía: G. DE GIER, *La science infuse du Christ d'après S. Thomas d'Aquin,* Tilburg 1941. E. GUTWENGER, *Das menschliche Wissen des irdischen Christus,* ZkTh 76 (1954) 170-186. J. C. MURRAY, *The infused knowledge of Christ* [*12.-13.Jh.*], Windsor 1963.

§ 25. LA CIENCIA ADQUIRIDA Y EL PROGRESO DEL SABER HUMANO DE CRISTO

1. La ciencia adquirida de Cristo

El alma de Cristo poseía también una ciencia adquirida o experimental (sent. común).

Ciencia adquirida es el conocimiento humano natural que parte de la experiencia sensible y se realiza por la actividad abstractiva del intelecto.

Cristo poseyó esta modalidad de conocimiento, como se deduce necesariamente de la realidad y perfección de su naturaleza humana; pues toda naturaleza humana real y completa exige tener una potencia cognoscitiva específicamente humana y la realización natural del acto cognoscitivo humano, verificado por tal potencia. Negar la ciencia experimental de Cristo es caer lógicamente en el docetismo; cf. S.th. III 9, 4 (se expresa de distinta manera en el *Comentario de las Sentencias).*

A esta ciencia experimental de Cristo hay que referir el acrecentamiento de la sabiduría de Jesús que cuenta San Lucas 2, 52: «Jesús crecía en sabiduría», e igualmente el aprendizaje de la obediencia (es decir, la experiencia en el ejercicio de la obediencia) de que se nos habla en Hebr 5, 8: «Aprendió por sus padecimientos la obediencia.» Las parábolas de Jesús denotan un fino espíritu de observación de la naturaleza y de la vida diaria.

2. El progreso del saber humano de Cristo

Conforme al texto de Lc 2, 52, es necesario admitir un progreso del saber humano de Cristo. En la ciencia beatífica y en la infusa, según doctrina de Santo Tomás, no es posible un progreso real del saber («profectus secundum essentiam»), pues estas dos clases de conocimiento abarcan desde un principio todas las cosas reales del pasado, el presente y el futuro. Si nos referimos a estas dos clases de conocimiento, el progreso del saber de Cristo sólo puede significar una manifestación sucesivamente mayor, según el nivel de la edad, del saber que ya poseía Cristo desde un principio («profectus secundum effectum»). Según la doctrina de San Buenaventura, en el objeto secundario de la ciencia beatífica, en lo extradivino, es posible un crecimiento del saber, ya que el alma de Cristo tiene menos objetos presentes en acto que en hábito (*Sent.* III 14 a. 2 q. 2).

En la ciencia adquirida era posible el acrecentamiento real del saber, por cuanto el hábito de la ciencia, adquirido por vía natural, podía ir creciendo paso a paso por la labor abstractiva del intelecto. Como los conocimientos que Cristo adquirió por la ciencia experimental se contenían ya en la ciencia beatífica y en la infusa, no eran nuevos en cuanto a su contenido, sino únicamente en cuanto al modo de adquirirlos; cf. S.th. III 12, 2.

3. Suplemento: la conciencia humana de Cristo

Como hombre verdadero y completo, Cristo tenía una vida anímica específicamente humana. Para lograr una inteligencia más profunda de la psicología de Cristo y para comprender mejor las expresiones de la sagrada Escritura, muchos teólogos modernos suponen en Cristo, junto al yo divino hipostático del Logos, que hipostatiza las dos naturalezas, un yo humano psicológico (yo de la conciencia) como centro empírico de las acciones anímicas y de las pasiones de Cristo. Este yo humano psicológico hay que entenderlo solamente como el «exponente psicológico» de la naturaleza humana en la conciencia de Jesús, en modo alguno como sujeto que existe y obra por sí mismo (autónomamente). «Su yo humano fue experimentado no sólo como expresión de la naturaleza humana, sino también (y esa experiencia era perfeccionada por la *visio)* en todo momento referido y asumido por hipóstasis divina, la cual lo asumió junto con la naturaleza humana» (Haubst). Por parte tomista se rechaza un yo humano de Cristo también en el sentido psicológico, y se considera la persona divina como el único yo o centro de conciencia de Cristo.

Irreconciliable con la doctrina de la unidad de persona en Cristo, es la tesis sostenida por el padre León Seiller, OFM, enlazando con el padre Déodat de Basly, OFM († 1937), que invoca sin razón la autoridad de Escoto.

Según ella, el yo humano del *homo assumptus* es un principio autónomo de obrar y, con ello, una efectiva persona ontológica. Pío XII rechazó esta tesis en la encíclica *Sempiternus Rex* (1951): «Estos investigadores ponen en primer plano la posición peculiar de la naturaleza humana de Cristo, de tal manera que la presentan en cierto modo como un *subiectum sui iuris,* como si no tuviera su subsistencia en la persona misma del Verbo» (AAS 43 [1951] 638). Un artículo de L. Seiller sobre la «Psicología humana de Cristo y la unicidad de la persona» (FrSt 31 [1949] 49-76, 246-274) fue incluido en el Índice (AAS 43 [1951] 561).

Bibliografía: R. HAUBST, *Die Gottanschauung und das natürliche Erkenntniswachstum,* ThQ 137 (1957) 385-412. J. TERNUS, *Das Seelen- und Bewusstseinsleben Jesu,* en *Das Konzil von Chalkedon III,* Wü 1954, 81-237. R. HAUBST, *Probleme der jüngsten Christologie,* ThR 52 (1956) 145-162. El mismo, *Welches Ich spricht in Christus?* TrThZ 66 (1957) 1-20. A. GRILLMEIER, *Zum Christusbild der heutigen katholischen Theologie,* en *Fragen der Theologie heute,* publicado por J. Feiner, J. Trütsch, Fr. Böckle, E-Z-K 1957, 265-299. J. GALOT, *La psychologie du Christ,* NRTh 80 (1958) 337-358. H. M. DIEPEN, *La théologie de l'Emmanuel,* Bru 1960. K. RAHNER, SchrTh v, 222-245. H. RIEDLINGER, *Geschichtlichkeit und Vollendung des Wissens Christi,* Fr 1966.

II. LAS PRERROGATIVAS DE LA VOLUNTAD HUMANA DE CRISTO O LA SANTIDAD DE JESÚS

§ 26. LA IMPECANCIA E IMPECABILIDAD DE CRISTO

1. **La impecancia (o carencia de pecado)**

Cristo estuvo libre de todo pecado, tanto del original como del personal (de fe).

a) Cristo estuvo libre del pecado original, como se expresa en el *Decretum pro Iacobitis* del concilio de Florencia (1441): «sine peccato conceptus»; Dz 711.

Según Lc 1, 35, Cristo entró en estado de santidad en la existencia terrena: «Lo santo que nacerá [de ti]...» Como el pecado original se transmite por la generación natural y Cristo entró en la vida habiendo sido concebido de manera sobrenatural por la virtud del Espíritu Santo (Mt 1, 18 ss; Lc 1, 26 ss), de ahí se sigue que Él no estaba sometido a la ley universal del pecado original.

Los santos padres y teólogos deducen que Cristo estuvo libre del pecado original porque la unión hipostática, que es una vinculación sumamente íntima con Dios, excluye el estado de separación de Dios que supone dicho pecado. Prueban también su carencia de pecado original por el modo sobrenatural que tuvo Cristo de entrar en este mundo; cf. TERTULIANO, *De carne Christi* 16; SAN AGUSTÍN, *Enchir.* 13, 41: «Cristo fue engendrado o concebido sin el placer de la concupiscencia carnal, y, por tanto, estuvo libre de la mancha de la culpa original.»

Como Cristo estuvo libre del pecado original, se deduce que también se vio libre de la concupiscencia. Como no estaba sometido al pecado original, no había necesidad de que tomase sobre sí esta consecuencia de dicho pecado. Su misión redentora no se lo exigía. Por eso, su apetito sensitivo se hallaba perfectamente subordinado a su razón. El quinto concilio universal de Constantinopla (553) condenó la siguiente sentencia de Teodoro de Mopsuestia: «Cristo se vio gravado por las pasiones del alma y los apetitos de la carne»; Dz 224.

SAN AGUSTÍN comenta: «Quien crea que la carne de Cristo se reveló contra el espíritu, sea anatema» *(Opus imperfectum c. Iul.* IV 47).

b) La carencia de todo pecado personal (y al mismo tiempo del pecado original) se halla expresada en la décima anatematización de San Cirilo: «El que no conoció el pecado no necesitó ofrecer sacrificio expiatorio por sí mismo» (Dz 122), y en el siguiente decreto del concilio de Caledonia: «en todo igual a nosotros, excepto en el pecado» (Dz 148).

Jesús, en su conciencia, sabe que está libre de todo pecado; cf. Ioh 8, 46: «¿Quién de vosotros me argüirá de pecado?»; Ioh 8, 29: «Yo hago siempre lo que a Él [al Padre] le agrada»; Ioh 14, 30: «Viene el príncipe de este mundo [Satanás], mas no tiene nada en mí». También los apóstoles dan testimonio de la completa impecancia de Jesús; cf. 1 Ioh 3, 5: «No hay pecado en Él»; 1 Petr 2, 22: «Él no cometió pecado, ni fue hallado engaño en su boca»; 2 Cor 5, 21: «Al que no conoció pecado, hizo pecado por nosotros [fue portador del pecado]»; Hebr 4, 15: «Fue tentado en todo como nosotros, pero sin pecado»; Hebr 7, 26: «Y tal convenía que fuese nuestro Pontífice, santo, inocente, inmaculado, apartado de los pecadores y más alto que los cielos».

Los santos padres ven en la completa impecancia de Cristo una condición previa de la expiación universal que ofreció en nuestro lugar. ORÍGENES comenta: «Cristo fue capaz de tomar sobre sí, de desatar, borrar y hacer desaparecer todos los pecados del mundo, porque Él no hizo pecado ni fue hallado dolo en su boca, y porque no conoció el pecado» *(Comment. in Ioan.* 28, 18, 160).

2. La impecabilidad

Cristo no sólo no pecó de hecho, sino que, además, no podía pecar (sentencia próxima a la fe).

El v concilio universal de Constantinopla (553) condenó la doctrina de Teodoro de Mopsuestia, según la cual Cristo sólo fue plenamente impecable después de la resurrección; Dz 224. De esta condenación resulta que Cristo ya era impecable antes de la resurrección.

La razón interna de la impecabilidad de Cristo consiste en la unión hipostática, como ya hicieron notar los padres (por ejemplo, SAN AGUSTÍN, *Enchir.* 12, 40). Como la persona divina del Logos es el *principium quod* aun de las acciones humanas de Cristo, éstas son verdaderamente acciones de la persona divina. Ahora bien, es incompatible con la absoluta santidad de Dios el que una persona divina sea el sujeto responsable de un acto pecaminoso. Aparte de esto, la unión hipostática produjo la más íntima compenetración y vasallaje de la voluntad humana de Cristo a su voluntad divina; cf. Dz 291: θέλημα θεωθέν.

Mientras que la unión hipostática establece una imposibilidad física de pecar, la visión intuitiva de Dios tiene como consecuencia una imposibilidad moral de lo mismo, es decir, que tal contemplación realiza una unión tan íntima con Dios, en cuanto al entendimiento y la voluntad, que de hecho resulta imposible apartarse de Dios.

La impecabilidad de Cristo no suprime la libertad moral ni los merecimientos de su pasión y muerte. Aun cuando no podía obrar contra el «mandato del Padre» (Ioh 10, 18; 14, 31), no lo hizo de manera forzada, sino que lo cumplió con el libre asenso de la voluntad.

Bibliografía: J. GUMMERSBACH, *Unsündlichkeit und Befestigung in der Gnade nach der Lehre der Scholastik,* Ft 1933. A. LANDGRAF, *Die Unsündbarkeit Christi in den frühesten Schulen der Scholastik,* Schol 13 (1938) 367-391. El mismo, *Die Lehre von der Unsündbarkeit Christi in der reifenden Frühscholastik,* Schol 14 (1939) 188-214. J. KLEIN, *Die Unsündlichkeit der Menschennatur Christi nach der Lehre des Joh. Duns Skotus,* FrSt (1924) 194-202.

§ 27. LA SANTIDAD Y PLENITUD DE GRACIA EN CRISTO

1. La santidad sustancial en virtud de la gracia de unión

La naturaleza humana de Cristo, por razón de la unión hipostática, es sustancialmente santa por la santidad increada del Logos (sent. común; cf. Lc 1, 35).

Los santos padres enseñan la santidad sustancial de la humanidad de Cristo, cuando hacen la consideración de que el nombre de Cristo expresa la unción y santificación de su naturaleza humana por la divinidad. San Gregorio Nacianceno dice: «Se denomina Cristo a causa de la divinidad; pues esta unción de la humanidad no santifica por una operación externa, como sucede con los demás ungidos, sino por la total presencia del que unge» (*Orat.* 30, 21). San Agustín afirma: «Entonces [cuando el Verbo se hizo carne] se santificó a sí mismo en sí, es decir, se santificó a sí mismo hombre en sí mismo Verbo; porque un mismo Cristo es Verbo y es hombre: el que santifica al hombre en el Verbo» (*In Iohan. tr.* 108, 5).

La unión hipostática santifica inmediatamente por sí misma a la naturaleza humana de Cristo, es decir, que la santifica formalmente, no tan sólo causal y radicalmente en cuanto exige y produce la gracia santificante, como enseñan los escotistas.

Por eso la humanidad de Cristo, aun prescindiendo de la gracia santificante creada, es santa por la santidad increada del Verbo. Como los atributos divinos no son comunicables a una naturaleza creada, por lo mismo la santidad sustancial de Cristo no hay que concebirla como una forma inherente a su humanidad; tal santidad radica exclusivamente en la unión personal de la humanidad de Cristo con el Logos.

2. La santidad accidental por razón de la gracia santificante

La naturaleza humana de Cristo es también accidentalmente santa por razón de la plenitud de gracia creada habitual con que ha sido dotada (sent. cierta).

El papa Pío XII declaró en la encíclica *Mystici Corporis* (1943): «En Él [en Cristo] habita el Espíritu Santo con tal plenitud de gracias que es imposible concebirla mayor».

La Sagrada Escritura testimonia que la humanidad de Cristo es santificada por la gracia creada, como vemos en los siguientes lugares: Ioh 1, 14: «Lleno de gracia y de verdad»; Act 10, 38: «...cómo le unigó Dios con [el] Espíritu Santo»; Is 11, 2: «Y reposará sobre Él el espíritu de Yahvé»; Is 61, 1 (= Lc 4, 18): «El Espíritu del Señor Yahvé es sobre mí, porque me ungió Yahvé».

San Agustín hace el siguiente comentario refiriéndose a varios de los pasajes citados: «El Señor Jesús no sólo dio el Espíritu Santo como Dios, sino que también lo recibió como hombre. Por eso fue llamado "lleno de gracia" (Ioh 1, 14) y "lleno de Espíritu Santo" (Lc 4, 1). Y con mayor claridad aún se dice de Él en los Hechos de los Apóstoles: "Dios le ungió con el Espíritu Santo" (10, 38), no con óleo visible, sino con el don de la gracia simbolizado por la unción sensible con que la Iglesia unge a sus bautizados» (*De Trin.* XV 26, 46).

Santo Tomás (S.th. III 7, 1) prueba de esta manera la santificación de la humanidad de Cristo por la gracia santificante:

a) Basándose en la unión hipostática, la cual, por ser la unión más íntima concebible con Dios, fuente de todas las gracias, tiene como consecuencia que la gracia santificante se difunda por el alma de Cristo, según aquel principio: «Cuanto más cerca se halla un objeto receptivo de una causa eficiente, tanto más recibirá de la acción de esa causa.»

b) Por la incomparable sublimidad del alma de Cristo, cuyas operaciones (entender y amar) tenían que dirigirse a Dios de forma muy íntima, y para ello era indispensable la elevación al orden sobrenatural de la gracia.

c) Por la relación de Cristo con los hombres, ya que de Él debería dimanar sobre éstos la abundancia de sus gracias.

Con la gracia santificante, Cristo recibió también las *virtudes* infusas, tanto las teologales como las morales, en cuanto éstas no queden excluidas por otras perfecciones superiores; recibió igualmente los *dones del Espíritu Santo.* La visión intuitiva de Dios excluye las virtudes teologales de la fe y de la esperanza (esta última con respecto a su objeto principal, que es la posesión de Dios, pero no con relación a objetos secundarios, v.g.: la glorificación del cuerpo); la carencia en Cristo de todo pecado y de la concupiscencia desordenada excluye las virtudes morales de la penitencia y la templanza. En Is 11, 2s se da testimonio de que Cristo poseyera los dones del Espíritu Santo. Éstos tienen por fin convertir al alma en órgano dócil del Espíritu Santo; cf. Dz 378.

Como la gracia habitual de Cristo tiene su fundamento en la unión hipostática, se deduce de ahí que el momento de esa santificación accidental de Cristo fue el mismo instante de la unión hipostática de la naturaleza humana con el Logos divino. Cristo poseyó, desde el principio, la gracia santificante con suma plenitud; cf. Ioh 1, 14; 3, 34; S.th. III 7, 11.

3. La gracia de la cabeza («gratia capitis»)

Desde Cristo, que es la cabeza, se difunde la gracia sobre los miembros de su cuerpo místico (sent. común).

El papa Pío XII declaró en la encíclica *Mystici Corporis* (1943): «De Él dimana sobre el cuerpo de la Iglesia toda la luz con que son iluminados sobrenaturalmente los fieles, y de Él se derivan todas las gracias por las que ellos son santificados como Cristo era santo... Cristo es el fundador y autor de la santidad... La gracia y la gloria brotan de su plenitud inagotable».

La plenitud de gracia de Cristo, que estriba en la unión hipostática, es la razón de que se difunda la gracia desde Cristo, que es la cabeza, a los miembros de su cuerpo místico. La gracia singular o personal de Cristo se convierte con ello en gracia de la cabeza.

San Juan asegura del Logos encarnado que está lleno de gracia y de verdad: «De su plenitud recibimos todos, gracia por gracia» (Ioh 1, 16). San Pablo enseña que Cristo, como hombre, es cabeza de la Iglesia, la cual es su cuerpo místico; Eph 1, 22 s: «A Él sujetó todas las cosas bajo sus pies y le puso por cabeza de todas las cosas en la Iglesia, que es su cuerpo»; cf. Eph 4, 15 s; Col 1, 18; Rom 12, 4 s; 1 Cor 12, 12 ss. Así como desde la cabeza física se difunde sobre los miembros del cuerpo la fuerza vital natural, así también de Cristo, que es cabeza, fluye la fuerza vital de la gracia sobrenatural sobre todos los miembros de su cuerpo místico; cf. S.th. III 8, 1.

Por lo que atañe al modo con que esa gracia brota de la cabeza y se difunde sobre los miembros del cuerpo místico, hay que tener en cuenta que Cristo, como Dios, confiere la gracia *auctoritative,* es decir, por su propio poder; mientras que en cuanto hombre la confiere sólo *instrumentaliter,* es decir, como instrumento de la divinidad. Con la virtud de la divinidad, Cristo nos mereció la gracia por medio de sus acciones humanas, sobre todo por su pasión y muerte (causa meritoria). Como causa instrumental *(instrumentum coniunctum)* produce en las almas la gracia por el camino ordinario que ésta sigue, que es el de los sacramentos *(instrumenta separata),* debiéndose esta producción de la gracia a Dios como causa principal; cf. S.th. III 8, 1 ad 1.

La dispensación de gracias por parte de Cristo, cabeza, se extiende a todos los miembros del cuerpo místico, tanto a los actuales, que se hallan unidos con Él por medio de la gracia santificante o al menos por la fe, como también a los potenciales, que no están unidos con Él por la gracia santificante ni por la fe, pero que tienen la posibilidad de convertirse en miembros actuales del cuerpo místico de Cristo. Quedan excluidos los condenados; cf. S.th. III 8, 3.

Bibliografía: R. Koch, *Geist und Messias,* W 1950. A. Vugts, *La grâce d'union d'après s. Thomas d'Aquin,* Tilburg 1946. J. Rohof, *La sainteté substantielle du Christ dans la théologie scolastique,* Fr/S 1952. A. Morán, *La santidad substancial de la humanidad de Cristo en la Teología de los siglos XVI y XVII,* EE 25 (1951) 33-62. Ch.-V. Héris, *Le mystère du Christ,* P 1928. Th. M. Käppeli, *Zur Lehre des hl. Thomas vom Corpus Christi mysticum,* Fr/S 1931. Cf. el tratado acerca de la Iglesia, § 1 y 10.

III. LAS PRERROGATIVAS DEL PODER HUMANO DE CRISTO

§ 28. El poder de Cristo

La humanidad de Cristo, como instrumento del Logos, tiene el poder de producir efectos sobrenaturales (sent. cierta).

Como instrumento del Logos, la humanidad de Cristo —además de su virtud propia que posee por la naturaleza o por la gracia— tiene la virtud instrumental de producir todos los efectos sobrenaturales del orden físico (milagros) y del orden moral (perdón de los pecados, santificación) que sirvan para lograr el fin de la redención: «habuit instrumentalem virtutem ad omnes immutationes miraculosas faciendas ordinabiles ad incarnationis finem, qui est instaurare omnia». En todas estas acciones, la divinidad es la causa principal, y la humanidad de Cristo la causa instrumental o ministerial, pero en forma singular, porque tal humanidad es un instrumento unido hipostáticamente de manera permanente con el Logos («instrumentum coniunctum cum Verbo»); cf. S.th. III 13, 2.

La Sagrada Escritura testifica la cooperación instrumental de la humanidad de Cristo en numerosos milagros, por ejemplo, cuando tocaba a los enfermos y cuando dimanaba su virtud sobre los aquejados por males; Lc 6, 19: «Toda la multitud buscaba tocarle porque salía de Él una virtud que sanaba a todos»; cf. Lc 8, 46: «Alguno me ha tocado, porque yo he conocido que una virtud ha salido de mí». Cristo, como Hijo del hombre (es decir, en cuanto a su humanidad) se atribuye el poder de perdonar los pecados; Mt 9, 6: «El Hijo del hombre tiene sobre la tierra el poder de perdonar los pecados.» A su carne y a su sangre, en la eucaristía, les atribuye también poder para infundir vida sobrenatural: «El que come mi carne y bebe mi sangre, tiene la vida eterna» (Ioh 6, 55). En su oración sacerdotal, Cristo confiesa que el Padre le ha dado poder sobre «toda carne», es decir, sobre todos los hombres: «Tú le has dado [al Hijo] poder sobre toda carne, para que a todos los que tú le diste les dé Él la vida eterna» (Ioh 17, 2).

Los santos padres consideran la humanidad de Cristo como instrumento de la divinidad (ὄργανον τῆς θεότητος; cf. San Atanasio, *Adv. Arianos or.* 3, 31) y atribuyen por lo mismo a la carne de Cristo la virtud de vivificar (σάρξ ζωοποιός). San Cirilo de Alejandría dice de la carne eucarística de Cristo: «Como la carne del Redentor, en virtud de su unión con la vida sustancial, es decir, con el Logos procedente de Dios, se ha convertido en vivificadora, por lo mismo nosotros, cuando gustamos de ella, tenemos la vida en nosotros» (*In Ioan.* 6, 55); cf. Dz 123. La eficiencia de la humanidad de Cristo, según doctrina de Santo Tomás (cf. S.th. III 8, 1 ad 1) y de su escuela, no es puramente moral, sino también física. La eficiencia moral consiste en que la acción humana de Cristo mueve a la voluntad divina a producir inmediatamente un determinado efecto sobrenatural. La eficiencia física consiste en que la humanidad de Cristo, como instrumento del Logos divino, produce por sí misma un determinado efecto sobrenatural con la virtud recibida del Logos. Los escotistas no admiten más que una eficiencia moral. La tradición está más bien de parte de la doctrina tomista.

Bibliografía: TH. TSCHIPKE, *Die Menschheit Christi als Heilsorgan der Gottheit unter besonderer Berücksichtigung der Lehre des hl. Thomas v. A.*, Fr 1940. D. VAN MEEGEREN, *De causalitate instrumentali humanitatis Christi iuxta D. Thomae doctrinam*, Venlo 1939. L. SEILLER, *L'activité humaine du Christ selon Duns Scot*, P 1944. I. BACKES, *Zur Lehre des hl. Thomas von der Macht der Seele Christi*, TrThZ 60 (1951) 153-166.

Capítulo segundo

LOS DEFECTOS O LA PASIBILIDAD DE LA NATURALEZA HUMANA DE CRISTO

§ 29. LA PASIBILIDAD DE CRISTO

1. Los defectos corporales de Cristo («defectus corporis»)

La naturaleza humana de Cristo estaba sometida al padecimiento corporal (de fe).

La secta monofisita de los ***aftartodocetas,*** fundada por el obispo Juliano de Halicarnaso a comienzos del siglo VI, enseñaba que el cuerpo de Cristo, desde la encarnación, se había hecho ἄφθαρτος (incorruptible), es decir, que ya no estaba sometido a la corrupción ni a la pasibilidad. Semejante doctrina lleva lógicamente a negar la realidad efectiva de la pasión y muerte de Cristo.

En contra de esta doctrina, la Iglesia enseña en sus símbolos de fe que Cristo padeció y murió (verdaderamente) por nosotros. El IV concilio de Letrán y el concilio unionista de Florencia ponen de relieve expresamente no sólo la realidad efectiva de la pasión, sino también la pasibilidad de Cristo; Dz 429: «Secundum humanitatem factus est passibilis et mortalis»; Dz 708: «Passibilis ex conditione assumptae humanitatis.»

Las profecías mesiánicas del Antiguo Testamento anuncian grandes padecimientos del futuro Redentor; Is 53, 4: «Él tomó sobre sí nuestras enfermedades y cargó con nuestros dolores»; cf. Ps 21 y 68. Según testimonian los evangelistas, Cristo estaba sometido a los defectos genéricos del cuerpo, como el hambre (Mt 4, 2), la sed (Ioh 19, 28), la fatiga (Ioh 4, 6), el sueño (Mt 8, 24), el sufrimiento y la muerte. Los padecimientos de Cristo sirven a los fieles de ejemplo (1 Petr 2, 21).

El sentir unánime de los santos padres en favor de la pasibilidad de Cristo se expresa sin lugar a duda en su impugnación universal del docetismo. Los que principalmente se opusieron al aftartodocetismo fueron el patriarca monofisita Severo de Antioquía y, por parte católica, Leoncio Bizantino († hacia el 543). Solamente algún padre que otro, como San Hilario de Poitiers († 367) y Hesiquio de Jerusalén († con posterioridad al 451), enseñaron que la impasibilidad había sido el estado normal de Cristo; para sentir el dolor tenía que hacer un acto especial de su voluntad o un milagro. La sentencia de San Hilario se discutió aún con pasión en los escritos teológicos de la escolástica primitiva. Unos la rechazaban como error (v.g., Armando, discípulo de Abelardo), otros le daban una interpretación más benigna (v.g., Pedro Lombardo), otros la defendían (v.g., Felipe de Harvengt), otros, en fin, sostenían que San Hilario mismo había reconocido su error (v.g., Esteban Langton).

Como Cristo estaba libre del pecado original, sus debilidades corporales no eran, como en los demás hombres, consecuencia de dicho pecado; antes bien, Él las aceptó voluntariamente: *a)* para expiar en lugar nuestro los pecados de los hombres, *b)* para mostrar que poseía verdadera naturaleza humana, y *c)* para dar a los hombres ejemplo de paciencia en soportar el dolor; cf. S.th. III 14, 1. Los defectos, que Cristo aceptó voluntariamente, eran para Él naturales, pues se derivaban de la índole de su naturaleza humana; cf. S.th. III 14, 2.

La misión redentora de Cristo no requería más que la aceptación de los defectos universales del género humano, que se derivan de la naturaleza humana como tal («defectus o passiones universales sive irreprehensibiles»; v.g., el hambre, la sed, el cansancio, el sentir los dolores, el ser mortal) y que no se hallan en contradicción con la perfección intelectual y moral de Cristo. Hay que descartar los defectos particulares («defectus o passiones particulares sive reprehensibiles»; v.g., las enfermedades somáticas y psíquicas); cf. S.th. III 14, 4.

2. Los afectos sensitivos del alma de Cristo («passiones animae»)

Por *passiones animae* se entienden los movimientos del apetito sensitivo: «propriissimae dicuntur passiones animae affectiones appetitus sensitivi» (S.th. III 15, 4).

El alma de Cristo estaba sometida a los afectos sensitivos (sent. cierta).

Según testimonio de la Sagrada Escritura, Cristo poseía una vida psíquica verdaderamente humana, con todos sus afectos correspondientes; v.g., tristeza (Mt 26, 37: «Comenzó a entristecerse y a angustiarse»), temor (Mc 14, 33: «Comenzó a atemorizarse y a angustiarse»), cólera (Mc 3, 5: «Miró alrededor con enojo»; Ioh 2, 15; 11, 33), amor (Mc 10, 21: «Jesús, mirándole, le amó»; Ioh 11, 36; 19, 26), alegría (Ioh 11, 15: «Y me alegro por vosotros»). Jesús lloró conmovido ante la vista de la ciudad de Jerusalén, destinada a la destrucción por su infidelidad (Lc 19, 41), así como derramó lágrimas ante el sepulcro de su amigo Lázaro (Ioh 11, 35), y sintió júbilo en el Espíritu Santo al pensar en las obras de la gracia divina (Lc 10, 21); cf. Hebr 2, 17; 4, 15; 5, 2.

Los afectos sensitivos pertenecen a la naturaleza del hombre y son, por tanto, naturales en Cristo. Pero, como Cristo estaba libre de la concupiscencia, no podían dirigirse estos afectos a ningún objeto vedado, ni podían surgir contra su voluntad ni enseñorearse de la razón. Por ello, los teólogos afirman, con San Jerónimo (*In Mt.* 26, 37), que los afectos de Cristo eran únicamente *propassiones* (= mociones iniciales), pero no *passiones* (= pasiones propiamente tales). Los padres griegos llaman a estos afectos πάθη ἀνυπαίτια o ἀναμάρτητα; cf. San Juan Damasceno, *De fide orth.* III 20; S.th. III 15, 4.

Bibliografía: J. P. Junglas, *Leontius von Byzanz,* Pa 1908. R. Draguet, *Julien d'Halicarnasse et sa controverse avec Sévère d'Antioche sur l'incorruptibilité du corps du Christ,* Ln 1924. A. Landgraf, *Die Sterblichkeit Christi nach der Lehre der Frühscholastik,* ZkTh (1951) 257-312.

Parte segunda

LA OBRA DEL REDENTOR

Bibliografía: P. GALTIER, *De incarnatione ac redemptione*, P ²1947. A. D'ALÈS, *De Verbo incarnato*, P 1930. L. RICHARD, *Le dogme de la rédemption*, P 1932. B. BARTMANN, *Die Erlösung. Sünde und Sühne*, Pa 1933. J. HEHN, *Sünde und Erlösung nach biblischer und babylonischer Anschauung*, L 1903. J. RIVIÈRE, *Le dogme de la rédemption. Essai d'étude historique*, P 1905. El mismo, *Le dogme de la rédemption. Étude théologique*, P ³1931. El mismo, *Le dogme de la rédemption. Études critiques et documents*, Ln 1931. El mismo, *Le dogme de la rédemption chez s. Augustin*, P ³1933. El mismo, *Le dogme de la rédemption après s. Augustin*, P 1930. El mismo, *Le dogme de la rédemption au début du Moyen Âge*, P. 1934. El mismo, *Le dogme de la rédemption dans la théologie contemporaine*, Albi 1948. H. STRÄTER, *Die Erlösungslehre des hl. Athanasius*, Fr 1894. R. GUARDINI, *Die Lehre des hl Bonaventura von der Erlösung*, D 1921. L. HARDY, *La doctrine de la rédemption chez S. Thomas*, P 1936. A. KIRCHGÄSSNER, *Erlösung und Sünde im Neuen Testament*, Fr 1950. H. E. W. TURNER, *The Patristic Doctrine of Redemption*, Lo 1952. A. HEUSER, *Die Erlösungslehre in der katholischen deutschen Dogmatik von B. P. Zimmer bis M. Schmaus*, Essen 1963.

Capítulo primero

LA REDENCIÓN EN GENERAL

§ 1. EL FIN DE LA ENCARNACIÓN

El Hijo de Dios se hizo hombre para redimir a los hombres (de fe).

El símbolo nicenoconstantinopolitano profesa: «Qui propter nos homines et propter nostram salutem descendit de coelis et incarnatus est»; Dz 86.

La Sagrada Escritura da testimonio de que Cristo vino al mundo para salvar a los hombres, para redimirlos de sus pecados. Isaías había profetizado en el Antiguo Testamento: «Él mismo [Dios] vendrá y nos salvará» (35, 4). El nombre de Jesús indica ya su condición de salvador; cf. Mt 1, 21: «Le pondrás por nombre Jesús, porque salvará a su pueblo de sus pecados». El ángel anunció a los pastores de Belén el nacimiento de Cristo, diciéndoles las siguientes palabras: «Os ha nacido hoy un salvador en la ciudad de David» (Lc 2, 11). El anciano Simeón dio gracias a Dios por haber podido contemplar a aquel que era salvación de todos los pueblos: «Mis ojos han visto tu salvación, la que has preparado ante la faz de todos los pueblos» (Lc 2, 30 s). Jesús declaró que su misión era «buscar y salvar lo que se hallaba perdido» (Lc 19, 10; cf. Mt 9, 13). El apóstol San Pablo compendia la labor redentora de Cristo en las siguientes palabras: «Cristo Jesús vino al mundo para salvar a los pecadores» (1 Tim 1, 15). De un tenor parecido es Ioh 3, 17: «Dios no ha enviado su Hijo al mundo para que juzgue al mundo, sino para que el mundo sea salvado por Él.»

Como fin ulterior de la encarnación de Cristo menciona la Sagrada Escritura, al menos haciendo alusión, a la glorificación de Dios, que es el último y supremo fin de todas las cosas de Dios; cf. Lc 2, 14: «¡Gloria a Dios en las alturas!» Jesús declara en su oración sacerdotal: «Yo te he glorificado sobre la tierra, llevando a cabo la obra que me encomendaste realizar» (Ioh 17, 4).

§ 2. Controversia sobre la predestinación absoluta o condicionada de la encarnación

Constituye objeto de controversia entre tomistas y escotistas la cuestión de si la razón decisiva de que se encarnase el Hijo de Dios fue el venir a redimir a los hombres, de suerte que no hubiera habido encarnación sin el pecado de nuestros primeros padres (predestinación condicionada de la encarnación), o si tal razón no fue otra que la gloria de Dios, y por tanto, aun en el caso de que el hombre no hubiese pecado, el Hijo de Dios se habría encarnado para coronar la obra de la creación, pero sin tomar entonces un cuerpo pasible (predestinación incondicionada o absoluta de la encarnación). La predestinación condicionada la propugnan los tomistas, y la absoluta los escotistas (antes de Escoto la defendieron ya Isaac de Nínive [siglo VII], Ruperto Tuitense y Alberto Magno) y muchos teólogos modernos.

1. Predestinación condicionada

En favor de la sentencia tomista (cf. S.th. III 1, 3) habla el testimonio de la Sagrada Escritura, la cual en numerosos pasajes (cf. § 1) designa como motivo de la encarnación el que Cristo viniera a salvar a los hombres del pecado, mientras que nunca dice que la encarnación hubiera tenido lugar sin la caída en el pecado.

De acuerdo con esto, los santos padres enseñan que la encarnación del Hijo de Dios estaba vinculada a la condición de que el hombre cayera en el pecado. San Agustín dice: «Si el hombre no hubiera perecido, el Hijo de Dios no habría venido... ¿Por qué vino al mundo? Para salvar a los pecadores (1 Tim 1, 15). No había otra razón para que viniera al mundo» (*Sermo* 174, 2, 2; 7, 8).

2. Predestinación absoluta

La sentencia escotista procura basarse en San Pablo, quien declara que toda la creación se ordena a Cristo como meta y cabeza de la misma; cf. Col 1, 15-19. Sin embargo, hay que tener en cuenta que en los versículos 15-17, en los cuales se presenta a Cristo como «primogénito de toda la creación», como Hacedor de todo el universo, incluso del mundo angélico, como meta de la creación («Todo fue creado por Él y para Él») y como Conservador del mundo, hay que tener en cuenta —repetimos— que en todos estos versículos se prescinde totalmente del hecho de la encarnación, de suerte que se considera a Cristo como meta de la creación no en cuanto hombre, sino en cuanto Dios. Así como por ser Dios es creador, de la misma manera por ser Dios es la meta de la creación. El ser Cristo cabeza del cuerpo místico, que es la Iglesia (de lo cual se habla en el v 18), le corresponde precisamente por el hecho de la redención. Nada se dice en este versículo de que Cristo hubiera ocupado, según el plan de Dios, este puesto de cabeza, aun prescindiendo del pecado y de la redención. En Hebr 10, 2, la oración relativa: «Por cuya causa son todas las cosas, y por el cual todas las cosas subsisten» se refiere no a Cristo, sino a Dios Padre.

Los asertos de la Escritura, que presentan como fin de la creación la redención del hombre, los explican los escotistas restringiéndolos al orden de la salvación que existe de hecho y que fue motivado por el pecado; orden por el cual el Hijo de Dios vino a este mundo con un cuerpo pasible. Pero no deja de extrañar que la Escritura no diga nada sobre esa venida de Cristo en cuerpo impasible que había sido planeada primero.

La prueba especulativa de los escotistas insiste en que el fin no puede ser menor que el medio para conseguir ese fin. Ahora bien, la encarnación, como la más sublime de las obras de Dios, no podía estar determinada primordialmente por el fin de salvar a los pecadores. Los tomistas responden que la redención es sin duda el fin próximo de la encarnación, pero no el supremo y último fin de la misma.

Los escotistas encuentran, además, poco razonable que el pecado, tan aborrecido por Dios, haya sido la ocasión para la más asombrosa revelación divina. Los tomistas ven precisamente en ello una prueba tanto mayor del amor y misericordia de Dios: ¡Oh feliz culpa que mereció tener tal y tan grande Redentor! *(Exultet* de la Vigilia pascual).

Según la sentencia escotista, toda gracia, no solamente la gracia para el hombre caído sino también la del hombre paradisíaco y la de los ángeles, se deriva de los merecimientos del Dios-Hombre. Con ello, Cristo ocupa un puesto central y predominante en el plan divino sobre el universo.

La sentencia tomista es menos grandiosa que la escotista, pero parece mejor fundada en las fuentes de la revelación.

Bibliografía: A. Spindeler, *Cur Verbum caro factum?,* Pa 1938 (siglos iv y v). P. Chrysostome O.F.M., *Le motif de l'incarnation et les principaux thomistes contemporains,* Tours 1921. A. Lemonnyer, *Cur Deus homo?,* «Xenia Thomistica» ii, R 1925, 311-318. J. M. Bissen, *La tradition sur la prédestination absolute de Jésus-Christ du VIIe au XIIIe siècle,* «France Franciscaine» 22 (1939) 9-34. R. Garrigou-Lagrange, *De motivo incarnationis. Examen recentium obiectionum contra doctrinam S. Thomae IIIa q. 1, a. 3,* APAR 10 (1945) 7-45.

§ 3. Concepto y posibilidad de la redención por medio de Cristo

1. Concepto de redención

La redención puede entenderse en sentido objetivo y subjetivo. Redención en sentido objetivo es la obra del redentor. Redención en sentido subjetivo (llamada también justificación) es la realización de la redención en cada uno de los hombres, o la aplicación de sus frutos a cada uno de ellos.

La obra redentora de Cristo tenía por fin salvar a los hombres de la miseria del pecado. Ahora bien, el pecado por su esencia es un apartamiento de Dios *(aversio a Deo)* y una conversión a la criatura *(conversio ad creaturam)*. Luego el efecto de la redención tiene que consistir en el apartamiento de la criatura y en la conversión a Dios (cf. Col 1, 13). Conforme a su faceta negativa, la redención es una liberación del señorío del pecado y de todos los males que forman su séquito (servidumbre del diablo y de la muerte). Como tal recibe el nombre de ἀπολύτρωσις, *redemptio* = rescate o redención en sentido estricto; cf. Rom 3, 24; 1 Cor 1, 30; Eph 1, 7; Col 1, 14; Hebr 9, 15. Conforme a su faceta positiva, la redención es la restauración del estado de unión sobrenatural con Dios, que fue destruido por el pecado. Como tal recibe el nombre de καταλλαγή, *reconciliatio* = reconciliación; cf. Rom 5, 10 s; 5, 10 s; 2 Cor 5, 18 ss; Col 1, 20.

La redención objetiva fue llevada a cabo por la labor docente y orientadora de Cristo, mas sobre todo por su satisfacción vicaria y por sus merecimientos en el sacrificio de su muerte en cruz. Por la satisfacción quedó compensada la ofensa inferida a Dios por el pecado y su agraviada honra fue reparada. Por los merecimientos de Cristo, se alcanzaron los bienes de la salud sobrenatural, que luego se habrían de distribuir por la redención subjetiva.

2. Posibilidad de la redención

La posibilidad de que Cristo nos redima por su satisfacción y sus merecimientos se funda en la condición divino-humana de Cristo, que le capacita para ser mediador entre Dios y los hombres; 1 Tim 2, 5-6: «No hay más que un Dios y un mediador entre Dios y los hombres, Jesucristo hombre, que se dio a sí mismo en precio del rescate por todos»; Hebr 9, 15: «Así que por eso es el mediador del Nuevo Testamento»; cf. Dz 143, 711, 790.

El Dios-Hombre Jesucristo es el mediador natural y, como tal, el único mediador entre Dios y los hombres, tanto en el aspecto ontológico como en el aspecto ético, es decir, lo mismo en el orden del ser que en el de la actividad. La mediación sobrenatural fundada en la gracia (como la de Moisés [según Dt 5, 5], la de los profetas y apóstoles, la de los sacerdotes del Antiguo y Nuevo Testamento, la de los ángeles y santos) es imperfecta y subordinada a la única mediación natural de Cristo. Cristo ejercitó y ejercita su labor de mediación por medio de las acciones de su naturaleza humana *(homo Christus Iesus)*. La distinción real que existe entre las dos naturalezas divina y humana permite que Cristo, como hombre, realice actos de mediación, y que como Dios los acepte. Con esto queda resuelta la objeción de que Cristo sería mediador entre sí mismo y los hombres, cosa que no está de acuerdo con el concepto de mediación; cf. S.th. III 26, 1-2.

Bibliografía: A. LANDGRAF, *Die Mittlerschaft Christi nach der Lehre der Frühscholastik,* Greg 31 (1950) 391-423, 32 (1951) 50-80.

§ 4. CARÁCTER NECESARIO Y LIBRE DE LA REDENCIÓN

1. Necesidad por parte del hombre

El hombre caído no podía redimirse a sí mismo (de fe).

El concilio de Trento enseña que los hombres caídos «eran de tal forma esclavos del pecado y se hallaban bajo la servidumbre del demonio y de la muerte, que ni los gentiles podían librarse ni levantarse con las fuerzas de la naturaleza *(per vim naturae)* ni los judíos podían hacerlo tampoco con la letra de la ley mosaica *(per litteram Legis Moysi)*»; Dz 793. Solamente un acto libre por parte del amor divino podía restaurar el orden sobrenatural, destruido por el pecado (necesidad absoluta de redención). Cf. Vaticano II, decr. *Ad gentes,* n. 8.

Se opone a la doctrina católica el *pelagianismo,* según el cual el hombre tiene en su libre voluntad el poder de redimirse a sí mismo; y es contrario también al dogma católico el moderno *racionalismo,* con sus diversas teorías de «autorredención».

El apóstol San Pablo nos enseña, en su carta a los Romanos, que todos los hombres, bien sean judíos o gentiles, se hallan bajo la maldición del pecado y son justificados gratuitamente por el amor divino en virtud de un acto redentor de Cristo; Rom 3, 23 s: «Pues todos pecaron y todos están privados de la gloria de Dios [= de la gracia de la justificación]; y ahora son justificados gratuitamente por su gracia, por la redención de Cristo Jesús».

La doctrina de los padres se halla condensada en la siguiente frase de San Agustín: «[Los hombres] pudieron venderse, mas no pudieron rescatarse» («Vendere se potuerunt, sed redimere non potuerunt»; *Enarr. in Ps.* 95, 5).

La razón intrínseca de que el hombre caído tenga necesidad absoluta de redención consiste, por una parte, en la infinitud de la culpa y, por otra, en el carácter absolutamente sobrenatural del estado de gracia. En cuanto acción de una criatura *(offensa Dei activa),* el pecado es, desde luego, finito, pero en cuanto ofensa al Dios infinito *(offensa Dei passiva),* el pecado es infinito y exige, por tanto, una satisfacción de valor infinito. Mas ningún puro hombre es capaz de dar semejante satisfacción; cf. S.th. III 1, 2 ad 2.

2. Libertad por parte de Dios

a) Dios no tenía necesidad alguna, interna ni externa, de redimir a los hombres (sent. cierta).

La redención es un libérrimo acto de amor y misericordia divina *(libertas contradictionis).* Si la elevación del hombre al estado sobrenatural es ya un don gratuito del amor divino que Dios concedió porque quiso, mucho más lo es la restauración de la unión sobrenatural con Dios, destruida por el pecado mortal.

El apóstol San Pablo comienza la carta a los Efesios ensalzando la gracia de Dios, que se ha revelado tan gloriosamente en la redención por medio de Jesucristo. A la redención la llama «misterio de su voluntad divina, que nos ha dado a conocer según su beneplácito» (Eph 1, 9); cf. Eph 2, 4 ss.

San Atanasio *(Or. de incarn. Verbi* 6), refiriéndose a la honra de Dios, afirma que era necesaria la redención; pero esta necesidad hay que entenderla en el sentido de suma conveniencia, pues el mismo santo acentúa en otros lugares el carácter gratuito de la redención. San Anselmo de Cantorbery *(Cur Deus homo* II 4 s) nos habla de una necesidad de redención por parte de Dios, fundada en la inmutabilidad del decreto, libremente concebido, de dar la felicidad sobrenatural al hombre: Cuando Dios, a pesar de prever el pecado, decretó desde toda la eternidad crear y elevar a los hombres, entonces de la existencia de tal decreto libre de Dios se deriva la necesidad que éste tiene de redimir a los hombres una vez que entró el pecado en el mundo *(necessitas consequens)*.

b) La encarnación, aun en el supuesto del decreto divino de la redención, no era absolutamente necesaria (sent. común).

SANTO TOMÁS, juntamente con SAN AGUSTÍN *(De agone christ.* 11, 12), enseña, contra SAN ANSELMO DE CANTORBERY *(Cur Deus homo* II 6 s), que Dios en su omnipotencia pudo haber redimido a los hombres de muy diversas maneras *(libertas specificationis);* S.th. III 1, 2.

Significaría poner límites a la omnipotencia, sabiduría y misericordia de Dios el considerar la encarnación como el único medio posible de redimir a los hombres. Dios, sin detrimento de su justicia, puede conceder su perdón y su gracia a un pecador arrepentido, sin que éste presente satisfacción alguna o presentando sólo una satisfacción inadecuada.

c) Si Dios exigió una satisfacción adecuada, era necesaria la encarnación de una persona divina (sent. común).

La ofensa infinita a Dios contenida en el pecado mortal solamente se puede reparar perfectamente por medio de un acto infinito de expiación. Y semejante acto sólo lo puede realizar una persona divina. De ahí que podamos hablar de una necesidad hipotética (condicionada) de la encarnación.

En sentido amplio, se puede también afirmar que existe una necesidad de congruencia en favor de la redención, por cuanto la encarnación de una persona divina es el medio más conveniente de redención, ya que así se revelan de la manera más esplendorosa las perfecciones de Dios y se proporcionan los motivos más poderosos a la aspiración del hombre a la perfección religiosa y moral; SAN JUAN DAMASCENO, *De fide orth.* III 1; S.th. III 1, 1-2.

Bibliografía: L. OTT, *Untersuchungen zur theologischen Briefliteratur der Frühscholastik,* Mr 1937, 599-614. E. DE CLERCK, *Questions de sotériologie médiévale,* RThAM 13 (1946) 150-184. El mismo, *Droits du démon et necessité de la rédemption. Les écoles d' Abélard et de Pierre Lombard,* RThAM 14 (1947) 32-64. El mismo, *Le dogme de la rédemption. De Robert de Melun à Guillaume d'Auxerre,* RThAM 14 (1947) 252-286.

Capítulo segundo

LA REALIZACIÓN DE LA REDENCIÓN POR LOS TRES MINISTERIOS DE CRISTO

Por ministerios de Cristo entendemos las funciones que se le confirieron para lograr el fin de la redención. Cristo la llevó a cabo mediante su triple ministerio de Maestro, Pastor y Sacerdote. Los tres se indican en Ioh 14, 6: «Yo soy el camino [ministerio pastoral], la verdad [ministerio doctrinal] y la vida [ministerio sacerdotal].»

I. EL MINISTERIO DOCTRINAL

§ 5. El ministerio doctrinal o profético de Cristo

1. La importancia soteriológica del magisterio de Cristo

La importancia soteriológica del magisterio de Cristo salta bien a la vista por ser la ignorancia religiosa una secuela del pecado que entró en este mundo por tentación del diablo, padre de la mentira (Ioh 8, 44); cf. Rom 1, 18 ss; Ioh 1, 5; 3, 19. El Redentor, que vino a «destruir las obras del diablo» (1 Ioh 3, 8) y a salvar a los hombres de su esclavitud, tenía que disipar primero la oscuridad que pesa sobre la mente de los hombres como consecuencia del pecado, trayéndoles la luz del verdadero conocimiento. Cristo atestiguó la energía salvadora de la verdad con la siguiente frase: «La verdad os hará libres» (Ioh 8, 32).

2. Cristo como maestro y profeta, según el testimonio de las fuentes de la revelación

Cristo es el supremo profeta, prometido en el Antiguo Testamento, y el maestro absoluto de la humanidad (sent. cierta).

La profecía de Moisés en el Deut 18, 15: «Yahvé, tu Dios, te suscitará de en medio de ti, de entre tus hermanos, un profeta como yo; a él oiréis», en el Nuevo Testamento se refiere a Cristo; cf. Act 3, 22; Ioh 1, 45; 6, 14.

Cristo se llama a sí mismo la luz del mundo (Ioh 8, 12; 12, 46), se considera como la verdad (Ioh 14, 6) y entiende que una de sus misiones esenciales es predicar la verdad (Ioh 18, 37; 8, 40), acepta el título de «Maestro y Señor» (Ioh 13, 13) y pretende ser «el único maestro» de los hombres: «Ni os hagáis llamar maestros, porque uno es vuestro Maestro, el Cristo» (Mt 23, 10). Con esa conciencia de su singular autoridad como el único maestro, Cristo confiere también a otros ese poder de enseñar que abarca a todo el universo (Mt 28, 19; Mc 16, 15 s). Los que escuchaban su palabra quedaban arrobados por su doctrina: «Jamás hombre alguno habló como este hombre» (Ioh 7, 46; cf. Mc 1, 22).

San Pablo considera a Cristo como el último y supremo revelador de las verdades divinas; Hebr 1, 1 s: «Muchas veces y de muchas maneras habló Dios en otro tiempo a nuestros padres por ministerio de los profetas; últimamente, en estos días, nos habló por su Hijo».

Los padres ensalzan a Cristo como Maestro de la verdad. San Ignacio de Antioquía († hacia 107) le llama «la boca infalible por medio de la cual el Padre ha hablado la verdad» (*Rom.* 8, 2), «nuestro único Maestro» (*Magn.* 9, 1). Los apologistas de principios del cristianismo son los que insisten de modo especial en la sublimidad de la doctrina de Cristo por encima de toda sabiduría humana, pues tal doctrina fue revelada y garantizada por el Logos hecho carne, por la Sabiduría divina manifestada en forma de hombre; cf. San Justino, *Apol.* II 10.

La suprema y más honda razón para que Cristo sea el único Maestro no es otra sino la unión hipostática.

Bibliografía: G. Esser, *Jesus Christus der göttliche Lehrer der Menschheit,* en G. Esser-J. Mausbach, *Religion-Christentum-Kirche II,* Ke-Mn [3]1920, 123-356. M. A. Van den Oudenrijn, *Summae Theologicae de Christo propheta doctrina,* «Xenia Thomistica» II, R 1925, 335-347.

II. EL MINISTERIO PASTORAL

§ 6. El ministerio pastoral o ministerio real de Cristo

1. Importancia soteriológica del ministerio pastoral de Cristo

El ministerio pastoral de Cristo tiene la misión de mostrar a los hombres, extraviados por el pecado, el verdadero camino que les conducirá a su último fin sobrenatural. Mientras el magisterio se dirige al entendimiento, al que anuncia la verdad divina, el oficio de pastor se dirige a la voluntad, a la que inculca los preceptos de la ley divina y pide obediencia a los mandatos de Dios.

2. Funciones del ministerio pastoral de Cristo

El ministerio pastoral comprende el poder legislativo, judicial y punitivo. Según esto, Cristo ejerce su ministerio pastoral dando leyes y emitiendo veredictos cuyo cumplimiento es inmediato.

Cristo es legislador y juez de los hombres (de fe).

Contra la doctrina de Lutero según la cual Cristo no habría impuesto preceptos, sino únicamente hecho promesas, declaró el concilio de Trento que Jesús no es tan sólo nuestro Redentor, sino también nuestro Legislador: «Si quis dixerit, Christum Iesum a Deo hominibus datum fuisse ut redemptorem, cui fidant, non etiam ut legistatorem, cui oboediant», a. s.; Dz 831.

Los símbolos de fe dan testimonio de la realeza de Cristo glorioso y de su futura venida como juez del universo. El símbolo apostólico profesa: «Sedet ad dexteram Dei Patris omnipotentis, inde venturus est iudicare vivos et mortuos» («Está sentado a la diestra de Dios Padre todopoderoso, y de allí ha de venir a juzgar a los vivos y a los muertos»). El símbolo nicenoconstantinopolitano anuncia la duración sin fin del reinado de Cristo: «Cuius regni non erit finis» («Su reino no tendrá fin»; Dz 86). Pío XI instituyó una fiesta especial en honor de la realeza de Cristo por medio de su encíclica *Quas primas* (1925); Dz 2194 ss.

El Nuevo Testamento confirma las profecías del Antiguo acerca del reinado mesiánico (cf. Ps 2; 44, 71; Is 9, 6 s; Dan 7, 13 ss). El ángel Gabriel anuncia: «El Señor Dios le dará el trono de David, su padre; y reinará en la casa de Jacob por siempre; y de su reino no habrá fin» (Lc 1, 32 s). Cristo confiesa ante Pilato que es rey. A la pregunta de Pilato: «¿Luego rey eres tú?», Jesús da la respuesta afirmativa: «Tú dices que yo soy rey» (Ioh 18, 37), pero al mismo tiempo acentúa el carácter supraterrenal de su reino: «Mi reino no es de este mundo» (Ioh 18, 36); cf. Ioh 6, 15; Mt 22, 21. Su poderío real se extiende sobre cielos y tierra: «Me ha sido dado todo poder en el cielo y en la tierra» (Mt 28, 18). San Juan, en su Apocalipsis, llama a Cristo «el príncipe de los reyes de la tierra» (1, 5), «Rey de reyes y Señor de señores» (19, 16).

El poder legislativo lo ejerce Cristo principalmente en la predicación de la ley fundamental de su reino (sermón de la Montaña) y en la organización del reino de Dios sobre la tierra: la Iglesia. Jesús decide autoritativamente sobre los preceptos de la ley mosaica, promulga el nuevo mandato de la caridad (Ioh 13, 34; 15, 12) y exige el estricto cumplimiento de sus preceptos (Ioh 14, 15; 15, 10; Mt 28, 20).

Al supremo poder legislador le corresponde el supremo poder judicial. Jesús testimonia que «el Padre no juzga a nadie, sino que ha entregado al Hijo todo el poder de juzgar» (Ioh 5, 22). El veredicto que pronuncie el Hijo del hombre se cumplirá inmediatamente: «Y éstos [los réprobos] irán al suplicio eterno, y los justos a la vida eterna» (Mt 25, 46).

Siguiendo estas profecías del Antiguo Testamento y las proclamaciones que Cristo hizo de su realeza, los santos padres aplican a Cristo el título de rey; cf. *Martyrium Polycarpi* 9, 3; 17, 3; San Ireneo, *Adv. haer.* I 10, 1. Al principio del siglo II se puede apreciar ya una interpolación cristiana al Ps 50, 10: «Dominus regnavit a *ligno*»; cf. *Epístola de Bernabé* 8, 5; San Justino, *Apol.* I 41; *Dial.* 73. El Señor que reina desde el leño (de la cruz) es Cristo Rey.

Pío XI, en la encíclica *Quas primas,* enseña que Cristo, en virtud de su unión hipostática, posee un dominio no sólo indirecto, sino también directo sobre todo lo temporal, por más que durante su vida terrenal no hiciera uso del mismo; Dz 2196.

Bibliografía: F. Frodl, *Das Königtum Christi,* W 1926. D. Fahey, *The Kingship of Christ according to the principles of S. Thomas,* Dublín 1931. A. Faccenda, *Esistenza e natura della regalità di Cristo,* Asti 1939. J. Leclercq, *L'idée de la royauté du Christ au moyen âge,* P. 1959. A. Sanna, *La regalità di Cristo secondo la scuola francescana,* Padua 1951.

III. EL MINISTERIO SACERDOTAL

Según la doctrina de los socinianos y de los modernos racionalistas, la actividad redentora de Cristo se limita a sus enseñanzas y a su ejemplo, que muestran al individuo el medio por el cual con sus propias fuerzas puede alcanzar la salvación. La obra de Cristo le ofrece así únicamente un apoyo en su autorredención.

Pero, según las enseñanzas que se contienen en las fuentes de la revelación, Cristo no se limitó a traer a los hombres nuevas ideas sobre Dios y sus mandamientos, sino que además allanó la sima abierta entre Dios y los hombres, originada por el pecado. Esta reconciliación objetiva del hombre caído con Dios, la realiza Cristo por medio de su oficio de sacerdote.

§ 7. Realidad del oficio sacerdotal de Cristo

El Dios-Hombre Jesucristo es Sumo Sacerdote (de fe).

El concilio de Éfeso (431) enseña, con San Cirilo de Alejandría, que «el Logos de Dios se hizo él mismo nuestro Pontífice cuando tomó carne y quedó hecho hombre como nosotros»; Dz 122. El sacerdocio le corresponde, por tanto, en virtud de su naturaleza humana. El concilio de Trento declaró: «Oportuit... sacerdotem alium secundum ordinem Melchisedech surgere, Dominum nostrum Iesum Christum»; Dz 938.

En el Antiguo Testamento se anuncia el sacerdocio de Cristo en Ps 109, 4: «Juró Yahvé y no se arrepentirá: Tú eres sacerdote para siempre según el orden de Melquisedec». El carácter mesiánico de estas palabras lo vemos confirmado en Mt 22, 42 ss; Hebr 5, 6 y 10; 7, 17 y 21.

La carta a los Hebreos contiene un tratado formal sobre el sacerdocio de Cristo (3, 1; 4, 14 ss; 7, 1 ss). El autor nos hace ver que Cristo cumplió en sí todos los requisitos del sacerdocio. «Porque todo pontífice tomado de entre los hombres es constituido a favor de los hombres en lo que a Dios toca, para que ofrezca presentes y sacrificios por los pecados» (5, 1). Cristo, como hombre, fue llamado por Dios al sacerdocio (5, 5 s); tiene común con nosotros la naturaleza humana, de suerte que puede sentir compasión por nuestras flaquezas (4, 15); es el autor de la salvación eterna para todos los que le obedecen (5, 9), pues se ofreció a sí mismo en la cruz como hostia de reconciliación (7, 27; 9, 28).

El sacerdocio de Cristo está por encima del sacerdocio levítico del Antiguo Testamento, como se deduce comparando a Melquisedec, figura de Cristo, con Abraham (7, 1 ss). Según el Ps 109, 4, Cristo fue instituido sacerdote por un solemne juramento de Dios (7, 20 ss); posee un sacerdocio imperecedero (7, 23 ss); es santo, inocente, inmaculado, apartado de los pecadores (7, 26 s); es el Hijo de Dios, perfecto para siempre (7, 28); por el sacrificio de sí mismo, que ofreció una sola vez, ha borrado los pecados de los hombres (7, 27).

Los santos padres, desde un principio, se hacen eco de estas palabras de la carta a los Hebreos. SAN CLEMENTE ROMANO llama a Cristo «el pontífice de nuestras ofrendas» *(Cor.* 36, 1). SAN IGNACIO DE ANTIOQUÍA dice, refiriéndose al sacerdocio de Cristo: «Buenos son los sacerdotes [del Antiguo Testamento], pero más excelente es el pontífice a quien se le ha confiado el Santo de los Santos» (= Jesucristo; *Philad.* 9, 1). SAN POLICARPO designa a Cristo como «sumo y eterno Sacerdote» *(Phil.* 12, 2).

El sacerdocio de Cristo dio comienzo cuando empezó la unión hipostática. La misión característica del sacerdote es servir de mediador entre Dios y los hombres (S.th. III 22, 1). La índole ontológica de mediador, necesaria para ejercer este oficio, la posee Cristo en virtud de su unión hipostática.

El sacerdocio de Cristo es eterno, porque la dignidad sacerdotal de Jesús, fundada en la unión hipostática, durará para siempre, y además se perpetuará eternamente el efecto de su sacerdocio en los redimidos, que gozarán por toda la eternidad de la visión beatífica. También se perpetuará por siempre el espíritu de aquel sacrificio con que Cristo se inmoló, en cuanto a los sentimientos de alabanza y acción de gracias; cf. S.th. III 22, 5.

Bibliografía: CH.-V. HÉRIS, *Le mystère du Christ,* P 1928. E. J. SCHELLER, *Das Priestertum Christi im Anschluss an den hl. Thomas von Aquin,* Pa 1934. J.-M. VOSTÉ, *Studia Paulina,* R [2]1941, 100-141: *Christus sacerdos.*

§ 8. EJERCICIO DEL OFICIO SACERDOTAL O SACRIFICIO DE CRISTO

1. Noción de sacrificio

La función esencial del oficio sacerdotal es el sacrificio; Hebr 8, 3: «Porque todo pontífice es puesto para ofrecer presentes y sacrificios.» El concilio de Trento declaró: «El sacrificio y el sacerdocio se hallan de tal manera vinculados por ordenación de Dios, que los dos existieron en toda ley»; Dz 957.

Por sacrificio en sentido amplísimo entendemos la entrega de algún bien motivada por un fin bueno. Dando a este término una significación religiosa, entendemos por sacrificio en sentido amplio todo acto interno de entrega de sí mismo a Dios y toda manifestación externa de ese sentimiento interno de donación, v.g., la oración, la limosna, la mortificación; cf. Ps 50, 19; 140, 2; Os 14, 3; Eccli 35, 4; Rom 12, 1. En sentido estricto y litúrgico, se entiende por sacrificio una acción religiosa externa en la cual se ofrece a Dios un don sensible por manos de un ministro legítimo, con el fin de reconocer la suprema soberanía de Dios, y —desde que el pecado entró en el mundo— con el fin también de reconciliarse con Dios. En el sacrificio actual tiene que haber, por tanto: *a)* una ofrenda visible *(res oblata)* que representa al oferente; *b)* un sacerdote o ministro del sacrificio *(minister sacrificii),* autorizado para representar ante Dios a la comunidad; *c)* un fin del sacrificio *(finis sacrificii),* que consiste primariamente en el reconocimiento de la absoluta soberanía de Dios por medio de la adoración, la acción de gracias y la súplica; y secundariamente en la reconciliación de Dios por medio de una expiación; *d)* una acción sacrificial *(actio sacrifica, sacrificium visibile),* que representa sensiblemente el espíritu interno de sacrificio *(sacrificium invisibile)* por medio de la oblación de las ofrendas.

2. Cristo y su sacrificio en la cruz

Cristo se inmoló a sí mismo en la cruz como verdadero y propio sacrificio (de fe).

El concilio de Éfeso (431) enseña con San Cirilo de Alejandría: «Él [Cristo] se ofreció a sí mismo por nosotros en olor de suavidad [es decir: como sacrificio agradable] a Dios Padre»; Dz 122. Las declaraciones del concilio de Trento sobre el santo sacrificio de la misa presuponen el carácter sacrificial de la muerte de Cristo en la cruz; Dz 940: «Qui in ara crucis semel se ipsum cruente obtulit» («El cual en forma cruenta se ofreció una vez a sí mismo en el ara de la cruz»); cf. Dz 938, 951. El adversario de este dogma es el racionalismo; cf. Dz 2038.

Según Hebr 8, 10, los sacrificios del Antiguo Testamento eran figura del sacrificio de Cristo en la cruz. El profeta Isaías compara al Mesías con un cordero destinado al sacrificio y predice de él que cargará con los pecados de muchos y ofrecerá su vida para expiarlos; cf. Is 53, 7-12. San Juan Bautista, el último de los profetas, haciendo eco a esta profecía de Isaías, ve en Cristo al cordero destinado al sacrificio, que carga sobre sí los pecados de todos los hombres para expiarlos; Ioh 1, 29: «He aquí el Cordero de Dios, que quita los pecados del mundo.»

San Pablo es quien más claramente testifica el carácter sacrificial de la muerte de Jesucristo en la cruz; Eph 5, 2: «Cristo os amó y se entregó por nosotros en oblación y sacrificio (προσφορὰν καὶ θυσίαν) a Dios en olor suave [como sacrificio agradable]»; 1 Cor 5, 7: «Porque nuestro Cordero pascual, Cristo, ya ha sido inmolado»; Rom 3, 25: «A Él le ha puesto Dios como sacrificio de propiciación (ἱλαστήριον), mediante la fe en su sangre». Ahora bien, según el modo de hablar bíblico, la sangre propiciatoria es la sangre del sacrificio (cf. Lev 17, 11). Hebr 9, 1-10 y 18, describe la superioridad del sacrificio que Cristo ofreció en la cruz, por encima de todos los sacrificios del Antiguo Testamento; 9, 28: «Cristo se ofreció una vez como sacrificio para quitar los pecados de muchos»; cf. 1 Ioh 2, 2.

Cristo mismo designa indirectamente su muerte en la cruz como sacrificio por los pecados de los hombres, pues usa los términos bíblicos (que se refieren al sacrificio) de «entregar la vida» y «derramar la sangre»; Mt 20, 28 (Mc 10, 45): «El Hijo del hombre no ha venido a ser servido sino a servir y entregar su vida como precio del rescate por muchos». Cuando instituyó la sagrada eucaristía, recordó el sacrificio de su muerte; Lc 22, 19: «Éste es mi cuerpo, que será entregado por vosotros»; Mt 26, 28: «Ésta es mi sangre, que se derrama por muchos para remisión de los pecados.»

Los santos padres consideraron, desde un principio, la muerte de Cristo en la cruz como sacrificio por los pecados de los hombres. El autor de la *Epístola de Bernabé* (7, 3), dice: «Él mismo quiso ofrecer en sacrificio por nuestros pecados el vaso de su espíritu [= su cuerpo], para que se cumpliera la figura de Isaac, que fue ofrecido en el altar del sacrificio»; cf. SAN CLEMENTE DE ALEJANDRÍA, *Paedagogus* I 5, 23, 1; SAN AGUSTÍN, *De civ. Dei* X 20; *De Trin.* IV 14, 19.

Se prueba especulativamente el carácter sacrificial de la muerte de Cristo en la cruz por haberse cumplido en ella todos los requisitos del sacrificio cultual. Cristo, en cuanto a su naturaleza humana, era al mismo tiempo sacerdote y ofrenda. En cuanto a su naturaleza divina, juntamente con el Padre y el Espíritu Santo, era el que recibía el sacrificio. La acción sacrificial consistió en que Cristo, con el más perfecto sentimiento de entrega, ofrendó voluntariamente su vida a Dios, permitiendo que le dieran muerte violenta, aunque tenía poder para impedirla; cf. Ioh 10, 18.

Bibliografía: G. PELL, *Der Opfercharakter des Erlösungswerkes,* Re 1915. P. RUPPRECHT, *Der Mittler und sein Heilswerk,* Fr 1934. J.-M. VOSTÉ, *Studia Paulina,* R [2]1941, 142-187. PH. SEIDENSTICKER, *Lebendiges Opfer (Röm* 12, 1), Mr 1954. L. SABOURIN, *Rédemption sacrificielle,* Bru 1961.

§ 9. IMPORTANCIA SOTERIOLÓGICA DEL SACRIFICIO DE CRISTO: RESCATE Y RECONCILIACIÓN

Aunque todas las acciones de Cristo tienen para nosotros valor salvador, y todas ellas en conjunto constituyen la redención, no obstante, su obra redentora alcanzó el punto culminante en el sacrificio de su muerte en cruz. Por tanto, la muerte de Jesús es, de una manera preeminente pero no exclusiva, la causa eficiente de nuestra redención.

1. Doctrina de la Iglesia

Cristo nos rescató y reconcilió con Dios por medio del sacrificio de su muerte en cruz (de fe).

El concilio de Trento declara: «Este Dios y Señor nuestro [Jesucristo] quiso ofrecerse a sí mismo a Dios Padre como sacrificio presentado sobre el ara de la cruz en su muerte, para conseguir para ellos [los hombres necesitados de redención] el eterno rescate»; Dz 938. El citado concilio nos dice también del único mediador, Jesucristo: «que nos reconcilió con Dios por medio de su sangre, haciéndose por nosotros justicia, santidad y redención» (1 Cor 1, 30); Dz 790.

2. Testimonio de las fuentes de la revelación

a) Cristo considera la entrega de su vida como «precio del rescate por muchos» (λύτρον ἀντὶ πολλῶν); Mt 20, 28; Mc 10, 45. De acuerdo con esto, enseña San Pablo que Cristo se entregó como precio del rescate por los hombres, y que el efecto del sacrificio de su muerte fue nuestra redención; 1 Tim 2, 6: «El cual se dio a sí mismo en precio del rescate (ἀντίλυτρον) por todos»; Rom 3, 24: «Son justificados gratuitamente por su gracia por la redención (διὰ τῆς ἀπολυτρώσεως) que es en Cristo Jesús»; cf. Eph 1, 7; Col 1, 14; 1 Cor 6, 20; 1 Petr 1, 18; Apoc 5, 9. La esclavitud de la que Cristo rescató a los hombres con el sacrificio de su muerte es la esclavitud del pecado (Tit 2, 14: «Él se dio a sí mismo por nosotros para redimirnos de toda iniquidad»; cf. Eph 1, 7; Col 1, 14; Hebr 9, 12 ss), la servidumbre de la ley mosaica (Gal 3, 13: «Cristo nos redimió de la maldición de la ley»; cf. Gal 4, 5; Rom 7, 1 ss), la esclavitud del diablo (Col 1, 13: «Él nos ha librado de la potestad de las tinieblas»; cf. 2, 15; Hebr 2, 14) y la esclavitud de la muerte (2 Tim 1, 10: «Él destruyó la muerte»; cf. Hebr 2, 14 s).

b) La virtud reconciliadora del sacrificio de su muerte la indicó Cristo en la institución de la sagrada eucaristía cuando dijo: «Ésta es mi sangre del Testamento, que se derrama por muchos para remisión de los pecados» (Mt 26, 28). San Pablo atribuye a la muerte de Cristo la reconciliación de los pecadores con Dios, es decir, la restauración de la antigua relación de hijos y amigos con Dios; Rom 5, 10: «Cuando éramos enemigos, fuimos reconciliados con Dios por la muerte de su Hijo»; Col 1, 20: «[Le plugo] por Él [Cristo] reconciliar consigo todas las cosas, pacificándolas por medio de su sangre derramada en la cruz»; cf. 2 Cor 5, 19; Eph 2, 13 ss; 1 Petr 3, 18; 1 Ioh 1, 7; 2, 2; 4, 10.

Los santos padres se hacen eco, desde el primer instante, de estas ideas bíblicas fundamentales del rescate y la reconciliación. SAN IRENEO dice, refiriéndose expresamente a algunos pasajes de la carta a los Efesios (1, 7; 2, 13 ss): «Como entre Él [Cristo] y nosotros existe una comunidad [a saber: la comunidad de la carne y de la sangre], el Señor reconcilió al hombre con Dios, reconciliándonos por medio del cuerpo de su carne y rescatándonos por medio de su sangre» *(Adv. haer.* v 14, 3).

3. Algunas teorías patrísticas sobre la redención, que son insuficientes

En la época patrística, la tendencia a explicar especulativamente el dogma de la redención dio origen a diversas teorías sobre el mismo.

a) Ireneo de Lyón († hacia 202) inició la llamada teoría de la recapitulación o teoría mística de la redención. Esta doctrina, fundándose en Eph 1, 10 (ἀνακεφαλαιώσασθαι = *recapitulare;* Vg: *instaurare),* enseña que Cristo, como segundo Adán, ha compendiado en sí a todo el linaje humano santificándolo y uniéndolo con Dios. Esa nueva unión de la humanidad con Dios se realiza ya en principio por medio de la encarnación del Hijo de Dios. Aparte de esta teoría, que sólo concede a la pasión y muerte de Cristo una importancia secundaria, enseña también SAN IRENEO la doctrina paulina sobre el rescate y reconciliación por medio de la muerte de Cristo en la cruz; cf. *Adv. haer.* III 16, 9; IV 5, 4; V 1, 1 s; 14, 2-5; 16, 3; 17, 1.

b) Orígenes († 254) transformó la doctrina paulina sobre el rescate de la esclavitud del diablo en una teoría acerca de la redención muy singular y ajena a la Sagrada Escritura. Enseñaba que el diablo, en razón del pecado de Adán, había adquirido un derecho formal de propiedad sobre los hombres. Para librarnos de este dominio, Cristo entregó su vida al demonio como precio del rescate. Pero éste fue engañado porque no pudo mantener largo tiempo sobre Cristo el imperio de la muerte. Otros explican que el demonio perdió su derecho de propiedad sobre los hombres por querer extenderlo injustificadamente a Cristo. Esta descripción ampliamente difundida y popular de la lucha de Cristo con el diablo tiene como fundamento justificado la idea bíblica del dominio del diablo sobre la humanidad caída y su superación por Cristo. Los padres griegos consideran la redención como la magnífica victoria de Cristo, el segundo Adán, sobre la muerte y el diablo, lograda con su obediencia hasta la muerte y por medio de la cual ha liberado a la humanidad pecadora del dominio de la muerte y del diablo y la ha llevado de nuevo a la libertad de los hijos de Dios.

Bibliografía: J. WIRTZ, *Die Lehre von der Apolytrosis,* Tr 1906. CHR. PESCH, *Das Sühneleiden unseres göttlichen Erlösers,* Fr 1916. E. SCHARL, *Recapitulatio mundi: Der Rekapitulationsbegriff des hl. Irenäus und seine Anwendung auf die Körperwelt,* Fr 1941. H. KELLER, *Das Dogma der Erlösung in der Auffassung der Ostkirchen,* en *Ein Leib, ein Geist,* publicado por la Abadía St. Joseph zu Gerleve, Mr 1940, 17-35. J. RIVIÈRE (cf. bibl. general a la Parte II). E. DE CLERCK (cf. § 4).

§ 10. La satisfacción vicaria de Cristo

1. Noción

Por satisfacción en sentido general se entiende el cumplimiento de un deseo o exigencia. En sentido estricto significa la *reparación de una ofensa:* «Satisfactio nihil aliud est quam iniuriae alteri illatae compensatio» *(Cat. Rom.* II 5, 59). Tal reparación tiene lugar por medio de una compensación voluntaria de la injusticia inferida. Cuando esa acción compensadora, por su valor intrínseco, repara perfectamente la gravedad de la culpa según las exigencias de la justicia, entonces la satisfacción es *adecuada* o equivalente («satisfactio condigna, aequivalens sive ad aequalitatem iustitiae»); pero cuando no es conforme a la gravedad de la culpa y solamente por graciosa condescendencia es aceptada como suficiente, recibe el nombre de *inadecuada* o inequivalente («satisfactio congrua sive ad benignitatem condonantis»). Si la satisfacción no es presentada por el mismo ofensor, sino por alguien que le representa, hablamos de satisfacción *vicaria.*

2. Realidad efectiva de la satisfacción vicaria de Cristo

Cristo, por medio de su pasión y muerte, ha dado satisfacción vicaria a Dios por los pecados de los hombres (sent. próxima a la fe).

El concilio de Éfeso enseña con San Cirilo de Alejandría: «Si alguien afirmare que Él [Cristo] ofreció por sí mismo el sacrificio, y no por solos nosotros, s. a.»; Dz 122. El concilio de Trento dice de Jesucristo: «qui sua sanctissima passione in ligno crucis... pro nobis satisfecit»; Dz 799. El concilio del Vaticano tenía la intención de elevar a dogma formal la doctrina de la satisfacción vicaria de Cristo *(Coll. Lac* VII 566).

La Sagrada Escritura no presenta literalmente, pero sí en sustancia, la doctrina de la satisfacción vicaria. Isaías (53, 4 ss) profetiza que el Siervo de Dios, es decir, el Mesías, a pesar de no tener pecado, sufrirá en lugar nuestro por nuestros pecados, y como inocente cordero será llevado al matadero para conseguirnos la paz y la justicia. Cristo expresa esta idea de la satisfacción vicaria con las siguientes palabras: «El Hijo del hombre ha venido para entregar su vida como precio por el rescate de muchos» (Mt 20, 28); «Yo pongo mi vida por mis ovejas» (Ioh 10, 15). También en San Pablo resalta claramente la idea de la satisfacción vicaria; 2 Cor 5, 21: «A quien no conoció pecado, le hizo pecado por nosotros (ὑπὲρ ἡμῶν = ἀντὶ ἡμῶν), para que nosotros fuésemos hechos justicia de Dios en Él»; Gal 3, 13: «Cristo nos rescató de la maldición de la ley, haciéndose maldición por nosotros». Según Rom 3, 25 s, la justicia de Dios se manifiesta en exigir y aceptar la satisfacción vicaria de Cristo; cf. 1 Petr 2, 24; 3, 18.

Los padres conocieron desde un principio la idea de la satisfacción vicaria de Cristo. San Clemente Romano, que fue discípulo de los apóstoles, comenta: «Por el amor que nos tenía, nuestro Señor Jesucristo —conforme al beneplácito del Padre— entregó su sangre por nosotros, su carne por nuestra carne y su alma por nuestras almas» *(Cor.* 49, 6); cf. la *Carta a Diogneto* 9, 2.

San Anselmo de Cantorbery († 1109) profundizó en el estudio especulativo de esta idea de la satisfacción vicaria de Cristo, tan fundada en la Escritura y en la tradición, y construyó sobre ella, en su diálogo *Cur Deus homo,* una teoría sistemática sobre la redención. Mientras que los santos padres, al explicar la obra redentora de Cristo, parten más bien de la consideración de las consecuencias del pecado que de la culpa del mismo, insistiendo notablemente en la faceta negativa de la redención que es el rescate de la servidumbre del pecado y del demonio, San Anselmo parte de la consideración de la culpa. Ésta, como ofensa a Dios, es infinita y exige, por tanto, una satisfacción infinita que, como tal, sólo es capaz de darla una persona divina. Tal persona, para poder aceptar la representación de los hombres (satisfacción vicaria), debe poseer al mismo tiempo la naturaleza humana, esto es, debe ser Dios-Hombre.

3. Perfección intrínseca de la satisfacción de Cristo

a) La satisfacción vicaria de Cristo es adecuada o condigna, y eso debido a su valor intrínseco (sent. más común).

Cuando la Sagrada Escritura llama a la sangre de Cristo rescate o precio por nuestros pecados, quiere decir en el fondo que la satisfacción ofrecida es correspondiente a la gravedad de la culpa; cf. 1 Petr 1, 19; 1 Cor 6, 20; 1 Tim 2, 6.

La unión hipostática es la razón intrínseca de que la satisfacción ofrecida por Cristo sea condigna o adecuada. Las acciones de Cristo poseen un valor intrínseco infinito, porque el ***principium quod*** de las mismas es la persona divina del Logos. Por lo tanto, la satisfacción vicaria de Cristo fue suficiente por su valor intrínseco para reparar la infinita ofensa de Dios que resultaba del pecado. Según doctrina de los escotistas y nominalistas, tal satisfacción sólo fue suficiente en virtud de la aceptación extrínseca de Dios.

b) La satisfacción vicaria de Cristo es sobreabundante, es decir, el valor positivo de la reparación es mayor que el valor negativo del pecado (sent. común).

El papa Clemente vi declaró en la bula jubilar *Unigenitus Dei Filius,* del año 1343, que Cristo había derramado copiosamente su sangre (a torrentes, como quien dice), aunque una pequeñísima gota de la misma (por su unión hipostática con el Logos) hubiera bastado para redimir a todo el linaje humano; Dz 550.

El paralelo que establece San Pablo entre Adán y Cristo nos enseña (Rom 5, 12 ss) que la medida de las bendiciones que nos vinieron de Cristo superó con mucho la medida de las calamidades que nos legó Adán; Rom 5, 20: «Pero donde abundó el pecado, allí sobreabundó la gracia.»

San Cirilo de Jerusalén dice: «La injusticia de los pecadores no fue tan grande como la justicia de Aquel que murió por nosotros. Nosotros no hemos pecado tanto como sobresalió por su justicia Aquel que dio su vida por nosotros» (*Cat.* 13, 33); cf. San Juan Crisóstomo, *In ep. ad Rom. hom.* 10, 2.

4. La perfección extrínseca de la satisfacción de Cristo

a) Cristo no murió tan sólo por los predestinados (de fe).

Cristo no murió únicamente por los fieles, sino por todos los hombres sin excepción (sent. próxima a la fe).

El papa Inocencio x condenó como herética, el año 1653, la proposición de que Cristo había muerto únicamente por la salvación de los predestinados; Dz 1096. El papa Alejandro viii reprobó en el año 1690 la sentencia de que Cristo se había ofrecido a Dios como sacrificio en favor únicamente de los fieles («pro omnibus et solis fidelibus»); Dz 1294. El concilio de Trento declaró: «Dios Padre envió a su Hijo Jesucristo a los hombres para que redimiera a los judíos y para que los gentiles consiguieran la justicia, y todos recibieran la adopción de hijos. A Él le puso Dios como propiciador... por los pecados de todo el mundo»; Dz 794; cf. Dz 319, 795.

La Sagrada Escritura enseña claramente la universalidad de la acción redentora de Cristo, indicando con ello indirectamente la universalidad de su satisfacción; 1 Ioh 2, 2: «Él [Cristo] es la propiciación por nuestros pecados; y no solamente por los nuestros, sino también por los de todo el mundo»; cf. Ioh 3, 16 s; 11, 51 s; 2 Cor 5, 15: «Por todos murió [Cristo]»; 1 Tim 2, 6: «El cual se dio a sí mismo en precio del rescate por todos»; cf. Rom 5, 18.

Los padres que vivieron antes de que hiciera irrupción el debate pelagiano enseñan unánimemente tanto la universalidad de la voluntad salvífica de Dios como también la de la satisfacción vicaria de Cristo. San Clemente Romano escribe: «Contemplemos la sangre de Cristo y comprendamos lo preciosa que es a Dios, su padre, porque, siendo derramada por nuestra salvación, trajo a todo el mundo la gracia de la penitencia» (Cor 7, 4); cf. San Ireneo, *Adv. haer.* iii 22, 4. El día de Viernes Santo, día en que se conmemora la muerte redentora de Cristo, la Iglesia ora por la salvación de todos los hombres.

La universalidad de la satisfacción vicaria de Cristo debemos referirla únicamente a la redención objetiva: Cristo dio satisfacción suficiente por todos los hombres sin excepción. Pero la apropiación subjetiva de los frutos de la redención está vinculada al cumplimiento de ciertas condiciones, a la fe (Mc 16, 16) y a la guarda de los mandamientos (Hebr 5, 9; 2 Petr 1, 10). Conforme a esta idea que acabamos de expresar, la escolástica distingue entre la *suficiencia* y la *eficacia* de la satisfacción, enseñando que Cristo dio satisfacción por todos los hombres en cuanto a la suficiencia, pero no en cuanto a la eficacia. Con otras palabras: La satisfacción de Cristo es universal *in actu primo,* pero es particular *in actu secundo;* cf. S.c.G. iv 55.

b) La satisfacción de Cristo no se extiende a los ángeles caídos (sent. cierta).

La sentencia opuesta de Orígenes, según la cual en la restauración de todas las cosas *(apocatástasis;* cf. Act 3, 21) los ángeles caídos serán liberados de las penas del infierno en virtud de la satisfacción de Cristo, tal sentencia —repetimos— fue condenada en un sínodo de Constantinopla (543) y declarada herética; Dz 211. Se halla en contradicción con la eternidad de las penas del infierno, de la que se habla claramente en la Escritura; cf. Mt 25, 46; 18, 8; 3, 12; 2 Thes 1, 9.

Bibliografía: A. Deneffe, *Das Wort satisfactio,* ZkTh 43 (1919) 158-175. J. F. S. Muth, *Die Heilstat Christi als stellvertretende Genugtuung,* Mn 1904. K. Staab, *Die Lehre von der stellvertretenden Genugtuung Christi,* Pa 1908. L. Heinrichs, *Die Genugtuungstheorie des hl. Anselmus von Canterbury,* Pa 1909. A. Landgraf, *Die Unterscheidung zwischen Hinreichen und Zuwendung der Erlösung in der Frühscholastik,* Schol 9 (1934) 202-228.

§ 11. El mérito de Cristo

1. Noción

Por mérito entendemos una obra buena realizada en favor de otra persona y que nos da ante ella un título a su recompensa, o simplemente el derecho a la recompensa por una acción moralmente buena. Según que tal recompensa se nos deba en justicia o solamente por benevolencia, el mérito será respectivamente *de condigno* (de correspondencia) o *de congruo* (de conveniencia). La redención de Cristo es al mismo tiempo satisfactoria y meritoria, por cuanto quita la culpa que los hombres habían contraído ante Dios y les proporciona un título a la recompensa divina.

2. Meritoriedad de la pasión y muerte de Cristo

Cristo mereció ante Dios recompensa por su pasión y muerte (de fe).

El concilio de Trento enseña que Jesucristo es la causa meritoria de nuestra justificación, pues por su santísima pasión mereció para nosotros la recompensa de la justificación («qui sua sanctissima passione... nobis iustificationem meruit»); Dz 799. El mismo concilio declara que el pecado original solamente se quita por el mérito de Cristo, y que el mérito de Cristo únicameste se aplica a cada individuo por el sacramento del bautismo; Dz 790. La Sagrada Escritura no usa expresamente la palabra «mérito», pero contiene sustancialmente toda la doctrina sobre el mérito de Cristo; cf. Phil 2, 9: «Por lo cual [por su obediencia hasta la muerte] Dios le ensalzó»; Hebr 2, 9: «Vemos a Jesús coronado de gloria y de honra por el padecimiento de su muerte». El ensalzamiento es la recompensa por su obediencia en medio de los sufrimientos.

Se prueba especulativamente la meritoriedad de las acciones de Cristo por haber cumplido éstas todos los requisitos para el propio y verdadero mérito: Tales acciones fueron libres, moralmente buenas, sobrenaturales; fueron realizadas en estado de peregrinación por la tierra y en estado de gracia, y tenían la promesa divina de la recompensa (Is 53, 10). Como acciones de una persona divina, tenían un valor meritorio infinito; cf. Dz 552: «infinita Christi merita». Así como toda la vida de Cristo fue satisfactoria, y no sólo su pasión y muerte, de la misma manera toda ella fue meritoria.

3. Objeto del mérito de Cristo

a) Cristo mereció para sí el estado de ensalzamiento (resurrección, glorificación del cuerpo, ascensión a los cielos) (sent. cierta).

Cf. Phil 2, 8 s; Hebr 2, 9; Ioh 17, 4; Lc 24, 26; Apoc 5, 12. Los padres latinos, inspirándose en Phil 2, 8 s, hablan del mérito de la humildad y de la obediencia, y designan la glorificación de Cristo como retribución y recompensa («retributio, praemium, merces»). San Hilario de Poitiers dice: «Por el mérito de la humildad («ob humilitatis meritum») recobró la forma de Dios en la humillación que había aceptado» (*In Ps.* 53, 5). San Agustín comenta: «Por la humillación se hizo merecedor de la glorificación; la glorificación es la recompensa de la humillación» («humilitas claritatis est meritum, claritas humilitatis est praemium»; *In Iohan. tr.* 104, 3); cf. S.th. III 19, 3.

b) Cristo mereció para los hombres caídos todas las gracias sobrenaturales (sent. cierta).

El *Decretum pro Iacobitis* declara que «nadie se libra del poder del demonio, sino por los méritos del mediador Jesucristo»; Dz 711. Según doctrina del concilio de Trento, «nadie puede ser justo si no se le comunican los méritos de la pasión de Cristo»; Dz 800; cf. Dz 790, 795, 797, 799.

Es doctrina básica en las cartas de San Pablo que la salvación solamente se alcanza por la gracia merecida por Cristo; cf. Rom 3, 24 s; 5, 15 s; 7, 24 s; Eph 2, 4 ss. El apóstol San Pedro atestiguó ante el Consejo Supremo: «En ningún otro hay salvación» (Act 4, 12).

Los padres designan la gracia sobrenatural como *gratia Dei per Iesum Christum* o simplemente *gratia Christi;* cf. Dz 103 s. La palabra *meritum* en los escritos patrísticos se refiere exclusivamente al mérito que Cristo consiguió para sí mismo.

Bibliografía: P. Glorieux, *Le mérite du Christ selon S. Thomas,* RevSR 10 (1930) 622-649. J. Rivière, *Le mérite du Christ d'après le magistère ordinaire de l'Église,* RevSR 21 (1947) 53-89, 22 (1948) 213-239. A. Landgraf, *Das Verdienst Christi in der Frühscholastik,* «Collectanea Franciscana» 21 (1951) 5-44, 121-162.

Capítulo tercero

CONCLUSIÓN GLORIOSA DE LA OBRA REDENTORA DE CRISTO O ENSALZAMIENTO DE JESÚS

§ 12. Descenso de Cristo a los infiernos

Después de su muerte, Cristo, con el alma separada del cuerpo, bajó al limbo de los justos (de fe).

Como dice el catecismo tradicional en España, hay cuatro infiernos: el infierno de los condenados, el purgatorio, el limbo de los niños y el limbo de los justos o seno de Abraham. El infierno al que bajó Cristo no es el de los condenados, sino el lugar donde moraban las almas de los justos que morían antes de haberse realizado la redención, y que recibe el nombre de limbo de los justos *(limbus Patrum).*

El símbolo apostólico, en su redacción más reciente (siglo v), contiene el siguiente artículo: *Descendit ad inferos;* igualmente lo contiene el símbolo *Quicumque* (Dz 40). El IV concilio de Letrán

(1215) precisa a este respecto: «descendit ad inferos... sed descendit in anima» (Dz 429); cf. Dz 385.

La doctrina de la bajada de Cristo a los infiernos no está vinculada, como afirman los racionalistas, a los mitos paganos, sino a la revelación del Antiguo Testamento que nos habla de un estadio intermedio entre la muerte y la resurrección durante el cual las almas de los difuntos permanecen en el *šeol* (= infierno, lugar subterráneo). Jesús dice lo siguiente refiriéndose a su permanencia en el *šeol:* «Porque, como estuvo Jonás en el vientre del cetáceo tres días y tres noches, así estará el Hijo del hombre tres días y tres noches en el corazón de la tierra» (Mt 12, 40). La expresión «corazón de la tierra» (καρδία τῆς γῆς) no significa el sepulcro, sino el *šeol,* que la gente se imaginaba localizado en el interior de la tierra, por decirlo así, en el corazón de la misma. Esta interpretación del pasaje evangélico la sugiere también el lugar paralelo de Ion 2, 3 («seno del infierno», κοιλία ᾅδου), así como la concepción que existía en el Antiguo Testamento de que el punto de partida para la resurrección era el infierno *(šeol)* o lugar donde moran las almas de los difuntos.

Dice San Pedro, refiriéndose a la resurrección de Cristo: «Pero Dios, desligándole de los dolores de la muerte [del país de los muertos], le resucitó, por cuanto no era posible que fuera dominado por ella [por la muerte]» (Act 2, 24). Desligar «de los dolores de la muerte» (según una variante: «de los dolores del Hades») es una metáfora que significa libertar a los muertos del infierno (cf. 4 Esdr 4, 41; Col 1, 18: «El primogénito entre los muertos»). Citando el pasaje de Ps 15, 10: «No dejarás a mi alma en el infierno ni permitirás que tu justo vea la corrupción», comenta el apóstol San Pedro: «Viendo el futuro, habló de la resurección de Cristo, que no sería abandonado en el infierno ni vería su carne la corrupción» (Act 2, 31).

San Pablo da testimonio de la permaencia del alma de Cristo en el infierno, en el siguiente pasaje de la carta a los Romanos 10, 6 s: «Pero la justicia que viene de la fe dice así: ¿Quién subirá al cielo?, esto es, para bajar a Cristo, o ¿quién bajará al abismo?, esto es, para hacer subir a Cristo de entre los muertos». Consideremos también la fórmula tan empleada: resucitar o suscitar «de entre los muertos» (ἐκ νεκρῶν), la cual, aplicada a Cristo, significa que su alma, antes de la resurrección, estuvo en el país de los muertos, es decir, en el limbo de los justos.

El pasaje de Eph 4, 9: «Lo de "subir", ¿qué significa, sino que primero bajó a las partes bajas de la tierra?» debe entenderse, según el contexto, no de la bajada de Cristo a los infiernos, sino de su bajada desde la elevación del cielo «a las honduras de la tierra» por la encarnación. Es incierta la interpretación que deba darse al pasaje 1 Petr 3, 19 s: «Y en él [= en el Espíritu] fue a predicar a los espíritus que estaban en la prisión, los cuales en otro tiempo [en los días de Noé] fueron desobedientes.» Sin embargo, la incertidumbre no se refiere tanto al hecho de la bajada de Cristo al infierno, como al fin que con ella pretendiera.

La tradición da testimonio unánime de que Cristo bajó a los infiernos. San Ignacio de Antioquía escribe que Cristo, en su visita al infierno, «resucitó de entre los muertos a todos aquellos profetas que habían sido sus discípulos en espíritu y que le habían esperado como maestro» (*Magn.* 9, 2). San Justino y San Ireneo citan un pasaje apócrifo de Jeremías en el cual ven claramente predicha la bajada de Cristo a los infiernos: «El Señor, el Santo [Dios] de Israel, se acordó de sus muertos que duermen en la tierra del sepulcro, y descendió a ellos para anunciarles la salud» (San Ireneo, *Adv. haer.* IV 33, 1 y 12 y V 31, 1: «para sacarlos y salvarlos»); cf. San Justino, *Dial.* 72, 99; San Ireneo, *Adv. haer.* III 20, 4; IV 22, 1; IV 33, 1 y 12; V 31, 1 (con argumento de Escritura); *Epid.* 78; Tertuliano, *De anima* 7, 55; San Hipólito, *De antichristo* 26, 45. San Agustín testifica la fe universal de la Iglesia al decir: «¿Quién, sino un infiel, podría negar que Cristo estuvo en los infiernos?» (*Ep.* 164, 2, 3). También la literatura apócrifa da testimonio de la fe de la Iglesia en la bajada de Cristo a los infiernos; cf. las *Odas de Salomón* (composición poética cristiana del siglo II), n. 17 y 42.

El fin de la bajada de Cristo a los infiernos, según doctrina universal de los teólogos, fue librar a las almas de los justos, que esperaban en el limbo destinado a ellos o seno de Abraham, aplicándoles los frutos de la redención, esto es, haciéndoles partícipes de la visión beatífica de Dios; cf. S.th. III 52, 5; *Cat. Rom.* I 6, 6.

Bibliografía: K. Gschwind, *Die Niederfahrt Christi in die Unterwelt,* Mr 1911. K. Prümm, *Die Darstellungsform der Hadesfahrt des Herrn in der Literatur der alten Kirche,* Schol 10 (1935) 55-77. A. Grillmeier, *Der Gottessohn im Totenreich,* ZkTh 71 (1949) 1-53, 184-203. W. Bieder, *Die Vorstellung von der Höllenfahrt Jesu Christi,* Z 1949. F. Stegmüller, *Conflictus Helveticus de Limbo Patrum,* «Mélanges J. de Ghellinck», Ge 1951, 723-744.

§ 13. La resurrección de Cristo

1. Dogma

Al tercer día después de su muerte, Cristo resucitó glorioso de entre los muertos (de fe).

La resurrección de Cristo es una verdad fundamental del cristianismo que se halla expresada en todos los símbolos y reglas de fe de la Iglesia antigua.

Como hace notar el concilio XI de Toledo (675), Cristo resucitó por su propia virtud («virtute propria sua»); Dz 286. La razón de ello fue la unión hipostática. La causa principal de la resurrección fue el Logos en común con el Padre y el Espíritu Santo; fueron causa instrumental las partes de la humanidad de Cristo unidas hipostáticamente con la divinidad, a saber: el alma y el cuerpo. La Sagrada Escritura dice a menudo que Cristo fue resucitado por Dios o por el Padre (v.g., Act 2, 24; Gal 1, 1), pero notemos que tales afirmaciones hay que entenderlas en razón de su naturaleza humana creada; cf. *Cat. Rom* I 6, 8.

Es negada la resurrección de Cristo por todas las formas de racionalismo, antiguo y moderno (hipótesis de que fue un fraude, de que la muerte de Cristo fue aparente, de que, en fin, Cristo resucitado fue una visión); cf. la condenación del modernismo por Pío X (Dz 2036 s).

2. Prueba

En el Antiguo Testamento se anuncia la resurrección de Cristo, según la interpretación de los apóstoles Pedro y Pablo (Act 2, 24 ss; 13, 35 ss), en Ps 15, 10: «No dejarás tú mi alma en el infierno, no dejarás que tu justo experimente la corrupción»; cf. Dz 2272. También Isaías predijo la resurrección del Mesías (53, 10): El siervo de Dios, que se inmoló por las culpas, «vivirá largo tiempo» y realizará el plan de Yahvé.

Cristo predijo de forma bien categórica que resucitaría al tercer día después de su muerte; cf. Mt 12, 40; 16, 21; 17, 22; 20, 19; 27, 63; 28, 6; Ioh 2, 19. La realidad de la resurrección la prueban el hecho del sepulcro vacío —era imposible, dadas las circunstancias, que se hubiera sustraído el cuerpo de Jesús— y las numerosas apariciones, en las cuales Jesús conversó con los suyos, dejó que le tocaran y comió con ellos; cf. Mt 28; Mc 16; Lc 24; Ioh 20, 21; 1 Cor 15, 3 ss. La resurrección de Cristo es el centro de la predicación de los apóstoles; Act 4, 33: «Y los apóstoles daban testimonio de la resurrección del Señor Jesús con gran esfuerzo»; cf. Act 1, 22; 2, 24 y 32; 3, 15; 13, 30 ss; 17, 3 y 18; 26, 23.

El cuerpo del Señor resucitado estaba en estado de glorificación, como se deduce por los detalles referidos en las apariciones, por no hallar barreras en el tiempo ni en el espacio. Las llagas las conservó el cuerpo glorificado como brillante testimonio de su triunfo sobre la muerte; 20, 27:

«Alarga acá tu dedo, y mira mis manos, y tiende tu mano y métela en mi costado, y no seas incrédulo, sino fiel.»

Los santos padres, con gran insistencia y de manera unánime, dan testimonio de la resurrección del Señor, oponiéndose así al materialismo pagano y a la incredulidad de los judíos.

3. Importancia

Para Cristo, la resurrección significó su ingreso en el estado glorioso, recompensa merecida por su humillación en el sufrimiento.

En el aspecto *soteriológico,* la resurrección no es, sin duda, causa meritoria de nuestra redención como lo fue la muerte en cruz, pero es la consumación victoriosa de la obra redentora. Pertenece a la integridad de la redención y la Sagrada Escritura la propone como formando un conjunto con la muerte redentora; cf. Rom 4, 25. Es figura de nuestra resurrección espiritual del pecado (Rom 6, 3 ss) y es figura y prenda de nuestra resurrección corporal (1 Cor 15, 20 ss; Phil 3, 21).

En el aspecto *apologético,* la resurrección es el mayor de los milagros de Cristo y, como cumplimiento de sus profecías, el argumento más decisivo sobre la veracidad de sus enseñanzas; cf. 1 Cor 15, 14 ss.

Bibliografía: E. Dentler, *Die Auferstehung Jesu Christi nach den Berichten des Neuen Testamentes,* Mr [4]1920. J.-M. Vosté, *Studia Paulina,* R [2]1941, 44-73: *Resurrectio Christi.* P. Althaus, *Die Wahrheit des kirchlichen Osterglaubens,* Gü 1940. W. Michaelis, *Die Erscheinungen des Auferstandenen,* Basilea 1944. F. X. Durrwell, *La resurrección de Jesús, misterio de salvación,* Herder, Barna [3]1967. J. Schmitt, *Jésus ressuscité, dans la prédication apostolique,* P 1949. Pont. Univ. Gregoriana, *Christus victor mortis,* R 1958 (= Greg 39 [1958] 201-524). C. M. Martini, *Il problema storico della risurrezione negli studi recenti,* R 1959.

§ 14. La ascensión de Cristo a los cielos

1. Dogma

Cristo subió en cuerpo y alma a los cielos y está sentado a la diestra de Dios Padre (de fe).

Todos los símbolos de fe confiesan, de acuerdo con el símbolo apostólico: «Ascendit ad coelos, sedet ad dexteram Dei Patris omnipotentis». El capítulo *Firmiter* precisa todavía más: «Ascendit pariter in utroque» (sc. «in anima et in carne»); Dz 429.

Cristo subió a los cielos por su propia virtud: en cuanto era Dios, con su virtud divina; y en cuanto hombre, con la virtud de su alma glorificada, que es capaz de transportar al cuerpo glorificado como quiere. Pero, considerando la naturaleza humana de Cristo, podemos decir también con la Sagrada Escritura que Jesús fue llevado o elevado (por Dios) al cielo (Mc 16, 19; Lc 24, 51; Act 1, 9 y 11); cf. S.th. III 57, 3; *Cat. Rom* I 7, 2.

Es contrario a este dogma el racionalismo, el cual pretende que la creencia en la ascensión se originó por analogías con el Antiguo Testamento (Gen 5, 24: desaparición de Enoc llevado por Dios; 4 Reg 2, 11: subida de Elías al cielo) o por influencia de las mitologías paganas; pero desatiende en absoluto las diferencias esenciales que existen entre el dogma cristiano y todos los ejemplos aducidos. Aun concediendo que exista semejanza, ello no significa en modo alguno que exista dependencia. El testimonio claro de esta verdad en la época apostólica no deja espacio de tiempo suficiente para la formación de leyendas.

2. Prueba

Cristo había predicho su ascensión a los cielos (cf. Ioh 6, 63 [G 62]; 14, 2; 16, 28; 20, 17), y la realizó ante numerosos testigos a los cuarenta días de su resurrección; Mc 16, 19: «El Señor Jesús, después de haber hablado con ellos, fue elevado a los cielos y está sentado a la diestra de Dios»; cf. Lc 24, 51; Act 1, 9 ss; Eph 4, 8 ss; Hebr 4, 14; 9, 24; 1 Petr 3, 22.

Los santos padres dan testimonio unánime de la ascensión de Cristo a los cielos. Todas las reglas antiguas de fe hacen mención de ella juntamente con la muerte y resurrección; cf. SAN IRENEO, *Adv. haer.* I 10, 1; III 4, 2; TERTULIANO, *De praescr.* 13; *De virg. vel.* 1; *Adv. Prax.* 2; ORÍGENES, *De princ.* I *praef.* 4.

La expresión bíblica «estar sentado a la diestra de Dios», que sale por vez primera en Ps 109, 1, y es usada con frecuencia en las cartas de los Apóstoles (Rom 8, 34; Eph 1, 20; Col 3, 1; Hebr 1, 3; 8, 1; 10, 12; 112, 2; 1 Petr 3, 22), significa que Cristo, encumbrado en su humanidad por encima de todos los ángeles y santos, tiene un puesto especial de honor en el cielo y participa de la honra y majestad de Dios, y de su poder como soberano y juez del universo; cf. SAN JUAN DAMASCENO, *De fide orth.* IV 2.

3. Importancia

En el aspecto *cristológico,* la ascensión de Cristo a los cielos significa la elevación definitiva de la naturaleza humana de Cristo al estado de gloria divina.

En el aspecto *soteriológico,* es la coronación final de toda la obra redentora. Según doctrina general de la Iglesia, con Cristo entraron en la gloria formando su cortejo todas las almas de los justos que vivieron en la época precristiana; cf. Eph 4, 8 (según Ps 67, 19): «Subiendo a lo alto llevó cautivos» («ascendens in altum captivam duxit captivitatem»). En el cielo prepara un lugar para los suyos (Ioh 14, 2 s), hace de intercesor por ellos (Hebr 7, 25: «Vive siempre para interceder por ellos [Vg: nosotros]»; Hebr 9, 24; Rom 8, 34; 1 Ioh 2, 1) y les envía los dones de su gracia, sobre todo el Espíritu Santo (Ioh 14, 16; 16, 7). Al fin de los tiempos, vendrá de nuevo rodeado de poder y majestad para juzgar al mundo (Mt 24, 30). La ascensión de Cristo a los cielos es figura y prenda de nuestra futura recepción en la gloria; Eph 2, 6: «Nos resucitó y nos sentó en los cielos por Cristo Jesús» (es decir, por nuestra unión mística con Cristo, cabeza nuestra).

Bibliografía: F. X. Steinmetzer, «*Aufgefahren in den Himmel, sitzet zur Rechten Gottes*», ThprQ 77 (1924) 82-92, 224-241, 414-426. V. Larrañaga, *La Ascensión del Señor en el Nuevo Testamento,* 2 vols., Ma 1943.

Parte tercera

TRATADO DE LA MADRE DEL REDENTOR

Bibliografía: B. BARTMANN, *Maria im Lichte des Glaubens und der Frömmigkeit,* Pa [4]1925. C. FECKES, *Das Mysterium der göttlichen Mutterschaft,* Pa 1937. O. SEMMELROTH, *Urbild der Kirche,* Wü 1950. H. LENNERZ, *De B. Virgine,* R 1957. F. M. WILLAM, *Vida de María,* Barna [6]1956. B. H. MERKELBACH, *Mariologia,* P 1939. G. M. ROSCHINI, *Mariologia,* 4 tomos, [2]R 1947/48. El mismo, *Compendium Mariologiae,* R 1946. R. LAURENTIN, *Court traité de théologie mariale,* P [2]1960. P. STRÄTER, *Katholische Marienkunde,* 3 tomos, Pa [2]1952. H. DU MANOIR, *Maria. Études sur la Sainte Vierge,* I-VI, P 1949/1961. H. M. KÖSTER, *Die Magd des Herrn,* Li [2]1954. El mismo, *Unus Mediator,* Li 1950. A. SCHÄFER, *Die Gottesmutter in der Hl. Schrift,* Mr [2]1900. B. BARTMANN, *Christus ein Gegner des Marienkultes? Jesus und seine Mutter in den hl. Evangelien,* Fr 1909. F. CEUPPENS, *De Mariologia biblica* (Theol. bibl. IV), To-R [2]1952. B. PRZYBYLSKI, *De Mariologia S. Irenaei Lugdunensis,* R. 1937. C. VAGGAGINI, *Maria nelle opere di Origene,* R 1942. E. NEUBERT, *Marie dans l'Église anténicéenne,* P 1908. L. HAMMERSBERGER, *Die Mariologie der ephremischen Schriften,* In-W-Mn 1938. G. SÖLL, *Die Mariologie der Kappadozier,* ThQ 131 (1951) 163-188, 288-319, 426-457. CH. W. NEUMANN, *The Virgin Mary in S. Ambrose,* Fr/S 1962. J. HUHN, *Das Geheimnis der Jungfrau-Mutter Maria nach dem Kirchenvater Ambrosius,* MThZ 2 (1951) y Wü 1954. J. NIESSEN, *Die Mariologie des hl. Hieronymus,* Mr 1913. PH. FRIEDRICH, *Die Mariologie des hl. Augustinus,* K 1907. A. EBERLE, *Die Mariolagie des hl. Cyrillus von Alexandrien,* Fr 1921. C. CHEVALIER, *La Mariologie de S. Jean Damascène,* R 1936. R. T. JONES, *S. Anselmi Mariologia,* Mu 1937. G. H. ROSCHINI, *Il dottore mariano. Studio sulla dottrina mariana di S. Bernardo di Chiaravalle,* R 1953. D. NOGUES, *Mariologie de s. Bernard,* Tournai [2]1947. B. COSTA, *La Mariologia di S. Antonio di Padova,* Padua 1950. E. CHIETTINI, *Mariologia S. Bonaventurae,* R 1941. B. KOROŠAK, *Mariologia S. Alberti Magni eiusque coaequalium,* R 1954. F. MORGOTT, *Die Mariologie des hl. Thomas von Aquin,* Fr 1878. G. M. ROSCHINI, *La Mariologia di S. Tommaso,* R 1950. P. LORENZIN, *Mariologia Jacobi a Voragine,* R 1951. C. BALIĆ, *Ioannis Duns Scoti Theologiae marianae elementa,* Sibenici 1933.

L. DI FONZO, *La Mariologia di S. Bernardino da Siena,* MFr 47 (1947) 3-102. B. TONUTTI, *Mariologia Dionysii Cartusiani* (1402-1471), R 1953. J. M. ROSCHINI, *La Mariologia di S. Lorenzo da Brindisi,* Padua 1951. C. DILLENSCHNEIDER, *La Mariologie de S. Alphonse de Liguori,* 2 tomos, Fr/S 1931/34. J. BITTREMIEUX, *Doctrina Mariana Leonis XIII,* Bru 1928. R. GRABER, *Die marianischen Weltrundschreiben der Päpste in den letzten hundert Jahren,* Wü ²1954. A. MÜLLER, *Ecclesia-Maria. Die Einheit Marias und der Kirche,* Fr/S ²1955. O. HOPHAN, *Maria,* Lu 1951. P. GAECHTER, *Maria im Erdenleben,* In 1953. M. GORDILLO, *Mariologia orientalis,* R 1954. J. M. CASCANTE, *Doctrina mariana de S. Ildefonso de Toledo,* Barna 1958. A. KASSING, *Die Kirche und Maria* [*Apk 12*], D 1958 K. H. SCHELKLE, *María, madre del Redentor,* Herder, Barna 1965. M. J. NICOLAS, *Marie, mère du sauveur,* P 1967. El mismo, *Theotokos, El misterio de María,* Herder, Barna 1967.

Capítulo primero

LA DIVINA MATERNIDAD DE MARÍA

§ 1. MARÍA ES VERDADERA MADRE DE DIOS

1. La herejía adversa y el dogma

La negación de la verdadera naturaleza humana de Cristo condujo lógicamente a la negación de la verdadera maternidad de María; la negación de la verdadera divinidad de Cristo llevó consecuentemente a la negación de que María fuera Madre de Dios. Los nestorianos impugnaron directamente que María fuese Madre de Dios. Estos herejes no quisieron reconocer a María el título de θεοτόκος (= Madre de Dios) y la consideraban solamente como ἀνθρωποτόκος (= madre del hombre) o χριστοτόκος (= madre de Cristo).

María es verdadera Madre de Dios (de fe).

En el símbolo apostólico confiesa la Iglesia que el Hijo de Dios «nació de María Virgen». Por ser Madre del Hijo de Dios, María es Madre de Dios. El concilio de Éfeso (431) proclamó con San Cirilo, en contra de Nestorio: «Si alguno no confesare que Emmanuel [Cristo] es verdaderamente Dios, y que, por tanto, la Santísima Virgen es Madre de Dios (θεοτόκος) porque parió según la carne al Logos de Dios hecho carne, s. a.»; Dz 113. Los concilios ecuménicos que siguieron a éste repitieron y confirmaron esta doctrina; cf. Dz 148, 218, 290. El dogma de la maternidad divina de María comprende dos verdades:

a) María es verdadera madre, es decir, ha contribuido a la formación de la naturaleza humana de Cristo con todo lo que aportan las otras madres a la formación del fruto de sus entrañas.

b) María es verdadera Madre de Dios, es decir, concibió y parió a la segunda persona de la Santísima Trinidad, aunque no en cuanto a su naturaleza divina, sino en cuanto a la naturaleza humana que había asumido.

2. Prueba de Escritura y de tradición

La Sagrada Escritura enseña la maternidad divina de María, aunque no con palabras explícitas, pues por un lado da testimonio de la verdadera divinidad de Cristo (v. Cristología), y por otro testifica también la verdadera maternidad de María. María es llamada en la Sagrada Escritura: «Madre de Jesús» (Ioh 2, 1), «Madre de Él [de Jesús]» (Mt 1, 18; 2, 11, 13 y 20; 12, 46; 13, 55), «Madre del Señor» (Lc 1, 43). El profeta Isaías anuncia claramente la verdadera maternidad de María: «He aquí que la Virgen concebirá y parirá un hijo, y llamará su nombre Emmanuel» (7, 14). Con palabras muy parecidas se expresa el ángel en la embajada que trae a María: «He aquí que concebirás en tu seno y parirás un hijo, a quien darás por nombre Jesús» (Lc 1, 31). Que María sea Madre de Dios está dicho implícitamente en las palabras de Lc 1, 35: «Por lo cual también lo santo que nacerá [de ti] será llamado Hijo de Dios», y en Gal 4, 4: «Dios envió a su Hijo, nacido de mujer». La mujer que engendró al Hijo de Dios es la Madre de Dios.

Los santos padres más antiguos, igual que la Sagrada Escritura, enseñan la realidad de la verdadera maternidad de María, aunque no con palabras explícitas. San Ignacio de Antioquía dice: «Porque nuestro Señor Jesucristo fue llevado por María en su seno, conforme al decreto de Dios de que naciera de la descendencia de David, mas por obra del Espíritu Santo» *(Eph.* 18, 2). San Ireneo se expresa así: «Este Cristo, que como Logos del Padre estaba con el Padre... fue dado a luz por una virgen» *(Epid.* 53). Desde el siglo III es corriente el uso del título θεοτόκος. De ello dan testimonio Orígenes (un testimonio, supuestamente anterior, de Hipólito de Roma es probablemente interpolado), Alejandro de Alejandría, Eusebio de Cesarea, Atanasio, Epifanio, los Capadocios, etc., y también Arrio y Apolinar de Laodicea. San Gregorio Nacianceno escribe, hacia el año 382: «Si alguno no reconociere a María como Madre de Dios, es que se halla separado de Dios» *(Ep.* 101, 4). San Cirilo de Alejandría fue el principal defensor, contra Nestorio, de este glorioso título mariano.

A la objeción de Nestorio de que María no era Madre de Dios porque de ella no había tomado la naturaleza divina, sino únicamente la humana, se responde que no es la naturaleza como tal, sino la persona («actiones sunt suppositorum»), la que es concebida y dada a luz. Como María concibió y dio a luz a la persona del Logos divino, que subsistía en la naturaleza humana, por ello es verdadera Madre de Dios. Así pues, el título de Theotokos incluye en sí la confesión de la divinidad de Cristo.

Bibliografía: O. BARDENHEWER, *Mariä Verkündigung,* Fr 1905. E. KREBS, *Gottesgebärerin,* K 1931. H.-M. MANTEAU-BONAMY, *Maternité divine et incarnation,* P 1949. C. DILLENSCHNEIDER, *Le principe premier d'une théologie mariale organique,* P 1955.

§ 2. DIGNIDAD Y PLENITUD DE GRACIA DE MARÍA, DERIVADAS DE SU MATERNIDAD DIVINA

1. La dignidad objetiva de María

El papa Pío XII observa en su encíclica *Ad Caeli Reginam* (1954): «Sin duda, María excede en dignidad a todas las criaturas» (Dz 3917).

La dignidad y excelencia de la Virgen como Madre de Dios excede a la de todas las personas creadas, bien sean ángeles u hombres; porque la dignidad de una criatura es tanto mayor cuanto más cerca se halle de Dios. Y María es la criatura que más cerca está de Dios, después de la naturaleza humana de Cristo unido hipostáticamente con la persona del Logos. Como madre corporal, lleva en sus venas la misma sangre que el Hijo de Dios en cuanto a su naturaleza humana. Por ese parentesco entrañable que tiene con el Hijo, se halla también íntimamente unida con el Padre y con el Espíritu Santo. La Iglesia alaba a la Virgen por haber sido escogida para Madre de Dios y por la riquísima dote de gracias con que ha sido adornada como hija del Padre celestial y esposa del Espíritu Santo. La dignidad de María es en cierto sentido *(secundum quid)* infinita, porque ella es Madre de una persona infinita y divina; cf. S.th. I 25, 6 ad 4.

Para expresar esa elevada dignidad de la Madre de Dios, la Iglesia y los padres le aplican en sentido acomodaticio numerosos pasajes del Antiguo Testamento:

a) Pasajes de los salmos que describen la magnificencia del tabernáculo, del templo y de Sión (45, 5; 86, 3; 131, 13).

b) Pasajes de los libros sapienciales que se refieren a la Sabiduría divina y cuyo sentido se traslada a la *Sedes Sapientiae* (Prov 8, 22 ss; Eccli 24, 11 ss).

c) Pasajes del Cantar de los Cantares en los cuales se ensalza a la esposa (v.g., 4, 7), y cuyo sentido se traslada a la Esposa del Espíritu Santo.

Los padres ensalzan a María como Reina y Señora, por su elevada dignidad. SAN JUAN DAMASCENO dice: «Ciertamente, ella es en sentido propio y verdadero Madre de Dios y Señora; ella tiene imperio sobre todas las criaturas, porque es sierva y madre del Creador» *(De fide orth.* IV 14).

2. Plenitud de gracia de María

a) Realidad de la plenitud de gracia

El papa Pío XII nos dice, en su encíclica *Mystici Corporis* (1943), de la Virgen Madre de Dios: «Su alma santísima estaba llena del Espíritu divino de Jesucristo, más que todas las otras almas creadas por Dios» (Dz 3917).

La plenitud de gracia de María se indica en el saludo angélico de la anunciación (Lc 1, 28): «Dios te salve, agraciada (κεχαριτωμένη,) el Señor es contigo». Según todo el contexto, esas gracias especiales concedidas a María se deben a su llamamiento para ser Madre del Mesías, es decir, Madre de Dios. Tal dignidad exige una dote especialmente copiosa de gracia de santificación.

Los padres ponen de relieve en sus comentarios la relación que hay entre la plenitud de gracia de María y su dignidad de Madre de Dios. SAN AGUSTÍN, después de haber explicado la impecancia de María por su dignidad de Madre de Dios, dice lo siguiente: «¿De dónde, si no, se le iba a conceder esa mayor gracia para que venciera totalmente al pecado, ella que mereció concebir y dar a luz a Aquel que consta no haber tenido ningún pecado?» *(De natura et gratia* 36, 42).

SANTO TOMÁS funda la plenitud de gracia de María en el siguiente axioma: Cuanto más cerca se halla algo de un principio, tanto más recibirá del efecto de dicho principio. Ahora bien, María, como Madre de Cristo, es la criatura que está corporal y espiritualmente más cerca de Él, que es principio de la gracia autoritativamente en cuanto a su divinidad e instrumentalmente en cuanto a su humanidad. Luego de Él tuvo que recibir la máxima medida de gracia. La designación de María para ser Madre del Hijo de Dios exigía una dotación especialmente copiosa de gracias; S.th. III 27, 5.

b) Límites de la plenitud de gracia de María

La medida de las gracias concedidas a la Madre de Dios se halla tan por detrás de la plenitud de gracia de Cristo cuanto la dignidad de Madre de Dios se halla por debajo de la unión hipostática. Por otra parte, la plenitud de gracia de la Madre de Dios excede tanto a la de los ángeles y santos más encumbrados cuanto la dignidad de Madre de Dios se eleva por encima de todas las excelencias sobrenaturales de los santos y ángeles. Pero de esa plenitud de gracia de María no deben deducirse sin más todas las excelencias posibles del orden sobrenatural. Es infundado atribuir a la Madre de Dios todos los dones de gracia del estado primitivo del Paraíso, la visión beatífica de Dios durante su vida terrena, la conciencia de sí misma y el uso de razón desde el primer instante de su existencia, un conocimiento especial de los misterios de la fe, conocimientos profanos extraordinarios, o incluso la ciencia infusa de los ángeles. María no estaba en posesión de la visión inmediata de Dios, como se prueba por Lc 1, 45: «Bienaventurada tú que has creído.» Por el contrario, está de acuerdo con las palabras de la Sagrada Escritura y con la dignidad de Madre de Dios el atribuirle, con Santo Tomás, los dones sobrenaturales extraordinarios de la sabiduría, que se ejercitaba en la contemplación (Lc 2, 19 y 51), y de la profecía, de la que es expresión el cántico del Magnificat (Lc 1, 46 ss); cf. S.th. III 27, 5 ad 3.

Mientras que la plenitud de gracia de Cristo fue completa desde un principio, la Madre de Dios fue creciendo sin cesar en gracia y santidad hasta el instante de su muerte; cf. S.th. III 27, 5 ad 2.

Bibliografía: E. Hugon, *Marie pleine de grâce,* P [5]1926. A. Martinelli, *De primo instanti conceptionis B. Mariae Virginis. Disquisitio de usu rationis,* R 1950. A. Grillmeier, *Maria Prophetin,* «Geist u. Leben» 30 (1957) 101-115.

Capítulo segundo

LOS PRIVILEGIOS DE LA MADRE DE DIOS

§ 3. La concepción inmaculada de María

1. Dogma

María fue concebida sin mancha de pecado original (de fe).

El papa Pío IX proclamó el 8 de diciembre de 1854, en su bula *Ineffabilis,* que era verdad revelada por Dios y que todos los fieles tenían que creer firmemente que «la beatísima Virgen María, en el primer instante de su concepción, fue preservada inmune de toda mancha de culpa original por singular privilegio y gracia de Dios omnipotente, en atención a los méritos de Cristo Jesús, Salvador del género humano» (Dz 1641); cf. la encíclica *Fulgens corona* (1953) de Pío XII.

Explicación del dogma:

a) Por concepción hay que entender la concepción pasiva. El primer instante de la concepción es aquel momento en el cual Dios crea el alma y la infunde en la materia orgánica preparada por los padres.

b) La esencia del pecado original consiste (formalmente) en la carencia culpable de la gracia santificante, debida a la caída de Adán en el pecado. María quedó preservada de esta falta de gracia, de modo que comenzó a existir adornada ya con la gracia santificante.

c) El verse libre del pecado original fue para María un don inmerecido que Dios le concedió, y una ley excepcional *(privilegium)* que sólo a ella se le concedió *(singulare)*.

d) La causa eficiente de la concepción inmaculada de María fue la omnipotencia de Dios.

e) La causa meritoria de la misma son los merecimientos salvadores de Jesucristo. De aquí se sigue que también María tenía necesidad de redención y fue redimida de hecho. Por su origen natural, María, como todos los demás hijos de Adán, hubiera tenido que contraer el pecado original («debitum contrahendi peccatum originale»), mas por una especial intervención de Dios fue preservada de la mancha del mismo («debuit contrahere peccatum, sed non contraxit»). De suerte que también María fue redimida por la gracia de Cristo, aunque de manera más perfecta que todos los demás hombres. Mientras que éstos son liberados de un pecado original ya existente *(redemptio reparativa),* María, Madre del Salvador, fue preservada antes de que la manchase aquél *(redemptio praeservativa* o *praeredemptio).* Por eso, el dogma de la concepción inmaculada de María no contradice en nada al dogma de la universalidad del pecado original y de la indigencia universal de redención.

f) La causa final *(causa finalis proxima)* de la concepción inmaculada es la maternidad divina de María: dignum Filio tuo habitaculum praeparasti (oración de la festividad).

2. Prueba de Escritura y de tradición

a) La doctrina de la concepción inmaculada de María no se encuentra explícitamente en la Sagrada Escritura. Según la interpretación de numerosos teólogos, contiénese implícitamente en las siguientes frases bíblicas:

α) Gen 3, 15 (Protoevangelio): «Inimicitias ponam inter te et mulierem, et semen tuum et semen illius; ipsa conteret caput tuum, et tu insidiaberis calcaneo eius». Según el texto original, hay que traducir: «Voy a poner perpetua enemistad entre ti y la mujer, y entre tu simiente y la simiente suya; ésta [la simiente o linaje de la mujer] te herirá la cabeza, y tú le herirás el calcañar».

El sentido literal de este pasaje podría ser el siguiente: Entre Satanás y sus secuaces por una parte, y Eva y sus descendientes por otra, habrá siempre una incesante lucha moral. La descendencia de Eva conseguirá una completa y definitiva victoria sobre Satanás y sus secuaces, aunque ella misma sea herida por el pecado. En la descendencia de Eva se incluye al Mesías, por cuya virtud la humanidad saldrá triunfante de Satanás. Así pues, este pasaje es *indirectamente* mesiánico; cf. Dz 2123. Concibiendo de forma individual «la simiente de la mujer» y refiriendo esta expresión al Salvador (tal vez debido al αὐτός con que la traduce la versión de los Setenta), se llegó a ver en la «mujer» a María, Madre del Salvador. Esta interpretación, directamente mesiánico-mariana, es propuesta desde el siglo II por algunos padres, como Ireneo, Epifanio, Isidoro de Pelusio, Cipriano, el autor de la *Epistola ad amicum aegrotum* y León Magno. Pero la mayoría de los padres, entre ellos los grandes doctores de la Iglesia de Oriente y Occidente, no dan tal interpretación. Según ellos, María y Cristo se hallan en una enemistad total y victoriosa contra Satanás y sus partidarios. De ahí concluyó la teología de la escolástica tardía y de los tiempos modernos que la victoria de María contra Satanás no hubiera sido completa si la Virgen hubiera estado algún tiempo bajo su poder. Por tanto, María entró en el mundo sin mancha de pecado original.

La bula *Ineffabilis* hace mención aprobatoria de la interpretación mesiánico-mariana «de los padres y escritores eclesiásticos», pero no da ninguna interpretación auténtica del pasaje. La encíclica *Fulgens corona,* reclamándose a la exégesis de los santos Padres y escritores eclesiásticos, así como de los mejores exegetas, aboga por la interpretación mesiánica, que muchos teólogos consideran como el sentido pleno *(sensus plenior)* intentado por el Espíritu Santo, y otros como el sentido típico (Eva tipo de María) de ese pasaje.

β) Lc 1, 28: «Dios te salve, agraciada». La expresión «agraciada» (κεχαριτωμένη) hace las veces de nombre propio en la alocución del ángel y tiene que expresar, por tanto, una nota característica de María. La razón más honda de que sobre María descanse de manera especial el beneplácito de Dios es su elección para la dignidad de Madre de Dios. Por consiguiente, la dotación de gracias con que Dios adornó a María por haberse complacido en ella tiene que ser de una plenitud singular. Pero su dote de gracias únicamente será plena si es completa no sólo intensiva, sino también extensivamente, es decir, si se extiende a toda su vida, comenzando por su entrada en el mundo.

γ) Lc 1, 41: Santa Isabel, henchida del Espíritu Santo, dice a María: «Tú eres bendita (εὐλογημένη) entre las mujeres, y bendito es el fruto de tu vientre». La bendición de Dios, que descansa sobre María, es considerada paralelamente a la bendición de Dios, que descansa sobre Cristo en cuanto a su humanidad. Tal paralelismo sugiere que María, igual que Cristo, estuvo libre de todo pecado desde el comienzo de su existencia.

b) Ni los padres griegos ni los latinos enseñan explícitamente la concepción inmaculada de María. Sin embargo, este dogma se contiene implícitamente en sus enseñanzas, ya que proponen dos ideas fundamentales que, desarrolladas lógicamente, llevan al dogma:

α) La idea de la perfectísima pureza y santidad de María. San Efrén dice: «Tú y tu madre sois los únicos que en todo aspecto sois perfectamente hermosos; pues en ti, Señor, no hay mancilla, ni mácula en tu Madre» *(Carmina Nisib. 27).* La frase de San Agustín según la cual todos los hombres debieran sentirse pecadores, «exceptuada la santa Virgen María, a la cual por el honor del Señor pongo en lugar aparte cuando hablo del pecado» («excepta sancta virgine Maria, de qua propter honorem Domini nullam prorsus, cum de peccatis agitur, haberi volo quaestionem»), hay que entenderla, de acuerdo con todo el contexto, en el sentido de que la Virgen se vio libre de todo pecado personal.

β) La idea tanto de la semejanza como de la antítesis entre María y Eva. María, por una parte, es semejante a Eva en su pureza e integridad antes del pecado; por otra parte, es todo lo contrario que ella, ya que Eva fue causa de la perdición y María causa de la salud. SAN EFRÉN enseña: «Dos inocentes, dos personas sencillas, María y Eva, eran completamente iguales. Pero, sin embargo, más tarde la una fue causa de nuestra muerte y la otra causa de nuestra vida» *(Op. syr.* II 327); cf. SAN JUSTINO, *Dial.* 100; SAN IRENEO, *Adv. haer.* III 22, 4; TERTULIANO, *De carne Christi* 17.

3. Evolución histórica del dogma

Desde el siglo VII es notoria la existencia en el oriente griego de una festividad dedicada a la concepción de Santa Ana *(Conceptio S. Annae)*, es decir, de la concepción pasiva de María. La festividad se difundió también por occidente, a través de la Italia meridional, comenzando primero en Irlanda e Inglaterra bajo el título de *Conceptio Beatae Virginis*. Fue al principio objeto de esta fiesta la concepción activa de Santa Ana, concepción que, según refiere el *Protoevangelio de Santiago,* se verificó después de largo período de infecundidad, siendo anunciada por un ángel como gracia extraordinaria de Dios.

A principios del siglo XII dos monjes británicos, *Eadmer,* discípulo de San Anselmo de Cantorbery, y *Osberto de Clare,* defendieron la concepción (pasiva) inmaculada de María, es decir, su concepción libre de toda mancha de pecado original. Eadmer fue el primero que escribió una monografía sobre esta materia. En cambio, SAN BERNARDO DE CLARAVAL, con motivo de haberse introducido esta fiesta en Lyón (hacia el año 1140), la desaconseja como novedad infundada, enseñando que María había sido santificada después de su concepción, pero estando todavía en el seno materno *(Ep.* 174). Por influjo de San Bernardo, los principales teólogos de los siglos XII y XIII (Pedro Lombardo, Alejandro de Hales, Buenaventura, Alberto Magno, Tomás de Aquino; cf. S.th. III 27, 2) se declararon en contra de la doctrina de la Inmaculada. No hallaron el modo de armonizar la inmunidad mariana del pecado original con la universalidad de dicho pecado y con la indigencia de redención que tienen todos los hombres.

El camino acertado para hallar la solución definitiva lo mostraron el teólogo franciscano *Guillermo de Ware* y, sobre todo, su gran discípulo *Juan Duns Escoto* († 1308). Este último enseña que la animación *(animatio)* debe preceder sólo conceptualmente *(ordo naturae)* y no temporalmente *(ordo temporis)* a la santificación *(sanctificatio)*. Gracias a la introducción del término *praeredemptio* (prerredención) consiguió armonizar la verdad de que María se viera libre de pecado original con la necesidad que también ella tenía de redención. La preservación del pecado original es, según Escoto, la manera más perfecta de redención. Por tanto, fue conveniente que

Cristo redimiese a su Madre de esta manera. La orden franciscana se adhirió a Escoto y se puso a defender decididamente, en contra de la orden dominicana, la doctrina y la festividad de la Inmaculada Concepción de María.

El concilio de Basilea se declaró el año 1439, en su 36.ª sesión (que no tiene validez ecuménica), en favor de la Inmaculada Concepción. Sixto IV (1471-1484) concedió indulgencias a esta festividad y prohibió las mutuas censuras que se hacían las dos partes contendientes; Dz 734 s. El concilio de Trento, en su decreto sobre el pecado original, hace la significativa aclaración de que «no es su propósito incluir en él a la bienaventurada y purísima Virgen María Madre de Dios»; Dz 792. San Pío V condenó en 1567 la proposición de Bayo de que nadie, fuera de Cristo, se había visto libre del pecado original, y de que la muerte y aflicciones de María habían sido castigo de pecados actuales o del pecado original; Dz 1073. Paulo V (1616), Gregorio XV (1622) y Alejandro VII (1661) salieron en favor de la doctrina de la Inmaculada; cf. Dz 1100. Pío IX, después de consultar a todo el episcopado, la elevó el 8 de diciembre de 1854 a la categoría de dogma.

4. Prueba especulativa

La razón prueba el dogma de la Inmaculada con aquel axioma que ya sonó en labios de Eadmer: «Potuit, decuit, ergo fecit.» Este argumento no engendra, desde luego, certeza, pero sí un alto grado de probabilidad.

Bibliografía: M. JUGIE, *L'Immaculée Conception dans l'Écriture Sainte et dans la tradition orientale,* R 1952. FR. DREWNIAK, *Die mariologische Deutung von Gen. 3, 15 in der Väterzeit,* Br 1934. J. MICHL, *Der Weibessame (Gen 3, 15) in spätjüdischer und frühchristlicher Auffassung,* Bibl 33 (1952) 371-401, 476-505. T. GALLUS, *Interpretatio mariologica Protoevangelii (Gen 3, 15) tempore postpatristico usque ad Concilium Tridentinum* R 1949. El mismo, *Interpretatio etc. postridentina I-II,* R 1953/54. D. J. UNGER, *The First-Gospel Genesis 3, 15,* StBv 1954. A. DUFOURCQ, *Comment s'éveilla la foi à l'Immaculée Conception et à l'Assomption aux Ve et VIe siècles,* P 1946. A. W. BURRIDGE, *L'Immaculée Conception dans la théologie de l'Angleterre médiévale,* RHE 32 (1936) 570-597. I. F. ROSSI, *Quid senserit S. Thomas Aquinas de Immaculata Virginis Conceptione,* Placencia 1955. C. BALIC, *Ioannes Duns Scotus doctor Immaculatae Conceptionis.* I. *Textus auctoris,* R 1954. H. AMERI, *Doctrina theologorum de Immaculata B. V. Mariae Conceptione tempore Concilii Basileensis,* R 1954. G. BOSCO, *L'Immacolata Concezione nel pensiero del Gaetano e del Caterino,* Fi 1950. *Virgo Immaculata. Acta Congressus mariologici-mariani Romae anno 1954 celebrati,* R 1955 ss. J.-F. BONNEFOY, *Jean Duns Scot Docteur de l'Immaculée-Conception,* R 1960.

§ 4. María y su inmunidad de la concupiscencia y de todo pecado personal

1. Inmunidad de la concupiscencia

María estuvo libre de todos los movimientos de la concupiscencia (sent. común).

La inmunidad del pecado original no tiene como consecuencia necesaria la inmunidad de todas aquellas deficiencias que entraron en el mundo como secuelas del pecado. María estaba sometida, igual que Cristo, a todos los defectos humanos universales que no encierran en sí imperfección moral. A propósito de la concupiscencia, es probable que María se viera libre de esta consecuencia del pecado original, pues los movimientos de la concupiscencia se encaminan frecuentemente a objetos moralmente ilícitos y constituyen un impedimento para tender a la perfección moral. Es muy difícil compaginar con la pureza e inocencia sin mancha de María, que eran perfectísimas, el que ella se viera sometida a esas inclinaciones del apetito sensitivo que se dirigen al mal.

Los merecimientos de María, igual que los merecimientos de Cristo, no quedan disminuidos en absoluto porque faltan las inclinaciones del apetito desordenado, porque tales apetitos son ocasión pero no condición indispensable para el merecimiento. María adquirió abundantísimos merecimientos no por su lucha contra el apetito desordenado, sino gracias a su amor a Dios y otras virtudes (fe, humildad, obediencia); cf. S.th. III 27, 3 ad 2.

Muchos teólogos antiguos distinguen con Santo Tomás entre la sujeción *(ligatio)* y la completa supresión o extinción *(sublevatio, exstinctio)* del *fomes peccati* o apetito desordenado habitual. Cuando María quedó santificada en el seno de su madre, quedó sujeto o ligado el *fomes,* de suerte que estaba excluido todo movimiento desordenado de los sentidos. Cuando María concibió a Cristo, entonces quedó totalmente extinguido el *fomes,* de suerte que las fuerzas sensitivas se hallaban completamente sometidas al gobierno de la razón (S.th. III 27, 3). Esta distinción que hace Santo Tomás parte del supuesto equivocado de que María había sido justificada del pecado original existente ya en ella. Pero, como la Virgen había sido preservada de dicho pecado, es lógico admitir que desde un principio se vio libre de la concupiscencia lo mismo que se había visto libre del pecado original.

2. Inmunidad de todo pecado actual

Por un privilegio especial de la gracia, María estuvo inmune de todo pecado personal durante el tiempo de su vida (sent. próxima a la fe).

El concilio de Trento declaró que ningún justo podía evitar durante su vida todos los pecados, aun los veniales, a no ser por un privilegio especial de Dios, como el que sostiene la Iglesia con respecto a la Madre de Dios («nisi ex speciali Dei privilegio, quemadmodum de beata Virgine tenet Ecclesia»); Dz 833. Pío XII, en su encíclica *Mystici Corporis,* dice de la Virgen Madre de Dios que «estuvo libre de toda culpa propia o hereditaria»; Dz 2291.

La impecabilidad de María la indica la Escritura en Lc 1, 28: «Dios te salve, agraciada». Es incompatible con la plenitud mariana de gracia cualquier falta moral propia.

Mientras que algunos padres griegos, como Orígenes, San Basilio, San Juan Crisóstomo y San Cirilo de Alejandría, admitieron en la Virgen la existencia de algunas pequeñas faltas personales como vanidad y deseo de estimación, duda ante las palabras del ángel y debilidad en la fe al pie de la cruz, los padres latinos sostuvieron unánimemente la impecancia de María. San Agustín enseña que, por la honra del Señor, hay que excluir de la Virgen María todo pecado personal *(De natura et gratia* 36, 42). San Efrén el sirio coloca a María, por su impecancia, en un mismo nivel con Cristo (véase § 3).

Según doctrina de Santo Tomás, la plenitud de gracia que María recibió en su concepción activa —según la moderna teología, la recibió ya en su concepción pasiva—, operó su confirmación en el bien y, por tanto, la impecabilidad de la Virgen; S.th. III 27, 5 ad 2

Bibliografía: J. Gummersbach, *Unsündlichkeit und Befestigung in der Gnade,* Ft 1933.

§ 5. La virginidad perpetua de María

María fue virgen antes del parto, en el parto y después del parto (de fe).

El sínodo de Letrán del año 649, presidido por el papa Martín I, recalcó los tres momentos de la virginidad de María cuando enseñó que «la santa, siempre virgen e inmaculada María... concibió del Espíritu Santo sin semilla, dio a luz sin detrimento [de su virginidad] y permaneció indisoluble su virginidad después del parto»; Dz 256. Paulo IV declaró (1555): «Beatissimam Virginem Mariam... perstitisse semper in virginitatis integritate, ante partum scilicet, in partu et perpetuo post partum»; Dz 993.

La virginidad de María comprende: la *virginitas mentis,* es decir, la perpetua virginidad de su espíritu; la *virginitas sensus,* es decir, la inmunidad de todo movimiento desordenado del apetito sensual; y la *virginitas corporis,* es decir, la integridad corporal. El dogma católico se refiere ante todo a la integridad corporal.

1. Virginidad antes del parto

María concibió del Espíritu Santo sin concurso de varón (de fe).

Los adversarios de la concepción virginal de María fueron en la antigüedad los judíos y los paganos (Celso, Juliano el Apóstata), Cerinto y los ebionitas; en los tiempos modernos son adversarios de este dogma los racionalistas, que procuran buscar en Is 7, 14 o en las mitologías paganas el origen de la creencia en la concepción virginal de la Virgen.

Todos los símbolos de la fe expresan la creencia de la Iglesia en la concepción (activa) virginal de María. El símbolo apostólico confiesa: «Qui conceptus est de Spiritu Sancto»; cf. Dz 86, 256, 993.

En Lc 1, 26 s, vemos testimoniado que María llevó vida virginal hasta el instante de su concepción activa: «El ángel Gabriel fue enviado por Dios... a una virgen... y el nombre de la virgen era María».

La concepción virginal de María fue predicha en el Antiguo Testamento por el profeta Isaías en su célebre profecía de Emmanuel (Is 7, 14): «Por tanto, el mismo Señor os dará señal: He aquí que la virgen [*ha 'alma;* G ἡ παρθένος] concebirá y dará a luz un hijo, y llamará su nombre Emmanuel [= Dios con nosotros]».

El judaísmo no llegó a entender en sentido mesiánico este pasaje. Pero el cristianismo lo refirió desde un principio al Mesías, pues vio cumplida la señal; cf. Mt 1, 22 s. Como, por la descripción que sigue a la profecía (cf. Is 9, 1 ss), resulta claro que Emmanuel es el Mesías, no podemos entender por *'alma* ni a la esposa del rey Acaz ni a la del profeta Isaías, sino a la madre del Mesías. Los judíos salieron en contra de esta interpretación cristiana arguyendo que la versión de los Setenta no traducía bien el término *ha 'alma* por ἡ παρθένος = la virgen, sino que debía hacerlo por ἡ νεᾶνις = la joven (como traducen Aquilas, Teodoción y Sínmaco). Semejante argucia no tiene razón de ser, pues la palabra *'alma* en el lenguaje bíblico denota siempre una doncella núbil e intacta; cf. Gen 24, 43, con Gen 24, 16; Ex 2, 8; Ps 67, 26; Cant 1, 2 (M 1, 3); 6, 7 (M 6, 8). El contexto exige la significación de «virgen», pues solamente hay un signo extraordinario cuando una virgen concibe y da a luz como virgen.

El cumplimiento de esta profecía de Isaías queda testimoniado en Mt 1, 18 ss y Lc 1, 26 ss. Mt 1, 18: «Estando desposada María,

San Ignacio de Antioquía designa no sólo la virginidad de María, sino también su parto, como un «misterio que debe ser predicado en alta voz» (*Eph.* 19, 1). Claro testimonio del parto virginal de Cristo lo dan los escritos apócrifos del siglo II (*Odas de Salomón* 19, 7 ss; *Protoevangelio de Santiago* 19 s; *Subida al cielo de Isaías* 11, 7 ss), y también escritores eclesiásticos como San Ireneo (*Epid.* 54; *Adv. haer.* III 21, 4-6), Clemente Alejandrino (*Strom.* VII 16, 93), Orígenes (*In Lev. hom.* 8, 2; de otra manera en *In Luc. hom.* 14). Contra Joviniano escribieron San Ambrosio (*Ep.* 42, 4-7), San Jerónimo (*Adv. Jov.* I 31; *Ep.* 49, 21) y San Agustín (*Enchir.* 34), quienes defendieron la doctrina tradicional de la Iglesia. Para explicar de forma intuitiva este misterio, los padres y teólogos se sirven de diversas analogías: la salida de Cristo del sepulcro sellado, el modo con que Él pasaba a través de las puertas cerradas, como pasa un rayo de sol por un cristal sin romperlo ni mancharlo, la generación del Logos del seno del Padre, el brotar del pensamiento en la mente del hombre.

3. Virginidad después del parto

María vivió también virgen después del parto (de fe).

La virginidad de María después del parto fue negada en la antigüedad por Tertuliano (*De monog.* 8), Eunomio, Joviniano, Helvidio, Bonoso de Cerdeña y los antidicomarianitas. En los tiempos modernos es combatida por la mayoría de los protestantes, tanto de tendencia liberal como conservadora, mientras que Lutero, Zwinglio y la teología luterana antigua mantuvieron decididamente la virginidad perpetua de María; cf. *Articuli Smalcaldici* P. 1, art. 4: «ex Maria, pura, sancta semper virgine».

El papa Siricio (392) reprobó la doctrina de Bonoso; Dz 91. El V concilio universal (553) aplica a María el título glorioso de «Siempre Virgen» (ἀειπαρθένος); Dz 214, 218, 227. Cf. las declaraciones del sínodo de Letrán (649) y de Paulo IV (1555); Dz 256, 993. También la liturgia celebra a María como «Siempre Virgen»; cf. la oración *Communicantes* en el canon de la misa. La Iglesia reza: «Post partum, Virgo, inviolata permansisti».

La Sagrada Escritura sólo testimonia indirectamente la perpetua virginidad de María después del parto. La interpretación tradicional de Lc 1, 34: «¿Cómo sucederá esto, pues no conozco varón?», infiere de la respuesta de María que ella, por una especial iluminación divina, había concebido el propósito de permanecer siempre virgen. San Agustín supone incluso un voto formal de virginidad. Según la interpretación más reciente, María, apoyándose en la concepción veterotestamentaria del matrimonio y la maternidad, entró en el matrimonio con una voluntad matrimonial normal. Cuando el ángel le anunció la concepción como un suceso inmediatamente inminente, ella objetó que no era posible, ya que antes de la conducción a casa no sostenía relaciones conyugales con su marido. Nos consta también indirectamente la virginidad perpetua de María por el hecho de que el Salvador, al morir, encomendase a su Madre a la protección de San Juan (Ioh 19, 26: «Mujer, ahí tienes a tu hijo»), lo cual nos indica claramente que María no tuvo otros hijos fuera de Jesús; cf. ORÍGENES, *In Ioan.* I 4 (6), 23.

Los «hermanos de Jesús», de los que varias veces se hace mención en la Sagrada Escritura, y a quienes nunca se les llama «hijos de María», no son sino parientes cercanos de Jesús; cf. Mt 13, 55, con Mt 27, 56; Ioh 19, 25; Gal 1, 19. El lugar de Lc 2, 7: «Y [María] dio a luz a su hijo primogénito» (cf. Mt 1, 25, según Vg) no da pie para suponer que María tuviera otros hijos después de Jesús, pues entre los judíos se llamaba también «primogénito» al hijo único. La razón es que el título «primogénito» contenía ciertas prerrogativas y derechos especiales; cf. Hebr 1, 6, donde al Hijo unigénito de Dios se le llama «Primogénito de Dios». Los lugares de Mt 1, 18: «Antes de que hubiesen vivido juntos», y Mt 1, 25: «No la conoció hasta que dio a luz a su hijo», significan únicamente que hasta un determinado momento no se había consumado el matrimonio, pero sin que afirmen por ello que después se consumara; cf. Gen 8, 7; 2 Reg 6, 23; Mt 28, 20.

Entre los padres, fueron defensores de la virginidad de María después del parto: ORÍGENES *(In Luc. hom.* 7), SAN AMBROSIO *(De inst. virg. et S. Mariae virginitate perpetua),* SAN JERÓNIMO *(De perpetua virginitate B. Mariae adv. Helvidium),* SAN AGUSTÍN *(De haeresibus* 56, 84), SAN EPIFANIO *(Haer.* 78; contra los antidicomarianitas). SAN BASILIO observa: «Los que son amigos de Cristo no soportan oir que la Madre de Dios cesó alguna vez de ser virgen» *(Hom. in s. Christi generationem,* n. 5); cf. SAN JUAN DAMASCENO, *De fide orth.* IV 14; S.th. III 28, 3.

Desde el siglo IV los santos padres, como, v.g., ZENÓN DE VERONA *(Tract.* I 5, 3; II 8, 2), SAN AGUSTÍN *(Sermo* 196, 1, 1; *De cat. rud.* 22, 40), PEDRO CRISÓLOGO *(Sermo* 117), exponen ya los tres momentos de la virginidad de María en la siguiente fórmula: «Virgo concepit, virgo peperit, virgo permansit» (SAN AGUSTÍN, *Sermo* 51, 11, 18).

Bibliografía: A. STEINMANN, *Die jungfräuliche Geburt des Herrn,* Mr [3]1926. El mismo, *Die Jungfrauengeburt und die vergleichende Religionsgeschichte,* Pa 1919. J. G. MACHEN, *The Virgin Birth of Christ,* NY-Lo [2]1932. J. MADOZ, *Vestigios de Tertuliano en la doctrina de la virginidad de María en la carta «Ad amicum aegrotum de viro perfecto»,* EE 18 (1944) 187-200. D. HAUGG, *Das erste biblische Marienwort (Lc 1, 34),* St 1938. H. KOCH, *Adhuc virgo,* T 1929. El mismo, *Virgo Eva-Virgo Maria,* B-L 1937; cf. a este propósito O. BARDENHEWER, ZkTh 55 (1931) 600-604; B. CAPELLE, RThAM 2 (1930) 388-395; K. ADAM, ThQ 119 (1938) 171-189. A. MITTERER, *Dogma und Biologie der heiligen Familie,* W 1952. J. B. BAUER, *Zur Diskussion um Lk 1, 34,* MThZ 9 (1958) 124-135. J. H. NICOLAS, *La*

padres y teólogos refieren también en sentido típico al misterio de la asunción corporal de María algunos pasajes, como Ps 131, 8: «Levántate, oh Yahvé, [y dirígete] al lugar de tu descanso, tú y el arca de tu majestad» (el arca de la alianza, construida de madera incorruptible, es tipo del cuerpo incorruptible de María); Apoc 11, 19: «Y el templo de Dios fue abierto en el cielo, y el arca de su alianza quedó visible»; Cant 8, 5: «¿Quién es ésta que sube del desierto [Vg: rebosante de delicias], recostada sobre su amado?»

La teología moderna presenta generalmente también como prueba el pasaje de Gen 3, 15. Como por la simiente de la mujer entiende a Cristo, y por la mujer a María, concluye que María, igual que tuvo participación íntima en la lucha de Cristo contra Satán, la tiene también en su victoria sobre el mismo, sobre el pecado y sobre sus consecuencias, y, por tanto, en su victoria sobre la muerte. Según el sentido literal, por la mujer no hay que entender a María, sino a Eva; pero la tradición ya vio en María, desde el siglo II (San Justino), a la nueva Eva.

Se basan también en la revelación las razones especulativas, con las cuales los padres de las postrimerías de la época patrística y los teólogos de la escolástica, y a la cabeza de todos el Seudo-Agustín (siglos IX/XI), prueban la incorrupción y glorificación del cuerpo de María. Tales razones son:

α) Su *inmunidad de todo pecado*. Como la descomposición del cuerpo es consecuencia punitiva del pecado, y como María, por haber sido concebida sin mancha y carecer de todo pecado, constituía una excepción en la maldición universal del pecado, era conveniente que su cuerpo se viera libre de la ley universal de la corrupción y entrara pronto en la gloria del cielo, tal como lo había prescrito Dios para el hombre en el plan de justicia original.

β) Su *maternidad divina*. Como el cuerpo de Cristo se había formado del cuerpo de María (*caro Iesu caro est Mariae,* Seudo-Agustín), era conveniente que el cuerpo de María participase de la suerte del cuerpo de Cristo. La idea de que María *es* Madre de Dios, para ser una realidad objetiva plena, exige que su cuerpo esté unido con su alma, porque la relación de maternidad tiene una doble faceta corporal y espiritual.

γ) Su *virginidad perpetua*. Como el cuerpo de María conservó su integridad virginal en la concepción y en el parto, era conveniente que después de la muerte no sufriera la corrupción.

δ) Su *participación en la obra redentora de Cristo*. Como María, por ser Madre del Redentor, tuvo íntima participación en la obra redentora de su Hijo, era conveniente que, después de consumado el curso de su vida sobre la tierra, recibiera el fruto pleno de la redención, que consiste en la glorificación del cuerpo y del alma.

La idea de la asunción corporal de la Virgen se halla expresada primeramente en los relatos apócrifos sobre el tránsito de la Virgen, que datan de los siglos V y VI. Aunque tales relatos no posean valor histórico, sin embargo, conviene hacer distinción entre la idea teológica que hay en el fondo y el ropaje legendario de que están adornados. El primer escritor eclesiástico que habla de la asunción corporal de María, siguiendo a un relato apócrifo del *Transitus B.M.V.*, es Gregorio de Tours († 594). Conservamos sermones antiguos en honor del tránsito de María, debidos a

Teotecno de Livia (550-650), Seudo-Modesto de Jerusalén (hacia 700), Germán de Constantinopla († 733), Andrés de Creta († 740), Juan de Damasco († 749) y Teodoro de Estudión († 826).

La Iglesia celebra la fiesta del tránsito de María *(Dormitio,* κοίμησις), en Oriente desde el siglo VI, y en Roma, por lo menos, desde fines del siglo VII (Sergio I, 687-701). Fue objeto primitivo de la fiesta la muerte de María, mas pronto apareció la idea de la incorrupción de su cuerpo y de su asunción a los cielos. El título de *Dormitio* se cambió en el de *Assumptio (Sacramentarium Gregorianum).* En los textos litúrgicos y patrísticos de los siglos VIII/IX se halla claramente testimoniada la idea de la asunción corporal. Por influjo del Seudo-Jerónimo (cf. infra) surgió durante largo tiempo la incertidumbre de si la asunción corporal pertenecía también a la conmemoración de la fiesta. Desde la alta edad media se fue imponiendo cada vez más la respuesta afirmativa, y hace ya mucho tiempo que predomina por completo.

c) Evolución histórica del dogma

En Occidente, sirvieron de obstáculo al desarrollo de la idea de la asunción un sermón seudo-agustiniano *(Sermo* 208: *Adest nobis),* una carta con el nombre fingido de Jerónimo *(Ep.* 9: *Cogitis me)* y el martirologio del monje Usuardo. El *Seudo-Agustín* (probablemente Ambrosio Autperto † 784) se sitúa en el punto de vista de que nosotros nada sabemos sobre la suerte del cuerpo de María. El *Seudo-Jerónimo* (Pascasio Radberto † 865) pone en duda la cuestión de si María fue asunta al cielo con el cuerpo o sin el cuerpo, pero mantiene la incorrupción de éste. *Usuardo* († hacia 875) alaba la reserva de la Iglesia, que prefiere no saber «el lugar donde por mandato divino se oculta ese dignísimo templo del Espíritu Santo», antes que recurrir a la leyenda. El martirologio de Usuardo se leía en el coro de muchos conventos y cabildos; la carta del Seudo-Jerónimo fue recibida en el Breviario. Ambos documentos influyeron notablemente en el pensamiento teológico del medioevo.

Frente a los citados escritos apareció un tratado *(Ad interrogata),* que desde la segunda mitad del siglo XII lleva el nombre de San Agustín, y cuya paternidad no ha quedado todavía clara (siglos IX-XI). Este tratado, fundándose en razones especulativas, sale decididamente en favor de la asunción corporal de la Virgen. Desde el siglo XIII la opinión del Seudo-Agustín va adquiriendo preponderancia. Los grandes teólogos de la escolástica se declaran en su favor. SANTO TOMÁS enseña: «Ab hac (maledictione, sc. ut in pulverem reverteretur) immunis fuit Beata Virgo, quia cum corpore ascendit in caelum» *(Expos. salut. ang.).* En la reforma del Breviario, que hizo Pío V (1568), eliminó éste las lecciones del Seudo-Jerónimo sustituyéndolas por otra que defendía la asunción corporal. El año 1668 surgió en Francia una violenta polémica de escritos en torno a la asunción, con motivo de una carta del cabildo de Notre Dame de París que quiso volver de nuevo al martirologio de Usuardo, suprimido el año 1540 (ó 1549). Jean Launoy († 1678) defendió enérgicamente el punto de vista de Usuardo. Benedicto XIV (1740-58) apreció la doctrina de la asunción como *pia et probabilis opinio,* pero sin querer por ello decir que perteneciera al depósito

María es llamada mediadora de todas las gracias en un doble sentido:

1) *María trajo al mundo al Redentor, fuente de todas las gracias, y por esta causa es mediadora de todas las gracias* (sent. cierta).

2) *Desde su asunción a los cielos, no se concede ninguna gracia a los hombres sin su intercesión actual* (sent. piadosa y probable).

1. María, medianera de todas las gracias por su cooperación a la encarnación («mediatio in universali»)

María dio al mundo al Salvador con plena conciencia y deliberación. Ilustrada por el ángel sobre la persona y misión de su Hijo, otorgó libremente su consentimiento para ser Madre de Dios; Lc 1, 38: «He aquí la sierva del Señor, hágase en mí según tu palabra». De su consentimiento dependía la encarnación del Hijo de Dios y la redención de la humanidad por la satisfacción vicaria de Cristo. María, en este instante de tanta trascendencia para la historia de la salvación, representaba a toda la humanidad. Dice SANTO TOMÁS: «En la anunciación se esperaba el consentimiento de la Virgen como representante de toda la naturaleza humana» («loco totius humanae naturae»; S.th. III 30, 1). León XIII hace el siguiente comentario a la frase mariana *Ecce ancilla Domini:* «Ella [María] desempeñaba en cierto modo el papel de toda la humanidad» («quae ipsius generis humani personam quodammodo agebat»; Dz 1940*a*).

Los padres contraponen la fe y la obediencia de María en la anunciación a la desobediencia de Eva. María, por su obediencia, fue causa de la salvación, y Eva, por su desobediencia, fue causa de la muerte. SAN IRENEO enseña: «Así como aquella [Eva] que tenía por marido a Adán, aunque todavía era virgen, fue desobediente haciéndose causa de la muerte para sí misma y para todo el linaje humano, así también María, que tenía destinado un esposo pero era virgen, fue por su obediencia la causa de la salvación para sí misma y para todo el linaje humano» («et sibi et universo generi humano causa facta est salutis»; *Adv. haer.* III 22, 4; cf. V 19, 1). SAN JERÓNIMO dice: «Por una mujer se salvó todo el mundo» («per mulierem totus mundus salvatus est»; *Tract. de Ps.,* 96); cf. TERTULIANO, *De carne Christi* 17.

La cooperación de María a la redención

El título de *Corredemptrix* = *Corredentora,* que viene aplicándose a la Virgen desde el siglo XV y que aparece también durante el pontificado de Pío X en algunos documentos oficiales de la Iglesia (cf. Dz 1978*a*, nota), no debe entenderse en el sentido de una equiparación de la acción de

María con la labor salvadora de Cristo, que es el único redentor de la humanidad (1 Tim 2, 5). Como la Virgen misma necesitaba la redención y fue redimida de hecho por Cristo, no pudo merecer para la humanidad la gracia de la salvación, según aquel principio: «Principium meriti non cadit sub eodem merito». La cooperación de María a la redención objetiva es indirecta y mediata, por cuanto ella puso voluntariamente toda su vida en servicio del Redentor, padeciendo e inmolándose con Él al pie de la cruz. Como observa Pío XII en su encíclica *Mystici Corporis* (1943), la Virgen, como nueva Eva, ofreció en el Gólgota al Padre Eterno a su Hijo juntamente con el sacrificio total de sus derechos y de su amor que le correspondían como Madre de aquel Hijo» (Dz 2291). Como el citado papa dice en la constitución apostólica *Munificentissimus Deus* (1950), María, «como nueva Eva», es la augusta asociada de nuestro Redentor («alma Redemptoris nostri socia»; cf. Gen 3, 12; cf. Dz 3031: «generosa Divini Redemptoris socia».

Cristo ofreció él solo el sacrificio expiatorio de la cruz; María únicamente estaba a su lado como cooferente en espíritu. De ahí que a María no le corresponda el título de «sacerdote», cuya aplicación desaprobó expresamente el Santo Oficio (1916, 1927). Como la Iglesia nos enseña, Cristo «venció Él solo *(solus)* al enemigo del género humano» (Dz 711); de igual manera mereció él solo la gracia de la redención para todos los hombres, incluso para María. La frase de Lc 1, 38: «He aquí la sierva del Señor», nos habla únicamente de una cooperación mediata y remota a la redención objetiva. San Ambrosio nos enseña expresamente: «La pasión de Cristo no necesitaba apoyo» *(De inst. virg.* 7). En virtud de la gracia salvadora que nos mereció Cristo, María ofreció expiación por los hombres por haber tomado parte espiritual en el sacrificio de su Hijo divino, mereciéndoles de congruo la aplicación de la gracia redentora de Cristo. De esta forma cooperó a la redención subjetiva de los hombres.

La frase de Pío X en la encíclica *Ad diem illum* (1904): «[Beata Virgo], de congruo, ut aiunt, promeret nobis, quae Christus de condigno promeruit» (Dz 1878*a*), no debe referirse, como se deduce por el presente *promeret,* a la cooperación de María a la redención objetiva e históricamente única, sino a su cooperación actual e intercesora en la redención subjetiva.

2. María es la medianera de todas las gracias por su intercesión en el cielo («mediatio in speciali»)

Desde que María entró en la gloria del cielo, está cooperando en que sean aplicadas a los hombres las gracias de la redención. Ella participa

con su participación íntima en la obra de su Hijo divino, claramente testimoniadas en la doctrina de la Escritura, de suerte que no parece imposible una definición.

Bibliografía: Chr. Pesch, *Die selige Jungfrau Maria, die Vermittlerin aller Gnaden,* Fr 1923. J. Bittremieux, *De mediatione universali B. M. Virginis quoad gratias,* Bru 1926. A. Deneffe, *Maria die Mittlerin aller Gnaden,* In 1933. W. Goossens, *De cooperatione immediata Matris Redemptoris ad redemptionem obiectivam,* P 1939. H. Seiler, *Corredemptrix,* R 1939. G. Smith-B. Erasmi, *Die Stellung Mariens im Erlösungswerk Christi,* Pa 1947. J. B. Carol, *De corredemptione B. Virginis Mariae disquisitio positiva,* V 1950. L. Di Fonzo, *Doctrina S. Bonaventurae de universali mediatione B. V. Mariae,* R 1938. M.-M. Desmarais, *S. Albert le Grand docteur de la médiation mariale,* P 1935. J. Bergmann, *Die Stellung der seligen Jungfrau im Werke der Erlösung nach dem hl. Kirchenlehrer Albertus Magnus,* Fr 1936. B. H. Merkelbach, *Quid senserit S. Thomas de mediatione B. M. V. S. Thomae doctrina de B. M. V. Mediatrice omnium gratiarum,* «Xenia Thomistica» ii, R 1925, 505-530; E. Hugon, ibid. 531-540. C. Dillenschneider, *Le mystère de la corédemptiom mariale,* P 1951. R. Laurentin, *Le titre de Corédemptrice, Étude historique,* R-P 1951. El mismo, *Marie, l'Église et le sacerdoce,* 2 vols., P 1952/53. W. Sebastian, *De B. Virgine Maria universali gratiarum Mediatrice doctrina franciscanorum ab anno 1600 ad an. 1730,* R 1952. F. M. Braun, *La mère des fidèles. Essai de théologie johannique,* Tournai 1952. Cl. Dillenschneider, *Maria im Heilsplan der Neuschöpfung,* Kolmar-Fr 1961.

§ 8. La veneración de María

A María, Madre de Dios, se le debe culto de hiperdulía (sent. cierta).

1. Fundamento teológico

En atención a su dignidad de Madre de Dios y a la plenitud de gracia que de ella se deriva, a María le corresponde un culto especial, esencialmente inferior al culto de latría (= adoración), que sólo a Dios es debido, pero superior en grado al culto de dulía (= veneración) que corresponde a los ángeles y a todos los demás santos. Esta veneración especial recibe el nombre de culto de hiperdulía.

El concilio Vaticano ii ha declarado: «María, que por la gracia de Dios, después de su Hijo, fue exaltada por sobre todos los ángeles y los hombres, en cuanto que es la santísima madre de Dios, que intervino en los misterios de Cristo, con razón es honrada con especial culto por la Iglesia» (const. *Lumen gentium,* n. 66).

La Sagrada Escritura nos ofrece los fundamentos para el culto a María, que tendría lugar más tarde, con aquellas palabras de la salutación angélica (Lc 1, 28): «Dios te salve, agraciada, el Señor es contigo», y con las palabras de alabanza que pronunció Santa Isabel, henchida por el Espíritu Santo (Lc 1, 42): «Bendita tú entre las mujeres y bendito el fruto de tu vientre»; y, además, con la frase profética de la Madre de Dios (Lc 1, 48): «Por eso desde ahora me dirán bienaventurada todas las generaciones»; e igualmente por la alabanza que dijo a la Virgen una mujer del pueblo (Lc 11, 27): «Dichoso el seno que te llevó y los pechos que te amamantaron».

2. Evolución histórica

En los tres primeros siglos, el culto a María está íntimamente unido con el culto a Jesucristo. Desde el siglo IV se encuentran ya formas de culto independiente a María. Los himnos de Efrén el sirio († 373) a la natividad del Señor «son casi todos otros tantos himnos de alabanza a la Madre virginal» (BARDENHEWER, *Marienpredigten* II). SAN GREGORIO NACIANCENO († hacia el 390) da testimonio de la invocación a María cuando refiere que la virgen cristiana Justina «imploró a la Virgen María que la ayudase en el peligro que corría su virginidad» *(Or.* 24, 11). SAN EPIFANIO († 403) enseña contra la secta de los coliridianos, que tributaban culto idolátrico a María: «A María hay que venerarla. Pero al Padre y al Hijo y al Espíritu Santo hay que tributarles adoración; a María nadie debe adorarla» *(Haer.* 79, 7). San Ambrosio y San Jerónimo ponen a María como modelo de virginidad e invitan a imitarla (AMBR., *De virginibus* II 2, 6-17; JERÓN., *Ep.* 22, 38; 107, 7).

Tomó gran auge el culto a María por haberse reconocido solemnemente en el concilio de Éfeso (431) la maternidad divina de la virgen que propugnara San Cirilo de Alejandría. En lo sucesivo se ensalzaría a María en numerosos sermones e himnos; en su honor se levantan iglesias y se introducen festividades. Además de la fiesta de la Purificación (hypapante = encuentro) y de la Anunciación, que primitivamente fueron fiestas del Señor, comenzaron ya en la época patrística las festividades del Tránsito (Asunción) y del Nacimiento de María. La veneración de la Santísima Virgen llegó a su pleno desarrollo durante la edad media.

LUTERO criticó acerbamente diversas formas del culto mariano, movido por el temor de que significara tributar honra divina a una criatura y de que se menoscabara la idea de la única mediación de Jesucristo, pero retuvo la fe tradicional en la maternidad divina y en la perpetua virginidad de María; la proponía como modelo de fe y de humildad y recomendaba acudir a su intercesión *(Exposición del Magnificat,* 1521). También *Zwinglio* conservó la fe tradicional de la Iglesia respecto a María y al culto a Nuestra Señora, pero rechazó el que la invocase. Este mismo punto de vista tomaron generalmente los antiguos teólogos luteranos, los cuales

Parte primera

LA DOCTRINA DE LA GRACIA

Bibliografía: C. BOYER, *Tractus de gratia divina,* R 1938. M. DAFFARA, *De gratia Christi,* R 1950. H. LANGE, *De gratia,* Fr 1929. El mismo, *Im Reich der Gnade,* Re 1934. B. BARTMANN, *Des Christen Gnadenleben,* Pa [3]1922. H. RONDET, *Gratia Christi. Essai d'histoire du dogme et de théologie dogmatique,* P 1948. E. NEVEUT, *Les multiples grâces de Dieu,* Aurillac 1940. E. SCHOLL, *Die Lehre des hl. Basilius von der Gnade,* Fr 1881. F. K. HÜMMER, *Des hl. Gregor von Nazianz Lehre von der Gnade,* Ke 1890. E. WEIGL, *Die Heilslehre des hl. Cyrill von Alexandrien,* Mz 1905. J. B. AUFHAUSER, *Die Heilslehre des hl. Gregor von Nyssa,* Mn 1910. J. MAUSBACH, *Die Ethik des hl. Augustinus,* 2 tomos, Fr [2]1929. N. MERLIN, *S. Augustin et les dogmes du péché originel et de la grâce,* P 1931. A. HOCH, *Die Lehre des Johannes Cassianus von Natur und Gnade,* Fr 1895. J. LAUGIER, *St. Jean Cassien et sa doctrine sur la grâce,* Ly 1908. FR. DI SCIASCIO, *Fulgenzio di Ruspe e i massimi problemi della grazia,* R 1941. H. KÖSTER, *Die Heilslehre des Hugo von St. Viktor,* Emsdetten 1940. J. SCHUPP, *Die Gnadenlehre des Petrus Lombardus,* Fr 1932. A. M. LANDGRAF, *Dogmengeschichte der Frühscholastik.* I. *Die Gnadenlehre,* Bd. I-II, Re 1952/53. K. HEIM, *Das Wesen der Gnade und ihr Verhältnis zu den natürlichen Funktionen des Menschen bei Alexander Halesius,* L 1907 H. DOMS, *Die Gnadenlehre des sel. Albertus Magnus,* Br 1929. M. GLOSSNER, *Die Lehre des hl. Thomas vom Wessen der Gnade,* Mz 1871. J. AUER, *Die Entwicklung der Gnadenlehre in der Hochscholastik.* I. *Das Wesen der Gnade,* Fr 1942; II. *Das Wirken der Gnade,* Fr 1951. P. MINGES, *Die Gnadenlehre des Duns Scotus auf ihren angeblichen Pelagianismus geprüft,* Mr 1906. A. ALSZEGHY, *La teologia dell'ordine sopranaturale nella scolastica antica,* Greg 31 (1950) 414-450 (extensa información bibliográfica). F. STEGMÜLLER, *Francisco de Vitoria y la doctrina de la gracia en la escuela salmantina,* Barna 1934. El mismo, *Zur Gnadenlehre des jungen Suárez,* Fr 1933. El mismo, *Zur Gnadenlehre des spanischen Konzilstheologen Domingo de Soto,* en: *Das Weltkonzil von Trient,* Fr 1951, I 169-230. A. WINKLHOFER, *Die Gnadenlehre in der Mystik des hl. Johannes vom Kreuz,* Fr 1936. A. FLEISCHMANN, *Die Gnadenlehre des Wilhelm Estius und ihre Stellung zum Bajanismus,* Kallmünz 1940.

Parte Primera

LA DOCTRINA DE LA GRACIA

Bibliografía: C. Boyer, [illegible] de gratia divina, R [illegible]. M. Daffara, De gratia Christi, T 1950. H. Lange, De gratia, Fr 1929. El mismo, Vom Reich der Gnade, Kö 1934. K. [illegible], Das Christen[illegible] [illegible], Pa 1952. H. Rondet, Gratia Christi. Essai d'histoire du dogme et de théologie dogmatique, P 1948. [illegible] Les [illegible] de Dieu, [illegible] 1940. [illegible] Die Lehre des hl. Thomas von der Gnade, [illegible] 1881. [illegible], [illegible] Lehre von der Gnade, [illegible] 1890. [illegible], Die Heilslehre des hl. [illegible], Me 1905. [illegible] des hl. Gregor von Nyssa, Mn 1910. J. Mausbach, Die Ethik des hl. Augustinus, 2 tomos, Fr 1929. [illegible] et le dogme de la grâce [illegible] de la grâce, P 1931. A. [illegible], Die Lehre [illegible] von Natur und Gnade, [illegible] 1934. [illegible] [illegible] Pelagio [illegible] la natura [illegible] della grazia [illegible] 1934. [illegible] [illegible] Lombardus [illegible] 1940. J. Schupp, Die Gnadenlehre [illegible], [illegible] 1932. A. M. Landgraf, Dogmengeschichte der Frühscholastik I: Die Gnadenlehre, 2 tomos, Re 1952/53. [illegible] [illegible] und der Tradition [illegible] [illegible] Alexander von Hales [illegible] 1907. H. Bouillard, [illegible] Gnadenlehre des hl. [illegible] [illegible] 1929. [illegible], Die Lehre des hl. Thomas [illegible] Gnade [illegible] Die Entwicklung der Gnadenlehre [illegible] Die Lehre von der Gnade, [illegible] 1942. [illegible] Die Gnadenlehre des Duns Scotus auf ihren [illegible], Mr 1906. A. [illegible] [illegible] nella scola [illegible] Greg 31 (1950) 414-40 (extensa información bibliográfica). [illegible] Domingo de Soto [illegible] de la gracia en el [illegible] Pamplona 1947. El mismo, Zur Gnadenlehre des jungen Luther, Fr 1933. El mismo, Zur Gnadenlehre des Domingo de Soto, en: Das Weltkonzil von Trient, Fr 1951, I 169-2[illegible]. A. [illegible], Die Gnadenlehre des hl. Johannes vom Kreuz, Fr 1930. A. [illegible], Die Gnadenlehre des [illegible] und ihre Stellung zum Jansenismus, Kallmünz 1940.

§ 3. División de la gracia

1. Gracia increada—gracia creada

La gracia increada es Dios mismo, en cuanto Él predeterminó en su amor desde toda la eternidad los dones de la gracia, en cuanto se ha comunicado a sí mismo (gracia de unión) en la encarnación a la humanidad de Cristo, en cuanto mora en las almas de los justos y en cuanto se entrega a los bienaventurados para que le posean y disfruten por la visión beatífica. El acto de la unión hipostática, de la inhabitación y de la visión beatífica de Dios es, por cierto, una gracia creada, pues tuvo comienzo en el tiempo; pero es increado el don que se confiere a la criatura por medio de estos actos. La gracia creada es un don sobrenatural distinto de Dios o un efecto causado por Dios.

2. Gracia de Dios (del Creador, del Ordenador; gracia del estado original)—gracia de Cristo (del Redentor, del Salvador; gracia de la naturaleza caída)

La gracia de Dios, o del Creador, es aquella que confirió Dios a los ángeles y a nuestros primeros padres en el Paraíso sin considerar los méritos de Cristo y por el único motivo del amor, siendo ellos, a causa de su impecancia, tan sólo negativamente indignos *(non digni)* de recibir la gracia. La gracia de Cristo, o del Redentor, es aquella que Dios ha conferido y confiere a los hombres caídos en atención a los méritos redentores de Cristo y por el doble motivo del amor y de la misericordia, siendo ellos, por el pecado, positivamente indignos *(indigni)* de recibir la gracia. Tanto la gracia de Dios como la gracia de Cristo elevan al que la recibe al orden sobrenatural del ser y de la actividad («gratia elevans»); la gracia de Cristo tiene, además, la misión de sanar las heridas abiertas por el pecado («gratia elevans et sanans o medicinalis»).

Partiendo del supuesto de la absoluta predestinación de la encarnación del Hijo de Dios, los escotistas consideran también la gracia de los ángeles y de los primeros padres en el Paraíso como gracia de Cristo, pero no en cuanto Redentor («gratia Christi tanquam redemptoris»), sino en cuanto es cabeza de toda la creación («gratia Christi tanquam capitis omnis creaturae»); véase Soteriología, § 2.

3. Gracia externa—gracia interna

La gracia externa es todo beneficio de Dios otorgado para la salvación de los hombres, que es externo al hombre e influye sólo moralmente en él; v.g., la revelación, la doctrina y ejemplo de Cristo, los sermones, la liturgia, los sacramentos, el buen ejemplo de los santos. La gracia interna se posesiona intrínsecamente del alma y de sus potencias y obra físicamente en ellas; v.g., la gracia santificante, las virtudes infusas, la gracia actual. La gracia externa se ordena a la interna como a su fin; cf. 1 Cor 3, 6.

4. Gratia gratis data—gratia gratum faciens

Aunque toda gracia constituye un don libérrimo de la bondad divina, entendemos por «gracia gratis data» en sentido estricto —basándonos en Mt 10, 8 («gratis accepistis, gratis date»)— aquella que se concede a algunas personas para salvación de otras. Tales son los dones extraordinarios de la gracia (los carismas; v.g., profecía, don de obrar milagros, don de lenguas; cf. 1 Cor 12, 8 ss) y los poderes ordinarios de la potestad de orden y jurisdicción. La posesión de estos dones no depende de las cualidades personales y morales de su posesor (cf. Mt 7, 22 s; Ioh 11, 49, 52). La «gratia gratum faciens», o gracia de santificación, se destina a todos los hombres y es conferida para la santificación personal. Hace agradable en el acatamiento de Dios a aquel que la recibe *(gratum),* bien santificándole formalmente (gracia santificante), bien disponiéndole para la santificación o conservándole en ella o acrecentándosela (gracia actual). La «gratia gratum faciens» constituye el fin de la «gratia gratis data» y es, por tanto, intrínsecamente más elevada y más valiosa que ella; cf. 1 Cor 12, 31 ss.

5. Gratia habitualis (sanctificans)—gratia actualis

La «gratia gratum faciens», o gracia de santificación, comprende la «gratia habitualis» y la «actualis». La gracia habitual es una cualidad permanente y sobrenatural del alma que santifica intrínsecamente al hombre y le hace justo y grato a Dios (gracia santificante o gracia justificante). La gracia actual, o gracia de asistencia o auxiliadora, es un influjo sobrenatural y transitorio de Dios sobre las potencias del alma para efectuar alguna acción saludable que tienda, bien a la consecución de la gracia santificante, bien a la conservación y acrecentamiento de la misma.

6. La «gratia actualis» se divide:

a) Según la potencia del alma a que afecte, en gracia de entendimiento y gracia de voluntad; o, según su efecto, en gracia de iluminación («gratia illuminationis») y gracia de moción («gratia inspirationis»).

b) Según su relación con el libre ejercicio de la voluntad humana, en gracia antecedente («gratia praeveniens, antecedens, excitans, vocans, operans») a la libre decisión de la voluntad, y gracia subsiguiente y concomitante («gratia subsequens, adiuvans, concomitans, cooperans») al ejercicio de la libre voluntad.

c) Según su efecto, en gracia suficiente («gratia sufficiens») y gracia eficaz («gratia efficax). La primera da la facultad de poner un acto saludable; la segunda lleva realmente a ponerlo.

Bibliografía: I. Willig, *Geschaffene und ungeschaffene Gnade,* Mr 1964.

obrar cualquier bien. Toda acción del hombre, o bien procede del placer terrenal, el cual brota de la concupiscencia («delectatio terrena sive carnalis»), o bien del placer celestial, que es operado por la gracia («delectatio caelestis»). Ambos ejercen un influjo determinante sobre la voluntad humana, la cual, por su carencia de libertad, sigue siempre el impulso del placer más poderoso («delectatio victrix»). Según predomine el placer terrenal o el placer celestial, la acción del hombre será pecaminosa o moralmente buena. Si sale victoriosa la «delectatio caelestis», recibe el nombre de «gratia efficax» o «irresistibilis»; y en el caso contrario es llamada «gratia parva» o «sufficiens». El papa Inocencio x condenó, en el año 1653, cinco proposiciones de JANSENIO, tomadas de su extensa obra *Augustinus;* Dz 1092-96.

c) Pascasio Quesnel († 1719) popularizó las ideas de Bayo y Jansenio e insistió especialmente en el carácter irresistible de la gracia de Cristo. CLEMENTE XI, en el año 1713, condenó, por la bula *Unigenitus,* ciento una proposiciones de sus escritos; Dz 1351-1451.

5. El moderno racionalismo

El moderno racionalismo, por la negación que hace de todo lo sobrenatural y del pecado original, se sitúa en el mismo punto de vista que el pelagianismo.

Bibliografía: F. WÖRTER, *Der Pelagianismus nach seinem Ursprung und seiner Lehre,* Fr [2]1874. A. BRUCKNER, *Quellen zur Geschichte des Pelagianischen Streites,* T 1906. J. J. DEMPSEY, *Pelagius's Commentary on Saint Paul. A Theological Study,* R 1937. F. WÖRTER, *Beiträge zur Dogmengeschichte des Semipelagianismus,* Mr 1898. El mismo, *Zur Dogmengeschichte des Semipelagianismus,* Mr 1899. A. HOCH, J. LAUGIER (véase bibl. gen. a la Parte I del Libro IV). F. X. JANSEN, *Baius et le baianisme,* Ln 1927. J. PAQUIER, *Le Jansénisme. Étude doctrinale,* P 1909. L. CEYSSENS, *Sources relatives aux débuts du Jansénisme et de l'Antijansénisme* 1640-1643, Ln 1957.

Sección primera

LA GRACIA ACTUAL

Capítulo primero

NATURALEZA DE LA GRACIA ACTUAL

§ 5. La gracia de iluminación y la de moción

1. Noción de gracia actual

La gracia actual es un influjo transitorio y sobrenatural de Dios sobre las potencias anímicas del hombre, con el fin de moverle a realizar una acción saludable. En su calidad de influjo transitorio, la gracia actual se distingue de la habitual y de las virtudes infusas, que son inherentes al alma como cualidades permanentes. Por su carácter sobrenatural y por estar ordenada a la realización de actos saludables, es decir, de acciones que se hallan en relación intrínseca con el último fin sobrenatural, es por lo que la gracia actual se distingue del concurso de Dios en las acciones naturales de las criaturas («concursus Dei naturalis»). La expresión «gratia actualis» surge en la escolástica tardía (Capréolo) y se hace usual después del concilio de Trento, el cual todavía no la emplea.

2. Explanación del concepto de gracia actual

a) Doctrina de la Iglesia

La gracia actual, de una manera inmediata e intrínseca, ilumina el entendimiento y fortalece la voluntad (sent. cierta).

El concilio II de Orange (529) denunció como herética la siguiente proporción: El hombre, por la fuerza de la naturaleza,

2. La gracia subsiguiente

Existe un influjo sobrenatural de Dios sobre las potencias del alma que coincide temporalmente con el libre ejercicio de la voluntad humana (de fe).

En el caso de que hablamos ahora, Dios y el hombre obran al mismo tiempo. Dios obra «en nosotros con nosotros» («in nobis nobiscum»; cf. Dz 182), de suerte que el acto sobrenatural de salud es obra conjunta de la gracia de Dios y el libre ejercicio de la voluntad humana. La gracia que apoya y acompaña el libre ejercicio de la voluntad es llamada «gratia subsequens» (con respecto al efecto de la gracia antecedente), «adiuvans, concomitans, cooperans».

La doctrina de la Iglesia acerca de la realidad efectiva y necesidad de la gracia subsiguiente se halla expresada en el decreto sobre la justificación, emanado del concilio de Trento; Dz 797: El pecador se encamina a su justificación «asintiendo libremente a la gracia y cooperando con ella» («gratiae libere assentiendo et cooperando»); Dz 810: «El amor de Dios hacia los hombres es tan grande que quiere que sean méritos de ellos [por el libre ejercicio de la voluntad humana] lo que son dones suyos [por razón de su gracia]»; cf. Dz 141.

San Pablo acentúa el apoyo que da la gracia de Dios al libre ejercicio de la voluntad humana en los actos saludables; 1 Cor 15, 10: «Por la gracia de Dios soy lo que soy, y la gracia que me confirió no ha sido estéril, antes yo he trabajado más que todos ellos, pero no yo, sino la gracia de Dios conmigo» («gratia Dei mecum»).

San Agustín describe de la siguiente manera la operación de la gracia antecedente y de la subsiguiente: «Dios obra en el hombre muchos bienes que no hace el hombre; pero ninguna cosa buena hace el hombre que Dios no cause que la haga el hombre» (*Contra duas ep. Pel.* II 9, 21 = Dz 193). «El Señor prepara la voluntad y con su cooperación lleva a cabo lo que empezó con su operación. Porque Él obra al principio para que queramos, y coopera con los que quieren para llevar a término... Así pues, Él hace sin nosotros que nosotros queramos; y cuando queremos, y de tal suerte queremos que lo hacemos, entonces coopera con nosotros. Sin embargo, sin Él, que obra para que queramos y que coopera cuando queremos, nada podemos nosotros con respecto a las buenas obras de la piedad» (*De gratia et libero arb.* 17, 33); cf. San Gregorio Magno, *Moral.* XVI 25, 30 y la oración *Actiones nostras*.

§ 7. Controversia acerca de la esencia de la gracia actual

1. Hay que rechazar la doctrina de *Pascasio Quesnel* según la cual la gracia actual se identifica con la voluntad omnipotente de Dios. Cf. la 19.ª proposición condenada: «Dei gratia nihil aliud est quam eius omnipotens voluntas»; Dz 1369; cf. 1360 s. La voluntad omnipotente de Dios se identifica con la Esencia divina. Pero la gracia actual es un efecto finito de la voluntad salvífica de Dios, distinto del mismo Dios («gratia creata»). Quesnel, con su concepción de la gracia, quería dar fundamento a su idea de la eficacia irresistible de la misma.

2. Según los *molinistas,* la gracia actual consiste formalmente en un acto vital (indeliberado) del alma, es decir, en una operación del entendimiento o de la voluntad, que Dios opera en el alma inmediatamente por sí mismo. Para fundamentar su tesis, acuden a la Sagrada Escritura, a la tradición y a los documentos del magisterio eclesiástico, haciendo notar que en ellos se designan a la gracia actual como «cogitatio pia, cognitio, scientia», o bien «bona voluntas, sanctum desiderium, cupiditas boni, voluptas, delectatio», etc., expresiones todas ellas que significan los actos vitales del alma.

3. Los *tomistas* definen la gracia actual como don o virtud sobrenatural que precede a los actos del entendimiento y de la voluntad, y que eleva sobrenaturalmente de forma transitoria las potencias cognoscitiva y volitiva capacitándolas para poner los actos de intelección y volición sobrenatural. La virtud sobrenatural, comunicada por Dios, se une con la potencia intelectiva y la volitiva hasta formar con ellas un solo principio del cual procede el acto sobrenatural. Los tomistas procuran fundamentar positivamente su tesis en frases de la Sagrada Escritura, de los padres y de los concilios, en las cuales la gracia antecedente es designada como una voz, una iluminación, un aldabonazo, un despertar, un impulso, un toque de Dios. Todas estas expresiones significan una acción de Dios que precede a los actos vitales del alma y los produce.

La virtud sobrenatural que eleva transitoriamente las potencias del alma para que realicen una acción sobrenatural es designada por los tomistas como cualidad pasajera o «fluyente» («qualitas fluens»), para diferenciarla de la gracia santificante, que es cualidad permanente. La doctrina de Santo Tomás (S.th. I II 110, 2) no habla en contra de esta opinión, aunque dice expresamente que la gracia «no es una cualidad, sino un movimiento del alma» («non est qualitas, sed motus quidam animae»); pues por «cualidad» entiende Santo Tomás la cualidad permanente, y por «movimiento del alma» no entiende un acto vital de la misma, sino una pasión que consiste en la recepción del movimiento que parte de Dios («anima hominis movetur a Deo ad aliquid cognoscendum vel volendum vel agendum»).

En contra de la sentencia molinista está la consideración de que los actos vitales sobrenaturales del alma son producidos conjuntamente por Dios y por las potencias anímicas, mientras que la gracia es causada únicamente por Dios.

Dios santificador

Capítulo segundo

NECESIDAD DE LA GRACIA ACTUAL

§ 8. NECESIDAD DE LA GRACIA PARA LOS ACTOS DEL ORDEN SOBRENATURAL

1. Necesidad de la gracia para cada acto saludable

Para cada acto saludable es absolutamente necesaria la gracia interna y sobrenatural de Dios («gratia elevans»; de fe).

El concilio II de Orange (529) enseña en el can. 9: «Quoties bona agimus, Deus in nobis atque nobiscum, ut operemur, operatur» (Dz 182); en el can. 20: «Nulla facit homo bona, quae non Deus praestat, ut faciat homo» (Dz 193; cf. 180). El concilio de Trento confirma esta doctrina en su decreto sobre la justificación, can. 1-3 (Dz 811-813). Se oponen a la doctrina de la Iglesia el pelagianismo y el moderno racionalismo.

Cristo, en Ioh 15, 1 ss, nos explica de forma intuitiva, bajo la imagen de la vid y los sarmientos, el influjo sobrenatural de la gracia, que Él ejerce sobre las almas y que produce frutos de vida eterna, es decir, actos saludables; v 5: «Yo soy la vid, vosotros los sarmientos, el que permanece en mí y yo en él, ése da mucho fruto, porque sin mí no podéis hacer nada» («sine me nihil potestis facere»). San Pablo expresa esta misma idea bajo la alegoría de la unión entre la cabeza y los miembros; Eph 4, 15 s; Col 2, 19. Para todo pensamiento saludable (2 Cor 3, 5), para toda decisión buena de la voluntad (Rom 9, 16) y para toda obra buena (Phil 2, 13; 1 Cor 12, 3) San Pablo exige el auxilio de la gracia divina; 1 Cor 12, 3: «Nadie puede decir "Jesús es el Señor", sino en el Espíritu Santo.»

Los padres sintieron que la doctrina de Pelagio era una innovación que contradecía la fe del pueblo cristiano. SAN AGUSTÍN hace el siguiente comentario a propósito de Ioh 15, 5: «Para que nadie piense que el sarmiento podría producir por sí solo al menos un pequeño fruto, el Señor no dijo: "Sin mí podéis hacer poco", sino que afirmó rotundamente: "Sin mí no podéis hacer nada." Así pues, sea poco o mucho, nada se puede hacer sin Aquel fuera del cual nada es posible hacer» (*In Ioh tr.* 81, 3).

Se prueba especulativamente que la gracia es absolutamente necesaria para realizar cualquier acto saludable por el carácter entitativamente sobrenatural del último fin, que por lo mismo exige para su consecución el carácter entitativamente sobrenatural de los medios ordenados a ese fin, es decir, de los actos saludables; cf. S.th. I II 109, 5.

2. Necesidad de la gracia para el comienzo de la fe y la salvación

Para el comienzo de la fe y la salvación, es absolutamente necesaria la gracia interna y sobrenatural (de fe).

El concilio II de Orange (529) declaró en el can. 5, frente a las enseñanzas de los semipelagianos: «Si quis... initium fidei ipsumque credulitatis affectum... non per gratiae donum, id est per inspirationem Spiritus Sancti..., sed naturaliter nobis inesse dicit, Apostolicis dogmatibus adversarius approbatur»; Dz 178. De manera semejante enseña el concilio de Trento que el punto de partida de la justificación es la gracia antecedente de Dios; cf. Dz 797 s, 813.

La Escritura enseña que la fe, condición subjetiva de la justificación, es don de Dios; Eph 2, 8 s: «Con la gracia habéis sido salvados por medio de la fe, y esto no os viene de vosotros. Es don de Dios; no viene de las obras, para que ninguno se gloríe»; Ioh 6, 44: «Nadie puede venir a mí [= creer en mí] si el Padre que me ha enviado no le trae»; Ioh 6, 65: «Nadie puede venir a mí si no le es dado de mi Padre». Según Hebr 12, 2, Cristo es el «autor y consumador de la fe»; cf. Phil 1, 6; 1, 29; 1 Cor 4, 7.

Los lugares de la Escritura invocados por los semipelagianos (Zach 1, 3: «Volveos a mí y yo me volveré a vosotros»; Prov 8, 17: «Yo amo a los que me aman»; Mt 7, 7: «Pedid y se os dará»; Act 16, 31: «Cree en el Señor Jesús, y serás salvo»; Eph 5, 14: «Despierta... y te iluminará Cristo») hay que entenderlos armónicamente con los demás lugares de la Escritura, de manera que esa conversión previa que Dios pide al hombre se encuentra ya bajo el influjo de la gracia actual. La gracia no excluye el libre ejercicio de la libertad. Ese volverse Dios al hombre no hay que entenderlo como la concesión de la primera gracia, sino como la comunicación de ulteriores gracias.

San Agustín, en su escrito *De dono perseverantiae* (19, 48-50), presenta ya una prueba de tradición con testimonios tomados de San Cipriano, San Ambrosio y San Gregorio Nacianceno. San Agustín hace referencia a la oración de la Iglesia por la conversión de los infieles: «Si la fe es cosa únicamente del libre albedrío y no es concedida por Dios, ¿por qué oramos entonces por los que no quieren creer, para que crean?» *(De gratia et lib. arb.* 14, 29). En tiempos anteriores a los de su elevación a la dignidad episcopal (395), San Agustín mismo había sostenido la opinión errónea de que la fe no era don de Dios, sino obra exclusiva del hombre. Pero, sobre todo, el pasaje de 1 Cor 4, 7: «¿Qué tienes tú que no hayas recibido?», le dio la persuasión de que también la fe era don de Dios; cf. *De praedest. sanct.* 3, 7.

Varias expresiones de padres anteriores a San Agustín que parecen sonar a semipelagianismo se explican por las polémicas que éstos sostenían contra el fatalismo pagano y el maniqueísmo, que negaban la libertad de la voluntad. SAN JUAN CRISÓSTOMO, a quien principalmente invocaban en su favor los semipelagianos, comenta a propósito de Hebr 12, 2: «Él mismo injertó en nosotros la fe, él mismo puso el comienzo» *(In ep. ad Hebr. hom.* 28, 2).

El carácter gratuito de la gracia exige que aun el comienzo de la fe y la salvación sea obra de Dios. Al verificarse el acto de fe, el primer juicio valorativo sobre la credibilidad de la revelación («iudicium credibilitatis») y la disposición para creer («pius credulitatis affectus») hay que atribuirlos al influjo de la gracia inmediata de iluminación y moción.

3. Necesidad de la gracia actual para los actos saludables del justificado

También el justo tiene necesidad de la gracia actual para realizar actos saludables (sent. común).

Como las potencias anímicas del justo se hallan elevadas sobrenaturalmente de manera permanente por la gracia habitual, por lo mismo la gracia actual no obra en el justo como *gratia elevans,* sino como *gratia excitans* y *adiuvans,* reduciendo al acto la potencia del alma, elevada ya sobrenaturalmente, y ayudándola durante la realización del acto, y obra también como *gratia sanans* curando las heridas que dejaron abiertas los pecados.

No existe ninguna declaración cierta del magisterio eclesiástico en favor de la necesidad de esta gracia a la que nos referimos en la tesis. Sin embargo, los documentos emanados del concilio II de Orange y el concilio de Trento hablan del influjo de la gracia de Dios o de Cristo en las buenas acciones de los justos, pero sin hacer distinción expresa entre la gracia actual y la habitual; Dz 809: «El mismo Cristo Jesús... hace fluir sin cesar su virtud sobre los justificados. La cual antecede siempre a las buenas obras de ellos, acompañándolas y subsiguiéndolas»; cf. Dz 182. Conforme a la práctica de las oraciones católicas, los justos piden también el auxilio divino para emprender toda obra buena *(Actiones nostras,* etc.).

La frase de Cristo: «Sin mí nada podéis hacer» (Ioh 15, 5), sugiere que aun el justo, para realizar actos saludables, necesita el auxilio de la gracia actual. San Pablo enseña que Dios es quien excita y consuma las obras de los justos; Phil 2, 13: «Dios es el que obra en vosotros el querer y el llevar a cabo»; 2 Thes 2, 17: «Él consuele vuestros corazones y los confirme en toda obra y palabra buena»; Hebr 13, 21: «El Dios de la paz... os confirme en todo bien, para que cumpláis su voluntad.»

SAN AGUSTÍN extiende también a los justos la necesidad de la gracia actual: «Lo mismo que el ojo corporal, aunque se halle completamente sano, no es capaz de ver si no es ayudado por el resplandor de la luz, de la misma manera el hombre, aunque se halle completamente justificado, no puede vivir rectamente si no es ayudado por la luz de la justicia eterna de Dios» (*De nat. et grat.* 26, 29).

La necesidad de la gracia actual para las obras de los justos se prueba especulativamente por aquello de que toda criatura, a causa de su total dependencia de Dios, necesita, para actuar sus potencias, un influjo actual de Dios (*«gratia excitans* y *adiuvans»*). Como en el justo perduran las consecuencias del pecado original, necesita, por tanto, una especial ayuda de la gracia que contrarreste su debilidad moral (*gratia sanans*); cf. S.th. I II 109, 9.

4. Necesidad de la gracia para la perseverancia

El justificado no puede permanecer hasta al fin en la justicia recibida sin un particular auxilio de Dios (de fe).

El concilio II de Orange enseña, contra las doctrinas semipelagianas, que aun los regenerados en el bautismo tienen que pedir incesantemente el auxilio de Dios a fin de poder llegar a un fin bueno y perseverar en la buena obra; Dz 183. El concilio de Trento llama a la perseverancia final «un gran don de Dios» («magnum illud usque in finem perseverantiae donum»; Dz 826) y enseña que el justo no puede permanecer hasta el fin en la justicia recibida sin un particular auxilio de Dios: «Si quis dixerit, iustificatum vel sine speciali auxilio Dei in accepta iustitia perseverare posse vel cum eo non posse», a. s.; Dz 832. La «particular ayuda de Dios» necesaria para la perseverancia final consiste en una suma de gracias (actuales) externas e internas.

Se distinguen las siguientes clases de perseverancia:

a) Perseverancia *temporalis* o imperfecta, es decir, la permanencia por algún tiempo en la justicia recibida; y perseverancia *finalis* o perfecta, es decir, la permanencia hasta el último instante de la vida.

b) Perseverancia *(finalis) passiva,* es decir, la coincidencia del instante de la muerte con el estado de gracia; y perseverancia *(finalis) activa,* es decir, la continua cooperación del justo con la gracia. La perseverancia de los que no han llegado al uso de la razón es puramente pasiva; la de los demás es, por lo general, pasiva y activa al mismo tiempo. La cláusula anterior se refiere a esta última.

c) Potentia perseverandi (posse perseverare), es decir, el poder perseverar; y perseverancia *actualis (actu perseverare),* es decir, el perseverar realmente. Mientras que la posibilidad de perseverar se concede a todos los justos por razón de la universal voluntad salvífica de Dios, la perseverancia real se concede únicamente a los predestinados.

La Sagrada Escritura atribuye a Dios la consumación de la obra salvadora; Phil 1, 6: «El que comenzó en vosotros la buena obra la llevará a cabo hasta el día de Cristo Jesús»; cf. Phil 2, 13; 1 Petr 5, 10. La Escritura acentúa la necesidad de incesante oración para salir airoso de los peligros contra la salvación (Lc 18, 1: «Es preciso orar en todo tiempo y nunca desfallecer»; 1 Thes 5, 17: «Orad sin interrupción») insistiendo al mismo tiempo en la necesidad de cooperar fielmente con la gracia de Dios (Mt 26, 41: «Velad y orad para no caer en la tentación»; cf. Lc 21, 36).

Hacia el fin de su vida, escribió San Agustín una monografía, *De dono perseverantiae,* dirigida contra los semipelagianos, en la cual aprovecha como principal argumento las oraciones tradicionales en la Iglesia: «¿Por qué se le pide a Dios esa perseverancia, si no es Él quien la concede? Sería ridículo pedir a uno lo que se sabe que no concede, sino que lo ha dejado bajo el poder del hombre» (2, 3).

Si es verdad que la perseverancia final, por ser una gracia, no se puede merecer (de condigno), no es menos cierto que se puede implorar infaliblemente por medio de la oración hecha como conviene (en estado de gracia y con perseverancia): «Hoc Dei donum suppliciter emereri potest» (*De dono persev.* 6, 10). La certeza de ser oídos se funda en una promesa de Jesús; Ioh 16, 23. Pero, como para el hombre existe siempre la posibilidad de caer mientras no está confirmado de manera inmutable en el bien, nadie puede saber con certeza infalible, sin una especial revelación de Dios, si de hecho perseverará hasta el fin; cf. Dz 826; Phil 2, 12; 1 Cor 10, 12.

La razón intrínseca que prueba la necesidad de la gracia de perseverancia radica en la voluntad humana, la cual, por la incesante rebelión de la carne contra el espíritu, no tiene en sí misma el poder para consolidarse de manera inmutable en el bien (perseverancia activa). No cae tampoco dentro del poder del hombre hacer que coincida el instante de la muerte con el estado de gracia (perseverancia pasiva); cf. S.th. I II 109, 10.

5. Necesidad de un privilegio especial de la gracia para evitar permanentemente todos los pecados veniales

El justo, sin un especial privilegio de la gracia de Dios, no es capaz de evitar durante toda su vida todos los pecados, aun los veniales (de fe).

Contra la doctrina de los pelagianos, que sostenían que el hombre podía evitar con sus fuerzas naturales, durante toda su vida, todos los pecados, el concilio de Trento declaró: «Si quis hominem semel iustificatum dixerit... posse in tota vita peccata omnia, etiam venialia, vitare, nisi ex speciali Dei privilegio, quemadmodum de beata Virgine tenet Ecclesia», a. s.; Dz 833; cf. Dz 107 s; 804.

Para comprender el dogma como es debido, es necesario tener en cuenta lo siguiente: Por «peccata venialia» se entiende principalmente los «peccata semideliberata». «Omnia» hay que entenderlo en sentido colectivo, no distributivo, es decir, con la ayuda de la gracia ordinaria podemos evitar en particular los pecados veniales, pero no el conjunto de todos ellos viviendo sin caer en ninguno. «Tota vita» significa un largo espacio de tiempo. «Non posse» quiere decir imposibilidad moral. El «speciale privilegium», del que se habla hipotéticamente, comprende una suma de gracias actuales que constituyen una excepción del orden general de la gracia, excepción, por cierto, muy rara.

Según la Sagrada Escritura, no hay nadie que se vea libre de todo pecado; Iac 3, 2: «Todos faltamos en mucho». El Señor enseña también a los justos a orar así: «Perdónanos nuestras deudas» (Mt 6, 12). El concilio de Cartago (418) rechazó la interpretación pelagiana según la cual los santos deberían pedir perdón no por sí mismos, sino por los demás, y no porque en verdad lo necesitasen, sino por humildad («humiliter, non veraciter»; Dz 107 s; cf. 804).

San Agustín afirma lo siguiente contra las doctrinas pelagianas: Si pudiéramos reunir a todos los santos que hay en la tierra y les preguntáramos si no tenían pecado, todos a una nos responderían con San Juan (1 Ioh 1, 8): «Si dijéramos que no tenemos pecado, nos engañaríamos a nosotros mismos, y la verdad no estaría en nosotros» (*De nat. et grat.* 36, 42).

La razón intrínseca en favor de esta tesis es la debilidad de la voluntad humana frente a la totalidad de los movimientos desordenados y, por otra parte, la sabia disposición de la divina Providencia, que permite pequeñas faltas para conservar al justo en la humildad y en el sentimiento de su total dependencia de Dios; cf. S.th. I II 109, 8.

Bibliografía: J. J. Fahey, *Doctrina s. Hieronymi de gratiae divinae necessitate,* Mu 1937. A. Straub, *Über den Sinn des 22. Canons der 6. Sitzung des Concils von Trient,* ZkTh 21 (1897) 107-140, 209-254. J. Gummersbach, *Unsündlichkeit und Befestigung in der Gnade nach der Lehre der Scholastik,* Ft 1933.

§ 9. La capacidad de la naturaleza humana sin la gracia, y sus límites

La doctrina católica sobre la gracia guarda el justo medio entre dos extremos. Frente al naturalismo de los pelagianos y de los modernos racionalistas, defiende la absoluta necesidad de la *gratia elevans* y la necesidad moral de la *gratia sanans*. Frente al supranaturalismo exagerado de los reformadores, bayanistas y jansenistas, defiende la capacidad de la naturaleza humana, abandonada a sí misma, en el campo religioso y moral. Contra los dos extremos citados, la teología católica sabe distinguir entre el orden natural y el sobrenatural, y entre la religión y la moral natural y sobrenatural.

1. Capacidad de la naturaleza sola

a) El hombre, aun en el estado de naturaleza caída, puede conocer con su entendimiento natural verdades religiosas y morales (de fe).

Esta posibilidad se funda en que las fuerzas naturales del hombre no se perdieron por el pecado original («naturalia permanserunt integra»), aunque sí sufrieron un debilitamiento por la pérdida de los dones preternaturales; cf. Dz 788, 793, 815.

El papa Clemente XI reprobó la proposición jansenística de que nosotros, sin la fe, sin Cristo, sin *caritas,* no somos más que tinieblas, extravío y pecado; Dz 1398; cf. 1391. El concilio del Vaticano elevó a la categoría de dogma la cognoscibilidad natural de Dios, claramente testimoniada en Sap 13, 1 ss, y Rom 1, 20; Dz 1785, 1806; cf. 2145 (posibilidad de demostrar la existencia de Dios). La cognoscibilidad natural de la ley moral se halla testimoniada en Rom 2, 14 s. La cultura, en parte muy desarrollada, de los pueblos paganos da testimonio de la capacidad de la razón humana natural (v. el tratado de Dios Uno y Trino, § 1-2).

b) Para realizar una acción moralmente buena no es precisa la gracia santificante (de fe).

El pecador, aunque no posea la gracia de justificación, puede realizar obras moralmente buenas y, con la ayuda de la gracia actual, también obras sobrenaturalmente buenas (aunque no meritorias), disponiéndose con ello para la justificación. Por eso, no todas las obras del que está en pecado mortal son pecado. El concilio de Trento declaró: «Si quis dixerit, opera omnia, quae ante iustificationem fiunt, quacunque ratione facta sint, vere esse peccata vel odium Dei mereri...», a. s.; Dz 817; cf. 1035, 1040, 1399.

La Sagrada Escritura exhorta a los pecadores a que se preparen para la justificación por medio de obras de penitencia; Ez 18, 30: «Convertíos y apartaos de todos vuestros pecados»; cf. Zach 1, 3; Ps 50, 19; Mt 3, 2. Es inconcebible que obras a las que Dios nos exhorta y que nos disponen para la justificación puedan ser pecaminosas. Sería incomprensible la conducta de la Iglesia con los pecadores y catecúmenos si todas las obras realizadas sin la justificación fueran pecado. La frase referida en Mt 7, 18: «El árbol malo no puede dar buenos frutos», no niega al pecador la posibilidad de realizar obras moralmente buenas, como tampoco aquella otra frase paralela: «El árbol bueno no puede dar malos frutos», niega que el justo tenga posibilidad de pecar.

San Agustín enseña que la vida de los hombres más perversos difícilmente carecerá de algunas obras buenas *(De spiritu et litt.* 28, 48). La frase de San Agustín: «Regnat carnalis cupiditas, ubi non est Dei caritas» *(Enchir.* 117), que los jansenistas citaban en su favor, no quiere decir que cada acción del pecador sea pecaminosa, sino que únicamente quiere expresar que en la vida moral hay dos direcciones, una de las cuales se halla dominada por la aspiración al bien (amor de Dios en sentido amplio) y la otra por el apetito desordenado (amor del mundo y de sí mismo); cf. Mt 6, 24: «Ninguno puede servir a dos señores»; Lc 11, 23: «Quien no está conmigo, está contra mí.» Sobre la significación del término *caritas* en Agustín, cf. *De Trin.* VIII 10, 14: *caritas = amor boni; De gratia Christi,* 21, 22: *caritas = bona voluntas; Contra duas ep. Pel.* II 9, 21: *caritas = boni cupiditas.*

c) Para la realización de una acción moralmente buena no es precisa la gracia de la fe (sent. cierta).

También el infiel puede obrar el bien moral. De ahí que no todas las obras de los infieles sean pecado. Pío V condenó la siguiente proposición de Bayo: «Omnia opera infidelium sunt peccata et philosophorum virtutes sunt vitia»; Dz 1025; cf. 1298.

La Sagrada Escritura reconoce que también los paganos tienen la posibilidad de realizar obras moralmente buenas; cf. Dan 4, 24; Mt 5, 47. Según Rom 2, 14, los gentiles son capaces por naturaleza de cumplir las prescripciones de la ley moral: «Cuando los gentiles, que no tienen ley [mosaica], hacen por naturaleza lo que prescribe la ley, entonces ellos, que no tienen ley, son ley para sí mismos.» San Pablo, en este pasaje, se refiere a los verdaderos gentiles, es decir, a los paganos, no a los cristianos provenientes de la gentilidad, como interpretaba erróneamente Bayo; Dz 1022. El lugar de Rom 14, 23: «Omne autem, quod non est ex fide, peccatum est», se refiere no a la fe cristiana como tal, sino a la conciencia (πίστις = firme convicción, juicio de conciencia).

Los padres reconocen sin reservas que los infieles tienen la posibilidad de realizar obras moralmente buenas. San Agustín alaba la continencia, desinterés e integridad de su amigo Alipio, que todavía no era cristiano (*Conf.* vi 7 y 10), y las virtudes cívicas de los antiguos romanos (*Ep.* 138, 3, 17). Si en este santo doctor hallamos varias frases que coinciden casi literalmente con las proposiciones de Bayo y en las cuales parece asegurar que las buenas obras y las virtudes de los gentiles son pecados y vicios (cf. *De spiritu et litt.* 3, 5), debemos explicarnos su actitud por sus polémicas contra el naturalismo de los pelagianos, en las cuales solamente considera como verdaderamente bueno aquello que conduce al fin sobrenatural del hombre; cf. San Agustín, *Contra Iulianum* iv 3, 17, 21 y 25.

d) Para realizar una acción moralmente buena no es precisa la gracia actual (sent. cierta).

El hombre caído, sin la ayuda de la gracia divina, puede realizar obras moralmente buenas con solas sus fuerzas naturales. Por eso, no todas las obras que se hacen sin la gracia actual son pecado. Pío v condenó la siguiente proposición de Bayo: «Liberum arbitrium, sine gratiae Dei adiutorio, nonnisi ad peccandum valet»; Dz 1027; cf. 1037, 1389.

No es posible probar con la Sagrada Escritura ni con la tradición que para todas las obras moralmente buenas sea necesaria la ayuda de la gracia actual. Los adversarios de esta tesis invocan sin razón la autoridad de San Agustín. Cuando este doctor afirma repetidas veces que sin la gracia de Dios no se puede hacer ninguna obra que no esté libre de pecado, hay que tener en cuenta que San Agustín llama pecado en un sentido amplio a todo lo que no se ordena al último fin sobrenatural. En este mismo sentido hay que entender el can. 22 del concilio ii de Orange: «Nemo habet de suo nisi mendacium et peccatum»; Dz 195 = San Agustín, *In Iohan.*, *tr.* 5, 1.

2. Límites de la capacidad natural

a) En el estado de naturaleza caída, resulta moralmente imposible al hombre, sin revelación sobrenatural, conocer con firme certidumbre y sin mezcla de error todas las verdades religiosas y morales del orden natural (sent. cierta).

El concilio del Vaticano declaró, siguiendo a Santo Tomás (S.th. I 1, 1), que: «A esta revelación divina hay que atribuir el que todas aquellas cosas divinas que de por sí no son inaccesibles a la razón sean conocidas por todos, en el estado presente del género humano, con facilidad, firme certidumbre y sin mezcla alguna de error»; Dz 1786.

La razón de por qué sin revelación sobrenatural fueron pocas las personas que llegaron a alcanzar un conocimiento perfecto de Dios y de la ley moral natural, es precisamente la «herida de ignorancia» («vulnus ignorantiae») que el pecado original abriera en la naturaleza humana, y que consiste en la debilitación de la inteligencia.

b) En el estado de naturaleza caída, le resulta moralmente imposible al hombre cumplir durante largo tiempo toda la ley moral y resistir a todas las tentaciones graves si no le ayuda la gracia sanante (gratia sanans) (sent. cierta).

Como, según doctrina del concilio de Trento, el justo necesita «una particular ayuda de Dios», es decir, el auxilio de la gracia actual, para evitar duraderamente todos los pecados graves y conservarse en el estado de gracia (Dz 806, 832), con tanto mayor razón habrá que suponer que el no justificado no podrá evitar durante largo tiempo *todos* los pecados graves sin ayuda de la gracia actual, aunque por razón de su libertad natural posea la facultad de evitar en particular los pecados y cumplir en particular los preceptos de la ley natural.

El apóstol San Pablo describe en Rom 7, 14-25 la debilidad del hombre caído ante las tentaciones, debilidad que se funda en la concupiscencia y acentúa la necesidad de la gracia divina para vencer tales acometidas.

Bibliografía: J. Ernst, *Die Werke und Tugenden der Ungläubigen nach St. Augustin,* Fr 1871. J. Mausbach (véase bibl. gen. a la Parte I del Libro IV). J. de Blic, *Sur le canon 22 du concile d'Orange,* Greg 7 (1926) 396-401. P. Synave, *La révélation des vérités divines naturelles d'après s. Thomas d'Aquin,* «Mélanges Mandonnet» 1, P 1930, 327-370.

Capítulo tercero

LA DISTRIBUCIÓN DE LA GRACIA ACTUAL

§ 10. LA LIBERTAD DE DIOS EN LA DISTRIBUCIÓN DE LA GRACIA O CARÁCTER GRATUITO DE LA MISMA

1. *La gracia no puede merecerse de condigno ni de congruo por las obras naturales* (de fe).

El concilio II de Orange, frente a la doctrina de los pelagianos y semipelagianos, enseña que no hay méritos que precedan a la gracia: «Nullis meritis gratiam praeveniri»; Dz 191. El concilio de Trento enseña que la justificación se inicia en los adultos por la gracia preveniente, es decir, «por la vocación con que son llamados sin que haya méritos por parte de ellos» («nullis eorum exsistentibus meritis»); Dz 797. San Pablo, en la carta a los Romanos, prueba que la justificación no se alcanza ni por las obras de la ley del Antiguo Testamento ni por la observancia de la ley natural, sino que es puro don del amor divino: «Son justificados gratuitamente (δωρεάν = *gratis)* por su gracia» (3, 24); cf. Rom 3, 9 y 23; 9, 16. Los conceptos de gracia y de mérito se excluyen mutuamente; Rom 11, 26: «Pero si por la gracia, ya no es por las obras, que entonces la gracia ya no sería gracia»; cf. Eph 2, 8 ss; 2 Tim 1, 9; Tit 3, 4 s; 1 Cor 4, 7.

Entre los santos padres, fue sobre todo SAN AGUSTÍN quien de manera especial defendió contra los pelagianos el carácter gratuito de la gracia; cf. *Enarr. in Ps.* 30 *sermo* 1, 6: «¿Por qué [es llamada] gracia? Porque se concede gratuitamente. ¿Por qué se concede gratuitamente? Porque no precedieron tus méritos»; *In Ioh. tr.* 86, 2: «Es gracia, y por tanto no halló previamente tus merecimientos, sino que los produjo.»

Se prueba especulativamente la imposibilidad de merecer la gracia primera por la falta de proporción intrínseca que existe entre la naturaleza y la gracia («gratia excedit proportionem naturae») y por la imposibilidad de merecer por sí mismo el principio del mérito sobrenatural: la gracia («Principium meriti non cadit sub eodem merito»); cf. S.th. I II 114, 5.

2. *La gracia no puede conseguirse por la oración natural* (sent. cierta).

El concilio II de Orange enseñó, contra los semipelagianos, que la gracia no era concedida por invocación humana (natural), antes bien la gracia hacía que invocáramos a Dios; Dz 176.

Según doctrina de SAN PABLO, la oración idónea es fruto de la gracia del Espíritu Santo; Rom 8, 26: «Y el mismo Espíritu viene en ayuda de nuestra flaqueza, porque nosotros no sabemos pedir como conviene; mas el mismo Espíritu aboga por nosotros con gemidos inefables»; 1 Cor 12, 3: «Nadie puede decir: "Jesús es el Señor", sino en el Espíritu Santo».

SAN AGUSTÍN enseña que la oración obradora de salvación es efecto de la gracia de Dios. Refiriéndose a Rom 8, 15, afirma: «Por eso conocemos que es también don de Dios, el que nosotros le invoquemos con corazón sincero. Queda, pues, probado cuánto se engañan los que creen que es por nosotros mismos por lo que no se nos concede que oremos, busquemos y llamemos» (*De dono persev.* 23, 64).

Como la iniciativa en la obra salvadora parte de Dios, la oración obradora de salvación sólo es posible con la ayuda de la gracia preveniente de Dios.

3. *El hombre no puede conseguir por sí mismo ninguna disposición natural positiva para la gracia* (sent. cierta).

Por disposición se entiende la susceptibilidad de un sujeto con respecto a la recepción de una forma, es decir, de alguna determinación. Mientras que la disposición negativa solamente aparta los estorbos que impiden la recepción de la forma, la disposición positiva hace que el sujeto esté de tal manera apropiado para la recepción de la forma que obtenga cierta ordenación a dicha forma, y que la forma aparezca como perfección natural. Hay que distinguir entre la disposición positiva para recibir la gracia y la llamada «potencia obediencial» con respecto a la gracia, que es la capacidad pasiva sita en la naturaleza espiritual del alma humana (o del espíritu angélico) para recibir en sí la gracia. No es posible la disposición positiva natural para la gracia, porque entre la naturaleza y la gracia no hay proporción intrínseca alguna.

El concilio II de Orange enseña que el deseo de verse purificado del pecado no se inicia por la voluntad natural del hombre, sino que es excitado por la gracia preveniente del Espíritu Santo; Dz 177; cf. 179.

La Sagrada Escritura atribuye el inicio de la salvación y toda la obra salvadora a la gracia de Dios; cf. Ioh 6, 44; 15, 5; 1 Cor 4, 7; Eph 2, 8 s.

SAN AGUSTÍN, en sus primeros escritos, enseñó que existe una disposición natural positiva para la gracia; cf. *De div. quaest.* 83, q. 68, n. 4: «Praecedit ergo aliquid in peccatoribus, quo quamvis nondum sint iustificati, digni efficiantur iustificatione» (antes habla de «occultissima merita»). En sus escritos posteriores, primeramente en las *Cuestiones a Simpliciano* I 2, que datan del año 397, rechaza decididamente la posibilidad de la disposición natural positiva para la gracia y defiende su carácter absolutamente gratuito; cf. *De dono persev.* 21, 55. Para probar su aserto acude con preferencia a Prov 8, 35, según la forma de la Vetus latina que se deriva de la versión griega de los Setenta: «Praeparatur voluntas a Domino» (Vg.: «hauriet salutem a Domino»; M: «alcanza el favor de Yahvé»).

También en SANTO TOMÁS se advierte una evolución de su doctrina. Mientras que en sus primeros escritos *(Sent.* II d. 28, q. 1, a. 4, y *Sent.* IV d. 17, q. 1 a. 2) enseña, de acuerdo con los teólogos antiguos, que el hombre sin gracia interna, con sola su libre voluntad puede alcanzar una disposición positiva para la gracia santificante; en sus escritos posteriores exige, para prepararse a la recepción de la gracia santificante, una ayuda de la gracia de Dios que mueva internamente, es decir, la gracia actual; cf. S.th. I II 109, 6; 112, 2; *Quodl.* 1, 7.

APÉNDICE: **El axioma escolástico «Facienti quod est in se, Deus non denegat gratiam»**

a) Interpretaciones posibles

α) Este axioma, que aparece por primera vez en la teología del siglo XII y es atribuido a Pedro Abelardo, lo expone Santo Tomás en sus últimas obras, las cuales debemos considerar como expresión definitiva de su doctrina, en el sentido de cooperación con la gracia: A aquel que, con la ayuda de la gracia, hace lo que está en sus fuerzas, Dios no le rehúsa ulteriores ayudas de la gracia; cf. S.th. I II 109, 6 ad 2; 112, 3 ad 1; *In Rom.*, 1, 10, lect. 3.

β) El axioma puede entenderse también, con muchos molinistas, como referido a la disposición natural negativa que consiste en evitar los pecados. Pero tengamos bien en cuenta que el nexo entre la disposición negativa y la comunicación de la gracia no es causal, sino puramente de hecho, y que se funda en la universalidad de la voluntad salvífica de Dios. Dios no concede la gracia porque el hombre evite el pecado, sino porque quiere sinceramente la salvación de todos los hombres.

b) Interpretaciones insuficientes

α) Es semipelagiana la explicación de que los esfuerzos naturales del hombre, por su valor intrínseco, establecen un título de conveniencia («meritum de congruo») a la concesión de la gracia. A esta explicación se aproxima la de los escolásticos antiguos y la que diera SANTO TOMÁS en sus escritos primitivos *(Sent.* II d. 28, q. 1, a. 4).

β) Los nominalistas entienden igualmente el axioma como referido a los esfuerzos morales, de índole natural, de los cuales se originaría un título de conveniencia para recibir la gracia, pero la concesión de la misma no la hacen depender del valor intrínseco de semejantes esfuerzos sino de su aceptación externa por parte de Dios: Dios, a aquel que hace lo que está de su parte, le concede la gracia, porque así lo ha prometido según Mt 7, 7: «Pedid y se os dará, buscad y hallaréis, llamad y se os abrirá.» Según la doctrina de la revelación, la salvación procede de Dios, no de los hombres. De ahí que el pedir, el buscar y el llamar que refiere Mt 7, 7, no deban traducirse como un empeño moral natural, sino como una cooperación con la gracia.

Lutero interpretó primeramente el axioma en el sentido de los nominalistas, pero más tarde lo impugnó como pelagiano.

Bibliografía: A propósito del axioma «Facienti, etc.», véase H. DENIFLE, *Luther und Luthertum* I, Mz [2]1906, 575 ss. A. LANDGRAF, *Dogmengeschichte* I 1, 249 ss. H. BOUILLARD, *Conversion et grâce chez saint Thomas d'Aquin*, P 1944. R.-CH. DHONT, *Le problème de la préparation à la grâce. Débuts de l'École Franciscaine*, P 1946.

§ 11. LA UNIVERSALIDAD DE LA GRACIA

Aunque la gracia es un don libérrimo del amor y de la misericordia de Dios, no obstante se concede a todos los hombres por razón de la universal voluntad salvífica de Dios. Pero como de hecho no todos los hombres consiguen la eterna salvación, se sigue de ahí que existe una doble voluntad o decreto divino respecto a la felicidad de los hombres:

a) La *universal* voluntad salvífica de Dios, la cual, sin considerar la definitiva situación moral de cada uno de los hombres, quiere la salvación de todos ellos con la condición de que partan de esta vida en estado de gracia («voluntas antecedens et condicionata»).

b) La *particular* voluntad salvífica de Dios, la cual, considerando la situación moral definitiva de cada uno de los hombres, quiere incondicionalmente la salvación de todos aquellos que parten de esta vida en estado de gracia («voluntas consequens et absoluta»). Esta clase de voluntad salvífica coincide con la predestinación. En cuanto la voluntad subsiguiente y absoluta se refiere a la exclusión de la eterna bienaventuranza, se llama reprobación; cf. SAN JUAN DAMASCENO, *De fide orth.* II 29.

1. La universal voluntad salvífica de Dios, considerada en sí misma

Dios, aun supuesta la caída en el pecado y el pecado original, quiere verdadera y sinceramente la salvación de todos los hombres (sent. próxima a la fe).

Es dogma formal que Dios quiere no sólo la salvación de los predestinados, sino al menos la de todos los fieles.

La Iglesia condenó como herética la restricción de la voluntad salvífica de Dios a los predestinados, cosa que defendieron los predestinianos, los calvinistas y los jansenistas; cf. Dz 318 s, 827, 1096. La voluntad salvífica de Dios abarca, cuando menos, a todos los fieles, como se deduce de la profesión de fe oficial de la Iglesia, en la cual recitan los fieles: «qui propter nos homines et propter nostram salutem descendit de caelis». Que tal voluntad rebasa el círculo de los creyentes, se prueba por la condenación de dos proposiciones contrarias bajo el pontificado de Alejandro VIII; Dz 1294 s.

Jesús muestra, con el ejemplo de la ciudad de Jerusalén, que quiere también la salvación de aquellos que se pierden de hecho (Mt 23, 37; Lc 19, 41). De Ioh 3, 16, se deduce que Dios quiere, cuando menos, la salvación de todos los fieles; pues entregó a su Hijo «para que todo el que crea en Él no perezca». Según 1 Tim 2, 4, la voluntad salvífica de Dios abarca a todos los hombres sin excepción: «Él [Dios] quiere que todos los hombres sean salvos y vengan al conocimiento de la verdad.»

Los padres preagustinianos no ponen en duda la universalidad de la voluntad salvífica de Dios. El Seudo-Ambrosio comenta a propósito de 1 Tim 2, 4: «A ninguno excluyó de la salvación» («nullum excepit a salute»). También SAN AGUSTÍN defiende en sus primeros escritos la universalidad de la voluntad salvífica de Dios; cf. *De spiritu et litt.* 33, 58. No obstante, en sus escritos posteriores la restringe a los predestinados (de acuerdo con su doctrina rigorista acerca de la predestinación) y da las siguientes interpretaciones alambicadas del pasaje de la carta segunda a Timoteo: *a)* Dios quiere que los hombres de todas las clases y estados consigan la bienaventuranza (*Enchir.* 103). *b)* Todos los hombres que se salvan son salvados por la voluntad de Dios (*Contra Iulianum* IV 8, 44; *Enchir.* 103). *c)* Dios hace que nosotros queramos que todos sean salvos (*De corrept. et grat.* 15, 47). No pocos teólogos refieren la exégesis restrictiva de San Agustín a la voluntad salvífica consiguiente y absoluta, que no es universal. Sin embargo, la forzada explicación agustiniana hace poner muy en duda el que en los últimos años de su vida haya seguido manteniendo la universalidad de la voluntad salvífica antecedente. Su doctrina sobre la predestinación, según la cual Dios, en su libre beneplácito, elige una parte de los hombres de entre «la masa de los condenados», mientras no elige a los otros, parece no dejar lugar a una auténtica y seria voluntad salvífica universal.

2. La universal voluntad salvífica de Dios en su realización práctica

a) Dios da a todos los justos gracia suficiente («gratia proxime vel remote sufficiens») para observar los preceptos divinos (de fe).

Se distingue entre gracia inmediatamente suficiente («gratia proxime sufficiens»), que concede directamente la capacidad de producir un acto salutífero, y gracia mediata o remotamente suficiente («gratia remote sufficiens»), que concede la capacidad de producir un acto preparatorio por el cual se obtendría un nuevo auxilio de gracia. La gracia de la oración es, sobre todo, una gracia mediatamente suficiente.

Después que el concilio II de Orange había formulado ya esta doctrina (Dz 200), el concilio de Trento declaró que no era imposible para el justo observar los mandamientos divinos: «Si quis dixerit, Dei praecepta homini etiam iustificato et sub gratia constituto esse ad observandum impossibilia», a. s.; Dz 828. La doctrina contraria de Jansenio fue condenada como herética por la Iglesia; Dz 1092.

Según testimonio de la Sagrada Escritura, Dios tiene con los justos una especial solicitud; cf. Ps 32, 18 s; 36, 25 ss; 90; Mt 12, 50; Ioh 14, 21; Rom 5, 8-10. Los mandamientos de Dios puede cumplirlos fácilmente el justo; Mt 11, 30: «Mi yugo es suave y mi carga ligera»; I Ioh 5, 3 s: «Éste es el amor de Dios, que guardemos sus preceptos. Sus preceptos no son pesados, porque todo el engendrado de Dios vence al mundo»; 1 Cor 10, 13: «Fiel es Dios, que no permitirá que seáis tentados sobre vuestras fuerzas; antes dispondrá con la tentación el éxito para que podáis resistirla».

San Agustín formuló esta frase, que luego haría suya el concilio de Trento: «Dios no abandona a los justos con su gracia si no es abandonado antes por ellos»; Dz 804; cf. San Agustín, *De nat. et grat.* 26, 29.

Dios, por su fidelidad, se compromete a dar a los justos gracia suficiente para que ellos puedan conservar el título que han recibido para el reino de los cielos.

b) Dios, a todos los pecadores creyentes, les da gracia suficiente («gratia saltem remote sufficiens») para su conversión (sent. común).

Aun a los pecadores obcecados y endurecidos, Dios no les retira totalmente su gracia.

La Iglesia enseña que los bautizados que han caído en pecado mortal «pueden siempre restablecerse por medio de verdadera penitencia»; Dz 430. Ello presupone que Dios les concede gracia suficiente para la conversión; cf. Dz 911, 321.

Las numerosas exhortaciones que la Sagrada Escritura dirige a los pecadores para que se conviertan presuponen, como es natural, la posibilidad de convertirse con la ayuda de la gracia divina; Ez 33, 11: «Yo no quiero la muerte del pecador, sino que se convierta de su camino [depravado] y viva»; 2 Petr 3, 9: «El Señor... es paciente para con vosotros; no quiere que nadie perezca, sino que todos vengan al arrepentimiento»; Rom 2, 4: «¿Desconoces que la bondad de Dios te guiará a la conversión?» Los pasajes de la Sagrada Escritura en que se atribuye a Dios el endurecimiento del corazón del pecador (Ex 7, 3; 9, 12; Rom 9, 18) hay que entenderlos en el sentido de que Dios permite el mal sustrayendo a los pecadores su gracia eficaz en señal de castigo. La conversión se hace con ello muy difícil, pero no imposible.

Según doctrina universal de los padres, los más grandes pecadores no están excluidos de la misericordia de Dios. San Agustín dice: «Aunque se trate del más grande pecador, no hay que desesperar mientras viva sobre la tierra» (*Retract.* I 19, 7). La razón psicológica de que aun los pecadores empedernidos tengan posibilidad de convertirse es que el endurecimiento del corazón durante el estado de peregrinación por la tierra no es todavía completo, como lo es el de los condenados en el infierno.

c) Dios da a todos los infieles inocentes («infidelis negativi») la gracia suficiente para que consigan la eterna salvación (sent. cierta).

Alejandro VIII condenó en 1690 las proposiciones jansenísticas de que Cristo había muerto únicamente por los fieles y de que los gentiles, judíos y herejes no habían recibido ningún influjo de su gracia; Dz 1294 s; cf. Dz 1376 ss.

La Sagrada Escritura da testimonio de la universalidad de la voluntad salvífica de Dios (1 Tim 2, 4; 2 Petr 3, 9) y de la universalidad de la redención de Cristo (1 Ioh 2, 2; 2 Cor 5, 15; 1 Tim 2, 6; Rom 5, 18). Es incompatible con ello que una gran parte de la humanidad no logre la gracia necesaria y suficiente para la salvación.

Los padres suelen interpretar Ioh 1, 9 («illuminat omnem hominem») diciendo que la gracia divina ilumina a todos los hombres, aun a los infieles; cf. San Juan Crisóstomo, *In Ioh. hom.* 8, 1. El escrito anónimo, debido probablemente a Próspero de Aquitania, titulado *De vocatione omnium gentilium* (hacia el 450), es una monografía patrística sobre la difusión de la gracia divina sobre todos los hombres. Este escrito procura buscar el término medio entre los semipelagianos y los partidarios de la doctrina agustiniana sobre la gracia, defendiendo decididamente la universalidad de la voluntad salvífica de Dios y de la concesión de la gracia.

Como la fe «es el comienzo de la salvación, la raíz y fundamento de toda justificación» (Dz 801), por lo mismo la fe es indispensable para la justificación de los gentiles; Hebr 11, 6: «Sin la fe es imposible agradar a

Dios. Es preciso que quien se acerca a Dios crea que existe y que es remunerador de los que le buscan.» No basta una mera «fe racional». Inocencio XI condenó la proposición: «Fides late dicta ex testimonio creaturarum similive motivo ad iustificationem sufficit»; Dz 1173. Es necesaria la fe teológica, es decir, la fe en la revelación sobrenatural, que es efecto de la gracia (Dz 1789: noción de la fe teológica; 1793: «nemini unquam sine illa contigit iustificatio»). Por lo que respecta al objeto de la fe, hay que creer firmemente, por necesidad de medio y con fe explícita —según Hebr 11, 6—, por lo menos la existencia de Dios y la retribución que habrá lugar en la vida futura. Con respecto a la Trinidad y a la encarnación, basta la fe implícita. La fe sobrenatural que se requiere para la justificación se origina por medio de una ilustración, externa o interna, con la cual Dios conduce al infiel al conocimiento de la verdad revelada, capacitándole por medio de la gracia actual para que realice un acto de fe sobrenatural; cf. *De verit.* 14, 11.

Objeción. Contra la universalidad de la voluntad salvífica de Dios, se objeta que no parece querer seria y sinceramente la salvación de los niños que mueren sin bautismo. A esto se responde: Dios, por razón de su voluntad salvífica, no está obligado a intervenir milagrosamente para remover todos y cada uno de los obstáculos que se derivan, según el orden creado del mundo, de la cooperación de las causas segundas creadas con la causa primera increada (Dios), y que en muchos casos impiden la realización de la voluntad salvífica de Dios. Existe, además, la posibilidad de que Dios utilice caminos extraordinarios para borrar el pecado original a los niños que mueren sin bautismo, y para comunicarles la gracia, porque su poder no se ata a los medios con que la Iglesia comunica la gracia. Sin embargo, no podemos probar positivamente la realidad efectiva de semejante forma extrasacramental de conferir la gracia. Véase el tratado acerca de la Creación, § 25.

Bibliografía: F. Stegmüller, *Die Lehre vom allgemeinen Heilswillen in der Scholastik bis Thomas von Aquin,* R 1929. Fr. Schmid, *Die ausserordentlichen Heilswege für die gefallene Menschheit,* Bn 1899. P. R. Pies, *Die Heilsfrage der Heiden,* Aquisgrán 1925. Th. Ohm, *Die Stellung der Heiden zur Natur und Übernatur nach dem hl. Thomas,* Mr 1927. L. Capéran, *Le problème du salut des infidèles,* P 1912, Tou [2]1934. R. Martin, *De necessitate credendi et credendorum,* Ln 1906. J. Gnilka, *Die Verstockung Israels,* Mn 1961. E. Stiglmayr, *Verstossung und Gnade. Die Universalität der hinreichenden Gnade und die strengen Thomisten des 16. und 17. Jh.,* R 1964.

§ 12. El misterio de la predestinación

1. Concepto y realidad de la predestinación

a) Concepto

Se entiende por predestinación en sentido amplísimo todo designio eterno de la voluntad de Dios. En sentido estricto significa aquel designio eterno de la voluntad de Dios que se refiere al último fin sobrenatural de las criaturas racionales, ora tenga por objeto la eterna bienaventuranza, ora la exclusión de la misma. En sentido estrictísimo significa el designio eterno de la voluntad de Dios de admitir a determinadas criaturas racionales en la bienaventuranza del cielo: «Praedestinatio est quaedam ratio ordinis aliquorum in salutem aeternam in mente divina existens» (S. th. I 23, 2).

El acto divino de la predestinación comprende un acto de entendimiento y un acto de voluntad: el prever y el predestinar. Según el efecto que produce en el tiempo, divídese la predestinación en *incompleta* o inadecuada (que se refiere únicamente o bien a la gracia [«praedestinatio ad gratiam tantum»] o bien a la gloria [praedestinatio ad gloriam tantum»]) y en predestinación *completa* o adecuada (que tiene juntamente por objeto la gracia y la gloria [«praedestinatio ad gratiam et gloriam simul»]). Esta última la define SANTO TOMÁS como «praeparatio gratiae in praesenti et gloriae in futuro» (S.th. I 23, 2, ob. 4).

b) Realidad

Dios, por un designio eterno de su voluntad, ha predestinado a determinados hombres a la eterna bienaventuranza (de fe).

El magisterio ordinario y universal de la Iglesia propone esta doctrina como verdad revelada. Los decretos doctrinales del concilio de Trento la presuponen; Dz 805, 825, 827; cf. Dz 316 ss, 320 ss.

La realidad de la predestinación la vemos clarísimamente testimoniada en Rom 8, 29 s: «Porque a los que de antes conoció, a ésos los predestinó a ser conformes con la imagen de su Hijo, para que éste sea el primogénito entre muchos hermanos: Y a los que predestinó, a ésos también llamó; y a los que llamó, a ésos los justificó; y a los que justificó, a ésos también los glorificó». El presente texto pone de relieve todos los momentos de la predestinación completa, la acción del entendimiento y la voluntad en el designio divino de la predestinación («praescire, praedestinare») y los principales escalones de su realización en el tiempo («vocare, iustificare, glorificare»); cf. Mt 25, 34; Ioh 10, 27 s; Act 13, 48; Eph 1, 4 ss.

San Agustín y sus discípulos defienden la realidad de la predestinación, contra pelagianos y semipelagianos, como una verdad tradicional de fe. SAN AGUSTÍN comenta: «La fe en esta predestinación que ahora es defendida con nuevo celo contra nuevos herejes, la tuvo ya la Iglesia en todos los tiempos» (*De dono persev.* 23, 65).

La predestinación es una parte del plan eterno de la Providencia divina. Véase el tratado sobre la Creación, § 10.

2. Razón de la predestinación

a) El problema

La principal dificultad de la doctrina sobre la predestinación estriba en la cuestión de si el predestinado se halla en relación causal («causa moralis») con su predestinación, viendo las cosas desde Dios; de si el decreto eterno de predestinación está concebido con o sin consideración a los merecimientos del hombre («post o ante praevisa merita»).

La predestinación incompleta a sola la gracia es independiente de todo merecimiento («ante praevisa merita»), porque la primera gracia es inmerecible. De igual manera, la predestinación completa a la gracia y a la gloria juntamente es independiente de todo merecimiento, porque la primera gracia es inmerecible, y las gracias siguientes, así como también los merecimientos adquiridos con la misma y su recompensa, dependen de la primera gracia como los eslabones de una cadena. Si se concibe la predestinación como predestinación a sola la gloria, nos encontramos con el problema de si la predestinación a la eterna bienaventuranza tiene lugar en previsión de los méritos sobrenaturales del hombre («post praevisa merita») o sin atenderlos («ante praevisa merita»). Según la primera hipótesis, el decreto de predestinación es condicionado (hipotético), y según la segunda es incondicionado (absoluto).

b) Las soluciones

α) Los tomistas, los agustinianos, la mayor parte de los escotistas y también algunos molinistas antiguos (Suárez, Belarmino) enseñan la predestinación *absoluta* («ad gloriam tantum»), y, por consiguiente, «ante praevisa merita». Según esta doctrina, Dios concibe desde toda la eternidad el designio de que ciertas personas alcancen la bienaventuranza, y eso sin atender a los merecimientos que el hombre adquiriría con la gracia, sino únicamente porque así es su beneplácito; en consecuencia, decreta la concesión de gracias eficaces para que se realice el designio de su voluntad («ordo intentionis»). En el tiempo, Dios distribuye primero las gracias eficaces predestinadas y da después la recompensa por los méritos que se derivan de la cooperación de la libre voluntad a la gracia, y que consiste en la eterna bienaventuranza («ordo exsecutionis»). El «ordo intentionis» y el «ordo exsecutionis» se hallan en relación mutua (gloria—gracia; gracia—gloria).

β) La mayor parte de los molinistas —también San Francisco de Sales († 1622)— enseñan la predestinación *condicionada* («ad gloriam tantum»), y, por consiguiente, «post y propter praevisa merita». Según ellos, Dios ve por la ciencia media cómo se comportaría la libre voluntad del hombre en las distintas economías u ordenaciones de concesión de gracias. A la luz de tal conocimiento, Dios escoge, según su libre beneplácito, un orden completamente determinado de concesión de gracias. Entonces, por la ciencia de visión, sabe infaliblemente el uso que ha de hacer cada individuo de la gracia que le ha sido concedida. A aquellos que perseveraren en cooperar con la gracia, los escoge para la eterna bienaventuranza en razón de los méritos que ha previsto en ellos; mientras que a aquellos otros que rehúsan cooperar, los destina a las penas eternas del infierno por los desmerecimientos que prevé en ellos. El «ordo intentionis» y el «ordo exsecutionis» coinciden (gracia—gloria).

Ambas explicaciones están autorizadas por la Iglesia; cf. Dz 1090. Los lugares de la Escritura que se citan por ambas partes no deciden la cuestión. Los tomistas aducen principalmente los lugares de la carta a los Romanos en los cuales aparece con mucho realce el factor divino de la salvación (Rom 8, 29; 9, 11-13; 9, 20 s). Sin embargo, el Apóstol no se refiere a la predestinación a sola la gloria, sino a la predestinación a la gracia y a la gloria juntamente, la cual es independiente de todo merecimiento. Los molinistas citan textos en los que se da testimonio de la universalidad de la voluntad salvífica de Dios, especialmente 1 Tim 2, 4, y hacen referencia también a la sentencia del juez universal (Mt 25, 34-36), en la cual se presentan las obras de misericordia como razón de ser admitidos en el reino de los cielos. Sin embargo, con este texto no se prueba claramente que tales obras sean también razón de la «preparación» del reino, es decir, del decreto eterno de la predestinación.

La referencia a los padres y a los teólogos escolásticos no es prueba cierta, porque esta cuestión no surgió hasta la época postridentina. Mientras que la tradición preagustiniana habla a favor del molinismo, San Agustín —por lo menos en sus últimos escritos— parece estar más por la sentencia tomista. Ésta acentúa de forma notable la causalidad universal de Dios, mientras que la sentencia molinista subraya mejor la universalidad de la voluntad salvífica de Dios, la libertad de la criatura y la labor personal del hombre en su salvación. Las dificultades que surgen por ambas partes son prueba de que la predestinación es un misterio impenetrable aun para la mente iluminada por la fe (Rom 11, 33 ss).

3. Propiedades de la predestinación

a) Inmutabilidad

El decreto de la predestinación, como acto del entendimiento y de la voluntad de Dios, es inmutable como la misma esencia divina. El número de los que se hallan inscritos en el «libro de la vida» (Phil 4, 3; Apoc 17, 8; cf. Lc 10, 20) es fijo formal y materialmente, es decir, que Dios sabe y determina de antemano con certeza infalible el número de personas que han de conseguir la eterna bienaventuranza y quiénes son esas personas. Sólo Dios sabe a cuánto asciende el número de los predestinados: «Deus, cui soli cognitus est numerus electorum in superna felicitate locandus» *(Secreta pro vivis et defunctis)*. Contra la sentencia rigorista, sostenida también por Santo Tomás (S.th. I 23, 7), que, fundándose en el pasaje de Mt 7, 13 s (cf. Mt 22, 14), asegura que el número de los predestinados es menor que el de los réprobos, diríamos nosotros, atendiendo a la universalidad de la voluntad salvífica de Dios y a la universalidad de la redención de Jesucristo, que el reino de Cristo no es menor que el reino de Satanás.

b) *Incertidumbre*

El concilio de Trento declaró contra Calvino que sólo por revelación divina podía constarnos con certeza quiénes han sido predestinados de hecho: «Nisi ex speciali revelatione sciri non potest, quos Deus sibi elegerit»; Dz 805; cf. 825 s.

La Sagrada Escritura nos exhorta a trabajar por la salvación con temor y temblor (Phil 2, 12); «El que cree estar en pie, mire no caiga» (1 Cor 10, 12). A pesar de esta incertidumbre, hay señales de predestinación («signa praedestinationis»), que al menos nos permiten presumir con gran probabilidad la predestinación efectiva (tales son la práctica constante de las virtudes recomendadas en las ocho bienaventuranzas, la recepción frecuente de la sagrada comunión, el amor al prójimo evidenciado por las obras, el amor a Cristo y a la Iglesia, la devoción a la Madre de Dios, etc.).

Bibliografía: F. W. MAIER, *Israel in der Heilsgeschichte nach Röm 9-11,* Mr 1929. R. GARRIGOU-LAGRANGE, *La prédestination des saints et la grâce,* P 1936. F. SAINT-MARTIN, *La pensée de S. Augustin sur la prédestination gratuite et infaillible des élus à la gloire d'après ses derniers écrits (426-430),* P 1930. J. SANTELER, *Die Prädestination in den Römerbriefkommentaren des 13. Jh.,* ZkTh 52 (1928) 1-39, 183-201. C. FRIETHOFF, *Die Prädestinationslehre bei Thomas von Aquin und Calvin,* Fr/S 1926. P. VIGNAUX, *Justification et Prédestination au XIV*e *siècle,* P 1934. W. A. HAUCK, *Die Erwählten. Prädestination und Heilsgewissheit nach Calvin,* Gü 1950. L. GÓMEZ-HELLÍN, *Praedestinatio apud Ioannem Cardinalem de Lugo,* R 1938. J. RABENECK, *Grundzüge der Prädestinationslehre Molinas,* Schol 31 (1956) 351-369.

§ 13. EL MISTERIO DE LA REPROBACIÓN

1. Concepto y realidad de la reprobación

Por reprobación se entiende el designio, concebido desde toda la eternidad por la voluntad divina, de excluir de la eterna bienaventuranza a determinadas criaturas racionales. Mientras que Dios coopera positivamente a los merecimientos sobrenaturales que constituyen la razón de la bienaventuranza, el pecado, que es la razón de la condenación, sólo es permitido por Él.

Según el objetivo del decreto de reprobación, se distingue entre la reprobación positiva y la negativa, según que dicho decreto se refiera a la condenación a las penas eternas del infierno o a la no-elección para la bienaventuranza del cielo *(non-electio).* Conforme al motivo de la reprobación distinguimos entre reprobación condicionada e incondicionada *(absoluta),* según el decreto divino de reprobación dependa o no de la previsión de los futuros desmerecimientos.

Dios, con un decreto eterno de su voluntad, predestinó a ciertas personas para la eterna condenación por haber previsto sus pecados (de fe).

No se ha definido formalmente la realidad de la reprobación, pero, no obstante, es doctrina universal de la Iglesia. El sínodo de Valence (855) enseña: «fatemur praedestinationem impiorum ad mortem»; Dz 322. La prueba bíblica la hallamos en Mt 25, 41: «Apartaos de mí, malditos, al fuego eterno preparado para el diablo y sus ángeles», y en Rom 9, 22: «Vasos de ira, destinados a la perdición».

2. Reprobación positiva

a) El predestinacionismo herético en sus diversas formas (un sacerdote del sur de Galia, llamado Lúcido, en el siglo v; el monje Godescalco en el siglo IX, según refieren sus adversarios, pero sin que esto se haya podido confirmar en los escritos que han logrado hallarse de él; Wicleff, Hus y, sobre todo, Calvino) enseña la positiva predestinación al pecado y la predestinación incondicionada a las penas del infierno, es decir, sin previsión de los desmerecimientos futuros. Semejante doctrina fue condenada como herética en los sínodos particulares de Orange (Dz 200), Quiercy y Valence (Dz 316, 322) y en el concilio universal de Trento (Dz 827). La reprobación incondicionada y positiva lleva lógicamente a negar la universalidad de la voluntad salvífica y de la redención, y se halla en contradicción con la justicia y santidad de Dios y con la libertad del hombre.

b) Según doctrina de la Iglesia, existe una reprobación positiva *condicionada,* es decir, que sigue a la previsión de los futuros desmerecimientos («post et per praevisa demerita»). El carácter condicionado de la reprobación positiva está exigido por la universalidad de la voluntad salvífica de Dios. Ella excluye que Dios pretenda sin más la condenación de determinadas personas; cf. 1 Tim 2, 4; Ez 33, 11; 2 Petr 3, 9.

San Agustín enseña: «Dios es bueno, Dios es justo. Él puede salvar a una persona sin sus merecimientos, porque es bueno; pero no puede condenar a nadie sin sus desmerecimientos, porque es justo» (*Contra Iul.* III 18, 35).

3. Reprobación negativa

Los tomistas, de acuerdo con su doctrina de la predestinación absoluta a la eterna bienaventuranza, sostienen la reprobación absoluta, pero únicamente negativa. La mayor parte de los tomistas la conciben como no-elección para la eterna bienaventuranza *(non-electio).* Esta no-elección va unida al decreto divino de permitir que parte de las criaturas racionales caiga en el pecado y pierda la salvación por su propia culpa. Frente a la reprobación positiva absoluta de los predestinacionistas, defienden los tomistas la universalidad de la voluntad salvífica y de la redención, la distribución de gracias suficientes a los réprobos y la libertad de la voluntad. Sin embargo, resulta difícil armonizar internamente la no-elección absoluta y la universalidad de la voluntad salvífica. De hecho, la reprobación absoluta negativa de los tomistas surte los mismos efectos que la reprobación absoluta positiva de los herejes predestinacionistas, pues, fuera del cielo y del infierno, no existe ningún tercer estado de término.

4. Propiedades de la reprobación

El decreto divino de reprobación, igual que el decreto de predestinación, es inmutable e incierto para los hombres si no media una revelación divina.

Bibliografía: C. Lambot, *Oeuvres théologiques et grammaticales de Godescalc d'Orbais,* Ln 1945.

Capítulo cuarto

LA RELACIÓN ENTRE LA GRACIA Y LA LIBERTAD

§ 14. La doctrina de la Iglesia sobre la gracia y la libertad, frente a las doctrinas heréticas

Como Dios da a todos los hombres gracia suficiente para obrar su salvación y sólo una parte de los hombres consigue de hecho la salvación, resulta que hay gracias que consiguen el efecto saludable que Dios pretende («gratiae efficaces») y otras que no lo consiguen («gratiae mere sufficientes»).

Preguntamos ahora si la razón de esa distinta eficacia de la gracia radica en la gracia misma o en la libertad humana. Los reformadores y los jansenistas procuraron resolver de manera radical este difícil problema negando la libertad de la voluntad; cf. Lutero, *de servo arbitrio.* Dentro del terreno católico, tenemos diversas soluciones propuestas por los distintos sistemas católicos.

1. La libertad de la voluntad bajo el influjo de la gracia eficaz

La voluntad humana sigue siendo libre bajo el influjo de la gracia eficaz. La gracia no es irresistible (de fe).

El concilio de Trento declaró contra los reformadores: «Si alguno afirmare que la libre voluntad del hombre, cuando es movida y excitada por Dios, no coopera nada, mediante su consentimiento, con Dios que la excita y la mueve, contribuyendo ella a disponerse para recibir la gracia de la justificación; y si afirmare igualmente que la voluntad no fuera capaz de contradecir a la gracia, si quisiera («neque posse dissentire, si velit»), antes bien se comporta del todo inactivamente y con pura pasividad («mere passive») como algo inerte; ese tal s. a.»; Dz 814. Inocencio x condenó como herética la siguiente proposición de Cornelio Jansenio: «En el estado de naturaleza caída, jamás se resiste a la gracia interior»; Dz 1093; cf. Dz 797, 815 s, 1094 s.

La Sagrada Escritura unas veces insiste en el factor humano del libre albedrío, y otras en el factor divino de la gracia. Las numerosas exhortaciones que hace a la penitencia y a que se realicen buenas obras presuponen que la gracia no suprime la libertad de la voluntad. Hallamos testimonios explícitos de la libertad de la voluntad frente a la gracia en Deut 30, 19; Eccli 15, 18; 31, 10; Mt 23, 37: «¡Cuántas veces quise reunir a tus hijos... y tú no quisiste!»; Act 7, 51: «Vosotros siempre habéis resistido al Espíritu Santo». San Pablo, en 1 Cor 15, 10, hace resaltar la cooperación entre la gracia y la libre voluntad: «Por la gracia de Dios soy lo que soy, y la gracia que me confirió no ha sido estéril, antes he trabajado más que todos ellos, pero no yo, sino la gracia de Dios conmigo» («non ego autem, sed gratia Dei mecum»); cf. 2 Cor 6, 1; Phil 2, 12 s.

San Agustín, a quien los adversarios invocan en su favor, no negó jamás la libertad de la voluntad ante la gracia. En defensa de la libertad de la voluntad, escribió en 426 ó 427 su obra *De gratia et libero arbitrio,* en la cual procura instruir y tranquilizar a los que «creen que se niega la libre voluntad cuando se defiende la gracia; y a los que defienden la libre voluntad negando la gracia y afirmando que la gracia se nos da según nuestros merecimientos» (1, 1). La justificación no es solamente obra de la gracia, sino que lo es también al mismo tiempo de la libre voluntad: «Quien te creó sin ti, no te justifica sin ti» (*Sermo* 169, 11, 13). Cuando San Agustín comenta que nosotros obramos necesariamente lo que nos da mayor contento («Quod enim amplius nos delectat, secundum id operemur necesse est»; *Expositio ep. ad Gal.* 49), no se refiere a un contentamiento indeliberado, bueno o malo, que preceda y determine la libre decisión de la voluntad (como fue la explicación que dieron los jansenistas), sino que quiere expresar un contentamiento deliberado que está incluido en la libre decisión de la voluntad.

Que la voluntad siga siendo libre bajo el influjo de la gracia, es un presupuesto necesario para el carácter meritorio de las buenas obras. En favor de la doctrina católica habla igualmente el testimonio de la propia conciencia.

2. La «gratia vere et mere sufficiens»

Existe una gracia verdaderamente suficiente y que permanece, no obstante, ineficaz («gratia vere et mere sufficiens») (de fe).

Por tal entendemos una gracia que, considerando las circunstancias concretas, confiere la posibilidad de realizar el acto saludable («vere et relative sufficiens»), pero que no obstante permanece ineficaz por la resistencia de la voluntad («mere o pure sufficiens»). La «gratia vere et mere sufficiens» fue negada por los reformadores y los jansenistas porque, según su opinión, la gracia ejerce un influjo determinante sobre la voluntad por carecer ésta de libertad intrínseca. Por eso la gracia suficiente, según ellos, es siempre eficaz.

Según doctrina del concilio de Trento, el hombre, con la ayuda de la gracia preveniente, puede disponerse para la gracia de la justificación («vere sufficiens»); mas puede rehusar también el consentir a la gracia, si quiere («mere sufficiens»): «potest dissentire, si velit»; Dz 814; cf. 797. Alejandro VIII condenó la frase, denigrante para Dios, que decían los jansenistas, a saber, que la gracia suficiente (entendida en el sentido de «gratia parva» insuficiente) era un verdadero mal, porque hacía al hombre deudor ante Dios; Dz 1296.

La Sagrada Escritura da testimonio de que el hombre desaprovecha con frecuencia la gracia que Dios le brinda; cf. Mt 23, 37; Act 7, 51.

La tradición enseña unánimemente que existen gracias suficientes que, por culpa del hombre, quedan ineficaces. También SAN AGUSTÍN conoce en sustancia la distinción entre gracia meramente suficiente y eficaz; cf. *De spiritu et litt.* 34, 60: «En todo se nos anticipa su misericordia. Pero, no obstante, consentir o contradecir al llamamiento de Dios es cosa de nuestra propia voluntad.» Cuando San Agustín no quiere reconocer como verdadera gracia la «gratia quae dat posse», es que tiene ante la vista la «gratia possibilitatis» de los pelagianos, que consiste en la libre voluntad.

La realidad de la «gratia vere et mere sufficiens» se prueba especulativamente considerando, por un lado, la universalidad de la voluntad salvífica de Dios y de su gracia y, por otro lado, que no todos los hombres consiguen de hecho la salvación eterna.

Bibliografía: N. DEL PRADO, *De gratia et libero arbitrio,* 3 tomos, Fr/S 1907. F. WÖRTER, *Die christliche Lehre über das Verhältnis von Gnade* *und Freiheit von den apostolischen Zeiten bis auf Augustinus,* 2 Partes, Fr 1856/60. O. ROTTMANNER, *Der Augustinismus,* Mn 1892. J. MAUSBACH (véase bibl. gen. a la Parte I del Libro IV). G. VRANKEN, *Der göttliche Konkurs zum freien Willensakt des Menschen beim hl. Augustinus,* R 1943.

§ 15. LA ESPECULACIÓN TEOLÓGICA EN TORNO A LA RELACIÓN ENTRE LA GRACIA Y LA LIBERTAD

Estado de la cuestión

La gran controversia teológica, suscitada a fines del siglo XVI, sobre la relación existente entre la gracia eficaz y la libertad gira toda ella en torno a la siguiente cuestión: ¿En qué se funda el que la gracia eficaz tenga como consecuencia infalible el acto saludable pretendido por Dios? La razón para ello ¿radica en la gracia misma o en el libre consentimiento de la voluntad previsto por Dios? La gracia ¿es eficaz por su virtud intrínseca («per se sive ab intrinseco»), o lo es por el libre consentimiento de la voluntad («per accidens sive ab extrinseco»)? De esta cuestión se deriva otra más: La gracia eficaz ¿es intrínsecamente distinta de la gracia suficiente, o lo es tan sólo extrínsecamente por añadírsele el libre consentimiento de la voluntad?

1. El tomismo

El tomismo, iniciado por el fraile dominico español Domingo Báñez († 1604) y defendido principalmente por los teólogos dominicos, enseña: Dios decreta desde toda la eternidad un determinado efecto saludable y, como medio para su realización, decreta también la concesión de la gracia eficaz. Por medio de esta última y en el tiempo, influye *físicamente* sobre la libre voluntad del hombre y la mueve a decidirse libremente por cooperar con la gracia. La gracia eficaz, por su virtud intrínseca («per se sive ab intrinseco»), obra infaliblemente el libre consentimiento de la voluntad. La gracia eficaz se distingue, por tanto, interna y esencialmente, de la gracia suficiente, que sólo da la potencia para el acto saludable. Para que semejante potencia pase al acto es necesario que sobrevenga una nueva gracia intrínsecamente distinta (la «gratia efficax»). El libre consentimiento de la voluntad humana lo prevé Dios infaliblemente en el decreto de su voluntad divina, con el cual determina desde toda la eternidad el efecto saludable y la concesión de la gracia eficaz.

La ventaja de la explicación tomista radica en el perfecto desenvolvimiento lógico de la idea fundamental de que Dios es la causa primera de toda la actividad creada y de que la criatura depende totalmente de Dios, tanto en el ser como en el obrar. No obstante, ofrece dificultades notables esta explicación, pues no se entiende cómo la «gratia sufficiens» es verdaderamente suficiente y cómo es compatible la «gratia efficax» con la libertad de la voluntad.

2. El agustinismo

El agustinismo, creado en los siglos XVII/XVIII por miembros de la orden de eremitas de San Agustín, como el cardenal Enrique de Noris († 1704) y Lorenzo Berti († 1766), supone, lo mismo que el tomismo, la existencia de una «gratia per se sive ab intrinseco efficax». Pero, a diferencia del tomismo, enseña que la gracia eficaz, por sí misma, no predetermina físicamente a la voluntad, sino tan sólo de manera moral, infundiéndole una victoriosa delectación en el bien que trae consigo con certeza infalible el consentimiento de la voluntad, que no por eso deja de estar prestado libremente (sistema de las predeterminaciones morales).

El agustinismo intenta poner a salvo la libertad de la voluntad, pero su concepción de la gracia peca de estrecha, pues no la considera más que como una delectación. Además, no es capaz de explicar satisfactoriamente el éxito infalible de la gracia eficaz y la presciencia divina.

3. El molinismo

El molinismo, creado por el teólogo jesuita español Luis de Molina († 1600) y defendido principalmente por los teólogos de la Compañía de Jesús, no admite distinción intrínseca y esencial entre la gracia suficiente y la eficaz, sino únicamente una distinción extrínseca y accidental. Dios apareja a la voluntad con gracia suficiente para obrar sobrenaturalmente, de suerte que el hombre, si quiere, puede realizar el acto saludable sin ninguna nueva y distinta ayuda de la gracia. Cuando la libre voluntad consiente con la gracia y realiza con ella el acto saludable, entonces la gracia suficiente se convierte por sí misma en gracia eficaz. Cuando la libre voluntad rehúsa prestar su consentimiento, entonces la gracia se queda en gracia meramente suficiente. La presciencia divina la explica el molinismo por medio de la ciencia media.

El molinismo acentúa ante todo el hecho de la libertad humana, con lo cual resulta por sí misma cierta debilitación de la causalidad universal de Dios. Es oscura la ciencia media y la previsión, que en ella se funda, del éxito infalible de la gracia eficaz.

4. El congruismo

El congruismo, creado por Francisco Suárez († 1617) y San Roberto Belarmino († 1621) y prescrito por el general de los jesuitas, P. Claudio Aquaviva (1613), como doctrina oficial de la Orden, es una elaboración ulterior del molinismo. Según el congruismo, la distinción entre la gracia eficaz y la suficiente no se funda tan sólo en el consentimiento de la libre voluntad, sino al mismo tiempo en la congruencia, es decir, en la conveniencia de la gracia con las condiciones individuales del que la recibe. Cuando la gracia se acomoda a las condiciones internas y externas del individuo («gratia congrua»), entonces se convierte en eficiente por el libre consentimiento de la voluntad; cuando no se acomoda («gratia incongrua»), entonces quédase reducida a gracia ineficaz por faltarle el consentimiento de la libre voluntad. Dios prevé, por medio de la ciencia media, la congruencia de la gracia y su resultado infalible.

El congruismo tiene de ventaja sobre el molinismo el acentuar de manera más satisfactoria el factor divino de la salvación.

5. El sincretismo

El sistema sincretista, defendido principalmente por teólogos de la Sorbona (Nicolás Ysambert † 1642; Isaac Habert † 1668; Honoré Tournely † 1729) y por San Alfonso M.ª de Ligorio († 1787), procura armonizar los sistemas enumerados anteriormente. Distingue dos clases de gracia eficaz. Con el molinismo y el congruismo, supone una «gratia ab extrinseco efficax» para las obras buenas más fáciles, sobre todo la oración; con el tomismo y el agustinismo, admite una «gratia ab intrinseco efficax» para las obras buenas más difíciles y para vencer las tentaciones graves, gracia que predetermina a la libre voluntad («praedeterminatio moralis») no de manera física, sino de manera moral (en el sentido del agustinismo). Los que se aprovechan de la gracia extrínsecamente eficaz, sobre todo de la gracia de oración, consiguen infaliblemente la gracia intrínsecamente eficaz en virtud de la promesa de Jesús de que nuestra oración siempre sería escuchada.

El sistema sincretista reúne en sí casi todas las dificultades de todos los otros sistemas. Es acertada la idea de que la oración desempeña un papel muy importantes en la realización de la salud sobrenatural.

Bibliografía: N. del Prado (véase supra, § 14). G. M. Manser, *Das Wesen des Thomismus,* Fr/S ³1949 (existe una vers. esp. de la 2.ª ed. al.: *La Esencia del Tomismo,* Ma 1947). G. Schneemann, *Controversiarum de divinae gratiae liberique arbitrii concordia, initia et progressus,* Fr 1881. E. Vansteenberghe, *Molinisme,* DThC X (1929) 2094-2187. W. Hentrich, *Gregor von Valencia und der Molinismus,* In 1928. W. Lurz, *Adam Tanner und die Gnadenstreitigkeiten des 17. Jh.,* Br 1932. X. M. Le Bachelet, *Prédestination et grâce efficace. Controverses dans la Compagnie de Jésus au temps d'Aquaviva (1610-1613),* 2 tomos, Ln 1931. F. Stegmüller, *Geschichte des Molinismus* I: *Neue Molinaschriften,* Mr 1935. J. Rabeneck, *De vita et scriptis Ludovici Molina,* «Archivum Historicum Societatis Iesu» 19 (1950) 75-145.

Sección segunda

LA GRACIA HABITUAL

Capítulo primero

PROCESO DE LA JUSTIFICACIÓN

§ 16. Concepto de justificación

1. El concepto de justificación en los reformadores

El punto de partida de la doctrina de Lutero sobre la justificación es la persuasión de que la naturaleza humana quedó completamente corrompida por el pecado de Adán y de que el pecado original consiste formalmente en la concupiscencia. La justificación la concibe Lutero como un acto judicial (actus forensis) por el cual Dios declara justo al pecador, aun cuando éste siga siendo en su interior injusto y pecador. La justificación, según su faceta negativa, no es una verdadera remisión de los pecados, sino una simple no-imputación o encubrimiento de los mismos. Según su faceta positiva, no es una renovación y santificación internas, sino una mera imputación externa de la justicia de Cristo. La condición subjetiva de la justificación es la fe fiducial, es decir, la confianza del hombre, que va unida con la certidumbre de su salvación, en que Dios misericordioso le perdona los pecados por amor de Cristo; cf. *Conf. Aug.* y *Apol. Conf.*, art. 4; *Art. Smalc.*, P. III, art. 13; *Formula Concordiae*, P. II, c. 3.

2. El concepto de justificación en el catolicismo

El concilio de Trento, inspirándose en Col 1, 13, definió la justificación como «traslado del estado en que el hombre nació como hijo del primer Adán, al estado de gracia y de adopción entre los hijos de Dios por medio del segundo Adán Jesucristo, Salvador nuestro» («translatio ab eo statu, in quo homo nascitur filius primi Adae, in statum gratiae et adoptionis filiorum Dei per secundum Adam Iesum Christum salvatorem nostrum»); Dz 796. Según su faceta negativa, la justificación es verdadera remisión de los pecados; según su faceta positiva, es una renovación y santificación sobrenatural del hombre interior: «non est sola peccatorum remissio, sed et sanctificatio et renovatio interioris hominis»; Dz 799. La doctrina de los reformadores sobre el mero cubrimiento o no imputación de los pecados y de la imputación externa de la justicia de Cristo, fue condenada como herética por el concilio de Trento; Dz 792, 821.

Por lo que respecta a la faceta negativa, diremos que la Sagrada Escritura concibe la remisión de los pecados como verdadera y completa supresión de los mismos, pues emplea las siguientes expresiones: *a) delere* = borrar (Ps 50, 3; Is 43, 25; 44, 22; Act 3, 19), *auferre* o *transferre* = quitar, apartar de en medio (4 Reg 12, 13, 1 Par 21, 8; Mich 7, 18), *tollere* = quitar (Ioh 1, 29), *longe facere* = alejar (Ps 102, 12); *b) lavare, abluere* = lavar, *mundare* = purificar (Ps 50, 4; Is 1, 16; Ez 36, 25; Act 22, 16; 1 Cor 6, 11; Hebr 1, 3; I Ioh 1, 7); *c) remittere* o *dimittere* = remitir, perdonar (Ps 31, 1; 84, 3; Mt 9, 2 y 6; Lc 7, 47 s; Ioh 20, 23; Mt 26, 28; Eph 1, 7).

Los pocos textos de la Escritura que hablan de un cubrimiento o no-imputación de los pecados (Ps 31, 1 s; 84, 3; 2 Cor 5, 19) deben interpretarse a la luz de las expresiones paralelas (remittere en el Ps 31, 1; 84, 3) y de toda la demás doctrina de la Escritura que habla claramente de un verdadero borrarse de los pecados. Prov 10, 12 («El amor cubre todos los delitos») y 1 Petr 4, 8 («El amor cubre muchedumbre de pecados») no se refieren al perdón de los pecados por Dios, sino al perdón recíproco de los hombres.

Según la faceta positiva, la Sagrada Escritura presenta la justificación como regeneración por Dios, es decir, como generación de una nueva vida sobrenatural en aquel que hasta ahora ha sido pecador (Ioh 3, 5; Tit 3, 5 s), como nueva creación (2 Cor 5, 17; Gal 6, 15), como renovación interna (Eph 4, 23 s), como santificación (1 Cor 6, 11), como traslado del estado de muerte al estado de vida (I Ioh 3, 14), del estado de tinieblas al estado de luz (Col 1, 13; Eph 5, 8), como asociación permanente del hombre con Dios (Ioh 14, 23; 15, 5), como participación de la divina naturaleza (2 Petr 1, 4: «divinae consortes naturae»). Cuando San Pablo afirma que Cristo se hizo nuestra justicia (1 Cor 1, 30; cf. Rom 5, 18), quiere expresar tan sólo que Él fue la causa meritoria de nuestra justificación.

Los padres conciben la remisión de los pecados como verdadero perdón y desaparición de los mismos. SAN AGUSTÍN protesta contra la adulteración que los pelagianos hacían de su doctrina achacándole que, según él, el bautismo no quitaba completamente los pecados, sino que no hacía en cierto modo más que «rasparlos»: «Dicimus baptisma dare omnium indulgentiam peccatorum et *auferre* crimina, *non radere*» *(Contra duas ep. Pelag.* I 13, 26). La santificación que tiene lugar por la justificación es designada frecuentemente por los padres como deificación (θείωσις, *deificatio).* SAN AGUSTÍN comenta que la *iustitia Dei* de que nos habla San Pablo no es aquella justicia con la que Dios es justo, sino aquella otra con la que Él nos hace justos a nosotros (cf. Dz 799); y es llamada precisamente justicia de Dios por ser Dios quien nos la da *(De gratia Christi* 13, 14).

Es incompatible con la veracidad y santidad divina el que Dios declare justo al pecador si éste sigue internamente en pecado.

Bibliografía: J. HEFNER, *Die Entstehungsgeschichte des Trienter Rechtfertigungsdekretes,* Pa 1909. H. RÜCKERT, *Die Rechtfertigungslehre auf dem Tridentinischen Konzil,* Bo 1925. F. CAVALLERA, *La session VI du concile de Trente sur la justification (13 janvier 1547),* BLE 44 (1943)-53 (1952) [continúa]. V. HEYNCK, *Der Anteil des Konzilstheologen Andreas de Vega O.F.M. an dem ersten amtlichen Entwurf des Trienter Rechtfertigungsdekretes,* FrSt 33 (1951) 49-81. E. TOBAC, *Le problème de la justification dans s. Paul,* 1908. H. SCHUMACHER, *El vigor de la Iglesia primitiva. La «nueva vida» según los documentos de los dos primeros siglos,* Barna 1955. C. VERFAILLIE, *La doctrine de la justification dans Origène,* Str 1926. C. FECKES, *Die Rechtfertigungslehre des Gabriel Biel,* Mr 1925. O. MÜLLER, *Die Rechtfertigungslehre nominalistischer Reformationsgegner,* Br 1940. M. FLICK, *L'àttino della giustificazione secondo S. Tommaso,* R 1947. H. KÜNG, *Rechtfertigung. Die Lehre Barths und eine katholische Besinnung,* E 1957.

§ 17. LAS CAUSAS DE LA JUSTIFICACIÓN

El concilio de Trento (Dz 799) determina las siguientes causas de la justificación:

1. La causa final *(causa finalis)* es la gloria de Dios y de Cristo (c. f. primaria) y la vida eterna de los hombres (c. f. secundaria).

2. La causa eficiente *(causa efficiens),* más en concreto: la causa eficiente principal *(c. e. principalis)* es el Dios misericordioso.

3. La causa meritoria *(causa meritoria)* es Jesucristo, que, en su calidad de mediador entre Dios y los hombres, dio satisfacción por nosotros y nos mereció la gracia de la justificación.

4. La causa instrumental *(causa instrumentalis)* de la primera justificación es el sacramento del bautismo. Y añade la definición del concilio: «quod est sacramentum fidei, sine qua nulli unquam contigit iustificatio». Con ello nos propone la fe como condición necesaria (causa dispositiva) para la justificación (de los adultos).

5. La causa formal *(causa formalis)* es la justicia de Dios, no aquella por la cual Dios es justo, sino aquella otra por la cual nos hace justos a nosotros («iustitia Dei, non qua ipse iustus est, sed qua nos iustos facit»), es decir, la gracia santificante; cf. Dz 820.

Según doctrina del concilio de Trento, la gracia santificante es la única causa formal de la justificación *(unica formalis causa)*. Ello quiere decir que la infusión de la gracia santificante opera la remisión de los pecados y la santificación interna. De esta manera, el concilio rechaza la doctrina defendida por algunos reformadores (Calvino, Martín Butzer) y también por algunos teólogos católicos (Girolamo Seripando, Gasparo Contarini, Albert Pighius, Johann Gropper), según la cual existiría una doble justicia: la remisión de los pecados tendría lugar por la justicia de Cristo, imputada a nosotros; y la positiva justificación por medio de una justicia inherente al alma.

Según nos enseña la Sagrada Escritura, la gracia y el pecado se hallan en oposición contraria como la luz y las tinieblas, como la vida y la muerte. Por eso, la comunicación de la gracia opera necesariamente la remisión de los pecados; cf. 2 Cor 6, 14: «¿Qué consorcio hay entre la justicia y la iniquidad? ¿Qué comunidad entre la luz y las tinieblas?»; Col 2, 13: «Y a vosotros, que estabais muertos por vuestros delitos... os vivificó con Él [con Cristo]»; cf. 1 Ioh 3, 14; S.th. I II 113, 6 ad 2.

Bibliografía: St. Ehses, *Johann Groppers Rechtfertigungslehre auf dem Konzil zu Trient,* RQ 20 (1906) 175-188. F. Hünermann, *Die Rechtfertigungslehre des Kardinals Gasparo Contarini,* ThQ 102 (1921) 1-22. H. Jedin, *Girolamo Seripando. Sein Leben und Denken im Geisteskampf des 16. Jh.,* Wü 1937. El mismo, *Kardinal Contarini als Kontroverstheologe,* Mr 1949. W. Lipgens, *Kardinal Johannes Gropper (1503-1559),* Mr 1951. P. Pas, *La doctrine de la double justice au Concile de Trente,* EThL 50 (1954) 5-53.

§ 18. LA PREPARACIÓN PARA LA JUSTIFICACIÓN

1. Posibilidad y necesidad de la preparación

El pecador, con la ayuda de la gracia actual, puede y debe disponerse para recibir la gracia de la justificación (de fe).

Los reformadores negaron que fuera posible y necesario prepararse para la justificación, pues partían del supuesto de que la voluntad del hombre es incapaz de cualquier bien, ya que la naturaleza humana se halla totalmente corrompida por el pecado de Adán. Frente a esta doctrina, declaró el concilio de Trento: «Si quis dixerit... nulla ex parte necesse esse, eum (sc. impium) suae voluntatis motu praeparari atque disponi», a. s.; Dz 819; cf. Dz 797 ss, 814, 817.

El concilio (Dz 797) cita como prueba a Zach 1, 3: «Convertíos a mí y yo me convertiré a vosotros», y Thren 5, 21: «Conviértenos a ti, oh Señor, y nos convertiremos». El primer lugar citado acentúa la libertad del movimiento de nuestra voluntad hacia Dios, el segundo pone de relieve la necesidad de la gracia preveniente de Dios; cf. las numerosas exhortaciones, que dirige la Escritura del Antiguo y del Nuevo Testamento, para que el pueblo haga penitencia y se convierta.

Las costumbres que en la Iglesia primitiva se seguían con respecto a los catecúmenos y penitentes tenían por fin lograr una preparación muy intensa para recibir la gracia de la justificación. SAN AGUSTÍN enseña: «Quien te creó sin ti, no te justifica sin ti. Quiero decir que Dios te creó sin que tú lo supieras, pero no te justifica si no prestas el consentimiento de tu voluntad» (*Sermo* 169, 11, 13); cf. S.th. I II 113, 3.

2. La fe y la justificación

Sin la fe no es posible la justificación de un adulto (de fe).

Según doctrina del concilio de Trento, la fe «es el comienzo de la salvación del hombre, el fundamento y raíz de toda justificación»: «per fidem iustificari dicimur, quia fides est humanae salutis initium, fundamentum et radix omnis iustificationis»; Dz 801; cf. Dz 799: «sine qua (sc. fide) nulli unquam contigit iustificatio»; de igual tenor es Dz 1793.

Por lo que respecta al objeto de la fe justificante, no basta la llamada fe fiducial, antes bien se necesita la fe teológica o dogmática (fe confesional), que consiste en admitir como verdadera la doctrina revelada por la autoridad de Dios que la revela. El tridentino declara: «Si quis dixerit, fidem iustificantem nihil aliud esse quam fiduciam divinae misericordiae...» a. s.; Dz 822; cf. Dz 798: «credentes vera esse, quae divinitus revelata et promissa sunt»; Dz 1789 (definición de fe).

Según testimonio de la Escritura, la fe, y por cierto la fe dogmática, es la condición indispensable para alcanzar la salvación eterna; Mc 16, 16: «Predicad el Evangelio a toda criatura. El que creyere y fuere bautizado, se salvará; mas el que no creyere, se condenará»; Ioh 20, 31: «Estas cosas fueron escritas para que creáis que Jesús es el Mesías, Hijo de Dios, y para que creyendo tengáis vida en su nombre»; Hebr 11, 6: «Sin la fe es imposible agradar a Dios. Que es preciso que quien se acerque a Dios crea que existe y que es remunerador de los que le buscan»; cf. Mc 1, 15; Ioh 3, 14 ss; 8, 24; 11, 26; Rom 10, 8 ss.

Los textos de la Escritura citados por los adversarios, y que acentúan intensamente el elemento de la confianza (Rom 4, 3 ss; Mt 9, 2; Lc 17, 19; 7, 50; Hebr 11, 1), no excluyen la fe dogmática; pues la confianza en la misericordia divina es consecuencia necesaria de la fe en la verdad de la revelación divina.

Una prueba verdaderamente patrística de la necesidad de la fe dogmática para la justificación es la instrucción que se daba a los catecúmenos en las verdades de la fe cristiana y la recitación de la confesión de fe antes de recibir el bautismo. TERTULIANO designa al bautismo como sello de la fe confesada antes de su recepción («obsignatio fidei, signaculum fidei»; *De paenit.* 6; *De spect.* 24). SAN AGUSTÍN dice: «El comienzo de la buena vida, a la cual se le debe también la vida eterna, es la fe recta» (*Sermo* 43, 1, 1).

3. Necesidad de otros actos dispositivos además de la fe

A la fe hay que añadir, además, otros actos dispositivos (de fe).

Según la doctrina de los reformadores, la fe (entendida como fe fiducial) es la única causa de la justificación (doctrina de la «sola fides»). En contra de ella, el concilio de Trento declaró que, además de la fe, se requieren otros actos dispositivos (Dz 819). Como tales se citan el temor de la justicia divina, la confianza en la misericordia de Dios por los méritos de Cristo, el comienzo del amor de Dios, el odio y aborrecimiento al pecado y el propósito de recibir el bautismo y de comenzar nueva vida. El concilio va describiendo el curso psicológico que ordinariamente sigue el proceso de la justificación, sin definir con ello que necesariamente han de darse todos y cada uno de los actos indicados en esta serie o que no pudieran darse también otros. Así como la fe no puede faltar nunca por ser el comienzo de la salvación, de la misma manera no puede faltar tampoco el arrepentimiento por los pecados cometidos, pues no es posible el perdón de los pecados sin una interna aversión de los mismos; Dz 798; cf. Dz 897.

La Sagrada Escritura exige, además de la fe, otros actos dispositivos; v.g., el temor de Dios (Eccli 1, 27; Prov 14, 27), la esperanza (Eccli 2, 9), el amor a Dios (Lc 7, 47; 1 Ioh 3, 14), el arrepentimiento y la penitencia (Ez 18, 30; 33, 11; Mt 4, 17; Act 2, 38; 3, 19).

Pablo y Santiago. Cuando San Pablo enseña que somos justificados por la fe sin las obras de la ley (Rom 3, 28: «Pues tenemos la convicción de que el hombre es justificado por la fe sin las obras de la ley»; cf. Gal 2, 16), entiende por fe la fe viva que obra por la caridad (Gal 5, 6), y por obras las de la ley mosaica (v.g., la circuncisión), y por justificación la purificación y santificación interna del pecador no-cristiano gracias a la recepción de la fe cristiana. Cuando Santiago, en aparente contradicción, enseña que somos justificados por las obras y no solamente por la fe (Iac 2, 24: «Vosotros veis que el hombre es justificado por las obras y no solamente por la fe»), entiende por fe la fe muerta (Iac 2, 17; cf. Mt 7, 21), por obras las obras buenas que brotan de la fe cristiana, y por justificación el que el cristiano sea declarado justo ante el tribunal de Dios. San Pablo se dirige a cristianos judaizantes, que hacían alarde de las obras de la ley; de ahí que acentúe el valor de la fe. Santiago se dirige a cristianos tibios; de ahí que acentúe el valor de las buenas obras. Pero ambos están de acuerdo en pedir una fe viva y activa.

Los santos padres, en armonía con las costumbres relativas a los catecúmenos, enseñan que la fe sola no basta para la justificación. SAN AGUSTÍN dice: «Sin la caridad puede ciertamente existir la fe, pero en nada aprovecha» *(De Trin.* XV 18, 32); cf. S.th. I II 113, 5.

Bibliografía: E. STAKEMEIER, *Glaube und Rechtfertigung,* Fr 1937. J.-M. VOSTÉ, *Studia Paulina,* R [2]1941, 93-109: *De iustificatione per fidem.* B. BARTMANN, *St. Paulus und St. Jacobus über die Rechtfertigung,* Fr 1897. E TOBAC, *Le problème de la justification dans saint Paul et dans saint Jacques,* RHE 22 (1926) 797-805. A. LANDGRAF, *Die Vorbereitung auf die Rechtfertigung und die Eingiessung der heiligmachenden Gnade in der Frühscholastik,* Schol 6 (1931) 42-62, 222-247, 354-380, 481-504. El mismo, *Glaube und Werk in der Frühscholastik,* Greg 17 (1936) 515-561. F. MITZKA, *Die Lehre des hl. Bonaventura von der Vorbereitung auf die heiligmachende Gnade,* ZkTh 50 (1926) 27-72, 220-252. P. BLÄSER, *Rechtfertigungsglaube bei Luther,* Mr 1953.

Capítulo segundo

EL ESTADO DE JUSTIFICACIÓN

§ 19. La esencia de la gracia santificante

1. Definición ontológica de la gracia santificante

a) La gracia santificante es un don realmente distinto de Dios, creado y sobrenatural (sent. próxima a la fe).

Según la sentencia de Pedro Lombardo *(Sent.* i d. 17), la gracia de la justificación no es una gracia creada, sino el mismo Espíritu Santo increado, que habita en el alma del justo y obra inmediatamente por sí mismo («non mediante aliquo habitu») los actos del amor a Dios y al prójimo; cf. S.th. 2 ii 23, 2.

La definición tridentina de la gracia de justificación como «justicia de Dios, no aquella por la cual Dios es justo, sino aquella otra por la cual nos hace justos» (Dz 799), excluye la identidad de la gracia santificante con el Espíritu Santo. El Espíritu Santo no es causa formal, sino eficiente de la justificación. Según Rom 5, 5: «El amor de Dios se ha derramado en nuestros corazones por medio del Espíritu Santo, que nos ha sido dado»; el Espíritu Santo nos comunica el amor a Dios, que nos ha sido donado con la justificación, y es, por lo tanto, un don distinto de la gracia de justificación, como es distinto el donador del don que hace.

b) La gracia santificante es un ser sobrenatural infundido por Dios e inherente al alma de modo permanente (sent. cierta).

Según la sentencia de los nominalistas, la gracia de justificación es la benevolencia permanente de Dios, por la cual perdona los pecados al pecador en atención a los méritos de Cristo, y le confiere las gracias actuales necesarias para que éste realice su salvación. De forma parecida, Lutero define la gracia de justificación como benignidad de Dios para con el pecador, que se manifiesta en la no-imputación de los pecados y en la imputación de la justicia de Cristo.

Las expresiones usadas por el concilio de Trento, «diffunditur, infunditur, inhaeret» (Dz 800, 809, 821), indican que la gracia de justificación es un estado permanente del justificado. El Catecismo Romano, redactado por encargo del concilio de Trento, designa a la gracia santificante como «una cualidad divina, inherente al alma», «divina qualitas in anima inhaerens»; II 2, 49). Se infiere también que la gracia de justificación es una gracia permanente y habitual en el justo, de la justificación de los niños que no han llegado al uso de razón; cf. Dz 410, 483, 790 ss.

La Sagrada Escritura presenta el estado de justificación como la existencia de una simiente divina en el hombre (1 Ioh 3, 9: «Quien ha nacido de Dios no peca, porque la simiente de Dios está en él»), como unción, sello y prenda del Espíritu Santo (2 Cor 1, 21 s), como participación de la divina naturaleza (2 Petr 1, 4), como vida eterna (Ioh 3, 15 s y passim). La Escritura designa también a la justificación como regeneración (Ioh 3, 5; Tit 3, 5), como nueva creación (2 Cor 5, 17; Gal 6, 15), como renovación interna (Eph 4, 23 s). Estas distintas expresiones no pueden referirse a los influjos transitorios de Dios sobre el alma con el fin de lograr la realización de actos saludables, sino que exigen para su recta inteligencia que exista en el alma un ser sobrenatural, permanente e inherente a ella. La nueva vida sobrenatural que se verifica en el justo presupone la existencia de un principio vital sobrenatural que sea permanente.

San Cirilo de Alejandría designa a la gracia de justificación como «cualidad» (ποιότης), que nos santifica (*Hom. pasch.* 10, 2), o como «cierta forma divina» (θείαν τινα μόρφωσιν) que el Espíritu Santo infunde en nosotros (*In Is.* IV 2); cf. S.th. I II 110, 2.

c) La gracia santificante no es sustancia, sino accidente real, inherente en la sustancia del alma (sent. cierta).

El concilio de Trento usa la expresión «inhaerere» (Dz 800, 809, 821), que designa la categoría de accidente.

Como estado o condición del alma, la gracia santificante entra más en concreto dentro de la categoría de cualidad; y, como cualidad permanente, dentro de la especie de hábito. Como la gracia santificante perfecciona inmediatamente la sustancia del alma y sólo se refiere de manera mediata a la operación, es designada como «habitus entitativus» (a diferencia del «habitus operativus»). Por el modo con que se origina, el «habitus» de la gracia santificante es designado como «habitus infusus» (a diferencia del «habitus innatus» y del «habitus acquisitus»).

d) La gracia santificante es realmente distinta de la caridad (sent. más común).

Según doctrina de Santo Tomás y su escuela, la gracia santificante, como perfección de la sustancia del alma («habitus entitativus»), es realmente distinta de la caridad, que es perfección de la potencia volitiva («habitus operativus»). Los escotistas definen la gracia como hábito operativo realmente idéntico con la caridad, y no admiten, por tanto, más que una distinción virtual entre la gracia y la caridad. El concilio de Trento no zanjó esta cuestión. Mientras que en un lugar (Dz 821) el citado concilio distingue entre gracia y caridad («exclusa gratia et caritate»), en otro lugar no habla más que de la infusión de la caridad (Dz 800) siguiendo la expresión de Rom 5, 5. En favor de la sentencia tomista habla principalmente la analogía del orden sobrenatural con el orden natural. Ella insinúa que la dotación sobrenatural de la sustancia del alma es realmente distinta de la dotación sobrenatural de las potencias anímicas, como la sustancia del alma es realmente distinta de las potencias anímicas; cf. S.th. I II 110, 3-4.

2. Definición teológica de la gracia santificante

a) La gracia santificante establece una participación de la divina naturaleza (sent. cierta).

La Iglesia reza en el ofertorio de la santa misa: «Concédenos, por el misterio de esta agua y vino, que participemos de la divinidad de Aquel que se dignó participar de nuestra humanidad». De manera parecida ora en el prefacio de la festividad de la Ascensión: «Fue recibido en los cielos para hacernos partícipes de su divinidad»; cf. Dz 1021.

Según 2 Petr 1, 4, el cristiano es elevado a la participación de la divina naturaleza: «Por ellas [por su gloria y virtud] nos ha dado [Dios] sus preciosas y grandísimas promesas, para que por ellas fueseis hechos partícipes de la naturaleza divina.» También los textos escriturísticos, que nos hablan de la justificación como de una generación o nacimiento obrado por Dios (Ioh 1, 12 s; 3, 5; 1 Ioh 3, 1 y 9; Tit 3, 5; Iac 1, 18; 1 Petr 1, 23), enseñan indirectamente que el hombre es hecho partícipe de la divina naturaleza, porque la generación consiste precisamente en que el engendrador comunica su naturaleza al engendrado.

De estos textos citados y de otros (Ps 81, 1 y 6; Ioh 10, 34 s) sacaron los padres la doctrina de la deificación (θείωσις, *deificatio*) del hombre por la gracia. Era firme convicción de los padres que Dios se había hecho hombre para que el hombre se hiciera Dios, es decir, para deificarlo; cf. San Atanasio, *Or. de incarn. Verbi* 54: «El Logos se hizo hombre para que nosotros nos hiciéramos Dios [nos deificáramos]». De forma parecida se expresa en *C. Arianos or.* I 38 s. El Seudo-Agustín dice en *Sermo* 128, 1: «Factus est Deus homo, ut homo fieret Deus.» El Seudo-Dionisio comenta que la deificación es «la asimilación y unión mayor posible con Dios» *(De eccl. hier.* 1, 3).

b) A propósito de la manera de verificarse nuestra participación de la divina naturaleza, conviene evitar dos extremos reprensibles.

α) No debemos entenderla en sentido *panteístico,* como si la sustancia del alma se transformara en la divinidad. A pesar de tal participación, seguirá existiendo una distancia infinita entre el Creador y la criatura; Dz 433, 510, 1225.

β) No hay que entenderla tampoco como una mera asociación *moral* con Dios, que consistiera en la imitación de sus perfecciones morales; algo análogo a como los pecadores son «hijos del diablo» (Ioh 8, 44).

γ) Positivamente, constituye una comunión *física* del hombre con Dios. Ésta consiste en una unión accidental, efectuada por medio de un don creado por Dios, don que asimila y une al alma con Dios de una manera que sobrepuja a todas las fuerzas creadas. El hombre, que, por naturaleza, es en su cuerpo, en cuanto realización de una idea divina, un vestigio de Dios *(vestigium Dei),* y en su espíritu, en cuanto imagen del espíritu divino, una imagen de Dios *(imago Dei),* pasa a ser ahora semejanza de Dios *(similitudo Dei),* es decir, es elevado a un grado superior y sobrenatural de asimilación con Dios; cf. S.th. III 2, 10 ad 1: «gratia, quae est accidens, est quaedam similitudo divinitatis participata in homine».

La semejanza sobrenatural con Dios es designada por Ripalda como asimilación con la santidad de Dios, y mejor aún la define Suárez como asimilación con la espiritualidad de Dios. Así como la espiritualidad constituye para Dios el principio de la vida divina, que es conocimiento y amor divino de sí mismo, así también la gracia santificante, como participación de tal espiritualidad, es el principio de la vida divina en el hombre dotado de gracia.

c) La asimilación sobrenatural con Dios, fundada en la tierra por la gracia santificante, se consumará en la vida futura por la visión beatífica de Dios, es decir, por la participación del conocimiento que Dios tiene de sí mismo y por la felicidad que de tal conocimiento rebosa. La gracia y la gloria guardan entre sí la relación de simiente y fruto. La gracia es el principio de la gloria *(gloria inchoata),* la gloria es la consumación de la gracia *(gratia consummata);* cf. S.th. 2 II 24, 3 ad 2: «gratia et gloria ad idem genus referuntur, quia gratia nihil est aliud quam quaedam inchoatio gloriae in nobis». La Sagrada Escritura da testimonio de la identidad esencial entre la gracia y la gloria cuando enseña que el justo lleva ya en sí la vida eterna; cf. Ioh 3, 15; 3, 36; 4, 14; 6, 54.

Bibliografía: M. J. Scheeben, *Die Herrlichkeiten der göttlichen Gnade,* Obras Completas I, Fr 1941. A. Prumbs, *Die Stellung des Trienter Konzils zu der Frage nach dem Wesen der Rechtfertigung,* Pa 1909. J. B. Frey, *Le concept de «vie» dans l'Évangile de saint Jean,* Bibl I (1920), 37-58, 211-239. H. Pribnow, *Die johanneische Anschauung vom «Leben»,* Greifswald 1934. Fr. Mussner, ΖΩΗ. *Die Anschauung vom «Leben» im vierten Evangelium unter Berücksichtigung der Johannesbriefe,* Mn 1952. H. Schumacher (v. supra, § 16). J. Gross, *La divinisation du chrétien d'après les Pères grecs,* P 1938. J. A. Stoop, *De «deificatio hominis» in die Sermones en Epistulae van Augustinus,* Leiden 1952. A. Landgraf, *Die Erkenntnis der heiligmachenden Gnade in der Frühscholastik,* Schol 3 (1928) 28-64. El mismo, *Caritas und Heiliger Geist, Dogmengeschichte* I, 1, 220-237. M. GRABMANN, *Die Idee des Lebens in der Theologie des hl. Thomas von Aquin,* Pa 1922. F. ZIGON, *Der Begriff der caritas beim Lombarden und der hl. Thomas,* DTh 4 (1926) 404-424.

§ 20. LOS EFECTOS FORMALES DE LA GRACIA SANTIFICANTE

1. Santificación del alma

La gracia santificante santifica el alma (de fe).

Según doctrina del concilio de Trento, la justificación es una «santificación y renovación del hombre interior» («sanctificatio et renovatio interioris hominis»; Dz 799). San Pablo escribía a los fieles de Corinto: «Habéis sido lavados, habéis sido santificados, habéis sido justificados en el nombre del Señor Jesucristo y en el Espíritu de nuestro Dios» (1 Cor 6, 11). A los cristianos les llama «santos» (cf. los exordios de las cartas) exhortándoles de esta manera: «Vestíos del hombre nuevo, creado según Dios en justicia y santidad verdaderas» (Eph 4, 24).

La santidad comprende, negativamente, el verse libre de pecado grave y, positivamente, la unión sobrenatural permanente con Dios.

2. Hermosura del alma

La gracia santificante confiere al alma una hermosura sobrenatural (sent. común).

El *Catecismo Romano* nos dice, a propósito de la gracia santificante: «La gracia es... por decirlo así, cierta luz y destello que borra todas las manchas de nuestras almas haciéndolas más hermosas y resplandecientes» (II 2, 49).

Los santos padres ven en la esposa del Cantar de los Cantares un símbolo del alma adornada por la gracia. SANTO TOMÁS afirma: «Gratia divina pulchrificat sicut lux» *(In Ps.* 25, 8).

Como participación de la naturaleza divina, la gracia santificante crea en el alma un trasunto de la hermosura increada de Dios, formándola según la imagen del Hijo de Dios (Rom 8, 29; Gal 4, 19), el cual es el esplendor de la gloria de Dios y la imagen de su sustancia (Hebr 1, 3).

3. Amistad con Dios

La gracia santificante convierte al justo en amigo de Dios (de fe).

Según doctrina del concilio de Trento, el hombre, por la justificación, se convierte «de injusto en justo y de enemigo en amigo [de Dios]» («ex inimico amicus»; Dz 799); cf. Dz 803: «amici Dei ac domestici facti». Jesús dijo a los apóstoles: «Vosotros sois mis amigos si hacéis lo que os mando. Ya no os llamo siervos, porque el siervo no sabe lo que hace su señor; pero os digo amigos, porque todo lo que oí de mi Padre os lo he dado a conocer» (Ioh 15, 14 s); cf. Sap 7, 14; Eph 2, 19; Rom 5, 10.

San Juan Crisóstomo dice de la fe justificante: «Ella te encontró muerto, perdido, prisionero, enemigo, y te convirtió en amigo, hijo, libre, justo, coheredero» *(In ep. ad Rom. hom.* 14, 6).

El amor de amistad, como nos enseña Santo Tomás siguiendo la doctrina de Aristóteles *(Ethica Nic.* VIII 2-4), es un amor recíproco de benevolencia que se funda en algo común (S.th. 2 II 23, 1). La base de la amistad con Dios es la participación de la divina naturaleza («consortium divinae naturae») que Dios concede al justo. La virtud teologal de la caridad, unida inseparablemente con el estado de gracia, hace capaz al justo de responder con amor recíproco al amor de benevolencia que Dios le muestra.

4. Filiación divina

La gracia santificante convierte al justo en hijo de Dios y le confiere el título a la herencia del cielo (de fe).

Según doctrina del concilio de Trento, la justificación es «un traslado al estado de gracia y de adopción de hijos de Dios» («translatio... in statum gratiae et adoptionis filiorum Dei»; Dz 796). El justo es «heredero de la vida eterna esperada» («haeres secundum spem vitae aeternae»; Tit 3, 7; Dz 799). La Sagrada Escritura presenta el estado de justificación como una relación filial del hombre con respecto a Dios; Rom 8, 15 ss: «No habéis recibido el espíritu de siervos para recaer en el temor, antes habéis recibido el espíritu de adopción, por el cual clamamos: ¡Abba, Padre! El Espíritu mismo da testimonio con nuestro espíritu de que somos hijos de Dios, y si hijos, también herederos, herederos de Dios, coherederos de Cristo», cf. Gal 4, 5 ss; Ioh 1, 12 s; Ioh 3, 1, 2 y 9.

La adopción es la acción de tomar graciosamente a una persona extraña como hijo y heredero («personae extraneae in filium et heredem gratuita assumptio»). Mientras que la adopción humana presupone la comunidad de naturaleza entre el que adopta y el que es adoptado, y no establece sino un vínculo moral y jurídico entre ambos, en la adopción divina se verifica la comunicación de una vida sobrenatural y deiforme, una generación análoga (Ioh 1, 13; 3, 3 ss), que establece una comunión física del hijo adoptivo con Dios. Prototipo de la filiación divina adoptiva es la filiación divina de Jesucristo, que descansa en la generación natural y eterna por parte del Padre y que es, por tanto, verdadera filiación natural; Rom 8, 28: «Para que sea el primogénito entre muchos hermanos»; cf. S.th. III 23, 1.

5. Inhabitación del Espíritu Santo

La gracia santificante convierte al justo en templo del Espíritu Santo (sent. cierta).

El Espíritu Santo habita en el alma del justo no sólo por medio de la gracia creada, sino también con su sustancia increada y divina («inhabitatio substantialis sive personalis»); cf. Dz 898, 1015. La Sagrada Escritura da testimonio del hecho de la inhabitación personal del Espíritu Santo; 1 Cor 3, 16: «¿No sabéis que sois templo de Dios y que el Espíritu de Dios habita en vosotros?»; cf. Rom 5, 5; 8, 11; 1 Cor 6, 19.

Los padres testimonian esta doctrina claramente contenida en la Escritura; cf. San Ireneo, *Adv. haer.* v 6, 1 s. Contra los macedonianos, prueban la divinidad del Espíritu Santo por su inhabitación personal en los justos; cf. San Atanasio, *Ep. ad Serap.* 1, 24.

La inhabitación personal del Espíritu Santo no tiene como consecuencia la unión sustancial, sino sólo accidental, del mismo con el alma del justo. Como la inhabitación del Espíritu Santo es una operación de Dios hacia el exterior y las operaciones de Dios hacia el exterior son comunes a las tres divinas personas, resulta que la inhabitación del Espíritu Santo coincide con la de las tres divinas personas. Tal inhabitación, por ser manifestación del amor divino, es atribuida al Espíritu Santo, que es el Amor personal del Padre y del Hijo. La Sagrada Escritura nos habla también de la inhabitación del Padre y del Hijo; Ioh 14, 23: «Si alguno me ama, guardará mi palabra, y mi Padre le amará, y vendremos a él y en él haremos morada»; 2 Cor 6, 16: «Sois templo de Dios vivo.»

Algunos teólogos (Petavio, Passaglia, Hurter, Scheeben, Schell) enseñan, por influjo de los padres griegos, que además de la inhabitación de toda la Trinidad existe otra inhabitación especial, no apropiada, del Espíritu Santo, que es distinta de la otra anterior y conviene exclusivamente a la tercera persona. Pero esta sentencia es difícilmente compaginable con la unidad de la operación divina al exterior.

Bibliografía: R. Egenter, *Die Lehre von der Gottesfreundschaft in der Scholastik und Mystik des 12. und 13. Jh.*, A 1928. H. Wilms, *Die*

Gottesfreundschaft nach dem hl. Thomas, Ve 1933. H. KUHAUPT, *Die Formalursache der Gotteskindschaft,* Mr 1940. S. I. DOCKX, *Fils de Dieu par grâce,* P 1948. B. FROGET, *De l'habitation du Saint-Esprit dans les âmes justes d'après la doctrine de S. Thomas d'Aquin,* P 1930. TH. J. FITZGERALD, *De inhabitatione Spiritus Sancti doctrina S. Thomae Aquinatis,* Mu 1950. H. KOENIG, *De inhabitatione Spiritus Sancti doctrina S. Bonaventurae,* Mu 1934. P. GALTIER, *L'habitation en nous des trois Personnes divines,* R 1949. El mismo, *Le Saint-Esprit en nous d'après les Pères grecs,* R 1946. H. SCHAUF, *Die Einwohnung des Heiligen Geistes,* Fr 1941. J. TRÜTSCH, *SS. Trinitatis inhabitatio apud theologos recentiores,* Trento 1949.

§ 21. EL SÉQUITO DE LA GRACIA SANTIFICANTE

Con la gracia santificante van unidos unos dones sobrenaturales, realmente distintos de ella, pero que se hallan en íntima conexión con la misma. Siguiendo la expresión del *Catecismo Romano,* se dice que constituyen el séquito de la gracia santificante: «Acompaña a la gracia santificante el más noble cortejo de todas las virtudes («nobilissimus omnium virtutum comitatus»), que Dios infunde en el alma al mismo tiempo que la gracia santificante» (II 2, 50).

1. Las virtudes teologales

Con la gracia santificante se infunden en el alma las tres virtudes teologales o divinas de la fe, la esperanza y la caridad (de fe).

El concilio de Trento enseña: «En la justificación, el hombre, por hallarse incorporado a Cristo, recibe, junto con la remisión de los pecados, la fe, la esperanza y la caridad»; Dz 800. Se conceden las mencionadas virtudes en cuanto al hábito, es decir, como disposiciones, no como actos. La expresión «infundir» *(infundere)* significa la comunicación de un hábito. A propósito de la caridad, advierte el concilio expresamente que es derramada por el Espíritu Santo sobre los corazones de los hombres y se hace inherente a ellos, es decir, permanece en los mismos como un estado; Dz 821: «quae (sc. caritas) in cordibus eorum per Spiritum Sanctum diffundatur atque illis inhaereat».

La declaración del concilio se funda ante todo en Rom 5, 5: «El amor de Dios se ha derramado en nuestros corazones por virtud del Espíritu Santo, que nos ha sido dado»; cf. 1 Cor 13, 8: «La caridad no pasa jamás.» Lo mismo que la caridad, constituyen también la fe y la esperanza un estado permanente del justo; 1 Cor 13,

13: «Ahora permanecen estas tres cosas: la fe, la esperanza y la caridad».

SAN JUAN CRISÓSTOMO comenta a propósito de los efectos del bautismo: «Tú tienes la fe, la esperanza y la caridad, que permanecen. Foméntalas; ellas son algo más grande que las señales [= los milagros]. Nada hay comparable a la caridad» *(In actus Apost. hom.* 40, 2).

Aunque la virtud infusa de la caridad no se identifique realmente con la gracia santificante, como enseñan los escotistas, sin embargo, se hallan las dos unidas por una vinculación indisoluble. El hábito de la caridad se infunde al mismo tiempo que la gracia y se pierde con ella; cf. Dz 1031 s. Los hábitos de la fe y de la esperanza son separables de la gracia santificante. No se pierden por cada pecado mortal, como ocurre con la gracia y la caridad, sino únicamente por los pecados que van contra la misma naturaleza de estas virtudes, a saber: la fe por el pecado de incredulidad y la esperanza por el de incredulidad y desesperación; cf. Dz 808, 838. Por ser la fe y la esperanza separables de la gracia y la caridad, suponen varios teólogos (v.g., Suárez) que estas virtudes son infundidas como *virtudes informes* antes de la justificación, siempre que haya disposición suficiente. Esta sentencia no se halla en contradicción con la doctrina del concilio de Trento (Dz 800: *simul infusa),* pues el tridentino se refiere únicamente a la *fides formata* y a la *spes formata.*

2. Las virtudes morales

Con la gracia santificante se infunden también las virtudes morales (sent. común).

El concilio de Vienne (1311/12) se refiere, en términos generales, sin restringirse a las virtudes teologales, a la infusión de las virtudes y a la gracia informante en cuanto al hábito: «virtutes ac informans gratia infunduntur quoad habitum»; Dz 483. El *Catecismo Romano* (II 2, 50) habla del «nobilísimo cortejo de todas las virtudes».

De la Sagrada Escritura no podemos tomar ningún argumento cierto en favor de la infusión de las virtudes morales; pero la vemos sugerida en Sap 8, 7 (las cuatro virtudes cardinales son la dote de la sabiduría divina), en Ez 11, 19 s (seguir los mandamientos del Señor es un fruto del «corazón» nuevo) y, sobre todo, en 2 Petr 1, 4 ss, donde, además de la participación en la divina naturaleza, se cita otra serie de dones (fe, energía, conocimiento, moderación, paciencia, piedad, fraternidad, amor de Dios). San Agustín habla de las cuatro virtudes cardinales, a las que se reducen todas las demás virtudes morales: «Estas virtudes se nos dan al presente, en este valle de lágrimas, por la gracia de Dios» *(Enarr. in Ps.* 83, 11); cf. SAN AGUSTÍN, *In ep. I. Ioh. tr.* 8, 1; S.th. I II 63, 3.

3. Los dones del Espíritu Santo

Con la gracia santificante se nos infunden también los dones del Espíritu Santo (sent. común).

El fundamento bíblico es Is 11, 2 s, donde se describen los dones espirituales del futuro Mesías: «Sobre Él reposa el espíritu de Yahvé, espíritu de sabiduría y de inteligencia, espíritu de consejo y de fortaleza, espíritu de entendimiento y de temor de Yahvé. Y en el temor de Yahvé tiene Él su complacencia» (Set. y Vulg.: «... espíritu de entendimiento y de piedad [εὐσέβεια, *pietas*], [3] y le llenará el espíritu de temor del Señor»). El texto hebreo enumera seis dones además del Espíritu de Yahvé; la versión de los Setenta y la Vulgata enumeran siete, porque el concepto de «temor de Yahvé» lo traducen de manera diversa en los vv 2 y 3. No es esencial el número de siete, que se deriva de la versión de los Setenta. La liturgia, los padres (v.g., SAN AMBROSIO, *De sacramentis* III 2, 8; *De mysteriis* 7, 42) y los teólogos han deducido de este texto que los dones mencionados en él se conceden a todos los justos, pues todos ellos son conformes con la imagen de Cristo (Rom 8, 29); cf. el rito de la confirmación y los himnos litúrgicos *Veni Sancte Spiritus* y *Veni Creator Spiritus*, así como la encíclica de LEÓN XIII *Divinum illud*, que trata del Espíritu Santo (1897).

Reina bastante incertidumbre acerca de la esencia de los dones del Espíritu Santo y de su relación con las virtudes infusas. Según doctrina de Santo Tomás que hoy día tiene casi universal aceptación, los dones del Espíritu Santo son disposiciones (hábitos) de las potencias anímicas que tienen carácter sobrenatural y permanente y que son realmente distintas de las virtudes infusas. Por medio de estas disposiciones el hombre se sitúa en el estado de poder seguir con facilidad y alegría los impulsos del Espíritu Santo: «dona sunt quidam habitus perficientes hominem ad hoc, quod prompte sequatur instinctum Spiritus Sancti» (S.th. I II 68, 4).

Los dones del Espíritu Santo se refieren, en parte, al entendimiento (sabiduría, ciencia, entendimiento, consejo) y, en parte. a la voluntad (fortaleza, piedad, temor del Señor). Se distinguen de las virtudes infusas porque el principio motor en éstas son las potencias del alma dotadas sobrenaturalmente, mientras que el principio motor de los dones es inmediatamente el Espíritu Santo. Las virtudes nos capacitan para los actos ordinarios de la ascesis cristiana, mientras que los dones del Espíritu Santo nos capacitan para actos extraordinarios y heroicos. Los dones se distinguen de los carismas porque aquéllos se conceden para salvación del que los recibe y se infunden siempre con la justificación, cosa que no ocurre con los carismas; cf. S.th. I II 68, 1-8.

Bibliografía: L. Billot, *De virtutibus infusis,* R 1901. Fr. Vogtland, *Die theologischen Tugenden nach dem Apostel Paulus,* Mz 1917. E. Walter, *Glaube, Hoffnung und Liebe im Neuen Testament,* Fr 1940. V. Warnach, *Agape. Die Liebe als Grundmotiv der neutestamentlichen Theologie,* D 1952. Z. Alszeghy, *Grundformen der Liebe. Die Theorie der Gottesliebe bei Bonaventura,* R 1946. R. Graber, *Die Gaben des Hl. Geistes,* Re 1936. A. Mitterer, *Die sieben Gaben des Hl. Geistes nach der Väterlehre,* Zkth 49 (1925) 529-566. F. Westhoff, *Die Lehre Gregors des Grossen über die Gaben des Hl. Geistes,* Hiltrup 1940. J. de Blic, *Pour l'histoire de la théologie des dons avant s. Thomas,* RAM 22 (1946) 117-179. J. F. Bonnefoy, *Le Saint-Esprit et ses dons selon S. Bonaventure,* P 1929. F. M. Schindler, *Die Gaben des Hl. Geistes nach Thomas von Aquin,* W 1915. K. Boekl, *Die sieben Gaben des Hl. Geistes in ihrer Bedeutung für die Mystik nach der Theologie des 13. und 14. Jh.,* Fr 1931. O. Lottin, *Les dons du Saint-Esprit du XIIe siècle à Pierre Auriol,* en *Psychologie et Morale aux XIIe et XIIIe siècles,* III, Ln-Ge 1949, 329-456; IV, Ln-Ge, 1954, 667-736.

§ 22. Propiedades del estado de gracia

1. Incertidumbre

Sin especial revelación divina, nadie puede saber con certeza de fe si se encuentra en estado de gracia (de fe).

Contra la doctrina de los reformadores según la cual el justo posee certidumbre de fe, que no admite duda, sobre el logro de la justificación, declaró el concilio de Trento: «Si alguien considera su propia debilidad y su deficiente disposición, puede abrigar temor y recelo respecto de su estado de gracia, puesto que nadie es capaz de saber con certeza de fe no sujeta a error si ha alcanzado la gracia de Dios»; Dz 802.

La Sagrada Escritura da testimonio de la incertidumbre del estado de gracia; 1 Cor 4, 4: «Cierto que de nada me arguye la conciencia, mas no por eso me creo justificado»; Phil 2, 12: «Trabajad por vuestra salud con temor y temblor»; cf. 1 Cor 9, 27.

La razón para esa incertidumbre en torno al estado de gracia radica precisamente en que nadie, sin revelación especial, puede saber con certeza de fe si se han cumplido todas las condiciones necesarias para alcanzar la justificación. Sin embargo, esa imposibilidad de conseguir una certidumbre de fe no excluye la certeza moral, que se apoya en el testimonio de la propia conciencia; cf. S.th. I II 112, 5.

2. Desigualdad

La medida de la gracia de justificación que los justos reciben no es en todos la misma (de fe).

La gracia recibida podemos acrecentarla por medio de buenas obras (de fe).

Como los reformadores hacían consistir la justificación según su faceta positiva en la imputación externa de la justicia de Cristo, tenían que afirmar lógicamente que la justificación era en todos los justos la misma. Frente a semejante afirmación, el concilio de Trento declaró que la medida de la gracia de justificación que los justos reciben es distinta en todos ellos según la medida de la libre adjudicación que Dios les haya hecho y de la propia disposición y cooperación de cada uno; Dz 799.

A propósito del acrecentamiento del estado de gracia, declaró el concilio de Trento contra las reformadores (los cuales consideraban las buenas obras tan sólo como frutos de la justificación alcanzada) que la justicia recibida se acrecienta por las buenas obras: «Si quis dixerit, iustitiam acceptam non conservari atque etiam non augeri coram Deo per bona opera...» a. s.; Dz 834; cf. 803, 842. La desigualdad de las buenas obras ocasiona en los justos un distinto acrecentamiento del estado de gracia.

Según doctrina de la Sagrada Escritura, es distinta la medida de la gracia concedida a cada uno; Eph 4, 7: «A cada uno de nosotros ha sido dada la gracia en la medida del don de Cristo»; 1 Cor 12, 11: «Todas estas cosas las obra el único y mismo Espíritu, que distribuye a cada uno según quiere.» La Sagrada Escritura da testimonio igualmente del acrecentamiento de la gracia; 2 Petr 3, 18: «Creced en la gracia»; Apoc 22, 11: «El que es justo practique más la justicia, y el que es santo santifíquese más aún.»

San Jerónimo combatió ya el error de Joviniano, el cual, por influjo de la doctrina estoica sobre la igualdad de todas las virtudes, atribuía a todos los justos el mismo grado de justicia y a todos los bienaventurados el mismo grado de bienaventuranza celestial (*Adv. Iov.* II 23). San Agustín enseña: «Los santos están vestidos de la justicia, unos más y otros menos» (*Ep.* 167, 3, 13).

La razón interna que explica la posibilidad de distintas medidas de gracia estriba en la índole de la gracia como cualidad física, pues, como tal, admite más y menos; cf. S.th. I II 112, 4.

3. Posibilidad de perderla

a) La pérdida de la gracia

La gracia de justificación se puede perder y se pierde por cada pecado grave (de fe).

Frente a la doctrina de Calvino sobre la imposibilidad absoluta de perder la gracia, y frente a la doctrina de Lutero según la cual la justicia solamente se pierde por el pecado de incredulidad, es decir, por el cese de la fe fiducial, declaró el concilio de Trento que el estado de gracia no se pierde tan sólo por el pecado de incredulidad, sino también por todo otro pecado grave; Dz 808; cf. 833, 837. El pecado venial no destruye ni aminora el estado de gracia; Dz 804.

La Sagrada Escritura enseña con palabras y ejemplos (los ángeles caídos, el pecado de nuestros primeros padres, el de Judas y el de Pedro) que es posible perder la gracia de justificación; cf. Ez 18, 24; 33, 12; Mt 26, 41: «Vigilad y orad, para que no caigáis en tentación»; 1 Cor 10, 12: «El que cree estar en pie, mire no caiga.» San Pablo enumera en 1 Cor 6, 9 s, además de la incredulidad, otros muchos pecados que excluyen a los que los cometen del reino de los cielos, trayendo, en consecuencia, la pérdida de la gracia de justificación.

San Jerónimo defendió ya, contra Joviniano, la posibilidad de perder la gracia de justificación, pues el mencionado hereje pretendía probar la imposibilidad de perderla basándose en 1 Ioh 3, 9 (*Adv. Iov.* II 1-4). Las costumbres de la Iglesia primitiva, en lo que se refiere a los penitentes, muestran claramente la convicción existente de que el estado de gracia se pierde por cada pecado grave.

El dogma de la posibilidad de perder la gracia se prueba por un lado por la libertad del hombre, que da la posibilidad de pecar, y por otro lado por la índole del pecado grave, que es un apartamiento de Dios y una conversión a la criatura, y como tal se halla en oposición de contrariedad con la gracia santificante, que es una comunión de vida sobrenatural con Dios.

b) La pérdida de las virtudes infusas y de los dones del Espíritu Santo.

Con la gracia santificante se pierde siempre la virtud teologal de la caridad. Ésta y el pecado mortal se excluyen mutuamente. La doctrina contraria de Bayo fue condenada por la Iglesia; Dz 1031 s.

La virtud teologal de la fe, como definió expresamente el concilio de

Trento, no se pierde siempre con el estado de gracia. La fe que queda es verdadera fe, pero ya no es viva; Dz 838. La virtud de la fe se pierde únicamente por el pecado de incredulidad, que va dirigido contra su misma naturaleza.

La virtud teologal de la esperanza puede subsistir sin la caridad (cf. Dz 1407), pero no sin la fe. Se pierde por el pecado de desesperación, que va dirigido contra su misma naturaleza, y el de incredulidad.

Las virtudes morales y los dones del Espíritu Santo, como es doctrina general de los teólogos, se pierden al mismo tiempo que la gracia y la caridad.

Bibliografía: K. Kurz, *Die Heilsgewissheit bei Luther,* Gü 1933. A. Stakemeier, *Das Konzil von Trient über die Heilsgewissheit,* Hei 1947. A. Landgraf, *Die Erkennbarkeit des eigenen Gnadenstandes nach der Lehre der Frühscholastik,* Schol 20-24 (1949) 39-58. M. Oltra-Hernández, *Die Gewissheit des Gnadenstandes bei Andreas de Vega,* D 1941. V. Heynck, *Zur Kontroverse über die Gnadengewissheit auf dem Konzil von Trient,* FrSt 37 (1955) 1-17, 161-188; cf. ibid. 31 (1949) 274-303, 350-395. E. Stakemeier, *Das Trienter Konzil über den Glauben im Stand der Ungnade,* RQ 42 (1934) 147-172. El mismo, *Der Glaube des Sünders,* ThGl 27 (1935) 416-438.

Capítulo tercero

LAS CONSECUENCIAS O FRUTOS DE LA JUSTIFICACIÓN O DOCTRINA ACERCA DEL MÉRITO

§ 23. La realidad del mérito

1. Doctrina herética opuesta

Los reformadores negaron la realidad del mérito sobrenatural. Mientras que Lutero enseñó al principio que todas las obras del justo son pecaminosas porque el pecado sigue habitando en su interior (cf. Dz 771: «In omni opere bono iustus peccat»), concedió más tarde que el justo podía realizar buenas obras con la ayuda del Espíritu Santo que ha recibido (cf. *Conf. Aug.*, art. 20: «docent nostri, quod necesse sit bona opera facere»), pero niega que esas obras posean valor meritorio. Según Calvino *(Inst.* III 12, 4), todas las obras del hombre no son ante Dios más que inmundicia y sordidez («inquinamenta et sordes»). El protestantismo considera injustamente la doctrina católica sobre el merecimiento como un menosprecio de la gracia y de los méritos de Cristo (cf. Dz 843), un fomento de la santidad exterior proveniente de las obras, una vil avidez de recompensa y una justificación farisaica de sí mismo.

A propósito del concepto de mérito, véase el tratado sobre la redención, § 11, 1.

2. Doctrina de la Iglesia

El justo, por medio de sus buenas obras, adquiere verdadero derecho a recompensa por parte de Dios (de fe).

El concilio II de Orange declaró, con Próspero de Aquitania y San Agustín: «Se debe recompensa por las buenas obras si éstas se realizan. Mas, para que éstas se realicen, precede la gracia, y ésa no se debe a nadie»; Dz 191. El concilio de Trento enseña que la vida eterna es al mismo tiempo para los justificados un don gratuito, prometido por Cristo, y la recompensa de sus merecimientos y buenas obras; Dz 809. Como la gracia de Dios es al mismo tiempo el presupuesto necesario y el fundamento de las buenas obras (sobrenaturales) por las cuales se merece la vida eterna, por consiguiente, las buenas obras son al mismo tiempo un don de Dios y un mérito del hombre: «cuius (sc. Dei) tanta est erga homines bonitas, ut eorum velit esse merita, quae sunt ipsius dona»; Dz 810; cf. 141. El concilio insiste en que se trata de «verdadero» merecimiento («vere mereri»; Dz 842), es decir, de un mérito de condigno; cf. Dz 835 s.

3. Prueba por las fuentes de la revelación

Según la doctrina de la Sagrada Escritura, la bienaventuranza eterna del cielo es la recompensa («merces, remuneratio, retributio, bravium») de las buenas obras realizadas en esta vida. Recompensa y mérito son dos conceptos correlativos. Jesús promete a todos aquellos que son afrentados y perseguidos por causa de Él una rica recompensa en los cielos (Mt 5, 12): «Alegraos y regocijaos, porque grande será en los cielos vuestra recompensa.» El juez del novísimo juicio funda la sentencia que da sobre los justos en las buenas obras que ellos han hecho: «Venid, benditos de mi Padre, y tomad posesión del reino de los cielos, que está preparado para vosotros desde la creación del mundo; porque tuve hambre y me disteis de comer» (Mt 25, 34 s). El motivo de la recompensa aparece a menudo en los sermones de Jesús; cf. Mt 19, 29; 25, 21; Lc 6, 38. San Pablo, que tanto acentúa el valor de la gracia, hace resaltar también el carácter meritorio de las obras buenas realizadas con la gracia, pues enseña que la recompensa se rige por las obras: «Él dará a cada uno según sus obras» (Rom 2, 6); «Cada uno recibirá su recompensa conforme a sus obras» (1 Cor 3, 8); cf. Col 3, 24; Hebr 10, 35; 11, 6. Cuando designa a la eterna recompensa como «corona de la justicia, que ha de otorgar el justo Juez» (2 Tim 4, 8), quiere darnos a entender por ello que las buenas obras del justo crean un título obligatorio de recompensa ante Dios («meritum de condigno»); cf. Hebr 6, 10; Act 22, 12.

La tradición, ya desde el tiempo de los padres apostólicos, da testimonio del carácter meritorio de las buenas obras. San Ignacio de Antioquía escribe a Policarpo: «Donde hay mayor esfuerzo, hay mayor ganancia» (1, 3), «Agradad a aquel Señor por quien militáis, y del que recibís vuestra soldada... Vuestro capital aportado sean vuestras obras, para que recibáis de acuerdo con vuestros haberes» (6, 2); cf. Justino, *Apol.* I 43. Tertuliano introdujo el término de mérito, sin cambiar por ello la sustancia de la doctrina tradicional. San Agustín, en su lucha contra el pelagianismo, recalcó con mayor insistencia que los padres anteriores el papel de la gracia en la realización de las buenas obras, pero no por eso dejó de enseñar el carácter meritorio de esas buenas obras realizadas con la gracia; *Ep.* 194, 5, 19: «¿Qué clase de mérito es el del hombre ante la gracia, con el cual puede alcanzar la gracia, siendo así que todos nuestros merecimientos es tan sólo la gracia quien los obra en nosotros, y que cuando Dios corona nuestros merecimientos no hace sino coronar sus dones?»

La razón natural no puede probar la realidad del mérito sobrenatural, porque éste se funda en la libre promesa divina de darnos recompensa. No obstante, del testimonio universal de la conciencia humana podemos inferir la conveniencia de una recompensa sobrenatural para las acciones buenas sobrenaturales realizadas libremente; cf. S.th. I II 114, 1.

Bibliografía: W. Pesch, *Der Lohngedanke in der Lehre Jesu verglichen mit der religiösen Lohnlehre des Spätjudentums,* Mn 1955. A. Landgraf, *Die Bestimmung des Verdienstgrades in der Frühscholastik,* Schol 8 (1933) 1-40. J. Weijenberg., *Die Verdienstlichkeit der menschlichen Handlung nach der Lehre des hl. Thomas von Aquin,* Fr 1931. P. de Letter, *De ratione meriti secundum S. Thomam,* R 1939. J. Rivière, *Mérite,* DThC X (1928) 574-785.

§ 24. Las condiciones del mérito

1. Por parte de la obra meritoria

La obra meritoria ha de ser:

a) Moralmente buena, es decir, que tanto por su objeto como por su intención y sus circunstancias ha de ser conforme a la ley moral; cf. Eph 6, 8: «...considerando que a cada uno le retribuirá el Señor lo bueno que hiciere, tanto si es siervo como si es libre». Dios, que es el Ser absolutamente santo, únicamente puede recompensar el bien.

b) Libre, tanto de la coacción externa como de la necesidad interna. Inocencio x condenó como herética la doctrina jansenística de que en el estado de naturaleza caída bastaba para el mérito o el desmerecimiento que no hubiera coacción externa en una obra; Dz 1094; cf. Eccli 31, 10; Mt 19, 17: «Si quieres entrar en la vida, guarda los mandamientos»; Mt 19, 21; 1 Cor 9, 17. San Jerónimo dice: «Donde hay necesidad no hay recompensa» («ubi necessitas est, nec corona est»; *Adv. Iov.* ii 3). Según testimonio universal de la conciencia humana, solamente las acciones libres merecen premio o castigo.

c) Sobrenatural, es decir, impulsada y acompañada por la gracia actual, y nacida de un motivo sobrenatural. También el justo tiene necesidad de la gracia actual para realizar actos saludables (§ 8, 3). Se requiere un motivo sobrenatural, porque el que obra está dotado de razón y libertad, y, por tanto, su acción tiene que ir dirigida también conscientemente a un fin sobrenatural; Mc 9, 40 (G 41): «El que os diere un vaso de agua en razón de discípulos de Cristo, os digo en verdad que no perderá su recompensa»; cf. Mt 10, 42; 19, 29; Lc 9, 48. San Pablo nos exhorta a hacerlo todo en el nombre del Señor Jesús o a honra de Dios; Col 3, 17: «Todo cuanto hacéis de palabra o de obra, hacedlo en el nombre del Señor Jesús»; 1 Cor 10, 31: «Ya comáis, ya bebáis o ya hagáis alguna cosa, hacedlo todo para gloria de Dios.»

Por lo que respecta a la índole del motivo sobrenatural, según la doctrina de Santo Tomás y de la mayoría de los teólogos, es necesario el perfecto amor de Dios, la caridad, para que una buena acción sea meritoria. Fundamento de ello lo constituye la enseñanza bíblica que afirma que todas las buenas obras son inútiles sin el amor (1 Cor 13, 2-3) y que Dios ha prometido la corona a aquellos que le aman (Iac 1, 12; 1 Cor 2, 9). El amor a Dios, sin embargo, contrariamente a la opinión de algunos teólogos (Báñez), no es necesario que sea suscitado de modo actual en cada acción, sino que basta el influjo virtual de un acto de caridad precedente en el que el justo, junto con todas sus acciones, se abandona a Dios. El amor abarca y penetra (informa) la totalidad del obrar moral del hombre y lo ordena hacia el fin último sobrenatural, en tanto subsiste como hábito. Santo Tomás enseña expresamente que toda acción libre de desorden moral por parte del justo es meritoria, aunque éste no piense en Dios en el momento de realizarla (*De malo* 2, 5 ob 11). Por ello es recomendable despertar con frecuencia el amor (la llamada buena intención).

2. Por parte de la persona que merece

El que merece ha de estar:

a) En estado de peregrinación terrenal («in statu viae»), pues, por positiva ordenación de Dios, la posibilidad de merecer se restringe al tiempo de la vida sobre la tierra; cf. Ioh 9, 4: «Venida la noche, ya nadie puede trabajar»; Gal 6, 10: «Mientras hay tiempo, hagamos bien a todos.» Según 2 Cor 5, 10, la recompensa toma como norma lo que se ha obrado «por el cuerpo», es decir, durante la vida terrena; cf. Mt 25, 34 ss; Lc 16, 26. Los padres negaron, contra Orígenes, la posibilidad de convertirse y adquirir méritos en la vida futura. SAN FULGENCIO dice: «El tiempo de merecer solamente se lo ha dado Dios a los hombres en esta vida» (*De fide ad Petrum* 3, 36).

b) En estado de gracia («in statu gratiae»), si consideramos el mérito propiamente tal («meritum de condigno»). Las declaraciones doctrinales del concilio de Trento sobre el mérito se refieren exclusivamente a los justificados; Dz 836, 842. La doctrina contradictoria de Bayo fue condenada; Dz 1013 ss. Jesús exige la unión permanente con Él como condición para producir frutos sobrenaturales: «Como el sarmiento no puede dar fruto de sí mismo si no permaneciere en la vid, tampoco vosotros si no permaneciereis en mí» (Ioh 15, 4). San Pablo exige para una acción meritoria que se posea la caridad (que va inseparablemente unida con el estado de gracia; 1 Cor 13, 2 s). SAN AGUSTÍN enseña que solamente «el justificado por la fe puede vivir rectamente y obrar bien», mereciendo con ello la felicidad de la vida eterna (*Ad Simplicianum* I 2, 21).

Se prueba especulativamente la necesidad del estado de gracia para adquirir méritos, porque entre la acción del que merece y el premio que da quien recompensa tiene que haber equivalencia esencial, cosa que ocurre únicamente si el que merece se halla elevado por la gracia habitual al estado de amistad y de filiación con Dios.

3. Por parte de Dios que recompensa

El mérito depende de la libre ordenación de Dios, que dispuso premiar con la eterna bienaventuranza las buenas obras realizadas con su gracia. A causa de la distancia infinita que existe entre el Creador y la criatura, el hombre no puede hacer que Dios le sea deudor de algo si Dios no quiere serlo por una libre ordenación suya. Dios ha dado de hecho tal ordenación, como lo sabemos por sus promesas de recompensa eterna; cf. Mt 5, 3 ss (las ocho bienaventuranzas); 19, 29 (la recompensa cien veces mayor); 25, 34 ss (sentencia del soberano Juez en el último juicio). San Pablo nos habla de la «esperanza de la vida eterna, prometida por Dios, que no miente, desde los tiempos antiguos» (Tit 1, 2); cf. 1 Tim 4, 8; Iac 1, 12. SAN AGUSTÍN dice: «El Señor se hizo a sí mismo deudor no recibiendo, sino prometiendo. A Él no se le puede decir: "Devuelve lo que recibiste", sino únicamente: "Concede lo que prometiste"» (*Enarr. in Ps.* 83, 16); S.th. I II 114, 1 ad 3.

Según la sentencia escotística y nominalística, la razón de la meritoriedad de las buenas obras radica exclusivamente en su libre aceptación por parte de Dios, de suerte que Dios hubiera podido aceptar también como merecimientos obras que fueran sólo naturalmente buenas, recompensándolas con la vida eterna. Según la sentencia tomística, mejor fundada, la razón de la meritoriedad radica al mismo tiempo en el valor intrínseco de las buenas obras realizadas en estado de gracia; pues el estado de gracia crea una equivalencia interna entre las buenas acciones y la recompensa eterna, como corresponde al genuino concepto de mérito de condigno.

APÉNDICE. Las condiciones para el mérito de congruo son las mismas que para el mérito de condigno, con excepción del estado de gracia y de la promesa divina de recompensa.

Bibliografía: J. Ernst, *Über die Notwendigkeit der guten Meinung,* Fr 1905.

§ 25. El objeto del mérito

1. Objeto del mérito de condigno

El justificado merece, por sus buenas obras, el aumento de la gracia santificante, la vida eterna y el aumento de la gloria celestial (de fe).

El concilio de Trento declaró: «Si quis dixerit, iustificatum bonis operibus... non vere mereri augmentum gratiae, vitam aeternam et ipsius vitae aeternae (si tamen in gratia decesserit) consecutionem, atque etiam gloriae augmentum», a. s.; Dz 842. Según esta declaración, hay que distinguir tres objetos del mérito verdadero y propiamente tal:

a) El aumento de la gracia santificante

Como la gracia es el preludio de la gloria, y la gloria se rige por el mérito de las buenas obras, luego, si aumenta el número de buenas obras, aumentará también la medida de la gracia. Así como la gloria es objeto del mérito, así también lo es el aumento de gracia; cf. Dz 803, 834.

Según doctrina de Santo Tomás, no siempre se acrecienta la gracia santificante después de realizar una buena obra, sino cuando el alma se halla debidamente dispuesta; S.th. I II 114, 8 ad 3.

b) La vida eterna

Es decir, más exactamente, el derecho a la vida eterna; y si a la hora de la muerte se hallare uno en estado de gracia, entonces la consecución efectiva de la vida eterna.

Según nos enseña la Sagrada Escritura, la vida eterna es la recompensa por las buenas obras realizadas en esta vida; cf. Mt 19, 29; 25, 46; Rom 2, 6 s; Iac 1, 12.

La pérdida de la gracia de justificación por el pecado mortal tiene como consecuencia la pérdida de todos los merecimientos anteriores. Las buenas obras quedan como aletargadas («opera mortificata»). Pero, según sentencia general de los teólogos, reviven cuando se restaura el estado de justificación («opera vivificata»). Véase el tratado sobre la penitencia, § 16, 3.

c) *El aumento de la gloria del cielo*

Como, según la definición del concilio universal de Florencia, la medida de la gloria celestial es distinta en cada uno de los bienaventurados según la diversa cuantía de sus méritos (Dz 693: «pro meritorum tamen diversitate»), el aumento de los merecimientos tendrá como consecuencia un acrecentamiento de la gloria: «El que escaso siembra, escaso cosecha; el que siembra en bendiciones [= con largura], en bendiciones también cosechará» (2 Cor 9, 6); cf. Mt 16, 27; Rom 2, 6; 1 Cor 3, 8; Apoc 22, 12.

TERTULIANO comenta: «¿Por qué hay tantas moradas donde está el Padre (Ioh 14, 2), sino porque son muy diversos los merecimientos?» (*Scorp.* 6). La doctrina de Joviniano sobre la igualdad de la gloria celestial para todos los bienaventurados fue refutada por SAN JERÓNIMO (*Adv. Iov.* II 32-34).

2. Objeto del mérito de congruo

No poseemos a este respecto documentos del magisterio eclesiástico. Como el concepto de mérito de congruo no es unívoco, ya que el título de conveniencia que en él se funda puede ser mayor o menor, hay diversidad de opiniones en este punto entre los teólogos.

a) *El mérito de congruo del pecador*

El que se halla en pecado mortal puede cooperar libremente con la gracia actual para conseguir otras gracias y disponerse de esta manera para la justificación, mereciendo finalmente *de congruo* la gracia de justificación (sent. probable); cf. Ps 50, 19: «Tú no desdeñas, oh Dios, un corazón contrito y humillado.» SAN AGUSTÍN dice que el publicano (Lc 18, 9-14) «bajó justificado del templo por el mérito de su creyente humildad» («merito fidelis humilitatis»; *Ep.* 194, 3, 9).

b) *El mérito de congruo del justificado*

α) El justificado puede merecer de congruo (*fallibili*) la gracia de la perseverancia final, por cuanto es conveniente que Dios conceda al justo que ha colaborado fielmente con la gracia todas las gracias actuales necesarias para perseverar en el estado de gracia (sent. probable).

Sin embargo, ese derecho del justo a la gracia de perseverancia, fundado en las buenas obras, es muy pequeño y, por tanto, de resultado incierto. Es seguro el resultado de la oración humilde y perseverante; cf. Mt 7, 7: «Pedid y se os dará»; Ioh 16, 23: «Si pidiereis alguna cosa al Padre, os la concederá en mi nombre»; SAN AGUSTÍN, *De dono persev.* 6, 10.

β) El justificado puede merecer para sí de congruo (*fallibili*) el recuperar la gracia de justificación, después de una futura caída, por cuanto es conveniente que Dios, movido por su misericordia, vuelva a conceder su gracia a un pecador que al hallarse antes en estado de gracia hizo mucho bien (sent. probable).

Cuando Santo Tomás enseña, en la S.th. I II 114, 7, que después de caer en el pecado no se puede merecer la restauración ni con «merito condigni» ni con «merito congrui», entonces tiene ante la vista el concepto de «merito de congruo» en sentido estricto. En su comentario a la carta de San Pablo a los Hebreos (cap. lect. 3), toma este mismo concepto en un sentido más amplio y afirma la posibilidad de semejante «merito de congruo».

γ) En favor de otros, puede el justo merecer de congruo lo mismo que puede merecer para sí, y además, en favor de otros, puede merecer también la primera gracia actual (sent. probable).

La posibilidad de merecer en favor de otros se funda en la amistad del justo con Dios y en la comunión de los santos. Más eficaz que el mérito es la oración en favor de otros; cf. Iac 5, 16: «Orad unos por otros para que os salvéis. Mucho puede la oración fervorosa del justo»; 1 Tim 2, 1-4.

Merecer de condigno en favor de otros es cosa reservada a Cristo como cabeza de la Iglesia y autor de la salvación (Hebr 2, 10); cf. S.th. I II 114, 6.

δ) Los bienes temporales son objeto del mérito sobrenatural tan sólo en cuanto constituyen un medio para alcanzar la salvación eterna (sent. probable); cf. S.th. I II 114, 10.

Bibliografía: J. Czerny, *Das übernatürliche Verdienst für andere*, Fr/S 1957.

Parte segunda

TRATADO ACERCA DE LA IGLESIA

Bibliografía: A. STRAUB, *De Ecclesia Christi,* 2 vol., In 1912. H. DIECKMANN, *De Ecclesia tractatus hist.-dogmatici,* 2 vol., Fr 1925. S. TROMP, *Corpus Christi quod est Ecclesia,* I-II, R 1946-1960. A. STOLZ, *De Ecclesia,* Fr 1939. K. ADAM, *Das Wesen des Katholizismus,* D [12]1949. C. FECKES, *Das Mysterium der hl. Kirche,* Pa [3]1951. L. KÖSTERS, *Die Kirche nuseres Glaubens,* Friburgo de Brisgovia, s/a. CH. JOURNET, *LÉglise du Verbe Incarné. Essai de théologie spéculative,* 2 vol., P 1941/52. J. RANFT, *Die Stellung der Lehre von der Kirche im dogmatischen System,* Aschaffenburg 1927. W. KOESTER, *Die Idee der Kirche beim Apostel Paulus,* Mr 1928. L. CERFAUX, *La théologie de l'Église suivant saint Paul,* P [2]1948. G. BARDY, *La Théologie de l'Église de s. Clément de Rome à s. Irénée,* P. 1945. El mismo, *La Théologie de l'Église de s. Irénée au concile de Nicée,* P 1947. K. ADAM, *Der Kirchenbegriff Tertullians,* Pa 1907. A. HAMEL, *Kirche bei Hippolyt von Rom,* Gü 1951. J. C. PLUMPE, *Mater Ecclesia. An Inquiriy into the Concept of the Church as Mother in Early Christianity,* Wa 1943. J. E. NIEDERHUBER, *Die Lehre des hl. Ambrosius vom Reiche Gottes auf Erden,* Mz 1904. J. RINNA, *Die Kirche als Corpus Christi Mysticum beim hl. Ambrosius,* R. 1940. J. VETTER, *Der hl. Augustinus und das Geheimnis des Leibes Christi,* Mz 1929. F. HOFMANN, *Der Kirchenbegriff des hl. Augustinus,* Mn 1933. J. RATZINGER, *Volk und Haus Gottes in Augustins Lehre von der Kirche,* Mn 1954. A. LANDGRAF, *Die Lehre vom geheimnisvollen Leib Christi in den frühen Paulinenkommentaren und in der Frühscholastik,* DTh 24 (1946) 217-248, 393-428; 25 (1947) 365-394; 26 (1948) 160-180, 291-323, 395-434. K. KILGA, *Der Kirchenbegriff des hl. Bernhard von Clairvaux,* Bregenz 1948. J. CHATILLON, *Une ecclésiologie médiévale: l'idée de l'Église dans la théologie de l'école de Saint-Victor au XIIe siècle,* Ir 22 (1949) 115-138, 395-411. J. BEUMER, *Zur Ekklesiologie der Frühscholastik,* Schol 26 (1951) 364-389; 27 (1952) 183-209. W. SCHERER, *Des seligen Albertus Magnus Lehre von der Kirche,* Fr 1928. D. CULHANE, *De corpore mystico doctrina Seraphici,* Mu 1934. M. GRABMANN, *Die Lehre des hl. Thomas von der Kirche als Gotteswerk,* Re 1903. F. OTT, *Die Lehre von der Kirche oder vom mystischen Leib Christi bei Richard von Mediavilla,* FrSt 26

(1939) 38-64, 142-166, 297-312. H.-X. ARQUILLIÈRE, *Le plus ancien traité de l'Église: Jacques De Viterbe, De regimine christiano,* P 1926. N. JUNG, *Un franciscain théologien du pouvoir pontifical au XIVe siècle, Alvaro Pelayo, evêque et pénitencier de Jean XXII,* P 1931. J. LECLERCQ, *Jean de Paris et l'ecclésiologie du XIIIe siècle,* P 1942. F. MERZBACHER, *Wandlungen der Kirchenbegriffs im Spätmittelalter,* ZSKA 39 (1953) 274-361. F. M. BRAUN, *Neues Licht auf die Kirche,* E-K 1946. O. SEMMELROTH, *Die Kirche als Ursakrament,* Ft 1953. W. DE VRIES, *Der Kirchenbegriff der von Rom getrennten Syrer,* R 1955. K. BINDER, *Wesen und Eigenschaften der Kirche bei Kardinal Juan de Torquemada O. P.,* In 1955. CH. JOURNET, *Théologie de l'Église,* Bru-P 1958. P. NORDHUES, *Der Kirchenbegriff des Louis de Thomassin,* L 1958. R. SCHNACKENBURG, *Die Kirche im NT,* Fr 1961. U. VALESKE, *Votum Ecclesiae,* Mn 1962. A. WINKLHOFER, *Über die Kirche,* Ft 1963 H. RAHNER, *Symbole der Kirche. Die Ekklesiologie der Väter,* S 1964. G. BARAÚNA, *De Ecclesia. Beiträge zur Konstitution «Über die Kirche» des Zweiten Vatikanischen Konzils,* 2 Fr 1966. H. KÜNG, *La Iglesia,* Barna 1968.

Capítulo primero

ORIGEN DIVINO DE LA IGLESIA

§ 1. CONCEPTO DE IGLESIA

1. Definición nominal

En las lenguas gemánicas, la palabra con que se designa la Iglesia (v.g., al. *Kirche,* ing. *Church)* se deriva de la palabra griega κυρικόν, forma vulgar de κυριακόν, la cual, lo mismo que su correspondiente latina «dominicum», se empleaba corrientemente, por lo menos desde comienzos del siglo IV, para designar el edificio del culto cristiano.

En las lenguas romances, la palabra con que se designa la Iglesia (v.g., esp. *Iglesia,* fr. *Église,* it. *Chiesa)* se deriva de la palabra latina «ecclesia», que es a su vez la transcripción de la griega ἐκκλησία = asamblea, comunidad. La Sagrada Escritura emplea esta expresión tanto en sentido profano como religioso (en la versión de los Setenta, la palabra ἐκκλησία es traducción de la hebraica *kahal).* En sentido profano significa la asamblea popular, la comunidad civil o cualquier reunión de hombres; v.g., Ps 25, 5 («odivi ecclesiam malignantium»); Eccli 23, 34; Act 19, 32, 39 y 40. Empleada en sentido religioso, significa la comunidad de Dios, es decir, en el Antiguo Testamento, la reunión o sociedad de los israelitas (v.g., Ps 21, 23 y 26; 39, 10); en el Nuevo Testamento, la reunión o sociedad de los fieles cristianos; y por cierto ora denota las comunidades particulares, v.g., la que se reunía en casa de Áquila y Prisca (Rom 16, 5), ora la comunidad de Jerusalén (Act 8, 1; 11, 22), de Antioquía (Act 13, 1; 14, 26), de Tesalónica (1 y 2 Thes 1, 1), ora también la totalidad de los fieles cristianos (v.g., Mt 16, 18; Act 9, 31; 20, 28; Gal 1, 13; Eph 1, 22; 5, 23 ss; Phil 3, 6; Col 1, 18; 1 Tim 3, 15). Expresiones sinónimas son: reino de los cielos (Mt), reino de Dios, casa de Dios (1 Tim 3, 15; Hebr 10, 21; 1 Petr 4, 17), pueblo de Dios (1 Petr 2, 10), los fieles (Act 2, 44).

El *Catecismo Romano* (I 10, 2), inspirándose en SAN AGUSTÍN *(Enarr. in Ps.* 149, 3), da la siguiente definición: «La Iglesia es el pueblo cristiano esparcido por toda la redondez de la tierra.»

Refiriéndose a 2 Petr 2, 9 s, el concilio Vaticano II define la Iglesia como pueblo de Dios: «Pacto (anunciado en el Antiguo Testamento) nuevo que estableció Cristo, es decir, el Nuevo Testamento en su sangre (cf. 1 Cor 11, 25), convocando un pueblo de entre los judíos y los gentiles, que se condensara en unidad no según la carne, sino en el espíritu, y constituyera un nuevo pueblo de Dios» (const. *Lumen gentium,* n. 9-17).

2. Definición esencial

La Iglesia es el cuerpo místico de Jesucristo (sent. cierta).

El papa Pío XII declaró en su encíclica *Mystici Corporis* (1943): «Si buscamos una definición de la esencia de esta verdadera Iglesia de Cristo, que es la santa, católica, apostólica y romana Iglesia, no se puede hallar nada más excelente y egregio, nada más divino que aquella frase con que se la llama "Cuerpo místico de Jesucristo"». Cf. Vaticano II, const. *Lumen gentium,* n. 7.

San Pablo enseña que la Iglesia, sociedad de los fieles cristianos, es el cuerpo de Cristo, y que Cristo es la cabeza de ese cuerpo. Bajo esta imagen de la cabeza y del cuerpo, nos presenta de forma intuitiva la íntima vinculación espiritual que existe entre Cristo y su Iglesia, vinculación establecida por la fe, la caridad y la gracia; Eph 1, 22 s: «A Él [a Cristo] sujetó todas las cosas bajo sus pies; y le puso por cabeza de todas las cosas en su Iglesia, que es su cuerpo»; Col 1, 18: «Y Él [Cristo] es la cabeza del cuerpo de la Iglesia»; 1 Cor 12, 27: «Vosotros sois el cuerpo de Cristo, y, considerados como partes, sois sus miembros»; cf. Rom 12, 4 s; Col 2, 19; Eph 4, 15 s; 5, 23.

Esta clara enseñanza de la Escritura sigue viva y palpitante en la tradición. El SEUDO-CLEMENTE (de mediados del siglo II) dice: «Creo que no ignoraréis que la Iglesia viva es el cuerpo de Cristo» (2 *Cor.* 14, 2). SAN AGUSTÍN, a la pregunta de qué es la Iglesia, responde con las siguientes palabras: «El cuerpo de Cristo. Añádele la cabeza [= Cristo] y tendrás un único hombre. La cabeza y el cuerpo, un solo hombre» *(Sermo* 45, 5).

En la alta edad media (Pascasio Radberto, Ratramno) surgió la expresión «corpus Christi mysticum» como denominación de la Iglesia, a fin de distinguirla del «corpus Christi verum», que significa el cuerpo histórico y sacramental de Cristo. Pero en la escolástica primitiva se aplicó también la expresión «cuerpo místico de Cristo» a la eucaristía, para distinguir el cuerpo sacramental del cuerpo histórico de Cristo. Sólo a fines del siglo XII es cuando se generalizó la expresión «cuerpo místico de Cristo» como denominación propia de la Iglesia. La palabra «místico» indica el carácter misterioso de la comunión de gracia entre Cristo y los fieles.

3. División

a) En sentido amplio, se llama cuerpo místico de Cristo a la comunidad de todos los santificados por la gracia de Cristo. Pertenecen, por tanto, a este cuerpo los fieles de la tierra, los justos todavía no totalmente purificados en el purgatorio y los justos ya purificados que se encuentran en el cielo. Según esto, se hace distinción entre la Iglesia militante, la purgante y la triunfante.

b) En sentido más restringido, se entiende por cuerpo místico de Cristo a la Iglesia visible de Cristo en la tierra. Los santos padres, como, por ejemplo, SAN AGUSTÍN *(Enarr. in Ps.* 90, 2, 1) y SAN GREGORIO MAGNO *(Ep.* V 18), y los teólogos incluyen a menudo en la Iglesia terrenal a todos aquellos que, antes de la venida de Cristo, estaban espiritualmente unidos con Él por la fe en el futuro Redentor. Según los distintos períodos de la salvación, se distingue la Iglesia de la ley natural, la Iglesia de la ley mosaica (Sinagoga) y la Iglesia de la ley evangélica o del Nuevo Testamento, que fue fundada por Cristo. De esta última se ocupa preferentemente el tratado acerca de la Iglesia.

En el concepto de la Iglesia del Nuevo Testamento, lo mismo que en el concepto de sacramento, podemos distinguir una faceta exterior y una interior: la organización exterior, jurídica, procedente de Cristo; y la unión interior, por la gracia, del hombre con Cristo, debida al Espíritu Santo. Aunque ambos elementos pertenecen a la idea de Iglesia, los dos son fundamentalmente separables, así como en el sacramento se pueden separar el signo externo y la gracia interior. La definición corriente de SAN ROBERTO BELARMINO realza la faceta exterior y jurídica de la Iglesia: «La Iglesia es una asociación de hombres que se hallan unidos por la confesión de la misma fe cristiana y por la participación en los mismos sacramentos, bajo la dirección de los pastores legítimos y, sobre todo, del vicario de Cristo en la tierra, que es el Papa de Roma» *(De eccl. mil.* 2). La definición de J. A. MÖHLER tiene en cuenta más bien la misión interna y santificadora de la Iglesia: «Por Iglesia de la tierra, entienden los católicos la sociedad visible de todos los fieles, fundada por Cristo, en la cual se continúan las obras que Él efectuó durante su vida terrena para borrar el pecado y santificar a los hombres, siendo dirigida por el Espíritu Santo hasta el final de los siglos por medio de un apostolado instituido por Cristo y que se sucede sin interrupción, conduciendo hacia Dios en el transcurso del tiempo a todos los pueblos... De suerte que la Iglesia visible es el Hijo de Dios, que se manifiesta sin cesar entre los hombres bajo forma humana, y que siempre se está renovando y haciendo eternamente joven; la Iglesia visible es la encarnación permanente del mismo, igual que los fieles son llamados en la Escritura el cuerpo de Cristo» *(Symbolik,* § 36).

Bibliografía: FR. J. DÖLGER, «*Kirche*» *als Name für den christlichen Kultbau,* AC 6 (1941). TR. SCHMIDT, *Der Leib Christi. Eine Untersuchung zum urchristlichen Gemeindegedanken,* L 1919. K. PIEPER, *Paulus und die Kirche,* Pa 1932. E. MURA, *Le corps mystique du Christ. Sa nature et sa vie divine d'après S. Paul et la théologie,* 2 vol., P 1934. E. MERSCH, *Le corps mystique du Christ. Études du théologie historique,* 2 vol., P [3]1951. El mismo, *La théeologie du corps mystique,* 2 vol., Brx 1944. A. WIKENHAUSER, *Die Kirche als der mystische Leib Christi nach dem Apostel Paulus,* Mr 1937. TH. SOIRON, *Die Kirche als der Leib Christi,* D 1951. K ESCHWEILER, *Joh. Adam Möhlers Kirchenbegriff,* Brg 1930. J. GEISELMANN, *Johann Adam Möhler und die Entwicklung seines Kirchenbegriffs,* ThQ 112 (1931) 1-91.

§ 2. LA FUNDACIÓN DE LA IGLESIA POR CRISTO

1. El dogma y las herejías contrarias

La Iglesia fue fundada por el Dios-Hombre, Jesucristo (de fe).

El concilio del Vaticano hizo la siguiente declaración en la constitución dogmática sobre la Iglesia de Cristo: «El Pastor eterno y obispo de nuestras almas (1 Petr 2, 25) decidió edificar la santa Iglesia a fin de hacer perenne la obra salvadora de la redención, y para que en ella, como en la casa del Dios vivo, se reunieran todos los fieles con el vínculo de una fe y una caridad»; Dz 1821. Pío x, en el juramento contra los errores del modernismo (1910), declaró que «la Iglesia fue fundada de manera inmediata y personal por el Cristo verdadero e histórico durante el tiempo de su vida sobre la tierra»; Dz 2145. Que Cristo fundó la Iglesia quiere decir que Él fue quien puso los fundamentos sustanciales de la misma en cuanto a la doctrina, al culto y a la constitución.

Los *reformadores* enseñaron que Cristo había fundado una Iglesia invisible. La organización jurídica era pura institución humana. La Iglesia *ortodoxa griega* y la Iglesia *anglicana* reconocen la fundación divina de una Iglesia visible y jerárquica, pero niegan la institución divina del Primado. Según la moderna *teología liberal,* no fue intención de Jesús separar a sus discípulos de la Sinagoga y congregarlos en una comunidad religiosa independiente; ambas cosas tuvieron lugar por la fuerza de las circunstancias externas. Según el *modernismo,* Jesús concebía el «reino de Dios», cuya proximidad anunciaba, de una manera puramente escatológica en el sentido apocalíptico del judaísmo tardío. Como Jesús juzgaba inminente el fin del mundo, estaba muy lejos de sus intenciones fundar la Iglesia como una sociedad que perdurase en la tierra durante siglos. La Iglesia se desarrolló por la conciencia colectiva de los primeros fieles, que les impulsaba a constituir una sociedad; Dz 2052 2091.

2. Prueba de Escritura y de tradición

a) Ya los profetas del Antiguo Testamento anunciaron para la época mesiánica el establecimiento de un nuevo reino de Dios que no se limitaría a Israel, sino que abarcaría a todos los pueblos (cf. Is 2, 2-4; Mich 4, 1-3; Is 60). Jesús comenzó su ministerio público con el sermón del «reino de los cielos» (como le llama San Mateo) o del «reino de Dios» (como le llaman los demás evangelistas): «Haced penitencia, porque se acerca el reino de los cielos» (Mt 4, 17; cf. 10, 7). Los milagros que Él realizaba demostraban que el reino mesiánico ya había venido (Mt 12, 28). Las condiciones que Jesús establece para entrar en el reino de Dios son la justicia (Mt 5, 20), el cumplimiento de la voluntad de su Padre (Mt 7, 21) y el sentir como los niños (Mt 18, 3). Amonesta a sus oyentes a que busquen ante todo el reino de Dios (Mt 6, 33), amenaza a los fariseos con la exclusión del reino (Mt 21, 43; 23, 13) y anuncia que ese reino pasará de los judíos a los gentiles (Mt 21, 43). Jesús no entiende de manera puramente escatológica el reino de Dios. Es éste un reino que ha sido establecido y subsiste en la tierra durante el tiempo de este mundo, pero que se consumará en el más allá, en el mundo futuro. Son numerosas las parábolas, pronunciadas por Jesús, que se refieren al reino de Dios en esta vida, tales, v.g., las del sembrador, del trigo y la cizaña, de la red, de la levadura, del grano de mostaza.

Por contraposición a la comunidad de Yahvé que existía en el Antiguo Testamento, Jesús llama «su comunidad» a la nueva sociedad religiosa que va a fundar; Mt 16, 18: «Tú eres Pedro, y sobre esta roca edificaré mi Iglesia.» Jesús expresa claramente su propósito de fundar una comunidad religiosa nueva, desligada de la Sinagoga. Con este fin reunió discípulos en torno suyo (Mt 4, 18 ss) y escogió doce de entre ellos «para que le acompañaran y para enviarlos a predicar, con poder de expulsar los demonios» (Mc 3, 14 s). De acuerdo con su misión, los llamó apóstoles (Lc 16, 13), es decir, enviados, legados, diputados (ἀπόστολος es la traducción griega del térmnio hebraico *shaliah* y *shaluah* o del aramaico *sheluha* = el legado). Mediante un trato personal, continuado, con ellos los adiestró en el oficio de predicar (Mc 4, 34; Mt 13, 52) y les confirmó una serie de poderes: el de atar y desatar (Mt 18, 17 s), es decir, el poder legislativo, judicial y punitivo, el poder de celebrar la eucaristía (Lc 22, 19), el de perdonar los pecados (Ioh 20, 23) y el de bautizar (Mt 28, 19). Los envió por todo el mundo con el encargo de predicar el Evangelio en todas partes y bautizar (Mt 28, 19 s; Mc 16, 15 s). Antes de volver al Padre, transmitió su misión a los apóstoles: «Como me envió mi Padre, así os envío yo» (Ioh 20, 21). Al apóstol San Pedro le constituyó como cabeza de los demás apóstoles y supremo rector de su Iglesia (Mt 16, 18 s; Ioh 21, 15-17). El carácter supranacional de su institución, pretendido por Cristo, y el contenido de su dogma y su moral, muy superior al del Antiguo Testamento, debían conducir necesariamente a que la comunidad cristiana primitiva se separase de la Sinagoga.

Según doctrina de San Pablo, Cristo es la «piedra angular» sobre la que está construido el edificio espiritual, que constituyen todos los fieles (Eph 2, 20), «el fundamento que ha sido puesto» y sobre el cual tienen que seguir edificando los mensajeros de la fe en su misión apostólica (1 Cor 3, 11). Cristo es la cabeza de la Iglesia (Eph 5, 23; Col 1, 18). La Iglesia es propielad suya, pues la adquirió con su sangre (Act 20, 28); es su esposa, que Él amó y por quien se entregó a fin de santificarla y hacerla gloriosa (Eph 5, 25-27). Fieles al encargo de Cristo, los apóstoles predicaron su Evangelio a judíos y gentiles y crearon comunidades cristianas. Éstas se hallaban unidas entre sí por la confesión de una misma fe y por la celebración de un mismo culto bajo el gobierno de los apóstoles; cf. los Hechos de los Apóstoles y sus Cartas.

b) Los santos padres consideran unánimemente a la Iglesia y a sus instituciones como obra de Cristo. San Clemente Romano atribuye todo el orden de la Iglesia a los apóstoles, y sobre los apóstoles a Cristo, y sobre Cristo a Dios (*Cor.* 42). San Cipriano, empleando la imagen de Mt 16, 18, habla de que Cristo edificó la Iglesia, y la designa como «Iglesia de Cristo» y «esposa de Cristo» (*De unit. eccl.* 4 y 6).

Por lo que respecta al momento en que Cristo fundó la Iglesia, hay que distinguir distintas etapas: la preparación durante el tiempo de su labor apostólica, la consumación por su muerte redentora y la presentación ante el mundo el día de pentecostés después de la venida del Espíritu Santo. Por eso la fiesta de Pentecostés es la del natalicio de la Iglesia. Cf. Vaticano II, const. *Lumen gentium*, n. 3-5.

Bibliografía: K. Pieper, *Jesus und die Kirche*, Pa 1932. St. von Dunin-Borkowski, *Die Kirche als Stiftung Jesu*, en G. Esser-J. Mausbach, *Religion, Christentum, Kirche* II, Ke-Mn [3]1920. J. Betz, *Die Gründung der Kirche durch den historischen Jesus*, ThQ 138 (1958) 152-183.

§ 3. Finalidad de la Iglesia

1. Continuación de la misión de Cristo

Cristo instituyó la Iglesia para continuar en todos los tiempos su obra salvadora (de fe).

El concilio del Vaticano declaró a propósito del fin de la fundación de la Iglesia de Cristo: Cristo «decidió edificar la santa Iglesia para dar perennidad a la obra salutífera de redención» («ut salutiferum redemptionis opus perenne redderet»; Dz 1821). León XIII dice en la encíclica *Satis cognitum* (1896): «¿Qué pretendía Cristo nuestro Señor al fundar la Iglesia? ¿Qué es lo que quería? Lo siguiente: quería confiar a la Iglesia el mismo oficio y el mismo encargo que Él había recibido del Padre, a fin de darle perpetuidad.» Mientras que Cristo, con sus trabajos, nos ganó los frutos de la redención, la tarea de la Iglesia consiste en aplicar a los hombres esos frutos de salvación. Tal aplicación se realiza ejercitando el triple ministerio recibido de Cristo, a saber: el de enseñar, el de regir y el de santificar. De suerte que la Iglesia es Cristo que sigue viviendo y obrando en la tierra.

Cristo transmitió su misión a los apóstoles: «Como tú me enviaste al mundo, así yo los envío a ellos al mundo» (Ioh 17, 18); «Como me envió mi Padre, así os envío yo» (Ioh 20, 21). El fin de la misión de Cristo era la salvación eterna de los hombres: «Yo he venido para que tengan vida y la tengan abundante» (Ioh 10, 10); «El Hijo del hombre ha venido a buscar y salvar lo que estaba perdido» (Lc 19, 10). Para que cumpliera su encargo, Cristo confirió a su Iglesia la misión y el poder de enseñar la verdad (potestad de enseñar), de inculcar sus mandamientos (potestad de regir) y de difundir su gracia (potestad de santificar); Mt 28, 19 s: «Id, pues, enseñad a todas las gentes, bautizándolas en el nombre del Padre y del Hijo y del Espíritu Santo. Enseñadles a observar todo cuanto yo os he mandado. Yo estaré con vosotros siempre, hasta el fin del mundo»; Lc 10, 16: «El que a vosotros oye, a mí me oye, y el que a vosotros desecha, a mí me desecha, y el que me desecha a mí, desecha al que me envió»; cf. Mt 18, 18 (poder de atar y desatar); Mc 16, 15 s (poder de predicar y bautizar); Lc 22, 19 (poder de celebrar la eucaristía); Ioh 20, 23 (poder de perdonar los pecados). Los apóstoles, conforme a este encargo de Cristo, se consideraron como siervos y enviados suyos, como dispensadores de los misterios de Dios; cf. 1 Cor 4, 1: «Ténganos los hombres por ministros de Cristo y dispensadores de los misterios de Dios»: 2 Cor 5, 20: «Somos, pues, embajadores de Cristo, como si Dios os exhortase por medio de nosotros».

El fin próximo de la Iglesia es santificar a los hombres dándoles la verdad, los mandamientos y la gracia de Cristo. El último y supremo fin de la Iglesia, igual que el de todas las obras de Dios hacia el exterior, es la glorificación extrínseca de Dios.

2. Consecuencias

a) La Iglesia, considerados su fin y sus medios, es una sociedad sobrenatural y espiritual (sent. cierta).

LEÓN XIII declaró en la encíclica *Immortale Dei* (1885): «Aunque esta sociedad [la Iglesia] conste de hombres, lo mismo que la sociedad civil, sin embargo, por su fin y por los medios que posee para conseguirlo, es sobrenatural y espiritual; y en esto se distingue esencialmente de toda sociedad civil».

Cristo dijo a Pilato: «Mi reino no es de este mundo» (Ioh 18, 36). SAN AGUSTÍN comenta a este propósito: «Escuchad, judíos y gentiles... escuchad, reinos todos de la tierra: Yo no estorbaré vuestro señorío en este mundo» *(In Iohan. tr.* 115, 2).

Como el fin de la Iglesia es puramente religioso, no tiene de por sí que cumplir ninguna misión política, económica, social ni de cultura profana. Pero, como por otra parte lo natural y lo sobrenatural se hallan tan íntimamente unidos y se fomentan mutuamente, la realización de los fines religiosos de la Iglesia redunda en beneficio de la sociedad civil y ayuda a la consecución de los fines profanos de ésta. La Iglesia, como prueba muy bien toda su historia, no es enemiga del progreso ni de la cultura; cf. Dz 1740, 1799; encíclica de LEÓN XIII *Anum ingressi* (1902).

El fin puramente religioso de la Iglesia no excluye que ésta pueda adquirir y poseer bienes terrenos. Como tiene que cumplir en la tierra su misión sobrenatural y espiritual por medio de hombres ligados a la materia y entre hombres, no puede precindir de todos los medios terrenos, como tampoco pudo su divino Fundador (Ioh 12, 6; 13, 29). Pío IX condenó en el *Sílabo* (1864) la siguiente proposición: «La Iglesia no tiene el derecho innato y legítimo de adquirir y poseer»; Dz 1726. Pero la posesión temporal no es fin en sí misma, sino medio para conseguir el fin.

b) La Iglesia es una sociedad perfecta (sent. cierta).

LEÓN XIII declaró en la encíclica *Immortale Dei:* «La Iglesia es por su índole y su derecho una sociedad perfecta, pues por voluntad y bondad de su Fundador posee en sí misma y por sí misma todo lo necesario para existir y para obrar. Así como el fin que se propone la Iglesia es el más elevado, de la misma manera su potestad es la más excelente, y no puede ser tenida en menos que la potestad civil o estar sometida a ella en lo más mínimo». Sobre la relación entre el poder eclesiástico y el poder civil, nos habla el mismo Papa en la citada encíclica: «Cada uno de estos dos poderes es supremo en su género. Los dos tienen fronteras a las cuales deben limitarse y que están marcadas por la naturaleza y por el fin próximo de ambos poderes»; Dz 1866. Pío IX condenó en el *Sílabo* (1864) la subordinación del poder eclesiástico al poder civil; Dz 1791 s.

La Iglesia, por voluntad de su divino Fundador, tiene un fin distinto e independiente del fin de la sociedad civil: la santificación y salvación eterna de los hombres. Ella posee, además, todos los medios necesarios para la consecución de este fin, a saber: la potestad de enseñar, de regir y de santificar. El ejercicio de la potestad eclesiástica es, por derecho divino, independiente de todo poder temporal. Por eso la Iglesia condena todas las intromisiones del poder civil en el terreno eclesiástico: la autorización y visto bueno (placet) del estado para la promulgación de leyes eclesiásticas, el impedimento de la judicatura eclesiástica por recurso a un poder secular («recursus ab abusu»), el estorbo del libre trato de obispos y fieles con el Papa, las ingerencias en la organización de la Iglesia; Dz 1719 s, 1741, 1749; CIC 2333 s.

Capítulo segundo

LA CONSTITUCIÓN DE LA IGLESIA

§ 4. La constitución jerárquica de la Iglesia

1. Origen divino de la jerarquía

Cristo dio a su Iglesia una constitución jerárquica (de fe).

Los poderes jerárquicos (autoritativos) de la Iglesia comprenden la potestad de enseñar, la de regir (= autoridad legisladora, judicial y punitiva) y la sacerdotal o de santificar. Corresponden al triple oficio de Cristo, que le fue conferido como hombre para salvación de los hombres: el oficio de profeta o maestro, el de pastor o rey y el de sacerdote. Cristo transmitió a los apóstoles este triple oficio con sus poderes correspondientes.

El concilio de Trento declaró contra los reformadores (los cuales rechazaban el sacerdocio consagrado y, con ello, la jerarquía, y tan sólo reconocían el sacerdocio universal de todos los fieles) que en la Iglesia católica existe una jerarquía creada por institución divina: «Si quis dixerit, in Ecclesia catholica non esse hierarchiam divina ordinatione institutam», a. s.; Dz 966. Pío VI rechazó como herética la doctrina galicana del sínodo de Pistoia, de que la autoridad eclesiástica había sido concedida inmediatamente por Dios a la Iglesia, es decir, a la totalidad de los fieles, y por la Iglesia pasaba a sus pastores; Dz 1502. Según la doctrina católica, Cristo confió inmediatamente el poder espiritual a los apóstoles. Pío X condenó la proposición modernística de que la jerarquía eclesiástica era el resultado de una sucesiva evolución histórica; Dz 2054. El concilio Vaticano II, en la constitución dogmática *Lumen gentium,* n. 18-29, trata con detenimiento sobre la constitución jerárquica de la Iglesia.

Pío XII, en su encíclica *Mystici Corporis* (1943), desaprueba la distinción entre la «Iglesia jurídica» y la «Iglesia de la caridad»; pues tal distinción presupone que la Iglesia fundada por Cristo fue al principio una mera comunidad religiosa, henchida por el carisma y ligada por el vínculo invisible de la caridad; y que esta comunidad primitiva fue convirtiéndose poco a poco, por influjo de las circunstancias externas, en una sociedad jurídicamente organizada con su constitución jerárquica (Iglesia jurídica). Esta distinción se basa en la tesis de R. Sohm según la cual la esencia del derecho canónico se halla en contradicción con la esencia de la Iglesia; y se deriva en último término de la concepción protestante de la Iglesia como sociedad invisible de los fieles cristianos, es decir, como sociedad no organizada jurídicamente.

Según la doctrina católica, el cuerpo místico de Cristo tiene un elemento externo, visible y jurídico, que es la organización jurídica, y un elemento interno, invisible y místico, que es la comunicación de la gracia, de manera parecida a como en Cristo, cabeza de la Iglesia, se hallan unidas la naturaleza humana visible y la naturaleza divina invisible, o como en el sacramento se hallan también unidos el signo externo y la gracia interna. Cf. Vaticano II, const. *Lumen gentium,* n. 8, 1.

Fundamento bíblico. Cristo transmitió a los apóstoles la misión que había recibido del Padre (Ioh 20, 21). La misión de Cristo comprende su triple oficio redentor. Jesús dio a los apóstoles el encargo de predicar su Evangelio por todo el mundo (Mt 28, 19; Mc 16, 15), les confirió su autoridad (Lc 10, 16; Mt 10, 40), les prometió un amplio poder para atar y desatar (Mt 18, 18) y les transmitió los poderes sacerdotales de bautizar (Mt 28, 19), de celebrar la eucaristía (Lc 22, 19) y de perdonar los pecados (Ioh 20, 23). Los apóstoles, según testimonio de San Pablo, se consideraban como legados de Cristo, «por el cual hemos recibido la gracia y el apostolado para promover entre todas las naciones la obediencia a la fe» (Rom 1, 5); se consideraban como «ministros de Cristo y dispensadores de los misterios de Dios» (1 Cor 4, 1), como enviados por Cristo de los cuales se vale Dios para amonestar (2 Cor 5, 20), como predicadores «de la palabra de reconciliación» y portadores «del ministerio de reconciliación» (2 Cor 5, 18 s). Los apóstoles hicieron uso de los poderes que se les habían conferido: «Ellos se fueron y predicaron por doquier» (Mc 16, 20); dieron leyes y prescripciones a los fieles (Act 15, 28 s; 1 Cor 11, 34); dieron sentencias e impusieron castigos (1 Cor 5, 3-5; 4, 21); bautizaron (Act 2, 41; 1 Cor 1, 14), celebraron la eucaristía (cf. Act 2, 42 y 46; 20, 7) y confirieron poderes eclesiásticos por la imposición de sus manos (Act 6, 6; 14, 22 [G 23]; 1 Tim 4, 14; 2 Tim 1, 6; Tit 1, 5).

En la Iglesia primitiva, además de los apóstoles, aparecen también como posesores de oficios eclesiásticos y poderes jerárquicos, los *presbíteros,* que por su función eran llamados también «obispos» (ἐρίσκοποι = = guardianes; cf. Act 20, 17 y 28; 1 Petr 5, 1-2; Tit 1, 5-7), y los *diáconos.* El diácono Felipe predica y bautiza (Act 8, 5 y 38). Los presbíteros de Jerusalén deciden, en unión de los apóstoles, si obliga o no a los fieles el cumplimiento de la ley del Antiguo Testamento (Act 15, 22 ss). Los presbíteros de la comunidad ungían a los enfermos en el nombre del Señor y les concedían el perdón de los pecados (Iac 5, 14 s). Estos colaboradores de los apóstoles eran escogidos por la comunidad, pero recibían su oficio y potestad, no de la comunidad, sino de los apóstoles; cf. Act 6, 6 (institución de los siete primeros diáconos); 14, 22 (institución de presbíteros). Los carismáticos, que durante la época apostólica tuvieron parte tan importante en la edificación de la Iglesia (cf. 1 Cor 12 y 14), no pertenecían a la jerarquía, a no ser que poseyeran al mismo tiempo oficios eclesiásticos. San Pablo exige la subordinación de los carismas al oficio apostólico (1 Cor 14, 26 ss).

2. Perpetuación de la jerarquía

Los poderes jerárquicos concedidos a los apóstoles se transmitieron a los obispos (de fe).

El concilio de Trento enseña que «los obispos, que han sucedido a los apóstoles, constituyen principalmente el orden jerárquico y han sido puestos por el Espíritu Santo para regir la Iglesia de Dios»; Dz 960. El concilio del Vaticano declaró: «Así pues, como

Jesús envió a los apóstoles, que había escogido del mundo, lo mismo que Él había sido enviado por el Padre (Ioh 20, 21), de la misma manera quiso que en su Iglesia hubiera pastores y maestros hasta la consumación de los siglos»; Dz 1821. Tales pastores y maestros son los obispos, sucesores de los apóstoles; Dz 1828: «episcopi, qui positi a Spiritu Sancto in Apostolorum locum successerunt».

La perpetuación de los poderes jerárquicos es consecuencia necesaria de la indefectibilidad de la Iglesia (v. § 12), pretendida y garantizada por Cristo. La promesa que Cristo hizo a sus apóstoles de que les asistiría hasta el final del mundo (Mt 28, 20) supone que el ministerio de los apóstoles se perpetuará en los sucesores de los apóstoles. Éstos, conforme al mandato de Cristo, comunicaron sus poderes a otras personas; por ejemplo, San Pablo a Timoteo y a Tito. Cf. 2 Tim 4, 2-5; Tit 2, 1 (poder de enseñar); 1 Tim 5, 19-21; Tit 2, 15 (poder de regir); 1 Tim 5, 22; Tit 1, 5 (poder de santificar). En estos dos discípulos del apóstol aparece por primera vez con toda claridad el episcopado monárquico que desempeña el ministerio apostólico. Los «ángeles» de las siete comunidades del Asia Menor (Apoc 2-3), según la interpretación tradicional (que no ha carecido de impugnadores), son obispos monárquicos.

El discípulo de los apóstoles San Clemente Romano nos relata lo siguiente a propósito de la transmisión de los poderes jerárquicos por parte de los apóstoles: «Predicaban por las provincias y ciudades, y, después de haber probado el espíritu de sus primicias, los constituían en obispos y diáconos, de los que habían de creer en el futuro» *(Cor.* 42, 4); «Nuestros apóstoles sabían por Jesucristo nuestro Señor que surgirían disputas en torno al cargo episcopal. Por esta razón, conociéndolo bien de antemano, constituyeron a los que hemos dicho anteriormente, y les dieron el encargo de que a la muerte de ellos les sucedieran en el ministerio otros varones probados» *(Cor.* 44, 1-2). San Ignacio de Antioquía da testimonio, a principios del siglo II, de que a la cabeza de las comunidades de Asia Menor y aun «en los países más remotos» (Eph 3, 2) había un solo obispo (monárquico) en cuyas manos estaba todo el gobierno religioso y disciplinario de la comunidad. «Sin el obispo, nadie haga nada de las cosas que corresponden a la Iglesia. Solamente sea considerada como válida aquella eucaristía que se celebre por el obispo o por algún delegado suyo. Doquiera se mostrare el obispo esté allí el pueblo, así como doquiera está Cristo allí está la Iglesia Católica. No está permitido bautizar sin el obispo ni celebrar el ágape; mas todo lo que él aprueba es agradable a Dios; para que todo lo que se realice sea sólido y legítimo... Quien honra al obispo es honrado por Dios; quien hace algo sin el obispo está sirviendo al diablo»

(Smyrn. 8, 1-2; 9, 1). En toda comunidad existen, además del obispo y por debajo de él, otros ministros: los presbíteros y diáconos.

Según San Justino Mártir, «el que preside a los hermanos» (es decir, el obispo) es quien realiza la liturgia *(Apol.* I 65 y 67). San Ireneo considera la sucesión ininterrumpida de los obispos a partir de los apóstoles como la garantía más segura de la íntegra tradición de la doctrina católica: «Podemos enumerar los obispos instituidos por los apóstoles y todos los que les han sucedido hasta nosotros» *(Adv. haer* III 3, 1). Pero, como sería muy prolijo enumerar la sucesión apostólica de todas las Iglesias, se limita el santo a señalar la de aquella Iglesia «que es la más notable y antigua y conocida de todos, y que fue fundada y establecida en Roma por los gloriosos apóstoles Pedro y Pablo». Nos refiere la más antigua lista de los obispos de la iglesia romana, que comienza con los «bienaventurados apóstoles» y llega hasta Eleuterio, 12.º sucesor de los apóstoles (ibídem III 3, 3). De San Policarpo nos refiere San Ireneo (ib. III 3, 4) que fue instituido como obispo de Esmirna «por los apóstoles» —según Tertuliano *(De praescr.* 32), por el apóstol San Juan—. Tertuliano, lo mismo que San Ireneo, funda la verdad de la doctrina católica en la sucesión apostólica de los obispos *(De praescr.* 32).

Bibliografía: H. Dieckmann, *Die Verfassung der Urkirche,* B 1923. J. Gewiess, *Die neutestamentlichen Grundlagen der kirchlichen Hierarchie,* Hist. Jahrbuch 72 (1953) 1-24. H. von Campenhausen, *Kirchliches Amt und geistliche Vollmacht in den ersten drei Jahrhunderten,* T 1953. W. Michaelis, *Das Ältestenamt der christlichen Gemeinde im Lichte der Hl. Schrift,* Berna 1953. J. Colson, *Les fonctions ecclésiales aux deux premiers siècles,* Bru-P 1956.

§ 5. El primado de Pedro

Primado significa preeminencia. Según sea la clase de superioridad que funde esa preeminencia, distinguimos entre primado de honor, de supervisión, de dirección («primatus directionis»), y primado de jurisdicción, es decir, de gobierno. El primado de jurisdicción consiste en la posesión de la plena y suprema autoridad legislativa, judicial y punitiva.

1. El dogma y la doctrina herética opuesta

Cristo constituyó al apóstol San Pedro como primero entre los apóstoles y como cabeza visible de toda la Iglesia, confiriéndole inmediata y personalmente el primado de jurisdicción (de fe).

El concilio del Vaticano definió: «Si quis dixerit, beatum Petrum Apostolum non esse a Christo Domino constitutum Apostolorum omnium principem et totius Ecclesiae militantis visibile caput;

vel eundem honoris tantum, non autem verae propriaeque iurisdictionis primatum ab eodem Domino nostro Iesu Christo directe et immediate accepisse», a. s.; Dz 1823. Cf. Vaticano II, const. *Lumen gentium*, n. 18.

La cabeza invisible de la Iglesia es Cristo glorioso. Pedro hace las veces de Cristo en el gobierno exterior de la Iglesia militante, y es, por tanto, vicario de Cristo en la tierra («Christi vicarius»; Dz 694).

Se oponen a este dogma la Iglesia ortodoxa griega y las sectas orientales, algunos adversarios medievales del papado (Marsilio de Padua y Juan de Jandun, Wicleff y Hus), todos los protestantes, los galicanos y febronianos, los Viejos Católicos (Altkatholiken) y los modernistas. Según la doctrina de los galicanos (E. Richer) y de los febronianos (N. Hontheim), la plenitud del poder espiritual fue concedida por Cristo inmediatamente a toda la Iglesia, y por medio de ésta pasó a San Pedro, de suerte que éste fue el primer ministro de la Iglesia, designado por la Iglesia («caput ministeriale»). Según el modernismo, el primado no fue establecido por Cristo, sino que se ha ido formando por las circunstancias externas en la época postapostólica; Dz 2055 s.

2. Fundamento bíblico

Cristo distinguió desde un principio al apóstol San Pedro entre todos los demás apóstoles. Cuando le encontró por primera vez, le anunció que cambiaría su nombre de Simón por el de Cefas = roca: «Tú eres Simón, el hijo de Juan [Vg: de Jonás]; tú serás llamado Cefas» (Ioh 1, 42; cf. Mc 3, 16). El nombre de Cefas indica claramente el oficio para el cual le ha destinado el Señor (cf. Mt 16, 18). En todas las menciones de los apóstoles, siempre se cita en primer lugar a Pedro. En Mt se le llama expresamente «el primero» (Mt 10, 2). Como, según el tiempo de la elección, Andrés precedía a Pedro, el hecho de aparecer Pedro en primer lugar indica su oficio de primado. Pedro, juntamente con Santiago y Juan, pudo ser testigo de la resurrección de la hija de Jairo (Mc 5, 37), de la transfiguración (Mt 17, 1) y de la agonía del Huerto (Mt 26, 37). El Señor predica a la multitud desde la barquilla de Pedro (Lc 5, 3), paga por sí mismo y por él el tributo del templo (Mt 17, 27), le exhorta a que, después de su propia conversión, corrobore en la fe a sus hermanos (Lc 22, 32); después de la resurrección se le aparece a él solo antes que a los demás apóstoles (Lc 24, 34; 1 Cor 15, 5).

A San Pedro se le prometió el primado después que hubo confesado solemnemente, en Cesarea de Filipo, la mesianidad de Cristo. Díjole el Señor (Mt 16, 17-19): «Bienaventurado tú, Simón, hijo de Jonás, porque no es la carne ni la sangre quien eso te ha revelado, sino mi Padre, que está en las cielos. Y yo te digo a ti que tú eres Pedro [= Cefas], y sobre esta roca edificaré yo mi Iglesia, y las puertas del infierno no prevalecerán contra ella. Yo te daré las llaves del reino de los cielos, y cuanto atares en la tierra será atado en los cielos, y cuanto desatares en la tierra será desatado en los cielos». Estas palabras se dirigen inmediata y exclusivamente a San Pedro. Ponen ante su vista en tres imágenes la idea del poder supremo en la nueva sociedad (ἐκκλησία) que Cristo va a fundar. Pedro dará a esta sociedad la unidad y firmeza inquebrantable que da a una casa el estar asentada sobre roca viva; cf. Mt 7, 24 s. Pedro ha de ser también el poseedor de las llaves, es decir, el administrador del reino de Dios en la tierra; cf. Is 22, 22; Apoc 1, 18; 3, 7: las llaves son el símbolo del poder y la soberanía. A él le incumbe finalmente atar y desatar, es decir (según la terminología rabínica): lanzar la excomunión o levantarla, o también interpretar la ley en el sentido de que una cosa está permitida (desatada) o no (atada). De acuerdo con Mt 18, 18, donde se concede a todos los apóstoles el poder de atar y desatar en el sentido de excomulgar o recibir en la comunidad a los fieles, y teniendo en cuenta la expresión universal («cuanto atares... cuanto desatares»), no es lícito entender que el pleno poder concedido a San Pedro se limita al poder de enseñar, sino que resulta necesario extenderlo a todo el ámbito del poder de jurisdicción. Dios confirmará en los cielos todas las obligaciones que imponga o suprima San Pedro en la tierra.

Contra todos los intentos por declarar este pasaje (que aparece únicamente en San Mateo) como total o parcialmente interpolado en época posterior, resalta su autenticidad de manera que no deja lugar a duda. Ésta se halla garantizada, no sólo por la tradición unánime con que aparece en todos los códices y versiones antiguas, sino también por el colorido semítico del texto, que salta bien a la vista. No es posible negar con razones convincentes que estas palabras fueron pronunciadas por el Señor mismo. No es posible mostrar tampoco que se hallen en contradicción con otras enseñanzas y hechos referidos en el Evangelio.

El primado se lo concedió el Señor a Pedro cuando, después de la resurrección, le preguntó tres veces si le amaba y le hizo el siguiente encargo: «Apacienta mis corderos, apacienta mis corderos, apacienta mis ovejas» (Ioh 21, 15-17). Estas palabras, lo mismo que las de Mt 16, 18 s, se refieren inmediata y exclusivamente a San Pedro. Los «corderos» y las «ovejas» representan todo el rebaño de Cristo, es decir, toda la Iglesia; cf. Ioh 10. «Apacentar», referido a hombres, significa lo mismo que gobernar (cf. Act 20, 28), según la terminología de la antigüedad profana y bíblica. Pedro, por este triple encargo de Cristo, no quedó restaurado en su oficio apostólico (pues no lo había perdido por su negación), sino que recibió el supremo poder gubernativo sobre toda la Iglesia.

Después de la ascensión a los cielos, Pedro ejerció su primado. Desde el primer momento ocupa en la comunidad primitiva un puesto preeminente: Dispone la elección de Matías (Act 1, 15 ss); es el primero en anunciar, el día de Pentecostés, el mensaje de Cristo, que es el Mesías muerto en la cruz y resucitado (2, 14 ss); da testimonio del mensaje de Cristo delante del sanedrín (4, 8 ss); recibe en la Iglesia al primer gentil: el centurión Cornelio (10, 1 ss); es el primero en hablar en el concilio de los apóstoles (15, 17 ss); San Pablo marcha a Jerusalén «para conocer a Cefas» (Gal 1, 18).

3. Testimonio de los padres

Los padres, de acuerdo con la promesa bíblica del primado, dan testimonio de que la Iglesia está edificada sobre Pedro y reconocen la primacía de éste sobre todos los demás apóstoles. TERTULIANO dice de la Iglesia: «Fue edificada sobre él» *(De monog.* 8). SAN CIPRIANO dice, refiriéndose a Mt 16, 18 s: «Sobre uno edifica la Iglesia» *(De unit. eccl.* 4). CLEMENTE DE ALEJANDRÍA llama a San Pedro «el elegido, el escogido, el primero entre los discípulos, el único por el cual, además de por sí mismo, pagó tributo el Señor» *(Quis dives salvetur* 21, 4). SAN CIRILO DE JERUSALÉN le llama «el sumo y príncipe de los apóstoles» *(Cat.* 2, 19). Según SAN LEÓN MAGNO, «Pedro fue el único escogido entre todo el mundo para ser la cabeza de todos los pueblos llamados, de todos los apóstoles y de todos los padres de la Iglesia» *(Sermo* 4, 2).

En su lucha contra el arrianismo, muchos padres interpretan la roca sobre la cual el Señor edificó su Iglesia como la fe en la divinidad de Cristo, que San Pedro confesara, pero sin excluir por eso la relación de esa fe con la persona de Pedro, relación que se indica claramente en el texto sagrado. La fe de Pedro fue la razón de que Cristo le destinara para ser fundamento sobre el cual habría de edificar su Iglesia.

4. San Pedro y San Pablo

Deducimos del dogma del primado de Pedro que tanto San Pablo como los demás apóstoles estaban subordinados a San Pedro como autoridad suprema de toda la Iglesia. Inocencio x condenó como herética (1647) la doctrina del jansenista Antoine Arnauld sobre el carácter bicéfalo de la Iglesia; Dz 1091.

Los padres, que a menudo equiparan a San Pedro y a San Pablo («principes apostolorum»), se refieren a la labor de ambos apóstoles o a sus méritos para con la Iglesia de Roma o para con la Iglesia universal. En actividad apostólica, San Pablo —según confesión suya— llegó incluso a sobrepujar a todos los demás apóstoles (1 Cor 15, 10). A Pedro le corresponde el primado de la autoridad; a Pablo, el de la predicación de la fe: «Princeps clave Petrus, primus quoque dogmate Paulus» (VENANCIO FORTUNATO, *Misc.* IX 2, 35). El lugar de Gal 2, 11: «Le resistí en su misma cara», no significa una negación del primado de Pedro. San Pablo censuró la conducta inconsecuente de Pedro, pues, precisamente por estar revestido de la suprema autoridad en la Iglesia, ponía en peligro la libertad que los cristianos gentiles tenían respecto a los preceptos de la ley mosaica.

Bibliografía: K. PIEPER, *Jesus und die Kirche,* Pa 1932. O. CULLMANN, *Petrus, Jünger —Apostel— Märtyrer,* Z-St ²1960. J. LUDWIG, *Die Primatsworte Mt 16, 18. 19 in der altkirchlichen Exegese,* Mr 1952. O. KARRER, *Um die Einheit der Christen. Die Petrusfrage,* Fr 1953. CH. JOURNET, *Primauté de Pierre,* P 1953. FR. OBRIST, *Echtheitsfragen und Deutung der Primatsstelle Mt 16, 18s,* Mr 1961.

§ 6. EL PRIMADO DE JURISDICCIÓN DE LOS PAPAS

1. La perpetuación del primado

Por institución de Cristo, San Pedro tendrá en todos los tiempos sucesores de su primado de jurisdicción sobre toda la Iglesia (de fe).

El concilio del Vaticano definió: «Si quis dixerit, non esse ex ipsius Christi Domini institutione seu iure divino, ut beatus Petrus in primatu super universam Ecclesiam habeat perpetuos successores», a. s.; Dz 1825.

La perpetuación del primado en los sucesores de Pedro no se enuncia expresamente en las palabras de la promesa y de la colación de tal dignidad a San Pedro, pero es consecuencia lógica de su naturaleza y finalidad. Como el primado, por su misma naturaleza, es el oficio de gobernar toda la Iglesia y tiene por fin conservar la unidad y solidez de la misma, y la Iglesia, por voluntad de su Fundador, ha de perpetuarse inmutable a fin de continuar en todos los tiempos la obra salvadora de Cristo, el primado tendrá que tener también carácter de perpetuidad. Pedro estaba sometido a la ley de la muerte igual que todos los demás hombres (Ioh 21, 19); en consecuencia, su cargo tenía que pasar a otros. El edificio de la Iglesia no puede seguir en pie sin su fundamento (Mt 16, 18); el rebaño de Cristo no puede subsistir sin su pastor (Ioh 21, 15-17).

Los padres expresan ya la idea de que Pedro sigue viviendo y obrando en sus sucesores. El legado papal Felipe declaró en el concilio de Éfeso (431): «Él [Pedro] sigue viviendo y juzgando hasta ahora en sus sucesores»; Dz 112, 1824. San Pedro Crisólogo dice del obispo de Roma, en una carta a Eutiques: «El bienaventurado Pedro, que sigue viviendo y presidiendo en su sede episcopal, ofrece la fe verdadera a los que la buscan» (en San León, *Ep.* 25, 2). San León Magno declara que el primado es una institución permanente: «Así como perdura para siempre lo que en Cristo Pedro creyó, de la misma manera perdurará para siempre lo que en Pedro Cristo instituyó» (*Sermo* 3, 2).

2. Poseedores del primado

Los sucesores de Pedro en el primado son los obispos de Roma (de fe).

El concilio del Vaticano, después de haberle precedido las declaraciones de los concilios universales de Lyón (1274) y Florencia (1439), hizo la siguiente declaración: «Si quis dixerit... Romanum Pontificem non esse beati Petri in eodem primatu successorem», a. s.; Dz 1825; cf. Dz 466, 694.

El dogma dice únicamente que el obispo de Roma es poseedor efectivo del primado. No se ha definido por qué título está vinculado el primado a la sede romana. La opinión más general de los teólogos sostiene que tal título no es un mero hecho histórico, a saber, el de que San Pedro obrase y muriese como obispo de Roma, sino que descansa sobre una ordenación positiva de Cristo o del Espíritu Santo, y que, por tanto, el primado de la sede romana es de derecho divino. Si la vinculación fuera tan sólo de derecho eclesiástico, entonces sería posible que el Papa o algún concilio universal la separara de la sede romana, pero, si es de derecho divino, tal separación es imposible.

La estancia de San Pedro en Roma está indicada en 1 Petr 5, 13: «Os saluda la Iglesia de Babilonia, partícipe de vuestra elección» (Babilonia es una designación simbólica de Roma); la indican también San Clemente Romano, que cita a los apóstoles Pedro y Pablo entre las víctimas de la persecución de Nerón (*Cor.* 6, 1), y San Ignacio de Antioquía, que escribe a los cristianos de Roma: «No os mando yo como Pedro y Pablo» (*Rom.* 4, 3). Dan testimonio expreso de la actividad de San Pedro en Roma, el obispo Dionisio de Corinto, hacia el año 170 (Eusebio, *H. eccl.* II 25, 8), San Ireneo de Lyón (*Adv. haer.* III 1, 1; 3, 2 s), el escritor romano Gayo durante el pontificado de Ceferino (Eusebio, *H. eccl.* II 25 s), Tertuliano (*De praescr.* 36; *Adv. Marc.* IV 5; *Scorp.* 15),

Clemente de Alejandría (EUSEBIO, *H. eccl.* VI 14, 6). Dionisio, Gayo y Tertuliano mencionan también el martirio de Pedro en Roma. Gayo sabe indicarnos con exactitud el lugar donde está el sepulcro de los apóstoles: «Yo puedo mostrar los trofeos de los apóstoles. Si quieres ir al Vaticano o a la Vía Ostiense, encontrarás los trofeos de los apóstoles que han fundado esta Iglesia» (EUSEBIO, lug. cit). Ningún otro lugar fuera de Roma ha tenido jamás la pretensión de poseer el sepulcro de San Pedro.

La doctrina sobre el primado de los obispos de Roma, igual que otras doctrinas e instituciones eclesiásticas, ha seguido el curso de una evolución por la cual se fueron conociendo con más claridad y desorrollándose con mayor abundancia los fundamentos existentes en el Evangelio. Desde fines del siglo primero aparecen indicios claros de la persuasión que los obispos romanos tienen de poseer el primado y de su reconocimiento por las demás iglesias. San Clemente Romano, en nombre de la comunidad romana, envía una carta a la comunidad de Corinto en la que se nota el sentimiento de responsabilidad por toda la Iglesia; en ella exhorta autoritativamente a los revoltosos a que se sometan a los presbíteros y hagan penitencia (c. 57). Sin embargo, la carta no contiene la doctrina del primado, es decir, una invocación explícita de la preeminencia de la Iglesia romana, ni toma medidas jurídicas. SAN IGNACIO DE ANTIOQUÍA destaca a la comunidad romana por encima de todas las otras comunidades a las que escribe ya por la misma fórmula solemne con que encabeza su epístola a los Romanos. Dos veces dice que esta comunidad tiene la presidencia, idea que expresa la relación de supraordinación y subordinación (cf. *Magn.* 6, 1): «... la cual tiene la presidencia en el lugar del territorio de los romanos» (ἥτις καὶ προκάθηται ἐν τόπῳ χωρίου Ῥωμαίων); «presidenta de la caridad» (προκαθημένη τῆς ἀγάπης). SAN IRENEO designa «la Iglesia fundada en Roma por los dos gloriosos apóstoles Pedro y Pablo» como «la mayor, más antigua y más famosa de todas las iglesias», y le concede expresamente la primacía por encima de todas las otras iglesias. Si se quiere conocer la verdadera fe, basta examinar la doctrina de esta sola iglesia, tal como es conservada por la sucesión de sus obispos. «Porque con esta iglesia, a causa de su preeminencia especial («propter potentiorem principalitatem») tiene que concordar toda iglesia, es decir, los fieles de todo el mundo; pues en ella se ha conservado siempre la sucesión apostólica por aquellos que son de todas partes» (o «preservándola de aquellos que vienen de todas partes», es decir, de los herejes); *Adv. haer.* III 3, 2. Hacia la mitad del siglo II llegó a Roma el obispo Policarpo de Esmirna para tratar con el papa Aniceto (154-165) sobre la fijación de la fecha para la celebración de la Pascua (EUSEBIO, *H. eccl.* IV 14, 1). El obispo Policrates de Éfeso trató acerca de la cuestión de la Pascua con el papa Víctor I (189-198), el cual amenazó a las comunidades de Asia Menor con excluirlas de la comunión católica por su persistencia en la práctica cuatuordecimana (ib. V 24, 1-9). Hegesipo llegó a Roma, siendo papa Aniceto, para conocer la verdadera tradición de la fe (ib. IV 22, 3).

TERTULIANO reconoce la autoridad doctrinal de Roma: «Si estás cercano a Italia, tienes a Roma, donde está pronta también para nosotros [en África] la autoridad doctrinal» *(De praescr.* 36). Siendo ya montanista, declaró el poder de atar y desatar, concedido a San Pedro, como una mera distinción personal del apóstol *(De pud.* 21). SAN CIPRIANO DE CARTAGO da testimonio de la preeminencia de la iglesia romana, pues la llama «madre y raíz de la Iglesia católica» («ecclesiae catholicae matrix et radix»; *Ep.* 48, 3), «lugar de Pedro» («locus Petri»; *Ep.* 55, 8), «cátedra de Pedro» («cathedra Petri») e «Iglesia principal, por la que tiene principio la unidad entre los obispos» («ecclesia principalis, unde unitas sacerdotalis exorta est»; *Ep.* 59, 14). Pero su grave desacuerdo con el papa Esteban I acerca de los herejes que entraban en el seno de la Iglesia católica, y que San Cipriano quería bautizar de nuevo mientras que Esteban lo prohibía, muestra, no obstante, que el santo no había logrado una clara inteligencia sobre el ámbito de la autoridad pontificia. El papa Esteban I, según testimonio del obispo Firmiliano de Cesarea, aseguraba «ser el sucesor de San Pedro, sobre el cual se asientan las bases de la Iglesia» (en CIPRIANO, *Ep.* 75, 17); este papa amenazó a los obispos de Asia Menor con excluirlos de la comunión eclesiástica (EUSEBIO, *H. eccl.* VII 5, 4).

SAN AMBROSIO dice: «Donde está Pedro, allí está la Iglesia» *(Enarr. in Ps.* 40, 30). SAN JERÓNIMO escribe al papa San Dámaso: «Sé que la Iglesia está edificada sobre esta roca [= Pedro]» *(Ep.* 15, 2). SAN AGUSTÍN dice que en la Iglesia romana ha existido siempre la preeminencia de la sede apostólica («in qua semper apostolicae cathedrae viguit principatus»; *Ep.* 43, 3, 7). El papa SAN LEÓN I quiere que se vea y se honre en su persona a aquel «en quien se perpetúa la solicitud de todos los pastores con la tutela de las ovejas a él confiadas» *(Sermo* 3, 4). Ante el concilio de Éfeso (431), el legado papal Felipe hizo una confesión clara del primado del Papa, que perpetúa el primado de Pedro; Dz 112. Los padres del concilio de Calcedonia (451) acogen la epístola dogmática del papa San León I con la siguiente aclamación: «Pedro ha hablado por medio de León.»

La escolástica prueba especulativamente el primado del Papa basándose sobre todo en la unidad de la Iglesia. SANTO TOMÁS, en la *S.c.G.* IV 76, expuso los siguientes argumentos, que habrían luego de repetirse en posteriores tratados sobre la Iglesia, v.g., de Jacobo de Viterbo, de Juan Quidort de París y de Juan de Nápoles. Helos aquí expuestos sumariamente: *a)* Como no hay más que una sola Iglesia, no tiene que haber más que una sola cabeza de todo el pueblo cristiano, de igual manera que en cada diócesis no hay más que un solo obispo como cabeza de todo el pueblo diocesano. *b)* Para conservar la unidad de la fe, es necesario que al frente de toda la Iglesia se halle una sola persona que con su autoridad pueda zanjar las cuestiones que surjan a propósito de la fe. *c)* El fin del gobierno, que es la paz y unidad de los súbditos, se alcanza mucho mejor por un solo rector que por muchos; pues, cuando existe uno solo, hay una causa mucho más apropiada de unidad que cuando existen muchos. *d)* La Iglesia militante es imagen de la Iglesia triunfante. Así como en ésta uno solo es el que tiene la presidencia, así también en la Iglesia militante ha de ser uno solo el que esté a la cabeza de todos los fieles.

Bibliografía: H. VOGELS, *Textus Antenicaeni ad Primatum Romanum spectantes,* Bo 1937. B. BOTTE, BThAM VI, n. 324-329 (sobre IRENEO, *Adv. haer.* III 3, 2). E. CASPAR, *Primatus Petri,* Weimar 1927. H. KOCH, *Cathedra Petri,* Gie 1930. K. ADAM, *Gesammelte Aufsätze* (colección de artículos publicados por Fr. Hofmann), A 1936, 70 ss. B. POSCHMANN, *Ecclesia principalis. Ein kritischer Beitrag zur Frage des Primates bei Cyprian,* Br 1933. G. HARTMANN, *Der Primat des römischen Bischofs bei Pseudo-Isidor,* St 1930. M. GRABMANN, *Die Lehre des Erzbischofs und Augustinertheologen Jakob von Viterbo († 1307/08) vom Episkopat und Primat und ihre Beziehung zum hl. Thomas von Aquin,* en: «Episcopus, Studien über das Bischofsamt», Re 1949, 185-206. H. LIETZMANN, *Petrus und Paulus in Rom,* Bo [2]1927. El mismo, *Petrus römischer Martyrer,* B 1936. B. ALTANER, ThR 36 (1937) 177-188, 38 (1930) 365 s. ST. SCHMUTZ, BM 22 (1946) 128-141. P. BATIFFOL, *Cathedra Petri,* P 1938. J. BRINKTRINE, *Das Konzil von Chalzedon und der Primat des römischen Bischofs,* ThGl 41 (1951) 449-456. TH. KLAUSER, *Die römische Petrustradition im Lichte der neuen Ausgrabungen unter der Peterskirche,* K 1956. M. MACCARONE, *La dottrina del primato papale del IV all' VIII secolo,* Spoleto 1961.

§ 7. NATURALEZA DEL PRIMADO ROMANO

1. El dogma

El Papa posee la plena y suprema potestad de jurisdicción sobre toda la Iglesia no solamente en cosas de fe y costumbres, sino también en la disciplina y gobierno de la Iglesia (de fe).

El concilio del Vaticano, frente a las diversas formas de episcopalismo que restringe el poder de jurisdicción del Papa en favor de los obispos (conciliarismo, galicanismo, febronianismo), declaró: «Si alguno dijere que el obispo de Roma tiene únicamente el oficio de inspección o dirección, y no la plena y suprema potestad de jurisdicción sobre toda la Iglesia, no solamente en cosas de fe y costumbres, sino también en todo lo que respecta a la disciplina y gobierno de la Iglesia esparcida por todo el orbe de la tierra; o que tiene la parte más importante pero no la plenitud total de este supremo poder; o que esta potestad suya no es ordinaria e inmediata, bien sea sobre todas y cada una de las Iglesias o sobre todos y cada uno de los pastores y fieles, sea anatema»; Dz 1831; cf. Dz 1827; CIC 218.

Conforme a esta declaración, la potestad primacial del Papa:

a) Es verdadera potestad *de jurisdicción,* es decir, verdadero poder de gobierno, y no de mera inspección o dirección como el que tiene, v.g., el presidente de un partido político, de una sociedad o de una conferencia. Como poder de gobierno, el primado comprende en sí la plena potestad legislativa, judicativa (judicatura litigiosa y de arbitraje) y coercitiva. Por parte de los subordinados corresponde el deber de sumisión y obediencia.

b) Es potestad *universal,* es decir, se extiende sobre todos los pastores (obispos) y los fieles de toda la Iglesia, tanto en colectividad como en particular. La materia de esta potestad no son únicamente las cosas de fe y costumbres (oficio de enseñar), sino también la disciplina y gobierno de la Iglesia (oficio de pastor).

c) Es la *suprema* potestad de la Iglesia, es decir, no existe ningún otro sujeto de jurisdicción que posea el poder en igual o en mayor grado. La potestad del Papa es superior no sólo a la de cualquier obispo en particular, sino también a la de todos los obispos juntos. Por eso la colectividad de todos los obispos (sin el Papa) no está por encima del Papa.

d) Es potestad *plena,* es decir, el Papa posee en sí mismo toda la plenitud del poder eclesiástico de jurisdicción, y no sólo una parte mayor que los demás obispos, ora sea en particular, ora en colectividad. Por eso el Papa puede resolver por sí mismo cualquier asunto que caiga dentro de la jurisdicción eclesiástica sin requerir el parecer de los demás obispos ni de toda la Iglesia.

e) Es potestad *ordinaria,* es decir, va ligada con su oficio en virtud de una ordenación divina y no ha sido delegada por un sujeto superior de jurisdicción. Por consiguiente, el Papa puede ejercerla en todo tiempo y no sólo en casos excepcionales, cuando los obispos descuiden sus deberes pastorales en sus respectivas diócesis (Febronio, Eybel); Dz 1500.

f) Es potestad verdaderamente *episcopal,* es decir, el Papa es al mismo tiempo «obispo universal» de toda la Iglesia y obispo de la diócesis de Roma («episcopus Urbis et Orbis»; Jacobo de Viterbo). De ahí que la potestad papal, lo mismo que la de los obispos, comprenda el poder legislativo, judicial y punitivo; cf. CIC 218, §§ 2, 335.

g) Es potestad *inmediata,* es decir, el Papa puede ejercerla sin instancia previa sobre los obispos y fieles de toda la Iglesia.

El fundamento bíblico y patrístico de esta tesis se deriva de los textos aducidos en §§ 5 y 6. El embrión que en ellos se encuentra llegó a su pleno desarrollo en el dogma emanado del concilio del Vaticano.

2. Conclusiones

a) De este poder supremo de gobernar a toda la Iglesia se sigue que el Papa tiene el derecho de tratar libremente con todos los obispos y fieles de la Iglesia para ejercer su ministerio. Por eso la Iglesia condena todas las ordenaciones del poder civil que subordinan la comunicación oficial con la Santa Sede a un control civil y hacen depender la obligatoriedad de las disposiciones pontificias de un exsequátur o visto bueno de la autoridad civil; Dz 1829.

b) Como supremo legislador de la Iglesia, el Papa no está ligado jurídicamente por costumbres y decretos eclesiásticos, pero sí por el derecho divino. Éste exige que el Papa use de su potestad eclesiástica para edificación del cuerpo místico y no para destrucción del mismo (2 Cor 10, 8). Por eso el derecho divino es barrera eficaz contra la arbitrariedad. Fue condenado el tercer artículo galicano, que exigía una amplia limitación en el ejercicio del poder papal; Dz 1324.

c) Como supremo juez de la Iglesia, el Papa posee el derecho de dirimir en su tribunal toda causa de derecho eclesiástico y aceptar apelaciones en todas las causas de la misma clase. Él mismo no puede ser juzgado por nadie (CIC 1556: «Prima Sedes a nemine iudicatur»), porque no existe ningún juez terreno que esté por encima de él. Por esta misma razón, contra el dictamen del Papa no cabe apelación a ninguna instancia superior. La Iglesia condena la apelación a un concilio universal, porque eso equivaldría a situar al concilio universal por encima del Papa; Dz 1830; CIC 288, § 2; cf. Dz 1323 (2.º art. galicano).

Bibliografía: D. Palmieri, *De Romano Pontifice,* R [3]1902. A. Hagen, *Prinzipien des katholischen Kirchenrechts,* Wü 1949. J. Uhlmann, *Die Vollgewalt des Papstes nach Bonaventura,* FrSt 11 (1924) 179-193. M. Maccarone, *Vicarius Christi, Storia del titolo papale,* R 1952.

§ 8. El primado del magisterio pontificio o infalibilidad del Papa

1. El dogma

El Papa es infalible siempre que habla ex cathedra (de fe).

Después que los concilios unionistas de Constantinopla (869/70), Lyón (1274) y Florencia (1438/45) hubieron declarado el primado doctrinal del Papa, que comprende objetivamente la infalibilidad, el concilio del Vaticano definió: «Cuando el Obispo de Roma habla ex cathedra, es decir, cuando desempeñando el oficio de pastor y maestro de todos los cristianos y usando de su suprema autoridad apostólica define una doctrina de fe o costumbres para que sea mantenida por toda la Iglesia, entonces, por la asistencia divina que le fue prometida en San Pedro, goza de aquella infalibilidad que nuestro divino Redentor quiso que tuviera su Iglesia cuando ésta diese una definición en materia de fe o costumbres. Por eso, tales definiciones del Obispo de Roma son irreformables por sí mismas y no por razón del consentimiento de la Iglesia»; Dz 1839; cf. Dz 466, 694, 1833-35.

Para la recta inteligencia de este dogma, conviene tener presente:

a) Sujeto de la infalibilidad es todo Papa legítimo, en su calidad de sucesor de San Pedro, príncipe de los Apóstoles; pero solamente el Papa, y no otras personas u organismos a quienes el Papa confiere parte de su autoridad magistral, v.g., las congregaciones pontificias.

b) Objeto de la infalibilidad son las verdades de fe y costumbres, sobre todo las reveladas, pero también las no reveladas que se hallan en íntima conexión con la revelación divina.

c) Condición de la infalibilidad es que el Papa hable ex cathedra. Para ello se requiere: α) Que hable como pastor y maestro de todos los fieles haciendo uso de su suprema autoridad apostólica. Cuando habla como teólogo privado o como obispo de su diócesis, entonces no es infalible. β) Que tenga la intención de definir alguna doctrina de fe o costumbres para que sea creída por todos los fieles. Sin esta intención, que debe ser fácilmente conocible por la fórmula usada o por las circunstancias, no puede haber definición ex cathedra. La mayor parte de las manifestaciones doctrinales de las encíclicas pontificias no son definiciones ex cathedra.

d) Razón de la infalibilidad es la asistencia sobrenatural del Espíritu Santo que preserva al supremo maestro de la Iglesia de todo error. Conviene distinguir entre esta asistencia y la revelación, por la cual Dios comunica algunas verdades al que recibe la revelación; y es menester distinguirla también de la inspiración, que es un influjo positivo tal de Dios sobre el escritor, que Dios mismo resulta ser el autor de aquel escrito, que es palabra de Dios. La asistencia consiste en que el Espíritu Santo preserva al Supremo maestro de la Iglesia de dar una definición errónea («assistentia negativa») y le conduce, en cuanto sea necesario, al recto conocimiento y proposición de la verdad, valiéndose para ello de gracias externas e internas («assistentia positiva»). La asistencia divina no dispensa al sujeto del magisterio infalible de la obligación que tiene de esforzarse por llegar al conocimiento de la verdad con los medios naturales, principalmente con el estudio de las fuentes de la revelación; cf. Dz 1836.

e) Consecuencia de la infalibilidad es que las definiciones ex cathedra de los Papas sean «por sí mismas» irreformables, es decir, sin la intervención de ninguna autoridad ulterior, como sería —según los galicanos— el consentimiento y aprobación de toda la Iglesia; Dz 1325 (4.º art. galicano).

2. Prueba de escritura y de tradición

a) Cristo hizo a San Pedro fundamento de toda su Iglesia, es decir, garante de la unidad y solidez inquebrantable de la misma, y prometió además a su Iglesia una duración imperecedera (Mt 16, 18). Ahora bien, la unidad y solidez de la Iglesia no son posibles si no se conserva la fe verdadera. Luego Pedro es el supremo maestro de la fe en toda la Iglesia. Y, como tal, tiene que ser infalible, tanto en su persona como en la de sus sucesores, cuando propone oficialmente una verdad de fe, si es verdad que la Iglesia ha de perdurar para siempre tal como Cristo la fundara. Aparte de esto, Cristo concedió a Pedro (y a sus sucesores) un amplio poder de atar y desatar. Y como en el lenguaje de los rabinos atar y desatar significa interpretar auténticamente la ley, de ahí que en esta expresión de Cristo se conceda también a Pedro el poder de interpretar auténticamente la ley de la Nueva Alianza: el Evangelio. Dios confirmará en el cielo los dictámenes de Pedro. Con ello se supone bien a las claras que el supremo maestro de la fe está inmune de todo error.

Cristo instituyó a Pedro (y a sus sucesores) como supremo pastor de toda su grey (Ioh 21, 15-17). Al cargo de supremo pastor pertenece el enseñar la verdad cristiana y preservarla del error. Pero esta misión no podría llevarla a cabo si él mismo estuviese sujeto a error en el desempeño de su supremo ministerio de enseñar.

Cristo oró por Pedro para que tuviera firmeza en la fe y le encargó que corroborara en ella a sus hermanos; Lc 22, 31 s: «Simón, Simón, Satanás os busca para ahecharos como trigo; pero yo he rogado por ti para que no desfallezca tu fe, y tú, una vez convertido, confirma a tus hermanos». La razón de que Jesús orase especialmente por Pedro es que éste, después de su conversión, debía corroborar en la fe a todos los demás discípulos, cosa que indica claramente su calidad de príncipe y cabeza de los apóstoles. El papel director que Pedro desempeña en la comunidad cristiana primitiva muestra que sabía cumplir el encargo del Maestro. Esta frase se dirige en primer término a la persona de San Pedro, pero, examinándola a la luz de Mt 16, 18 s, debemos referirla también a los Romanos Pontífices, en quienes sobrevive Pedro como cabeza de la Iglesia; pues el peligro en que la fe se halla en todos los tiempos hace que sea un deber imperioso del príncipe de la Iglesia el corroborar a los fieles en la fe cristiana. Y para cumplir eficazmente con esta misión es necesario que los Papas gocen de infalibilidad en materia de fe y costumbres.

b) Los padres no hablan todavía expresamente de la infalibilidad pontificia, pero dan testimonio de la autoridad doctrinal de la iglesia romana y de su obispo, que ha de servir como norma en toda la Iglesia. San Ignacio de Antioquía tributa a los cristianos de Roma el elogio de que «están purificados de todo tinte extraño», es decir, libres de todo error (*Rom.*, inscr.). Refiriéndose tal vez a la carta de San Clemente, dice: «A otros habéis enseñado» (*Rom.*, 3, 1). A diferencia de todas sus otras cartas, en la carta a los romanos se guarda de darles instrucción o advertirles de algún error. San Ireneo de Lyón confiesa que la fe de la iglesia romana es norma para toda la Iglesia: «Con esta iglesia, por su especial preeminencia, han de estar de acuerdo todas las iglesias... En ella se ha conservado siempre pura la tradición apostólica» *(Adv. haer.* III 3, 2). La inerrancia de la iglesia romana en la fe presupone la infalibilidad de su obispo, que es el maestro de la fe. SAN CIPRIANO designa a la iglesia romana como «cátedra de Pedro», como «punto de partida de la unidad episcopal», y ensalza la pureza de su fe. Dice el santo que sus adversarios se esforzaban por obtener el reconocimiento de la iglesia romana: «No piensan que los romanos han sido alabados en su fe por el glorioso testimonio del Apóstol (Rom 1, 8), a los cuales no tiene acceso el error en la fe» *(Ep.* 59, 14).

SAN JERÓNIMO suplica al papa San Dámaso, poseedor de la cátedra de San Pedro, que decida en una cuestión debatida en Oriente, y hace el siguiente comentario: «Sólo en Vos se conserva íntegra la herencia de los padres» *(Ep.* 15, 1). SAN AGUSTÍN considera como decisivo el dictamen del papa Inocencio I en la controversia pelagiana: «A propósito de este asunto se han enviado a la Sede Apostólica las conclusiones de dos concilios: de ella han venido también rescriptos. La causa está solventada («causa finita est»). ¡Ojalá termine también por fin el error!» *(Sermo* 131, 10, 10). San Pedro Crisólogo exige a Eutiques que se someta al dictamen del obispo de Roma: «Porque el bienaventurado Pedro, que sigue viviendo en su sede episcopal y teniendo la presidencia, ofrece a los que la buscan la fe verdadera» (en SAN LEÓN I, *Ep.* 25, 2).

Desde antiguo se expresa de manera práctica el primado doctrinal del Papa por medio de la *condenación de opiniones heréticas.* Víctor I (o San Ceferino) condenó el montanismo; Calixto I excomulgó a Sabelio; Esteban I condenó la repetición del bautismo en la conversión de los herejes; Dionisio salió contra las ideas subordinacionistas del obispo Dionisio de Alejandría; Cornelio condenó el novacionismo, Inocencio I el pelagianismo, Celestino I el nestorianismo, León I el monofisismo, Agatón el monotelismo. Otros testimonios en favor del primado doctrinal del Papa son las reglas de fe que impusieron diversos Papas a los herejes y cismáticos que volvían a la Iglesia. Es de notar la regla de fe del papa Hormisdas (519), la cual —basándose en Mt 16, 18 s— confiesa expresamente la autoridad infalible del magisterio pontificio: «En la Sede Apostólica se ha conservado siempre inmaculada la religión católica»; Dz 171; cf. Dz 343, 357, 570 s.

Los teólogos de la escolástica, en su período de apogeo, enseñan de común acuerdo la infalibilidad pontificia. Según SANTO TOMÁS DE AQUINO, es propio de la potestad que posee el Papa por su oficio «el definir las cuestiones de fe, de suerte que todos tengan que acatar esa definición con fe inquebrantable». Prueba de manera positiva esta doctrina por Lc 2, 31 s, y de manera especulativa por la razón de que en toda la Iglesia no tiene que haber más que una sola fe, como se deduce de 1 Cor 1, 10. Ahora bien, no se podría guardar esa unidad de fe si aquel que está a la cabeza de toda la Iglesia no pudiera decidir de modo irrevocable en materia de fe; S.th. 2 II 1, 10; cf. S.th. 2 II 11, 2 ad 3; C.c.G. IV 76.

El conciliarismo. En el siglo XIV, a consecuencia de las turbulentas relaciones entre la Iglesia y los estados, descendió notablemente el prestigio del Papado. Estas tristes circunstancias tuvieron una repercusión fatal en la doctrina sobre el primado pontificio. Guillermo de Ockham, en su lucha contra el papa Juan XXII, comenzó a impugnar la institución divina del primado. Marsilio de Padua y Juan de Jandun negaron directamente tal institución, declarando que el primado era una mera primacía de honor, y atribuyendo al concilio la suprema potestad de jurisdicción y magisterio. Durante la época del gran cisma de Occidente (1378-1417), muchos teólogos de prestigio, como Enrique de Langenstein, Conrado de Gelnhausen, Pedro de Ailly y Juan Gerson, consideraron la teoría de la superioridad del concilio universal sobre el Papa (teoría conciliar) como el único medio para remediar la escisión de la Iglesia. Surgió la opinión de que la Iglesia universal era infalible, pero que la iglesia romana podía errar y caer incluso en el cisma y la herejía. Los concilios de Constanza (ses. IV y V) y de Basilea (ses. II) se declararon en favor de la superioridad del concilio sobre el Papa. Pero estas conclusiones no obtuvieron la aprobación pontificia y carecen, por tanto, de toda fuerza jurídica; Dz 657, nota 2. En el galicanismo siguió perpetuándose durante siglos la teoría conciliar; Dz 1323 y 1325; 2.º y 4.º art. galicanos.

Objeciones. Los hechos históricos a que aluden los adversarios del dogma de la infalibilidad pontificia no afectan en nada al dogma mismo, porque en niguno de los casos ha existido verdadera enseñanza ex cathedra. A propósito de la cuestión del papa Honorio, véase Cristología, § 13.

Bibliografía: P. FIDELIS A FANNA, *Seraphici Doctoris D. Bonaventurae doctrina de Romani Pontificis Primatu et infallibilitate,* To 1870. FR. X. LEITNER, *Der hl. Thomas von Aquin über das unfehlbare Lehramt des Papstes,* Fr 1872. H. DIECKMANN, *De Ecclesia* II 91 ss. J. BRINKTRINE, *Offenbarung und Kirche* II, Pa ²1949, 297 ss.

§ 9. LOS OBISPOS

1. La índole de la potestad pastoral de los obispos

Los obispos poseen, por derecho divino, potestad de jurisdicción sobre sus súbditos propia, ordinaria e inmediata (sent. cierta).

El concilio Vaticano II ha hecho la siguiente declaración: «Los obispos rigen, como vicarios y legados de Cristo, las Iglesias particulares que se les han encomendado... Esta potestad que personalmente poseen en nombre de Cristo es propia, ordinaria e inmediata, aunque el ejercicio último de la misma sea regulado por la autoridad suprema, y aunque, con miras a la utilidad de la Iglesia y de los fieles, pueda quedar circunscrita dentro de ciertos límites... A ellos se les confía plenamente el oficio pastoral, es decir, el cuidado habitual y cotidiano de sus ovejas, y no deben ser tenidos como vicarios del romano pontífice, ya que ejercitan potestad propia y son, en verdad, los jefes del pueblo que gobiernan» *(De Ecclesia* n.º 27). Cf. Dz 1828 (Vaticano I); CIC 329 § 1, 334 § 1.

Según la declaración citada, la potestad pastoral episcopal es:

a) Potestad *ordinaria,* es decir, vinculada con el oficio episcopal.

b) Potestad *propia,* no vicaria.

c) Potestad *inmediata,* es decir, no se ejerce por encargo de un poder superior, sino en nombre propio. Por eso, los obispos no son delegados ni vicarios (representantes) del Papa, sino pastores soberanos de la grey confiada a cada uno, aunque con subordinación al Papa.

d) Potestad *instituida por Dios,* pues los apóstoles, por ordenación divina recibida, bien por encargo inmediato de Cristo o por ilustración del Espíritu Santo (Act 20, 28), transmitieron su oficio pastoral a los obispos. Los obispos son, por tanto, sucesores de los apóstoles. No es que cada obispo sea sucesor de un apóstol, sino que los obispos en su totalidad son sucesores del colegio apostólico.

e) Verdadera potestad *pastoral,* pues comprende en sí todos los poderes pertinentes al ejercicio del oficio pastoral; la potestad de enseñar y la de regir en sentido estricto, es decir, el poder legislador, judicial y punitivo; CIC 335, § 1.

f) Potestad *limitada* local y objetivamente, pues se extiende tan sólo a un determinado territorio de la Iglesia y experimenta ciertas restricciones por parte de la potestad papal a la que se halla subordinada. Las llamadas «causae maiores», es decir, los asuntos de máxima importancia que afectan al bienestar de toda la Iglesia, están reservados al Papa; CIC 220. Cf. la «Declaración colectiva del episcopado alemán» de 1875 confirmada por el papa Pío IX (Dz 3112-3117).

2. Colegialidad del episcopado

Como sucesores de los apóstoles, los obispos constituyen un colegio cuya cabeza es el papa como sucesor de Pedro (sent. cierta).

El concilio Vaticano II ha declarado: «Así como, por disposición del Señor, san Pedro y los demás apóstoles forman un solo colegio apostólico, de igual modo se unen entre sí el romano pontífice, sucesor de Pedro, y los obispos, sucesores de los apóstoles... El orden de los obispos, que sucede en el magisterio y en el régimen pastoral al colegio apostólico, más aún, en quien perdura continuamente el cuerpo apostólico, junto con su cabeza, el romano pontífice, y nunca sin esta cabeza, es también sujeto de la suprema y plena potestad sobre la universal Iglesia, potestad que no puede ejercitarse sino con el consentimitno del romano pontífice» *(De Ecclesia* n.° 22).

El término «colegio», según la Nota explicativa previa (n.° 1), no se entiende en un sentido estrictamente jurídico, es decir, de una asamblea de iguales que confieren su propio poder a quien los preside, sino de una asamblea estable *(coetus stabilis, corpus, ordo),* cuya estructura y autoridad deben deducirse de la revelación.

Los apóstoles forman un círculo limitado, «los doce» (Mt 20, 17; 26, 14.47 par; Ioh 6, 71 [Vg 72]; 20, 24; Act 6, 2; 1 Cor 15, 5). Cristo les confirió el poder de atar y desatar (Mt 18, 18), les transmitió su misión (Ioh 20, 21-23), les dio el encargo de enseñar y bautizar a todas las gentes (Mt 28, 19 s; Mc 16, 15; Act 1, 8) y les prometió su asistencia hasta el fin del mundo (Mt 28, 20). Designado por el Señor, mediante suertes, Matías fue admitido en el colegio apostólico en sustitución de Judas (Act 1, 26). Los apóstoles gobiernan a la primitiva comunidad de Jerusalén (Act 1-12) y la congregan con los presbíteros para el concilio apostólico (Act 15, 6 ss). Según Apoc 21, 14, los doce apóstoles son «los cimientos» de la Iglesia de Cristo. Ignacio de Antioquía habla del «consejo *(synedrion)* de los apóstoles» *(Magn.* 6, 1).

La tradición atestigua el carácter colegial del episcopado por el trato íntimo de los obispos entre sí y con el obispo de Roma y por la reunión en consejo en concilios particulares y ecuménicos.

3. Concesión de la potestad episcopal

La consagración episcopal confiere, con la potestad de santificar, la de enseñar y gobernar (sent. cierta).

El concilio Vaticano II ha declarado: «La consagración episcopal, junto con el oficio de santificar, confiere también el oficio de enseñar y regir, los cuales, sin embargo, por su naturaleza, no pueden ejercitarse sino en comunión jerárquica con la cabeza y miembros del colegio» *(De Ecclesia* n.º 21). «Uno es constituido miembro del cuerpo episcopal en virtud de la consagración sacramental y por la comunión jerárquica con la cabeza y miembros del colegio» (ibid., n.º 22).

Este fundamento deriva de la tradición litúrgica de la Iglesia tanto de oriente como de occidente. En las oraciones de la consagración del obispo se implora la gracia de Dios no sólo para el ejercicio del oficio sacerdotal, sino también para el del oficio de maestro y de pastor. Cf. *Sacramentarium Leonianum:* «Tribuas eis cathedram episcopalem ad regendam Ecclesiam tuam et plebem universam» (ed. C. Mohlberg 120).

Según la Nota explicativa previa (n.º 2), en la consagración episcopal se da una participación ontológica de los ministerios sagrados. Intencionadamente se emplea la palabra «ministerios» *(munera)* y no la palabra «potestades» *(potestates),* porque esta última podría entenderse de la potestad expedita para el ejercicio. Para que se tenga tal potestad expedita debe añadirse la determinación jurídica o canónica por la autoridad jerárquica. Esta determinación de la potestad puede consistir en la concesión de un oficio particular o en la asignación de súbditos, y se confiere de acuerdo con las normas aprobadas por la suprema autoridad. Los documentos de los sumos pontífices contemporáneos sobre la jurisdicción de los obispos deben interpretarse en el sentido de esta necesaria determinación de potestades, por ejemplo una declaración de Pío XII en la encíclica *Mystici corporis* (1943), según la cual «los obispos gozan de jurisdicción ordinaria que el mismo sumo pontífice les ha comunicado inmediatamente» (Dz 2287).

Bibliografía: THEOLOGISCHE FAKULTÄT MÜNCHEN, *Episcopus. Studien über das Bischofsamt,* Re 1949. K. RAHNER-J. RATZINGER, *Episcopado y Primado,* Barna 1965. Y. CONGAR-B. D. DUPUY, *L'épiscopat et l'Église universelle,* P 1962. J. COLSON, *L'épiscopat catholique. Collégialité et primauté dans les trois premiers siècles de l'Église,* P. 1963.

Capítulo tercero

LAS FUERZAS VITALES DE LA IGLESIA

§ 10. CRISTO Y LA IGLESIA

Como expone el papa Pío XII en su encíclica *Mystici Corporis,* Cristo es el Fundador, la Cabeza, el Conservador y el Salvador de su Cuerpo místico, que es la Iglesia. Seguimos las ideas de la encíclica.

1. El fundador de la Iglesia

Cristo ha fundado la Iglesia (de fe).

Pío XII comenta: «El Divino Redentor comenzó la edificación del místico templo de la Iglesia cuando con su predicación expuso sus enseñanzas; la consumó cuando pendió de la cruz glorificado y, finalmente, la manifestó y promulgó cuando de manera visible envió el Espíritu Paráclito sobre sus discípulos»; cf. Dz 1821, 2145; Vaticano II, const. *Lumen gentium,* n. 3-5; decr. *Ad gentes,* n. 3-5.

a) Durante la época de su vida pública, Cristo echó los fundamentos de su Iglesia, eligiendo y enviando a los apóstoles lo mismo que Él hab'a sido enviado por el Padre, constituyendo a San Pedro en cabeza suprema de la Iglesia y haciéndole vicario suyo en la tierra, revelando a los apóstoles las verdades sobrenaturales y haciéndoles entrega de los medios de alcanzar la gracia (v. §§ 2, 5).

b) En la cruz consumó el Señor el edificio de la Iglesia. Entonces acabó el Antiguo Testamento y comenzó el Nuevo, fundado en la sangre de Cristo. Los padres y los teólogos consideran la sangre y el agua que brotó del costado abierto de Cristo como una imagen del nacimiento de la Iglesia. Así como Eva, que es la madre de los vivientes, salió del costado de Adán dormido, de la misma manera la Iglesia, segunda Eva, Madre de los que viven por la gracia, brotó del costado del segundo Adán, que estaba dormido en la cruz con el sueño de la muerte. El agua y la sangre son figura de los dos principales sacramentos: el bautismo y la eucaristía, que constituyen dos elementos esenciales de la Iglesia y sirven, por tanto, para representarla. El concilio de Vienne confirmó autoritativamente este simbolismo, que tiene su origen en SAN AGUSTÍN; Dz 480; cf. SAN AGUSTÍN, *In Ioh.*, tr. 9, 10; tr. 120, 2; *Enarr. in Ps.* 40, 10; S.th. I 92, 3; III 64, 2 ad 3.

c) El día de Pentecostés, Cristo, desde los cielos, confirmó a su Iglesia con la virtud sobrenatural del Espíritu Santo y la hizo aparecer ante la faz del mundo enviando sobre ella de manera visible al mismo Espíritu Santo, de igual manera que al comienzo de la vida pública del divino Maestro había descendido de manera visible sobre Él el Espíritu Santo y había dado público testimonio de su carácter mesiánico presentándole de esta manera ante la gente.

2. Cabeza de la Iglesia

Cristo es la cabeza de la Iglesia (de fe).

BONIFACIO VIII declaró en la bula *Unam sanctam* (1302): «La Iglesia constituye un solo cuerpo místico cuya cabeza es Cristo»; Dz 468. El concilio de Trento enseña: «Cristo Jesús infunde sin cesar su virtud en los justificados, como lo hace la cabeza en los miembros y la vid en los sarmientos»; Dz 809.

San Pablo da el siguiente testimonio: «Él [Cristo] es la cabeza del cuerpo, que es la Iglesia» (Col 1, 18; cf. Eph 5, 23); «Él es la cabeza, Cristo; por Él está todo el cuerpo trabado y unido» (Eph 4, 15 s; cf. Col 2, 19). Según nos enseñan estos textos, la relación de Cristo con sus discípulos es semejante a la de la cabeza con respecto a los demás miembros.

PÍO XII, siguiendo un pensamiento de SANTO TOMÁS (S.th. III 8, 1; *De verit.* 29, 4), prueba que Cristo es cabeza de la Iglesia por razón de su excelencia, de su gobierno de la misma, por su consustancialidad de naturaleza con los hombres, por su plenitud de gracia y por su labor difusora de la gracia.

a) Así como la cabeza ocupa el puesto supremo en el cuerpo humano, así también Cristo, como Dios-Hombre, ocupa un puesto de excelencia único en la humanidad. Como Dios, es el primogénito de toda la creación (Col 1, 15); como hombre, es el primogénito de entre los muertos (Col 1, 18); como Dios-Hombre, es el único mediador entre Dios y los hombres (1 Tim 2, 5). La unión hipostática es la razón última y más honda del puesto de preeminencia que Cristo ocupa en la humanidad.

b) Así como la cabeza, por ser la parte del cuerpo dotada de más excelentes facultades, rige todos los demás miembros del cuerpo, así también Cristo rige y gobierna toda la sociedad cristiana. Lo hace de manera invisible y extraordinaria, influyendo inmediatamente por sí mismo, iluminando y fortaleciendo la mente y el corazón de los hombres, sobre todo de los superiores eclesiásticos; lo hace de manera visible y ordinaria, obrando estos efectos por la jerarquía eclesiástica instituida por Él.

c) Así como la cabeza posee la misma naturaleza que los demás miembros del cuerpo, así también Cristo, por la encarnación, tomó la misma naturaleza humana que poseemos nosotros, con las mismas deficiencias naturales, la misma pasibilidad y carácter mortal que la nuestra, de suerte que Cristo es verdadero allegado nuestro según la carne. El Hijo de Dios se hizo hombre para hacernos partícipes de la divina naturaleza a nosotros los hombres, que somos hermanos suyos según la carne (2 Petr 1, 4).

d) Así como la cabeza es la sede de todos los sentidos, mientras que los restantes miembros del cuerpo únicamente poseen el sentido del tacto, así también Cristo (como hombre) posee, por razón de su unión hipostática, la plenitud de todos los dones sobrenaturales; Ioh 1, 14: «Lleno de gracia y de verdad.» En Cristo habita el Espíritu Santo con una plenitud de gracia tal que es imposible concebirla mayor (Ioh 3, 34). A Él se le ha dado poder sobre toda carne (Ioh 17, 2). En Él se hallan todos los tesoros de la sabiduría y de la ciencia (Col 2, 3), incluso de la ciencia de la visión beatífica.

e) Así como desde la cabeza parten y se ramifican los nervios y van a parar a todos los miembros del cuerpo, comunicándoles la sensación y el movimiento, así también de Cristo, que es la cabeza, brota sin cesar la gracia sobre todos los miembros de su cuerpo místico, iluminándolos y santificándolos sobrenaturalmente. Cristo, como Dios, es causa principal, y, como hombre, causa instrumental de la gracia; Ioh 1, 16: «De su plenitud todos hemos recibido, gracia por gracia.» Él determina para cada hombre en particular la medida de la gracia que ha de recibir (Eph 4, 7). Él es quien infunde la luz de la fe (Hebr 12, 2: «Autor de la fe») y enriquece de manera especial a los pastores y maestros con los dones de ciencia, entendimiento y sabiduría; y Él es quien dirige e ilumina los concilios. Él concede la virtud sobrenatural para que el hombre realice actos saludables (Ioh 15, 5: «Sin mí nada podéis hacer») y otorga de manera especial a los miembros sobresalientes de su cuerpo místico los dones de consejo, fortaleza, temor de Dios y piedad; y, como primer difusor, produce en las almas los efectos de los sacramentos, alimenta a los redimidos con su carne y su sangre (Ioh 6, 56), acrecienta la gracia y concede la gloria para el cuerpo y para el alma (Ioh, 6, 55).

3. Conservador de la Iglesia

«*Nuestro divino Redentor conserva con virtud divina la sociedad por Él fundada, que es la Iglesia*» (Pío XII).

La unión de Cristo con la Iglesia es tan íntima y permanente que Cristo y la Iglesia forman entre los dos como una sola persona mística («una persona mystica»; S.th. III 48, 2 ad 1). Cristo identifícase formalmente con la Iglesia y sus miembros cuando habla así como juez del mundo: «Tuve hambre y me disteis de comer; tuve sed y me disteis de beber» (Mt 25, 35), o cuando desde el cielo dice a San Pablo: «Sauso, Saulo, ¿por qué me persigues?» (Act 9, 4). Siguiendo este modo de hablar, San Pablo llama «Cristo» a la Iglesia unida con Cristo; 1 Cor 12, 12: «Porque así como siendo el cuerpo uno tiene muchos miembros, y todos los miembros del cuerpo, con ser muchos, son un cuerpo único, así es también Cristo.»

Dice San Agustín: «Cristo [= la Iglesia] predica Cristo; el cuerpo predica su cabeza y la cabeza protege al cuerpo» (*Sermo* 354, 1). El bautizado, según San Agustín, no solamente se convierte en cristiano, sino que se hace Cristo: «Debemos regocijarnos y dar gracias porque no solamente nos hemos convertido en cristianos, sino en Cristo mismo... Maravillaos, alegraos: nos hemos convertido en Cristo; pues si Él es la cabeza y nosotros los miembros, entonces él y nosotros formamos el hombre completo» (*In Ioh.*, tr. 21, 8). El cuerpo y la cabeza constituyen «el Cristo completo» (*In ep. I. Ioh.*, tr. 1, 2; *De unit. eccl.* 4, 7).

La razón interna de esa íntima unión de Cristo con su Iglesia, que llega hasta constituir una sola persona mística, radica, por una parte, en que Cristo transmitió su misión a los apóstoles y a sus sucesores, de donde se sigue que Él es quien por ellos bautiza, enseña y gobierna, ata y desata, sacrifica y es inmolado; y radica también, por otra parte, en que Cristo hace partícipe a la Iglesia de su vida sobrenatural, empapando todo el cuerpo de la Iglesia con su virtud divina y nutriendo y sustentando a cada uno de los miembros conforme al rango que ocupan en su cuerpo, de la misma manera que la vid nutre y hace fecundos los sarmientos que están unidos a ella (Ioh 15, 1-8).

4. Redentor de la Iglesia

«*Cristo es el Redentor divino de su cuerpo, que es la Iglesia*» (Pío XII).

San Pablo enseña: «Cristo es la cabeza de su Iglesia y salvador de su cuerpo» (Eph 5, 23). Aun cuando es «Redentor del mundo» (Ioh 4, 42), «Redentor de todos los hombres» (1 Tim 4, 10), sin embargo, es de manera «excelente» Redentor de todos los «fieles» (1 Tim 4, 10), que constituyen la Iglesia que Él adquirió con su propia sangre (Act 20, 28). Pues Cristo no sólo redimió objetivamente la Iglesia, ofreciendo en la cruz por ella una satisfacción vicaria y mereciéndole la gracia, sino que además la redimió también de manera subjetiva, librándola del pecado y santificándola por medio de la aplicación de la gracia redentora merecida en su muerte. Lo que una vez comenzó en la cruz lo continúa en la gloria intercediendo sin cesar por nosotros; cf. Rom 8, 34; Hebr 7, 25; 9, 24.

Bibliografía: C. Feckes, *Die Kirche als Herrenleib,* K 1949. Th. Kreider, *Unsere Vereinigung mit Christus dogmatisch gesehen,* Fr/S 1941. S. Tromp, *De nativitate Ecclesiae ex corde Iesu in cruce,* Greg 13 (1932) 498-527. R. Silic, *Christus und die Kirche. Ihr Verhältnis nach der Lehre des hl. Bonaventura,* Br 1938. H. Berresheim, *Christus als Haupt der Kirche nach dem hl. Bonaventura,* Bo 1939. Th. Käppeli, *Zur Lehre des hl. Thomas von Aquin vom Corpus Christi mysticum,* Fr/S 1931. J. Anger, *La doctrine du corps mystique de Jésus-Christ d'après les principes de la théologie de S. Thomas,* P [2]1946. A. Mitterer, *Geheimnisvoller Leib Christi nach St. Thomas von Aquin und nach Papst Pius XII,* W 1950. S. Tromp, *Corpus Christi quod est Ecclesia II: De Christo Capite,* R 1960

§ 11. El Espíritu Santo y la Iglesia

1. El alma de la Iglesia

El Espíritu Santo es el alma de la Iglesia (sent. común).

León xiii declaró en su encíclica *Divinum illud* (1897): «Sea suficiente decir esta sola frase: Cristo es la cabeza de la Iglesia y el Espíritu Santo es su alma.» Pío xii corroboró esta misma doctrina en la encíclica *Mystici Corporis* (Dz 2288). Significa esta sentencia que, así como el alma es en el cuerpo el principio del ser y de la vida, de manera parecida lo es también el Espíritu Santo en la Iglesia. El Espíritu es quien une entre sí y con Cristo (su cabeza) los miembros de la Iglesia, porque se halla todo Él en la cabeza y todo Él en los miembros del cuerpo místico. Él es quien asiste a la jerarquía eclesiástica en el desempeño de su ministerio de enseñar, gobernar y santificar. Él es quien mueve y acompaña con su gracia toda acción saludable de los miembros del cuerpo místico. Toda la vida y todo el crecimiento del cuerpo místico parte de ese principio de vida divina que mora en la Iglesia. Cf. Vaticano ii, const. *Lumen gentium,* n. 4; *7, 7*; decr. *Ad gentes,* n. 4.

La presente tesis tiene fundamento bíblico en las numerosas sentencias de la Escritura sobre la acción interna y oculta del Espíritu Santo en la Iglesia: Él es el Abogado que permanecerá con sus discípulos para siempre (Ioh 14, 16); Él habita en ellos como en un templo (1 Cor 3, 16; 6, 19); los une a todos y forma un cuerpo (1 Cor 12, 13); les enseña y recuerda todo lo que Jesús les había dicho (Ioh 14, 26; 1 Ioh 2, 7); da testimonio de Jesús (Ioh 15, 26); guía hacia la verdad completa (Ioh 16, 13); habla en los discípulos cuando éstos son conducidos a los tribunales (Mt 10, 20); obra en ellos si confiesan que Jesús es el Señor (1 Cor 12, 3); ayuda a conservar el depósito de la fe (2 Tim 1, 14); concede los dones extraordinarios de la gracia y los distribuye como quiere (1 Cor 12, 11); convierte a los cristianos en moradas de Dios (Eph 2, 22); obra la remisión de los pecados (Ioh 20, 22 s), la regeneración (Ioh 3, 5), la renovación espiritual (Tit 3, 5); concede gratuitamente la filiación divina (Rom 8, 15); difunde la caridad de Dios en los corazones de los fieles (Rom 5, 5); hace brotar todas las virtudes cristianas (Gal 5, 22); instituye los superiores de la Iglesia (Act 20, 28); los dirige en el desempeño de su ministerio (Act 15, 28); viene en ayuda de nuestra flaqueza y aboga por nosotros ante el Padre (Rom 8, 26); ayudados por Él clamamos a Dios: «Abba, Padre» (Rom 8, 15; Gal 4, 6).

Los padres dan testimonio de la íntima unión del Espíritu Santo con la Iglesia. San Ireneo dice: «Donde está la Iglesia, allí está el Espíritu de Dios; y donde está el Espíritu de Dios, allí está la Iglesia y toda la gracia» (*Adv. haer.* III 24, 1). San Agustín compara la acción del Espíritu Santo en la Iglesia con la del alma en el cuerpo: «Lo que es el alma para el cuerpo del hombre, eso mismo es el Espíritu Santo para el cuerpo de Cristo, es decir, para la Iglesia. El Espíritu Santo obra en toda la Iglesia lo que el alma obra en todos los miembros del mismo cuerpo.» Así como el alma anima a todos los miembros del cuerpo y le confiere a cada uno una función especial, así también el Espíritu Santo anima con su gracia a todos los miembros de la Iglesia y les confiere una actividad específica al servicio de todo el conjunto. Por unos obra milagros, por otros anuncia la verdad; en unos conserva la virginidad, en otros la castidad matrimonial; en unos produce estos efectos, en otros aquéllos. Así como el alma no sigue en el miembro separado del cuerpo, de manera parecida el Espíritu Santo no sigue morando tampoco en el miembro que se ha separado del cuerpo de la Iglesia (*Sermo* 267, 4, 4).

La escolástica recogió este pensamiento de San Agustín, y así lo vemos, por ejemplo, en el comentario de Santo Tomás al símbolo apostólico (a. 9). Usando otra imagen, Santo Tomás llama al Espíritu Santo «corazón de la Iglesia» («cor Ecclesiae»), pues toma como punto de partida el pensamiento aristotélico de que el corazón es el órgano central, del cual fluyen sobre el cuerpo todas las fuerzas vitales. De un modo análogo el Espíritu Santo es el principio universal del cual brotan todas las fuerzas de vida sobrenatural, es decir, todas las gracias, sobre la Iglesia: sobre la cabeza (Cristo en cuanto a su humanidad) y sobre los miembros. Así como el corazón y su actividad universal resultan invisibles para la pupila, así también el Espíritu Santo y su actividad universal vivificadora y aunadora en la Iglesia son de igual manera invisibles. Por eso, es razonable comparar al Espíritu Santo con el corazón, y a Cristo con la cabeza teniendo en cuenta su naturaleza humana sensible (S.th. III 8, 1 ad 3). Sin usar de imágenes, dice SANTO TOMÁS a propósito de la relación del Espíritu Santo con la Iglesia: el Espíritu Santo aúna, vivifica, enseña, santifica a la Iglesia, mora en ella, comunica los bienes de unos con otros; cf. S.th. 2 II 1, 9 ad 5; III 8, 1 ad 3; III 68, 9 ad 2; *In 1 Cor,* c. 12 lect. 2.

2. El cuerpo y el alma de la Iglesia

Mientras que el Espíritu Santo es el alma de la Iglesia, el cuerpo de la misma forma la comunidad de los fieles, visible y jurídicamente organizada. Estos dos elementos constituyen un conjunto hermanado, de manera análoga a la composición que forman en el hombre el cuerpo y el alma; 1 Cor 12, 13: «Todos nosotros hemos sido bautizados en un solo Espíritu, para constituir un solo cuerpo.» De esto se sigue que todo aquel que permaneciere culpablemente separado del cuerpo de la Iglesia no puede ser partícipe del Espíritu Santo ni de la vida de la gracia que Él opera. Dice SAN AGUSTÍN: «Por el Espíritu de Cristo vive únicamente el cuerpo de Cristo... ¿Quieres tú vivir por el Espíritu de Cristo? ¡Forma parte del cuerpo de Cristo!» *(In Ioh.,* tr. 26, 13); «A un miembro separado no le sigue el Espíritu» *(Sermo* 267, 4, 4). Por otra parte, la universalidad y sinceridad de la voluntad salvífica de Dios nos permite concluir que todo aquel que, poseído de un error invencible, no conozca la verdadera Iglesia de Cristo, puede recibir al Espíritu Santo y a la vida de la gracia operada por Él, aunque se halle fuera del cuerpo de la Iglesia, con tal que por lo menos implícitamente tenga el deseo de pertenecer a la Iglesia de Cristo; de igual manera que aquel que no puede recibir actualmente el sacramento del bautismo, pero al menos implícitamente suspira por él, puede alcanzar la gracia bautismal; cf. Dz 1647, 1677; véase § 20.

Bibliografía: W. REINHARD, *Das Wirken des Hl. Geistes im Menschen nach den Briefen des Apostels Paulus,* Fr 1918. S. TROMP, *De Spiritu Sancto anima corporis mystici.* I. *Testimonia selecta a Patribus graecis,* II. *Testimonia selecta a Patribus latinis,* R 1932 (I ²1948). M. GRABMANN (v. supra bibl. gen. P. II) 115 ss. J. BEUMER, *Der Hl. Geist, die Seele der Kirche,* ThGl 39 (1949) 249-267. E. BARDY, *Le Saint-Esprit en nous et dans l'Église,* Albi 1950. S. TROMP, *Corpus Christi quod est Ecclesia III: De Spiritu Christi Anima,* R 1960. H. MÜHLEN, *Una mystica persona,* Pa 1964.

Capítulo cuarto

LAS PROPIEDADES ESENCIALES DE LA IGLESIA

§ 12. LA INDEFECTIBILIDAD DE LA IGLESIA

La indefectibilidad de la Iglesia significa que ésta tiene carácter imperecedero, es decir, que durará hasta el fin del mundo, e igualmente que no sufrirá ningún cambio sustancial en su doctrina, en su constitución o en su culto. Sin embargo, no se excluye que desaparezcan algunas iglesias particulares ni que la Iglesia universal sufra cambios accidentales.

La Iglesia es indefectible, es decir, permanecerá hasta el fin del mundo como la institución fundada por Cristo para lograr la salvación (sent. cierta).

El concilio del Vaticano atribuye a la Iglesia «una estabilidad invicta» («invicta stabilitas»; Dz 1794) y dice de ella que, «edificada sobre una roca, subsistirá firme hasta el fin de los tiempos» («ad finem saeculorum usque firma stabit»; Dz 1824). LEÓN XIII comenta en la encíclica *Satis cognitum:* «La Iglesia de Cristo es una sola y de perpetua duración» («unica et perpetua»; Dz 1955). Cf. Vaticano II, const. *Lumen gentium*, n. 12, 1.

Fue impugnada la indefectibilidad de la Iglesia por los círculos espiritualistas de la antigüedad (montanistas) y del medievo (Joaquín de Fiore, franciscanos espirituales), los cuales predecían la venida de una nueva «era del Espíritu Santo», en la cual una Iglesia del Espíritu, mucho más perfecta, vendría a sustituir a la Iglesia de la carne, que se había mundanizado. La impugnaron también los reformadores, que aseguraban que la Iglesia había decaído bajo el poder del Papado alejándose de la doctrina de Cristo. La negaron igualmente los jansenistas (P. Quesnel, sínodo de Pistoia), que levantaron contra la Iglesia la acusación de oscurecer algunas verdades de la fe. La niegan, por fin, los modernistas, que sostienen que la Iglesia ha experimentado evolución sustancial en su doctrina y en su constitución; cf. Dz 1445, 1501, 2053 s.

Las profecías mesiánicas del Antiguo Testamento presentan ante nuestros ojos la perspectiva de una eterna alianza de Dios con su pueblo (Is 55, 3; 61, 8; Ier 32, 40) y de un reino eterno e indestructible (Is 9, 7; Dan 2, 44; 7, 14). El trono de David subsistirá por siempre, lo mismo que el sol y la luna (Ps 88, 37 s). Estas predicciones se refieren a Cristo y a su reino, que es la Iglesia. Cuando Jesús hizo su entrada en el mundo, anunció el ángel Gabriel: «Reinará en la casa de Jacob por siempre y su reino no tendrá fin» (Lc 1, 32 s).

Cristo edificó su Iglesia sobre roca viva, para que pudiera resistir los embates de todas las inclemencias (cf. Mt 7, 24 s), y le hizo la promesa de que las puertas del infierno no prevalecerían contra ella (Mt 16, 18 s). En estas frases está expresada claramente la perpetuidad e indestructibilidad de la Iglesia, sea que entendamos por las puertas del infierno ora el poder de la muerte, ora el poder del mal. Para el tiempo que seguiría a su ida al Padre, Jesús prometió a sus discípulos otro Ayudador que se quedaría por siempre con ellos, el Espíritu de la verdad (Ioh 14, 16). Cuando el Maestro dio a sus apóstoles el encargo de que fueran predicando por todo el mundo, les aseguró que Él estaría con ellos todos los días hasta el fin del mundo (Mt 28, 20). Según las parábolas de la mala hierba (Mt 13, 14-30 y 36-43) y de la red de pescar (Mt 13, 47-50), el reino de Dios sobre la tierra perdurará hasta el fin del mundo. San Pablo da testimonio de que la eucaristía se celebra para recordar la muerte del Señor «hasta que Él venga» (1 Cor 11, 26).

San Ignacio de Antioquía ve figurada la indefectibilidad de la Iglesia en la unción del Señor *(Eph.* 17, 1). San Ireneo encarece que la predicación de la Iglesia, por contraste con los errores gnósticos, será siempre constante y permanecerá igual «gracias a la acción del Espíritu Santo» *(Adv. haer.* III 24, 1). San Agustín dice: «La Iglesia vacilará cuando vacile su fundamento. Pero ¿cómo va a vacilar Cristo?... Mientras Cristo no vacile, tampoco vacilará la Iglesia en toda la eternidad» *(Enarr. in Ps.* 103, 2, 5); cf. *Enarr. in Ps.* 47, 7; 60, 6.

La razón interna de la indefectibilidad de la Iglesia consiste en lo íntimamente ligada que está a Cristo, que es su fundamento primario (1 Cor 3, 11), y al Espíritu Santo, que mora en su interior como principio esencial y vital de la misma. Santo Tomás enseña, contra Joaquín de Fiore, que no debemos esperar un estado más perfecto en el que la gracia del Espíritu Santo se dé con más largueza de la que se da hasta ahora; S.th. I II 106, 4. En el pasado, la Iglesia, edificada sobre el fundamento de Cristo y los apóstoles, dio muestras de su invencibilidad resistiendo incólume todos los embates de las persecuciones, los errores y las tentaciones de los demonios; *Expos. symb.*, a. 9.

Bibliografía: J. B. Müller, *St. Augustinus der geniale Kronzeuge der Kirche Christi,* Pa 1937 (textos del santo a propósito de las propiedades de la Iglesia).

§ 13. La infalibilidad de la Iglesia

La infalibilidad significa imposibilidad de caer en error. Se distingue entre infalibilidad *activa* y *pasiva.* La primera corresponde a los pastores de la Iglesia en el desempeño de su ministerio de enseñar («infallibilitas in docendo»), la segunda corresponde a todos los fieles en el asentimiento al mensaje de la fe («infallibilitas in credendo»). Ambas guardan entre sí la relación de causa y efecto. Aquí consideraremos principalmente la infalibilidad activa.

1. Realidad efectiva de la infalibilidad

La Iglesia es infalible cuando define en materia de fe y costumbres (de fe).

El concilio del Vaticano, en la definición de la infalibilidad pontificia, presupone la infalibilidad de la Iglesia. Dice así: «El Romano Pontífice, cuando habla ex cathedra... posee aquella infalibilidad con que el divino Salvador quiso que estuviera dotada su Iglesia cuando definiera algo en materia de fe y costumbres»; Dz 1839.

Son contrarios a este dogma los reformadores, que, al rechazar la jerarquía, rechazan también el magisterio autoritativo de la Iglesia; y los *modernistas,* que impugnaron la institución divina del magisterio eclesiástico negándole, por tanto, la infalibilidad.

Cristo prometió a sus apóstoles, para el desempeño de su misión de enseñar, la asistencia del Espíritu Santo; Ioh 14, 16 s: «Yo rogaré al Padre, y os dará otro Abogado, que estará con vosotros para siempre, el Espíritu de verdad»; Mt 28, 20: «Yo estaré con vosotros todos los días hasta la consumación del mundo»; cf. Ioh 14, 26; 16, 13; Act 1, 8. La asistencia incesante de Cristo y del Espíritu Santo garantiza la pureza e integridad de la predicación de los apóstoles y sus sucesores. Cristo exige obediencia absoluta a la fe (Rom 1, 5) ante la predicación de sus apóstoles y los sucesores de éstos, y hace depender de esta sumisión la salvación eterna de los hombres: «El que creyere y fuere bautizado se salvará, mas el que no creyere se condenará» (Mc 16, 16). Él quiere identificarse con sus discípulos: «El que a vosotros oye, a mí me oye; el que a vosotros desprecia, a mí me desprecia» (Lc 10, 16; cf. Mt 10, 40; Ioh 13, 20). Todo esto hace suponer lógicamente que los apóstoles y sus sucesores se hallan libres del peligro de errar en la predicación de la fe. San Pablo considera la Iglesia como «columna y fundamento de la verdad» (1 Tim 3, 15). La infalibilidad de la predicación evangélica es presupuesto indispensable de las propiedades de unidad e indestructibilidad de la Iglesia.

Los padres, en su lucha contra los errores, acentúan que la Iglesia siempre ha guardado incólume la verdad revelada que transmitieron los apóstoles, y que la conservará por siempre jamás. SAN IRENEO se opone a la errónea gnosis e inculca que la predicación de la Iglesia es siempre la misma, porque ella posee el Espíritu Santo, que es Espíritu de verdad: «Donde está la Iglesia, allí está el Espíritu de Dios; y donde está el Espíritu de Dios, allí está la Iglesia y toda la gracia; y el Espíritu es la verdad» (*Adv. haer.* III 24, 1). La Iglesia es «la morada de la verdad» y de ella se hallan lejos los errores (III 24, 2). La tradición incontaminada de la doctrina apostólica se halla garantizada por la sucesión ininterrumpida de los obispos, que arranca de los mismos apóstoles: «Ellos [los obispos], con la sucesión en el ministerio episcopal, han recibido el carisma seguro de la verdad según el beneplácito del Padre» (IV 26, 2); cf. TERTULIANO, *De praescr.* 28; SAN CIPRIANO, *Ep.* 59, 7.

La razón intrínseca de la infalibilidad de la Iglesia radica en la asistencia del Espíritu Santo, asistencia que le fue prometida de una manera especial para el ejercicio de su ministerio de enseñar; cf. S.th. 2 II 1, 9; *Quodl.* 9, 16.

2. El objeto de la infalibilidad

a) El objeto primario de la infalibilidad son las verdades, formalmente reveladas, de la fe y la moral cristiana (de fe; Dz 1839).

La Iglesia no solamente puede de manera positiva determinar y proponer el sentido de la doctrina revelada dando una interpretación auténtica de la Sagrada Escritura y de los testimonios de tradición, y redactando fórmulas de fe (símbolos, definiciones), sino que también puede determinar y condenar como tales los errores que se oponen a la verdad revelada. De otra manera, no cumpliría con su misión de ser «custodia y maestra de la palabra revelada por Dios»; Dz 1793, 1798.

b) El objeto secundario de la infalibilidad son las verdades que no han sido formalmente reveladas, pero que se hallan en estrecha conexión con las verdades formalmente reveladas de la fe y la moral cristiana (sent. cierta).

La prueba de esta tesis nos la proporcian el fin propio de la infalibilidad, que es «custodiar santamente y exponer fielmente el depósito de la fe» (Dz 1836). Este fin no podría conseguirlo la Iglesia si no fuera capaz de dar decisiones infalibles sobre verdades y hechos que se hallan en estrecha conexión con las verdades reveladas, bien sea determinando de manera positiva la verdad o condenando de manera negativa el error opuesto.

Al objeto secundario de la infalibilidad pertenecen: α) las *conclusiones teológicas* de una verdad formalmente revelada y de una verdad de razón natural; β) los *hechos históricos,* de cuyo reconocimiento depende la certidumbre de una verdad revelada («facta dogmatica»); γ) las *verdades de razón natural,* que se hallan en íntima conexión con verdades reveladas (v. más pormenores en la Introducción, § 6); δ) la *canonización de los santos,* es decir, el juicio definitivo de que un miembro de la Iglesia ha sido recibido en la eterna bienaventuranza y debe ser objeto de pública veneración. El culto tributado a los santos, como nos enseña SANTO TOMÁS, es «cierta confesión de la fe con que creemos en la gloria de los santos» *(Quodl.* 9, 16). Si la Iglesia pudiera equivocarse en sus juicios, entonces de tales fallos se derivarían consecuencias incompatibles con la santidad de la Iglesia.

3. Los sujetos de la infalibilidad

Los sujetos de la infalibilidad son el Papa y el episcopado en pleno, es decir, la totalidad de los obispos con inclusión del Papa, cabeza del episcopado.

a) El Papa

El Papa es infalible cuando habla ex cathedra (de fe; v. § 8).

b) El episcopado en pleno

El episcopado en pleno es infalible cuando, reunido en concilio universal o disperso por el orbe de la tierra, enseña y propone una verdad de fe o costumbres para que todos los fieles la sostengan (de fe).

El concilio de Trento enseña que los obispos son los sucesores de los apóstoles (Dz 960); lo mismo dice el concilio del Vaticano (Dz 1828). Como sucesores de los apóstoles, los obispos son los pastores y maestros del pueblo creyente (Dz 1821). Como maestros oficiales de la fe, son los sujetos de la infalibilidad activa prometida al magisterio de la Iglesia.

Hay que distinguir dos formas en que el magisterio oficial del episcopado en pleno nos propone una verdad: una ordinaria y otra extraordinaria.

α) Los obispos ejercen de forma *extraordinaria* su magisterio infalible en el concilio universal o ecuménico. En las decisiones del concilio universal es donde se manifiesta de forma más notoria la actividad docente de todo el cuerpo magisterial instituido por Cristo.

En la Iglesia estuvo siempre viva la convicción de que las decisiones del concilio universal eran infalibles. SAN ATANASIO dice del decreto de fe emanado del concilio de Nicea: «La palabra del Señor pronunciada por medio del concilio universal de Nicea permanece para siempre» (*Ep. ad Afros.* 2). SAN GREGORIO MAGNO reconoce y venera los cuatro primeros concilios universales como los cuatro Evangelios; el quinto lo equipara a los otros (*Ep.* I 25).

Para que el concilio sea universal, se requiere: αα) que sean invitados a él todos los obispos que gobiernen actualmente diócesis; ββ) que de hecho se congreguen tal número de obispos de todos los países, que bien puedan ser considerados como representantes del episcopado en pleno; γγ) que el Papa convoque el concilio o que al menos apruebe con su autoridad esa reunión de los obispos, y que personalmente o por medio de sus legados tenga la presidencia y apruebe los decretos. Gracias a la aprobación papal, que puede ser explícita o implícita, los decretos del concilio adquieren obligatoriedad jurídica universal; CIC 227.

Los ocho primeros concilios universales fueron convocados por el Emperador. Éste tenía, por lo general, la presidencia de honor y la protección externa. Los concilios universales II y V se tuvieron sin la colaboración del Papa o de sus legados. Si consideramos su convocación, su composición y su orientación, veremos que, más que concilios universales, fueron concilios plenarios (asambleas de los obispos de varias regiones) del Oriente, y gracias al reconocimiento posterior por el Sumo Pontífice adquirieron sus decretos doctrinales validez ecuménica para toda la Iglesia.

β) Los obispos ejercen de forma *ordinaria* su magisterio infalible cuando en sus respectivas diócesis anuncian unánimemente, en unión moral con el Papa, las mismas doctrinas de fe y costumbres. El concilio del Vaticano declaró expresamente que aun estas verdades reveladas que nos son propuestas por el magisterio ordinario y universal de la Iglesia hay que creerlas con fe divina y católica; Dz 1792. El sujeto del magisterio ordinario y universal es el conjunto de todo el episcopado disperso por el orbe. La conformidad de todos los obispos en una doctrina puede comprobarse por los catecismos oficiales de las diócesis, por las cartas pastorales, por los libros de oración expresamente aprobados y por los decretos de los sínodos particulares. Basta que conste una conformidad que sea moralmente universal, no debiendo faltar el consentimiento explícito o tácito del Papa como cabeza suprema del episcopado.

Cada obispo en particular no es infalible al anunciar la verdad revelada. La historia eclesiástica nos enseña que algunos miembros del episcopado (v.g., Fotino, Nestorio) han caído en el error y la herejía. Para conservar puro el depósito de la fe, basta la infalibilidad del colegio episcopal. Pero cada obispo es en su propia diócesis, por razón de su cargo, el maestro auténtico, es decir, autoritativo, de la verdad revelada mientras se halle en comunión con la Sede Apostólica y profese la doctrina universal de la Iglesia.

Bibliografía: Fr. X. Leitner, *Der hl. Thomas über das unfehlbare Lehramt der Kirche,* Re 1874. H. Dieckmann, *De Ecclesia* ii 35 ss. F. Spedalieri, *De Ecclesiae infallibilitate in canonizatione Sanctorum. Quaestiones selectae,* R. 1949. H. Küng, *Estructuras de la Iglesia,* Estela, Barna 1965.

§ 14. La visibilidad de la Iglesia

La visibilidad es aquella propiedad de la Iglesia por la cual se manifiesta al exterior y aparece ante los sentidos. Hay que distinguir entre la visibilidad *material* y la *formal.* La primera consiste en la manifestación sensible de sus miembros; la segunda, en unas notas determinadas por las cuales los miembros de la Iglesia están unidos de manera externa y visible en una sociedad religiosa. Nadie discute la visibilidad material de la Iglesia; la cuestión recae únicamente sobre la visibilidad formal. Ella es el fundamento y presupuesto de la conocibilidad de la Iglesia.

1. La faceta externa y visible de la Iglesia

La Iglesia fundada por Cristo es una sociedad externa y visible (sent. cierta).

Según doctrina del concilio de Trento, hay en la Iglesia un «sacrificio visible» y un «sacerdocio visible y externo»; Dz 957. Según doctrina del concilio del Vaticano, Cristo constituyó al apóstol San Pedro en «fundamento visible» (Dz 1821) de la unidad de la Iglesia. León xiii nos enseña lo siguiente en su encíclica *Satis cognitum* (1896): «Si tenemos ante la vista el fin último de la Iglesia y las causas próximas que operan la santidad, la Iglesia es, efectivamente, espiritual. Pero si consideramos los miembros que la constituyen así como también los medios que conducen a los dones espirituales, entonces la Iglesia se manifiesta de forma externa y necesariamente visible.» Existe un triple vínculo sensible que une entre sí a los miembros de la Iglesia y hace que aparezcan como tales: la confesión de una misma fe, el uso de los mismos medios para conseguir la gracia y la sumisión a la misma autoridad.

Pío xii corrobora en su encíclica *Mystici Corporis* la doctrina de León xiii y reprueba expresamente la sentencia de que la Iglesia «es solamente algo "pneumático", por lo cual muchas comunidades cristianas, aunque separadas entre sí por la fe, se hallan unidas como por un vínculo invisible».

Niegan la visibilidad de la Iglesia las sectas espiritualistas de la edad media, e igualmente Hus y los reformadores. Según Hus, la Iglesia consiste en la comunidad de los predestinados (Dz 627), y lo mismo enseñaba Calvino. Según Lutero, la Iglesia es «la reunión de los santos [= fieles], en la cual se enseña rectamente el Evangelio y se administran rectamente los sacramentos» *(Conf. Aug.,* art. 7). Sin embargo, si no existe un magisterio autoritativo, falta una norma segura para medir la pureza de la doctrina y la legitimidad en la administración de los sacramentos. El rechazar la jerarquía eclesiástica lleva necesariamente a sostener la doctrina de la Iglesia invisible.

La prueba bíblica en favor de la visibilidad de la Iglesia es la institución divina de la jerarquía (§ 4). A las enseñanzas del magisterio eclesiástico corresponde, por parte de los oyentes, la obligación de obedecer a la fe (Rom 1, 5) y de profesarla (Mt 10, 32 s; Rom 10, 10). Al ministerio eclesiástico de santificar corresponde, por parte de los fieles, la obligación de aprovecharse de los medios de adquirir la gracia que se les facilitan (Ioh 3, 5; 6, 54). Al ministerio de gobernar corresponde, por parte de los gobernados, la obligación de someterse a la autoridad eclesiástica (Mt 18, 17; Lc 10, 16).

Los profetas del Antiguo Testamento representan simbólicamente el reino mesiánico bajo la imagen de un monte visible muy a lo lejos, que descuella por encima de todos los otros montes y al que confluyen todas las gentes (Is 2, 2 s; Mich 4, 1 s). Según las parábolas de Jesús, la Iglesia se parece a un reino terreno, a un rebaño, a un edificio, a una viña y a una ciudad edificada sobre un monte. San Pablo compara la Iglesia con el cuerpo humano.

Los padres enseñan que es fácil conocer la Iglesia de Cristo como tal y distinguirla de las comunidades heréticas. San Ireneo mantiene, contra los gnósticos, que los partidarios de la Iglesia en todo el mundo profesan la misma fe, guardan los mismos mandamientos y conservan la misma forma de organización eclesiástica. Compara la Iglesia, que en todas partes predica la misma verdad, con el candelabro de siete brazos, ya que es visible a todos y esparce la luz de Cristo (*Adv. haer.* v 20, 1). San Agustín compara la Iglesia con la ciudad edificada sobre un monte (Mt 5, 14): «La ciudad se presenta clara y visible a la faz de todos los hombres; porque es una ciudad edificada sobre un monte y no puede ocultarse» *(Contra Cresconium* II 36, 45); cf. *In ep. I Ioh.,* tr. 1, 13.

«La razón última de la visibilidad de la Iglesia es la encarnación del Verbo divino» (Möhler, *Symbolik,* § 36).

2. La faceta interna e invisible de la Iglesia

Además de la faceta externa y visible, la Iglesia tiene, lo mismo que su Fundador, Dios y hombre verdadero, otra faceta interna e invisible. Es invisible el fin de la Iglesia, la santificación interna de las personas; son invisibles los bienes de salvación que la Iglesia distribuye: la verdad y la gracia; es invisible el principio vital interno de la Iglesia, que es el Espíritu Santo y su labor difusora de la gracia. Mientras que la faceta externa y social de la Iglesia es objeto de percepción sensible, la faceta interna y mística es objeto de la fe. Por eso la manifestación visible de la Iglesia no excluye la fe en la misma como institución salvadora establecida por Dios.

Las objeciones que se alzan contra la visibilidad de la Iglesia parten en su mayoría de una concepción unilateral y exagerada de su faceta interior y espiritual. La palabra de Jesús en Lc 17, 21: «El reino de Dios está dentro de vosotros» («intra vos») no significa: «el reino de Dios está en vuestros corazones», pues precisamente Jesús dirigió esta frase a los fariseos, sino que su significado es: «el reino de Dios está entre vosotros». Sin embargo, aun en su primera interpretación, no excluye esta palabra de Jesús la visibilidad de su Iglesia.

Bibliografía: B. Poschmann, *Die Sichtbarkeit der Kirche nach der Lehre des hl. Cyprian,* Pa 1908. J. B. Walz, *Die Sichtbarkeit der Kirche,* Wü 1924. E. Benz, *Ecclesia spiritualis. Kirchenidee und Geschichstheologie der franziskanischen Reformation,* St 1934.

§ 15. La unidad de la Iglesia

Por unidad no se entiende tan sólo la unidad numérica o unicidad, sino principalmente la unidad interna o unión en el sentido de indivisión.

La Iglesia fundada por Cristo es única y una (de fe).

La Iglesia profesa en el símbolo niceno-constantinopolitano: «Credo unam... Ecclesiam»; Dz 86. El concilio del Vaticano enseña: «Para que toda la multitud de los fieles se conservara en la unidad de la fe y la comunión («in fidei et communionis unitate»), puso a San Pedro a la cabeza de todos los demás apóstoles, estableciendo en él el principio visible y el fundamento perpetuo de esta doble unidad»; Dz 1821. León xiii comenta en su encíclica *Satis cognitum,* que trata ex profeso de la unidad de la Iglesia: «Como el divino Fundador quiso que la Iglesia fuera una en la fe, en el gobierno y en la comunión, eligió a Pedro y a sus sucesores como fundamento y, en cierto modo, centro de esta unidad»; Dz 1960.

En un decreto propio *(Unitatis redintegratio),* el concilio Vaticano ii trata sobre el ecumenismo, cuyo fin es el restablecimiento de la unión de todos los cristianos.

1. La unidad de la fe

Esta unidad consiste en que todos los miembros de la Iglesia crean internamente —por lo menos de manera implícita— y confiesen externamente las verdades de fe propuestas por el magisterio eclesiástico, según aquello de la carta a los Romanos 10, 10: «Con el corazón se cree para la justicia y con la boca se confiesa para la salud» (unidad en la confesión de una misma fe o unidad simbólica). Esta unidad en la fe deja margen suficiente para mantener diversas opiniones en cuestiones teológicas controvertidas sobre las cuales no ha definido nada el magisterio eclesiástico.

Es incompatible con la concepción católica de la unidad de la fe la teoría protestante de los *artículos fundamentales*. Esta teoría solamente exige conformidad en las verdades fundamentales de la fe, así que dentro de una misma Iglesia cristiana pueden subsistir diversas confesiones; cf. Dz 1685.

2. La unidad de la comunión

Esta unidad consiste, por una parte, en la sujeción de los miembros de la Iglesia a la autoridad de los obispos y el Papa (unidad de régimen o unidad jerárquica) y, por otra, en la vinculación de los miembros entre sí constituyendo una unidad social por la participación en el mismo culto y en los mismos medios de alcanzar la gracia (unidad de culto o unidad litúrgica).

La unidad, tanto de la fe como de la comunión, queda salvaguardada de la forma más segura por el primado del Papa, que es el supremo maestro y pastor de la Iglesia («centrum unitatis»; Dz 1960). La unidad de la fe se rompe por la herejía y la unidad de la comunión por el cisma.

Prueba. Cristo y los apóstoles consideran la unidad como una propiedad esencial de la Iglesia. Cristo confía a sus apóstoles el encargo de predicar su doctrina a todos los pueblos y exige un consentimiento absoluto a tal predicación (Mt 28, 19 s; Mc 16, 15 s). En su oración sacerdotal, Jesús ruega encarecidamente al Padre por la unidad de los apóstoles y de los que han de creer en Él: «No ruego sólo por éstos, sino por cuantos crean en mí por su palabra, para que todos sean uno como tú, Padre, estás es mí y yo en ti, para que también ellos sean en nosotros y el mundo crea que tú me has enviado» (Ioh 17, 20 s). Así pues, la unidad será un distintivo especial de la Iglesia de Cristo.

San Pablo representa simbólicamente a la Iglesia bajo la imagen de una casa (1 Tim 3, 15) y un cuerpo humano (Rom 12, 4 s y passim). El Apóstol exhorta con insistencia para que se guarde la unidad exterior e interior: «Sed solícitos por conservar la unidad del espíritu mediante el vínculo de la paz. Sólo hay un cuerpo y un espíritu, como también una sola esperanza, la de vuestra vocación. Sólo un Señor, una fe, un bautismo, un Dios y Padre de todos» (Eph 4, 3-6). Exhorta con gran instancia a que todos se guarden de la escisión y la herejía: «Os ruego, hermanos, por el nombre de nuestro Señor Jesucristo, que todos habléis igualmente, y no haya entre vosotros escisiones, antes seáis concordes en el mismo pensar y el mismo sentir» (1 Cor 1, 10); «Al que enseñe doctrinas sectarias, evítale después de una y otra amonestación» (Tit 3, 10); cf. Gal 1, 8 s.

Los santos padres, en su lucha contra la herejía, acentúan con gran insistencia la unidad de la fe; y, en su lucha contra el cisma, la unidad de la comunión. San Ireneo contrapone con vigor la unidad de la fe cristiana en todo el mundo a la abigarrada multitud que presentan las doctrinas gnósticas: «Así como el sol es uno mismo en todo el mundo, así también el mensaje de la verdad penetra en todas partes e ilmina a todos los hombres que quieren llegar al conocimiento de la verdad» (*Adv. haer.* I 10, 2; cf. V 20, 1). Las verdades más importantes de la fe se recogieron en reglas y símbolos de fe con el fin de que hicieran pública profesión de ella los que se acercaban a recibir el bautismo; cf. las reglas de fe de San Ireneo (*Adv. haer.* I 10, 1; III 4, 2), de Tertuliano (*De praescr.* 13; *De virg. vel.* 1; *Adv. Prax.* 2) y de Orígenes (*De princ.* 1, praef. 4). San Cipriano escribió, con motivo de la escisión religiosa entre Cartago y Roma, la primera monografía sobre la unidad de la Iglesia católica. En ella niega que consigan la salvación eterna los que se apartan de la unidad de la Iglesia católica (*De eccl. cath. unit.* 6). La unidad se conserva «por medio del vínculo de los obispos íntimamente unidos entre sí» (*Ep.* 66, 8). La importancia del primado para conservar la unidad de la Iglesia supieron apreciarla San Cipriano (*De unit.* 4), Optato de Milevi (*De schism. Donat.* II 2 s), San Jerónimo (*Adv. Iov.* I 26).

Santo Tomás funda la unidad de la Iglesia en tres elementos: la *fe* común de todos los miembros de la Iglesia, la *esperanza* común en la vida eterna y el *amor* común a Dios y el amor recíproco de unos con otros por medio de los servicios de caridad prestados mutuamente. El creer en la unidad de la Iglesia es condición para alcanzar la vida eterna (*Expos. symbol.*, a. 9).

Bibliografía: J. A. Möhler, *Die Einheit in der Kirche oder das Prinzip des Katholizismus* (nueva ed. a cargo de J. R. Geiselmann), K 1957. E. Altendorf, *Einheit und Heiligkeit der Kirche,* B 1932. L. Faulhaber, *Die Kennzeichen der Kirche,* Wü 1949, N. Schiffers, *Die Einheit der Kirche nach John Henry Newman,* D 1956.

§ 16. LA SANTIDAD DE LA IGLESIA

La santidad, en la criatura, significa vinculación con Dios. Hay que distinguir entre santidad *subjetiva* o personal y santidad *objetiva* o real. La santidad subjetiva consiste, negativamente, en la carencia de pecado, y, positivamente, en la unión sobrenatural con Dios por medio de la gracia y la caridad. La santidad objetiva es inherente a cosas y personas que están consagradas de modo permanente al servicio de Dios o que obran la santificación de los hombres.

1. La santidad como propiedad esencial de la Iglesia

La Iglesia fundada por Jesucristo es santa (de fe).

La Iglesia confiesa en el símbolo apostólico: «Credo... sanctam Ecclesiam»; Dz 2. El concilio del Vaticano atribuye a la Iglesia «santidad eximia e inagotable fecundidad en todos los bienes»; Dz 1794. Pío XII comenta en la encíclica *Mystici Corporis:* «Y esta piadosa Madre brilla sin mancha alguna en los sacramentos, con los que engendra y alimenta a sus hijos; en la fe que en todo tiempo conserva incontaminada; en las santísimas leyes con que a todos manda y en los consejos evangélicos con que amonesta; y, finalmente, en los celestiales dones y carismas con los que, inagotable en su fecundidad, da a luz incontables ejércitos de mártires, vírgenes y confesores.» El concilio Vaticano II enseña que todos los miembros de la Iglesia están llamados a la santidad (const. *Lumen gentium,* n. 39-42).

La Iglesia es santa en su origen, en su fin, en sus medios y en sus frutos. Es santo el fundador y cabeza invisible de la Iglesia, que es Cristo nuestro Señor; es santo el principio vital interno de la Iglesia, que es el Espíritu Santo; lo es también el fin de la Iglesia, que es la gloria de Dios y la santificación del hombre; lo son igualmente los medios con los que la Iglesia alcanza su fin: la doctrina de Cristo con sus artículos de fe, sus preceptos y consejos morales, el culto y, sobre todo, el santo sacrificio de la misa, los sacramentos, los sacramentales y las preces litúrgicas, las leyes y ordenaciones de la Iglesia, las órdenes y congregaciones, los institutos de educación cristiana y de caridad, los dones de gracia y los carismas obrados por el Espíritu Santo. Son santos muchos miembros de la Iglesia, entendiendo la palabra santidad en el sentido general de la palabra (= posesión del estado de gracia); y tampoco han faltado en todo tiempo ejemplos de santidad heroica probada con hechos milagrosos. De todas estas clases de santidad, solamente las dos últimas —la santidad de los medios y la santidad de los miembros (por lo menos la santidad heroica)— son sensibles y, por tanto, signos distintos de la Iglesia de Cristo.

Prueba. Jesús compara la Iglesia con el fermento (Mt 13, 33) para indicarnos cuáles son la misión y el poder transformador y santificador que ella posee. En este mismo sentido llama Jesús a sus discípulos «sal de la tierra» (Mt 5, 13) y «luz del mundo» (Mt 5, 14). San Pablo se dirige a los cristianos llamándoles «santos»: «santificados en Cristo Jesús, llamados a ser santos» (1 Cor 1, 2). Llama a cada una de las comunidades, igual que a todo el conjunto de la Iglesia, la «comunidad (ecclesia) de Dios» (1 Cor 1, 2; 1 Tim 3, 15). Como fin de la institución de la Iglesia, cita la santificación de sus miembros según la faceta negativa y positiva de la santidad: «Cristo amó la Iglesia y se entregó por ella para santificarla, purificándola mediante el lavado del agua con la palabra, a fin de presentársela a sí gloriosa, sin mancha o arruga o cosa semejante, sino santa e intachable» (Eph 5, 25-27); cf. Tit 2, 14. Los ministerios eclesiásticos y los dones extraordinarios de la gracia sirven para la «perfección consumada de los santos» según el modelo de Cristo (Eph 4, 11-13). La razón más honda de que la Iglesia sea santa y de que posea en sí esa virtud intrínseca de santificar es precisamente su íntima relación con Cristo y con el Espíritu Santo: la Iglesia es el cuerpo de Cristo, penetrado y animado por el Espíritu Santo (1 Cor 12, 12 s).

Los apologistas de los primeros tiempos del cristianismo describen, en su lucha contra el paganismo, la sublimidad de la fe y la moral cristiana e indican la tranformación moral que han logrado en sus adeptos; cf. Arístides, *Apol.* 15-17; Justino, *Apol.* I 14-17, 23-29; Atenágoras, *Suppl.* 31-36; *Ep. ad Diogn.* 5 s. Según Orígenes, «las iglesias de Dios que han tenido como maestro y educador a Cristo, en comparación con las comunidades paganas en medio de las cuales habitan como extranjeras, son como luminarias celestiales en el mundo» (*C. Celsum* III 29; cf. I 26); cf. San Agustín, *Sermo* 214, 11.

Santo Tomás prueba la santidad de la Iglesia por la santidad de sus miembros, que son lavados con la sangre de Cristo, ungidos con la gracia del Espíritu Santo, consagrados como templos de Dios por la inhabitación de la Trinidad y santificados por la vocación de Dios; *Expos. symb.*, a. 9.

2. La Iglesia y el pecado

A la Iglesia no pertenecen tan sólo miembros santos, sino también pecadores (de fe).

De la santidad de la Iglesia no se sigue que los que pecan mortalmente cesen de ser miembros de ella, como enseñaran en la antigüedad cristiana los novacianos y donatistas, y en la edad moderna Lutero y Quesnel. Clemente XI y Pío VI condenaron esta sentencia; Dz 1422-28, 1515. Pío XII volvió a reprobarla en su encíclica *Mystici Corporis,* haciendo la siguiente observación: «No cualquier pecado, aunque sea una transgresión grave, aleja por su misma naturaleza al hombre del cuerpo de la Iglesia, como lo hacen el cisma, la herejía o la apostasía.»

Jesús, con sus parábolas de la cizaña y el trigo (Mt 13, 24-30), de la red que ha recogido peces buenos y malos (Mt 13, 47-50) y de las vírgenes prudentes y necias (Mt 25, 1-13), nos enseña que en la Iglesia conviven buenos y malos y que la separación no se hará hasta el fin del mundo, en el juicio universal. Dio instrucciones muy concretas para amonestar a los hermanos que cometieran alguna falta. Cuando todos los intentos por corregirlos hayan fracasado, entonces manda Jesús que se les excluya de la Iglesia (Mt 18, 15-17). Los escritos apostólicos dejan claramente traslucir que ya en la Iglesia primitiva hubo anomalías de índole moral que no siempre fueron castigadas con la exclusión de la comunidad cristiana (cf. 1 Cor 11, 18 ss; 2 Cor 12, 20 s).

San Agustín defendió contra los donatistas la doctrina tradicional de la Iglesia apoyándose en las parábolas de Jesús; cf. *In Iohan.,* tr. 6, 12; *Enarr. in Ps.* 128, 8; *Ep.* 93, 9, 34. La doctrina de que todo el que peca mortalmente cesa de ser miembro de la Iglesia conduce a negar la visibilidad de la Iglesia, porque la posesión o carencia del estado de gracia no es cognoscible externamente. La permanencia del gravemente pecador en la Iglesia tiene fundamento intrínseco en cuanto éste sigue estando unido con Cristo, cabeza del cuerpo místico, al menos por medio de la fe y de la esperanza cristiana; cf. S.th. III 8, 3 ad 2.

Bibliografía: E. Altendorf (v. supra, § 15). A. Landgraf, *Sünde und Trennung von der Kirche in der Frühscholastik,* Schol 5 (1930) 210-247. K. Rahner, *Die Kirche der Sünder,* Fr 1948. H. Riedlinger, *Die Makellosigkeit der Kirche in den lateinischen Hoheliedkommentaren des Mittelalters,* Mr 1958.

§ 17. La catolicidad de la Iglesia

Católico significa «universal» (καθ' ὅλον). La Iglesia se llama, sobre todo, católica por su universalidad espacial, es decir, por su difusión por todo el orbe. Hay que distinguir entre la catolicidad *virtual,* es decir, el derecho y la potencia para difundirse por todo el mundo, y la catolicidad *actual,* que es la difusión efectiva por toda la tierra. La primera fue desde el principio una nota distintiva de la Iglesia; la segunda, como es natural, no pudo alcanzarse hasta pasado un período un tanto largo de desarrollo histórico. La catolicidad actual puede ser *física* o *moral*, según que comprenda todos los pueblos de la tierra (aunque no a todos los individuos que los integran) o solamente a la mayor parte de los mismos. La catolicidad presupone la unidad.

La Iglesia fundada por Cristo es católica (de fe).

La Iglesia confiesa en el símbolo apostólico: «Credo... sanctam Ecclesiam catholicam»; Dz 6; cf. Dz 86, 1686. El concilio Vaticano II trata en un decreto propio *(Ad gentes)* sobre la actividad misionera de la Iglesia resultante de la catolicidad. Cf. Vaticano II, const. *Lumen gentium,* n. 13; 17.

Para que se verifique el concepto de catolicidad, basta la catolicidad moral. Ésta, por voluntad de Cristo, ha de irse ampliando incesantemente. El ideal al que tiene que aspirar la Iglesia es la catolicidad física. Según la sentencia, bien fundada, de la mayor parte de los teólogos, la catolicidad moral ha de ser simultánea, de suerte que, después de cierto período de desarrollo desde la fundación de la Iglesia, tiene que ser ya una realidad que, además, vaya acrecentándose sin cesar. La vasta difusión de una doctrina y el gran número de sus adeptos no es por sí misma una prueba en favor de la misma —también el error puede alcanzar gran difusión—; pero es una propiedad que no debe faltar a la Iglesia, por voluntad de su Fundador, y que constituye incluso un distintivo de la verdadera Iglesia de Cristo.

Prueba. En las profecías mesiánicas del Antiguo Testamento se predice la catolicidad como propiedad distintiva del reino mesiánico. Mientras que el reino de Dios en el Antiguo Testamento se limitaba al pueblo de Israel, el futuro reino mesiánico abarcará todos los pueblos de la tierra; Gen 22, 18: «En tu simiente serán bendecidos todos los pueblos de la tierra»; cf. Gen 12, 3; 18, 18; 26, 4; 28, 14; Ps 2, 8; 21, 28; 71, 8-11 y 17; 85, 9; Is 2, 2; 11, 40; 45, 22; 49, 6; 55, 4-5; 56, 3-8; 66, 19-21; Ez 17, 22-24; Dan 2, 35; Mal 1, 11.

Cristo quiso que su Iglesia fuera universal y abrazara todos los pueblos. En lugar del particularismo mezquino de los judíos, Jesús proclamó su universalismo cristiano, tan amplio como el mundo: «Será predicado este Evangelio del reino de Dios en todo el mundo, testimonio para todas las naciones, y entonces vendrá el fin» (Mt 24, 14; cf. Lc 24, 47); «Id y enseñad a todos los pueblos» (Mt 28, 19; cf. Mc 16, 15); «Seréis mis testigos en Jerusalén, en toda la Judea, en Samaria y hasta los extremos de la tierra» (Act 1, 8).

Los apóstoles supieron responder a la misión que les confiara Cristo. La comunidad primitiva de Jerusalén fue el centro de irradiación para predicar el Evangelio en Judea y Samaria; la primera comunidad cristiano-gentílica de Antioquía fue el centro de irradiación para misionar a los gentiles. San Pablo recorrió casi todo el mundo por el que se extendía la vieja cultura grecorromana y predicó a todos los pueblos gentílicos la «obediencia de fe» ante Cristo (Rom 1, 5). Este apóstol vio ya cumplirse la palabra profética del salmista: «Por toda la tierra se difundió su voz [la de los mensajeros del Evangelio] y hasta los confines del orbe su pregón» (Rom 10, 18). Cuando el número de gentiles predestinados por Dios haya entrado en la Iglesia, entonces Israel, que rechazó antes la salvación que se le brindaba, se convertirá y será salvo (Rom 11, 25 s).

El título «Iglesia católica» lo emplea por vez primera San Ignacio de Antioquía: «Donde está Jesús, allí está la Iglesia católica» (*Smyrn.* 8, 2). En el *Martyrium Polycarpi* aparece cuatro veces este título, tres de ellas con la misma significación de «Iglesia universal» esparcida por todo el mundo (inscr.; 8, 1; 19, 2) con que lo emplea San Ignacio, y otra vez con la significación de «Iglesia ortodoxa» (16, 2). Desde fines del siglo II, esta expresión se encuentra a menudo en ambas acepciones, que de hecho vienen a coincidir (*Canon Muratori,* Tertuliano, San Cipriano). En el símbolo, el atributo «católico» (referido a la Iglesia) aparece por vez primera en las fórmulas orientales (San Cirilo de Jerusalén, San Epifanio, símbolo niceno-constantinopolitano; Dz 9, 14, 86). San Cirilo de Jerusalén interpreta la catolicidad de la Iglesia no sólo como la universalidad de su extensión por el mundo, sino también como la de la doctrina que predica, la de las clases sociales que conduce al culto de Dios, la de la remisión de los pecados que otorga y la de las virtudes que posee (*Cat.* 18, 23). Por todas estas propiedades se diferencia la verdadera Iglesia de Cristo de las asambleas de los herejes. Por esta razón, San Cirilo considera «Iglesia católica» como nombre propio de esta santa Iglesia, madre de todos nosotros y esposa de nuestro Señor Jesucristo, Hijo unigénito de Dios» (*Cat.* 18, 26). San Agustín toma principalmente el atributo de «católica» en el sentido de la universal extensión por la tierra de que goza la Iglesia (*Ep.* 93, 7, 23). Recorre las Escrituras del Antiguo y Nuevo Testamento para probar que esa catolicidad externa es un rasgo esencial y característico de la verdadera Iglesia de Cristo; cf. *Ep.* 185, 1, 5; *Sermo* 46, 14, 33 s.

Santo Tomás prueba la catolicidad de la Iglesia por su expansión universal por todo el orbe, por la totalidad de las clases sociales que en ella figuran y por su duración universal desde los tiempos de Abel hasta la terminación del mundo; *Expos. symb.,* a. 9.

Bibliografía: J. Pinsk, *Die Kirche Christi als Kirche der Völker,* Pa 1935. M. Meinertz, *Jesus und die Heidenmission,* Mr [2]1925. El mismo,

Theologie des Neuen Testamentes, Bo 1950, I 53 ss, II 165 s. J. JEREMIAS, *Jesu Verheissung für die Völker,* St 1956.

§ 18. LA APOSTOLICIDAD DE LA IGLESIA

Apostólico es aquello que se deriva de los apóstoles. Conviene distinguir una triple apostolicidad: la de origen («apostolicitas originis»), la de la doctrina («ap. doctrinae») y la de sucesión («ap. successionis»).

La Iglesia fundada por Cristo es apostólica (de fe).

El símbolo niceno-constantinopolitano confiesa: «Credo... apostolicam Ecclesiam»; Dz 86; cf. Dz 14, 1686. Cf. Vaticano II, const. *Lumen gentium,* n. 19 s.

Este dogma quiere decir: La Iglesia se remonta en su origen hasta los mismos apóstoles. Ella siempre ha conservado la doctrina que recibiera de los apóstoles. Los pastores de la Iglesia, el Papa y los obispos, se hallan unidos con los apóstoles por la sucesión legítima. Esta apostolicidad de la sucesión garantiza la transmisión incontaminada de la doctrina y establece la vinculación orgánica entre la Iglesia del momento actual y la de los apóstoles.

Prueba. Cristo estableció su Iglesia sobre los apóstoles confiriéndoles el triple ministerio de enseñar, regir y santificar, y constituyendo a Pedro en supremo pastor y maestro de la Iglesia (v. supra, §§ 4, 5): Por voluntad de Cristo, estos oficios, con sus poderes correspondientes, debían pasar a los sucesores de los apóstoles, porque el fin de la Iglesia exige necesariamente que se continúe su ejercicio. El carácter apostólico de la Iglesia se manifiesta clarísimamente en la sucesión ininterrumpida que va de los obispos a los apóstoles. Basta mostrar la sucesión apostólica de la iglesia romana, porque el obispo de Roma es cabeza de toda la Iglesia y posee el magisterio infalible. En consecuencia, donde está Pedro o su sucesor allí encontraremos la Iglesia apostólica y la doctrina incontaminada de los apóstoles.

Entre los santos padres, fueron principalmente San Ireneo y Tertuliano quienes hicieron valer el principio de la apostolicidad de la Iglesia en su lucha contra los errores gnósticos. Hacen hincapié en que la Iglesia católica ha recibido su doctrina de los apóstoles y en que la ininterrumpida sucesión de los obispos la ha conservado pura, mientras que las herejías son de origen postapostólico; e incluso algunas que se remontan al tiempo de los apóstoles son, de todos modos, ajenas a las enseñanzas de éstos y no tienen en ellos su origen. SAN IRENEO nos ofrece la más antigua lista de los obispos de Roma (*Adv. haer.* III 3, 3; cf. IV 26, 2); cf. TERTULIANO, *De praescr.* 20, 21; 32; 36-37; *Adv. Marc.* IV 5; SAN CIPRIANO, *Ep.* 69, 3; SAN AGUSTÍN, *Contra ep. Manichaei* 4, 5; *Ep.* 53, 1, 2 (lista de los obispos de Roma). SANTO TOMÁS enseña que los apóstoles y su doctrina son el fundamento secundario de la Iglesia, siendo Cristo mismo el fundamento primario; *Expos. symb.*, a. 9.

Las notas distintivas de la Iglesia

Las cuatro propiedades de unidad, santidad, catolicidad y apostolicidad, como se manifiestan al exterior y son fácilmente conocibles, no son únicamente propiedades esenciales de la verdadera Iglesia de Cristo, sino al mismo tiempo sus notas distintivas. El Santo Oficio hizo la siguiente declaración durante el pontificado de Pío IX (1864): «La verdadera Iglesia de Cristo es constituida y discernida, en virtud de la autoridad de Dios, por la cuádruple nota que confesamos como objeto de fe en el símbolo»; Dz 1686; cf. 1793. La apologética se encarga de probar que, entre todas las confesiones cristianas, la Iglesia católica romana es la única o la que con más excelencia posee estas cuatro notas.

Bibliografía: E. CASPAR, *Die älteste römische Bischofsliste,* en «Papsttum und Kaisertum», Mn 1926, 1-22. G. THILS, *Les notes de l'Église dans l'apologétique catholique depuis la Réforme,* Ge 1937.

Capítulo quinto

NECESIDAD DE LA IGLESIA

§ 19. LA PERTENENCIA A LA IGLESIA

1. Doctrina de la Iglesia

Miembros de la Iglesia son todos aquellos que han recibido válidamente el sacramento del bautismo y no se han separado de la unidad de la fe ni de la unidad de la comunidad jurídica de la Iglesia (sent. cierta).

Pío XII, en su encíclica *Mystici Corporis,* hizo la siguiente declaración: «Entre los miembros de la Iglesia sólo se han de contar realmente aquellos que recibieron las aguas regeneradoras del bautismo y profesan la verdadera fe, y ni se han separado para su desgracia de la contextura del Cuerpo místico ni han sido apartados de él por la legítima autoridad a causa de gravísimos delitos»; Dz 2286.

Conforme a esta declaración, tienen que cumplirse tres requisitos para ser miembro de la Iglesia: *a)* haber recibido válidamente el sacramento del bautismo; *b)* profesar la fe verdadera; *c)* hallarse unido a la comunidad de la Iglesia. Cumpliendo estos tres requisitos, el hombre se somete al triple ministerio de la Iglesia: al sacerdotal (bautismo), al doctrinal (profesión de fe) y al pastoral (sumisión a la autoridad de la Iglesia). Como los tres poderes transmitidos en estos tres ministerios de la Iglesia: el de santificar, el de enseñar y el de gobernar, constituyen la unidad y visibilidad de la Iglesia, es claro que el someterse a todos estos poderes es requisito necesario para pertenecer a la Iglesia. Por el sacramento del bautismo se imprime en el alma el sello de Jesucristo: el carácter bautismal. Éste opera en nosotros la incorporación al Cuerpo místico de Cristo, confiriéndonos la capacidad y el derecho de participar en el culto cristiano. El bautismo es, por tanto, la verdadera causa de la incorporación a la Iglesia. La confesión de la fe verdadera y la permanencia en la comunidad de la Iglesia son, con respecto al adulto, condiciones subjetivas para que se realice o continúe sin impedimento la incorporación a la Iglesia fundamentada por el bautismo. Los niños bautizados válidamente fuera de la Iglesia son miembros de la misma hasta que, al llegar al uso de razón, se separen voluntariamente de la fe verdadera o de la comunión de la Iglesia.

El *Decretum pro Armeniis* del papa EUGENIO IV (1439) dice a propósito del bautismo: «Por él nos convertimos en miembros de Cristo y somos incorporados a la Iglesia» («per ipsum membra Christi ac de corpore efficimur Ecclesiae»; Dz 696). El concilio de Trento declaró: «La Iglesia no ejerce sobre nadie su jurisdicción si antes no ha entrado en ella por la puerta del bautismo»; Dz 895; cf. Dz 324, 869; CIC 87. Cf. Vaticano II, const. *Lumen gentium*, n. 14 s.

2. Prueba

Según las enseñanzas de Jesús, la recepción del bautismo es condición indispensable para entrar en el reino de Dios (Ioh 3, 5) y para conseguir la eterna salvación (Mc 16, 16). San Pedro, a todos los que han recibido el mensaje de Cristo, les pide que hagan penitencia y se bauticen (Act 2, 38). El bautismo fue ya desde un principio la puerta para entrar en la Iglesia; Act 2, 41: «Ellos recibieron su palabra y se bautizaron, y se convirtieron aquel día unas tres mil almas»; cf. Act 8, 12 s y 38; 9, 18; 10, 48; 16, 15 y 33; 18, 8; 19, 5.

Según la enseñanza de San Pablo, todos, sean judíos o gentiles, libres o esclavos, pasan por el bautismo a formar un solo cuerpo, el de Cristo; 1 Cor 12, 13; Gal 3, 27 s. A la recepción del bautismo, en los adultos, ha de preceder la aceptación del mensaje de la fe; Mc 16, 16: «El que creyere y fuere bautizado se salvará». El mandato de bautizar a todas las gentes exige indirectamente que éstas se sometan al triple ministerio apostólico.

Es convicción universal de la tradición que aquellos que se separan de la fe y la comunión de la Iglesia cesan de ser miembros suyos. Ya ordenó San Pablo que se evitase a «un hereje» después de una y otra amonestación (Tit 3, 10). TERTULIANO comenta: «Los herejes no tienen participación en nuestra doctrina, y el ser privados de la comunión eclesiástica atestigua en todo caso que están fuera de la misma» *(De bapt.* 15). Según su opinión, los herejes ya no son cristianos, porque las doctrinas que profesan por libre elección no las recibieron de Cristo *(De praescr.* 37). Según SAN CIPRIANO, solamente aquellos que permanecen en la casa de Dios constituyen la Iglesia, mientras que los herejes y cismáticos quedan fuera de ella *(Ep.* 59, 7). La contienda sobre el bautismo de los herejes se debatía en torno a si los herejes, estando fuera de la Iglesia, podían bautizar válidamente. SAN AGUSTÍN compara a los herejes con un miembro seccionado del cuerpo *(Sermo* 267, 4, 4). Al explicar el símbolo, dice: «Ni los herejes ni los cismáticos pertenecen a la Iglesia católica» *(De fide et symbolo* 10, 21).

3. Conclusiones

No se cuentan entre los miembros de la Iglesia:

a) Los que no han recibido el bautismo; cf. 1 Cor 5, 12: «¿Pues qué me toca a mí juzgar a los de fuera («qui foris sunt»)?» El llamado bautismo de sangre y el de deseo pueden sustituir al bautismo de agua en cuanto a la comunicación de la gracia, pero no en cuanto a la incorporación a la Iglesia, pues no confieren el carácter sacramental en el cual radican los derechos de la comunión eclesiástica.

Los catecúmenos, contra lo que opinaba Suárez, no se cuentan entre los miembros de la Iglesia. Aunque tengan el deseo *(votum)* de pertenecer a la Iglesia, todavía no han entrado realmente *(actu)* en ella. La Iglesia no reivindica jurisdicción alguna sobre ellos; Dz 895. Los padres trazan una clara línea divisoria entre los catecúmenos y los «fieles»; cf. TERTULIANO, *De praescr.* 41; SAN AGUSTÍN, *In Ioh.,* tr. 44, 2.

b) Los herejes y apóstatas públicos. Incluso aquellos herejes públicos que están de buena fe en el error (herejes materiales), no pertenecen al cuerpo de la Iglesia, es decir, a la comunidad jurídica que ella constituye. Esto no excluye que por su deseo de pertenecer a la Iglesia *(votum Ecclesiae)* pertenezcan espiritualmente a ella y consigan por este medio la justificación y la salud sobrenatural.

Los herejes y apóstatas ocultos siguen siendo miembros de la Iglesia, según la opinión más probable de Belarmino y de la mayor parte de los teólogos modernos (Palmieri, Billot, Straub, Pesch) contra la de Suárez, Franzelin y otros. La razón es que el dejar de ser miembro de la Iglesia lo mismo que el llegar a serlo solamente tiene lugar por medio de hechos exteriores y jurídicamente perceptibles, pues así lo exige el carácter visible de la Iglesia.

c) Los cismáticos, aun aquellos que de buena fe rechazan por principio la autoridad eclesiástica o se separan de la comunión de los fieles a ella sometidos. Los cismáticos de buena fe (materiales), igual que los herejes de buena fe, pueden, por su deseo de pertenecer a la Iglesia *(votum Ecclesiae)*, pertenecer espiritualmente a ella y conseguir por este medio la justificación y la salud eterna.

d) Los «excommunicati vitandi» (CIC 2258). Los «excommunicati tolerati», según una opinión que hoy día es casi general y que se ve confirmada por CIC 2266, siguen siendo miembros de la Iglesia aun después de la publicación de la sentencia judicial, pero están privados de muchos bienes espirituales. La opinión sostenida por algunos teólogos (Suárez, Dieckmann) de que también los «excommunicati vitandi» siguen siendo miembros de la Iglesia es incompatible con las enseñanzas de la encíclica *Mystici Corporis,* pues ésta habla expresamente de aquellos que por sus graves delitos han sido separados por la autoridad eclesiástica del cuerpo de la Iglesia. Siguiendo la doctrina casi general de los teólogos, hemos de entender que los tales son únicamente los «excommunicati vitandi».

Aun cuando los públicos apóstatas y herejes, los cismáticos y los «excommunicati vitandi», quedan fuera de la organización jurídica de la Iglesia, con todo, su relación con ella es esencialmente distinta que la de los que no han recibido el bautismo. Como el carácter bautismal, que obra la incorporación a la Iglesia, es indestructible, el bautizado, por más que cese de ser miembro de la Iglesia, no queda completamente fuera de ella de suerte que quede roto todo vínculo con la misma. Quedan en pie los deberes que se derivan de la recepción del bautismo, aun cuando se halla perdido por castigo el uso de los derechos que este sacramento confiere. Por eso, la Iglesia reclama el ejercicio de su jurisdicción aun sobre los bautizados que se han separado de ella.

Bibliografía: A. Hagen, *Die kirchliche Mitgliedschaft,* Ro 1938. K. Rahner, *Die Gliedschaft in der Kirche nach der Lehre der Enzyklika Pius' XII. «Mystici Corporis Christi»,* SchrTh 11 7-94. J. Beumer, *Die kirchliche Gliedschaft in der Lehre des hl. Robert Bellarmin,* ThGl 37-38 (1947-1948) 243-257. El mismo, *Ekklesia (Festschrift M. Wehr),* Tr 1962, 221-233 (Cajetan). A. Gommenginger, *Bedeutet die Exkomunikation Verlust der Kirchengliedschaft?,* ZkTh 73 (1951) 1-17. L. Hofmann, 67 (1958) 146-161. H. Schauf, *Zur frage der Kirchengliedschaft,* ThR 58 (1962).

§ 20. La necesidad de pertenecer a la Iglesia

Todos los hombres tienen necesidad de pertenecer a la Iglesia para conseguir la salvación (de fe).

El concilio IV de Letrán (1215) declaró en el *Caput Firmiter:* «Una sola es la Iglesia universal de los fieles, fuera de la cual nadie se salva» («extra quam nullus omnino salvatur»); Dz 430. Lo mismo enseñaron el concilio unionista de Florencia (Dz 714) y los papas Inocencio III (Dz 423), BONIFACIO VIII en la bula *Unam Sanctam* (Dz 468), Clemente VI (Dz 570*b*), Benedicto XIV (Dz 1473), Pío IX (Dz 1647, 1677), León XIII (Dz 1955) y Pío XII en la encíclica *Mystici Corporis* (Dz 2286, 2288). Pío IX declaró contra el moderno indiferentismo en materia de religión: «Por razón de la fe, hay que mantener que fuera de la Iglesia apostólica romana nadie puede alcanzar la salvación. Esta Iglesia es la única Arca de salvación. Quien no entre en ella perecerá por el diluvio. Pero, no obstante, hay que admitir también como cierto que aquellos que ignoran la verdadera religión, en caso de que esta ignorancia sea invencible, no aparecen por ello cargados con culpa ante los ojos del Señor»; Dz 1647. Este último párrafo no excluye la posibilidad de que consigan la salvación personas que de hecho *(actu)* no pertenecen a la Iglesia; cf. Dz 1677; 796 *(votum baptismi);* Vaticano II, const. *Lumen gentium,* n. 14-17; decr. *Ad gentes,* n. 7.

La necesidad de pertenecer a la Iglesia no es únicamente necesidad *de precepto,* sino también *de medio,* como indica claramente la comparación con el Arca, que era el único medio de escapar a la catástrofe del diluvio universal. Pero la necesidad de medio no es absoluta, sino hipotética. En circunstancias especiales, como es en caso de ignorancia invencible o de imposibilidad, la pertenencia actual a la Iglesia puede ser sustituida por el deseo de la misma *(votum).* Ni es necesario que este deseo sea explícito, sino que puede también traducirse por una disposición moral para cumplir fielmente la voluntad de Dios *(votum implicitum).* De esta manera pueden asimismo alcanzar la salvación los que se hallan de hecho fuera de la Iglesia católica. Cf. Carta del Santo Oficio de 8.8.1949 (Dz 3866-73).

Cristo ordenó que todos los hombres pertenecieran a la Iglesia, pues la fundó como una institución necesaria para alcanzar la salvación. Él revistió a los apóstoles de su autoridad, les dio el encargo de enseñar y bautizar a todas las gentes, haciendo depender la salvación eterna de que éstas quisieran recibir su doctrina y ser bautizadas; cf. Lc 10, 16; Mt 10, 40; 18, 17; 28, 19 s; Mc 16, 15 s. Todos aquellos que con ignorancia inculpable desconocen la Iglesia de Cristo, pero están prontos para obedecer en todo a los mandatos de la voluntad divina, no son condenados, como se deduce de la justicia divina y de la universalidad de la voluntad salvífica de Dios, de la cual existen claros testimonios en la Escritura (1 Tim 2, 4). Los apóstoles enseñan que es necesario pertenecer a la Iglesia para conseguir la salvación, por cuanto predican que la fe en Cristo y en su Evangelio es necesaria, como condición, para salvarse. San Pedro confiesa ante el sanedrín: «En ningún otro hay salvación» (Act 4, 12); cf. Gal 1, 8; Tit 3, 10 s; 2 Ioh 10 s.

Es convicción unánime de los padres que fuera de la Iglesia no es posible conseguir la salvación. Este principio no solamente se aplicaba con respecto a los paganos, sino también en relación con los herejes y cismáticos. San Ireneo enseña que «en la operación del Espíritu no tienen participación todos aquellos que no corren a la Iglesia, sino que se defraudan a sí mismos privándose de la vida por su mala doctrina y su pésima conducta. Porque donde está la Iglesia, allí está el Espíritu de Dios; y donde está el Espíritu de Dios, allí están la Iglesia y todas las gracias» (*Adv. haer.* III 24, 1). Orígenes enuncia formalmente esta proposición: «Fuera de la Iglesia ninguno se salva» («extra ecclesiam nemo salvatur»; *In Iesu Nave hom.* 3, 5); y de manera parecida se expresa San Cipriano: «Fuera de la Iglesia no hay salvación» («salus extra ecclesiam non est»; *Ep.* 73, 21). Los santos padres (v.g., Cipriano, Jerónimo, Agustín, Fulgencio) ven en el Antiguo Testamento algunos tipos que significan espiritualmente la necesidad de pertenecer a la Iglesia. Tales son, entre otros, el Arca de Noé para escapar al diluvio y la casa de Rahab (Ios 2, 18 s). La expresión práctica de esa fe de la Iglesia primitiva en la necesidad de pertenecer a la Iglesia para alcanzar la salvación la tenemos en el extraordinario celo misional que desplegaba, en su prontitud para sufrir el martirio y en su lucha contra la herejía.

Junto a esta fuerte insistencia en la necesidad de pertenecer a la Iglesia para conseguir la salvación, es comprensible que sólo tímidamente apunte el pensamiento de la posibilidad que tienen de salvarse los que están fuera de la misma. San Ambrosio y San Agustín afirman que los catecúmenos que mueren antes de recibir el bautismo pueden conseguir la salvación por su deseo del bautismo, por su fe y por la penitencia de su corazón (San Ambrosio, *De obitu Val.* 51; San Agustín, *De bapt.* IV 22, 29). En cambio, Genadio de Marsella niega tal posibilidad si se exceptúa el caso del martirio (*De eccl. dogm.* 74). San Agustín distingue de hecho, aunque no lo hace con estas palabras expresas, entre los herejes materiales y los formales. A los primeros no los cuenta entre los herejes propiamente tales (*Ep.* 43, 1, 1). Según parece, juzga que la posibilidad que tienen de salvarse es distinta de la que tienen los herejes propiamente tales.

Santo Tomás enseña, con la tradición, la necesidad de pertenecer a la Iglesia para salvarse. *Expos. symb.*, a. 9. Por otra parte, concede la posibilidad de justificarse extrasacramentalmente por el *votum baptismi,* y con ello la posibilidad de salvarse sin pertenecer actualmente a la Iglesia, por razón del *votum Ecclesiae;* S.th. III 68, 2.

A propósito de la acusación de intolerancia que se lanza contra la Iglesia católica conviene distinguir entre la intolerancia dogmática y la intolerancia civil. La Iglesia condena la tolerancia dogmática que concede el mismo valor a todas las religiones, o por lo menos a todas las confesiones cristianas (indiferentismo); la verdad no es más que una sola. Pero la Iglesia sí es partidaria de la tolerancia civil, pues predica el amor a todos los hombres, incluso a los que yerran; cf. las oraciones del día de Viernes Santo.

Bibliografía: A. SEITZ, *Die Heilsnotwendigkeit der Kirche nach der altchristlichen Literatur bis zur Zeit des hl. Augustinus,* Fr 1903. C. ROMEIS, *Das Heil des Christen ausserhalb der wahren Kirche nach der Lehre des hl. Augustin,* Pa 1908. L. CAPÉRAN, TH. OHM, P. R. PIES (v. pág. 371). J. DANIÉLOU, *Rahab, figure de l'Église,* Ir 22 (1949) 26-45 J. BEUMER, *Die Heilsnotwendigkeit der Kirche nach den Akten des Vatikanischen Konzils,* ThGl 37-38 (1947-48) 76-86.

Capítulo sexto

LA COMUNIÓN DE LOS SANTOS

§ 21. NOCIÓN Y REALIDAD DE LA COMUNIÓN DE LOS SANTOS

En adelante tomaremos el concepto de Iglesia en sentido amplio, entendiendo por ella todas las personas que han sido redimidas y santificadas por la gracia de Cristo, ora estén en la tierra, ora en el cielo, ora en el fuego del purgatorio. La Iglesia, entendida en este sentido amplio, recibe generalmente el nombre de comunión de los santos.

Los miembros, santificados por la gracia redentora de Cristo, que pertenecen al reino de Dios sobre la tierra y al de la vida futura, están unidos con Cristo, su Cabeza, y todos entre sí, formando una comunión de vida sobrenatural (sent. cierta).

El símbolo apostólico, en su forma más reciente (siglo v), amplía la confesión de la santa Iglesia católica con la siguiente adición: «la comunión de los santos». Por el contexto vemos que esta expresión se refiere a la Iglesia de este mundo. Quiere decir que los cristianos de la tierra, mientras no lo estorbe el pecado mortal, se hallan en comunión de vida sobrenatural con Cristo, su Cabeza, y todos entre sí.

En su primitiva significación, las palabras «communio sanctorum» expresan la posesión común de los bienes santos («sanctorum» = genitivo de «sancta»). Niceta de Remesiana comenta en su exposición del símbolo: «Cree, por tanto, que sólo en esta Iglesia alcanzarás ser partícipe en la posesión de los bienes santos («communionem sanctorum»)». SAN AGUSTÍN habla en este mismo sentido de la «communio sacramentorum» (*Sermo* 214, 11). Hoy día, con la citada expresión nos referimos ante todo a la comunidad de los hombres santificados por la gracia de Cristo, que se halla en posesión de los bienes de salvación que nos ganó Cristo.

Según el *Catecismo Romano,* la comunión de los santos se realiza por la posesión común de los medios de alcanzar la gracia depositados en la Iglesia, de los dones extraordinarios de gracia concedidos a la Iglesia; y, además, por la participación de los frutos de las oraciones y buenas obras de todos los miembros de la Iglesia: «La unidad del Espíritu, por la que ella [la Iglesia] es conducida, hace que todo lo que en ella se deposite sea común» (I 10, 22); «No solamente son comunes aquellos dones que hacen a los hombres gratos a Dios y justos, sino también los dones extraordinarios de la gracia» (I 10, 25); «Todo lo bueno y santo que emprende un individuo repercute en bien de todos, y la caridad es la que hace que les aproveche, pues esta virtud no busca su propio provecho» (I 10, 23). Observaciones muy parecidas a éstas las hallamos en la encíclica *Mystici Corporis* del papa Pío XII: «En él [en el cuerpo místico del Cristo] no se realiza por sus miembros ninguna obra buena, ningún acto de virtud, del que no se aprovechen todos por la comunión de los santos». Por consiguiente, entre los miembros del cuerpo místico existe una comunidad de bienes espirituales que se extiende a todos los bienes de la gracia que Cristo nos adquirió y a las buenas obras realizadas con su gracia.

Por voluntad de Cristo, los cristianos deben constituir entre sí una íntima unidad moral, de la que es figura la propia unión de Cristo con el Padre (Ioh 17, 21). Jesús se considera a sí mismo como la vid, y a sus discípulos como los sarmientos, que producen fruto por la virtud de la vid (Ioh 15, 1-8). Enseña a sus discípulos a que rueguen al Padre común de los cielos para que les conceda los bienes naturales y sobrenaturales, no sólo para ellos mismos, sino para toda la sociedad de los fieles cristianos (Mt 6, 9 ss: Padre nuestro). San Pablo supo desarrollar ampliamente esta doctrina de Cristo. El Apóstol considera a Cristo como la cabeza del cuerpo místico, que es la Iglesia, y a los fieles como los miembros de ese cuerpo. La actividad de cada miembro redunda en beneficio de todos los demás miembros; 1 Cor 12, 25-27: «En el cuerpo no tiene que haber escisiones, antes todos los miembros tienen que preocuparse por igual unos de otros. De esta suerte, si padece un miembro, todos los miembros padecen con él; y si un miembro es honrado, todos los otros a una se gozan. Pues vosotros sois el cuerpo de Cristo y [sus] miembros cada uno en parte»; Rom 12, 4 s: «Pues a la manera que en un solo cuerpo tenemos muchos miembros, y todos los miembros no tienen la misma función, así nosotros, siendo muchos, somos un solo cuerpo en Cristo, y todos somos miembros los unos de los otros.» Una conclusión práctica de esta doctrina son las oraciones que hace el Apóstol en favor de las comunidades por él fundadas y las que él pide se hagan por sí y por todos los santos (v.g., Rom 1, 9 s; 15, 30 s; Eph 6, 18 s).

En la tradición hallamos desde un principio una expresión práctica de la fe en la comunión de los santos en las oraciones y súplicas que se dirigían a Dios en los oficios litúrgicos en favor de los vivos y los difuntos. Los santos padres exhortan repetidas veces a los fieles a que oren por sí y por los demás. La idea de la comunión de los santos fue estudiada teóricamente por San Agustín en sus numerosos escritos que tratan del cuerpo de Cristo. El santo no sólo cuenta como miembros de este cuerpo a los miembros de la Iglesia que viven sobre la tierra, sino también a todos los fieles difuntos e incluso a todos los justos que ha habido desde el comienzo del mundo. Todos ellos tienen por cabeza a Cristo. El vínculo que une a todos los miembros del cuerpo místico con Cristo, la cabeza, y que los une a todos entre sí, es la caridad, don del Espíritu Santo, que es quien anima al cuerpo de Cristo; cf. *De civ. Dei* XX 9, 2; *Enarr. in Ps.* 36, 3, 4; *in Ps.* 137, 4; *Sermo* 137, 1, 1. La expresión «communio sanctorum» la hallamos por primera vez vinculada al símbolo, y probablemente como parte integrante del mismo, en la exposición del símbolo debida a Niceta de Remesiana (posterior al 380). Desde mediados del siglo V, la encontramos también en la Galia (Fausto de Riez).

SANTO TOMÁS saca dos conclusiones de esta doctrina sobre la comunión de los santos; *a)* el mérito redentor de Cristo, que es la cabeza, se comunica por medio de los sacramentos a los miembros del cuerpo místico; *b)* cada miembro tiene participación en las buenas obras de los demás; *Expos. symb.*, a. 9-10.

Bibliografía: J. P. KIRSCH, *Die Lehre von der Gemeinschaft der Heiligen im christlichen Altertum,* Mz 1900. F. CHIESA, *La Communione dei Santi,* Alba 1929. P. ALTHAUS, *Communio sanctorum. Die Gemeinde im lutherischen Kirchengedanken I. Luther,* Mn 1929. J. A. JUNGMANN, *Die Gnadenlehre im Apostolischen Glaubensbekenntnis und im Kathechismus,* ZkTh 50 (1926) 196-219. J. R. GEISELMANN, *Die theologische Anthropologie Johann Adam Möhlers,* Fr 1955, 56-106. J. EICHINGER, *Studie zur Lehre von der Gemeinschaft der Heiligen bei Thomas von Aquin,* T 1942. A. MICHEL, *La communion des saints,* R 1956. A. PIOLANTI, *Il mistero della Communione dei Santi nella rivelazione e nella teologia,* R 1957.

§ 22. La comunión de los fieles que viven en la tierra

1. La oración de intercesión

Los fieles de la tierra pueden alcanzarse mutuamente gracias de Dios mediante la oración de intercesión (sent. cierta).

Pío XII comenta en la encíclica *Mystici Corporis:* «La salvación de muchos depende de las oraciones y voluntarias mortificaciones de los miembros del cuerpo místico de Jesucristo dirigidas con este fin». En conformidad con la práctica incesante de la Iglesia, el Papa pide a los fieles que oren unos por otros: «A diario deben subir al cielo nuestras plegarias unidas para encomendar a Dios todos los miembros del cuerpo místico de Jesucristo.»

La fe en el poder de la oración es antiquísima y conocida aun fuera de Israel; cf. Ex 8, 4; 10, 17. Las grandes figuras de Israel, como Abraham (Gen 18, 23 ss), Moisés (Ex 32, 11 ss; 32, 30 ss), Samuel (1 Reg 7, 5; 12, 19 ss) y Jeremías (Ier 18, 20), presentan al Señor oraciones por el pueblo o por algunas personas. El rey y el pueblo mandan llamar a los profetas para que oren ante Dios por ellos (3 Reg 13, 6; 4 Reg 19, 4; Ier 37, 3; 42, 2). Jesús invita a sus discípulos a que oren por sus perseguidores (Mt 5, 44). San Pablo asegura a las comunidades a las que van dirigidas sus cartas que rogará a Dios por ellas (Rom 1, 9 s y passim) y les pide que también ellas oren por él (Rom 15, 30 y passim) y por todos los santos (Eph 6, 18). El Apóstol hace la siguiente exhortación: «Ante todo ruego que se hagan peticiones, oraciones, súplicas y acciones de gracia por todos los hombres, por los emperadores y todos los constituidos en dignidad» (1 Tim 2, 1 s). Santiago ruega a los cristianos: «Orad unos por otros para que os salvéis. Mucho puede la oración fervorosa del justo» (Iac 5, 16).

La literatura cristiana primitiva está llena de exhortaciones e invitaciones a orar los unos por los otros. San Clemente Romano pide a los corintios que oren por los pecadores para que Dios los ablande y les haga humildes (*Cor.* 56, 1). Les propone una oración de comunidad en la que se encomiende a los elegidos de todo el mundo y a los que tienen necesidad de ayuda (*Cor.* 59). San Ignacio de Antioquía ruega en sus cartas que se ore por él para que consiga el martirio, por la iglesia huérfana de Siria, por los herejes, para que se conviertan, y por todos los hombres (cf. *Rom.* 4, 2; 8, 3; 9, 1; *Eph.* 10, 1-2; 11, 2; 21, 1-2); cf. San Policarpo, *Phil.* 12, 3; *Didakhé* 10, 5; San Justino, *Apol.* I 61, 2; 65, 1; 67, 5; Tertuliano, *De poenit.* 10, 6.

2. Merecimiento en favor de otros

Los fieles de la tierra pueden, por las buenas obras realizadas en estado de gracia, merecer de congruo, unos para otros, dones de Dios (sent. probable).

Según las palabras de Pío XII citadas anteriormente (n.º 1), la salvación de muchos depende de las voluntarias mortificaciones de los miembros del cuerpo místico de Cristo. Tales ejercicios de mortificación consiguen, al modo de un mérito de congruo, la concesión de las gracias externas e internas necesarias para la salvación (v. el tratado sobre la gracia, § 25, 2 *b*).

En la tradición paleocristiana reina la convicción de que se pueden alcanzar de Dios beneficios de todas clases para los hermanos en la fe no solamente por la oración de intercesión sino también por las obras de piedad. San Clemente Romano propone a los cristianos de Corinto el modelo de Ester, «que por su ayuno y su humildad asedió al Dios que todo lo ve» (*Cor.* 55, 6). San Justino testifica la antigua práctica cristiana de que los fieles orasen y ayunasen juntamente con los catecúmenos para conseguir de Dios el perdón de sus anteriores pecados (*Apol.* I 61, 2).

3. Satisfacción vicaria

Los fieles de la tierra pueden, por las obras de penitencia realizadas en estado de gracia, satisfacer unos por otros (sent. cierta).

El efecto de la satisfacción es la remisión de las penas temporales contraídas por los pecados. La posibilidad de esta satisfacción vicaria se funda en la unidad del cuerpo místico. Así como Cristo, que es la cabeza, ofreció su sacrificio expiatorio en representación de sus miembros, de la misma manera un miembro puede satisfacer también en representación de otro. En la posibilidad y realidad efectiva de la satisfacción vicaria se fundan las indulgencias.

El papa Clemente VI declaró en la bula jubilar *Unigenitus Dei Filius* (1343), en la cual aparece por vez primera de manera oficial la doctrina sobre el «tesoro de la Iglesia» («thesaurus Ecclesiae»), que los méritos (= satisfacciones) de María Madre de Dios y de todos los escogidos, desde el primero al último justo, contribuyen a acrecentar ese tesoro del que la Iglesia va sacando las indulgencias; Dz 552; cf. 740*a*. Pío XI, en sus encíclicas *Miserentissimus Redemptor* (1928) y *Caritate Christi* (1932), exhorta a los fieles a que reparen al Corazón de Jesús no sólo por las propias faltas, sino también por las ajenas.

En el Antiguo Testamento se conocía ya la idea de la satisfacción vicaria de personas inocentes en favor de personas culpables. El inocente carga sobre sí la cólera de Dios provocada por el culpable para lograr la clemencia de Dios en favor de éste. Moisés se ofrece a Dios como sacrificio en favor de su pueblo, que acaba de pecar (Ex 32, 32). Job ofrece a Dios un holocausto para expiar los pecados de su hijos (Iob 1, 5). Isaías vaticina la pasión expiatoria del Mesías por nuestras iniquidades (Is 53). El Nuevo Testamento considera la pasión y muerte de Cristo como el precio del rescate, como el sacrificio expiatorio por los pecados de los hombres (v. el tratado sobre la redención, §§ 9, 10). El apóstol San Pablo nos enseña que también los fieles pueden ofrecer satisfacción unos por otros; Col 1, 24: «Ahora me alegro de mis padecimientos por vosotros y suplo en mi carne lo que falta a las tribulaciones de Cristo [es decir, del cuerpo de Cristo] por su cuerpo, que es la Iglesia»; 2 Cor 12, 15: «Yo de muy buena gana me gastaré y me desgastaré por vuestras almas»; 2 Tim 4, 6: «En cuanto a mí a punto estoy de derramarme en libación [es decir, de ser sacrificado con el martirio]».

Entre los padres más antiguos se encuentra ya la idea de que la muerte del martirio es un medio expiatorio que se puede aplicar también en favor de otros. San Ignacio de Antioquía escribe a los fieles de Éfeso que quiere ofrendarse por ellos, es decir, ofrecerse como sacrificio expiatorio (8, 1). En una carta a Policarpo, se llama a sí mismo y a sus cadenas «precio del rescate» por él (2, 3). Orígenes, basándose en 2 Cor 12, 15, 2 Tim 4, 6 y Apoc 6, 9, enseña que los apóstoles y los mártires, con su muerte, quitan los pecados de los fieles (*In Num. hom.* 10, 2). En esta idea de la satisfacción vicaria descansa la costumbre, testimoniada por Tertuliano (*Ad mart.* i) y San Cipriano (*Ep.* 15-23), de volver a recibir en la comunidad eclesiástica a los penitentes que traían la carta de recomendación de algún mártir (carta de paz). San Cipriano dice expresamente que los pecadores pueden recibir ayuda ante el Señor gracias a la intercesión de un mártir (*Ep.* 19, 2; 18, 1); cf. San Ambrosio, *De virg.* i 7, 32; *De poenit.* i 15, 81.

Santo Tomás prueba bíblicamente la posibilidad de la satisfacción vicaria por Gal 6, 2 («Sobrellevad los uno las cargas de los otros»), y de manera especulativa por la virtud unificadora de la caridad: «En cuanto dos personas están unidas por la caridad, puede una de ellas ofrecer satisfacción por la otra»; S.th. iii 48, 2 ad 1; cf. *Suppl.* 13, 2; S.c.G. iii 158; *Expos. in ep. ad Gal.* 6, 2; *Expos. symb.*, a. 10.

Bibliografía: J. P. Kirsch (v. supra, § 21). J. L. Jansen-A. Mommartz, *Das Bittgebet im Werke der Erlösung,* Pa 1929. R. Plus, *La répara-*

tion, Tou 1929. W. RECKER, *Die theologischen Grundlagen der Sühneübung,* ZAM 6 (1931) 334-343. J. CZERNY, *Das übernatürliche Verdienst für andere,* Fr/S 1957.

§ 23. LA COMUNIÓN DE LOS FIELES DE LA TIERRA CON LOS SANTOS DEL CIELO

1. Veneración e invocación a los santos

Es lícito y provechoso venerar a los santos del cielo e invocar su intercesión (de fe).

Conviene hacer notar que la veneración a los santos es un culto absoluto de dulía. A propósito de la veneración a las imágenes de los santos, declaró el concilio de Trento que «el honor que a tales imágenes se tributa va dirigido a los santos que ellas representan»; Dz 986. Y a propósito de la invocación a los santos, declaró el concilio: «Es bueno y provechoso implorar la ayuda de los santos»; Dz 984; cf. Dz 988. La expresión práctica de esta fe de la Iglesia es la celebración de las festividades de los santos.

Estas declaraciones del concilio de Trento van dirigidas contra los reformadores, que rechazan la invocación a los santos como carente de fundamento bíblico e incompatible con la única mediación de Cristo; cf. *Conf. Aug.* y *Apologia Conf.*, art. 21; *Art. Smalcald.*, P. II, art. 2, n. 25-28. En la antigüedad cristiana surgió el sacerdote galo Vigilancio como enemigo del culto e invocación a los santos.

La Sagrada Escritura no conoce todavía el culto e invocación a los santos, pero nos ofrece las bases sobre las cuales se fue desarrollando la doctrina y práctica de la Iglesia en este particular. La legitimidad del culto a los santos se deduce del culto tributado a los ángeles, del que hallamos claros testimonios en la Sagrada Escritura; cf. Ios 5, 14; Dan 8, 17; Tob 12, 16. La razón para venerar a los ángeles es su excelencia sobrenatural, que radica en la contemplación inmediata de Dios de que ellos disfrutan (Mt 18, 10). Y como también los santos contemplan a Dios cara a cara (1 Cor 13, 12; 1 Ioh 3, 2), son por lo mismo dignos de veneración.

En 2 Mac 15, 11-16, se da testimonio de la fe del pueblo judío en la intercesión de los santos: Judas Macabeo contempla en un sueño «digno de toda fe» cómo dos justos que ya habían muerto, el sumo sacerdote Onías y el profeta Jeremías, intercedían ante

Dios por el pueblo judío y la ciudad santa; cf. Ier 15, 1. Según Tob 12, 12, Apoc 5, 8, y 8, 3, los ángeles y santos del cielo presentan a Dios las oraciones de los santos de la tierra, es decir, las apoyan con su intercesión, como era de esperar de la perseverancia de la caridad (1 Cor 13, 8). Y del hecho de que ellos intercedan por nosotros se sigue la licitud de invocarles.

Históricamente, el culto a los santos aparece primeramente bajo la forma de culto a los mártires. El testimonio más antiguo lo tenemos en el *Martyrium Polycarpi* (hacia el 156). El autor distingue con toda precisión entre el culto a Cristo y el culto a los mártires: «A éste [a Cristo] le adoramos por ser el Hijo de Dios; y a los mártires los amamos con razón como discípulos e imitadores del Señor, por su adhesión eximia a su rey y maestro» (17, 3). Da testimonio también por vez primera de la costumbre de celebrar «el natalicio del martirio», es decir, el día de la muerte del mártir (18, 3). TERTULIANO *(De corona mil.* 3) y SAN CIPRIANO *(Ep.* 39, 3) mencionan que en el aniversario de la muerte del mártir se ofrecía el sacrificio eucarístico. SAN JERÓNIMO defiende contra Vigilancio el culto y la invocación a los santos *(Ep.* 109, 1; *Contra Vigil.* 6). SAN AGUSTÍN sale igualmente en defensa del culto a los mártires refutando la objeción de que con ello se adoraba a hombres. Propone como fin de ese culto el imitar el ejemplo de los mártires, el aprovecharse de sus méritos y el valerse de su intercesión *(Contra Faustum* XX 21).

La invocación a los santos la hallamos testimoniada por primera vez en SAN HIPÓLITO de Roma, que se dirige a los tres compañeros de Daniel con la siguiente súplica: «Os suplico que os acordéis de mí, para que también yo consiga con vosotros la suerte del martirio» *(In Dan.* II 30). ORÍGENES enseña que «a los que oran como conviene, no sólo les acompaña en su oración el Sumo Sacerdote [Jesucristo], sino también los ángeles y las almas de los que durmieron en el Señor». Prueba con argumentos bíblicos la intercesión de los santos, basándose en 2 Mac 15, 14; y con argumentos especulativos, basándose en la continuación y consumación en la otra vida del amor al prójimo *(De orat.* 11; cf. *Exhort. ad mart.* 20 y 38; *In lib. Iesu Nave hom.* 16, 5; *In Num. hom.* 26, 6); cf. SAN CIPRIANO, *Ep.* 60, 5. En las inscripciones sepulcrales paleocristianas se invoca a menudo a los mártires y a otros fieles difuntos que se suponía en la gloria, para que intercedan por los vivos y difuntos.

Es improcedente la objeción, lanzada por los reformadores, de que la invocación a los santos venía a perjudicar la única mediación de Cristo. La razón es clara: la mediación de los santos no es sino secundaria y subordinada a la única mediación de Cristo. Su eficacia radica precisamente en el mérito redentor de Cristo. Por tanto, el culto e invocación de los santos redunda en gloria de Cristo, que, como Dios, dispensa la gracia y, como hombre, la mereció y coopera en la dispensación de la misma. «Veneramos a los siervos para que los resplandores de ese culto glorifiquen al Señor» (SAN JERÓNIMO, *Ep.* 109, 1); cf. *Cat. Rom.* III 2, 14.

2. El culto a las reliquias de los santos

Es lícito y provechoso venerar las reliquias de los santos (de fe).

El culto tributado a las reliquias de los santos es culto relativo de dulía. El concilio de Trento hizo la siguiente declaración: «Los fieles deben también venerar los sagrados cuerpos de los santos mártires y de todos los demás que viven con Cristo»; Dz 985; cf. Dz 998, 440, 304. La razón para venerarlos es que los cuerpos de los santos fueron miembros vivos de Cristo y templos del Espíritu Santo, y que un día resucitarán y serán glorificados. Además, Dios concede a los hombres por su medio muchos beneficios; Dz 985. Con el cuerpo y sus partes, son también venerados como reliquias los objetos que estuvieron en contacto físico con los santos.

La declaración del concilio va dirigida contra los reformadores, que juntamente con el culto a los santos rechazaron el culto a sus reliquias como carente de todo fundamento bíblico (cf. LUTERO, *Art. Smalcald.*, P. II, art. 2, n. 22). En la antigüedad cristiana, Vigilancio levantó la voz contra el culto de las reliquias, muy desarrollado ya por aquel entonces.

La Sagrada Escritura no conoce todavía el culto a las reliquias, pero nos ofrece los puntos de partida de los que ha tomado origen dicho culto. Los israelitas, cuando el éxodo de Egipto, llevaron consigo los huesos de José (Ex 13, 19). Por el contacto con los huesos de Eliseo, resucitó a la vida un muerto (4 Reg 13, 21). Eliseo obró un milagro con el manto de Elías (4 Reg 2, 13 s). Los cristianos de Éfeso aplicaban a los enfermos los pañuelos y delantales del apóstol San Pablo y conseguían su curación y que se vieran libres de los espíritus malignos (Act 19, 12).

El alto aprecio del martirio indujo muy pronto a venerar las reliquias de los mártires. El *Martyrium Polycarpi* refiere que los cristianos de Esmirna recogieron los huesos del obispo mártir, «más valiosos que las piedras preciosas y más estimables que el oro», y los depositaron en un lugar conveniente (18, 2). «Allí», observa el autor, «nos reuniremos, siempre que sea posible, con júbilo y alegría, y el Señor nos concederá celebrar el natalicio de su martirio» (18, 3). SAN JERÓNIMO refuta la acusación de idolatría que Vigilancio había lanzado contra este culto. Distingue el santo entre el culto de latría y el de dulía, y considera la veneración a las reliquias como culto relativo, encaminado a la persona del mártir (*Ep.* 109, 1; *C. Vigil.* 4 s); cf. TEODORETO DE CIRO, *Graec. affect. curatio* 8; SAN JUAN DAMASCENO, *De fide orth.* IV 15; S.th. III 25, 6.

3. El culto a las imágenes de los santos

Es lícito y provechoso venerar las imágenes de los santos (de fe).

La veneración tributada a las imágenes de los santos es culto relativo de dulía. El VII concilio universal de Nicea (787), haciendo hincapié en la tradición, declaró contra los iconoclastas (adversarios violentos del culto a las imágenes sagradas) de la iglesia griega que era permitido erigir «venerables y santas imágenes» de Cristo, de la Madre de Dios, de los ángeles y de todos los santos, y tributarles veneración obsequiosa (τιμητικὴν προσκύνησιν), aunque no la propia y verdadera adoración (ἀληθινὴν λατρείαν), que a sólo Dios es debida; porque el honor tributado a una imagen va dirigido al que es representado por ella (SAN BASILIO, *De Spiritu S.* 18, 45); Dz 302. El concilio de Trento renovó estas declaraciones frente a los reformadores, que con el culto a los santos y las reliquias reprobaban también el culto a las imágenes. Insiste de nuevo el concilio en el carácter relativo de semejante veneración: «El honor que se tributa a las imágenes se refiere a los modelos que ellas representan»; Dz 986; cf. 998.

La prohibición existente en el Antiguo Testamento de construir y venerar imágenes (Ex 20, 4 s), en la cual se basaban los adversarios del culto a las imágenes, tenía por objeto preservar a los israelitas de caer en la idolatría de sus vecinos paganos. Esta prohibición solamente obliga a los cristianos a no tributar culto idolátrico a las imágenes. De todas maneras, ya se conocieron en el Antiguo Testamento excepciones de esa prohibición de construir imágenes; Ex 25, 18 (en el Arca de la Alianza había dos querubines de oro), Num 21, 8 (la serpiente de bronce).

Por efecto de esa prohibición existente en el Antiguo Testamento, vemos que el culto cristiano a las imágenes solamente se forma una vez que el paganismo gentílico está totalmente vencido. El sínodo de Elvira (hacia el 306) prohibió aun que en las casas de Dios se hicieran representaciones gráficas (can. 36). Primitivamente, las imágenes no tenían otra finalidad que la de instruir. La veneración a las mismas (por medio de ósculos, reverencias, cirios encendidos, incensaciones) se desarrolló principalmente en la iglesia griega desde los siglos V al VII. Los iconoclastas de los siglos VIII y IX consideraron este culto como una vuelta al paganismo. Pero, contra ellos, salen en favor de la costumbre eclesiástica de tributar culto a las imágenes San Juan Damasceno († 749), los patriarcas de Constantinopla Germán († 733) y Nicéforo († 829) y el abad Teodoro de Estudión († 826). Éstos insisten principalmente en el carácter relativo del culto y hacen notar el valor pedagógico de las imágenes sagradas; cf. Dz 1569.

Bibliografía: E. LUCIUS-G. ANRICH, *Die Anfänge des Heiligenkults in der christlichen Kirche*, T 1904. P. DÖRFLER, *Die Anfänge der Heiligenverehrung nach den römischen Inschriften und Bildwerken*, Mn 1913. H. DELEHAYE, *Sanctus. Essai sur le culte des saints dans l'antiquité*, Brx 1927. El mismo, *Les origines du culte des martyrs*, Brx [2]1933. J. B. WALZ, *Die Fürbitte der Heiligen*, Fr 1927. H. MENGES, *Die Bilderlehre des hl. Johannes von Damaskus*, Mr 1938. B. KÖTTING, *Peregrinatio religiosa*, Mr 1950. M. LACKMANN, *Verehrung der Heiligen*, St 1958. L. HÖFER, *Ökumenische Besinnung über die Heiligen*, Lu 1962.

§ 24. LA COMUNIÓN DE LOS FIELES DE LA TIERRA Y LOS SANTOS DEL CIELO CON LAS ALMAS DEL PURGATORIO

1. Posibilidad de los sufragios

Los fieles vivos pueden ayudar a las almas del purgatorio por medio de sus intercesiones (sufragios) (de fe).

Por sufragio no sólo se entiende la oración en favor de alguien, sino también las indulgencias, las limosnas y otras obras de piedad, sobre todo la santa misa.

El II concilio universal de Lyón (1274) y el concilio de Florencia *(Decretum pro Graecis* 1439) definieron, con las mismas palabras: «Para mitigar semejantes penas, les son de provecho [a las almas del purgatorio] los sufragios de los fieles vivos, a saber: las misas, las oraciones y limosnas y otras obras de piedad que suelen hacer los fieles en favor de otros fieles según las disposiciones de la Iglesia»; Dz 464, 693.

El concilio de Trento, contra los reformadores que negaban el purgatorio, declaró que existe el purgatorio y que las almas detenidas allí pueden ser ayudadas por las oraciones de los fieles y principalmente por el aceptable sacrificio del altar: «animasque ibi detentas fidelium suffragiis, potissimum vero acceptabili altaris sacrificio iuvari»; Dz 983; cf. Dz 427, 456, 998.

Según 2 Mac 12, 42-46, existía entre los judíos de aquella época la convicción de que podía ayudarse con oraciones y sacrificios a las almas de los que murieron en pecado. A la oración y al sacrificio se les atribuye valor purificativo del pecado. El cristianismo naciente recogió del judaísmo esa fe en la eficacia de los sufragios en favor de los difuntos. San Pablo desea la misericordia de Dios en el día del juicio para su fiel auxiliar Onesíforo, que, según todas las apariencias, ya no se contaba entre los vivos al tiempo de redactarse la segunda carta a Timoteo: «El Señor le dé hallar misericordia en aquel día cerca del Señor» (2 Tim 1, 18).

La tradición es rica en testimonios. Entre los monumentos literarios de la antigüedad, hallamos primeramente las actas apócrifas de Pablo y de Tecla (de fines del siglo II), las cuales testimonian la costumbre cristiana de orar por los difuntos: la difunta Falconilla suplica la oración de Tecla «para ser trasladada al lugar de los justos». Tecla ora de esta manera: «Dios del cielo, Hijo del Altísimo, concédele a ella [a Trifena, madre de la difunta], según lo desea, que su hija Falconilla viva en la eternidad» (*Acta Pauli et Theclae* 28 s). TERTULIANO, además de la oración por los difuntos, da también testimonio del sacrificio eucarístico que se ofrecía por ellos en el aniversario de su óbito (*De monogamia* 10; *De cor. mil.* 3; *De exhort. cast.* 11; cf. SAN CIPRIANO, *Ep.* 1, 2). SAN CIRILO DE JERUSALÉN hace mención, en su exposición de la misa, de la oración en favor de los difuntos que tiene lugar después de la consagración. Como efecto de la misma señala la reconciliación de los difuntos con Dios (*Cat. myst.* 5, 9 s). El que a los fieles difuntos se les pueda ayudar también con limosnas lo testimonian SAN JUAN CRISÓSTOMO (*In Phil. hom.* 3, 4) y SAN AGUSTÍN (*Enchir.* 111; *Sermo* 172, 2, 2). Pero SAN AGUSTÍN advierte que los sufragios no aprovechan a todos los difuntos, sino únicamente a aquellos que han vivido de tal suerte que están en situación de que les aprovechen después de la muerte; cf. *De cura pro mortuis gerenda* 1, 3; *Conf.* IX 11-13.

Las inscripciones sepulcrales paleocristianas de los siglos II y III contienen a menudo la súplica de que se haga una oración por los difuntos o el deseo de que obtengan la paz, el refrigerio, la vida en Dios o en Cristo; cf. el epitafio de Abercio de Hierópolis (anterior al 216): «Quien se entere de esto y sea compañero de la fe, que rece una oración por Abercio» (v. 19).

2. Eficacia de los sufragios

Los sufragios obran de la siguiente manera: Se ofrece a Dios el valor satisfactorio de las buenas obras como compensación por las penas temporales merecidas por los pecados que las almas del purgatorio tienen aún que expiar. El efecto de estos sufragios es la remisión de las penas temporales. En la oración, hay que añadir además el valor impetratorio. Mientras que la satisfacción funda un título formal ante la justicia divina, la oración se dirige más bien a la misericordia de Dios bajo forma de plegaria. La posibilidad de la satisfacción vicaria se funda en la unidad del cuerpo místico de Cristo, realizada por la gracia y la caridad.

Según la forma en que los sufragios produzcan su efecto satisfactorio, se distinguen las siguientes clases: *a)* los que obran «ex opere operato»: el santo sacrificio de la misa como sacrificio que Cristo hizo de sí mismo; *b)* los que obran «quasi ex opere operato»: que se realizan en nombre de la Iglesia, v.g., las exequias; *c)* los que obran «ex opere operantis»: las propias buenas obras, v.g., las limosnas. Se supone el estado de gracia.

El más eficaz de todos los sufragios es el santo sacrificio de la misa; cf. *Suppl.* 71, 3.

3. La intercesión de los santos en favor de las almas del purgatorio

También los santos del cielo pueden ayudar a las almas del purgatorio en su intercesión (sent. común).

En la liturgia de difuntos, la Iglesia ruega a Dios que los difuntos consigan la eterna bieaventuranza «por la intercesión de la bienaventurada siempre virgen María y de todos los santos» («oratio pro defunctis fratribus», etc.). Pero notemos que la intercesión de los santos tiene únicamente valor impetratorio, porque la facultad de satisfacer y merecer se limita al tiempo que dura la existencia terrena.

En los epitafios paleocristianos, vemos que las almas de los difuntos son encomendadas a menudo a los mártires. Para asegurarse el valimiento de éstos, los fieles querían ser enterrados en las cercanías de la tumba de algún mártir. San Agustín, consultado por el obispo Paulino de Nola, da la siguiente respuesta: La cercanía de la tumba de algún mártir, por sí misma, no aprovecha a los difuntos; pero los que quedan en vida se mueven con ello a invocar en sus oraciones la intercesión de aquel santo en favor de las almas de los difuntos *(De cura pro mortuis gerenda* 4, 6).

4. La intercesión e invocación de las almas del purgatorio

Las almas del purgatorio pueden interceder por otras almas del cuerpo místico (sent. probable).

Como las almas del purgatorio son miembros del cuerpo místico de Cristo, surge la cuestión de si ellas pueden interceder en favor de otras almas del purgatorio o de los fieles de la tierra. La respuesta es afirmativa. En consecuencia, habrá que admitir con Fr. Suárez y R. Belarmino que es posible y lícito invocar la intercesión de las almas del purgatorio.

Los sínodos provinciales de Vienne (1858) y Utrech (1865) enseñan que las almas del purgatorio pueden ayudarnos con su intercesión *(Coll. Lac.* v 191, 869). León XIII autorizó el año 1889 una oración indulgenciada en la cual se invoca la ayuda de las almas del purgatorio en los peligros del cuerpo y el alma (ASS 22, 743 s). (En las colecciones auténticas de 1937 y 1950 no se ha incluido tal oración.)

Santo Tomás presenta una objeción contra la intercesión e invocación de las almas del purgatorio, y es que ellas no tienen noticia de las oraciones de los fieles de la tierra, y, además, por el estado de castigo en que se hallan, no es admitida su intercesión: «secundum hoc (sc. quantum ad poenas) non sunt in statu orandi, sed magis ut oretur pro eis» (S.th. 2 II 83,

11 ad 3; cf. 2 II 83, 4 ad 3). Mas, como la Iglesia no ha desaprobado la invocación de las almas del purgatorio, costumbre que está muy difundida entre el pueblo cristiano y que se halla patrocinada por muchos teólogos —la abrogación de la oración indulgenciada que mencionamos antes no significa desaprobación alguna—, no debemos dudar de la posibilidad y licitud de invocarlas. Las almas del purgatorio pueden tener noticia, por revelación divina, de las oraciones de los fieles. No está, sin embargo, permitido tributar culto a las almas del purgatorio.

APÉNDICE: **¿Sufragios en favor de los condenados?**

A los condenados del infierno no les aprovechan los sufragios, pues no pertenecen al cuerpo místico de Cristo (sent. común).

SAN AGUSTÍN contaba con la posibilidad de que los sufragios hechos en favor de los difuntos lograsen a los condenados una mitigación de sus penas, con tal de que no fueran completamente malos («non valde mali»): «A quienes estos sacrificios [los del altar y las limosnas] aprovechan, les aprovechan de tal suerte que la remisión sea completa o la condenación más tolerable» («aut certe ut tolerabilior fiat ipsa damnatio»; *Enchir.* 110). La palabra del salmo 76, 10, según la cual Dios, en su ira, no retira su misericordia, puede entenderse —conforme a la interpretación de SAN AGUSTÍN— en el sentido «de que no pone, sin duda, fin a la pena eterna, pero mitiga temporalmente o interrumpe los tormentos» (non aeterno supplicio finem dando, sed levamen adhibendo vel interponendo cruciatibus»; *Enchir.* 112). Según SAN GREGORIO MAGNO, la oración por los condenados «carece de valor ante los ojos del justo Juez» *(Dial.* IV 44; *Moralia* XXXIV 19, 38). Los teólogos de la escolástica primitiva siguen, la mayor parte de ellos, a San Agustín. En los libros litúrgicos de la temprana edad media se llega incluso a encontrar una *missa pro defuncto, de cuius anima dubitatur vel desperatur.* En las oraciones de esta misa se pide la mitigación de las penas del infierno en caso de que la persona de que se trate no pueda conseguir la gloria debido a sus graves pecados.

Santo Tomás, siguiendo a San Gregorio, enseña que los sufragios en nada aprovechan a los condenados y que la Iglesia no pretende orar por ellos.

Bibliografía: J. P. KIRSCH (v. supra, § 21). J. B. WALZ, *Die Fürbitte der Armen Seelen und ihre Anrufung durch die Gläubigen auf Erden,* Wü [2]1933. A. LANDGRAF, *Die Linderung der Höllenstrafen nach der Lehre der Frühscholastik,* ZkTh 60 (1936) 299-370. S. MERKLE, *Augustin über eine Unterbrechung der Höllenstrafen,* en *Aurelius Augustinus,* K 1930, 197-202. A. FRANZ, *Die Messe im deutschen Mittelalter,* Fr 1902.

Parte tercera

TRATADO SOBRE LOS SACRAMENTOS

Sección primera

TRATADO SOBRE LOS SACRAMENTOS EN GENERAL

Bibliografía: J. H. OSWALD, *Die dogmatische Lehre von den hl. Sakramenten der katholischen Kirche,* 2 tomos, Mr [2]1894. P. SCHANZ, *Die Lehre von den hl. Sakramenten der katholischen Kirche,* Fr 1893. N. GIHR, *Die hl. Sakramente der katholischen Kirche,* 2 tomos, Fr [3]1918-1921. L. BILLOT, *De Ecclesiae sacramentis,* 2 tomos, R I [6]1924, II [7]1930. P. POURRAT, *La théologie sacramentaire,* P [2]1910. H. LENNERZ, *De sacramentis Novae Legis,* R [3]1950. J. B. UMBERG, *Systema Sacramentarium,* In 1930. R. GRABER, *Christus in seinen hl. Sakramenten,* Mn [2]1940. A VON MALTZEW, *Die Sakramente der orthodox-katholischen Kirche des Morgenlandes,* B 1898. TH. SPÁCIL, *Doctrina theologiae Orientis separati de sacramentis in genere,* R 1937. CL. KOPP, *Glaube und Sakramente der koptischen Kirche,* R 1932. W. DE VRIES, *Sakramententheologie bei den syrischen Monophysiten,* R 1940. El mismo, *Sakramententheologie bei den Nestorianern,* R 1947. F. PROBST, *Sakramente und Sakramentalien in den drei ersten christlichen Jahrhunderten,* T 1872. J. STIGLMAYR, *Die Lehre von den Sakramenten und der Kirche nach Ps.-Dyonisius,* ZkTh 22 (1898) 246-303. H. WEISWEILER, *Maître Simon et son groupe De sacramentis. Textes inédits,* Ln 1937 *(Appendice:* R. M. MARTIN, *Pierre le Mangeur, De sacramentis. Texte inédit).* A. M. LANDGRAF, *Dogmengeschichte der Frühscholastik,* III Teil: *Die Lehre von den Sakramenten,* 2 vols. Re 1954/55. J. STRAKE, *Die Sakramentenlehre des Wilhelm von Auxerre,* Pa 1917. FR. GILLMANN, *Zur Sakramentenlehre des Wilhelm von Auxerre,* Wü 1918. K. ZIESCHÉ, *Die Sakramentenlehre des Wilhelm von Auvergne,* Wü 1911. J. LECHNER, *Die Sakramentenlehre des Richard von Mediavilla,* Mn 1925. L. HÖDL, *Die Grundfragen der Sakramentenlehre nach Herveus Natalis O. P.* († 1323), Mn 1956. F. CAVALLERA,

Le décret du Concile de Trente sur les sacrements en général, BLE 1914, 361-377, 401-425; 1915-1916, 17-33, 66-88; 1918, 161-181. E. Doronzo, *De sacramentis in genere,* Mw 1946. I. Puig de la Bellacasa, *De sacramentis,* Barna ²1948. G. Van Roo, *De sacramentis in genere,* R 1957. J. Brinktrine, *Die Lehre von den hl. Sakramenten I-II,* Pa 1961/62.

Capítulo primero

NATURALEZA DE LOS SACRAMENTOS

§ 1. Noción de sacramento

1. Definición nominal

La voz «sacramentum» significa etimológicamente algo que santifica o que es santo *(res sacrans* o *res sacra).* En la literatura latina profana se llama sacramentum a la jura de la bandera y a cualquier juramento en general. En el lenguaje jurídico de los romanos sacramentum significa la fianza depositada en el templo por las partes litigantes.

En la Vulgata, la palabra sacramentum sirve para traducir el término griego μυστήριον. Esta voz griega significa algo oculto y misterioso (cf. Tob 12, 7; Dan 2, 18; 4, 6); y en el campo religioso se aplica a los misterios de Dios (Sap 2, 22; 6, 24) y, sobre todo, al misterio de la redención por Jesucristo (Eph 1, 9; Col 1, 26 s). Tiene, además, la significación de: señal, símbolo, tipo de algún misterio santo (Eph 5, 32: el matrimonio es símbolo de la unión mística de Cristo con su Iglesia; Apoc 1, 20; 17, 7).

Los padres, siguiendo la terminología empleada por la Escritura, designan con el término sacramentum toda la religión cristiana, en cuanto ésta es una suma de verdades e instituciones misteriosas; y también lo aplican a algunas doctrinas y ritos sagrados de culto. Tertuliano aplica la palabra sacramentum a la obra redentora de Dios («sacramentum oikonomiae»), a la salvación mesiánica prefigurada en los tipos del Antiguo Testamento, al contenido de la fe en cuanto se refiere a la ejecución de los decretos salvíficos de Dios («Iudaicum sacramentum—Christianum sacramentum»), a ciertos ritos litúrgicos, como el bautismo y la eucaristía («sacramentum aquae, sacramentum eucharistiae, sacramentum panis et calicis») y, tomando pie de la clásica significación de «jura de la bandera», a la promesa que se hace al recibir el bautismo cristiano. San Agustín, partiendo del concepto genérico de signo, da la siguiente definición: «sacramentum, id est sacrum signum» *(De civ. Dei* x 5; en la escolástica se transformó la definición agustiniana en esta otra: «signum rei sacrae»). De textos de San Agustín se sacaron también otras definiciones: «signum ad res divinas pertinens» (cf. *Ep.* 138, 1, 7); «invisibilis gratiae visibilis forma» (cf. *Ep.* 105, 3, 12).

La teología de la escolástica primitiva (Hugo de San Víctor, † 1141, Pedro Lombardo, † 1160) perfeccionó la definición agustiniana precisando que el sacramento no era tan sólo *signo* de la gracia, sino al mismo tiempo *causa* de la gracia. Llegaron a alcanzar celebridad histórica las siguientes definiciones de sacramento: SAN ISIDORO DE SEVILLA, *Etymol.* VI 19, 40: «Quae (sc. baptismus et chrisma, corpus et sanguis Domini) ob id sacramenta dicuntur, quia sub tegumento corporalium rerum virtus divina secretius salutem eorundem sacramentorum operatur, unde et a secretis virtutibus vel a sacris sacramenta dicuntur»; HUGO DE SAN VÍCTOR, *De sacr. christ. fidei* I 9, 2: «Sacramentum est corporale vel materiale elementum foris sensibiliter propositum, ex similitudine repraesentans et ex institutione significans et ex sanctificatione continens aliquam invisibilem et spiritalem gratiam»; PEDRO LOMBARDO, *Sent.* IV 1, 4: «Sacramentum proprie dicitur, quod ita signum est gratiae Dei et invisibilis gratiae forma, ut ipsius imaginem gerat et causa existat.»

2. Definición esencial

El sacramento del Nuevo Testamento es un signo instituido por Cristo para producir la gracia.

El *Catecismo Romano* (II 1, 8) define al sacramento como «una cosa sensible que por institución divina tiene la virtud de significar y operar la santidad y justicia [= la gracia santificante]» («docendum erit rem esse sensibus subiectam, quae ex Dei institutione sanctitatis et iustitiae tum significandae tum efficiendae vim habet»). Según esto, vemos que son tres las notas que constituyen el concepto de sacramento: *a)* un signo exterior (es decir, perceptible por los sentidos) de la gracia santificante; *b)* la producción de la gracia santificante; *c)* la institución por Dios, y, más en particular, por el Dios-hombre Jesucristo.

El concilio de Trento hace únicamente mención de la definición incompleta que se deriva de San Agustín: «Symbolum rei sacrae et invisibilis gratiae forma visibilis»; Dz 876.

El sacramento cae dentro de la categoría genérica de signo; S.th. III 60, 1: «Sacramentum ponitur in genere signi». La esencia del signo es conducir al conocimiento de otra cosa: «Signum est enim res praeter speciem, quam ingerit sensibus, aliud aliquid ex se faciens in cogitationem venire» (SAN AGUSTÍN, *De doctr. christ.* II 1, 1). Los sacramentos no son signos puramente naturales, pues una acción natural solamente por una positiva institución divina puede significar un efecto sobrenatural, ni son tampoco signos puramente artificiales o convencionales, pues por sus cualidades naturales son apropiados para simbolizar la gracia interior. No son signos puramente especulativos o teóricos, sino eficientes y prácticos, pues no se limitan a indicar la santificación interna, sino que la operan. Nos señalan el pasado, el presente y el futuro, porque nos recuerdan la pretérita pasión de Cristo, significan la gracia presente e indican la gloria futura («signa rememorativa passionis Christi, signa demonstrativa praesentis gratiae, signa prognostica futurae gloriae»); cf. S.th. III 60, 3.

3. El concepto de sacramento entre los protestantes

Los reformadores, por sus ideas sobre la justificación, consideran los sacramentos como prueba de la promesa divina de perdonar los pecados y como medio para despertar y avivar la fe fiducial, que es la única que justifica. Los sacramentos no son medios para conseguir la gracia, sino medios para despertar y avivar la fe y símbolos de esa misma fe. *Confessio Aug.*, art. 13: «De usu sacramentorum docent, quod sacramenta instituta sint, non modo ut sint notae professionis inter homines, sed magis ut sint signa et testimonia voluntatis Dei erga nos, ad excitandam et confirmandam fidem in his, qui utuntur, proposita»; CALVINO, *Inst.* IV 14, 12: «quorum (sc. sacramentorum) unicum officium est, eius (sc. Dei) promissiones oculis nostris spectandas subicere, imo nobis earum esse pignora». Según esto, los sacramentos no tienen más que una significación psicológica y simbólica. El concilio de Trento condenó como herética semejante doctrina; Dz 848 s.

La teología protestante liberal de la actualidad explica los sacramentos cristianos como imitaciones de los viejos misterios paganos.

El modernismo niega que Cristo haya instituido inmediatamente los sacramentos y considera a éstos como meros símbolos que guardan con el sentimiento religioso una relación parecida a la que tienen las palabras con las ideas; cf. Dz 2039-41, 2089.

Bibliografía: H. VON SODEN, Μυστήριον *und sacramentum in den ersten zwei Jahrhunderten der Kirche,* ZNW 12 (1911) 188-227. C. COUTURIER, *«Sacramentum» et «mysterium» dans l'oeuvre de S. Augustin,* en «Études augustiniennes», P 1953, 161-332. J. DE GHELLINCK, É. DE BACKER, J. POUKENS, G. LEBACQS, *Pour l'histoire du mot «Sacramentum».* I. *Les Anténicéens,* Ln-P 1924. A. KOLPING, *Sacramentum Tertullianeum.* I. Teil: *Untersuchungen über die Anfänge des christlichen Gebrauches der Vokabel sacramentum,* Mr 1948. J. HUHN, *Die Bedeutung des Wortes Sacramentum bei dem Kirchenvater Ambrosius,* Fu 1928. J. DE GHELLINCK, *Un chapitre dans l'histoire de la définition des sacrements au XIIe siècle,* «Mélanges Mandonnet» II, P 1930, 79-96. D. VAN DEN EYNDE, *Les définitions des Sacrements pendant la première période de la théologie scolastique (1050-1240),* R-Ln 1950. J. C. M. FRUYTIER, *Het woord* Μυστήριον *in de Catechesen van Cyrillus van Jeruzalem,* N 1950. E. ROTH, *Sakrament nach Luther,* B 1952.

§ 2. Los elementos del signo sacramental

1. La materia y la forma

El signo externo del sacramento se compone de dos elementos esenciales: la cosa y la palabra («res et verbum» o «elementum et verbum») (sent. próxima a la fe).

La cosa es ora una sustancia corporal (agua, óleo), ora una acción sensible (penitencia, matrimonio). La palabra es ordinariamente la palabra hablada.

Desde la primera mitad del siglo XII, la palabra, primeramente la fórmula bautismal, recibe a menudo la denominación de forma en el sentido de fórmula («forma verborum»). Con menos frecuencia y desde la mitad del siglo XII (Pedro Lombardo) se da el nombre de materia a la cosa material. Poco tiempo después aparecen ya juntas ambas expresiones (Eckberto de Schönau, glosa del Seudo-Pedro de Poitiers, Alano de Lila, Pedro Cantor). Quien usa por vez primera estas dos expresiones en el sentido hilemorfístico de la filosofía aristotélica es Hugo de San Caro (hacia el 1230), que es el primero en distinguir la materia y la forma en cada uno de los siete sacramentos. El magisterio de la Iglesia aceptó esta nomenclatura. El *Decretum pro Armeniis* del concilio unionista de Florencia (1439) declara: «Haec omnia sacramenta tribus perficiuntur, videlicet rebus tanquam materia, verbis tanquam forma, et persona ministri conferentis sacramentum cum intentione faciendi, quod facit Ecclesia; quorum si aliquid desit, non perficitur sacramentum»; Dz 695; cf. 895.

La materia se divide en *remota,* es decir, la sustancia material como tal (v.g., el agua, el óleo), y *próxima,* que es la aplicación de la sustancia material (v.g., la ablución y la unción).

La Sagrada Escritura, por lo menos tratándose de algunos sacramentos, hace resaltar claramente los dos elementos esenciales del signo externo; v.g., en Eph 5, 26, a propósito del bautismo: «Purificándola [a la Iglesia] mediante el lavado del agua en la palabra»; cf. Mt 28, 19; Act 8, 15 ss; Mt 26, 26 ss; Iac 5, 14; Act 6, 6.

La tradición da testimonio de que los sacramentos se administraron siempre por medio de una acción sensible y de unas palabras que acompañaban la ceremonia. San Agustín dice refiriéndose al bautismo: «Si quitas las palabras, ¿qué es entonces el agua, sino agua? Si al elemento se añaden las palabras, entonces se origina el sacramento» *(In Ioh.,* tr. 80, 3; cf. tr. 15, 4; *Sermo Denis* 6, 3); cf. S.th. III 60, 6.

2. Unidad moral de ambos elementos

Las expresiones aristotélicas de materia y forma solamente se aplican de modo análogo a los elementos del signo sacramental, por cuanto la cosa es en sí algo indeterminado y la palabra es algo determinante. Pero ambos elementos no constituyen una unidad física, como sucede con los elementos de un ser material, sino que su unidad es únicamente moral. Por eso no es necesario que coincidan los dos en el mismo instante de tiempo; basta una coincidencia moral, es decir, tienen que componerse de tal suerte que según la apreciación general constituyen un solo signo. Los sacramentos de la penitencia y el matrimonio, por su índole peculiar, permiten incluso que exista una separación más larga entre la materia y la forma.

3. Sacramentum—res sacramenti

La teología escolástica denomina al signo exterior «sacramentum» o «sacramentum tantum» («significat et non significatur»), y al efecto interior de la gracia «res sacramenti» («significatur et non significat»). De estos dos se distingue como término medio el de «res et sacramentum» («significatur et significat»); tal es, en los sacramentos del bautismo, la confirmación y el orden, el carácter sacramental; en la eucaristía, el verdadero Cuerpo y la verdadera Sangre de Cristo; en la penitencia, la penitencia interna del que se confiesa; en la extremaunción (según Suárez), «la unción interna», es decir, la confrontación interior; en el matrimonio, el vínculo conyugal indisoluble; cf. S.th. III 66, 1; 73, 6; 84, 1 ad 3. La distinción que acabamos de mencionar tiene su origen en la primera mitad del siglo XII.

4. Conveniencia de los signos sensibles de la gracia

La conveniencia de instituir signos sensibles de la gracia se funda principalmente en la índole sensitivorracional de la naturaleza humana; cf. Hugo de San Víctor, *De sacr. christ. fidei* I 9, 3: «Triplici ex causa sacramenta instituta esse noscuntur: propter humiliationem, propter eruditionem, propter exercitationem»; cf. S.th. III 61, 1; *Cat. Rom.* II 1, 9.

Bibliografía: A. Landgraf, *Beiträge der Frühscholastik zur Terminologie der allgemeinen Sakramentenlehre,* DTh 29 (1951) 3-34. D. Van den Eynde, *The Theory of the Composition of the Sacraments in Early Scholasticism (1125-1240),* FS 11 (1951) 1-20, 117-144, 12 (1952) 1-26.

Capítulo segundo

EFICIENCIA Y CAUSALIDAD DE LOS SACRAMENTOS

§ 3. La eficiencia objetiva de los sacramentos

1. Sacramento y gracia

Los sacramentos del Nuevo Testamento contienen la gracia que significan y la confieren a los que no ponen estorbo (de fe).

Mientras que los reformadores no admiten más que una eficiencia subjetiva y psicológica de los sacramentos, en cuanto éstos despiertan y avivan en el que los recibe la fe fiducial, la Iglesia católica enseña que hay una eficacia sacramental objetiva, es decir, independiente de la disposición subjetiva del que los recibe y del que los administra. El concilio de Trento declaró contra los reformadores: «Si quis dixerit, sacramenta novae Legis non continere gratiam, quam significant, aut gratiam ipsam non ponentibus obicem non conferre...», a. s.; Dz 849. De manera parecida se expresa Dz 695. Cf. también Dz 850: «Si quis dixerit, non dari gratiam per huiusmodi sacramenta semper et omnibus, quantum est ex parte Dei...», a. s. De todo esto se deduce que los sacramentos confieren la gracia *inmediatamente,* es decir, sin mediación de la fe fiducial. La fe, cuando el que recibe el sacramento es un adulto, es condición indispensable («condicio sine qua non») o causa dispositiva, pero no causa eficiente de la gracia. Los sacramentos son causas eficientes de la gracia, aunque sólo causas instrumentales. Cf. Dz 799: el sacramento del bautismo es causa instrumental de la justificación.

La expresión usada por la escolástica (desde Hugo de San Víctor) y por el concilio de Trento: «Los sacramentos contienen la gracia», quiere decir que la gracia se contiene en los sacramentos de manera parecida a como está contenido el efecto en la causa instrumental, y que, por tanto, esa continencia no es formal (como la de un líquido en un recipiente), sino únicamente virtual; cf. S.th. III 62, 3.

La Sagrada Escritura atribuye a los sacramentos verdadera causalidad (instrumental), como se ve claramente por el empleo de las preposiciones «de» (ἐκ, ἐξ; *ex*) y «por» (διά; *per*) y del dativo o (en latín) ablativo instrumental; Ioh 3, 5: «Quien no renaciere del agua y del Espíritu (ἐξ ὕδατος καὶ πνεύματος) no puede entrar en el reino de los cielos»; Tit 3, 5: «Nos salvó mediante el lavatorio de la regeneración y renovación del Espíritu Santo (διὰ λουτροῦ παλιγγενεσίας)»; Eph 5, 26: «...purificándola con el lavado del agua en la palabra (τῷ λουτρῷ τοῦ ὕδατος)»; cf. Act 8, 18; 2 Tim 1, 6: 1 Petr 3, 21.

Los padres atribuyen al signo sacramental la purificación y la santificación inmediata del alma. Insisten especialmente en la virtud purificadora y santificadora que posee el agua bautismal y comparan esa eficacia, que opera la regeneración, con la fecundidad del seno maternal, sobre todo del virginal seno materno de la Virgen María (San Juan Crisóstomo, *In Ioh. hom.* 26, 1; San León Magno, *Sermo* 24, 3; 25, 5; cf. la oración que se reza al bendecir el agua bautismal). La práctica de bautizar a los niños «para remisión de los pecados», que se remonta a los primeros tiempos del cristianismo, es una prueba evidente de que se concebía la eficacia del bautismo como independiente de toda acción personal del bautizando.

2. Eficiencia «ex opere operato»

Los sacramentos actúan «ex opere operato» (de fe).

Para designar esa eficacia objetiva, la teología escolástica creó la fórmula: «Sacramenta operantur ex opere operato», es decir, que los sacramentos obran en virtud del rito sacramental que se realiza. El concilio de Trento sancionó esta fórmula, duramente impugnada por los reformadores: «Si quis dixerit, per ipsa novae Legis sacramenta ex opere operato non conferri gratiam...», a. s.; Dz 851.

Esta terminología escolástica comienza a emplearse en la segunda mitad del siglo XII. Fue principalmente la escuela de los porretanos la que, primero en la doctrina sobre el merecimiento y en la cuestión sobre el valor moral de la crucifixión de Cristo, estableció la distinción entre la acción subjetiva («opus operans») y el hecho objetivo («opus operatum»). De ahí pasó esta distinción a la doctrina sobre los sacramentos y se aplicó la eficiencia de los mismos (*Glosa del Seudo-Poitiers,* Pedro de Poitiers, *Summa* del Cod. Bamberg. Patr. 136).

Por «opus operatum» se entiende la realización válida del rito sacramental, a diferencia del «opus operantis», que no es sino la disposición subjetiva del que recibe el sacramento. La fórmula «ex opere operato» significa negativamente que la gracia sacramental no se confiere por la acción subjetiva del que recibe o administra el sacramento, y positivamente quiere decir que esa gracia sacramental es producida por el signo sacramental válidamente realizado. Es históricamente falsa la interpretación de Möhler: «ex opere operato=ex opere a Christo operato» (*Symbolik,* § 28), porque este término escolástico no pretende darnos a entender la fuente (causa meritoria) de la gracia sacramental, sino el modo que tiene de obrar esa misma gracia.

Contra las frecuentes adulteraciones y reproches que injustamente ha sufrido la doctrina católica sobre los sacramentos por parte de sus adversarios (cf. MELANCHTHON, *Apologia Confessionis,* art. 13), conviene acentuar que la eficiencia «ex opere operato» que tienen los sacramentos no hay que entenderla como una causalidad mecánica o mágica. La doctrina católica no excluye el «opus operantis», antes bien lo exige expresamente cuando son adultos los que han de recibir los sacramentos: «Non ponentibus obicem»; Dz 849. Sin embargo, la disposición subjetiva del que recibe el sacramento no es causa de la gracia, sino únicamente condición indispensable para que ésta sea conferida (causa dispositiva, no causa eficiente). Del grado de esta disposición subjetiva depende incluso la medida de la gracia producida «ex opere operato»; Dz 799: «secundum propriam cuiusque dispositionem et cooperationem».

Bibliografía: C. VON SCHÄZLER, *Die Lehre von der Wirksamkeit der Sakramente ex opere operato,* Mn 1860. P. V. KORNYLIAK, *S. Augustini de efficacitate sacramentorum doctrina contra Donatistas,* R 1953. H. WEISWEILER, *Die Wirksamkeit der Sakramenten nach Hugo von St. Viktor,* Fr 1932. A. LANDGRAF, *Die Einführung des Begriffspaares opus operans und operatum in die Theologie,* DTh 29 (1951) 211-223. D. ITURRIOZ, *La definición del concilio de Trento sobre la causalidad de los sacramentos,* Ma 1951. G. WUNDERLE, *Religion und Magie,* Mergentheim 1926.

§ 4. LA CAUSALIDAD DE LOS SACRAMENTOS

Todos los teólogos católicos enseñan que los sacramentos no son meras condiciones u ocasiones en que se confiere la gracia, sino verdaderas causas (instrumentales) de la gracia. Pero, cuando se detienen a explicar cómo producen la gracia «ex opere operato», entonces las opiniones se dividen. Los tomistas sostienen que la causalidad de los sacramentos es física; los escotistas y muchos teólogos de la Compañía de Jesús enseñan que esa causalidad es moral. A estas dos teorías añadió L. Billot, S. I. († 1931) otra tercera que propone una causalidad intencional. El concilio de Trento no definió nada sobre el modo con que los sacramentos producen la gracia.

1. Causalidad física

Los sacramentos obran físicamente cuando producen la gracia que significan por una virtud interna recibida de Dios. El Señor, como causa principal de la gracia, se sirve del signo sacramental como de un instrumento físico para producir mediante él la gracia sacramental en el alma del que recibe el sacramento. Dios concede la gracia de manera mediata, *por medio* del sacramento.

2. Causalidad moral

Los sacramentos obran moralmente cuando, por un valor objetivo que les es propio y que poseen por institución de Cristo, mueven a Dios a conceder la gracia. Dios da directamente la gracia en cuanto el signo sacramental se realiza válidamente, pues se obligó a ello por un cuasicontrato cuando instituyó los sacramentos (tal es la explicación de los antiguos escotistas), o bien porque los signos sacramentales poseen la virtud impetratoria de la intercesión de Cristo, pues en cierto sentido son acciones del mismo Cristo. Dios da la gracia directamente *a causa* del sacramento.

3. Causalidad intencional

La teoría de Billot se deriva de la sentencia de antiguos doctores de la escolástica (Alejandro de Hales, Alberto Magno, SANTO TOMÁS en su *Comentario de las Sentencias)*, los cuales enseñaron que los sacramentos no obran la gracia *perfective*, sino únicamente *dispositive*, pues no producen la gracia misma, sino una disposición real para la gracia: el carácter sacramental, el llamado «ornato del alma» («ornatus animae»). Ahora bien, mientras esos teólogos escolásticos que hemos mencionado sostienen que los sacramentos tienen causalidad física respecto de dicha disposición, Billot no les concede más que una causalidad *intencional*, es decir, que los sacramentos, según este autor, tienen la virtud de significar y comunicar un ente de carácter espiritual (la representación intencional de lo que significan). Enseña este autor que los sacramentos producen la gracia *intentionaliter dispositive*, por cuanto confieren al alma del que los recibe un título exigitivo de la gracia, es decir, un derecho jurídico a la misma. Semejante derecho tiene como consecuencia infalible la inmediata infusión de la gracia por parte de Dios, si no existe ningún obstáculo o en cuanto este obstáculo desaparece.

Apreciación crítica

La teoría de Billot contradice el principio: Los sacramentos obran aquello mismo que significan, a saber: la gracia. Según la doctrina católica (Dz 849 ss), es la gracia el efecto propio de los sacramentos.

La doctrina de la causalidad moral ofrece muy pocas dificultades al entendimiento, pero no responde al concepto de causa instrumental; Dz 799.

La teoría que parece estar más de acuerdo con la doctrina de la Iglesia, la Escritura y los padres es, sin duda, la de la causalidad física, propugnada por SANTO TOMÁS en la S.th. III 62.

Objeciones contra la causalidad física

a) Separación espacial del que administra el sacramento y del que lo recibe. La causalidad física no hay que entenderla de tal suerte que el signo sacramental tenga que tocar físicamente al que recibe el sacramento para poder producir la gracia sacramental. El contacto físico es necesario únicamente cuando así lo exige la función simbólica propia del signo sacramental, como ocurre, v.g., con la ablución y la unción. La absolución sacramental y la declaración del mutuo consentimiento al contraer matrimonio no requieren que las palabras pronunciadas tengan contacto alguno sobre los que reciben estos sacramentos.

b) Sucesión temporal de la ceremonia sacramental. El efecto de producir la gracia tiene lugar en cuanto se ha terminado la actividad propia del signo sacramental, que consiste en significar la gracia. En ese instante actúa la virtud instrumental que Dios ha conferido al sacramento y que produce la gracia en el alma del que lo recibe. Así pues, la gracia se produce, efectivamente, en el último instante de la ceremonia sacramental; pero todo lo que precede a la misma no carece de importancia, pues para la función de significar se requiere precisamente la ceremonia completa. La acción propia de significar y la acción de conferir la gracia se funden mutuamente en una sola acción sacramental; cf. S.th. III 62, 1 ad 2.

c) Reviviscencia. La reviviscencia de los sacramentos (recibidos válida pero indignamente), cuando se trata de los sacramentos del bautismo, confirmación y orden, se explica por ser el carácter sacramental el portador físico de la virtud operadora de la gracia que Dios confiere. Cuando se trata de los sacramentos de la extremaunción y del matrimonio (que no imprimen carácter), es el carácter bautismal el que asume esta misión. Varios teólogos admiten la causalidad moral para el caso excepcional de la reviviscencia, al menos cuando se trate de los sacramentos que no imprimen carácter.

Bibliografía: G. Reinhold, *Die Streitfrage über die physische oder moralische Wirksamkeit der Sakramente,* St-W 1899. W. Lampen, *De causalitate sacramentorum iuxta scholam Franciscanam,* Bo 1931. H.-D. Simonin-G. Meersseman, *De sacramentorum efficientia apud theologos Ord. Praed.* Fasc. I: 1229-1270, R 1936. M. Gierens, *De causalitate sacramentorum seu de modo explicandi efficientiam sacramentorum Novae Legis textus scholasticorum principaliorum,* R 1935. D. Van den Eynde, *Stephen Langton and Hugh of St. Cher on the Causality of the Sacraments,* FS 11 (1951) 141-155. H. Weisweiler, *Die Wirkursächlichkeit der Sakramente nach dem Sentenzenkommentar Alberts des Grossen,* Studia Albertina (Festschrift B. Geyer), Mr 1952, 400-419. A. Temiño, *¿Es idéntica o diversa la especie de causalidad en los distintos sacramentos?,* RET 10 (1950) 491-515. El mismo, *La diversa causalidad de los sacramentos,* RET 12 (1952) 219-226.

§ 5. Efectos de los sacramentos

1. La gracia sacramental

a) La gracia santificante

Todos los sacramentos del Nuevo Testamento confieren la gracia santificante a quienes los reciben (de fe).

El concilio de Trento enseña: «per quae (sc. per sacramenta Ecclesiae) omnis vera iustitia (= gratia sanctificans) vel incipit vel coepta augetur vel amissa reparatur»; Dz 843*a*; cf. 849-851.

La Sagrada Escritura indica, ora de manera directa, ora indirecta, la gracia como efecto de los sacramentos. Según 2 Tim 1, 6, el efecto de la imposición de las manos del Apóstol es la «gracia de Dios». Otros pasajes designan los efectos de ritos sacramentales con el nombre de regeneración (Ioh 3, 5; Tit 3, 5), purificación (Eph 5, 26), remisión de los pecados (Ioh 20, 23; Iac 5, 15), comunicación del Espíritu Santo (Act 8, 17), concesión de la vida eterna (Ioh 6, 55 [G 54]). Todos estos efectos son inseparables de la colación de gracia santificante.

Aquellos sacramentos que por sí mismos, es decir, por su propia finalidad, confieren por primera vez la gracia santificante o la restauran si se había perdido («gratia prima»), reciben el nombre de sacramentos de muertos («sacramenta mortuorum»); tales son el bautismo y la penitencia. En cambio, aquellos otros sacramentos que por sí mismos aumentan la gracia ya existente («gratia secunda»), son llamados sacramentos de vivos («sacramenta vivorum»).

Es teológicamente cierto que los sacramentos de muertos confieren también la «gratia secunda» de manera accidental, es decir, en circunstancias especiales, a saber: cuando el que las recibe se encuentra ya en estado de gracia. Si consideramos el dogma tridentino de que los sacramentos confieren la gracia a todos aquellos que no ponen impedimento, es sumamente probable que los sacramentos de vivos confieran también la «gratia prima» de manera accidental, a saber: cuando una persona se encuentra en pecado mortal y, no obstante, cree de buena fe que se halla libre de pecado grave y se acerca a recibir el sacramento con contrición imperfecta; cf. S.th. III 72, 7 ad 2; III 79, 3. Con la gracia santificante se conceden siempre las virtudes teologales y morales y los dones del Espíritu Santo. Véase el tratado sobre la gracia, § 21.

b) La gracia específica de cada sacramento

Cada sacramento confiere una gracia sacramental específica (sent. común).

Como existen distintos sacramentos con distintas finalidades (cf. 846, 695), y como la diversidad de signos sacramentales indica igualmente diversidad en los efectos de gracia que cada uno produce, hay que admitir que cada sacramento confiere una gracia sacramental peculiar o específica (gracia sacramental en sentido estricto), correspondiente a su fin característico.

La gracia sacramental y la extrasacramental (o comúnmente dicha) no se distinguen tan sólo racionalmente, por el fin para el que son conferidas, pero tampoco media entre ellas la distinción que hay, v.g., entre dos hábitos distintos (Capréolo), pues no hallamos fundamento en la revelación para suponer que exista una dotación especial de gracia sacramental además de la dotación de gracia extrasacramental. Como enseña Santo Tomás, la gracia sacramental es por su esencia la misma gracia que la extrasacramental, pero añade a ésta «cierto auxilio divino» para conseguir el fin particular del sacramento: «gratia sacramentalis addit super gratiam communiter dictam et super virtutes et dona quoddam divinum auxilium ad consequendum sacramenti finem» (S.th. III 62, 2). Cayetano, Suárez y otros opinan que este auxilio es una gracia actual o un título exigitivo de gracias actuales. Otros tomistas, como Juan de Santo Tomás, juzgan tal vez con más acierto que la expresión de Santo Tomás hay que interpretarla como una asistencia divina habitual, cuya naturaleza declaran ser la de un *modo intrínseco* por el cual la gracia santificante experimenta un perfeccionamiento interno con relación al fin especial del sacramento.

Es doctrina general entre los teólogos actuales que con la gracia sacramental va vinculado el derecho a las gracias actuales requeridas según el tiempo y las circunstancias para conseguir el fin del sacramento. Pío XI declaró a propósito del sacramento del matrimonio: «Les concede finalmente [a los contrayentes] el derecho al actual socorro de la gracia, siempre que lo necesiten para cumplir con las obligaciones de su estado»; Dz 2237.

c) La medida de la gracia sacramental

Aunque Dios tiene libertad absoluta para distribuir las gracias, suponen casi unánimemente los teólogos que cada sacramento confiere de por sí la misma medida de gracia a todos aquellos que lo reciben. No obstante, el distinto grado de disposición subjetiva en los adultos tiene como consecuencia que reciban una distinta medida de la gracia producida «ex opere operato»; Dz 799. Por eso, la Iglesia hizo siempre alto aprecio del valor que tiene la buena preparación para recibir los sacramentos; cf. la práctica del catecumenado en la primitiva Iglesia; S.th. III 69, 8.

2. El carácter sacramental

a) Realidad del carácter sacramental

Hay tres sacramentos: el bautismo, la confirmación y el orden, que imprimen en el alma un carácter, es decir, una marca espiritual indeleble, y que, por tanto, no pueden repetirse (de fe).

El concilio de Trento, contra los reformadores, que siguiendo el precedente de Wicleff negaron el carácter sacramental, hizo la siguiente declaración: «Si quis dixerit, in tribus sacramentis, baptismo scilicet, confirmatione et ordine, non imprimi characterem in anima, hoc est signum quoddam spirituale et indelebile, unde ea iterari non possunt», a. s.; Dz 852; cf. Dz 411, 695.

La Sagrada Escritura no contiene más que alusiones sobre el carácter sacramental, cuando habla del sello que Dios imprime en los fieles o de que éstos son sellados con el Espíritu Santo; 2 Cor 1, 21 s: «Es Dios quien a nosotros y a vosotros confirma en Cristo, nos ha ungido, nos ha sellado y ha depositado las arras del Espíritu en nuestros corazones»; Eph 1, 13: «En Él [en Cristo], desde que creísteis, fuisteis sellados con el Espíritu Santo prometido»; Eph 4, 30: «Guardaos de entristecer al Espíritu Santo de Dios, en el cual habéis sido sellados para el día de la redención». No se hace distinción todavía en estos textos entre el sello del Espíritu Santo, que es efecto del bautismo, y el estado de gracia.

Los padres enseñan que el bautismo imprime un sello divino, y por eso dan a este sacramento el nombre de sello o sigilación (σφραγίς, *sigillum, signaculum, obsignatio).* San Cirilo de Jerusalén llama al bautismo «sello sagrado e inviolable» (σφραγὶς ἁγία ἀκατάλυτος; *Procat.* 16). San Agustín, que es el primero en usar el término «character» *(Ep.* 98, 5; *De bapt.* IV 1, 1 y passim), prueba contra los donatistas que el bautismo y el orden no se pueden recibir otra vez por el carácter que estos sacramentos confieren independientemente de la gracia, el cual no se pierde por el pecado mortal. En San Agustín hallamos expuestas ya todas las notas esenciales del carácter sacramental: *a)* su distinción y separabilidad de la gracia *(consecratio,* a diferencia de la «sanctificatio» o de la «vitae aeternae participatio»; *Ep.* 98, 5; *De bapt.* V 24, 34); *b)* su inamisibilidad *(C. ep. Parm.* II 13, 29; *C. litt. Petil.* II 104, 239); y *c)* como consecuencia de la nota anterior, la no reiterabilidad del sacramento *(C. ep. Parm.* II 13, 28).

La doctrina sobre el carácter sacramental supo estructurarla científicamente la teología escolástica de finales del siglo XII y comienzos del XIII. Pedro Cantor († 1197) fue el primero en probar que los sacramentos del bautismo, la confirmación y el orden no se pueden repetir porque imprimen carácter. Una parte muy importante en el desarrollo de esta doctrina se debe a la antigua escuela franciscana (Alejandro de Hales, Buenaventura), a San Alberto Magno y, sobre todo, a SANTO TOMÁS DE AQUINO; cf. S.th. III 63, 1-6. Escoto ejercitó su crítica en las pruebas de Escritura y tradición en favor de la existencia del carácter, mas, por consideración a la autoridad de la Iglesia, siguió creyendo en ella. El papa Inocencio III es el primero que habla de la doctrina del carácter sacramental en un documento oficial; Dz 411.

b) La esencia del carácter sacramental

El carácter sacramental es una marca espiritual impresa en el alma (de fe).

Si consideramos la declaración del concilio de Trento (Dz 852), definiremos el carácter sacramental como un ser real y accidental inherente al alma, o más precisamente como una cualidad sobrenatural con inherencia física en el alma. Santo Tomás lo clasifica como especie de potencia, mientras que la *Suma* de ALEJANDRO, San Buenaventura y San Alberto Magno lo definen como hábito; S.th. III 63, 2: «character importat quandam potentiam spiritualem ordinatam ad ea, quae sunt divini cultus». Según Santo Tomás, el sujeto o sustentador del carácter no es la sustancia del alma (como afirman Belarmino y Suárez), sino la potencia cognoscitiva, porque los actos de culto para los que capacita son manifestaciones de la fe, que pertenece a la potencia cognoscitiva; S. th. III 63, 4.

No es compatible con las enseñanzas del concilio de Trento la doctrina de Durando († 1334) de que el carácter sacramental es una relación puramente conceptual («relatio rationis») por la cual, y en virtud de una institución divina, una persona es llamada y capacitada de manera puramente extrínseca para realizar ciertas acciones religiosas, de manera análoga a como se conceden poderes a un dignatario para realizar determinadas acciones oficiales.

c) Finalidad del carácter sacramental

El carácter sacramental da poder para realizar actos de culto cristiano (sent. común).

Siguiendo la concepción agustiniana del carácter como *consecratio* y basándose en el pensamiento del Seudo-Dionisio, considera SANTO TOMÁS como fin del carácter sacramental la *deputatio ad cultum divinum*, es decir, el poder para realizar los actos de culto cristiano. Esta *deputatio* puede ser pasiva o activa, según que autorice para recibir o para administrar los sacramentos; S.th. III 63, 3: «deputatur quisque fidelis ad recipiendum vel tradendum aliis ea, quae pertinent ad cultum Dei, et ad hoc proprie deputatur character sacramentalis». Como la totalidad del culto cristiano es un efluvio del sacerdocio de Cristo, el carácter es una participación del sacerdocio de Cristo y una asimilación con nuestro Sumo Sacerdote Jesucristo; S.th. III 63, 3: «totus ritus christianae religionis derivatur a sacerdotio Christi, et ideo manifestum est, quod character sacramentalis specialiter est character Christi, cuius sacerdotio configurantur fideles secundum sacramentales characteres, qui nihil aliud sunt quam quaedam participationes sacerdotii Christi ab ipso Christo derivatae».

El carácter sacramental es signo *configurativo,* por cuanto nos asemeja al Sumo Sacerdote Jesucristo. De esta función primaria se derivan otras secundarias. El carácter es signo *distintivo,* pues sirve de distinción entre los bautizados y no bautizados, entre los confirmados y no confirmados, entre los ordenados y no ordenados; es signo *dispositivo,* porque capacita para determinados actos de culto y dispone de manera indirecta para recibir la gracia santificante y las gracias actuales; es signo *obligativo,* por cuanto nos obliga al culto cristiano y, para realizarlo dignamente, exige la posesión de la gracia santificante.

El hecho de que solamente tres sacramentos, a saber: el bautismo, la confirmación y el orden, impriman carácter, tiene su fundamento especulativo en que estos tres sacramentos son los únicos que confieren poder para realizar actos de culto cristiano; S. th. III 63, 6.

d) Permanencia del carácter sacramental

El carácter sacramental permanece, cuando menos, hasta la muerte del que lo posee (de fe; Dz 852: «signum indelebile»).

Según opinión general de los padres y teólogos, el carácter no acaba con la muerte, sino que se perpetúa sin fin durante la vida futura. San Cirilo de Jerusalén nos habla de un «sello del Espíritu Santo que no puede borrarse en toda la eternidad» *(Procat.* 17). Con argumentos especulativos se prueba la duración eterna del carácter por la duración eterna del sacerdocio de Cristo y por la inmortalidad del alma; S.th. III 63, 5.

Bibliografía: B. Brazzarola, *La natura della grazia sacramentale nella dottrina di San Tommaso,* Grottaferrata 1941. L. P. Everett, *The Nature of Sacramental Grace,* Wa 1948. F. Brommer, *Die Lehre vom sakramentalen Charakter in der Scholastik bis Thomas von Aquin inklusive,* Pa 1908. F. Gillmann, *Der sakramentale Charakter bei den Glossatoren,* Mz 1910. A. Landgraf, *Zur Frage der Wiederholbarkeit der Sakramente,* DTh 29 (1951) 257-283. B. Durst, *De characteribus sacramentalibus,* «Xenia thomistica» II, R 1925, 541-581. N. M. Häring, *Charakter, Signum und Signaculum,* Schol 30 (1955) 481-512, 31 (1956) 41-69, 182-212. V. Natalini, *De natura gratiae sacramentalis iuxta S. Bonaventuram,* R 1961.

Capítulo tercero

LA INSTITUCIÓN Y NÚMERO DE LOS SACRAMENTOS

§ 6. LA INSTITUCIÓN DE LOS SACRAMENTOS POR CRISTO

De la noción de sacramento como signo eficaz de la gracia se sigue que únicamente Dios, autor de toda gracia, puede ser la causa principal en la institución de un sacramento. La criatura no puede instituirlo sino como causa instrumental (o ministerial). El poder que corresponde a Dios con respecto a los sacramentos recibe el nombre de *potestas auctoritatis;* y el que corresponde a la criatura, *potestas ministerii.* Cristo, como Dios, posee la «potestas auctoritatis» y, como hombre, la «potestas ministerii». Esta última es denominada «potestas ministerii principalis» o *potestas excellentiae,* a causa de la unión hipostática de la naturaleza humana con la persona divina del Logos; cf. S.th. III 64, 3 y 4.

1. Institución por Cristo

Todos los sacramentos del Nuevo Testamento fueron instituidos por Jesucristo (de fe).

El concilio de Trento se pronunció contra los reformadores, que consideraban la mayor parte de los sacramentos como invención de los hombres, e hizo la siguiente declaración: «Si quis dixerit, sacramenta novae Legis non fuisse omnia a Iesu Christo Domino nostro instituta», a. s.; Dz 844.

Se opone también al dogma católico la teoría de los modernistas según la cual los sacramentos no proceden del Cristo histórico, sino que fueron introducidos por los apóstoles y sus sucesores ante la necesidad psicológica de poseer formas exteriores de culto que se refirieran a determinados hechos de la vida de Jesús; Dz 2039 s.

El intento de los modernos «historiadores de la religión» por explicar los sacramentos como imitaciones de los misterios paganos es una construcción infundada. Es imposible probar que los ritos esenciales se deriven de los misterios del culto pagano. En ceremonias de importancia secundaria se advierte un influjo limitado del ambiente pagano sobre el cristianismo naciente. Varias semejanzas en cuanto a las ideas y expresiones religiosas se explican por la disposición hacia la religión que siente la naturaleza humana —algo común a todos los hombres— y se explican también por la adaptación psicológica a las circunstancias de la época.

2. Institución inmediata

Cristo instituyó directa y personalmente todos los sacramentos (sent. cierta).

Que Cristo instituyera directamente los sacramentos significa que Él determinó el efecto específico de la gracia sacramental en cada uno de ellos, y que ordenó un signo externo correspondiente para simbolizar y producir ese efecto de la gracia. Cristo hubiera instituido de manera mediata los sacramentos si hubiera dejado a los apóstoles y sus sucesores el encargo de determinar el efecto de la gracia sacramental y su correspondiente signo externo. Algunos teólogos escolásticos (Hugo de San Víctor, Pedro Lombardo, Maestro Rolando, Buenaventura) sostuvieron la opinión de que los sacramentos de la confirmación y la extremaunción fueron instituidos por los apóstoles movidos por el Espíritu Santo. San Alberto Magno, SANTO TOMÁS DE AQUINO (S.th. III 64, 2) y Escoto enseñan que Cristo instituyó directamente todos los sacramentos.

La Sagrada Escritura da testimonio de que Cristo instituyó directamente los sacramentos del bautismo, la eucaristía y el orden. Los demás sacramentos existían ya en tiempo de los apóstoles, como sabemos por testimonio de la Sagrada Escritura. Los apóstoles no se atribuyen a sí mismos derecho alguno para instituirlos, sino que se consideran como «ministros y administradores de los misterios de Dios» (1 Cor 4, 1); cf. 1 Cor 3, 5.

Los padres no parecen saber nada sobre la institución de sacramento alguno por los apóstoles o la Iglesia. SAN AMBROSIO dice refiriéndose a la eucaristía: ¿Quién es el autor de los sagrados misterios [sacramentos], sino el Señor Jesús? Del cielo han venido estos sagrados misterios» *(De sacr.* IV 4, 13); cf. SAN AGUSTÍN, *In Ioh.,* tr. 5, 7.

Se prueba especulativamente la institución inmediata de los sacramentos por Cristo si consideramos que los sacramentos, lo mismo que las verdades de fe, pertenecen a los fundamentos de la religión instituida por Cristo. La analogía nos permite esperar que Cristo, así como anunció personalmente y confió a su Iglesia la sustancia de las verdades inmutables de la fe, de la misma manera instituiría personalmente y entregaría a su Iglesia la administración de los sacramentos inmutables. La inmediata institución de los sacramentos por Cristo salvaguarda la unidad de la Iglesia; cf. S.th. III 64, 2 ad 3; 64, 4 ad 1.

3. La sustancia de los sacramentos

Cristo ha fijado la sustancia de los sacramentos. La Iglesia no tiene derecho para cambiarla (sent. cierta).

La verdad de que Cristo instituyera inmediatamente los sacramentos nos permite concluir que la sustancia de éstos está determinada y es inmutable para todos los tiempos. Cambiar la sustancia de alguno de ellos sería instituir un nuevo sacramento. El concilio de Trento enseña que la Iglesia ha tenido desde siempre el poder de introducir cambios en la administración de los sacramentos, pero «sin alterar su sustancia» («salva illorum substantia»). La Iglesia jamás pretendió tener el derecho de cambiar la sustancia de los sacramentos; Dz 931; cf. Dz 570*m*, 2147*a*, 2301, n. 1.

Se discute si Cristo instituyó en especial *(in specie)* o en general *(in genere)* la materia y la forma de los sacramentos, es decir, si Él determinó la naturaleza específica del signo sacramental o si solamente dio, en general, la idea del sacramento, dejando a su Iglesia que precisara la materia y la forma. Esta última manera de institución deja un amplio margen a la cooperación de la Iglesia y se aproxima a la teoría de la institución mediata. La declaración del concilio de Trento que presentamos anteriormente (Dz 931) habla más bien en favor de la institución específica, pues la expresión «sustancia de los sacramentos» significa, según su sentido obvio, la sustancia concreta, es decir, la materia y la forma; aunque tales palabras no excluyen, desde luego, la institución genérica. Con respecto al bautismo y a la eucaristía, hallamos en la Escritura testimonios claros de su institución específica; pero no ocurre así con respecto a los demás sacramentos. Debemos excluir que Cristo hubiera determinado en concreto *(in individuo)* el signo sacramental, es decir, todos los pormenores del rito (v.g., la inmersión o infusión tratándose del bautismo, el texto de la forma). La forma sacramental no fue regulada por Cristo en cuanto a su texto, sino únicamente en cuanto a su sentido.

4. Ritos accidentales

Hay que distinguir entre los ritos esenciales de los sacramentos, que se basan en la institución divina, y aquellas otras oraciones, ceremonias y ritos accidentales que con el correr del tiempo fueron introduciéndose por la costumbre o por una prescripción eclesiástica positiva, y que tienen la finalidad de presentar simbólicamente el efecto de la gracia sacramental, dar idea de la dignidad y sublimidad de los sacramentos, satisfacer el ansia natural del hombre (que es un ser sensitivo-racional) por poseer formas exteriores de culto y prepararle a la recepción de la gracia; cf. Dz 856, 931, 943, 946.

Bibliografía: H. Lennerz, «*Salva illorum substantia*», Greg 3 (1922) 385-419, 524-557. J. B. Umberg, *Die Bedeutung des tridentinischen «salva illorum substantia»* (s. 21, c. 2), ZkTh 48 (1924) 161-195. A. Poyer, *À propos du «salva illorum substantia»*, DThP 56 (1953) 39-66; 57 (1954) 3-24. Fr. Scholz, *Die Lehre von der Einsetzung der Sakramente nach Alexander von Hales,* Br 1940. H. Baril, *La doctrine de s. Bonaventure sur l'institution des sacrements,* Montréal 1954.

§ 7. El número de los sacramentos

Hay siete sacramentos de la Nueva Alianza (de fe).

Contra los reformadores, que después de muchas vacilaciones terminaron por no admitir más que dos sacramentos: el bautismo y la cena del Señor, declaró el concilio de Trento que no existen ni más ni menos que siete sacramentos, a saber: el bautismo, la confirmación, la eucaristía, la penitencia, la unción de los enfermos, el orden y el matrimonio: «Si quis dixerit, sacramenta Novae Legis... esse plura vel pauciora quam septem», a. s.; Dz 844.

La Sagrada Escritura menciona incidentalmente los siete sacramentos, pero no enuncia todavía formalmente su número de siete. Tampoco entre los padres se halla expresión formal de este número. Tal enunciación formal presupone ya un concepto de sacramento muy desarrollado. Por eso, no aparece antes de mediados del siglo XII. Los primeros en hablar de este número son el Maestro Simón, las *Sententiae divinitatis* de la escuela de Gilberto de Poitiers, Pedro Lombardo y el Maestro Rolando (Alejandro III).

Tres son los argumentos que podemos presentar en favor del número septenario de los sacramentos:

1. Argumento teológico

La existencia de los siete sacramentos es considerada como verdad de fe en toda la Iglesia desde mediados del siglo XII. Primeramente la encontramos como convicción científica de los teólogos, y después la vemos confirmada en el siglo XIII por el magisterio de la Iglesia. Los concilios unionistas de Lyón (1274) y Florencia (1438-1445) enseñan expresamente el número de siete; Dz 465, 695; cf. Dz 424, 665 ss. Como Cristo sigue viviendo en la Iglesia (Mt 28, 20) y el Espíritu Santo la dirige en su labor docente (Ioh 14, 26), la Iglesia universal no puede padecer errores en la fe. Por eso, la fe de la Iglesia universal constituye para los creyentes un criterio suficiente para conocer el carácter revelado de una doctrina.

2. Prueba de prescripción

No es posible probar que alguno de los siete sacramentos fuera instituido en una época cualquiera por algún concilio, algún Papa u obispo o alguna comunidad cristiana. Las definiciones emanadas de los concilios, las enseñanzas de los padres y teólogos suponen que la existencia de cada uno de los sacramentos es algo que se remonta a muy antigua tradición.

De ello podemos inferir que los siete sacramentos existieron desde un principio en la Iglesia; cf. SAN AGUSTÍN, *De baptismo* IV 24, 31: «Lo que toda la Iglesia profesa y no ha sido instituido por los concilios, sino que siempre se ha mantenido como tal, eso creemos con toda razón que ha sido transmitido por la autoridad apostólica.»

3. Argumento histórico

Podemos aducir el testimonio de la Iglesia ortodoxa griega, que en el siglo IX, siendo patriarca Focio, se separó temporalmente de la Iglesia católica, haciéndolo de manera definitiva en el siglo XI (1054) bajo el patriarcado de Miguel Cerulario. Esta Iglesia disidente está de acuerdo con la Iglesia católica en el número de los sacramentos, y así lo atestiguan sus libros litúrgicos, sus declaraciones en los concilios unionistas de Lyón (Dz 465) y Florencia (Dz 695), las respuestas que dio a las proposiciones de unión por parte de los protestantes en el siglo XVI y sus profesiones de fe oficiales. La expresión formal de ser siete el número de los sacramentos fue tomada sin reparo de la Iglesia católica de Occidente en el siglo XIII, pues respondía a las convicciones de la fe profesada en la Iglesia ortodoxa griega.

Martín Crusius y Jacobo Andreae, teólogos protestantes y profesores de Tubinga, enviaron al patriarca Jeremías II de Constantinopla una versión griega de la *Confesión de Augsburgo* para que sirviera de fundamento a las conversaciones en torno a la unión con los protestantes. El citado patriarca, en su primera reunión (1576), les contestó refutando sus doctrinas con palabras tomadas de SIMEÓN DE TESALÓNICA (*De sacramentis* 33): «Los misterios o sacramentos existentes en la misma Iglesia católica de los cristianos ortodoxos, son siete, a saber: el bautismo, la unción con el Myron divino, la sagrada comunión, la ordenación, el matrimonio, la penitencia y los santos óleos. Pues siete son los dones de gracia del Espíritu divino, como dice Isaías, y siete son también los misterios de la Iglesia, que son operados por el Espíritu» (c. 7). Refiriéndose expresamente a esta declaración, la *Confessio orthodoxa* (I 98) del metropolita Pedro Mogilas de Kiev (1643) enumera también siete sacramentos. La confesión del patriarca DOSITEO DE JERUSALÉN (1672) se opone a la confesión del patriarca Cirilo Lucaris de Constantinopla, de ideas calvinistas y que no admitía más que dos sacramentos: el bautismo y la cena; y proclama expresamente, recalcándolo bien, que son siete el número de los sacramentos: «En la Iglesia no poseemos un número mayor ni menor de sacramentos; pues cualquier otro número que difiera de siete es engendro de desvaríos heréticos» (*Decr.* 15).

Las sectas de los nestorianos y los monofisitas, desgajadas de la Iglesia durante el siglo V, profesan también que es siete el número de los sacramentos. Mientras que los nestorianos difieren algún tanto de la Iglesia católica en la enunciación de los sacramentos, los monofisitas concuerdan completamente con ella. El teólogo nestoriano Ebedjesu († 1318) enumera los siete sacramentos que siguen a continuación: sacerdocio, bautismo, óleo de unción, eucaristía, remisión de los pecados, sagrado fermento

(= fermento para preparar el pan de las hostias) y el signo de la cruz. El catecismo del obispo monofisita sirio llamado Severio Barsaum (1930), enseña: «Los sacramentos de la Iglesia son: el bautismo, el Myron, la eucaristía, la penitencia, el orden sacerdotal, la unción de los enfermos y el matrimonio.»

Prueba especulativa

La conveniencia de que sean siete los sacramentos se infiere por analogía de la vida sobrenatural del alma con la vida natural del cuerpo: por el bautismo se engendra la vida sobrenatural, por la confirmación llega a su madurez, por la eucaristía recibe alimento, por la penitencia y la extremaunción se cura de la enfermedad del pecado y de las debilidades que éste deja en el alma; por medio de los dos sacramentos sociales del orden y el matrimonio es regida la sociedad eclesiástica y se conserva y acrecienta tanto en su cuerpo como en su espíritu; cf. S.th. III 65, 1; SAN BUENAVENTURA, *Breviloquium* IV 3; Dz 695.

Bibliografía: FR. GILLMANN, *Die Siebenzahl der Sakramente bei den Glossatoren des Gratianischen Dekrets,* Mz 1909. B. GEYER, *Die Siebenzahl der Sakramente in ihrer historischen Entwicklung,* Th Gl 10 (1918) 325-348. E. DHANIS, *Quelques anciennes formules septénaires des sacrements,* RHE 26 (1930) 574-608, 916-950, 27 (1931) 5-26. H. WEISWEILER, *Maître Simon...* (v. pág. 485). W. ENGELS, *Tübingen und Byzanz. Die erste offizielle Auseinandersetzung zwischen Protestantismus und Ostkirche im 16. Jh.,* Kyrios 5 (1940/1) 240-287. A. MALVY-M. VILLER, *La Confession Orthodoxe de Pierre Moghila,* R-P 1927. C. R. A. GEORGI, *Die Confessio Dosithei,* Mn 1940.

§ 8. NECESIDAD DE LOS SACRAMENTOS

Necesario es lo que no puede no ser (S.th. I 82; 1: «Necesse est quod non potest non esse»), bien sea en virtud de un principio intrínseco (v.g., la existencia de Dios) o en virtud de un principio extrínseco. Este último puede ser una causa final o una causa eficiente. La necesidad que impone la causa final («necessitas finis») consiste en que no se puede alcanzar un determinado fin sin un determinado medio (v.g., no se puede conservar el cuerpo humano sin proporcionarle alimento) o, cuando menos, no se puede alcanzar fácilmente (v.g., para realizar un viaje es mucho mejor utilizar un medio de locomoción). La necesidad que impone la causa eficiente fuerza a realizar una determinada acción («necessitas coactionis»). En sentido amplio, suele darse también el nombre de necesidad a un alto grado de conveniencia («necessitas convenientiae o congruentiae»); S.th. I 82, 1.

1. Por parte de Dios

Dios puede también comunicar la gracia sin los sacramentos (sent. cierta).

Dios, por su omnipotencia y libertad, puede comunicar la gracia de manera puramente espiritual. Por eso, no tenía Él necesidad ineludible de instituir sacramentos; S.th. III 76, 6 ad 1: ««virtus divina non est alligata sacramentis». Pero, considerando la naturaleza sensitivo-racional del hombre, tal institución era muy conveniente («necessitas convenientiae o congruentiae»). La naturaleza de la Iglesia como sociedad visible exige igualmente signos religiosos visibles («notae quaedam et symbola, quibus fideles internoscerentur»; *Cat. Rom.* II 1, 9, 4). Los sacramentos son también muy apropiados para fomentar las virtudes cristianas (fomentan la humildad, haciéndonos depender de elementos sensibles, la fe y la confianza, dándonos una prenda sensible de la vida futura, y la caridad, porque nos vinculan a todos en un mismo cuerpo místico); cf. S.th. III 61, 1; S.c.G., IV 56; *Cat. Rom.* II 1, 9.

2. Por parte del hombre

Los sacramentos del Nuevo Testamento son necesarios al hombre para alcanzar la salvación (de fe).

Como Cristo instituyó los sacramentos y ha vinculado a ellos la comunicación de la gracia, tenemos necesidad de los mismos (necesidad de medio) para conseguir la salvación, aunque no todos los sacramentos sean necesarios para cada persona. La recepción efectiva puede sustituirse en caso de peligro por el deseo de recibir el sacramento («votum sacramenti»; necesidad hipotética).

El concilio de Trento se pronunció contra los reformadores —que, por su doctrina de la sola fe, atenuaban la necesidad de recibir los sacramentos para salvarse— haciendo la siguiente declaración: «Si quis dixerit, sacramenta novae Legis non esse ad salutem necessaria, sed superflua, et sine eis autem eorum voto per solam fidem homines a Deo gratiam iustificationis adipisci, licet omnia singulis necessaria non sint», a. s.; Dz 847. En la edad media impugnaron los cátaros la necesidad de los sacramentos.

Los sacramentos son medios instituidos por Dios para la consecución de la salvación eterna. Tres de ellos, según la economía ordinaria de la redención, son tan necesarios que sin ellos no es posible alcanzar la salvación. Estos tres sacramentos son, para los individuos: el bautismo y, si se ha cometido pecado grave, la penitencia; para la colectividad: el sacramento del orden. Los demás sacramentos son necesarios por cuanto, sin ellos, no es tan fácil conseguir la salvación; pues la confirmación es la consumación del bautismo, la extremaunción la consumación de la penitencia, el matrimonio la base para la conservación de la sociedad eclesiástica y la eucaristía la meta de todos los sacramentos; cf. S.th. III 65, 3 y 4.

Bibliografía: A. LANDGRAF, *Das Sacramentum in voto in der Frühscholastik*, «Mélanges Mandonnet» II, P 1930, 97-143.

Capítulo cuarto

EL MINISTRO Y EL SUJETO DE LOS SACRAMENTOS

§ 9. EL MINISTRO DE LOS SACRAMENTOS

1. La persona del ministro

a) Ministro primario y secundario

α) *El ministro primario de los sacramentos es el Dios-Hombre Jesucristo* (sent. cierta).

Pío XII enseña en la encíclica *Mystici Corporis* (1943): «Cuando los sacramentos de la Iglesia se administran con rito externo, Él es quien produce el efecto interior en las almas»; «Por la misión jurídica con la que el divino Redentor envió a los apóstoles al mundo, como Él mismo había sido enviado por el Padre (cf. Ioh 17, 18; 20, 21), Él es quien por la Iglesia bautiza, enseña, gobierna, desata, liga, ofrece y sacrifica».

San Pablo dice que es Cristo quien purifica a los bautizandos mediante el lavado del agua (Eph 5, 26). El ministro humano es tan sólo servidor y representante de Cristo; 1 Cor 4, 1: «Es preciso que los hombres nos consideren como servidores de Cristo y dispensadores de los misterios de Dios»; 2 Cor 5, 20: «Somos embajadores de Cristo.»

SAN AGUSTÍN comenta a propósito de Ioh 1, 33 («Ése es el que bautiza en el Espíritu Santo»): «Si bautiza Pedro, Él [Cristo] es quien bautiza; si bautiza Pablo, Él es quien bautiza; si bautiza Judas, Él es quien bautiza» (*In Ioh.*, tr. 6, 7).

β) *El ministro secundario de los sacramentos es el hombre en estado de peregrinación «in statu viae»* (sent. común).

Prescindiendo de los sacramentos del bautismo y el matrimonio, para la administración válida de los demás es necesario poseer poder sacerdotal o episcopal recibido por ordenación. El concilio de Trento, contra la doctrina reformista sobre el sacerdocio universal de todos los fieles, declaró: «Si quis dixerit, Christianos omnes in verbo et omnibus sacramentis administrandis habere potestatem», a. s.; Dz 853. Como el ministro humano obra en representación de Cristo («in persona Christi»; 2 Cor 2, 10), necesita un poder especial conferido por Cristo o por la Iglesia de Cristo.

El ministro del sacramento ha de ser distinto del sujeto que lo recibe, si exceptuamos el caso de la eucaristía. Inocencio III declaró que el bautismo de uno mismo era inválido, pero hizo aprecio de él como expresión enérgica de la fe en el sacramento y del deseo de recibirlo («votum sacramenti»); Dz 413.

b) Independencia de la ortodoxia y del estado de gracia del ministro

La validez y eficacia de los sacramentos no dependen de la ortodoxia ni del estado de gracia del ministro.

Por lo que al estado de gracia se refiere, la tesis es de fe; por lo que concierne a la ortodoxia, es de fe tratándose del bautismo (Dz 860), y sentencia próxima a la fe tratándose de los demás sacramentos; cf. CIC 2372.

El concilio de Trento se pronunció contra los donatistas, valdenses, fraticelos, wiclifitas y husitas haciendo la siguiente declaración: «Si quis dixerit, ministrum in peccato mortali existentem, modo omnia essentialia, quae ad sacramentum conficiendum aut conferendum pertinent, servaverit, non conficere aut conferre sacramentum», a. s.; Dz 855; cf. Dz 424, 488, 584, 672.

En la disputa sobre la rebautización de los herejes, el papa Esteban I (256), argumentando sobre la tradición, decidió, contra la opinión de Cipriano, obispo de Cartago, y Firmiliano, obispo de Cesarea, que el bautismo administrado por los herejes es válido; Dz 46: «Por consiguiente, si algunos vinieren a vosotros procedentes de alguna herejía, no se haga ninguna innovación, sino lo que es tradicional, a saber: que se les imponga la mano para penitencia» («nihil innovetur, nisi quod traditum est, ut manus illis imponatur in poenitentiam»). El error de los donatistas, que enseñaban que para administrar válidamente los sacramentos era necesaria no solamente la ortodoxia, sino también estar libre de todo pecado grave, fue refutado por Optato de Milevi y, sobre todo, por San Agustín, los cuales se fundaron en que Cristo es el ministro primario de los sacramentos.

La prueba teológica por razones internas la tenemos en la tesis de la eficiencia «ex opere operato» de los sacramentos, así como también en la consideración de que el ministro humano en los mismos no es sino causa instrumental con respecto a Cristo, que es el ministro primario. Como el instrumento obra por virtud de la causa principal, por lo mismo la eficiencia del sacramento no dependerá de la situación subjetiva del que lo administra. Si de ella dependiera, tendríamos una fuente de continua incertidumbre e intranquilidad; cf. S.th. III 64, 5.

c) Dignidad del ministro

Como servidor y representante de Cristo, el ministro está obligado en conciencia a administrar los sacramentos dignamente, es decir, en estado de gracia; cf. Ex 19, 22; Lev 19, 2; 21, 6. Es sacrilegio administrar un sacramento en estado de pecado mortal. Se exceptúa la administración del bautismo en peligro de muerte, porque el ministro del bautismo de necesidad no obra como ministro oficial de la Iglesia, sino que es uno que corre en auxilio de una persona que se halla en peligro. El *Catecismo Romano* (II 1, 20, 2) hace la siguiente exhortación: «Lo santo — no cesaremos de encarecerlo — hay que tratarlo con santidad y respeto»; cf. S.th. III 64, 6.

2. La acción del ministro

a) Para administrar válidamente los sacramentos es necesario que el ministro realice como conviene los signos sacramentales (de fe).

Ello significa que debe emplear la materia y forma sustanciales del Sacramento, uniéndolas ambas en un único signo sacramental; Dz 695.

b) El ministro ha de tener, además, la intención de hacer, cuando menos, lo que hace la Iglesia (de fe).

El concilio de Trento, contra los reformadores, que negaban fuera necesaria la intención del que administra los sacramentos, porque éstos no tendrían más que un valor subjetivo y psicológico, declaró: «Si quis dixerit, in ministris, dum sacramenta conficiunt et conferunt, non requiri intentionem saltem faciendi quod facit Ecclesia», a. s.; Dz 854; cf. Dz 424, 672, 695, 752.

La expresión «intendere facere quod facit Ecclesia» (pretender hacer lo que hace la Iglesia) es corriente desde finales del siglo XII y comienzos del XIII (Prepositino, Gaufrido de Poitiers, Guillermo de Auxerre, Felipe el Canciller).

α) Necesidad de la intención

Los padres no hacen expresamente comentarios sobre la necesidad de la intención para administrar los sacramentos. Consideran que ésta se incluye ya en la debida realización de la acción sacramental. El papa Cornelio (251-253) declaró la consagración episcopal de Novaciano como «imposición de las manos aparente y nula», es decir, como inválida, evidentemente por falta de la intención necesaria por parte del ministro (EUSEBIO, *H. eccl.* VI 43, 9). En la época patrística reinaba alguna incertidumbre sobre la validez del bautismo que se efectúa en broma o por juego. SAN AGUSTÍN no se atrevió a dar ninguna solución categórica *(De bapt.* VII 53, 102). El problema lo aclaró por vez primera la escolástica primitiva, sobre todo HUGO DE SAN VÍCTOR *(De sacr.* II 6, 13).

Se deduce que es necesaria la intención, por las siguientes razones:

Como el ministro humano es servidor y representante de Cristo (1 Cor 4, 1; 2 Cor 5, 20), está obligado a someter y adecuar su voluntad a la voluntad de Cristo, que es quien le ha confiado el encargo de administrar el sacramento. Cristo sigue viendo y obrando en su Iglesia. Por eso basta la intención de hacer lo que hace la Iglesia.

El ministro humano es un ser dotado de razón y libertad. Por eso, el acto de administrar los sacramentos ha de ser un «acto humano», es decir, una acción que procede del entendimiento y de la libre voluntad. HUGO DE SAN VÍCTOR, que es el primero en acentuar la necesidad de la intención, enseña: «rationale esse oportet opus ministeriorum Dei» *(De sacr.* II 6, 13).

El signo sacramental es ambiguo e indiferente de por sí para diversos usos. Por la intención del ministro se convierte en significativo y ordenado al efecto sacramental; cf. S.th. III 64, 8.

β) Cualidad de la intención

Por lo que respecta a la faceta *subjetiva,* el ideal es la intención actual, es decir, aquella intención de la voluntad que precede y acompaña toda la ceremonia; pero notemos que tal intención no es necesaria. Basta la intención virtual, es decir, la que se concibe antes de la ceremonia y que durante el transcurso de ésta subsiste virtualmente (SANTO TOMÁS la llama intención habitual; S.th. III 64, 8 ad 3). Es insuficiente la intención habitual, es decir, aquella que se concibe antes de la ceremonia y no se retira, pero que durante la ceremonia no existe de manera actual ni siquiera virtual, y por lo mismo no tiene influencia sobre ella.

Por lo que respecta a la faceta *objetiva,* basta la intención de hacer lo que hace la Iglesia. Por eso no es necesario que el ministro tenga la intención de lograr los efectos del sacramento que pretende lograr la Iglesia, v.g., la remisión de los pecados. No es necesario tampoco que tenga intención de realizar un rito específicamente católico. Basta el propósito de efectuar una ceremonia religiosa corriente entre los cristianos.

γ) Insuficiencia de la intención meramente externa

Según la opinión hoy casi general de los teólogos, para la administración válida de los sacramentos se requiere la intención interna, es decir, una intención tal que no solamente tenga por objeto la realización externa de la ceremonia sacramental, sino también su significación interna. Es insuficiente la intención meramente externa que consideraron como suficiente numerosos teólogos de la escolástica primitiva (v. g., Roberto Pulo, Rolando) y más tarde Ambrosio Catarino, O. P. († 1533), y muchos teólogos de los siglos XVII/XVIII (v.g., Serry). Tiene por objeto esta intención meramente externa el realizar con seriedad y en las debidas circunstancias la ceremonia religiosa, pero dejando a un lado su significación religiosa interna. Como es natural, tal intención no responde al deber de hacer lo que hace la Iglesia, ni al papel del ministro como servidor de Cristo, ni a la finalidad del signo sacramental, que en sí es ambiguo y recibe su determinación de la intención interna; ni está de acuerdo tampoco con las declaraciones del magisterio; cf. Dz 424: «fidelis intentio». El papa Alejandro VIII condenó en 1690 la siguiente proposición: «Valet baptismus collatus a ministro, qui omnem ritum externum formamque baptizandi observat, intus vero in corde suo apud se resolvit: non intendo, quod facit Ecclesia»; Dz 1318; cf. Dz 672, 695, 902.

Esta intención interna que se requiere puede ser especial y refleja o general y directa, según que en particular o en general se pretenda la significación religiosa interna de la ceremonia sacramental, y se haga esto con reflexión o sin ella sobre el fin y los efectos del sacramento.

Bibliografía: FR. MORGOTT, *Der Spender der hl. Sakramente nach der Lehre des hl. Thomas von Aquin,* Fr 1886. J. ERNST, *Die Ketzertaufangelegenheit in der altchristilichen Kirche nach Cyprian,* Mz 1901. El mismo. *Papst Stephan I. und der Ketzertaufstreit,* Mz 1905. M. ROSATI, *La teologia sacramentaria nella lotta contro la simonia e l'investitura laica del secolo XI,* Tolentino 1951. FR. GILLMANN, *Die Notwendigkeit der Intention auf seiten des Spenders und des Empfängers der Sakramente nach der Anschauung der Frühscholastik,* Mz 1916. G RAMBALDI, *L'oggetto dell'intenzione sacramentale nei teologi dei secoli XVI e XVII,* R 1944. A. LANDGRAF (v. supra, § 2). R. DE SALVO, *The Dogmatic Theology on the Intention of the Minister in the Confection of the Sacraments,* Wa 1949.

§ 10. EL SUJETO DE LOS SACRAMENTOS

1. La persona del que los recibe

El sacramento solamente puede ser recibido de manera válida por una persona que se halle en estado de peregrinación («in statu viae») (sent. común).

Como el sacramento comunica la gracia espiritual de manera sensible, sólo un ser sensitivo-racional, cual es el hombre que vive sobre la tierra, puede ser sujeto apropiado para su recepción. Los muertos no pueden recibir sacramentos. Los sínodos de Hipona

(393) y Cartago (397) prohíben que se bautice y dé la comunión a los muertos.

2. Condiciones para la recepción válida

a) Prescindiendo del sacramento de la penitencia, no se requiere para la validez de los sacramentos, por parte del que los recibe, ni ortodoxia ni disposición moral (sent. común).

El sacramento de la penitencia constituye una excepción, porque los actos morales del penitente (según opinión general) son, en cuanto cuasimateria, un elemento esencial del signo sacramental.

En la controversia con los donatistas, los defensores de la doctrina católica aseguraron que la validez de los sacramentos es independiente de la ortodoxia y dignidad moral no sólo del que los administra, sino también del que los recibe. San Agustín enseña: «La pureza del bautismo es totalmente independiente de la limpieza o inmundicia tanto del que lo administra como del que lo recibe» *(Contra litt. Petiliani* II 35, 82).

La prueba interna de la tesis radica en que los sacramentos no reciben su virtud santificadora ni del que los recibe ni del que los administra, sino de Dios, autor de toda gracia; cf. S.th. III 68, 8.

b) Para la validez del sacramento se requiere por parte del que lo recibe, si tiene uso de razón, la intención de recibirlo (sent. cierta).

Según doctrina del concilio de Trento, la justificación de las personas que han llegado al uso de la razón (por gozar del ejercicio del entendimiento y la libre voluntad) tiene lugar por medio de la voluntaria aceptación de la gracia («per voluntariam susceptionem gratiae et donorum»); Dz 799. El sacramento que se recibe sin intención o contra la propia voluntad es, por tanto, inválido. El papa Inocencio III declaró que el bautismo obligado era inválido; Dz 411.

La necesidad de tener intención de recibir un sacramento no se funda, como la de administrarlo, en la naturaleza del signo sacramental, sino únicamente en la libre voluntad del hombre. Es conveniente a la sabiduría de Dios el tener en consideración la libertad del hombre y hacer depender la salvación del que ha llegado al uso de la razón de su propia decisión. El niño, que no tiene todavía uso de razón, recibe la gracia sacramental sin su consentimiento. El papa Inocencio III declaró (1201) a propósito del bautismo de los niños: «El pecado original, que se contrae sin consentimiento, se perdona también sin consentimiento, en virtud del sacramento»; Dz 410.

Cualidad de la intención

Como el papel que desempeña el que recibe el sacramento es puramente receptivo, basta ordinariamente, desde el punto de vista subjetivo, la intención habitual, y en caso de necesidad (pérdida del conocimiento, perturbación mental) el sacramento puede ser administrado si existen razones fundadas para admitir que el sujeto, antes de sobrevenir el caso de necesidad, tenía al menos el deseo implícito de recibir el sacramento (intención interpretativa). En el matrimonio se requiere intención virtual, porque los contrayentes no son meros receptores, sino, al mismo tiempo, ministros del sacramento; y lo mismo se diga, probablemente, del orden sagrado, por las graves obligaciones que de él se derivan. En cuanto a la faceta objetiva, basta la intención de recibir lo que administra la Iglesia.

3. Condiciones para recibir dignamente los sacramentos

Para recibir digna o fructuosamente los sacramentos, se requiere disposición moral en todo aquel que ha llegado al uso de razón (de fe).

Tal disposición consiste en apartar de sí los estorbos para recibir la gracia; Dz 849: «non ponentibus obicem». En los sacramentos de muertos, lo que impide la gracia es la incredulidad y la falta de penitencia; y la disposición requerida consiste en la fe y el arrepentimiento (atrición). En los sacramentos de vivos, lo que impide la gracia es el estado de pecado mortal, y la disposición requerida consiste en el estado de gracia. Para recibir dignamente la eucaristía, exige la Iglesia que se reciba previamente el sacramento de la penitencia siempre que hubiera precedido pecado mortal; Dz 880, 893; CIC 807, 856.

4. Reviviscencia de los sacramentos

El sacramento recibido válida pero indignamente confiere el *sacramentum* —el bautismo, la confirmación y el orden confieren también el carácter («res et sacramentum»)—, pero no la *res* o *virtus sacramenti,* es decir, la gracia («sacramentum informe»).

Los sacramentos del bautismo, la confirmación y el orden reviven, después de removerse la indisposición moral, si fueron recibidos válida pero indignamente. Quiere esto decir que el efecto de la gracia sacramental tiene lugar con posterioridad al momento de la recepción del sacramento (sent. común).

La razón para que se verifique la reviviscencia de los sacramentos se funda, por una parte, en la misericordia de Dios y, por otra, en la absoluta imposibilidad de repetir esos sacramentos.

Muchos teólogos, considerando la misericordia de Dios, suponen también la reviviscencia de los sacramentos de la extremaunción y el matrimonio, pues también estos dos sacramentos son relativamente no reiterables. El sacramento de la penitencia no puede revivir, porque en él significa lo mismo recibirlo indigna que inválidamente. En la eucaristía es improbable la reviviscencia, porque este sacramento es fácil volver a recibirlo.

La reviviscencia del bautismo la enseñó ya SAN AGUSTÍN; cf. *De baptismo* I 12, 18: «Lo que ya antes se había dado [a saber: el bautismo], comienza a ser eficiente para la salvación cuando la impenitencia se ha cambiado por verdadera penitencia»; cf. S.th. III 69, 10.

Bibliografía: J. B. UMBERG, *De reviviscentia sacramentorum ratione «rei et sacramenti»*, PMCL 17 (1928), 17*-34*.

Capítulo quinto

LOS SACRAMENTOS PRECRISTIANOS Y LOS SACRAMENTALES

§ 11. LOS SACRAMENTOS PRECRISTIANOS

1. La existencia de sacramentos precristianos

a) Estado de justicia original

La mayor parte de los teólogos admiten, con Santo Tomás de Aquino, que antes del pecado original no había en el Paraíso signos sensibles instituidos por Dios para comunicar la gracia (sacramentos en sentido amplio). Como el hombre, en el estado de justicia original, estaba libre de pecado, no tenía necesidad de medios saludables contra el mismo. Como las potencias superiores del hombre tenían dominio sobre las inferiores, no era conveniente que el alma espiritual fuera perfeccionada por elementos materiales. Varios teólogos, citando a San Agustín en su favor, consideran como sacramentos el árbol de la vida (Gen 2, 9) y el matrimonio entre Adán y Eva en el Paraíso. Según SANTO TOMÁS, ese matrimonio del Paraíso no era medio de producir la gracia, sino institución de la naturaleza («officium naturae»); cf. S.th. III 61, 2.

b) Estado de ley natural

Basándose en la universalidad de la voluntad salvífica de Dios, los teólogos suponen generalmente, con SAN AGUSTÍN *(C. Iul.* v 11, 45) y SANTO TOMÁS (S.th. III 70, 4 ad 2), que durante el tiempo que va desde el pecado original hasta Abraham existió para el mundo gentílico el llamado *sacramentum naturae,* por el cual los niños que no habían llegado al uso de razón se libraban del pecado original. Este sacramento de la naturaleza consistía en un acto de fe en el futuro Redentor que, en nombre del niño, realizaban sus padres u otras personas, y que probablemente tenía significación sensible por el empleo de algún signo externo correspondiente (oración, bendición).

Para el tiempo que va desde Abraham hasta Moisés, la circuncisión (Gen 17, 10 ss) constituía para los israelitas varones el medio ordinario de purificarse del pecado original. Inocencio III enseña, de acuerdo con la teología escolástica: «El pecado original se perdonaba por el misterio de la circuncisión, y así se evitaba el peligro de condenación»; Dz 410. La teología escolástica sigue en este punto a SAN AGUSTÍN *(De nuptiis et concup.* II 11, 24) y a SAN GREGORIO MAGNO *(Moralia* IV, praef. 3). Los padres más antiguos consideran únicamente la circuncisión como signo de alianza y figura del bautismo, pero no como medio para alcanzar la salvación (así San Justino, San Ireneo, Tertuliano); S.th. 61, 3; III 70, 4.

c) Estado de ley mosaica

Durante el tiempo de la ley mosaica, opinan generalmente los padres y teólogos que existían otros sacramentos además de la circuncisión, que era figura del bautismo (Col 2, 11). Tales serían, v.g., el cordero pascual y las oblaciones como figuras de la eucaristía, las purificaciones y lavatorios como figuras del sacramento de la penitencia, y los ritos de consagración como figuras del sacramento del orden; cf. S.th. I II 102, 5.

2. Eficacia de los sacramentos precristianos

a) Los sacramentos del Antiguo Testamento no producían la gracia «ex opere operato», sino tan sólo una pureza externa y legal (sent. cierta).

El *Decretum pro Armeniis* (1439) enseña, siguiendo a Santo Tomás: «Illa (sc. sacramenta antiquae Legis) non causabant gratiam, sed eam solum per passionem Christi dandam esse figurabant»; Dz 695; cf. 845.

San Pablo denomina las instituciones cultuales del Antiguo Testamento como «débiles y pobres elementos» («infirma et egena elementa»; Gal 4, 9), y afirma que no eran capaces de conferir la pureza interior de la conciencia, sino únicamente una pureza exterior y legal; Hebr 9, 9: «En él [en el primer Tabernáculo = en el Antiguo Testamento] se ofrecían oblaciones y sacrificios que no eran eficaces para hacer perfecto en la conciencia al que ministraba»; 9, 13: «La sangre de los machos cabríos y los toros, y la aspersión de la ceniza de la vaca, santifican a los inmundos y les dan la limpieza de la carne.»

b) Así como todo el Antiguo Testamento era «un pedagogo para llevarnos a Cristo» (Gal 3, 24), así también todos los sacramentos de la Antigua Alianza son tipos que nos indican los bienes futuros de la época mesiánica (Hebr 10, 1: «umbram habens lex futurorum bonorum») y constituían, por tanto, una confesión de fe en el futuro Redentor. Como, con la cooperación de gracias actuales, despertaban en todo aquel que los recibía la conciencia de sus pecados y la fe en el futuro Redentor, servían para disponer a recibir la gracia santificante y producían la santificación interior «ex opere operantis».

c) La circuncisión efectuada en niños que no tenían uso de razón no producía la santificación interna «ex opere operato» como el bautismo, ni tampoco «ex opere operantis» de alguno que hiciera las veces del que recibía ese sacramento, sino únicamente «quasi ex opere operato». La circuncisión, como confesión objetiva de la fe en el futuro Redentor, era ocasión para que Dios concediera ordinariamente la gracia de santificación; cf. S.th. III 70, 4: «En la circuncisión no se confería la gracia por virtud de la misma circuncisión, sino por virtud de la fe en la pasión de Cristo, de la cual era símbolo esta ceremonia.»

Bibliografía: P. Schmalzl, *Die Sakramente des Alten Testamentes im allgemeinen. Nach der Lehre des hl. Thomas von Aquin dargestellt,* Eichstätt 1883. A. Landgraf, *Die Gnadenökonomie des Alten Bundes nach der Lehre der Frühscholastik,* ZkTh 57 (1933), 215-253. El mismo, *Die Darstellung des hl. Thomas von den Wirkungen der Beschneidung im Spiegel der Frühscholastik,* APAR 7 (1941) 19-77.

§ 12. Los sacramentales

1. Noción de sacramental

«Los sacramentales son cosas o acciones que emplea la Iglesia a imitación de los sacramentos para obtener de Dios, mediante su intercesión (de la Iglesia), determinados efectos de índole especialmente espiritual»; CIC 1144.

Hugo de San Víctor llama a los sacramentales «sacramentos menores» («sacramenta minora») para distinguirlos de los sacramentos mayores o principales («sacramenta in quibus principaliter salus constat»); *De sacr.* I 9, 7; II 9, 1 ss. Pedro Lombardo es el primero en adoptar la denominación de «sacramentales» *(Sent.* IV 6, 7).

Se consideran como sacramentales: *a)* las ceremonias empleadas en la administración de los sacramentos; *b)* las ceremanias religiosas independientes: exorcismos, bendiciones y consagraciones; *c)* el uso religioso de objetos bendecidos y consagrados, y *d)* estos mismos objetos bendecidos y consagrados (sacramentales permanentes).

2. Diferencia entre los sacramentales y los sacramentos

a) Institución

Los sacramentales no fueron instituidos, de ley ordinaria, por Cristo, sino por la Iglesia. La potestad de la Iglesia para instituir sacramentales se funda en el ejemplo de Cristo y los Apóstoles (cf. 1 Cor 11, 34) y en la misión de la Iglesia, que consiste en administrar dignamente los tesoros de gracia que Cristo le legara (cf. 1 Cor 4, 1) y fomentar la salud sobrenatural de los fieles; Dz 856, 931, 943; CIC 1145.

b) Eficiencia

Los sacramentales no obran «ex opere operato». Pero su eficiencia no descansa tampoco en la mera disposición subjetiva del que hace uso de ellos, sino principalmente en la intercesión de la Iglesia, la cual, como esposa santa e inmaculada de Cristo, posee una particular eficacia intercesora (Eph 5, 25 ss). Si consideramos bien la índole del «opus operantis Ecclesiae», podremos afirmar que los sacramentales obran «quasi ex opere operato». Las bendiciones constitutivas, que consagran de manera permanente para el servicio de Dios a una cosa o persona, producen infaliblemente su efecto, mientras que en todos los demás sacramentales la influencia impetratoria de la Iglesia no produce su efecto infaliblemente.

c) Efectos

Los sacramentales no confieren inmediatamente la gracia santificante, sino que únicamente disponen para recibirla. Los efectos particulares de los distintos sacramentales son diversos según el fin peculiar de cada uno. Las bendiciones constitutivas confieren una santidad objetiva a las personas y cosas consagradas al servicio de Dios. Las bendiciones invocativas confieren bienes de orden temporal, gracias actuales, y, moviéndonos a realizar actos de penitencia y amor a Dios, nos consiguen la remisión de los pecados veniales y las penas temporales merecidas por los pecados (S.th. III 87, 3). Los exorcismos nos protegen contra las vejaciones de los malos espíritus; cf. S.th. III 65, 1 ad 6.

Bibliografía: FR. SCHMID, *Die Sakramentalien der katholischen Kirche,* Bn 1896. G. ARENDT, *De sacramentalibus disquisitio scholastico-dogmatica,* R [2]1900. A. FRANZ, *Die kirchlichen Benediktionen im Mittelalter,* 2 tomos, Fr 1909.

Sección segunda

TRATADO SOBRE LOS SACRAMENTOS EN PARTICULAR

I. EL SACRAMENTO DEL BAUTISMO

Bibliografía: J. CORBLET, *Histoire dogmatique, liturgique et archéologique du sacrement de baptême,* 2 tomos, P 1881/82. A. D'ALÈS, *De baptismo et confirmatione,* P [2]1927. R. DORONZO, *De baptismo et confirmatione,* Mw 1947. H. LENNERZ, *De sacramento baptismi,* R [2]1948. J. E. BELSER, *Das Zeugnis des 4. Evangelisten für die Taufe, Eucharistie und Geistessendung,* Fr 1912. W. KOCH, *Die Taufe im Neuen Testament,* Mr [3]1921. J. DEY ΠΑΛΙΓΓΕΝΕΣΙΑ [*Tit 3, 5*], Mr 1937. R. SCHNACKENBURG, *Das Heilsgeschehen bei der Taufe nach dem Apostel Paulus,* Mn 1950. H. SCHWARZMANN, *Zur Tauftheologie des hl. Paulus in Röm 6,* Hei 1950. M. BARTH, *Die Taufe, ein Sakrament?,* Z 1951. J. SCHNEIDER, *Die Taufe im Neuen Testament,* St 1952. O. KUSS, *Zur paulinischen und nachpaulinischen Tauflehre im Neuen Testament,* ThGl 42 (1952) 401-425. TH. SPÁCIL, *Doctrina theologiae Orientis separati de Sacramento Baptismi,* R 1926. FR. J. DÖLGER, *Sphragis. Eine altchristliche Taufbezeichnung,* Pa 1911. A. BENOIT, *Le baptême chrétien au second siècle,* P. 1953. H. KOCH, *Die Tauflehre des Liber de rebaptismate* ZkTh 31 (1907) 648-699. E. J. DUNCAN, *Baptism in the Demonstrations of Aphraates the Persian Sage,* Wa 1945. H. KRAFT, *Texte zur Geschichte der Taufe, besonders der Kindertaufe in der alten Kirche,* B 1953. W. JETTER, *Die Taufe beim jungen Luther,* T 1954. J. FINKENZELLER, *Die Lehre von den Sakramenten der Taufe und Busse nach Joannes Baptist Gonet O. P. (1616-1681),* Mn 1956.

§ 1. NOCIÓN Y SACRAMENTALIDAD DEL BAUTISMO

1. Noción

El bautismo es el sacramento por el cual el hombre renace espiritualmente mediante la ablución con agua y la invocación de las tres divinas personas. El *Catecismo Romano,* siguiendo las expresiones de Ioh 3, 5, Tit 3, 5 y Eph 5, 26, da la siguiente definición de este sacramento: «Baptismum esse sacramentum regenerationis per aquam in verbo» (II 2, 5).

2. Sacramentalidad del bautismo

El bautismo es un verdadero sacramento instituido por Jesucristo (de fe; Dz 844).

El racionalismo moderno niega que Cristo haya instituido el bautismo. Según Harnack, el bautismo cristiano, que remitía los pecados, se habría derivado por evolución del bautismo de penitencia de Juan. R. Reitzenstein intentó mostrar que el bautismo cristiano era imitación del bautismo de los mandeos, antigua secta gnóstica de bautizantes. Probablemente ocurrió lo contrario: que el bautismo mandeico sufrió la influencia del bautismo cristiano.

El papa Pío X condenó la doctrina de los modernistas, los cuales enseñaban que la comunidad cristiana introdujo la necesidad de bautizarse tomando del judaísmo el rito bautismal, como símbolo externo de la recepción en la comunidad cristiana, y vinculando a este rito la obligación de llevar vida cristiana; Dz 2042.

Prueba

a) El bautismo aparece ya, en figura, en el Antiguo Testamento. Fueron figuras del bautismo, según doctrina de los apóstoles y los padres, aquel moverse del Espíritu de Dios sobre las aguas (cf. la consagración del agua bautismal), el diluvio (1 Petr 3, 20 s), la circuncisión (Col 2, 11 s), el paso del mar Rojo (1 Cor 10, 2), el paso del Jordán (Ios 3, 14 ss) y las siete veces que tuvo que bañarse en el Jordán el sirio Naamán (4 Reg 5, 14). En Ez 36, 25, hallamos una predicción formal del bautismo: «Esparciré sobre vosotros agua limpia y seréis limpiados de todas vuestras inmundicias, y de todos vuestros ídolos os limpiaré»; cf. Is 1, 16 ss; 4, 4; Zach 13, 1.

El bautismo de Juan fue una preparación inmediata del bautismo de Cristo (Mt 3, 11); aquel bautismo debía mover a los pecadores a penitencia, obrando así («ex opere operantis») la remisión de los pecados. El concilio de Trento declaró expresamente, contra los reformadores, que el bautismo de Juan no tenía la misma eficacia que el bautismo de Cristo; Dz 857; cf. S.th. III 38, 3: *baptismus Ioannis gratiam non conferebat, sed solum ad gratiam praeparabat* (el bautismo de Juan no confería la gracia, sino únicamente preparaba para ella).

b) Cristo mismo hizo que Juan le bautizara en el Jordán (Mt 3, 13 ss) y dio a sus discípulos el encargo de administrar el bautismo (Ioh 4, 2), explicó a Nicodemo la esencia y necesidad del bautismo (Ioh 3, 3 y 5) y antes de subir al cielo ordenó a sus apóstoles que bautizaran a todas las gentes (Mt 28, 19); Ioh 3, 5: «El que no naciere [Vg: renaciere] del agua y del Espíritu [Vg: del Espíritu Santo] no puede entrar en el reino de Dios»; Mt 28, 18 s:«Me ha sido dado todo poder en el cielo y en la tierra; id, pues, enseñad a todas las gentes, bautizándolas en el nombre del Padre y del Hijo y del Espíritu Santo» (βαπτίζοντες αὐτοὺς εἰς τὸ ὄνομα τοῦ πατρὸς, καὶ τοῦ υἱοῦ καὶ τοῦ ἁγίου πνεύματος); cf. Mc 16, 15: «Id por todo el mundo y predicad el Evangelio a toda criatura. El que creyere y fuere bautizado se salvará, mas el que no creyere se condenará».

La autenticidad de Mt 28, 19, está garantizada por el testimonio de todos los manuscritos y todas las antiguas versiones. En la *Didakhé*, c. 7, se cita dos veces este mismo pasaje.

Las pruebas clásicas de Escritura — Ioh 3, 5, y Mt 28, 19 — nos permiten verificar en ellas todas las notas esenciales del bautismo del Nuevo Testamento. El bautismo aparece como un signo externo de la gracia que consiste en la ablución con agua y la invocación de las tres divinas personas, produce la gracia interior (a saber, la regeneración) y fue instituido por Cristo para todos los tiempos.

c) Los apóstoles cumplieron, con respecto a la Iglesia primitiva, el mandato que Cristo les diera de bautizar a todas las gentes; Act 2, 38 y 41; 8, 12 s; 8, 36 ss; 9, 18; 10, 47 s; 16, 15 y 33; 18, 8; 19, 5; 1 Cor 1, 14 ss. Los más antiguos documentos eclesiásticos, como la *Didakhé* (c. 7), la *Epístola de Bernabé* (11, 11), el *Pastor* de HERMAS (*Sim.* IX 16) y SAN JUSTINO MÁRTIR (*Apol.* I 61,), dan testimonio de la no interrumpida tradición apostólica. La más antigua monografía sobre el bautismo se debe a Tertuliano (sobre el 200).

3. Momento en que fue instituido el bautismo

Las noticias que nos proporciona la Sagrada Escritura no nos permiten fijar con exactitud cuál fue el momento de la institución del bautismo. Los pareceres de los teólogos no están de acuerdo a este respecto. Unos suponen que el bautismo quedó instituido al hacerse Jesús bautizar en el Jordán (PEDRO LOMBARDO, *Sent.* IV 3, 5; SANTO TOMÁS, S.th. III 66, 2; *Cat. Rom.* II 2, 20); otros creen que en la conversación que el Señor mantuvo con Nicodemo (Pedro Abelardo; cf. SAN BERNARDO DE CLARAVAL, *Ep.* 77), y otros, en fin, opinan que el momento de la institución tuvo lugar cuando el Señor promulgó su mandato de bautizar a todas las gentes, poco antes de su ascensión a los cielos (HUGO DE SAN VÍCTOR, *De sacr.* II 6, 4; Mag. Rolando). Las dos primeras sentencias parten del supuesto improbable de que el bautismo practicado por los discípulos de Jesús (Ioh 4, 2) era ya el bautismo sacramental cristiano. Contra la primera sentencia, tenemos ante todo el silencio de la Sagrada Escritura; y contra la segunda, las circunstancias externas en que Jesús habló de la necesidad del bautismo para salvarse. El punto esencial del argumento escriturístico en favor de la institución del bautismo lo tenemos en Mt 28, 19; pero notemos que este mandato de bautizar a todas las gentes no excluye que la institución de este sacramento hubiera tenido lugar con anterioridad.

San Buenaventura *(Com. in Ioh.,* c. 3, n. 19) procura armonizar las distintas opiniones de la siguiente manera: El bautismo fue instituido, en cuanto a su materia *(materialiter),* cuando Cristo se hizo bautizar; en cuanto a su forma *(formaliter),* cuando el Señor resucitó y nos dio la fórmula (Mt 28, 19); en cuanto a su efecto *(efective),* cuando Jesús padeció, pues por la pasión de Cristo recibe el bautismo toda su virtud; y en cuanto a su fin *(finaliter),* cuando predijo su necesidad y sus ventajas (Ioh 3, 5).

Bibliografía: A. Landgraf, *Die frühscholastische Definition der Taufe,* Greg 27 (1946), 200-219, 353-383. Fr. J. Dölger, *Der Durchzug durch das Rote Meer als Sinnbild der christlichen Taufe,* AC 2 (1930) 63-69. El mismo, *Der Durchzug durch den Jordan als Sinnbild der christlichen Taufe,* ibid. 70-79. P. Lundberg, *La typologie baptismale dans l'ancienne Église,* L-Uppsala 1942. J. Daniélou, *Traversée de la mer Rouge et baptême aux premiers siècles,* RSR 33 (1946) 402-430. J. Kürzinger, *Zur Deutung der Johannestaufe in der mittelalterlichen Theologie,* «Aus der Geisteswelt des Mittelalters», Mr 1935, 954-973. J. B. Umberg, *Die Grundbedeutung der Taufformel,* «Festschrift 75 Jahre Stella Matutina» 1, Feldkirch 1931, 533-552. R. Reitzenstein, *Die Vorgeschichte der christliche Taufe,* L-B 1929; cf. ThR 29 (1930) 280-290. L. Ott, *Untersuchungen* (v. supra, p. 81) 499-507. G. R. Beasley-Murray, *Baptism in the New Testament,* Lo 1962.

§ 2. El signo externo del bautismo

1. La materia

a) Materia remota

La materia remota del sacramento del bautismo es el agua verdadera y natural (de fe).

El concilio de Trento se opuso a la doctrina de Lutero, que en caso de necesidad juzgaba lícito emplear cualquier líquido apto para realizar una ablución; a este propósito hizo el citado concilio la siguiente declaración: «Si quis dixerit aquam veram et naturalem non esse de necessitate baptismi...», a. s.; Dz 858; cf. Dz 696, 412, 447; CIC 737, § 1.

Se habla de una supuesta declaración del papa Esteban II (754) según la cual sería válido el bautismo administrado con vino en caso de necesidad;

pero tal declaración es de muy dudosa autenticidad y, en todo caso, no representa una definición ex cathedra sobre esta materia.

La Sagrada Escritura y la tradición conocen sólo el agua como materia del bautismo; Ioh 3, 5: «renacido del agua»; Act 8, 36: «Aquí hay agua; ¿qué impide que sea bautizado?»; cf. Act 10, 47; Eph 5, 26; Hebr 10, 22.

La *Didakhé* nos ofrece uno de los testimonios más antiguos de la tradición. Veamos el c. 7: «Bautizad en el nombre del Padre y del Hijo y del Espíritu Santo con agua viva [= corriente]. Si no tienes agua viva, bautiza con otra clase de agua; si no puedes hacerlo con agua fría, hazlo con agua caliente. Si no tuvieras ninguna de las dos [en cantidad suficiente], entonces derrama tres veces agua sobre la cabeza en el nombre del Padre y del Hijo y del Espíritu Santo»; cf. *Epístola de Bernabé* 11, 11: San Justino, *Apol.* I 61; Tertuliano, *De bapt.* 1; S.th. III 66, 3.

Para administrar lícitamente el bautismo solemne está estrictamente prescrito el empleo de agua consagrada; CIC 757. San Cipriano nos da ya testimonio de la consagración del agua bautismal (*Ep.* 70, 1).

b) Materia próxima

La materia próxima del sacramento del bautismo es la ablución del cuerpo realizada por el contacto físico del agua (sent. cierta).

La ablución puede realizarse de tres maneras: por inmersión (sumergiéndose en la piscina bautismal), por infusión (derramando agua), o por aspersión (rociando con agua). Contra la Iglesia ortodoxa griega, que antes no reconocía la validez del bautismo de infusión (que es el empleado generalmente en la Iglesia de Occidente), y que todavía tiene la costumbre de volver a bautizar a los occidentales que pasan a su fe, declaró el concilio de Trento: «Si quis dixerit, in Ecclesia Romana... non ese veram de baptismi sacramento doctrinam», a. s.; Dz 859; cf. Dz 435; CIC 758.

En la antigüedad cristiana y en la edad media hasta el siglo XIII, se administraba generalmente el bautismo bajo la forma de inmersión, haciendo que el bautizando se sumergiera tres veces en la piscina (Tertuliano, *De cor. mil.* 3). También se reconocía como válido el bautismo de infusión, como vemos por testimonio de la *Didakhé* (c. 7) y de San Cipriano (*Ep.* 69, 12), el cual aprueba la práctica del bautismo clínico (= bautismo de enfermos); cf. S.th. III 66, 7.

Los padres interpretan la triple inmersión como símbolo de las tres divinas personas (Tertuliano, *Adv. Prax.* 26; Dz 229) y de la permanencia del cuerpo del Señor durante tres días en el sepulcro (San Cirilo de Jerusalén, *Cat. myst.* 2, 4). En la iglesia española, durante los siglos VI y VII, se practicaba (con autorización del papa SAN GREGORIO MAGNO, *Ep.* I 43) una sola inmersión, para simbolizar la consustancialidad de las tres divinas personas, contra la herejía de Arrio.

2. La forma

La forma del bautismo son las palabras del que lo administra, las cuales acompañan y determinan la ablución.

Para que la forma sea válida es necesario invocar a las tres divinas personas, y — según doctrina de la mayor parte de los teólogos — es necesario expresar la acción presente de bautizar.

El *Decretum pro Armeniis* enseña: «Si exprimitur actus, qui per ipsum exercetur ministrum, cum Sanctae Trinitatis invocatione, perficitur sacramentum»; Dz 696. La iglesia latina bautiza con la siguiente fórmula: «N. Ego te baptizo in nomine Patris et Filii et Spiritus Sancti». La fórmula bautismal de la iglesia griega es de este tenor: Βαπτίζεται ὁ δοῦλος τοῦ θεοῦ (ὁ δεῖνα) εἰς τὸ ὄνομα τοῦ πατρὸς καὶ τοῦ υἱοῦ καὶ τοῦ ἁγίου πνεύματος.

a) La invocación de la Trinidad

La forma trinitaria del bautismo se funda bíblicamente en Mt 28, 19. En la literatura patrística más antigua dan testimonio de ella la *Didakhé* (c. 7), SAN JUSTINO *(Apol.* I 61), SAN IRENEO *(Adv. haer.* III 17, 1; *Epideixis* 3 y 7) y TERTULIANO *(De bapt.* 13).

En la Sagrada Escritura se nos habla de un bautismo «en el nombre de Jesucristo» (Act 2, 38; 8, 12 [Vg]; 10, 48) o «en el nombre del Señor Jesús» (Act 8, 16; 19, 5) o «en Cristo Jesús» (Rom 6, 3), es decir, «en Cristo» (Gal 3, 27). Pero, contra lo que opinó la teología escolástica, tales expresiones tal vez no deban entenderse en el sentido de que se usara en tales casos la invocación a Jesucristo en lugar de la invocación a la Santísima Trinidad. Muy probablemente lo que se pretende significar es el bautismo administrado por encargo de Cristo y con el poder que Él otorgara, es decir, el bautismo instituido por Cristo, por contraposición al bautismo de Juan o al bautismo proselitista judío. Que estas expresiones no se refieren a ninguna fórmula bautismal con la invocación a Jesucristo lo sugiere, además, la alternancia de las denominaciones. Según la *Didakhé* 9, 5, el bautismo «en el nombre del Señor» se refiere al bautismo trinitario instituido por el Señor, como resulta evidente por las instrucciones que se nos dan en el c. 7. También Act 19, 2-5, nos sugiere que el bautismo «en el nombre del Señor Jesús» encerraba la mención del Espíritu Santo.

El magisterio de la Iglesia no ha dado ninguna definición en este problema. El papa Nicolás I, citando en su favor a SAN AMBROSIO *(De Spiritu*

S. 13, 42), afirmó (866) la validez del bautismo administrado «en el nombre de Cristo», es decir, bajo la invocación de Cristo; Dz 335; cf. Dz 229.

Santo Tomás sostiene la opinión de que los apóstoles, en virtud de una particular revelación de Cristo, bautizaban bajo la invocación del nombre de «Cristo» (no del nombre de «Jesús»). Pero en la época postapostólica juzga que es inválido el bautismo administrado bajo la invocación de Cristo, a no ser que un privilegio especial de Dios permita esta excepción. La razón en que se funda el santo doctor es la positiva ordenación de Cristo, claramente testimoniada en Mt 28, 19; S.th. III 66, 6.

b) *La expresión de la acción de bautizar*

Fundándose en una decisión del papa Alejandro III (1159-81), en la condena de una proposición del teólogo belga F. Farvacques por Alejandro VIII (1690) y en la declaración del *Decretum pro Armeniis* (1439), se requiere, para la validez del bautismo, que se designe la acción presente de bautizar usando las palabras: *(Ego) te baptizo;* Dz 398, 1317, 696.

No obstante, muchos teólogos de la escolástica primitiva (v.g., Hugo de San Víctor, Esteban de Tournai) sostuvieron la validez del bautismo administrado con la omisión de las palabras citadas. Santo Tomás y la mayor parte de los teólogos del apogeo de la escolástica declararon que tal bautismo era inválido basándose en los decretales de Alejandro III; cf. S.th. III 66, 5 ad 2. Pero existe una dificultad muy seria contra esta última opinión, y es el hecho histórico, atestiguado por TERTULIANO *(De cor. mil.* 3; *Adv. Prax.* 26; *De bapt.* 2, 1), HIPÓLITO DE ROMA *(Traditio Apost.),* SAN AMBROSIO *(De sacr.* II 7, 20), el *Sacramentario Gelasiano,* etc., de que en la época paleocristiana el bautismo se administraba de la siguiente manera: el ministro, siguiendo el símbolo apostólico, hacía al bautizando tres veces la pregunta de si creía las verdades que en él se contenían, y a cada confesión de fe por parte del bautizando le sumergía en la piscina bautismal. No tenía lugar en toda esta ceremonia ninguna expresión formal de la acción de bautizar, bastaba la intención del que administraba el sacramento. Si tenemos en cuenta la gran difusión que alcanzó esta forma de bautizar, difícilmente podremos considerar la expresión de la acción de bautizar como pertinente a la esencia misma de la fórmula sacramental. Será más acertado considerar esa expresión como una condición fijada por la Iglesia para la administración válida o lícita del sacramento.

Bibliografía: A. STAERK, *Der Taufritus in der griechisch-russischen Kirche,* Fr 1903. FR. GILLMANN, *Taufe «im Namen Jesu» oder «im Namen Christi»?,* Mz 1913. FR. J. DÖLGER, *Die Taufe des Novatian,* AC 2 (1930) 258-267. El mismo, *Die Eingliederung des Taufsymbols in den Taufvollzug nach den Schriften Tertullians,* AC 4 (1933) 138-146. A. LANDGRAF, *Die Ansicht der Frühscholastik von der Zugehörigkeit des Baptizo te zur Taufform,* Schol 17 (1942) 412-427, 531-555. G. RAMBALDI, *La proposizione 27* *di Alessandro VIII ed il potere della Chiesa sui Sacramenti,* Greg 31 (1950) 114-124. B. MARCHETTA, *La materia e la forma del battesimo nella Chiesa di S. Ambrogio,* R **1945.**

§ 3. LOS EFECTOS DEL BAUTISMO

1. La justificación

El bautismo confiere la gracia de justificación (de fe).

Puesto que la justificación consiste, según su faceta negativa, en la remisión de los pecados y, según su faceta positiva, en la santificación y renovación del hombre interior (Dz 799), el bautismo, si se recibe con las debidas disposiciones (fe, arrepentimiento), obra:

a) La remisión del pecado original y (en los adultos) de todos los pecados personales, sean mortales o veniales.

b) La santificación interna, infundiendo la gracia santificante, con la cual siempre van vinculados los hábitos infusos de las virtudes y dones del Espíritu Santo. Al recibir la gracia santificante, el justo adquiere también el título para recibir las gracias actuales necesarias para cumplir los deberes que impone el bautismo.

El concilio de Trento hizo la siguiente declaración en su decreto sobre el pecado original: «Si alguno negare que por la gracia de nuestro Señor Jesucristo conferida en el bautismo se perdona el reato de la culpa original, o se atreviere a afirmar que no se quita todo aquello que tiene en sí el verdadero y propio carácter de pecado... ese tal, a. s.»; Dz 792; cf. Dz 696, 742, 895.

Según testimonio de la Sagrada Escritura, el bautismo tiene la virtud tanto de borrar los pecados como de producir la santidad interna; Act 2, 38: «Arrepentíos y bautizaos en el nombre de Jesucristo para remisión de vuestros pecados, y recibiréis el don del Espíritu Santo»; 1 Cor 6, 11: «Habéis sido lavados, habéis sido santificados, habéis sido justificados en el nombre del Señor Jesucristo y en el Espíritu de nuestro Dios»; cf. Act 22, 16; Rom 6, 3 ss; Tit 3, 5; Ioh 3, 5; 1 Ioh 3, 9; 5, 18.

La tradición, desde un principio, atribuye estos mismos efectos al sacramento del bautismo. El autor de la *Epístola de Bernabé* nos dice: «Descendemos a las aguas llenos de pecados e inmundicias y salimos de ellas llevando en nuestro corazón el fruto del temor, y en nuestro espíritu el de la esperanza en Jesús» (11, 11); cf. *Pastor* de HERMAS, *Sim.* IX 16; SAN JUSTINO, *Apol.* I 61; TERTULIANO, *De bapt.* 1, 1; SAN CIPRIANO, *Ad Donatum* 4.

2. Remisión de las penas debidas por el pecado

El bautismo produce la remisión de todas las penas debidas por el pecado, tanto las eternas como las temporales (de fe).

El concilio de Trento enseña que en todos aquellos que han renacido por las aguas del bautismo no queda nada abominable a Dios ni que pueda impedirles la entrada en el cielo. «In renatis nihil odit Deus... ita ut nihil prorsus eos ab ingressu coeli remoretur»; Dz 792; cf. Dz 696. Se supone, naturalmente, que el que recibe el bautismo aborrece internamente todos sus pecados, incluso los veniales. La remisión de todas las penas debidas por el pecado es doctrina que se halla indicada en los escritos paulinos cuando nos dice el Apóstol que por el bautismo muere y es sepultado el hombre viejo y resucita un hombre nuevo (Rom 6, 3 ss).

Los padres enseñan unánimemente esta doctrina. TERTULIANO dice: «Después que se ha quitado la culpa, se quita también la pena» *(De bapt.* 5). SAN AGUSTÍN enseña que el bautizado que partiera de esta vida inmediatamente después de recibir el bautismo entraría inmediatamente en el cielo (*De pecatorum meritis et remissione* II 28, 46).

Los males que subsisten después del bautismo, como la concupiscencia desordenada, el sufrimiento y la muerte *(poenalitates),* no tienen ya para el bautizado el carácter de castigo, sino que son medio de prueba y purificación (Dz 792: *ad agonem)* y de una mayor asimilación con Cristo. Cuando llegue el tiempo de la resurrección desaparecerán en los justos todos esos males gracias a la virtud del sacramento del bautismo; cf. S.th. III 69, 3.

3. El carácter bautismal

El bautismo recibido válidamente (aunque sea de manera indigna) imprime en el alma del que lo recibe una marca espiritual indeleble, el carácter bautismal; y por eso este sacramento no se puede repetir (de fe; Dz 852, 867).

Como el carácter sacramental representa una semejanza con el Sumo Sacerdote Jesucristo y una participación de su sacerdocio («signum configurativum»), el bautizado queda incorporado al cuerpo místico de Cristo, a la Iglesia, por ese carácter bautismal. De la unidad del cuerpo místico de Cristo se sigue que todo aquel que recibe válidamente el bautismo (aunque sea bautizado fuera de la Iglesia católica) se convierte en miembro de la Iglesia una, santa, católica y apostólica, fundada por Cristo, caso de que no se una al mismo tiempo y voluntariamente a una comunidad herética o cismática. Todo bautizado está sometido a la potestad de jurisdicción de la Iglesia.

El carácter bautismal establece una distinción entre los bautizados y los no bautizados, distinción invisible al ojo corporal, pero que será perceptible a la mirada del espíritu en la vida futura («signum distinctivum»). El bautizado recibe, en virtud del carácter bautismal, la facultad y el derecho de participar pasivamente en el sacerdocio de Cristo, es decir, de recibir todos los demás sacramentos («sacramentorum ianua ac fundamentum»; CIC 737, § 1) y todos los dones de gracia y verdad que Cristo confió a su Iglesia («signum dispositivum»).

El carácter bautismal es una consagración del bautizado a Jesucristo e impone, por tanto, la obligación de llevar una vida cristiana, obligación de la que nadie ni nada le pueden dispensar («signum obligativum»).

Bibliografía: A. LANDGRAF, *Die Wirkung der Taufe im Fictus und im Contritus nach der Lehre der Frühscholastik,* APAR 8 (1941/42) 237-348. O. HEGGELBACHER, *Die christliche Taufe als Rechtsakt nach dem Zeugnis der frühen Christenheit,* Fr/S 1953.

§ 4. NECESIDAD DE RECIBIR EL BAUTISMO

1. Necesidad del bautismo para salvarse

El concilio de Trento se opuso a la doctrina de los reformadores, cuyo concepto de la justificación conduce a negar que el bautismo sea necesario para salvarse. «Si quis dixerit, baptismum liberum esse, hoc est non necessarium ad salutem», a. s. (si alguno dijere que el bautismo es cosa libre, esto es, que su recepción no es necesaria para salvarse, sea anatema); Dz 861; cf. Dz 791.

Por lo que respecta al momento en que comienza la obligación de recibir el bautismo, declaró el mencionado concilio que, después de haberse promulgado el Evangelio, no puede tener lugar la justificación sin la recepción del bautismo o sin el deseo de recibirlo; Dz 796. La necesidad de recibir el bautismo, según se colige de Ioh 3, 5 y Mc 16, 16, es necesidad de medio, y, según Mt 28, 19, necesidad de precepto tratándose de adultos.

Sin embargo, esa necesidad de medio no es intrínseca, es decir, fundada en la naturaleza misma del sacramento, sino extrínseca, ya que el bautismo es medio indispensable para salvarse en virtud de una ordenación positiva de Dios. En determinadas circunstancias se puede prescindir de utilizar de hecho ese medio prescrito por Dios (necesidad hipotética).

En la tradición se suele acentuar mucho la necesidad de recibir el bautismo para salvarse, por consideración a Ioh 3, 5. TERTULIANO, refiriéndose a este texto, hace el siguiente comentario: «Está prescrito que sin el bautismo nadie puede alcanzar la salvación» *(De bapt.* 12, 1); cf. *Pastor* de HERMAS, *Sim.* IX 16.

2. Posibilidad de sustituir el bautismo sacramental

El bautismo de agua se puede sustituir, en caso de necesidad, por el bautismo de deseo y el de sangre (sent. próxima a la fe).

a) El bautismo de deseo («baptismus flaminis sive Spiritus Sancti»)

El bautismo de deseo es el anhelo explícito o implícito de recibir el bautismo sacramental («votum baptismi»), deseo que debe ir unido a la contrición perfecta.

El concilio de Trento enseña que la justificación del que ha contraído el pecado original no es posible «sin el baño de regeneración o sin el deseo de recibirlo» («sine lavacro regenerationis aut eius voto»); Dz 796; cf. Dz 847, 388, 413.

Según doctrina de la Sagrada Escritura, el amor perfecto tiene la virtud de justificar; Lc 7, 47: «Le son perdonados sus muchos pecados porque amó mucho»; Ioh 14, 21: «El que me ama a mí será amado de mi Padre, y yo le amaré y me manifestaré a él»; Lc 23, 43: «Hoy estarás conmigo en el Paraíso».

Los principales testigos de la tradición son SAN AGUSTÍN y SAN AMBROSIO. Dice éste en su oración fúnebre por el emperador Valentiniano II, que había muerto sin bautismo: «¿No iba él a poseer la gracia por la que suspiraba? ¿No iba a poseer lo que anhelaba? Seguramente por desearla la consiguió... A él le purificó su piadoso deseo» *(De obitu Valent.* 51 y 53).

SAN AGUSTÍN comenta: «Meditándolo una y otra vez, veo que no sólo el sufrir por el nombre de Cristo puede suplir la falta de bautismo, sino que también el tener fe y corazón converso («fidem conversionemque cordis») puede suplirlo si la brevedad del tiempo de que se dispone no permitiere recibirlo» *(De bapt.* IV 22, 29). En la escolástica primitiva, BERNARDO DE CLARAVAL *(Ep.* 77, c. 2, n. 6-9), HUGO DE SAN VÍCTOR *(De sacr.* II 6, 7) y la *Summa sententiarum* (V 5) defendieron contra Pedro Abelardo la posibilidad del bautismo de deseo; cf. S.th. III 68, 2.

El bautismo de deseo obra «ex opere operantis». Confiere la gracia de justificación, con la cual va unida la remisión del pecado original, de todos los pecados personales graves y de la pena eterna debida por el pecado.

Los pecados veniales y las penas temporales debidas por los pecados se perdonan según sea el grado de la disposición subjetiva. No queda impreso el carácter bautismal.

b) El bautismo de sangre («baptismus sanguinis»)

El bautismo de sangre es el martirio de una persona que no ha recibido el bautismo, es decir, el soportar pacientemente la muerte violenta, o los malos tratos que por su naturaleza acarrean la muerte, por haber confesado la fe cristiana o practicado la virtud cristiana.

Jesús mismo nos dio testimonio de la virtud justificativa del martirio; Mt 10, 32: «A todo aquel que me confesare delante de los hombres yo también le confesaré delante de mi Padre que está en los cielos»; Mt 10, 39 (16, 25): «El que perdiere su vida por amor a mí la encontrará»; Ioh 12, 25: «El que menospreciare su alma en este mundo la conservará para la vida eterna».

Los padres consideran, desde un principio, la muerte del martirio como un sustitutivo del bautismo. Tertuliano la llama «bautismo de sangre» («lavacrum sanguinis») y le atribuye el efecto de «sustituir el lavado bautismal, si no se ha recibido, y restaurar lo que se hubiere perdido» (*De bapt.* 16). Según San Cipriano, los catecúmenos que sufren el martirio «reciben el bautismo de sangre, que es el más glorioso y elevado» (*Ep.* 73, 22); cf. San Agustín, *De civ. Dei* XIII 7.

Conforme al testimonio de la tradición y la liturgia católica (cf. la festividad de los Santos Inocentes), también los niños que no han llegado al uso de la razón pueden conseguir el bautismo de sangre; por consiguiente, el bautismo de sangre no obra tan sólo «ex opere operantis» (como el bautismo de deseo), sino también «quasi ex opere operato», ya que es una confesión objetiva.

Su efecto es conferir la gracia de justificación y, si la disposición es conveniente, la remisión de todos los pecados veniales y las penas temporales debidas por los pecados. Dice San Agustín: «Es una ofensa orar por un mártir; lo que hay que hacer es encomendarse a sus oraciones» (*Sermo* 159, 1). El bautismo de sangre no confiere el carácter bautismal; cf. S.th. III 66, 11 y 12.

Bibliografía: P. Hörger, *Concilii Tridentini de necessitate baptismi doctrina in decreto de iustificatione,* Ant 17 (1942) 193-222, 269-302. A. Wagner, *Reformatorum de necessitate baptismi doctrina,* DThP 45 (1942) 3-34, 157-185. A. Landgraf, *Das Sacramentum in voto in der Frühscholastik*, «Mélanges Mandonnet» II, P 1930, 97-143. W. Hellmanns, *Wertschätzung des Martyriums als eines Rechtfertigungsmittels in der altchristlichen Kirche bis zum Anfang des 4. Jh.,* Br 1912. E. L. Hummel, *The Concept of Martyrdom according to Cyprian,* Wa 1946. Fr. J. Dölger, *Tertullian über die Bluttaufe,* AC 2 (1930) 117-141. L. Ott, *Untersuchungen* (v. supra, p. 81) 507-527.

§ 5. El ministro del bautismo

1. La persona del ministro

El bautismo puede administrarlo válidamente cualquiera persona (de fe).

El concilio IV de Letrán (1215) nos enseña que el bautismo, administrado rectamente por cualquiera en la forma que enseña la Iglesia, es provechoso para la salvación: «sacramentum baptismi... in forma Ecclesiae a quocumque rite collatum proficit ad salutem»; Dz 430. El *Decretum pro Armeniis* (1439) nos da a este respecto una explicación más precisa: «El ministro de este sacramento es el sacerdote [*sacerdos*=obispo y presbítero], y a él le corresponde el oficio de bautizar. En caso de necesidad, no sólo pueden bautizar el sacerdote o el diácono, sino también un laico o una mujer, e incluso un pagano y un hereje, con tal de que lo haga en la forma que lo hace la Iglesia y que pretenda hacer lo que ella hace»; Dz 696.

El mandato de bautizar que leemos en Mt 28, 19, va dirigido a los apóstoles y a sus sucesores, que son los obispos. Pero, según testimonio de la Sagrada Escritura, los apóstoles confiaron a otras personas el poder de bautizar; cf. Act 10, 48: «[Pedro] mandó que los bautizasen en el nombre de Jesucristo»; 1 Cor 1, 17: «No me envió Cristo a bautizar, sino a evangelizar.» Según Act 8, 38 (cf. 8, 12), el diácono Felipe administraba el bautismo.

En los primeros tiempos del cristianismo, se consideraba la administración del bautismo como privilegio del obispo. San Ignacio de Antioquía dice: «Sin el obispo no está permitido bautizar ni celebrar el ágape» (*Smyrn.* 8, 2). Tertuliano cita como ministros ordinarios del bautismo, además del obispo y subordinados al mismo, a los sacerdotes y diáconos. En caso de necesidad, concede también a los laicos (bautizados), pero solamente a los varones, el derecho a administrar el bautismo; a las mujeres les niega tal derecho (*De bapt.* 17). Testimonios más recientes en favor de la licitud del bautismo administrado por laicos en caso de necesidad los tenemos en el sínodo de Elvira (can. 38; Dz 52*d*), en San Jerónimo (*Dial. c. Lucif.* 9) y en San Agustín (*Contra ep. Parm.* II 13, 29). A propósito de la licitud del bautismo administrado por mujeres, no se hallan testimonios explícitos hasta la edad media (Urbano II, *Ep.* 271).

Defendió la validez del bautismo administrado por los herejes el papa Esteban I, quien invocó la tradición en contra de Cipriano, obispo de Cartago (Dz 46: «nihil innovetur, nisi quod traditum est»); y la defendió también San Agustín, contra los donatistas. El concilio de Trento declaró dogma de fe esta verdad; Dz 860.

A fines de la época patrística se impuso el reconocimiento de la validez del bautismo administrado por una persona que no estuviera bautizada. San Agustín no se atrevió a decidir nada en esta cuestión (*Contra ep. Parm.* II 13, 30). El sínodo de Compiègne, en 757, y el papa Nicolás I (866) se decidieron por la validez del bautismo administrado por una persona no bautizada; Dz 335.

La razón interna de que sea válido el bautismo administrado por cualquiera persona consiste en que este sacramento es necesario para salvarse; cf. S.th. III 67, 3-5.

2. El rito de la administración

La administración del bautismo solemne está reservada a los miembros de la jerarquía. Ministros ordinarios del bautismo solemne son el obispo y el sacerdote; y el ministro extraordinario, el diácono (con permiso del ordinario o del párroco); CIC 738, §§ 1, 741. El laico que administre el bautismo en caso de necesidad solamente puede realizar el rito sacramental necesario para la validez; CIC 759.

§ 6. El sujeto del bautismo

El bautismo puede ser recibido válidamente por cualquiera persona no bautizada que se halle en estado de peregrinación (de fe).

El bautismo «por los muertos» de que se nos habla en 1 Cor 15, 29 («¿Qué lograrán los que se bautizan por los muertos? Si en ninguna manera los muertos resucitan, ¿a qué viene el bautizarse por ellos?»), no era un bautismo que se administrase a los muertos, sino que consistía tal vez en un bautismo recibido en supuesta representación (bautismo vicario) de personas que habían fallecido sin bautismo y para quienes trataba de conseguirse póstumamente la gracia bautismal; o tal vez fuera un bautismo o especie de ceremonia lavatoria por la cual se creyese poder interceder en favor de los difuntos, guardando analogía con aquella oración intercesora que ofrecieron los judíos en favor de los difuntos de la que nos habla 2 Mac 12, 42 ss.

Basándose en estas palabras de San Pablo, algunas sectas cristianas de los primeros tiempos —como los cerintianos y los marcionitas— practicaban el bautismo vicario en favor de los difuntos. Llegaron incluso estos herejes a administrar el bautismo a los mismos difuntos. Contra tales prácticas intervinieron los sínodos de Hipona (393) y Cartago (397).

1. Los adultos

En los que han llegado al uso de razón, se requiere la intención (al menos, habitual) de recibir el bautismo, para que éste se reciba válidamente; Dz 411. Para recibirlo dignamente se requiere, además, la debida disposición interior, que debe consistir por lo menos en la fe y el arrepentimiento por los pecados cometidos; Dz 798. La Sagrada Escritura exige expresamente, como preparación para recibir el bautismo, la fe (Mc 16, 16: «El que creyere y fuere bautizado, se salvará»; Mt 28, 19; Act 2, 41; 8, 12 s; 8, 37) y el arrepentimiento por los pecados cometidos (Act 2, 38: «Arrepentíos y bautícese cada uno de vosotros»; 3, 19). La preparación para el bautismo que se exigía en la antigüedad cristiana consistía en el aprendizaje de la doctrina cristiana y en las prácticas de penitencia.

2. Los que no han llegado al uso de razón

Es válido y lícito el bautismo de los niños que no tienen uso de razón (de fe).

El concilio de Trento condenó la práctica de los anabaptistas (= rebautizantes) que repetían el bautismo cuando el individuo llegaba al uso de razón; y defendió el bautismo de los niños pequeños: «Si quis dixerit, parvulos... esse rebaptizandos aut praestare omitti eorum baptisma, quam eos non actu proprio credentes baptizari in sola fide Ecclesiae», a. s.; Dz 869; cf. Dz 791.

Los reformadores conservaron el bautismo de los niños por influjo de la tradición cristiana, aunque tal bautismo es incompatible con su concepción de los sacramentos. Lutero intentó resolver la dificultad suponiendo arbitrariamente que, en el momento del bautismo, Dios capacita a los párvulos de manera milagrosa para que realicen un acto de fe fiducial justificante.

Según la doctrina católica puede faltar la fe, porque ella no es causa de la justificación, sino únicamente un acto dispositivo; lo mismo se diga de otros actos dispositivos que pueden igualmente faltar. La fe del párvulo es sustituida, según doctrina de San Agustín y la escolástica, por la fe de la Iglesia; S.th. III 68, 9 ad 2.

Recientemente, un teólogo protestante —K. Barth— ha presentado objeciones de tipo exegético e ideológico contra la práctica de bautizar a los párvulos, exigiendo que se corrija ese contrasentido que se verifica dentro del protestantismo y se sustituya el actual bautismo de los niños por otro aceptado con responsabilidad por parte del bautizando.

La Sagrada Escritura no nos permite probar con plena certeza, pero sí con suma probabilidad, el hecho del bautismo de los párvulos. Cuando San Pablo (1 Cor 1, 16) y los Hechos de los Apóstoles (16, 15 y 33; 18, 8; cf. 11, 14) nos hablan repetidas veces del bautismo de una «casa» (= familia) entera, debemos entender que en la palabra «casa» están comprendidos también los hijos pequeños que pudiera haber, y eso con tanto mayor razón cuanto que la circuncisión —que fue sustituida por el bautismo cristiano (Col 2, 11: «la circuncisión de Cristo»)— y el bautismo de los prosélitos en el judaísmo tardío se practicaban también en los párvulos. Según Act 2, 38 s, el don del Espíritu Santo que se recibe por el bautismo no solamente se prometió a los oyentes de Pedro, sino también a sus hijos. Por éstos se pueden entender, naturalmente, en un sentido amplio, todos los descendientes de aquellos que estaban oyendo al apóstol. La posibilidad de que los párvulos reciban válidamente el bautismo se funda en la eficacia objetiva de los sacramentos y se justifica por la universal voluntad salvífica de Dios (1 Tim 2, 4), que se exiende también sobre los niños que no han llegado al uso de razón (Mt 19, 14), y por la necesidad del bautismo para alcanzar la salvación (Ioh 3, 5).

El texto de 1 Cor 7, 14 no puede considerarse como contrario al bautismo de los niños. El hecho de que San Pablo llame «santos» a los hijos de matrimonios mixtos no permite concluir que esos niños no tengan necesidad de recibir el bautismo, como tampoco se atrevería nadie a concluir, por el hecho de que el cónyuge no cristiano «se santifique» por el cónyuge cristiano, que aquél, al convertirse al cristianismo, no necesitara recibir el bautismo. La tradición cristiana no sabe nada de miembros de la Iglesia no bautizados. El concepto de «santo», según lo emplea San Pablo en el citado pasaje, debe entenderse en el sentido amplio de la objetiva consagración a Dios, la cual contiene en sí el no ser impuro en el sentido de la pureza ritual.

Del *Martyrium Polycarpi* (9, 3: «Ochenta y seis años ha que le sirvo») se deduce que Policarpo recibió el bautismo hacia el año 70, en edad infantil. Aparece claro en la *Apología* 1.ª de San Justino (15, 6) que los hombres y mujeres de sesenta y setenta años que en ella se mencionan, y «que desde su infancia eran discípulos de Cristo», se bautizaron siendo niños hacia los años 85 al 95. Un testimonio directo de la práctica eclesiástica de bautizar a los niños lo hallamos en San Ireneo *(Adv. haer.* II 22, 4), Tertuliano *(De bapt.* 18), San Hipólito de Roma *(Traditio Apostolica)*, Orígenes *(In Lev. hom.* 8, 3; *Comm. in Rom* 5, 9) y San Cipriano *(Ep.* 64, 2) y en los epitafios paleocristianos del siglo III. Orígenes funda la práctica de bautizar a los niños en la universalidad del pecado original y afirma que tal costumbre procede de los apóstoles. Un sínodo cartaginés presidido por Cipriano (251 ó 253) desaprobó el que se dilatase el bautismo de los recién nacidos hasta ocho días después de su nacimiento, y dio como razón que «a ninguno de los nacidos se le puede negar la gracia y la misericordia de Dios». Desde el siglo IV va apareciendo, sobre todo en

Oriente, la costumbre de dilatar el bautismo hasta la edad madura o, incluso, el fin de la vida. SAN GREGORIO NACIANCENO recomienda como regla general la edad de tres años (*Or.* 40, 28). Las controversias contra los pelagianos hicieron que se adquiriera un conocimiento más claro del pecado original y de la necesidad de recibir el bautismo para salvarse, lo cual sirvió para extender notablemente la práctica de bautizar a los niños pequeños.

La validez del bautismo de los niños nos permite concluir que los párvulos bautizados son plenamente miembros de la Iglesia y, al llegar al uso de razón, están obligados a cumplir las promesas del bautismo que pronunciaron por boca de los padrinos de su bautismo. El concilio de Trento rechazó la doctrina de Erasmo de Rotterdam según la cual los niños, al llegar al uso de razón, tenían que decidir libremente si aceptaban o no los compromisos del bautismo; Dz 870. Por ordenación positiva de Dios, toda persona está destinada a incorporarse por medio del bautismo a la Iglesia de Cristo, a fin de alcanzar su último fin sobrenatural. La obligación de creer y llevar una vida cristiana que se deriva de la recepción del bautismo la tienen que aceptar sobre sí todos los hombres por amor a su salvación eterna.

Bibliografía: A. LANDGRAF, *Kindertaufe und Glaube in der Frühscholastik,* Greg 9 (1928) 337-372, 497-543. K. BARTH, *Die kirchliche Lehre von der Taufe,* Z [3]1947. J. JEREMIAS, *Die Kindertaufe in den ersten vier Jh.,* G 1958; *Die Anfänge der Kindertaufe,* Mn 1962. O. CULLMANN, *Die Tauflehre des Neuen Testaments. Erwachsenen- und Kindertaufe,* Z 1948. J. DELAZER, *De baptismo pro mortuis,* Ant 6 (1931) 113-136. R. SCHNACKENBURG (v. supra, p. 519) 90-98 (1 Cor 15, 29). B. M. FOSCHINI, *Those who are Baptized for the Dead (1 Cor 15, 29),* Worcester, Mass., 1951. J. BLINZLER, *Zur Auslegung von 1 Kor 7, 14, Neutestamentliche Aufsätze (Festschrift J. Schmid),* Re 1963, 23-41. L. G. M. ALTING VON GEUSAU, *Die Lehre von der Kindertaufe bei Calvin,* Mz 1963.

II. EL SACRAMENTO DE LA CONFIRMACIÓN

Bibliografía: L. JANSSENS, *La confirmation,* Lila 1888. M. HEIMBUCHER, *Die hl. Firmung, das Sakrament des Hl. Geistes,* A 1889. FR. J. DÖLGER, *Das Sakrament der Firmung,* W 1906. A. D'ALÈS (v. supra, p. 519). H. LENNERZ, *De sacramento confirmationis,* R [2]1949. M. D. KOSTER, *Die Firmung im Glaubenssinn der Kirche,* Mr 1948. J. B. UMBERG, *Die Schriftlehre vom Sakrament der Firmung,* Fr 1920. P. GALTIER, *La consignation à Carthage et à Rome,* RSR 2 (1911) 350-383. El mismo, *La consignation dans les églises d'Occident,* RHE 13 (1912) 257-301. El mismo, *Onction et confirmation,* RHE 13 (1912) 467-476. P. DE PUNIET, *Onction et confirmation,* RHE 13 (1912) 450-466. H. WEISWEILER, *Das Sakrament der Firmung in den systematischen Werken der ersten Frühscholastik,* Schol 8 (1933) 481-523. K. LÜBECK, *Die Firmung in der orthodoxen griechischen Kirche,* «Pastor bonus» 33 (1920/21), 111-118, 176-184, 219-226. K. F. LYNCH, *The Sacrament of Confirmation in the Early-middle Scholastic Period,* vol. I: Texts, StBv 1957. A. ADAM, *Das Sakrament der Firmung nach Thomas von Aquin,* Fr 1958.

§ 1. NOCIÓN Y SACRAMENTALIDAD DE LA CONFIRMACIÓN

1. Noción

La confirmación es un sacramento por el cual el bautizado es colmado del Espíritu Santo por la imposición de manos, la unción y la oración, para que se consolide interiormente en su vida sobrenatural y confiese exteriormente con valentía la fe en Jesucristo.

SANTO TOMÁS la define como sacramento de la plenitud de gracia y como «sacramento por el cual se concede a los bautizados la fortaleza del espíritu»; S.th. III 72, 1 ad 2; S.c.G. IV, 60.

2. Sacramentalidad de la confirmación

La confirmación es verdadero y propio sacramento (de fe).

El concilio de Trento hizo la siguiente declaración, contra los reformadores que rechazaban la confirmación como carente de fundamento bíblico: «Si quis dixerit, confirmationem baptizatorum otiosam caeremoniam esse et non potius verum et proprium sacramentum», a. s.; Dz 871.

Según la *Apologia Confessionis* de MELANCHTHON (art. 13, 6), la confirmación es un rito transmitido por los padres innecesario para la salvación, porque no tiene en su favor el mandato de Dios. Según la historia racionalística de los dogmas (Harnack), la confirmación surgió al desligarse y cobrar vida autónoma algunas ceremonias simbólicas que primitivamente acompañaban la administración del bautismo. Pío x condenó la tesis modernista según la cual el bautismo y la confirmación no se habían distinguido en la Iglesia primitiva como dos sacramentos diversos; Dz 2044.

a) Prueba de Escritura

La Sagrada Escritura sólo nos ofrece pruebas indirectas de que Cristo constituyera el sacramento de la confirmación. Después de que los profetas del Antiguo Testamento habían predicho que el Espíritu de Dios se derramaría sobre toda la redondez de la tierra como señal de que era venida la época mesiánica (cf. Ioel 2, 28 s [M 3, 1 s] = Act 2, 17 s; Is 44, 3-5; Ez 39, 29), Jesús prometió a sus apóstoles (Ioh 14, 16 s y 26; 16, 7 ss; Lc 24, 49; Act 1, 5) y a todos los fieles futuros (Ioh 7, 38 s) que enviaría sobre ellos el Espíritu Santo. El día de Pentecostés cumplió su palabra con la comunidad cristiana primitiva; Act 2, 4: «Quedaron todos llenos del Espíritu Santo; y comenzaron a hablar en lenguas extrañas, según que el Espíritu Santo les movía a expresarse.»

En lo sucesivo, los apóstoles comunicaban el Espíritu Santo a los bautizados por medio del rito exterior de la imposición de manos. Act 8, 14 ss nos refiere: «Cuando los apóstoles, que estaban en Jerusalén, oyeron cómo había recibido Samaria la palabra de Dios, enviaron allá a Pedro y Juan, los cuales, bajando, oraron sobre ellos para que recibiesen el Espíritu Santo, pues aún no había venido sobre ninguno de ellos; sólo habían sido bautizados en el nombre del Señor Jesús. Entonces les impusieron las manos y recibieron el Espíritu Santo.» Según Act 19, 6, San Pablo comunicó el Espíritu Santo a unos doce discípulos de Éfeso, una vez que éstos hubieron recibido el bautismo: «E, imponiéndoles Pablo las manos, descendió sobre ellos el Espíritu Santo, y hablaban lenguas y profetizaban.» Según Hebr 6, 2, la imposición de manos, que hace descender al Espíritu Santo (v 4), pertenece, juntamente con el bautismo, a los fundamentos de la religión cristiana.

De los pasajes citados se desprende la sacramentalidad de la confirmación:

α) Los apóstoles efectuaban un rito sacramental consistente en la imposición de manos y la oración.

β) El efecto de este rito externo era la comunicación del Espíritu Santo, principio de santificación interna. Según Act 8, 18, entre la imposición de manos y la comunión del Espíritu Santo existía verdadero nexo causal («per impositionem manus Apostolorum»).

γ) Los apóstoles obraban por encargo de Cristo. Como Cristo prometió que comunicaría el Espíritu Santo a todos los fieles, es de suponer que también daría explicaciones precisas sobre el modo de comunicar el Espíritu Santo. La naturalidad con que los apóstoles (que se consideraban únicamente como ministros de Cristo y administradores de los misterios de Dios; 1 Cor 4, 1) efectuaban el rito de la imposición de manos presupone una ordenación de Cristo a este respecto.

Santo Tomás enseña que Cristo instituyó el sacramento de la confirmación «non exhibendo, sed promittendo», es decir, que Él no administró este sacramento, sino que prometió para el futuro su administración, porque en la confirmación se otorga la plenitud del Espíritu Santo, la cual no entraba en los planes de Dios concederla antes de la resurrección y ascensión de Cristo a los cielos; S.th. III 72, 1 ad 1.

Algunos teólogos escolásticos, v.g., el Maestro Rolando y San Buenaventura, sostuvieron la opinión de que la confirmación había sido instituida por los apóstoles, es decir, por el Espíritu Santo por medio de los apóstoles (institución divina mediata). ALEJANDRO DE HALES, es decir, la *Suma* que lleva su nombre, propone la sentencia de que el sacramento de la confirmación había sido instituido por inspiración del Espíritu Santo en un concilio de Meaux («in concilio meldensi»), pero en realidad no se refiere al sacramento como tal, sino a la fijación definitiva del rito de su administración corriente en aquel tiempo. No niega que Cristo instituyera la imposición de manos, cuyo efecto era hacer descender el Espíritu Santo.

b) Prueba de tradición

Aunque la confirmación, en los primeros tiempos del cristianismo, estaba íntimamente unida con el bautismo, no obstante, aparece ya en los testimonios más antiguos de la tradición cristiana como un rito sacramental distinto del bautismo.

TERTULIANO considera el bautismo como preparación para recibir el Espíritu Santo: «No es que hayamos recibido en el agua al Espíritu Santo, sino que en el agua... nos purificamos y disponemos para recibirlo» *(De bapt.* 6). Después del bautismo tiene lugar una unción de todo el cuerpo (unción bautismal) y, después, la imposición de manos: «Al salir del baño bautismal, somos ungidos con unción sagrada» (c. 7); «Después se imponen las manos, llamando e invitando al Espíritu Santo por medio de una bendición» («dehinc manus imponitur per benedictionem advocans et invitans Spiritum sanctum»; c. 8). El efecto de este rito es la comunicación del Espíritu Santo. En su escrito *De carnis resurrectione* 8, TERTULIANO enumera los siguientes ritos de iniciación: bautismo, unción, signación (con la cruz), imposición de manos y recepción de la eucaristía.

SAN HIPÓLITO DE ROMA († 235) menciona en su *Tradición Apostólica* (Ἀποστολική παράδοσις) los siguientes ritos de la confirmación: imposición de manos del obispo y oración, unción con óleo sagrado —hay que distinguir esta unción de la unción bautismal que efectúa el sacerdote después del bautismo—, y al mismo tiempo, imposición de manos mientras se recita una fórmula trinitaria de bendición, signación de la frente y beso de paz; cf. *In Dan.* 1, 16.

El papa Cornelio (251-253) reprocha a Novaciano el que, después de haber recibido el bautismo de aspersión en el lecho de enfermedad, y «habiendo salido de la enfermedad, no recibiera todo lo demás que generalmente hay que recibir en la Iglesia, así como tampoco la signación por el obispo». Tal signación hacía que se recibiese el Espíritu Santo. De ahí la pregunta del papa Cornelio: «¿Cómo iba [Novaciano] a recibir el Espíritu Santo, si no había recibido este rito?» *(Ep. ad Fabium Ant.*; EUSEBIO, *H. eccl.* VI 43, 15).

SAN CIPRIANO († 258) dice, refiriéndose a Act 8, 14 ss: «Esto ocurre hoy también entre nosotros. A aquellos que han sido bautizados en la Iglesia se les conduce a los prepósitos de la Iglesia [= a los obispos], y por nuestra oración y nuestra imposición de manos reciben el Espíritu Santo y son consumados por el sello del Señor» *(Ep.* 73, 9); cf. *Ep.* 74, 5 y 7.

Según el sínodo hispano de Elvira (hacia el 306), todo aquel que haya sido bautizado por un laico en enfermedad grave o haya recibido el bautismo de un diácono tiene que presentarse al obispo «para que sea consumado por la imposición de manos» (can. 38 y 77); Dz 52*d-e*.

SAN CIRILO DE JERUSALÉN († 386) (o su sucesor Juan) dedica a la confirmación su tercera catequesis mistagógica, que lleva el título: *Sobre la unción* (περὶ χρίσματος). Otros testimonios los hallamos en SAN AMBROSIO *(De sacr.* III 2, 8-10; *De myst.* 7, 42), SAN JERÓNIMO *(Dial. c. Luciferianos* 8 s), INOCENCIO I *(Sermo* 24, 6), SAN AGUSTÍN *(De Trinit.* XV, 26, 46; *In ep. I Ioh.*, tr. 6, 10), SAN LEÓN MAGNO *(Sermo* 24, 6), SEUDO-DIONISIO *(De eccl. hier.* 4, 3, 11).

La escolástica prueba especulativamente la existencia del sacramento de la confirmación por la analogía que existe entre la vida natural del cuerpo y la vida sobrenatural del alma. Así como al nacimiento corporal le corresponde un sacramento de renacimiento espiritual, el bautismo, así también al crecimiento corporal le corresponde un sacramento de corroboración y robustecimiento de la vida sobrenatural, la confirmación; S.th. III 72, 1.

Bibliografía: W. KOCH, *Die Anfänge der Firmung im Lichte der Trienter Konzilverhandlungen,* ThQ 94 (1912) 428-452. H. RAHNER, *Flumina* *de ventre Christi. Die patristische Auslegung von Joh, 7, 37-38,* Bibl 22 (1941) 269-302, 367-430. J. B. UMBERG (v. supra, p. 536). N. ADLER, *Das erste christliche Pfingstfest [Apg 2,1-13],* Mr 1938. El mismo, *Taufe und Handauflegung [Apg 8, 14-17],* Mr 1951. H. ELFERS, *Die Kirchenordnung Hippolyts von Rom,* Pa 1938. FR. SCHOLZ, H. BARIL (v. supra, p. 503).

§ 2. EL SIGNO EXTERNO DE LA CONFIRMACIÓN

1. La materia

No existe ninguna definición del magisterio eclesiástico sobre la materia esencial del sacramento de la confirmación. Las opiniones de los teólogos están divididas a este respecto:

a) Unos, invocando en su favor el testimonio de la Sagrada Escritura (Act 8, 17; 19, 6; Hebr 6, 2), sostienen que únicamente la imposición de manos es la materia esencial (Pedro Aureolo, Dionisio Petavio); cf. Dz 424.

b) Otros, invocando en su favor el *Decretum pro Armeniis* (Dz 697), las enseñanzas del concilio de Trento (Dz 872), el *Catecismo Romano* (II 3, 7), la tradición de la Iglesia griega y la doctrina de SANTO TOMÁS (S. th. III 72, 2; *De art. fidei et sacr. Eccl.),* declaran que únicamente la unción con el santo crisma es la materia esencial (Belarmino, Gregorio de Valencia, Guillermo Estio).

Contra esta última sentencia habla decididamente el testimonio de la Sagrada Escritura. El *Decretum pro Armeniis* no es una decisión infalible del magisterio eclesiástico. El concilio de Trento sólo pretende salir en favor de la unción con el santo crisma sin definir nada sobre la materia esencial del sacramento de la confirmación. Es verdad que en la tradición de la Iglesia griega aparece en primer plano la unción, pero con ella parece que primitivamente iba unida una imposición de manos (cf. Firmiliano de Cesarea, quien solamente menciona la imposición de manos como rito de la comunicación del Espíritu Santo: *Ep.* 75, 7 s y 18, en la colección epistolar de SAN CIPRIANO; SAN CIRILO DE JERUSALÉN, *Cat.* 16, 26; *Const. Apost.* II 32, 3; III 15, 3). De todos modos, se puede ver incluida la imposición de manos en el contacto físico que requiere la unción con el crisma. SANTO TOMÁS, en otros pasajes, presenta también la imposición de manos como elemento constitutivo del rito de la confirmación, y le atribuye el efecto de hacer descender al Espíritu Santo; cf. S. th. III 84, 4; S.c.G. IV 60.

c) La mayor parte de los teólogos de la actualidad, de acuerdo con la práctica seguida en la Iglesia, consideran como materia esencial la unión de ambos elementos: la imposición de manos y la unción en la frente. Habla en favor de esta doctrina la *Professio fidei* de MIGUEL PALEÓLOGO (1274), que enumera la imposición de manos y la unción con el santo crisma como elementos del rito de la confirmación: «aliud est sacramentum confirmationis, quod per manuum impositionem episcopi conferunt chrismando renatos»; Dz 465. De forma parecida se expresa el CIC 780. No obstante, nada se ha definido sobre la materia esencial de este sacramento.

La imposición de manos pertenece al signo sacramental, como se prueba por el clarísimo testimonio de la Sagrada Escritura y la tradición (Tertuliano, Hipólito, Cipriano, Firmiliano de Cesarea, Jerónimo, Agustín). El rito romano contiene dos imposiciones de manos: una general (extensión de las manos) y otra individual. Como la primera falta en el rito griego y la confirmación de la iglesia griega es reconocida como válida por la Iglesia católica, solamente la imposición individual se puede considerar como elemento esencial del signo sacramental.

La unción propia de la confirmación se remonta históricamente hasta principios del siglo III (ORÍGENES, *In Lev. hom.* 8, 11; SAN HIPÓLITO DE ROMA, *Traditio Apost.).* Mientras que en el Occidente (donde se conocía ya desde San Hipólito una doble unción después del bautismo: la bautismal y la confirmacional) se fue imponiendo con vacilaciones (el papa Silvestre, Inocencio I), en Oriente (donde no se conocía más que una sola unción después del bautismo) se convirtió en el rito predominante de la comunicación del Espíritu Santo (Serapión de Thmuis, Cirilo de Jerusalén).

No es posible demostrar que la unción confirmacional estuviese ya en práctica en la época apostólica. Los lugares de 2 Cor 1, 21, y 1 Ioh 2, 20 y 27 se refieren a la unción en sentido traslaticio. Si se defiende que los sacramentos fueron instituidos *in specie* por Cristo, solamente podremos considerar la unción como elemento esencial del signo sacramental si Cristo mismo la ordenó. Pero no tenemos prueba alguna de ello. Si se supone, en cambio, que Cristo determinó *in genere* el signo sacramental de la confirmación, entonces existe la posibilidad de que la Iglesia haya completado con el rito de la unción el primitivo rito de la imposición de manos. Como la declaración tridentina «salva illorum substantia» (Dz 931) habla más bien en favor de la institución específica, es razonable considerar la unción como una condición fijada por la Iglesia para la válida o sólo permitida administración de este sacramento.

La materia remota de la confirmación (según las sentencias 2.ª y 3.ª) es el crisma, preparado con aceite de oliva y bálsamo y consagrado por el obispo el día de Jueves Santo; Dz 697. Hasta el siglo VI se empleaba solamente aceite de oliva. La mezcla de materias aromáticas la testimonia por primera vez el SEUDO-DIONISIO hacia el año 500 *(De eccle. hier,* 4, 3, 4). La consagración del crisma, testimoniada ya desde antiguo por los padres (Tertuliano, Hipólito; cf. la oración consagratoria en el *Eucologio* de SERA-

PIÓN DE THMUIS), es considerada por SANTO TOMÁS (S. th. III 72, 3) y muchos teólogos modernos como condición para la licitud de la administración.

2. La forma

La forma de la confirmación consiste en las palabras que acompañan la imposición individual de manos, imposición que va unida con la unción en la frente (sent. común).

Act 8, 15 y varios padres (v.g. Tertuliano, Cipriano, Ambrosio) mencionan, juntamente con la imposición de manos, una oración pidiendo la comunicación del Espíritu Santo. Según Hipólito, el obispo recita primeramente una oración pidiendo la gracia de Dios, mientras tiene las manos extendidas sobre los confirmandos. La unción que sigue después y la imposición individual de manos van acompañadas de esta fórmula indicativa: «Ungueo te sancto oleo in domino Patre omnipotente et Christo Iesu et Spiritu sancto» [sic].

En la iglesia latina aparece desde fines de siglo XII (Sicardo de Cremona, Huguccio) la fórmula corriente hoy día: «N. Signo te signo crucis et confirmo te chrismate salutis. In nomine Patris et Filii et Spiritus Sancti. R. Amen.» La iglesia griega se sirve, desde el siglo IV o V, de la siguiente fórmula: Σφραγὶς δωρεᾶς πνεύματος ἁγίου = «Sello del don del Espíritu Santo». Es testimoniada por Asterio de Amasea (hacia 400), en relación con el bautismo, y por el inauténtico canon séptimo del I concilio de Constantinopla (381) como parte integrante del rito de reconciliación, y fue prescrita con carácter general (can. 95) por el sínodo Trullanum (692).

Bibliografía: J. BEHM, *Die Handauflegung im Urchristentum nach Verwendung, Herkunft und Bedeutung,* L 1911. J. COPPENS, *L'imposition des mains et les rites connexes dans le Nouveau Testament et dans l'église ancienne,* Wetteren-P 1925. A. STAERK, *Der Taufritus...* (v. supra, p. 525) 127-177 (Die Spendung der Myronsalbung). B. WELTE, *Die postbaptismale Salbung,* Fr 1939. H. ELFERS, *Gehört die Salbung mit Chrisma im ältesten abendländischen Initiationsritus zur Taufe oder zur Firmung?,* ThGl 34 (1942) 334-341. PH. HOFMEISTER, *Die heiligen Oele in der morgen- und abendländischen Kirche,* Wü 1948.

§ 3. LOS EFECTOS DE LA CONFIRMACIÓN

1. La gracia de la confirmación

a) Como sacramento de vivos, la confirmación produce (per se) el aumento de la gracia santificante (sent. cierta).

El *Decretum pro Armeniis* enseña: «per confirmationem augemur in gratia et roboramur in fide»; Dz 695.

En la Sagrada Escritura y en la antigua tradición cristiana (v. § 1) se cita ordinariamente como efecto principal de la confirmación, no la comunicación de la gracia, sino la comunicación del Espíritu Santo. Pero esta última está vinculada inseparablemente a la concesión de la gracia santificante; pues el Espíritu Santo, que con el Padre y el Hijo está ya sustancialmente presente en el alma, de manera natural, por ser causa del ser natural de la misma, viene al alma del justo en cuanto despliega en éste una actividad especial y sobrenatural, a saber: produciendo la unión y asimilación sobrenatural del alma con Dios por medio del ser divino de la gracia; S.th. III 72, 7: «Missio seu datio Spiritu Sancti non est nisi cum gratia gratum faciente.» A la gracia santificante van unidas las virtudes infusas y los dones del Espíritu Santo. Entre estos dones, el que más responde a la finalidad del sacramento de la confirmación es el de fortaleza, el cual se evidencia en la lucha contra los enemigos de la salvación y, de manera perfectísima, en el martirio. Con la gracia de la confirmación, el cristiano recibe también el derecho a las gracias actuales que han de ayudarle para conseguir el fin especial de este sacramento.

No debemos entender de manera exclusiva algunas afirmaciones de los padres (v.g., TERTULIANO, *De bapt.* 6 y 8), los cuales atribuyen al bautismo el efecto de perdonar los pecados, y a la confirmación el de comunicar el Espíritu Santo. Notemos que el perdón de los pecados va inseparablemente unido a la concesión de la gracia. Por eso, también el bautizando recibe la gracia santificante y, con ella, el Espíritu Santo; cf. SAN CIPRIANO, *Ep.* 74, 5: «Sin el Espíritu [Santo] no puede haber bautismo.» Pero es diversa, sin duda, la obra del Espíritu Santo en el bautismo y la confirmación: en aquél produce la regeneración; en ésta, la consumación de la vida sobrenatural.

b) El efecto específico de la confirmación es la consumación de la gracia bautismal (sent. común).

El *Catecismo Romano* (II 3, 19) dice: «illud proprie confirmationi tribuitur, quod baptismi gratiam perficit».

Conforme al fin especial de este sacramento, que es dar testimonio de Cristo (Act 1, 8), la gracia santificante concedida en la confirmación nos proporciona un elevado vigor para corroborarnos internamente en la fe y confesarla exteriormente con valentía. El *Decretum pro Armeniis* nos enseña, de acuerdo con Santo Tomás: «Effectus huius sacramenti est, quia in eo datur Spiritus Sanctus ad robur, sicut datus est Apostolis in die Pentecostes, ut videlicet Christianus audacter Christi confiteatur nomen»; Dz 697.

Los padres afirman que el efecto de la confirmación es consumar la vida sobrenatural que el bautismo inició en nosotros. San Ambrosio dice, refiriéndose a la signación espiritual con el Espíritu Santo («spiritale signaculum») que tiene lugar después del bautismo: «Después del bautismo resta aún efectuar la consumación» («post fontem superest, ut perfectio fiat»; *De sacr.* III 2, 8); cf. San Cipriano, *Ep.* 73, 9; sínodo de Elvira, can. 38 y 77 (Dz 52*d-e*); San Cirilo de Alejandría, *In Ioelem* 32.

2. El carácter de la confirmación

La confirmación imprime en el alma una marca espiritual indeleble y, por tanto, este sacramento no puede repetirse (de fe; Dz 852).

San Cirilo de Jerusalén dice, refiriéndose a la comunicación del Espíritu Santo que tiene lugar en la confirmación: «Que Él [Dios] os conceda por toda la eternidad el sello imborrable del Espíritu Santo» (*Procat.* 17). Tanto los padres de la Iglesia (Seudo-Fulgencio, *Sermo* 45) como los sínodos (Toledo 653, Chalon-sur-Saône 813) prohíben se repita la confirmación lo mismo que el bautismo.

La Iglesia ortodoxa vuelve a administrar la confirmación «a los que han negado a Cristo» —entre ellos cuentan los rusos a los que han caído en el judaísmo, paganismo e islamismo; y los griegos cuentan también a los que se han pasado al catolicismo y al protestantismo—, cuando éstos vuelven a convertirse a la fe ortodoxa (*Confessio orthodoxa* I 105). Con ello se niega el carácter de la confirmación. Sin embargo, algunos teólogos explican la unción con el crisma efectuada sobre los que vuelven convertidos, no como repetición del sacramento de la confirmación, sino como rito de reconciliación.

Finalidad. El carácter que imprime la confirmación da —según doctrina de Santo Tomás— la facultad y el derecho de realizar acciones que tienen por objeto el combate espiritual entablado contra los enemigos de la fe. Este carácter asemeja al confirmado con Cristo, Maestro de la Verdad, Rey de la Justicia y Sumo Sacerdote («signum configurativum»); sirve para distinguir a los campeones de Cristo de los simples miembros de su reino («signum distinctivum»); faculta para participar de manera activa

—aunque limitadamente— en el triple oficio de Cristo («signum dispositivum») y nos obliga a confesar públicamente la fe cristiana («signum obligativum»). El carácter confirmacional nos faculta y obliga a figurar en el apostolado seglar; cf. S.th. III 72, 5.

Relación entre el carácter bautismal y el confirmacional. Como la confirmación es un sacramento distinto e independiente del bautismo y tiene una finalidad específica, es de suponer que el carácter confirmacional es realmente distinto del carácter bautismal, de suerte que aquél no es tan sólo un mero perfeccionamiento modal de éste, sino una cualidad del alma distinta del carácter bautismal. El carácter confirmacional presupone necesariamente el bautismal. No es válida la confirmación de una persona que no ha recibido el bautismo: «Se impone a todos los cristianos la dulcísima obligación de trabajar para que el mensaje divino de la salvación sea conocido y aceptado por todos los hombres de cualquier lugar de la tierra» (decr. *Apostolicam actuositatem,* n. 3; const. *Lumen gentium,* n. 30-38). Cf. S.th. III 72, 6.

Bibliografía: J. B. UMBERG, *Confirmatione baptismus «perficitur»,* EThL I (1924) 505-517. P. RUPPRECHT, *Die Firmung als Sakrament der Vollendung,* ThQ 127 (1947) 262-277. G. W. H. LAMPE, *The Seal of the Spirit. A Study in the Doctrine of Baptism and Confirmation in the New Testament and the Fathers,* Lo 1951. K. F. LYNCH, *The sacramental grace of confirmation in the thirteenth-century theology,* FS 22 (1962) 32-149, 172-300. E. SAURAS, *Fundamento sacramental de la Acción Católica,* RET 3 (1943) 129-158.

§ 4. NECESIDAD DE LA CONFIRMACIÓN

1. Para la colectividad

Como Cristo ha instituido la confirmación, se sigue de ahí que este sacramento es imprescindible para la Iglesia considerada colectivamente. La confirmación proporciona vigor sobrenatural a la Iglesia para vencer las dificultades internas y externas que le predijo su divino Fundador (Mt 10, 16 ss; Ioh 15, 20).

2. Para el individuo

El bautizado puede obtener la salvación eterna sin haber recibido la confirmación (sent. próxima a la fe).

El concilio de Trento declaró que nada impide a los regenerados entrar en el cielo; Dz 792. La tradición unánime de la Iglesia asegura que los bautizados que parten de esta vida antes de recibir la imposición de manos del obispo pueden conseguir la salvación eterna; cf. SEUDO-CIPRIANO, *De rebapt.* 4; sínodo de Elvira, can. 77 (Dz 52*e*); SEUDO-MELQUÍADES (*Decretum Gratiani*, c. 2, D. 5 de consecr.). Por eso lo confirmación no es necesaria, como el bautismo, con una necesidad ineludible. Se dice que es necesaria para la salvación en cuanto contribuye para que esa salvación sea más consumada y perfecta; S.th. III 72, 1 ad 3; 72, 8 ad 4; Dz 2523.

Aunque no existe ningún precepto explícito de Dios que nos obligue a recibir la confirmación, sin embargo, el hecho de que este sacramento haya sido instituido por Cristo nos permite deducir el precepto divino de que lo recibamos («praeceptum divinum implicitum»). El derecho vigente prescribe a todos los fieles la recepción de este sacramento si tienen ocasión de ello; CIC 787. Si se dejara de recibir por menosprecio («ex contemptu»), se pecaría gravemente; Dz 669. La caridad cristiana para consigo mismo no permite desaprovechar una fuente tan importante de gracias.

La confirmación de deseo

La gracia confirmacional (no el carácter confirmacional) se puede alcazar en caso de necesidad — lo mismo que ocurre con la gracia bautismal — por medio de la confirmación de deseo («votum confirmationis»), que es un deseo vivo de recibir, si se pudiera, este sacramento. Como la gracia confirmacional presupone la bautismal, el bautismo (al menos el de deseo) tendrá que preceder racionalmente — aunque no temporalmente — a la confirmación de deseo; S.th. III 72, 6 ad 1 y 3.

§ 5. EL MINISTRO DE LA CONFIRMACIÓN

1. El ministro ordinario

El ministro ordinario de la confirmación es únicamente el obispo (de fe).

El concilio de Trento declaró, contra las tendencias antijerárquicas de las sectas medievales (valdenses, wiclifitas, husitas) y contra la doctrina y práctica de la Iglesia ortodoxa griega, la cual considera al simple presbítero como ministro ordinario de la confirmación: «Si quis dixerit, sanctae confirmationis ordinarium ministrum non esse solum episcopum, sed quemvis simplicem sacerdotem», a. s.; Dz 873; cf. Dz 419, 424, 450, 465, 572, 608, 697, 2147 a; CIC 782, § 1.

Según testimonio de los Hechos de los Apóstoles (8, 14 ss; 19, 6), el rito de la colación del Espíritu Santo lo realizaban los apóstoles, cuyos sucesores son los obispos. En Occidente, la administración del sacramento de la confirmación fue considerada siempre como un privilegio del obispo. Testigos de ello son SAN HIPÓLITO DE ROMA *(Trad. Apost.)*, el papa CORNELIO *(Ep. ad Fabium)*, SAN CIPRIANO *(Ep.* 73, 9), el SEUDO-CIPRIANO *(De rebapt.* 5), el sínodo de Elvira (can. 38 y 77; Dz 52*d-e*), SAN JERÓNIMO *(Dial. c. Lucif.* 9) y el papa INOCENCIO I *(Ep.* 25, 3). Este último distingue, igual que San Hipólito, entre la unción confirmacional que se realiza en la frente y la unción bautismal que administra el sacerdote; e insiste en que la primera de estas dos unciones corresponde administrarla únicamente a los obispos: «A los sacerdotes no les está permitido signar la frente con el mismo óleo [con el cual ungen a los bautizados]; esto es cosa que únicamente compete a los obispos cuando comunican el Espíritu Santo»; Dz 98. También en Oriente fue al principio el obispo el ministro ordinario del sacramento, como testimonian el obispo Firmiliano de Cesarea *(Ep.* 75, 7, en la colección epistolar de SAN CIPRIANO), la *Didascalia* (II 32, 3; II 33, 2), y SAN JUAN CRISÓTOMO *(In Actus homil.* 18, 3).

Argumento interno

La confirmación, por ser sacramento de consumación, conviene que sea administrada por aquellos que poseen la plenitud del poder sacerdotal; por ser juramento de lucha espiritual, está bien que la administren los caudillos de la milicia cristiana que son los obispos; S.th. III 72, 11; S.c.G. IV 60. Siendo el obispo quien administra este sacramento, se hace más intensa en los fieles la conciencia de su unión con el obispo, sirviendo así este sacramento para conservación y consolidación de la unidad de la Iglesia; cf. SAN BUENAVENTURA, *In Sent.* IV, d. 7, a. 1, q. 3.

2. El ministro extraordinario

El ministro extraordinario del sacramento de la confirmación es el simple sacerdote, a quien se concede este poder por derecho común o por un indulto apostólico (sent. cierta; CIC 782, § 2; cf. Dz 697, 573).

Por un indulto general de la Sede Apostólica, con efecto a partir del 1.º de enero de 1947: *a)* los párrocos con territorio propio, *b)* los vicarios parroquiales (can. 471) y ecónomos (can. 472), y *c)* los sacerdotes que poseen de manera exclusiva y permanente, en un territorio determinado y una iglesia determinada, la plena cura de almas con todos los derechos y deberes parroquiales, han obtenido el poder de administrar personalmente el sacramento de la confirmación a todos los fieles que residan en su circunscripción, siempre y cuando: *a)* éstos se hallen por enfermedad grave en verdadero peligro de muerte, de suerte que pueda temerse su fallecimiento, y *b)* el obispo de la diócesis no se encuentre asequible o esté legítimamente impedido, o no haya ningún otro obispo en comunión con la Sede Apostólica que pueda fácilmente sustituir al obispo de la diócesis (confirmación en caso de necesidad). La transgresión de los poderes concedidos con respecto a la circunscripción territorial de los confirmandos tiene como consecuencia la invalidez del sacramento y la pérdida del poder de confirmar (can. 2365). «Decretum S. Congregationis de Disciplina Sacramentorum» (*Spiritus Sancti munera,* de 14 de septiembre de 1946 (AAS 38, 1946, 349 ss). Se dieron también normas especiales para los territorios de misión (AAS 40, 1948, 41).

El papa San Gregorio Magno concedió a los sacerdotes de Cerdeña el administrar la confirmación donde no hubiere obispos (*Ep.* IV 26). Otros papas posteriores autorizaron en numerosos casos a simples sacerdotes para que administrasen este sacramento.

En el Oriente se fue convirtiendo poco a poco en práctica universal, desde el siglo IV, el que simples sacerdotes administrasen la confirmación. Las *Constituciones Apostólicas* (de fines de siglo IV) conceden no sólo al obispo, sino también al presbítero, la facultad de imponer las manos con fin confirmatorial (χειροθεσία; VIII 28, 3). Favoreció notablemente esta evolución la diferencia que se establecía entre la confección y la distribución del sacramento de la confirmación, de manera análoga a aquella otra que se hacía con respecto a la sagrada eucaristía, es decir, que se distinguía entre la consagración del myrón reservada al obispo y la unción que realizaba el sacerdote con ese myrón consagrado; cf. San Cirilo de Jerusalén, *Cat. myst.* 3, 3. La validez de la confirmación administrada por los sacerdotes griegos siempre fue reconocida como válida por parte de la Iglesia católica. Tal validez se explica por un privilegio tácito de la Sede Apostólica (así lo enseña el papa Benedicto XIV, *De synodo dioec.* VII 9, 3; cf. Dz 697: «per Apostolicae Sedis dispensationem»).

No debemos considerar ese poder extraordinario de confirmar que posee el simple sacerdote como una dimanación del poder pontificio de jurisdicción, ni como un poder de orden concedido de forma extrasacramental, sino como elemento del poder sacerdotal de santificar, recibido en la ordenación sacerdotal. Pero tal poder, bien esté ligado en virtud de una ordenación divina, bien en virtud de una ordenación eclesiástica, solamente puede ser actuado por concesión pontificia.

Bibliografía: F. Gillmann, *Zur Lehre der Scholastik vom Spender der Firmung und des Weihesakraments,* Pa 1920. J. Gemmel, *Zur Firmungsvollmacht für die Pfarrer,* «Klerusblatt» 28 (1948), 82 s. J. Brinktrine, *Der einfache Priester als Spender der heiligen Firmung,* DTh 7 (1929) 301-314. E. J. Mahoney, *The Priest as Minister of Confirmation, The Decree of September 1946 with Commentary,* Lo 1952. A. Mostaza, *El problema del ministro extraordinario de la Confirmación,* Salamanca 1952. J. Neumann, *Der Spender der Firmung in der Kirche des Abendlandes,* Meitingen 1963.

§ 6. EL SUJETO DE LA CONFIRMACIÓN

La confirmación puede ser recibida válidamente por todo bautizado que no haya sido ya confirmado (sent. cierta).

También los párvulos pueden recibir válidamente la confirmación, como se prueba por la costumbre de bautizar a los niños pequeñitos, costumbre que existió en Occidente hasta el siglo XIII y que todavía perdura en Oriente. Ahora bien, considerando el fin de este sacramento, que es convertir al bautizado en paladín esforzado de Cristo, es más conveniente administrarlo cuando el niño llega al uso de razón, es decir, hacia los siete años de edad; y así lo prescribe como norma el Código vigente (CIC 788). No obstante, caben excepciones, sobre todo cuando hay peligro de muerte. A los párvulos que están en peligro se les puede y se les debe administrar el sacramento de la confirmación, porque a un estado de gracia más elevado corresponde también un estado más elevado de gloria; S.th. III 72, 8 ad 4.

La reiteración de la confirmación es inválida y gravemente culpable. La imposición de manos ordenada por el papa Esteban I (Dz 46) como ceremonia fundada en la tradición para recibir en el seno de la Iglesia a los que se convertían de la herejía no debe ser considerada, contra la opinión de SAN CIPRIANO (*Ep.* 74, 5), como repetición de la confirmación, sino como ceremonia de reconciliación, y así lo sugiere la adición de las palabras «in poenitentiam». A esta ceremonia de reconciliación se le atribuía, desde luego, el efecto de comunicar el Espíritu Santo, pero ello se debía a la creencia existente en la antigüedad de que los sacramentos administrados en el seno de la herejía, a pesar de ser válidos, no conferían el Espíritu Santo; creíase que éste únicamente se recibía cuando los convertidos abjuraban de sus errores y eran admitidos en el seno de la Iglesia católica (cf. SAN AGUSTÍN, *De bapt.* III 16, 21; III 17, 22). Con la imposición de manos iba unida una oración invocando el Espíritu Santo, de suerte que todo este rito de reconciliación guardaba gran semejanza con la confirmación.

Para recibir dignamente la confirmación se requiere el estado de gracia. Como preparación remota es necesario instruir a los confirmandos en las verdades de la fe; cf. *Cat. Rom.* II 3, 17 s.

Bibliografía: J. Cl. BENNINGTON, *The Recipient of Confirmation,* Wa 1952. K. SUDBRACK, *Das Alter der Firmlinge,* ThprQ 93 (1940) 285-297. J. COPPENS (v. supra, p. 542) 380 ss. FR. DE SAINT-PALAIS D'AUSSAC, *La réconciliation des hérétiques dans l'Église latine,* P. 1943. P. FRANSEN, *Erwägungen über das Firmalter,* ZkTh 84 (1962) 401-426.

III. EL SACRAMENTO DE LA EUCARISTÍA

Bibliografía: A. D'ALÈS, *De SS. Eucharistia,* P 1929. M. DE LA TAILLE, *Mysterium fidei. De augustissimo Corporis et Sanguinis Christi sacrificio atque sacramento,* P ³1931. A. VAN HOVE, *Tractatus de SS. Eucharistia,* Me ²1941. K. GUTBERLET, *Das hl. Sakrament des Altares,* Re 1919. A. SCHÜTZ, *Christus mit uns,* Mn 1939. TH. SPÁCIL, *Doctrina theologiae Orientis separati de SS. Eucharistia,* R 1928/29. A. D'ALÈS, *La doctrine eucharistique de s. Irénée,* RSR 13 (1923) 24-46. J. MAIER, *Die Eucharistielehre der drei grossen Kappadozier,* Br 1915. ST. LISIECKI, *Quid S. Ambrosius de SS. Eucharistia docuerit,* Br 1910. A. NAEGLE, *Die Eucharistielehre des hl. Johannes Chrysostomus, des Doctor Eucharistiae,* Fr 1900. FR. J. REINE, *The Eucharistic Doctrine and Liturgy of the Mystagogical Catecheses of Theodore of Mopsuestia,* Wą 1942. J. BETZ, *Die Eucharistie in der Zeit der griechischen Väter* I 1, Fr 1955. K. ADAM, *Die Eucharistielehre des hl. Augustin,* Pa 1908. El mismo, *Zur Eucharistielehre des hl. Augustinus,* «Gesammelte Aufsätze», A 1936, 237-267. G. LECORDIER, *La doctrine de l'Eucharistie chez saint Augustin,* P 1930. A. STRUCKMANN, *Die Eucharistielehre des hl. Cyrill von Alexandrien,* Pa 1910 G. RAUSCHEN, *Eucharistie und Bussakrament in den ersten sechs Jahrhunderten der Kirche,* Fr ²1910. J. R. GEISELMANN, *Die Abendmahlslehre an der Wende der christlichen Spätantike zum Frühmittelalter. Isidor von Sevilla und das Sakrament der Eucharistie,* Mn 1933. El mismo, *Die Eucharistielehre der Vorscholastik,* Pa 1926. El mismo, *Studien zu frühmittelalterlichen Abendmahlsschriften,* Pa 1926. El mismo, *Zur Eucharistielehre der Frühscholastik,* ThR 29 (1930) 1-12. El mismo, *Zur frühmittelalterlichen Lehre vom Sakrament der Eucharistie,* ThQ 116 (1935) 323-403. J. ERNST, *Die Lehre des hl. Paschasius Radbertus von der Eucharistie,* Fr 1896. H. PELTIER, *Paschase Radbert, Abbé de Corbie,* Amiens 1938. A. NAEGLE, *Ratramnus und die hl. Eucharistie,* W 1903. J. A. FAHEY, *The Eucharistic Teaching of Ratramn of Corbie,* Mu 1951. P. SHAUGHNESSY, *The Eucharistic Doctrine of Guitmund of Aversa,* R 1939. L. BRIGUÉ, *Alger de Liège. Un théologien de l'Eucharistie au début du XIIe siècle,* P 1936. F. DOYEN, *Die Eucharistielehre Ruperts von Deutz,* Metz 1889. E. DUMOUTET, *La théologie de l'Eucharistie à la fin du XIIe siècle. Le témoignage de Pierre le Chantre d'après la «Summa de Sacramentis»,* AHDL 14 (1943-45) 181-262. G. BARBERO, *La doctrina eucaristica negli scritti di Papa Innocenzo III,* R 1953. F. X. KATTUM, *Die Eucharistielehre des hl. Bonaventura,* Mn-Freising 1920. A. LANG, *Zur Eucharistielehre des hl. Albertus Magnus: Das Corpus Christi verum im Dienste des Corpus

Christi mysticum, DTh 10 (1932) 256-274. A. PIOLANTI, *Il corpo mistico e le sue relazioni con l'Eucaristia in S. Alberto Magno,* R 1939. M. GRABMANN, *Die Theologie der eucharistischen Hymnen des hl. Thomas von Aquin,* Kath 82 (1902) I 385-399. C. BOECKL, *Die Eucharistielehre der deutschen Mystiker des Mittelalters,* Mn 1923. G. BUESCHER, *The Eucharistic Teaching of William Ockham,* StBv-Ln 1950. E. ISERLOH, *Die Eucharistie in der Darstellung des Johannes Eck,* Mr 1950. R. SNOEKS, *L'argument de tradition dans la controverse eucharistique entre catholiques et réformés français au XVIIe siècle,* Ln 1951. E. DORONZO, *De Eucharistia,* 2 tomos, Mw 1947/48. G. ALASTRUEY, *Tratado de la Santísima Eucaristía,* Ma [2]1952. J. SOLANO, *Textos eucarísticos primitivos,* I (s. I-IV) Ma 1952; II (s. V-VII) Ma 1954. A. PIOLANTI, *Eucaristia. Il mistero dell'altare nel pensiero e nella vita della Chiesa,* R 1958. TH. SARTORY, *Die Eucharistie im Verständnis der Konfessionen,* Recklinghausen 1961. B. NEUNHEUSER, *Eucharistie in Mittelater und Neuzeit (Handbuch der Dogmengeschichte* IV *4b),* Fr 1963. J. DE BACIOCCHI, *La eucaristía,* Herder, Barna 1969.

§ 1. NOCIÓN DE EUCARISTÍA

1. Definición

La eucaristía es el sacramento en el cual, bajo las especies de pan y vino, se halla Cristo verdaderamente presente, con su cuerpo y su sangre, a fin de ofrecerse de manera incruenta al Padre celestial y darse como manjar espiritual a los fieles.

2. Figuras

Fueron figuras de la eucaristía el árbol de la vida plantado en el Paraíso, el sacrificio de Abraham y el de Melquisedec, el maná del desierto, los panes de proposición que se ofrecían en el templo, los diversos sacricios de la Antigua Alianza, sobre todo el cordero pascual.

3. Preeminencia

Santo Tomás prueba la preeminencia de la eucaristía por encima de todos los demás sacramentos:

a) Por el contenido de la eucaristía: en este sacramento no hay, como en todos los demás, una virtud otorgada por Cristo para darnos su gracia, sino que es Cristo mismo quien se halla presente; Cristo, fuente de todas las gracias.

b) Por la subordinación de todos los demás sacramentos a la eucaristía como a su último fin.

c) Por el rito de todos los demás sacramentos, que la mayor parte de las veces se completa con la recepción de la eucaristía; S.th. III 65, 3.

Bibliografía: TH. SCHERMANN, Εὐχαριστία *und* εὐχαριστεῖν *in ihrem Bedeutungswandel bis 200 n. Chr.,* «Philologus» 69 (1910) 375-410. El mismo, *Das «Brotbrechen» im Urchristentum,* BZ 8 (1910) 33-52, 162-183.

A. LA PRESENCIA REAL DE CRISTO EN LA EUCARISTÍA

Capítulo primero

EL HECHO DE LA PRESENCIA REAL DE CRISTO

§ 2. DOCTRINAS HERÉTICAS OPUESTAS

1. En la antigüedad

En la antigüedad cristiana los docetas y las sectas gnosticomaniqueas, partiendo del supuesto de que Cristo tuvo tan sólo un cuerpo aparente, negaron la presencia real del cuerpo y la sangre de Cristo en la eucaristía; cf. SAN IGNACIO, *Smyrn.* 7, 1.

2. En la edad media

Por una referencia de HINCMARO DE REIMS *(De praedest.* 31) aplicada sin fundamento suficiente a Juan Escoto Erígena († hacia 870), se cita frecuentemente a este último como adversario de la presencia real de Cristo. Pero en sus escritos no se encuentra ninguna impugnación de la presencia real, aunque es cierto que insiste mucho en el carácter simbólico de la eucaristía.

El «libro de Juan Escoto» acerca de la eucaristía, citado por Berengario de Tours como prueba en favor de su error y condenado en el sínodo de Vercelli (1050), se identifica por diversos indicios con un escrito del monje RATRAMNO DE CORBIE († hacia 868), titulado *De corpore et sangine Domini.* Es verdad que Ratramno no negaba la presencia real, pero, contra la doctrina de Pascasio Radberto († hacia 860), que sostenía la completa identidad entre el cuerpo sacramental y el histórico de Cristo, acentuó con mucha insistencia la diferencia que existe entre ambos en cuanto a la manera de manifestarse, y aplicó a la eucaristía los términos de *similitudo, imago, pignus.* Contra el realismo exagerado de Pascasio Radberto, se pronunció también Rabano Mauro en una carta al abad Eigilo de Prüm, que por desgracia se ha perdido; y lo mismo hizo el monje Godescalco en sus *Dicta cuiusdam sapientis de corpore et sanguine Domini adversus Ratbertum,* obra que fue atribuida erróneamente a Rabano Mauro.

Berengario de Tours († 1088) negó la transustanciación del pan y el vino, e igualmente la presencia real de Cristo, considerando únicamente la eucaristía como un símbolo *(figura, similitudo)* del cuerpo y la sangre de Cristo glorificado en el cielo. Las palabras de Cristo: «Éste es mi cuerpo» hay que entenderlas, según él, en sentido traslaticio, de manera parecida a «Cristo es la piedra angular». La doctrina de Berengario fue impugnada por muchos teólogos (v.g., Durando de Troarn, Lanfranco, Guitmundo de Aversa, Bernoldo de San Blasien) y condenada en muchos sínodos; primeramente, en un sínodo romano del año 1050 presidido por el papa León IX, y por último en el sínodo romano celebrado en la Cuaresma del año 1079 bajo la presidencia del papa Gregorio VII. En este último, se retractó Berengario de todos sus errores y fue obligado a prestar bajo juramento una confesión de fe en la que se admite claramente la verdad de la transustanciación y la presencia real de Cristo; Dz 355.

En los siglos XII y XIII hubo diversas sectas espiritualísticas que, por aborrecimiento a la organización visible de la Iglesia y por reviviscencia de algunas ideas gnosticomaniqueas, negaron el poder sacerdotal de consagrar y la presencia real (petrobrusianos, henricianos, cátaros, albigenses). Para combatir todos estos errores, el concilio IV de Letrán (1215) definió oficialmente la doctrina de la transustanciación, la presencia real y el poder exclusivo de consagrar que posee el sacerdote ordenado válidamente; Dz 430; cf. Dz 367, 402.

En el siglo XIV, Juan Wicleff († 1384) impugnó la doctrina de la transustanciación enseñando que, después de la consagración, permanecen las sustancias de pan y vino (teoría de la remanencia). La presencia de Cristo en la eucaristía quedaba reducida a una presencia puramente dinámica. El fiel cristiano recibiría sólo de manera espiritual el cuerpo y la sangre de Cristo. La adoración de la eucaristía sería culto idolátrico. La misa no había sido instituida por Cristo. Su doctrina fue condenada en un sínodo en Londres (1382) y en el concilio de Constanza (1418); Dz 581 ss.

3. En la edad moderna

Los reformadores rechazaron unánimemente la transustanciación y el carácter sacrificial de la eucaristía, pero tuvieron diversos pareceres sobre la presencia real.

a) Lutero, bajo la impresión de las palabras de la institución, mantuvo la presencia real, pero limitándola al tiempo que dura la celebración de la Cena *(in usu).* Frente a la doctrina católica de la transustanciación, Lutero enseñó la coexistencia del verdadero cuerpo y sangre de Cristo con la sustancia de pan y vino (consustanciación): «verum corpus et sanguis Domini nostri Iesu Christi in et sub pane et vino per verbum Christi nobis christianis ad manducandum et bibendum institutum et mandatum» *(Cat. Maior* v 8). Explicó la posibilidad de la presencia real del cuerpo y la sangre de Cristo basándose en una doctrina insostenible acerca de la ubicuidad de la naturaleza humana de Cristo, según la cual dicha naturaleza humana, por su unión hipostática, sería también partícipe real de la omnipresencia divina; cf. *Conf. Aug.* y *Apol. Conf.*, art. 10; *Art. Smalcald.* III 6; *Formula Concordiae* I 8, 11-12; II 7.

b) Zwinglio (y lo mismo se diga de Karlstadt, Butzer y Ecolampadio) negó la presencia real, declarando que el pan y el vino eran meros símbolos del cuerpo y la sangre de Cristo. La Cena, según él, sería únicamente una solemnidad conmemorativa de nuestra redención por la muerte de Cristo y una confesión de fe por parte de la comunidad.

c) Calvino, a cuyas doctrinas se acercó finalmente Melanchton (criptocalvinistas), propuso un término medio, rechazando la presencia sustancial del cuerpo y la sangre de Cristo y enseñando una presencia «según la virtud» («secundum virtutem»; presencia dinámica). Cuando los fieles —es decir: los predestinados, según la ideología de Calvino— gustan el pan y el vino, entonces reciben una virtud o fuerza procedente del cuerpo glorificado de Cristo (que mora en los cielos) útil para alimentar el alma.

Contra todas estas herejías de los reformadores van dirigidas las definiciones dogmáticas de las sesiones 13.ª, 21.ª y 22.ª del concilio de Trento.

El *protestantismo liberal* de los tiempos actuales niega que Cristo hubiera tenido intención de instituir la eucaristía y explica la última cena de Jesús como un mero convite de despedida. La cena de la iglesia primitiva se fue originando por evolución de las reuniones que celebraban los discípulos de Jesús. San Pablo convirtió la sencilla cena de despedida en una institución para el futuro («Haced esto en memoria mía») y vinculó el recuerdo de la muerte del Señor con la repetición del banquete de la Cena (1 Cor 11, 26). El papa Pío X condenó la siguiente proposición modernista: «No hay que entender históricamente todo lo que San Pablo narra acerca de la institución de la eucaristía»; Dz 2045.

Bibliografía: M. Cappuyns, *Jean Scot Erigène. Sa vie, son oeuvre, sa pensée,* Ln 1933, 86-91. J. Schnitzer, *Berengar von Tours, sein Leben und seine Lehre,* Mn 1890. A. J. Macdonald, *Berengar and the Reform of Sacramental Doctrine,* Lo 1930. R. P. Redmond, *Berengar and the Development of Eucharistic Doctrine,* Newcastle [1934]. W. H. Beekenkamp, *De Avondmaalsleer van Berengarius van Tours* (La doctrina de Berengario de Tours sobre la eucaristía), La Haya 1941. El mismo, *Berengarii Turonensis De sacra coena adversus Lanfrancum,* La Haya 1941. M. Matronola, *Un testo inedito di Berengario di Tours e il Concilio Romano del 1079,* Mi 1936; cf. J. Geiselmann, ThQ 118 (1937), 1-31, 133-172. L. C. Ramírez, *La controversia eucarística del siglo XI. Berengario de Tours a la luz de sus contemporáneos,* Bogotá 1940 R. Heurtevent, *Durand de Troarn et les origines de l'hérésie bérengarienne,* P [2]1928. J. R. Geiselmann, *Bernold von St. Blasien. Sein neuentdecktes Werk über die Eucharistie,* Mn 1936. H. Weisweiler, *Die vollständige Kampfschrift Bernolds von St. Blasien gegen Berengar: De veritate corporis et sanguinis domini,* Schol 12 (1937) 58-93. H. Grass, *Die Abendmahlslehre bei Luther und Calvin,* Gü [2]1954.

§ 3. La presencia real de Cristo según testimonio de la Sagrada Escritura

En la eucaristía se hallan verdadera, real y sustancialmente presentes el cuerpo y la sangre de Jesucristo (de fe).

El concilio de Trento hizo la siguiente declaración contra todos los que niegan la presencia real: «Si quis negaverit, in sanctissimae Eucharistiae sacramento contineri vere, realiter et substantialiter corpus et sanguinem una cum anima et divinitate Domini nostri Iesu Christi ac proinde totum Christum, sed dixerit, tantummodo esse in eo ut in signo vel figura aut virtute», a. s.; Dz 883.

Las tres expresiones *vere, realiter, substantialiter* van dirigidas especialmente contra las teorías de Zwinglio, Ecolampadio y Calvino, y excluyen todas las interpretaciones metafísicas que pudieran darse de las palabras de la institución.

1. La promesa de la eucaristía (Ioh 6, 22-71 [Vulg. 72])

Después de los milagros preparatorios de la multiplicación de los panes y el caminar milagroso de Jesús sobre las aguas del lago, dijo el Señor a los judíos, deseosos de presenciar otra multiplicación de los panes: «Procuraos no el alimento perecedero, sino el alimento que permanece hasta la vida eterna, el que el Hijo del hombre os dará» (27). En el discurso eucarístico que sigue, habla Jesús primeramente, en términos generales, del verdadero pan del cielo, que ha bajado del cielo y da la vida eterna al mundo (29-34); después se designa a sí mismo como pan del cielo que da vida, pero señala que para asimilarse ese manjar es necesario tener fe (35-51*a*); por último, da más detalles diciendo que el verdadero pan del cielo es su carne; y hace depender la vida eterna de que se gusten o no los manjares de su carne y su sangre (51*b*-58): «El pan que yo daré es mi carne por la vida del mundo. Disputaban entre sí los judíos diciendo: ¿Cómo puede éste darnos a comer su carne? Jesús les dijo: En verdad, en verdad os digo que si no coméis la carne del Hijo del hombre y no bebéis su sangre no tendréis vida en vosotros. El que come mi carne y bebe mi sangre tiene la vida eterna y yo le resucitaré en el último día. Porque mi carne es verdadera comida y mi sangre es verdadera bebida. El que come mi carne y bebe mi sangre está en mí y yo en él.»

Los adversarios de la presencia real entienden que estas palabras se refieren en sentido figurado a la muerte redentora de Cristo en la cruz. Sin embargo, en favor de la interpretación literal abogan las siguientes razones:

a) El sentido natural de las palabras. Debemos notar especialmente las expresiones realistas que usa Jesús: ἀληθὴς βρῶσις = comida verdadera, real (v 55); ἀληθὴς πόσις = bebida verdadera, real (v 55): τρώγειν = roer, masticar, comer (v 54 ss).

b) La dificultad de dar una interpretación metafórica. Porque «comer la carne» de alguien y «beber su sangre», si se interpretan en sentido metafórico, significan, según el lenguaje bíblico, «perseguir sangrientamente» o «destruir» a una persona; cf. Ps 26, 2; Is 9, 20; 49, 26; Mich 3, 3.

c) El sentido con que lo interpretaron los oyentes de Jesús. Y es de notar que Jesús no corrige tal interpretación, como hace en otras ocasiones con las torcidas interpretaciones de su auditorio (cf. Ioh 3, 3 ss; 4, 32 ss; Mt 16, 6 ss), antes bien, la corrobora, y eso con peligro de que le abandonen sus mismos discípulos y apóstoles (v 60 ss). En el v 63 («El espíritu es el que da vida, la carne no aprovecha para nada») no rechaza Jesús la interpretación literal de sus palabras, sino únicamente la grosera y burda (cafarnaítica).

d) La interpretación de los padres, quienes generalmente refieren la última parte del «discurso de la promesa» (51*b*-58) a la sagrada eucaristía (así Juan Crisóstomo, Cirilo de Alejandría, Agustín), e igualmente la interpretación del concilio de Trento (Dz 875, 930).

2. Institución de la eucaristía (Mt 26, 26-28; Mc 14, 22-24; Lc 22, 15-20; 1 Cor 11, 23-25)

La principal prueba bíblica en favor de la presencia real de Cristo en la eucaristía la tenemos en las mismas palabras de la institución, referidas por cuatro narradores —Mt, Mc, Lc y San Pablo— en formas literalmente distintas, pero sustancialmente idénticas.

a) Las palabras que Cristo pronunciara sobre el pan son las siguientes en la llamada fórmula petrina, referida por Mt y Mc: τοῦτό ἐστιν τὸ σῶμά μου, Vg: *Hoc est corpus meum;* y en la llamada fórmula paulina, referida por Lc y San Pablo, son (según Lc): τοῦτό ἐστιν τὸ σῶμά μου τὸ ὑπὲρ ὑμῶν διδόμενον, Vg: *Hoc est corpus meum, quod pro vobis datur* (en San Pablo falta el participio διδόμενον, Vg: *tradetur).* El sentido de las palabras es el siguiente: Esto que os ofrezco es mi cuerpo, que se entregará por vosotros.

b) Las palabras pronunciadas sobre el cáliz son las siguientes en la fórmula petrina (según Mc): τοῦτό ἐστιν τὸ αἷμά μου τῆς διαθήκης τὸ ἐκχυννόμενον ὑπὲρ (Mt περὶ) πολλῶν, Vg: *Hic est san-*

guis meus novi testamenti, qui pro multis effundetur (Mt añade: εἰς ἄφεσιν ἁμαρτιῶν, Vg: *in remissionem peccatorum*); y en la forma paulina (según Lc) son: τοῦτο τὸ ποτήριον ἡ καινὴ διαθήκη ἐν τῷ αἵματί μου, τὸ ὑπὲρ ὑμῶν ἐκχυννόμενον (la adición: τὸ – ἐκχυννόμενον falta en San Pablo), Vg: *Hic est calix novum testamentum in sanguine meo, qui pro vobis fundetur.* El sentido de estas palabras es: El contenido de este cáliz es mi sangre, con la cual se pacta la Nueva Alianza [así como antiguamente se pactó con sangre la Antigua Alianza, según refiere Ex 24, 8: «Ésta es la sangre de la Alianza que hace con vosotros Yahvé»], y esta sangre se derrama por vosotros.

La Iglesia católica, frente a la moderna crítica racionalista, ha defendido siempre el carácter histórico de estas palabras de la institución y, frente a los impugnadores de la presencia real, ha salido siempre por su interpretación literal. El concilio de Trento reprobó la interpretación metafórica de las mismas, declarando así de manera indirecta que la interpretación literal era la auténtica; Dz 874.

Esta interpretación literal la exigen:

a) El *texto* de las palabras. No existe nada en el texto que pueda servir de fundamento para una interpretación figurada, pues el pan y el vino no son, ni por naturaleza ni por uso general lingüístico, símbolos del cuerpo y la sangre. La interpretación literal no encierra en sí contradicción alguna, aunque, desde luego, presupone la fe en la divinidad de Cristo.

b) Las *circunstancias*. Cristo tenía que acomodarse a la mentalidad de los apóstoles, que entendieron sus palabras tal como sonaban. Si no quería inducir a error a toda la humanidad, tenía que servirse de un lenguaje que no se prestara a falsas interpretaciones, sobre todo entonces, cuando iba a instituir un sacramento y acto de culto tan sublime, cuando iba a fundar la Nueva Alianza y legarnos su testamento.

c) Las *conclusiones prácticas* que deduce el apóstol San Pablo de las palabras de la institución. Dice el Apóstol que quien recibe indignamente la eucaristía peca contra el cuerpo y la sangre del Señor; y el que la recibe dignamente se hace partícipe del cuerpo y la sangre de Cristo; 1 Cor 11, 27 ss: «Así pues, quien come el pan y bebe el cáliz del Señor indignamente será culpado del cuerpo y la sangre del Señor. Por tanto, examínese el hombre a sí mismo y entonces coma del pan y beba del cáliz, pues el que sin discernir come y bebe el cuerpo del Señor come y bebe su propia condenación»; 1 Cor 10, 16: «El cáliz de bendición que bendecimos, ¿no es la participación de la sangre de Cristo? Y el pan que partimos, ¿no es la participación del cuerpo de Cristo?»

d) La *insuficiencia de los argumentos* presentados por los adversarios. Si es verdad que la cópula «es» tiene en varios lugares de la Escritura (v.g., Mt 13, 38: «el campo es el mundo»; cf. Ioh 10, 7*a;* 15, 1; 1 Cor 10, 4) una significación equivalente a «simboliza» o «figura», no es menos cierto también que en tales casos el sentido figurado de esos pasajes se colige sin dificultad de la naturaleza misma del asunto (v.g., cuando se trata de una parábola o alegoría) o por el uso general del lenguaje. Pero en el relato sobre la institución de la eucaristía no ocurre ninguna de estas cosas.

Bibliografía: J. E. Belser (v. supra, p. 519). Th. Philips, *Die Verheissung der hl. Eucharistie nach Johannes,* Pa 1922. V. Schmitt, *Die Verheissung der Eucharistie (Joh. VI) bei den Vätern,* Wü 1900. El mismo, *Die Verheissung der Eucharistie (Joh. 6) bei den Antiochenern Cyrillus von Jerusalem und Johannes Chrysostomus,* Wü 1903. W. Berning, *Die Einsetzung der hl. Eucharistie in ihrer ursprünglichen Form,* Mr. 1901. W. Koch, *Das Abendmahl im Neuen Testament,* Mr [3]1926. J. Jeremias, *Die Abendmahlsworte Jesu,* G [3]1960. W. Goossens, *Les origines de l'Eucharistie Sacrement et Sacrifice,* Ge-P 1931. A. Arnold, *Der Ursprung des christlichen Abendmahls im Lichte der neuesten liturgiegeschichtlichen Forschung,* Fr 1937. H. Schürmann, *Der Einsetzungsbericht Lk 22, 19-20,* Mr 1955. J. Tapia, *El sentido eucarístico del cap 6 del Evangelio de San Juan en los teólogos postridentinos,* Archivo Teológico Granadino 6 (1943).

§ 4. La presencia real según el testimonio de la tradición

1. Los padres antenicenos

El más antiguo testimonio de la tradición que habla claramente en favor de la presencia real de Cristo en la eucaristía se lo debemos a San Ignacio de Antioquía († hacia el 107). Este santo padre nos habla así de los docetas: «Se mantienen alejados de la eucaristía y la oración porque no quieren confesar que la eucaristía es la carne de nuestro Salvador Jesucristo, carne que sufrió por nuestros pecados y fue resucitada por la benignidad del Padre» (*Smyrn.* 7, 1); *Philad.* 4: «Tened cuidado de no celebrar más que una sola eucaristía; porque no hay más que una sola carne de nuestro Señor Jesucristo y no hay más que un cáliz para reunión de su sangre.»

San Justino Mártir († hacia 165) presenta en su primera *Apología* una descripción de la solemnidad eucarística de la iglesia primitiva (c. 65) y dice a continuación, refiriéndose al manjar eucarístico: «No recibimos estos manjares como si fueran pan ordinario y bebida ordinaria, sino que, así como Jesucristo Salvador nuestro se hizo carne por la Palabra de Dios y tomó carne y sangre para salvarnos, así también nos han enseñado que el manjar convertido en eucaristía por las palabras de una oración procedente de Él [de Jesús] —manjar con el que son alimentadas nuestra sangre y nuestra carne al modo de una transmutación— es la carne y la sangre de aquel Jesús que se encarnó por nosotros» (66, 2). San Justino establece un paralelo entre la consagración de la eucaristía y el misterio de la encarnación. El resultado, lo mismo de la eucaristía que de la encarnación, es la carne y sangre de Jesucristo. Como prueba, San Justino presenta a continuación las palabras de la institución de la eucaristía, «que han transmitido los apóstoles en las memorias escritas por ellos y que reciben el nombre de Evangelios».

San Ireneo de Lyón († hacia 202) da testimonio de que «el pan sobre el cual se hace la acción de gracias es el cuerpo del Señor; el cáliz [es el cáliz] de su sangre» (*Adv. haer.* iv 18, 4). Cristo «declaró que aquel cáliz procedente de la creación era su propia sangre (αἷμα ἴδιον), que Él infunde en nuestra sangre; y aseguró que aquel pan procedente de la creación era su propio cuerpo (ἴδιον σῶμα), con el cual Él robustece nuestros cuerpos» (ib. v 2, 2). Nuestra carne «se alimenta con el cuerpo y la sangre del Señor, y se convierte entonces en miembro de Cristo». De esta manera «se hace capaz de recibir el don de Dios, que consiste en la vida eterna» (ib. v 2, 3). «¿Cómo podrán afirmar [los gnósticos] que la carne sufrirá la destrucción y no tendrá participación en la vida, si esa carne se alimenta del cuerpo y la sangre del Señor?» (ib. iv 18, 5). Vemos, pues, que San Ireneo funda el hecho de la resurrección de la carne en la percepción real del cuerpo y sangre del Señor.

Los alejandrinos Clemente y Orígenes dan testimonio de esa fe universal de la Iglesia que proclama que el Señor nos da a gustar su cuerpo y su sangre. Pero notemos que, por la inclinación de estos dos autores a buscar alegorías en todas partes, hallamos en sus escritos algunos pasajes en los cuales el cuerpo y sangre de Cristo simbolizan su doctrina, alimento de nuestro espíritu. Orígenes, *Contra Celsum* viii 33: «Pero nosotros, que damos gracias al Hacedor del universo, comemos los panes ofrecidos con agradecimiento y oración por los beneficios; y esos panes, por la oración, se han convertido en cierto cuerpo santo que santifica a todos aquellos que lo saborean con sentido inteligente»; cf. *In Num. hom.* 7, 2; *In Ex. hom* 13, 3; *In Matth. comment. ser.* 85. Como, según la concepción de los alejandrinos, un mismo pasaje de la Escritura tiene varios sentidos, la interpretación alegórica no excluye la significación literal.

Tertuliano († hacia 220) manifiesta su fe en la presencia real con las siguientes palabras rebosantes de realismo: «La carne se nutre con el cuerpo y la sangre de Cristo para que el alma se alimente también de Dios» («caro corpore et sanguine Christi vescitur, ut et anima de Deo saginetur; *De carnis resurr.* 8). Dice lo siguiente de los cristianos que confeccionan imágenes de ídolos: «Los judíos pusieron una vez las manos sobre Cristo, pero éstos están lacerando su cuerpo todos los días. ¡Les debían arrancar las manos!» (*De idolatría* 7). El paralelo con el delito de los judíos exige que nos representemos como realmente presente el cuerpo de Cristo ultrajado por aquellos cristianos cuando reciben la eucaristía. Cuando Tertuliano, en su obra *Adv. Marcionem* iv 40, considerando las palabras de la institución eucarística «Hoc est corpus meum», añade el siguiente comentario: «id est figura corporis mei», no entiende la palabra «figura» en el sentido de imagen o símbolo, pues por el contexto se ve que precisamente quiere combatir el docetismo de Marción afirmando la realidad de la presencia del verdadero cuerpo de Cristo: «figura autem non fuisset, nisi veritatis esset corpus». «Figura» significa para él la forma manifestativa, la especie sacramental.

San Cipriano († 258) refiere a la eucaristía aquella petición del padrenuestro en la que se pide el pan de cada día y hace el siguiente comentario: «Cristo es nuestro pan porque nosotros recibimos su cuerpo» («qui corpus eius contingimus»), y asegura que «todos aquellos que alcanzan su cuerpo y reciben la eucaristía según el derecho de la comunidad», tienen la vida eterna, conforme a lo que se dice en Ioh 6, 51 *(De dominica orat.* 18). Habla el santo de aquellos cristianos que han caído y se acercan a recibir la eucaristía sin haber hecho antes penitencia y sin haberse reconciliado, y dice refiriéndose a ellos: «Se hace violencia al cuerpo y la sangre [del Señor], y ahora con sus manos y su boca pecan más contra el Señor que cuando entonces le negaron» *(De lapsis* 16). En un paralelo compara el hecho de beber la sangre de Cristo cuando se recibe la eucaristía con el hecho de derramar la sangre en el martirio. Y este paralelo exige que se entienda el primer hecho en el mismo sentido real que tiene el segundo; cf. *Ep.* 58, 1; *Ep.* 63, 15.

2. Los padres postnicenos

Entre los padres postnicenos destacan de manera especial como testigos de la fe de la Iglesia en la presencia real de Cristo en la eucaristía: entre los griegos, SAN CIRILO DE JERUSALÉN (4.ª y 5.ª *Cat. myst.),* San Juan Crisóstomo, «doctor de la eucaristía», San Cirilo de Alejandría y SAN JUAN DAMASCENO *(De fide orth.* IV 13); entre los latinos, SAN HILARIO DE POITIERS *(De Trin.* VIII 14) y SAN AMBROSIO *(De sacr.* IV 4-7; *De myst.* 8 s), quien constituyó una autoridad decisiva para la doctrina eucarística de la teología escolástica.

La doctrina eucarística de SAN AGUSTÍN es interpretada en sentido exclusivamente espiritual por la mayor parte de los historiadores protestantes del dogma cristiano. Pero este santo doctor, a pesar de tener predilección especial por la interpretación simbólica, no pretende excluir la presencia real. Refiriéndose a las palabras de la institución, expresa la fe en la presencia real, de acuerdo con la antigua tradición eclesiástica; cf. *Sermo 227*: «El pan aquel que veis sobre el altar, santificado por la palabra de Dios, es el cuerpo de Cristo; aquel cáliz, o más bien el contenido del cáliz, santificado por la palabra de Dios, es la sangre de Cristo; *Enarr. in Ps.* 33, *sermo* 1, 10: «Cristo se tuvo a sí mismo en sus propias manos cuando dijo, mientras ofrecía su cuerpo a sus discípulos: "Éste es mi cuerpo"».

Siempre que en los escritos patrísticos, sobre todo en San Agustín, se encuentren, junto con testimonios claros de la presencia real, otras expresiones oscuras de sabor simbólico, conviene tener en cuenta algunos puntos de vista muy útiles para la recta inteligencia de estos pasajes: *a)* Existía entonces la ***disciplina arcani*** (= disciplina del arcano), que era una ley que obligaba a los fieles de los primeros tiempos de la Iglesia a guardar secreto acerca de los misterios de la fe y, de manera particular, acerca de la eucaristía; lógica precaución cuyo fin era evitar las calumnias de los paganos, que podían tergiversar el sentido de la nueva doctrina; cf. ORÍGENES, *In Lev. hom.* 9, 10. *b)* Faltaba entonces la oposición de doctrinas heréticas a esta verdad de la fe, lo cual tenía como consecuencia el que no se cuidara con mucho esmero la exactitud de la expresión. *c)* Faltaba, además, una terminología bien estudiada para distinguir el doble modo de existir de Cristo: el sacramental, que es el que tiene el cuerpo de Cristo en la eucaristía, y el natural, que es el que tuvo durante su vida mortal en la tierra y tiene ahora durante su vida gloriosa en el cielo. *d)* La tendencia a evitar toda concepción grosera del banquete eucarístico y a subrayar la necesidad de recibir espiritualmente el sacramento con fe y amor (a diferencia de la mera recepción externa y sacramental). *e)* El carácter simbólico de la eucaristía como «signo de unidad» (San Agustín), carácter que en nada excluye la presencia real.

El testimonio de los padres se ve corroborado por el de las antiguas liturgias cristianas, en las cuales, en la llamada epiclesis, se invoca al Logos o al Espíritu Santo para que «convierta el pan en el cuerpo de Cristo y el vino en la sangre de Cristo» (San Cirilo de Jerusalén, *Cat. myst.* 5, 7; cf. el *Eucologio* de Serapión de Thmuis 13, 4; *Const. Apost.* VIII 12, 39). Dan también testimonio de la fe en la presencia real las representaciones e inscripciones paleocristianas, sobre todo la inscripción de Abercio (anterior a 216) en Hierópolis (Frigia Menor), y la inscripción de Pectorio (de fines del siglo IV) en Augustodunum (hoy Autun), en la Galia. Ambas emplean el símbolo del pez.

Santo Tomás prueba la conveniencia de la presencia real por: *a)* la perfección de la Nueva Alianza y la consiguiente elevación que ha de tener su sacrificio por encima del sacrificio del Antiguo Testamento; *b)* el amor de Cristo a los hombres, que impulsa al Señor a estar cerca de ellos corporalmente; *c)* la perfección de la fe, que en la eucaristía no sólo se extiende a la divinidad, sino también a la humanidad de Cristo invisiblemente presente; S.th. III 75, 1.

Bibliografía: J. Quasten, *Monumenta eucharistica et liturgica vetustissima* (FlP 7, 1-7), Bo 1935-37 (con abundante información bibliográfica). H. Lang, *S. Aurelii Augustini textus eucharistici selecti* (FlP 35), Bo 1933. A. Struckmann, *Die Gegenwart Christi in der hl. Eucharistie nach den schriftlichen Quellen der vornizänischen Zeit,* W 1905. P. Batiffol, *L'Eucharistie. La présence réelle et la transsubstantiation.* P [9]1930. Fr. J. Dölger, *Die Eucharistie nach Inschriften frühchristlicher Zeit,* Mr 1922. W. Scherer, *Zur Eucharistielehre des hl. Ignatius,* ThprQ 76 (1923) 627-632. O. Perler, *Logos und Eucharistie nach Justinus I. Apol. c. 66,* DTh 18 (1940) 296-316. J. Solano, *Textos eucarísticos primitivos,* 2 t., Ma 1952/54.

Capítulo segundo

VERIFICACIÓN DE LA PRESENCIA REAL DE CRISTO O TRANSUSTANCIACIÓN

§ 5. El dogma y la noción de transustanciación

1. El dogma

Cristo está presente en el sacramento del altar por transustanciarse toda la sustancia de pan en su cuerpo y toda la sustancia de vino en su sangre (de fe).

Frente a la doctrina de la consustanciación propuesta por Lutero, según la cual las sustancias de pan y vino subsisten juntamente con el cuerpo y la sangre de Cristo, y frente a la doctrina de la impanación impugnada ya por Guitmundo de Aversa, según la cual entre Cristo y la sustancia de pan existiría una unión hipostática, declaró el concilio de Trento que toda la sustancia del pan se convierte en el cuerpo de Cristo y toda la sustancia del vino se convierte en su sangre. Tal conversión recibe el nombre de transustanciación: «Si quis dixerit, in sacrosancto Eucharistiae sacramento remanere substantiam panis et vini una cum corpore et sanguine Domini nostri Iesu Christi, negaveritque mirabilem illam et singularem conversionem totius substantiae panis in corpus et totius substantiae vini in sanguinem, manentibus dumtaxat speciebus panis et vini, quam quidem conversionem catholica Ecclesia aptissime transsubstantiationem appellat», a. s.; Dz 884; cf. 355, 430, 465. El papa Pío VI salió en defensa de la doctrina de la transustanciación contra el sínodo de Pistoya (1786), que la calificaba de «cuestión puramente escolástica» y pretendía descartarla de la instrucción religiosa que debe darse a los fieles; Dz 1529. Cf. Dz 2318.

La palabra *transsubstantiatio,* resp. *transsubstantiare,* fue creada por la teología del siglo XII (Maestro Rolando [que más tarde fue papa con el nombre de Alejandro III] hacia 1150, Esteban de Tournai hacia 1160, Pedro Comestor 1160-70), y es usada oficialmente por vez primera en un *Decretal* (1202) de Inocencio III y en el *Caput Firmiter* del concilio IV de Letrán; Dz 414, 416, 430.

La Iglesia ortodoxa griega, después del II concilio universal de Lyón (1274), recogió de la teología latina este término y lo tradujo por el griego μετουσίωσις resp. μετουσιοῦσθαι. Pero cuando encontró mayor difusión este término fue durante el siglo XVII, en la lucha contra las teorías calvinistas sobre la eucaristía del patriarca Cirilo Lucaris; cf. la *Confessio orthodoxa* de PEDRO MOGILAS I 107, y la *Confessio* de DOSITEO 17. La moderna teología ortodoxa renuncia a explicar cómo se verifica la presencia real del cuerpo y la sangre de Cristo. La significación del término μετουσίωσις ha quedado notablemente desleída, si no se ha llegado a negarla por completo.

2. La noción

a) La transustanciación es una conversión (μεταβολή, *conversio).* La conversión en sentido pasivo es el tránsito de una cosa a otra («transitus unius rei in aliam»). Esta noción contiene los siguientes elementos:

α) Un término *a quo* y un término *ad quem,* es decir, un punto de partida que cesa de ser y un punto final que comienza a ser. Ambos términos tienen que ser algo positivo, a diferencia de lo que ocurre en la creación y la aniquilación. Si consideramos en su totalidad la cosa que existe antes y después de la conversión, tendremos que hablar de término total *a quo* y *ad quem* (en el caso de la conversión eucarística: las sustancias del pan y el vino, juntamente con los accidentes, y el cuerpo y la sangre de Cristo bajo las especies de pan y vino); si consideramos únicamente aquello que en la cosa cesa o comienza a ser, entonces tendremos que hablar de término formal *a quo* o *ad quem* (en el caso de la conversión eucarística: las sustancias del pan y el vino y el cuerpo y la sangre de Cristo).

β) Una dependencia intrínseca entre la desaparición del término *a quo* y la aparición del término *ad quem.* Una mera sucesión temporal no satisfaría el concepto de transustanciación. En el caso de la conversión eucarística, cesan las sustancias del pan y el vino porque suceden en su lugar el cuerpo y la sangre de Cristo.

γ) Un *commune tertium,* es decir, un tercer elemento común que permanezca y que después de la conversión sirva para unir ambos extremos. En el caso de la conversión eucarística, el tercer elemento son las especies eucarísticas. Se puede concebir, sin embargo, una conversión en la cual no queda nada del término *a quo.*

b) La transustanciación es una conversión milagrosa y singular («conversio mirabilis et singularis»; Dz 884) distinta de todas las conversiones naturales. Estas últimas pueden ser accidentales o sustanciales. En las accidentales, la sustancia permanece inalterada, y lo que hace es solamente recibir nuevas formas accidentales («conversio accidentalis o transaccidentatio», v.g., cuando un bloque de mármol se convierte en una estatua). En las conversiones sustanciales cesa la forma sustancial hasta entonces existente, la materia permanece como común tercero y recibe una nueva forma sustancial («conversio formalis o transformatio», v.g., cuando el organismo asimila el alimento ingerido). En el orden natural, la conversión de la forma sustancial acarrea siempre cambios accidentales. La conversión eucarística es una conversión sustancial de índole única, porque en ella toda la sustancia, tanto la materia como la forma, del pan y el vino es la que se convierte, mientras que permanecen inmutados los accidentes. Tal conversión no tiene analogía alguna en el orden natural ni en el sobrenatural, y recibe, por tanto, un nombre especial: el de transustanciación. Esta expresión quiere decir que experimenta la conversión toda la sustancia y solamente ella.

El concepto metafísico de sustancia, que es el único que nos interesa en esta doctrina sobre la conversión, no queda afectado en absoluto por las modernas ideas científicas sobre la estructura de la materia.

c) La conversión en sentido activo, es decir, la acción conversiva de Dios, no se compone —según doctrina general de los teólogos— de dos acciones independientes, a saber: la de destruir la sustancia de pan y vino y la de hacer presente el cuerpo y la sangre de Cristo. Una sola operación divina tiene por efecto el que desaparezca el término *a quo* (formal) y aparezca el término *ad quem* (formal).

Los escotistas, Belarmino, Chr. Pesch y otros autores definen el acto de hacer presente el cuerpo y la sangre de Cristo como una aducción *(adductio* o *introductio)* del cuerpo y sangre de Cristo bajo las especies de pan y vino, pero excluyendo todo movimiento local (teoría de la aducción). Según esta teoría, el cuerpo preexistente de Cristo es —como quien dice— introducido en las especies sacramentales y recibe, además de su modo natural de existir en el cielo, un nuevo modo sacramental de existir bajo las especies de pan y vino.

Los tomistas, Suárez, Franzelin y otros autores definen la acción conversiva como producción o reproducción *(productio* o *reproductio, replicatio)* del cuerpo y la sangre de Cristo bajo las especies (teoría de la reproducción). Según esta teoría, el mismo cuerpo que fue producido primeramente en el seno de la Virgen María es producido de nuevo, por una nueva acción de Dios, de la sustancia del pan y el vino. El modo con que se expresan los padres y las liturgias e, igualmente, el concepto de transustanciación parecen hablar más bien en favor de la teoría de la reproducción. Sin embargo, el carácter misterioso de la transustanciación no permite explicar de manera cierta el proceso de este misterio.

Bibliografía: J. de Ghellinck, *Eucharistie au XIIe siècle en Occident,* DThC V (1924) 1285-1302. V. M. Cachia, *De natura transsubstantiationis iuxta S. Thomam et Scotum,* R 1929. F. Simons, *Indagatio critica in opinionem S. Thomae Aquinatis de natura intima Transsubstantiationis,* Indore 1939. A. M. Vellico, *De transsubstantiatione iuxta Ioannem Duns Scotum,* Ant 5 (1930) 301-332. H. J. Storff, *De natura transsubstantiationis iuxta Ioannem Duns Scotum,* Q 1936. G. J. Morsch, *De Transsubstantiatie* (La Transustanciación), Schiebroek 1938. H. Weisweiler, *Die Impanationslehre des Johannes Quidort,* Schol 6 (1931) 161-195. M. Quera, *Suárez y la teoría de la transubstanciación eucarística,* «Razón y Fe» 47 (1948) 138, p. 409-441.

§ 6. La transustanciación según las fuentes de la verdad revelada

1. Prueba de Escritura

La transustanciación se contiene implícitamente en las palabras con que Cristo instituyó este sacramento. Considerando la veracidad y omnipotencia divina de Jesús, se deduce de sus palabras que lo que Él ofrecía a sus discípulos ya no era pan y vino, sino su cuerpo y su sangre. Por tanto, había tenido lugar una conversión. Pero los accidentes no sufrieron esa conversión, como lo prueba el testimonio ocular de los allí presentes. Luego aquella conversión afectó únicamente a la sustancia y fue, por tanto, verdadera transustanciación.

La doctrina de la consustanciación no es compatible con el tenor literal de las palabras de la institución del sacramento. Para serlo, tendría que haber dicho Jesucristo: «Aquí [en este pan] está mi cuerpo»; cf. S.s.G. IV 63; S.th. III 75, 2.

2. Prueba de tradición

Los padres de los tres primeros siglos dan testimonio de la presencia real, pero sin entrar en detalles sobre el modo con que se verifica la misma. De ahí que en esa época no encontremos más que sugerencias de la transustanciación. Así, por ejemplo, dice Tertuliano: «[Jesús] tomó el pan, lo distribuyó a sus discípulos y lo hizo su cuerpo diciendo: "Éste es mi cuerpo"» *(Adv. Marc.* IV 40). Desde el siglo IV enseñan ya de manera explícita los padres que en la consagración tiene lugar una conversión, son: San Cirilo de Jerusalén *(Cat. myst.* 4, 2; 5, 7), San Gregorio de Nysa *(Or. cat.* 37), San Juan Crisóstomo *(De prodit. Iudae hom.* 1, 6; *In Matth. hom.* 5), San Cirilo de Alejandría *(In Matth.* 26, 27) y San Juan Damasceno *(De fide orth.* IV 13); entre los padres latinos, San Ambrosio *(De sacr.* IV 4, 14 ss; *De myst.* 9, 52) y el Seudo-Eusebio de Emesa, predicador del sur de Galia, de los siglos V/VI (PL 67, 1052-56). Los padres griegos usan las expresiones μεταβάλλειν (Cirilo de Jerusalén, Teodoro de Mopsuestia), μεταποιεῖν (Gregorio de Nysa, Cirilo de Alejandría, Juan Damasceno), μεταστοιχειοῦν (Gregorio de Nysa), μεταρρυθμίζειν (Juan Crisóstomo), μετασκευάζειν (Juan Crisóstomo); los padres latinos emplean las expresiones «convertere, mutare». San Cirilo de Jerusalén dice: «En una ocasión, con una mera indicación suya, convirtió agua en vino durante las bodas de Caná de Galilea, y ¿no va a ser digno de creerse que Él convierte el vino en su sangre?» *(Cat. myst.* 4, 2).

Para explicar de forma intuitiva este misterio, los santos padres emplean analogías, tales como la conversión del alimento en la sustancia corporal

(Gregorio de Nysa, Juan Damasceno), la conversión del agua en vino en las bodas de Caná (Cirilo de Jerusalén), la conversión de la vara de Moisés en serpiente, la conversión del agua de los ríos de Egipto en sangre, la creación y la encarnación (Ambrosio).

En las antiguas liturgias, se invoca al Logos o al Espíritu Santo por medio de una oración especial, llamada epiclesis, para que descienda y «haga» (ποιεῖν) de aquel pan y vino el cuerpo y sangre de Cristo, o para que el pan y el vino «lleguen a ser» (γίγνεσθαι) el cuerpo y la sangre de Cristo. SAN CIRILO DE JERUSALÉN dice en una descripción que hace de la misa: «Después que nos hemos santificado por medio de estos himnos espirituales, invocamos al bondadoso Dios para que haga descender al Espíritu Santo sobre los dones presentes a fin de que el pan llegue a ser el cuerpo de Cristo y el vino la sangre de Cristo. Porque todo lo que toca el Espíritu Santo queda completamente santificado y cambiado» *(Cat. myst.* 5, 7).

TEODORO DE CIRO († hacia el 460) enseña que los elementos eucarísticos, «después de la santificación, no se apartan de su naturaleza», sino que «permanecen en su anterior sustancia, figura y forma». En otra parte da testimonio de que son «algo distinto antes de la invocación [epiclesis] que hace el sacerdote y que después de la invocación se cambian y convierten en otra cosa» *(Eranistes, dial.* 2). Como aquí se expresa claramente la conversión, varios teólogos piensan que la otra frase, citada anteriormente, quiere decir que, después de haberse cambiado la esencia, persiste la forma exterior manifestativa del pan y el vino. En conformidad con su cristología antioquena, según la cual la naturaleza humana subsiste independiente de la naturaleza divina, pero participando del nombre, el honor y la adorabilidad de la naturaleza divina, parece que su concepción sobre la eucaristía tiende a presentar de forma análoga los elementos eucarísticos como subsistiendo inalteradamente después de la consagración, pero participando del nombre, el honor y la adorabilidad del Cristo celestial, que después de la epiclesis se ha unido con ellos. Así pues, la conversión de que Teodoreto nos habla no debemos entenderla como conversión sustancial, sino como unión misteriosa de los elementos inmutados con el cuerpo y la sangre del Señor (conversión moral).

De forma parecida comenta el papa GELASIO I (492-496): Los sacramentos del cuerpo y sangre de Cristo son «cosa divina», y por eso nosotros participamos gracias a ellos de la naturaleza divina, «pero, sin embargo, la sustancia o naturaleza del pan y el vino no cesan de existir». El pan y el vino pasan, por la acción del Espíritu Santo, a la sustancia divina, «pero, no obstante, permanecen en la índole de su propia naturaleza» *(De duabus naturis in Christo* 14). También el SEUDO-CRISÓSTOMO, otro antioqueno, enseña que el pan es llamado cuerpo del Señor después de la santificación, «aunque permanezca en él la naturaleza de pan» *(Ep. ad Caesarium).*

Bibliografía: G. RAUSCHEN (v. supra, p. 550). P. BATIFFOL (v. supra, p. 561). J. LEBRETON, *Le dogme de la transsubstantiation et la christologie antiochienne du V siècle,* «Études» 117 (1908) 477-497. A. SEIDER, BKV 50 (Mn 1926), pp. LXXXIV-LXXXIX: *Doctrina de Teodoreto sobre la eucaristía.*

§ 7. Las especies sacramentales

1. Permanencia de las especies

Las especies de pan y vino permanecen después de la transustanciación (de fe).

Según declaración del concilio de Trento, la transustanciación se extiende únicamente a las sustancias de pan y vino, mientras que las especies o accidentes permanecen: «manentibus dumtaxat speciebus panis et vini»; Dz 884. Se entiende por especies todo aquello que es perceptible por los sentidos, como el tamaño, la extensión, el peso, la forma, el color, el olor y el sabor.

2. Realidad física de las especies

Las especies sacramentales conservan su realidad física después de la transustanciación (sent. cierta).

Varios teólogos cartesianos de los siglos XVII y XVIII, v.g., Manuel Maignan, O. Minim. († 1676), y su discípulo Juan Saguens, negaron la realidad física de las especies aplicando a la eucaristía la doctrina de Descartes de que no existen accidentes absolutos, es decir, que sean realmente distintos de la sustancia y separables de ella, sino únicamente accidentes modales, que no son realmente distintos de la sustancia y, por tanto, no pueden separarse de ella. Las especies sacramentales las explicaban como impresiones subjetivas de nuestros sentidos, producidas en ellos de forma maravillosa por la omnipotencia divina.

Esta opinión es incompatible: *a)* Con la doctrina del concilio de Trento que afirma que las especies «permanecen», es decir, que quedan como residuo del término total *a quo* de la transustanciación. *b)* Con la doctrina de toda la tradición, que no duda en absoluto de que a las impresiones de nuestros sentidos les corresponde una realidad objetiva; cf. San Agustín, *Sermo 272*: «Así pues, lo que veis es un pedazo de pan y un cáliz; esto es lo que os dicen vuestros ojos. Pero vuestra fe os enseña lo siguiente: El pan es el cuerpo de Cristo; el cáliz, la sangre de Cristo»; S.th. III 75, 5: «sensu apparet, facta consecratione omnia accidentia panis et vini remanere». *c)* Con el concepto de sacramento, que exige que el signo sea objetivo si no queremos que el sacramento se reduzca a una mera apariencia.

3. Sin sujeto de inhesión

Las especies sacramentales permanecen sin sujeto alguno de inhesión (sent. cierta).

Del dogma de la transustanciación se sigue que las especies, después de la conversión de las sustancias de pan y vino, siguen existiendo sin su propio y natural sujeto de inhesión. El concilio de Constanza rechazó la proposición de Wicleff: «Accidentia panis non manent sine subiecto in eodem sacramento»; Dz 582. El cuerpo y la sangre de Cristo no pueden ser sujetos de los accidentes de pan y vino; tampoco puede serlo ninguna otra sustancia (según la escuela de Abelardo, lo sería el aire que los rodea). De todo lo cual se deduce que las especies permanecen sin sujeto alguno. El *Catecismo Romano* (II 4, 43) califica esta sentencia como «doctrina mantenida siempre por la Iglesia católica».

La omnipotencia divina hace que sea posible la permanencia de los accidentes sin sujeto de inhesión, pues tal omnipotencia, como causa primera, puede sustituir el efecto de la causa segunda, cuando ésta falta; cf. S.th. III 77, 1; v. § 12, 1.

Bibliografía: M. GRABMANN, *Die Philosophie des Cartesius und die Eucharistielehre des Emmanuel Maignan, O. Minim.*, en «Supplemento al volume XXIXX della RFN», Mi 1937, 425-436. FR. X. FISCHER, *Die eucharistischen Gestalten im Lichte der Naturwissenschaft,* Mergentheim 1923. M. OROMÍ, *El Concilio de Trento y la teoría substancia-accidentes en la Eucaristía,* VerVid 3 (1945) 3-45.

Capítulo tercero

EL MODO CON QUE CRISTO ESTÁ REALMENTE PRESENTE EN LA EUCARISTÍA

§ 8. LA TOTALIDAD DE LA PRESENCIA

1. Presencia total de Cristo

En la eucaristía están verdaderamente presentes el cuerpo y la sangre de Cristo, juntamente con su alma y divinidad, y, por tanto, se halla verdaderamente presente Cristo todo entero (de fe).

El concilio de Trento, al mismo tiempo que definía el hecho de la presencia real, definió también la totalidad de la misma: «Si quis negaverit, in ss. Eucharistiae sacramento contineri vere, realiter et substantialiter corpus et sanguinem una cum anima et divinitate Domini nostri Iesu Christi ac proinde totum Christum...», a. s.; Dz 83.

Ex vi verborum, es decir, en virtud de las palabras de la consagración está presente el cuerpo de Cristo bajo la especie de pan y la sangre de Cristo bajo la especie de vino. *Per concomitantiam,* «por concomitancia», es decir, por la unión real que guardan con el cuerpo y la sangre de Cristo, se hallan también presentes bajo la especie de pan, juntamente con el cuerpo (porque el cuerpo de Cristo es un cuerpo vivo [Rom 6, 9]), la sangre de Cristo y su alma (concomitancia natural); y por la unión hipostática se halla presente su divinidad (concomitancia sobrenatural). Bajo la especie de vino, juntamente con la sangre de Cristo, se hallan también presentes su cuerpo, su alma y su divinidad; cf. Dz 876; S.th. III 76, 1.

En el discurso con que Jesús nos prometió la eucaristía leemos las siguientes palabras: «El que come mi carne y bebe mi sangre» (Ioh 6, 54 y 56). Y estas palabras son paralelas precisamente a aquellas otras: «El que me come» (v 57), que se refieren a toda la persona de Cristo. Por tanto, con la carne y la sangre se halla presente Cristo todo entero; cf. 1 Cor 11, 27.

Según la doctrina de los padres, el cuerpo de Cristo, presente bajo la especie de pan, es inmortal (SAN GREGORIO NISENO, *Or. cat.* 37), vivificante (SAN CIRILO DE ALEJANDRÍA, *Ep.* 17; *Adv. Nestorium* 4, 5), adorable (SAN AGUSTÍN, *Enarr. in Ps.* 98, 9). Todos estos atributos presuponen la unión del cuerpo con el alma y la divinidad. SAN AMBROSIO enseña: «En este sacramento está Cristo, porque es el cuerpo de Cristo» *(De myst.* 9, 58).

Hasta los últimos decenios del siglo IX no se convirtió en objeto de discusión teológica la cuestión de la totalidad de la presencia de Cristo en la eucaristía. Entre los primeros que enseñaron expresamente que Cristo se recibe todo entero bajo ambas especies se cuentan Juan de Mantua y el exegeta Manegold (en 1 Cor 10, 16) y Anselmo de Laon y su escuela.

2. La presencia total bajo cada una de las dos especies

Bajo cada una de las dos especies está presente Cristo todo entero (de fe).

En el dogma de la totalidad de la presencia se contiene ya, de manera implícita, que Cristo todo entero está presente bajo cada una de las dos especies. El concilio de Constanza elevó a dogma esta proposición (Dz 626), haciendo frente con ello a las doctrinas de los husitas, que exigían la comunión bajo ambas especies (utraquistas). El concilio de Trento hizo la siguiente declaración contra los reformadores, que tenían las mismas pretensiones: «Si quis negaverit, in venerabili sacramento Eucharistiae sub unaquaque specie... totum Christum contineri», a. s.; Dz 885; cf. Dz 698, 876.

Este dogma constituye el fundamento para considerar como lícita la comunión bajo una sola especie. Hasta el siglo XIII, era ordinario comulgar bajo las dos especies; pero aun en los tiempos más antiguos encontramos casos en que la comunión se administra bajo una sola especie, como, v.g., en la comunión de los niños pequeñitos, la que se recibía en el propio domicilio y la de los enfermos.

3. Presencia total en todas y cada una de las partes de ambas especies

En todas y cada una de las partes de ambas especies, después de efectuada la separación, se halla presente Cristo todo entero (de fe).

El concilio de Trento declaró: «Si quis negaverit,... sub singulis cuiusque speciei partibus separatione facta totum Christum contineri», a. s.; Dz 885.

Según el relato de la institución de la eucaristía, todos los apóstoles bebieron de un mismo cáliz. Según las viejas liturgias, la fracción del pan se hacía después de la consagración, con el fin de repartir la comunión a los fieles, y todos ellos bebían también del mismo cáliz consagrado. Aunque los fieles no recibían sino una parte del pan y del vino consagrado, sin embargo, tenían la persuasión de recibir todo el cuerpo de Cristo y toda su sangre. El Seudo-Eusebio de Emesa hace el siguiente comentario: «Cuando se toma de este pan, cada uno [de los que comulgan] recibe lo mismo que todos ellos juntos. Uno de ellos recibe [a Cristo] todo entero, dos reciben [a Cristo] todo entero, y todos los demás [que comulgan] reciben [a Cristo] todo entero sin disminución alguna» (PL 67, 1054).

Del dogma que acabamos de exponer se deriva como conclusión teológica que Cristo se halla también todo entero en cada una de las partes de las especies antes de la separación de dichas partes; cf. Dz 876, donde faltan las palabras «separatione facta». Si Cristo, antes de la separación, no estuviera presente en cada una de las partes de ambas especies, entonces el acto de la separación sería la causa de la presencia de Cristo en esas partes después de separadas. Ahora bien, según la doctrina católica, la consagración —y la transustanciación que se opera por su virtud— es la única causa de la presencia real. Luego deducimos la conclusión teológica, mencionada anteriormente, de que Cristo se halla todo entero, antes de la separación, en cada una de las partes de ambas especies. Pero notemos que de esta doctrina no se sigue que exista una múltiple presencia actual bajo cada una de las especies. Así como el alma humana se halla presente toda entera en todo el cuerpo y en cada una de sus partes, y sin embargo no se encuentra más que singularmente presente en todo el cuerpo, de manera semejante el cuerpo de Cristo tiene únicamente una sola presencia actual bajo cada una de las especies. No obstante, esa tal presencia es múltiple en potencia. Pero la presencia actual múltiple solamente se verifica después de la separación de las partes de la especie anteriormente unidas.

Para comprender esta doctrina es necesario tener en cuenta que el cuerpo de Cristo —que por la transustanciación sucede a la sustancia de pan— se encuentra presente al modo de sustancia («per modum substantiae»). Así como, antes de la consagración, la sustancia de pan se halla totalmente presente en todas las partes de la hostia no consagrada, de manera parecida, después de la consagración, el cuerpo de Cristo (y, por concomitancia, Cristo todo entero) se encuentra presente en todas las partes de la hostia consagrada; cf. S.th. III 76, 3.

Bibliografía: J. R. GEISELMANN, *Die Abendmahlslehre...* (v. supra, p. 550) 73-85. O. LOTTIN, *Nouveaux fragments théologiques de l'école d'Anselme de Laon,* RThAM 11 (1939) 320; cf. H. WEISWEILER, Schol 16 (1941), 109 ss. O. LOTTIN, *Psychologie et Morale aux XII*[e] *et XIII*[e] *siècles* V, Ge 1959, 143-153. B. BISCHOFF, *Der Canticumkommentar des Johannes von Mantua für die Markgräfin Mathilde,* en «Lebenskräfte in der abendländischen Geistesgeschichte, Festschrift für Walter Goetz zum 80. Geburtstag», M 1948, 22-48.

§ 9. PERMANENCIA DE LA PRESENCIA REAL

1. Duración de la presencia real

Después de efectuada la consagración, el cuerpo y la sangre de Cristo están presentes de manera permanente en la eucaristía (de fe).

Frente a la doctrina luterana sobre la Cena —según la cual la presencia real se limita al tiempo que dure la celebración de la Cena, es decir, al tiempo que va desde la consagración a la comunión—, el concilio de Trento declaró que el cuerpo y la sangre de Cristo se hallan presentes de manera permanente después de la consagración: «Si quis dixerit, peracta consecratione in admirabili Eucharistiae sacramento non esse corpus et sanguinem Domini nostri Iesu Christi, sed tantum in usu, dum sumitur, non autem ante vel post, et in hostiis seu particulis consecratis, quae post communionem reservantur vel supersunt, non remanere verum corpus Domini», a. s.; Dz 886; cf. Dz 889.

La *Confesión de Augsburgo* (1530) no habla todavía de que la presencia real tenga alguna restricción. El hecho de que se suprimiera la procesión con el Santísimo Sacramento no tenía su fundamento en que se negara el carácter permanente de la presencia real de Cristo en la eucaristía, sino en que se consideraba como incompatible la «división del sacramento» (es decir, el empleo del sacramento bajo una sola especie) con la institución dispuesta por Cristo (art. 22). En el año 1536, LUTERO se aunó con M. BUT-

ZER, y ambos redactaron la llamada Concordia de Wittemberg, que reza así: «extra usum, cum reponitur aut asservatur in pixide aut ostenditur in processionibus, ut fit apud papistas, sentiunt non adesse corpus Christi» (*Formula Concordiae* II 7, 15). Por «usus» los antiguos luteranos entendían «no solamente la percepción que tiene lugar con la boca, sino toda la ceremonia de la Cena, externa y visible, que Cristo instituyera» (ib. 86), y, por tanto, no sólo el instante de la recepción del sacramento, sino todo el tiempo que va desde la consagración a la comunión, incluso el que transcurre hasta la comunión de los enfermos, que tiene lugar después de la Cena. Se procuró hallar el fundamento bíblico de esta doctrina en las siguientes palabras de Jesús: «Tomad y comed» (Mt 26, 26). Pero notemos que de las citadas palabras de Jesucristo no es lícito concluir que cese la presencia real después de administrarse la comunión, pues todas las partículas restantes que se conservan están destinadas también para la recepción y distribución entre los fieles. La limitación temporal de la presencia real es arbitraria.

La fe de la antigua Iglesia cristiana en la permanencia de la presencia real la testimonia bien claramente la costumbre de llevar la eucaristía a los que no podían asistir al oficio divino, a los enfermos y presos (SAN JUSTINO, *Apol.* I 65), la de dar la eucaristía a los fieles para que la llevasen a las casas (TERTULIANO, *De oratione* 19, *Ad uxorem* II 5; SAN CIPRIANO, *De lapsis* 26; SAN BASILIO, Ep 93), la de conservar las partículas que habían quedado de la comunión (*Const. Apost.* VIII 13, 17) y la «misa de presantificados», que existía por lo menos desde el siglo VII (*Trullanum,* can. 52). SAN CIRILO DE ALEJANDRÍA comenta: «Oigo que algunos dicen que la mística eulogía [= eucaristía] no aprovecha nada para la santificación si algún resto de ella quedare para el día siguiente. Son necios los que afirman tales cosas; porque Cristo no se cambia y su santo cuerpo no se transforma, sino que la virtud de bendición y la gracia vivificante están siempre en Él» (*Ep. ad Calosyrium).*

2. Fin de la presencia real

La presencia real, según doctrina unánime de los teólogos, dura mientras no se corrompen las especies que constituyen el signo sacramental instituido por Cristo. La cesación de la presencia real no puede considerarse como verdadera aniquilación, ni como conversión del cuerpo y la sangre de Cristo en otra sustancia, ni tampoco como movimiento local por el cual el Señor volviese al cielo. En lugar del cuerpo y la sangre de Cristo surgen probablemente aquellas sustancias que corresponden a la naturaleza específica de los accidentes alterados.

§ 10. ADORABILIDAD DE LA EUCARISTÍA

A Cristo, presente en la eucaristía, se le debe culto de verdadera adoración (latría) (de fe).

De la totalidad y permanencia de la presencia real se deduce que a Cristo presente en la eucaristía se le debe culto de latría. El objeto total de este culto de latría es Cristo bajo las especies sacramentales. Estas últimas son coobjeto de adoración, pues están unidas con Cristo en unidad de sacramento. El concilio de Trento condenó la acusación lanzada por los reformadores contra el culto a la eucaristía, culto que tachaban de idolátrico, llamando a los que lo practicaban «adoradores de pan». A este respecto hizo la siguiente declaración: «Si quis dixerit, in sancto Eucharistiae sacramento Christum unigenitum Dei Filium non esse cultu latriae etiam externo adorandum...», a. s.; Dz 888.

Son adversarios de este dogma todos los que impugnan la presencia real. Los antiguos teólogos luteranos (v.g., A. Musculus, M. Chemnitz, J. Gerhard), por razón de su fe en la presencia real de Cristo durante el tiempo que duraba la celebración de la Cena, es decir, desde la consagración a la comunión, mantuvieron consecuentemente la adorabilidad de la eucaristía y la defendieron contra los criptocalvinistas («profanadores del sacramento»).

La adorabilidad de la eucaristía se prueba bíblicamente con una argumentación indirecta, probando por un lado la presencia real de Cristo en la eucaristía y por otro la adorabilidad de Cristo (cf. Mt 28, 9 y 17; Ioh 5, 23; 20, 28; Phil 2, 10; Hebr 1, 6); véase Cristología, § 19.

Los padres postnicenos dan testimonio de que a Cristo presente en la eucaristía se le tributaba adoración antes de recibir la comunión; cf. San Cirilo de Jerusalén, *Cat. myst.* 5, 22: «Inclínate y pronuncia el amén como adoración y reverencia»; San Ambrosio, *De Spiritu sancto* III 11, 79; «Por escabel se entiende la tierra (Ps 98, 9), y por tierra la carne de Cristo, que hasta el día de hoy adoramos en los misterios.» San Agustín, *Enarr. in Ps.* 98, 9: «Nadie come esta carne sin haberla adorado antes.» Mientras que en Oriente el culto a la eucaristía se limitó a la celebración del sacrificio eucarístico, en Occidente se fue desarrollando desde la edad media un espléndido culto a la eucaristía aun fuera de la celebración de la misa: procesiones teofóricas, fiesta del Corpus Christi (que comenzó en 1264), exposiciones del Santísimo Sacramento (que comenzaron en el siglo XIV).

Bibliografía: J. Hoffmann, *Die Verehrung und Anbetung des allerheiligsten Sakramentes des Altars,* Ke 1897. E. Dumoutet, *Le désir de voir l'hostie et les origines de la dévotion au S. Sacrement,* P 1926. P. Browe, *Die Verehrung der Eucharistie im Mittelalter,* Mn 1933.

Capítulo cuarto

LA EUCARISTÍA Y LA RAZÓN

§ 11. El carácter misterioso de la eucaristía

La presencia real de Cristo en la eucaristía es un misterio de fe (sent. cierta).

La razón humana no puede, sin revelación divina, conocer que existe, en efecto, la eucaristía, ni después de la revelación es capaz de probar de manera positiva su posibilidad intrínseca. Sin embargo, la razón iluminada por la fe puede mostrar la conveniencia de la presencia real y su encuadramiento armónico en el organismo de las verdades sobrenaturales, y puede, además, resolver las objeciones que presenta la razón. El dogma eucarístico es suprarracional, pero no antirracional.

La eucaristía no puede enjuiciarse según las leyes de la experiencia. Hay algunos hechos en la vida de Jesús (como, por ejemplo, el caminar sobre las aguas del lago, el salir del sepulcro sellado, las apariciones después de resucitado pasando a través de puertas cerradas) que prueban que la forma ordinaria y empírica de existir y obrar del cuerpo humano puede quedar impedida por una intervención milagrosa de la Omnipotencia divina, sin que por eso el cuerpo deje de ser verdadero cuerpo humano. La fe en la presencia real eucarística supone, desde luego, la fe en la existencia de un Dios personal y supramundano y la fe en la verdadera divinidad de Cristo.

§ 12. Contradicciones aparentes entre la razón y el dogma eucarístico

1. La permanencia de los accidentes sin sujeto alguno

Dado que entre la sustancia y los accidentes del cuerpo existe distinción real y puesto que Dios como causa primera puede producir el efecto sin la causa segunda, Dios, con su actividad inmediata, puede conservar los accidentes de pan y vino en su ser real después que haya cesado de existir la sustancia de pan y vino. No es que Dios sustente esos accidentes como sujeto de inhesión (causa material), sino que con su omnipotencia obra, en calidad de causa eficiente, lo que obraban antes de la consagración las sustancias de pan y vino. Tales accidentes que subsisten sin sujeto, aun cuando no tienen inherencia actual, no por eso dejan de ser accidentes, porque la esencia de accidente consiste tan sólo en la inherencia aptitudinal o exigitiva (S.th. III 77, 1 ad 2: «aptitudo ad subiectum»), es decir, en la ordenación y exigencia de sujeto sustentador, y, por tanto, en la dependencia esencial de otro ser; y esto se cumple perfectamente en aquellos accidentes que actualmente no poseen inherencia, pero que conservan la exigencia de la misma.

Según doctrina de Santo Tomás, Dios únicamente conserva en el ser, de manera milagrosa, la cantidad dimensiva, es decir, la extensión, mientras que todos los demás accidentes son sustentados por la extensión como sujeto próximo de los mismos; cf. S.th. III 77, 1 y 2.

La relación entre las especies sacramentales y el contenido del sacramento no es ni de inherencia física ni de yuxtaposición puramente externa basada en una positiva ordenación de Dios (escotistas, nominalistas), sino de relación intrínseca y real, la cual tiene por efecto que el desplazamiento de las especies traiga como consecuencia, sin especial ordenación divina, el desplazamiento del cuerpo y sangre de Cristo.

2. El modo de existir inespacial y semejante al de los espíritus que posee el cuerpo de Cristo en la eucaristía

Como, según la teología católica, Cristo todo entero está presente en la eucaristía, deducimos que junto con la sustancia del cuerpo de Cristo estarán también presentes —contra lo que opinaba Durando († 1334)— la cantidad extensiva, es decir, la extensión, y todos los demás accidentes del cuerpo de Cristo. Ahora bien, el cuerpo sacramental de Cristo, como lo prueba la experiencia de nuestra vista, no es de hecho extenso. Para explicar este hecho, hace notar Santo Tomás que en virtud del sacramento («ex vi sacramenti») solamente está presente la sustancia del cuerpo y la sangre de Cristo, la cual sucede a la sustancia de pan y vino, que cesa de existir, mientras que la extensión y todos los demás accidentes no están presentes sino de una manera concomitante y en cierto modo accidental («concomitanter et quasi per accidens»). Por eso, el modo de existir de los accidentes se ajusta al modo de existir de la sustancia. En consecuencia, la cantidad dimensiva del cuerpo y la sangre de Cristo no se halla en el sacramento según su modo propio, es decir, llenando un espacio tridimensional, sino según el modo de la sustancia, o sea, sin extensión actual; cf. S.th. III 76, 4.

Para hacer de algún modo comprensible al entendimiento humano esta presencia sacramental del cuerpo de Cristo, distinguen los teólogos entre los dos efectos formales de la cantidad: la extensión *intrínseca,* es decir, la capacidad de un cuerpo para extenderse tridimensionalmente, y la extensión *extrínseca,* es decir, el hecho de que ese cuerpo llene un espacio. Mientras que la primera extensión pertenece a la esencia del cuerpo material y es, por tanto, inseparable del mismo, la segunda puede quedar impedida por una intervención milagrosa de Dios. El cuerpo de Cristo está presente en el sacramento con la extensión intrínseca, pero no con la extrínseca.

El modo de existir del cuerpo de Cristo es semejante al modo que tienen de existir los espíritus creados, v.g., el que tiene el alma humana en el cuerpo. Pero mientras que el espíritu creado se encuentra limitado a su único espacio (presencia definitiva) —v.g., el alma existe únicamente en un solo cuerpo—, el cuerpo de Cristo está presente al mismo tiempo en el cielo, según su modo natural de existir, y en otros muchos lugares, según su modo sacramental de existir; cf. S.th. III 76, 5 ad 1.

De esta forma de existir parecida a la de los espíritus que tiene el cuerpo de Cristo en la eucaristía se derivan las siguientes consecuencias: *a)* el cuerpo de Cristo es inaccesible a la acción inmediata de las fuerzas mecánicas; *b)* no es objeto de percepción sensible; *c) per se,* carece de movimiento local (se mueve tan sólo *per accidens* con las especies sacramentales); *d)* naturalmente, no puede ejercer la actividad de sus sentidos. Varios teólogos, sobre todo A. Cienfuegos († 1739) y, en los tiempos modernos, J. B. Franzelin y N. Gihr, suponen, no obstante, que el Logos divino concede sobrenaturalmente, al cuerpo unido hipostáticamente con Él en su estado sacramental, el uso de los sentidos externos.

3. La multilocación o multipresencia del cuerpo de Cristo

La multilocación del cuerpo de Cristo no es circunscriptiva, pues con su extensión extrínseca (circunscriptivamente) no está presente más que en un solo sitio: en el cielo; sino que tal multilocación es denominada sacramental porque Cristo, de forma sacramental, está presente al mismo tiempo en muchos sitios, pero sin tener extensión extrínseca. Esta multilocación recibe también el nombre de mixta porque Cristo está presente al mismo tiempo, con su extensión extrínseca, en el cielo, y, sin su extensión extrínseca, en muchos sitios: en todos donde se halle el Santísimo Sacramento. La multiplicación circunscriptiva, según SANTO TOMÁS *(Quodl.* 3, 2) es metafísicamente imposible; Escoto, Suárez y otros autores defienden su posibilidad.

Por la multilocación no se multiplica el cuerpo como tal —el cuerpo sigue siendo numéricamente un mismo cuerpo—, sino que únicamente se multiplica su relación con el espacio, es decir, su presencia. Con ello queda resuelta la objeción de que al cuerpo de Cristo le aplicaríamos predicados contradictorios; v.g., que al mismo tiempo está en reposo y en movimiento, o que está cerca y lejos de un mismo lugar, o que está alejado de sí mismo. Habría únicamente contradicción interna si predicásemos del cuerpo de Cristo enunciados opuestos considerados bajo el mismo respecto. Pero, de hecho, tales predicados se aplican tan sólo al cuerpo de Cristo bajo muy diversos respectos, a saber, por cuanto al mismo tiempo bajo distintas especies se encuentra presente en distintos sitios.

Bibliografía: G. REINHOLD, *Die Lehre von der örtlichen Gegenwart Christi in der Eucharistie beim hl. Thomas von Aquin,* W 1893. F. UNTERKIRCHER, *Zu einigen Problemen der Eucharistielehre,* In-W-Mn 1938. E. GUTWENGER, *Die sakramentale Einheit zwischen Christus und den eucharistischen Gestalten,* ZkTh 74 (1952) 318-338. J. HELLÍN, *Sobre la ubicación en Suárez y sobre su sistema metafísico,* RET 7 (1947) 275-288.

B. LA EUCARISTÍA COMO SACRAMENTO

§ 13. LA SACRAMENTALIDAD DE LA EUCARISTÍA

La eucaristía es verdadero sacramento instituido por Cristo (de fe; Dz 844).

Los racionalistas modernos impugnan que Cristo instituyera la eucaristía, pues los relatos de su institución carecen, según ellos, de valor histórico; cf. Dz 2045.

La sacramentalidad de la eucaristía se deduce del hecho de que en ella se cumplen todas las notas esenciales de la definición de sacramento de la Nueva Alianza:

1. El signo externo son los accidentes de pan y vino (materia) y las palabras de la consagración (forma), que perduran en su efecto.

2. La gracia interna indicada y producida por el signo externo es, según Ioh 6, 27 ss, la vida eterna.

3. El hecho de que Cristo instituyera la eucaristía lo indican las mismas palabras del Señor: «Haced esto en memoria mía» (Lc 22, 19; 1 Cor 11, 24). El carácter genuino de estas palabras está garantizado por la celebración de la Cena en las primitivas comunidades cristianas, celebración que sería incomprensible sin un correspondiente encargo de Cristo. Las palabras del relato de la institución eucarística indican claramente que la eucaristía, por voluntad expresa de Cristo, debía ser una institución permanente: «sangre del Testamento» (Mt 26, 28; Mc 14, 24), «el Nuevo Testamento en mi sangre» (Lc 22, 20; 1 Cor 11, 25). Según el discurso en que Jesús prometió la eucaristía (Ioh 6, 53 ss), ésta debería ser fuente de vida para todos los fieles.

Las especies sacramentales son *sacramentum tantum* (únicamente sacramento); el cuerpo y la sangre de Cristo son *res et sacramentum* (cosa y sacramento); la gracia santificante, o (según Santo Tomás) la unidad del cuerpo místico de Cristo obrada por la gracia santificante, es *res* o *virtus sacramenti* (cosa o virtud del sacramento); cf. S.th. III 73, 3 y 6. A diferencia de todos los demás sacramentos, la eucaristía es permanente. La realización del sacramento («sacramentum in fieri, consecratio, confectio»), el ser («sacramentum in esse») y la recepción («sacramentum in usu, communio») no coinciden temporalmente.

§ 14. El signo externo de la eucaristía

1. La materia

La materia para la confección de la eucaristía es el pan y el vino (de fe; Dz 877, 884).

a) Conforme al uso incesante de la Iglesia, no se puede consagrar sino *pan de trigo*. El *Decretum pro Armeniis* (1439) enseña con Santo Tomás: «cuius materia est panis triticeus» (cuya materia es pan de trigo); Dz 698; CIC 815, § 1. La mayor parte de los teólogos consideran como condición de validez el empleo de pan de trigo; algunos, v.g., G. Biel y Cayetano, creen que tal empleo es únicamente condición de licitud.

En nada afecta a la validez del sacramento el empleo de pan ázimo o pan fermentado (como es de rito en la iglesia oriental). El concilio unionista de Florencia declara en su *Decretum pro Graecis:* «Item (diffinimus), in azymo sive fermentato pane triticeo corpus Christi veraciter confici»; Dz 692; CIC 816. La práctica seguida en la iglesia latina está mejor fundada, pues, según el claro testimonio de los sinópticos, Cristo en la Última Cena empleó pan ázimo, probablemente de trigo; cf. Mt 26, 17 (Mc 14, 12; Lc 22, 7): «El día primero de los Ázimos.» En la iglesia latina podemos comprobar el empleo de panes ázimos desde el siglo VIII. Durante la antigüedad cristiana, también en la iglesia de Occidente se empleaba pan corriente, es decir, fermentado (San Ambrosio, *De sacr.* IV 4, 14: «panis usitatus»).

b) El segundo elemento de la eucaristía es el *vino natural* de vid («vinum de vite»); Dz 698; CIC 815, § 2. Cristo en la Última Cena empleó vino natural de vid (Mt 26, 29; Mc 14, 25). La Iglesia tiene que seguir el ejemplo del Señor; de lo contrario, la consagración sería inválida.

Algunas sectas de principios del cristianismo, como los ebionitas y los encratitas, usaron agua *(aquarii)* en lugar de vino. Contradice los hechos históricos la aseveración de que, durante el siglo II, también en la Iglesia católica se usaba agua en vez de vino como elemento de la eucaristía (Harnack); cf. San Justino, *Apol.* I 65 y 67; San Ireneo, *Adv. haer.* IV 18, 4; V 2, 3.

Al vino hay que añadirle un poco de agua según una costumbre que se remonta a los primitivos tiempos del cristianismo («modicissima aqua»; Dz 698; CIC 814), pero la validez del sacramento no depende del cumplimiento de este requisito. El mezclar agua al vino —que era práctica universal entre los judíos, así como también entre los griegos y romanos (cf. Prov 9, 5)— es una costumbre de la que hallamos frecuentes testimonios en los padres (San Justino, *Apol.* I 65 y 67; San Ireneo, *Adv. haer.* V 2, 3;

epitafio de Abercio, 16), y que significa simbólicamente el agua que manó del costado herido de Jesús, la unión hipostática de la naturaleza humana de Cristo con la naturaleza divina y la unión mística del pueblo fiel con Jesucristo; cf. Dz 698, 945, 956. La cuestión de si el agua se transustancia también con el vino no ha recibido respuesta unánime por parte de la teología escolástica. Parece que la opinión más probable es aquella que patrocinara Inocencio III, según la cual toda la mezcla de agua y vino es la que se transustancia; Dz 416; S.th. III 74, 8.

2. La forma

La forma de la eucaristía son las palabras con que Cristo instituyó este sacramento, pronunciadas en la consagración (sent. cierta).

Mientras que la Iglesia ortodoxa griega repone la virtud transustanciadora bien sólo en la epiclesis, que es una oración que sigue al relato de la institución, bien en las palabras de la institución juntamente con la epiclesis *(Confessio orth.* I 107), la Iglesia católica mantiene que el sacerdote realiza tan sólo la transustanciación pronunciando las palabras de la institución. El *Decretum pro Armeniis* enseña con Santo Tomás: «La forma de este sacramento son las palabras del Salvador con las cuales instituyó este sacramento, puesto que el sacerdote realiza este sacramento hablando en nombre de Cristo»; Dz 698. El concilio de Trento enseña que, según la fe incesante de la Iglesia, «inmediatamente después de la consagración», es decir, después de pronunciadas las palabras de la institución, se hallan presentes el verdadero cuerpo y la verdadera sangre del Señor; Dz 876.

Considerando las palabras de la institución se infiere, por lo menos con suma probabilidad, que Jesús en su Última Cena efectuó la transustanciación por medio de las palabras: «Éste es mi cuerpo», «ésta es mi sangre», y no por un mero acto de su voluntad o por una bendición o acción de gracias, como supusieron varios teólogos pertenecientes principalmente a la escolástica primitiva, v.g., INOCENCIO III *(De sacro altaris mysterio* IV 6). Conforme al encargo de Cristo: «Haced esto en memoria mía», la Iglesia tiene que consagrar por medio de las palabras de la institución como Cristo mismo lo hiciera.

La antigua tradición cristiana enseña que Cristo consagró con las palabras de la institución. TERTULIANO comenta: «Tomó pan... y lo convirtió en su cuerpo diciendo: "Éste es mi cuerpo"» *(Adv. Marcionem* IV 40). En lo que respecta a la consagración efectuada por la Iglesia, los padres la atribuyen bien a toda la oración de acción de gracias, que contiene el relato de la institución, bien, expresamente, a las palabras de la institución. Según SAN JUSTINO, la consagración tiene lugar «por una palabra de oración procedente de Él [de Cristo]» *(Apol.* I 66). Según SAN IRENEO, el pan recibe «la invocación de Dios» o «la palabra de Dios», y se convierte así en eucaristía *(Adv. haer.* IV 18, 5; V 2, 3). Según ORÍGENES, los panes «ofrecidos bajo acción de gracias y adoración» se convierten «por medio de la oración» en el cuerpo de Cristo *(C. Celsum* VIII 33); el manjar eucarístico es santificado «por medio de la palabra y la oración de Dios» *(In Matth. comm.* 11, 14). Ambrosio, el Seudo-Eusebio de Emesa y San Juan Crisóstomo enseñan expresamente que la transustanciación es obra de las palabras que Cristo pronunció en la institución de este sacramento. SAN AMBROSIO declara: «Así pues, la palabra de Cristo realiza este sacramento» *(De sacr.* IV 4, 14). SAN JUAN CRISÓSTOMO dice: «El sacerdote está allí poniendo el signo externo mientras pronuncia aquellas palabras; pero la virtud y la gracia son de Dios. "Éste es mi cuerpo", dice. Tal frase realiza la conversión de los dones» *(De proditione Iudae hom.* 1, 6). SAN JUAN DAMASCENO menciona las palabras de la consagración y también la epiclesis, pero pone especial insistencia en la epiclesis *(De fide orth.* IV 13).

Las palabras de la epiclesis deben referirse, como hace el cardenal Besarion, no al momento en que son pronunciadas, sino al momento para el cual son pronunciadas. Aquello que en la consagración se realiza en un solo instante encuentra su desarrollo y explicación litúrgica en las palabras de la epiclesis que sigue a continuación. La epiclesis no tiene significación consagratoria, sino únicamente declaratoria. No es admisible la opinión de H. Schell según la cual los griegos consagran exclusivamente por medio de la epiclesis y los latinos por medio de las palabras de la institución. La razón para rechazar tal teoría es que la Iglesia no tiene poder para determinar la sustancia de los sacramentos; Dz 2147*a*.

La objeción de que las palabras de la institución tienen en el canon de la misa un valor narrativo e histórico se refuta haciendo ver que tales palabras adquieren virtud consagratoria por medio de la intención del sacerdote. En el canon de la misa romana, la intención de consagrar se expresa claramente en la oración *Quam oblationem,* que precede inmediatamente al relato de la institución: «ut nobis corpus et sanguis fiat dilectissimi Filii tui Domini nostri Iesu Christi» (para que se convierta en el cuerpo y sangre de tu amantísimo Hijo nuestro Señor Jesucristo; «la epiclesis conversoria de la misa romana»; Jungmann).

Consecratio per contactum (consagración por contacto). En el siglo IX apareció una teoría insostenible según la cual la mezcla de un elemento consagrado con otro no consagrado producía la consagración de este último. AMALARIO DE METZ hace el siguiente comentario refiriéndose a la liturgia de Viernes Santo: «Sanctificatur vinum non consecratum per sanctificatum panem» *(De eccl. offic.* I 15). Esta teoría fue aceptada en numerosas obras liturgísticas y canonísticas hasta muy entrado el siglo XII, y se buscaba su fundamento en el siguiente axioma: «Sacrum trahit ad se non sacrum». Pero desde la segunda mitad del siglo XII fue rechazada por teólogos y canonistas, quienes alegaban que la transustanciación se opera únicamente por las palabras de la institución eucarística; cf. S.th. III 83, a ad 2.

Bibliografía: A. Scheiwiler, *Die Elemente der Eucharistie in den ersten drei Jahrhunderten,* Mz 1903. J. R. Geiselmann, *Die Abendmahlslehre...* (v. supra, 550) 21-72 (los ázimos), 86-156 (la forma en la consagración). J. Watterich, *Der Konsekrationsmoment im hl. Abendmahl und seine Geschichte,* Hei 1896. J. Brinktrine, *De epiclesis eucharisticae origine et explicatione,* R 1923. El mismo, *Neue Beiträge zur Epiklesenfrage,* ThGl 21 (1929) 434-452. El mismo, *Die sakramentale Form der Eucharistie,* Th Gl (1953) 411-425; cf. ibídem 44 (1954) 338-351; 45 (1955) 188-207, 260-275. M. Jugie, *De forma Eucharistiae. De epiclesibus eucharisticis,* R 1943. M. Andrieu, *Immixtio et consecratio,* P 1924. A. Colunga, *La epiclesis en la liturgia mozárabe,* «Ciencia Tomista» 47 (1933) 145-161, 289-306. El mismo, *La cuestión de la epiclesis a la luz de la liturgia mozárabe,* «Ciencia Tomista» 55 (1936) 57-62, 145-168.

§ 15. Los efectos de la eucaristía

1. La unión con Cristo

a) El fruto principal de la eucaristía es la unión sumamente íntima que se establece entre el que recibe el sacramento y Cristo (sent. cierta).

El *Decretum pro Armeniis* enseña con Santo Tomás: «Huius sacramenti effectus, quem in anima operatur digne sumentis, est adunatio hominis ad Christum»; Dz 698. Para explicar más precisamente esta unión es necesario distinguir, con la escolástica, entre la unión sacramental pasajera que tiene lugar cuando se recibe el sacramento y cesa cuando se corrompen las especies, y la unión espiritual, permanente, en la caridad y la gracia. Cristo es la vid y los que le reciben son los sarmientos, a los que fluye la vida sobrenatural de la gracia.

Cristo prometió como fruto de la sagrada comunión esa íntima asociación espiritual con Él, que tiene su prototipo en la unidad del Hijo con el Padre; Ioh 6, 56: «Quien come mi carne y bebe mi sangre permanece en mí y yo en él.»

Los padres griegos, como San Cirilo de Jerusalén, San Juan Crisóstomo y San Cirilo de Alejandría, proponen de manera sumamente realista la idea de la unión de los fieles con Cristo por medio de la sagrada comunión. San Cirilo de Jerusalén enseña que el cristiano, por la recepción del cuerpo y de la sangre de Cristo, se convierte en «portador de Cristo» (χριστοφόρος), y se hace «un cuerpo y una sangre con Él» (σύσσωμος καὶ σύναιμος αὐτοῦ; *Cat. myst.* 4, 3). San Juan Crisóstomo habla de una fusión del cuerpo de Cristo con nuestro cuerpo: «Para mostrarnos el grande amor que nos tenía, se fusionó con nosotros y fundió su cuerpo con nosotros para que fuéramos una sola cosa [con Él], como un cuerpo unido con su cabeza» *(In Ioh. hom.* 46, 3). San Cirilo de Alejandría compara la unión que se establece entre el que comulga y Cristo con la fusión de dos cirios en uno solo *(In Ioh.* 10, 2 [15, 1]).

b) De la unión de los fieles con Cristo como cabeza del cuerpo místico se deriva la unión de los fieles entre sí como miembros que son de dicho cuerpo: «homo Christo incorporatur et membris eius unitur»; Dz 698. San Pablo funda ya la unión de todos los fieles en el hecho de que todos ellos participan de un mismo pan eucarístico: «Porque el pan es uno, somos muchos un solo cuerpo, pues todos participamos de ese único pan» (1 Cor 10, 17).

Los padres consideran la confección del pan, en la cual se trituran y funden muchos granos de trigo, y la confección del vino, en la que también unen su zumo muchos granos de uva, como símbolo de la asociación de todos los fieles en un solo cuerpo místico, asociación que tiene lugar por la sagrada comunión; cf. la *Didakhé* 9, 4; San Cipriano, *Ep.* 63, 13; San Juan Crisóstomo, *In ep. I ad Cor. hom.* 24, 2. San Agustín, que es quien hace resaltar con preferencia que el fruto de la sagrada comunión es la incorporación al cuerpo místico de Cristo, canta a la eucaristía como «signo de unidad» y «vínculo de caridad»: «O sacramentum pietatis! O signum unitatis! O vinculum caritatis!» *(In Ioh.,* tr. 26, 13). También Santo Tomás considera la eucaristía como «sacramento de unidad eclesiástica» (S.th. III 82, 2 ad 3).

2. La conservación y aumento de la vida sobrenatural

La eucaristía, como alimento del alma, conserva y alimenta la vida sobrenatural de la misma (sent. cierta).

El *Decretum pro Armeniis* enseña, de acuerdo con Santo Tomás (S.th. III 79, 1): «Todos los efectos que el manjar y la bebida corporal producen en relación con la vida del cuerpo, sustentándola, aumentándola, reparándola y deleitándola («sustentando, augendo, reparando et delectando»), todos ésos los produce este sacramento en relación con la vida del espíritu»; Dz 698.

a) La eucaristía sustenta la vida sobrenatural del alma dando una fuerza vital sobrenatural al que recibe el sacramento que debilita indirectamente la concupiscencia desordenada por acrecentar la caridad y corrobora el poder de la voluntad para que ésta pueda resistir las tentaciones de pecar. El concilio de Trento llama a la eucaristía «antídoto que nos preserva de los pecados graves»; Dz 875; cf. S.th. III 79, 6.

b) La eucaristía aumenta la vida de la gracia que posee ya el que la recibe, robusteciendo y consolidando el hábito sobrenatural de la gracia y de las virtudes infusas y dones del Espíritu Santo que van unidos a ella. La eucaristía, como sacramento de vivos, presupone el estado de gracia en todo aquel que la recibe. Sólo excepcionalmente *(per accidens)* borra el pecado mortal y confiere la gracia primera. El concilio de Trento reprobó la doctrina de los reformadores, según los cuales el principal fruto de la eucaristía sería la remisión de los pecados; Dz 887; cf. S.th. III 79, 3.

c) La eucaristía sana las enfermedades del alma borrando las culpas veniales y las penas temporales debidas por los pecados. El concilio de Trento llama a este sacramento «antídoto por el cual nos libramos de las culpas diarias [= veniales]»; Dz 875. La remisión de las culpas veniales y las penas temporales debidas por los pecados tiene lugar mediatamente gracias a los actos de caridad perfecta que suscita en el alma la recepción de este sacramento. El grado de semejante remisión depende del que alcance la caridad; cf. S.th. III 79, 4 y 5.

d) La eucaristía proporciona una alegría espiritual que se refleja en la entrega animosa a Cristo y en el alegre cumplimiento de los deberes y sacrificios que impone la vida cristiana; cf. S.th. III 79, 1 ad 2.

3. Prenda de la bienaventuranza celestial y de la futura resurrección

La eucaristía es prenda de la bienaventuranza celestial y de la futura resurrección del cuerpo (sent. cierta).

El concilio de Trento llama a la eucaristía «prenda de nuestra gloria futura y de la felicidad perpetua»; Dz 875. Jesús dice en el discurso de la promesa eucarística: «El que come mi carne y bebe mi sangre tiene la vida eterna y yo le resucitaré en el último día» (Ioh 6, 54).

De acuerdo con esta frase de la Escritura, los padres veían en la recepción de la eucaristía una garantía segura de la futura resurrección del cuerpo y así lo hacían valer en su lucha contra la herejía gnóstica que negaba la resurrección de la carne. SAN IGNACIO DE ANTIOQUÍA llama a la eucaristía «medicina de inmortalidad» y «antídoto para no morir y para vivir siempre en Jesucristo» *(Eph.* 20, 2). SAN IRENEO sostiene frente a los gnósticos: «Si nuestros cuerpos participan de la eucaristía, entonces ya no son corruptibles, porque tienen la esperanza de resucitar para siempre» *(Adv. haer.* IV 18; 5; cf. V 2, 2s).

Los efectos de la sagrada comunión que se producen *ex opere operato* redundan únicamente en beneficio del que recibe este sacramento. Pero los que se producen *ex opere operantis* pueden aplicarse también por vía de intercesión a los vivos y difuntos, gracias a la comunión de los santos.

Bibliografía: J. BEHRINGER, *Die hl. Kommunion in ihren Wirkungen und ihrer Heilsnotwendigkeit,* Re 1898. J. NICOLUSSI, *Die Wirkungen der hl. Eucharistie,* Bozen 1918. O. LUTZ, *Ueber die Wirkungen und die Notwen-*

digkeit der hl. Eucharistie, ZkTh 44 (1920) 398-420, 505-537. F. Holböck, *Der eucharistische und der mystische Leib Christi in ihrem Beziehungen zueinander nach der Lehre der Frühscholastik,* R 1941. H. de Lubac, *Corpus mysticum. L'Eucharistie et l'Église au Moyen Âge,* P ²1949. R. Graber, *An den Quellen des Heils,* Ettal 1951. A. Lang, A. Piolanti (v. supra, p. 551). J. Barbel, *Der soziale Charakter der Eucharistie,* TrThZ (1951)

§ 16. Necesidad de la eucaristía

1. Para los párvulos

A los que no han llegado al uso de la razón no es necesaria para salvarse la recepción de la eucaristía (de fe).

El concilio de Trento declaró, contra la doctrina de teólogos calvinistas y greco-ortodoxos: «Si quis dixerit, parvulis, antequam ad annos discretionis pervenerint, necessariam esse Eucharistiae communionem», a. s.; Dz 937; cf. Dz 933, 1922. No existe necesidad de precepto ni necesidad de medio.

Según la doctrina unánime de la Sagrada Escritura y la tradición, basta el bautismo para conseguir la eterna bienaventuranza; cf. Mc 16, 16: «El que creyere y fuere bautizado se salvará»; Rom 8, 1: «Ya no hay, pues, condenación alguna para los que son de Cristo Jesús». Y el ser de Cristo Jesús es ya efecto del bautismo. La gracia de justificación obtenida por el bautismo no puede perderse antes de alcanzar el uso de razón, porque los párvulos no son capaces de tener pecados personales; Dz 933.

San Agustín *(De peccat. meritis et remissione* I 20, 27; 24, 34), considerando la frase de Ioh 6, 53 (Vg 54): «Si no coméis la carne del Hijo del hombre y no bebéis su sangre no tendréis vida en vosotros», la aplica también a los párvulos, pero sin entenderla exclusivamente de la recepción sacramental, sino también de la recepción espiritual del cuerpo o la sangre de Cristo, es decir, de la incorporación al cuerpo místico de Cristo que comienza por el bautismo y se consuma por la eucaristía (ib. III 4, 8). Siguiendo a San Agustín, enseña el Doctor Angélico que los bautizados, en intención de la Iglesia (objetivamente), aspiran a la eucaristía porque el bautismo se ordena a la eucaristía; y de este modo consiguen el efecto de la eucaristía, que es la incorporación al cuerpo místico de Cristo; S.th. III 73, 3.

2. Para los que han llegado al uso de razón

a) Los que han llegado al uso de razón tienen necesidad de precepto de recibir la eucaristía para alcanzar la salvación (sent. cierta).

El precepto divino de recibir la eucaristía, contenido ya en las palabras mismas de la institución de este sacramento, lo vemos enunciado de manera explícita en el discurso de la promesa eucarística (Ioh 6, 53), donde se dice que la posesión de la vida eterna depende de la recepción del cuerpo y la sangre de Cristo. La Iglesia concretó este precepto divino positivo declarando, en el concilio IV de Letrán (1215) y en el de Trento, que era obligatorio comulgar por lo menos una vez al año, por Pascua; Dz 437, 891 : CIC 859. Esta obligación comienza en cuanto el cristiano llega a la edad del discernimiento, esto es, al uso de razón, cosa que ocurre hacia los siete años poco más o menos; Dz 2137.

b) No existe necesidad absoluta de medio, sino tan sólo relativa o moral. El cristiano que durante algún tiempo dejare voluntariamente de recibir la sagrada comunión no podrá a la larga conservarse en estado de gracia; cf. Ioh 6, 53. Del fin propio de la eucaristía, que es ser alimento del alma, se deduce que sin recibirla no podemos conservar durante mucho tiempo la vida sobrenatural.

3. La justificación de la comunión bajo una sola especie

La comunión bajo ambas especies, para cada fiel en particular, no es necesaria ni por razón de un precepto divino ni como medio para conseguir la salvación (de fe).

Después de que el concilio de Constanza se había pronunciado ya sobre este particular, el concilio de Trento hizo frente también a los husitas y reformadores, los cuales consideraban como necesario recibir la comunión bajo ambas especies (utraquistas), declarando esta santa asamblea lo justificada que es la comunión bajo una sola especie : «Si quis dixerit, ex Dei praecepto vel ex necessitate salutis omnes et singulos Christi fideles utramque speciem sanctissimi Eucharistiae sacramenti sumere debere», a. s. ; Dz 934, cf. Dz 626. La razón de estar perfectamente justificada la comunión bajo una sola especie es la totalidad de la presencia de Cristo tanto bajo la especie de pan como bajo la especie de vino.

Carece de fuerza probativa en sentido contrario el texto de Ioh 6, 53 ss, que los adversarios citan en su favor, ya que Jesucristo, en su discurso de la promesa eucarística, exige que se coma su carne y beba su sangre, pero no da ninguna prescripción obligatoria sobre la forma de recibir este sacramento; cf. Dz 930. En la antigüedad cristiana se administraba excepcionalmente la comunión bajo una sola especie. Tal ocurría en la comunión doméstica (en tiempos de persecución) y en la que se administraba a los parvulitos y a los enfermos. Fueron razones de índole práctica las que durante la edad media (siglo XII/XIII) indujeron a suprimir el uso del cáliz a los laicos, y, entre otras, la principal fue el peligro de posibles irreverencias contra este sacramento; cf. S.th. III 80, 12.

Bibliografía: J. NICOLUSSI, *Die Notwendigkeit der hl. Eucharistie,* Bozen 1917. O. LUTZ, *Die Notwendigkeit der hl. Eucharistie,* ZkTh 43 (1919) 235-268. El mismo, *Die Lehre des hl. Thomas über die Notwendigkeit der hl. Eucharistie,* ZkTh 46 (1922) 20-59. El mismo, *Die Notwendigkeit der hl. Eucharistie nach M. de la Taille,* ZkTh 49 (1925) 42-61. El mismo, *Ist die hl. Eucharistie die Wirkursache aller Gnaden?,* ZkTh 55 (1931) 438-466. A. LANDGRAF, *Die Lehre von der Heilsnotwendigkeit der Eucharistie in den Schulen Abaelards und Gilberts de la Porrée,* ZkTh 64 (1942) 119-131. A. KNÖPFLER, *Die Kelchbewegung in Bayern unter Herzog Albrecht V.,* Mn 1891. G. CONSTANT, *Concession à l'Allemagne de la communion sous les deux espèces,* 2 vols. P 1923. A. FRANZEN, *Die Kelchbewegung am Niederrhein in 16. Jahrhundert,* Mr 1955. E. SAURAS, *¿En qué sentido depende de la Euncaristía la eficacia de los demás sacramentos?,* RET 7 (1947) 303-336

§ 17. EL MINISTRO DE LA EUCARISTÍA

1. El ministro de la consagración

Únicamente el sacerdote ordenado válidamente posee el poder de consagrar (de fe).

El concilio IV de Letrán (1215) hizo la siguiente declaración contra los valdenses, que rechazaban la jerarquía y reconocían a todos los fieles los mismos poderes: «Este sacramento solamente puede realizarlo el sacerdote ordenado válidamente»; Dz 430; cf. Dz 424. El concilio de Trento se pronunció igualmente contra la doctrina protestante del sacerdocio universal de los laicos y definió la institución por Cristo de un sacerdocio especial al que está reservado el poder de consagrar; Dz 961, 949.

En vista de la constitución jerárquica de la Iglesia, debemos admitir que el encargo de Cristo: «Haced esto en memoria mía» (Lc 22, 19; 1 Cor 11, 24), va dirigido exclusivamente a los apóstoles y sus sucesores. Es bien significativo y convincente que la tradición siempre refirió exclusivamente este encargo a los apóstoles y sus sucesores en el sacerdocio, los obispos y presbíteros, y consideró únicamente a éstos como los ministros de los divinos misterios. Según San Justino (*Apol.* I 65), «el prefecto de los hermanos», esto es, el obispo, es el que consagra la eucaristía, mientras que los diáconos distribuyen a los presentes el pan, el vino y el agua, sobre los que se han hecho las acciones de gracias (es decir, el manjar eucarístico), y los llevan a los ausentes; cf. San Cipriano, *Ep.* 63, 14; 76, 3. El concilio de Nicea (can. 18) negó expresamente a los diáconos el poder de ofrecer el sacrificio y, por tanto, de consagrar.

De los pasajes Act 13, 1 s, *Didakhé* 10, 7; 13; 15, 1, se infiere con suma probabilidad que los «profetas» carismáticos de la Iglesia primitiva celebraban también la eucaristía. No es contrario al dogma tridentino suponer que tales profetas poseían los poderes sacerdotales por una inmediata vocación divina, de forma parecida a como los poseían los apóstoles (cf. Gal 1, 1; S.th. III 64, 3).

2. El ministro de la distribución

El distribuidor ordinario de la eucaristía es el sacerdote; y el distribuidor extraordinario es el diácono (con autorización del ordinario del lugar o del párroco, siempre que haya alguna razón de peso; CIC 845).

Santo Tomás prueba la conveniencia del privilegio sacerdotal de distribuir la eucaristía por la gran conexión que hay entre la comunión y la consagración, por el puesto de mediador entre Dios y los hombres que tiene el sacerdote y por el respeto debido al sacramento, respeto que exige que únicamente la mano del sacerdote sea la que toque el sacramento (a no ser en caso de necesidad); S.th. III 82, 3. Cuando se distribuía la sagrada comunión bajo ambas especies, el obispo o el sacerdote era quien administraba el sagrado cuerpo de Cristo, y el diácono la sagrada sangre del Señor; cf. San Cipriano, *De lapsis* 25.

Bibliografía: O. Casel, *Prophetie und Eucharistie,* JLW 9 (1929), 1-19. A. Landgraf, *Zur Lehre von der Konsekrationsgewalt des von der Kirche getrennten Priesters im 12. Jh.,* Schol 15 (1940) 204-227. D. E. Sheehan, *The Minister of Holy Communion,* Wa 1950.

§ 18. El sujeto de la eucaristía

El concilio de Trento (Dz 881) distingue tres modos de recibir este sacramento: 1.º la recepción meramente sacramental, es decir, la recepción del sacramento por aquel que se halla en estado de pecado mortal (comunión indigna); 2.º la recepción meramente espiritual, esto es, el deseo, inspirado por la fe, de recibir este sacramento (comunión espiritual); 3.º la recepción sacramental y espiritual al mismo tiempo, o la recepción del sacramento en estado de gracia (comunión digna). Hay que añadir como 4.º apartado la recepción meramente material por un sujeto inapropiado: una persona no bautizada o un animal.

1. Condiciones para la recepción válida

El sacramento de la eucaristía puede ser recibido válidamente por cualquiera persona bautizada que se halle en estado de peregrinación (in statu viae), aunque se trate de un párvulo (de fe; Dz 933).

En la antigüedad cristiana los párvulos bautizados recibían también la eucaristía; cf. San Cipriano, *De lapsis* 25; *Const. Apost.* VIII 13, 14.

2. Condiciones para la recepción lícita

Para recibir dignamente la eucaristía se requieren el estado de gracia e intención recta y piadosa (de fe por lo que se refiere al estado de gracia).

El concilio de Trento condenó la doctrina protestante de que la fe sola («fides informis») era preparación suficiente para recibir la eucaristía; Dz 893. Al mismo tiempo ordenó que todo aquel que quisiere comulgar y se hallare en estado de pecado mortal tiene que confesarse antes si tuviere oportunidad de hacerlo; sólo en caso de necesidad puede contentarse con un acto de perfecta contrición; Dz 880, 893; CIC 807, 856.

Por otra parte, la Iglesia reprobó el rigorismo de los jansenistas, que exigían como preparación para recibir la sagrada comunión amor a Dios; Dz 1312 s. San Pio X, en su decreto sobre la comunión (1905), declaró que no se puede estorbar la comunión a todo aquel que se halle en estado de gracia y se acerque a la sagrada mesa con recta y piadosa intención; Dz 1985.

Como la medida de la gracia producida «ex opere operato» depende de la disposición subjetiva del que recibe el sacramento, la comunión deberá ir precedida de una buena preparación y seguida de una conveniente acción de gracias; Dz 1988.

La necesidad del estado de gracia para acercarse a comulgar tiene su fundamento bíblico en las serias amonestaciones del Apóstol para que los fieles examinen su conciencia antes de decidirse a participar de la eucaristía; 1 Cor 11, 28: «Examínese el hombre a sí mismo y entonces coma del pan y beba del cáliz». El lavatorio de los pies, que la noche de la Última Cena precedió a la eucaristía (Ioh 13, 4 ss), no fue solamente una lección de humildad, sino también una manifestación simbólica de la pureza de conciencia necesaria para recibir la eucaristía (cf. v 10).

Los padres exigen unánimemente, desde un principio, para recibir con fruto la eucaristía, que se haya recibido antes el bautismo y se tenga pureza de conciencia; cf. *Didakhé* 9, 5; 10, 6; 14, 1; San Justino, *Apol.* I 66. En las liturgias orientales, el sacerdote (el obispo) dice en voz alta a los fieles, antes de administrarles la sagrada comunión: «Las cosas santas para los santos» (τὰ ἅγια τοῖς ἁγίοις). San Agustín exhorta a los que van a comulgar a que se acerquen al altar con la conciencia limpia: «Innocentiam ad altare apportate» (*In Ioh.*, tr. 26, 11).

Es sacrílego comulgar indignamente; cf. 1 Cor 11, 27; «Quien come el pan y bebe el cáliz del Señor indignamente se hará culpable del cuerpo y la sangre del Señor»; 11, 29: «Pues el que sin discernir come y bebe el cuerpo del Señor, come y bebe su propia condenación.» Notemos de paso que los pecados directos contra Dios (el odio a Dios, la blasfemia) y contra la humanidad santísima de Cristo (la crucifixión, la traición de Judas) son objetivamente más graves que el sacrilegio contra el sacramento del cuerpo y sangre de Cristo; cf. S.th. III 80, 5.

Por reverencia a este augusto sacramento y para evitar abusos (cf. 1 Cor 11, 21), la Iglesia exige desde muy antiguo, para la recepción digna de la eucaristía, una preparación por parte del cuerpo que consiste en estar en ayunas desde la medianoche anterior; Dz 626; CIC 858. San Agustín atribuye a una ordenación del Espíritu Santo la costumbre —testimoniada ya por Tertuliano (*Ad uxorem* II 5) y San Hipólito (*Trad. Apost.*) y que en tiempos del santo obispo de Hipona se hallaba ya difundida «por toda la redondez de la tierra»— de recibir la eucaristía en ayunas (exceptuando la festividad anual de la institución). El fundamento de semejante ordenación lo encuentra él en «la honra debida a tan sublime sacramento» (*Ep.* 54, 6, 8). Por la constitución apostólica de Pío XII *Christus Dominus,* de 6 de enero de 1953, y el motu proprio *Sacram Communionem,* de 19 de marzo de 1957, ha sido nuevamente reglamentada la disciplina del ayuno eucarístico.

Bibliografía: J. Hoffmann, *Geschichte der Laienkommunion bis zum Tridentinum,* Sp 1891. J. Baumgärtler, *Die Erstkommunion der Kinder,* Mn 1929. P. Browe, *De frequenti communione in ecclesia occidentali usque ad a. 1000 documenta varia,* R 1932. El mismo, *Die häufige Kommunion im Mittelalter,* Mr 1938. El mismo, *Die Pflichtkommunion im Mittelalter,* Mr 1940. A. M. Landgraf, *Die in der Frühscholastik klassische Frage: Quid sumit mus?,* DTh 30 (1952) 33-50.

C. LA EUCARISTÍA COMO SACRIFICIO

Bibliografía: N. GIHR, *Das hl. Messopfer, dogmatisch, liturgisch und aszetisch erklärt,* Fr [14-16]1919. A. VONIER, *Das Geheimnis des eucharistischen Opfers,* B 1929. J. BRINKTRINE, *Die hl. Messe,* Pa [3]1950. J. PASCHER, *Eucharistia. Gestalt und Vollzug,* Mr [2]1953. J. A. JUNGMANN, *El Sacrificio de la Misa. Tratado histórico-litúrgico,* Ma [2]1952. B. DURST, *Das Wesen der Eucharistiefeier und des christlichen Priestertums,* Neresheim-R 1953. R. ERNI y otros, *Das Opfer der Kirche.* Lu 1954. B. NEUNHEUSER y otros, *Opfer Christi u. Opfer der Kirche,* D 1960. A. FRANZ, *Die Messe im deutschen Mittelalter,* Fr 1902. W. GÖTZMANN, *Das eucharistische Opfer nach der Lehre der älteren Scholastik,* Fr 1901. P. RUPPRECHT, *Der Mittler und sein Heilswerk. Sacrificium Mediatoris,* Fr 1934 (de DTh 1931-33). H. KLUG, *Die Lehre des sel. Johannes Duns Skotus über das Opfer, besonders über das Messopfer,* ThGl 18 (1926) 315-355 (este estudio apareció vertido al latín en «Estudis Franciscans» 1927/28, y como separata en Barcelona 1929); cf. BThAM 1 n. 855, 1171. N. M. HALMER, *Die Messopferlehre der vortridentinischen Theologen (1520-1562),* Fr/S 1944 (separata de DTh 21/22 [1943/44]). J. P. JUNGLAS, *Die Lehre des Konzils von Trient über das hl. Messopfer,* BZThS 2 (1925) 193-212. M. ALONSO, *El sacrificio de la Última Cena del Señor según el Concilio de Trento,* Ma 1929. CH. JOURNET, *La Messe, présence du sacrifice de la Croix,* Bru-P [2]1958. A. PIOLANTI, *El sacrificio de la misa,* Herder, Barna 1965.

Capítulo primero

REALIDAD DEL SACRIFICIO DE LA MISA

§ 19. LA EUCARISTÍA Y SU CARÁCTER DE SACRIFICIO SEGÚN LA DOCTRINA DE LA IGLESIA

A propósito de la noción de sacrificio, v. Soteriología, § 8, 1.

1. Doctrina de la Iglesia

La santa misa es verdadero y propio sacrificio (de fe).

Contra los ataques de los reformadores, que rechazaban el carácter sacrificial de la eucaristía y solamente la consideraban como sacrificio en sentido impropio, el concilio de Trento declaró que la eucaristía era verdadero y propio sacrificio: «Si quis dixerit, in Missa non offerri Deo verum et proprium sacrificium, aut quod offerri non sit aliud quam nobis Christum ad manducandum dari», a. s.; Dz 948. Antes de los reformadores, impugnó Wicleff la institución por Cristo del sacrificio de la misa; Dz 585.

Las graves incriminaciones que los reformadores dirigen contra la doctrina católica acerca de la misa parten del supuesto erróneo de que, según los católicos, el sacrificio de la misa sería un sacrificio independiente del de Cristo en la cruz, y de que la misa, como acción sacrificial del sacerdote, conferiría «ex opere operato» la remisión de los pecados personales y las penas debidas por los pecados (*Apologia Conf. Augs.*, art. 24); cf. LUTERO, *Articuli Smalc.*, P 11, art. 2; CALVINO, *Inst. christ. rel.* IV 18, 1-3; *Catecismo de Heidelberg*, preg. 80.ª («maldita idolatría»).

2. Diferencia entre sacramento y sacrificio

Aunque el sacramento y el sacrificio de la eucaristía se realizan por medio de la misma consagración, no obstante, existe entre ellos una distinción conceptual. La eucaristía es sacramento, en cuanto Cristo se nos da en ella como manjar del alma, y es sacrificio, en cuanto en ella Cristo se ofrece a Dios como hostia: «rationem sacrificii habet, inquantum offertur, rationem sacramenti autem, inquantum sumitur, et ideo effectum sacramenti habet in eo, qui sumit, effectum autem sacrificii in eo, qui offert vel in his, pro quibus offertur»; S.th. III 79, 5. El sacramento tiene por fin primario la santificación del hombre, y el sacrificio la glorificación de Dios. La eucaristía como sacramento es una realidad permanente *(res permanens)*, y como sacrificio es una acción transitoria *(actio transiens)*.

Bibliografía: V. THALHOFER, *Das Opfer des Alten und des Neuen Bundes*, Re 1870. N. M. HALMER, *Der literarische Kampf Luthers und Melanchthons gegen das Opfer der hl. Messe*, DTh 21 (1943) 63-78. E. ISERLOH, *Der Kampf um die Messe in den ersten Jahren der Auseinandersetzung mit Luther*, Mr 1952. P. MEINHOLD - E. ISERLOH, *Abendmahl und Opfer*, St 1960.

§ 20. EL CARÁCTER SACRIFICIAL DE LA EUCARISTÍA SEGÚN TESTIMONIO DE LA ESCRITURA

1. Pruebas tomadas del Antiguo Testamento

a) El sacrificio de Melquisedec como figura del sacrificio de la misa

Gen 14, 18 s, refiere: «Melquisedec, rey de Salem, sacando pan y vino, como era sacerdote del Dios Altísimo, le bendijo [a Abraham]». Según la interpretación tradicional, Melquisedec sacó pan y vino (*proferens*, no *offerens*) para ofrecer a Dios un sacrificio como era corriente cuando se celebraba una victoria, y no fue su intención proporcionar una refección a los guerreros cansados por la pelea. La interpretación tradicional se ve, además, corroborada por la alusión expresa al carácter sacerdotal de Melquisedec. El ejercicio específicamente sacerdotal es el sacrificio. Cristo, según la profecía mesiánica de Ps 109, 4, confirmada por la carta a los Hebreos (5, 6; 7, 1 ss), es sacerdote al modo de Melquisedec, es decir, rey y sacerdote al mismo tiempo, y según la interpretación dada por la tradición ofrece un sacrificio parecido al de Melquisedec. Y tal sacrificio no puede ser sino la oblación de su cuerpo y su sangre bajo las especies de pan y vino, en la Última Cena y en la santa misa.

Tanto la tradición judaica (Filón) como la cristiana admiten que Melquisedec ofreció a Dios un sacrificio con el pan y el vino. Los padres consideran el sacrificio de Melquisedec como figura del sacrificio eucarístico. SAN AGUSTÍN dice: «Allí apareció por vez primera el sacrificio que ahora ofrecen los cristianos a Dios en toda la redondez de la tierra» (*De civ. Dei* XVI 22); cf. SAN CIPRIANO, *Ep.* 63, 4; SAN JERÓNIMO, *In Matth.* IV 26, 26; la oración del canon «Supra quae».

b) La profecía de Malaquías

En Mal 1, 10 s, habla Dios por boca del profeta a los sacerdotes judíos: «No tengo en vosotros complacencia alguna, dice Yahvé de los ejércitos, no me son gratas las ofrendas de vuestras manos. Porque desde el orto del sol hasta el ocaso es grande mi nombre entre las gentes y en todo lugar se ofrece a mi nombre un sacrificio humeante y una oblación pura; pues grande es mi nombre entre las gentes, dice Yahvé de los ejécitos.»

Aquí Dios rehúsa los impuros sacrificios de los sacerdotes judíos. Los sacrificios de los gentiles y los de los prosélitos y judíos de la diáspora no pueden constituir este nuevo sacrificio, pues los de los gentiles no eran sacrificios puros por estar mancillados de idolatría (cf. 1 Cor 10, 20), y los de los prosélitos y judíos de la diáspora no se ofrecían «en todo lugar». Además, eran ilegales todos los sacrificios de la religión hebraica que se ofrecieran fuera de Jerusalén. Esta universalidad anunciada del culto divino y del nuevo sacrificio alude claramente a los tiempos mesiánicos (cf. Ps 21, 28 ss; Is 49, 6). Este «nuevo sacrificio» no puede referirse tampoco al de la cruz, porque éste se ofreció en un solo lugar. La profecía encontró su cumplimiento en el sacrificio de la misa, que es ofrecido «en todo lugar» (en sentido de totalidad moral), y que es puro en cuanto a la hostia y al sacerdote primario que la ofrece; cf. Dz 939.

La más remota tradición cristiana refirió ya la profecía de Malaquías a la eucaristía; cf. *Didakhé* 14, 3; San Justino, *Dial.* 41; San Ireneo, *Adv. haer.* IV 17, 5; San Agustín, *Tract. adv. Iud.* 9, 13.

c) Isaías anuncia para la época mesiánica un sacerdocio procedente de los gentiles: «Y yo elegiré de entre ellos sacerdotes y levitas, dice Yahvé» (66, 21). Según la mentalidad del Antiguo Testamento, no es concebible un verdadero estado sacerdotal sin sacrificio.

2. Pruebas tomadas del Nuevo Testamento

a) La institución del sacrificio de la misa

Indica claramente el carácter sacrificial de la eucaristía el solo hecho de que Cristo hiciera presente su cuerpo y su sangre bajo especies separadas y, por tanto, en forma de sacrificio. Las especies separadas representan simbólicamente la separación real del cuerpo y la sangre de Cristo, que tuvo lugar en el sacrificio de la cruz.

Las palabras de la institución testifican el carácter sacrificial de la eucaristía. Cristo designa su cuerpo como cuerpo de sacrificio, y su sangre como sangre de sacrificio, pues dice así: «Éste es mi cuerpo, que es entregado por vosotros», «ésta es mi sangre, que es derramada por vosotros». Las expresiones «entregar el cuerpo», «derramar la sangre» son términos bíblicos que expresan técnicamente la oblación de un verdadero y propio sacrificio.

Cristo llama a su sangre «sangre del Testamento». El Antiguo Testamento o Alianza entre Dios e Israel se contrajo con la ofrenda de sacrificios de sangre (Ex 24, 8: «Ésta es la sangre de la Alianza que hace con vosotros Yahvé»); por tanto, según el estilo bíblico, «sangre del Testamento» es expresión sinónima de «sangre del sacrificio».

De los participios presentes διδόμενον (Lc) y ἐκχυννόμενον (Mt, Mc, Lc) se ha inferido que la acción sacrificial se está realizando en el presente, es decir, en la cena eucarística. Desde el punto de vista filológico, sin embargo, resulta también posible referirla a un futuro inmediato (la Vg emplea el futuro, salvo en Lc 22, 19) y objetivamente no debe tampoco excluirse la alusión al sacrificio y derramamiento de sangre en la cruz, pues de lo contrario la santa cena resultaría ser un sacrificio independiente del sacrificio del Calvario. Como, según las palabras consacratorias, existe una identidad numérica evidente entre el cuerpo y la sangre derramada en la cruz, debe sacarse la conclusión que con el cuerpo y la sangre se actualiza asimismo el sacrificio en la cruz. De modo especial, evoca este significado Lc 22, 20, donde el derramamiento se refiere al cáliz empleado en la cena.

Del encargo «Haced esto en memoria mía» (Lc 22, 19; cf. 1 Cor 11, 24) se deduce que el sacrificio eucarístico ha de ser una institución permanente del Nuevo Testamento.

b) *Alusiones al sacrificio de la misa*

Hebr 13, 10: «Nosotros tenemos un altar del que no tienen facultad de comer los que sirven en el tabernáculo.» «Comer del altar» significa participar del manjar que es ofrecido en el altar. Esta frase se puede interpretar en sentido literal, refiriéndola a la recepción de la eucaristía, o bien en sentido traslaticio, refiriéndola entonces al fruto del sacrificio redentor de Cristo. El contexto parece abogar más bien por esta segunda interpretación; cf. v 11 s.

El pasaje 1 Cor 10, 16-21 establece un paralelo entre la recepción de la eucaristía y la de manjares provenientes de sacrificios hebraicos y paganos: Participar de la «mesa del Señor» y participar de la «mesa de los demonios» son cosas que se excluyen mutuamente; v 21. «No podéis beber el cáliz del Señor y el cáliz de los demonios. No podéis tener parte en la mesa del Señor y en la mesa de los demonios.» Parece evidente que toda esta argumentación presupone que la eucaristía es manjar de sacrificio; ahora bien, no es posible un banquete sacrificial si antes no ha habido oblación del manjar de que se come; cf. Dz 939.

Bibliografía: G. Th. Kennedy, *St. Paul's Conception of the Priesthood of Melchissedec,* Wa 1951. J. Brinktrine, *Der Messopferbegriff in den ersten zwei Jahrhunderten,* Fr 1918. G. Bardy, *Melchisédech dans la tradition patristique,* RB 35 (1926) 496-509, 36 (1927) 25-45. B. Mariani, *De sacrificio a Malachia praedicto* (Mal 1, 11), Ant 9 (1934) 193-242, 361-382, 451-474. M. Rehm, *Das Opfer der Völker nach Mal 1, 11, Lex et veritas (Festschrift H. Junker),* Tr 1961, 193-208.

§ 21. El carácter sacrificial de la eucaristía según el testimonio de la tradición

1. Testigos antenicenos

A. Harnack y Fr. Wieland aseguraron que la Iglesia de los dos primeros siglos no había conocido más que un sacrificio de alabanza, adoración y acción de gracias, de índole puramente subjetiva y espiritual. Ireneo habría sido el primero (según Harnack, lo había sido Cipriano) en sustituir el sacrificio subjetivo por un sacrificio objetivo y real: el del cuerpo y sangre de Cristo. Sin embargo, los testimonios más antiguos de la tradición nos hacen ver que la Iglesia consideró siempre la eucaristía como sacrificio objetivo.

La *Didakhé* (c. 14) nos hace la siguiente advertencia: «Reuníos el día del Señor y romped el pan y dad gracias después de haber confesado vuestros pecados, a fin de que vuestro sacrificio (θυσία) sea puro. [2] Nadie que haya reñido con su hermano debe reunirse con vosotros hasta haberse reconciliado con él, a fin de que no se mancille vuestro sacrificio. [3] Porque éste es [el sacrificio] del que dijo el Señor: En todo lugar y en todo tiempo se me ofrecerá un sacrificio puro; porque yo soy el gran Rey, dice el Señor, y mi nombre es admirable entre las gentes» (Mal 1, 11 y 14). La equiparación del sacrificio eucarístico con el predicho por Malaquías y la alusión a Mt 5, 23 s («Si trajeres tu ofrenda al altar», etc.) atestiguan que la eucaristía era considerada como un sacrificio externo.

Según San Clemente Romano (hacia 96), el oficio de los obispos consiste en hacer la oblación de los dones; 1 *Cor.* 44, 4: «No constituirá un pequeño pecado para nosotros si echamos del episcopado a los que irreprochable y santamente han ofrecido los dones». La expresión «ofrecer los dones» (προσφέρειν τὰ δῶρα) denota la existencia de un sacrificio objetivo.

San Ignacio de Antioquía († hacia 107) indica el carácter sacrificial de la eucaristía hablándonos, en el mismo texto, de la eucaristía y el altar; y el altar es el sitio donde se ofrece el sacrificio (θυσιαστήριον); *Philad.* 4: «Tened, pues, buen cuidado de no celebrar más que una sola eucaristía, porque una sola es la carne de nuestro Señor Jesucristo, y uno solo el cáliz para la reunión de su sangre, y uno solo el altar, y de la misma manera hay un solo obispo con los presbíteros y diáconos»; cf. Eph 5, 2.

San Justino Mártir († hacia 165) considera como figura de la eucaristía aquel sacrificio de flor de harina que tenían que ofrecer los que sanaban de la lepra. El sacrificio puro profetizado por Malaquías, que es ofrecido en todo lugar, no es otro —según el santo— que «el pan y el cáliz de la eucaristía» (*Dial.* 41). Y el pan de la eucaristía, según *Apol.* I 66, es la carne de Cristo; y el cáliz de la eucaristía es su sangre. Según *Dial.* 117, parece que San Justino pone el sacrificio eucarístico en las oraciones y acciones de gracias que se recitan durante la solemnidad eucarística: «También aseguro que las oraciones y acciones de gracias, presentadas por personas dignas, son los únicos sacrificios perfectos y agradables a Dios. Pues esto es lo único que los cristianos han recibido también encargo de hacer.» Esta observación se dirige contra los sacrificios materiales de los judíos. Pero no pretende excluir que el cuerpo y la sangre de Cristo, juntamente con las oraciones y acciones de gracias entre las que es ofrecido, sean considerados —conforme a lo que dice en el cap. 41 —como el sacrificio y ofrenda de los cristianos.

San Ireneo de Lyón († hacia el 202) enseña que la carne y la sangre de Cristo son «el nuevo sacrificio de la Nueva Alianza», «que la Iglesia recibió de los apóstoles y que ofrece a Dios en todo el mundo». Lo considera como el cumplimiento de la profecía de Malaquías (*Adv. haer.* IV 17, 5; cf. IV 18, 2 y 4).

Tertuliano († después de 220) designa la participación en la solemnidad eucarística como «estar junto al altar de Dios», y la sagrada comunión como «participar en el sacrificio» («participatio sacrificii»; *De orat.* 19).

San Cipriano († 258) enseña que Cristo, como sacerdote según el orden de Melquisedec, «ofreció a Dios Padre un sacrificio, y por cierto el mismo que había ofrecido Melquisedec, esto es, consistente en pan y vino, es decir, que ofreció su cuerpo y su sangre» *(Ep.* 63, 4). «El sacerdote, que imita lo que Cristo realizó, hace verdaderamente las veces de Cristo, y entonces ofrece en la iglesia a Dios un verdadero y perfecto sacrificio si empieza a ofrecer de la misma manera que vio que Cristo lo había ofrecido» *(Ep.* 63, 14).

2. Testigos postnicenos

Los más destacados testigos de la época postnicénica son San Cirilo de Jerusalén, San Juan Crisóstomo, San Ambrosio y San Agustín

San Cirilo de Jerusalén († 386), en su quinta catequesis mistagógica, nos ofrece una descripción de la solemnidad eucarística tal como se celebraba en su tiempo en Jerusalén. La celebración de la eucaristía la designa con el nombre de sacrificio espiritual, de oficio divino incruento, de sacrificio de reconciliación (n. 8). La hostia es «Cristo inmolado por nuestros pecados» (n. 10).

San Juan Crisóstomo († 407) pondera la sublime dignidad del sacerdocio católico fundándola en la sublimidad del sacrificio eucarístico, cuya hostia es el mismo Cristo nuestro Señor *(De sacerd.* III 4). Oigamos una exhortación suya: «Reverenciad, pues, reverenciad esta mesa de la cual participamos todos; [reverenciad] a Cristo inmolado por nuestra causa; [reverenciad] al sacrificio que se encuentra sobre esta mesa» *(In Rom. hom.* 8, 8).

San Ambrosio (†397) enseña que en el sacrificio de la misa Cristo es al mismo tiempo ofrenda y sacerdote: «Aunque ahora no se ve a Cristo sacrificarse, sin embargo, Él se sacrifica en la tierra siempre que se ofrenda el cuerpo de Cristo; más aún, es manifiesto que Él ofrece incluso un sacrificio en nosotros, pues su palabra es la que santifica el sacrificio que es ofrecido» *(In Ps.* 38, 25).

San Agustín († 430) da testimonio de que «el sacrificio diario de la Iglesia» es el sacramento, es decir, la reproducción misteriosa del singular sacrificio de Cristo en la cruz, en el cual Cristo fue en una sola persona hostia y sacerdote al mismo tiempo *(De civ. Dei* x 20; cf. *Ep.* 98, 9). El sacrificio de los cristianos es el sacrificio universal predicho por Malaquías *(Trac. adv. Iud.* 9, 13).

Igual que los padres, las viejas liturgias de la misa dan también testimonio del carácter sacrificial de la eucaristía. Véanse la oración del ofertorio (anáfora) de Serapión de Thmuis y las oraciones del canon de la misa romana que siguen a la consagración.

La escolástica siguió sosteniendo en lo esencial el mismo punto de vista de los santos padres; cf. S.th. III 83, 1. Las numerosas explicaciones de la misa que vieron la luz durante la edad media dirigen más bien su atención al aspecto litúrgico que al dogmático de la santa misa. Estaba reservada a la teología moderna la labor de ahondar y desarrollar la doctrina sobre el santo sacrificio de la misa.

Bibliografía: Fr. S. Renz, *Die Geschichte des Messopferbegriffs,* 2 vol., Freising 1901/02. Fr. Wieland, *Mensa und Confessio. I. Der Altar der vorkonstantinischen Kirche,* Mn 1906. El mismo, *Der vorirenäische Opferbegriff,* Mn 1909. J. Brinktrine (v. § 20).

Capítulo segundo

LA ESENCIA DEL SACRIFICIO DE LA MISA

§ 22. Relación entre el sacrificio de la misa y el de la cruz

1. Carácter relativo del sacrificio de la misa

En el sacrificio de la misa se representa y conmemora el sacrificio de la cruz, y se aplica su virtud salvadora (de fe).

Mientras que el de la cruz es un sacrificio absoluto, porque no es figura de ningún otro futuro ni renovación de ninguno pretérito, el sacrificio de la misa es un sacrificio relativo, porque encierra una relación esencial con el sacrificio de la cruz. El concilio de Trento enseña: Cristo dejó a su Iglesia un sacrificio visible «en el cual se representase aquel sacrificio cruento que había de realizar una vez en la cruz, se conservase su memoria hasta el fin de los siglos y se nos aplicase su virtud salvadora para remisión de los pecados que cometemos a diario»; Dz 938.

Según esta declaración, podemos precisar la relación del sacrificio de la misa con el de la cruz como representación (*representatio*), conmemoración (*memoria*) y aplicación (*applicatio*). El sacrificio de la misa es representación del sacrificio de la cruz, en cuanto el cuerpo y la sangre del sacrificio de Cristo se hacen presentes bajo especies separadas, que representan simbólicamente la separación real del cuerpo y de la sangre de Cristo en la cruz. El sacrificio de la misa será, además, hasta el fin de los siglos una incesante conmemoración del sacrificio del Calvario, lo cual se indica de manera especial en la anamnesis que sigue a la consagración; pero no es una mera solemnidad conmemorativa (Dz 950), sino un verdadero y propio sacrificio. El sacrificio de la misa es, finalmente, la aplicación de los frutos de la redención a la humanidad indigente de salud sobrenatural. El *Catecismo Romano* califica de «renovación» (*instauratio;* II 4, 68 y 74) esa relación que guarda el sacrificio de la misa con el de la cruz.

Del carácter esencialmente relativo del sacrificio de la misa se sigue que en nada menoscaba el valor del sacrificio redentor de Cristo en la cruz. El sacrificio de la misa saca toda su virtud del sacrificio de la cruz, aplicando los frutos de éste a cada hombre en particular; cf. Dz 951.

En la Sagrada Escritura vemos indicada la relación del sacrificio de la misa con el de la cruz por las mismas palabras de la institución (entregar el cuerpo, derramar la sangre), por el encargo de Cristo: «Haced esto en memoria mía» y, sobre todo, por el comentario que hace San Pablo a estas palabras: «Cuantas veces comáis este pan y bebáis este cáliz anunciáis la muerte del Señor hasta que Él venga» (1 Cor 11, 26).

Entre los santos padres, San Justino hace mención ya de la memoria de la pasión del Señor en relación con la solemnidad eucarística (*Dial.* 117, 3); según San Agustín, el sacrificio diario de la Iglesia es la representación misteriosa del sacrificio de la cruz (*De civ. Dei,* 10, 20); cf. San Cipriano, *Ep.* 63, 9 y 17.

2. Identidad esencial entre el sacrificio de la misa y el de la cruz

En el sacrificio de la misa y en el de la cruz son idénticos la hostia y el sacerdote primario; lo que difiere únicamente es el modo de hacer la oblación (de fe).

El concilio de Trento declaró: «Una eademque est hostia, idem nunc offerens sacerdotum ministerio, qui se ipsum tunc in cruce obtulit, sola offerendi ratione diversa»; Dz 940; cf. la encíclica *Mediator Dei* (1947) del papa Pío XII.

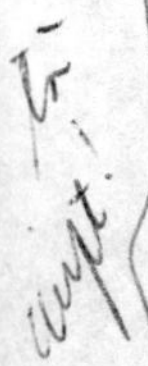

La hostia es el cuerpo y sangre de Cristo y *(per concomitantiam)* todo el Dios-Hombre Jesucristo. Las especies sacramentales dan presencia sensible a la hostia, pero no pertenecen a la hostia misma. El sacerdote primario es Jesucristo, el cual se sirve del sacerdote humano como de ministro y vicario, y por medio de él efectúa la consagración. Según la sentencia tomista, Cristo realiza también en cada misa una inmediata y actual acción sacrificial, la cual no debe concebirse como una suma de muchos actos sucesivos de entrega, sino como un único acto sacrificial ininterrumpido realizado por Cristo glorioso. El fin sacrificial es el mismo en la misa y en el sacrificio de la cruz; el fin primario es la glorificación de Dios, y el secundario la propiciación, la acción de gracias y la impetración. Mientras que la hostia y el sacerdote primario son numéricamente idénticos, la acción sacrificial externa es numérica y específicamente distinta. En la cruz la hostia se ofreció de modo cruento por una separación real del cuerpo y la sangre *(immolatio realis)*; en la santa misa se ofrece de modo incruento por una separación mística del cuerpo y la sangre *(immolatio mystica)*.

Bibliografía: M. DE LA TAILLE, *Mysterium fidei*, P [3]1931, 100 ss. R. A. SWABY, *The Last Supper and Calvary*, Lo 1926. G. ROHNER, *Messopfer-Kreuzesopfer*, DTh 8 (1930) 3-17, 145-174. A.-C. GIGON, *Missa sacramentum crucis*, Fr/S [3]1945. P. RUPPRECHT, *Una eademque hostia—idem offerens. Das Verhältnis von Kreuz- und Messopfer nach dem Tridentinum*, ThQ 120 (1939) 1-36. E. JAMOULLE, *L'unité sacrificielle de la Cène, la Croix et l'Autel au Concile de Trente*, EThL 22 (1946) 34-69. J. ARMIJOS, *La inmolación del sacrificio eucarístico según el Concilio Tridentino y el decreto conciliar*, Quito 1942.

§ 23. LA ESENCIA FÍSICA DEL SACRIFICIO DE LA MISA

Buscar la esencia física de la misa es responder a esta pregunta: ¿Qué parte de la santa misa constituye propiamente la acción sacrificial?

1. Definición negativa

a) La acción sacrificial esencial no puede consistir en el ofertorio, pues la verdadera hostia no es el pan y el vino, sino el cuerpo y la sangre de Cristo (Dz 949: «ut... offerrent corpus et sanguinem suum»). El ofrecimiento del pan y el vino sirve únicamente como preparación del sacrificio.

b) No se puede considerar tampoco como acción sacrificial esencial la comunión del sacerdote. El banquete sacrificial no pertenece a la esencia misma del sacrificio; porque hay verdaderos sacrificios sin que haya banquete sacrificial, v.g., en el caso del sacrificio de la cruz. La recepción del manjar sacrificado presupone que se ha efectuado ya el sacrificio. La comunión no se realiza tampoco en nombre de Cristo, sacerdote primario, no tiene el fin primario del sacrificio que es la glorificación de Dios, sino que su objeto es el propio provecho del que comulga, no constituyendo, por otra parte, ninguna representación apropiada del sacrificio de Cristo. Además, contra la identificación de la comunión con la acción sacrificial esencial habla el concilio de Trento, que dice: «El ser sacrificado es algo distinto del hecho de que Cristo se nos dé como manjar»; Dz 948.

c) La acción sacrificial esencial no la constituye tampoco la comunión del sacerdote en unión con la consagración, como sostuvieron muchos partidarios de la teoría de la destrucción, según la cual la esencia del sacrificio es la destrucción de la ofrenda (así, v.g., San Belarmino, J. de Lugo). Prescindiendo de que tal concepción de la esencia del sacrificio es bien incierta, diremos que en la comunión no hay de hecho verdadera destrucción de la ofrenda, sino únicamente de las especies sacramentales. Por lo demás, contra esta teoría militan también las razones anotadas en el apartado *b)*.

La comunión no es parte esencial, sino integrante, del sacrificio de la misa, pues ésta, por ser sacrificio de manjares, se ordena a la recepción de ese manjar sacrificado. La comunión de los fieles no es necesaria para la validez ni para la licitud del sacrificio de la misa, por más que sea muy deseable que los fieles comulguen en ella; Dz 955; cf. Dz 944, 1528.

d) La acción sacrificial esencial no es tampoco la oblación posconsagratoria (J. Eck), pues entonces el sacerdote no habla en nombre de Cristo, sino en nombre propio y en el de la comunidad. Tales preces no fueron instituidas por Cristo, y en casos extraordinarios se pueden omitir.

e) La fracción de la hostia (M. Cano) y la mezcla de las especies no pertenecen a la acción sacrificial esencial, pues ambos ritos no se efectúan inmediatamente en la ofrenda como tal, sino en las especies, y pueden ser omitidos en casos excepcionales. Además, el rito de la mezcla o conmixtión es de origen eclesiástico.

2. Definición positiva

La acción sacrificial esencial consiste únicamente en la consagración (sent. común).

La consagración fue instituida por Cristo, es realizada por el sacerdote, en nombre de Cristo, sobre la hostia como tal y es representación del sacrificio de la cruz. Para que tenga lugar el sacrificio es menester que se efectúe la doble consagración, pues así lo hizo Cristo en la Última Cena. Prescindiendo del ejemplo de Cristo, la doble consagración es necesaria para representar sacramentalmente la separación real del cuerpo y la sangre de Cristo que se efectuó en el sacrificio de la cruz.

Según San Gregorio Nacianceno, el sacerdote, cuando pronuncia las palabras de la consagración, separa «con tajo incruento el cuerpo y la sangre del Señor, usando de su voz como de una espada» (*Ep.* 171). Siguiendo el modo de expresarse de los santos padres, los teólogos de la escolástica nos hablan de una inmolación incruenta o mística («immolatio incruenta, mactatio mystica») del divino Cordero Pascual. Santo Tomás también está de acuerdo en colocar la acción sacrificial eucarística en la consagración; S.th. III 82, 10.

Bibliografía: J. B. Umberg, *Die wesentlichen Messopferworte,* ZkTh 50 (1926) 73-88.

§ 24. La esencia metafísica del sacrificio de la misa

La cuestión sobre la esencia metafísica de la misa se puede formular así: ¿Qué es lo que constituye a la consagración —más concreto, a la doble consagración— en acción sacrificial?

1. Solución probable

En el acto de oblación, que constituye la esencia de la acción sacrificial, hay que distinguir una faceta exterior, cultual, y otra interior, espiritual. La oblación externa consiste en la separación sacramental y mística del cuerpo y la sangre de Cristo, que se realiza *ex vi verborum* por medio de la doble consagración y constituye una representación objetiva de la separación histórica y real que tuvo lugar en el sacrificio de la cruz. A esta oblación externa, efectuada por Cristo como sacerdote primario por medio del sacerdote secundario, corresponde una oblación interna por la cual Cristo, con sentimiento de obediencia y amor, se ofrece al Padre celestial como hostia lo mismo que hizo cuando entregó voluntariamente su cuerpo y su sangre en el sacrificio de la cruz. La oblación externa y la interna guardan entre sí relación de materia y forma.

2. Teorías sobre el santo sacrificio de la misa

a) Teorías de la destrucción

Las teorías de la destrucción o inmutación nacieron como reacción contra la negación protestante del carácter sacrificial de la eucaristía. Todas estas teorías parten del supuesto de que la esencia de la acción sacrificial consiste en la destrucción o inmutación de la ofrenda. Conforme a este principio, ponen la esencia del sacrificio de la misa en la destrucción o inmutación real de la hostia. Ésta se realiza, según Suárez, en la destrucción de las sustancias de pan y vino que se verifica por la transustanciación, y en la producción del cuerpo y la sangre de Cristo; según J. de Lugo y J. B. Franzelin, en la reducción del cuerpo y la sangre de Cristo a estado de manjar y bebida, de manera que se encuentren en cierto estado exterior de muerte; según A. Cienfuegos, se realiza en la supresión voluntaria de las funciones sensitivas del cuerpo sacramental de Cristo desde la consagración hasta la conmixtión de las especies sacramentales; según Belarmino, Soto y algunos más, en la comunión. M. J. Scheeben, siguiendo una idea de Suárez, concibe la inmutación real como perfectiva (es decir, como cambio a una realidad mejor) por cuanto la transustanciación del pan y del vino hace que se produzcan el cuerpo y la sangre de Cristo. Todas estas tentativas de explicación, prescindiendo ya de su muy problemático punto de partida y de otras dificultades, fracasan ante el hecho de que la impasibilidad del cuerpo glorioso de Cristo excluye toda inmutación real de la ofrenda propiamente tal, que es el cuerpo y sangre de Cristo. La inmutación real afectaría únicamente al pan y al vino, o a sus accidentes.

Una forma especial de la teoría de la destrucción la encontramos en la sentencia de que la *inmolación mística* de Cristo, obrada por la doble consagración, es la que constituye la acción sacrificial esencial; la razón es que, *ex vi verborum,* bajo la especie de pan se halla presente únicamente el cuerpo de Cristo y bajo la especie de vino lo está tan sólo la sangre de Cristo. Según Vázquez, basta para satisfacer la noción de sacrificio relativo el que la inmutación real de la ofrenda realizada anteriormente se represente de forma intuitiva («inmutatio repraesentativa»). Según Lessio, las palabras de la consagración pretenden *per se* la separación real del cuerpo y la sangre de Cristo, pero ésta no llega *per accidens* a realizarse, a consecuencia de la impasibilidad del cuerpo glorificado de Cristo («immutatio virtualis»). Según L. Billot, pertenece a la esencia de la acción sacrificial la designación del acto interno del sacrificio. Para ello basta la separación sacramental del cuerpo y la sangre de Cristo, pues sacramental es su manera de existir en la eucaristía; tal separación presenta a Cristo en cierto estado exterior de muerte y destrucción («immolatio sacramentalis seu mystica»).

La «teoría de los misterios» (O. Casel) enseña que la misma numéricamente acción sacrificial de Cristo, realizada de manera historicorreal sobre la cruz, se representa realmente sobre el altar de una manera misticorreal, es decir, de una manera misteriosa, supratemporal y metahistórica. Las pruebas de la Escritura y la tradición en favor de la presencia místicoreal de la obra salvífica de Cristo en la misa y en los sacramentos (presencia de los misterios, «Mysteriengegenwart») no son convincentes. La encíclica *Mediator Dei* (Dz 2297, 2; cf. AAS, 39 [1947] 480) parece tomar posición contraria a dicha teoría.

b) Teorías de la oblación

Las teorías de la oblación parten del supuesto de que la destrucción de la ofrenda, aunque se encuentre de hecho en la mayor parte de los sacrificios, no pertenece a la esencia del sacrificio como tal; la acción sacrificial esencial consiste únicamente en la oblación de la ofrenda a Dios. Según esto, la esencia del sacrificio de la misa consiste en la oblación que Cristo efectúa personalmente (actual o virtualmente) sobre el altar. La separación mística del cuerpo y la sangre por medio de la doble consagración es considerada tan sólo como condición de la oblación (así piensan muchos teólogos franceses; en los tiempos modernos, M. Lepin, M. de la Taille, V. Thalhofer, G. Pell y M. ten Hompel).

c) Síntesis

Las teorías de la oblación atribuyen acertadamente una importancia decisiva al acto interno con que Cristo hace oblación de sí. Ahora bien, como la esencia del sacrificio cultual requiere, además, un acto externo de sacrificio por el cual se manifiesta al exterior de manera sensible el sentimiento interno de sacrificio, pertenece también a la esencia del sacrificio de Cristo en la cruz la separación real de su cuerpo y su sangre aceptada por Él con libertad plenísima, y pertenece a la esencia del sacrificio de la misa la separación mística del cuerpo y la sangre de Cristo efectuada por la doble consagración. Esta separación mística no constituye tan sólo una condición de la oblación, sino que es parte esencial del sacrificio. Por eso, tienen el máximo grado de probabilidad todas aquellas teorías acerca del sacrificio de la misa que saben vincular entre sí la inmolación sacramental y mística (que tiene lugar por la doble consagración) y el acto interno con que Cristo hace oblación de sí mismo (N. Gihr, L. Billot, Fr. Diekamp, etc.).

Bibliografía: G. PELL, *Jesu Opferhandlung in der Eucharistie,* Re [3]1912. M. TEN HOMPEL, *Das Opfer als Selbsthingabe und seine ideale Verwirklichung im Opfer Christi,* Fr 1920. J. KRAMP, *Die Opferanschauungen der römischen Messliturgie,* Re [2]1924. M. LEPIN, *L'idée du sacrifice de la Messe d'après les théologiens, depuis l'origine jusqu'à nos jours,* P 1926. J. BRINKTRINE, *Das Opfer der Eucharistie,* Pa 1938. F. A. PIERSANTI, *L'essenza del sacrificio della Messa,* R 1940. G. SÖHNGEN, *Das sakramentale Wesen des Messopfers,* Essen 1946. TH. FILTHAUT, *Die Kontroverse über die Mysterienlehre,* Warendorf in W. 1947 (con amplia bibliografía). G. FITTKAU, *Der Begriff des Mysteriums bei Johannes Chrysostomus,* Bo 1953. J. PUIG DE LA BELLACASA, *La esencia del sacrificio de la Misa,* EE 8 (1929) 363-380; 10 (1931) 65-96, 385-406, 538-553; 11 (1932) 95-103. M. ALONSO, *El sacrificio eucarístico de la última cena del Señor, según los teólogos,* EE 11 (1932) 145-166, 323-368, 461-483; 12 (1933) 33-63, 177-198, 377-472.

Capítulo tercero

EFECTOS Y EFICACIA DEL SACRIFICIO DE LA MISA

§ 25. EFECTOS DEL SACRIFICIO DE LA MISA

El sacrificio de la misa no sólo es sacrificio de alabanza y acción de gracias, sino también de propiciación e impetración (de fe).

El concilio de Trento definió: «Si quis dixerit, Missae sacrificium tantum esse laudis et gratiarum actionis... non autem propitiatorium... neque pro vivis et defunctis, pro peccatis, poenis, satisfactionibus et aliis necessitatibus offerri debere», a. s.; Dz 950.

1. Sacrificio de alabanza y acción de gracias

El sacrificio de la misa, por el valor infinito de la ofrenda y por la dignidad infinita del sacerdote primario, es el más sublime y perfecto sacrificio de alabanza (= de adoración) y acción de gracias («sacrificium latreuticum et eucharisticum»), y como tal solamente puede ser ofrecido a Dios. Cuando la Iglesia celebra misas en honor y conmemoración de los santos, no ofrece el sacrificio a los santos, sino sólo a Dios. La Iglesia hace tan sólo conmemoración de los santos con el fin de dar gracias a Dios por la gracia y la gloria concedidas a ellos y con el propósito de invocar su intercesión; Dz 941, 952.

La costumbre de celebrar la eucaristía en honor de los mártires en el aniversario de su martirio se remonta al siglo II; cf. *Martyrium Polycarpi* 18, 3; SAN CIPRIANO, *Ep.* 39, 3.

En la liturgia es sobre todo la oración eucarística (el prefacio y el canon) donde principalmente se expresa la alabanza a Dios y la acción de gracias al mismo por los dones de creación y redención. SAN JUSTINO da el siguiente testimonio: «Éste [el prefecto de los hermanos, es decir, el obispo] las recibe [las ofrendas] y eleva alabanza y honor al Padre del universo por el nombre del Hijo y el Espíritu Santo, y recita una larga acción de gracias porque hemos sido considerados dignos de estos dones suyos» *(Apol.* I 65).

2. Sacrificio de propiciación e impetración

Como sacrificio propiciatorio, la misa logra la remisión de los pecados y las penas debidas por los pecados; como sacrificio impetratorio, alcanza los dones naturales y sobrenaturales. La propiciación eucarística, como declaró expresamente el concilio de Trento, puede ofrecerse no sólo por los vivos, sino también por las almas del purgatorio según la tradición apostólica; Dz 940, 950.

La prueba bíblica del carácter propiciatorio del sacrificio de la misa se apoya principalmente en Mt 26, 28: «Ésta es mi sangre del Testamento, que es derramada por muchos para remisión de los pecados.» Según Hebr 5, 1, todo sacerdote es instituido «para ofrecer ofrendas y sacrificios por los pecados».

Las *Actas de San Juan* (de la segunda mitad del siglo II) ya nos hablan de que la «fracción del pan», esto es, la eucaristía, se celebraba junto a la sepultura de un difunto al tercer día del óbito (n. 72). TERTULIANO da testimonio de la costumbre de ofrecer el sacrificio eucarístico por los difuntos en el aniversario de su muerte; *De cor. mil.* 3: «Ofrecemos el sacrificio por los difuntos en el día de su aniversario como día de su nacimiento» (cf. *De monog.* 10; *De exhort. castit.* 11). SAN CIRILO DE JERUSALÉN designa el sacrificio de la misa como «sacrificio de conciliación» (θυσία ἱλασμοῦ) y comenta: «Ofrecemos a Cristo inmolado por nuestros pecados. Con ello logramos que Dios tenga misericordia de ellos [de los difuntos] y de nosotros» *(Cat. myst.* 5, 10). SAN CIRILO da testimonio también de que en el santo sacrificio se piensa en todos aquellos que necesitan socorro y se invoca el auxilio de Dios con diversos motivos: «En una palabra, todos nosotros oramos por todos los necesitados y ofrecemos por ellos este sacrificio» (ib. 5, 8); cf. SAN AGUSTÍN, *De cura pro mortuis ger.* 1, 3; 18, 22; *Enchir.* 110; *Conf.* IX 11 s.

Bibliografía: TH. SPECHT, *Die Wirkungen des eucharistischen Opfers*, A 1876. E. FREISTEDT, *Altchristliche Totengedächtnistage und ihre Beziehung zum Jenseitsglauben und Totenkultus der Antike*, Mr 1928.

§ 26. EFICACIA DEL SACRIFICIO DE LA MISA

1. La eficacia del sacrificio de la misa, en general

El santo sacrificio de la misa es el sacrificio personal de Cristo, pues Él es el sacerdote primario; es, además, el sacrificio de la Iglesia, pues a ella le entregó Cristo la eucaristía para que fuera su sacrificio y su sacramento (Dz 938) — de ahí que en rigor no existan «misas privadas» (Dz 944) —; la misa es, por fin, el sacrificio del sacerdote celebrante y los fieles cooferentes.

a) Como sacrificio personal de Cristo, la misa tiene eficacia «ex opere operato», es decir, no depende de la condición moral del sacerdote celebrante ni de la de los fieles cooferentes. El concilio de Trento declaró: «Éste es aquel sacrificio puro (Mal 1, 11) que no puede mancillarse por la indignidad o malicia de los que lo ofrecen»; Dz 939.

b) Como sacrificio de la Iglesia, la misa obra «cuasi ex opere operato», porque la Iglesia, como esposa santa e inmaculada de Cristo (Eph 5, 25 ss), es siempre grata a Dios.

c) Como sacrificio del sacerdote celebrante y los fieles cooferentes, la eficacia de la misa, como la de cualquiera otra obra buena, es «ex opere operantis» y depende del grado de la disposición moral de cada persona; S.th. III 82, 6.

2. Eficacia del sacrificio propiciatorio e impetratorio, en particular

Según doctrina del concilio de Trento, el sacrificio de la misa se ofrece como propiciación «por los pecados, por las penas debidas por el pecado y por las satisfacciones» («pro peccatis, poenis, satisfactionibus»), y como sacrificio impetratorio «por otras necesidades» («pro aliis necessitatibus»); Dz 950.

a) El sacrificio de la misa no produce inmediatamente, como los sacramentos del baustismo y la penitencia, la remisión de la culpa del pecado, sino que tan sólo lo hace mediatamente proporcionando la gracia de la penitencia. El concilio de Trento enseña: «Reconciliado por la oblación de este sacrificio, Dios remite las culpas y delitos — por graves que éstos sean — concediendo la gracia de la penitencia»; Dz 940.

b) La remisión de las restantes penas temporales debidas por los pecados, después que se han perdonado la culpa y el castigo eterno, no sólo es efecto mediato del sacrificio de la misa (logrado por la concesión de la gracia de la penitencia), sino que es también efecto inmediato de este sublime sacrificio, porque la satisfacción de Cristo se ofrece a Dios como sustitutivo de todas nuestras obras satisfactorias y de las penas que sufren las almas en el purgatorio. El grado a que se extiende la remisión de las penas debidas por el pecado depende (tratándose de vivos) del grado de disposición de cada uno. A las almas del purgatorio se les aplica la eficacia satisfactoria de la misa a modo de sufragio. Como estas almas se hallan en estado de gracia y no ponen estorbo alguno, enseñan unánimemente los teólogos que a ellas se remite infaliblemente por lo menos una parte de sus penas. Según doctrina del concilio de Trento, las almas del purgatorio «pueden ser auxiliadas principalmente por el sacrificio del altar, que es muy agradable a Dios»; Dz 983.

c) El sacrificio de la misa logra infaliblemente la concesión de los beneficios solicitados, pero esto sólo por lo que respecta a la intercesión del sacerdote primario, que es Jesucristo. Ahora bien, como por parte de aquel por quien es ofrecido el sacrificio impetratorio y por parte de la cosa solicitada no siempre se cumplen todas las condiciones requeridas para que sea escuchada una plegaria, resulta que el efecto del sacrificio impetratorio es de hecho incierto.

Bibliografía: A. Kolping, *Der aktive Anteil der Gläubigen an der Darbringung des eucharistischen Opfers. Dogmengeschichtliche Untersuchung frühmittelalterlicher Messerklärungen,* DTh 27 (1949) 369-380, 28 (1950) 79-110, 147-170. B. Durst, *Die Messauffassung Alberts des Grossen an Hand seiner Messerklärung,* «Studia Albertina», Mr 1952, 249-278. B. Durst, *Wie sind die Gläubigen an der Feier der hl. Messe beteiligt?,* Beuron 1950.

§ 27. Valor y frutos del sacrificio de la misa

1. Valor del sacrificio de la misa

a) Valor intrínseco («secundum sufficientiam»)

El valor intrínseco de la misa, esto es, la excelencia y eficacia que la misa posee de por sí («in actu primo»), es infinito por la infinita excelencia de la víctima y del sacerdote primario que la ofrece.

b) Valor extrínseco («secundum efficaciam»)

Como sacrificio de alabanza y acción de gracias, la misa es también infinita en cuanto a su valor extrínseco, esto es, en cuanto a los efectos que de hecho produce («in actu secundo»). Ello se explica porque los efectos de adoración y acción de gracias tienen por objeto inmediato a Dios, el cual, como Ser infinito, es capaz de recibir un efecto infinito.

Como sacrificio de propiciación e impetración, la misa tiene un valor extrínseco limitado, porque los efectos de propiciación e impetración tienen por objeto a los hombres, los cuales, en su calidad de criaturas, no son capaces de recibir más que un efecto limitado. De ahí que la Iglesia permita ofrecer a menudo el sacrificio de la misa por una misma intención.

Mientras el extrínseco valor de propiciación e impetración que posee el sacrificio de la misa es intensivamente finito (es decir, en cuanto a los efectos que surte de hecho), considerado extensivamente, es infinito (indefinido) según la sentencia más probable (Cayetano y algunos más). Considerado extensivamente, quiere decir en cuanto al número de los posibles participantes. Como conceden unánimemente todos los teólogos, el fruto general del sacrificio («fructus generalis») no se hace menor por más que aumente el número de fieles. De igual modo, el fruto especial («fructus specialissimus») del sacrificio, que corresponde al sacerdote celebrante y a los fieles cooferentes, no se hace tampoco menor aunque sean varios los sacerdotes que cocelebren (como ocurre en la ordenación de presbíteros y en la de obispos) y aunque sea mayor el número de fieles que participen de dicho sacrificio. De manera análoga tendremos que admitir que el fruto en favor de todos aquellos por quienes es ofrecido el sacrificio («fructus specialis») no decrece aunque sean varias las personas por quienes sea ofrecido. Como cada uno de los participantes recibe únicamente un fruto limitado, correspondiente a su disposición, es imposible que se agote la infinita plenitud de bendiciones que encierra el sacrificio de Cristo.

En contra de esta sentencia, muchos teólogos enseñan que, por positiva ordenación de Dios, cada misa tiene fijado un fruto especial limitado, de manera que los participante en ella sacan un fruto menor conforme va aumentando su número. Tal ordenación divina procuran demostrarla por la costumbre seguida en la Iglesia de hacer aplicar el santo sacrificio exclusivamente por una persona o por una intención determinada.

2. Frutos del sacrificio de la misa

Por frutos del sacrificio de la misa entendemos todos aquellos efectos que dicho sacrificio, en cuanto propiciatorio e impetratorio, produce «ex opere operato» : tales son los efectos propiciatorios, satisfactorios e impetratorios. Se suele distinguir, desde Escoto, un triple fruto del sacrificio de la misa.

a) El fruto *general* («fructus generalis»). Éste es independiente de la intención del sacerdote celebrante y recae en favor de toda la Iglesia: de los fieles vivos y de las almas del purgatorio; pues todo sacrificio de la misa es sacrificio en favor de la Iglesia; Dz 944; cf. las oraciones del ofertorio.

b) El fruto *especial* («fructus specialis sive ministerialis sive medius»). Éste corresponde únicamente a las personas por quienes se ofrece (se aplica) de manera especial el sacrificio de la misa, ora sean vivos, ora difuntos. La aplicación hay que interpretarla como una súplica dirigida a Dios por la donación de los frutos del sacrificio, no como disposición propia.

La celebración del santo sacrificio de la misa en favor de determinadas personas es ya atestiguada por TERTULIANO (*De monog.* 10), SAN CIPRIANO (*Ep.* 1, 2) y SAN AGUSTÍN (*Conf.* IX 12 s). PÍO VI condenó la declaración del sínodo de Pistoya (1786) que consideraba como atentado contra los derechos de Dios la doctrina de que el sacerdote puede aplicar a quien quiere los frutos del sacrificio y tachaba de falso el que los dadores de estipendios recibieran un fruto especial del sacrificio; Dz 1530; CIC 809; cf. las oraciones del memento.

c) El fruto *personal* («fructus specialissimus sive personalis»). Este fruto corresponde al sacerdote celebrante, como ministro y vicario del sacerdote primario Jesucristo, así como a los fieles cooferentes.

Como ni el sacrificio de la misa ni los demás sacramentos obran mecánicamente, la recepción de los frutos de este sacrificio depende de que exista o no disposición moral; del mismo modo la cuantía de los frutos recibidos depende del grado que alcance esa disposición; cf. Dz 799.

Bibliografía: G. ROHNER, *Die Messapplikation nach der Lehre des hl. Thomas,* Fr/S 1942 (separata de DTh 1924/25). M. DE LA TAILLE, *L'oecuménicité du fruit de la Messe. Intercession eucharistique et dissidence,* R 1926. K. RAHNER, *Die vielen Messen und das eine Opfer.* Fr 1951.

IV. EL SACRAMENTO DE LA PENITENCIA

Bibliografía: A. d'Alès, *De sacramento paenitentiae,* P 1926. P. Galtier, *De paenitentia,* Ed. noviss., R 1957. C. Boyer, *Tractatus de paenitentia et de extrema unctione,* R 1942. L. Kopler, *Bussakrament und Ablass,* Lz 1931. B. Poschmann, *Paenitentia secunda. Die kirchliche Busse im ältesten Christentum bis Cyprian und Origenes,* Bo 1940. J. Hoh, *Die kirchliche Busse im II. Jh.,* Br 1932. H. Karpp, *Die Busslehre des Klemens von Alexandrien,* ZNW 43 (1950) 224-242. K. Rahner, *Busslehre und Busspraxis der Didascalia Apostolorum,* ZkTh 72 (1950), 257-281. El mismo, *Zur Theologie der Busse bei Tertullian,* «Abhandlungen über Theologie und Kirche» (Festschrift K. Adam), D 1952, 139-167. El mismo, *La doctrine d'Origène sur la Pénitence,* RSR 37 (1950) 47-97, 252-286, 422-456. El mismo, *Die Busslehre des hl. Cyprian von Karthago,* ZkTh 74 (1952) 257-276, 381-438. J. Grotz, *Die Entwicklung des Busstufenwessens in der vornizänischen Kirche,* Fr 1955. G. Odoardi, *La dottrina della penitenza in S. Ambrogio,* R 1941. E. Göller, *Analekten zur Bussgeschichte des 4. Jh.,* RQ 36 (1928) 235-298. El mismo, *Studien über das gallische Busswesen zur Zeit Cäsarius' von Arles und Gregors von Tours,* AkKR 109 (1929) 3-126. El mismo, *Das spanisch-westgotische Busswesen vom 6. bis 8. Jh.,* RQ 37 (1929) 245-313. El mismo, *Papsttum und Bussgewalt in spätrömischer und frühmittelalterlicher Zeit,* Fr 1933 (de RQ 39/40). F. Hünermann, *Die Busslehre des hl. Augustinus,* Pa 1914. K. Adam, *Die kirchliche Sündenvergebung nach dem hl. Augustin,* Pa 1917. El mismo, *Die geheime Kirchenbusse nach dem hl. Augustin,* Ke 1921. El mismo, *Die abendländische Kirchenbusse im Ausgang des christlichen Altertums,* ThQ 110 (1929) 1-66 (= Colección de Artículos, A 1936, 268-312). J. Finkenzeller (v. supra, p. 519). B. Poschmann, *Hat Augustinus die Privatbusse eingeführt?,* Brg 1920. El mismo, *Kirchenbusse und correptio secreta bei Augustinus,* Brg 1923. El mismo, *Die abendländische Kirchenbusse im Ausgang des christlichen Altertums,* Mn 1928. El mismo, *Das christliche Altertum und die kirchliche Privatbusse,* ZkTh 54 (1930) 214-252. P. Batiffol, *Études d'histoire et de théologie positive: Les origines de la pénitence,* P [7]1926. P. Galtier, *L'Église et la rémission des péchés aux premiers siècles,* P 1932. El mismo, *Aux origines du sacrement de pénitence,* R 1951. G. Rauschen, *Eucharistie und Busssakrament in den ersten sechs Jahrhunderten der Kirche,* Fr [2]1910. C. Vogel, *La discipline pénitentielle en Gaule des origines à la fin du VIIe siècle,* P 1952.

B. Poschmann, *Die abendländische Kirchenbusse im frühen Mittelalter,* Br 1930. H. J. Schmitz, *Die Bussbücher und die Bussdisziplin der Kirche,* Mz 1883. El mismo, *Die Bussbücher und das kanonische Bussverfahren,* D 1898. A. Landgraf, *Grundlagen für ein Verständnis der Busslehre der Früh- und Hochscholastik,* ZkTh 51 (1927) 161-194. P. Schmoll, *Die Busslehre der Frühscholastik,* Mn 1909. P. Anciaux, *La théologie du sacrement de pénitence au XIIe siècle,* Ln 1949. El mismo, *Le sacrement de pénitence chez Guillaume d'Auvergne,* EThL 24 (1948) 98-118. H. Weisweiler, *Die Busslehre des Simon von Tournai,* ZkTh 56 (1932) 190-230. A. M. Königer, *Die Beicht nach Cäsarius von Heisterbach,* Mn 1906. W. Rütten, *Studien zur mittelalterlichen Busslehre mit besonderer Berücksichtigung der älteren Franziskanerschule,* Mr 1902. A. Teetaert, *La doctrine pénitentielle de Saint Raymond de Penyafort,* «Analecta Sacra Tarraconensia» 4 (1928) 121-182. A. Vanneste, *La théologie de la pénitence chez quelques maîtres parisiens de la première moitié du XIIIe siècle,* EThL 28 (1952) 24-58. V. Heynck, *Zur Busslehre des hl. Bonaventura,* FrSt 36 (1954) 1-81. N. Krautwig, *Die Grundlagen der Busslehre des Jn. Duns Skotus,* Fr 1938. J. Klein, *Zur Busslehre des sel. Duns Skotus,* FrSt 27 (1940) 104-113, 191-195. H. Schauerte, *Die Busslehre des Johannes Eck,* Mr 1919. J. Dietterle, *Die Summae confessorum (sive de casibus conscientiae) von ihren Anfängen bis zu Silvester Prierias,* ZKG 24-28 (1903-07). F. Cavallera, *Le Décret du Concile de Trente sur la Pénitence et l'Extrême-Onction,* BLE 1923/24, 1932/35, 1938. B. Poschmann, *Busse und Letzte Oelung,* Fr 1951. E. Doronzo, *De Paenitentia,* 4 vol., Mw 1949/53. S. González, *La penitencia en la primitiva iglesia española,* Ma 1950. J. Fernández, *La cura pastoral en la España romano-visigoda,* R 1955, p. 511-573. P. Anciaux, *Das Sakrament der Busse,* Mz 1961.

§ 1. Noción de penitencia

1. El sacramento de la penitencia

El sacramento de la penitencia (*poenitentia,* μετάνοια) es el sacramento en el cual se perdonan, por medio de la absolución sacerdotal, todos los pecados cometidos después del bautismo, al pecador que arrepentido de ellos los confiesa sinceramente y tiene propósito de dar satisfacción. El término «penitencia» se emplea también para designar una parte del sacramento: la satisfacción.

2. La virtud de la penitencia

La virtud de la penitencia, recomendada tan insistentemente en el Antiguo y en el Nuevo Testamento (cf. Ez 18, 30 ss; 33, 11; Ier 18, 11; 25, 5 s; Ioel 2, 12 s; Eccli 2, 22; 17, 21 ss; Mt 3, 2; 4, 17; Act 2, 38) y que en todos los tiempos fue condición necesaria para el perdón de los pecados (Dz 894), es aquella virtud moral que hace a la voluntad propensa a apartarse interiormente del pecado y a dar a Dios satisfacción por él. Esta virtud consiste en el dolor del alma por haber pecado, porque el pecado es ofensa de Dios, dolor que va unido con el propósito de enmendarse: dolor de «peccato commisso, in quantum est offensa Dei, cum emendationis proposito» (S.th. III 85, 3). Ejercicios externos de la virtud de la penitencia son la confesión de los pecados, la realización de toda clase de obras de penitencia, v.g., oraciones, ayunos, limosnas, mortificaciones, y el sufrimiento paciente de castigos divinos.

La Iglesia condenó como herética la doctrina de Lutero, según la cual la penitencia era únicamente la enmienda de la vida («optima poenitentia nova vita»); Dz 747, 923. La Escritura exige al pecador que haga penitencia por los pecados cometidos; pide el sentimiento interno de penitencia y anima también a que se hagan obras externas de penitencia; cf. Ez 18, 21 ss; Ioel, 2, 12 s; «Convertíos a mí de todo corazón con ayuno, llanto y gemidos. Rasgad vuestros corazones, no vuestras vestiduras, y convertíos a Yahvé, vuestro Dios». La «vida nueva» es el fin, no la esencia, de la penitencia; cf. SAN AGUSTÍN, *Sermo* 351, 5, 12.

El sacramento y la virtud de la penitencia están íntimamente unidos en el orden sobrenatural de la Nueva Alianza. Como los actos de penitencia, confesión y satisfacción, o propósito de satisfacción, que pertenecen a la esencia del sacramento, son ejercicios de la virtud de la penitencia, no es posible que este sacramento pueda existir sin dicha virtud. Por otra parte, en el orden sobrenatural vigente en el Nuevo Testamento, los actos de la virtud de la penitencia no conducen por sí solos al pecador bautizado a la gracia de la justificación si no van unidos al menos con el deseo de recibir el sacramento.

Bibliografía: A. EBERHARTER, *Sünde und Busse im Alten Testament*, Mr 1924.

A. LA POTESTAD DE LA IGLESIA PARA PERDONAR LOS PECADOS

Capítulo primero

LA EXISTENCIA DE POTESTAD EN LA IGLESIA PARA PERDONAR LOS PECADOS

§ 2. El dogma y las herejías opuestas

1. El dogma

La Iglesia ha recibido de Cristo la potestad de perdonar los pecados cometidos después del bautismo (de fe).

El concilio de Trento se pronunció contra los reformadores declarando que Cristo comunicó a los apóstoles y a sus legítimos sucesores la potestad de perdonar y retener los pecados, a fin de que se reconciliasen de nuevo con Dios los fieles que cayeran en pecado después del bautismo. Este poder de perdonar los pecados no comprende solamente el de predicar el Evangelio del perdón de los pecados, como era la interpretación que daban los reformadores, sino además la potestad de perdonar realmente los pecados; Dz 894, 913.

2. Herejías opuestas al dogma

Algunas sectas de los primeros tiempos del cristianismo y la edad media restringían el poder eclesiástico de perdonar los pecados y querían atribuirlo también a los seglares. Los montanistas (Tertuliano) excluían del perdón los tres pecados llamados capitales, la apostasía de la fe (idolatría), el adulterio y el homicidio; y consideraban a los pneumáticos (personas dotadas de dones extraordinarios del Espíritu Santo) como poseedores de semejante poder de perdonar los pecados. Los novacianos rehusaban admitir de nuevo en la iglesia a los que habían renegado de la fe. Como la Iglesia debía estar compuesta solamente de hombres «puros», terminaron estos herejes por excluir de la reconciliación a todos los que hubiesen pecado mortalmente. Por esta misma razón, los donatistas negaron a todos los que habían cometido pecado mortal la posibilidad de hacer penitencia y reconciliarse. Las sectas espiritualísticas de los valdenses y los cátaros, los wiclifitas y husitas rechazaron las jerarquía eclesiástica y, en consecuencia, defendían que todos los cristianos buenos y piadosos tienen sin distinción el poder de absolver. Wicleff declaró superflua e innecesaria aun la confesión externa; Dz 587.

Los reformadores negaron totalmente el poder de la Iglesia para perdonar los pecados. Aunque al principio admitieron la penitencia o absolución como tercer sacramento, junto con el bautismo y la «Cena» (*Apol. Conf. Aug.*, art. 13), sin embargo, el concepto protestante de la justificación llevó necesariamente a negar todo poder real de perdonar los pecados. Pues si la justificación no es verdadera y real extinción del pecado, sino una mera no imputación externa o cubrimiento de los pecados por razón de la fe fiducial, entonces la absolución no es verdadera desligación del pecado, sino una mera declaración («nuda declaratio») de que en virtud de la fe fiducial los pecados son remitidos, es decir, no imputados por castigo.

La penitencia, según las enseñanzas de los reformadores, no es un sacramento propio y distinto del bautismo, sino que en el fondo estos dos sacramentos son una sola y misma cosa. Al pecador se le perdonan los pecados cometidos después del bautismo por el echo de recordar la garantía que se le dio en el bautismo de que sus pecados eran perdonados y de renovar la fe fiducial suscitada en dicho sacramento. Por eso la penitencia no es sino un «regreso al bautismo» («regressus ad baptismum»). Según la *Conf. Aug.*, art. 12, la penitencia consta de dos elementos: el arrepentimiento, concebido como cierto terror infundido en la conciencia ante la vista del pecado («terrores incussi conscientiae agnito peccato»), y la fe en la remisión de los pecados por Cristo. No se pide confesión especial de los pecados, porque el que absuelve no posee ningún poder judicial sobre el penitente. Se rechaza la satisfacción porque se supone que redundaría en detrimento de la satisfacción de Cristo.

El modernismo (A. Loisy) enseña que la Iglesia primitiva no conoció una reconciliación del pecador bautizado por medio de la autoridad de la Iglesia. Incluso cuando ya se reconoció la penitencia como institución eclesiástica no se le dio el nombre de sacramento. Las palabras de Ioh 20, 22 s tienen en el fondo el mismo sentido que las de Lc 24, 47 (predicación de la penitencia para remisión de los pecados) y las de Mt 28, 19 (mandato del bautismo), y deben ser referidas, por tanto, a la remisión de los pecados por el bautismo; Dz 2046 s.

§ 3. Testimonio de la Escritura

1. Promesa del poder de las llaves y de la potestad de atar y desatar

a) Después que San Pedro hubo confesado en Cesarea de Filipo la divinidad de Cristo, le dijo el Señor: «Yo te daré las llaves del reino de los cielos» (Mt 16, 19*a*). «Las llaves del reino de los cielos» significan la suprema autoridad sobre el reino de Dios en la tierra. El poseedor de las llaves tiene la plena potestad para admitir o excluir a cualquiera del reino de los cielos. Pero, dado que el pecado grave es la causa de la exclusión, el poder de las llaves debe también comprender la potestad de acoger de nuevo, mediante el perdón, al pecador excluido que se arrepiente; cf. Is 22, 22; Apoc 1, 18; 3, 17.

b) Inmediatamente después de haber prometido a San Pedro el poder de las llaves, le dijo Jesús: «Y cuanto atares en la tierra será atado en los cielos, y cuanto desatares en la tierra será desatado en los cielos» (Mt 16, 19*b*). «Atar y desatar» significa, en lenguaje rabínico, dar la interpretación auténtica de la ley, y expresa, por tanto, decisión sobre la licitud o ilicitud de una acción. «Atar y desatar» significa, además, excluir de la comunidad por la excomunión y volver a recibir a alguien en la comunidad por el levantamiento de aquélla. Como la razón para tal excomunión era el pecado, el poder de atar y desatar tiene que comprender el poder de perdonar los pecados.

Según Mt 18, 18, el poder de atar y desatar se concede con las mismas palabras a todos los apóstoles. Como la concesión de este poder se relaciona con la enseñanza sobre la corrección del pecador, aparece bien claro que las palabras «atar y desatar» hay que entenderlas como referidas inmediatamente a la persona del pecador.

2. Colación del poder de perdonar los pecados (Ioh 20, 21 ss)

En la tarde del primer día de la resurrección, apareciéndose Jesús a sus apóstoles en aquella sala cerrada donde éstos se hallaban, les saluda con el saludo de paz y les muestra sus manos y su costado diciendo: «La paz sea con vosotros. Como me envió mi Padre, así os envío yo. Diciendo esto sopló y les dijo: Recibid el

Espíritu Santo; a quien perdonareis los pecados, les serán perdonados; a quienes se los retuvieris, les serán retenidos.» Con estas palabras el Señor confió a sus apóstoles la misión que Él mismo había recibido de su Padre y ejecutado sobre la tierra. Esta misión consistía en «buscar y salvar lo que se había perdido» (Lc 19, 10). Así como Jesús había perdonado pecados durante su vida terrena (Mt 9, 2 ss; Mc 2, 5 ss; Lc 5, 20 ss — curación del paralítico —; Lc 7, 47 s — la pecadora pública), así también ahora hace partícipes a sus apóstoles de ese poder de perdonar. La potestad conferida tiene una doble función: puede ejercitarse, ora en la remisión, ora en la retención de los pecados, y su efecto es que tales pecados queden perdonados o retenidos ante Dios.

La expresión «remittere peccata» (ἀφιέναι τὰς ἁμαρτίας) significa, según su sentido natural y numerosos paralelos bíblicos (cf. Ps 50, 3; 1 Par 21, 8; Ps 102, 12; 50, 4; 31, 1; 1 Ioh 1, 9; Act 3, 19), una real extirpación del pecado y no un mero cubrimiento de la culpa o una mera anulación del castigo. Interpretar estas palabras en el sentido de que los apóstoles deberían predicar la penitencia para que las gentes consiguiesen la remisión de los pecados (Lc 24, 47), o en el sentido de la remisión de los pecados por el bautismo, o de la aplicación de la disciplina eclesiástica externa, son cosas que no responden al sentido natural del texto. El concilio de Trento dio una interpretación auténtica de este pasaje, contra las torcidas interpretaciones de los reformadores, declarando que las palabras de Jesucristo se refieren al perdón real de los pecados por el sacramento de la penitencia; Dz 913; cf. 2047.

El poder de perdonar los pecados no les fue concedido a los apóstoles como carisma personal, sino que fue confiado a la Iglesia como *institución permanente*. Debía pasar a los sucesores de los apóstoles igual que el poder de predicar, bautizar y celebrar la eucaristía, porque la razón de su transmisión, el hecho mismo del pecado, hacen necesario que este poder se perpetúe por todos los tiempos; Dz 894: «apostolis et eorum legitimis successoribus»; cf. Dz 739.

Bibliografía: K. Adam, *Zum ausserkanonischen und kanonischen Sprachgebrauch von Binden und Lösen,* ThQ 96 (1914) 49-64, 161-197 (= Artículos coleccionados, A 1936, 17-52). B. Poschmann, *Paenitentia secunda,* Bo 1940, 1 ss. J. Haas, *Die Stellung Jesu zu Sünde und Sünder nach den vier Evangelien,* Fr/S 1953.

§ 4. El testimonio de la tradición

1. El testimonio de los dos primeros siglos

Los primeros escritos cristianos extrabíblicos hacen sólo indicaciones generales sobre la necesidad de la penitencia y la confesión de los pecados, y sobre el perdón de los mismos, sin precisar más acerca de si tal perdón se concedía por medio del poder de absolver de la Iglesia.

La *Didakhé* nos exhorta a que hagamos penitencia y confesemos nuestros pecados antes de asistir a la celebración de la eucaristía; 14, 1: «Reuníos en el día del Señor, romped el pan y dad gracias después de haber confesado vuestros pecados, a fin de que vuestro sacrificio sea puro»; cf. 10, 6. La confesión de los pecados ha de hacerse «en la reunión de la comunidad», y, por tanto, públicamente (4, 14). Según todas las apariencias, en este pasaje se habla de una confesión general de los pecados, tal como era corriente en el culto divino de los judíos, algo análogo al Confiteor que se introdujo más tarde.

San Clemente Romano (hacia 96) exhorta a los alborotadores de Corinto «a que se sometan a los presbíteros y reciban la corrección como penitencia doblando las rodillas del corazón» (*Cor.* 57, 1). Como la penitencia es impuesta por los presbíteros, parece que se trata de una penitencia eclesiástica.

San Ignacio de Antioquía († hacia 107) anuncia que a los que hagan penitencia el Señor les perdonará los pecados: «A los que hacen penitencia el Señor les perdona si vuelven a la unión con Dios y a la comunión con el obispo» (*Philad.* 8, 1; cf. 3, 2). Para que el Señor perdone los pecados es menester hacer penitencia y reconciliarse con la Iglesia.

San Policarpo († 156) pide a los presbíteros «que sean benignos y misericordiosos con todos, no rigurosos en el juicio, conscientes de que todos nosotros somos deudores por el pecado» (*Phil.* 6, 1).

El *Pastor* de Hermas, que es un apocalipsis apócrifo aparecido en Roma a mediados del siglo II, nos habla de algunos doctores que aseguran que no hay otra penitencia que el bautismo. Hermas admite este punto de vista como ideal cristiano, pero insiste en que los cristianos que han caído en el pecado después del bautismo tienen también su penitencia. Esta penitencia es universal — no se excluye de ella ni a los pecadores de fornicación (Mand. IV 1) — pero es única y no puede repetirse: «Si alguno, tentado por el diablo, pecare después de aquella grandiosa y sublime vocación [= el bautismo], tiene una sola penitencia (μίαν μετάνοιαν ἔχει); pero si vuelve a pecar y hace penitencia, de nada le servirá esto a semejante persona, pues difícilmente vivirá», esto es, la Iglesia no le concede una segunda reconciliación, y difícilmente conseguirá la salvación (Mand. IV 3, 6).

SAN JUSTINO también enseña que todos los cristianos que pecan tienen abierto el camino de la penitencia (*Dial.* 141); y lo mismo hacen San Dionisio de Corinto (SAN EUSEBIO, *Hist. eccl.* IV 23, 6) y SAN IRENEO, el cual nos informa de algunos casos en que personas que habían cometido pecados de fornicación y apostasía de la fe eran admitidas de nuevo en la comunidad eclesiástica después de haber confesado públicamente su culpa y haber hecho penitencia (*Adv. haer.* I 6, 3; I 13, 5 y 7; IV 40, 1).

2. El testimonio de los siglos III y IV

SAN EUSEBIO (*Hist. eccle.* V 28, 12) nos refiere que el confesor romano Natalios, que se había pasado a los monarquianos dinamistas, llegando a ser su obispo, ablandó «la Iglesia de Cristo misericordioso, propensa a la compasión», después de hacer duras penitencias, y fue recibido de nuevo en la comunidad eclesiástica por el papa Ceferino (199-217).

TERTULIANO, en su escrito *De poenitentia* (compuesto en la época en que todavía era católico), nos habla de una doble penitencia: una primera que es preparación del bautismo (c. 1-6), y otra segunda después del bautismo (c. 7-12). Con el *Pastor* de HERMAS enseña que la segunda penitencia no es reiterable. Los penitentes tienen que someterse a la exhomológesis (c. 9), es decir, a la confesión pública de sus pecados y a duras obras de penitencia, después de las cuales son absueltos públicamente («palam absolvi»; c. 10) y recibidos de nuevo en la comunidad eclesiástica («restitui»; c. 8). Ningún pecado se excluye de la penitencia, ni siquiera los de fornicación e idolatría.

El segundo escrito de TERTULIANO sobre la penitencia, redactado después de haber caído en el montanismo, lleva el título *De pudicitia* (Sobre la honestidad), y no es sino una acerba polémica contra la práctica seguida en la Iglesia católica con los penitentes. El fin principal de esta obra es probar que los pecados de adulterio y fornicación no se pueden perdonar. Al principio de su escrito hace mención Tertuliano de un «edictum peremptorium» que, según su opinión, socava toda la honestidad y modestia cristiana y que fue publicado por un «Pontifex maximus, quod est episcopus episcoporum». En ese edicto se dice: «Ego et moechiae et fornicationis delicta poenitentia functis dimitto» (1, 6). Antes se consideraba casi unánimemente al papa Calixto I (217-227) o a su predecesor Ceferino (199-217) como autor del citado edicto. Pero la moderna investigación se inclina a creer que fue un obispo africano, probablemente Agrippinus, obispo de Cartago. Tertuliano distingue entre pecados perdonables e imperdonables y, en consecuencia, enseña que hay dos clases de penitencia: una que es capaz de alcanzar perdón y otra que no es capaz de alcanzarlo (c. 2). Entre los pecados no perdonables, enumera Tertuliano los tres pecados capitales que aparecen recapitulados por vez primera en este escrito. Estos pecados son la idolatría, el adulterio y el homicidio (c. 5). Los sectores católicos, contra los que se dirigía la polémica de Tertuliano, mantenían que toda penitencia conduce al perdón (c. 3). Ese obispo innominado de que nos habla Tertuliano fundaba en Mt 16, 18 el poder de la Iglesia para perdonar los pecados (c. 21).

Por aquel tiempo, San Hipólito combatía en Roma la tendencia más benigna del papa CALIXTO (*Philosophumena* IX 12). La polémica muestra que en Roma todos los pecadores eran admitidos de nuevo en la comunidad eclesiástica después de haber hecho penitencia. Calixto declaró que «a todos les perdonaría sus pecados».

Con respecto a la Iglesia oriental, nos dan testimonio Clemente de Alejandría y Orígenes de que era atribuido a la Iglesia el poder de perdonar todos los pecados. Según CLEMENTE DE ALEJANDRÍA, «para todos los que se conviertan a Dios de todo corazón están abiertas las puertas, y el Padre recibe con cordial alegría al hijo que hace verdadera penitencia» (*Quis dives salvetur* 39, 2; cf. 42). ORÍGENES hace una enumeración de los distintos caminos que llevan a alcanzar el perdón de los pecados y nombra en séptimo lugar «la dura y penosa remisión de los pecados por medio de la penitencia», remisión que se consigue confesando los pecados ante «el sacerdocio del Señor» y realizando penosas obras de penitencia (*In Lev. hom.* 2, 4); cf. *C. Celsum* III 51.

Como en la persecución de Decio (249-251) habían apostatado de la fe numerosos cristianos que después pidieron su readmisión, la discusión sobre si los apóstatas (*lapsi*) podían ser admitidos en el seno de la Iglesia y en qué condiciones pasó a primer plano. SAN CIPRIANO da testimonio, en su escrito *De lapsis* y en sus cartas, de que la Iglesia reclamaba el poder de admitir de nuevo en la comunidad eclesiástica a los apóstatas, lo mismo que a todos los demás pecadores, después que hubieran hecho penitencia. Contra las tendencias laxistas de su clero, insiste San Cipriano en la necesidad de la penitencia como requisito para que sean recibidos de nuevo los apóstatas (*De lapsis* 16). Contra el rigorismo de Novaciano, defiende la potestad de la Iglesia para perdonar todos los pecados, incluso el de apostasía (*Ep.* 55, 27).

En lo sucesivo van aumentando los testimonios en favor del poder de la Iglesia para perdonar los pecados. Contra los novacianos, defendieron la doctrina católica sobre la penitencia San Paciano († 390), obispo de Barcelona, y SAN AMBROSIO en un escrito dedicado especialmente a la penitencia *(De poenitentia)*. Contra los donatistas, defendió la doctrina católica San Agustín. Cf., además, SAN JUAN CRISÓSTOMO, *De sacerd.* III 5.

Por todos estos testimonios presentados aparece bien claro que en la antigüedad cristiana existía una firme convicción de que Cristo había concedido a su Iglesia un ilimitado poder de perdonar los pecados.

Bibliografía: H. BRUDERS, *Mt 16, 19; 18, 18 und Jo 20, 22-23 in frühchristlicher Auslegung. Tertullian,* ZkTh 34 (1910) 659-677. A. D'ALÈS, *L'édit de Calliste,* P 1914. K. ADAM, *Das sog. Bussedikt des Papstes Kallistus,* Mn 1917. A. EHRHARD, *Die Kirche der Märtyrer,* Mn 1932, 349-385. B. ALTANER, *Omnis ecclesia Petri propinqua (Tertullian, Pud. 21, 9),* ThR 38 (1939), 129-138. B. POSCHMANN, *Paenitentia secunda,* 85 ss. E. F. LATKO, *Origen's Concept of Penance,* Quebec 1949. K. RAHNER, cf. p. 609.

Capítulo segundo

PROPIEDADES DE LA POTESTAD DE LA IGLESIA PARA PERDONAR LOS PECADOS

§ 5. EL PODER DE LA IGLESIA PARA PERDONAR LOS PECADOS, COMO VERDADERA POTESTAD DE ABSOLUCIÓN

Por medio de la absolución eclesiástica se perdonan verdadera e inmediatamente los pecados (de fe).

Según la sentencia de los reformadores, la absolución es una mera declaración de que los pecados han sido perdonados gracias a la fe fiducial: «nudum ministerium pronuntiandi et declarandi, remissa esse peccata confitenti, modo tantum credat se esse absolutum» ; Dz 919. Contra semejante doctrina, la Iglesia mantiene firmemente que la potestad de absolución es verdadera y real potestad de perdón, por la cual se perdonan inmediatamente los pecados cometidos ante Dios.

La prueba la tenemos en Ioh 20, 23. Según las palabras de Jesús, el acto de perdonar los pecados realizado por los apóstoles o sus sucesores tiene el efecto de que los pecados sean perdonados ante Dios. Entre la acción activa de perdonar y la pasiva de ser perdonado existe dependencia causal.

La interpretación que los reformadores daban a este pasaje es exegéticamente insostenible, porque cae en el error de dar dos significaciones diversas a una misma expresión *(remittere)* que aparece dos veces en la misma frase. Interpretan ellos: «A quien *declaréis perdonados* los pecados [por su fe fiducial], les son perdonados». Pero la exégesis requiere que se traduzca así: «A quienes perdonareis los pecados, les serán perdonados.»

En la antigüedad cristiana se discutió sin duda sobre la extensión que abarcaba el poder de la Iglesia para perdonar los pecados, pero nunca se puso en tela de juicio el hecho de que la Iglesia perdonara verdadera e inmediatamente los pecados y no se limitara a levantar la pena canónica de excomunión. Esto mismo opinaban tanto los propugnadores del rigorismo montanista y novaciano como los defensores de la doctrina católica. El autor del edicto sobre la penitencia que nos ha sido transmitido por Tertuliano declara simplemente: «Yo perdono los pecados de adulterio y fornicación»; Dz 43. San Cipriano nos habla de una remisión de los pecados efectuada por los sacerdotes («remissio facta per sacerdotes»; *De lapsis* 29).

San Juan Crisóstomo rechaza expresamente la teoría de la «declaración» (propugnada por los reformadores) en una comparación que establece entre el sacerdocio del Antiguo Testamento y el del Nuevo: «Los sacerdotes judíos tenían autoridad para purificar la lepra del cuerpo, o, mejor dicho, no podían purificar sino únicamente declarar purificados a los que estaban limpios. En cambio, nuestros sacerdotes recibieron el poder, no de limpiar la lepra del cuerpo, sino la inmundicia del alma; y no sólo de declararla limpia, sino de limpiarla totalmente» *(De sacerd.* III 6).

§ 6. Extensión universal del poder de la Iglesia para perdonar los pecados

El poder eclesiástico de perdonar se extiende a todos los pecados sin excepción (de fe).

El intento de los montanistas y novacianos por restringir el ámbito del poder de la Iglesia para perdonar los pecados fue reprobado como herético por la Iglesia. Según doctrina del concilio de Trento, la penitencia fue instituida para que los fieles se reconciliasen con Dios «cuantas veces cayeren después del bautismo» («quoties post baptismum in peccata labuntur»); Dz 911; cf. 895, 430. De ahí se sigue que la recepción de la penitencia se puede repetir tantas veces como se quiera, y que el poder de la Iglesia es capaz de perdonar sin excepción todos los pecados cometidos después del bautismo.

Cristo prometió y otorgó a su Iglesia un poder sin límites para perdonar los pecados. Las expresiones «quodcumque solveris» (Mt 16, 19), «quaecumque solveritis» (Mt 18, 18), «quorum remiseritis peccata» (Ioh 20, 23) prueban que el poder de que se hace mención se concede con extensión universal. Además, Cristo confirió a la Iglesia (Ioh 20, 21) su propia misión divina, en la cual estaba comprendido un ilimitado poder de perdonar pecados. Y Jesús mismo ejercitó este poder perdonando pecados gravísimos; cf. Ioh 7, 53—8, 11; Lc 7, 36-50; Lc 23, 43; Mt 26, 75.

Durante la época apostólica, San Pablo ejercitó ese poder de absolución que Cristo le confiara, recibiendo de nuevo en la Iglesia a un pecador de Corinto que había dado un grave escándalo consistente probablemente en un incesto (2 Cor 2, 10; cf. 1 Cor 5, 1 ss).

Los adversarios presentan algunos pasajes evangélicos: Mt 12, 31 s; Mc 3, 28 s; Lc 12, 10 (pecado contra el Espíritu Santo) y Hebr 6, 4-6, pero notemos que en todos estos lugares se habla del pecado de endurecimiento y obstinación, que por falta de la disposición necesaria no puede ser perdonado. En 1 Ioh 5, 16 no se trata del poder de perdonar los pecados, puesto que únicamente se dice que no se ore por los que han abandonado a Cristo.

En la antigüedad cristiana atestiguan el poder de la Iglesia para perdonar los pecados: el *Pastor* de HERMAS, Dionisio de Corinto, Ireneo de Lyón, Clemente de Alejandría, Orígenes, TERTULIANO, en su escrito *De poenitentia,* Cipriano, Paciano, Ambrosio y Agustín (cf. § 4). SAN PACIANO dice, citando la Escritura: «"Todo lo que soltareis", dice el Señor; no excluye absolutamente nada. "Todo", sea grande o pequeño» *(Ep.* 3, 12). De manera parecida se expresa SAN AMBROSIO: «Dios no hace diferencias; ha prometido a todos su misericordia y concedió a sus sacerdotes la autoridad para perdonar sin excepción alguna» *(De poenit.* I 3, 10).

A pesar de que en los primeros tiempos del cristianismo se reconocía en principio el carácter universal de la potestad eclesiástica de perdonar los pecados, sin embargo, había una disciplina muy severa con respecto a la penitencia. No se concedía sino una sola vez la posibilidad de hacer penitencia pública, y la absolución de pecados graves se dilataba a veces hasta el fin de la vida e incluso llegaba a rehusarse en algunos casos. Para hacer frente al rigorismo exagerado, el concilio de Nicea (325) decidió en el can. 13 que «se guardase la antigua norma eclesiástica con respecto a los que partían de esta vida y, por tanto, a ningún moribundo se le privara del último y más necesario viático»; Dz 57; cf. Dz 95, 111, 147.

§ 7. CARÁCTER JUDICIAL DEL PERDÓN ECLESIÁSTICO DE LOS PECADOS

El ejercicio del poder eclesiástico de perdonar los pecados constituye un acto judicial (de fe).

Contra la teoría protestante de la «declaración», el concilio de Trento definió que la absolución sacerdotal es un acto judicial:

«Si quis dixerit absolutionem sacerdotis non esse actum iudicialem», a. s.; Dz 919. Como explica el citado concilio, Cristo constituyó a los sacerdotes «como presidentes y jueces («tanquam praesides et iudices») para que en virtud del poder de las llaves pronuncien sentencia de perdón o de retención de los pecados»; Dz 899.

Para que exista un proceso judicial se requieren esencialmente tres cosas: *a)* autoridad judicial («auctoritas iudicialis»); *b)* conocimiento del estado de la cuestión («cognitio causae»); *c)* sentencia judicial («sententia iudicialis»).

a) Cristo concedió a los apóstoles y sus legítimos sucesores el poder de perdonar los pecados. Los poseedores de este poder lo ejercen en nombre de Cristo y con autoridad del mismo.

b) El poder de perdonar los pecados tiene dos aspectos: la potestad de perdonarlos y la de retenerlos. No se puede obrar a capricho en la aplicación de este poder, sino que hay que seguir la norma objetiva de la ley divina y el estado de conciencia del pecador. De todo esto se sigue que quien se halle revestido con esta autoridad debe tener conocimiento de causa tanto objetivo como subjetivo, y examinar concienzudamente la cuestión.

c) Después de haber examinado la culpa y la disposición del pecador, el sacerdote, como representante de Cristo, pronuncia la sentencia judicial en virtud de la cual los pecados quedan perdonados o retenidos. Lo mismo que el perdonar los pecados, el retenerlos constituye una positiva sentencia judicial («sententia retentionis»; Dz 899), no una mera omisión del poder de perdonar. También la imposición de obras satisfactorias es acto del poder judicial.

En la práctica penitencial de la Iglesia primitiva, aparece claramente la convicción del carácter judicial del perdón de los pecados. El pecador, después de haber confesado sus pecados y recibido la penitencia correspondiente, era expulsado formalmente de la comunidad de los fieles (excomulgado), y después que había cumplido la penitencia impuesta era admitido solemnemente en la iglesia. TERTULIANO califica el juicio que se hacía sobre el pecador como «juicio preliminar, sumamente significativo, del juicio futuro» («summum futuri iudicii praeiudicium»; *Apol.* 39). Cf. SAN JUAN CRISÓSTOMO *In Is.* 6 hom. 5, 1. La absolución como perdón de la culpa, considerada en sí misma, tiene, ciertamente, el carácter de un acto soberano de gracia; sin embargo, teniendo en cuenta los precedentes actos de aceptación de la autoacusación, la estimación de la culpa y las obras de penitencia impuestas al penitente absuelto, la absolución tiene también carácter judicial.

Bibliografía: J. B. UMBERG, *Die richterliche Bussgewalt nach Jo 20, 23,* ZkTh 50 (1926) 337-370. J. TERNUS, *Die sakramentale Lossprechung als richterlicher Akt,* ZkTh 71 (1949) 214-230. O. SEMMELROTH, *Das Bussakrament als Gericht,* Schol 37 (1962) 530-549.

B. EL PERDÓN DE LOS PECADOS COMO SACRAMENTO

§ 8. SACRAMENTALIDAD DEL PERDÓN DE LOS PECADOS

1. Realidad del sacramento de la penitencia

El perdón de los pecados que se concede en el tribunal de la penitencia es un verdadero y propio sacramento distinto del bautismo (de fe).

El concilio de Trento hizo la siguiente declaración, en contra de los reformadores: «Si quis dixerit in catholica Ecclesia poenitentiam non esse vere et proprie sacramentum», a. s.; Dz 911; cf. 912.

En la acción de perdonar los pecados se verifican todas las notas esenciales de la noción de sacramento: *a)* un signo exterior y sensible que simboliza la gracia; *b)* un efecto de gracia invisible e interno; *c)* la institución por Cristo.

2. Esencia física del sacramento de la penitencia

Desde el concilio de Trento, es sentencia común la explicación de los tomistas, la cual hace consistir la esencia física del sacramento de la penitencia: por un lado, en los actos del penitente (arrepentimiento, confesión de los pecados, satisfacción o propósito de dar satisfacción) que constituyen la quasi-materia (Dz 699, 896, 914); y, por otro lado, en la absolución del sacerdote, que constituye la forma. Los actos del penitente están ordenados a la absolución, lo mismo que la materia está ordenada a la forma, y constituyen con la absolución el signo sacramental obrador de la gracia.

Por el contrario, los escotistas enseñan que la esencia física del sacramento de la penitencia consiste únicamente en la absolución que imparte el sacerdote, y que los actos del penitente son únicamente condición necesaria para la digna recepción del sacramento.

a) En favor de la sentencia tomista abogan los siguientes argumentos:

α) Como enseña el concilio de Trento (Dz 896), la virtud del sacramento de la penitencia reside «principalmente» *(praecipue)* —y, por tanto, no de manera exclusiva— en la absolución. Ahora bien, como la virtud de un sacramento no puede residir sino en aquello que constituye su esencia, los tres actos del penitente (denominados *quasi materia sacramenti* y *partes poenitentiae)* constituyen, juntamente con la absolución (denominada *forma),* la esencia del sacramento.

β) La analogía con los demás sacramentos (exceptuando el matrimonio) nos permite esperar que también el signo sacramental de la penitencia se componga de dos elementos realmente distintos entre sí. Los actos del penitente son considerados acertadamente como materia, pues se ordenan a la absolución y son en cierto modo informados por ella. Por faltar toda sustancia material, se habla de quasi-materia; cf. *Cat. Rom.* II 5, 13.

γ) Como el perdón de los pecados se otorga por medio de un proceso judicial, tendrán que darse en la penitencia todos los elementos esenciales de un proceso de tal índole. Ahora bien, el proceso judicial no consta únicamente de la pronunciación de la sentencia, sino además del conocimiento de causa y del examen de la cuestión. Y esto último se verifica en el sacramento de la penitencia por la acusación que el pecador hace de sus propios delitos. Como el tribunal de la penitencia tiene por fin propio el perdón de los pecados, la confesión de la propia culpa tiene que ir acompañada del sentimiento de arrepentimiento y del propósito de dar satisfacción.

δ) Santo Tomás considera los actos del penitente como materia del sacramento de la penitencia, perteneciente a la esencia del sacramento; cf. S.th. III 84, 2.

b) Los escotistas alegan que el concilio de Trento califica de quasi-materia los actos del penitente, entendiendo, por tanto, una materia impropiamente tal. Dicen también que el citado concilio solamente afirma que los actos del penitente se requieren para la integridad del sacramento («ad integritatem sacramenti»), pero no que pertenezcan a la esencia del sacramento. La expresión de «partes poenitentiae» la entienden los escotistas en el sentido de partes integrantes. Aparte de todo esto, los escotistas aducen en su favor las siguientes razones: Los actos del penitente no podrían ser signo apropiado para significar el efecto de la gracia sacramental, y, por tanto, no constituyen la causa de tal efecto. El sacerdote, como único ministro del sacramento, tiene que poner todo el signo sacramental. La práctica seguida en la Iglesia de absolver bajo condición a los que se hallan en estado de inconsciencia presupone que el signo sacramental de la penitencia reside exclusivamente en la acción del sacerdote.

Penitencia

Capítulo primero

EL SIGNO EXTERIOR DEL SACRAMENTO DE LA PENITENCIA

I. LA CONTRICIÓN

§ 9. LA CONTRICIÓN EN GENERAL

1. Concepto y necesidad

El concilio de Trento definió la contrición («contritio, compunctio») como «dolor del alma y aborrecimiento del pecado cometido, juntamente con el propósito de no volver a pecar»; «animi dolor ac detestatio de peccato commisso, cum proposito non peccandi de cetero»; Dz 897. Según esto, el acto de contrición consta de tres actos volitivos que confluyen en una unidad: dolor del alma, aborrecimiento, propósito. No es necesario, ni será siempre posible, que el dolor de la contrición —que es un acto libre de la voluntad— se manifieste con sentimientos sensibles de dolor. El propósito de no volver a pecar se incluye virtualmente en la verdadera contrición por los pecados cometidos.

La contrición, como se deduce de la esencia de la justificación, es el elemento primero y más necesario del sacramento de la penitencia y fue en todos los tiempos condición indispensable para conseguir el perdón de los pecados; Dz 897. Después de instituido el sacramento de la penitencia, el arrepentimiento debe contener el propósito de confesarse y dar satisfacción. Como la contrición es parte esencial del signo sacramental, debe concebirse formalmente siempre que se reciba el sacramento de la penitencia («contritio formalis»).

2. Propiedades

La contrición saludable («contritio salutaris») ha de ser interna, sobrenatural, universal y máxima en cuanto a la valoración.

a) La contrición es interna cuando es acto del entendimiento y la voluntad. Ioel 2, 13: «Rasgad vuestros corazones, no vuestras vestiduras.»

Pero, por ser parte del signo sacramental, ha de manifestarse también al exterior (acusación de los propios pecados).

b) Es sobrenatural cuando se verifica bajo el influjo de la gracia actual y se concibe el pecado como una ofensa a Dios, nuestro fin último sobrenatural. El arrepentimiento puramente natural no tiene valor saludable; Dz 813, 1207.

c) Es universal cuando se extiende a todos los pecados graves cometidos. No es posible que un pecado mortal se perdone desligado de todos los demás.

d) Es máxima en cuanto a la valoración («appretiative summa») cuando el pecador aborrece el pecado como el mayor mal y está dispuesto a sufrir cualquier mal antes que ofender de nuevo a Dios con culpa grave. Sin embargo, no es necesario que la contrición sea también, en cuanto al sentimiento, grande sobre todas las cosas («intensive summa contritio»).

3. División

La contrición se divide en perfecta («contritio caritate perfecta», o simplemente *contrición* en sentido estricto), e imperfecta (llamada también *atrición).*

Santo Tomás distingue dos clases de contrición, conforme a la relación que guardan con la gracia santificante: La contrición —según este santo doctor— es el arrepentimiento del justo («poenitentia formata, sc. caritate»), y la atrición es el arrepentimiento del que todavía no está justificado («poenitentia informis, caritate non formata»); cf. *De verit.* 28, 8 ad 3.

Desde el concilio de Trento distinguimos dos clases de contrición, tomando como norma su motivo: La contrición perfecta está motivada por la caridad perfecta para con Dios; la atrición procede de la caridad imperfecta para con Dios o de otros motivos sobrenaturales que se reducen en último término a dicha caridad imperfecta (tales motivos son, v.g., la esperanza de la eterna recompensa o el temor del castigo eterno). De esta diversidad de motivos se deduce que las dos clases de arrepentimiento difieren no sólo gradual, sino también específicamente.

Bibliografía: Fr. Pangerl, *Die Reuelehre Alberts des Grossen,* ZkTh 46 (1922) 60-98. V. Heynck, *Die Reuelehre des Skotusschülers Johannes de Bassolis,* FrSt 28 (1941) 1-36. El mismo, *Der hl. John Fisher und die skotistische Reuelehre,* ibid. 25 (1938) 103-133. El mismo, *Untersuchungen über die Reuelehre der tridentinischen Zeit,* ibid. 29 (1942) 25-44 (Andrés de Vega), 120-150 (Juan de Medina); 30 (1943) 53-73 (Domingo Soto). El mismo, *Contritio vera. Zur Kontroverse über den Begriff der contritio vera auf der Bologneser Tagung des Trienter Konzils,* ibid 33 (1951) 137-179. Véase la bibl. de §§ 10, 11.

§ 10. La contrición perfecta

1. Esencia de la contrición perfecta

El motivo de la contrición es el amor perfecto a Dios o *caritas perfecta*. Esta caridad consiste en amar a Dios sobre todas las cosas por ser Él quien es (amor de benevolencia o de amistad). Su objeto formal es la bondad de Dios en sí misma («bonitas divina absoluta»).

Una etapa previa para llegar a esta caridad perfecta de Dios la constituye el amor de gratitud, pues la verdadera gratitud no mira tanto el beneficio como el sentimiento del que procede ese beneficio. El objeto formal del amor de gratitud es la bondad de Dios, que se manifiesta en numerosos beneficios y, sobre todo, en el más grande de todos ellos, que fue la muerte redentora de Cristo («bonitas divina relativa»). El amor de gratitud desemboca en la caridad.

El amor de concupiscencia *(amor concupiscentiae* o *spei),* con el cual se ama a Dios por el propio provecho, es primariamente amor a sí mismo, y secundariamente —y, por tanto, de manera imperfecta— amor a Dios. Este amor no constituye un motivo suficiente para la contrición perfecta. Sin embargo, la caridad perfecta no exige la renunciación a la propia felicidad en Dios, sino únicamente la subordinación del interés propio al interés de Dios. Por eso, la Iglesia ha condenado la doctrina del arzobispo Fénelon de Cambrai († 1715), según la cual la caridad cristiana consiste en el amor puro a Dios con exclusión de todo otro motivo *(amour désintéressé);* Dz 1327 ss.

Para la esencia de la caridad perfecta o de la contrición perfecta no se requiere grado alguno determinado de intensidad o una duración prolongada. Estas cosas constituyen únicamente la perfección accidental de la contrición perfecta.

2. Justificación extrasacramental por medio de la contrición perfecta

a) La contrición perfecta confiere al que se encuentra en pecado mortal la gracia de la justificación aun antes de que éste reciba actualmente el sacramento de la penitencia (sent. próxima a la fe).

El concilio de Trento declaró: «etsi contritionem hanc aliquando caritate perfectam esse contingat hominemque Deo reconciliare, priusquam hoc sacramentum actu suscipiatur», etc.; Dz 898.

Fue reprobada la doctrina de Bayo, según la cual la caridad podía subsistir con el pecado mortal (Dz 1031, 1070), y la contrición perfecta sólo producía la justificación extrasacramental en caso de peligro de muerte o del martirio (Dz 1071).

b) Sin embargo, la contrición perfecta solamente opera la justificación extrasacramental cuando va unida al deseo de recibir el sacramento («votum sacramenti») (de fe).

El concilio de Trento enseña: «reconciliationem ipsi contritioni sine sacramenti voto, quod in illa includitur, non esse adscribendam»; Dz 898. Por medio del *votum sacramenti* se unen entre sí los factores subjetivo y objetivo del perdón de los pecados: el acto de arrepentimiento por parte del penitente y el poder de las llaves por parte de la Iglesia. Este deseo del sacramento se contiene virtualmente en la contrición perfecta.

En el Antiguo Testamento, la contrición perfecta constituía para los adultos el único medio de alcanzar el perdón de los pecados; cf. Ez 18, 21 ss; 33, 11 ss; Ps 31, 45. También en el Nuevo Testamento se atribuye a la caridad perfecta el efecto de conseguir el perdón de los pecados; cf. Ioh 14, 21 ss; Lc 7, 47 («Le son perdonados [a la pecadora arrepentida] sus muchos pecados, porque amó mucho»); 1 Ioh 4, 7.

El pasaje de 1 Petr 4, 8: «caritas operit multitudinem peccatorum», que visto el contexto se refiere al mutuo perdón de los hombres, es interpretado a menudo por los padres en el sentido de que la contrición perfecta alcanza de Dios el perdón de los pecados; cf. San Clemente Romano, *Cor.* 49, 5; Orígenes, *In Lev. hom.* 2, 4; San Pedro Crisólogo, *Sermo* 94. Orígenes (l. c.) cita en sexto lugar, entre los siete medios para conseguir el perdón de los pecados, «la abundancia de caridad» («abundantia caritatis») y se basa en Lc 7, 47, y 1 Petr 4, 8.

Bibliografía: A. Landgraf, *Der zur Nachlassung der Schuld notwendige Grad der contritio nach der Lehre der Frühscholastik*, «Mélanges J. de Ghellinck», Ge 1951, 449-487. R. M. Schultes, *Reue und Bussakrament. Die Lehre des hl. Thomas von Aquin über das Verhältnis von Reue und Bussakrament*, Pa 1906. P. De Vooght, *La justification dans le sacrement de pénitence d'après S. Thomas d'Aquin*, EThL 5 (1928) 225-256; cf. ibid. 7 (1930) 663-675. M. Flick, *L'attimo della giustificazione secondo S. Tommaso*, R 1947. M. Quera, *La contrición en la justificación según Suárez y Vázquez*, EE 22 (1948) 561-569.

§ 11. La atrición

1. Esencia de la atrición

La contrición imperfecta o atrición es verdadera contrición, aunque procede de motivos sobrenaturales inferiores a los de la contrición perfecta. La atrición detesta el pecado como mal para nosotros, porque el pecado mancha al alma con la culpa («malum culpae») y atrae los castigos divinos («malum poenae»). Según esto, los motivos principales de la atrición son — como dice el concilio de Trento — «la consideración de la fealdad del pecado» («consideratio turpitudinis peccati») y «el temor del infierno y de [otros] castigos» («metus gehennae et poenarum»); Dz 898. El temor del castigo es, sin duda, el motivo más frecuente de la atracción, pero no el único.

El temor que constituye el motivo de la atrición no es ni el *timor filialis,* es decir, el temor filial, que coexiste con la caridad y que teme el pecado como ofensa al Sumo Bien, al que ama en caridad, ni tampoco el *timor serviliter servilis,* es decir, el temor servilmente servil, que solamente teme el castigo y persevera en su deseo de pecar, sino el *timor simpliciter servilis,* es decir, el temor simplemente servil, que no solamente teme el castigo, sino que al mismo tiempo teme al Dios castigador y, en consecuencia, detesta todo propósito o deseo de pecar. La atrición que sirve para disponer a la justificación ha de excluir todo apego al pecado y debe ir unida a la esperanza del perdón; Dz 898.

Es corriente usar la palabra «atrición» desde el último cuarto del siglo XII (Simón de Tournai; antes de 1175). La significación de este término osciló mucho en la teología escolástica. Bastantes teólogos entienden por ella un arrepentimiento que no incluye el propósito de confesarse o dar satisfacción o enmendar la conducta. De aquí que la califiquen a menudo de medio insuficiente para conseguir el perdón de los pecados. Nosotros aquí la entendemos como término sinónimo de «contrición imperfecta».

2. Carácter moral y sobrenatural

La contrición motivada por el temor es un acto moralmente bueno y sobrenatural (de fe).

Contra la aseveración de Lutero según el cual la contrición inspirada por el temor a los castigos del infierno haría del hombre un hipócrita y, más aún, un pecador, declaró el concilio de Trento que tal arrepentimiento es «un don de Dios y un impulso del Espíritu Santo, con el cual el penitente se prepara el camino para la justificación» (Dz 898), proclamando también que la atrición «es dolor verdadero y provechoso» (Dz 915). Por consiguiente, esta clase de dolor es moralmente bueno y sobrenatural; cf. Dz 818, 1305, 1411 s, 1525.

La Sagrada Escritura nos amonesta en numerosos pasajes recordándonos los castigos que Dios impone por el pecado; Mt 10, 28: «Temed más bien a aquel que puede arrojar el alma y el cuerpo a la perdición del infierno»; cf. Ex 20, 20; Ps 118, 120; Mt 5, 29 s; Ioh 5, 14.

También los santos padres echan mano con bastante frecuencia del motivo de temor. TERTULIANO anima al pecador a que acepte la penitencia pública haciéndole ver que por este medio escapará de las penas del infierno *(De poenit.* 12). SAN AGUSTÍN recomienda el temor al castigo divino, porque prepara el camino al amor que conduce a la justificación *(Enarr. in Ps.* 127, 7 s). SAN JUAN CRISÓSTOMO dice: «¿Qué hay peor que el infierno? Y, sin embargo, nada hay más provechoso que temerle; pues el temor al infierno nos procura la corona del reino» *(De statuis* 15, 1).

No responden a la realidad histórica las graves inculpaciones que A. W. Diekhoff y A. Harnack lanzan contra la doctrina de fines de la edad media, sobre la contrición, acusándola de contentarse con un arrepentimiento inspirado por el mero temor al castigo («contrición patibular»).

3. La atrición y el sacramento de la penitencia

La atrición es suficiente para conseguir el perdón de los pecados por medio del sacramento de la penitencia (sent. común).

Mientras que los contricionistas exagerados (Pedro Lombardo, Alejandro de Hales, Bayo y los jansenistas) exigen para recibir válidamente el sacramento de la penitencia que se posea la contrición perfecta, que es inmediatamente justificativa, la mayor parte de los teólogos postridentinos sostienen que la contrición imperfecta (atrición) basta para obtener el perdón de los pecados por medio del sacramento de la penitencia. El concilio de Trento no dio ninguna definición autoritativa sobre este particular, pero enseñó de manera indirecta que la atrición es suficiente declarando que la atrición sin el sacramento de la penitencia no es suficiente por sí sola para justificar al pecador, pero que puede disponerle para recibir la gracia de la justificación por medio del sacramento de la penitencia: «Et quamvis sine sacramento poenitentiae per se ad iustificationem perducere peccatorem nequat, tamen eum ad Dei gratiam in sacramento poenitentiae impetrandam disponit»; Dz 898. Por todo el contexto de esta cita se ve claramente que el concilio se refiere a la disposición próxima e inmediata que, en unión con el sacramento, basta para conseguir la gracia de justificación.

Si para la validez del sacramento de la penitencia fuera necesaria la contrición perfecta, entonces este sacramento cesaría de ser sacramento de muertos, porque el penitente se encontraría ya justificado antes de la recepción actual del sacramento. La potestad de perdonar los pecados perdería todo su objeto, pues de hecho el sacramento de la penitencia nunca perdonaría pecados graves; Dz 913. La absolución tendría únicamente valor declaratorio, como enseñó, en efecto, Pedro Lombardo. No tendría razón de ser la ordenación emanada del concilio de Trento de que en peligro de muerte cualquier sacerdote puede absolver de todos los pecados y todas las censuras, a fin de que nadie se pierda por serle rehusada la absolución; Dz 903. La institución del sacramento de la penitencia, lejos de hacer más fácil la consecución del perdón de los pecados, no haría sino dificultarla.

4. El contricionismo y el atricionismo

Según las enseñanzas del concilio de Trento sobre la justificación, con la atrición debe ir unido un comienzo de amor a Dios, el llamado *amor initialis* («diligere incipiunt»; Dz 798). Sobre la esencia interna del *amor initialis* se encendió en el siglo XVII una controversia teológica entre los contricionistas moderados y los atricionistas. Mientras que los primeros enseñaban que el amor inicial es un acto formal de incipiente caridad perfecta para con Dios («initium caritatis»), los segundos aseguraban que para conseguir la gracia de la justificación por medio del sacramento de la penitencia no se requería —fuera de la atrición— ningún acto formal de caridad divina, aunque la atrición procediera del motivo de temor a las penas del infierno, y, desde luego, no se requería ningún acto de caridad perfecta para con Dios.

El papa Alejandro VII prohibió en 1667 que las partes litigantes se censurasen mutuamente hasta que la Santa Sede hubiera propuesto una solución definitiva, pero calificó de sentencia más común la doctrina de los atricionistas; Dz 1146. Conforme a esta declaración, se puede admitir que no es necesario suscitar expresamente en sí un acto especial de amor de benevolencia para con Dios, ni siquiera de amor de concupiscencia, porque el «amor inicial» se contiene ya virtualmente en la atrición unida con el verdadero aborrecimiento interno del pecado y con la esperanza de conseguir el perdón.

La caridad inicial que exigen los contricionistas viene a coincidir con la caridad exigida por los contricionistas exagerados, porque el grado de intensidad no es factor decisivo para distinguirlas.

Bibliografía: A. LANDGRAF, *Die Lehre der Frühscholastik von der knechtischen Furcht,* DTh 15 (1937) 43-54, 157-188, 308-324; 16 (1938)

85-107, 331-349. V. HEYNCK, *Zur Lehre von der unvollkommenen Reue in der Skotistenschule des augehenden 15. Jh.*, FrSt 24 (1937) 18-58. El mismo, *Die Stellung des Konzilstheologen Andreas de Vega O.F.M. zur Furchtreue,* ibid. 25 (1938) 301-330. N. PAULUS, *Geschichte des Ablasses im Mittelalter* III, Pa 1923, 367-373 (habla de la doctrina sobre el arrepentimiento que se enseñaba a fines de la edad media). A. ARNDT, *Die unvollkommene Reue nach den Lehrbestimmungen des Tridentiner Konzils,* Pa 1912. J. PÉRINELLE, *L'attrition d'après le Concile de Trente et d'après S. Thomas d'Aquin,* Le Saulchoir 1927. V. HEYNCK, *Zum Problem der unvollkommenen Reue auf dem Konzil von Trient,* en: G. SCHREIBER, *Das Weltkonzil von Trient,* Fr 1951, I 231-280. M. PREMM, *Das tridentinische «diligere incipiunt»,* Gr 1925. F. DIEKAMP, *Melchioris Cani O. P. de contritione et attritione doctrina,* «Xenia Thomistica» III, R 1925, 423-440. H. DONDAINE, *L'attrition suffisante,* P 1943; cf. V. HEYNCK, *Attritio sufficiens,* FrSt 31 (1949) 76-134. L. CEYSSENS, *L'origine du décret du Saint-Office concernant l'attrition (5 mai 1667),* EThL 25 (1949) 83-91. M. QUERA, *De contritionismo et attritionismo in scholis usque ad tempus Sancti Thomae traditio,* «Analecta Sacra Tarraconensia» 4 (1928) 183-202. A. GARCÍA, *La atrición en Vitoria y su escuela,* «Ciencia Tomista» 72 (1947) 62-94.

II. LA CONFESIÓN DE LOS PECADOS

§ 12. INSTITUCIÓN DIVINA Y NECESIDAD DE LA CONFESIÓN

1. Noción y dogma

La confesión es la acusación que el penitente hace de sus propios pecados ante un sacerdote debidamente autorizado, para recibir de él el perdón de los pecados en virtud del poder de las llaves *(Cat. Rom.* II 5, 38).

La confesión sacramental de los pecados está prescrita por derecho divino y es necesaria para la salvación (de fe).

Los reformadores, siguiendo los precedentes de Wicleff y Pedro de Osma, negaron que la confesión particular de los pecados fuera de institución divina y que los cristianos tuvieran necesidad de ella para alcanzar la salvación, aunque admitieron el valor pedagógico y psicológico que tenía. Los reformadores podían invocar en su favor la doctrina de algunos canonistas medievales que fundaban exclusivamente la necesidad de la confesión en una ordenación positiva de la Iglesia. Tal era, por ejemplo, la *Glossa ordinaria* al decreto de Graciano y el Panormitano (= Nicolás de Tudeschis) invocado por Melanchthon; cf. la *Confesión de Augsburgo,* art. 11, 25; *Apol. Conf.*, art. 11, 12.

Contra los reformadores declaró el concilio de Trento: «Si quis negaverit, confessionem sacramentalem vel institutam vel ad salutem necessariam esse iure divino», a. s.; Dz 916; cf. Dz 587, 670, 724. El precepto de la confesión, que se funda en una ordenación divina, no se cumple únicamente por la confesión pública, sino también por la confesión privada que se hace en secreto ante el sacerdote (confesión auricular). El citado concilio salió en defensa de esta última clase de confesión, para defenderla especialmente de los ataques de Calvino, que la despreciaba como «invención de los hombres»; Dz 916.

2. Prueba de Escritura

En la Sagrada Escritura no se expresa directamente la institución divina de la confesión particular de los pecados y su necesidad para conseguir la salvación, pero estas verdades se deducen del hecho de que Cristo instituyera la potestad para perdonar los pecados dándole forma judicial. La potestad para retener o para perdonar los pecados no puede ejercerse debidamente si el que posee tal poder no conoce la culpa y la disposición del penitente. Para ello es necesario que el penitente se acuse a sí mismo. De igual manera, la imposición de una satisfacción proporcionada a la culpa presupone la confesión particular de los pecados; cf. Dz 899.

Los pasajes de 1 Ioh 1, 9; Iac 5, 16; Act 19, 18, que nos hablan de la confesión de los pecados, no dejan ver con claridad si se trata en efecto de una confesión sacramental; hay razones poderosas que parecen abogar en contra.

3. Prueba de prescripción

No se puede señalar ningún momento de la historia de la Iglesia en que un Papa o un concilio hayan introducido el precepto de la confesión. Todos los testimonios históricos están concordes en suponer que la confesión es una institución que descansa en una ordenación divina. El concilio IV de Letrán (1215) no introdujo la necesidad de la confesión, sino que se limitó a concretar el precepto de confesarse, ya existente entonces, prescribiendo la confesión anual; Dz 437; CIC 906.

La Iglesia ortodoxa griega enseña en sus profesiones oficiales de fe que es necesaria la confesión particular de los pecados (cf. la *Confessio orthodoxa* de Pedro Mogilas, pars 1, q. 113; *Confessio Dosithei,* decr. 15). Los cánones penitenciales de los padres y los libros sobre la penitencia de principios de la edad media suponen la confesión particular de los pecados.

4. Prueba patrística

Mientras que son imprecisos los más antiguos testimonios de los santos padres que nos hablan de la confesión de los pecados (v.g., *Didakhé* 4, 14; 14, 1), aparece claro en San Ireneo (*Adv. haer.* I 13, 7), Tertuliano (*De poenit.* 9 y 10) y San Cipriano (*De lapsis,* y sus cartas) que la confesión detallada que el pecador hace de cada uno de sus pecados es parte de la penitencia instituida en la Iglesia. Todo el proceso de la penitencia toma su nombre precisamente de la confesión de los pecados y es denominado exhomológesis (= confesión).

El primer testimonio de la época antenicena que nos habla de la confesión en secreto lo encontramos en Orígenes. Después de enumerar este autor los seis medios que hay para alcanzar el perdón de los pecados, nos dice del sacramento de la penitencia: «Hay también otro séptimo medio, aunque duro y penoso, que es el perdón de los pecados por medio de la penitencia, cuando el pecador empapa de lágrimas su lecho y las lágrimas son su alimento día y noche, y cuando no se avergüenza de confesar sus pecados al sacerdote del Señor y buscar remedio en él» (*In Lev. hom.* 2, 4). En otro pasaje distingue Orígenes entre la confesión secreta y la pública: «Reflexiona cuidadosamente siempre que hayas de confesar tus pecados. Considera primeramente al médico a quien tú has de exponer la causa de tu enfermedad... Si él piensa y prevé que tu enfermedad es de tal índole que ha de ser confesada y curada ante toda la Iglesia (esto es, públicamente), con lo cual los demás quedarán sin duda edificados y tú mismo conseguirás más fácilmente la salvación, entonces hazlo así con madura reflexión y siguiendo el consejo prudente de aquel médico» (*In Ps.* 37, hom. 2, 6).

El papa San León Magno († 461), hablando de algunos que exigen a los fieles la confesión pública de sus pecados, califica tal hecho de «abuso en contra de la norma apostólica», de «medida ilícita», de «costumbre reprobable», e insiste en que «basta indicar la culpa de la conciencia a solos los sacerdotes mediante una confesión secreta»; Dz 145.

Bibliografía: J. Gartmeier, *Die Beichtpflicht,* Re 1905. V. Heynck, *Die Begründung der Beichtpflicht nach Duns Skotus,* FrSt 28 (1941) 65-90. F. Fabbi, *La confessione dei peccati nel Cristianesimo,* Asís 1947. E. Roth, *Die Privatbeichte und Schlüsselgewalt in der Theologie der Reformatoren,* Gü 1952. E. F. Latko, *Trent and Auricular Confession,* FS 14 (1954) 3-33.

§ 13. El objeto de la confesión

1. Los pecados mortales

En virtud de una ordenación divina, hay obligación de confesar todos los pecados mortales indicando su especie, número y circunstancias que cambien la especie (de fe).

El concilio de Trento recalcó de manera especial que hay que confesar también los pecados ocultos y los que se cometen contra los dos últimos preceptos del decálogo (pecados de pensamiento y deseo); Dz 899, 917. La imposibilidad física y moral dispensan de la integridad material de la confesión de los pecados. Cuando la confesión es formalmente íntegra, los pecados olvidados o no confesados en detalle por justa causa quedan perdonados indirectamente. Queda, sin embargo, la obligación — fundada en el precepto de Cristo — de dar cuenta de esos pecados en la próxima confesión, una vez cesada la causa excusante, y aceptar la satisfacción correspondiente; Dz 1111; CIC 901.

En los primeros siglos de la era cristiana, la confesión se limitaba a los pecados gravísimos, sobre todo a los llamados «capitales». Como es natural, era relativamente rara la recepción del sacramento de la penitencia. Para todos aquellos pecados no sometidos al tribunal eclesiástico de la penitencia bastaba la confesión de los mismos hecha ante Dios.

2. Los pecados veniales

La confesión de los pecados veniales no es necesaria, pero sí lícita y provechosa (de fe).

Según doctrina del concilio de Trento, no es necesario confesar los pecados veniales, pues éstos se perdonan por muchos otros medios, como son la contrición, la oración («perdónanos nuestras deudas»), las obras de caridad y mortificación, la sagrada comunión: «taceri tamen citra culpam multisque aliis remediis expiari possunt»; Dz 899. Sin embargo, es lícito, bueno y provechoso confesar también los pecados veniales; Dz 899, 917; cf. 748. Tal licitud se funda en el carácter universal del poder de la Iglesia para perdonar los pecados.

La confesión de los pecados veniales empezó a usarse, primero, como ejercicio disciplinario y, más tarde, como confesión sacramental, en los monasterios, sobre todo en Irlanda. Por medio de los monjes irlandeses (San Columbano) la confesión privada reiterable, que podía extenderse a los pecados veniales, se propagó por el continente. El concilio de Trento defendió contra los reformadores la costumbre eclesiástica de confesar también los pecados veniales.

Pío VI salió en defensa de la doctrina del concilio de Trento contra las declaraciones del sínodo de Pistoya (1786), que por un supuesto respeto al sacramento quería que se restringiera la confesión realizada «por devoción»; Dz 1539. Pío XII, en sus encíclicas *Mystici Corporis* (1943) y *Me-*

diator Dei (1947), recomienda encarecidamente «el uso piadoso de la confesión frecuente, introducido por la Iglesia no sin una inspiración del Espíritu Santo», y condena el menosprecio de la confesión frecuente calificándolo de «ajeno al Espíritu de Cristo y funestísimo para el cuerpo místico de nuestro Salvador».

3. Los pecados ya perdonados

Los pecados que han sido perdonados directamente por el poder de las llaves son también objeto suficiente de la confesión (sent. cierta; CIC 902).

Conforme enseña Benedicto XI (Dz 470), el repetir la confesión es un acto de humildad y, por tanto, de satisfacción. En tal caso, la absolución —como enseñan los teólogos— hace que vayan desapareciendo los impedimentos que dejaron como reliquia los pecados ya perdonados y que estorban a la acción de la gracia *(reliquiae peccatorum),* e igualmente logra que vayan condonándose las penas temporales debidas por los pecados.

Bibliografía: F. CAPPELLI, *Confessio generica et iudicium sacramentale,* Venecia 1939; cf. Schol 17 (1942) 617-619. PH. SCHARSCH, *Die Devotionsbeichte,* L 1920. B. BAUR, *La confesión frecuente,* Barna 1953. J. BEUMER, *Lässliche Sünde und Andachtsbeichte,* Schol 11 (1936) 243-250. El mismo, *Die Andachtsbeichte in der Hochscholastik,* ibid. 14 (1939) 50-74. El mismo, *Die spekulative Durchdringung der Andachtsbeichte in der nachtridentinischen Scholastik,* ibid. 13 (1938) 72-86.

III. LA SATISFACCIÓN

§ 14. NOCIÓN E ÍNDOLE DE LA SATISFACCIÓN SACRAMENTAL

1. Noción

Por satisfacción sacramental entendemos las obras de penitencia impuestas al penitente para expiar las penas temporales debidas por los pecados, penas que quedan después de haberse perdonado la culpa del pecado y su castigo eterno. El propósito de dar satisfacción, que se contiene virtualmente en toda verdadera contrición, es un elemento esencial del sacramento de la penitencia, mientras que la realización de dicho propósito es sólo parte integrante del mismo.

2. Base dogmática de la doctrina sobre la satisfacción

Dios no siempre perdona todas las penas temporales debidas por el pecado al perdonar la culpa del mismo y su castigo eterno (de fe).

El concilio de Trento declaró contra los reformadores: «Si quis dixerit, totam poenam simul cum culpa remitti semper a Deo, satisfactionemque poenitentium non esse aliam quam fidem, qua apprehendunt Christum pro eis satisfecisse», a. s.; Dd 922; cf. Dz 807, 840, 904, 925.

El concilio de Trento, para probar este dogma (Dz 904), nos remite a «los ejemplos bien claros y significativos que se encuentran en la Escritura», los cuales muestran que el pecador, después de perdonada su culpa, tiene que sufrir todavía castigos; v.g., Gen 3, 16 ss (nuestros primeros padres); Num 12, 14 (María, hermana de Moisés); 14, 19 ss (Israel); 20, 11 s (Moisés y Aarón); 2 Reg 12, 13 s (David). Cristo pide a sus discípulos que lleven la cruz juntamente con Él (Mt 16, 24; 10, 38), esto es, que hagan obras de penitencia.

La mente de los padres, a este respecto, aparece bien clara en la disciplina penitencial de la antigua Iglesia. Cuando, por motivos especiales, se concedía la reconciliación antes de haber transcurrido el plazo fijado para la penitencia, entonces había que continuar esa penitencia aun después de la reconciliación; cf. Dz 57. San Agustín dice: «El castigo dura más que la culpa. De lo contrario, podría ser que alguno considerase pequeña la culpa, si con ella cesase también el castigo» (*In Ioh.*, tr. 124, 5).

3. Determinación más precisa de la satisfacción sacramental

El sacerdote tiene el derecho y el deber de imponer al penitente saludables y convenientes obras satisfactorias, según la índole de los pecados y la capacidad del penitente (de fe).

El concilio de Trento declaró: «Debent sacerdotes Domini... pro qualitate criminum et poenitentium facultate salutares et convenientes satisfactiones iniungere»; Dz 905, CIC 887.

El derecho de imponer una penitencia se funda en el carácter judicial de la potestad de perdonar los pecados. La obligación de imponerla se desprende del hecho de que el sacerdote, como ministro del sacramento, debe procurar la integridad del mismo, y, como médico del alma, ha de prescribir los remedios apropiados para sanar las heridas del espíritu. La penitencia impuesta tiene como fin la expiación y corrección; cf. Dz 904, 925.

La satisfacción sacramental, como parte del sacramento de la penitencia, produce «ex opere operato» la remisión de las penas temporales y la curación de las *reliquiae peccatorum,* o sea, la debilitación de las malas inclinaciones. La extensión de las penas perdonadas depende de la penitencia que se imponga y de la disposición del que realiza la satisfacción. El efecto de la satisfacción sacramental depende de que se encuentre uno o no en estado de gracia.

No es necesario que la satisfacción se cumpla antes de recibir la absolución; cf. Dz 728, 1306-1308, 1535. En la antigüedad cristiana era ordinario cumplir la satisfacción antes de ser reconciliado. Por vía de excepción, v.g., cuando había peligro de muerte o eran tiempos de persecución, se concedía la reconciliación antes de realizar la satisfacción, o al menos antes de terminarla. Cuando a principios de la edad media y por influjo de la penitencia céltica (Columbano † 615) se introdujo la confesión privada repetible, la recepción de la penitencia y la reconciliación estaban todavía separadas entre sí, a no ser que hubiera peligro de muerte. A consecuencia de dificultades de índole práctica, se concedió como excepción, desde fines del siglo IX, el otorgar la reconciliación inmediatamente después de la confesión y la imposición de la penitencia. Hacia fines del siglo X y principios del XI (Burcardo de Worms † 1025) se estableció como práctica universal el conceder inmediatamente la reconciliación.

4. Apéndice: La satisfacción extrasacramental

Las penitencias extrasacramentales, como son los ejercicios voluntarios de penitencia y el sufrimiento paciente de las pruebas divinas, poseen también valor satisfactorio (de fe).

El concilio de Trento declaró que «por medio de las penas que Dios envía, soportadas con paciencia, así como también por medio de las obras de penitencia realizadas voluntariamente, tales como ayunos, oraciones, limosnas y otras obras de piedad, se da satisfacción a Dios (en virtud de los méritos de Cristo) por los pecados (por lo que respecta a la pena temporal)»; Dz 923; cf. 906. De la condenación de una proposición de Bayo (Dz 1077) se desprende también como doctrina eclesiástica cierta que las obras de penitencia del justo son satisfactorias *de condigno,* es decir, de estricta exigencia.

Mientras que la satisfacción sacramental, como parte del sacramento de la penitencia, obra «ex opere operato», la satisfacción extrasacramental produce únicamente sus efectos «ex opere operantis». Para que la penitencia surta su efecto satisfactorio, que es eliminar las penas temporales debidas por el pecado, tienen que verificarse las mismas condiciones que para la realización de una obra meritoria (libertad, bondad moral y sobrenaturalidad de la acción; estado de peregrinación y estado de gracia en el que obra). Además, la obra satisfactoria, como compensación voluntaria del castigo debida a Dios, ha de tener carácter penal, esto es, ha de ir asociada a cierta molestia e incomodidad, cosa que en el estado de naturaleza caída se verifica de hecho en la realización de toda obra buena. La posibilidad de dar satisfacción, lo mismo que la de adquirir mérito, se funda en la gracia redentora de Cristo; Dz 923: *per Christi merita.*

Bibliografía: C. Weiss, *S. Thomae de satisfactione et indulgentiis doctrina,* Gr 1896. J. A. Spitzig, *Sacramental Penance in the Twelfth and Thirteenthe Centuries,* Wa 1947.

IV. LA ABSOLUCIÓN

§ 15. La absolución sacerdotal como forma del sacramento de la penitencia

1. Esencia de la forma sacramental

La forma del sacramento de la penitencia consiste en las palabras de la absolución (de fe; Dz 896; cf. 699).

En la Iglesia latina las palabras de la absolución son: «Ego te absolvo a peccatis tuis in nomine Patris et Filii et Spiritus Sancti. Amen.» Las palabras «in nomine Patris et Filii et Spiritus Sancti» no se requieren para la validez de la forma ni por ordenación de Cristo ni por la naturaleza misma de la sentencia judicial. Las oraciones que preceden y siguen a la absolución no pertenecen a la esencia de la forma y pueden omitirse por alguna razón poderosa; Dz 896; CIC 885.

2. Sentido de la absolución

La absolución, en unión con los actos del penitente, opera la remisión de los pecados (de fe).

La absolución no es meramente declaratoria, como suponían numerosos teólogos escolásticos desde el punto de vista de su doctrina contricionista y como enseñaban los reformadores desde el punto de vista de su doctrina sobre la justificación. La absolución no se limita a anunciar la remisión de los pecados, sino que además opera tal remisión (cf. § 5). El concilio de Trento condenó la doctrina de los reformadores; Dz 919.

Partiendo del supuesto de que la contrición produce siempre la justificación antes de que se reciba actualmente el sacramento, llegaron Pedro Lombardo y muchos de sus partidarios a sostener que la absolución tenía únicamente valor declaratorio. No obstante, siguieron defendiendo que era necesario recibirla y que producía la reconciliación con la Iglesia. SANTO TOMÁS rechazó la teoría de la declaración, aplicando lógicamente el concepto de sacramento al de la penitencia y estableciendo un paralelo entre el perdón de los pecados por el sacramento de la penitencia y el del bautismo; S.th. III 84, 3.

3. Forma verbal de la absolución

En la Iglesia primitiva, la absolución tenía forma deprecatoria, o sea, de oración de súplica. El papa León I comenta: «El perdón de Dios solamente puede alcanzarse por las oraciones de los sacerdotes» («supplicationibus sacerdotum»); Dz 146. Al llegar la edad media, se añadieron en la Iglesia latina algunas expresiones indicativas dentro de la forma deprecativa. En el siglo XIII se impuso exclusivamente la forma indicativa, que correspondía mejor al carácter judicial de la absolución. Santo Tomás salió en defensa de dicha forma. La Iglesia oriental sigue usando hasta el presente formas deprecativas, aunque no de manera exclusiva. Como esa forma de súplica fue usada en toda la Iglesia durante siglos enteros y nunca recibió censura alguna, debe ser considerada como suficiente y válida. La intención del ministro da significación indicativa a la forma materialmente deprecativa. Debe considerarse como inválida la forma que sea deprecativa tanto material (en cuanto al tenor literal de las palabras) como formalmente (en cuanto al sentido que se pretende dar a las mismas), es decir, que no sea más que una simple oración para conseguir el perdón de los pecados, porque entonces tal forma no estaría conforme con el carácter judicial del acto de perdonar los pecados.

La absolución solamente se puede dar oralmente y a personas que se hallaren presentes; cf. Dz 1088.

Bibliografía: J. A. JUNGMANN, *Die lateinischen Bussriten in ihrer geschichtlichen Entwicklung,* In 1932. L. OTT, *Das Opusculum des hl. Thomas von Aquin De forma absolutionis in dogmengeschichtlicher Betrachtung,* «Festschrift E. Eichmann zum 70. Geburtstag», Pa 1940, 99-135.

Capítulo segundo

EFECTOS Y NECESIDAD DEL SACRAMENTO DE LA PENITENCIA

§ 16. EFECTOS DEL SACRAMENTO DE LA PENITENCIA

1. Reconciliación con Dios

El efecto principal del sacramento de la penitencia es la reconciliación del pecador con Dios (de fe).

El concilio de Trento hizo la siguiente declaración : «res et effectus huius sacramenti, quantum ad eius vim et efficatiam pertinet, reconciliatio est cum Deo» ; Dz 896. La reconciliación con Dios no sólo comprende la remisión del pecado, sino también la concesión de la gracia santificante, pues precisamente el perdón de los pecados tiene lugar por la infusión de la gracia santificante. Esta gracia se devuelve al que la había perdido y se acrecienta al que la seguía poseyendo. Con el perdón de la culpa va necesariamente unida la remisión de la pena eterna, aunque las penas temporales no siempre se perdonan íntegramente (cf. § 14, 2).

La gracia específica del sacramento de la penitencia es la gracia santificante, en cuanto ésta se ordena a que el alma sane del pecado (Dz 695: «per poenitentiam spiritualiter sanamur»). Con la gracia santificante se concede también el título a las gracias actuales necesarias para preservarse de caer en pecado.

2. Paz del alma

La reconciliación con Dios tiene a veces *(interdum)* — y, por tanto, no siempre y en todos los casos — un efecto psicológico accidental, que es producir la paz y tranquilidad de conciencia y una intensa consolación espiritual («conscientiae pax ac serenitas cum vehementi spiritus consolatione»; Dz 896).

3. Reviviscencia de los méritos

Las obras buenas realizadas en estado de gracia que por el pecado mortal habían quedado «mortificadas», esto es, convertidas en ineficaces, reviven de nuevo por el sacramento de la penitencia (sent. común).

No poseemos definición alguna del magisterio eclesiástico sobre este particular, pero el concilio de Trento enumera entre las condiciones para la meritoriedad de las buenas obras (Dz 842) la duración no interrumpida del estado de gracia. Pío XI comenta en la bula jubilar *Infinita Dei misericordia* (1924) que todos aquellos que hacen penitencia «reparan y recuperan íntegramente la abundancia de méritos y dones que habían perdido por el pecado»; Dz 2193.

Los pasajes bíblicos citados para probar la reviviscencia de los méritos (Ez 33, 12; Hebr 6, 10; Gal 3, 4; Mt 10, 42; Apoc 14, 13) no son por sí mismos suficientemente probativos. Pero los padres y los teólogos defienden casi unánimemente esta tesis. San Jerónimo comenta a propósito de Gal 3, 4: «De quien ha trabajado por la fe en Cristo y después cae en el pecado se dice que todos sus afanes anteriores han sido vanos mientras se encuentra en pecado; pero no perderá su fruto si se convierte a la primera fe y al celo antiguo.» Santo Tomás prueba la reviviscencia de los méritos haciendo ver que las obras meritorias —en cuanto a su aceptación por Dios— siguen siendo aun después del pecado las mismas que eran antes de él. Pero el pecado impide la recepción de la eterna recompensa. Ahora bien, en cuanto cesa este impedimento, las obras buenas recuperan su efecto correspondiente, que es conducir a la vida eterna; S.th. III 89, 5.

4. Apéndice: No hay reviviscencia de los pecados

No se puede admitir la reviviscencia de los pecados ya perdonados («reviviscentia sive reditus peccatorum»), contra lo que sostuvieron algunos teólogos de la escolástica incipiente. Así como Cristo perdonaba los pecados incondicionadamente (absolutamente), así también concedió a su Iglesia el poder de perdonarlos de manera absoluta y definitiva. La reviviscencia de los pecados tendría como consecuencia el que hubiera que volver a confesar todos los pecados mortales cometidos anteriormente e incluso que hubiera que volver a recibir el bautismo. Algunos padres, como SAN AGUSTÍN y San Gregorio Magno, refiriéndose a la parábola del siervo despiadado (Mt 18, 23 ss), hablan en sentido impropio de la reviviscencia de los pecados, por cuanto un nuevo pecado mortal nos sitúa de nuevo en nuestro estado anterior de separación de Dios y castigo eterno; cf. S.th. III 88, 1.

Bibliografía: M. BUCHBERGER, *Die Wirkungen des Bussakramentes nach der Lehre des hl. Thomas von Aquin,* Fr 1901. J. GÖTTLER, *Der hl. Thomas von Aquin und die vortridentinischen Thomisten über die Wirkungen des Bussakramentes,* Fr 1904. J. UDE, *Das Wiederaufleben der Verdienste,* DTh 3 (1925) 453-463. R. MARINO, *La reviviscenza dei meriti secondo la dottrina del dottore Angelico,* Greg 13 (1932) 75-108. A. LANDGRAF, *Die frühscholastische Streitfrage vom Wiederaufleben der Sünden,* ZkTh 61 (1937) 509-594.

§ 17. NECESIDAD DEL SACRAMENTO DE LA PENITENCIA

Para lograr la salvación, tienen necesidad del sacramento de la penitencia todos los que hubieren caído en pecado mortal después de recibido el bautismo (de fe).

El concilio de Trento parangona la necesidad del sacramento de la penitencia con la del sacramento del bautismo; Dz 895. Lo mismo que el sacramento del bautismo, el de la penitencia es también necesario con necesidad de precepto y de medio. La necesidad de precepto se deriva del hecho de la institución divina, y la necesidad de medio, de la finalidad que tiene este sacramento, que es reconciliar con Dios a los cristianos que han caído en pecado mortal. En caso de necesidad se puede sustituir la recepción actual del sacramento por el deseo de la misma *(votum sacramenti).*

La mente de los padres acerca de la necesidad del sacramento de la penitencia aparece bien clara en los frecuentes parangones que establecen entre este sacramento y el del bautismo, y en los epítetos que le aplican, tales como «bautismo penoso» (SAN JUAN DAMASCENO, *De fide orth.* IV 9), «bautismo de penitencia» (SAN FILASTRO, *De haer.* 89), «bautismo de lágrimas» (SAN GREGORIO NACIANCENO, *Or.* 39, 17), «bautismo por penitencia y lágrimas» (SAN JUAN DAMASCENO, l.c.) o «segunda tabla de salvación después del naufragio» («secunda post naufragium tabula»; SAN JERÓNIMO, *Ep.* 130, 9).

El precepto divino implícito en la institución ha sido concretado por la Iglesia en el concilio IV de Letrán (1215) y en el de Trento dando una ley universal que obliga a todos los fieles a confesarse por lo menos una vez al año. La obligación comienza con la edad del discernimiento, esto es, con el uso de razón, que suele aparecer hacia los siete años de edad; Dz 437, 918, 2137; CIC 906. Quien no haya cometido pecado mortal no está sometido a esta ley, según la opinión más probable. La razón es que los pecados veniales no son objeto obligatorio de confesión.

Bibliografía: P. BROWE, *Die Pflichtbeichte im Mittelalter,* ZkTh 57 (1933 335-383.

Capítulo tercero

EL MINISTRO Y EL SUJETO DEL SACRAMENTO DE LA PENITENCIA

§ 18. EL MINISTRO DEL SACRAMENTO DE LA PENITENCIA

1. Los obispos y sacerdotes, únicos titulares del poder de absolver

Solamente los obispos y sacerdotes son los poseedores del poder eclesiástico de absolver (de fe).

El concilio de Trento hizo la siguiente declaración contra Lutero: «Si quis dixerit... non solos sacerdotes esse ministros absolutionis», a. s.; Dz 920, cf. 670, 753. La palabra «sacerdotes» denota aquí tanto a los obispos como a los presbíteros.

Cristo prometió a sólo los apóstoles el poder de absolver (Mt 18, 18) y tan sólo a ellos confirió tal potestad (Ioh 20, 23). De los apóstoles pasó este poder a sus sucesores en el sacerdocio, los obispos y presbíteros. La esencia misma de la constitución jerárquica de la Iglesia exige que no todos los fieles sin distinción posean el poder judicial de absolver, sino que únicamente lo tengan los miembros de la jerarquía.

En la antigüedad cristiana —como sabemos por testimonio de la tradición— los obispos y presbíteros tenían en sus manos la dirección de la penitencia. Según SAN CIPRIANO, el perdón de los pecados y la concesión de la paz se hacían «por medio de los sacerdotes» («per sacerdotes»; *De lapsis* 29). SAN BASILIO ordena confesar los pecados a aquellos a quienes está confiada la dispensación de los misterios de Dios (*Regulae brevius tractatae,* reg. 288). SAN AMBROSIO dice: «Este derecho se concede solamente a los sacerdotes» («solis sacerdotibus»; *De poen.* I 2, 7). SAN LEÓN I comenta que el perdón de los pecados en el sacramento de la penitencia solamente se puede alcanzar por las oraciones de los sacerdotes («supplicationibus sacerdotum»; *Ep.* 108, 2; Dz 146).

2. La llamada confesión diaconal y laical

La absolución impartida por diáconos, clérigos de rango inferior y laicos no puede ser considerada como verdadera absolución sacramental (de fe).

San Cipriano *(Ep.* 18, 1) y el sínodo de Elvira (can. 32) concedieron que el diácono, en caso de necesidad, impartiera la reconciliación. No está claro si por ello se entendía la absolución del pecado o el levantamiento de la excomunión. Los libros penitenciales, las colecciones de cánones antiguos y los teólogos de la alta edad media (Lanfranco) prescriben que en caso de necesidad se haga la confesión ante un diácono. Parece muy problemático que a tal confesión fuera unida ordinariamente la absolución. Desde fines del siglo XII algunos sínodos protestaron contra esa costumbre, alegando que los diáconos no poseían la potestad de absolver. Para comprender históricamente esa confesión diaconal conviene tener en cuenta que en la antigüedad lo que se consideraba como más importante en el proceso del perdón sacramental de los pecados era la satisfacción, y en la alta edad media se insistía más en la confesión de los pecados como saludable humillación de sí mismo, mientras que tenía mucha menos importancia la absolución sacramental.

Por la razón indicada, era corriente en la alta edad media confesar los pecados aun ante un laico, en caso de no hallar a mano un sacerdote. A esta amplia difusión de la confesión laical contribuyó no poco el opúsculo del Seudo-Agustín, *De vera et falsa poenitentia* (siglo XI). Muchos teólogos escolásticos, como Pedro Lombardo *(Sent.* IV 17, 4) y Santo Tomás de Aquino *(Suppl.* 8, 2), llegaron a declararla obligatoria. Escoto, que ponía exclusivamente en la absolución del sacerdote la esencia del sacramento de la penitencia, se pronunció en contra de la confesión laical. Los teólogos postridentinos la impugnaron, porque fácilmente podía entenderse erróneamente en el sentido del sacerdocio universal de los laicos propugnado por los reformadores. La confesión laical, como expresión del sentimiento de penitencia y del deseo del sacramento, podía operar la justificación «ex opere operantis».

En la Iglesia griega, desde fines de la controversia de las imágenes (hacia el 800) hasta el siglo XII, la administración de la penitencia estuvo principalmente en manos de los monjes, los cuales a menudo no eran sacerdotes. El perdón de los pecados que ellos concedían era considerado erróneamente como absolución sacramental. Esta costumbre se basaba en la creencia, que se remontaba a los tiempos de Orígenes, de que sólo los «pneumáticos» (favorecidos con carismas) eran los que tenían poder para perdonar los pecados y comunicar el Espíritu Santo.

3. Necesidad de la potestad de jurisdicción

Debido al carácter judicial del sacramento de la penitencia y para la validez del mismo, se requiere la potestad de jurisdicción además de la de absolver concedida por la ordenación sacerdotal; Dz 903, 1537; CIC 872.

Por esta misma razón, tanto el Papa como los obispos tienen el derecho de reservar la absolución de ciertos pecados de sus súbditos a su propio tribunal de la penitencia, de modo que los confesores ordinarios no pueden absolver válidamente de tales pecados a no ser en caso de peligro de muerte y en los casos previstos especialmente por el derecho eclesiástico; Dz 903, 921; CIC 882, 900. Históricamente, las reservaciones episcopales y pontificias se remontan a princippios del siglo XII (sínodo de Londres 1102, can. 20; sínodo de Clermont 1130, can. 10). En la baja edad media llegaron a tomar un incremento indebido, en perjuicio de la cura de almas.

Bibliografía: G. Gromer, *Die Laienbeicht im Mittelalter,* Mn 1909. El mismo, *Zur Geschichte der Diakonenbeicht im Mittelalter,* «Festgabe A. Knöpfler», Fr 1917, 159-176. A. Teetaert, *La confession aux laïques dans l'Église latine depuis le VIIIe jusqu'au XIVe siècle,* Wetteren-Bru-P 1926. K. Holl, *Enthusiasmus und Bussgewalt beim griechischen Mönchtum,* L 1898. J. Hörmann, *Untersuchungen zur griechischen Laienbeicht,* Donauwörth 1913. F. Charrière, *Le pouvoir d'ordre et le pouvoir de juridiction dans le sacrement de pénitence,* DTh 23 (1945) 191-213. P. Browe, *Das Beichtgeheimnis im Altertum und Mittelalter,* Schol 9 (1934) 1-57. B. Kurtscheid, *Das Beichtsiegel in seiner geschichtlichen Entwicklung,* Fr 1912.

§ 19. El sujeto del sacramento de la penitencia

El sacramento de la penitencia puede ser recibido por todo bautizado que después del bautismo haya cometido un pecado mortal o venial (de fe; Dz 911, 917).

Para la recepción válida se requieren — según sentencia común — los tres actos de contrición, confesión de los pecados y satisfacción.

Para la recepción digna se requiere, además de la fe, el sentimiento de dolor por los pecados. Como este sentimiento es parte esencial de la materia, coincide de hecho la recepción digna con la recepción válida.

APÉNDICE

§ 20. La doctrina sobre las indulgencias

1. Noción de indulgencia

Por indulgencia *(indulgentia)* se entiende la remisión extrasacramental, válida ante Dios, de las penas temporales restantes debidas por los pecados (ya perdonados en cuanto a la culpa) y que la autoridad eclesiástica, disponiendo del tesoro satisfactorio de la Iglesia, concede para los vivos a modo de absolución y para los difuntos a modo de sufragio: «remissio coram Deo poenae temporalis debitae pro peccatis ad culpam quod attinet iam deletis, quam ecclesiastica auctoritas ex thesauro Ecclesiae concedit pro vivis per modum absolutionis, pro defunctis per modum suffragii»; CIC 911; cf. Paulo vi, constitución apostólica *Indulgentiarum doctrina,* de 1-1-1967.

La indulgencia no es una remisión de los pecados, antes bien presupone como condición necesaria tal remisión. La fórmula indulgencial empleada en la edad media: «concedimus plenam (plenissimam) remissionem peccatorum», significa que por la remisión de las penas temporales restantes debidas por los pecados se eliminan los últimos efectos del pecado. Como condición se exigen ordinariamente la contrición y la confesión; cf. Dz 676.

La indulgencia no es tampoco una mera remisión de las penas canónicas, sino también de las penas temporales en las que se ha incurrido ante Dios por los pecados; cf. Dz 759, 1540.

2. Poder de la Iglesia con respecto a las indulgencias

La Iglesia tiene potestad para conceder indulgencias (de fe).

El concilio de Trento declaró, contra los ataques de Wicleff y Lutero: «Sacrosancta synodus... eos anathemate damnat, qui (indulgentias) aut inutiles esse asserunt, vel eas concedendi in Ecclesia potestatem esse negant»; Dz 989, 998; cf. Dz 622, 676 ss, 757 ss.

El papa León x, en su decreto sobre las indulgencias *Cum postquam* (1518), funda el poder de la Iglesia para conceder indulgencias en el poder de las llaves. Mas por este poder de las llaves no hay que entender, en sentido estricto, el de perdonar los pecados, sino, en sentido amplio, el poder eclesiástico de jurisdicción;

porque no todo poseedor del poder de perdonar los pecados posee también el poder de conceder indulgencias. Dentro de la potestad de absolver de la culpa del pecado y del castigo eterno no se contiene sin más la potestad de remitir las penas temporales debidas por los pecados. La indulgencia, por su esencia, no es un mero acto de gracia por el cual se perdone gratuitamente la pena temporal de los pecados sin reparación alguna, antes bien, la indulgencia es una compensación tomada del tesoro satisfactorio de Cristo y los santos. A los perfectos de la comunidad eclesiástica les corresponde distribuir a los fieles este tesoro espiritual. La posibilidad de tal satisfacción vicaria se deriva de la unidad del cuerpo místico de Cristo, de la comunión de los santos. La potestad de conceder indulgencias radica, por tanto, en la potestad de jurisdicción que posee la jerarquía eclesiástica y en la fe en la comunión de los santos; cf. Dz 740*a*; *Suppl.* 25, 1.

Las indulgencias, en su forma actual, aparecieron en el siglo XI. Procedían de las «absoluciones» extrasacramentales que tenían lugar en la alta edad media y en las cuales el Papa, los obispos y los sacerdotes, a menudo invocando su poder de atar y desatar, imploraban la misericordia de Dios en favor de algunas personas o de todos los fieles en general para que Dios les concediese el perdón de los pecados. Cuando en el siglo XI el perdón de las penas temporales debidas por los pecados, que se esperaba de Dios, comenzó a atribuirse a la penitencia eclesiástica, y conforme a eso ésta fue reducida, la absolución se transformó en indulgencia. El poder de otorgar indulgencia, aunque en forma distinta, lo ha ejercitado ya la Iglesia desde la antigüedad cristiana. Por las «intercesiones (cartas de paz) de los mártires», la Iglesia —sobre todo la del norte de África en el siglo III (San Cipriano)— concedía de vez en cuando a algunos penitentes la remisión parcial de la penitencias que les habían sido impuestas. Se tenía la confianza de que Dios, por la intercesión y los méritos de los mártires, les condonaría la restante pena debida por las pecados. En la alta edad media aparecieron las «redenciones» (conmutación de penitencias), por las cuales se cambiaban penitencias graves en otras obras compensatorias más ligeras (limosnas, peregrinaciones). Aunque en principio se exigió la equivalencia de la penitencia conmutada con la otra primitivamente impuesta, de hecho la conmutación significó siempre un alivio de dicha penitencia. En atención a la comunión de los santos, se concedió que otras personas (monjes) ayudasen al cumplimiento de las penitencias o representasen al penitente, sobre todo cuando éste se encontraba enfermo. Con ello existía, sin duda, el peligro de una exteriorización de la penitencia. Los precedentes inmediatos de las indulgencias fueron las «absoluciones», muy corrientes en la alta edad media, que al principio consistieron en meras oraciones de intercesión, pero que después fueron tomando sucesivamente el carácter de absolución autoritativa.

3. Fuente de las indulgencias

La fuente de las indulgencias es el tesoro satisfactorio de la Iglesia, que se compone de las sobreabundantes satisfacciones de Cristo y los santos (sent. cierta).

Dios podría perdonar a los hombres sus pecados sin ninguna clase de satisfacción y no por eso quedaría quebrantada la justicia (S.th. III 64, 2 ad 3). Pero, de hecho, en el orden de la salvación que Dios estableció por medio de Cristo, el perdón de los pecados exige una satisfacción conveniente. Cuando, por las indulgencia, se perdonan de forma extrasacramental las penas temporales debidas por los pecados, la Iglesia ofrece a la justicia punitiva de Dios una compensación satisfactoria correspondiente a las penas temporales que se condonan al que recibe las indulgencias; y tal compensación satisfactoria la toma la Iglesia de las satisfacciones infinitas de Cristo y de las excedentes de los santos, esto es, de las satisfacciones que sobrepasan la medida de lo que éstos debían por sus propios pecados. Todo este cúmulo satisfactorio de Cristo y sus santos se denomina «tesoro de la Iglesia» («thesaurus Ecclesiae»). La autoridad eclesiástica posee el poder de disponer de este tesoro espiritual, aunque esto no debe entenderse en el sentido estrictamente jurídico de un derecho formal para disponer de una cosa, porque en este caso no se trata de valores materiales, sino morales, inseparables de la persona de Cristo y de los santos. Cuando concede una indulgencia, la autoridad eclesiástica se vuelve suplicante a la misericordia de Dios para que éste conceda la remisión de las penas temporales, no expiadas todavía, a los miembros necesitados del cuerpo místico de Cristo que cumplieron las condiciones prescritas, haciendo esta remisión en atención a las sobreabundantes satisfacciones de Cristo y los santos. La oración de la Iglesia necesita ser aceptada por Dios, pero puede contar con ello con certeza moral en consideración de la particular situación que ocupa en el cuerpo místico aquel que concede las indulgencias.

La doctrina sobre la existencia del «thesaurus Ecclesiae» y el poder dispositivo de la Iglesia sobre este tesoro se fue creando en la teología escolástica a comienzos del siglo XIII (Hugo de San Caro), siendo propuesta oficialmente, aunque no definida, primeramente por el papa CLEMENTE VI en su bula jubilar *Unigenitus Dei Filius* (1343) y más tarde por LEÓN X en la bula sobre las indulgencias *Cum postquam* (1518); Dz 550 ss, 740*a*. Esta doctrina se apoya en la satisfacción vicaria de Cristo y en la comunión de los santos. Los ataques de Lutero, Bayo y el sínodo de Pistoya contra esta doctrina fueron condenados por la Iglesia; Dz 757, 1060, 1541.

4. Los poseedores del poder de conceder indulgencias

El ejercicio de la potestad de conceder indulgencias no es un acto de la potestad de orden, sino de la de jurisdicción. El Papa, como poseedor de la suprema potestad de jurisdicción sobre toda la

Iglesia, posee un poder absoluto, es decir, ilimitado, para conceder indulgencias. Los obispos, en virtud de su potestad ordinaria, pueden conceder indulgencias tan sólo a sus súbditos y en una amplitud limitada por el derecho eclesiástico; cf. CIC 912, 274, n. 2; 349, § 2, n. 2. También los cardenales tienen un poder limitado de conceder indulgencias; CIC 239, § 1, n. 24.

5. División de las indulgencias

a) Por su extensión, las indulgencias se dividen en *plenarias* («indulgentia plenaria, totalis») y *parciales* («indulgentia partialis»), según que quede remitida total o parcialmente la pena temporal debida por el pecado. La amplitud de esa remisión depende de la decisión de la Iglesia: «tantum valent, quantum pronuntiantur» (o «praedicantur»; *Suppl.* 25, 2). Las indicaciones de tiempo que antes se usaban en las indulgencias parciales significan que se condona la misma cantidad de pena que se habría expiado en el tiempo indicado según las normas de la antigua disciplina penitencial de la Iglesia.

Hay unos pocos teólogos que disienten de la sentencia común (así, por ejemplo, Cayetano) y afirman que la indulgencia plenaria es la remisión de aquella medida de pena temporal que corresponde a todo el valor expiatorio de la penitencia canónica que debía imponerse según las antiguas normas. Como tal valor expiatorio no correspondía sin más a la satisfacción debida ante Dios, no es seguro — según esta sentencia — que la indulgencia plenaria opere la remisión de todas las penas temporales. Esta teoría se apoya en la fórmula usual con que se concedían las indulgencias con anterioridad al siglo XIII, en la cual se afirmaba que quedaba condonada toda la penitencia (impuesta). URBANO II declaró (1095), al proclamar la primera indulgencia de la Cruzada: «Inter illud pro omni poenitentia [ei] reputetur» (MANSI XX 816).

b) Según su aplicación, las indulgencias se dividen en aplicables a los vivos y a los difuntos. A los fieles vivos se les aplican las indulgencias a modo de absolución («per modum absolutionis»). La Iglesia no tiene jurisdicción sobre los fieles difuntos que se encuentran en el purgatorio. Por eso, las indulgencias «por los difuntos» no se pueden aplicar directamente por absolución, sino de manera indirecta por vía de intercesión o sufragio, y por lo mismo su efecto es incierto. La posibilidad de aplicar indulgencias se funda en la comunión de los santos.

Los pareceres de los teólogos no están de acuerdo sobre la significación de la frase «per modum absolutionis». Según su sentido original, esta frase significaba la absolución judicial de la penitencia impuesta por la Iglesia. Se pensaba que con la remisión de la penitencia eclesiástica iba siempre unida una correspondiente remisión de la pena merecida ante Dios y que había que pagar en la vida futura. Después que dejó de practicarse la penitencia pública, esta expresión siguió empleándose (cf. Dz 740*a* [León x]; CIC 911). Según L. Billot y P. Galtier, tiene aún hoy día la significación de que las penas temporales debidas por los pecados son remitidas «per modum solutionis», es decir, por pago efectuado con el tesoro de la Iglesia. B. Poschmann pretende conformarse al sentido primitivo de la expresión, entendiendo la concesión de la indulgencia como acto de absolución judicial, pero que inmediatamente sólo se refiere a la remisión de la pena canónica que debe imponerse —hoy tan sólo hipotéticamente— según las antiguas prescripciones penitenciales, mientras que la condonación de las penas del más allá es efecto de la oración que va implícita en la absolución y que pide la aceptación de la compensación tomada del tesoro satisfactorio de la Iglesia.

Las indulgencias en favor de los difuntos aparecen históricamente en la segunda mitad del siglo XV (Calixto III, 1457; Sixto IV, 1476), aunque la teología de la alta escolástica había afirmado ya la posibilidad de aplicar indulgencia a los difuntos (*Suppl.* 71, 10). La doctrina de Lutero de que las indulgencias nada aprovechan a los difuntos, así como también la negación de las mismas por el sínodo de Pistoya, fueron reprobadas por la Iglesia; Dz 762, 1542.

6. Condiciones para conceder y ganar indulgencias

El uso de las indulgencias resulta útil y saludable a los fieles (de fe; Dz 989, 998).

a) Las condiciones para la concesión de indulgencias son: α) poseer legítimo poder para ello; β) que exista motivo razonable.

Según Santo Tomás (*Suppl.* 25, 2) es motivo razonable todo aquel que contribuya a la gloria de Dios y al provecho de la Iglesia. Muchos otros teólogos, v.g., Cayetano, exigen una «causa proportionata», es decir, una ventaja de orden moral que corresponda a la importancia de la indulgencia.

b) Las condiciones para ganar indulgencias son, además de estar bautizado y no excomulgado: α) el estado de gracia santificante, por lo menos al terminar las obras prescritas; β) ser súbdito del que concede la indulgencia; γ) intención, al menos habitual, de ganar indulgencia; δ) exacto cumplimiento de las obras prescritas. Cf. CIC 925, 927; *Suppl.* 25, 2.

Es objeto de controversia la cuestión de si para ganar indulgencias en favor de los difuntos se requiere el estado de gracia. La mayor parte de los teólogos se deciden por la afirmativa (contra Suárez, Chr. Pesch, P. Galtier), porque es improbable que Dios acepte la oración del que está en pecado mortal cuando éste le pide que sea aplicada la indulgencia a los difuntos. Algunos teólogos del siglo XV (v.g., G. Biel) sostienen la inadmisible sentencia de que el Papa posee también potestad de jurisdicción sobre las almas del purgatorio y que, por tanto, puede aplicarles indulgencias bajo la forma de absolución autoritativa. De ahí se sacó en la práctica la perniciosa conclusión de que el mediador de la indulgencia solamente tenía necesidad de cumplir la obra prescrita (de ordinario dar limosnas en metálico), y no era necesario hallarse en estado de gracia para ganar la indulgencia.

Para ganar indulgencia plenaria no basta el simple estado de gracia, esto es, el estar libre de pecados graves, sino que se requiere además la carencia de pecados veniales.

Bibliografía: *Enchiridion indulgentiarum,* V [2]1952. F. BERINGER-STEINEN, *Die Ablässe, ihr Wesen und Gebrauch,* 2 vol., Pa [15]1921/22 (con un apéndice, 1930). E. GÖLLER, *Der Ausbruch der Reformation und die spätmittelalterliche Ablasspraxis,* Fr 1917. N. PAULUS, *Geschichte des Ablasses im Mittelalter,* 3 vol., Pa 1922/23. B. POSCHMANN, *Der Ablass im Licht der Bussgeschichte,* Bo 1948. El mismo, *Busse und Letzte Oelung* (v. supra, p. 610) 112-123. P. GALTIER, *De paenitentia,* R 1950, Appendix. S. DE ANGELIS, *De indulgentiis,* V [2]1950. F. CERECEDA, *Un proyecto tridentino sobre las indulgencias,* EE 20 (1946) 245-255. K. RAHNER, *Bemerkungen zur Theologie des Ablasses,* SchrTh II 185-210.

V. EL SACRAMENTO DE LA UNCIÓN DE LOS ENFERMOS

Bibliografía: M. HEIMBUCHER, *Die hl. Oelung,* Re 1888. J. KERN, *De sacramento extremae unctionis,* Re 1907. C. BOYER, *Tractatus de paenitentia et extrema unctione,* R 1942. F. LEHR, *Die sakramentale Krankenölung im ausgehenden Altertum und im Frühmittelalter,* Karlsruhe 1934. A. CHAVASSE, *Étude sur l'onction des infirmes dans l'Église latine du IIIe au XIe siècle.* T. I: «Du IIIe siècle à la réforme carolingienne», Ly 1942. H. WEISWEILER, *Das Sakrament der Letzten Oelung in den systematischen Werken der ersten Frühscholastik,* Schol 7 (1932) 321-353, 524-560. P. BROWE, *Die Letzte Oelung in der abendländischen Kirche des Mittelalters,* ZkTh 55 (1931) 515-561. B. POSCHMANN, *Busse und Letzte Oelung* (v. supra, p. 610), Fr 1951. K. LÜBECK, *Die heilige Oelung in der orthodoxen griechischen Kirche,* ThGl 8 (1916) 318-341. TH. SPÁCIL, *Doctrina theologiae Orientis separati de s. infirmorum unctione,* R 1931. E. DORONZO, *Tractatus dogmaticus de extrema unctione,* 2 vols., Mw 1954/55.

§ 1. NOCIÓN Y SACRAMENTALIDAD DE LA UNCIÓN DE LOS ENFERMOS

1. Noción de la unción de los enfermos

La unción de los enfermos es el sacramento por el cual el cristiano enfermo recibe la gracia de Dios para salud sobrenatural del alma y a menudo también para salud natural del cuerpo, mediante la unción con óleo y la oración del sacerdote.

2. Sacramentalidad de la santa unción

a) El dogma

La unción de los enfermos es verdadero y propio sacramento instituido por Cristo (de fe).

Después que ya algunas sectas medievales (cátaros, valdenses, wiclifitas, husitas) habían menospreciado el sacramento de la santa unción, relegando su uso, los reformadores negaron su sacramentalidad. Declararon éstos que la unción de los enfermos era una costumbre heredada de los padres, pero que no había sido preceptuada por Dios (*Apol. Conf.*, art 13, n. 6), sino que era un «sacramento ficticio» (*fictitium sacramentum;* CALVINO, *Institutio christ. rel.* IV 19, 18).

El concilio de Trento definió contra los reformadores: «Si quis dixerit, extremam unctionem non esse vere et proprie sacramentum a Christo Domino institutum et a beato Iacobo Apostolo promulgatum, sed ritum tantum acceptum a Patribus aut figmentum humanum», a. s.; Dz 926. Pío X condenó la sentencia modernista de que el apóstol Santiago no pretendió en su carta promulgar un sacramento instituido por Cristo, sino recomendar tan sólo una práctica piadosa; Dz 2048.

b) Prueba de Escritura

El sacramento de la unción de los enfermos está indicado y figurado en la Escritura por aquella unción de que se habla en Mc 6, 13; y recomendado y promulgado («commendatum et promulgatum»; Dz 908) por aquellas palabras de Iac 5, 14 s: «¿Alguno entre vosotros enferma? Haga llamar a los presbíteros de la comunidad y oren sobre él, ungiéndole con óleo en el nombre del Señor, y la oración de la fe salvará al enfermo, y el Señor le aliviará, y los pecados que hubiere cometido le serán perdonados».

En este pasaje se expresan todas las notas esenciales de la verdadera noción de sacramento:

α) El signo exterior de la gracia, consistente en la unción con óleo (materia) y en la oración de los presbíteros sobre el enfermo (forma).

β) El efecto interior de la gracia, expresado en el perdón de los pecados, que se realiza precisamente por la comunicación de la gracia. Según el contexto y la terminología empleada en otros pasajes (cf. Iac 1, 21; 2, 14; 4, 12; 5, 20), la «salvación y el alivio» del enfermo no se refieren, al menos de manera exclusiva, a la curación del cuerpo, sino también y principalmente a la salvación del alma de la eterna perdición y al alivio del espíritu por la gracia divina para superar el abatimiento y la desesperación.

γ) La institución por Cristo. Si ésta no se hallara expresada directamente por las palabras «en el nombre del Señor» (es decir, por encargo y autoridad del Señor — cf. 5, 10 —, o invocando el nombre del Señor), sería bien fácil probarla. Solamente Dios y el

Dios-Hombre Jesucristo tienen autoridad para vincular a la realización de un rito externo la concesión de la gracia divina. Los apóstoles se consideran exclusivamente como «ministros de Cristo y dispensadores de los misterios de Dios» (1 Cor 4, 1).

Muchos teólogos escolásticos de los siglos XII y XIII (v.g., Hugo de San Víctor, Pedro Lombardo, la *Summa Alexandri,* Buenaventura) sostuvieron la teoría de que la unción de los enfermos había sido instituida por los apóstoles, queriendo decir con ello que Dios o el Espíritu Santo había sido su institutor inmediato. Esta doctrina equivale a la institución mediata por Cristo. Conforme a la declaración del concilio de Trento (Dz 926), no está permitido seguir defendiendo tal teoría.

El pasaje de Iac 5, 14 s no puede entenderse —como pretendía Calvino— en el sentido de una curación carismática de los enfermos. La razón es bien sencilla: los carismas de la Iglesia primitiva no iban vinculados de manera necesaria y regular al oficio de presbíteros; cf. 1 Cor 12, 9 y 30. Además, el efecto de la unción y la oración no es tanto la salud del cuerpo como la del alma. El concilio de Trento reprobó como herética la doctrina de Calvino; Dz 927.

c) Prueba de tradición

No son numerosos los testimonios patrísticos en favor de la unción de los enfermos. ORÍGENES, refiriéndose a Iac 5, 14 s, habla del perdón de los pecados, pero parece que no lo distingue clara y nítidamente del que se efectúa por medio del sacramento de la penitencia *(In Lev. hom.* 2, 4). SAN HIPÓLITO DE ROMA, en su *Traditio Apostolica,* incluye una breve oración para la consagración del óleo en la cual se pide «por la confortación de todos los que lo gusten y por la salud de todos los que lo utilicen». Por los efectos que se atribuían a la aplicación del óleo, vemos que se usaba de manera eminente, aunque no exclusiva, para ungir a los enfermos. El *Eucologio* de SERAPIÓN DE THMUIS († hacia 360) contiene una prolija oración consagratoria en la cual se refiere que los efectos de la unción de los enfermos son librar de la enfermedad y debilidad corporal, expulsar los malos espíritus y el conferir la gracia y el perdón de los pecados.

El papa Inocencio I (401-417) da testimonio, en una carta a Decencio de Gubbio (Dz 99), de que el pasaje de Iac 5, 14 s se refiere a los fieles enfermos; de que el óleo de enfermos debía ser preparado, es decir, bendecido, por el obispo; de que la unción de los enfermos no sólo pueden realizarla los sacerdotes, sino también el obispo; y de que dicha unción es «sacramento» *(genus est sacramenti).* La unción privada de los enfermos de que nos habla Inocencio, que está permitida a todos los fieles, debe ser considerada como una unción no sacramental. San CESÁREO DE ARLÉS († 542) exhorta a los fieles a que en caso de enfermedad no acudan a los adivinos y encantadores para buscar la salud con sus recursos mágicos, sino que acudan a la Iglesia para recibir el cuerpo y la sangre de Cristo y hacer que los sacerdotes les unjan con el óleo sagrado. De esta manera, conforme a Iac 5, 14 s, conseguirán la salud del cuerpo y la remisión de los pecados (*Sermo* 13, 3; 50, 1; 52, 5; 184, 5). Según San Cesáreo, el enfermo mismo es el que realiza la unción (pero v. *Sermo* 19, 5, cuya autenticidad de todos modos es dudosa: «oleo benedicto a presbyteris inunguatur») y los padres aplican esta unción a sus hijos (*Sermo* 184, 5). BEDA EL VENERABLE († 735) y algunos escritores de la época carolingia nos dan testimonio de que los sacerdotes eran los que administraban la unción a los enfermos, como lo exige Iac 5, 14. Pero Beda permite también, como Inocencio I, el uso privado del óleo consagrado por el obispo (*Expos. ep. Iac.* 5, 14). Desde la época carolingia los obispos y los sínodos recomiendan que no se deje de recibir la unción de los enfermos. La culpa de que se recibiera raras veces este sacramento la tenían algunos abusos (había que pagar derechos excesivamente elevados) y algunas creencias erróneas (las de que después de recibida la unción no era lícito el comercio conyugal ni el probar carne, y que se había de andar descalzo); cf. BERTOLDO DE RATISBONA, *Sermón sobre los siete sacramentos.*

La Iglesia ortodoxa griega y las sectas orientales separadas de la Iglesia católica desde el siglo V reconocen y usan el sacramento de la unción de los enfermos exceptuando los nestorianos y armenios, que antiguamente también lo reconocían; cf. el testimonio del patriarca armenio JUAN MANDAKUNI († después de 480) en su *Discurso XXV.*

Bibliografía: M. MEINERTZ, *Die Krankensalbung Jak 5, 14 f.* BZ 20 (1932) 23-36. J. B. BORD, *L'Extrême-Onction d'après l'Épître de s. Jacques examinée dans la tradition,* Bru 1923. F. LEHR, A. CHAVASSE (v. supra, p. 653). P. HUMILIS A GENUA, *Influxus Patrum et theologorum in doctrinam S. Bonaventurae de institutione sacramenti extremae unctionis a saeculo VI usque ad initium saeculi XII,* «Collectanea franciscana» 8 (1938) 325-354.

§ 2. EL SIGNO EXTERNO DE LA UNCIÓN DE LOS ENFERMOS

1. Materia

El óleo es la materia remota de la unción de los enfermos (de fe).

Por óleo (Iac 5, 14) debe entenderse aceite de oliva. El *Decretum pro Armeniis* (1439) enseña: «cuius materia est oleum olivae per episcopum benedictum»; Dz 700; cf. 908. El óleo, conforme a una antigua tradición (cf. San Hipólito de Roma), ha de estar bendecido por el obispo o un sacerdote autorizado por la Sede Apostólica; CIC 945. El empleo de óleo sin consagrar o cuya consagración ha sido realizada por un sacerdote no autorizado permite dudar de la validez del sacramento; cf. Dz 1628 s.

La materia próxima es la unción del enfermo con óleo consagrado. Para la validez del sacramento basta hacer la unción sobre un solo sentido o, mejor, sobre la frente; CIC 947, § 1.

2. Forma

La forma consiste en la oración del sacerdote por el enfermo mientras le aplica la unción (de fe).

La Iglesia latina se sirve de las siguientes palabras: «Per istam sanctam unctionem et suam piissimam misericordiam indulgeat tibi Dominus, quidquid per visum (auditum, odoratum, gustum et locutionem, tactum, gressum) deliquisti. Amen»; Dz 700, 908; cf. 1996.

Según Iac 5, 14, la forma tiene que ser una oración tal por el enfermo que claramente precise que la unción es un acto religioso. Para ello la forma más conveniente es la deprecativa; pero notemos que las formas indicativas e imperativas, en uso antiguamente, pueden adquirir también significación deprecativa por la intención del ministro del sacramento.

Bibliografía: M. QUERA, *La forma del sacramento de la extremaunción,* EE 3 (1924) 264-281. P. BORELLA, *Materia e forma dell'estrema unzione nell'antico rito ambrosiano,* «Ambrosius» 20 (1944) 13-18; cf. ibid. 40-45. El mismo, *L'orazione ed imposizione delle mani nell'estrema unzione,* ibid. 49-57.

§ 3. LOS EFECTOS DE LA UNCIÓN DE LOS ENFERMOS

El *Decretum pro Armeniis* atribuye a la santa unción el efecto de sanar el alma y, en ocasiones, el cuerpo: «Effectus vero est mentis sanatio et, in quantum autem expedit, ipsius etiam corporis»; Dz 700. El concilio de Trento enumera los siguientes efectos: conferir la gracia, perdonar los pecados, quitar las reliquias del pecado, aliviar y confortar al enfermo y, en las debidas circunstancias, restaurar la salud del cuerpo; Dz 927, 909. Con el *Decretum pro Armeniis* podemos distinguir dos efectos de este sacramento:

1. Curación del alma

La santa unción confiere al enfermo la gracia santificante para aliviarle y confortarle (de fe).

Como sacramento de vivos, opera el aumento de gracia santificante. Conforme al fin del sacramento, la gracia conferida está destinada y tiene virtud para sanar, aliviar y confortar el alma del enfermo, despertando en él la confianza en la divina misericordia y dándole valor para soportar las molestias de la enfermedad y la agonía de la muerte y resistir las tentaciones del enemigo malo. De esta manera se vence la debilidad moral que queda en el enfermo como secuela del pecado *(reliquiae peccati)*; Dz 909; cf. *Suppl.* 30, 1. Con la gracia santificante se concede al mismo tiempo el derecho a todas aquellas gracias actuales que necesita el enfermo en las horas difíciles para el cuerpo y el espíritu que le proporcionan la enfermedad grave y la agonía.

La unción de los enfermos opera la remisión de los pecados mortales y veniales todavía existentes (de fe).

Como la santa unción es sacramento de vivos, presupone en general la remisión de los pecados mortales. Ahora bien, cuando una persona que está en pecado mortal se halla gravemente enferma y no puede recibir el sacramento de la penitencia o piensa equivocadamente que está libre de pecado mortal, entonces la unción de los enfermos borra *per accidens* —mas en virtud de la institución de Cristo— tales pecados mortales. Es condición necesaria para que se efectúe el perdón de los pecados que el pecador los haya aborrecido internamente por medio de una contricción imperfecta que perdure habitualmente. La unción de los enfermos perdona también penas temporales debidas por los pecados, y eso según el grado de la disposición subjetiva.

Muchos teólogos escolásticos, especialmente los escotistas, consideran que el fin principal de la santa unción es la remisión de los pecados veniales. Santo Tomás rechaza esta opinión porque le parece infundado admitir un sacramento especial para la remisión de los pecados veniales junto al sacramento de la penitencia *(Suppl.* 30, 1).

El sacramento recibido válida pero indignamente revive después de remover el impedimento de la gracia. Así piensan la generalidad de los teólogos.

2. Curación del cuerpo

La santa unción produce a veces el restablecimiento de la salud corporal si ello conviene a la salud del alma (de fe; Dz 909).

Este efecto no se produce directamente por vía milagrosa, sino indirectamente por la influencia interna que existe entre el alma y el cuerpo, haciendo que el alivio y confortación del alma opere la curación del cuerpo. Este efecto presupone la posibilidad natural de curación; *Suppl.* 30, 2.

Bibliografía: I. Schmitz, *De effectibus sacramenti extremae unctionis,* Fr 1893. H. S. Kryger, *The Doctrine of the Effects of Extreme Unction in Its Historical Development,* Wa 1949. Z. Alszeghy, *L'effetto corporale dell'Estrema Unzione,* Greg 38 (1957) 385-405.

§ 4. Necesidad de la unción de los enfermos

La unción de los enfermos no es en sí necesaria para la salvación (sent. cierta; CIC 944).

La razón es bien sencilla: el estado de gracia se puede alcanzar y conservar sin este sacramento. Pero accidentalmente *(per accidens)* la unción de los enfermos puede ser necesaria para la salvación de alguna persona que se encuentre en pecado mortal y no pueda recibir el sacramento de la penitencia.

No es posible señalar un precepto divino explícito («praeceptum divinum explicitum») que obligue a recibir la unción de los enfermos. Pero el hecho de la institución divina de un sacramento especial para la enfermedad grave y la agonía incluye el precepto de aprovecharse de él («praeceptum divinum implicitum»).

La caridad hacia sí mismo y la alta estima en que se deben tener los sacramentos imponen al enfermo la obligación grave de recibir el sacramento de la unción de los enfermos. Los que rodean al enfermo tienen obligación de caridad de procurar que éste pueda recibirlo. El concilio de Trento condenó el menosprecio de este sacramento como «grave delito e injuria contra el Espíritu Santo»; Dz 910.

§ 5. El ministro de la unción de los enfermos

La santa unción sólo puede ser administrada válidamente por los obispos y prebíteros (de fe).

Contra los reformadores, que entendían por «presbíteros» (Iac 5, 14) a los miembros más ancianos de la comunidad, el concilio de Trento declaró que había que entender por dicho nombre a los sacerdotes ordenados por el obispo: «Si quis dixerit presbyteros Ecclesiae... non esse sacerdotes ab episcopo ordinatos, sed aetate seniores in quavis communitate, ob idque proprium extremae unctionis ministrum non esse solum sacerdotem», a. s.; Dz 929.

En la edad media era corriente que fueran varios los sacerdotes que administrasen la santa unción, uso que todavía está en boga en la Iglesia griega. Tal costumbre no la exige la forma plural «presbyteros» (Iac 5, 14), pero está admitida.

La unción de los enfermos que los laicos realizaban en sí mismos y en otras personas (de la cual nos habla el papa Inocencio I [Dz 99] y sabemos estuvo muy difundida durante la edad media) no debe considerarse como sacramento, sino únicamente como sacramental.

§ 6. El sujeto de la unción de los enfermos

La unción de los enfermos sólo puede ser recibida válidamente por los fieles que se hallaren gravemente enfermos (de fe; Dz 910).

Para recibir válidamente la santa unción se requiere, además de haber recibido el bautismo y hallarse en enfermedad que ponga en peligro la vida (Iac 5, 14-15), que la persona haya llegado al uso de razón (sent. cierta), pues la unción de los enfermos, por su finalidad y sus efectos, es complemento del sacramento de la penitencia («consummativum poenitentiae»; Dz 907) y presupone, por tanto, lo mismo que éste, el uso de razón en la persona que lo ha de recibir; CIC 940, § 1.

La santa unción es repetible. Pero en el curso de la misma enfermedad solamente se puede recibir una vez, a no ser que después de una mejoría aparezca de nuevo el peligro de muerte (no reiterabilidad relativa); Dz 910; CIC 940, § 2.

La opinión de algunos teólogos de la escolástica primitiva (Ivón de Chartres, Godofredo de Vendôme, Maestro Simón), que sostenían que la unción de los enfermos solamente se puede recibir una sola vez en la vida, está en contradicción con el fin del sacramento y no tiene apoyo alguno en la Sagrada Escritura ni en la tradición; por eso casi todos los teólogos la rechazaron (Pedro el Venerable, Hugo de San Víctor, Pedro Lombardo). Como muestran algunos sacramentarios de la alta edad media (*Gregorianum*, etc.), llegó a difundirse mucho la costumbre de administrar a los enfermos siete días consecutivos la unción y la comunión. Difícilmente se podrá dudar de la validez de esta repetición del sacramento durante el mismo peligro de muerte, pues tal repetición se hallaba prevista por la liturgia.

Para recibir válidamente el sacramento es necesaria la intención de recibirlo. En caso de necesidad basta la intención habitual e incluso la interpretativa.

Para la recepción digna se requiere como norma general el estado de gracia. En caso de necesidad basta la contrición imperfecta habitual.

Bibliografía: Fr. Schmid, *Ueber die Wiederholbarkeit der Krankenölung*, ZkTh 25 (1901) 258-268.

VI. EL SACRAMENTO DEL ORDEN

Bibliografía: J. TIXERONT, *L'ordre et les ordinations*, P 1925. A. TYMCZAK, *Quaestiones disputatae de Ordine*, Premisliae 1936; cf. ThR 36 (1937) 1-7. H. LENNERZ, *De sacramento ordinis*, R [2]1953. E. LOHSE, *Die Ordination im Spätjudentum und im Neuen Testament*, B-G 1951. THEOLOGISCHE FAKULTÄT MÜNCHEN (Facultad Teológica de Munich), *Episcopus. Studien über das Bischofsamt* («Sr. Em. Michael Kardinal Faulhaber zum 80. Geburtstag»), Re 1949. D. ZÄHRINGER, *Das kirchliche Priestertum nach dem hl. Augustinus*, Pa 1931. J. DE GHELLINCK, *Le traité de Pierre Lombard sur les sept ordres ecclésiastiques*, RHE 10 (1909) 290-302, 720-728, 11 (1910) 29-46. H. WEISWEILER, *Maître Simon...* (v. supra, p. 485) pp. CCII-CCXI. J. PÉRINELLE, *La doctrine de S. Thomas sur le sacrement de l'ordre*, RSPhTh 19 (1930) 236-250. J. TERNUS, *Dogmatische Untersuchungen zur Theologie des hl. Thomas über das Sakrament der Weihe*, Schol 7 (1932) 161-186, 354-386; 8 (1933) 161-202. GIOVANNI BATTISTA DA FARNESE, *Il sacramento dell'Ordine nel periodo precedente la Sessione XXIII del Concilio di Trento* (1515-1562), R 1946. H. BOUËSSÉ, *Le sacerdoce chrétien*, Bru-P 1957. E. DORONZO, *Tractatus dogmaticus de Ordine*, 2 vols., Mw 1957-59. J. GUYOT, *Das apostolische Amt*, Mz 1961.

§ 1. NOCIÓN Y SACRAMENTALIDAD DEL ORDEN

1. Noción

El orden *(ordo, ordinatio)* es el sacramento en el cual, por la imposición de manos y la oración del obispo, se confiere al cristiano un poder espiritual y gracia para ejercerlo santamente.

2. Sacramentalidad del orden

a) Dogma

El orden es un verdadero y propio sacramento, instituido por Cristo (de fe).

Contra la doctrina protestante del sacerdocio universal de los laicos, el concilio de Trento declaró que existe en la Iglesia católica un sacerdocio visible y externo (Dz 961), una jerarquía instituida por ordenación divina (Dz 966), es decir, un sacerdocio especial y un especial estado sacerdotal («ordo in esse») esencialmente distinto del laical. En este estado sacerdotal se ingresa por medio de un sacramento especial, el sacramento del orden («ordo in fieri seu ordinatio»). El concilio de Trento definió: «Si quis dixerit ordinem sive sacram ordinationem non esse vere et proprie sacramentum a Christo Domino institutum», a. s.; Dz 963. Notemos que esta definición conciliar afirma únicamente la sacramentalidad del orden en general, pero no la de cada una de las órdenes.

b) Prueba de Escritura

En los relatos bíblicos sobre la admisión de alguna persona en la jerarquía eclesiástica, aparecen claramente todas las notas de la noción de sacramento.

Act 6, 6 nos habla de la institución de los diáconos según la interpretación tradicional: «Los cuales [los siete varones] fueron presentados a los apóstoles, quienes, orando, les impusieron las manos.» En Act 14, 22 (G 23), se refiere la institución de los presbíteros: «Les constituyeron prebíteros en cada iglesia por la imposición de las manos, orando y ayunando, y los encomendaron al Señor.» San Pablo escribe a su discípulo Timoteo: «Por esto te amonesto que hagas revivir la gracia de Dios que hay en ti por la imposición de mis manos» (2 Tim 1, 6); cf. 1 Tim 4, 14: «No descuides la gracia que posees, que te fue conferida en medio de buenos augurios con la imposición de las manos de los presbíteros.»

Así pues, se ingresaba en la jerarquía eclesiástica por medio de una ceremonia sensible consistente en la imposición de manos y la oración. Por medio de este rito externo se concedía a los ordenandos poder espiritual y gracia interior. Cristo instituyó este sacramento como se prueba por el hecho de que sólo Dios y el Dios-Hombre Jesucristo pueden establecer un vínculo causal entre un rito externo y la concesión de la gracia interna.

La expresión «gratia» (τὸ χάρισμα) en los dos pasajes citados de las cartas a Timoteo no significa dones extraordinarios de gracia (carismas), sino la gracia de santificación concedida para el desempeño del ministerio espiritual.

La exhortación del apóstol San Pablo: «No seas precipitado en imponer las manos a nadie» (1 Tim 5, 22), si, con la exégesis más admisible, se refiere a la ordenación, da testimonio de que los prefectos eclesiásticos establecidos por los apóstoles debían transmitir a su vez por la imposición de manos los poderes que ellos habían recibido. Algunos exegetas antiguos y modernos (P. Galtier, K. Rahner) refieren este pasaje a la imposición de manos que tenía lugar en la reconciliación, porque el contexto parece tratar de la actitud que debe observarse con los pecadores.

c) Prueba de tradición

La tradición da testimonio de la institución divina de la jerarquía eclesiástica (v. el tratado acerca de la Iglesia, § 4) e igualmente testifica que la concesión de los poderes sacerdotales se efectuaba por medio de la imposición de manos y la oración (v. más adelante, § 3), confiriéndose de esta manera la gracia interior que va vinculada con tales poderes. San Gregorio Niseno compara la ordenación sacerdotal con la consagración de la eucaristía: «Esta misma virtud de la palabra hace al sacerdote excelso y venerable, segregado de las gentes por la novedad de su ordenación. Ayer y anteayer era todavía uno de tantos, uno del pueblo. Y ahora se convierte de repente en guía, prefecto, maestro de la piedad, consumador de los misterios recónditos. Y eso sin que haya cambiado su cuerpo o su figura. Al exterior sigue siendo el mismo que era antes, mas, por una virtud y gracia invisibles, su alma invisible se ha transformado en algo mejor» *(Or. in baptismum Christi)*. San Agustín compara el orden sacerdotal con el bautismo: «Ambos son sacramentos y ambos se administran al hombre con cierta consagración: aquél, cuando es bautizado; éste, cuando es ordenado; por eso en la Iglesia católica no se pueden repetir ninguno de estos dos sacramentos» *(Contra ep. Parmeniani* II 13, 28).

Bibliografía: H. Bruders, *Die Verfassung der Kirche von den ersten Jahrzehnten der apostolischen Wirksamkeit an bis zum Jahre 175,* May 1904. P. Gaechler, *Die Sieben (Act 6, 1-16),* ZkTh 74 (1952) 129-166. N. Adler, *Die Handauflegung im NT bereits ein Bussritus?,* (cf. 1 Tim 5, 22), Festschrift J. Schmid, Re 1963, 1-6.

§ 2. Las órdenes sagradas

Generalmente se enumeran siete órdenes sagradas; cuatro inferiores o «menores», que son: ostiariado, lectorado, exorcistado y acolitado; y tres superiores o «mayores», a saber: subdiaconado, diaconado y sacerdocio; esta última comprende: presbiterado y episcopado; cf. Dz 958, 962. Las siete órdenes las encontramos reunidas por vez primera en una carta del papa Cornelio (251-253) a Fabio, obispo de Antioquía (San Eusebio, *Hist. eccl.* VI 43, 11; Dz 45).

Sobre la relación de cada una de las órdenes con la eucaristía, véase *Suppl.* 37, 2.

1. Las cuatro órdenes menores y la de subdiaconado

Las cuatro órdenes menores y el subdiaconado no son sacramentos, sino sacramentales (sent. más común).

El *Decretum pro Armeniis* (Dz 701), que refleja la enseñanza de Santo Tomás y la mayor parte de los tomistas, no vale como argumento decisivo en contra de la tesis, pues tal documento no constituye una definición infalible del magisterio eclesiástico, sino una instrucción práctica. El concilio de Trento no zanjó esta cuestión. La constitución apostólica *Sacramentum Ordinis* de Pío XII (1947) favorece visiblemente la opinión de que sólo el diaconado, el presbiterado y el episcopado son órdenes sacramentales al no tratar más que de estos tres órdenes; Dz 3001.

Las órdenes menores y el subdiaconado no son de institución divina, puesto que fueron siendo introducidos por la Iglesia conforme iban surgiendo necesidades especiales. TERTULIANO es el primero que nos da testimonio del lectorado *(De praescr.* 41); del subdiaconado nos lo da SAN HIPÓLITO DE ROMA *(Traditio Apost.);* y de todas las órdenes menores (entre ellas se contó también hasta el siglo XII el subdiaconado) el papa Cornelio (Dz 45). La Iglesia griega sólo conoce dos órdenes menores: el lectorado y el hipodiaconado. En el rito de la ordenación falta la imposición de manos.

2. El orden de presbiterado

El presbiterado es sacramento (de fe).

Que el presbiterado sea sacramento se halla enunciado implícitamente en la definición del concilio de Trento, según la cual el orden es verdadero y propio sacramento; Dz 963. Como en tiempos del concilio de Trento no había unanimidad sobre si el episcopado y el diaconado eran órdenes conferidas por sacramento, la definición hay que referirla cuando menos al presbiterado, acerca del cual nunca se puso en duda que fuera sacramento. La constitución apostólica *Sacramentum Ordinis* de Pío XII enseña que tanto el presbiterado como el diaconado y el episcopado son sacramentos, en cuanto determina exactamente cuál es la materia y la forma de cada una de estas órdenes sagradas; Dz 2301.

Que el presbiterado es sacramento lo confirma principalmente el rito de su colación, que consiste sustancialmente en la imposición de manos y la oración para implorar la gracia del Espíritu Santo sobre los ordenandos.

3. El orden de episcopado

El episcopado es sacramento (sent. cierta).

El concilio de Trento declaró que los obispos, como sucesores de los apóstoles, pertenecen de manera excelente *(praecipue)* a la jerarquía, y que no dicen en vano en la ordenación: «Accipe Spiritum Sanctum»; Dz 960, 964. La constitución apostólica *Sacramentum Ordinis* de Pío XII supone que el episcopado es sacramento. El concilio Vaticano II declara: «Con la consagración episcopal se confiere la plenitud del sacramento del orden» *(De Ecclesia* n.° 21).

Los dos pasajes bíblicos de 2 Tim 1, 6, y 1 Tim 4, 14, se refieren inmediatamente al orden de episcopado. Su administración tiene lugar por la imposición de manos y la oración.

La objeción de los teólogos escolásticos de que el episcopado no confiere ningún poder nuevo sobre el «corpus Christi reale», es decir, sobre la eucaristía, no tiene mucha razón de ser, pues el episcopado confiere la potestad de comunicar a otras personas el poder de consagrar.

Superioridad de los obispos

Los obispos son superiores a los presbíteros (de fe).

En la antigüedad cristiana, Aerio de Sebaste (siglo IV) negó la superioridad de los obispos; en la edad media la negaron Marsilio de Padua (Dz 948), los wiclifitas y los husitas (Dz 675), y, a comienzos de la edad moderna, los reformadores.

El concilio de Trento hizo la siguiente declaración contra los reformadores: «Si quis dixerit episcopos non esse presbyteris superiores», a. s.; Dz 967. La superioridad de los obispos tiene lugar tanto en la potestad de jurisdicción como en la de orden. La superioridad en cuanto al poder de orden consiste en que sólo los obispos tienen potestad para ordenar y confirmar como ministros ordinarios.

La cuestión sobre si la superioridad del obispo respecto al presbítero, tanto en lo referente a la potestad de jurisdicción como a la de orden, fue directamente instituida por Cristo o se funda en una ordenación eclesiástica y, por consiguiente, si esa superioridad es de derecho divino o sólo eclesiástico, no fue decidida por el concilio de Trento. La tradición que testimonia unánimemente el hecho de la superioridad del obispo no se expresa con la misma unanimidad sobre la naturaleza de esa superioridad. San Jerónimo enseña que primitivamente no existía diferencia entre obispo y presbítero. Para evitar las divisiones, uno de los presbíteros habría sido puesto, mediante elección, al frente de los demás y a él se habría confiado la dirección de la comunidad. Desde entonces la administración del sacramento del orden habría sido un privilegio del obispo; cf. *Ep.* 146, 1; *In ep. ad Tit.* 1, 5. La opinión de San Jerónimo es mantenida posteriormente por San Isidoro de Sevilla, Amalario de Metz y muchos canonistas medievales. De entre los teólogos escolásticos, Juan Duns Escoto atribuye a esta opinión una cierta probabilidad. Pero la mayor parte de los teólogos la rechazan y enseñan, con Santo Tomás de Aquino, que existió desde el principio diferencia entre el obispo y el presbítero, fundada en una institución inmediata de Cristo.

4. El orden de diaconado

El diaconado es sacramento (sent. cierta).

La declaración del concilio de Trento según la cual los obispos, cuando confieren el orden, no dicen en vano: «Accipe Spiritum Sanctum» (Dz 964), tiene también su aplicación al diaconado. La constitución apostólica *Sacramentum Ordinis* de Pío XII supone que el diaconado es sacramento, cosa que fue hasta el presente sentencia casi universal de los teólogos.

La tradición considera el pasaje de Act 6, 6 como institución del diaconado. El rito ordenatorio consiste sustancialmente en la imposición de manos y la oración implorando la gracia del Espíritu Santo.

El diaconado, el presbiterado y el episcopado son grados sacramentales del orden. Pero adviértase que no son tres sacramentos distintos, sino que los tres constituyen un único sacramento: el del orden sacerdotal. El poder sacerdotal encuentra toda su plenitud en el episcopado y alcanza un grado menos perfecto en el presbiterado, mientras que el grado inferior de participación del poder sacerdotal se verifica en el diaconado.

Bibliografía: Fr. Wieland, *Die genetische Entwicklung der sog. ordines minores in den drei ersten Jahrhunderten,* R 1897. H. Reuter, *Das Subdiakonat,* A 1890. B. Fischer, *Der niedere Klerus bei Gregor d. Gr.,* ZkTh 62 (1938) 37-75. J. Schulte-Plassmann, *Der Episkopat, ein vom Presbyterat verschiedener, selbständiger und sakramentaler Ordo oder die Bischofsweihe als ein Sakrament,* Pa 1883. E. Seiterich, *Ist der Episkopat ein Sakrament?,* Schol 18 (1943) 200-219. A. Landgraf, *Die Lehre der Frühscholastik vom Episkopat als ordo,* Schol 26 (1951) 496-519. J. N. Seidl, *Der Diakonat in der katholischen Kirche,* Re 1884. W. Croce, *Die niederen Weihen und ihre hierarchische Wertung,* ZkTh 70 (1948) 257-314. M. Quera, *El Concilio de Trento y las órdenes inferiores al diaconado,* EE (1925) 337-358. J. Lécuyer, *Les étapes de l'enseignement thomiste sur l'épiscopat,* RTh 57 (1957) 29-52. K. Rahner - H. Vorgrimler, *Diaconia in Christo,* Fr 1962.

§ 3. El signo externo del sacramento del orden

1. Materia

a) La materia del diaconado, presbiterado y episcopado es únicamente la imposición de manos (sent. próxima a la fe).

Como solamente estos tres grados jerárquicos son sacramento, la imposición de manos es únicamente la materia del sacramento del orden. La imposición de manos se debe hacer por contacto físico de éstas con la cabeza del ordenando. Mas, para la administración válida del sacramento, basta el contacto moral obtenido extendiendo las manos.

Con su suprema autoridad apostólica, Su Santidad Pío XII declaró en la constitución apostólica *Sacramentum Ordinis* (1947): «Sacrorum Ordinum Diaconatus, Presbyteratus et Episcopatus materiam eamque unam esse manuum impositionem»; Dz 3011; cf. Dz 910, 958 s, 1963.

La constitución apostólica de Pío XII decide sólo lo que en el futuro se requiere para la válida administración del sacramento del orden. Queda abierta la cuestión de si Cristo instituyó el sacramento del orden *in genere* o *in specie,* y también la cuestión, dependiente de la anterior, de si la imposición de manos fue siempre en el pasado la única materia de este sacramento. El parecer de la mayor parte de los teólogos se inclina a admitir que Cristo instituyó *in specie* el sacramento del orden, estableciendo la imposición de manos y la oración que la determina como sustancia inmutable del sacramento, de modo que la imposición de manos habría sido siempre, aun en el pasado, la única materia del sacramento. Las decisiones de la constitución apostólica citada, siendo de naturaleza legislativa, no tienen efectos retroactivos.

La Sagrada Escritura (Act 6, 6; 1 Tim 4, 14; 5, 22; 2 Tim 1, 6) y la antigua tradición cristiana conocen sólo la imposición de manos como elemento material del rito del sacramento del orden; cf. San Hipólito de Roma, *Traditio Apostolica;* San Cipriano, *Ep.* 67, 5; San Cornelio, *Ep. ad Fabium* (en San Eusebio, *Hist. eccl.* IV, 43, 9 y 17); *Statuta Ecclesiae antiqua* (Dz 150 ss). En la Iglesia griega solamente se usa la imposición de manos, faltando el rito de entrega de los instrumentos. Sin embargo, la validez de las ordenaciones conferidas en la Iglesia griega fue siempre reconocida por la Sede Apostólica.

En el presbiterado, conforme a la declaración de Pío XII, debe considerarse únicamente como materia del sacramento la primera imposición de manos, realizada en silencio, y no la continuación de esta ceremonia mediante la extensión de la mano derecha. No pertenece tampoco a la materia del sacramento la segunda imposición de manos que tiene lugar al fin de la ordenación y va acompañada por las palabras: «Accipe Spiritum Sanctum: quorum remiseris peccata», etc. Estas palabras no aparecen en el rito latino hasta el siglo XIII y faltan en el rito griego.

b) La entrega de los instrumentos del orden no es necesaria para la validez del diaconado, presbiterado y episcopado (sent. próxima a la fe).

La mayor parte de los teólogos escolásticos, partiendo del supuesto de que todos los grados del orden eran sacramento, ponían la materia del sacramento del orden en la entrega de los instrumentos, que simbolizan las distintas funciones de cada orden («traditio instrumentorum»). Esta opinión la hizo suya, tomándola de Santo Tomás, el *Decretum pro Armeniis* del concilio unionista de Florencia (1439); Dz 701: «cuius (sc. ordinis) materia est id, per cuius traditionem confertur ordo». Pero ya hemos advertido que este decreto no es una definición infalible. Con motivo de la unión efectuada en este concilio, no se impuso a los griegos que cambiaran el rito que seguían en la ordenación ni que añadiesen la entrega de los instrumentos.

Pío XII declaró en la constitución apostólica *Sacramentum Ordinis* que, «al menos para el futuro, no es necesaria la entrega de los instrumentos para la validez del diaconado, presbiterado y episcopado»; Dz 3001.

Esta declaración deja abierta la posibilidad de que en el pasado la entrega de los instrumentos haya sido, aunque fuera sólo en una parte de la Iglesia, necesaria para la validez de dichas órdenes, sea como parte de la materia o como materia única (lo que supone una institución *in genere* por Cristo), sea como condición necesaria para la validez introducida por la Iglesia.

Históricamente, el rito de la entrega de los instrumentos en las ordenaciones sacramentales no aparece hasta el siglo X. En las ordenaciones no sacramentales este rito se remonta a la antigüedad cristiana (SAN HIPÓLITO, *Statuta Ecclesiae antiqua;* Dz 153 ss).

La ceremonia de poner sobre la cabeza del obispo ordenando el libro de los Evangelios, ceremonia de la cual ya encontramos testimonios en la antigüedad cristiana (Dz 150), no representa una entrega de instrumentos.

2. La forma

La forma del diaconado, presbiterado y episcopado consiste únicamente en las palabras que declaran la significación de la imposición de las manos (sent. próxima a la fe).

Pío XII declaró en la constitución apostólica *Sacramentum Ordinis:* «formam vero itemque unam esse verba applicationem huius materiae determinantia, quibus univoce significantur effectus sacramentales — scilicet potestas Ordinis et gratia Spiritus Sancti —, quaeque ab Ecclesia qua talia accipiuntur et usurpantur»; Dz 3001.

Las palabras que cumplen este requisito de determinar la materia señalando los efectos del sacramento (la potestad de orden y la gracia) son las del llamado «prefacio de ordenación». Las siguientes palabras del prefacio de la ordenación de diácono son esenciales y necesarias, por tanto, para la validez del orden: «Emitte in eum... roboretur» (Haz venir sobre él, te pedimos, Señor, al Espíritu Santo, con el cual, ayudado con el don de tu gracia septiforme, se fortalezca en la fiel ejecución de tu ministerio). Del prefacio de la ordenación de presbítero son esenciales las siguientes palabras: «Da, quaesumus, omnipotens Pater... insinuet» (Da, te pedimos, Padre Omnipotente, a este siervo tuyo la dignidad presbiteral, renueva en su interior el espíritu de santidad, para que obtenga, recibido de ti, oh Dios, el oficio de segunda categoría e insinúe la corrección de las costumbres con el ejemplo de su conducta). Del prefacio de la ordenación de obispo son esenciales las siguiente palabras: «Comple in Sacerdote tuo... sanctifica» (Acaba en tu sacerdote el más alto grado de tu ministerio y santifica con el rocío del ungüento celestial al que está provisto con los ornamentos de tu glorificación).

La forma imperativa que en la ordenación de obispo y de diácono acompaña la imposición de las manos: «Accipe Spiritum Sanctum...» («... ad robur», etc., en la ordenación de diácono) empezó a usarse generalmente en el rito latino durante la edad media (siglos XII/XIV). No pertenece a la forma y no es necesaria para la validez de la ordenación.

APÉNDICE: *Invalidez de las ordenaciones anglicanas.*

Su Santidad LEÓN XIII, en su carta *Apostolicae curae* de 13 de septiembre de 1896, declaró inválidas las órdenes anglicanas; Dz 1963-66. La declaración de invalidez se funda en que en la nueva fórmula ordenatoria de Eduardo VI introducida en 1549 las palabras «Accipe Spiritum Sanctum», que son consideradas como forma y acompañan la imposición de manos, no designan claramente el grado de orden jerárquico ni los poderes que con ese grado se confieren («defectus formae») — la adición de las palabras: «ad officium et opus presbyteri resp. episcopi», es posterior y tardía —; además, hay otra razón, y es que falta la intención de comunicar los poderes esenciales del sacerdocio, que son el de ofrecer el sacrificio de la misa y el de perdonar los pecados («defectus intentionis»). Aparte todo esto, no es seguro que la ordenación del arzobispo anglicano Mateo Parker (1559) fuera efectuada por un consagrador válido o al menos simplemente ordenado. Y precisamente de este arzobispo se deriva toda la sucesión apostólica de la Iglesia anglicana.

Bibliografía: G. M. van Rossum, *De essentia sacramenti Ordinis,* R [2][1931]. J. Coppens, *L'imposition des mains et les rites connexes,* Wetteren-P 1925. B. Botte, *Le Rituel d'ordination des Statuta Ecclesiae antiqua,* RThAM 11 (1939) 223-241. C. Castagnoli, *La sessione XXIII del Concilio di Trento e l'essenza dell'Ordine,* DThP 35 (1932) 197-203. B. Brinkmann, *Die Apostolische Konstitution Pius' XII. «Sacramentum Ordinis» vom 30 Nov. 1947,* ThQ 130 (1950) 311-336; cf. ibid. 136 (1956) 314-324. M. Quera, *El decreto de Eugenio IV para los armenios y el sacramento del Orden,* EE (1925) 138-153, 227-250; (1926) 327-332; (1927) 54-78, 157-170. Br. Kleinheyer, *Die Priesterweihe im römischen Ritus,* Tr 1962.

§ 4. Efectos del sacramento del orden

1. La gracia del orden

El sacramento del orden confiere gracia santificante a todo aquel que lo recibe (de fe; cf. Dz 843*a,* 959, 964).

El sacramento del orden, por ser sacramento de vivos, produce *per se* el aumento de gracia santificante. La gracia del orden tiene por fin y función propia capacitar al ordenando para el digno ejercicio de las funciones de su orden y para llevar una vida conforme a su nueva condición. El *Decretum pro Armeniis* enseña con Santo Tomás: «Effectus (sc. ordinis) augmentum gratiae, ut quis sit idoneus minister.» Pío xi enseña en la encíclica *Ad catholici sacerdotii* (1935): «El sacerdote recibe por el sacramento del orden... una nueva y especial gracia y una particular ayuda, por la cual... es capacitado para responder dignamente y con ánimo inquebrantable a las altas obligaciones del ministerio que ha recibido, y para cumplir las arduas tareas que del mismo dimanan»; Dz 2275. El fundamento bíblico es 1 Tim 4, 14, y 2 Tim 1, 6.

Juntamente con el perfeccionamiento de su estado de gracia, el ordenando recibe el título que le da derecho a las gracias actuales que le sean necesarias para lograr en el futuro el fin del sacramento; *Suppl.* 35, 1.

2. El carácter del orden

El sacramento del orden imprime carácter en todo aquel que lo recibe (de fe).

El concilio de Trento definió: «Si quis dixerit per sacram ordinationem... non imprimi characterem», a. s.; Dz 946; cf. 852. En ese carácter impreso por el sacramento se funda la imposibilidad de recibirlo de nuevo e igualmente la imposibilidad de volver al estado laical; cf. SAN AGUSTÍN, *Contra ep. Parmeniani* II 13, 28; *De bono coniugali* 24, 32.

El carácter del orden capacita al que lo posee para participar activamente en el culto cristiano y, por ser este culto un efluvio del sacerdocio de Cristo, para participar en el sacerdocio mismo de Cristo. Como signo configurativo, el carácter asemeja a todo aquel que lo posee con Cristo, que es el Sumo Sacerdote; como signo distintivo, distingue al ordenado de entre todos los laicos y todos los que poseen grados de orden no jerárquicos; como signo dispositivo, capacita y justifica para ejercer los poderes jerárquicos del orden correspondiente; como signo obligativo, obliga a distribuir los bienes de salvación que nos trajo Cristo y a llevar una vida pura y ejemplar.

Como el sacramento del orden tiene tres grados distintos, fuerza es admitir que en cada uno de los tres grados se imprime un carácter distinto de los demás. Como participación activa en el sacerdocio de Cristo, el carácter del orden está por encima del carácter del bautismo (que supone necesariamente) y del de la confirmación (que supone de manera conveniente).

3. La potestad del orden

El sacramento del orden confiere al que lo recibe una potestad espiritual permanente (de fe; cf. Dz 960 s).

En el carácter sacramental radican los poderes espirituales conferidos a los ordenandos en cada uno de los grados jerárquicos. Estos poderes se concentran principalmente en torno de la eucaristía. El diácono recibe el poder de ayudar inmediatamente al obispo y al sacerdote en la oblación del sacrificio eucarístico y el de repartir la sagrada comunión. El presbítero recibe principalmente el poder de consagrar y absolver (Dz 961); y el obispo el poder de ordenar.

§ 5. El ministro del sacramento del orden

1. Ministro ordinario

El ministro ordinario de todos los grados del orden, tanto de los sacramentales como de los no sacramentales, es sólo el obispo consagrado válidamente (de fe).

El concilio de Trento definió: «Si quis dixerit episcopos non habere potestatem confirmandi et ordinandi, vel eam quam habent, illis esse cum presbyteris communem», a. s.; Dz 967; cf. 701; CIC 951.

Según la Sagrada Escritura, los apóstoles (Act 6, 6; 14, 22; 2 Tim 1, 6) o los discípulos de los apóstoles consagrados por éstos como obispos (1 Tim 5, 22; Tit 1, 25), aparecen como ministros de la ordenación.

La antigua tradición cristiana conoce únicamente a los obispos como ministros de las ordenaciones. La potestad de ordenar se reconocía como privilegio del obispo y se negó expresamente que la poseyeran los presbíteros. San Hipólito de Roma hace constar en su *Traditio Apostolica* que el presbítero no ordena al clero («clerum non ordinat»). Según las *Constituciones Apostólicas*, la colación de las órdenes está reservada al obispo. El presbítero extiende sin duda sus manos sobre el ordenando, pero no para ordenarle (χειροθετεῖ, οὐ χειροτονεῖ; VIII 28, 3; cf. III 20, 2). San Epifanio rechaza el error de Aerio de Sebaste, según el cual el presbítero tiene el mismo rango que el obispo, y se funda en que sólo el obispo tiene potestad para ordenar (*Haer.* 75, 4). San Jerónimo considera la ordenación como privilegio del obispo, a pesar de que este santo doctor encumbra mucho el oficio de presbítero a costa del de obispo: «¿Qué hace el obispo —exceptuando la colación de las órdenes («excepta ordinatione»)— que no haga el presbítero?» (*Ep.* 146, 1).

Todo obispo consagrado válidamente, aunque sea hereje, cismático, simoníaco o se halle excomulgado, puede administrar válidamente el sacramento del orden suponiendo que tenga la intención requerida y observe el rito externo de la ordenación, al menos en su parte sustancial (sent. cierta); cf. Dz 855, 860; CIC 2372.

En la antigüedad y en la alta edad media se hacían numerosas «reordenaciones», o sea, repeticiones de las órdenes conferidas por obispos herejes, cismáticos o simoníacos. Los padres y los teólogos de la escolástica primitiva no saben qué partido tomar en esta cuestión. Pedro Lombardo no se atreve a dar una solución categórica, después de considerar que las opiniones de los padres no están de acuerdo en este punto (*Sent.* IV 25, 1). Santo Tomás afirma la validez de las órdenes conferidas por obispos herejes o cismáticos (*Suppl.* 38, 2).

Para la licitud de las órdenes se requiere que sean administradas por el obispo propio o por otro obispo con autorización de éste (dimisorias); CIC 955.

El ministro de la ordenación episcopal

Para la administración lícita del orden episcopal se requiere que sean tres obispos los que tomen parte en ella. Mas para la administración válida es suficiente un solo obispo, porque un solo miembro del episcopado tiene en sí la plena potestad de ordenación; CIC 954. Los dos obispos asistentes, según la constitución apostólica *Episcopus Consecrationis* (1944) de Pío XII, no son meros testigos, sino correalizadores de la ordenación («coconsagradores»): «et ipsi Consecratores effecti proindeque Conconsecratores deinceps vocandi». Para ello es necesario que estos obispos tengan intención de conferir la ordenación y pongan con el consagrador todo el signo sacramental. La imposición de manos la efectúa cada uno de los dos coconsagradores después del consagrador, diciendo las palabras: «Accipe Spiritum Sanctum». La oración de consagración, con su correspondiente prefacio de consagración, la dicen en voz baja al mismo tiempo que el consagrador (cf. AAS 42, 1950, 452).

Desde los más remotos tiempos, fueron varios los obispos que intervenían en la ordenación episcopal. Según la prescripción del concilio de Nicea (can. 4) han de ser por lo menos tres los obispos que tomen parte en la ceremonia; según las *Constituciones Apostólicas* (III 20, 1; VIII 27, 2) han de ser tres, o por lo menos dos. Pero en caso de necesidad bastaba un solo obispo, como atestiguan dichas *Constituciones* (VIII 27, 3) y una supuesta carta de San Gregorio Magno (*Ep.* XI 64, 8) a San Agustín de Cantorbery (redactada poco antes de 713).

2. Ministro extraordinario

a) El ministro extraordinario de las órdenes menores y del subdiaconado es el presbítero (sent. cierta).

El simple sacerdote (o presbítero) puede recibir la facultad, por el derecho común o por un indulto pontificio, de conferir las cuatro órdenes menores y el subdiaconado. La razón se funda en que todos estos grados son de institución eclesiástica. El derecho vigente prevé tan sólo el caso en que haya que administrar la tonsura y las cuatro órdenes menores; cf. CIC 239, § 1, n. 22; 957, § 2; 964, n. 1. Pero en la edad media, e incluso en la época postridentina, se concedió repetidas veces a los abades el privilegio de conferir el subdiaconado.

b) Con respecto a las órdenes del diaconado y presbiterado (que son sacramento), la mayor parte de los teólogos defienden, con

Santo Tomás y Escoto, que no pueden ser administradas válidamente por el simple sacerdote ni siquiera con autorización pontificia.

Pero a esta sentencia se oponen serias dificultades históricas: El papa BONIFACIO IX, de acuerdo con la doctrina de numerosos canonistas medievales (v.g., Huguccio †1210), concedió por la bula *Sacrae religionis* de 1 de febrero de 1400 al abad del monasterio agustiniano de San Pedro y San Pablo y Santa Osytha (en Essex, diócesis de Londres) y a sus sucesores el privilegio de administrar a sus súbditos tanto las órdenes menores como las de subdiaconado, diaconado y presbiterado. El privilegio fue suprimido el 6 de febrero de 1403 a instancias del obispo de Londres. Pero no se declararon inválidas las órdenes conferidas en virtud de este privilegio. El papa MARTÍN V, por la bula *Gerentes ad vos* de 16 de noviembre de 1427, concedió al abad del monasterio cisterciense de Altzelle (diócesis de Meissen, en Alemania) el privilegio de conferir durante cinco años a sus monjes y súbditos todas las órdenes, incluso las mayores (subdiaconado, diaconado y presbiterado). El papa INOCENCIO VIII, por la bula *Exposcit tuae devotionis* de 9 de abril de 1489, concedió al abad general y a los cuatro protoabades de la orden cisterciense (e igualmente a sus sucesores) el privilegio de conferir a sus súbditos el diaconado y subdiaconado. Los abades cistercienses usaban libremente de este privilegio todavía en el siglo XVII (Dz 1145 s, 1290, 1435).

Si no queremos admitir que estos papas fueron víctimas de una errónea opinión teológica de su tiempo (aunque la infalibilidad pontificia quedaría intacta, porque no era la intención de estos pontífices dar una solución *ex cathedra* de este problema), entonces tendremos que admitir que el simple sacerdote puede ser ministro extraordinario de la ordenación de diácono y presbítero, de forma análoga a como puede serlo de la confirmación. Según esta última hipótesis, la potestad de orden necesaria para conferir órdenes se contendría como *potestas ligata* en los poderes espirituales que el sacerdote recibe con la ordenación. Para el ejercicio válido de tal potestad ligada se requiere, bien por institución divina positiva, bien por disposición eclesiástica, una especial autorización pontificia.

Bibliografía: L. SALTET, *Les réordinations,* P 1907. A. SCHEBLER, *Die Reordinationen in der «altkatholischen» Kirche unter besonderer Berücksichtigung der Anschauungen R. Sohms,* Bo 1936. F. GILLMANN, *Zur Lehre der Scholastik vom Spender der Firmung und des Weihesakraments,* Pa 1920. El mismo, *Spender und äusseres Zeichen der Bischofsweihe nach Huguccio,* Wü 1922. El mismo, *Zur Frage der Echtheit der Bulle «Exposcit tuae devotionis»,* AkKR 104 (1924) 57-59. El mismo, *Zur Ordinationsbulle Bonifaz IX. «Sacrae religionis» vom Jahre 1400,* AkKR 105 (1925) 474 s. C. BAISI, *Il ministro straordinario degli ordini sacramentali,* R 1935. K. A. FINK, *Zur Spendung der höheren Weihen durch den Priester,* ZSKA 32 (1943) 506-508.

§ 6. El sujeto del sacramento del orden

El sacramento del orden sólo puede ser recibido válidamente por un bautizado de sexo masculino (sent. cierta; CIC 968, § 1).

El derecho divino positivo prescribe que sólo los varones están capacitados para recibir el sacramento del orden. Cristo solamente llamó a varones para que desempeñaran el apostolado. Según el testimonio de la Escritura (cf. 1 Cor 14, 34 ss; 1 Tim 2, 11 s) y conforme a la práctica incesante de la Iglesia, los poderes jerárquicos solamente se conferían a personas que fuesen del sexo masculino; cf. Tertuliano, *De praescr.* 41; *De virg. vel.* 9.

En la Iglesia de la antigüedad cristiana, las diaconisas constituían un grado especial próximo al del clero, según las *Constituciones Apostólicas* (viii 19 s), y que la leyes imperiales (Justiniano) consideraba incluso como parte del clero. El ingreso en este estado tenía lugar por medio de un rito especial que consistía, según dichas *Constituciones* (viii 19 s), en la imposición de manos y la oración. Pero a estas mujeres no se les concedían funciones sacerdotales; cf. San Hipólito, *Traditio Apostolica;* concilio de Nicea, can. 19; San Epifanio, *Haer.* 79, 3; *Const. Apost.* viii 28, 6. Las tareas principales de las diaconisas eran ayudar al bautismo de las mujeres y tener cuidado de los pobres y enfermos.

La ordenación de un párvulo bautizado es válida, pero ilícita. El adulto debe tener intención de recibir el orden sagrado. Por las graves obligaciones que se contraen, probablemente se requiere intención virtual.

Para la recepción lícita de las órdenes se requiere el cumplimiento exacto de las condiciones prescritas por la Iglesia. Para la recepcióón digna es necesario el estado de gracia.

Bibliografía: A. Ludwig, *Weibliche Kleriker in der altchristlichen und frühmittelalterlichen Kirche* (separata de Thpr M 20 [1910]), Mn 1910. A. Kalsbach, *Die altkirchliche Einrichtung der Diakonissen bis zu ihrem Erlöschen,* Fr 1926. J. Mayer, *Monumenta de viduis diaconissis virginibusque tractantia* (FlP 42), Bo 1938.

VII. EL SACRAMENTO DEL MATRIMONIO

Bibliografía: A. de Smet, *De sponsalibus et matrimonio*, Bru ²1927. B. Rive - J. B. Umberg, *Die Ehe in dogmatischer, moralischer und sozialer Beziehung*, Re ²1921. J. Bilz, *Die Ehe im Lichte der katholischen Glaubenslehre*, Fr ²1920. K. Adam, *Die sakramentale Weihe der Ehe*, Fr ³1937. C. Gröber, *Die christliche Ehe*, Fr 1937. G. M. Manser, *Die Ehe [ihr naturrechtlicher Charakter nach Thomas]*, DTh 24 (1946) 121-146. E. Boissard, *Questions théologiques sur le mariage*, P 1948. P. Tischleder, *Wesen und Stellung der Frau nach der Lehre des hl. Paulus*, Mr 1923. W. J. Dooley, *Mariage according to St. Ambrose*, Wa 1948. J. Peters, *Die Ehe nach der Lehre des hl. Augustinus*, Pa 1918. B. Alves Pereira, *La doctrine du mariage selon saint Augustin*, P 1930. W. Plöchl, *Das Eherecht des Magisters Gratianus*, L-W 1935. J. Freisen, *Geschichte des canonischen Eherechts bis zum Verfall der Glossenliteratur*, Pa ²1893. J. Dauvillier, *Le mariage dans le droit classique de l'Église depuis le décret de Gratien* (1140) *jusqu'à la mort de Clément V* (1314), P 1933. G. H. Joyce, *Christian Marriage. An Historical and Doctrinal Study*, Lo-NY ²1948; cf. F. Gillmann, *Zur christlichen Ehelehre*, AkKR 116 (1936) 92-126. H. Doms, *Bemerkungen zur Ehelehre des hl. Albertus Magnus*, «Studia Albertina» (Festschrift B. Geyer), Mr 1952, 68-69. F. Falk, Die *Ehe am Ausgange des Mittelalters*, Fr 1908. S. Baranowski, *Luthers Lehre von der Ehe*, Mr 1913. H. Conrad, *Das tridentinische Konzil und die Entwicklung des kirchlichen und weltlichen Eherechtes*, «Das Weltkonzil von Trient», Fr 1951, I 297-324. H. Volk, *Das Sakrament der Ehe*, Mr ²1956. G. Reidick, *Die hierarchische Struktur der Ehe*, Mn 1953. H. Rondet, *Introducción a la teología del matrimonio*, Herder, Barna 1962. P. Adnès, *El matrimonio*, Herder, Barna 1969.

§ 1. Noción, origen y sacramentalidad del matrimonio

1. Noción del sacramento del matrimonio

El matrimonio cristiano es aquel sacramento por el cual dos personas de distinto sexo, hábiles para casarse, se unen por mutuo consentimiento en indisoluble comunidad de vida con el fin de engendrar y educar a la prole, y reciben gracia para cumplir los deberes especiales de su estado. El *Catecismo Romano* (II 8, 3), siguiendo a los teólogos (cf. PEDRO LOMBARDO, *Sent.* IV 27, 2), da la siguiente definición de matrimonio, calcada de la del derecho romano: «Matrimonium est viri et mulieris maritalis coniunctio inter legitimas personas, individuam vitae consuetudinem retinens.» Pero en esta definición falta la nota esencial que distingue al matrimonio cristiano: la comunicación de la gracia.

2. Origen divino del matrimonio

El matrimonio no fue instituido por los hombres, sino por Dios (sent. cierta; Dz 2225). Cf. Vaticano II, const. *Gaudium et spes*, n. 48.

El matrimonio, como institución natural *(officium naturae)*, es de origen divino. Dios creó a los hombres varón y hembra (Gen 1, 27) y depositó en la misma naturaleza humana el instinto de procreación. Dios bendijo a la primera pareja humana y, por medio de una revelación especial, les manifestó su mandato de que se multiplicasen: «Procread y multiplicaos, y henchid la tierra» (Gen 1, 28).

Negaron el origen divino del matrimonio las sectas gnosticomaniqueas de la antigüedad y la edad media. Partiendo de la doctrina dualística según la cual la materia es la sede del mal, estos herejes rechazaron el matrimonio (por el cual se propaga la materia del cuerpo) calificándolo de fuente de mal. Bajo el influjo del espiritualismo platónico, SAN GREGORIO NISENO declaró *(De opif. hom.* 17) que tanto la diferenciación sexual de las personas como el matrimonio que en ella se funda son consecuencia del pecado que Dios había ya previsto. SANTO TOMÁS refutó la doctrina de San Gregorio (S.th. I 98, 2). SAN JERÓNIMO también hace depender erróneamente el origen del matrimonio del pecado del primer hombre *(Ep.* 22, 19).

3. Sacramentalidad del matrimonio

a) Dogma

El matrimonio es verdadero y propio sacramento instituido por Cristo (de fe).

Cristo restauró el matrimonio instituido y bendecido por Dios haciendo que recobrase su primitivo ideal de unidad e indisolubilidad (Mt 19, 3 ss) y elevándolo a la dignidad de sacramento.

Contra los reformadores que negaban la sacramentalidad del

matrimonio considerándolo como «cosa exterior y mundana» (Lutero), el concilio de Trento hizo la siguiente declaración: «Si quis dixerit matrimonium non esse vere et proprie unum ex septem Legis evangelicae sacramentis, a Christo Domino institutum, sed ab hominibus in Ecclesia inventum, neque gratiam conferre», a. s.; Dz 971; cf. 367, 424, 465, 702. Pío X condenó la negación de la institución divina del matrimonio por parte de los modernistas; Dz 2051; cf. el *Sílabo* de Pío IX (1864) y las encíclicas *Arcanum* de León XIII (1880) y *Casti connubii* de Pío XI (1930), que tratan sobre el matrimonio; Dz 1765 ss, 1853 s, 2225 ss.

b) Prueba de Escritura

San Pablo hace resaltar el carácter religioso del matrimonio, exigiendo que se contraiga «en el Señor» (1 Cor 7, 39) y enunciando su indisolubilidad como precepto del Señor (1 Cor 7, 10). La elevada dignidad y santidad del matrimonio cristiano se funda, según San Pablo, en que el matrimonio es símbolo de la unión de Cristo con su Iglesia; Eph 5, 32: «Gran misterio es éste, mas lo digo con respecto a Cristo y su Iglesia.» Como la unión de Cristo con la Iglesia es fuente de abundantes gracias para los miembros de ésta, el matrimonio, si es imagen perfecta de la unión santificadora de Cristo con la Iglesia, no puede ser un símbolo huero como era en la época precristiana, sino un signo eficiente de la gracia. Ahora bien, este efecto de comunicar la gracia no podría tenerlo el matrimonio sino por institución de Cristo.

Las palabras del Apóstol no prueban con plena certeza que el matrimonio cause la gracia santificante, causalidad que es nota esencial del concepto de sacramento. La palabra «sacramentum» (μυστήριον) solamente tiene el significado general de «misterio». Pero el hecho de que el Apóstol compare el matrimonio cristiano con la unión santificadora de Cristo con su Iglesia insinúa —como hace notar el concilio de Trento— que el matrimonio es verdadera causa de gracia (Dz 969: «Quod Paulus Apostolus innuit»).

c) Prueba de tradición

Los padres consideraron desde un principio el matrimonio como algo sagrado. San Ignacio de Antioquía († hacia 107) exige que la Iglesia coopere en la contracción de matrimonio: «Conviene que el novio y la novia contraigan matrimonio con anuencia del obispo, a fin de que el matrimonio sea conforme al Señor y no conforme a la concupiscencia» (*Pol.* 5, 2). También Tertuliano da testimonio de que el matrimonio ha de contraerse ante la Iglesia: «¿Cómo podríamos describir la dicha de un matrimonio contraído ante la Iglesia, confirmado por la oblación, sellado por la bendición, proclamado por los ángeles y ratificado por el Padre celestial?» (*Ad uxorem* II 9).

San Agustín defiende la dignidad y santidad del matrimonio cristiano contra los maniqueos, que desechaban el matrimonio como fuente del mal (*De moribus ecclesiae catholicae et de moribus manichaeorum* 389), contra Joviniano, que inculpaba a la Iglesia de menospreciar el matrimonio (*De bono coniugali* 401), y contra los pelagianos, que decían que el pecado original era incompatible con la dignidad del matrimonio (*De nuptiis et concupiscentia* 419/410). Convirtióse en patrimonio de la teología posterior su doctrina sobre los tres bienes del matrimonio: *proles* (la descendencia), *fides* (la fidelidad conyugal), *sacramentum* (signo de la unión indisoluble de Cristo con su Iglesia conforme a Eph 5, 32; por eso esta palabra tiene aquí la misma significación que indisolubilidad). San Agustín no habla todavía expresamente de que el matrimonio cause gracia santificante.

La asistencia de Jesús a las bodas de Caná la consideran los padres como un reconocimiento y santificación del matrimonio cristiano por parte del Señor, de manera análoga a como en el Jordán, por su bautismo, santificó Jesús el agua para la administración del sacramento del bautismo; cf. San Agustín, *De bono coniugali*, 3, 3; San Juan Damasceno, *De fide orth.* IV 24.

Solamente la escolástica llegó a adquirir un conocimiento claro y científico del matrimonio cristiano como sacramento. Las Iglesia orientales separadas consideran igualmente el matrimonio como sacramento.

Bibliografía: J. Fischer, *Ehe und Jungfräulichkeit im Neuen Testament*, Mr 1919. H. Schumacher, *Das Ehe-Ideal des hl. Paulus*, Mn 1932. A. Reuter, *S. Aurelii Augustini doctrina de bonis matrimonii*, R 1942. P. Colli, *La pericope Paolina ad Ephesios V. 32 nella interpretazione dei SS. Padri e del Concilio di Trento*, Parma 1951. R. Lawrence, *The sacramental interpretation of Ephesians 5: 32 from Peter Lombard to the Council of Trent*, Wa 1963.

§ 2. Fin y propiedades del matrimonio

1. Fin

El fin primario del matrimonio es la procreación y educación de la prole. El fin secundario es la ayuda mutua y la satisfacción moralmente ordenada del apetito sexual (sent. cierta; CIC 1013, § 1).

Algunos teólogos modernos, movidos por el deseo de valorar más el matrimonio como comunidad personal, han sostenido, contra la doctrina tradicional sobre el fin del matrimonio, cuyo principal representante es Santo Tomás, que el fin primario de este sacramento es la complementación recíproca y perfección personal de los esposos, o el amor mutuo y unión entre los mismos. El Santo Oficio, contestando a una consulta, salió en defensa de la doctrina tradicional declarando el 1 de abril de 1944 que el fin primario del matrimonio era la generación y educación de la prole y que los fines secundarios están esencialmente subordinados a los primarios; Dz 2295. El concilio Vaticano II no distingue entre un fin primario y un fin secundario del matrimonio, sino que entre los fines del matrimonio pone simplemente en primer lugar la procreación y la educación de la prole (*De Ecclesia in mundo huius temporis* n.º 48). La cuestión del fin del matrimonio en cuanto institución natural, hay que distinguirla de la del fin del acto conyugal, el cual, según la doctrina de teólogos modernos, es la expresión perfecta del amor en la entrega personal.

El fin primario está enunciado en Gen 1, 28; «Procread y multiplicaos, y henchid la tierra.» El fin secundario lo vemos expresado en Gen 2, 18: «Voy a hacerle una ayuda semejante a él», y en 1 Cor 7, 2: «A causa de la fornicación [es decir, para evitar el peligro de la fornicación], tenga cada uno su mujer y cada una tenga su marido.»

2. Propiedades

Las propiedades esenciales del matrimonio son la unidad (monogamia) y la indisolubilidad (sent. cierta; CIC 1013, § 2).

a) Unidad

Contra la doctrina de Lutero, que fundándose en el Antiguo Testamento reconoció el doble matrimonio del landgrave Felipe de Hessen, declaró el concilio de Trento que está prohibido a los cristianos por ley divina tener al mismo tiempo varias esposas; Dz 972. El canon va dirigido contra la forma corriente de poligamia simultánea: la poliginia (matrimonio de un varón con varias mujeres a la vez). La poliandria (matrimonio de una sola mujer con varios varones al mismo tiempo) está prohibida por ley natural, pues impide, o al menos pone en grave riesgo, el fin primario del matrimonio; cf Dz 969, 2231 ss; S.c.G. III 124.

En el paraíso, Dios instituyó el matrimonio como unión monógama (Gen 1, 28; 2, 24). Pero la humanidad se apartó bien pronto de aquel primitivo ideal (Gen 4, 19). Aun en el Antiguo Testamento dominó ampliamente la poligamia (patriarcas, Saúl, David). Estaba reconocida por la ley (Deut 21, 15 ss), cosa que significa una dispensa explícita por parte de Dios. Cristo volvió a restaurar el matrimonio en toda su pureza primitiva. Citando Gen 2, 24, dice el Salvador: «De manera que ya no son dos, sino una sola carne. Por tanto, lo que Dios unió no lo separe el hombre» (Mt 19, 6). El casarse de nuevo después de haber repudiado a la mujer lo considera Jesucristo como adulterio (Mt 19, 9). Conforme a la doctrina de San Pablo, el matrimonio tiene un carácter estrictamente monogámico; cf. Rom 7, 3; 1 Cor 7, 2, 10 s; Eph 5, 32 s.

Los apologistas cristianos, describiendo la pureza moral de los cristianos, ponen especialmente de relieve la severa observancia de la monogamia. TEÓFILO DE ANTIOQUÍA comenta: «Entre ellos se encuentra la prudente templanza, se ejercita la continencia, se observa la monogamia, se guarda la castidad» *(Ad Autol.* III 15); cf. MINUCIO FÉLIX, *Oct.* 31, 5.

La prueba especulativa de la unidad del matrimonio (monogamia) se funda en que sólo mediante esta unidad se garantiza la consecución de todos los fines del matrimonio y se convierte éste en símbolo de la unión de Cristo con su Iglesia; *Suppl.* 65, 1; S.c.G. IV 78.

b) Indisolubilidad

α) *Indisolubilidad intrínseca*

El concilio de Trento declaró que el vínculo conyugal no se puede romper por la herejía, o por dificultades en la convivencia o por la ausencia malévola de un cónyuge (Dz 975), y que la Iglesia no yerra cuando ha enseñado y enseña que el vínculo conyugal —conforme a la doctrina evangélica y apostólica— no se puede romper ni en caso de adulterio de uno de los cónyuges (Dz 977). Estos dos cánones se dirigen directamente contra los reformadores, pero el último afecta también a la Iglesia ortodoxa griega, la cual concede en caso de adulterio la disolución del vínculo fundándose en Mt 5, 32, y en Mt 19, 9, y en la doctrina de los padres griegos. Las definiciones del concilio de Trento solamente tienen por objeto el matrimonio cristiano. Pero, según la ordenación de Dios *(iure divino)*, cuando fundó el matrimonio, cualquier matrimonio, incluso el de dos personas no bautizadas *(matrimonium legitimum)* es intrínsecamente indisoluble, es decir, no se puede disolver por decisión de uno, ni aun de los dos contrayentes; cf. Dz 2234 ss.

Preguntado Jesús por los fariseos si era lícito al hombre repudiar a su mujer por cualquier causa, les respondió el Señor citando Gen 2, 24: «Por tanto, lo que Dios unió no lo separe el hombre» (Mt 19, 6). Ellos objetaron que Moisés «había ordenado» dar libelo de divorcio y repudiar a la mujer (Deut 24, 1). Entonces replicó Jesús: «Por la dureza de vuestro corazón os permitió Moisés repudiar a vuestras mujeres, pero al principio no fue así» (Mt 19, 8).

Jesús vuelve a restaurar el matrimonio primitivo tal como Dios lo instituyera; por eso dijo el Señor: «Quien repudia a su mujer, salvo caso de fornicación, y se casa con otra, comete adulterio» (Mt 19, 9).

La llamada «cláusula de la fornicación» (μὴ ἐπὶ πορνείᾳ), que también se encuentra en Mt 5, 32, en forma algo distinta (παρεκτὸς λόγου πορνείας; excepto el caso de fornicación), falta en los lugares paralelos de Mc 10, 11 y Lc 16, 18. Esta cláusla no significa, según su contexto, excepción alguna a la ley universal de la indisolubilidad del matrimonio; pues la intención de Jesús fue la de restaurar el matrimonio en su orden primitivo, que no conocía el divorcio, y contraponer con enérgica antítesis su mandamiento nuevo a la ley laxa de Moisés (cf. Mt 5, 31 s). Si no queremos deshacer esa antítesis y poner en contradicción Mt por una parte y Mc y Lc (e igualmente 1 Cor 7, 10 s) por otra, entonces, o tendremos que entender esta cláusula en el sentido exclusivo tradicional, según el cual se concede como excepción el repudio de la mujer, pero se prohíbe el nuevo matrimonio (la llamada «separación en cuanto al lecho y la mesa»), o bien habrá que entenderla en sentido inclusivo, según el cual no se señalaría excepción alguna en la prohibición de divorcio, sino que incluso se eliminaría la razón de separación prevista en Deut 24, 1 (*'ervath dabar* = algo torpe). Conforme a esta última interpretación, la cláusula debería considerarse como paréntesis, y entonces habría que traducir así: «Quien repudia a su mujer (aun por conducta torpe [no puede repudiarla]) y se casa con otra comete adulterio» (Mt 5, 32: «excluyendo el caso de fornicación»). Contra la primera interpretación, tradicional desde el tiempo de San Jerónimo, se ofrece la dificultad de que en el judaísmo no se conocía la separación puramente exterior con permanencia del vínculo conyugal. Contra la segunda interpretación (K. Staab) se presentan dificultades filológicas. Otra interpretación posible (J. Bonsirven) entiende el término «fornicación» en el sentido específico de unión ilegítima (incestuosa); cf. 1 Cor 5, 1; tal unión sería la única causa para justificar y exigir el repudio.

San Pablo propone a los casados, como precepto del Señor, que la mujer no se separe del marido ni el marido repudie a su mujer. Y si una de las partes se separa de la otra, no se puede volver a casar (1 Cor 7, 10 s). Es adúltera la mujer que, en vida de su marido, se casa con otra persona (Rom 7, 3); sólo la muerte del marido deja libre a la mujer para contraer nuevas nupcias (Rom 7, 2; 1 Cor 7, 39).

Los padres de los primeros siglos sostienen, casi sin excepción, que, en caso de adulterio, es lícito repudiar a la parte culpable, pero que está prohibido volverse a casar; cf. el *Pastor* de HERMAS, mand. IV 1, 6; SAN JUSTINO, *Apol.* I 15; CLEMENTE DE ALEJANDRÍA, *Strom.* II 23, 145, 3; ORÍGENES, *In Matth.* XIV 24. Algunos padres, SAN BASILIO (*Ep.* 188, can. 9), SAN EPIFANIO (*Haer.* 59, 4) y el Seudo-Ambrosio, a propósito de 1 Cor 7,

11), en referencia a Mt 5, 32 y 19, 9, e influidos por la legislación civil, conceden al marido la disolución del matrimonio y la facultad de volver a casarse si la mujer cometiere adulterio. San Agustín fue un decidido defensor de la indisolubilidad del matrimonio aun en el caso de adulterio. Cayetano, Ambrosio Catarino y Erasmo de Rotterdam vuelven a seguir la sentencia del Seudo-Ambrosio, pero, a diferencia de los reformadores, defienden que el matrimonio solamente puede ser disuelto por la autoridad eclesiástica (disolubilidad extrínseca).

Las razones intrínsecas que exigen la indisolubilidad del matrimonio son la garantía de la educación física y moral de la prole, la salvaguarda de la fidelidad conyugal, la imitación de la unión indisoluble de Cristo con su Iglesia y el fomento del bien de la familia y la sociedad.

β) *Disolubilidad extrínseca en determinados casos*

Mientras que el matrimonio cristiano, una vez consumado («matrimonium ratum et consummatum»), es imagen perfecta de la unión indisoluble de Cristo con su Iglesia que se estableció por la encarnación del Verbo y es, por tanto, también extrínsecamente indisoluble, es decir, no puede ser disuelto en cuanto al vínculo por ninguna autoridad humana (CIC 118), el matrimonio cristiano que todavía no ha sido consumado («matrimonium ratum non consummatum») puede ser disuelto en cuanto al vínculo por la profesión solemne de uno de los cónyuges o por dispensa de la Sede Apostólica fundada en alguna razón grave. Así lo ha enseñado y practicado la Iglesia desde hace siglos; Dz 976; CIC 1119.

El papa Alejandro III (1159-1181), citando el ejemplo de los santos, concedió que, antes de la consumación del matrimonio, uno de los cónyuges podía entrar en religión incluso contra la voluntad del otro cónyuge, y entonces este último podía volverse a casar. La razón que daba este Papa era que los dos cónyuges no se habían convertido todavía en «una sola carne» (Dz 395 s). De igual modo se expresaron Inocencio III (Dz 409) y la legislación posterior. La teología escolástica concebía el ingreso en religión como muerte espiritual con que se muere para el mundo; cf. *Suppl.* 61, 2. Los comienzos de la dispensa pontificia con respecto a los matrimonios no consumados se remontan a los tiempos de Alejandro III. Los canonistas suelen afirmar ya unánimemente desde el siglo XIII esa autoridad del Papa para dispensar, pero los teólogos la niegan todavía en su mayor parte. Antonino de Florencia († 1459) y Juan de Torquemada († 1468) se situaron en un punto de vista intermedio, considerando principalmente las decisiones de los papas Martín V y Eugenio IV, que habían hecho uso de la autoridad de dispensar. En lo sucesivo se fue imponiendo cada vez más la sentencia afirmativa, que se basaba en la conducta seguida por los pontífices, los cuales ejercitaban su facultad de dispensar no obstante las protestas de los teólogos; hasta que por fin, en tiempo de Benedicto XIV (1740-1758), se hizo ya universal esta doctrina.

Por razón del «privilegio paulino» (1 Cor 7, 12 ss), un matrimonio contraído por personas no bautizadas y consumado ya *(matrimonium legitimum)* puede ser disuelto en cuanto al vínculo cuando una de las partes ha recibido el bautismo y la otra rehúsa proseguir pacíficamente la vida matrimonial.

En la tradición eclesiástica, el Seudo-Ambrosio es el primero que defiende que el vínculo conyugal puede ser disuelto por el privilegio paulino: «Contumelia enim Creatoris solvit ius matrimonii circa eum, qui relinquitur, ne accusetur alii copulatus» (a propósito de 1 Cor 7, 15). Pero San Agustín cree que la separación permitida por San Pablo se refiere únicamente a la supresión de la convivencia matrimonial. La ciencia (Graciano, Pedro Lombardo) y la legislación (Clemente III, Inocencio III) eclesiásticas se han pronunciado por el Seudo-Ambrosio, cf. Dz 405 ss; CIC 1120-1127.

Bibliografía: H. Doms, *Gatteneinheit und Nachkommenschaft,* Mz 1963. W. Hoegen, *Over den zin van het huwelijk* (El sentido del matrimonio), N 1935. B. Krempel, *Die Zweckfrage der Ehe in neuer Beleuchtung,* E-K 1941. P. M. Abellán, *El fin y la significación sacramental del matrimonio desde S. Anselmo hasta Guillermo de Auxerre,* Gra 1939. Cl. Schahl, *La doctrine des fins du mariage dans la théologie scolastique,* P 1948. J. Fuchs, *Die Ehezwecklehre des hl. Thomas von Aquin,* ThQ 128 (1948) 389-426. El mismo, *Die Sexualethik des hl. Thomas von Aquin,* K 1949. El mismo, *Vom Sinn der Ehe,* TrThZ 1 (1949) 65-75. L. Lochet, *Les fins du mariage,* NRTh 83 (1951) 449-465, 561-586. A. Ott, *Die Auslegung der neutestamentlichen Texte über die Ehescheidung,* Mr 1911. El mismo, *Die Ehescheidung im Matthäus-Evangelium,* Wü 1939. F. Vogt, *Das Ehegesetz Jesu,* Fr 1936. K. Staab, *Die Unauflöslichkeit der Ehe und die sog. «Ehebruchsklauseln» bei Mt 5, 32 und 19, 9,* «Festschrift Eduard Eichmann», Pa 1940, 435-452; cf. ZkTh 67 (1943) 36-44. J. Sickenberger, *Die Unzuchtsklausel im Matthäusevangelium,* ThQ 123 (1942) 189-206. J. Bonsirven, *Le divorce dans le Nouveau Testament,* P-Tournai-R 1948. M. Meinertz, *Theologie des Neuen Testamentes,* Bo 1950, I 108 ss; II 207. H. Kothes, *Die Ehe im Neuen Testament,* ThGl 41 (1951) 266-270. I. Fahrner, *Geschichte des Unauflöslichkeitsprinzips und der vollkommenen Scheidung der Ehe,* Fr 1903. H. Portmann, *Wesen und Unauflöslichkeit der Ehe in der kirchlichen Wissenschaft und Gesetzgebung des 11. und 12. Jh.,* Emsdetten 1938. P. Fransen, *Ehescheidung im Falle von Ehebruch* (para la historia del canon 7 de la sesión 24 del concilio de Trento), Schol 27 (1952) 526-556; 29 (1954) 537-560; 30 (1955) 33-49. Fr. Delpini, *Divorzio e separazione dei coniugi nel diritto romano e nella dottrina della chiesa fino al secolo V,* To 1956.

§ 3. El signo externo del sacramento del matrimonio

1. Identidad del sacramento y del contrato matrimonial

Todo contrato matrimonial válido celebrado entre cristianos es por sí mismo sacramento (sent. cierta).

Como Jesucristo elevó a la categoría de signo eficiente de la gracia al matrimonio natural, que consistía esencialmente en el contrato matrimonial, resulta que el sacramento del matrimonio se identifica realmente con el contrato matrimonial. En consecuencia, todo contrato matrimonial válido, celebrado entre cristianos, es al mismo tiempo sacramento en virtud de una positiva institución divina. Según el *Decretum pro Armeniis,* el ofrecimiento y aceptación mutua que hacen de sí mismo los contrayentes es la causa eficiente del sacramento (y no la bendición sacerdotal; Dz 702). Según doctrina del concilio de Trento, los matrimonios clandestinos que se contraían sin intervención de la Iglesia por solo el ofrecimiento y aceptación mutua de los contrayentes fueron matrimonios válidos hasta que la Iglesia no hizo declaración en contrario (Decreto *Tametsi;* Dz 990); cf. Dz 334, 404.

Los papas Pío IX, León XIII y Pío XI declararon expresamente que en el matrimonio cristiano el sacramento es inseparable del contrato matrimonial, y que, por tanto, todo verdadero matrimonio entre cristianos es en sí y por sí mismo sacramento: «omne inter Christianos iustum coniugium in se et per se esse sacramentum» (León XIII; Dz 1854); cf. Dz 1640, 1766, 1773, 2237; CIC 1012.

2. El contrato matrimonial como signo sacramental

De la indentidad real que existe entre el sacramento del matrimonio y el contrato matrimonial se deduce que el signo exterior del sacramento consiste exclusivamente en el contrato matrimonial, esto es, en el mutuo ofrecimiento y aceptación que hacen los contrayentes por medio de palabras o señales. En cuanto por este contrato se ofrece *(traditio)* el derecho a la unión sexual *(ius in corpus),* puede ser considerado como materia; y en cuanto significa la aceptación *(acceptatio)* del mismo derecho, puede tomarse como forma; cf. CIC 1071, § 2.

La bendición sacerdotal no pertenece a la esencia del sacramento, pues es un simple sacramental sobreañadido al contrato matrimonial, que es propiamente el sacramento.

3. Opiniones erróneas

Con estas declaraciones del magisterio eclesiástico que acabamos de presentar son incompatibles todos los intentos de disociar el contrato matrimonial del sacramento del matrimonio.

a) Melchor Cano, O. P. († 1560), puso la materia del sacramento en el contrato matrimonial y la forma en la bendición del sacerdote. Siguieron su sentencia Estio, Silvio, Toledo, Tournely y algunos otros.

b) Gabriel Vázquez, S. I. († 1604), ponía sin duda todo el signo exterior del sacramento del matrimonio en el contrato matrimonial, pero el que éste fuera sacramento lo hacía depender de la intención de los contrayentes; de igual parecer fueron Billuart, Gonet y otros.

c) Numerosos teólogos galicanos y josefinistas (Antonio de Dominis † 1624, Jean Launoy † 1678), en interés del matrimonio civil, hicieron consistir exclusivamente el signo exterior del sacramento en la bendición sacerdotal, y consideraron únicamente el contrato matrimonial como presupuesto del sacramento del matrimonio.

En la teología ortodoxa griega predomina desde el siglo XIX la opinión de que el contrato matrimonial y el sacramento del matrimonio se hallan disociados. La mayor parte de los teólogos consideran como materia el consentimiento mutuo de los esposos y la oración y bendición del sacerdote como forma del sacramento. Algunos teólogos rusos modernos hacen consistir todo el signo sacramental en el rito religioso efectuado por el sacerdote.

Bibliografía: J. Ternus, *Vertrag und Band der christlichen Ehe als Träger der sakramentalen Symbolik,* DTh 10 (1932) 451-474, 11 (1933) 202-220. F. Mikula, *De essentia seu materia et forma septimi sacramenti,* Praga 1937; cf. Schol 14 (1939) 259-262. M. Jugie, *L'essence et le ministre du sacrement de mariage d'après les théologiens gréco-russes,* RTh 33 (1928) 312-323.

§ 4. Los efectos del sacramento del matrimonio

1. El vínculo conyugal

Del contrato matrimonial, que es sacramento, se origina el vínculo conyugal que une a los esposos durante toda su vida en indisoluble comunidad de vida (de fe; Dz 969).

San Agustín compara el vínculo conyugal *(quiddam coniugale),* «al que no es capaz de romper ni la separación ni la unión con otra persona», con el carácter bautismal imborrable *(De nuptiis et concupiscentia* I 10, 11). Sin embargo, el matrimonio no es absolutamente no reiterable, sino tan sólo de manera relativa, es decir, mientras vivan los dos cónyuges. Después de la muerte de uno de ellos es lícito al que ha enviudado contraer nuevas nupcias, como enseña la Iglesia de acuerdo con la doctrina del apóstol San Pablo (Rom 7, 2 s; 1 Cor 7, 8 s y 39 s; 1 Tim 5, 14 ss), en contra de las opiniones heréticas de los montanistas y novacianos y en contra también de las corrientes rigoristas de la Iglesia griega (Atenágoras, *Suppl.* 33: las segundas nupcias son un «adulterio disfrazado»; San Basilio, *Ep.* 188, can. 4). El concilio de Florencia decretó en el *Decretum pro Iacobitis* que no sólo era lícito contraer segundas nupcias, sino también terceras, cuartas y todas las que se quisiesen (Cavallera 1355); cf. Dz 424, 455, 465; CIC 1142.

2. La gracia matrimonial

El sacramento del matrimonio confiere gracia santificante a los contrayentes (de fe).

El concilio de Trento declaró: «Si quis dixerit matrimonium... neque gratiam conferre», a. s.; Dz 971; cf. 969. Como sacramento de vivos, el matrimonio causa *per se* el aumento de gracia santificante. La gracia que se recibe por este sacramento está ordenada de manera especial al fin de este sacramento: sirve para santificar a los esposos y darles el vigor sobrenatural necesario para cumplir con los deberes de su estado. Con la gracia santificante se les concede también el derecho a las gracias actuales «que alcanzarán cuantas veces les fueren necesarias para cumplir los deberes de su estado» (Pío XI); Dz 2237.

En la escolástica primitiva y en los comienzos de la alta escolástica son numerosos los teólogos (v.g., los discípulos de Abelardo: Armando, Pedro Lombardo, Pedro Cantor) y canonistas (v.g., la Glosa ordinaria al Decreto de Graciano, Bernardo de Parma, Enrique de Segusio) que, a consecuencia de un conocimiento insuficiente de la naturaleza del matrimonio como sacramento, sostuvieron la falsa opinión de que el sacramento del matrimonio era sin duda un remedio contra el mal, pero que no confería gracia. Santo Tomás aplicó al matrimonio la noción general de sacramento y enseñó, en consecuencia, que el matrimonio, igual que todos los demás sacramentos de la ley nueva, no sólo simboliza la gracia, sino que además la produce; cf. S.c.G. IV 78; *Suppl.* 42, 3.

Bibliografía: K. von Preysing, *Ehezweck und zweite Ehe bei Athenagoras,* ThQ 110 (1929) 85-110. K. F. Lynch, *The Theory of Alexander of Hales on the Efficacy of the Sacrament of Matrimony,* FS 11 (1951) 69-139.

§ 5. El ministro y el sujeto del sacramento del matrimonio

1. Los contrayentes como ministros y sujetos

Los contrayentes se administran mutuamente el sacramento del matrimonio (sent. cierta).

Como la esencia del sacramento del matrimonio consiste exclusivamente en el contrato matrimonial (v § 3), los dos contrayentes son ministros y sujetos del matrimonio. Cada uno de ellos se lo administra al otro al aceptar su ofrecimiento.

El sacerdote, que como representante de la Iglesia ratifica el consentimiento mutuo de los esposos y bendice el matrimonio, es solamente un testigo de la alianza matrimonial y ministro de las solemnidades que la acompañan. El derecho canónico prevé casos excepcionales en que se contrae válidamente matrimonio sin asistencia del sacerdote; CIC 1098.

2. Validez

Para que la administración y recepción del sacramento del matrimonio sea válida, se requiere: *a)* que los dos contrayentes estén bautizados; *b)* intención, por lo menos virtual, de hacer lo que hace la Iglesia; *c)* estar libre de impedimentos dirimentes; *d)* observar la forma prescrita por la Iglesia (que se celebre el matrimonio ante el párroco y dos testigos; CIC 1094), a no ser que el derecho canónico prevea alguna excepción (CIC 1098; 1099, § 2: acatólicos, cuando entre sí contraen matrimonio).

Es objeto de controversia si el matrimonio de una persona bautizada con otra que no lo está será sacramento para aquélla; se discute igualmente si el que fue al principio matrimonio puramente natural entre dos personas no bautizadas se elevará a sacramento cuando éstas recibieren el bautismo.

La primera cuestión hay que resolverla afirmativamente, porque el contrayente bautizado es capaz de recibir el sacramento y el contrayente no bautizado es capaz de administrarlo. Con respecto a la segunda cuestión, parece decidir la negativa el hecho de que la realización del sacramento del matrimonio se identifique con la conclusión del contrato matrimonial. Mas, por otra parte, parece duro suponer que los esposos que se han convertido al cristianismo vayan a verse privados durante toda su vida de las gracias del sacramento del matrimonio.

3. Licitud y dignidad

Para administrar y recibir lícitamente el sacramento del matrimonio se requiere estar libre de impedimentos impedientes (es decir, que sólo prohíben pero no invalidan la alianza matrimonial).

Para recibir dignamente el sacramento del matrimonio se requiere el estado de gracia. Según la opinión más probable, respaldada por la autoridad de muchos teólogos, el sacramento recibido indignamente revive después de quitados los estorbos de la gracia.

Bibliografía: J. Ternus, F. Mikula (v. § 3).

§ 6. La potestad de la Iglesia sobre el matrimonio

1. Competencia de la Iglesia

La Iglesia posee derecho propio y exclusivo para legislar y juzgar en todas las cuestiones relativas al matrimonio de los bautizados, en cuanto éstas conciernen al sacramento (sent. cierta; cf. CIC 1016, 1960).

El concilio de Trento definió, contra los reformadores, que la Iglesia tenía el derecho de ampliar los impedimentos de consanguinidad y afinidad enumerados en Lev 18, 6 ss, y de fijar otros impedimentos dirimentes, de dispensar de algunos (en cuanto no sean de derecho natural o derecho divino positivo; Dz 973 s, 979) y de entender en las causas matrimoniales; Dz 982. El papa Pío VI condenó como herética la afirmación del sínodo de Pistoya (1786) según la cual la Iglesia no tendría poder por derecho propio — sino únicamente en virtud de un derecho recibido de la autoridad civil — para establecer impedimentos dirimentes ni para dispensar de ellos; Dz 1559; cf. el *Sílabo* de Pío IX, prop. 68-70 (Dz 1768-70). Sobre el canon 12 del concilio de Trento (Dz 982), el papa Pío VI dio interpretación auténtica asegurando que todas las causas matrimoniales de los bautizados son de la competencia exclusiva del tribunal eclesiástico, porque el matrimonio cristiano es uno de los siete sacramentos de la Nueva Alianza y su administración corresponde exclusivamente a la Iglesia; Dz 1500*a;* cf. 1774.

Los comienzos de una legislación eclesiástica propia sobre el matrimonio los tenemos ya en el apóstol San Pablo (1 Cor 7). Desde el siglo IV algunos sínodos eclesiásticos establecen impedimentos dirimentes, v.g., los sínodos de Elvira (hacia 306; can. 15: disparidad de religión), de Neocesarea (entre 314 y 325; can. 2: afinidad) y el Trulano (692; can. 53: parentesco espiritual). Los emperadores cristianos reclamaron para sí el derecho de legislar sobre el matrimonio, pero tenían en cuenta en cierto modo la mente de la Iglesia. El derecho al divorcio estaba restringido, pero, no obstante, seguía ampliamente en vigor no sólo de una manera teórica, sino también efectiva. En la alta edad media se fue imponiendo poco a poco la exclusiva competencia de la Iglesia en la legislación y jurisdicción matrimonial, a través de una tenaz lucha contra mentalidades ajenas al cristianismo. El fin de este proceso evolutivo lo marca el Decreto de Graciano (hacia 1140).

2. Competencia del Estado

El Estado tiene competencia para determinar los efectos puramente civiles que se siguen del contrato matrimonial (tales son los derechos de apellido y rango, los matrimoniales sobre los bienes de los esposos, los hereditarios) y para dirimir todos los litigios que surjan sobre los mismos; CIC 1016: «salva competentia civilis potestatis circa mere civiles eiusdem matrimonii effectus».

Cuando la legislación y la jurisdicción civil se entrometen en el campo de la Iglesia, ésta tiene derecho a no reconocerlas. Por eso, la Iglesia condena la obligatoriedad del matrimonio civil. Ella no considera el enlace civil como verdadero contrato matrimonial, sino como mera formalidad legal.

[En España no existe para los católicos matrimonio civil, sino únicamente la declaración ante la autoridad civil de que se va a contraer matrimonio canónico. Un delegado acudirá —al menos teóricamente— a la celebración del matrimonio para que éste surta los efectos civiles correspondientes.]

Bibliografía: E. Eichmann-K. Mörsdorf, *Lehrbuch des Kirchenrechts* II, Pa [6]1950, 144 ss. P. Daudet, *Études sur l'histoire de la juridiction matrimoniale,* 2 tomos, P 1933/1941 (desde la época carolingia hasta Graciano). C. Holböck, *Die Zivilehe,* In-W 1950. Unión Internacional de Estudios Sociales, *Códigos de Malinas* (v. Código familiar), Santander 1954.

Libro quinto

TRATADO DE DIOS CONSUMADOR

TRATADO DE LOS NOVÍSIMOS O DE LA CONSUMACIÓN (ESCATOLOGÍA)

Bibliografía: H. LENNERZ, *De novissimis,* R [5]1950. E. KREBS, *El Más Allá,* Barna 1953. J. ZAHN, *Das Jenseits,* Pa [2]1920. J. STAUDINGER, *La vida eterna. Misterio del alma,* Barna 1959. A. MICHEL, *Les mystères de l'au-delà,* P 1953. R. GARRIGOU-LAGRANGE, *La vida eterna y la profundidad del alma,* Ma 1950. M. SCHMAUS, *Von den Letzten Dingen,* Mr 1948. A. WINKLHOFER, *Ziel und Vollendung. Die Letzten Dinge,* Ettal 1951. P. ALTHAUS, *Die Letzten Dinge,* Gü [5]1949. P. VOLZ, *Die Eschatologie der jüdischen Gemeinde im neutestamentlichen Zeitalter,* T 1934. O. SCHILLING, *Der Jenseitsgedanke im Alten Testament,* Mz 1951. H. BÜCKERS, *Die Unsterblichkeitslehre des Weisheitsbuches,* Mr 1938. FR. SEGARRA, *Praecipuae D. N. Iesu Christi sententiae eschatologicae commentariis quibusdam expositae,* Ma 1942. FR. GUNTERMANN, *Die Eschatologie des hl. Paulus,* Mr 1932. L. ATZBERGER, *Die christliche Eschatologie in den Stadien ihrer Offenbarung im Alten und Neuen Testamente,* Fr 1890. El mismo, *Geschichte der christlichen Eschatologie innerhalb der vornicänischen Zeit,* Fr 1896. S. SCAGLIA, *I «novissimi» nei monumenti primitivi della Chiesa,* R 1910. J. E. NIEDERHUBER, *Die Eschatologie des hl. Ambrosius,* Pa 1907. ST. SCHIWIETZ, *Die Eschatologie des hl. Johannes Chrysostomus,* Kath 1913/14. J. P. O'CONNELL, *The Eschatology of Saint Jerome,* Mu 1948. H. EGER, *Die Eschatologie Augustins,* Gw 1933. J. STIGLMAYR, *Die Eschatologie des Pseudo-Dionysius,* ZkTh 23 (1899) 1-21. N. HILL, *Die Eschatologie Gregors d. Gr.,* Fr 1941. A. SCHÜTZ, *Der Mensch und die Ewigkeit,* Mn 1938. M. SCHMAUS, *El problema escatológico,* Herder, Barna 1964. P. HOFFMANN, *Die Toten in Christus,* Mr 1966.

Dios consumador

Capítulo primero

LA ESCATOLOGÍA DEL INDIVIDUO

§ 1. LA MUERTE

1. Origen de la muerte

La muerte, en el actual orden de salvación, es consecuencia punitiva del pecado (de fe).

En su decreto sobre el pecado original nos enseña el concilio de Trento que Adán, por haber transgredido el precepto de Dios, atrajo sobre sí el castigo de la muerte con que Dios le había amenazado y transmitió además este castigo a todo el género humano; Dz 788 s; cf. Dz 101, 175.

Aunque el hombre es mortal por naturaleza, ya que su ser está compuesto de partes distintas, sabemos por testimonio de la revelación que Dios dotó al hombre, en el paraíso, del don preternatural de la inmortalidad corporal. Mas, en castigo de haber quebrantado el mandato que le había impuesto para probarle, el Señor le infligió la muerte, con la que ya antes le había intimidado; Gen 2, 17: «El día que de él comieres morirás de muerte» (= echarás sobre ti el castigo de la muerte); 3, 19: «Con el sudor de tu rostro comerás el pan, hasta que vuelvas a la tierra, pues de ella has sido tomado; ya que polvo eres y al polvo volverás.»

San Pablo enseña terminantemente que la muerte es consecuencia del pecado de Adán; Rom 5, 12: «Por un hombre entró el pecado en el mundo, y por el pecado la muerte, y así la muerte pasó a todos los hombres, por cuanto todos habían pecado»; cf. Rom 5, 15; 8, 10; 1 Cor 15, 21 s.

San Agustín defendió esta clarísima verdad revelada contra los pelagianos, que negaban los dones del estado original y, por tanto, consideraban la muerte exclusivamente como consecuencia de la índole de la naturaleza humana.

Para el justo, la muerte pierde su carácter punitivo y no pasa de ser una mera consecuencia del pecado *(poenalitas)*. Para Cristo y María, la muerte no pudo ser castigo del pecado original ni mera consecuencia del mismo, pues ambos estuvieron libres de todo pecado. La muerte para ellos era algo natural que respondía a la índole de su naturaleza humana; cf. S.th. 2 II 164, 1; III 14, 2.

2. Universalidad de la muerte

Todos los hombres, que vienen al mundo con pecado original, están sujetos a la ley de la muerte (de fe; Dz 789).

San Pablo funda la universalidad de la muerte en la universalidad del pecado original (Rom 5, 12); cf. Hebr 9, 27: «A los hombres les está establecido morir una vez.»

No obstante, por un privilegio especial, algunos hombres pueden ser preservados de la muerte. La Sagrada Escritura nos habla de que Enoc fue arrebatado de este mundo antes de conocer la muerte (Hebr 11, 5; cf. Gen 5, 24; Eccli 44, 16), y de que Elías subió al cielo en un torbellino (4 Reg 2, 11; 1 Mac 2, 58). Desde Tertuliano son numerosos los padres y teólogos que, teniendo en cuenta el pasaje de Apoc 11, 3 ss, suponen que Elías y Enoc han de venir antes del fin del mundo para dar testimonio de Cristo, y que entonces sufrirán la muerte. Pero tal interpretación no es segura. La exégesis moderna entiende por los «dos testigos» a Moisés y Elías o a personas que se les parezcan.

San Pablo enseña que, al acaecer la nueva venida de Cristo, los justos que entonces vivan no «dormirán» (= morirán), sino que serán inmutados; 1 Cor 15, 51: «No todos dormiremos, pero todos seremos inmutados.» (La variante de la Vulgata [«Omnes quidem resurgemus, sed non omnes immutabimur»] no tiene sino valor secundario.) Cf. 1 Thes 4, 15 ss. Parece exegéticamente insostenible la explicación que da Santo Tomás (S.th. I II 81, 3 ad 1), según la cual el Apóstol no pretende negar la universalidad de la muerte, sino únicamente la universalidad de un sueño de muerte un tanto prolongado.

3. Significación de la muerte

Con la llegada de la muerte cesa el tiempo de merecer y desmerecer y la posibilidad de convertirse (sent. cierta).

A esta enseñanza de la Iglesia se opone la doctrina originista de la «apocatástasis», según la cual los ángeles y los hombres condenados se convertirán y finalmente lograrán poseer a Dios. Es también contraria a la doctrina católica la teoría de la transmigración de las almas (metempsícosis, reencarnación), muy difundida en la antigüedad (Pitágoras, Platón, gnósticos y maniqueos) y también en los tiempos actuales (teosofía), según la cual el alma, después de abandonar el cuerpo actual, entra en otro cuerpo distinto hasta hallarse totalmente purificada para conseguir la bienaventuranza.

Un sínodo de Constantinopla del año 543 reprobó la doctrina de la apocatástasis; Dz 211. En el concilio del Vaticano se propuso definir como dogma de fe la imposibilidad de alcanzar la justificación después de la muerte; Coll. Lac. VII 567.

Es doctrina fundamental de la Sagrada Escritura que la retribución que se reciba en la vida futura dependerá de los merecimientos o desmerecimientos adquiridos durante la vida terrena. Según Mt 25, 34 ss, el soberano Juez hace depender su sentencia del cumplimiento u omisión de las buenas obras en la tierra. El rico epulón y el pobre Lázaro se hallan separados en el más allá por un abismo insuperable (Lc 16, 26). El tiempo en que se vive sobre la tierra es «el día», el tiempo de trabajar; después de la muerte viene «la noche, cuando ya nadie puede trabajar» (Ioh 9, 4). San Pablo nos enseña: «Cada uno recibirá según lo que hubiere hecho por el cuerpo [= en la tierra], bueno o malo» (2 Cor 5, 10). Y por eso nos exhorta el Apóstol a obrar el bien «mientras tenemos tiempo» (Gal 6, 10; cf. Apoc 2, 10).

Si exceptuamos algunos partidarios de Orígenes (San Gregorio Niseno, Dídimo), los padres enseñan que el tiempo de la penitencia y la conversión se limita a la vida sobre la tierra. San Cipriano comenta: «Cuando se ha partido de aquí [= de esta vida], ya no es posible hacer penitencia y no tiene efecto la satisfacción. Aquí se pierde o se gana la vida» (*Ad Demetrianum* 25); cf. Seudo-Clemente, 2 *Cor.* 8, 2 s; San Afraates, *Demonstr.* 20, 12; San Jerónimo, *In ep. ad Gal.* III 6, 10; San Fulgencio, *De fide ad Petrum* 3, 36.

El hecho de que el tiempo de merecer se limite a la vida sobre la tierra se basa en una positiva ordenación de Dios. De todos modos, la razón encuentra muy conveniente que el tiempo en que el hombre decide su suerte eterna sea aquel en que se hallan reunidos el cuerpo y el alma, porque la retribución eterna caerá sobre ambos. El hombre saca de esta verdad un estímulo para aprovechar el tiempo que dura su vida sobre la tierra ganándose la vida eterna.

Bibliografía: A. Schulz, *Der Sinn des Todes im Alten Testament,* Brg 1919. Ph. Oppenheim, *1. Kor 15, 51. Eine kritische Untersuchung zu Text und Auffassung bei den Vätern,* ThQ 112 (1931) 92-135. D. Haugg, *Die zwei Zeugen [Apk 11, 1-13],* Mr 1936. J. Fischer, *Studien zum Todesgedanken in der alten Kirche,* 2 vols., Mn 1954/5. G. Arnaud d'Agnel, *La mort et les morts d'après S. Augustin,* P 1916. L. Bukowski, *La réincarnation selon les Pères de l'Église,* Greg 9 (1928) 65-91. El mismo, *L'opinion de S. Augustin sur la réincarnation des âmes,* Greg 12 (1931) 57-85. B. Kloppenburg, *De relatione inter peccatum et mortem,* R 1951. *Le mystère de la mort et sa célébration,* P 1951 (artículos de H.-M. Féret, J. Daniélou y otros). F. Ogara, *Los justos de la última generación ¿morirán o no morirán?,* EE 4 (1925) 154-177. A. Colunga, *Un misterio revelado por San Pablo y la historia de una tesis teológica,* «Ciencia Tomista» 58 (1939) 161-193.

K. Rahner, *Sentido teológico de la muerte,* Herder, Barna 1960. H. Volk, *Das christliche Verständnis des Todes,* Mr 1957.

§ 2. El juicio particular

Inmediatamente después de la muerte tiene lugar el juicio particular en el cual el fallo divino decide la suerte eterna de los que han fallecido (sent. próxima a la fe).

Se opone a la doctrina católica el quiliasmo (milenarismo), propugnado por muchos padres de los más antiguos (Papías, Justino, Ireneo, Tertuliano y algunos más). Esta teoría, apoyándose en Apoc 20, 1 ss, y en las profecías del Antiguo Testamento sobre el futuro reino del Mesías, sostiene que Cristo y los justos establecerán sobre la tierra un reinado de mil años antes de que sobrevenga la resurrección universal, y sólo entonces vendrá la bienaventuranza definitiva.

Se opone también a la doctrina católica la teoría enseñada por diversas sectas antiguas y modernas según la cual las almas, desde que se separan del cuerpo hasta que se vuelvan a unir a él, se encuentran en un estado de inconsciencia o semiinconsciencia, el llamado «sueño anímico» (hipnopsiquistas), o incluso mueren formalmente (muerte anímica) y resucitan con el cuerpo (tnetopsiquistas); cf. Dz 1913 (Rosmini).

La doctrina del juicio particular no ha sido definida, pero es presupuesto del dogma de que las almas de los difuntos van inmediatamente después de la muerte al cielo o al infierno o al purgatorio. Los concilios unionistas de Lyón y Florencia declararon que las almas de los justos que se hallan libres de toda pena y culpa son recibidas en seguida en el cielo, y que las almas de aquellos que han muerto en pecado mortal, o simplemente en pecado original, descienden en seguida al infierno; Dz 464, 693. El papa Benedicto xii definió, en la constitución dogmática *Benedictus Deus* (1336), que las almas de los justos que se encuentran totalmente purificadas entran en el cielo inmediatamente después de la muerte (o después de su purificación, si tenían algo que purgar), antes de la resurrección del cuerpo y del juicio universal, a fin de participar de la visión inmediata de Dios, siendo verdaderamente bienaventuradas; mientras que las almas de los que han fallecido en pecado mortal van al infierno inmediatamente después de la muerte para ser en él atormentadas; Dz 530 s. Esta definición va dirigida contra la doctrina enseñada privadamente por el papa Juan xxii según la cual las almas completamente purificadas van al cielo inmediatamente después de la muerte, pero antes de la resurrección no disfrutan de la visión intuitiva de la esencia divina, sino que únicamente gozan de la contemplación de la humanidad glorificada de Cristo; cf. Dz 457, 493*a*, 570*s*, 696. El *Catecismo Romano* (I 8, 3) enseña expresamente la verdad del juicio particular.

La Sagrada Escritura nos ofrece un testimonio indirecto del juicio particular, pues enseña que las almas de los difuntos reciben su recompensa o su castigo inmediatamente después de la muerte; cf. Eccli 1, 13; 11, 28 s (G 26 s). El pobre Lázaro es llevado al seno de Abraham (= *limbus Patrum)* inmediatamente después de su muerte, mientras que el rico epulón es entregado también inmediatamente a los tormentos del infierno (Lc 16, 22 s). El Redentor moribundo dice al buen ladrón: «Hoy estarás conmigo en el paraíso» (Lc 23, 43). Judas se fue «al lugar que le correspondía» (Act 1, 25). Para San Pablo, la muerte es la puerta de la bienaventuranza en unión con Cristo; Phil 1, 23: «Deseo morir para estar con Cristo»; «en el Señor» es donde está su verdadera morada (2 Cor 5, 8). Con la muerte cesa el estado de fe y comienza el de la contemplación (2 Cor 5, 7; 1 Cor 13, 12).

Al principio no son claras las opiniones de los padres sobre la suerte de los difuntos. No obstante, se supone la existencia del juicio particular en la convicción universal de que los buenos y los malos reciben, respectivamente, su recompensa y su castigo inmediatamente después de la muerte. Reina todavía incertidumbre sobre la índole de la recompensa y del castigo de la vida futura. Bastantes de los padres más antiguos (Justino, Ireneo, Tertuliano, Hilario, Ambrosio) suponen la existencia de un estado de espera entre la muerte y la resurrección, en el cual los justos recibirán recompensa y los pecadores castigo, pero sin que sea todavía la definitiva bienaventuranza del cielo o la definitiva condenación del infierno. TERTULIANO supone que los mártires constituyen una excepción, pues son recibidos inmediatamente en el «paraíso», esto es, en la bienaventuranza del cielo *(De anima* 55; *De carnis resurr.* 43). SAN CIPRIANO enseña que todos los justos entran en el reino de los cielos y se sitúan junto a Cristo *(De mortalitate* 26). SAN AGUSTÍN duda si las almas de los justos, antes de la resurrección, disfrutarán, lo mismo que los ángeles, de la plena bienaventuranza que consiste en la contemplación de Dios *(Retr.* I 14, 2).

Dan testimonio directo de la fe en el juicio particular: SAN JUAN CRISÓSTOMO *(In Matth. hom.* 14, 4), SAN JERÓNIMO *(In Ioel* 2, 11), SAN AGUSTÍN *(De anima et eius origine* II 4, 8) y SAN CESÁREO DE ARLÉS *(Sermo* 5, 5).

La Iglesia ortodoxa griega, por lo que respecta a la suerte de los difuntos, sigue estancada en la doctrina, todavía oscura, de los padres más antiguos. Admite un estado intermedio que se extiende entre la muerte y la resurrección, estado que es desigual para los justos y para los pecadores y al que precede un juicio particular; cf. la *Confessio orthodoxa* de PEDRO MOGILAS, p. 1, q. 61.

Bibliografía: J. Sickenberger, *Das Tausendjährige Reich in der Apokalypse,* «Festschrift S. Merkle», D 1922, 300-315. A. Wikenhauser, *Das Problem des tausendjährigen Reiches in der Johannes-Apokalypse,* RQ 40 (1932) 13-25; cf. ibid. 45 (1937) 1-24; ThQ 127 (1947) 399-417. T. Halusa, *Das tausendjährige Reich Christi,* Gr 1924. F. Alcañiz, *Ecclesia patristica et millenarismus,* Gra 1933. F. Mateos, *Milenarismo mitigado: méritos y errores de un insigne jesuita chileno,* «Razón y Fe» 127 (1943) 346-367. A. Stuiber, *Refrigerium interim. Die Vorstellungen vom Zwischenzustand und die frühchristliche Grabeskunst,* Bo 1957. R. M. Mainka, *Zwischen Tod und Auferstehung,* MThZ 12 (1961) 241-251.

§ 3. El cielo

1. La felicidad esencial del cielo

Las almas de los justos que en el instante de la muerte se hallan libres de toda culpa y pena de pecado entran en el cielo (de fe).

El cielo es un lugar y estado de perfecta felicidad sobrenatural, la cual tiene su razón de ser en la visión de Dios y en el perfecto amor a Dios que de ella resulta.

El antiguo símbolo oriental y el símbolo apostólico en su redacción más reciente (siglo v) contienen la siguiente confesión de fe: «Creo en la vida eterna»; Dz 6 y 9. El papa Benedicto xii declaró, en su constitución dogmática *Benedictus Deus* (1336), que las almas completamente purificadas entran en el cielo y contemplan inmediatamente la esencia divina, viéndola cara a cara, pues dicha divina esencia se les manifiesta inmediata y abiertamente, de manera clara y sin velos; y las almas, en virtud de esa visión y ese gozo, son verdaderamente dichosas y tienen vida eterna y eterno descanso; Dz 530; cf. Dz 40, 86, 693, 696.

La escatología de los libros más antiguos del Antiguo Testamento es todavía imperfecta. Según ella, las almas de los difuntos bajan a los infiernos *(šeol),* donde llevan una existencia sombría y triste. No obstante, la suerte de los justos es mejor que la de los impíos. Más adelante se fue desarrollando la idea de que Dios retribuye en el más allá, idea que ya aparece con mayor claridad en los libros más recientes. El salmista abriga la esperanza de que Dios libertará su alma del poder del abismo y será su porción para toda la eternidad (Ps 48, 16; 72, 26). Daniel da testimonio de que el cuerpo resucita para vida eterna o para eterna vergüenza y confusión (12, 2). Los mártires del tiempo de los Macabeos sacan consuelo y aliento de su esperanza en la vida eterna (2 Mac 6, 26; 7, 29 y 36). El libro de la Sabiduría nos describe la felicidad y la paz de las almas de los justos, que descansan en las manos de Dios y viven eternamente cerca de Él (3, 1-9; 5, 16 s).

Jesús representa la felicidad del cielo bajo la imagen de un banquete de bodas (Mt 25, 10; cf. Mt 22, 1 ss; Lc 14, 15 ss), calificando esta bienaventuranza de «vida» o «vida eterna»; cf. Mt 18, 8 s; 19, 29; 25, 46; Ioh 3, 15 ss; 4, 14; 5, 24; 6, 35-59; 10, 28; 12, 25; 17, 2. La condición para alcanzar la vida eterna es conocer a Dios y a Cristo: «Ésta es la vida eterna, que te conozcan a ti, único Dios verdadero, y a tu enviado Jesucristo» (Ioh 17, 3). A los limpios de corazón les promete que verán a Dios: «Bienaventurados los limpios de corazón, porque ellos verán a Dios» (Mt 5, 8).

San Pablo insiste en el carácter misterioso de la bienaventuranza futura: «Ni el ojo vio, y ni el oído oyó, ni vino a la mente del hombre lo que Dios ha preparado para los que le aman» (1 Cor 2, 9; cf. 2 Cor 12, 4). Los justos reciben como recompensa la vida eterna (Rom 2, 7; 6, 22 s) y una gloria que no tiene proporción con los padecimientos de este mundo (Rom 8, 18). En lugar del conocimiento imperfecto de Dios que poseemos aquí en esta vida, entonces veremos a Dios inmediatamente (1 Cor 13, 12; 2 Cor 5, 7).

Una idea fundamental de la teología de San Juan es que por la fe en Jesús, Mesías e Hijo de Dios, se consigue la vida eterna; cf. Ioh 3, 16 y 36; 20, 31; 1 Ioh 5, 13. La vida eterna consiste en la visión inmediata de Dios; 1 Ioh 3, 2: «Seremos semejantes a Él, porque le veremos tal cual es.» El Apocalipsis nos describe la dicha de los bienaventurados que se hallan en compañía de Dios y el Cordero, esto es, Cristo glorificado. Todos los males físicos han desaparecido; cf. Apoc 7, 9-17; 21, 3-7.

San Agustín estudia detenidamente la esencia de la felicidad del cielo y la hace consistir en la visión inmediata de Dios; cf. *De civ. Dei* XXII 29 s. La escolástica insiste sobre el carácter absolutamente sobrenatural de la misma, y exige una especial iluminación del entendimiento, la llamada luz de gloria *(lumen gloriae;* cf. Ps 35, 10; Apoc 22, 5), es decir, un don sobrenatural y habitual del entendimiento que le capacita para el acto de la visión de Dios, cf. S.th. I 12, 4 y 5; Dz 475. Véase el tratado acerca de Dios, § 6, 3 y 4.

Los actos que integran la felicidad celestial son de entendimiento *(visio),* de amor *(amor, caritas)* y de gozo *(gaudium, fruitio).* El acto fundamental es —según la doctrina tomista— el de entendimiento, y —según la doctrina escotista— el de amor.

A propósito del objeto de la visión beatífica, véase el tratado acerca de Dios, § 6, 2.

2. Felicidad accidental del cielo

A la felicidad esencial del cielo que brota de la visión inmediata de Dios se añade una felicidad accidental procedente del natural conocimiento y amor de bienes creados (sent. común).

Es motivo de felicidad accidental para los bienaventurados el hallarse en compañía de Cristo (en cuanto a su humanidad) y la Virgen, de los ángeles y los santos, el volver a reunirse con los seres queridos y con los amigos que se tuvieron durante la vida terrena, el conocer las obras de Dios. La unión del alma con el cuerpo glorificado el día de la resurrección significará un aumento accidental de gloria celestial.

Según doctrina de la escolástica, hay tres clases de bienaventurados que, además de la felicidad esencial *(corona aurea),* reciben una recompensa especial *(aureola)* por las victorias conseguidas. Tales son: los que son vírgenes, por su victoria sobre la carne, según dice Apoc 14, 4; los mártires, por su victoria sobre el diablo, padre de la mentira, según Dan 12, 3, y Mt 5, 19. Conforme enseña SANTO TOMÁS, la esencia de la «aureola» consiste en el gozo por las hazañas realizadas por cada uno en la lucha contra los enemigos de la salvación *(Suppl.* 96, 1). A propósito del término «aurea (sc. corona)», véase Apoc 4, 4; y sobre la expresión «aureola», véase Ex 24, 25.

3. Propiedades del cielo

a) Eternidad

La felicidad del cielo dura por toda la eternidad (de fe).

El papa Benedicto XII declaró: «Y una vez que haya comenzado en ellos esa visión intuitiva, cara a cara, y ese goce, subsistirán continuamente en ellos esa misma visión y ese mismo goce sin interrupción ni tedio de ninguna clase, y durará hasta el juicio final, y desde éste, indefinidamente, por toda la eternidad»; Dz 530.

Se opone a la verdad católica la doctrina de Orígenes sobre la posibilidad de cambio moral en los bienaventurados. En tal doctrina se incluye la posibilidad de la disminución o pérdida de la bienaventuranza.

Jesús compara la recompensa por las buenas obras a los tesoros guardados en el cielo, donde no se pueden perder (Mt 6, 20; Lc 12, 33). Quien se ganare amigos con el injusto Mammón (= riquezas) será recibido en los «eternos tabernáculos» (Lc 16, 9). Los justos irán a la «vida eterna» (Mt 25, 46; cf. Mt 19, 29; Rom 2, 7; Ioh 3, 15 s). San Pablo habla de la eterna bienaventuranza empleando la imagen de «una corona imperecedera» (1 Cor 9, 25); San Pedro la llama «corona inmarcesible de gloria» (1 Petr 5, 4).

San Agustín deduce racionalmente la eterna duración del cielo de la idea de la perfecta bienaventuranza: «¿Cómo podría hablarse de verdadera felicidad si faltase la confianza de la eterna duración?» (*De civ. Dei* XII 13, 1; cf. X 30; XI 13).

La voluntad de los bienaventurados se halla de tal modo confirmada en el bien por una íntima unión de caridad con Dios, que le es moralmente imposible apartarse de Él por el pecado (impecabilidad moral)..

b) Desigualdad

El grado de la felicidad celestial es distinto en cada uno de los bienaventurados según la diversidad de sus méritos (de fe).

El *Decretum pro Graecis* del concilio de Florencia (1439) declara que las almas de los plenamente justos «intuyen claramente al Dios Trino y Uno, tal cual es, aunque unos con más perfección que otros según la diversidad de sus merecimientos»; Dz 693. El concilio de Trento definió que el justo merece por sus buenas obras el aumento de la gloria celestial; Dz 842.

Frente a la verdad católica está la doctrina de Joviniano (influida por el estoicismo), según la cual todas las virtudes son iguales. Se opone también al dogma católico la doctrina luterana de la imputación puramente externa de la justicia de Cristo. Tanto de la doctrina de Lutero como de la de Joviniano se sigue la igualdad de la bienaventuranza celestial.

Jesús nos asegura: «Él [el Hijo del hombre] dará a cada uno según sus obras» (Mt 16, 27). San Pablo enseña: «Cada uno recibirá su recompensa conforme a su trabajo» (1 Cor 3, 8), «El que escaso siembra, escaso cosecha; el que siembra con largura, con largura cosechará» (2 Cor 9, 6); cf. 1 Cor 15, 41 s.

Los padres citan con frecuencia la frase de Jesús en que nos habla de las muchas moradas que hay en la casa de su Padre (Ioh 14, 2). Tertuliano comenta: «¿Por qué hay tantas moradas en la casa del Padre, sino por la diversidad de merecimientos?» (*Scorp.* 6). San Agustín considera el denario que se entregó por igual a todos los trabajadores de la viña, a pesar de la distinta duración de su trabajo (Mt 20, 1-16), como una alusión a la vida eterna que es para todos de eterna duración; y en las muchas moradas que hay en la casa del Padre celestial (Ioh 14, 2) ve el santo doctor los distintos grados de recompensa que se conceden en una misma vida eterna. Y a la supuesta objeción de que tal diversidad engendraría envidias, responde: «No habrá envidias por los distintos grados de gloria, ya que en todos los bienaventurados reinará la unión de la caridad» *(In Ioh.,* tr. 67, 2); cf. SAN JERÓNIMO, *Adv. Iovin.* II 18-34; S.th. I 12, 6.

Bibliografía: J. BAUTZ, *Der Himmel,* Mz 1881. L. BREMOND, *Le ciel. Ses joies, ses splendeurs,* P 1925. E. KREBS, *El Más Allá,* Barna 1953. J. GUMMERSBACH, *Unsündlichkeit...* (v. supra, p. 77) 91 ss. J. THEISSING, *Die Lehre Jesu von der ewigen Seligkeit,* Br 1940. N. WICKI, *Die Lehre von der himmlischen Seligkeit in der mittelalterlichen Scholastik von Petrus Lombardus bis Thomas von Aquin,* Fr/S 1954. S. RAMÍREZ, *De hominis beatitudine,* I-III, Ma 1942/43/47. K. FORSTER, *Die Verteidigung der Lehre des hl. Thomas von der Gottesschau durch Johannes Capreolus,* Mn 1955.

§ 4. EL INFIERNO

1. Realidad del infierno

Las almas de los que mueren en estado de pecado mortal van al infierno (de fe).

El infierno es un lugar y estado de eterna desdicha en que se hallan las almas de los réprobos.

La existencia del infierno fue impugnada por diversas sectas, que suponían la total aniquilación de los impíos después de su muerte o del juicio universal. También la negaron todos los adversarios de la inmortalidad personal (materialismo).

El símbolo *Quicumque* confiesa: «Y los que obraron mal irán al fuego eterno»; Dz 40. BENEDICTO XII declaró en su constitución dogmática *Benedictus Deus:* «Según la común ordenación de Dios, las almas de los que mueren en pecado mortal, inmediatamente después de la muerte, bajan al infierno, donde son atormentadas con suplicios infernales»; Dz 531; cf. Dz 429, 464, 693, 835, 840.

El Antiguo Testamento no habla con claridad sobre el castigo de los impíos, sino en sus libros más recientes. Según Dan 12, 2, los impíos resucitarán para «eterna vergüenza y oprobio». Según Iudith 16, 20 s (G 16, 17), el Señor, el Omnipotente tomará venganza de los enemigos de Israel y los afligirá en el día del juicio: «El Señor omnipotente los castigará en el día del juicio, dando al fuego y a los gusanos sus carnes, para que se abrasen y lo sientan (G: para que giman de dolor) para siempre»; cf. Is 66, 24. Según Sap 4, 19, los impíos «serán entre los muertos en el oprobio sempiterno», «serán sumergidos en el dolor y perecerá su memoria»; cf. 3, 10; 6, 5 ss.

Jesús amenaza a los pecadores con el castigo del infierno. Le llama gehenna (Mt 5, 29 s; 10, 28; 23, 15 y 33; Mc 9, 43, 45 y 47 [G]; originariamente significa el valle Ennom), gehenna de fuego (Mt 5, 22; 18, 9), gehenna donde el gusano no muere ni el fuego se extingue (Mc 9, 46 s [G 47 s]), fuego eterno (Mt 25, 41), fuego inextinguible (Mt 3, 12; Mc 9, 42 [G 43]), horno de fuego (Mt 13, 42 y 50), suplicio eterno (Mt 25, 46). Allí hay tinieblas (Mt 8, 12; 22, 13; 25, 30), aullidos y rechinar de dientes (Mt 13, 42 y 50; 24, 51; Lc 13, 28). San Pablo da el siguiente testimonio: «Ésos [los que no conocen a Dios ni obedecen el Evangelio] serán castigados a eterna ruina, lejos de la faz del Señor y de la gloria de su poder» (2 Thes 1, 9); cf. Rom 2, 6-9; Hebr 10, 26-31. Según Apoc 21, 8, los impíos «tendrán su parte en el estanque que arde con fuego y azufre»; allí serán atormentados día y noche por los siglos de los siglos» (20, 10); cf. 2 Petr 2, 6; Iud 7.

Los padres dan testimonio unánime de la realidad del infierno. Según San Ignacio de Antioquía, todo aquel que «por su pésima doctrina corrompiere la fe de Dios por la cual fue crucificado Jesucristo, irá al fuego inextinguible, él y los que le escuchan» (*Eph.* 16, 2). San Justino funda el castigo del infierno en la idea de la justicia divina, la cual no deja impune a los transgresores de la ley (*Apol.* II 9); cf. *Apol.* I 8, 4; 21, 6; 28, 1; *Martyrium Polycarpi* 2, 3; 11, 2; San Ireneo, *Adv. haer.* IV 28, 2.

2. Naturaleza del suplicio del infierno

La escolástica distingue dos elementos en el suplicio del infierno: la pena de daño (suplicio de privación) y la pena de sentido (suplicio para los sentidos). La primera corresponde al apartamiento voluntario de Dios que se realiza por el pecado mortal; la otra, a la conversión desordenada a la criatura.

La pena de daño, que constituye propiamente la esencia del castigo del infierno, consiste en verse privado de la visión beatífica de Dios; cf. Mt 25, 41: «¡Apartaos de mí, malditos!»; Mt 25, 12: «No os conozco»; 1 Cor 6, 9: «¿No sabéis que los injustos no poseerán el reino de Dios?»; Lc 13, 27; 14, 24; Apoc 22, 15; San Agustín, *Enchir.* 112.

La pena de sentido consiste en los tormentos causados externamente por medios sensibles (es llamada también pena positiva del infierno). La Sagrada Escritura habla con frecuencia del fuego del infierno, al que son arrojados los condenados; designa al infierno como un lugar donde reinan los alaridos y el crujir de dientes... imagen del dolor y la desesperación.

El fuego del infierno fue entendido en sentido metafórico por algunos padres (como Orígenes y San Gregorio Niseno) y algunos teólogos posteriores (como Ambrosio Catarino, J. A. Möhler y H. Klee), los cuales interpretaban la expresión «fuego» como imagen de los dolores puramente espirituales —sobre todo, del remordimiento de la conciencia— que experimentan los condenados. El magisterio de la Iglesia no ha condenado esta sentencia, pero la mayor parte de los padres, los escolásticos y casi todos los teólogos modernos suponen la existencia de un fuego físico o agente de orden material, aunque insisten en que su naturaleza es distinta de la del fuego actual. La acción del fuego físico sobre seres puramente espirituales la explica SANTO TOMÁS —siguiendo el ejemplo de San Agustín y San Gregorio Magno— como sujeción de los espíritus al fuego material, que es instrumento de la justicia divina. Los espíritus quedan sujetos de esta manera a la materia, no disponiendo de libre movimiento; *Suppl.* 70, 3. A propósito de una declaración de la Penitenciaría Apostólica sobre la cuestión del fuego del infierno (Cavallera 1466), editada el 30 de abril de 1890, véase H. LANGE, Schol 6 (1931) 89 s.

3. Propiedades del infierno

a) Eternidad

Las penas del infierno duran toda la eternidad (de fe).

El capítulo *Firmiter* del concilio IV de Letrán (1215) declaró: «Aquéllos [los réprobos] recibirán con el diablo suplicio eterno»; Dz 429; cf. Dz 40, 835, 840. Un sínodo de Constantinopla (543) reprobó la doctrina origenista de la apocatástasis; Dz 211.

Mientras que Orígenes negó, en general, la eternidad de las penas del infierno, H. Schell († 1906) restringió la duración eterna a aquellos condenados que pecan «con la mano levantada», es decir, movidos por odio contra Dios, y que en la vida futura perseveran en dicho odio.

La Sagrada Escritura pone a menudo de relieve la eterna duración de las penas del infierno, pues nos habla de «eterna vergüenza y confusión» (Dan 12, 2; cf. Sap. 4, 19), de «fuego eterno» (Iudith 16, 21; Mt 18, 8; 25, 41; Iud 7), de «suplicio eterno» (Mt 25, 46), de «ruina eterna» (2 Thes 1, 9). El epíteto «eterno» no puede entenderse en el sentido de una duración muy prolongada, pero a fin de cuentas limitada. Así lo prueban los lugares paralelos en que se habla de «fuego inextinguible» (Mt 3, 12; Mc 9, 42 [G 43]) o de la «gehenna, donde el gusano no muere ni el fuego se extingue» (Mc 9,

46 s [G 47 s]), e igualmente lo evidencia la antítesis «suplicio eterno — vida eterna» en Mt 25, 46. Según Apoc 14, 11 (19, 3), «el humo de su tormento [del de los condenados] subirá por los siglos de los siglos», es decir, sin fin; cf. Apoc 20, 10.

La «restauración de todas las cosas», de la que se nos habla en Act 3, 21, no se refiere a la suerte de los condenados, sino a la renovación del mundo que tendrá lugar con la segunda venida de Cristo.

Los padres, antes de Orígenes, testimoniaron con unanimidad la eterna duración de las penas del infierno; cf. San Ignacio de Antioquía, *Eph.* 16, 2, San Justino, *Apol.* i 28, 1; *Martyrium Polycarpi* 2, 3; 11, 2; San Ireneo, *Adv. haer.* iv 28, 2; Tertuliano, *De poenit.* 12. La negación de Orígenes tuvo su punto de partida en la doctrina platónica de que el fin de todo castigo es la enmienda del castigado. A Orígenes le siguieron San Gregorio Niseno, Dídimo de Alejandría y Evagrio Póntico. San Agustín sale en defensa de la infinita duración de las penas del infierno, contra los origenistas y los «misericordiosos» (San Ambrosio), que en atención a la misericordia divina enseñaban la restauración de los cristianos fallecidos en pecado mortal; cf. *De civ. Dei* xxi 23; *Ad Orosium* 6, 7; *Enchir.* 112.

La verdad revelada nos obliga a suponer que la voluntad de los condenados está obstinada inconmoviblemente en el mal y que por eso es incapaz de verdadera penitencia. Tal obstinación se explica por rehusar Dios a los condenados toda gracia para convertirse; cf. S.th. i ii 85, 2 ad 3; *Suppl.* 98, 2, 5 y 6.

b) Desigualdad

La cuantía de la pena de cada uno de los condenados es diversa según el diverso grado de su culpa (sent. común).

Los concilios unionistas de Lyón y Florencia declararon que las almas de los condenados son afligidas con penas desiguales («poenis tamen disparibus puniendas»); Dz 464, 693. Probablemente esta fase no se refiere únicamente a la diferencia específica entre el castigo del solo pecado original (pena de daño) y el castigo por pecados personales (pena de daño y de sentido), sino que también quiere darnos a entender la diferencia gradual que hay entre los castigos que se dan por los distintos pecados personales.

Jesús amenaza a los habitantes de Corozaín y Betsaida asegurando que por su impenitencia han de tener un castigo mucho más severo que los habitantes de Tiro y Sidón; Mt 11, 22. Los escribas tendrán un juicio más severo; Lc 20, 47.

San Agustín nos enseña: «La desdicha será más soportable a unos condenados que a otros» *(Enchir.* iii). La justicia exige que la magnitud del castigo corresponda a la gravedad de la culpa.

Bibliografía: J. Bautz, *Die Hölle,* Mz ²1905. M. Carrouges y otros, *L'enfer,* P 1950. J. Sachs, *Die ewige Dauer der Höllenstrafen,* Pa 1900. J. Stufler, *Die Heiligkeit Gottes und der ewige Tod,* In 1903. El mismo, *Die Theorie der freiwilligen Verstocktheit,* In 1905. F. X. Kiefl, *Die Ewigkeit der Hölle,* Pa 1905. A. Lehaut, *L'éternité des peines de l'enfer dans S. Augustin,* P 1912. K. Adam, *Zum Problem der Apokatastasis,* ThQ 131 (1951) 129-138. J. C. Martínez, *¿Qué hay sobre el infierno?,* Ma 1936.

§ 5. El purgatorio

1. Realidad del purgatorio

a) Dogma

Las almas de los justos que en el instante de la muerte están gravadas por pecados veniales o por penas temporales debidas por el pecado van al purgatorio (de fe).

El purgatorio (= lugar de purificación) es un lugar y estado donde se sufren temporalmente castigos expiatorios.

La realidad del purgatorio la negaron los cátaros, los valdenses, los reformadores y parte de los griegos cismáticos. A propósito de la doctrina de Lutero, véanse los *Artículos de Esmalcalda,* pars II, art. II, §§ 12-15; a propósito de la doctrina de Calvino, véase *Instit.* III 5, 6-10; a propósito de la doctrina de la Iglesia ortodoxa griega, véase la *Confessio orthodoxa* de Pedro Mogilas, p 1, q. 64-66 (refundida por Meletios Syrigos) y la *Confessio* de Dositeo, decr. 18.

Los concilios unionistas de Lyón y Florencia hicieron la siguiente declaración contra los griegos cismáticos, que se oponían principalmente a la existencia de una lugar especial de purificación, al fuego del purgatorio y al carácter expiatorio de sus penas: «Las almas que partieron de este mundo en caridad con Dios, con verdadero arrepentimiento de sus pecados, antes de haber satisfecho con verdaderos frutos de penitencia por sus pecados de obra y omisión, son purificadas después de la muerte con las penas del purgatorio»; Dz 464, 693; cf. Dz 456, 570 s.

Frente a los reformadores que consideraban como contraria a las Escrituras la doctrina del purgatorio (cf. Dz 777) y que la rechazaban como incompatible con su teoría de la justificación, el concilio de Trento hizo constar la realidad del purgatorio y la utilidad de los sufragios hechos en favor de las almas que en él se encuentran:

«purgatorium esse animasque ibi detentas fidelium suffragiis... iuvari»; Dz 983; cf. Dz 840, 998.

b) Prueba de Escritura

La Sagrada Escritura enseña indirectamente la existencia del purgatorio concediendo la posibilidad de la purificación en la vida futura.

Según 2 Mac 12, 42-46, los judíos oraron por los caídos en quienes se habían encontrado objetos consagrados a los ídolos de Jamnia, a fin de que el Señor les perdonara sus pecados; para ello enviaron dos mil dracmas de plata a Jerusalén para que se hicieran sacrificios por el pecado. Estaban, pues, persuadidos de que a los difuntos se les puede librar de su pecado por medio de la oración y el sacrificio. El hagiógrafo aprueba esta conducta: «También pensaba [Judas] que a los que han muerto piadosamente les está reservada una magnífica recompensa. ¡Santo y piadoso pensamiento! Por eso hizo que se ofrecieran sacrificios expiatorios por los muertos para que fueran absueltos de sus pecados» (v 45, según G).

Las palabras del Señor en Mt 12, 32: «Quien hablare contra el Espíritu Santo no será perdonado ni en este siglo ni en el venidero», parecen admitir la posibilidad de que otros pecados se perdonen no sólo en este mundo, sino también en el futuro. SAN GREGORIO MAGNO comenta: «En esta frase se nos da a entender que algunas culpas se pueden perdonar en este mundo y algunas también en el futuro» (*Dial.* IV 39); cf. SAN AGUSTÍN, *De civ. Dei* XXI 24, 2; Dz 456.

San Pablo expresa en 1 Cor 3, 10-15, la siguiente idea con relación a la labor misionera de la comunidad de Corinto: la obra del predicador de la fe cristiana, el cual sigue edificando sobre el fundamento que es Cristo, será sometida a una prueba como de fuego en el día del Juicio. Si la obra resiste la prueba, el autor recibirá su recompensa, mas si no la resiste «sufrirá los perjuicios», es decir, perderá la recompensa. Sin embargo, aquel cuya obra no resista la prueba, es decir, haya trabajado mal, «será ciertamente salvo, aunque como a través del fuego», es decir, alcanzará la vida eterna en el caso de que su paso a través del fuego demuestre que es digno de la vida eterna (J. Gnilka). La mayoría de los comentaristas católicos entienden el paso a través del fuego como un castigo purificador, pasajero y, probablemente, consistente, en las grandes tribulaciones que el mal constructor tendrá que padecer el día del juicio final. De ello se deduce que todo aquel que muere con pecados veniales o penas temporales merecidas por el pecado debe pasar, después de muerto, por un transitorio castigo de purificación. Los padres latinos, tomando la palabra demasiado literalmente, interpretan el fuego como un fuego físico purificador, destinado a cancelar después de la muerte los pecados veniales que no han sido expiados; cf. SAN AGUSTÍN, *Enarr. in Ps.* 37, 3; SAN CESÁREO DE ARLÉS, *Sermo* 179; SAN GREGORIO MAGNO, *Dial.* IV 39.

La frase que leemos en Mt 5, 26: «En verdad te digo que no saldrás de allí [de la cárcel] hasta que pagues el último ochavo», es una amenaza, en forma de parábola, para todo aquel que no cumpla el precepto de la caridad cristiana, de un justo castigo por parte del Juez divino. Los intérpretes, sutilizando sobre la exégesis de la parábola, creyeron ver significada en esa pena temporal de cárcel un estado de castigo temporal en la vida futura. TERTULIANO interpretaba la cárcel como los infiernos, y el último ochavo como «las pequeñas culpas que habrá que expiar allí por ser dilatada la resurrección» (para el reino milenario; *De anima* 58); cf. SAN CIPRIANO, *Ep.* 55, 20.

c) Prueba de tradición

El punto esencial del argumento en favor de la existencia del purgatorio se halla en el testimonio de los padres. Sobre todo los padres latinos emplean los argumentos escriturísticos citados anteriormente como pruebas del castigo purificador transitorio y del perdón de los pecados en la vida futura. SAN CIPRIANO enseña que los penitentes que fallen después de recibir la reconciliación tienen que dar en la vida futura el resto de satisfacción que tal vez sea necesario, mientras que el martirio representa para los que lo sufren una completa satisfacción: «Es distinto sufrir prolongados dolores por los pecados y ser limpiado y purificado por fuego incesante, que expiarlo todo de una vez por el martirio» *(Ep.* 55, 20). SAN AGUSTÍN distinge entre las penas temporales que hay que aceptar en esta vida como penitencia y las que hay que aceptar después de la muerte: «Unos solamente sufren las penas temporales en esta vida, otros sólo después de la muerte, y otros, en fin, en esta vida y después de la muerte, pero todos tendrán que padecerlas antes de aquel severísimo y último juicio» *(De civ. Dei* XXI 13). Este santo doctor habla a menudo del fuego «corrector y purificador» («ignis emendatorius, ignis purgatorius»; cf. *Enarr. in Ps.* 37, 3; *Enchir.* 69). Según su doctrina, los sufragios redundan en favor de todos aquellos que han renacido en Cristo pero que no han vivido de tal manera que no tengan necesidad de semejante ayuda. Constituyen, por tanto, un grupo intermedio entre los bienaventurados y los condenados *(Enchir.* 110; *De civ. Dei* XXI 24, 2). Los epitafios paleocristianos desean a los muertos la paz y el refrigerio.

La existencia del purgatorio se prueba especulativamente por la santidad y justicia de Dios. La santidad de Dios exige que sólo las almas completamente purificadas sean recibidas en el cielo (Apoc 21, 27); su justicia reclama que se paguen los reatos de pena todavía pendientes y, por otra parte, prohíbe que las almas unidas en caridad con Dios sean arrojadas al infierno. Por eso hay que admitir la existencia de un estado intermedio que tenga por fin la purificación definitiva y sea, por consiguiente, de duración limitada; cf. SANTO TOMÁS, *Sent.* IV, d. 21, q. 1, a. 1, qc. 1; S.c.G. IV 91.

2. Naturaleza del suplicio del purgatorio

En el purgatorio se distingue, de manera análoga al infierno, una pena de daño y otra de sentido.

La pena de daño consiste en la dilación temporal de la visión beatífica de Dios. Como ha precedido ya el juicio particular, el alma sabe que la exclusión es solamente de carácter temporal y posee la certeza de que al fin conseguirá la bienaventuranza; Dz 778. Las almas del purgatorio tienen conciencia de ser hijos y amigos de Dios y suspiran por unirse íntimamente con Él. De ahí que esa separación temporal sea para ellos tanto más dolorosa.

A la pena de daño se añade — según doctrina general de los teólogos — la pena de sentido. Teniendo en cuenta el pasaje de 1 Cor 3, 15, los padres latinos, los escolásticos y muchos teólogos modernos suponen la existencia de un fuego físico como instrumento externo de castigo. Pero notemos que las pruebas bíblicas aducidas en favor de esta sentencia son insuficientes. Los concilios, en sus declaraciones oficiales, solamente hablan de las penas del purgatorio, no del fuego del purgatorio. Lo hacen así por consideración a los griegos separados, que rechazan la existencia de fuego purificador; Dz 464, 693; cf. Santo Tomás, *Sent.* iv, d. 21, q. 1, a. 1, qc. 3.

3. Objeto de la purificación

En la vida futura, la remisión de los pecados veniales todavía no perdonados se efectúa — según doctrina de Santo Tomás (*De malo* 7, 11) — de igual manera que en esta vida: por un acto de contrición perfecta realizado con ayuda de la gracia. Este acto de arrepentimiento, que se suscita inmediatamente después de entrar en el purgatorio, no causa la supresión o aminoramiento de la pena (en la vida futura ya no hay posibilidad de merecer), sino únicamente la remisión de la culpa.

Las penas temporales debidas por los pecados son cumplidas en el purgatorio por medio de la llamada «satispasión» (o sufrimiento expiatorio), es decir, por medio de la aceptación voluntaria de los castigos purificativos impuestos por Dios.

4. Duración del purgatorio

El purgatorio no subsistirá después de que haya tenido lugar el juicio universal (sent. común).

Después de que el soberano Juez haya pronunciado su sentencia en el juicio universal (Mt 25, 34 y 41), no habrá más que dos estados: el del cielo y el del infierno. San Agustín afirma: «Se ha de pensar que no existen penas purificativas sino antes de aquel último y tremendo juicio» *(De civ. Dei* XXI 16; cf. XXI 13).

Para cada alma el purgatorio durará hasta que logre la completa purificación de todo reato de culpa y pena. Una vez terminada la purificación será recibida en la bienaventuranza del cielo; Dz 530, 693.

Bibliografía: B. Bartmann, *Das Fegfeuer,* Pa ²1929. M. Jugie, *Le purgatoire et les moyens de l'éviter,* P 1941. A. Landgraf, *1 Cor. 3, 10-17 bei den lateinischen Vätern und der Frühscholastik,* Bibl 5 (1924) 140-172. L. Petit, *Documents relatifs au Concile de Florence. I. La question du purgatoire à Ferrare,* P 1920. G. Hofmann, *Concilium Florentinum. Zwei Gutachten der Lateiner über das Fegfeuer,* R 1929/30. C. Falletti, *Nuestros difuntos y el purgatorio,* Barna 1939. J. Gnilka, *Ist 1 Kor 3, 10-15 ein Schriftbeweis für das Fegfeuer?,* D 1955. A. Piolanti, *Il purgatorio,* Rovigo 1957. J. Gill, *The Council of Florence,* C 1959.

Capítulo segundo

ESCATOLOGÍA GENERAL

§ 6. El retorno de Cristo

1. Realidad del retorno

Al fin del mundo, Cristo, rodeado de majestad, vendrá de nuevo para juzgar a los hombres (de fe).

El símbolo apostólico confiesa: «Y desde allí ha de venir a juzgar a los vivos y a los muertos.» De manera parecida se expresan los símbolos posteriores. El símbolo nicenoconstantinopolitano añade «cum gloria» (con majestad); Dz 86; cf. Dz 40, 54, 287, 429.

Jesús predijo repetidas veces su segunda venida (parusía) al fin de los tiempos; Mt 16, 27 (Mc 8, 38; Lc 9, 26): «El Hijo del hombre ha de venir en la gloria de su Padre, con sus ángeles, y entonces dará a cada uno según sus obras»; Mt 24, 30 (Mc 13, 26; Lc 21, 27): «Entonces aparecerá el estandarte del Hijo del hombre en el cielo, y se lamentarán todas las tribus de la tierra, y verán al Hijo del hombre venir sobre las nubes del cielo con poder y majestad grande.» El estandarte del Hijo del hombre, según la interpretación de los padres, es la santa cruz. El venir sobre las nubes del cielo (cf. Dan 7, 13) manifiesta su divino poder y majestad; cf.

Mt 25, 31; 26, 64; Lc 17, 24 y 26 («el día del Hijo del hombre»); Ioh 6, 39 s y passim («el último día»); Act 1, 11.

Casi todas las cartas de los apóstoles aluden ocasionalmente a la nueva venida del Señor y a la manifestación de su gloria y celebración del juicio que van unidos con esa nueva venida. San Pablo escribe lo siguiente a la comunidad de Tesalónica, que creía inminente la parusía y estaba preocupada por la suerte que correrían los que habían fallecido anteriormente: «Esto os decimos como palabra del Señor: que nosotros, los vivos, los que quedamos para la venida del Señor, no nos anticiparemos a los que se durmieron; pues el mismo Señor a una orden, a la voz del arcángel, al sonido de la trompeta de Dios, descenderá del cielo, y los muertos en Cristo resucitarán primero; después nosotros, los vivos, los que quedamos, junto con ellos, seremos arrebatados en las nubes, al encuentro del Señor en los aires, y así estaremos siempre con el Señor»; 1 Thes 4, 15-17. Como inmediatamente después San Pablo nos enseña que es incierto el momento en que tendrá lugar la segunda venida de Cristo (5, 1-2), está bien claro que en las palabras citadas anteriormente el Apóstol supone, de manera puramente hipotética, que va a suceder lo que puede ser que suceda, situándose de esta manera en el punto de vista de sus lectores; cf. Dz 2181. El fin de la segunda venida del Señor será resucitar a los muertos y dar a cada uno su merecido; 2 Thes 1, 8. Por eso los fieles, cuando venga de nuevo Jesucristo, deben ser hallados «irreprensibles»; 1 Cor 1, 8; 1 Thes 3, 13; 5, 23; cf. 2 Petr 1, 16; 1 Ioh 2, 28; Iac 5, 7 s; Iud 14.

El testimonio de la tradición es unánime; *Didakhé* 16, 8: «Entonces el mundo verá venir al Señor sobre las nubes del cielo»; cf. 10, 6.

2. Señales precursoras de la segunda venida

a) La predicación del Evangelio por todo el mundo

Jesús nos asegura: «Será predicado este evangelio del reino en todo el mundo, testimonio para todas las naciones, y entonces vendrá el fin» Mt 24, 14; cf. Mc 13, 10. Esta frase no significa que el fin haya de venir en seguida que se predique el Evangelio a todo el mundo.

b) La conversión de los judíos

En su carta a los Romanos (11, 25-32), San Pablo revela un «misterio»: Cuando haya entrado en el reino de Dios la plenitud (es decir, el número señalado por Dios) de los gentiles, entonces «todo Israel» se convertirá y será salvo. Se trata, naturalmente, de una totalidad moral.

Es frecuente establecer una relación causal entre la nueva venida del profeta Elías y la conversión del pueblo judío, pero notemos que falta para ello fundamento suficiente. El profeta Malaquías anuncia: «Ved que yo mandaré a Elías, el profeta, antes que venga el día de Yahvé, grande y terrible. Él convertirá el corazón de los padres a los hijos y el corazón de los hijos a los padres, no venga yo a dar la tierra toda al anatema» (4, 5 s; M 3, 23 s). El judaísmo entendió este pasaje en el sentido de una segunda venida corporal de Elías (cf. Eccli 48, 10), pero fijó la fecha de su venida al comienzo de la era mesiánica considerando a Elías como precursor del Mesías (Ioh 1, 21; Mt 16, 14). Jesús confirma, en efecto, la idea de que vendría Elías, pero la relaciona con la aparición del Bautista, acerca del cual había predicho el ángel que iría delante del Señor, esto es, de Dios, con el espíritu y la virtud de Elías (Lc 1, 17): «Él [Juan] es Elías, que ha de venir [según los profetas]» (Mt 11, 14); «Sin embargo, yo os digo: Elías ha venido ya, y no le reconocieron; antes hicieron con él lo que quisieron» (Mt 17, 12; Mc 9, 13). Jesús no habla expresamente de ninguna futura venida de Elías antes del juicio final, ni siquiera es ése probablemente el sentido de sus palabras en Mt 17, 11 («Elías, en verdad, está para llegar, y restablecerá todo»), donde únicamente se repite la profecía de Malaquías, que Jesús ve cumplida en la venida de Juan (Mt 17, 12).

c) La apostasía de la fe

Jesús predijo que antes del fin del mundo aparecerían falsos profetas que lograrían extraviar a muchos (Mt 24, 4 s). San Pablo nos asegura que antes de la nueva venida del Señor tendrá lugar «la apostasía», esto es, la apostasía de la fe cristiana (2 Thes 2, 3).

d) La aparición del Anticristo

La apostasía de la fe está en relación de dependencia causal con la aparición del Anticristo; 2 Thes 2, 3: «Antes ha de venir la apostasía y ha de manifestarse el hombre de iniquidad, el hijo de la perdición, que se opone y se alza contra todo lo que se dice Dios o es adorado, hasta sentarse en el templo de Dios y proclamarse dios a sí mismo». Se presentará con el poder de Satanás, obrará milagros aparentes para arrastrar a los hombres a la apostasía de la verdad y precipitarlos en la injusticia y la iniquidad (vv 9-11). Cuando Jesús vuelva, destruirá «con el aliento de su boca» (v 8) al hijo de la perdición. El nombre de Anticristo lo emplea por vez primera San Juan (1 Ioh 2, 18 y 22; 4, 3; 2 Ioh 2, 7), pero aplica este mismo nombre a todos los falsos maestros que enseñan con el espíritu del Anticristo. Según San Pablo y San Juan, el Anticristo aparecerá como una persona determinada que será instrumento de Satanás. La *Didakhé* nos habla de la aparición del «seductor del mundo» (16, 4).

Debemos rechazar la interpretación histórica que ve al Anticristo en alguno de los perseguidores del cristianismo contemporáneo de los apóstoles (Nerón, Calígula); e igualmente debemos rechazar la explicación histórico-religiosa que busca el origen de la idea del Anticristo en los mitos persas y babilónicos. La monografía más antigua sobre el Anticristo se debe a la pluma de San Hipólito de Roma.

e) Grandes calamidades

Jesús predijo guerras, hambres, terremotos y graves persecuciones contra sus discípulos: «Entonces os entregarán a los tormentos y os matarán, y seréis abominados de todos los pueblos a causa de mi nombre»; Mt 24, 9. Ingentes catástrofes naturales serán el preludio de la venida del Señor; Mt 24, 29; cf. Is 13, 10; 34, 4.

3. El momento de la nueva venida de Cristo

Los hombres desconocen el momento en que Jesús vendrá de nuevo (sent. cierta).

Jesús dejó incierto el momento en que verificaría su segunda venida. Al fin de su discurso sobre la parusía, declaró: «Cuanto a ese día o a esa hora, nadie la conoce, ni los ángeles del cielo, ni el Hijo, sino sólo el Padre»; Mc 13, 32 (en el texto paralelo de Mt 24, 36, faltan en algunas autoridades textuales las palabras «ni el Hijo»). A propósito del desconocimiento de Cristo, véase Cristología, § 23, 4*a*. Poco antes de su ascensión a los cielos, declaró el Señor a sus discípulos: «No os toca a vosotros conocer los tiempos ni los momentos que el Padre ha fijado en virtud de su poder soberano»; Act 1, 7.

Jesús no contaba con que estuviera próxima su nueva venida, y así lo prueban varias expresiones de sus discursos escatológicos (Mt 24, 14, 21 y 31; Lc 21, 24; cf. Lc 17, 22; Mt 12, 41), las parábolas que simbolizan su segunda venida, en las cuales se sugiere una larga ausencia del Señor (cf. Mt 24, 48; 25, 5; 25, 19: «Pasado mucho tiempo vuelve el amo de aquellos siervos y les toma cuentas»), y las parábolas que describen el sucesivo crecimiento del reino de Dios sobre la tierra (Mt 13, 24-33). En muchos pasajes la expresión «venir el Señor» debe entenderse en sentido impropio como «manifestación de su poder», bien sea para castigo de sus enemigos (Mt 10, 23: la destrucción de Jerusalén), o bien para la difusión del reino de Dios sobre la tierra (Mt 16, 28; Mc 9, 1: Lc 9, 27), o finalmente para recompensar con la eterna bienaventuranza del cielo a los que le han permanecido fieles (Ioh 14, 3, 18 y 28; 21, 22). La frase que leemos en Mt 24, 34: «En verdad os digo que no pasará esta generación antes que todo esto suceda», hay que relacionarla con las señales de la parusía. Según otra interpretación, la expresión «esta generación» se refiere no a los contemporáneos de Jesús, sino a la generación de los judíos, es decir, al pueblo judío (cf. Mt 11, 16; Mc 8, 12).

También los apóstoles nos enseñaron que era incierto el momento en que tendrá lugar la parusía: «Cuanto al tiempo y a las circunstancias no hay, hermanos, para qué escribir. Sabéis bien que el día del Señor llegará como el ladrón en la noche» (1 Thes 5, 1-2). En 2 Thes 2, 1 ss, el Apóstol pone en guardia a los fieles contra una exagerada expectación de la parusía, y para ello les indica algunas señales que tienen que acaecer primero (2 Thes 2, 1-3). San Pedro explica la dilatación de la parusía porque Dios, magnánimo, quiere brindar a los pecadores ocasión de hacer penitencia. Ante Dios mil años son como un solo día. El día del Señor vendrá como ladrón; 2 Petr 3, 8-10; cf. Apoc 3, 3; 16, 15.

A pesar de la incertidumbre que reinaba en torno al momento de la parusía, los primitivos cristianos suponían que era muy probable su próxima aparición; cf. Phil 4, 5; Hebr 10, 37; Iac 5, 8; 1 Petr 4, 7; 1 Ioh 2, 18. La invocación aramea «Marana tha» = Ven, Señor nuestro (1 Cor 16, 22; *Didakhé* 10, 6), es testimonio del ansia con que los primeros cristianos suspiraban por la parusía; cf. Apoc 22, 20: «Ven, Señor Jesús.»

Bibliografía: F. Tillmann, *Die Wiederkunft Christi nach den paulinischen Briefen*, Fr 1909. L. Billot, *La parousie*, P 1920. W. Michaelis, *Der Herr verzieht nicht die Verheissung. Die Aussagen Jesu über die Nähe des Jüngsten Tages*, Berna 1942. B. Rigaux, *L'Antéchrist et l'opposition au royaume messianique dans l'Ancien et le Nouveau Testament*, Ge-P 1932. F. W. Maier, *Israel in der Heilsgeschichte nach Röm 9-11*, Mr 1929. Fr. Guntermann, Fr. Segarra (v. supra, p. 693). E. Walter, *Das Kommen des Herrn*, 2 partes, Fr I [3]1948, II 1947. Fr. Mussner, *Was lehrt Jesus über das Ende der Welt?*, Fr 1958. A. Vögtle, *Gott in Welt* (Festschrift K. Rahner), Fr 1964, I 608-667.

§ 7. La resurrección de los muertos

1. Realidad de la resurrección

Todos los muertos resucitarán con sus cuerpos en el último día (de fe).

El símbolo apostólico confiesa: «Creo... en la resurrección de la carne.» El símbolo *Quicumque* acentúa la universalidad de la resurrección: «Cuando venga el Señor, todos los hombres resucitarán con sus cuerpos»; Dz 40.

En la antigüedad se oponían a la fe en la resurrección: los saduceos (Mt 22, 23; Act 23, 8), los gentiles (Act 17, 32), algunos cristianos de los tiempos apostólicos (1 Cor 15; 2 Tim 2, 17 s), los gnósticos y los maniqueos; en la edad media, los cátaros; y en la edad moderna, las distintas formas del materialismo y del racionalismo.

En el Antiguo Testamento se observa una progresiva evolución de la creencia en la resurrección. Los profetas Oseas y Ezequiel emplean la imagen de la resurrección corporal para simbolizar la liberación de Israel del estado de pecado o de destierro en que se hallaba (Os 6, 3 [M 6, 2]; 13, 14; Ez 37, 1-14). Isaías expresa su fe en la resurrección individual de los justos de Israel (26, 19). Daniel profetiza también la resurrección de los impíos, pero limitándose al pueblo de Israel: «Las muchedumbres de los que duermen en el polvo de la tierra se despertarán, unos para eterna vida, otros para eterna vergüenza y confusión» (12, 2). El segundo libro de los Macabeos enseña la resurrección universal (7, vv 9, 11, 14, 23 y 29; 12, 43 ss; 14, 46).

Iob 19, 25-27 («Scio enim quod Redemptor meus vivit, et in novissimo die de terra surrecturus sum; et rursum circumdabor pelle mea, et in carne mea videbo Deum meum») es testimonio de la resurrección solamente según la lectura de la Vulgata. Conforme al texto original, Job expresa la esperanza de que Dios salga en fin como fiador suyo para mostrar su inocencia mientras viviere sobre la tierra (N. Peters, P. Heinisch).

Jesús rechaza como errónea la negación saducea de la resurrección de los muertos: «Estáis en un error y ni conocéis las Escrituras ni el poder de Dios. Porque en la resurrección ni se casarán ni se darán en casamiento, sino que serán como ángeles en el cielo» (Mt 22, 29 s). Cristo enseñó no sólo la resurrección de los justos (Lc 14, 14), sino también la de los impíos (Mt 5, 29 s; 10, 28; 18, 8 s). «Y saldrán [de los sepulcros] los que han obrado el bien para la resurrección de la vida, y los que han obrado el mal para la resurrección del juicio» (Ioh 5, 29). A los que creen en Jesús y comen su carne y beben su sangre, Él les promete la resurrección en el último día (Ioh 6, 39 s, 44 y 45). El Señor dice de sí mismo: «Yo soy la resurrección y la vida» (Ioh 11, 25).

Los apóstoles, basándose en la resurrección de Cristo, predican la resurrección universal de los muertos; cf. Act 4, 1 s; 17, 18 y 32; 24, 15 y 21; 26, 23. San Pablo se dirige contra algunos cristianos de la comunidad de Corinto que negaban la resurrección, y prueba la resurrección de los cristianos por la de Cristo; 1 Cor 15, 20-23: «Pero no; Cristo ha resucitado de entre los muertos como primicia de los que mueren. Porque como por un hombre vino la muerte, también por un hombre vino la resurrección de los muertos. Y como en Adán hemos muerto todos, así también en Cristo somos todos vivificados. Pero cada uno a su tiempo: el primero, Cristo; luego los de Cristo, cuando Él venga.» La muerte será el último enemigo reducido a la nada por Cristo (vv 26, 54 s). En la victoria de Cristo sobre la muerte va incluida la universalidad de la resurrección; cf. Rom 8, 11; 2 Cor 4, 14; Phil 3, 21; 1 Thes 4, 14 y 16; Hebr 6, 1 s; Apoc 20, 12 s.

Los padres de los primeros siglos, ante los múltiples ataques que sufría la doctrina de la resurrección por parte de los judíos, los paganos y los gnósticos, se vieron forzados a estudiar minuciosamente este dogma. SAN CLEMENTE ROMANO lo prueba por analogías tomadas de la naturaleza, por la leyenda del ave Fénix y por pasajes bíblicos del Antiguo Testamento; *Cor.* 24-26. Se escribieron tratados en defensa de la fe cristiana en la resurrección. Sus autores fueron San Justino, Atenágoras de Atenas, Tertuliano, Orígenes, San Metodio y San Gregorio Niseno. También casi todos los apologistas de principios del cristianismo se ocuparon detenidamente de la doctrina sobre la resurrección; cf. SAN AGUSTÍN, *Enchir.* 84-93; *De civ. Dei* XXII 4 ss.

La razón natural no puede presentar ninguna prueba convincente en favor de la realidad de la resurrección, pues ésta tiene carácter sobrenatural y supone, por tanto, una intervención milagrosa de Dios. No obstante, es posible mostrar la conveniencia de la resurrección: *a)* por la unión natural entre el cuerpo y el alma, que hace que ésta se halle ordenada al cuerpo; *b)* por la idea de la justa retribución, idea que nos induce a esperar que el cuerpo, por ser instrumento del alma, participará también de la recompensa o el castigo.

La razón iluminada por la fe prueba la conveniencia de la resurrección: *a)* por la perfección de la redención obrada por Cristo; *b)* por la semejanza que tienen con Cristo (la Cabeza) los miembros de su cuerpo místico; *c)* porque el cuerpo humano ha sido santificado por la gracia y, sobre todo, por la fuente abundante de la misma que es la eucaristía; cf. SAN IRENEO, *Adv. haer.* IV 18, 5; V 2, 3; *Suppl.* 75, 1-3; G. IV 79.

2. Identidad del cuerpo resucitado

Los muertos resucitarán con el mismo (numéricamente) cuerpo que tuvieron en la tierra (de fe).

a) El capítulo *Firmiter* del concilio IV de Letrán (1215) declara: «Todos ellos resucitarán con el propio cuerpo que ahora llevan»; Dz 429; cf. Dz 16, 40, 287, 347, 427, 464, 531.

Orígenes negó la identidad material del cuerpo resucitado con el cuerpo terreno.

La Sagrada Escritura da testimonio implícito de esa identidad material por las palabras que emplea: «resurrección» o «despertamiento». Solamente habrá verdadera resurrección o despertamiento cuando el mismo cuerpo que muere y se descompone sea el que reviva de nuevo. La tesis la hallamos enunciada explícitamente en 2 Mac 7, 11: «De él [de Dios] espero yo volver a recibirlas [la lengua y las manos]»; 1 Cor 15, 53: «Porque es preciso que lo corruptible se revista de incorrupción y que este ser mortal se revista de inmortalidad.»

En tiempo de Orígenes, los padres enseñaron unánimemente que «esta carne resucitará y será juzgada» y «que en esta carne recibiremos nuestra recompensa» (SEUDO-CLEMENTE, 2 *Cor.* 9, 1-5). SAN JUSTINO da testimonio: «Tenemos la esperanza de que recobraremos a nuestros muertos y los cuerpos depositados en la tierra, pues afirmamos que para Dios no hay cosa imposible» (*Apol.* I 18). Las razones de conveniencia aducidas por los padres para probar el hecho de la resurrección suponen todas ellas la identidad del cuerpo resucitado con el cuerpo terreno. Contra Orígenes, la defendieron San Metodio, San Gregorio Niseno, SAN EPIFANIO (*Haer.* 64) y SAN JERÓNIMO (*Adv. Ioannem Hierosolymitanum*).

b) No debemos concebir esa identidad como si todas las partículas materiales que alguna vez o en determinado instante han pertenecido al cuerpo terreno tuvieran que hallarse en el cuerpo resucitado. Así como el cuerpo terreno, a pesar del continuo metabolismo de la materia, permanece siempre el mismo, de manera parecida basta para salvar la identidad que una parte relativamente pequeña de la materia del cuerpo terreno se contenga en el cuerpo resucitado. Por eso, el hecho de que las mismas partículas materiales puedan pertenecer sucesivamente a diversos cuerpos no ofrece dificultad alguna contra la fe cristiana en la resurrección; cf. S.c.G. IV 81.

Según Durando de San Porciano († 1334) y Juan de Nápoles († después de 1336), basta para salvar la identidad del cuerpo resucitado la identidad del alma. Partiendo de la doctrina aristotélico-tomista sobre la composición de los cuerpos, según la cual la materia prima (que es pura potencia) recibe actualidad e individualidad al ser informada por la forma sustancial, convirtiéndose de esta manera en un cuerpo determinado, enseñan que el alma humana (como única forma sustancial del cuerpo humano) determina cualquier materia constituyéndola su propio cuerpo.

Prescindiendo de la hipótesis de que el alma humana sea la única forma sustancial del cuerpo —los escotistas defienden la existencia de una forma especial de corporeidad distinta del alma—, toda esta explicación lleva a la consecuencia absurda de que los huesos de un difunto podrían yacer todavía en el seno de la tierra mientras él estuviese ya en el cielo con el cuerpo resucitado. En la teología moderna, fue defendida la sentencia de Durando por L. Billot y algunos otros (v., por ej., E. Krebs, *El Más Allá,* Barna 1953, pp. 92 ss), mientras que la mayoría de los teólogos siguen defendiendo la doctrina patrística de la identidad material del cuerpo.

Según doctrina universal, el cuerpo resucitará en total integridad, libre de deformidades, mutilaciones y achaques. Santo Tomás enseña: «El hombre resucitará en su mayor perfección natural», y por eso tal vez resucite en estado de edad madura *(Suppl.* 81, 1). Pertenecen también a la integridad del cuerpo resucitado todos los órganos de la vida vegetativa y sensitiva, incluso las diferenciaciones sexuales (contra la sentencia de los origenistas; Dz 207). Pero, sin embargo, ya no se ejercitarán las funciones vegetativas; Mt 22, 30: «Serán como ángeles en el cielo.»

3. Condición del cuerpo resucitado

a) Los cuerpos de los justos serán transformados y glorificados según el modelo del cuerpo resucitado de Cristo (sent. cierta).

San Pablo enseña: «Él [Jesucristo] reformará el cuerpo de nuestra vileza, conforme a su cuerpo glorioso, en virtud del poder que tiene para someter a sí todas las cosas» (Phil 3, 21); «Se siembra en corrupción y resucita en incorrupción. Se siembra en ignominia y se levanta en gloria. Se siembra en flaqueza y se levanta en poder. Se siembra un cuerpo animal y se levanta un cuerpo espiritual» (1 Cor 15, 42-44); cf. 1 Cor 15, 53.

Siguiendo las enseñanzas de San Pablo, la escolástica enumera cuatro propiedades o dotes de los cuerpos resucitados de los justos:

α) La *impasibilidad,* es decir, la propiedad de que no sea accesible a ellos mal físico de ninguna clase, como el sufrimiento, la enfermedad y la muerte. Definiéndola con mayor precisión, es la imposibilidad de sufrir y morir («non posse pati, mori»); Apoc 21, 4: «Él [Dios] enjugará las lágrimas de sus ojos [de ellos], y la muerte no existirá más, ni habrá duelo, ni gritos, ni trabajo, porque todo esto es ya pasado»; cf. 7, 16; Lc 20, 36: «Ya no pueden morir.» La razón intrínseca de la impasibilidad es el perfecto sometimiento del cuerpo al alma; *Suppl.* 82, 1.

β) La *sutileza* (o penetrabilidad), es decir, la propiedad por la cual el cuerpo se hará semejante a los espíritus en cuanto podrá penetrar los cuerpos sin lesión alguna. No creamos que por ello el cuerpo se transformará en sustancia espiritual o que la materia se enrarecerá hasta convertirse en un cuerpo «etéreo»; cf. Lc 24, 39. Un ejemplo de «espiritualización» lo tenemos en el cuerpo resucitado de Cristo, que salió del sepulcro sellado y entraba en el Cenáculo aun estando cerradas las puertas; Ioh 20, 19 y 26. La razón intrínseca de esta espiritualización la tenemos en el dominio completo del alma glorificada sobre el cuerpo, en cuanto es la forma sustancial del mismo; *Suppl.* 83, 1.

γ) La *agilidad,* es decir, la capacidad del cuerpo para obedecer al espíritu con suma facilidad y rapidez en todos sus movimientos. Esta propiedad se contrapone a la gravedad de los cuerpos terrestres, determinada por la ley de la gravitación. El modelo de la agilidad lo tenemos en el cuerpo resucitado de Cristo, que se presentó de súbito en medio de sus apóstoles y desapareció también repentinamente; Ioh 20, 19 y 26; Lc 24, 31. La razón intrínseca de la agilidad la hallamos en el total dominio que el alma glorificada ejerce sobre el cuerpo, en cuanto es el principio motor del mismo; *Suppl.* 84, 1.

δ) La *claridad,* es decir, el estar libre de todo lo ignominioso y rebosar hermosura y esplendor. Jesús nos dice: «Los justos brillarán como el sol en el reino de su Padre» (Mt 13, 43); cf. Dan 12, 3. Un modelo de claridad lo tenemos en la glorificación de Jesús en el monte Tabor (Mt 17, 2) y después de su resurrección (cf. Act 9, 3). La razón intrínseca de la claridad la tenemos en el gran caudal de hermosura y resplandor que desde el alma se desborda sobre el cuerpo. El grado de claridad será distinto —como se nos dice en 1 Cor 15, 41 s— y estará proporcionado al grado de gloria con que brille el alma; y la gloria dependerá de la cuantía de los merecimientos; *Suppl.* 85, 1.

b) *Los cuerpos de los impíos resucitarán en incorruptibilidad e inmortalidad, pero no serán glorificados* (sent. cierta).

La incorruptibilidad e inmortalidad son condiciones indispensables para que el cuerpo reciba castigo eterno en el infierno; Mt 18, 8 s. La incorruptibilidad (ἀφθαρσία; cf. 1 Cor 15, 52 ss) excluye el metabolismo de la materia y todas las funciones determinadas por él, mas no excluye la pasibilidad; *Suppl.* 86, 1-3.

Bibliografía: F. Nötscher, *Altorientalischer und alttestamentlicher Auferstehungsglaube,* Wü 1926. F. Schmid, *Der Unsterblichkeits- und Auferstehungsglaube in der Bibel,* Bn 1902. H. Molitor, *Die Auferstehung der Christen und Nichtchristen nach dem Apostel Paulus,* Mr 1933. L. Simeone, *Resurrectionis iustorum doctrina in epistolis S. Pauli,* R 1938. G. Scheurer, *Das Auferstehungsdogma in der vornicänischen Zeit,* Wü 1896. J. M. Nielen, *Ich glaube an die Auferstehung des Fleisches. Väterzeugnisse aus den ersten christlichen Jahrhunderten,* Fr 1941. F. Segarra, *De identitate corporis mortalis et corporis resurgentis,* Ma 1929. M. E. Dahl, *The resurrection of the body. A study of I Corinthians 15,* Lo 1962.

§ 8. El juicio universal

1. Realidad del juicio universal

Cristo, después de su retorno, juzgará a todos los hombres (de fe.)

Casi todos los símbolos de fe confiesan, con el símbolo apostólico, que Cristo al fin de los siglos «vendrá a juzgar a los vivos y a los muertos», es decir, a todos aquellos que vivan cuando Él venga y a todos los que hayan muerto anteriormente (según otra interpretación: a los justos y a los pecadores).

Este dogma es impugnado por todos aquellos que niegan la inmortalidad personal y la resurrección.

La doctrina del Antiguo Testamento sobre el juicio futuro muestra una progresiva evolución. El libro de la Sabiduría es el primero que enseña con toda claridad la verdad del juicio universal sobre justos e injustos que tendrá lugar al fin de los tiempos (4, 20; 5, 24).

Los profetas anuncian a menudo un juicio punitivo de Dios sobre este mundo designándolo con el nombre de «día de Yahvé». En ese día Dios juzgará a los pueblos gentílicos y librará a Israel de las manos de sus enemigos; cf. Ioel 3 (M 4), 1 ss. Pero no sólo serán juzgados y castigados los gentiles, sino también los impíos que vivan en Israel; cf. Amos 5, 18-20. Se hará separación entre los justos y los impíos; cf. Ps 1; 5; Prov 2, 21 s; Is 66, 15 ss.

Jesús toma a menudo como motivo de su predicación el «día del juicio» o «el juicio»; cf. Mt 7, 22 s; 11, 22 y 24; 12, 36 s y 41 s. Él mismo, en su calidad de «Hijo del hombre» (= Mesías), será quien juzgue: «El Hijo del hombre ha de venir en la gloria de su Padre, con sus ángeles, y entonces dará a cada uno según sus obras» (Mt 16, 27); «Aunque el Padre no juzga a nadie, sino que ha entregado al Hijo todo el poder de juzgar. Para que todos honren al Hijo como honran al Padre... Y le dio poder de juzgar, por cuanto Él es el Hijo del hombre» (Ioh 5, 22 s y 27).

Los apóstoles predicaron esta doctrina de Jesús. San Pedro da testimonio de que Jesucristo «ha sido instituido por Dios juez de vivos y muertos»; Act 10, 42; cf. 1 Petr 4, 5 : 2 Tim 4, 1 : San Pablo dice en su discurso pronunciado en el Areópago (Act 17, 31) y escribe en sus cartas que Dios juzgará con justicia al orbe por medio de Jesucristo; cf. Rom 2, 5-16; 2 Cor 5, 10. Como Cristo ejercerá el oficio de juez, San Pablo llama al día del juicio «el día de Jesucristo», Phil 1, 6; 1 Cor 1, 8; 5, 5.

De esta verdad del juicio venidero, el Apóstol deduce conclusiones prácticas para la vida cristiana, exhortando a sus lectores con motivo del juicio para que no juzguen a sus prójimos (Rom 14, 10-12; 1 Cor 4, 5), y suplicándoles que tengan paciencia para aguantar los sufrimientos y persecuciones (2 Thes 1, 5-10). San Juan describe el juicio al estilo de una rendición de cuentas (Apoc 20, 10-15). La acción de abrir los libros en los cuales están escritas las obras de cada uno es una imagen bíblica para expresar intuitivamente el proceso espiritual del juicio; cf. SAN AGUSTÍN, *De civ. Dei* XX 14.

Los padres dan testimonio unánime de esta doctrina, claramente contenida en la Escritura. Según SAN POLICARPO, «todo aquel que niegue la resurrección y el juicio es hijo predilecto de Satanás» (*Phil.* 7, 1). La *Epístola de Bernabé* (7, 2) y la 2.ª *Epístola de Clemente* (1, 1) llaman a Cristo juez de vivos y muertos; cf. SAN JUSTINO, *Apol.* I 8; SAN IRENEO, *Adv. haer.* I 10, 1. SAN AGUSTÍN trata detenidamente del juicio final, estudiando los testimonios del Antiguo y el Nuevo Testamento en *De civ. Dei* XX.

2. La celebración del juicio universal

Jesús nos da un cuadro pintoresco del juicio universal en su grandiosa descripción del juicio que leemos en Mt 25, 31-46. Todos los pueblos, esto es, todas las personas, se reunirán ante el tribunal de Cristo, que es el Hijo del hombre. Los buenos y los malos serán separados definitivamente unos de otros. Al juicio seguirá inmediatamente la aplicación de la sentencia: «Éstos [los malos] irán al suplicio eterno, y los justos a la vida eterna.»

En contradicción aparente con muchos pasajes bíblicos que afirman expresamente que Cristo, el Hijo del hombre, es quien ha de juzgar al mundo, hallamos otros pasajes que aseguran que Dios será el juez del mundo; v.g., Rom 2, 6 y 16; 3, 6; 14, 10. Como Cristo, en cuanto hombre, ejerce el oficio de juez por encargo y poder de Dios, resulta que es Dios quien juzga al mundo por medio de Cristo, y así dice San Pablo: «Dios juzgará lo oculto de los hombres por medio de Jesucristo» (Rom 2, 16); cf. Ioh 5, 30; Act 17, 31.

Los ángeles colaborarán en el juicio como servidores y mensajeros de Cristo; Mt 13, 41 s y 49 s; 24, 31. Según leemos en Mt 19, 28 («Vosotros os sentaréis sobre doce tronos para juzgar a las doce tribus de Israel»), los apóstoles colaborarán inmediatamente con Cristo en el juicio; y según se lee en 1 Cor 6, 2 («¿Acaso no sabéis que los santos han de juzgar al mundo?»), colaborarán también todos los justos. A causa de su íntima unión con Cristo, pronunciarán con Él el veredicto de condenación contra los impíos, haciendo suya la sentencia del Señor. Objeto del juicio serán todas las obras del hombre (Mt 16, 27; 12, 36: «toda palabra ociosa»), incluso las cosas ocultas y los propósitos del corazón (Rom 2, 16; 1 Cor 4, 5). Desconocemos el tiempo y el lugar en que se celebrará el juicio (Mc 13, 32). El valle de Josafat, que Joel señala como lugar del juicio (3 [M 4], 2 y 12), y que desde Eusebio y San Jerónimo es identificado con el valle del Cedrón, debe solamente considerarse como una expresión simbólica («Yahvé juzga»).

El juicio del mundo servirá para glorificación de Dios y el Dios-Hombre Jesucristo (2 Thes 1, 10), pues hará patente la sabiduría de Dios en el gobierno del mundo, su bondad y paciencia con los pecadores y, sobre todo, su justicia retributiva. La glorificación del Dios-Hombre alcanzará su punto culminante en el ejercicio de su potestad judicial sobre el universo.

Mientras que en el juicio particular el hombre es juzgado como individuo, en el juicio universal será juzgado ante toda la humanidad y como miembro de la sociedad humana. Entonces se completarán el premio y el castigo al hacerlos extensivos al cuerpo resucitado; cf. *Suppl.* 88, 1.

Bibliografía: J. BAUTZ, *Weltgericht und Weltende,* Mz 1886.

§ 9. EL FIN DEL MUNDO

1. La ruina del mundo

El mundo actual perecerá en el último día (sent. cierta).

Se oponen a la doctrina de la Iglesia algunas sectas antiguas (gnósticos, maniqueos, origenistas) que sostenían la total aniquilación del mundo material. Son igualmente opuestos los sistemas filosóficos de la antigüedad (estoicos) que enseñaban que el mundo, en un ciclo eterno, perecería pero volvería a surgir tal cual era antes.

De acuerdo con la doctrina del Antiguo Testamento (Ps 101, 27; Is 34, 4; 51, 6), Jesucristo anuncia la destrucción del mundo actual. Usando el lenguaje de la apocalíptica del Antiguo Testamento (cf. Is 34, 4), el Señor predice grandes catástrofes cósmicas (Mt 24, 29): «Luego, después de la tribulación de aquellos días, se obscurecerá el sol, y la luna no dará su luz, y las estrellas caerán del cielo, y las columnas del cielo se conmoverán»; Mt 24, 35: «El cielo y la tierra pasarán, pero mis palabras no pasarán»; Mt 28, 20: «Yo estaré con vosotros siempre, hasta la consumación del mundo.»

San Pablo da el siguiente testimonio: «Pasa la figura de este mundo»; 1 Cor 7, 31; cf. 15, 24. San Pedro predice la destrucción del mundo por el fuego: «Vendrá el día del Señor como ladrón, y en él pasarán con estrépito los cielos, y los elementos, abrasados, se disolverán, y asimismo la tierra con las obras que hay en ella»; 2 Petr 3, 10. San Juan contempla en una visión la ruina del mundo: «Ante la faz del Juez del universo, huyeron el cielo y la tierra, y no dejaron rastro de sí»; Apoc 20, 11.

En la antigua tradición cristiana es frecuente hallar testimonios de la creencia en la ruina del mundo actual. El autor de la *Epístola de Bernabé* comenta que el Hijo de Dios, después de juzgar a los impíos, «transformará el sol, la luna y las estrellas» (15, 5). TERTULIANO habla de un incendio del universo en el cual «se consumirá el mundo, que ya se ha hecho viejo, y todas sus criaturas» *(De Spect.* 30). SAN AGUSTÍN insiste en que el mundo actual no quedará destruido por completo, sino únicamente transformado: «Pasará la figura, no la naturaleza» *(De civ. Dei* xx, 14).

Ni la ciencia ni la revelación nos permiten saber nada seguro sobre el modo con que perecerá el mundo. La idea de que perecerá bajo el poder del fuego (2 Petr 3, vv 7, 10 y 12), idea que se encuentra con frecuencia aun fuera de la revelación bíblica, no es tal vez sino una expresión pintoresca de uso corriente que sirve de ropaje literario a la verdad revelada del futuro fin del mundo.

2. La renovación del mundo

El mundo actual será renovado en el último día (sent. cierta).

El profeta Isaías anuncia que habrá un nuevo cielo y una nueva tierra: «Porque voy a crear cielos nuevos y una tierra nueva» (65, 17; cf. 66, 22). Empleando la imagen de la prosperidad terrena, va describiendo la dicha inmensa que reinará en el mundo nuevo (65, 17-25). Jesús habla de la «regeneración» (παλιγγενεσία), es decir, de la renovación del mundo: «En verdad os digo que vosotros, los que me habéis seguido, en la regeneración [en la renovación del mundo], cuando el Hijo del hombre se siente sobre el trono de su gloria, os sentaréis también sobre doce tronos para juzgar a las doce tribus de Israel»; Mt 19, 28.

San Pablo nos enseña que toda la creación se contaminó con la maldición del pecado, y que espera redención; e igualmente nos dice que las criaturas serán también libertadas de la servidumbre de la corrupción para participar en la libertad de la gloria de los hijos de Dios; Rom 8, 18-25. San Pedro, al mismo tiempo que nos anuncia que el mundo perecerá, afirma que han de surgir «un cielo nuevo y una tierra nueva, donde more la justicia»; 2 Petr 3, 13. La frase «la restauración de todas las cosas» (Act 3, 21) se refiere también a esta renovación del mundo. San Juan nos ofrece una descripción alegórica del nuevo cielo y la nueva tierra, cuyo centro será la Nueva Jerusalén bajada del cielo y el Tabernáculo de Dios entre los hombres. El que está sentado sobre el trono (Dios) habla así: «He aquí que hago nuevas todas las cosas»; Apoc 21, 1-8.

San Agustín enseña que las propiedades del mundo futuro estarán adaptadas al modo de existir de los cuerpos humanos glorificados, lo mismo que las propiedades de este mundo perecedero están acomodadas a la existencia perecedera del cuerpo mortal (*De civ. Dei* xx 16).

Santo Tomás prueba la renovación del mundo por la finalidad de éste, que es servir al hombre. Como el hombre glorificado ya no necesitará el servicio que puede ofrecerle este mundo actual, que consiste en procurarle el sustento de la vida corporal y en avivar en su mente la idea de Dios, parece conveniente que juntamente con la glorificación del cuerpo humano experimenten también una glorificación todos los demás cuerpos naturales para que así puedan adaptarse mejor al estado del cuerpo glorioso. La vista gloriosa del bienaventurado contemplará la majestad de Dios en todos los maravillosos efectos que produce en el universo glorificado, en el cuerpo de Cristo y de los bienaventurados, y en todas las demás cosas materiales; *Suppl.* 91, 1; cf. 74, 1. Por la revelación no podemos saber más detalles sobre la extensión que alcanzará esa renovación del mundo ni sobre la forma en que se hará; *Suppl.* 91, 3.

La consumación y renovación del mundo significará el final de la obra de Cristo: su misión estará ya cumplida. Como entonces habrán sido derrotados todos los enemigos del reino de Dios, Jesús entregará el reinado a Dios Padre (1 Cor 15, 14), sin abdicar por ello de su poder soberano ni de su dignidad regia, fundados en la unión hipostática.

Con el fin del mundo comenzará el reino perfecto de Dios, reino que constituye el fin último de toda la creación y el sentido supremo de toda la historia humana.

Bibliografía: J. Rademacher, *Der Weltuntergang,* Mn 1909. H. M. Biedermann, *Die Erlösung der Schöpfung beim Apostel Paulus,* Wü 1940. J. Pieper, *Ueber das Ende der Zeit,* Mn 1950. R. Mayer, *Die biblische Vorstellung vom Weltenbrand,* Bo 1956.

ÍNDICES

ÍNDICE DE NOMBRES

Aarón 637.
Abel 463.
Abelardo, v. *Pedro Abelardo.*
Abercio de Hierópolis 229 482 561 579.
Abraham 33 61 79 93 221 233 257 290 474 516 592 698
Acaz 321.
Actas de San Juan 604.
Adán 163 s 169 175-191 232 295 298 314 s 332 334 346 383 s 387 441 694 717, v. *Primeros padres* en el Índ. de materias.
Adriano I 251 s 326.
Aerio de Sebaste 665 672.
Afraates 696.
Agatón, papa 240 437.
Agripino de Cartago 618.
Agustín de Cantorbery 673.
Agustín de Hipona 25 27 34 47 55 s 58 63 s 67 71 74 77 s 80 82 85 88 92 93 104 s 113 115 119 s 123 125 132 s 135 142 146 s 150 152 s 156 160 s 164 167 s 172 174-180 181 s 184 187 s 192 194 196 198 s 237 243 246 250 252 266 270-272 284 s 293 300 303 313 316 320 324-326 329 335 346 s 351 s 354-359 361 s 364-365 368-370 372 374 376 378 385 388 s 398 401 404 409 413 s 419 431 437 441 444 446 s 449 455 460 s 463 464 467 470 471 473 478 482-484 486-489 498 502 505 508 510 s 513 515 s 527 529 s 533 539 541 549 556 560 567 569 573 582 584 589 592 s 596 604 608 611 619 621 630 637 642 663 671 679 683 684 686 694 698 700 702 704-706 710 717 722 724 s, v. además *Seudo-Agustín.*
Alano de Lila 489.
Alberto Magno 51 194 280 317 494 499 502.
Alcuino 251.
Alejandro III 525 683, v. también *Rolando, Maestro.*
Alejandro VII 171 318 631.
Alejandro VIII 298 368 370 379 512 525.
Alejandro de Alejandría 311.
Alejandro de Hales 51 317 494 499 538 630 655.
Alfonso de Ligorio, v. *Ligorio.*
Alipio 362.
Amalario de Metz 580 666.
Ambrosio Autperto 329.
Ambrosio Catarino 186 512 531 705.
Ambrosio de Milán 115 181 185 199 239 244 323 325 333 335 337 355 399 431 470 476 502 529 539 542 544 560 565 569 573 578 580 596 619 621 644 698 706.
Ana, Santa 317.
Ananías 112 203.

Anano, sumo sacerdote 210.
Andreae, J. 505.
Andrés, apóstol 425.
Andrés de Creta 329 330.
Aniceto, papa 430.
Anselmo de Cantorbery 28 95 102 129 135 284 s 295 297 317.
Anselmo de Laon 569.
Antonino de Florencia 683.
Apeles 229 233.
Apolinar de Laodicea 166 231 s 238 311.
Apolo, colaborador del apóstol San Pablo 350.
Aquaviva, Cl. 381.
Áquila 412.
Áquilas, traductor de la Biblia 321.
Areopagita, v. *Seudo-Dionisio Areopagita.*
Arístides de Atenas 47 79 228 460.
Aristóteles 27 102 142 395.
Armando, discípulo de Abelardo 277 687.
Arnauld, A. 427.
Arrio 101 114 231 311.
Atanasio 101 s 104 115 120 125 149 s 231 238 241 254 265 275 284 311 392 396 452.
Atenágoras de Atenas 79 s 115 193 199 460 686 717.
Auréolo, v. *Pedro Auréolo.*
Autperto, v. *Ambrosio Autperto.*

Báñez, D. 86 380.
Bardenhewer, O. 337.
Barsaum, S. 506.
Barth, K. 53 533.
Basílides 229.
Basilio 55 s 114 s 148 179 185 202 320 325 480 572 644 682 686, ver también *Capadocios.*
Bauer, B. 209.
Bautain, L. E. 46 48.
Bayo, M. 175 180 187 197 318 347 361 s 402 407 628 630 638 649.
Beato de Liébana 251.
Beda el Venerable 656.
Belarmino, R. 86 373 381 414 467 483 499 540 564 599 601.
Benedicto XI 636.
Benedicto XII 55 170 697 699 701 703.
Benedicto XIV 329 468 548 683.
Benedicto XV 334.
Berengario de Tours 552 s.
Bernardo de Claraval 63 66 317 335 521 529.
Bernardo de Parma 687.
Bernoldo de San Blasien 553.
Berti, L. 381.
Bertoldo de Ratisbona 656.
Bessarion, cardenal 580.
Biel, G. 150 196 578 652.
Billot, L. 467 493 s 602 s 651 719.
Billuart, Ch. R. 686.
Boecio 78 128.
Bonald, L.G.A. de 48.
Bonifacio II 346.
Bonifacio VIII 442 468.
Bonifacio IX 674.
Bonnetty, A. 46 48.
Bonoso de Cerdeña 324.
Bonsirven, J. 682.
Buenaventura 27 51 58 149 317 499 502 506 522 538 547 655.
Burcardo de Worms 638.
Burgundio de Pisa 131.
Butzer, M. 386 554 571 s.

Caifás 217.
Caín 203.
Calígula 713.
Calixto I 101 437 617 s.
Calixto III 651.
Calvino 91 148 337 375 s 386 402 s 454 488 554 s 591 633 654 s 707.
Canisio, Pedro 335.
Cano, Melchor 263 600 686.
Capadocios 101 113 311, v. también *Basilio, Gregorio Nacianceno, Gregorio Niseno.*
Capréolo 349 497.
Carlomagno 326.
Cartesio, v. *Descartes.*
Casiano, v. *Juan Casiano.*
Casiodoro 109.
Catarino, v. *Ambrosio Catarino.*
Cavallera, F. 687 705.
Cayetano 163 192 497 578 607 650 s.

Cefas 425 427, v. también *Pedro, apóstol.*
Ceferino, papa 429 437.
Celestino I 437.
Celestio 346.
Celso 247 321.
Cerinto 100 211 321.
Cesáreo de Arlés 346 655 698 709.
Cienfuegos, A. 576 601.
Cipriano de Cartago 80 114 185 355 417 427 430 436 451 458 463 464 467 470 476 478 482 509 523 526 530 s 534 539-544 546 s 559 572 587 s 592 595 s 598 604 608 618 620 s 634 644 s 648 667 696 698 709, v. también *Seudo-Cipriano.*
Cirilo de Alejandría 115 120 223 234-236 238 243 245 253 265 270 275 290 292 296 310 s 320 337 391 544 556 560 565 572 581.
Cirilo de Jerusalén 245 298 427 463 482 498 500 523 539-541 544 548 560 565 573 581 596 604.
Cirilo Lucaris 505 563.
Claudio, emperador 209.
Clemente I, v. *Clemente Romano.*
Clemente III 684.
Clemente VI 245 298 475 649.
Clemente XI 348 360 460.
Clemente Alejandrino 46 181 199 293 324 427 429 618 621 682.
Clemente Romano 80 84 92 114 227 232 291 297 299 417 423 429 s 436 474 s 559 595 616 628 717, v. también *Seudo-Clemente.*
Columbano 638.
Conrado de Gelnhausen 437.
Constituciones Apostólicas 548 572 588 672 s 675.
Contarini, G. 386.
Cornelio, centurión 427.
Cornelio, papa 437 511 539 546 667.
Crisóstomo, v. *Juan Crisóstomo.*
Cristo, v. Índ. de mat.
Crusius, M. 505.

Cheminitz, M. 573.

Dámaso 102 104 231 431 437.
Damián, v. *Pedro Damián.*
Daniel, profeta 478 699 716.
David 214 226 233 243 280 288 448 637 680.
Decencio de Gubbio 655.
Decio, emperador 618.
Descartes 144 167 567.
Didakhé 108 114 226 s 474 521 523 s 582 587 589 593 s 616 634 712 s.
Didascalia 547.
Dídimo de Alejandría 120 169 200 696 706.
Dieckmann, H. 468.
Diekamp, Fr. 603.
Diekhoff, A. W. 630.
Dieringer, Fr. X. 95.
Diodoro de Tarso 234.
Diogneto, Carta a 297 460
Dionisio, papa 101 103 115 437.
Dionisio Areopagita, v. *Seudo-Dionisio Areopagita.*
Dionisio de Corinto 429 617 621.
Dionisio el Cartujano 334.
Dionisio Magno de Alejandría 101 104 115 437.
Dióscoro de Alejandría 238.
Dominis, A. de 686.
Dositeo de Jerusalén 505 563 633 707.
Drews, A. 209.
Duns Escoto, v. *Juan Duns Escoto.*
Durando de San Porciano 150 252 499 575 718 s.
Durando de Troarn 553.

Eadmer 317.
Ebedjesu 505.
Eck, J. 600.
Eckhart, Maestro 148.
Ecolampadio **554 s.**
Eduardo VI de Inglaterra 669.
Efrén, el sirio 316 s 320 326 331 337.
Eigilo de Prüm 552.
Eisler, R. 210.
Elert, W. 31.
Eleuterio, papa 424.
Elías 214 306 479 695 713.
Elipando de Toledo 251.
Eliseo 479.
Enoc 306 695.

Enrique de Langenstein 437.
Enrique de Segusio 687.
Epifanio de Salamina 120 233 311 325 s 335 337 463 672 675 682 718.
Epístola ad amicum aegrotum 315.
Epístola de Bernabé 228 289 293 521 523 526 722 724.
Erasmo de Rotterdam 184 535.
Erígena, v. *Juan Escoto Erígena.*
Escoto, v. *Juan Duns Escoto.*
Esteban I 431 437 509 531 549.
Esteban II 522.
Esteban Langton 277.
Esteban de Tournai 525 562.
Ester 475.
Estio, G. 540 686.
Eterio de Osma 251.
Eugenio III 66.
Eugenio IV 466 683.
Eulogio de Alejandría 265.
Eunomio 56 324.
Eusebio de Cesarea 196 223 311 429-431 511 617 663 667 722.
Eusebio de Emesa, v. *Seudo-Eusebio de Emesa.*
Eutiques 238 428 437.
Eva 163 s 181 315-317 328 332-335 441, v. *Primeros padres* en el Índ. de mat.
Evagrio Póntico 169 200 706.
Eybel, J. V. 433.
Ezequiel 167 323 716.

Fabio de Antioquía 663.
Falconilla 481.
Farvacques, F. 525.
Fausto de Riez 346 473.
Febronio 433, v. también *Hontheim.*
Felipe, diácono 422 531.
Felipe, legado pontificio 428 431.
Felipe de Harvengt 277.
Felipe de Hessen 680.
Félix de Urgel 251.
Fénelon 627.
Ferrando 262.
Filastro 643.
Filón 106 592.
Filópono, v. *Juan Filópono.*
Firmiliano de Cesarea 431 509 540 s 547.
Flaviano de Constantinopla 239 323.
Flavio Josefo 210.
Focio 118 265 505.
Fotino de Sirmio 100 453.
Francisco de Sales 373.
Franzelin, J. B. 467 564 576 601.
Frohschammer, J. 150.
Fulgencio de Ruspe 104 109 130 262 346 407 470 696, v. también *Seudo-Fulgencio.*

Gabriel arcángel 288 321 448.
Galtier, P. 651 s.
Gardeil, A. 30.
Gaufrido de Poitiers 510.
Gayo 429.
Gelasio I 566.
Genadio de Marsella 166 470.
Gerhard, J. 573.
Germán de Constantinopla 329 335 480.
Gerson, v. *Juan Gerson.*
Gihr, N. 576 603.
Gilberto de Poitiers 66 s 102 127 250 504.
Gioberti 52.
Godescalco, monje 376 553.
Godofredo de Vendôme 660.
Gonet, J. B. 686.
Graciano, canonista 546 632 684 687 689.
Gregorio I el Magno 33 194 196 199 s 265 352 414 452 484 516 524 548 642 673 705 708 s.
Gregorio VII 553.
Gregorio XV 318.
Gregorio XVI 48.
Gregorio Nacianceno 63 115 131 170 185 192 196 232 237 259 265 272 311 337 355 535 600 643, v. también *Capadocios.*
Gregorio Niseno, 55 s 70 86 115 156 166 169 s 200 204 232 565 569 663 677 696 705 s 717 s, v. también *Capadocios.*
Gregorio Palamas 67.
Gregorio Taumaturgo 114 202.

Gregorio de Tours 328.
Gregorio de Valencia 540.
Gropper, J. 386.
Guillermo de Auxerre 510.
Guillermo de Ockham 47 437.
Guillermo de Ware 317.
Guitmundo de Aversa 553 562.
Günther, A. 33 102 132 135 144-146 166 234 261.

Habert, I. 382.
Haeckel, E. 160.
Harnack, A. v. 32 49 103 212 322 520 537 578 594 630.
Hartmann, Ed. v. 148.
Hegel 135.
Hegesipo 430.
Heinisch, P. 106 716.
Helvidio 324.
Hermas, v. *Pastor de Hermas*.
Hermes, G. 95 144 146.
Hesiquio de Jerusalén 277.
Hilario de Poitiers 63 115 133 185 244 252 277 300 560 698.
Hincmaro de Reims 552.
Hipólito de Roma 101 182 228 303 311 478 525 534 539 541 567 589 618 655 s 664 667 s 672 675 714.
Hoberg 163.
Hompel, M. ten 602.
Honorio I 242 438.
Hontheim, N. 425, v. también *Febronio*.
Hormisdas 437.
Hugo de San Caro 649.
Hugo de San Víctor 60 232 241 244 486 490 502 511 517 521 525 529 655 660.
Huguccio 542 674.
Hume, D. 47.
Hummelauer 163.
Hurter, H. 396.
Hus, J. 376 425 454.

Ignacio de Antioquía 114 123 228-230 232 s 237 246 258 287 291 303 311 322 s 405 423 429 s 436 440 449 463 474 476 531 552 558 583 595 616 678 704 706.
Inocencio I 185 437 539 541 547 655 660.
Inocencio III 192 468 499 509 513 516 562 579 683 s.
Inocencio VIII 674.
Inocencio X 298 348 378 406 427.
Inocencio XI 371.
Ireneo 34 46 56 69 72 79 s 95 100 105 114 s 123 142 147 s 150 152 182 185 217 228 230 289 295 299 303 306 311 317 322 s 332 396 423 s 429 s 436 446 449 450 455 458 464 469 516 524 534 559 578 580 583 593-595 617 621 634 697 s 704 706 717 722.
Isaac, patriarca 61 293.
Isaac de Nínive 280.
Isabel, madre de San Juan Bautista 336.
Isaías 280 292 296 311 321 323 475 505 593 716 724.
Isidoro de Sevilla 104 487 666.
Ivón de Chartres 660.

Jacob, padre de San José 322.
Jacob, patriarca 61 288 448.
Jacobi 49.
Jacobo de Viterbo 431 433.
Jairo 425.
Jansenio 180 347 s 369 378.
Jeremías 303 474 477.
Jeremías II de Constantinopla 505.
Jerónimo 54 71 153 171 185 202 278 323 325 s 329 332 337 346 401 s 406 409 431 437 458 470 478 s 531 539 541 547 592 642 s 665 s 672 677 682 696 698 703 718 722, ver también *Seudo-Jerónimo*.
Joaquín de Fiore 102 104 116 448 s.
Job 475 716.
Joel 722.
Jonás, padre de san Pedro 425.
Jonás, profeta 214 302.
José, padre nutricio de Jesús 322.
José, patriarca 156 479.
Josefo Flavio, v. *Flavio Josefo*.
Joviano, emperador 238.
Joviniano 323 s 401 409 702.
Juan XXII 437 697.

Juan Bautista 213 292 520 524 713.
Juan Casiano 204 234 346.
Juan Crisóstomo 46 55 s 59 156 185 237 298 320 356 370 395 398 482 492 547 556 560 565 580-582 596 619 s 622 630 698, v. también *Seudo-Crisóstomo*.
Juan Damasceno 46 s 54 61 63 69 120 131 167 175 196 198 241 254 259 278 306 312 323 325 329 330 367 479 560 565 580 643 679.
Juan de Jandun 425 437.
Juan de Jerusalén 539.
Juan de Mantua 569.
Juan de Nápoles 431 718.
Juan de Santo Tomás 497.
Juan de Torquemada 683.
Juan Duns Escoto 196 280 317 499 502 576 608 645 666 674.
Juan Escoto Erígena 552.
Juan Evangelista, *passim*.
Juan Filoponos 102.
Juan Gerson 437.
Juan Mandakuni 656.
Juan, padre de San Pedro 425.
Juan Quidort 431.
Judas, el traidor 203 402 508 698.
Judas Macabeo 477 708.
Julián de Eclana 185 346.
Juliano de Halicarnaso 276.
Juliano, el apóstata 321.
Jungmann, J. A. 580.
Justina 337.
Justiniano, emperador 675.
Justino, mártir 46 114 193 199 202 210 217 228 287 289 303 317 322 328 405 423 460 474 516 521 523 s 534 558 572 578 580 587 589 593 595 598 604 617 682 697 s 704 706 717 s 722.

Kalt, E. 73.
Kalthoff, A. 209.
Kant 47 49.
Karlstadt 554.
Klee, H. 46 170 192 261 705.
Kuhn, J. v. 46.

Lagrange, M. J. 163.
Lamennais, F. de 48.
Lanfranco 553 645.
Lange, H. 705.
Launoy, J. 329 686.
Laurent, J. Th. 261.
Lázaro, el pobre 696 698.
Lázaro, el resucitado 278.
Leibniz 147 167.
León I 170 239 241 243 246 323 427 s 431 437 492 539 634 640 644.
León II 242.
León IX 553.
León X 647 649 651.
León XIII 170 330-332 334 399 418 s 445 448 454 456 468 483 669 678 685.
Leoncio Bizantino 248 277.
Lepin, M. 602.
Leporio, monje galo 265.
Lessio, L. 602.
Ligorio, Alfonso M.ª de 335 382.
Loisy, A. 31 s 212 261 613.
Lombardo, v. *Pedro Lombardo*.
Lucas, evangelista 96.
Lúcido, sacerdote galo 376.
Lugo, J. de 31 599 601.
Lutero 103 180 288 338 347 367 377 383 390 402 s 454 460 479 522 533 553 562 571 591 611 629 644 649 651 678 680 702 707.

Macedonio de Constantinopla 101.
Maignan, M. 567.
Malaquías, profeta 592 s 595 713.
Malebranche 52 147.
Manegold 569.
Mansi, J. D. 650.
Mara Bar Serapión 210.
Marcelo de Ancyra 244 s.
Marción 72 95 229 559.
María, v. Índ. de materias.
María, hermana de Moisés 637.
Marín-Sola, F. 30.
Mario Mercator 346.
Marsilio de Padua 425 437 665.
Martín I 240 320.
Martín V 674 683.
Mateo, apóstol 426.
Máximo, confesor 240.

Melanchton 493 537 632.
Meletios Syrigos 707.
Melquisedec 290 591 s.
Metodio de Olimpo 149 717 s.
Miguel Cerulario 505.
Miguel Paleólogo 230 540.
Minucio Félix 47 80 681.
Modesto de Jerusalén, v. *Seudo-Modesto.*
Mogilas, Pedro 505 563 633 698 707.
Mohlberg, C. 440
Möhler, J. A. 414 455 492 705.
Moisés 33 58 61 63 156 214 283 286 474 475 516 566 637 681 695.
Molina, L. de 87 381.
Muratori, L. A. 463.
Musculus, A. 573.

Naamán, el sirio 520.
Natalios, confesor 617.
Nemesio de Emesa 169.
Nerón 209 713.
Nestorio 234 257 310 s 453.
Nicéforo de Constantinopla 480.
Niceta de Remesiana 471 s.
Nicodemo 520 s.
Nicolás I 524 532.
Nicolás de Autrecourt 47.
Nicolás de Tudeschis 632.
Noé 303 470
Noeto de Esmirna 101.
Noris, E. de 381.
Novaciano 114 511 539 618.

Ockham, v. *Guillermo de Ockham.*
Odas de Salomón 303 324.
Olimpio 185.
Olivi, v. *Pedro Juan Olivi.*
Onesíforo 481.
Onías 477.
Optato de Milevi 458 510.
Orígenes 72 114 s 148 169 200-202 204 228 234 247 258 270 295 299 306 311 320 322-325 406 458 460 470 476 478 534 541 559 s 580 618 621 628 634 645 655 682 695 s 701 705 s 717 s.
Orosio 346.
Osberto de Clave 317.
Oseas, profeta 716.

Pablo, apóstol, *passim.*
Pablo de Samosata 100 114.
Paciano de Barcelona 619 621.
Palamas, v. *Gregorio Palamas.*
Palmieri 467.
Panormitano, v. *Nicolás de Tudeschis.*
Papías **697.**
Parker, M. 670.
Pascasio Radberto 329 413 552.
Passaglia 396.
Pastor de Hermas 72 80 142 204 521 526 529 616 s 621 682.
Paulino de Nola 483.
Paulo IV 320 323.
Paulo V 318.
Pectorio 229 561.
Pedro, apóstol 36 108 156 203 301 s 304 402 416 s 424-431 434-437 439 456 s 464 466 469 508 531 534 537 614 702 721 723 s, v. también Índ. de mat.
Pedro Abelardo 147 183 186 234 366 521 529 **568 687.**
Pedro Aureolo 540.
Pedro Cantor 489 498 687.
Pedro Comestor 562.
Pedro Crisólogo 325 428 437 628.
Pedro Damián 93.
Pedro de Ailly 47 437.
Pedro de Osma 632.
Pedro de Poitiers 492.
Pedro el Venerable 660.
Pedro Juan Olivi, 167 231.
Pedro Lombardo 80 102 116 151 176 198 204 232 234 277 317 390 486 502 504 517 521 630 s 640 645 655 660 672 677 684 687.
Pelagio 346 353.
Pell, G. 602.
Pesch, Chr. 467 564 652.
Petavio, D. 396 540.
Peters, N. 716.
Peyrère, I. de la 164.
Pighio, A. 186 386.
Pilato 209 288 419.
Pío V 180 187 197 318 329 347 361.

Pío VI 104 192 253 255 421 460 562 608 635 689.
Pío IX 48 171 314 318 330 s 419 439 464 468 685 689.
Pío X 31 33 46 304 331 333 s 415 421 520 537 554 588 654 678.
Pío XI 29 256 288 s 334 475 497 642 670 685 687.
Pío XII 33 37 162 164 171 261 272 s 312 320 323 326 s 330 s 333 413 440 ss 442 444 s 454 459 460 465 468 472 473 s 508 598 635 664-667 669 673.
Pitágoras 695.
Platón 25 88 143 148 166 s 169 695.
Plinio el Joven 209.
Policarpo de Esmirna 114 228 254 289 291 405 424 430 463 474 476 477 479 534 604 616 704 706 722.
Policrates de Éfeso 430.
Pomponazzi, P. 167.
Poschmann, B. 651.
Praxeas 101.
Prepositino 510.
Prisca 412.
Prisciliano 109 169.
Próspero de Aquitania 346 370 404.

Quesnel, P. 175 348 353 448 460.

Rabano Mauro 552 s.
Rahab 470.
Ratramno de Corbie 413 552.
Reitzenstein, R. 520.
Reticio de Autún 185.
Ricardo de San Víctor 28 135.
Richer, E. 425.
Ripalda 393.
Ritschl, A. 49.
Roberto Pulo 512.
Rolando, Maestro 502 504 512 521 538 562, v. también *Alejandro III*.
Roscelino de Compiègne 102 250.
Rosmini 52 146 170 697.
Ruperto de Deutz 280.

Sabelio 101 113 437.
Saguens, J. 567.
Salomón 214.
Salviano de Marsella 156.
Samuel 474.
Santiago el Mayor 425.
Santiago el Menor 210 389 474 654.
Santiago, Protoevangelio de 317 324.
Saúl, rey 680.
Saulo 443.
Scheeben, M. J. 29 61 103 133 204 335 396.
Schell, H. 64 192 261 396 580 705.
Schleiermacher 49.
Schopenhauer 148.
Serapión de Thmuis 210 541 s 561 596 655.
Sergio I 329.
Sergio de Constantinopla 240.
Seripando, G. 386.
Severiano de Gabala 326.
Severo de Antioquía 238.
Seudo-Agustín 328 s 392.
Seudo-Alberto Magno 335.
Seudo-Ambrosio 368 682 s.
Seudo-Cipriano 546 s.
Seudo-Clemente 413 696 718.
Seudo-Crisóstomo 566.
Seudo-Dionisio Areopagita 54 61 69 193 s 196 242 392 499 539 541.
Seudo-Eusebio de Emesa 565 570 580.
Seudo-Fulgencio 544.
Seudo-Jerónimo 329 s.
Seudo-Melquíades 546.
Seudo-Modesto de Jerusalén 329.
Seudo-Pedro de Poitiers 492.
Sicardo de Cremona 542.
Silvestre I 541.
Silvio 686.
Simeón 280.
Simeón de Tesalónica 505.
Simón, Maestro 504 660.
Simón (Pedro) 425 436, v. también *Pedro, apóstol*.
Simón de Tournai 629.
Sínmaco 321.
Siricio 324.
Sixto IV 318 651.
Sofronio 240.
Sohm, R. 421.
Soto, D. 601.

Sozzini, F. 103.
Suárez, Fr. 31 194 204 248 335 373 381 393 398 467 s 483 490 497 499 564 576 601 652.
Suetonio 209.
Staab, K. 682.
Stattler, B. 95.
Statuta Ecclesiae antiqua 667 s.
Staudenmaier, A. 46.
Straub, A. 467.

Taciano 79 148 182.
Tácito 209.
Taille, M. de la 602.
Tecla 481.
Temistio de Alejandría 264.
Teodoción 321.
Teodoreto de Ciro 156 479 566.
Teodoro de Estudión 329 480.
Teodoro de Mopsuestia 234 270 s 565.
Teódoto de Bizancio 100.
Teófilo de Antioquía 45 47 80 115 142 152 228 681.
Teotecno de Livia 329.
Tertuliano 34 45 s 71 s 77 85 95 101 114 s 119 142 144 170 182 199 217 228 230 233 237 239 270 303 306 317 323 s 332 388 405 409 424 427 429 s 451 458 463-464 466 474 476 478 482 486 516 521 523-527 529-531 534 538 s 541-543 559 565 572 579 589 596 604 608 612 617 620-622 630 634 664 675 678 695 697 s 702 706 709 717 724.
Thalhofer, V. 602.
Thomassino, L. 46.
Tiberio 209.
Tillmann, F. 223.
Timoteo de Jerusalén 326.
Timoteo, discípulo de San Pablo 368 423 481 662.
Tito, discípulo de San Pablo 423.
Tobías 156.
Toledo, Fr. de 686.
Tomás, apóstol 221.
Tomás de Aquino 25-29 34 46 s 50 s 55-60 63-65 68-72 76 78 80-85 88 90 s 93 95-97 123-126 128-133 135 s 140 142 s 146 s 149 151 s 154-158 171 173 175 179 s 185 187-192 194 196-197 232-234 244 246-254 256 262-264 267 s 273-278 281 283-285 291 299 s 303 306 313 s 317 319 s 322 s 327 329 331 s 353 355 357-359 363 s 366 372 374 386 s 389-396 398-401 405 407 s 410 431 437 442 446 449 451 s 458-461 463-464 470 473 476 483 s 488-491 494-497 499-502 506-508 510 s 513 515-518 521 527 529 s 533 536 538-540 542 s 545-547 549 551 561 565 567-569 571 575-584 586 s 589 591 600 611 624 626 640 642 s 645 664 666 668 670 672 674 677 679-681 683 687 694 s 700 s 703 705 s 709 s 717-720 723 725.
Torquemada, v. *Juan de Torquemada.*
Tournely, H. 95 382 686.
Trajano 209.
Trifena 481.
Trifón 228.
Tuyaerts, M. M. 30.

Ubaghs, G. C. 48.
Ulpiano 94.
Urbano II 531 650.
Usuardo 329.

Valentín 229 233.
Varrón 25.
Vázquez, G. 601 686.
Venancio Fortunato 427.
Ventura, G. 48.
Vicente de Lérins 35 346.
Víctor I 100 430 437.
Vigilancio 477 479.

Wicleff, J. 376 425 498 553 568 591 613 632 647.
Wieland, Fr. 594.
Wikenhauser, A. 107.

Ysambert, N. 382.

Zenón de Verona 325.
Zwinglio 337 554 s.

ÍNDICE DE MATERIAS

ABSOLUCIÓN sacramental 639 s; — extrasacramental 647 ss.

ACTO SALUDABLE 349 ss.

ACTUALIDAD pura de Dios 62 ss 70 ss 78 s 82.

ADDUCCIÓN (Teoría de la) 564.

ADONAI 61 141 225.

ADOPCIONISMO 251 s.

ADORABILIDAD de Cristo 215 220 225 253 ss 572 s; — de la eucaristía 572 s.

AFECTOS de Dios 90; — de Cristo 276 s.

AFTARTODOCETAS 276 s.

AGNOETAS 264 s.

AGNOSTICISMO 48 s.

AGUSTINISMO 373 381.

ALBIGENSES 553.

ALMA: unicidad 166; forma sustancial del cuerpo 167; individualidad 167 s; inmortalidad 167 s; origen 169 ss; instante de su creación 171; dotación sobrenatural 175 ss; su pérdida 181 190; vulneración por el pecado 190 s; ornato 475; muerte 697; restauración, v. *Justificación.*

ALMAS DEL PURGATORIO (Sufragios en favor de las) 481 ss; (Invocación de las) 483 s.

AMISTAD CON DIOS 395 410.

AMOR A DIOS: virtud teologal 391 s 397 s 402 s; motivo de contrición 626 ss.

AMOR DE DIOS a las criaturas 90 284.

ANABAPTISTAS 533.

ÁNGEL custodio 201 s; — de Yahvé 105.

ÁNGELES: existencia y origen 193 s; número 194; inmaterialidad 195 s; inmortalidad natural 196; entendimiento, voluntad y poder 196; elevación sobrenatural 197 s; prueba 198 s; caída en el pecado 199 s; reprobación 200; actividad de los á. buenos 200 ss 214; á. custodios 201 s; culto a los á. 202; actividad de los á. malos 181 202 ss.

ANIQUILACIÓN 152 169 572.

ANTICRISTO 713 s.

ANTIDICOMARIANITAS 324.

ANTROPOMORFITAS 71.

APELACIÓN al concilio universal 434.

APOCATÁSTASIS 200 299 695 s 705.

APOLINARISMO 166 231 s 241 254.

APÓSTATAS 467.

APOSTOLICIDAD de la Iglesia 463 s.

APROPIACIONES 132 s.

ARTÍCULOS FUNDAMENTALES 456.

ARREPENTIMIENTO: noción 625; propiedades 625 s; división 626; — perfecto (contrición) 627 s; — imperfecto (atrición) 629 ss.

ARRIANISMO 101 104 114 s 149 s 211 231 264 s.

ASCENSIÓN de Cristo 305 ss.

ASEIDAD de Dios 62 ss.
ASENTIMIENTO de fe 31 37; — teológico 31 37; — religioso 38.
ASTROLOGÍA 156.
ATEÍSMO 48 s 185 193.
ATRICIONISMO 631.
AUDIANOS 71.
AUTORREDENCIÓN 283 s.
AYUNO EUCARÍSTICO 589.
AZAR 157.
ÁZIMOS 578.

BAUTISMO: noción 519; es sacramento 520 s; momento de su institución 521 s; materia 522 ss; forma 524 s; efectos 526 ss; carácter 527 s; necesidad para salvarse 528; ministro 531 s; sujeto 532 ss; — clínico 523; — de Juan 520 524; — de deseo 192 467 529 s; — de dolor 192; — de sangre 192 467 530; — de difuntos 532; — de niños 533 ss; — de prosélitos 524 534; — de sí mismo 509; administrado por herejes 509 531.
BAYANISTAS 183 186 347 360.
BEGARDOS 57.
BEGUINOS 57.
BONDAD DE DIOS 75 s 143 152 169 627.
BONUM EST DIFFUSIVUM SUI 147 249.

CABEZA DEL CUERPO MÍSTICO 273 s 442 ss; (Gracia de la) 272 ss 442 ss.
CALVINISTAS 368.
CANONIZACIÓN 451.
CARÁCTER sacramental 490 498 ss; — del bautismo 465 495 498 ss 527 s 530 545 671; — de la confirmación 495 544 s 671; — del orden sacerdotal 495 671.
CARDIOGNOSIS 84.
CARIDAD, v. *Amor a Dios.*
CARISMAS 345.
CARISMÁTICOS 422 587.
CASUALIDAD, v. *Azar.*
CÁTAROS 507 553 613 653 707 715.
CATECÚMENOS: no son miembros de la Iglesia 467 470.
CATOLICIDAD de la Iglesia 461 ss.
CAUSALIDAD (Principio de) 47 49 64.
CENSURAS TEOLÓGICAS 38 s.
CERINTIANOS 532.
CERTEZA DE FE 60.
CIELO 55 ss 372 ss 471 476 s 482 699 ss.
CIENCIA de Dios 82 ss; — de nuestros primeros padres 178; — de los ángeles 196 s; — de Cristo 261 ss; contemplación inmediata de Dios 261 ss; — infusa 266 s; — adquirida 267 s; — media 85 ss 372 381 s; progreso del saber 268; (Concepto de) 26 s.
CIRCUNCISIÓN 516 520 534.
CISMA 457 s 467 s 469 672.
COGNOSCIBILIDAD de Dios 44 ss 190 360.
COLIRIDIANOS 337.
COMUNICACIÓN DE IDIOMAS 234 236 257 s; — con la Santa Sede 420 433.
COMUNIÓN de los santos 410 471 ss 583 648; — bajo una sola especie 569 s 585 s.
CONCILIARISMO 432 437 s.
CONCILIO UNIVERSAL 30 37 434 438 452.
CONCLUSIONES TEOLÓGICAS 36 451.
CONCUPISCENCIA: inmunidad de la c. en nuestros primeros padres 176; — y pecado original 182 184 s 187; consecuencia del pecado 191; Cristo estuvo libre de ella 270 278; y también María 319 s; — en el justificado 190 527.
CONCURSO DIVINO 153 ss 349.
CONFESIÓN: institución divina y necesidad de la c. para salvarse 632 ss; su objeto 634 ss; — de devoción 635 s; — con diáconos y con laicos 645.
CONFIRMACIÓN: noción 536; es sacramento 536 ss; materia 540 ss; forma 542; gracia de la c. 543 s; carácter de la c. 544 s; necesidad 545 s; ministro 546 ss; en caso de necesidad 547 s; sujeto 548 s; reiteración 549; — de deseo 546.
CONFIRMACIONISTA (Doctrina) 234.

Congregaciones de la Curia Romana 38.
Congruismo 381 s.
Conocimiento de Dios: natural 44 ss 52 ss; sobrenatural: visión inmediata 55 ss; fe 50 59 s.
Consagración (Fórmula de la) 579 s.
Conservación del mundo 151 s 220.
Consustanciación 553 562 565.
Contradicción (Principio de) 47 64.
Contrición, v. *Arrepentimiento*.
Contricionismo 630 s.
Corazón de Jesús (Culto al) 255 s.
Corredentora 332.
Creación: noción 140; dogma 91; verdad de razón 142; idea divina del mundo 142 s; motivo y finalidad 143 ss; Trinidad y c. 145 s; libertad del acto creador 146 s; carácter temporal 148; incomunicabilidad del poder creador 150 s.
Creacionismo 171 s.
Criptocalvinista 554 573.
Cristo: existencia histórica 209 s; verdadero Dios 211 ss; verdadero hombre 229 s; unión de sus dos naturalezas en unidad de persona 234 ss (v. *Unión hipostática);* unidad de persona 234 ss; dualidad de naturalezas 238 s; dualidad de voluntades 240 s; Hijo de Dios por naturaleza 251 ss; adorabilidad 253 s 572 s; comunicación de idiomas 234 236 257 s; pericóresis 258 s; contemplación inmediata de Dios 261 ss; ciencia infusa 266 s; impecancia e impecabilidad 269 ss; santidad y plenitud de gracia 271 ss; poder 274 s; pasibilidad 276 ss 443; la obra de C. 279 ss (v. *Redención);* nuevo Adán 330; C. y la Iglesia 415 ss 441 ss; C. y los sacramentos 501 ss 508 s.
Criticismo kantiano 49.
Cuerpo de Cristo: místico 273 s 413 s 421 460 465 472 s 527 581 s 584; histórico 413 552; sacramental 413 552.
Cuerpo del hombre: origen 162 s; constitutivo de la naturaleza humana 165; relación entre alma y c. 167 s 231; dones preternaturales 175 ss; vulneración por el pecado 181 188 ss; resurrección 583 715 ss; glorificación 719 s 725.
Culto: a Cristo 253 ss 477 573; — a la eucaristía 572 s; — a los ángeles 201 476; — a María 336 s; — a los santos 476 s; — a las reliquias 256 478; — a las imágenes de los santos 256 479.

Declaración (Teoría de la) 620 622 640.
Deficiencias corporales de Cristo 276 s.
Definición ex cathedra 30 37 434 ss 452.
Deificación 384 s 392 s.
Deísmo 151 s 156.
Demiurgo 150.
Demonios: creados por Dios 199; pecado y reprobación 199 s; seducen al pecado 181 202; causan males físicos 203; posesión diabólica 203 (v. *Diablo)*.
Descendencia (Teoría de la) 161.
Descendimiento de Cristo a los infiernos 301 ss.
Deseo de pertenecer a la Iglesia 469; — del sacramento 507 509 628; — del bautismo 470 529 s; — de la confirmación 546; — de la eucaristía 584; — del sacramento de la penitencia 628 643 645.
Desigualdad de la gracia 401; — de la bienaventuranza 702 s; — de las penas del infierno 706.
Diablo: fue creado bueno por Dios 198 s; pecado y reprobación 199 s; dominio sobre el hombre 182 190 202 ss 282 294; supuesto derecho de propiedad sobre el género humano 295; seduce al pecado 181 203 286; victoria de Cristo sobre el d. 199 286 294 315 s 328; el Anticristo, instrumento de Satanás 713.
Diaconisas 675.

DIÁCONOS: ministros eclesiásticos 422; administradores del bautismo 531, de la eucaristía 587; confesión con los d. 645; institución 662 666; ordenación 666.
DIOS TRINO en personas, v. *Trinidad.*
DIOS UNO 44 ss; existencia 44 ss; cognoscibilidad natural 44 ss; posibilidad de demostrar su existencia 46 s; objeto de fe 50 s; esencia 52 ss; cognoscibilidad natural de su esencia 52 ss; conocimiento sobrenatural de D. en la vida futura 55 ss; en la vida presente 59 s; sus nombres 60 s; esencia física y metafísica 62 ss; atributos o propiedades 66 ss; atributos y esencia 66 ss; atributos del Ser divino 68 ss; perfección 68 s, infinitud 69 s, simplicidad 70 s, unicidad 72 s, verdad 73 ss, veracidad 74 78, bondad 75 s, hermosura 76 s, inmutabilidad 77 s, eternidad 78 s, inmensidad 79 s, omnipresencia 80 s; atributos de la vida divina 81 ss: conocimiento 82 ss, voluntad 89 ss, necesidad y libertad 92 s, omnipotencia 93 s, soberanía universal 94, justicia 94 s, misericordia 96 s.
DISPOSICIÓN para la gracia primera 365 s; — para la recepción de los sacramentos 491 ss 497 588 s.
DOCETISMO 229 267 277 552 558 s.
DOGMA: concepto 30 s; concepción de los protestantes y modernistas 31 s; división 32; evolución 32 ss.
DOGMÁTICA (Teología) 28 s.
DONATISMO 461 498 509 513 613 619.
DONES del Espíritu Santo 273 399 403 496 526 543; — del estado de justicia original 175 ss.
DOTACIÓN DE GRACIA de nuestros primeros padres 175 181; — de los ángeles 197 s; — de Cristo 271 s 442; — de María 313 s 319 327; — de los justos 390 ss.
DUALISMO gnóstico-maniqueo 72 140 156 170 229.
EBIONITAS 100 211 321 578.
EMANATISMO 170.
EMMANUEL (Profecía de) 311 321.
ENCARNACIÓN: Finalidad 279 s; motivo 280 s; fue libre 285; necesidad hipotética 285; conveniencia 285.
ENCRATITAS 578.
ENDURECIMIENTO 92 369 706.
ENTENDIMIENTO de Dios 82 ss; — de Cristo 261 ss; — de los ángeles 196 s.
EPICLESIS 561 566 579 s.
EPISCOPADO MONÁRQUICO 423 (v. *Obispos).*
EPISCOPALISMO 432.
ESCEPTICISMO 48.
ESCOTISTAS 30 62 67 248 252 272 275 280 ss 297 344 373 392 493 s 575 623 s 700.
ESCUELA FRANCISCANA 176 196 198 (v. *Escotistas).*
ESENCIA DE DIOS: física 62; metafísica 62 ss.
ESPERANZA 397 s 403.
ESPIRACIÓN del Espíritu Santo 118 ss 124 s.
ESPÍRITU SANTO: Antiguo Testamento 106; Nuevo Testamento 106 s 112; tradición 114 s; procede del Padre y del Hijo 118 ss 124 s; es el alma de la Iglesia 445 ss; inhabitación 272 s 312 396; comunicación 536 543 s 665 s; pecado contra el E. S. 621 708.
ESPIRITUALISMO PLATÓNICO 165 677.
ESPÍRITUS MALOS, v. *Demonios.*
ESTADOS de la naturaleza humana, v. *Naturaleza humana.*
ESTOICISMO (Influjo del) 71 196 346 401 702.
ETERNIDAD de Dios 78 s; — de la creación 148 s; — del suplicio del infierno 95 200 299 705 s.
EUCARISTÍA: noción 551; presencia real de Cristo 552 ss; oposición herética 552 ss; promesa 555 s; institución 556 ss; testimonio de la tradición 558 ss; transustanciación

562 ss; teoría de la aducción 564; teoría de la reproducción 564; especies 567 s; totalidad de la presencia 568 ss; persistencia de la misma 571 s; adorabilidad 572 s; carácter misterioso 574; subsistencia de los accidentes sin sujeto 574 s; modo inespacial de existir del cuerpo de Cristo 575 s; multilocación 576; es sacramento 577; materia 578 s; forma 579 s; consagración por contacto 580; efectos 581 ss; necesidad 584 ss; comunión bajo una sola especie 585 s; ministro 586 s; sujeto 588 s; carácter sacrificial 590 ss (v. *Sacrificio de la misa).*

EUNOMIANOS 59 67.

EVOLUCIÓN DE LOS DOGMAS: substancial 32; accidental 34.

EVOLUCIONISMO 160 ss.

EXCOMUNIÓN 31 467 622 645 672.

EXISTENCIA DE DIOS 44 ss; (Cognoscibilidad natural de la) 44 ss 190 360; objeto de fe 50 s.

EXPIACIÓN, v. *Satisfacción.*

FACIENTI QUOD EST IN SE... 366 s.

FATALISMO 92 156 356.

FE: asentimiento de fe 31 s (v. *Sola fides);* — divina 37; — católica 37; — eclesiástica 37; — definida 37; obra de la gracia 355 s; comienzo de la salvación 370 s 387; condición para la justificación 386 387 s; — fiducial 383 388 402; — dogmática 388; virtud teológica 397 s 402 s; unidad de la fe 456; — y sacramento 491; — y bautismo 533.

FEBRONIANOS 425 432.

FIDELIDAD de Dios 74.

FILIACIÓN DIVINA de Cristo 109 s 117 211 ss 216 ss 218 ss 226 ss 249 ss; — por adopción 395 s.

FIN DEL MUNDO 266 307 723 ss.

FRANCISCANOS ESPIRITUALES 448.

FRATICELOS 509.

GALICANISMO 421 425 432 s 435 438 686.

GENERACIÓN divina 117 122 ss; — y pecado original 188 s.

GENERACIONISMO 170.

GLORIFICACIÓN de Cristo 304 306 s.

GNOSTICISMO 92 140 150 166 182 229 243 s 464 552 s 559 583 677 695 715 723.

GRACIA: noción 342 s; causas originales 343; división 344 s; errores sobre la g. 346 ss; — actual: noción 349; — de iluminación y de confortación 349 ss; — antecedente y subsiguiente 351 s; esencia 353; su necesidad para los actos del orden sobrenatural 354 ss; capacidad de la naturaleza humana sin la g. 360 ss, y sus límites 362 s; gratuidad 364 ss; universalidad 367 ss; predestinación 371 ss; reprobación 375 ss; — y libertad 377 ss; — habitual: proceso de la justificación 383 ss (v. *Justificación);* — de justificación 390 ss (v. *Gracia santificante);* — de perseverancia 346 357 s 409; — y gloria 393; frutos de la justificación 403 ss (v. *Mérito).*

GRADOS DE CERTIDUMBRE TEOLÓGICA 73 s.

GRATIA *sufficiens* 345 368 ss 377 380; — *vere et mere sufficiens* 377 379; — *efficax* 345 377 380.

HÁBITO (Teoría del) 234.

HECHOS DOGMÁTICOS 36 451.

HENOTEÍSMO 73.

HENRICIANOS 553.

HEREJÍA 31 38 457 464 466 s 469 509 672 681.

HERIDAS del cuerpo 190 s; — del alma 190 s 363.

HERMOSURA de Dios 76 s; — del alma en gracia 394.

HESICASTAS 67.

HEXAMERÓN 158 ss.

HILOMORFISMO 167.

HIPERDULÍA 336.

HIPNOPSIQUISMO 697.
HIPÓSTASIS: noción 128; en Dios 128; unión hipostática 235 s; naturaleza e h. 247 s.
HOMBRE: origen 160 162 ss; unidad del género humano 164; constitutivos sustanciales 165 s; cuerpo y alma 166 s; alma 165 ss; elevación al orden sobrenatural 172 ss; dones sobrenaturales 175 ss; pérdida de lo sobrenatural 180 ss; primer pecado 180 s; pecado original 182 ss.
HONORIO (La cuestión del papa) 242 s.
HUMANIDAD DE CRISTO: realidad 229 s 276; integridad 231 s; origen adamítico 232 s; instrumento de la divinidad 274; actividad 274 s.
HUSITAS 509 546 569 585 613 653 665.

ICONOCLASTAS 480.
IDEA INNATA DE DIOS 46.
IDEAS DIVINAS 88 142 s.
IDIOMAS (Predicación de) 258.
IGLESIA: noción 412 s; división 414; definiciones de Belarmino y de Möhler 414; fundación 415 ss; finalidad 417 ss; sociedad sobrenatural y espiritual 419; sociedad perfecta 419 s; constitución jerárquica 420 ss; primado de Pedro 424 ss; primado de los papas 428 ss; naturaleza del primado 432 ss; primado doctrinal 434 ss; el puesto de los obispos 438 ss; Cristo y la I. 415 ss 441 ss; el Espíritu Santo y la I. 445 ss; indefectibilidad 447 s; infalibilidad 449 ss; visibilidad 453 ss; unidad 456 ss; santidad 458 ss; catolicidad 461; apostolicidad 463 s; pertenencia a la I. 465 ss; es necesaria para salvarse 468 ss; comunión de los santos 471 ss; — de la caridad 421; — jurídica 421; v. *Jerarquía*.
IGNORANCIA INVENCIBLE 469.
IMÁGENES (Culto a las) 479.
IMPANACIÓN (Teoría de la) 562.
IMPECABILIDAD de Dios 75; — de Cristo 271; — de María 319 s; — de los bienaventurados 702.
IMPECANCIA de Dios 75 s; — de Cristo 269 ss; — de María 319 s 328.
INCERTIDUMBRE de la predestinación 375; — de la reprobación 377; — del estado de gracia 400.
INCONMENSURABILIDAD de Dios 79 s.
INDEFECTIBILIDAD de la Iglesia 447 s.
INDIFERENTISMO 468 s.
INDIGENCIA UNIVERSAL DE REDENCIÓN 284 s 315 317 s.
INDULGENCIA 475 481 647 ss.
INERRANCIA de Cristo 264 ss; — de la Sagrada Escritura 158 s.
INFALIBILIDAD pontificia 434 ss; — de la Iglesia 449 ss.
INFIELES: posibilidad de que realicen obras moralmente buenas 361 s; gracia suficiente 370 s.
INFIERNO 191 s 199 s 375 ss 484 703 ss 720.
INFINITUD de Dios 69 s 249.
INHABITACIÓN de Dios 80 396; — del Espíritu Santo 396; — del Padre y del Hijo 396.
INMACULADA CONCEPCIÓN DE MARÍA 314 ss.
INMANENTISMO 49 173.
INMATERIALIDAD de Dios 71 s; — de la naturaleza angélica 195 s; — del alma 165 s.
INMORTALIDAD del alma 167 s; — del cuerpo 176 s 719.
INMUTABILIDAD de Dios 77 s 247; — de la providencia divina 157; — de la predestinación 374; — de la reprobación 377.
INSPIRACIÓN 158.
INTEGRIDAD (Dones de) 176 ss 182 189 s.
INTENCIÓN 510 ss 513 s 531 s 580 640 660 673 675 686 688.
INTERCESIÓN de Cristo 306 s 333 444; — de María 333 ss; — de los santos 476 s 482 s 604; — de los fieles en favor de los vivos 471 s, y de los difuntos 472 481 ss 707 ss; — de

las almas del purgatorio 482 s; — de la Iglesia 517 s.
INTOLERANCIA 470.
INVOCACIÓN a los santos 476 s; — de las almas del purgatorio 483.
IRA DE DIOS 90.
ISRAEL (Conversión y salvación de) 462 s 712 s.

JANSENISMO 183 186 255 347 360 368 ss 377 ss 448 588 630.
JERARQUÍA: origen divino 420 ss 662; sucesión y permanencia 422 ss.
JUICIO particular 697 s; — universal 215 220 265 720 ss; — final: desconocimiento del día 264 ss 714 s.
JUSTICIA original (Estado de) 176 ss 179; — de Dios 94 s 169 461.
JUSTIFICACIÓN: noción 383 ss 526; causas 385 s; preparación 387 ss; — y fe 387 s; gracia de j. 390 ss; efecto del bautismo 526.

KÉNOSIS 223 237.
KYRIOS 225 s.

LIBERTAD de Dios 92 s; en la creación 146 ss; en la redención 284 s; — de la voluntad humana 190 s 377 ss 406; condición para el merecimiento 406.
LIMBO de los niños 192; — de los juntos *(limbus Patrum)* 301 303 698.
LOGOS: en Filón 106; en San Juan 110 s 218 s.
LUZ DE GLORIA 57 s 59 700.

MACEDONIANISMO 101 s 104 115 396.
MADRE DE DIOS 234 s 310 ss.
MAGISTERIO de Cristo 286 s; — de la Iglesia 420 ss 449 ss.
MAL 91 s.
MANDEOS 520.
MANIQUEÍSMO 140 147 166 182 229 s 356 552 s 677 679 695 715 723.
MARANA THA 226 s 715.
MARCIONITAS 532.
MARÍA: Madre de Dios 310 ss; dignidad 312; plenitud de gracia 313 s; concepción inmaculada 314 ss; M. — Eva 317 332 335 s; carecía de concupiscencia 319; impecancia 319 s; impecabilidad 319 s; virginidad perpetua 320 ss 328; muerte 326 s; asunción corporal a los cielos 326 ss; mediadora 331 ss; su cooperación a la encarnación 332, y a la redención 332 s; distribución de las gracias 333 ss; culto 336 s.
MARIANAS (Fiestas) 337.
MATERIALISMO 48 140 156 193 703 715.
MATERNIDAD DIVINA de María 234 s 310 ss 328 336 s.
MATRIMONIO: noción 676 s; origen divino 677; es sacramento 677 ss; fin 679 s; unidad (monogamia) 680 ss; indisolubilidad 681 ss; identidad del sacramento y del contrato matrimonial 684 s; materia y forma 685 ss; efectos 686 s; ministro y sujeto 687 s; asistencia de un sacerdote 685 688; competencia de la Iglesia 689, del Estado 690; — en el Paraíso 515 677.
MEDIACIÓN de Cristo 283 331 477 s; — de María 331 ss; — de los santos 476 ss.
MÉRITO: noción 299; — de Cristo 282 s 299 ss 385 444; — de María 319; — de los justos 403 ss.
MIEMBROS DE LA IGLESIA 465 ss.
MINISTERIO PASTORAL de Cristo 287 ss; — de la Iglesia 420 ss.
MISA: carácter sacrificial de la eucaristía 590 ss; Sagrada Escritura 591 ss; tradición 594 ss; sacrificio de la m. y sacrificio de la cruz 597 s; esencia física 599 s; esencia metafísica 600 ss; teorías sobre la m. 601 s; efectos 603 s; eficacia 605 s; valor 606 s; frutos 607 s.
MISERICORDIA de Dios 96 s 285.
MISIONES DIVINAS 116 133 s.
MISTERIO: Trinidad 134 ss; unión hipostática 246; predestinación 371 ss; reprobación 375 ss; euca-

ristía 563 s 574; visión inmediata de Dios 57 s.
MISTERIOS del culto pagano 501.
MODERNISMO: dogma 31; evolución de los dogmas 32 s 448; conocimiento de Dios 49; Cristo 212 266; resurrección de Cristo 304; Iglesia 415; jerarquía 421 447; primado 425; magisterio eclesiástico 449; sacramentos 488 501; bautismo 520; confirmación 537; eucaristía 554; penitencia 613; matrimonio 678.
MODO DE OBRAR de Cristo 240 ss; — de los sacramentos 493 ss.
MOLINISMO 87 154 s 353 366 373 s 381.
MONARQUIANISMO 100 s 211 617.
MONISMO 140.
MONOFISISMO 238 s 241 s 253 437 505.
MONOGENISMO 164.
MONOPSIQUISMO 167.
MONOTEÍSMO 72 s.
MONOTELISMO 240 437.
MONTANISMO 437 448 612 s 617 620 686.
MORAL NATURAL 360 ss.
MUERTE: objeto de la voluntad divina 91; carencia de la m. en el estado original 176 s 694; consecuencia del pecado 176 s 182 190 694; universalidad 695; excepciones 695; término del estado de peregrinación 695 s; fue destruida por Cristo 716 s; — de Cristo 276 s 694; — de María 326 694.
MULTILOCACIÓN 576.
MUNDO: creación 140 ss; conservación 151 s; gobierno 155 ss; destrucción 723 s; renovación 724 s; (Idea del) 143.

NATURAL: definición 172; fin n. del hombre 174.
NATURALEZA 172; — del hombre 165 ss; — de los ángeles 195 ss; — y persona 247; dos — en Cristo 238 s; — pura (Estado de) 179 s 182 191; — humana (Estados de la) 179 s.
NECESIDAD: noción 506; — de las acciones libres previstas por Dios 85 s; — del amor de Dios a sí mismo 92; — de la creación 146 s; — de la redención 283 ss; — de la gracia 354 ss; — de la Iglesia para salvarse 468 ss; — de los sacramentos 506 ss; — del bautismo 528 s 534 545; — de la confirmación 545 s; — de la eucaristía 584 s; — de la penitencia 643 s; — de la unción de los enfermos 659.
NEOPLATÓNICOS 54 64.
NESTORIANISMO 234 s 239 251 ss 264 310 437 505.
NOCIONES DIVINAS 130.
NOMBRES DE DIOS 60 s.
NOMINALISTAS 62 67 297 366 s 390 407 575.
NOVACIANISMO 437 460 613 618 620 686.
NOVÍSIMOS: muerte 694 ss; juicio particular 697 s; cielo 699 ss; infierno 703 ss; purgatorio 707 ss; segunda venida de Cristo 711 ss; resurrección 715 ss; juicio universal 720 ss; fin del mundo 723 s; renovación del mundo 724 s.

OBISPOS: sucesores de los apóstoles 422 438 ss; poseedores de los poderes jerárquicos 422 ss; índole de la potestad episcopal 438 s, forma en que se confiere 439 s; colegialidad 439; ordenación episcopal 665 s 673; superioridad de los obispos 665 s 672; — de Roma (Serie de los) 464.
OBSTINACIÓN 621.
OCASIONALISMO 153.
ODIO DE DIOS 90.
OFICIO SACERDOTAL de Cristo 290 s; — de la Iglesia 420 ss.
OMNIPOTENCIA de Dios 93 s 147 173 285.
OMNIPRESENCIA de Dios 79 ss.
OMNISCIENCIA de Dios 84; — rela-

tiva del alma de Jesucristo 264.
ONTOLOGISMO 52 s.
OPERACIÓN de Dios al exterior: no supone mutación en Él 78; es libre 92; unidad 131 s 145 249 s.
OPINIONES TEOLÓGICAS 37.
OPTIMISMO 92 147.
ORACIÓN DE PETICIÓN 157.
ORDEN SACERDOTAL (Sacramento del): noción 661; es sacramento 661 ss; diversas órdenes 663 ss; materia 667 s; forma 668 s; efectos 670 s; ministro 672 ss; sujeto 675.
ORDENACIONES ANGLICANAS 669 s.
ORIGENISTAS 165 169 182 243 705 719 723.
ORTODOXIA GRIEGA (IGLESIA): procesión del Espíritu Santo 118; primado 415 425; número de los sacramentos 505; bautismo de infusión 523; repetición de la confirmación 544; ministro de la confirmación 546; transustanciación 562; epíclesis 578; confesión 633; unción de los enfermos 656 660; matrimonio 679 681 686; estado intermedio entre la muerte y la resurrección 698; purgatorio 707.
ORTODOXIA y sacramentos 509 s 513 531 s 672.

PADRE: el Dios uno y trino 109; la primera persona 109 s.
PALAMITAS 67.
PANTEÍSMO 48 92 140 170.
PAPA, v. *Primado*.
PÁRROCOS 532 587 688.
PARTICIPACIÓN de la divina naturaleza 392 s 443 566.
PARUSÍA, v. *Segunda venida de Cristo*.
PECADO: concurso divino para el p. 154; — de nuestros primeros padres 180 s; — y encarnación 280 ss; remisión 384.
PECADO ORIGINAL: existencia 182 ss; esencia 186 ss; propagación 188 s; consecuencias 189 ss; suerte de los niños que mueren en p. o. 191 s 371; Cristo careció de p. o. 268 ss; María careció de p. o. 314 ss; cómo se borra 183 515 s 526 529 s.
PECADOR: posibilidad de conducta moralmente buena 360 s; gracia suficiente para la conversión 369 s; miembro de la Iglesia 460.
PECADOS CAPITALES 612 618 635.
PEDRO: príncipe de los apóstoles y supremo jerarca de la Iglesia 416 s; posesor del primado de jurisdicción 424 ss; San P. y San Pablo 427 s; pervivencia en sus sucesores 428 ss.
PELAGIANISMO 153 175 182 188 283 346 351 354 359 s 362 364 372 379 385 405 437 679 694.
PENAS debidas por el pecado (Remisión de las) 527 529 s 583 604 ss 636 ss 647 ss (indulgencias) 658 710.
PENAS DEL INFIERNO: pena de daño 192 704; pena de sentido 192 704; su duración eterna 95 199 s 229 705 s.
PENITENCIA: noción 610 s; sacramento y virtud de la p. 610 s; potestad de la Iglesia para perdonar pecados 612 ss; testimonio de la Escritura 614 s; testimonio de la tradición 616 ss; verdadera potestad de absolución 619 s; sin límites 620 s; carácter judicial 621 s 633 637 640 645; su naturaleza de sacramento 623 s; arrepentimiento 625 ss; contrición perfecta 627 s; atrición 629 ss; confesión de los pecados 632 ss; objeto de la confesión 634 ss; satisfacción 636 ss; absolución 639 s; efectos 641 ss; necesidad 643 s; ministro 644 ss; sujeto 646.
PERDER LA GRACIA (Posibilidad de) 402.
PERFECCIÓN DE DIOS 68 s 72 78.
PERICÓRESIS trinitaria 130 s; — cristológica 220 258 s.
PERSONA: noción 128; — en Dios 128; unidad de p. en Cristo 234 ss; naturaleza y p. 247 s.
PESIMISMO 148.
PETROBRUSIANOS 553.

PLACET 420 433.
PLATONISMO 88 143 196 231 706.
PODER de Dios 93 s; — de Cristo 215 220 s 274 s; — de los ángeles 196 s.
POENALITATES 190 527 694.
POLIGENISMO 164.
POLITEÍSMO 72 185 193.
PORRETANOS 492.
POSESIÓN 203.
POTENCIA OBEDIENCIAL 173 249 365.
PREADAMITA (Teoría) 164.
PREDESTINACIÓN 367 371 ss.
PREDESTINACIONISMO 368 376 s.
PREEXISTENCIANISMO 169 243.
PREMOCIÓN FÍSICA 87 154.
PREPARACIÓN para la justificación 387 ss; — para la recepción de los sacramentos 497 688.
PRESBÍTEROS: ministros de la Iglesia 422; administradores de los sacramentos 509, del bautismo 531 s, de la confirmación 547 s, de la eucaristía 586 s, de la penitencia 644, de la unción de los enfermos 659 s, del orden 673 s; asistentes al matrimonio 685 688; institución en su misterio 662; ordenación sacerdotal 664.
PRESCIENCIA DIVINA: realidad 84 ss; medio 86 s 380 ss.
PRESENCIA dinámica 80; — ideal 80; — sustancial 80; — circunscriptiva 576; — definitiva 576; — repletiva 81; — sacramental 575 s.
PRIMADO de Pedro 416 s 424 ss; — de los papas 428 ss; naturaleza del p. 432 ss; — doctrinal 434 ss; fundamento de la unidad eclesiástica 456 ss.
PRIMER PECADO 180 s.
PRIMEROS PADRES: origen 162 ss; dotación sobrenatural 175 ss; caída en el pecado 180 s, sus consecuencias 181; pecado original 182 ss.
PRISCILIANISTAS 169 182 229.
PROCESIONES INMANENTES de Dios 116 ss.
PROFECÍAS MESIÁNICAS 106 212.
PROPIEDADES DIVINAS 129 s 132.
PROSKYNESIS 215 253.
PROTESTANTISMO: dogma 31; evolución de los dogmas 32 s; Trinidad 103; pecado original 182 186; unión hipostática 257; ciencia de Cristo 266; virginidad de María 324; teoría sobre la gracia 347; justificación 383; mérito 403; Iglesia 415; primado 425; culto a los santos 476 s, a las reliquias 478, a las imágenes 479; sufragios en favor de las almas del purgatorio 481; sacramentos 488 491 498 501 504 507 509 s; bautismo 528 533, confirmación 536; eucaristía 553 s 569 571 s 583 585 588; sacrificio de la misa 591; penitencia 611 ss 615 619 s 622 s 632 s 637 640 644; unción de los enfermos 654 659; orden 662 665; matrimonio 677 689; purgatorio 707.
PROTOEVANGELIO 315 328.
PROVIDENCIA DIVINA 89 155 ss.
PURGATORIO 471 481 ss 650 652 707 ss.

QUERER de Dios: 89 ss; perfección 89 s; objeto 90 ss; — de los ángeles 196 s.
QUILIASMO 697.

RACIONALISMO 175 183 193 211 284 289 292 302 304 306 321 s 347 354 520 557 577 715.
REBAUTIZACIÓN de los herejes (Disputa sobre la) 509 531.
RECAPITULACIÓN (Teoría de la) 295.
RECONCILIACIÓN 282 293 ss.
RECURSUS AB ABUSU 420.
REDENCIÓN: concepto 282; objetiva y subjetiva 282 333 s 342 444; posibilidad 283; necesaria por parte del hombre 283 s; libre por parte de Dios 284 s; su realización por medio de los tres ministerios de Cristo: el de enseñar 286 s, el de gobernar 287 ss, el de santificar 289 ss; sacrificio de la cruz 292 s; rescate y reconciliación 293 ss; sa-

tisfacción vicaria de Cristo 296 ss; mérito de Cristo 299 ss; ensalzamiento de Cristo 301 ss.
REFORMADORES 183 186 347 s 360 377 s 384 387 s 400 403 415 420 448 450 477 s 481 488 491 s 498 501 504 507 509 s 520 528 533 536 553 569 571 s 583 585 s 588 591 612 s 615 619 s 622 s 632 s 637 640 654 659 662 665 677 689 707.
REGLAS DE FE 27 114 458.
REINO DE CRISTO 288 s.
RELACIONES DIVINAS 126 ss.
RELATIVISMO DOGMÁTICO 33.
RELIQUIAS (Culto a las) 478.
RENOVACIÓN DEL MUNDO 706 724 s.
REORDENACIONES 672.
REPROBACIÓN 367 375 ss.
REPRODUCCIÓN (Teoría de la) 564.
RESCATE 282 s 293 ss.
RESPETUOSO SILENCIO 38.
RESTAURACIÓN DE TODAS LAS COSAS, v. *Apocatástasis*.
RESURRECCIÓN de Cristo 302 303 ss 716; — de los muertos 583 715 ss.
REVELACIÓN: inmediata (formal) 30; mediata (virtual) 30 36; primitiva 48; según los protestantes liberales y según los modernistas 31 s; se concluyó con los apóstoles 33 s; necesidad absoluta 174; necesidad moral 363.
REVIVISCENCIA de los sacramentos 495 514 s 658 688; — de los méritos 642; — de los pecados 642 s.

SABELIANISMO 101 104 115.
SABIDURÍA (La teología como) 27; — divina 88 s 106 142 s; 152 169 285.
SACRAMENTALES 515.
SACRAMENTO: vocablo 486 s; noción 487 s; definiciones 487; materia y forma 489; *sacramentum — res sacramenti* 490; eficiencia objetiva 491 ss; *ex opere operato* 492 s; efectos 496 ss; gracia 496 s; carácter 498 ss; institución 501 ss; sustancia 502 s; número 504 ss; necesidad 506 ss; ministro 508 ss; sujeto 512 ss; — de naturaleza 515.
SACRAMENTOS PRECRISTIANOS 515 ss.
SACRIFICIO: noción 291 s; — de la misa 590 ss; — de Cristo en la cruz 292 ss, en los cielos 602.
SACRILEGIO 510 589.
SADUCEOS 193 715 s.
SANGRE DE CRISTO 245 298 s 441.
SANTIDAD de Dios 75 s 385 709; — de Cristo 271 s; — de la Iglesia 458 ss.
SANTIFICANTE (GRACIA): noción 256; esencia 390 ss; efectos formales 394 ss; séquito 397 ss; propiedades 400 ss; se aumenta por las buenas obras 401 408; es efecto de los sacramentos 496 s 526 543 s 581 s 641 657 s 670 687 (v. *Dotación de gracia*).
SANTOS (Culto a los) 476 ss.
SATANÁS, v. *Diablo*.
SATISFACCIÓN: noción 296; — vicaria de Cristo 270 277 282 296 ss 444 649; — de los fieles 333 474 s; — sacramental 636 ss; — extrasacramental 638 s; tesoro satisfactorio de la Iglesia 475 649.
SATISPASIÓN 710.
SEGUNDA VENIDA de Cristo 266 307 711 ss; — de Elías 695 713; — de Enoc 695.
SEIS DÍAS (Obras de los) 159 s.
SEMEJANZA CON DIOS 146 163 175.
SEMIARRIANOS 101 115.
SEMIPELAGIANISMO 346 355 s 358 364 s 366 370 372.
SEMITRADICIONALISMO 48.
ŠEOL 168 302 699.
SÉQUITO DE LA GRACIA 397 ss.
SEVERIANOS 242.
SIERVO DE DIOS 252 s.
SÍMBOLO DEL PEZ 229 561.
SÍMBOLOS DE FE 103 s 458.
SINCRETISMO 382.
SISTEMAS SOBRE LA GRACIA 380 ss.
SOBRENATURAL: definición 172; división 173; relación con la natura-

leza 173 s; dotación s. del hombre 175 ss, de los ángeles 197 s; fin s. del hombre 174, de los ángeles 197 s.
Socinianismo 103 183 211 289.
Sola fides (Doctrina de la) 388 507.
Subordinacionismo 101 s 104 114 s 437.
Sufragios en favor de las almas del purgatorio 481 ss 707 ss; — en favor de los condenados 484.
Sufrimiento: objeto de la voluntad divina 91; carencia de s. en el estado original 177, en el cielo 700; consecuencia del pecado 177 181 190; compatible con la *scientia beata* de Cristo 263; impasibilidad del cuerpo resucitado 719.

Talmud 210.
Teándricas (Operaciones) 242 s.
Temor, motivo de arrepentimiento 388 629 s.
Temporalidad del mundo 148 s.
Teología: noción 25; objeto 25 s; — natural y sobrenatural 25 s; carácter científico 26 s; sabiduría 27; ciencia de la fe 27 s; división 28; — controversista 29; — escolástica 29.
Tesoro de la Iglesia 475 647 649.
Theotokos 234 s 310 ss.
Tomistas 30 62 86 s 154 s 167 248 275 280 ss 353 373 s 376 s 380 391 s 406 408 493 s 598 623 s 700 s.
Tradicionalismo 48.
Traducianismo 170.
Transmigración de las almas 695.
Tricotomismo 166 231.
Trinidad: herejías antitrinitarias 100 ss; definiciones de la Iglesia 103 s; Antiguo Testamento 105 ss; Nuevo Testamento 107 ss; fórmulas trinitarias 107 ss; Dios Padre 109 s; Dios Hijo 110 s; Dios Espíritu Santo 112; consustancialidad de las tres divinas Personas 113; tradición 114 s; procesiones divinas inmanentes 116 ss; generación del Hijo 117; espiración del Espíritu Santo 118 ss; diferencia entre espiración y generación 125; relaciones divinas 126 ss; personas 128 s; propiedades y nociones 129 s; pericóresis 130 s; unidad de operación 131 s; apropiaciones 132; misiones 133 s; — y razón 134 ss; carácter misterioso 134 ss; objeciones 136; — y creación 145 s; — y unión hipostática 249 s.
Triteísmo 102 104 115.

Ubicuidad (Teoría de la) 553 s.
Unción bautismal 538 s 547; — confirmacional 540 s 547.
Unción de los enfermos: noción 653; es sacramento 653 ss; materia 656; forma 657; efectos 657 ss; necesidad 659; ministro 659; sujeto 660.
Unicidad de Dios 72 s; — de ser en Cristo 248.
Unidad de la Iglesia 456 ss 461 464 502 547 582.
Unión con Dios 392 s; — con Cristo 273 s 442 ss 581 s.
Unión hipostática: dogma 235; prueba 236 s; comienzo 234; duración 244 s; absolutamente sobrenatural 246; misterio de fe 246; objeciones 247 ss; relación con la Trinidad 249 s; consecuenlias de la 251 ss.
Utraquistas 569 585.

Valdenses 509 546 586 613 653 707.
Verdades católicas 35 s 450 s; — de razón como objetivo del magisterio infalible 36 451.
Vida de Dios 81 s.
Viejos católicos 425.
Viñadores (Alegoría de los) 217 s.
Virtudes cardinales 190 398; — infusas 273 349 397 s 402 s 496 526 543.
Visibilidad de la Iglesia 453 ss 461 465 467.
Visión de Dios en la vida futura

57 ss 699 ss; — propia del alma de Cristo 261 ss.
VOLUNTAD de Dios 89 ss; dos v. en Cristo 240 s; — humana de Cristo 268 ss.
VOLUNTAD SALVÍFICA de Dios 298 s 366 ss 447 469 515.
VOTUM, v. *Deseo*.
VULNERACIÓN de la naturaleza humana 190 s.

WICLIFITAS 509 546 613 653 665.

YAHVÉ 61 63 72 105 s 141 214 224 s.